汉易阐微

徐芹庭 著

上

中国书店

图书在版编目（CIP）数据

汉易阐微/徐芹庭著. —北京：中国书店，2010. 1

ISBN 978－7－80663－656－5

Ⅰ. 汉…　Ⅱ. 徐…　Ⅲ. 周易－研究　Ⅳ. B221. 5

中国版本图书馆 CIP 数据核字（2009）第 035355 号

汉易阐微

徐芹庭　著

责任编辑：靳　诺

出版：中国书店

地址：北京市宣武区琉璃厂东街 115 号

邮编：100050

发行：全国新华书店经销

印刷：北京泰山兴业印刷有限公司

开本：710×1010　1/16

版次：2010 年 1 月第 1 次印刷

字数：860 千字

印张：51. 5

书号：ISBN 978－7－80663－656－5

定价：135. 00 元

自　　序

夫易者机神之妙旨，人事之仪则，因阴阳奇偶之变，括宇宙万象之理，而述内圣外王之道，阐诚正修齐之方者也。显而用之，则足以经纬宇宙，匡济邦国，恢宏盛德大业于天下；纳而藏之，亦足以明道修身，安土敦仁，顺安天命，遁世而无闷。是以《易大传》称："君子居则观其象而玩其辞，动则观其变而玩其占。"是以知周万物，而道济天下，乐天知命，故不忧。此古圣先王所以继天位极，行王道，施仁义于天下者乎！伏羲神农黄帝尧舜，演之于前；夏禹商汤文王周公，述之于后。逮乎孔子，生于乱世，拯天济民之志，既莫得而展，俟天下之清，时犹未至。乃赞易道，述十翼，集千古圣学之精华，导后世学者于坦途。而以其道授之商瞿，商瞿传之桥庇，桥庇传之馯臂，馯臂传之周丑，周丑传之孙虞，孙虞传之田何，而汉兴，田何传之王同，丁宽，服生，周王孙。于是汉易有杨何、施、孟、梁丘、京房、费、高、荀、刘、马、郑、宋、虞诸家之学。惟自王辅嗣，参以老庄，用玄言解易，冥合于魏晋之清谈。而西晋之时，五胡乱华，中原扳荡，汉易既因而烟沉。唐代用王辅嗣易，以作《正义》，立为国学，颁行天下，益复凌迟。及至南北宋之间，金兵南下，天下鼎沸，而汉易遂丧亡殆尽矣。此先儒之所以扼腕痛惜者也。芹有鉴及此，乃钩深致远，探赜索隐，因清儒辑佚之成果，从而补足其阙失，阐汉易之义理，述汉易之微旨，思以发宣对之微言，弘田何、丁宽易学之真传，于是发愤述作，历时四载，遂成斯篇。惟学殖荒落，而付梓匆促，谬误难免。尚祈宇内鸿儒耆宿，能匡其不逮也。

徐芹庭　敬序
壬子季春

目　　录

上　　册

下　　册

第一章　汉易导论

一、汉易之阐述

汉易为孔子一脉之真传，主象数而不废人事，明至道而不废行权。阐天地消长之真机，示宇宙消息盈虚之至理。其诂训也，有本有源。或本诸《尔雅》《说文》，以求易义之旨归；或征诸群经诸子，以融易义于一贯。其释义也，有物有则。或旁征于史事，以验易理之至确无瑕；或祖述乎十翼，以诠易理之微言大义。其释卦爻也，有伦有理。或归结于既济之定位，以阐贞一之哲理；或探本乎爻位之律则，以述易义之幽微。尔乃存诸家之易注，荟三代秦汉易学之大成；洞明圣人之旨义，阐发易义于无穷；使人一见而会意于言表，详思而尽神于幽深。既探颐索隐，穷极宇宙之秘奥；亦探本归原，合于民生之日用。实通易之舟航，而明易之极归也。

惟自辅嗣，参老庄之玄言以诂易，其说冥合于魏晋之清谈，其易盛行于当时。而西晋永嘉之乱后，中原鼎沸，部分汉易亡于兵火，逮乎唐代，用辅嗣之易，作《正义》，定为一尊，颁行天下，汉易为所掩，皆陵夷不振。及至北宋之末，金兵南下，徽钦蒙尘，焚烧抢掠，靡所不至，汉易之仅存者皆亡于兵火之中，先儒每为扼腕痛惜，而或归咎于王辅嗣、孔颖达。

南宋时王应麟（伯厚）痛汉易之沉沦，乃发愤捃摭残余，始辑《郑氏易》于亡佚之余，明清诸儒，如姚士粦、张惠言、马国翰、胡薇元、孙堂黄奭之伦，踵事增华，多方辑佚，增补余逸，于是汉易焕然可观。虽非完帙，然吉光片羽，亦弥足珍贵。且其微言大义，亦由兹可探寻而得，宁非其幸欤!

平心而论，先儒之阐扬汉易，以幽赞孔子之微言是也，若夫过份苛责毁辱于王辅嗣、孔颖达，则容有未当，尽汉易之亡，多亡于兵火之灾，阳九之厄，与夫斯文不振之故也。汉易自有其价值存在，岂辅嗣、颖达所能亡哉。

凡例：

1. 本文旨在阐述汉易，故以义理为主，象数为宗，而以文字声韵音之学通其诂训。庶阐夫子之微言，述汉儒之元意。

2. 本文分十六篇，首篇为汉易导论，述汉易之特色、价值渊源、传受、版本及汉易之略例，以阐汉易之微意。

3.《子夏易传》先儒多以为韩婴之作，而薛虞记其微旨者也，皆儒门之易也，故次之。施孟梁丘京四家之易，两汉皆立于学官，为易学之正传，故又次之。汉熹平《周易》石经，据罗振玉、屈翼鹏先生之考证，咸以为梁丘氏之易，故本文兼述于《梁丘易》之中。《费氏易》虽未立于学官，然影响于东汉乃至后儒者至大，故又次之。《周易古五子传》及《淮南九师道训》，或涉乎灾异，或冥心于至道，乃易学之别传，故殿于西汉易学之末。

4. 马季长传费氏之易，而又历观书于东观，尽得中秘之奥。故其易卓然成一代之大家，融古今文而一之，上承西汉诸家之易，下开郑荀宋虞王韩之学。故以为东汉易学之首。郑康成传马氏之学，而又益之以爻辰之象，故以次焉。荀慈明略后于马氏，亦命世之通儒，其易行于中原，故次之。刘表宋衷亦东汉末之易学大师，其书存者十不及一，故又次焉。至于《荀九家易》，以荀为主，旁蕴京虞马郑等九家之易，其书汉易为多，故又次焉。

5. 汉易之存于今者，以《虞氏易》为多，虞仲翔五世传《孟氏易》，又历观马荀郑宋之书，上稽施梁丘京费之易，旁溯魏伯阳《参同契》之说，故能集两汉易学之大成。其书经清儒惠定宇、张惠言、孙堂黄奭及余之补逸发微，已有全书可睹。观其数次上书汉献帝，又与孔融相往返，故定其书为汉易。以其有全书可睹，故别出一书。

6. 至若陆续、王肃、姚信、王弼、翟元、董遇、韩伯、张璠等诸氏之易及《焦氏易林》、魏氏《参同契》等，已述于别篇，今之所述，又拟略诸！

月体纳甲说，乃卦气说的一种形式。将道家内丹理论同月亮盈亏、四时变化相联系，以便掌握自然法则。置坎离于中宫，指“日月为易，刚柔相当”，表示月体凭日照而发光。震表示一阳已生，月起于西方；巽表示一阴已萌，亦配于西方；上弦月在南方，兑乃二阳之象；下弦月也在南方，艮乃二阴之象。北方不见月光，表示乾消坤藏。一月之中月亮盈亏变化过程，一览无余。

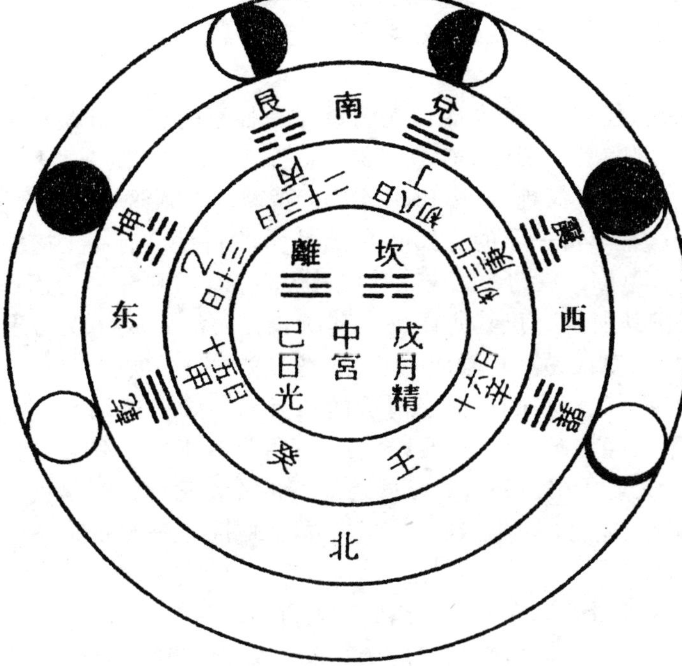

月体纳甲图

二、本书之创获

此部书为作者的博士论文，由陈立夫、林景伊、高仲华夫子指导。在 1973 年 1 月 5 日通过文学博士学位。考试委员有陈立夫、林景伊、屈万里、陈槃、熊公哲、毛子水、戴君仁等先生。兹将学位审定考试之报告辞附于此。

各位老师，各位先生，我一向短于言辞，尤其又本着颜渊“愿无伐善，无施劳”的精神，和先贤“无道人之短，无说己之长”的古训，使我不敢说出我在本文的创获。但是，如果不说出的话，又有谁知道读本文究有多少收获呢？不得已，只好本着《春秋左氏传》“言以足志，文以足言。”“不言谁知其志？言之无文，行而不远”的名言，与孔子“盍各言尔志”之意，略述本文的创获。

本文的创获，约有数十项，兹择其要者，简述如下：

（一）关于辑佚部分之创获

1. 集前贤辑汉易的大成：先儒辑汉易各家的有：胡薇元《汉易十三家》、马国翰《玉函山房辑佚书》、张惠言《易义别录》、王谟汉《魏遗书钞》、孙堂《汉魏二十一家易注》、黄奭《黄氏逸书考》、《汉学堂经解》等；其单辑一家的，如《郑氏易》的辑佚，有：王应麟、张惠言、丁杰、惠栋、袁钧、臧庸、孔广林等人。本文则一一会而通之，取其所同，辨其所异，正其所误，集其所长，而汇集成《汉易十六家易注》（其中《虞氏易》单独成书）。这是本文的第一项创获。

2. 补前贤辑汉易的遗漏：前贤的辑汉易，颇有遗漏，本文则根据四史、《十三经注疏》、《经典释文》、《古易音训》（清宋咸熙所辑）、《一切经音义》等书，补辑约二百余条。如《孟氏易》的辑佚，除根据以上诸书外，还可从《说文》、《五经异义疏证》补辑十余条。这是本文的二项创获。

3. 订正前贤辑汉易的谬误：如张惠言的辑《易义别录》，将子夏与薛虞并作一家，荀爽和荀九家冶为一炉，实则四家的易学，皆各有不同，本文则一一区而分之，余如马国翰、孙星衍等皆有小错，本文皆订正之。这是本文的第三项创获。

4. 订正前贤辑汉易经文次序的凌乱：如马国翰辑施、孟、梁丘三家易，将损卦上九得臣无家，误辑者重新订正。这是为第四项创获。

（二）关于考证部分之创获

1. 匡正前贤考证汉易的错误：如柯劭忞、尚秉和等先生所撰《续修四库全书提要》，谓宋衷和刘表的易，渊源回然大有区别。本文从而考证之，发现两家易学，实在是互为表里。如乾象：天行健，君子以自强不息。刘表曰："言伊者详其名也。"宋衷曰："以健详其名。"且宋衷尝为刘表撰定《五经章句》，所以二家易学，实相为表里。如此类者，不一而足。这是本文的第五项创获。

2. 辨正典籍错误的字：如本文在《古五子传》中，辨正艺文印书馆、启明书局和其他书局所影印的《汉书·律历志》"次四百八十"中如淳注解的误字，四百二十，误为四百八十，此涉上文而误，七甲子误作七十甲子，乃涉下文八十，八十七而误。盖四百二十，正七甲子，安有七十甲子哉？诸如此类，本文皆一一辨而正之。这是本文的第六项创获。

3. 考正《周易》的伪书：本文是根据汉石经、《周易集解》、《经典释文》、唐石经等，以文法、修辞、比较诸法辨正郭京称得王弼、韩康伯手抄本《周易注解》的伪妄，而证明其书出自一己之臆说。若此之类，皆一一考正之。这是本文的第七项创获。

4. 考正前贤对汉易作者的误说：如《荀九家易》、宋代陈振孙的《直斋书录解题》、朱子发（震）的《汉上易传》、马端临的《文献通考》、杭辛斋的《学易笔谈》，都以为东汉荀爽所集淮南王刘安《九师说》之易学，本文根据唐初陆德明《经典释文序录》及《隋志考证》，知《荀九家》者乃东晋时人所集荀爽、京房、虞翻、郑玄、陆续等九家的易注，因以荀氏易为主，故名为荀九家。又以《淮南子》引易者与荀九家经文比较研究，发现十有九异，再以荀爽、郑玄、虞翻等九家之经文及易注比较研究，见经文的字句，注解的内容，都有相合，因而证明前贤以荀九家为荀爽所辑《淮南九师说》为误。又辨正惠栋、张惠言以九家为六朝人所撰的说法，过于笼统，而据《释文》及《隋志》诸书之次序，断为东晋时人所集荀爽、京房等九家之易注。似此考证者尚多，具见于本文。此是本文的第八项创获。

5. 考易系辞章节的错误：如根据虞翻的注解，知“子曰知变化之道者，其知神之所为乎？”一句乃是“大衍之数”一章的结尾。余如“天一地二”一章的脱简，已由屈老师考证出，本文因而稽考众文，而详说之。这是本文的第九项创获。

（三）关于象数方面的创获

1. 以简明语句，解释汉易各家象数的幽赜，使易知易明。这是本文的第十项创获。

2. 订正前贤的误象：如沈祖绵的《解孟氏易象》，往往错误百出，本文一一订正之。这是本文的第十一项创获。

3. 明易数的应用：在汉易略例、《荀氏易》及《虞氏易》中述明。这是本文的第十二项创获。

4. 阐述汉儒占筮之法：散见略例及各家易学（如荀、虞）之中。这是本文的第十三项创获。

5. 整理并述解象数的条例凡四十余条例：根据惠定宇《周易述》、

《易汉学》、刘师培《经学教科书》、张惠言《虞氏义消息》、《郑氏易》及《荀氏九家易》、《易义别录》、李锐《虞氏易例》、徐昂《虞氏学》等书及自己潜研之心得，整理并阐述象数的条例四十余例。较先儒所述易例，超出甚多。如卦变之说，先儒每多异论，宋儒甚至演为一百多卦，实大错。本文既订正其误，并述明卦变的原则、枢纽等。这是本文的第十四项创获。

6. 增补先儒象数条例的不足：如荀氏升降，惠定宇、张惠言述其条例有五。本文则重为归纳，而有七例。这是本文的第十五项创获。

（四）关于异文方面的创获

1. 理《周易》的异文。

2. 辨汉易古今文之差异。

3. 明正俗之异字。

4. 辨前贤对汉易异文述解的伪误：如宋翔凤的《周易考异》、李富孙的《周易异文释》，非能完美。本文于其是，则是之；于其非，则从而订正之。以上四项创获，详具于《周易异文考》（原名《汉易异文考》）一书之中。这是本文第十六、十七、十八、十九项创获。

（五）关于图表方面的创获

1. 附录解说汉易的图表数十幅：其义不昭，爰明以图；阐发幽旨，非表不明，故本文附有图表。本文所收及所作图表，如纳甲图、卦气图、汉熹平石经图、八宫卦次图、八卦分野图、十二月爻辰图、爻辰所值二十八宿图、四方列宿、十二辰配卦纳音图、六十四卦配辰表、六十四卦爻象变化统计表等，凡有数十幅之多。这是本文的第二十项创获。

2. 订正孟京卦气图的错误：孟京卦气的说法，后人图而明之，其传于世者，据余所见，有四种，以明来知德《周易集注》所收为最佳，然仍有错误，原图以坎初六冬至配卿，属于颐卦，于七十二候为荔挺生，实误，今改正之，以配公、中孚、蚯蚓结，而剪贴影印焉。这是本文的第二十一项创获。

3. 订正《皇清经解》惠栋《易汉学》八卦六位图（即纳支）的误字。《易汉学》在坎初六纳戊寅木，写成戊寅水，此乃涉字形相似而误，本文从而订正之。这是本文的第二十二项创获。

4. 增订前贤两汉易学传承表：前贤对两汉易学的传承作表者，虽有而不全，本文根据四史增订之。较前贤稍详。这是本文的第二十三项创获。

我们知道，任何一本书，求其十全十美，是非常不容易的，即以清儒惠栋、张惠言学问的深厚，也难免有小错的地方，何况我学识的寡浅呢？

我们知道，漂流在大海里的船，要光明灯塔的指引，才能走向平安的港口；从事学术研究的学者，需要老前辈的教导和指引，才能奔向光明的坦途。我现在正是期望老师和前辈们教导和匡正的时候。

报告完，谢谢。

三、西汉易学之渊源

汉王刘邦元年（公元前206年）冬十月，萧何尽收秦丞相府图籍文书，惠帝四年（公元前191年）三月除挟书律，文帝始置博士。（见《后汉书·翟酺传》）至武帝建元五年（公元前134年）始置五经博士。历西汉末，易立于博士者有杨何、施雠、孟喜、梁丘、贺京房五家，为博士者代有之，晚之传授彬彬盛矣。然溯其渊源，皆由孔子之嫡传，孔子传易于商瞿，六传至田何而汉兴。惟易学之派别，由汉始分。兹分述之：

（一）易学正传之渊源

易学正传者由孔子嫡传至田何而汉兴，易学大盛，立于王官，设为博士者也。《史记》《汉书》载其授受之际微有不同。《史记·仲尼弟子列传》云：

“商瞿，鲁人，字子木，少孔子二十九岁。孔子传易于瞿，瞿传楚人馯臂子弘，弘传江东人矫子庸疵，疵传燕人周子家竖，竖传淳于人光子乘羽，羽传齐人田子庄何，何传东武人王子中同，同传菑川人杨何，何元朔中以治易为汉中大夫。”

《史记·儒林传》则云：

“自鲁商瞿受易孔子，孔子卒，商瞿传易六世至齐人田何字子庄，而汉兴，田何传东武人王同子仲，子仲传菑川人杨何，何以易元光元年征官至中大夫。齐人即墨成以易至城阳相。广川人孟但以易为太子门大夫。鲁人周霸，莒人衡胡，临菑人主父偃，皆以易至二千石。然要言易者本于杨何之家。”

《汉书·儒林传》云：

“自鲁商瞿子木受易孔子，以授鲁桥庇子庸，子庸授江东馯臂子弓，子弓授燕周丑子家，子家授东武孙虞子乘，子乘授田何子装，及秦禁学，易为筮卜之书独不禁，故传受者不绝也。汉兴，田何以齐田徙杜陵，号杜田生，授东武王同子中、洛阳周王孙，丁宽、齐服生，皆著《易传》数篇，同授淄川杨何字叔元，元光中征为大中大夫。……要言易者本之田何。”

是二家之说，皆以汉易为孔子一脉之嫡传，其授受之际，孔子传易于商瞿，此二家所同也。至于商瞿所传授者，《史记》则作馯臂子弘，《汉书》则作桥庇子庸，此其微异也。要以《汉书》为正。陆德明《经典释文序录》，孔颖达《周易正义序》及吾师高仲华夫子皆从《汉书》之说。盖子长之书，成于仓卒之际，藏诸名山之中，传抄转写或有谬误；故先儒称其或有疏略抵捂（见裴骃《史记集解序》）。至于孟坚（班固字）之书，则受诏而作，既博览向歆父子之业，又亲见汉易传承之盛迹，生乎子长之后，故得饱沃群言，淹贯载籍，《本传》称：“当世甚重其书，学者莫不讽诵焉。”（《后汉书》卷七十上）是较为可信者也。故吾人考汉易之渊源及传承，当以《汉书》为本。是商瞿所授者当为桥庇子庸。至于其他传承，所以略有异同者，盖《史记》多用假借字，本于传闻，故因其音，以著其姓字，因而略有微异也，要之亦宜以《汉书》为本。《史记》述此之笔法，则先书姓，后书字，而以本名殿焉。《汉书》之笔法，则先书其名，后以其字殿焉。《史记》矫子庸疵即《汉书》桥庇子庸。《史记正义》曰：“《汉书》桥庇，师古云字子庸。”盖矫即桥，疵即庇，古音同，形亦相近。《史记》馯臂子弘，即《汉书》馯臂子弓。《史记正义》云：“师古曰馯，姓也，《汉书》及《荀卿子》皆云字子弓。此作弘，盖误也。”盖弓弘古音近，子长或以假借通之也。周子家竖即周丑子家，丑竖声近，义得相通。光子乘羽即孙虞子乘。光即孙之借字，羽即虞之借字。是汉易之渊源盖由：

孔子→商瞿→桥庇→馯臂→周丑→孙虞→田何

至田何传王同子中、周王孙、丁宽、服生，于是西汉始有杨何、施、孟、梁丘、京、费、高之易。东汉荀、刘、马、郑、宋、虞诸家之易皆溯源乎西汉。此汉易之正传也。

（二）《古文易》之渊源

又有《古文易》本。

《汉书·艺文志》云：

“汉兴，田何传之。讫于宣、元，有施、孟、梁丘、京氏列于学官，而民间有费、高二家之说。刘向以中《古文易经》校施、孟、梁丘经。”师古注：“中者天子之书也，言中以别于外耳。或脱去无咎、悔亡。唯《费氏经》与《古文》同。”

《费氏经》既与《古文》同，则《费氏易》之传授，殆渊源于《古文》，至汉乃改用隶书书写乎？

《汉书·儒林传》云：

“汉兴，田何以齐田徙杜陵，号杜田生，授东武王同子中、洛阳周王孙、丁宽、齐服生。”

唯周王孙传古义，后其同学丁宽复从受古义。《儒林传》称丁宽既受易于田何，复从同学洛阳周王孙受古义号周氏传。高相治易与费公同时，自言出于丁将军。

高相治易，自言出丁将军，其授受之际不可考。意者其殆挟丁宽以自重者耶？《费氏易》、《丁宽易》，或合于古文，或受古义，此即后儒所称古文之易。周王孙与丁宽同师，意者《古文易》即蝌蚪文（即孔子壁中书，见许叔重《说文解字序》）书写者也。《汉书》谓言易者本于田何之家，既溯源于田何，则亦自孔子之嫡传，此《古文易》之渊源也。是《古文易》之渊源盖由：

1. 古义

孔子→商瞿→桥庇→馯臂→周丑→孙虞→田何→周王孙→丁宽

周王孙——施
周王孙——孟
周王孙——梁丘

2. 孔子《古文易》本（蝌蚪文）

丁宽→？高相→？费氏（改用汉代通行之隶书）

费氏以彖象等十篇之文解说上下经，则本于孔子可知，唯其授受之际不可考矣。

（三）易阴阳灾异卦气卦候之渊源

复次汉易有别传。

《汉书·儒林传》称孟喜得易家候阴阳灾变书，托之于田王孙之真传。蜀人赵宾好小数书，云受自孟喜。焦延寿云尝从孟喜问易。京房受易于延寿。刘向校书以为诸易家说皆祖田何杨叔丁将军，大谊略同，唯京氏为异。党焦延寿独得隐士之说，托之孟氏，不相与同。又高相专说阴阳灾异，自言出于丁将军。

此则阴阳灾异及卦气卦候之学也，盖溯源于《春秋左氏传》子产等之论阴阳灾异，《礼记·月令》，《吕览》与《易纬》者也。然远探其源，盖本之羲和之官乎？《尚书·尧典》称："乃命羲和，钦若昊天，历象日月星辰，敬授人时。……期三百有六旬有六日，以闰月定四时，成岁。"《舜典》称舜"在璿玑玉衡以齐七政。"

而易之卦爻亦载先甲后甲先庚后庚之说，牛车狐鬼，劓刖入腹之异。《春秋》亦正四时之序，兼载灾异之状。《六经》为孔子所述著，然则阴阳灾异卦气卦候之学，亦溯源于孔子也。东汉易家如荀虞马郑亦以此解易。《汉书·艺文志》亦载古五子殆亦此类。

孔子→……易家候阴阳灾变书→？田王孙→孟喜→赵宾

？{孟喜 / 隐士}→焦延寿（赣）→京房→古五子

（四）道家易之渊源

西汉之时淮南王刘安学易于九师，始融玄言于易，《汉志》载有九师之书。东汉魏伯阳著《周易参同契》一书，以神仙丹道老庄之术参合易理，研其机而究其深，虞翻为之作注。此则汉易之涉乎道家者也。其后王辅嗣兴，遂以老庄之玄学释易，为易另开坦途。

淮南九师→淮南子刘安（丹道）？→？魏伯阳《周易参同契》（东汉）

四、西汉为吾国易学之黄金时代

西汉皇帝皆重视易学，自孔子传易于商瞿，再五传，而至田何，时当汉兴，田何以精易，宁静淡泊，老而道弥笃，为帝王师。汉高祖既没，汉惠帝即位，首除挟书之律，拜田何为师，皇甫谧《高士传》云：“田何字子庄，齐人也，自孔子受易五传至何……惠帝时，何年才老家贫，守道不仕，帝亲幸其庐以受业，终为易者宗。”

其后汉文帝设博士位，汉武帝元光元年（公元前134年），杨何以易征为中大夫。杨何者田何再传弟子。由是易学广传于天下，精易者皆位至大官。《史记·儒林传》云：

“鲁商瞿受易孔子，孔子卒，商瞿传易六世至齐人田何字子庄，而汉兴，田何传东武人王同子仲，子仲传菑川人杨何，何以易元光元年征官至中大夫，齐人即墨成以易至城阳相。广川人孟但以易为太子门大夫，鲁人周霸，莒人衡胡，临菑人主父偃，皆以易至二千石。然要言易者本于杨何之家。”

《汉书·儒林传》赞云：

“自武帝立五经博士，开弟子员，设科射策，劝以官禄……初《书》惟有欧阳，《礼》后，《易》杨，《春秋》公羊而已。”

是自杨何以易为中大夫，而易学大盛。司马谈学易于杨何，仕为太史公，传子司马迁。而杨何复传是于京房。京房仕为齐郡太守。京房（汉有两京房，此为姓京名房者，汉元帝时京房本姓李，善吹律，自定为京氏，乃善家候灾变之易者。）传于梁丘贺，梁丘贺又学易于田王孙。汉宣帝时以京房为易明，求其弟子得梁丘贺，立为博士，待诏黄门。说易极得贵幸。

《汉书·宣帝本纪》甘露三年三月己丑诏：

“诸儒讲五经同异，太子太傅萧望之等平奏其议，上亲称制临决焉，乃立梁丘《易》，大小夏侯《尚书》，穀梁《春秋》博士。”

《汉书·儒林传·梁丘贺传》云：

“宣帝时闻京房为易明，求其门人，得贺……待诏黄门，数入说教侍中以召贺，贺入说，上善之，以贺为郎。”

而丁宽亦以善易为汉景帝时梁孝王将军，七国之乱发兵拒吴楚有功。作《易说》三万言，而传于田王孙，田王孙为博士，田王孙授施雠、孟喜、梁丘贺。

《汉书·儒林传》云：

“（施）雠为童子，从田王孙受易，后雠徙长陵，田王孙为博士。复从卒业，与孟喜、梁丘贺并为门人。”

及梁丘贺贵幸荐施雠为博士。孟喜之学，复益之以易家候阴阳灾变，授于白光少子，翟牧子兄（颜师古曰："兄读曰况"），皆为博士。详见《儒林传》。

《汉书·张禹传》载张禹受易于施雠，久之试为博士。《何武传》谓何武治易以射策甲乎为郎。《儒林传》载鲁伯以易为会稽太守，张禹至丞相，戴崇为九卿，彭宣为大司空，毛莫如为常山太守，梁丘临为少府，王骏御史大夫，士孙张为博士，郑彭祖为太传，齐衡咸为讲学大夫。殷嘉、姚平、乘弘为博士，费直治易为郎，高康为郎，韩商为博士。……由是以易为博士者有杨何、田王孙、施雠、张禹、翟牧、白光（二人孟氏易）梁丘贺、士孙张、殷嘉、姚平、乘弘、韩商等，而以易为大官者不可胜数。宣帝时，韩生以善易为太传，韩婴易待诏殿中。

《汉书·儒林传》云：

"孝宣时，涿郡韩生其后也，以易征，待诏殿中，曰：所受易即先太傅所传也。"

即至汉元帝五鹿充宗以善梁丘易贵幸，元帝命之与诸儒论易，而朱云论易精辩折充宗，遂立朱云为博士。

《汉书·朱云传》云：

"时少府五鹿充宗贵幸为梁丘易，自宣帝时善梁丘氏说，元帝好之，欲考其异同，令充宗与诸易家论，充宗乘贵辨口，诸儒莫能与抗，皆称疾不敢会。有荐云者，召入摄斋，登堂抗首而请，音动左右，即论难，连拄五鹿君，故诸儒为之语曰：'五鹿岳岳，朱云折其角，繇是为博士。'"

又立京氏易为博士。

《汉书·儒林传》赞云：

"自武帝立五经博士，初《书》唯有欧阳，《礼》后，《易》杨、《春秋》公羊而已。至孝宣世复立施孟梁丘易，至元帝世复立京氏易。"

由是终汉之世，易立为博士者有杨何、施、孟、梁丘、京五家。梁丘贺以杨何弟子京房易显，教梁丘易即杨何易。西汉最重视易学，由兹可见。至汉成帝命刘向校书考易说，以为诸易家说皆祖田何。杨叔丁将军，大谊略同，唯京氏为异。

《汉书·成帝本纪》云：

"河平三年秋八月乙卯晦……光禄大夫刘向校中秘书。"

《汉书·儒林传》则云：

"成帝时刘向校书考易说，以为诸易家说皆祖田何，杨叔元，丁将军大谊略同，唯京氏为异。"

盖杨何之易得自王同子中，子中得自田何，丁将军即丁宽，其易学得自田何，传至周王孙立为博士，再传施、孟、梁丘。故杨氏与施、孟、梁丘三家，皆祖田何，故大义略同。京氏之学得自焦赣，有阴阴灾变之说，故异。及汉平帝时，以苏竟明易为博士。

《后汉书·苏竟传》云：

“竟字伯沉，扶风平陵人也。平帝世竟以明易为博士，讲《书》祭酒。”

是终汉之世，自帝王至士大夫皆重视易学。精易者或为帝王之师，或为博士将相，或为祭酒——学术界最高领袖，或位至大官。而五经博士中，易之博士最多。西汉诚吾国易学之黄金时代。

五、西汉易学之传授

汉易之传授，自田何始，其传承之详情，《史记》、《汉书》、《后汉书》、《隋书》、《释文序录》、《周易正义》、纪磊《汉儒传易源流》，皆有详明之阐述。

《史记·儒林传》云：

“孔子卒，商瞿传易六世，至齐人田何字子庄，而汉兴，田何传东武人王同子仲，子仲传菑川人杨何，何以易，元光元年征官至中大夫，齐人即墨成以易至城阳相。广川人孟但以易为太子门大夫，鲁人周霸，莒人衡胡，临菑人主父偃，皆以易至二千石。然要言易者本于杨何之家。”

《汉书·儒林传》云：

“汉兴，田何以齐田徙杜陵，号杜田生，授东武王同子中、洛阳周王孙、丁宽、齐服生，皆著《易传》数篇。同授淄川杨何，字叔元，元光中，征为大中大夫，齐即墨成至城阳相，广川孟但为太子门大夫。鲁周霸、莒衡胡、临淄主父偃，皆以易至大官，要言易者本之田何。

丁宽，字子襄……读易精捷……学成，何谢宽，宽东归，何谓门人曰：‘易以东矣。’宽至洛阳，复从周王孙受古义，号《周氏传》。景帝时，宽为梁孝王将军距吴、楚，号丁将军，作《易说》三万言……宽授同郡砀田王孙，王孙授施雠、孟喜、梁丘贺。由是易有施孟梁丘之学。

施雠，字长卿……从田王孙受易……诏拜……为博士……雠授张禹，琅邪鲁伯……禹授淮阳彭宣、沛戴崇子平……鲁伯授太山毛莫如少路，琅邪邴丹曼容。……由是施家有张彭之学。

孟喜，字长卿……从田王孙受易……得易家候阴阳灾变书。……蜀人赵宾……饰易文……云受孟喜。……喜授同郡白光少子、沛翟牧子兄，皆为博士。由是有翟、孟、白之学。

梁丘贺，字长翁……从大中大夫京房（汉有二京房，另焦延寿弟子）受易。房者淄川杨何弟子也。房出为齐郡太守，贺更事田王孙。……传子临……吉（王吉）乃使其子郎中骏（王骏）上疏从临受易。临代五鹿充宗……充宗授平陵士孙张仲方、沛郑彭祖子夏，齐衡咸长宾……由是梁丘有士孙、邓、衡之学。京房受易梁人焦延寿，延寿云尝从孟喜问易……房授东海殷嘉、河东姚平、河南乘弘……由是易有京氏之学。

费直，字长翁，治易为郎……琅邪王璜平中能传之。

高相，沛人也，治易与费公同时……专说阴阳灾异。自言出于丁将军，传至相。相授子康及兰陵毋将永。……由是易有高氏学。"

《汉书·艺文志》载《蔡公》二篇，自注云："卫人事周王孙。"《韩氏》二篇，注云："名婴。"《古五子》十八篇，注云："自甲子至壬子，说易阴阳。"《淮南道训》二篇，注云："淮南王安聘明易者九人，号九师说。"《古杂》八十篇、《杂灾异》三十五篇、《神输》五篇，图一，云："及秦燔书，而易为筮卜之事，传授者不绝，汉兴田何传之，讫于宣元，有施、孟、梁丘、京氏列于学官，而民间有费、高二家之说。"

《韩婴传》云：

"韩婴，燕人也，孝文时为博士……韩生亦以易授人，推易而为之传。……后其孙商为博士，孝宣时涿郡韩生其后也，以易征待诏殿中，曰：'所受易即先太傅所传也。'……盖宽饶本受易于孟喜，见涿韩生说易，而好之，即更从受焉。"

《史记·日者传》云：

"宋忠为中大夫，贾谊为博士，同日俱出洗沐，相从，议论诵易先王圣人之道术，究遍人情，相视而叹，贾谊曰：'吾闻古之圣人，不居朝廷，必在卜医之中，今吾已见三公六卿，朝士大夫，皆可知矣。试之卜数中以观采。'二人即同舆而之市，游于卜肆中，天新雨，道少人，司马季主间坐，弟子三四人侍，方辨天地之道，日月之运，阴阳吉凶之本……语数千言莫不顺理。宋忠、贾谊瞿然而悟。……褚先生曰：'……夫司马季主者，楚贤大夫，游学长安，通《易经》，术黄帝、老子，博闻远见，观其对二大夫贵人之谈言，称引古明王圣人道，固非浅闻小数之能。'"

《史记·太史公自序》：

"谈为太史公，太史公学天官于唐都，受易于杨何。"

《经义考》引张华曰：

"五鹿充宗受易于弘成子，成子少时尝有人过之，授以文石，大石卵。成子吞之，遂大明悟，为天下通儒。后病吐出此石，以授充宗。充宗又为硕学也。”

据此则严遵亦善易者，扬雄从之游，故亦善易，扬雄之太玄，即仿易而作，亦能占卜。殆渊源于此，《隋志》五行家著录伏万寿《周易集林》十二卷。

《汉书·魏相传》云：

“相字弱翁，济阳定陶人也。徙平陵，少学易为郡卒史，举贤良，以对策高第……宣帝即位，征相入为大司农，迁御史大夫。……相明《易经》有师法……又数表采《易阴阳》及《明堂月令》奏之。”

《易阴阳》及《明堂月令》则亦孟喜卦气卦候之学，惟不知其传承耳，《释文序录》《周易正义》皆本《汉书》之说，纪磊《汉儒传易源流》则本《史记》《汉书》，而载各易家之传而已。由是作西汉易学传承表如下：

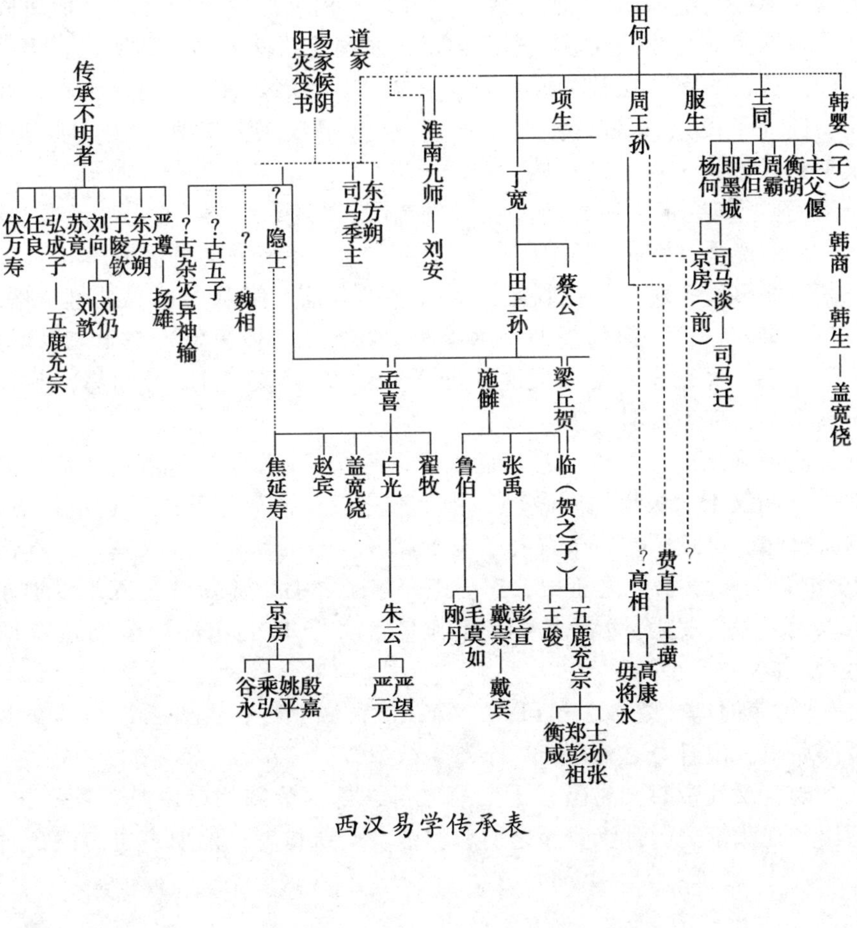

西汉易学传承表

六、西汉易学之书目与著作

（一）《易经》十二篇

西汉为吾国易学之黄金时代，然考其易学，经与十翼之次序，实与魏晋以后不同。其易学之次序，乃与古代所相同。经为卦爻辞，分为两篇，即上经自乾坤至坎离，下经由咸恒至既济未济。其次为十翼，依次为彖辞上下、象辞上下、系辞上下、文言、说卦、序卦、杂卦。故《汉书·艺文志》载《易经》十二篇。颜师古注："上下经及十翼，故十二篇。"

《史记·孔子世家》亦谓："孔子晚而喜易，序彖系象说卦文言，读易，韦编三绝，曰：'假我数年，若是，我于易则彬彬矣。'"而班固亲览向歆父子之业，仕宦在东汉初年，而撰著西汉之书，其所见，当系正确。言："及秦燔书，而易为筮卜之书，传者不绝。"则是十翼，在司马迁（子长）、班固（孟坚）作《史记》《汉书》时尚存在。唯自东汉王充《论衡·正说篇》始云：

"至孝宣皇帝之时，河内女子发老屋，得逸《易》《礼》《尚书》各一篇。奏之，宣帝下示博士，然后易《礼》《尚书》各益一篇。"

王充多疑，尝作问孔刺孟，其言岂可全信？阙疑可也。纵可全信，其言"易益一篇"果何篇耶？意者其汉儒所传《易逸象》三十二者耶？至《隋书·经籍志》复云失说卦三篇。云："及秦焚书，《周易》独以十翼得存，唯失说卦三篇。"

此殆《隋志》之误，遂启后人聚讼纷纭（《隋志》亦偶有疏误，见拙作《两汉十六象易注阐微》），由王充之一篇，至《隋志》遂成三篇。其误可知。自欧阳修以下疑孔子与十翼者，不察其本，唯求其末，不信《史记》与《汉书》之正史，宁信王充多疑之书，遂闹出"五十以学亦可以无大过"之笑话者多矣。始作俑者，宁非王充耶？至如戴东原（震）亦言：

"武帝时博士之业，虽已十二篇，然昔儒相传，说卦三篇与今文太誓同后出。说卦分之为序卦，杂卦，故三篇。"

既言汉武帝时，易已有十二篇之目，复言昔儒相传说卦三篇后出。后出乃在武帝之曾孙汉宣帝之时，河内女子所得者，信斯言也。武帝时唯有九篇，安有十二篇耶？斯不通之论也。王充在东汉之末，以多疑之人，撰多疑之书，乃言“易益一篇”未言三篇也。在《隋志》乃云三篇，后人疑及说卦者皆涉王充与《隋志》之疏误不足信也。吾人宁可信，生在当时，见西汉学术盛业之司马迁与班固之正史——《史记》《汉书》为正，为最原始资料，可信程度较高。孔子曰：“信而好古，窃比于我老彭。”良有以也。且由《春秋左氏传》《国语》及诸子述易之事，可证春秋战国之卦象较说卦之卦象，多同。甚者有在说卦之外者。具见韩宣子所见易象早已有之。可为说卦之旁证。

（二）西汉易学之书目与作者

《汉书·艺文志》载《易经》十三家二百九十四篇如下：

《易经》十二篇施孟梁丘三家师古注曰：“上下经及十翼故十二篇。”

《易传周氏》二篇注：“字王孙也。”

《服氏》二篇师古注曰 ：“刘向《别录》云：服氏齐人号服光。”

《杨氏》二篇注：“名何，字叔元，菑川人。”

《蔡公》二篇注：“卫人事周王孙。”

《韩氏》二篇注：“名婴。”

《王氏》二篇注：“名同。”

《丁氏》八篇注：“名宽，字子襄，梁人也。”

《古五子》十八篇注：“自甲子至壬子《说易阴阳》。”

《淮南道训》二篇注：“淮南王安聘明易者九人，号九师法。”

《古杂》八十篇　《杂灾异》三十五篇　《神输》五篇图一注：“刘向《别录》云《神输》者王道失则灾害生，得则四海输之祥瑞。”

《孟氏京房》十一篇　《灾异孟氏京房》六十六篇　五鹿充宗《略说》三篇　《京氏段嘉》十二篇注：“苏林曰：‘东海人为博士’。晋灼曰：儒林不见。”师古曰：“苏说是也。嘉即京房所从受易者也”。见《儒林传》及刘向《别录》。

《章句》施孟梁丘氏各二篇。

“凡易十三家二百九十四篇。……及秦燔书而易为筮卜之事，传者不绝，汉兴田何传之，讫干宣元，有施孟梁丘京氏，列于学官。而民间有费高二家之说，刘向以中《古文易经》校施孟梁丘经。”师古曰：“中者天子之书也，言中以别于外耳。或脱去无咎、悔亡，唯《费氏经》与《古文》同。”

《儒林传》则云：

“（田何）授东武王同子中，洛阳周王孙、丁宽、齐服生皆著《易传》数篇。……蜀人赵宾为易饰易文，云受孟喜。京房受易梁人焦延寿，房以为延寿易即孟氏学。费直长于卦筮，亡章句，徒以彖象系辞十篇文言解说上下经。高相其学亦亡章句，专说阴阳灾异。”

《汉志》又载蓍龟十五家，四百一卷：

《龟书》五十二卷。

《夏龟》二十六卷。

《南龟书》二十八卷。

《巨龟》三十六卷。

《杂龟》十六卷。

《蓍书》二十八卷。

《周易》三十八卷。

《周易明堂》二十六卷。

《周易随曲射匿》五十卷。

《大筮衍易》二十八卷。

《大次杂易》三十卷。

《鼠序卜黄》二十五卷。

《于陵钦易吉凶》二十三卷。

《任良易旗》七十一卷。

《易卦八具》。

班固云：“蓍龟者圣人之所用也。《书》曰：‘汝则有大疑，谋及卜筮。’《易》曰：‘定天下之吉凶，成天下之亹亹者，莫善于蓍龟。是故君子将有为也，将有行也，问焉而以言，其受命也如向。无有远近幽深，遂知来物。’”

则并费高二家，有十五家。其《易经》教本即今易上下经与十翼，故十二篇。其注解成书者有周王孙、服光、杨何、蔡公、韩婴、王同、丁宽、淮南九师道训、孟氏京房、五鹿充宗、京氏段嘉与费直，与施孟梁丘三家《章句》，皆易学正传也。至于《古五子》、《古杂》八十篇，《杂灾异》、《神输》与《灾异孟氏京房》，与高相《易注》皆涉及阴阳灾异之学。而费直以十翼解说上下经，开古文易之家法，淮南九师道训，开老庄解易，乃道家易之所宗。而蓍龟类又是占筮之所本。则是西汉易学，今古文、儒、道，阴阳灾异占筮皆俱全矣。盛哉！西汉之易学也。

七、兼融并蓄之东汉易学

汉光武帝建武元年（公元25年），立博士十四家，而易经博士四家。《后汉书·徐防传》云：

“汉承乱秦，经典废绝，本文略存，或无章句，收拾缺遗，建立明经，博征儒术，开置太学。孔圣既远，微旨将绝，故立博士，十有四家。”

章怀太子李贤注：

“《汉官仪》曰：‘光武中兴，恢弘稽古，《易》有施孟梁丘贺京房，《书》有欧阳和伯夏侯胜建，《诗》有申公辕固韩婴，《春秋》有严彭祖颜安乐，《礼》有戴德戴圣，凡十四博士。’”

建武二年（公元26年），范升以《梁丘易》迁易经博士。建武四年（公元28年）正月尚书令韩歆上疏，欲为《费氏易》《左氏春秋》立传士，诏下其议。范升与韩歆、许淑相与辩难，范升复上《费氏易》《左氏春秋》立传士奏议，以为异端不宜立。斯范氏之私心自用，亦愚蒙之故。汉光武帝又立习《京氏易》之戴凭为博士。《儒林传》云：

“习《京氏易》，年十六。郡举明经征试博士，拜郎中。时诏公卿大会，群臣皆就席，凭独立，光武问其意。凭对曰：‘博士说经，皆不如臣而坐居臣上，是以不得就席。’帝即召上殿，令与诸儒难说，凭多所解释。帝善之，拜为侍中。”

及明帝和帝顺帝，皆甚重学术，数临东观，览阅书林。灵帝熹平四年（公元175年）诏诸儒蔡邕、马日磾等，正定五经，刊于石碑，为古文篆隶三体书法，以相参检，树之学门，使天下取则焉。《后汉书·灵帝本纪》云：“熹平四年春三月，诏诸儒正五经文字，刻石立于太学门外。”

按《洛阳记》：“太学在洛城南，开阳门外。讲堂长十丈，广一丈，堂有石经四部，本碑凡四十六枚。西行《尚书》、《周易》、《公羊传》，十六碑存，十二碑毁，南行《礼记》十五碑，悉崩坏。东行《论语》三碑，一碑毁。《礼记》碑上有谏议大夫马日磾，议郎蔡邕名。”

易则用梁丘氏之易。（见拙著《两汉十六家易注阐微》）

八、东汉易学之源流与传承

《后汉书》《三国志》《释文序录》及《隋书》皆未载明西汉易之传于东汉者，其授受之际，莫能详考，岂以蔡邕为《后汉书》未成，而为王允等诛死，而范晔东晋人，世隔时异，未能尽明其传承邪？《释文序录》及《隋书》皆本《后汉书》之说，惟《隋书》所载《高相易》受于王横，实误，此吾师高仲华夫子已驳正之。

《后汉书·儒林传》云：

“光武中兴，爱好经术……立五经博士……易有施孟梁丘京氏。……刘昆字桓公……平帝时受《施氏易》于沛人戴宾。……子轶字君文，传昆业，门徒亦盛。……洼丹字子玉，南阳育阳人也。世传《孟氏易》……徒众数百人……作《易通论》七篇……易家宗之……时中山觟阳鸿，字孟孙，亦以《孟氏易》教授有名称。……任安字定祖……受《孟氏易》……又从同郡杨厚学图谶……建安七年卒于家。杨政，字子行……从代郡范升受《梁丘易》……教授数百人。……张兴，字君上……习《梁丘易》以教授……弟子自远至者，著录且万人，为梁丘家宗。……子鲂传兴业。……戴凭字次仲，汝南平与人也。习《京氏易》。……时南阳魏满，字叔牙，亦习《京氏易》教授。……孙期，字仲彧……习《京氏易》……建武中，范升传《孟氏易》（按：范升乃学《梁丘易》者，此误。）以授杨政，而陈元、郑众皆传《费氏易》，其后马融亦为其传，融授郑玄，玄作《易注》，荀爽又作《易传》，自是费氏兴而京氏遂衰。”

“景鸾，字汉伯，广汉梓潼人也。少随师学经，涉七州之地，能理《齐诗》、《施氏易》，兼受《河》《洛》图纬，作《易说》及《诗解》，文句兼取《河》《洛》，以类相从，名为《交集》。……凡所著述五十余万言。数上书陈救灾变之术。州郡辟命不就，以寿终。”

《后汉书·郎𫖮传》云：“父宗字仲绥，学《京氏易》……𫖮少传父业。”

《杨政传》云：“祈圣元，京兆人，与同郡左中郎将杨政皆治《梁丘易》。”

《袁安传》云：“祖父良习《孟氏易》，平帝时举明经，为太子舍人。建武初至成武令，安少传良举，为人严重有威，见敬于州里。……子京，字仲誉，习《孟氏易》。作《难记》三十万言。……(京）子彭，字伯楚，少传父业。……彭弟汤，字仲河，少传家学。诸儒称其节，多历显位。(安子）敞，字叔平，少传《易经》教授，以父任为太子舍人。”

《杨震传》云：“少传父业，兼明《京氏易》。”

《马融传》：“初，京兆挚恂以儒术教授，隐于南山……融从其游艺。”

按皇甫谧《高士传》言恂明礼、易，“渭滨弟子扶风马融，沛国桓驎等，自远方至者十余人。……马融之学既出于挚恂，融传《费氏易》则挚恂亦传《费氏易》可知……桓驎既与马融同门，当亦传《费氏易》者。”

《朱晖传》：“家世衣冠……子颉修儒术，颉子穆，穆曾以《书》戒梁冀曰：‘明年丁亥之岁，刑德合于乾位……谓阳道将胜而阴道负也。”(吾师高仲华云：“以其说推之，或出于京氏。”)

《崔骃传》：“高祖父朝……生子舒……舒小子篆……著《周易林》六十四篇，用决吉凶多所占验。……篆生毅……毅生骃，年十三能通《诗》《易》《春秋》。……中子瑗……能传其父业……从侍中贾逵质正大义……遂明天官历数，《京房易传》，六日七分，诸儒宗之。”

《徐防传》：“祖父宣为讲学大夫，以易教授王莽父宪亦传宣业，防少习祖父学。”(按：梁丘贺再传弟子五鹿充宗子衡咸亦为王莽讲学大夫，马国翰因列王莽为《梁丘易》，意者徐氏三代亦传《梁丘易》)《显宗马皇后纪》：“后能诵《易》，好读《春秋》、《楚辞》，尤善周官、董仲舒书。”

《马援传》：“(援子廖）少以父任为郎。”《东观记》曰：“廖少习《易经》，清约沉静。”

《郑玄传》：“玄字康成，北海高密人也。玄少为啬夫，得休归，常诣学官，不乐为吏，父数怒之不能禁，遂造太学受业。师事京兆第五元先，始通《京氏易》。”

《郑兴传》：“(兴）子众……众字仲师，年十二，从父受《左氏春秋》，精力于学……兼通《易》、《诗》，知名于世。”

《周燮传》：“燮生而缺颐折额，丑状骇人。其母欲弃之，其父不听曰：‘吾闻圣贤多异貌，兴我宗者乃此儿也。’于是养之……及长专精易。”

《杜乔传》：“乔字叔荣，河内林虑人也。”《续汉书》曰：“乔少好学，治《京氏易》。”

《杨震传》：“震子秉，字叔节，少传父业，兼明《京氏易》。”

《荀淑传》：“（淑子）爽，字慈明，一字谞。幼而好学……太尉杜乔见而称之曰：可为人师。……颍川为之语曰：荀氏八龙，慈明无双。……著《易传》。”

《循吏传》：“任延，字长孙，南阳宛人也，年十二，为诸生，学于长安，明诗、易。”“王景，字仲通，乐浪讲邯人也。……少学易，遂广窥众书，又好天文术数之事……景以为六经所载，皆有卜筮，作事举止，质于蓍龟，而众书错糅，吉凶相反，乃参纪众家数术文书，冢宅禁忌，堪舆日相之属，适于事用者，集主为《大衍玄基》云。”

《徐稺传》注引《谢承书》曰：“稚少为诸生，学严氏《春秋》、《京氏易》、欧阳《尚书》，兼综风角，星官、算历、河图、七纬推步、变易。”

《逸民传》：“向长字子平，河内朝歌人也。隐居不仕，性向中和，好通老易。……读易至损益卦。喟然叹曰：‘吾已知富不如贫，贵不如贱，但未知死何如生耳。’建武中。男女娶嫁既毕……于是遂肆意与同好北海禽庆俱游五岳名山，竟不知所终。”

《东观汉记》：“沛献王辅，善《京房易》，永平五年秋，京师少雨，上御云台……自以《周易卦林》占之，得水山蹇卦。其繇曰：蚁封穴户，大雨将至，蹇艮为山，坎为水，山出云为雨，蚁穴居而知雨，将云雨，故以蚁为兴文。”“申屠蟠字士龙，隐居学治《京氏易》，博贯五经，兼明图纬。”

《独行传》：“谯玄字君黄，巴郡阆中人也。少好学玄能说易。……仕于州郡。……后公孙述僭号于蜀，连聘不诣。……终述之世……莫能修尚学业。玄独训诸子，勤习经书。”

《文苑传》：“夏恭，字敬公，梁国蒙人也。习《韩诗》《孟氏易》，讲授门徒常千余人。”

《方术传》云：“郭宪，字子横，汝南宋人。少师事东海王仲子（沈钦韩以为即王璜）。杨由……少习易并七政元气风云占候（按：无气风云占候为孟京之学）。段翳，字元章。习《易经》，明风角。析象字伯式……能通《京氏易》。樊英，字季齐……习《京氏易》……颍川陈实少从英学。许曼者，汝南平舆人也。祖父峻……善卜占之术，多有显验，时人方之前世京房。……道士张巨君授以方术，所著《易林》至今行于世。……曼少传峻学。唐檀字子彦，习《京氏易》。”

《三国志·虞翻传》裴松之注，引《虞翻别传》云：“翻初立《易注》奏上（汉献帝）：‘臣闻六经始，莫大阴阳，是以伏羲仰天县象而建八卦。……臣高祖父故零陵太守光，少治《孟氏易》，曾祖父故平舆令成，赞述其业，至臣祖父凤为之最密。臣先考故日南太守歆，受本于凤，最有旧书，世传其业，至臣五世。’”

樊英何注引《谢承书》曰：“李咠，字子然，鄮人也，笃行好学，不羡荣禄，习《鲁诗》《京氏易》。”

又许慎《说文解字·序》：“称易孟氏。”则亦治孟氏易者也。由上吾人可推知东汉施孟梁丘京及费氏五家易学之传承。其余传承如：

《桓潭传》：“桓潭字君山，遍习五经。”

《张衡传》：“又欲继孔子《易说》彖象残缺者，竟不能就。”

《姜肱传》：“肱博通五经，兼明星纬。”

黄奭辑谢承《后汉书》云：“表受学于同郡王畅，畅为南阳太守。”

王充《论衡·按书篇》：“按东番邹伯奇，临淮袁太伯……太伯之《易章句》。”

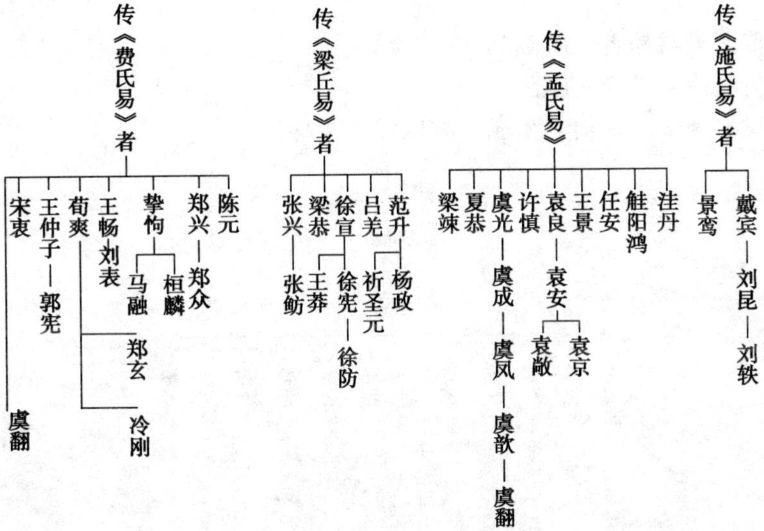

《三国志》注引《虞翻别传》谓：翻尝亲览荀爽及马融、郑玄、宋衷之易，今观其学亦有取自四家者，又《周易集解》引虞翻注，有彭城蔡景君说，王先谦疑为《汉志》之蔡公，又翻尝作《参同契注》，则《虞氏易》又有二源：

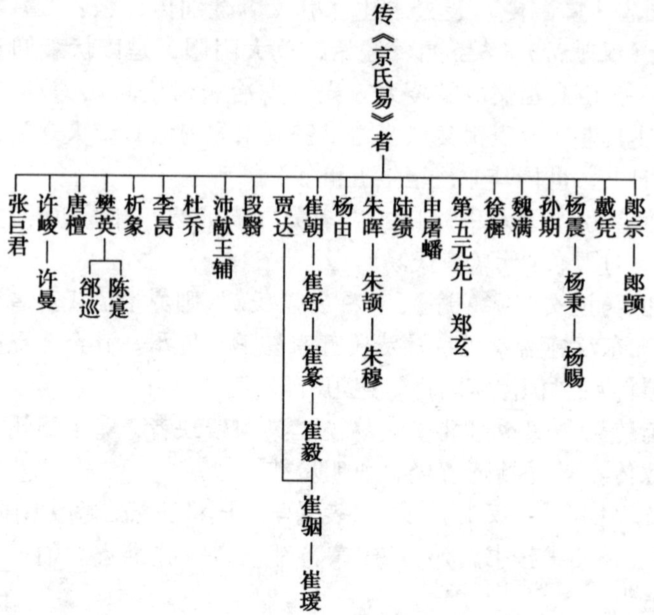

传蔡景君易者—虞翻

传魏伯阳易者—虞翻

汉易至虞翻，集其大成，故以虞翻终焉。

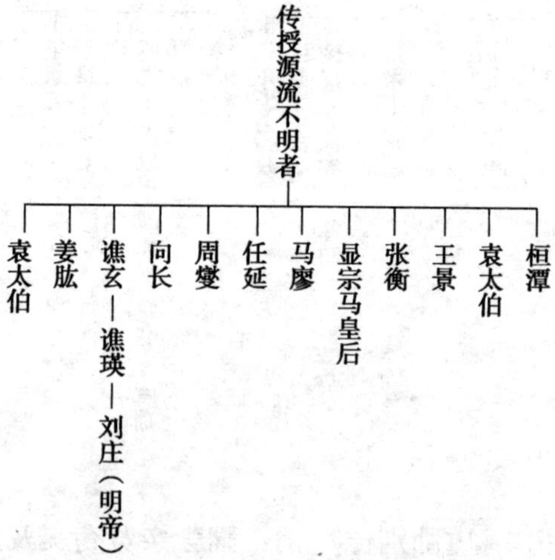

由是知东汉传《京氏易》者最多，《孟氏》《费氏》次之。

九、东汉所见易学书目与历代之存佚

（一）东汉易学之书目与作者

《后汉书》无《艺文志》，殆以范晔生乎东晋之时，在永嘉之乱五胡乱华后，不见东汉诸儒之著述，故未得而详载也。惜乎！蔡邕有良史之才，徒以哭董卓之故，而为王允等诛杀，不得撰写《后汉书》。遂使东汉学术之盛业，不得而传，非唯蔡邕一人之悲亦抑中华学术之损失也，惜乎！悲哉！今可见范氏《后汉书》中载及易之作者，有许曼《易林》（《方术传》）、崔篆《易林》六十四篇（《崔骃传》）、洼丹作《易通论》七篇、王景作《大衍玄基》。余如《马融传》、《郑玄传》、《荀爽传》中，亦叙及四家易学之著述。黄宪有《外史论易》之文。刘表撰有《易传》传世。此为东汉之易学著作。至于施孟梁丘京费五家之易，乃有存者。此东汉所见易学之书目与作者，有考者如斯而已。

（二）隋末所保存之两汉易学

陆德明《经典释文》云："汉初立易杨氏博士，宣帝复立施孟梁丘之易，元帝又立京氏易，费高二家不得立，民间传之；后汉费氏兴而高氏遂微。永嘉之乱，施氏梁丘之易亡，孟京费之易，人无传者，唯郑康成王辅嗣所注行于世。"其所载易家有《子夏易传》三卷。注云："《七略》云汉兴，韩婴传。"《孟喜章句》十卷。注云："无上卷，《七录》云又下经无旅至节，无上系。"《京房章句》十二卷。《费直章句》四卷。注云："残缺。"《马融传》十卷。《荀爽传》十卷。《郑玄注》十卷。《刘表章句》五卷。《宋衷注》九卷。《虞翻注》十卷。注云："后汉侍御史。"《陆续述》十三卷。注云："后汉偏将军。"《荀爽九家集注》十卷。注云："不知何人所集，称荀爽者以为主故也。其序有荀爽、京房、马融、郑玄、宋衷、虞翻、陆绩、姚信、翟子元。"共载两汉易学十二家。

（三）唐初所见之两汉易学

《隋书·经籍志》云："后汉陈元郑众皆传费氏之学，马融又为之传，以授郑玄，玄作《易注》，荀爽又作《易传》。魏代王肃王弼并为之注……《梁丘》《施氏》《高氏》亡于西晋，《孟氏》《京氏》有书无师，梁陈郑玄王弼二注列于国学，齐代唯传郑义，至隋，王注盛行，郑学浸微，今殆绝矣。"谓唐初作《隋书》时，《郑氏易》未行于民间也。唯中祕（帝室藏书）尚存诸易书，故《隋志》载易家有：《周易》二卷。《子夏传》云："残缺，梁六卷。"《孟喜章句》八卷。注云："残缺，梁十卷。"又有《费直注周易》四卷亡。《郑玄注》九卷。《马融注周易》一卷亡。《刘表章句》五卷。《宋衷注周易》十卷亡。《荀爽注易》十一卷。《魏王肃注》十卷。《吴虞翻注周易》九卷。《吴陆续注周易》十五卷。《周易荀爽九家注》十卷。《周易马郑二王四家集解》十卷。是唐初费氏、马氏、宋氏三家之易又亡。而《子夏易传》《孟喜章句》则已残缺。汉易之存者，唯有京房、郑玄、刘表、虞翻陆续五家耳。（王肃为三国时人，虞翻尝数次上书汉献帝，故列入汉易。）而《马郑二王四家集解》及《荀爽九家集解》，亦略存马郑二家之易，此两汉易学之存于唐初者也。

（四）五代及北宋时所具两汉易学之著录

《旧唐书》撰于五代之后晋，其《经籍志》载及两汉易学者有：《子夏周易》二卷。《孟喜章句》十卷。《京房章句》十卷，《费直章句》四卷。《马融章句》十卷。《郑玄注》九卷。《荀爽章句》十卷。《刘表注》五卷。《宋衷注》十卷。《虞翻注》九卷。《荀氏九家集解》十卷。《马郑二王解》十卷。此五代时两汉易学之仅存者也。殆以隋末群雄并起，书籍散亡，故唐初长孙无忌等人修隋史未之见也。及天下既定，而书籍复出，故唐李鼎祚撰《周易集解》，犹及征引汉易，而五代时刘氏修唐史，犹及见唐初所佚之易书。

北宋时，宋祁、欧阳修撰《新唐书》，其《艺文志》所著录两汉易学与旧唐书同。唯《郑玄注》作十卷，而虞翻写作虞翻耳。《释文》亦作十卷，《隋志》则九卷，盖十卷者或于易论与赞而加之也。翻即翻也。是北宋时汉易犹未亡也。宋郑樵《通志》乃载《京氏易》《孟氏易》皆十卷。《费氏易》四卷。《马融》《荀爽易》各十卷。《刘表易》五卷。《子夏易传》二卷。《京氏易传陆绩注》三卷。

（五）北宋以后汉易之亡佚

南宋晁公武撰《郡斋读书志》时，已不著录汉易。陈振孙《直斋书录解题》著录荀九家之易注，而以为乃荀爽所集，淮南九师之书，是未亲见荀九家之书，而以想当然耳之辞著之，所以致误者也。《宋史·艺文志》唯载郑玄《文言注义》一卷。至于《卜子夏易传》十卷则为书。《四库全书总目提要》称宋《崇文总目》著录《郑易》一卷，至中兴书目始不著录，谓《郑易》亡于南北宋之间。由是推知汉易之亡，殆在金兵南犯，中原鼎沸，徽钦蒙尘，而宋室南迁之时也。

十、南宋以后汉易之辑佚及今存之版本

南宋王伯厚（应麟）感于《郑易》之散亡，始旁摭诸书辑《郑氏易》一卷，其后明儒胡孝辕、姚士粦，清儒惠定宇、丁小雅、袁陶轩、孔广林等踵成其美，皆辑《郑氏易》。至于辑两汉易学者，则自清儒始。盖陆德明《经典释文》载及两汉易学者凡十二家，皆与王辅嗣、韩康伯易注比勘其异同。其异者，因而载之；其同者，则略焉。间亦略载十二家之易注焉。余如：唐李鼎祚《周易集解》，史征《周易口诀义》，孔颖达、贾公彦、邢昺等人之《十三经注疏》，宋朱震《汉上易传》、《汉上易卦图》、《汉上易丛说》，房审权《周易义海》，李衡《周易义海撮要》（房书已佚，李书存于《通志堂经解》），吕祖谦《古易音训》（吕书已佚，清宋咸熙辑其书），皆尝著录汉易之正解，或释其音，或著其义，或载其理，皆存有汉易之吉光片羽。故诸儒据此，并考之其它载籍，因而得辑汉易之佚，存汉易之绪于千古。故吾人今日犹可睹距今约二千年前之汉易者，咸赖此也。

至于今日可见辑汉易之较全者，如胡微元《汉易十三家》（《玉津阁丛书》本）则辑有韩婴、蔡景君、施雠、孟喜、梁丘贺——周易古五子，淮南九师道训、京氏、费直、马融、刘表、宋衷、荀爽等十三家之易注，汇聚为一小册。张惠言则辑有《周氏虞氏义》（见《皇清经解》）、《周易荀氏九家》、《订正周易郑氏注》（《张皋文笺易诠全集》本），《易义别录》则载有孟氏、京氏、马氏、宋氏、刘氏、子夏诸家

之易，载于《皇清经解》之中。《皇清经解》之版本则有道光本、咸丰补刊本、鸿宾斋石印本、点石斋石印本。马国翰《玉函山房辑佚丛书》所辑汉易有《子夏易传》二卷、《周易薛氏记》一卷、《蔡氏易说》一卷、《丁氏易传》二卷、《韩氏易传》一卷、《古五子易传》一卷、《淮南九师道训》一卷、《周易施氏章句》一卷、《孟氏章句》二卷、《梁丘氏章句》一卷、《费氏易》一卷、《易林》一卷、《分野》一卷、《马氏注》、《刘氏章句》、《宋氏注》各一卷、《荀氏注》三卷。然子夏、丁氏、韩氏三家，马氏所辑佚文皆同，《续四库全书提要》讥其叠床架屋，言其重也，而蔡景君《易注》唯一条耳，宜附之《虞翻》中。其版本则有清同治十年辛未海南皇华馆书局补刻本、嫏嬛馆本重印本、楚南书局本。又有王谟《汉魏遗书钞》，嘉庆三年金溪王氏刊行，辑有孟喜、京房、荀爽九家之易。孙堂《汉魏二十一家易注》，嘉庆四年孙氏映雪草堂刊本。汉易凡有子夏、孟、京、荀、刘、马、郑、宋、虞、荀九家易等十部。黄奭辑有《汉学堂经解》《黄氏逸书考》（民国十四年王鉴修补本，又补刊本），其辑及汉易者多与孙同，唯有补遗焉。盖因孙氏之书而成者也。此为今日可见汉易之较全者也。马氏之书，诸大图书馆有其书。张氏之书，多存于《皇清经解》中，胡、孙、黄三家之书，皆可于“中央研究院”傅斯年馆睹其全。今成文出版社之《易经集成》，亦有其书。

若夫王仁俊所辑《玉函山房辑佚书续编》及《十三经汉注》，则另辑有《贾谊易》、《董仲舒易》、《京氏章句》、《京房易传》、《刘向易》、《郑司农（众）易》、《王充易》、《鲁恭易》、《赵温易》、《甘容易》、《彭宣易》、《班固易》、《贾逵易》，则据各家之文，与所著之书及其传，而考之其它载籍，而辑成书者也。其书唯有手抄本，存于大陆而已，今其书之存废，不得而知矣。

十一、汉时引易以证人事者

西汉为吾国易学之黄金时代，除易学著述外，其引易以证人事者，亦所在多有，此亦本之孔子“不占”之旨，而就《易经》直论人事之吉，凶祸福者也。

如《汉书·武帝本纪》元鼎五年（公元前112年），载汉武帝郊祠泰时诏云：“易曰：‘先甲三日，后甲三日。’朕甚念年岁未成登，饬躬斋戒。”此引用虫卦卦辞。

又元朔元年（公元前128年）三月载武帝赦诏云：

“朕闻天地不变，不成施化，阴阳不变，物不畅茂。易曰：‘通其变，使民不倦。’”此引系辞。

《汉书·外戚·许后传》载汉成帝报许皇后云：

“五月庚子，鸟焚其巢，太山之域。易曰：‘鸟焚其巢，旅人先笑后号咷。丧牛于易凶。’言王者处民上，如鸟之处巢也，不顾卹百姓，百姓畔而去之，若鸟之自焚也，虽先快意说笑，其后必号而无及也，百姓丧其君若牛亡其毛也，故称凶。”此引旅上九爻辞以证其事，而以其意解易，赋易以新解说，是亦善应用易学者也。

《汉书·刘向传》，向上封事云：

“贤人在上位，则引其类而聚之于朝，易曰：‘飞龙在天，大人聚也。’在下位则思与其类俱进，易曰：‘拔茅茹以其汇征吉。’”

《五行志下》之上引易曰：

“‘云从龙’，又曰：‘龙蛇之蛰，以存身也。’阴气动，故有龙蛇之孽。”

《杜邺传》，邺对问云：

“坤以法地，为土、为母，以安静为德。”

《艺文志》云：

“易之嗛嗛，一谦四益。”

《史记·太史公自序》引易曰：

“失之毫厘，差以千里。故曰臣弑君，子弑父，非一旦一夕之故也，其渐久矣。”

《史记·屈原传》司马迁引易论楚怀王云：

“易曰：‘井渫不食，为我心恻，可以汲，王明，并受其福。’王之不明，岂足福哉!”

董仲舒《春秋繁露·基义篇》引易曰：

“履霜坚冰，盖言逊也。”

《春秋繁露·玉英篇》云：

“有忧而深忧之者吉。易曰：‘复自道，何其咎。’此之谓也。”

《高士传》引《挚骏报司马子长书》：

“《周易》：‘大君有命，小人勿用。’徒欲偃仰从容，以送余齿耳。”

《淮南子·齐俗训》引易曰：

“履霜坚冰至。”

《韩诗外传》卷三引易曰：

“谦亨，君子有终。吉。”

西汉时上至帝王将相，下至平民处士，或引易以证其事，或借易以明其理，或引易以解其事，或赋易以新解说，或节引易文，或引易而与今易不同，或引易传之佚文，盖彬彬盛矣，著录于诸典籍中，今仅为一隅之举。

（一）黄宪以机变论易

《后汉书·黄宪传》谓，黄宪字叔度，汝南人也。年十四，荀淑比之颜子，以为师表，戴良崇礼有加，陈蕃、周举，郭泰皆与友善。隤然处顺，渊乎似道，及门于孔氏，其殆庶几乎，今见其外史论易之文。知随时之动，见机而作，宽柔弛张，行藏圆方，变化无穷，盖深于易者也，其说云：

征君将见鲁王，骤雨至，居而读易。周岑、左权、朱儁、孔绍祖侍坐。朱儁曰：“儁闻之，古之豪杰不以章句而媚时，故有志者往往得奋其策，而树功于天下，刊名于竹帛，此豪杰之所为也。夫子宾于鲁，鲁王师之，出不为宁戚之穷，进不为冯讙之乞，动不为子方之骄，语不为韩非之激。温裕足以率其人民，忠恕足以达其政事，贞亮足以光其社稷，而修多难之朝，遭惛蚀之世，此诚豪杰得志之秋也。今夫子疏疏然，开而若拙，默而若愚，终日端居而读《周易》，不亦钝乎？”征君曰：“汝恶知哉！昔者吴起以兵机见魏文侯，得显其身，而卒以自毙。商鞅以刑名说秦孝公，秦国治强，封商于之地，秦是以有窥周室之心。苏秦以纵术说六国诸侯，得相其身。然二子卒蹈车裂之祸，民无称焉。至于韩非、李斯、刘淮南之徒，皆明智而通达，博文而延誉。然犹不免于显戮，此由昧易之道也。故知易者善为巧拙愚智之间。随时而动，缘机而流，宜柔宜刚，宜弛宜张，宜行宜藏，宜圆宜方，此之谓知易。故曰：知变化之道者，其知神之所为乎。”朱儁出，周岑、左权、孔绍祖疑而问曰：“子之论易，予小子不识所谓也，敢问今何时哉？曰蛊。”曰：“今汉室虽乱，其子孙犹蕃于有商，皆据必争之国，守膏腴之壤，相与而辅佐之，犹可济也。何谓蛊哉。”曰：“是则然矣，汝独不见蛛之结网于屋梁之隅，中坐而待食，自以为安，及栋梁朽而榱题倾，蛛乎虽欲寄一丝以聊适，不可获矣。当今之世，何异斯夫？”

是故吾人当原谅失败者之初心，注意成功者之末路。

（二）杨震祖孙三代皆精《京氏易》

《后汉书》卷五十四谓，杨震字伯起，弘农华阴人。受欧阳尚书，明经博览，无不穷究，诸儒为之语曰："关西孔子杨伯起。"有冠雀衔三鱣鱼。飞集讲堂前，都讲取鱼进曰："蛇鱣者，卿大夫服之象也，数之者，法三台也，先生自此升矣。年五十乃始任州郡，元初四年，迁太常。震上疏曰：

"夫女子小人，近之喜，远之怨，实为难养。易曰：'无攸遂，在中馈。'言妇人不得与于政事也。"

震因地震，复上疏曰：

"京师地动，臣闻师言：'地者阴精，当安承阳。'而今动摇者，阴道盛也。"

震中子秉，字叔节，少传父业，兼明《京氏易》，博通书傅。大风拔树，昼昏，秉上疏谏曰：

"臣闻瑞由德至，灾应事生……王者至尊……自非郊庙之事，则銮旗不驾。……易曰：'王假有庙，致孝享也。'"

秉子赐，字伯献，少传家学，笃志博闻，退居隐约，教授门徒，青虵见御坐，赐上封事曰：

"臣闻和气致祥，乖气致灾。休征则五福应，咎征则六极至。……惟陛下思乾刚之道，别内处之宜，崇帝乙之制，受元吉之祉。"

乃书对曰：

"今殿前之气，应为虹蜺……不正之象也。……于《中孚经》曰：'蜺之比，无德以色亲。'……上下并怨……灾异屡见。……昔虹贯牛山，管仲谏桓公无近妃宫。易曰：'天垂象，见吉凶，圣人则之。'"

然则其祖孙三代，皆尝言及灾异，其为京氏学可确知也。

（三）王充之易学——以人事与黄老之自然解易

王充《论衡》时引易以证其说，亦常借易以发挥其义，观其易学多陈述人事理，兼取黄老自然之说。《齐世篇》云：

"语称上世之人质朴易化，下世之人文薄难治。故易曰：'上古之时，结绳以治，后世易之以书契。'先结绳，易化之故；后书契，难治之验也。"

其《佚文篇》云：

“孝武之时，诏百官对策，董仲舒策文最善。王莽时，使郡吏上奏，刘子骏章尤美，美善不空，才高知深之验也。易曰：‘圣人之情，见于辞。’文辞美恶，足以观才。”

其《龙虚篇》云：

“云龙同类，感气相致，故易曰：‘云从龙，风从虎。’”

其《感虚篇》、《寒温篇》、《说日篇》、《谴告篇》，引易者多为引易以证成其说，借易以发挥其旨者，观其易学殆以人事直断，而偏重于黄老之自然主义。以是知后人以老庄解易者，王充《论衡》亦尝开其端云。《如初篇》云：

“‘夫大人与天地合其德，与日月合其明，与四时合其序，与鬼神合其吉凶，先天而天不违，后天而奉天时。’（引乾文言）如必须天有命，乃以从事，安得先天而后天乎？以其不待天命，直以心发，故有先天后天之勤，言合天时，故有不违奉天之文。”

其《自然篇》云：

“尧则天而行，不作功邀名，无为之化自成。……易曰：‘大人与天地合其德。’黄帝尧舜，大人也。其德与天地合，故知无为也。”

其《卜筮篇》云：

“天道称自然无为，今人问天地，天地报应，是自然之有为以应人也。按易之文，观揲蓍之法，二分以象天地，四揲以象四时，归奇于扐，以象闰月，以象类相法，以立挂数耳。”

《自然篇》云：

“贤之纯者，黄老是也。黄者，黄帝也；老者，老子也。黄老之操，身中恬淡……其治无为，正身共己，而阴阳自和，无心于为而物自化，无意于生而物自成。易曰：‘黄帝尧舜垂衣裳而天下治。’垂衣裳者，垂拱无为也。”

是知王充除解易、释易外，其易学实重人事与黄老之自然无为者也。然则下开王弼、韩康伯之易学，不为无功矣。

（四）崇本务实之王符易学

王符作《潜夫论》，其引及易学者有数十条，其人虽不以易名家，而解易、说易、论易，或借事以论理，或引易以论证，咸有本有原，务实际而崇道本，观其人亦有志用事而不果，而作潜龙者乎，名曰潜夫，盖有深意焉。虽不显赫于当时，能立言不朽于万世，亦有足多者焉。其易学以务实崇本为归。其《赞学篇》云：

“是故工欲善其事，必先利其器，士欲宣其义，必先读其书。易曰：‘君子以多志前言往行，以畜其德。’”

其《班禄篇》云：

“明君临众必以正轨，既无厌有，务节礼而厚下，复德而崇化。使皆阜于养生而竞于廉耻也。是以官长正而百姓化，邪心黜而奸匿绝，然后乃能协和气而致太平也。易曰：‘圣人养贤以及万民。’国以民为本，君以臣为基，然后高能可崇也。”

（五）明《京氏灾异》之郎颉、鲁恭《易说》

《后汉书·郎颉传》载郎颉《易说》数条，其易得之于其父宗，而宗学《京氏易》，故其《易说》于京氏为近。鲁恭习京氏习者。故并序于此。《后汉书·郎颉传》云：

“易曰：‘雷出地奋豫。先王以作乐崇德，殷荐之上帝。’雷者，所以开发萌芽，避阴除害。万物须雷而解，资雨而润，故经曰：‘雷以动之，雨以润之。’王者崇宽大，顺春令，则雷应节，不则发动于冬，当震反潜，故《易传》曰：‘当雷不雷，太阳弱也。’”

《后汉书·鲁恭传》载恭奏议曰：

“易曰：‘潜龙勿用。’言十一月十二月阳气潜藏，未得用事，虽煦嘘万物，养其根荄，而犹盛阴在上，地冻水冰，阳气否隔，闭而成冬。故曰：‘履霜坚冰，阴始凝也，驯致其道，至坚冰也。’言五月微阴始起，至十一月坚冰至也。”

二人立学皆孟京卦气卦候灾异之学，其传中各载其《易说》数条，于此知孟京易学在东汉极盛行也。

（六）蔡邕之易学——兼及孟京与《梁丘易》

西汉立于学官之易学曰施孟梁丘京，观蔡中郎（邕）集殆兼有之。汉熹平石经易为《梁丘易》（屈翼鹏先生考定）为蔡氏所书，则习《梁丘易》可知。观其《〈明堂月令论〉与〈答诏问灾异〉》之文，则习孟京卦气卦候灾异之学可知。蔡氏博学多才，作《后汉书》未成，为王允的诛，诚吾国文化之损失。至于《琵琶记》对其诬蔑，更属子虚。其论及易者，亦颇有可取。如蔡邕独断云：

“易曰：‘帝出乎震。’震者木也。言宓牺氏始以木德王天下也。”

作《释诲》云：

“盖闻圣人之大宝曰位，故以仁守位，以财聚人（以意引易系辞）。然则有位斯贵，有财斯富，行义达道，士之司也。”

其《正交论》云：

“闻之前驯曰：‘君子以朋友讲习（兑卦大象）。而正人无有淫朋。’是以古之交者，其义教以正，其誓信以固。”

其《明堂月令论》云：

“易正月之卦益。其经曰：‘王用享于帝，吉。’《孟春令》：‘乃择元日，祈谷于上帝。’易曰：‘不利于寇，利用御寇。’《令》曰：‘兵戎不起，不可从我始。’”

其《答诏问灾异》云：

“《河图·秘征篇》曰：‘帝贪则政暴，吏酷则诛深，而蝗虫出。息不急之作，省赋役之费，进清仁，黜贪虐，介损永安钩盾别藏以赡国用，则其救也。’易曰：‘得臣无家。’言天下何私家之有。然则蔡氏于孟京梁丘而外，复兼纬候。可见其博矣。”

（七）徐干《中论》——以儒学释易

徐干《中论》每引易以证其说，复以其意解易，盖其理得易而彰，是亦善用易者也。观其归本儒学，然则程子朱子以儒言易者其远溯于此乎，其中论引易者甚多，兹举二例以为一隅之举。其《智行篇》云：

“圣人之可及，非徒空行也，智也。伏羲作八卦，文王增其辞，斯皆穷神知化，岂徒特行善而已乎？易离象称：‘大人以继明照于四方。’且大人、圣人也。其余象皆称君子。盖君子通于贤者也。聪明惟圣人能尽之。”

其《虚道篇》云：

“夫恶犹疾也，攻之则益悛，不攻则日甚。故君子之相求也。非特兴善也，将以攻恶也。恶不废则善不兴，自然之道也。易曰：‘否之匪人，不利君子贞，大往小来。’阴长阳消之谓也。”

（八）其他引易说易者

许慎《说文解字》称易孟氏，则所据者为孟氏易学，然亦兼取诸家。至于应邵之《风俗通》、刘熙之《释名》，乃至《白虎通》、《申鉴》之书，杨震、杨赐、仲长统、崔骃、孔融、阴兴、黄琼、周举诸人皆尝引易、说易，皆未作易学之专书，便解易释易，亦东汉易学之遗波也。如：

虽终日乾乾，亦不离其处也。故易曰："终日乾乾，反覆道也。"（《白虎通·天地篇》）夬扬于王庭（夬卦卦辞），言王者宣教明化于王者朝廷，君子所以施禄及下，居德则忌也。（夬卦大象）（《说文解字序》）

卯于易为震，二月之时雷始震也。（《释名·释天》）

易称备物致用，可观而有所合，故能扶阳以出，顺阴而入。（《崔骃达旨》）

王者至尊自非郊庙之事则銮驾不行。易曰："王假有庙，致孝享也。"（《杨秉上疏》）

巽以行权（易系辞）义制也。权者反经无事也。问其象曰："无妄之灾大过凶。"其象矣，不得已而行之。禁其屡也。（《申鉴·时事篇》）

震上疏曰："夫女子小人，近之喜，远之怨，实为难养。"易曰："无攸遂，在中馈。"言妇人不得与于政事也。（《后汉书·杨震传》）

易言大人虎变，君子豹变，即以是论谕人主。（《桓谭新论》）

易所谓"久于其道，而天下化成。"百年然后胜残去杀，必世而后仁者也。故曰："大哉尧之为君也。"（《孔融圣人优劣论》）

凡斯种种皆引易证说易之文，由是知东汉易学亦颇有可取之处。

第二章 《易经》条例

昔惠定宇著《易例》二卷，欲以阐易学之正则，惜美志不遂，而中道西徂。故其书仅类聚资料、编列名目而已，于《周易》诸家注解之易例，犹多缺漏。李锐著《虞氏略例》、张惠言著《周易虞氏消息》、徐昂著《周易虞氏学》，又仅止于虞氏一家而已。余志学以来，有志学易，每憾《周易》条例之无专书问世，爰参考先儒之著述，佐以平日潜研之所得，而撰成斯篇。其所引用易本，多取李鼎祚《周易集解》为主，以其集三十五家之易解，实苍汉唐易注之精华，具足各家易学之条例故也。本篇之撰，专为有志研究《易经》或先儒以象数解易之著述者导夫先路也。

一、三才之位

凡六十四卦，卦有六爻，其初爻与第二爻为地之道，三、四爻为人之道，五、六两爻为天之道。说卦传曰："昔者圣人之作易也，将以顺性命之理，是以立天之道，曰阴与阳，立地之道曰柔与刚，立人之道曰仁与义，兼三才而两之，故易六画而成卦。"此之谓也。如：

郑注乾九二云："二于三才为地道。"注乾九三云："三于三才为人道。"注乾九五云："五于三才为天道。"（《集解》）

二、六爻正位

凡六爻之位，初三五为阳位，二四上为阴位。说卦传曰："分阴分阳，迭用柔刚，故易六位而成章。"此之谓也。凡六爻合于此者谓之当位，或曰正，或曰得位。如：

虞注屯初九云："得正得民，故利居贞。"注坎六四云："得位承五，故无咎。"荀注家人六二云："六二处和得正。"（《集解》）

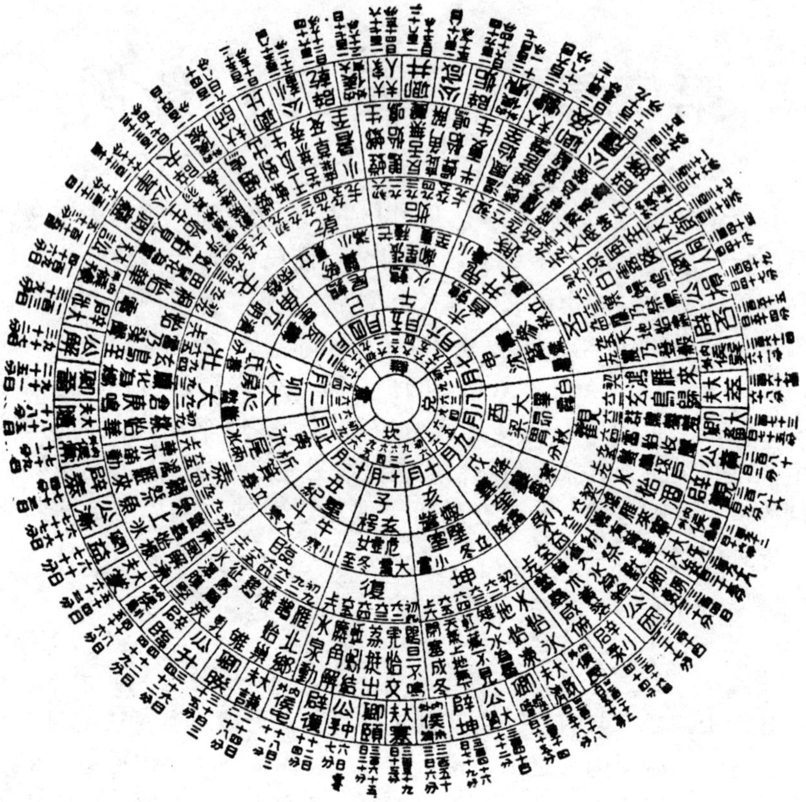

三、既济定位

六爻初三五为阳位，二四上为阴位，盖以既济为准者也。故既济彖云：“刚柔正而位当也。”杂卦云：“既济定也。”凡爻之失正者，多欲使之变正，六爻皆变正，则成既济矣，故谓之既济定位。此《虞氏注易》之例也。荀氏亦耦用之。如：

虞注恒卦云：“初二已正，四五复位，成既济定。注夬九二云：“谓成既济定也。”注井上六云：“初二已变成既济定，故大成也。”（《集解》）

四、失位不正

凡六爻之位，初三五为阳位，二四上为阴位，此六爻之正位，不合此者，谓之失位，或曰失正，或曰不正。如：

《虞注系辞下·杂物撰德》云："乾六爻二四上非正，坤六爻初三五非正。"《子夏易传》注比六三云："处非其位。"荀爽注否六三云："今以不正，与阳相承……违义失正而可羞者以位不当故也。"《九家易》注讼上九云："初二三四皆不正。"（《集解》）

五、贵贱之位

《易纬·乾凿度》谓初为元士，二为大夫，三为三公，四为诸侯，五为天子，上为宗庙。汉儒易注，言及爻之贵贱者，多与此同。如：

荀注讼上九云："鞶带宗庙之服，三应于上，上为宗庙，故曰鞶带也。"《九家易》注泰六五云："五者帝位。"虞注益六三云："三公位。"注解上六云："上应在三公。"（《集解》）

六、吉凶之位

六爻之中，二与四、三与五皆同功而异位。然二多誉，三多凶，四多惧，五多功。此中四爻，吉凶之位也。《易大传》曰："二与四同功而异位，其善不同，二多誉，四多惧，近也，柔之为道，不利远者，其要无咎，其用柔中也。三与五同功而异位，三多凶，五多功，贵贱之等也。其柔危，其刚胜邪。"此之谓也。

虞注履九四云："四多惧，故愬愬。"荀注否六二云："二与四同功，为四所包……故吉也。"（《集解》）

七、中和、中正、中行及不中例

六爻之中，二居内卦之中，五居外卦之中，故皆谓之中，亦曰中行或中和；若二为阴，五为阳，合于六爻之正位，则多以中正称之。至于三、四两爻，以其居六爻之中，亦或以中称之，虞氏又以复初为中，此则中之变例也；位非二五，则曰不中。

荀注恒九二云："能久行中和，故曰能久中也。"注需九五云："处中居正。"虞注渐彖云："三在外体之中，故称得中。"注艮六五云："五动之中，故以中正也。"注益六三云："三为中行。"注乾文言九三云："位非二五，故不中也。"（《集解》）复六四中行独复，先儒多以四为中行。而虞氏独以初为中行，此乃变例，于易中所仅见者也。

八、乘承据应例

凡某爻在某爻之上曰乘，多指阴爻在阳爻之上而言；凡某爻在某爻之下曰承，多指阴爻在阳爻之下而言。故明儒来矣鲜曰："易中言乘者，皆在上也，言承者皆在下也。"阳爻在阴爻之上曰据，阴爻而乘阳，则多危，阴爻而上承于阳，则有依而多助，阳爻而得下据于阴，则多功而有益。凡初与四，二与五，三与上，阳以应阴，阴以应阳，若初九应六四之类，曰应或曰应与，若初九之阳以应九四之阳，则曰无应或曰敌应。有应则多助，无应则少助。未济彖云："虽不当位，刚柔应也。"谓六爻阴阳皆相应也。

虞注坎六三云："三失位，乘二，则险；承五隔四，故险且枕。"注大壮九三云："三乘二。"注坎六四云："得位承五，故无咎。"注遁九四云："动得位，上承五，故无凶咎矣。"注蹇初六云："以阳承二。"注贲彖云："五变据四。"注坎九二云："据阴有实，故求小得也。"注遁九五云："当位应二，故贞吉。"注履初九云："应在巽为白。"艮彖云："上下敌应不相与。"注云："两象相背，故不相与也。"（《集解》）

九、往　来

凡爻在内或由外而之内称来，凡爻在外或由内而之外称往。故虞翻注屯卦云："之外称往。"注履初九云："在外称往。"注复卦云："在内称来。"注震卦云："之内曰来。"注咸九四云："之内为来，之外为往。"此皆往来之例也。（并参《集解》，以后仿此，不再著录）

十、隔

隔者，间隔也，碍难也，凡隔于他爻而不得应据承乘往来者，由于间隔同类之爻也。此虞氏用以注易，荀氏间亦用之。徐昂《周易虞氏学》云："位不得正，不但本爻不利，亦或不利于相近之爻，此隔例所由生也。阳长则同性之阳爻相助，阴息则同性之阴爻相助，而阳欲得阴，往往忌同性相近之阳爻，阴欲得阳，亦往往忌同性相近之不阴爻，隔于阳爻者视阴爻为多，同人卦以三阳通五阳而隔于四阳，此例之特异者也。主隔之爻不得位者变而之正，阻障自消故被隔者利彼之正。初位内卦之始，上位外卦之极，皆不相隔，二三四五介乎初上之间，均有阻障之嫌。"详哉言矣。如：

虞注随六二云："承四隔三，故失丈夫。"注咸九四云："感初隔三，感上隔五。"注震上六云："欲之三隔坎。"(《集解》)

十一、变、动、发与飞伏

凡阳爻变为阴爻，阴爻变为阳爻曰变，亦称动，或称发。《易大传》曰："易之为书也不可远，为道也屡迁，变动不居，周流六虚，上下无常：刚柔相易，不可为典要，唯变所适。"此之谓也。徐昂曰："虞氏注释卦爻，无论阴阳，或言变，或言动，例不胜举，又或称发。"盖物极必变，阳极变阴，阴极变阴，天下之理也。变也，动也，发也，其义一也，皆言爻之变动也。飞伏者变动之机先也。朱震曰："凡卦见者为飞，隐者为伏。"(《汉上易丛说》)盖既有卦爻矣，(飞)其势必将有变，特先则伏藏而未发耳。故称伏焉。《史记·律书》云："冬至一阴下藏，一阳上舒。"谓阳见阴伏也。荀虞九家皆以此注易，其源或出于《京氏易传》。

虞注蒙初六云："初发成兑。"注坤六三："三失位，发得正。"注遁九三："三动入坤。"注贲象："五变据四。"注艮六四："五动乘四。"九家注文言云："坤一变而成震。阴动生阳，故动也刚。"(《集解》，下同)荀注坤上六："下有伏乾。"盖坤六爻皆阴，皆变则为乾。今见坤，未见乾也。故称"下有伏乾"。注文言初六云："坤下有伏乾。"注六三云："六三阳位，下有伏阳。"虞注睽象云："五伏阳，非应二也。"盖睽六五，阴爻居五，失位不正。将变故称伏阳。注困象云："君子谓三，伏阳也。"或言卦或言爻，皆言其将动之势，故称飞伏。

十二、权　　变

正以行常，权以应变。权者变而为权宜之计也。《易大传》曰："巽以行权。"此之谓也。徐昂曰："爻本得正，而变为不正权也。变正为不正，而终复正位，权而不失乎经者也。虞注渐上九云：‘三已得位，又变受上权也。’张注云：‘系曰巽以行权，渐家人皆体巽。’按巽上爻应三，取三权变，巽之行权在此。家人上体巽三权变。彖传张注：‘所谓权也。’家人由遁初至四，遁二三四互巽，三本得正，而消成否，与上易位，即权变也。”详哉言矣。

张惠言《虞氏消息》论权云：“凡卦不成既济者多为家人。”徐昂曰：“凡先变成家人而后成既济者亦家齐而后国治天下平之道耳。”（《周易虞氏学》）然则权变之义深矣。

十三、易位与利之正

凡六爻中有二爻以上失位，互易其位则得正者，谓之易位，凡相应之爻有失位者。则得位者利失位者之之正，遂得相应，谓之利之正。

徐昂曰：“凡卦中有数爻皆失位者，以相应之爻易位为正例。如初四相易，二五相易，三上相易皆是。张注萃初六云：‘初四易，爻之正也。’注六三云：‘三之四非正。’即因初四相应，三四相承而非相应者也。位高者可求于下，位下者不宜于上，蒙五当求二，二不当求五，此乃一例。其由下往上者如注损九二虞云：‘二之五成益。’注上九虞云：‘谓三往之上。’此又一例。”此易位之例。

又曰：“初得位而四不得位，初利四之正；四得位而初不得位，四利初之正；二得位而五不得位，二利五之正，五得位而二不得位，五利二之正，三得位而上不得位，三利上之正，上得位而三不得位上利三之正。是皆因相应之关系而欲同归于正，乃能相得也。”阳乘阴吉，阴承阳吉，二阳相值，或二阴相值，承上乘下皆不利，故利失位者之变动，益二三皆阴爻，而三失位，二利三之正，已得以阴承阳也。恒四阳失位，五阴亦失位，四利二上之五，已变之正，得以阴承也。升井二三皆阳爻而二失正，三皆利二之正，已得以阳乘阴也。承者下利上之变，乘者上利下变，例可类推。其有利变而阴乘阳，阳承阴者，以阳实阴虚相得，别为一例。益三四皆阴爻，四利三之正，谦升五上皆阴爻，上皆利五之正。虞氏所谓已得以为实也；大有三四皆阳爻，三利四变，渐五上皆阳爻，五利上之三。此乃阳得阴以为虚。”是也。此利之正之例也。

十四、爻之

凡六爻中有二爻以上相往来，而另成一卦者谓之爻之。其形式有互易、推迁、上息三种。

徐昂曰："互易如泰五之二为既济，第五爻与第二爻互易；否二上之五为未济，第二爻与第五爻互易。此例最多。推迁如泰初之上为损，泰卦初爻移置上位，二三四五上爻遁降为初二三四五爻；否上之初为益，否卦上爻移置初位，初二三四五爻遁升为二三四五上爻。遁上之初，为无妄，大壮初之上为大畜，例可类推。上息之卦多阳息阴，阴息阳，如谦三之坤初为复，上息履谦卦第三爻降至坤初为复，将原有初爻阴化为阳，二四五上爻皆阳息阴，原有第三爻位阳化为阴，师二之坤初为复，上息同人，即师二降之坤初为复，上息同人，即师二降之坤初，三四五上爻皆阳息阴，原有第二爻位阳化为阴。"是也。

十五、卦主

卦主者，卦中之主爻也。无妄彖云："刚自外来而为主于内。"此卦主之谓也。一阴五阳之卦，则阴为之主，一阳五阴之卦，则阳为之主，五阳得正者多以阳为卦主，五阳失正而二阴得正者，则或以二为主，为卦主而不得正者多宜变之正。余皆视其爻之在卦中之地位而定。

徐昂曰："无妄由遁之外卦上九刚爻来至内卦降初之下，乾元得正，故为卦主，六十四卦莫不有主，孔子特举其例以发凡耳。张氏注师九二象传：'卦主九五。'注无妄初九：'初为卦主。'注解初六：'解主九二。'注归妹九二：'卦主在四。'《易》学诸家所定之卦主，有合于定则者，亦有与《虞氏消息》相合者。卦主必得其位，失位而为卦主，必变而之正，乾卦主九五，坤卦主六二，一阳五阴之卦，以一阳为卦主。如复初九，师九二，谦九三，豫九四，比九五，剥上九。一阴五阳之卦。以一阴为卦主，如遘初六，同人六二，履六三，小畜六四，大有六五，夬上六。二阳四阴之卦，以一阳或二阳为卦主，如屯初九，需初九，蒙九二，蹇九五，萃九五，颐上九。二阴四阳之卦，以一阴或二阴为卦主，一阴卦主如家人六二，大畜六五，睽六五，鼎六五，二阴为卦主如遁初六六二，巽初六六四，离六二六五，中孚六三六四，兑六三上六，二阴四阳之卦，以一阳为卦主，如无妄初九，大壮九四，需九五是也。三阳三阴之卦主，如随初九，益初九，泰九二。阴爻卦主，如否六二，旅六五，卦主为阳爻者，或兼取阴爻，师蒙泰解卦主九二，颐卦主上九，皆兼以六五为卦主，卦主为阴爻者或兼取阳爻，睽六五兼以九二为卦主。"此卦主之说也。

十六、互　体

互体亦称互卦，或称体。刘申叔先生《经学教科书》云互体有九，卦变有七。吾师高仲华夫子著《周易研究》，从而阐述其义，谓说易用互体以与正卦相参，谓之互体，此即大卜所用占法，而说卦传所谓分阴分阳，迭用柔刚者也。《易大传》所谓杂物撰德，辩是与非，则非其中爻不备，二与四同功而异位，三与五同功而异位者，谓二至四，三至五，两体交互成一卦也，是为互体之正例。至于变例有四爻，五爻、二爻、一爻之互，兹分述之如下：

1. 二至四，三爻互卦之法。即《易大传》所谓二与四同功而异位者也。如郑注蒙云："互体震。"注同人象云："卦体有巽。"是也。

2. 三至五，三爻互卦之法。即《易大传》所谓三与五同功而异位者也。如郑注大畜六四云："互体震。"注离九四云："互体兑是也。"

3. 中四爻互卦之法。谓此卦二爻至五爻，易为他卦上半下半四爻，而中增二爻，以另成一卦者也。如虞注大畜九三云："二已变，二至五体师象。"注睽初九云："四动得位，二至五体复。"是也。

4. 下四爻互卦之法。谓以此卦初至四四爻，易为他卦上半下半四爻，中增二爻，而另成一卦者也。如虞注蛊六四云："四阴体大过本末弱。"注无妄象传云："体颐养像。"是也。

5. 上四爻互卦之法。谓以此卦三至上四爻易为他卦上半下半四爻，中增二爻，而另成一卦者也。如虞注大畜六五云："三至上体颐象。"注丰上六云："三至上体大壮屋象。"是也。

6. 下五爻互卦之法。即以初至五五爻，另加一爻以成一卦者也。如虞注豫彖云："初至五体比象。"注萃彖云："五至初有观象。"是也。

7. 上五爻互卦之法。即以二至五五爻，另加一爻，而互成他卦者也。如虞注蒙彖云："二至上有颐养象。"注大有九三爻云："二变得位，体鼎象。"是也。

8. 两画互卦之法。亦谓之半象。凡每卦初与二为下半，五与上为上半，其二与三，三与四，四与五，皆兼有上半与下半。如虞氏需九三爻注云：“大壮震为言，四之五震象半见。”是也。

9. 一画互卦之法。亦即爻体也。如郑注贲六四云：“六四巽爻也。”注萃象云：“四本震爻，五本坎爻，二本离爻也。”注井九二云：“九二坎爻也，九三艮爻也。”是也。

十七、卦　变

1. 旁通之法。凡一卦六爻皆变而成他卦者谓之旁通。乾文言云：“六爻发挥，旁通情也。”陆绩注：“乾六爻发挥旁通于坤，此旁通之法所由昉也。”明儒来矣鲜即谓之错卦。如：乾䷀与坤䷁旁通，否䷋与泰䷊旁通，震䷲与巽䷸旁通。是也。凡此卦与彼卦旁通，则此卦之义互见于彼。如师与同人旁通，而同人言大师克相遇。涣与丰旁通，丰言遇夷主，而涣言匪夷所思。

2. 相错之法。有旁通之卦即有相错之卦。故《易大传》曰：“八卦相荡。”《说卦》曰八卦相错。如：乾䷀与坤䷁旁通，而否䷋与泰䷊即为乾坤相错之卦。震䷲与巽䷸旁通而恒䷟与益䷩即为震巽相错之卦。凡此卦与彼卦相错者，则此卦之义，亦互见于彼封。如蒙䷃革䷰为困䷮贲䷕之相错，故蒙称困蒙。睽䷥蹇䷦为旅䷷节䷻之相错，故蹇称中节。

3. 变化之法。一爻变易者为变化之法。说卦传云：“然后能变化，既成万物也。”虞注云：“谓乾变坤化。”《左传·昭公二十九年》云：“在乾之姤。”又曰：“坤之剥”均一爻之变化也。如：乾䷀初九变姤䷫九二变同人䷌，九三变履䷉，九四变小畜䷈，九五变大有䷍，上九变夬䷪。是也。

4. 反复之法。凡六爻移易者为反复。乾文言云：“反复其道。”复彖云：“反复其道。”此之谓也。虞氏注观彖云：“观反临也。”注渐彖云：“反成归妹。”盖反复者六爻交易之谓也。如临䷒反覆之则为观䷓。渐䷴反复之则为归妹䷵。来矣鲜（知德）谓之综卦。

5. 往来之法。一爻移易者为往来。蹇六四往蹇来连。荀爽注云：“欲往之三，来还承五。”此往来之法所由昉也。虞氏注蛊彖云：“泰初之上。”注临彖云：“五上易位。”往来之例也。

6. 上下易之法。即两象易也。《易大传》：“易之以书契，盖取诸夬。”虞注云：“履，上下易也。”虞氏注小畜彖云：“豫四之坤初为复。”注大畜彖云：“此萃五之复二成临。”惠栋《易例》云：“豫者复两象易也，萃者临两象易也。”

7. 升降之法。一爻交易为升降，创于荀爽。荀注乾文言日月合其明云："坤五之乾二成离，乾二之坤五为坎。"注：或跃在渊云："欲下居坤初。"注行而未成云："谓行之坤四。"注坤含弘光大云："乾二居坤五为含，坤五居乾二为弘，坤初居乾四为光，乾四居坤初为大。"盖升降者二与五易，初与四易，三与上易，若本卦无可易，则以此卦之二爻，交彼卦之五爻，以此卦之初爻交彼卦之四爻，以此卦之三爻交彼卦之上爻，即系辞所谓各指其所之也。

十八、半　象

所谓半象者，即二画互卦之法也。已具于互体第八法之中。先儒亦或单称半象，而不以二画之互卦视之，然实互卦之一种也。刘氏归纳之为互体之第八种。是也。兹再举李锐《周易虞氏略例》以释之：

虞注需象云："二失位，体变噬嗑。"二变则初至五体噬嗑，初二震象半见。注同人九四云："变而承五，体讼。"谓四变则二至上体讼，五上乾象半见。豫利建侯行师注："三至上体师象。"谓三至上体师，五上坤象半见。

十九、爻　体

爻体即一画互卦之法也，此见于郑康成《易注》，其说已见于互体第九法之中。兹再引张惠言《周易郑氏》义之说以释之：

阳爻在初四为震爻，二五则坎爻，三上则艮爻，阴爻在初四则巽爻，二五则离爻，三上则兑爻。注贲云："六四巽爻。"注颐云："二五离爻。"萃云："四本震爻。"井云："九二坎爻。"中孚云："二五皆坎爻。"是也。又以爻卦取值宿为象，离九三云："艮爻也，位近丑，丑上值弁星，弁星似缶。"是也。

二十、两象易

两象易即上下易也，已具于卦变第六法之中。兹再引徐昂《周易虞氏义》之说以释之：

两象易即上下两卦互易。系辞传大壮取无妄两象易，大过取中孚上下象易，夬取履上下象易。所谓上下象易者，即两象易也。八卦上下卦互易者，皆有两象，离坎艮褚卦彖传，虞氏皆言两象，衹就上下两卦相重而言耳。虞注革彖传：“四变体两坎象”。虞注鼎彖传：“三在巽上动成坎难，有两坎两离象，此所谓两象者兼指互体而言。”

二一、反卦与两象对合

反卦先儒或谓之覆卦，来知德（矣鲜）则谓之综卦，即反覆之法也。此已具于卦变之第一法，兹再引李锐之说以明之：

虞注泰云：“反否也。”注否云：“反泰也。”注明夷云：“反晋也。”注颐云：“反复不衰，与乾坤坎离大过小过中孚同义。”系下万物化生注云：“损反成益。”反者以上为下，以下为上，六爻俱倒也，其义见于序卦。序卦曰：“剥穷上反下。”杂卦曰：“否泰反其类也。”此受之明文也。

《荀氏易》有所谓两象对合者，谓内外两象适为反卦也。如注中孚云：“两象对合。”以巽兑为反卦也。

二二、升　　降

升降之法已具于卦变之第七种，兹再引拙作《〈荀氏易〉阐微》中，余所论升降之法以明之。先儒论升降者仅及于五种，而仆所论者有七种，此已具于《〈荀氏易〉导论探乎象数》第七小节之中。今节引之如下：

升降者谓阳在下者当升于五，或升于上卦，阴在上者当降于下也。此乃荀氏所创之例。虞氏及九家亦用之，所以扶阳抑阴也。其例有七：

1. 下卦升上卦例。荀注泰卦云：“自地升天，三体俱上。”注需卦云：“下三阳需时当升，乾升在上，坎降在下。”

2. 初升五例。荀注复卦云：“利往居五，刚道浸长也。”此指初阳当升五也。

3. 二升五例。荀注乾九二云：“二当升坤五。”

4. 三升五例。荀注谦九三云：“阳当居五。”

5. 四升五例。荀注离九四云：“阳升居五……阴退居四。”

6. 阳已升上，五阴不降例。荀注蒙六五云：“顺于上，巽于二，有似成王任用周召也。”注贲六五云：“五为王位，体中履和，动贤之主，尊道之君也，能以中和饰上成功，故终吉而有喜也。”

7. 五阳不升不降例。荀注乾文言九五云："与天合德谓居五也。"注乾九五云："见居天位，圣人作而万物睹，是其义也。"

其详皆已具载于《〈荀氏易〉阐微》中，今不备述。

二三、同　义

易有同义之例，此虞氏发明之颇详。所谓同义者，辞义辞旨或象意相同也。如归妹六五与小畜、中孚，月几望同义。讼六三无成，与坤六三无成同义。小畜九二象不自失也，与比二同义。同人上九失位无应与乾上九同义。大过象传与遁二同义。恒象传与咸同义。此皆已详具《〈虞氏易〉阐微》中，此不备载。

二四、五　行

说卦传云："乾为金、坤为地（地即土也），巽为木，坎为水，离为火。"又兑为泽，亦为水为金，艮为山，土之类也。震为竹，木之类也。此汉儒注易所取五行之象。系辞传："五位相得而各有合。"虞翻注云："五位，谓五行之位，甲乾乙坤，相得合木，谓天地定位也；丙艮丁兑相得合火，山泽通气也；戊坎己离，相得合土，水火相逮也；庚震辛巽，相得合金，雷风相薄也；天壬地癸，相得合水，言阴阳相传而战于乾。此主于天干之配五行也。天干甲乙为木，丙丁为火，戊己为土，庚辛为金，壬癸为水，系辞传天一地二一节。"虞注云："水甲、火乙、木丙、金丁、土戊、水己、火庚、木辛、金壬、土癸。"则指一六合水，二七合火，三八合木，四九合金，五十合土之说，此已具于《〈孟氏易〉阐微》及《〈虞氏易〉阐微》中，今不备叙。

二五、纳　甲

《京氏易传》卷下云："分天地乾坤之象，益之以甲乙壬癸，震巽之象配庚辛，坎离之象配戊己，艮兑之象配丙丁。"此明纳甲之说也。京氏、费氏、荀氏、虞氏、干氏皆以此解易，详具于《〈京氏易〉阐微》及《〈虞氏易〉阐微》中，今唯略示其端倪耳。盖纳甲之法，乾纳甲壬，坤纳乙癸，震纳庚，巽纳辛，艮纳丙，兑纳丁，坎纳戊，离纳己。以乾纳甲为始，故名纳甲，乃以十干配八卦者也。《虞氏易注》亦用以配月之盈虚与易之消息，并以之取象焉。坎为月，离为日，其本体也。

虞注坤彖云：“阳得其类自朔至望，从震至乾，与时偕行，阳丧灭坤，坤终复三月，三日震象出庚，至月八日成兑见丁，庚西、丁南，二十九日消乙入坤，灭藏于癸。”注蹇彖云：“坎月生西南而终东北，震象出庚每月三日，兑象见丁八日，乾象盈甲十五日，巽象退辛十八日左右，艮象消丙二十三日左右，坤象穷乙二十九日，丧灭于癸，终则复始。”

此虞氏月体纳甲之说也，详具《〈虞氏易注〉阐微·坤彖注》。

二六、纳　　支

纳支者以八卦六爻分纳十二支也。配以五行与纳甲，则六十四卦乾在内者初九纳甲子水，九二甲寅木，九三甲辰土，乾在外卦者，九四壬午火，九五壬申金，上九壬戌土。余依图类推：

坎	坤	乾	巽	艮	震	兑	离
水子戊	金酉癸	土戌壬	木卯辛	木寅丙	土戌庚	土未丁	火巳巳
土戌戊	水亥癸	金申壬	土辰辛	水子丙	金申庚	金酉丁	土未己
金申戊	土丑癸	火午壬	土未辛	土戌丙	火午庚	水亥丁	金酉己
火午戊	木卯乙	土辰甲	金酉辛	金申丙	土辰庚	土丑丁	水亥己
土辰戊	火巳乙	木寅甲	水亥辛	火午丙	木寅庚	木卯丁	土丑己
木寅戊	土未乙	水子甲	土丑辛	土辰丙	水子庚	火巳丁	木卯己

二七、四时与方位

虞氏于乾文言大有、豫、随、观、贲、恒、损、升、革、节诸卦注皆以震，春；兑，秋；坎，冬；离，夏为释。此乃据说卦传而推知者也，此四方卦于卦气卦候，属于四方伯之卦，分主春夏秋冬四时（孟喜焦赣京房亦云然），配以四方之位，则震为东方，离为南方，兑为西方，坎为北方。此亦本之说卦传。

虞氏注归妹彖云：“震，东；兑，西；离，南；坎，北。六十四卦，此象最备，四时正卦，故天地之大义也。”

此则以四时四方配四卦者也。此卦气学之主干也。又有以月体纳甲之方位而定四时者。

虞注系辞四象生八卦云：“乾坤生春，艮兑生夏，震巽生秋，坎离生冬者也。”徐昂《周易虞氏学》称此乃依月体纳甲八卦方位而定四时与节气，坎震离兑分值四时不同。

二八、八卦方位

据说卦传帝出乎震一章可推知八卦之方位为震，东；巽，东南；离，南；坤，西南；兑，西；乾，西北；坎，北；艮，东北。宋儒以之为文王八卦之方位，亦或称后天八卦之方位。虞氏亦以此注易。如小畜九五，泰九四，离大象，震上六，归妹彖及六五，中孚六四，既济九五，皆以震东兑西诂易。坤蹇之利西南，则以坤为西南方而言。又有月体纳甲之方位，盖以坎月在西南，震象位西，兑象在南乾坤在东而言者也。

徐昂曰：“虞言坎为月月生西南者，据月体纳甲方位而言，震象三日出庚，位西方，兑象见丁，位南方。系辞传：‘八卦成列，象在其中矣。’虞注云：‘象谓三才，成八卦之象，乾坤列东，艮兑列南，震巽列西，坎离在中，故八卦成列，则象在其中。’此以月体纳甲方位解释八卦，举东西中而缺北方者，盖北方即东方乾坤与中央坎离会合之处。”

二九、十二消息

消者谓阳之消也，息者谓阳之增长也，息之言生长也，消之言消剥也。阳消则阴息，阳息则阴消，此一定之至理也。十二消息者谓以十二卦配十二月，以状阴阳消息之情况者也。冬至之时，一阳始生，序属仲冬，于卦为复，于月为十一月。虞氏注云：“阳息坤”谓十月孟冬，于卦为坤，坤无阳至十一月一阳生，谓阳气自坤中而生出一阳也。十二月季冬，二阳始生，于卦为临。虞注云：“阳息至二。”谓阳生长至二爻也。正月孟春，三阳生，于卦为泰，俗称三阳开泰者，此之谓也。虞注：“阳息坤。”谓阳生满于坤之内卦也。即阳息至三也。二月仲春，四阳生，于卦为大壮。虞注：“阳息泰也。”谓阳从泰三阳中增长至四阳而成大壮也，即阳息至四也。三月季春，五阳生，于卦为夬。虞注：“阳决阴，息卦也。”谓阳息至五，其势足以消去阴也。四月孟夏，阳盈满，于卦为乾，六阳俱长。五月仲夏，一阴始生，于卦为姤。虞注：“消卦也。”谓阳消之卦也。六月季夏，二阴生，于卦为遁。虞注：“阴消姤二也。”谓阴消阳至二也。七月孟秋，于卦为否。虞注：“一阴消乾。”谓阴消去乾之内卦而成否也。八月仲秋，于卦为观，阴消至四也。

九月季秋，于卦为剥，言阴消阳至五，将至剥落也。十月孟冬，于卦为坤，此阴盈满之卦也。此即十二月消息也，亦谓之十二辟卦。辟者君也，主也。谓主于一年十二月阴阳消息者也。创自孟氏，焦氏、京氏亦从而推衍之，郑荀虞亦用此释易。今存孟京卦气图，以十二消息为辟卦，六十四卦除坎离震兑四方伯卦及十二消息卦之外，余四十八卦，分属公卦，侯卦，大夫卦，卿卦，统谓之杂卦，京房上封事谓杂卦并力而乘消息者，谓群臣并力而凌君也。此已详具于《〈孟氏易〉阐微》及《〈京氏易〉阐微》之中，今不备叙。

三十、消息生卦说

消息生卦即以乾坤复姤泰否临观等消息卦生卦者也。观宋儒之卦变图，多以一阴一阳之卦各六，皆自复姤而来，二阴二阳之卦各十五，皆自临遁而来，三阴三阳之卦各二十，皆自泰否而来，四阴四阳之卦各十五，皆自大壮观而来，五阴五阳之卦各六，皆自夬剥而来。总计得一百二十四卦，除去其重得六十二卦，加乾坤二卦，乃成六十四卦。此说失之繁琐，且以十卦生一百二十四卦，则六十四卦又重生者也。故其说似值得商榷，今观荀虞之易注不如是也。唯以八卦及一二变例生六十四卦耳。兹分述如下：

1. 乾坤生卦。虞注坎离及系辞多以“乾二五之坤成坎，坤二五之乾成离”注系上。八卦相荡云：“乾以二五摩坤成震坎艮，坤二五摩乾成巽离兑。”于两仪生四象，其受命也如响，与八卦以象告注多类此。说卦传曰：“乾，天也，故称乎父；坤、地也，故称乎母；震一索而得男，故谓之长男；巽一索而得女，故谓之长女；坎再索而得男，故谓之中男；离再索而得女，故谓之中女；艮三索而得男，故谓之少男；兑三索而得女，故谓之少女。”是震巽坎离艮兑六子之卦乃自乾坤而生也。六十四卦皆八卦相重而得，则亦可谓由乾坤而生也。而十二消息之卦皆阴阳之消长而得，则亦本于乾坤也。故乾坤者众卦之父母也。张惠言《虞氏消息》云：“乾坤必与六子并列，然后可以消息而生六十四卦也。”徐昂《周易虞氏学》云：“六十四卦皆以乾坤二宫为产生之母也。复剥夬遘往来于乾坤无论矣。临泰大壮皆阳下于阴，遁否观皆阴下于阳，此六卦一动则乾坤相交，阳在下者由内往外，则以乾通坤；由外来内，则以坤通乾。”

2. 复生卦。复微阳本不生卦，唯复初之四为豫，则亦有生卦之机。

徐昂曰："豫四取复初者明乾元也；豫来自复，即由乾生，豫四之坤初为复。小畜亦由豫而自复初，推之履卦由谦三之坤初为复上息。同人由师二之坤初为复上息。大有由比二之坤初为复上息。再推之萃五之复二成临，临卦即由复上息。综诸息卦，莫不与卦消息相通，是皆乾元之功用也。

3. 临观生卦。此四阴二阳之例，从临来而可考者四卦。临二之三成明夷，临初之三成升，临初之四成解，临二之四成震。从观来者五卦，观四之五成晋，观上之四成萃，观上之二成坎，观五之三成录，观上反三成蹇。

4. 泰否生卦。此三阴三阳之例。从泰而来者八卦，泰初之上成蛊，泰初之五成井，泰上之乾成贲，泰三之四成归妹，乾初之坤四（泰外卦）成恒，泰三之五成节，泰初之上成损。（参见爻之例）泰五之二成既济。由否而来者八卦，否上之初成随，否五之坤初成噬嗑，坤三之上成女，乾上之三成男（咸卦），否上之初成益，否二之上成困，否四之上成涣，否三之四成渐，否二之五成未济。

5. 大壮遁生卦。此四阳二阴例，从大壮而来者六卦，大壮四之五成需，大壮四之上成大畜，大壮五之初成大过，大壮上之三，成睽，大壮上之初成鼎，大壮五之三成兑。从遁而来者六卦，遁三之二成讼，遁上之初成无妄，遁初之五成离；遁初之四成家人，遁上之初成革，遁二之四成巽。

6. 晋生卦。虞注颐卦云："晋初之四，反复不衰，与乾坤坎离小过中孚同义。故不从临观四阴二阳之例。"注小过云："晋初之四，反复不衰，与乾坤坎离小过中孚同义。故不从临观四阴二阳之例。"注小过云："晋上之三，当从四阴二阳之例，临阳未至三而观四已消也，故知从晋来。"按：晋从观来，则此二卦亦间接由观而来。

7. 噬嗑生卦。虞注丰卦云："此卦三阴三阳之例，当从泰二之四，而丰三从噬嗑上来之三，折四下狱中而成丰。"按：噬嗑从泰来，则丰丰亦间接从泰来。

8. 讼生卦。虞注中孚云："讼四之初也，此当从四阳二阴之例，遁阴未及三而大壮阳已至四，故从讼来。"大过亦从讼三之五。按：讼由大壮来，则中孚大过二卦亦间接从大壮来也。

三一、卦气卦候

卦气卦候者乃以易六十四卦三百八十四爻配一年四季十二月二十四

节气与七十二候者也。以坎冬、离夏、震春、兑秋分主四季（即四时）为四方伯之卦，四卦有二十四爻，主二十四节气。十二消息卦分主十二月，为十二辟卦，即君卦也。十二卦计七十二爻以配七十二候。其余四十八卦分属公卦、大夫卦、卿卦，加上十二辟卦，共六十卦，每卦六爻，共三百六十爻，以当一年三百六十五又四分之一日，每卦值六日七分，一日分为十分，五日为一候，三候为一气，二气为一月，二十四气为一年，一月当五卦，其辟卦则主国君，余为侯、大夫、卿公。如十一月为未济、蹇、颐、中孚、复。十二月为屯、谦、睽、升、临。余类推。其有一卦分值两月者如屯外卦值十二月，内卦值十一月，则以外卦所在之月视之。此已具孟氏京氏之易中，今不备载。惟是今《新唐书·历志》载唐僧一行《六卦议》，《魏书·正光术》所载《孟氏卦气说》，与今所传《易纬》、《稽览图》、《乾凿度》、《通卦验》诸纬书，不尽相同。意者纬书所传有误邪？徐昂则以为诸说虽异，然可以通之。其说云：

“诸书卦气配月不同，而可以通之者约有四途，内外异候，所配之卦有属内候或外候者，此通之一途也。值退殊辰，配卦有属所值之辰，或退贞之辰者，此亦通之一途也。间治根诸值辰，或退贞之初爻，配卦有当其间治之辰者，此亦通之一途也。以上三途若皆不能通，则求之于三代建月之间，此又通之之一途也。兼内候外候之卦，内卦值前月，外卦值后月，配月之殊异，有关于内外候者，实殊涂而同归焉。此屯卦内候值十一月，外候值十二月，《稽览图》上卷谓屯贞于十二月丑，与外候合，配月互异而已通之卦，有就《京氏易》传建候推之而亦通之者，未通之卦亦有推而可通者。”

三二、爻　　辰

辰者，日月所会之宫也。爻辰者，以乾六爻，坤六爻共十二爻配十二辰，与十二律者也。此《郑氏易注》用之。其法以乾初九为子配黄钟九二为寅配太簇，九三为辰配姑洗，九四为午配蕤宾，九五为申配夷则，上九为戌配无射，坤初六为未配林钟，六二为酉配南宫，六二为亥配应钟，六四为丑配大吕，六五为卯配夹钟，上六为巳配中宫。此即所谓爻辰也，上值列宿，郑氏取此以诂易，详具于《郑氏易》中，今不备载。

三三、八宫世应与游魂归魂

八宫卦次本之《京氏易传》，乃以八纯卦：乾坤坎离震巽艮为主而各从第一爻变起，至二爻三爻五爻变，各谓之一世二世三世四世五世。至五世而变之极矣，上爻不能变，乃变其第四爻谓之游魂，其终也又变其内卦而使其内卦各归于原卦，谓之归魂。此荀爽虞翻干宝九家亦用以释易，详见《〈京氏易〉阐微》。

三四、六　　亲

六亲爻例起于《京氏易传》。而荀九家间亦用以解易。京氏积算法云："孔子曰八卦鬼为系爻，财为制爻，天地为义爻（注云：天地即父母也。），福德为宝爻（即子孙也），同气为专爻（兄弟也）。"乃从世卦五行论其生克，命其六亲。如乾初甲子为水，金生水为义爻，乾外壬午，午为火，火克金为制爻之类是也。火珠林即用此以断人事之凶咎。

三五、天地之数

系辞传曰："天一地二，天三地四，天五地六，天七地八，天九地十，天数五地数五，五位相得而各有合，天数二十有五，地数三十，凡天地之数五十有五，此所以成变化而行鬼神也。"此所谓天地之数也。天，阳也；地，阴也。故天地之数，即阴阳之数也。阳数奇，故一三五七九属之，计二十有五；阴数耦，故二四六八十属之，凡有三十。合之得五十五。故天地之数，凡五十有五。此一至十之数，大至于百千万亿，小至于丝毫微尘，皆以此为本，以推天地品物之盛，以维宇宙之序。故西人尝以数为宇宙产生之母，职是故也。

三六、天地生成之数与五行配合之数

《洪范·九畴》初一曰五行，五行者一曰水，二曰火，三曰木，四曰金，五曰土。《礼记·月令》谓孟春之月，其数八，盛德在木；孟夏之月，其数九，盛德在金；孟冬之月，其数六，盛德在水。《春秋左氏传》郑裨灶曰："火、水妃以五成。"妃，配也，古音同。《汉书·五行志》引其说。注曰："天以一生水，地以二生火，天以三生木，地以四生金，天以五生土，五位皆以五而合，而阴阳易位，故曰妃以五成，然则水之大数六，火七，金九，土十，故水以天一为，火二牡，木以天三，为土十牡，火以天七为金四牡，金以天九为木八牡。阳奇为牡，阴耦为妃，故曰水、火之牡也。"杨子云《太玄》云："一六为水，二七为火，三六为木，四九为金，五十为土。一与六共宗，四与九同道，五与十相守。"至郑玄《易注》遂曰："天地之气各有五，五行之次，一曰水，天数也，二曰火，地数也，三曰木，天数也，四曰金，地数也，五曰土，天数也，此五者阴无匹，阳无耦，故又合之。地六为天一匹也，天七为地二耦也，地八为天三匹也，天九为地四耦也，地十为天五匹也，二五阴阳各有合。"又曰："天一生水于北，地二生火于南，天三生木于东，地四生金于西，天五生土于中。布六于北方以象水，布八于东方以象木，布九于西方以象金，布七于南方以象火。"由是知天一生水，地二生火，天三生木，地四生金，天五生土，地六成水，天七成火，地八成木，天九成金，地十成土，此所谓"五位相得而各有合"也。一二三四五为生数，六七八九十为成数。后人据此画成《河图》及《河图五行生成之图》，详具孟氏、郑氏、虞氏之易。亦或以此取象。如虞氏以坤土为十。

三七、四象与九六之数

先儒或以少阴、少阳、老阴、老阳为四象，少阴数八，少阳数七，老阴数六，老阳数九，所以然者，盖一二三四五为生数，生数不可以起数，故用成数也。十为土之极数，故亦不用，而用六七八九焉。《周易》所以用九用六者，盖《周易》以变者为占，老阴、老阳必变者也，阴极生阳，阳极生阴，故取老阴老阳之数，以为易数；象变易也。故《周易》用九用六，而不用七、八者此也。或以说卦传"参天两地而倚数"，参天者天一天三天五也，两地者地二地四也，倚数而计之，一三五为九，二四为六，故《周易》用九用六。亦通。

三八、爻画之数

汉儒解易多以爻画之数取象。如复卦七日来复。子夏曰："极六位而反于坤之复其数七日，其物阳也。"京房曰："六爻反复之称。"虞翻曰："消乾六爻为六日，刚来反初。"陆绩曰："六阳涉六阴，又下七爻在初，故称七日，日亦阳也。"盖易卦各有六爻，复阳在初，极六爻之位，其数六，反于初，初则一，共计七，故曰七日来复。郑康成《驳五经异义》云："《易经》时乘六龙者谓阴阳六爻耳。"是汉儒相传多以爻画之数取象也。余例如：

无妄六二不甾畬。郑注："田一岁曰甾，二岁曰新田。"

虞注云："在初，一岁曰甾，在二，二岁曰畬，初爻非坤，故不甾而畬。"即以初爻为一，二爻为二也。

坎上六，三岁不得凶。虞注："三非其应，故曰三岁不得凶矣。"

按：此以第三爻故为三岁。

晋昼日三接。虞注："三阴在下，故三接矣。"按：此以晋之内卦坤三爻为三日。

解九二田获三狐。虞注："二之五历三爻，故田获三狐。"按：此以二至五，历三四五三爻取象。损六三，三人行则损一人，一人行则得其友。虞注："泰乾三爻为三人，震为行，故三人行。损初之上，故则损一人，一人谓泰初之上，损刚益柔，故一人行。"按：损卦自泰来，泰内卦乾阳三爻，故三人行。泰初爻之上，则成损，故一人。谓初之上。

又象曰："一人行，三则疑也。"荀注："一阳在上，则教令行；三阳在下则民众疑也。"按：一阳在上，谓损外卦艮，故一人行；三阳在下，谓泰内卦乾三爻。

三九、大衍之数与筮卦法

《易大传》曰："大衍之数五十，其用四十有九，分而为二，以象两，挂一以象三，揲之以四，以象四时，归奇于扐，以象闰，五岁再闰，故再扐而后挂。……四营而成易，十有八变而成卦，八卦而小成，引而信之，触类而长之，天下之能事毕矣，显道神德行，是故可与酬酢，可与右神矣。子曰：'知变化之道者其知神之所为乎。'"（从虞翻本）此以大衍之数明卜筮之法，以参赞神明也。大衍之数五十者马融曰："易曰：太极谓北辰也，太极生两仪，两仪生日月，日月生四时，四时生五行，五行生十二月，十二月生二十四气。"

太极、两仪、日月、四时、五行、十二月、二十四气，其数总计为五十也。其一不用者马融曰："北辰居位不动，其余四十九转运而用也。'分而为二以象两'至'十有八变而成卦'，明卜筮之法也。"

荀爽曰："二揲册挂左手一指间，三指间满而成一爻，卦六爻，三六十八，故十有八变而成卦也。"虞翻曰："奇所挂一策，揲所揲之余，不一则二，不三则四也。取奇以归扐，扐并合挂左手之小指为一扐，则以闰月定四时成岁，故归奇于扐以象闰者也。已一扐复分挂如初揲之归奇于初扐，并挂左手次小指间为再扐，则再闰也。又分挂揲之如初，而挂左手第三指间，成一变，则布挂之一爻谓已二扐又加一为三三变成一爻，并重合前二扐为三扐，不言三闰者闰余十日，五岁闰六十日尽矣，后扐闰余分，故从言再扐而后挂者也。

陆绩曰："分而为二以象两，一营也；挂一以象三，二营也；揲之以四，以象四时，三营也；归奇于扐以象闰，四营也。谓四度营为，方成易之一爻者也。"

由荀虞、陆绩之说，参之以《易大传》之文，考之以先儒之释，可知卜筮之法，盖用五十茎蓍草（无则用竹片代之）以象大衍之数，先取一茎，返回原处，所谓其用四十有九也，任意分两半，以象两仪次任取左旁一茎，挂于小指与无名指间，以象三才。次以左手取左旁之茎，以右手四茎四茎数而分之，所谓揲之以四以象四时也。将其余数或一或二或三或四挂于中指与无名指之间。又次以右手取右旁之策而用左手四茎四茎分之，将其余数挂于食指中指之间。所谓归奇于扐以象闰也。将挂满于手指之茎数取而计之，非五即九，放置于另一处，至此始完成一变。取剩余之总数（非四十，即四十四）再分而为二以象两仪，挂一以象三才，归其余之数以象闰，如前法，复取挂于手指间之蓍数计之（非四即八）而放置另一处此为二变。乃取余数，复如初变二变，再取其挂手指间之蓍数总计之（非四即八），此为第三变。将此三变之数加之，而以四十九减之，若得三十六即老阳之数也，三十二即少阴之数也，得二十八为少阳，二十四即老阴。如此即得一爻。凡十有八变乃得六爻而成一卦，故曰十有八变而成卦。《周易》以变者为占，故取老阳、老阴以断，无则以卦断。

四十、筮册之数与万物之数

《易大传》曰："乾之策二百一十有六，坤之策百四十有四，凡三百有六十，当期之日，二篇之策，万有一千五百二十，当万物之数也。"

荀爽曰："阳爻之策三十有六，乾六爻皆阳，三六一百八十，六六三十六，合二百一十有六也。阳爻九合四时，四九三十六是其义也。阴爻之策二十有四，坤六爻皆阴，二六一百二十，四六二十四，合一百四十有四也。阴爻六合二十四气，四六二百四十也。”

侯果曰：“二篇谓上下经也，共六十四卦，合三百八十四爻，阴阳各半，则阳爻一百九十二，每爻三十六策合六千九百一十二册；阴爻亦一百九十二，每爻二十四策，合四千六百八册，则二篇之策合万有一千五百二十，当万物之数也。”

盖《周易》以变者为占，故用九用六。九阳之数也，六老阴之数也，以四揲之数乘之，故老阳之策三十有六，老阴之策二十有四，乾六爻皆阳，坤六爻皆阴，各乘以六，故乾之策为二百十六，坤之策为一百四十四，总共为三百六十。当阴历一年之日数，《周易》上下经共六十四卦，每卦六爻共三百八十四爻，阴爻阳爻各半，故各为一百九十二，阳爻之数（一百九十二）乘以三十六，共得六千九百十二，阴爻之数（一百九十二）乘以二十四，共得四千六百〇八。加之总共得一万一千五百二十，以当万物之数。荀氏注易即以策之总数解万物之数。如系辞：“知周乎万物。”荀注：“二篇之策，万有一千五百二十，当万物之数，故曰知周乎万物也。”乾彖：“万物资始。”荀注：“分为六十四卦，万一千五百二十策，皆受始于乾也，策取始于乾，犹万物之生本于天。”是以筮策之总数，解万物之数也。故系辞曰：“当万物之数也。”

四一、干支之数

天干为甲乙丙丁戊己庚辛壬癸，汉儒亦用以计日之数，故《易经》载先甲三日，后甲三日，先庚三日，后庚三日，配以地支子丑寅卯辰巳午未申酉戌亥，则用以计年与日。其起源颇早，今见殷墟甲骨中亦有天干地支之数，则先民固已用之矣。天干有十数，故亦或用以当一至十之数，《易经》多用天干，汉儒之诂易亦多用天干。

蛊卦先甲三日，后甲三日。子夏传云：“先甲三日者，辛壬癸也，后甲三日者，乙丙丁也。”马融曰：“甲在东方，艮在东北，故云先甲，巽在东南、故云后甲，所以十日之中唯取甲者，甲为十日之首，蛊为造事之端。”

巽卦先庚三日，后庚三日。虞翻曰：“震、庚也震三爻在前，故先庚三日，谓益时也。动四至五成离，终上成震，震三爻在后，故后庚三日。与蛊先甲三日后甲三日同义。乾成于甲，震成于庚。”则以纳甲配爻，与天干之日数以诂易也。

系辞上：“天一地二，天三地四，天五地六，天七地八，天九地十。”虞翻注云：“水甲、火乙、木丙、金丁、土戊、水己、火庚、木辛、金壬、土癸。”按：此以天干之数，当一二三四五六七八九十也。水甲者，谓天一生水也，火乙者，谓地二生火也，木丙者，谓天三生木也。……金壬者，谓天九成金也，土癸者谓地十成土也。余可类推。

既济六二勿逐七日得。虞注：“震为七，故勿逐七日得。”按：震纳庚，数七，故震为七。

震六二勿逐七日得。虞注：“震数七，故七日得者也。”

是天干之数即一至十之数也。既用以计年日，亦用以计数字。

四二、取象之范畴

汉儒取象之范畴，广及易之卦爻、彖、象、说卦、文言、系辞、序卦，并引伸触类而及于纳甲，易纬诸说。今存而附于《释文》之《荀九家逸象》，凡三十有一，清儒惠定宇《易汉学论》及虞仲翔之《逸象》，凡四百五十有八，以为虞氏五世传《孟氏易》，其《逸象》当即《孟氏易》之象。张惠言撰《周易虞氏义》，徐昂撰《周易虞氏学》，皆补虞氏之《逸象》。此已具于本篇第十六章《〈虞氏易〉阐微》说卦注后，今不备载。唯略分类如下：

1. 卦爻之象。虞注大畜九三云：“震为惊走，二至五体师象。”震卦云：“震惊百里。”故取惊象。注随九五云：“有观象。”注坎九五云：“坤安。”按：坤卦辞云安贞吉。解六三注云：“艮为背。”按：艮卦辞云艮其背。郑康成以互体释易，亦颇取卦象。此皆取卦象者也。至于取爻以为象者，如虞注履初九象云：“以阴消阳，其亡，故五变灭初。”其亡其亡乃否九五爻辞。注大过云：“藉用白茅，女妻有于继世承祀，故大矣哉。”取大过初六：“藉用白茅”以为祭祀之象，又取九二爻“得其女妻”以为继世之象。注大壮九三云：“体乾夕惕故贞厉也。”此取乾九三爻辞“夕惕若厉”之象也。注谦象云：“坎为平。”乃以坎九五：“禔既平”取象。余类推。

2. 彖辞之象。虞注复上六云：“五变设险，故帅师败丧。”谓复六五变，则成坎，坎彖曰：“王公设险以守邦。”（《集解》）谦象注云：“乾为物为施。”盖取乾彖：“万物资始，云行雨施，品物流行。”取象也。注睽上九云：“震为后。”盖以彖辞“后有则也”取象，蹇初六象注：“艮为时。”则取艮彖“动静不失其时”之象。

3. 大象之象。虞注噬嗑云："上当之三，蔽四成丰，折狱致刑，故利用狱。"此用丰之大象取象。注咸九四云："兑为朋。"取兑大象"君子以朋友讲习"之象。注咸九三象云："巽为随。"则取巽大象"随风巽"之象。

4. 小象之象。虞注坎九五象云："体屯五中，故未光大也。"乃取屯卦九五小象"施未光也"以诂之。注益彖："以贵下贱大得民，故说无疆。"乃取屯初九小象以释者也。

5. 系辞之象。虞注观六二云："坤为阖户。"坎六四："坤为户。"皆取自系辞："阖户谓之坤"，注大过九四象云："乾以易知。"注大壮九三："离为罔"取自"作结绳而为罔罟，盖取诸离。"注无妄六二："有益耕象"，取自"耒耨之利以教天下，盖取诸益"之象。

6. 文言之象。虞注蛊初六上九云："坤为事"本自坤文言："发于事业。"注观六四："临阳至二，天下文明。"取乾文言九二："见龙在田，天下文明"之文。临阳至二，即乾九二也。

7. 序卦之象。虞注坎六四："震主祭器。"盖取序卦"主器者，莫若长子"之象。虞注睽九二："震为主。"同上。虞注无妄："体颐养象。"本之序卦"颐者养也。"

8. 杂卦之象。虞注蛊六四云："兑为见。"盖本自杂卦："兑见而升不来也。"注坎六四云："乾刚坤柔。"亦本之杂卦。

9. 纳甲之象。虞注豫六五云："坤为死。"盖以纳甲坤纳乙癸，月二十九日月隐于坤乙，故为死。注上六："坤为冥"同。注蛊卦云："乾为甲。"注遁上九云："乾为肥。"注大壮六五云："坤为丧。"注损彖云："乾为盈，坤为虚。"皆以月体纳甲，月盈于乾甲，丧于坤乙取象也。

10. 取自《乾凿度》之象。虞注豫彖云："乾为清。"盖取自"轻清者上而为天"之文，注观彖云："圣人谓乾。"盖取自"乾九五为圣人"之文。注蹇云："坤西南卦。"盖取自"坤位在西南"之文，乃坤卦卦辞也。

11. 说卦之象。说卦传所载取象之范畴颇多，如：

乾为马，坤为牛，震为龙，巽为鸡，坎为豕，离为雉，艮为狗，兑为羊。此取于禽兽之象也。

乾为首，坤为腹，震为足，巽为股，坎为耳，离为目，艮为手，兑为口。此取之人身之象者也。

乾为父，坤为母，震为长男，巽为长女，坎为中男，离为中女，艮为少男，兑为少女。此取之人伦之象者也。

"乾为天、为圜、为君、为父"以下至"兑为泽、为少女……为妾、为羊。"此言乎八卦之广象也，具见于《虞氏易》中，今不备载。

四三、京房八宫卦序

（乾卦）	（兑卦）	（离卦）	（震卦）	（巽卦）	（坎卦）	（艮卦）	（坤卦）
乾为天 乾宫	泽天夬	火天大有	雷天大壮	风天小畜	水天需	山天大畜	地天泰
天泽履 兑宫	兑为泽	火泽睽	雷泽归妹	风泽中孚	水泽节	山泽损	地泽临
天火同人 离宫	泽火革	离为火	雷火丰	风火家人	水火既济	山火贲	地火明夷
天雷无妄 震宫	泽雷随	火雷噬嗑	震为雷	风雷益	水雷屯	山雷颐	地雷复
天风姤 巽宫	泽风大过	火风鼎	雷风恒	巽为风	水风井	山风蛊	地风升
天水讼 坎宫	泽火困	火水未济	雷水解	风水涣	坎为水	山水蒙	地水师
天山遁 艮宫	泽山咸	火山旅	雷山小过	风山渐	水山蹇	艮为山	地山谦
天地否 坤宫	泽地萃	火地晋	雷地豫	风地观	水地比	山地剥	坤为地

四四、虞氏六十四卦爻象变化统计表

徐昂著《周易虞氏学》，用补张惠言《周易虞氏义》之不足，且校正其非。诚虞氏之大功臣也。其书中载有六十四卦爻象变化统计表，对虞氏之随机取象，多所发挥而列于一表，一目了然。今录其表于此。

卦	卦名	消息卦	消息或爻之	旁通	注取象	既济或否	互体或他卦	变爻或他卦
䷀	乾	阳盈卦	息坤	坤	取象坤九三象传文言传虞注九二用九张注	二四上变之正成既济		
䷁	坤	阴虚卦	消乾	乾	取象乾卦辞六三象传大象传文言传虞注六三爻二四五上用六象传张注	爻位不正不成既济		息至三成泰四括囊不动五正否成观
䷂	屯	消息卦	坎二之初	鼎		三动成既济		
䷃	蒙	消息卦	艮三之二消息云实颐初之二	革		接阴不成既济	初二三四五体师，二三四五上体颐	二五正为观
䷄	需	大壮息卦	大壮四之五		取象大壮（九二大象传传虞注三四上张注）	二变成既济		二变应五，初二三四五互体噬嗑
䷅	讼	遁消息	遁三之二		取象遁（二三张注）	初四易位，二三上变之正，成既济		二正成否，初二三四变之正，与五互体噬嗑，二变，初四易位初二三四互体复
䷆	师	消息卦	谦三之二	同人	取象同人（三上虞注初二四五张注）取象比（象传虞注）按师二之五为比			五变，二三四五互体颐

续表

卦	卦名	消息卦	消息或爻之	旁通	注取象	既济或否	互体或他卦	变爻或他卦
䷇	比	消息卦	师二之五	大有	取象大有（卦辞六二大象传张注）	初三正成既济	初二三四五体剥	初动成屯五降初为复
䷈	小畜	消息卦	需上变为巽，豫四之坤初为复上息	豫	取象复（初虞注二张注）取象豫（二三四虞注上张注）	二上正成既济	初二三四互夬	二变为家人，上变之正为需
䷉	履	消息卦	变讼初为兑，谦三之坤初为复上息	谦	取象讼（二三张注）取象谦（三张注）	二四正，三上易位成既济		三上易位体夬
䷊	泰	息卦	阳息坤反否		取象否（初三上虞注）	二五易位成既济	三四五上互复	二五易位，初二三四五体噬嗑体师
䷋	否	消卦	阴消乾反泰				初二三四五体观，二三四五上体遁	上爻降至初爻之下成益
䷌	同人	消息卦	师二之坤初为复上息	师	取象师（三五虞注二张注）	四上正成既济	二三四五上体遘	四变上不变，成家人，四变，二三四五上互体讼
䷍	大有	消息卦	比五之坤初为复上息	比	取象比（初二上虞注初取比初动成屯）		初二三四五体夬	二变，二三四五上互体鼎，二四五变成家人

续表

卦	卦名	消息卦	消息或爻之	旁通	注取象	既济或否	互体或他卦	变爻或他卦
䷎	谦	消息卦	乾上九来之坤三	履	取象履（初二张注）取象师（三四五上张注）按谦三之二为师四兼取比象（四张注）			
䷏	豫	消息卦	复初之四	小畜	取象小畜（二四虞注三五张注）		初二三四互剥初二三四五体比三四五上互师	初二三四五爻皆变，而上不变，则成需
䷐	随	消息卦	否上之初	蛊	取象否（象传虞注）	三四正成既济	二三四五上体咸，三四五上互大过，二三四五互观	
䷑	蛊	消息卦	泰初之上	随	取象泰（初二上虞注）	坤道反否不成既济	初二三四互大过	初正、二五易位，成家人，初变，初二三四互体夬，二五易位成渐，初变成大畜，初二变成贲，初二三四五变成无妄，四变成鼎。

续表

卦	卦名	消息卦	消息或爻之	旁通	注取象	既济或否	互体或他卦	变爻或他卦
䷒	临	息卦	阳息复至二	遁	取象复（二虞注）	二五易位，三正成既济		三动成泰
䷓	观	消卦	反临	大壮	取象临（二三四上虞注初五张注）	消卦不成既济		上二正为蹇
䷔	噬嗑	否消卦	否五之坤初		取象丰（三张注）按噬嗑上之三为丰取象颐（象传虞注）		初二三四五体屯	四五易位成益
䷕	贲	泰息卦	泰上之乾二			五上正成既济		五变成家人（张注引江承之说）
䷖	剥	消卦	阴消乾	夬	取象观（五虞注）按剥由观消取象夬（上虞注）			三正、三四五上互体颐
䷗	复	息卦	阳息坤	遘	取象泰（象传张注）按复息临成泰	三五正成既济		三变五未变，二三四五上互体师
䷘	无妄	遁消卦	遁上之初			消卦不成既济	初二三四五颐，二三四五互成益	四变成益，四上变而三未变，体屯。

续表

卦	卦名	消息卦	消息或爻之	旁通	注取象	既济或否	互体或他卦	变爻或他卦
䷙	大畜	消息卦	萃五之复二成临上息于爻大壮初之上	萃	取象复（初张注）取象萃（二四虞注三张注）	二五易位、上变成既济	三四五上互颐	二五易位成家人家人初至五体噬嗑，二变二三四五师象。
䷚	颐	消息卦	临二之上晋四之初	大过	取象晋（初四虞注）	三之正五上易位成既济	二三四五上体剥	
䷛	大过	消息卦	大壮五之初或兑三之初	颐	取象临（二张注）取象夬（五虞注）取象夬，大壮（五上虞注）		初二三四五体遘	二正成咸四动成井
䷜	坎	消息卦方伯卦	坤二五之坤，于爻观上之二	离	取象观（上虞注）伤象屯（象象两传虞注）按坎二之初为屯		初二三四互师，二三四五互颐	二正为比，二变，初二三四五互体剥
䷝	离	消息卦方伯卦	坤二五之乾于爻遁初之五	坎	取坎体颐象（卦辞虞注）取坎体师象（上虞注）取坎象（象象两传虞注）		二三四五互大过	
䷞	咸	否消卦	坤三之乾上，乾上之坤三，于爻否三之上		取象否（大象传虞注）	初四易位成既济		

续表

卦	卦名	消息卦	消息或爻之	旁通	注取象	既济或否	互体或他卦	变爻或他卦
䷟	恒	泰息卦	乾初之坤四，于爻泰初之四	益	取象益（卦辞张注）	初往之四二五易位成既济		
䷠	遁	消卦	阴消遘至二咸上复乾	临	取象否（二四上虞注初五张注）按否由遁消	三权变消成否，与上易位四来之初成既济		
䷡	大壮	息卦	阳息泰	观		四五易位，二正成既济	初二三四五体夬	四之五成需四动成泰
䷢	晋	观消卦	观四之五			初正、三上易位，四五易位成既济		初动成噬嗑初动初二三四五互体屯，三上易位成小过，上动三四五上互体师
䷣	明夷	临息卦	临二之三反卦		取象晋（初四上张注）取象临（二张注）	五正成既济	二三四五上体师	
䷤	家人	遁消卦	遁初之四		取象遁（彖传虞注大象传张注）	三权变与上易位成既济		三动、初二三四五互体颐

续表

卦	卦名	消息卦	消息或爻之	旁通	注取象	既济或否	互体或他卦	变爻或他卦
䷥	睽	消息卦	大壮上之三在系取无妄二之五，消息云实蹇三之复二成临上息	蹇	取象无妄（六三象传虞注）	二三四五上正成既济		二动体噬嗑二四变，初二三四五体复，五动，二三四五上互体同人
䷦	蹇	消息卦	观上反三即萃四反三	睽	取象观（二虞注）取象睽（三五张注引江承之说）	初正成既济		
䷧	解	临息卦	临初之四，萃五之二			初四易位二五易位三正成既济		初二四五变成屯体复象，三动初二三四五成大过
䷨	损	泰息卦	泰初之上		取象泰（三虞注）取象益（二三五上虞注）	二贞五反益后，上再益三成既济		二之五成益后三再变，成家人，二之五，二三四五上互体观
䷩	益	消息卦	否上之初	恒	取象否（二虞注）取象损（象传虞注）	上益三成既济然后反泰	二三四五上体观，初二三四互复二三四五互剥	三动，二三四五上互体涣，三变，初二三四五互体噬嗑

续表

卦	卦名	消息卦	消息或爻之	旁通	注取象	既济或否	互体或他卦	变爻或他卦
䷪	夬	息卦	阳决阴，阳息大壮	剥	取象大壮（初四五虞注三张注）	二四正成既济		
䷫	遘	消卦	阴消乾	复	取象夬（初三虞注）按夬倒为遘	阳消不定既济		初四易位成小畜后上再变成需
䷬	萃	消息卦	观上之四，消息云：实豫四息五，困二入宫	大畜	取象观（卦辞六二象传虞注）	初四易位三正成既济	三四五上互大过	
䷭	升	临息卦	临初之三		取象临（卦辞大象传虞注）			初之正成泰二之五成蹇
䷮	困	否消卦	否二之上咸二之三		取象否（四五大象传虞注象传张注）	初四易位，二变，三伏阳出成既济		初四之正，初二三四五互体损，四变二三四五互体颐，三动成大过
䷯	井	泰息卦	泰初之五			初二正成既济		初二正，初二三四五互体噬嗑
䷰	革	消息卦	遁上之初，消息云：实大过初之二	蒙	取象蒙（五上象传虞注初二三张注）	四正成既济	初二三四五体同人，二三四五上体大过	

续表

卦	卦名	消息卦	消息或爻之	旁通	注取象	既济或否	互体或他卦	变爻或他卦
䷱	鼎	消息卦	大壮上之初，消息云：实离二之初	屯	取象大壮（初虞注）	初二四五上变成既济	初二三四体遘，初二三四五互体大过，二三四五上体大有	初四易位体大畜初四变，三动二三四五体颐，三动二三四五上互体噬嗑，初三四五变而上不变成家人
䷲	震	临息卦方伯卦	临二之四，乾二五之坤		取象临（大象传虞注）	三正、四之五成既济		四变成复四之五为屯五动成随
䷳	艮	观消卦	观五之三，乾二五之坤		取象观（卦辞六四虞注）	消卦不成既济	三四五上互颐	初五正，成家人，五动成渐
䷴	渐	否消卦	否三之四		初正，三权变受上易位成既济			初变成众人，初之正，初二三四五互噬嗑、初之正、三动、初二三四体复
䷵	归妹	泰息卦	泰三之四		取象泰（五上虞注）	二五易位、三四正位，成既济	初二三四五体需	初变为解、二变三动之正、二三四五互体大过

续表

卦	卦名	消息卦	消息或爻之	旁通	注取象	既济或否	互体或他卦	变爻或他卦
䷶	丰	泰息卦	泰二之四噬嗑上之三		取象噬嗑（二三四上象传大象传虞注）	四五正成既济	二三四五互大过，三四五上互大壮	四之正成明夷四五变上权变成家人,五动,二三四五互遘
䷷	旅	否消卦	否三之五，贲初之四		取象贲（大象传虞注）			三动,初二三四互剥,五动成遁
䷸	巽	遁消卦	遁二之四，坤二五之乾		取象遁（大象传虞注）			初二易位成家人初二三变成益初二三四五变成噬嗑五动成蛊六爻皆变成震
䷹	兑	大壮息卦方伯卦	大壮五之三坤二五之乾		取象大壮	二四正上权变与三易位成既济	三四五上互大过	二四变,成屯，二四变,二三四五上互比,二四变二三四五互剥
䷺	涣	否消卦	否四之二		取象否（卦辞虞注）取象遁（上象传虞注）按否由遁消	象传虞注谓成既济,卦下张注其实消卦不成既济	三四五上互遁	初动、初二三四互体大壮,二正成观成既济，有噬嗑象。

续表

卦	卦名	消息卦	消息或爻之	旁通	注取象	既济或否	互体或他卦	变爻或他卦
䷻	节	泰息卦	泰三之五			二三正成既济		二变、成屯二动二三四五互剥
䷼	中孚	消息卦	讼四之初		取象讼（卦辞二四彖象两传虞注）三张注	二正、三上易位成既济	三四五上互遁	二动、二三四五互剥、二正三动而二未变，二三四五上互体涣二动成益
䷽	小过	消息卦	晋上之三		取象晋（卦辞五上大象传虞注初象传张注）取象否（四象传虞注）	五正、初四易位成既济	二三四五互大过	五正成咸五变二三四五互体遘四之初成明夷
䷾	既济	泰息卦	泰五之二		取象泰（卦辞二五虞注初三上张注）取象否（卦辞彖传虞注初张注）按否由泰反			
䷿	未济	否消卦	否二之五		取象否（彖传大象传虞注初上张注）取象既济（四虞注上张注）	六爻反正成既济		三四正、初二未变、初二三四互大过，四变，初二三四互体师

四五、六十四卦纳干支六亲世庶表

（一）乾宫八卦全图

1　乾为天
六冲
父—戌壬
母世土
兄—申壬
弟　金
官—午壬
鬼　火
父—辰甲
母应土
妻—寅甲
财　木
子—子甲
孙　水

2　天风姤
父—戌壬
母　土
兄—申壬
弟　金
官—午壬
鬼应火
兄—酉辛
弟　金
寅　子—亥辛
妻　孙　水
父—丑辛
母世土

3　天山遁
父—戌壬
母　土
兄—申壬
弟应金
官—午壬
鬼　火
兄—申丙
弟　金
寅　官—午丙
妻　鬼世火
子　父—辰丙
子　母　土

4　天地否
六合
父—戌壬
母应土
兄—申壬
弟　金
官—午壬
鬼　火
妻—卯乙
财世木
官—巳乙
鬼　火
子　父—未乙
子　母　土

5　风地观
妻—卯辛
财　木
申　官—巳辛
兄　鬼　火
父—未辛
母世土
妻—卯乙
财　木
官—巳乙
鬼　火
子　父—未乙
子　母应土

6　山地剥
妻—寅丙
财　木
申　子—子丙
子孙世水
父—戌丙
母　土
妻—卯乙
财　木
官—巳乙
鬼应火
父—未乙
母　土

7　火地晋
官—巳己
鬼　火
父—未己
母　土
兄—酉己
弟世金
妻—卯乙
财　木
官—巳乙
鬼　火
子　父—未乙
子　母应土

8　火天大有
官—巳己
鬼应火
父—未己
母　土
兄—酉己
弟　金
父—辰甲
母世土
妻—寅甲
财　木
子—子甲
孙　水

（二）坎宫八卦全图

9　坎为水
六冲
兄—子戊
弟世水
官—戌戊
鬼　土
父—申戊
母　金
妻—午戊
财应火
官—辰戊
鬼　土
子—寅戊
孙　木

10　水泽节
六合
兄—子戊
弟　水
官—戌戊
鬼　土
父—申戊
母应金
官—丑丁
鬼　土
子—卯丁
孙　木
妻—巳丁
财世火

11　水雷屯
兄—子戊
弟　水
官—戌戊
鬼应土
父—申戊
母　金
午　官—辰庚
妻鬼　土
子—寅庚
孙世木
兄—子庚
弟　水

12　水火既济
兄—子戊
弟应水

13　泽火革
官—未丁
鬼　土

14　雷火丰
官—戌庚
鬼　土

官—戌戊
鬼　土
父—申戊
母　金
午　兄—亥已
妻　弟世水
官—丑已
鬼　土
子—卯已
孙　木

父—酉丁
母　金
兄—亥丁
弟世水
午　兄—亥已
妻弟　水
官—丑已
鬼　土
子—卯已
孙应木

父—申庚
母世金
妻—午庚
财　火
兄—亥已
弟　水
官—丑已
鬼应土
子—卯已
孙　木

15　地火明夷
父—酉癸
母　金
兄—亥癸
弟　水
官—丑癸
鬼世土
午　兄—亥已
妻弟　水
官—丑已
鬼　土
子—卯乙
孙应木

16　地水师
父—酉癸
母应金
兄—亥癸
弟　水
官—丑癸
鬼　土
妻—午戊
财世火
官—辰戊
鬼　土
子—寅戊
孙　木

（三）艮宫八卦全图

17　艮为山
六冲
官—寅丙
鬼世木
妻—子丙
财　水
兄—戌丙

18　山火贲
六合
官—寅丙
鬼　木
妻—子丙
财　水
兄—戌丙

19　山天大畜
官—寅丙
鬼　木
妻—子丙
财应水
兄—戌丙
弟　土

弟　土
子—申丙
孙应金
父—午丙
母　火
兄—辰丙
弟　土

弟应土
申　妻—亥己
子　财　水
午　兄—丑己
父　弟　土
官—卯己
鬼世木

申　兄—辰甲
子　弟　土
午　官—寅甲
父　鬼世木
妻—子甲
财　水

20　山泽损
官—寅丙
鬼应木
妻—子丙
财　水
兄—戌丙
弟　土
申　兄—丑丁
子　弟世土
官—卯丁
鬼　木
父—巳丁
母　火

21　火泽睽
父—巳己
母　火
子　兄—未己
妻　弟　土
子—酉己
孙世金
兄—丑丁
弟　土
官—卯丁
鬼　木
父—巳丁
母应火

22　天泽履
兄—戌壬
弟　土
子　子—申壬
妻　孙世金
父—午壬
母　火
兄—丑丁
弟　土
官—卯丁
鬼应木
父—巳丁
母　火

23　风泽中孚
官—卯辛
鬼　木
子　父—巳辛
妻　母　火
兄—未辛
弟世土
申　兄—丑丁
兄　弟　土
官—卯丁
鬼　木
父—巳丁
母应火

24　风山渐
官—卯辛
鬼应木
子　父—巳辛
妻　母　火
兄—未辛
弟　土
子—申丙
孙世金
父—午丙
母　火
兄—辰丙
弟　土

（四）震宫八卦全图

25 震为雷
六冲
妻—戌庚
财世土
官—申庚
鬼 金
子—午庚
孙 火
妻—辰庚
财应土
兄—寅庚
弟 木
父—子庚
母 水

26 雷地豫
六合
妻—戌庚
财 土
鬼—金
子—午庚
孙应火
兄—卯乙
弟 水
子—巳乙
孙 火
子 妻—未乙
父 财世土

27 雷水解
妻—戌庚
财 土
官—申庚
鬼应金
子—午庚
孙 火
子—午戊
孙 火
妻—辰戊
财世土
子 兄—寅戊
父 弟 木

28 雷风恒
妻—戌庚
财应土
官—申庚
鬼 金
子—午庚
孙 火
官—酉辛
鬼世金
寅 父—亥辛
兄 母 水
妻—丑辛
财 土

29 地风升
官—酉癸
鬼 金
父—亥癸
母 水
午 妻—丑癸
子 财 世 土
官—酉辛
鬼 金
寅 父—亥辛
兄 母 水
妻—丑辛
财应土

30 水风井
父—子戊
母 水
妻—戌戊
财世土
午 官—申戊
子 鬼 金
官—酉辛
鬼 金
寅 父—亥辛
兄 母应水
妻—丑辛
财 土

31 泽风大过
妻—未丁
财 土

32 泽雷随
妻—未丁
财应土

官—酉丁
鬼　金
午　父—亥丁
子　母世水
官—酉辛
鬼　金
寅　父—亥辛
兄　母　水
妻—丑辛
财应土

官—酉丁
鬼　金
午　父—亥丁
子　母　水
妻—辰庚
财世土
兄—寅庚
弟　木
父—子庚
母　水

（五）巽宫八卦全图

33　巽为风
六冲
兄—卯辛
弟世木
子—巳辛
孙　火
妻—未辛
财　土
官—酉辛
鬼应金
父—亥辛
母　水
妻—丑辛
财　土

34　风天小畜
兄—卯辛
弟　木
子—巳辛
孙　火
妻—未辛
财应土
酉　妻—辰甲
官　财　土
兄—寅甲
弟　木
父—子甲
母世水

35　风火家人
兄—卯辛
弟　木
子—巳辛
孙应火
妻—未辛
财　土
酉　父—亥己
鬼　母　木
妻—丑己
财世土
兄—卯己
弟　木

36　风雷益
兄—卯辛
弟应木
子—巳辛
孙　火
妻—未辛

37　天雷无妄
六冲
妻—戌壬
财　土
官—申壬
鬼　金

38　火雷噬嗑
子—巳己
孙　火
妻—未己
财世土
官—酉己

财　土
酉　妻—辰庚
鬼　财世土
兄—寅庚
弟　木
父—子庚
母　水

子—午壬
孙世火
妻—辰庚
财　土
兄—寅庚
弟　木
父—子庚
母应水

鬼　金
妻—辰庚
财　土
兄—寅庚
弟应木
父—子庚
母　水

39　山雷颐
兄—寅丙
弟　木
巳　父—子丙
子　母　水
妻—戌丙
财世土
酉　妻—辰庚
官　财　土
兄—寅庚
弟　木
父—子庚
母应水

40　山风蛊
兄　寅丙
弟应木
巳　父—子丙
子　母　水
妻—戌丙
财　土
官—酉辛
鬼世金
父—亥辛
母　水
妻—丑辛
财　土

（六）离宫八卦全图

41　离为火
六冲
兄—巳己
弟世火
子—未己
孙　土
妻—酉己
财　金
官—亥己

42　火山旅
六合
兄—巳己
弟　火
子—未己
孙　土
妻—酉己
财应金
亥　妻—申丙

43　火风鼎
兄—巳己
弟　火
子—未己
孙应土
妻—酉己
财　金
妻—酉辛
财　金

鬼应水
子—丑己
孙　土
父—卯己
母　木

44　火水未济
兄—巳己
弟应火
子—未己
孙　土
妻—酉己
财　金
亥　兄—午戊
官　弟　世火
子—辰戊
孙　土
父—寅戊
母　木

47　天水讼
子—戌壬
孙　土
妻—申壬
财　金
兄—午壬
弟世火
亥　兄—午戊
官　弟　火
子—辰戊
孙　土
父—寅戊
母应木

官　财　金
兄—午丙
弟　火
卯　子—辰丙
父孙世土

45　山水蒙
父—寅丙
母　木
官—子丙
鬼　水
酉　子—戌丙
妻　孙世土
兄—午戊
弟　火
子—辰戊
孙　土
父—寅戊
母应木

48　天火同人
子—戌壬
孙应土
妻—申壬
财　金
兄—午壬
弟　火
官—亥己
鬼世水
子—丑己
孙　土
父—卯己
母　木

官—亥辛
鬼世水
卯　子—丑辛
父孙　土

46　风水涣
父—卯辛
母　木
兄—巳辛
弟世火
酉　子—未辛
妻　孙　土
亥　兄—午戊
官　弟　火
子—辰戊
孙应土
父—寅戊
母　木

（七）坤宫八卦全图

49　坤为地
六冲
子—酉癸
孙世金
妻—亥癸
财　水
兄—丑癸
弟　土
官—卯乙
鬼应木
父—巳乙
母　火
兄—未乙
弟　土

50　地雷复
六合
子—酉癸
孙　金
妻—亥癸
财　水
兄—丑癸
弟应土
兄—辰庚
弟　土
巳　官—寅庚
父　鬼　木
妻—子庚
财世水

51　地泽临
子—酉癸
孙　金
妻—亥癸
财应水
兄—丑癸
弟　土
兄—丑丁
弟　土
官—卯丁
鬼世木
父—巳丁
母　火

52　地天泰
六合
子—酉癸
孙应金
妻—亥癸
财　水
兄—丑癸
弟　土
兄—辰甲
弟世土
巳　官—寅甲
父　鬼　木
妻—子甲
财　水

53　雷天大壮
六冲
兄—戌庚
弟土
子—申庚
孙　金
父—午庚
母世火
兄—辰甲
弟　土
官—寅甲
鬼　木
妻—子甲
财应水

54　泽天夬
兄—未丁
弟　土
子—酉丁
孙世金
妻—亥丁
财　水
兄—辰甲
弟　土
巳　官—寅甲
父　鬼应水
妻—子甲
财　水

55　水天需
妻—子戊

56　水地比
妻—子戊

财　水
兄—戌戊
弟　土
子—申戊
孙世金
兄—辰甲
弟　土
巳　官—寅甲
父　鬼　木
妻—子甲
财应水

财应水
兄—戌戊
弟　土
子—申戊
孙　金
官—卯乙
鬼世木
父—巳乙
母　火
兄—未乙
弟　土

（八）兑宫八卦全图

57　兑为泽
六冲
父—未丁
母世土
兄—酉丁
弟　金
子—亥丁
孙　水
父—丑丁
母应土
妻—卯丁
财　木
官—巳丁
鬼　火

58　泽水困
六合
父—未丁
母　土
兄—酉丁
弟　金
子—亥丁
孙应水
官—午戊
鬼　火
父—辰戊
母　土
妻—寅戊
财世木

59　泽地萃
父—未丁
母　土
兄—酉丁
弟应金
子—亥丁
孙　水
妻—卯乙
财　木
官—巳乙
鬼世火
父—未乙
母　土

60　泽山咸
父—未丁
母应土
兄—酉丁
弟　金

61　水山蹇
子—子戊
孙　水
父—戌戊
母　土

62　地山谦
兄—酉癸
弟　金
子—亥癸
孙世水

子—亥丁
孙　水
兄—申丙
弟世金
卯　官—午丙
妻　鬼　火
父—辰丙
母　土
63　雷山小过
父—戌庚
母　土
兄—申庚
弟　金
亥　官—午庚
子　鬼世火
兄—申丙
弟　金
卯　官—午丙
妻　鬼　火
父—辰丙
母应土

兄—申戊
弟世金
兄—申丙
弟　金
卯　官—午丙
妻　鬼　火
父—辰丙
母应土
64　雷泽归妹
父—戌庚
母应土
兄—申庚
弟　金
亥　官—午庚
子　鬼　火
父—丑丁
母世土
妻—卯丁
财　木
官—巳丁
鬼　火

父—丑癸
母　土
兄—申丙
弟　金
卯　官—午丙
妻　鬼　应火
父—辰丙
母　土

此卦气图的组成部分。以十二辟卦代表十二月阴阳消长之节律。四正卦的二十四爻代表一年二十四节。复卦代表冬至一阳生，从此阳气日长，阴气渐消；姤卦代表夏至一阴生，从此阴气日长，阳气日消，四季阴阳消长呈渐进过程，周而复始，对农业生产及人类养生均有指导意义。

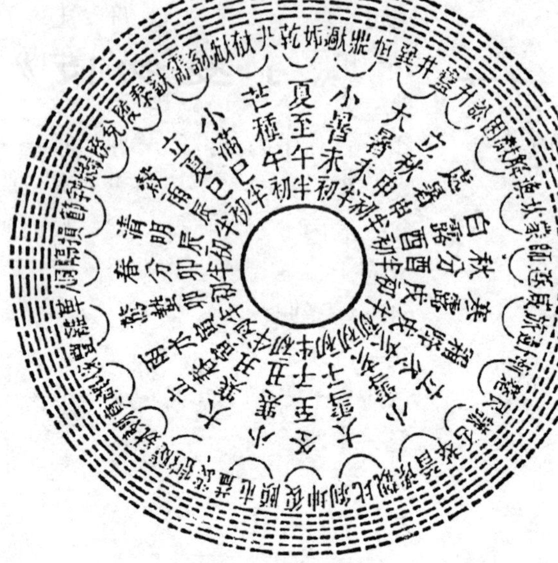

先天六十四卦节气图

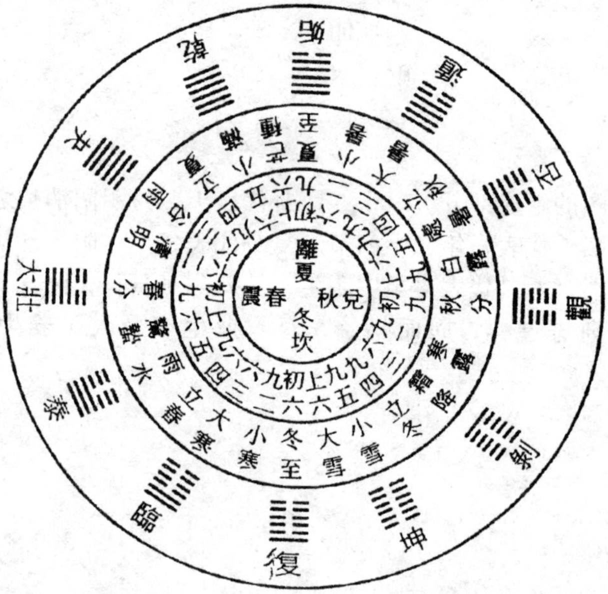

十二消息卦图（二十四节图）

第三章 《子夏易传》

一、《子夏易传》之书及版本

《子夏易传》之书，历代所传闻者，有三焉。其一为刘向、荀勖、张璠，《释文》、《集解》及《隋书·经籍志》，所论所征引之书。其书或云二卷，或云三卷，或云四卷。刘向曰："《易传》，子夏韩氏婴也。"（《唐会要》引王俭《七志》所引《七略》）荀勖曰："《子夏易传》四卷，或云丁宽所作。"（《唐会要》引《中经簿录》）张璠曰："或馯臂子弓所作，薛虞记。"《释文》云："《子夏易传》三卷。卜商字子夏，卫人，孔子弟子，魏文侯师。"《七略》云："汉兴韩婴传。"《中经簿录》云："丁宽所作。"（陆德明《经典释文》）《隋书·经籍志》曰："《易》二卷，魏文侯师卜子夏传。"

其二则唐张弧所伪作，有十一卷者是也。《崇文总目》云："此书篇第略依王氏，决非卜子夏之文。"晁说之《传易堂记》云："今号为《子夏易传》者，《崇文总目》知其伪。而不知其所伪之人，予知其为唐张弧之易也。"陈振孙曰："隋唐时止二卷，已残缺。今安得有十卷，且其经文彖象爻辞相错。近用王弼本，决非汉世书。"（《直斋书录解题》）

其三则《四库》、《通志堂经解》（康熙本、同治本）及《学津讨原》（嘉庆本、景嘉靖本）所载，亦有十一卷之多。《四库全书总目提要》云："今本又出伪托，不但非子夏书，亦并非张弧书矣。"顾实曰："若《四库·经部·易类》著录《子夏易传》十一卷，则宋以后人所伪作。"（《汉书·艺文志·讲疏》）

是《子夏易传》所传闻者三。其第二、第三皆唐宋时所作之赝品，今不取焉。今所论者唯论其第一种耳。此《子夏易传》据诸家所说，殆为汉易当无可疑者。唯此书久佚，至隋时已残缺矣。故《隋志》云："《子夏传》残阙，梁六卷，今二卷。"至唐时则不受重视，而渐微矣。《唐会要》云："开元七年三月六日诏《子夏易传》近无习者，令儒官详定。四月七日刘知几议曰：'按《汉志》，易有十三家，而无子夏作传者。至梁阮氏《七录》始有《子夏易》六卷或云韩婴作，或云丁宽作。然据《汉书》《韩易》有十三篇，《丁易》有八篇，求其符合，则事殊隳刺者矣。……必欲行用，深以为疑。’司马贞议曰：‘按刘向《七略》有《子夏易传》，但其书不行已久，今所存多失真本……旨趣非远，无益后学，不可将帖五经。’五月五日诏《子夏传逸篇》，令帖易者停。”由是《子夏易传》遂不行于世矣。唐末张弧见《子夏易传》之载于典籍，至唐末不行，遂伪造十一卷之《子夏易传》，以附会焉。(见晁说之《传易堂记》，并参《四库全书总目提要》、姚际恒《古今伪书考》、黄云眉《补证》及张心澄《伪书通考》）后此书又逸，南宋末人又重造以附会之。《四库提要》云："今本又出伪托，不但非子夏书，亦并非张弧书矣。"然则真《子夏易传》，初失于残缺，再遗于不帖五经。又二夺于伪托。是真失其传矣。惟吾人仍可从《释文》、《正义》、《集解》、《汉上易传》、《困学纪闻》等诸书所征引中，得其微言大义于言表。故清儒得从而辑其易说，以存其绝绪于千古。其辑而成书者，则有吴骞义疏本、张惠言之《易义别录》、孙堂之《汉魏二十一家易注》本，孙冯翼辑《臧庸述本》（《问经堂丛书》本)、张澍辑本（《二酉堂丛书》本)、黄爽辑本（见黄氏《逸书考》及《汉学堂丛书》）及马国翰辑本。是其版本众多，吾等今日犹可考而原也。

二、《子夏易传》之作者

《子夏易传》之作者，众说纷纭。归纳之，约有八说。一以为孔子弟子卜商，字子夏者所作。《隋志》、《唐志》文主之。（参前节）然《史记》《汉书》所载传易源流，皆详切著明，皆不载子夏传易之事。《汉志》易有十三家，而独不及子夏，至《隋志》乃著录，殆非孔子弟子为魏文侯师者所撰者也。故刘知几曰："夫以东鲁服膺，文学与子游同列，西河告老，名行将夫子连从而岁越千龄，时经百代，其所著述，浓翳不行，岂非后来假凭先哲。亦犹石崇谬称阮籍，郑璞滥名周宝。"(《唐会要》引)

晁说之曰："古今咸谓子夏受易于孔子而为之传，然太史公，刘向父子，班固皆不论著，唐刘子玄（即刘知几）知其为矣，书不传于今。"(《传易堂记》）是也。

二则以为乃丁宽所作。荀勖《中经簿录》主之。(《中经簿录》云："《子夏易传》四卷，或云丁宽所作。"）然宽实字子襄，不字子夏。本传称其作《易说》三万言，训故举大谊而已，今小章句是也。（见《汉书·儒林传》）而《艺文志》易十三家，则载《丁氏》八篇。颜师古注云："名宽字子襄，梁人也。"皆不称子夏，亦不言作《易传》，是《子夏易传》非丁宽所作也。且荀氏言或者，未定之辞也。是荀氏亦不能确定其为丁宽所著也。今断其非丁宽所作。

三则以为或馯臂子弓所作，薛虞记。张璠主之。（见陆德明《经典释文》，《子夏易传》下夹注所引）然其言或，亦臆度之辞，未有详确之论证也。且《汉志》十三家亦不载馯臂子弓之书，薛虞之记，而《儒林传》但著馯臂传易之事，未为之立传，又未载其著书之事。颜师古注云："馯，姓也，则臂其名，而子弓其字。亦非字子夏，是《子夏易传》亦非馯臂子弓所撰也，明矣。"

四则以为杜子春所著，孙坦主之。（《周易析蕴》云："世有《子夏易传》，尝疑汉杜子春之学，及读杜传，见引明夷对策，疑始释然。"）。然史无言其作《易传》，且志亦不载焉，知其亦臆度之辞也。故赵汝楳曰："孙氏之论，尚为可疑。"陈振孙曰："有孙坦者，为《周易析蕴》，言此。汉杜子春也，未知何据，使其果然，何为不见于《汉志》，其为依托明矣。"（《直斋书录解题》）是也。

五则徐几《易辑》，赵汝楳《周易辑闻》，以为乃邓彭祖所作。赵氏云："彭祖字子夏，如以子夏为彭祖，犹有彷彿。"所谓彷彿亦近似而已，未有确证也，且志传亦不载焉，知其言亦非也。故黄云眉《古今伪书考补证》云，其未免附会。马国翰辑《周易子夏传》（《玉函山房辑佚丛书》）谓其悬空臆度。是也。

六则马国翰以为孔子弟子子夏所作。馯臂子弓传之，至丁宽、韩婴，得而修之，载入已书。如毛苌说诗首列子夏小序之类，故《汉志》易十三家，有《丁氏》八篇，《韩氏》二篇，而不云子夏，犹之毛诗但言《毛传》而不别著小序之目也，因将《子夏易传》列为卜子夏、丁宽、韩婴三家之学。（见《玉函山房辑佚书》、《周易子夏传序》）此似能杂糅数家，执中以立说矣。然执中无权犹执一也。故《续修四库全书提要》柯氏劭忞讥其叠床架屋，徒充卷帙尤无谓。是也。

七则宋翔凤以为，馯臂子弓授燕周丑子家。子家为六国时人，以易传于燕地，韩婴之以易授人，必有所传，盖出于子弓，故或子弓作。子弓之易，又五传而至丁宽，故或以为丁宽作。盖婴孙商为博士，子夏当是韩商之字，与子夏名正同，当是取传《韩氏易》最后者题其书，故《韩氏易传》为子夏传也（见《过庭录》）。此于《子夏易传》之传承有详确之说明，而断为韩婴之易，至韩商始著其名，虽多出于臆度，然尚略能乎理，足备一说。

八则以为韩婴所作。刘向、张惠言、卢文绍、臧庸、阮文达、顾实、张心澄主之。此说最古，而论证尚称完备，似较为可信。刘向云："《易传子夏》韩氏婴也。张惠言《易义别录》《周易子夏传》云："刘向父子博学近古。以为韩婴，当必有据。《儒林传》称韩生，亦以易授人，推易意而为之传。"卢文弨《经典释文考证》云："《汉志》《易传》，韩氏二篇，名婴，据陆引《七略》，知《子夏易传》即韩婴所撰，称子夏者，或婴之字，或后人误加，刘向父子当必不误，宜以《七略》所言为正。"（《唐会要》引）

臧庸述孙冯翼所辑《子夏易传》题为韩婴之易。其《拜经日记》云："《七略》刘子骏作，班孟坚据之以撰《艺文志》，《七略》既云：'是汉兴子夏韩氏婴传知非孔子弟子卜子夏矣。'《汉书·儒林传》云：'韩婴燕人也……亦以易授人。'此尤为韩婴作易传之明证。婴，为幼孩。夏，大也。《汉志》《易传》韩氏二篇，名婴，与刘略合，但孟坚于志传皆著其名，而不载其字，所以滋后人疑，王俭、陆德明所引《七略》，补班书而未备。"以子夏为韩婴之字。阮文达作：李富孙《李氏集解剩义序》，亦以为言。顾实云："《唐会要》载王俭《七志》引刘向《七略》云：《易传子夏》韩氏婴也。盖韩婴字子夏，非卜子夏也。"（《汉书·艺文志·讲疏》）张心澄曰："按《汉书·艺文志》曰：'刘歆奏《七略》，今删其要，以备篇籍。'师古曰：'删去浮冗，取其指要也。'"

其《六艺略》载《易传》周氏二篇，服氏二篇，杨氏二篇，蔡氏二篇，韩氏二篇，除服氏外皆有注。韩氏二篇注云：名婴。皆据《七略》以指为题，他词或删或入注。韩氏二篇即《七略》之《易传》，韩氏婴二篇也，志之体例，只标某书某氏及篇数，不以其人之字冠于上，故略去"子夏"二字，而注其名于下。"易传"二字，即上文说之也。但照周氏杨氏例，漏注"字子夏"三字。故《七略》明谓《易传子夏》，韩氏婴所作，后人不知即《汉志》之二篇，将子夏二字移于"易传"之上，遂变为卜子夏之书，荀勖误于前，而《七录》《隋志》《经典释文》因之。如系子夏所传，《汉志》不应言商瞿而不及卜商也。《七志》与《经典释文》所引《七略》小异，《七志》当系原文。此书乃韩氏传，非卜商作，唐氏已辨明矣。顾氏既知子夏为婴之字，又惑于宋氏之说，谓婴商所成，王应麟谓："盖宽饶受《韩氏易》，上封事引《韩氏易传》言：五帝官天下，三王家天下。则韩氏书名《韩氏易传》，不名《子夏易传》。按此所谓《韩氏易传》，为韩氏所传之易，亦即韩婴之易也。婴为常山太传，孝宣时韩生以易征，谓所受易即先太传所传（《汉书·儒林传》）。指婴之《易传》，非商之书也。是也。由是吾人可以确定《子夏易传》即韩婴之书也。（此《子夏易传》乃指刘向《汉志》、荀勖、张璠、《释文》、《隋志》、《集解》诸书所征引所论述者也，非唐张弧及宋以后《四库》、《通志堂》所著录之伪本也。）

三、韩婴传

《汉书·儒林传》云："韩婴，燕人也，孝文时为博士，景帝时至常山太傅，婴推诗人之意，而作内外传数万言。其语颇与齐鲁间殊，然归一也，淮南贲生受之，燕赵间言诗者由韩生，韩生亦以易授人，推易意而为之传，燕赵间好诗，故其易微，唯韩氏自传之。武帝时，婴尝与董仲舒论于上前。其人精悍，处事分明，仲舒不能难也。后其孙商为博士，孝宣时，涿郡韩生其后也，以易征，待诏殿中曰：'所受易即先太傅所传也，尝受《韩诗》，不如《韩氏易》深，太傅故专传之。'司隶校尉盖宽饶本受易于孟喜，见涿韩生说易而好之，即更受焉。"王俭《七志》引刘向《七略》云："《易传子夏》，韩氏婴也。"则婴字子夏，又从此可推知也。《韩诗》与《鲁诗》《齐诗》并称三家，而《韩诗》行于燕赵，在文帝时立为博士，有《韩诗》内外传，其语虽耦殊于齐鲁，然其致一也。今存《外传》。《礼记·经解》云："絜静精微，易教也。……絜静精微而不贼，则深于易者也。"韩生能与董仲舒论而精悍，处事分明，是深于易者也。盖氏本受《孟氏易》，见《子夏易传》之善，乃从习焉，是韩生治易颇为精深，由斯可知矣。

四、《子夏易传》之渊源

宋翔凤云："《汉书·儒林传》称'鲁商瞿子木，受易孔子，以授鲁桥庇子庸，子庸授江东馯臂子弓，子弓授燕周丑子家。'则当为六国时人，受子弓之易传于燕地，韩婴之以易授人，自必有所传，盖出于子弓，故张璠称《子夏易传》或馯臂子弓所作。子弓之易，又五传而至丁宽，故或以为丁宽作。"盖子夏（韩婴）为燕人，而周丑子家亦燕人，是韩氏之《易》亦或有得于子家也。

又其释《易》也，亦有取十翼之文以释之。如元亨利贞，其传云："利，和也；贞，正也。"此从文言与师卦彖辞之释也。则其渊源于十翼又可知也。

朱子发云："孟喜、京房之学，其书概见于一行所集，大要皆自子夏传而出。"（《汉上易丛说》）又其论七日来复云："盖先儒旧传自子夏、京房、陆绩、虞翻者，皆以阳涉六阴极而反初为七日。"（《汉上易卦图》）张惠言则以为《子夏易传》韩婴所作，当必有据。意者出于子夏。惟唐时所存二卷者，非真韩氏书，其文浅近卑弱，不类汉人，殆永嘉以后，群书既亡，好事者聚敛众说而为之也。（《易义别录》）今以《韩氏外传》校之，如《外传》"谦"作"谦"，而《易传》作"嗛"。似张氏之言，亦不为无据。要之，今存《易传》，虽未必真出于韩婴，然其于孟、京、虞、陆有关，此当无疑也。而《汉志》所著录《子夏易传》，则真韩婴之易也。张氏以韩氏《子夏易传》出自子夏，与商瞿之传异。此可备一说。唐时所存二卷，虽不可断为真韩氏之易，然先儒多以此为实，今姑从之。

五、《子夏易传》之特点与价值

《子夏易传》之书，虽已残缺不全，其注文亦寥寥无几，然归纳其特点，可得而言者有下列六端：

（一）本《尔雅》以求经义之指归

夫《尔雅》者，六经训诂之钤键，群籍辞义之指归也。先儒传经、诠释义理，莫不取资于此。《子夏易传》之释易也，亦多所取资焉。如乾，元亨利贞。《子夏传》曰："元，始也。"《尔雅》曰："初、哉、首、基、肇、祖、元……始也。"

丰其芾，日中见昧。《子夏传》曰："芾，小也。昧，星之小者。"孙堂云："此训本《尔雅》，《说文》芾：作市以为朱巾。"详见《〈子夏易传〉阐微》。

（二）宗十翼以诠易理之幽微

夫十翼备极幽深，乃通易之津梁，而识道之枢要也。先儒注易，无不取资于是，《子夏易传》亦然。如乾，元亨利贞。《子夏传》曰：“元，始也；亨，通也；利，和也；贞，正也。言乾禀纯阳之性，故能首出庶物……”按贞，正也。乃师卦之彖文。首出庶物，乃乾卦之彖文。利，和也。文言云：“利者，义之和也。”

（三）阐爻位之律则以归六爻之正位

凡爻位一、三、五为阳位，二、四、上为阴位，合于此者，为正，为当位，不合于此者为不正，为失位，先儒诂易，每循此律则。《子夏传》虽残缺不全，然其本此以阐爻位之正则者，亦可考而知也。如比六三，比之匪人。《传》云：“处非其位，非人道也。”言非其位者，盖六三以阴居阳位，失其位矣。

（四）归本于人事，以孚修己治人之应用

夫易者，因阴阳之变化，以探究宇宙之理，归纳人事之律则，而止于内圣外王之道者也。故圣人学易，期于无大过。唐代宰相必通易理。岂不以通达易义，则可以知修己治人之道，而孚人世之应用邪。故凡易注，虽或有偏于象数者，然无不以应用于人事为极归也。《子夏易传》之训释简约，欲示人以简而易行之道也。其注乾象云：“君子法乾而行四德。”则示人应用易理于修己治人也。今见其《韩诗外传》所释易理，如其论及嗛、恒、损、困、艮、未济系上下之辞者，莫不归本于人事，教吾人应用易理于修己治人也。是《子夏易传》颇足珍贵也。

（五）旁征于《诗经》以发易义之精微

孔子曰：“诗可以兴，可以观，可以群，可以怨，迩之事父，远之事君，多识鸟兽草木之名。”又曰：“不学《诗》，无以言。”诗之功用如此其大，故先儒如虞仲翔之伦，注易每引诗以发易义之精微。《韩诗》于汉立于学官，韩婴作内外传，在文帝时为博士，其长于《诗》

可知也，故其注易也，亦或引诗以相证验，其注虽佚，然吾人就《韩诗外传》中，可考知其引《诗》以相证验也。如谦卦、困卦、未济卦诸卦中，此详于《〈子夏易传〉阐微》之中，此不具述。

（六）证验于史事以阐易学之奥旨

《四库全书总目提要》谓先儒之诂易有二派六宗，史事其一也。盖圣人作易也，仰则观象于天，俯则观法于地，中则取法于人事之仪则，历史者所以归纳人事之演变者也。故圣人作易，远引高宗之伐鬼方，文王之系彖，明征箕子之明夷，是皆征验于史事者也。《子夏易传》之释帝乙之归妹也，则征之于汤之归妹，其注易证验于史事者，虽不可多见，然韩婴于《韩诗外传》中多取史事以互证，如次章所载谦卦、困卦、恒卦是也。以此推之，其传易亦然。

六、《子夏易传》与诸家相同者

朱子发《汉上易丛说》云："孟喜、京房之学，其书概见于一行所集，大要皆自《子夏传》而出。"今见先儒之易注如孟喜、京房、马融、郑玄、虞翻、荀爽、刘表、王弼、侯果、翟元诸家之训释，皆有与《子夏易传》同者，是《子夏易传》之影响，可谓巨矣。然张惠言则以为《子夏易传》唐时所见二卷，非真韩氏著，其文浅近卑弱，不类汉人，殆永嘉以后，群书既亡，好事者聚敛众说而为之也。为传者，取于孟京，非孟京取于此传。（见《易义别录》）今姑舍是，而论其与诸家相同者，辑而证之，以见《子夏易传》亦有本有原，而与先儒训释都有合者。

（一）与孟喜同者

孔颖达《周易正义》解益大象曰："《子夏传》云：'雷以动之，风以散之，万物皆盈。'孟喜亦与此同。"明夷六二，《子夏传》作："用拼马壮吉。"《说文》所引《孟氏易》同。

（二）与京房同者

朱子发《汉上易卦图》云："七日来复，子夏曰：'极六位而反于坤之复，其数七日，其物阳也。'京房曰：'六爻反复之称。'陆绩曰：'六阳涉六阴，又下七爻在初，故称七日，日亦阳也。'虞翻曰：'消乾六爻为六日，刚来反初。'"盖先儒旧传自子夏、京房、陆绩、虞翻，皆以阳涉六阴极而反初为七日。

（三）与马融同者

屯初九，磐桓，子夏、马融皆解为桓旋也。丰九三，日中见昧，《释文》云："《子夏传》云：'昧，星之小者。马同。'"比六三，比之匪人，《子夏传》云："处非其位，非人道也。"张惠言曰："以匪为非，与马同。"履九四，愬愬终吉。愬愬，子夏与马融皆解为恐惧貌。

（四）与刘表同者

颐六二，弗经于丘。《释文》云："拂，《子夏传》作弗。"《晁氏易》云："刘表一行作弗。"

（五）与荀爽同者

比初六，终来有它吉。《子夏传》云："非应称它。"荀爽同。噬嗑九四，噬乾脯。《释文》云："胏，子夏作脯，荀董同。"

（六）与郑玄同者

丰九三，日中见昧。子夏、康成"沬"皆作"昧"。咸初六，咸其拇。晋九四，晋如硕鼠。明夷六二，睇于在股。皆与郑同。

（七）与王弼同者

夬九五，苋陆夬夬。《子夏传》曰："苋陆，木根草茎，刚下柔上也。”王弼曰：“苋陆，草之柔脆者也。”

（八）与侯果同者

履九四，履虎尾，愬愬终吉。愬愬，《子夏传》曰：“恐惧貌。”侯果曰：“恐惧也。”

（九）与翟元同者

困九四，来徐徐。《释文》云：“徐徐，《子夏》作荼荼，翟同。”

（十）与董遇同者

噬嗑九四，噬乾胏。《释文》云：“胏，子夏作脯，荀董同。”

七、《子夏易传》阐微

凡例：

1. 凡经文皆书于顶格，子夏传文，则尽书于经文之下，为便于识别故，经文与子夏传文间空一格，以别焉。

2. 凡述一己之见者，则加按语以申之。

3. 凡言《正义》者谓孔颖达《周易正义》；言《集解》者谓李鼎祚《周易集解》；言《释文》者谓陆德明《经典释文》《周易音义》也；言《晁氏易》者则从《吕氏古易音训》中所引者也。（吕氏书已佚，散见于元董季贞《周易会通》中，清宋咸熙抚之辑为二卷。）

4. 凡言《汉上易传》、《汉上易卦图》、《汉上易丛说》者皆朱震子发所作之书，而见于《通志堂经解》本者也。

5. 凡言史征《周易口诀义》、王应麟《困学纪闻》或《丹铅总录》、《丙子学易编》、《周易辑闻》、《周易玩辞》者，皆因此诸书中尝引《子夏易传》，故于此著其原也。

6. 凡著《韩诗外传》者，乃从韩婴所作《韩诗外传》中辑而存之者也。

7. 本文所本之《子夏易传》，乃以马国翰《玉函山房辑佚丛书》本为主，而参孙堂汉《魏二十一家易注》本、胡薇元《汉易十三家》本、黄奭《黄氏佚书考》本、张惠言《易义别录》《周易子夏传》本等书相与比较，其诸本相同者，则不录焉；其不同者，乃录而别之。

8. 凡于所补者（约十余条）皆于引书下书一补字，而作（　　）之号。

周易上经

孔颖达《正义·序》云："《子夏》分为上下二篇。"盖谓经文分上经与下经也。

乾☰（乾下乾上）

乾，元亨利贞。彖曰："大哉乾元，万物资始，乃统天。云行雨施，品物流行，大明终始，六位时成，时乘六龙以御天。乾道变化各正性命。保合太和，乃利贞。首出庶物，万国咸宁。元，始也；亨，通也；利，和也；贞，正也。言乾秉纯阳之性，故能首出庶物，各得元始开通谐和贞固，不失其宜是以君子法乾而行四德，故曰乾，元亨利贞矣。"（《集解》、《正义》引首四句）按《尔雅》、《释诂》及《说文》并云："元，始也。《春秋公羊传·隐公元年》云：元者何？君之始年也。是元之本义为始。"文言曰："亨者，嘉之会也，利者义之和也。盖嘉会则礼达，故通。义和则利永，故和。"《说文》云："利，铦也，刀和然后利，从刀和省。"是和则利可常保，不和则虽利亦暂，故利必以和为贵。师彖曰："贞，正也。"盖能正斯能常永坚固，而足以干事。《正义》曰："言此卦之德，有纯阳之性，自然能以阳气始生万物，而得元始亨通，能使物性和谐，各有其利。又能使物坚固贞正得终。此卦自然令物有此四种，使得其所，故谓之四德，言圣人亦当法此卦而行善道以长万物，物得生存而为元也。又当以嘉美之事，会和万物，令使开通而为亨也。又当以义协和万物，使物各得其理而为利也。又当以贞固干事使物各得其正而为贞也，是以圣人法乾而行四德。"夫天道者，人之本也，万物之始也。天道能开通谐合贞固，则云行雨施，品物流行，而以乾卦六爻之理，驾御天下，而万物各得其正矣。君子体此而行，则使万物各得其正，保合太和，万国咸宁矣。

初九，潜龙勿用。龙所以象阳也。（《集解》）按龙之为物也，下则潜于渊，中者见于田，上则飞于天。变化莫测，犹阳气之变化无端也。夫阳气不和，则阴风怒号，独行遇雨，和则风调雨顺，黎明治安。而大和，则首出庶物，万国咸宁矣。阳气变化无端，莫见其端倪，故假龙以象之。《九家易》曰："乾为龙。"是其义也。龙潜藏于下。则不能有济物之功，故勿用。

上九，亢龙有悔。亢，极也。（《释文》）按《春秋左氏传·宣公三年》"可以亢龙"，杜预注云："亢，极也。"是亢者谓过于高亢，极于盛大矣。高则损，满则溢。龙高亢至极，祸斯极矣。盖上九处阳之极，盛极必衰，故有悔也。

坤䷁（坤下坤上）

君子有攸往，先迷后得主。（《汉上易传》）按彖云："先迷失道，后顺得常。"文言曰："后得主而有常。"盖坤性阴柔，乃臣道也、妻道也，阴柔之道，不可先，先则迷失，后顺而得主，乃得其常。坤为迷。

屯䷂（震下坎上）

初九，磐桓，利居贞，利建侯。磐桓犹桓旋也。（《汉上易传》）按：《释文》云："磐，本亦作盘。"见《汉易异文考》。《尔雅·释水》："钩盘。"孙炎注云："水曲如钩流，磐桓不直前也。"《书经·禹贡》："因桓是来。"郑注云："桓是陇阪名，其道盘旋曲而上，故曰桓。是磐桓即桓旋不进也。"盖初九应于六四，然当屯难之初，前遇坎险，故盘桓不进也，其利则在于居正不前也。

六二，屯如邅如，乘马班如。如，辞也；乘音绳，班如，相牵不进貌。（《释文》）按如，语辞也，犹今语气辞，与然、样子、貌义近。盖六二应于九五，然前遇坎险，故屯如邅如，位居初九阳刚之上，故乘马班如。

讼䷅（坎下乾上）

九二，不克讼，归而逋，其邑人三百户，无眚。妖祥曰眚。（《释文》）按《说文》云：眚，目病生翳也。从目生声。此眚之本义也。引申有过误灾眚之义。如《书经·舜典》"眚灾肆赦。"《春秋左氏传·僖公三十三年》："吾不以一眚掩大德是也。"李奇曰："内妖曰眚，外妖曰祥。"

师䷆（坎下坤上）

师贞大人吉。崔憬曰：《子夏传》丈人作大人，并王者之师。（《集解》）按李鼎祚曰："此彖云师、众，贞、正也，能以众正，可以王矣。

故老子曰：‘城中有四大而王居其一焉。’由是观之，则知夫为王者必大人也，岂以丈人而为王哉。故乾文言曰夫大人与天地合德，与日月合明，先天而天不违，后天而奉天时，天且不违而况于人乎？况于鬼神乎？以斯而论，《子夏传》作大人是也。盖必以大人当王者之受命，故象曰：‘能以众正，可以王矣。’是也。是作大人，于义较洽。”

比䷇（坤下坎上）

比吉。地得水而柔，水得地而流，比之象也。（《释文》作故曰比）。夫凶者生乎乖争，今既亲比，故曰比吉也。（《集解》、《释文》、《周易口诀义》、《〈汉书·艺文志〉考证》、《困学纪闻》）按王应麟云："今本作：地藏水而泽，水得地而安。"雅雨堂及枕经楼本《周易集解》，孙堂《汉魏二十一家易注》本，"水得地"之地作土，云：《释文》、《口诀义》俱作地。今从《释文》及惠校本《周易集解》。地本柔顺，然为日所乾，得水则更柔润。水本宜流，得地则能畅其流。水地相与亲比，故曰比之象也。乘争则凶患生，亲比则祥和至，故吉也。

初六，有孚比之，无咎，有孚盈缶，终来有他吉。象曰："比之初六，终来有他吉也。"非应称它也。（朱震《汉上易》、程迥《古占法》）。按：一本作非应故称它。（《会通》）盖五为卦主，应于六二，而其诚信亦来及于初，故终来有它吉。初本应四，今五来非四来，故称它也。

六三，比之匪人。处非其位，非人道也。（《汉上易传》）按六三以阴居阳，失位，故处非其道。匪，非也。三本人位，六三失位而又无应，故非人道也。

小畜䷈（乾下巽上）

九三，舆说輹。輹，车剧也。辐，车底伏兔也。（《春秋左氏传·僖公十五年》、《正义》、《汉上易传》、《丹铅总录》）按輹，一作轴；孙堂云："一作轴，讹；舆字疑当作车。"车与舆义通，见《汉易异文考》。虞氏作车。是作车为是。《说文》云："輹，车轴缚也。"义皆相成。张惠言《易义别录》、《子夏传》云："谓輹为轴与车之劚连关轴与车者，车谓舆也。"

九五，有孚恋如。《释文》云："挛，《子夏传》作恋，云思也。"按诸家悉作挛。孙堂云："古挛字亦作恋。见《隶释》《北海相景君碑》《广汉属国侯李翊碑》。"《说文》云："挛，系也。"马云："连也"。虞云："引也。"谓系恋也。《汉书·外戚·李夫人传》："挛挛顾念我。"

是二字音义可通也。参见《汉易异文考》。

上九，既雨既处，尚得载，妇贞厉，月几望，君子征凶。《释文》云："几，《子夏传》作近。"尚德载，《晁氏易》云："《子夏传》作尚得载。"按：得德二字音近通用。《乐记》曰："德者，得也。"《周礼·太卜》："三日咸陟。"郑注："陟之言得，读如王德翟人之德。"剥卦，君子得舆。《释文》云："得，京董作德。"升卦，君子以顺德。《释文》："姚本作得。"是二字在《周易》可通用也。孙堂云："得、德古通用"。《史记·项羽本纪》："吾为若德"《汉书》作"吾为公得。"晋灼曰："字或作德。"是也。《尔雅·释诂》云："几近也。"顾亭林云："古书近几同为一字。"是也。详见《异文考》。

履☰（兑下乾上）

九四，履虎尾，愬愬终吉。愬愬，恐惧貌。(《释文》、《史征口诀义》）按：一作恐惧之貌也。《广韵》云："愬，惊惧貌。虩，虎惊貌。"二字音同义近。《集韵》："或作虩。"侯果曰："履乎兑主履虎尾也。逼近至尊故恐惧，以其恐惧故志行也。"

泰☷（乾下坤上）

六四，翩翩不富以其邻。按《释文》曰："篇篇，《子夏传》作翩翩，云：'轻举貌。'"《说文》云："翩，疾飞也。从羽扁声。"虞翻曰："四体离飞，故翩翩，坤虚无阳，故不富。"

六五，帝乙归妹。帝乙归妹，汤之归妹也。(《汉上易传》、王应麟《困学纪闻》、《辑闻》）汤一曰天乙。（补）（此诸家失收。《汉上易传》）按妇人谓嫁曰归。五帝位，下应于九二，三至五互震为长男，二至四互兑为少女，故有帝嫁妹之象。

上六，城复于堭。《释文》：隍，《子夏传》作堭。"隍，是城下池也。"(《正义》）按隍、堭二字音义同。《说文》云："城，池也。"虞翻曰："隍，城下沟。无水称隍，有水称池。今泰反否。乾坏为否、艮城不见而体复象，故城复于隍。"《正义》曰："城之为体，由基土培扶乃得为城。今下不培扶城，则损坏，以此崩倒，反复于堭。犹君之为体，由臣之辅翼，今上下不交，臣不扶君，君道倾危。故云城复于堭。"是也。

大有☲（乾下离上）

九二，大舆以载。(《晁氏易》）按《释文》云："大车，蜀才作舆。”《集解》：“虞翻作轝。”车者舆论之总名，舆则车底人所居。轝则舆之别体。三字义同。

九四，匪其旁。旁，盛满貌。（《汉上易传》）按《释文》其彭，《子夏传》作旁。姚信云：“彭，旁也。”干宝云：“彭亨骄盛貌。”是二字音近义同。虞翻作尪，云：“或为彭，作旁声，字之误”。此可备一说。见《周易异文考》。

嗛☷☶（艮下坤上）

《释文》云：嗛，《子夏作》嗛，云谦也。按《汉书·艺文志》云：“合于易之嗛嗛。”颜师古注云：“嗛与谦通。”李善《魏都赋》注云：“嗛，古谦字。”盖言旁字与口旁字，音义往往相同。故谦即嗛也。

嗛亨，君子有终。彖曰：“天道下济而光明，地道卑而上行，天道亏盈而益嗛，地道变盈而流嗛。鬼神害盈而福嗛，人道恶盈而好嗛。嗛尊而光，卑而不可逾，君子之终也。”孔子曰：“易先同人，后大有，承之以谦，不亦可乎？故天道亏盈而益谦，地道变盈而流谦，鬼神害盈而福谦，人道恶盈而好谦。谦者，抑事而损者也，持盈之道，抑而损之，此谦德之于行也，顺之者吉，逆之者凶。五帝既没，三王既衰，能行谦德者，其惟周公乎！”文王之子，武王之弟，成王之叔父，假天子之尊位，七年，贽而师见者十人，所还质而友见者十三人，穷巷白屋之士，所先见者四十九人，时进善者百人，官朝者千人，谏臣五人，辅臣五人，拂臣六人，载干戈以至于封侯而同姓之士百人。孔子曰：“犹以周公为天下赏，则以同族为众，异族为寡也。故德行宽容而守之以恭者荣，土地广大而守之以俭者安，位尊禄重而守之以卑者贵，人众兵强而守之以畏者胜，聪明睿知而守之以愚者哲，博闻强记而守之以浅者不溢，此六者，皆谦德也。易曰：谦，亨，君子有终，吉。能以此终吉者，君子之道也，贵为天子，富有四海，而德不谦以亡其身者，桀纣是也，而况众庶乎！一夫易有一道焉，大足以治天下，中足以安国家，近足以守其身者，其惟谦德乎！”《诗》曰：“汤降不迟，圣敬日跻。”（《韩诗外传》卷八）（补）成王封伯禽于鲁。周公诫之曰：“往矣！子无以鲁国骄士，吾文王之子，武王之弟，成王之叔父，又相天下，吾于天下，亦不轻矣，然一沐三握发，一饭三吐哺，犹恐失天下之士。吾闻：德行宽裕，守之以恭者荣；土地广大，守之以俭者安；禄位尊盛，守之以卑者贵；人众兵强守之以畏者胜；聪明睿智，守之以愚者善；博闻强记，守之以浅者智，夫此六者，皆谦德也。夫贵为天子，富有四海，由此德也，不谦而失天下，亡其身者，桀纣是也，可不慎矣。故易有一道，大足以守天下，中足以守国家，近足以守其身，谦之谓也。夫天道亏盈而益谦，地道变盈而流迁，鬼神害盈而福谦，人道恶盈而好谦。是以衣成必缺袵，宫成则必缺隅，屋成则必加拙，示不成者，天道然也。”易曰：“谦，亨，君子有终，吉。”《诗》曰：“汤降不迟，圣敬日跻。戒之哉，其无以鲁国骄士也。”（《韩诗外传》卷三）

（补）按《释文》云：“谦，《子夏》作嗛，云谦也。”此作嗛者，其或后人以二字音义同而易之也。

六四，无不利扮嗛。扮嗛，化谦也，言上下化其谦也。（《汉上易传》）按六四阴柔得正，处谦之时，下应于初，上承于五。上下皆化其谦，故无不利也。

豫䷏（下坤上震）

六二，介于石，不终日终吉。系辞下，《释文》云：“介，众家作介。”宋本《释文》作砎。（补）

六三，纡豫悔。按《释文》云：“盱，《子夏》作纡。”《说文》云：“盱，张目也，从自亏声。纡，诎也。一曰萦也，从糸亏声。”二字音同，义亦相成。《周礼·冬官·考工记》：“中弱则纡。”注：“纡，曲也。”纡豫者，盖柔曲以取容而得豫者也，六三失位而纡豫。故有悔。

九四，由豫，大有得，勿疑，朋盍簪。簪，疾也。（《释文》）按盍，合也。九四为由豫之主，处豫之时，独以阳刚居之，群阴皆宗之，故大有得，而勿疑群阴之疾来合己也。

蛊䷑（下巽上艮）

先甲三日，后甲三日。先甲三日者，辛壬癸也，后甲三日者，乙丙丁也。（《集解》）按古时以天干地支计日，先于甲之三日为辛壬癸。后于甲之三日为乙丙丁。以纳甲言之，乾纳甲、巽纳辛、蛊内卦为巽，故先甲三日。兑纳丁，二至四互兑，故后甲三日。

噬嗑䷔（下震上离）

九四，噬乾胏。《释文》云：“胏，《子夏》作脯。”按《释文》云：“胏，马云：‘有骨谓之胏。’一曰脯也。”《初学记》卷二十六，《太平御览》卷八百六十二，引王肃亦作脯，云：“骨在乾肉，脯之象”。《说文》云：“脯，乾肉也。从甫肉声。”《玉篇》：“胏，脯有骨也”。《广雅》：“胏，脯也。”是二字义同。

贲☶☲（下离上艮）

六五，贲于丘园，束帛残残。五匹为束，三元二纁象阴阳。戋戋，《子夏传》作残残。（《释文》、《〈汉书·艺文志〉考证》）按《说文》云：“纁，浅绛也。”《尔雅·释器》：“三染谓之纁。”《书经·禹贡》：“厥篚玄玑组。”戋，《说文》：“贼也”。《广韵》云：“伤也”。戋戋，束帛貌。残，《说文》云：“贼也，从歺戋声。段注：“今俗用为残余字。”是戋残二字音义同。虞翻云：“六五失位动之成巽，巽为帛为绳，艮、手持，故束帛。以艮断巽，故戋戋。”李道平云：“即剪裁分裂制为衣服也。”是也。

复☷☳（震下坤上）

七日来复。极六位而反于坤，其数七日，其物阳也。（《汉上易卦图》）按此条据张惠言本补。孙、马俱无，张氏列为《汉上易传》，非也。六位者，六爻之位，而反于初，则为七日。

上六，迷复凶，有灾眚。伤害曰灾。妖祥曰眚。（《释文》）按上六位于复之极，是迷复而不返者也。上卦坤为迷，五变正时成坎，坎为多灾眚。故有灾眚。

大畜☶☰（乾下艮上）

初九，有厉利已。居而待命则利，往而违上则厉。（《汉上易传》）此条据张惠言本补。

颐☶☳（震下艮上）

六二，颠颐，弗经于丘颐，征凶。《释文》：“拂，《子夏传》作弗，云：‘辅弼也。’”按弗、拂音义同。《孟子·告子下》：“入则无法家拂士。”赵注：“拂士，云辅弼之士。”盖古无轻唇音，弗拂古与弼字同音，同音多同义，故即以为训也。

六四，其欲攸攸。《释文》：“逐逐，《子夏传》作攸攸。薛虞记云：‘速也。’”（《困学纪闻》同）。按逐，《说文》云：“追也。”《广韵》云：“驱也。”是二字，义亦不相背。《释文》引《志林》云：“攸当为逐。”意者作逐为本字，作攸则假借也。

上六，湜于丛棘。按《释文》云："寘，置也。《子夏传》作湜，姚作寔。寔，置也。"是三字义同。《说文》云："寘，置也。寔，止也。湜，水清见底也。"是作寘者本字也，欲作湜者假借也。

离☲（离下离上）

六五，出涕沱若，嘁嗟若。《释文》："戚，《子夏传》作嘁，子六反，咨惭也。"按《释名》云："戚，蹙也。斧以斩断，见者蹙惧也。"嘁，《广韵》云："欸嘁。"《集韵》："嘁咨，忸怩惭也。"是二字形义皆相近，而音则同。故可通用。

周易下经

按：《正义·序》云：《子夏传》分为上下二篇。咸《正义》引先儒以易之旧题分此以上三十卦为上经，以下三十四卦为下经，序卦至此，又别起端首。义与《子夏传》合。（马国翰辑《周易子夏易传》）

咸䷞（艮下兑上）

取女吉。妇人学于舅姑者也。（《汉上易传》）按说卦引云：义与渐、女归吉同。妇人者谓所娶女以为妻者也。舅姑者，夫之父母也。

初六，咸其蹞。按《释文》云："拇，《子夏作》蹞"。《说文》云："拇，将指也。"《左传·定公十六年》："伤将指。"杜注："其足大指见斩"。是拇即足大指也。故郑薛皆云足大指。《子夏》作蹞者，盖其或体字。《说文》无蹞字。《玉篇》云："大蹞指。"当亦解作足大指之意。初六位咸之初，当感之始，而应于九四，故有咸其蹞往感之象。

九五，咸其脢。在脊曰脢。（《正义》）按虞翻云："脢，夹脊肉也。"《正义》引马融云："脢，背也。"郑元云："脢，脊肉也。"王肃云："脢在背而夹脊。"《说文》云："脢，背肉也。"九五居尊得位，下应六二。故有咸脢，动心之象。

恒䷟（巽下震上）

九三，不恒其德，或承之羞。贞吝。"齐崔杼弑庄公，荆蒯芮使晋而反。……其仆曰：'君之无道也，四邻诸侯，莫不闻也，以夫子而死之，不亦难乎！'荆蒯芮曰：'善哉！而言也。早言，我能谏，谏而不用，我能去，今既不谏又不去。吾闻之，食其食，死其事，吾既食乱君之食，又安得治君而死之。'遂驱车而入，死其事，仆曰：'人有乱君，犹必死之，我有治长，可无死乎！’乃结轡自刎于车上。君子闻之曰：‘荆蒯芮可谓守节死义矣。仆夫则无为死也，犹饮食而遇毒也。’《诗》曰：‘夙夜匪懈，以事一人。’荆先生之谓也。易曰：‘不恒其德，或承之羞’，仆夫之谓也。”（《韩诗外传》卷八）（补）按：荆先生可谓立不易方，能恒其君子之德矣。至于仆夫则不必轻身以死也。以父母之体，行非履之行。故贞吝矣。

遁䷠（艮下乾上）

上九，肥遁无不利。肥，饶裕也。（《释文》、《正义》、《丙子学易编》）按《正义》引《子夏》申之曰：“四五虽在于外，皆在内有应，犹有反顾心。惟上九最在外极，无应于内，心无疑顾，是遁之最优，故曰肥遁，遁而得肥，无所不利，故云无不利。”（马国翰引同）。

晋䷢（坤下离上）

九四，晋如硕鼠。按《释文》云：“鼫，音 shí，《子夏传》作硕鼠。（《汉上易传》、《辑闻》同）鼫鼠，五技鼠也。”《集解》及所引《九家》及《翟元易》亦作硕鼠。《九家易》云：“硕鼠，喻贪，谓四也。体离欲升，（上离）体坎（三至五互坎）欲降，游不度渎，不出坎也；飞不上屋，不至上也；缘不极林，不出离也；穴不掩身，五坤（下坤）薄也；走不先足，外震（四之初）在下也，五伎皆劣，四爻当之。故曰：‘晋如硕鼠也。’”马国翰云：“《九家》有《子夏》，当是佚文。”

明夷䷣（离下坤上）

六二，明睇于左股，用拚马壮，吉。按《释文》云：“夷，《子夏》作睇。”郑陆同云：“旁视曰睇；用拯，拯救之拯。《说文》云：举也。郑云：承也，《子夏》作拚。”（《汉上易传》引同）《字林》云：“拚，上举也，音 chéng”。马国翰《本录释文》：“拚，取也。”误。故孙堂删之，是也。盖六二虽居中得位，然当明伤之时，下睇初之夷伤左股而垂翼，故云明睇于左股。二至四互坎为马。用拚举力救之则吉。

睽䷥（下兑上离）

六三，其牛契。《释文》：“制，《子夏》作契，传云：‘一角仰也’”。孙堂曰：“今《说文》云：‘㸣，一角仰也。’”徐铉曰：从契省，与此训同。《释文》引《说文》云：“㸣，之世反，角一俯一仰。”

《尔雅》云："角一俯一仰，骑皆踊、觢，并与此异。"详见《异文考》。

损䷨（兑下艮上）

损刚益柔有时，损益盈虚。与时消息。孔子观于周庙，有饮器焉。孔子问于守庙者曰："此谓何器也。"对曰："此盖为宥座之器。"孔子曰："闻宥座器满则覆，虚则欹，中则正，有之乎?"对曰："然。"孔子使子路取水试之，满则覆，中则正，虚则欹。孔子喟然而叹曰："呜呼！恶有满而不覆者哉!"子路曰："敢问持满有道乎?"孔子曰："持满之道，抑而损之。"子路曰："损之有道乎?"孔子曰："德行宽裕者，守之以恭；土地广大者，守之以俭；禄位尊盛者，守之以卑；人众兵强者，守之以畏；聪明睿智者，守之以愚；博闻强记者，守之以浅。夫是之谓抑而损之。"《诗》曰："汤降不迟，圣敬日跻。"（《韩诗外传》卷十二）（补）

益䷩（震下巽上）

象曰：风雷益，君子以见善则迁，闻过则改。雷以动之，风以散之，万物皆益。（《正义》）按：震为雷、为动，巽为风、为人。说卦云："雷以动之，风以散之。"

又云："动万物者莫疾乎雷，挠万物者莫疾乎风。"今风雷并作，交相而益。则万物益动挠矣。故万物皆益，是益卦之象也。故君子体之，以益其善，而改其过。

夬䷪（乾下兑上）

九四，擥羊悔亡。按《释文》云："牵，《子夏》作擥。"擥，《尔雅释话》及《说文》云："固也。"《广韵》下平一先云："牵，引也，挽也，连也。擥，固也、厚也。"同音苦坚切。是二字音同义亦相近，故可以通用。《左传·郑伯牵羊》、《史记·郑世家》作擥羊。是其证也。详见《周易异文考》。

九五，苋陆夬夬。苋陆，木根草茎，刚下柔上也。（《正义》、《学斋佔毕》）按《正义》曰：苋陆，草之柔脆者也，夬之为义，以刚决柔，以君子除小人者也，五处尊位为夬之主，亲决上六，决之至易也，如决苋草然，故曰苋陆夬夬也。

姤䷫（巽下乾上）

初六，系于金鑈。按《释文》云："柅，《广雅》云：'止也。'"

《说文》作檷，云："络丝趺也。读若昵，《子夏》作鑈。"盖柅、檷、鑈音同也。《广韵》苨、坭、擟、檷同音，奴礼切。云："檷，络丝柎也。鑈上同。"然则檷即鑈也。故马国翰本亦本《说文》释为络丝具也。孙堂本则删之。

九二，庖有鱼。（项安世《周易玩辞》）按：今本庖悉作包。虞翻曰，或以包为庖厨也。《释文》云：包本亦作庖，同百交反。是汉儒固有作包与作庖者也。此盖师傅之异也。

九五，以杞苞瓜。作杞匏瓜。（《正义》）杞梓连抱瓜，阴实而蔓生，象阴之来绵绵未已。（赵汝楳《易辑闻》）按《释文》云："包，《子夏》作苞。"盖二字古通。《诗》云："白茅苞之。"亦作包。《左传》云："杞梓皮革自楚往。"薛虞记云："杞性柔韧，宜屈挠似匏瓜。"九五当姤遇之时，居尊得位，能包容阴体，故有以杞苞瓜之象。

困䷮（坎下兑上）

六三，困于石，据于蒺藜，入于其宫，不见其妻，凶。此言困而不见据人者也。昔者秦缪公困于殽，疾据五杀大夫，蹇叔，公孙支而小霸，晋文公困于骊氏，疾据咎犯赵衰介子推而遂为君；越王勾践困于会稽，疾据范蠡大夫种，而霸南国；齐桓公困于长匀，疾据管仲宁戚、隰朋，而匡天下，此皆困而知疾据贤人者也。夫困而不知疾据贤人而不亡者未尝有之也。《诗》曰："人之云亡，邦国殄瘁。"无善人之谓也。（《韩诗外传》卷六）（补）

九四，来荼荼。按《释文》："徐徐，疑惧貌，《子夏》作荼荼，翟同荼（tú）。云：'内不定之意'"。是徐徐、荼荼，义亦相近也。《说文》云：徐，安行也，从彳余声。荼，苦菜也。从草余声。"是二字同从余声，是古音相同也。此处来荼荼，当以徐为本字，荼则通叚字也。孙堂云："《荀子·大略篇》曰诸侯御荼。杨倞注云：荼，古舒字。"《礼玉藻》：诸侯荼前拙后。郑注云：荼读为舒，迟之舒。《毛诗》作"荆舒是惩"，《史记》作"荆荼是惩"。虞翻本亦作荼荼，云舒迟也。此及翟作荼音图云云未详。则是未深思也。舒即徐缓之意，义亦通也。详见《异文考》。

井䷯（巽下坎上）

九二，井谷射鲋。鲋，谓虾蟆也。（《释文》）井中虾蟆，呼为鲋鱼也。（《正义》）鲋是虾蟆也。（《口诀义》）按孙堂云："《吕氏春秋·

孟夏纪》曰'蝼蝈鸣。'高诱注云：蝼蝈，蝦蟇也。淮南时则训注又云：'蝼，蝼虫也，蝈，蝦蟇也。'《周礼》蝈氏、郑司农云：'蝈，读为蜮、蜮、蝦蟇也。'《月令》：'蝼蝈鸣。'故曰掌去黽鼃、黽鼃、蝦蟇属。书或为掌去蝦蟇。《说文》：'蝦，蝦蟇也；蜮，短狐也。'蜮又从国。徐铉曰：'蝦今俗作古获切，以为蝦蟇之别名。'《月令》《释文》引蔡氏云：'蝈，蛙也，蛙即蝦蟇也。'《尔雅》：'鼈蟇'，郭璞云：'蛙类。'郑樵云：'即蝦蟇。'《玉篇》：'鼈，蝦蟇也。'又云：'蝼蝈，蝦蟇。'诸书皆以蛙蝈蝦蟆为一物。"然按《急就篇·水虫科》："斗鼃，蝦蟆。"颜师古注云："鼃，一名蝼蝈，色青，小形而长。暇蟇，一名鼈，大腹而短脚，本草蛙似蝦蟇背青绿色，尖嘴细腹。"《庄子·秋水篇》："子独不闻夫陷井之鼃乎。"司马彪云："鼃，水虫，形似蝦蟇。"《汉书·五行志》武帝元鼎五年："秋蛙与蝦蟆群门。"是蛙与蝈为一物。蝦蟇又一物也。《子夏传》以鲋鱼为蝦蟇者，王应麟《急就篇》补注云："鲋，小鱼也。似鲤色黑而耐寒；易井谷射鲋，音 fù，《子夏传》谓暇蟆，又引《广雅》：'鲋，鰿也，以为即今之鲫鱼。'"按《文选》注引郑康成曰："鲋鱼，言微小也。又云此鱼之至小。鲍彪《战国策注》亦云：鲋鱼之小者，是鲋又小鱼之通称。蝦蟇，鱼属，故呼蝦蟇为小鱼，未闻以鲫鱼为蝦蟇也。"盖鲋有二解，一为小鱼，一为蝦蟇。蝦蟇两栖类，亦似鱼，故或解为小鱼也。至于蝼蝈、蛙、鼃、鼈、蝦蟇皆同类也，或不同科，而小有同耳。是也。

六四，井甃。甃，脩治也。(《释文》）按《正义》云："《子夏传》曰甃亦治也。以砖垒井，脩井之坏，谓之为甃。六四得位而无应，自守而已。"是也。

鼎䷱（巽下离上）

"孔子使子贡，为其不来，孔子占之，遇鼎，谓弟子曰：'占者遇鼎，言皆无足而不来。'颜回掩口而笑。孔子曰：'回何哂乎?'曰："回谓赐必来。孔子曰：何如也?"回封曰：'无足者，乘舟而来矣。'赐果至。"(《韩诗外传》佚文)（补)（见《北堂书钞》卷一百三十七)

九二，我仇有疾。仇谓四也。四以近权，恶我专任。(《汉上易》)按此条孙本删除。虞翻曰：二据四妇，故相与为仇，三变时，四体坎，坎为疾，故我仇有疾。

九四，其形握。(《汉上易传》孙氏补）按诸本握，皆作渥。孙堂云："战国颜触曰：'祸必握。'吴师道校云：'《高士传》握作渥。'是二字通。”详见《汉易异文考》。

艮䷳（艮下艮上）

九三，厉阍心。（《汉上易传》）按《汉上易传》：“厉薰心。薰，《子夏传》王弼本同，孟喜、京房、马融、王肃作熏，虞翻本作阍。”孔子曰：“口欲味，心欲佚，教之以仁；心欲安，身恶劳，教之以恭；好辩论而畏惧，教之以勇；目好色，耳好声，教之以义。”易曰：“艮其限，列其夤，危熏心。”《诗》曰：“吁嗟女兮，无与士耽。”皆防邪禁佚，调和心志。（《韩诗外传》卷二补）据引则《子夏传》正作熏心也。作阍心者，乃《虞氏易》，非《子夏易》也。此条马国翰误捃入《子夏易》中，并云：“虞翻亦作阍心。”非也。故孙氏本删之。是也。厉，《韩诗外传》引作危，危亦厉也，义同。

归妹䷵（兑下辰上）

九二，利幽人之贞。（孙氏据《晁氏易》补）按诸本悉作：利幽人之贞。此无之字。恐传写误遗。

六三，归妹以嫥嫥，媵之妾也。（孙氏据《晁氏易》补）按诸本悉作须，荀陆作嬬。《说文》云：“嫥，壹也。从女专声，一曰女嫥。”段注：“篇韵皆云可爱之貌。”《释文》：“荀陆作嬬。”《广雅》：“妻谓之嬬，一曰妾名。”是媵之妾，宜作嬬。嬬与须音同，故可通用，至于作嫥则解为可爱貌，义亦略通，不然则误作嫥也。

六五，帝乙归妹。汤之嫁妹也。（《汉上易传》）按此孙氏本无，盖有遗漏也。《汉上易传》云：“女以外为归，五君位，九二兑女，归五，乾天为帝，兑少女，自震长男观之为归妹。帝乙归妹也。”《子夏传》曰：“汤之嫁妹也。”是其义也。

士刲羊无血。血谓四，士刲羊，三而无血。（《汉上易传》）按三四五互坎，坎为血，震为长，男为士，兑为羊，二至四互离为戈兵为刲。内卦为兑，不成坎，故无血。朱震云：“自子夏以来，传易者以互体言矣。”

丰䷶（离下震上）

六二，丰其部。《释文》：薛虞作菩，云小席。（据张惠言本补入）按此乃《薛虞易》非《子夏传》也。

九三，丰其芾，日中见昧。《释文》：“沛，《子夏作》芾，小也。

昧，星之小者。”《汉上易》引作昧。按孙堂云：“此训本《尔雅》，《说文》芾作市，以为朱巿。《玉篇》又甫味切，云韍市小貌。《毛诗》蔽，芾字，皆从草。《魏元丕碑》亦作蔽芾。此芾字读为去声，与郑干本不同。”昧，诸本皆作沬。惟马郑与子夏作昧。薛氏云：“辅星也。”虞翻云：“小星也。”

旅䷷（艮下离上）

九四，旅于处，得其齐斧。《释文》：“得其资斧。《子夏传》及众家并作齐斧。”按九四以阳居阴，失位，远应于初。虞翻曰：“失位远应，故旅于处，方无所从也。”离为资斧，故得其资斧。

涣䷺（坎下巽上）

初六，用抍马壮，吉。《释文》用拯，《子夏》作抍，抍，取也。按初六以阴居阳位，失位，当涣散之初，用抍马壮，则犹有可为，故吉也。虞翻曰：“坎为马，初失正，动体大壮得位，故拯马壮吉，悔亡之矣。”

中孚䷼（兑下巽上）

我有好爵，吾与尔靡之。《释文》：“《韩诗》云共也。”按马国翰云：“今本《释文》无之，张太史澍辑本引《释文》姑仍之。”此与诸本同。

六三，得敌。三与四为敌。(《汉上易传》）按此条孙本无之，盖有遗落也。朱震曰：“敌者，势均而不相下也。故《子夏传》云：‘三与四为敌’，盖三四同体而异意。近而不相得，六三不正，小人也，六四正，君子也。”

既济䷾（离下坎上）

既济，亨，小利贞。阳已下阴，万物皆成。(《汉上易传》）按此条马氏误为六二注，非也。孙氏据《汉上易传》补。朱震曰：“既济小者亦亨。刚柔不失其正，君子小人各当其位，故曰利贞。”

六二，妇丧其髴。《释文》：“其茀，《子夏》作髴。”按虞翻亦作髴。云：“髴、髮，谓鬒髮也。一名妇人之首饰。”马氏将阳以下阴，万物乃成之注文，移于此，非也，今本朱震《汉上易传》移于前。

六四，繻有衣茹。《释文》：“繻《子夏》作襦；衣袽，《子夏》作茹。《集韵》云："汝朱切，同襦。"《说文》云："襦，短衣也。从衣需声。繻，绘彩色也。从系需声。"是二字音同，通用。《玉篇》云："袾袽，敝衣也。"《尔雅·释诂》："啜，茹也。"《说文》云："饭牛也。"盖作袽者本字，作茹者通假字。详见《汉易异文考》。

未济䷿（坎下离上）

小狐汔济。坎称小狐。（《汉上易丛说》）官怠于有成，病加于小愈，祸生于懈惰，孝衰于妻子，察此四者，慎终如始。易曰："小狐汔济，濡其尾。"《诗》曰："靡不有初，鲜克有终。"（《韩诗外传》卷八补）按朱震曰："虞翻以艮为狐，干宝以坎为狐，互发也。"

系辞上传

在天成象，在地成形，变化见矣。天见其象，地见其形，圣人则之。（《文选·应吉甫晋武帝华林园集诗》李善注引补）

八卦相荡。《释文》云："八卦相荡，众家作荡。"今作盪者，盖韩康伯以俗字易之也。《释名》云："荡，排盪去秽垢也。"惠氏曰："盪为条器，当从诸家作荡。"是作荡者，本字也，作盪者通假字也。详见《汉易异文考》。

乾以易知，坤以简能，易则易知，简则易从，易知则有亲，易从则有功，有亲则可久，有功则可大，可久则贤人之德，可大则贤人之业。

昔日，舜甑盆无亶，而下不以余获罪；饭乎土簋，啜乎土型，而农不以力获罪；麑衣而盩领，而女不以巧获罪；法下易由，事寡易为功，而民不以政获罪。故大道多容，大德众下，圣人寡为，故用物常壮也。传曰："易简而天下之理得矣。忠易为礼，诚易为辞，贤人易为民，工巧易为材。"《诗》曰："岐有夷之行，子孙保之。"（《韩诗外传》卷三补）

言天下之至动而不可乱也。《释文》云："众家本并然，郑本作至赜，云赜，当为动。《九家》作册。"以例推之，《子夏传》亦与众本同。

鹤鸣在阴，其子和之，我有好爵，吾与尔靡之。靡，共也。（中孚释文）（补）

大衍之数五十，其用四十有九。一不用者太极也。（僧一行《大衍论》、王应麟《玉海》）按大衍之数，其用四十有九，为演卦命筮之法，其一不用者，为表示太极也。分而为二，以象两仪，掛一以象三才。揲之以四，以象四时，详见《虞氏易注》。

天地变化，圣人效之，天垂象，见吉凶，圣人象之，河出图，洛出书，圣人则之。天见其象，地见其形，圣人则之。（《文选·应吉甫晋武帝华林园集诗》李善注引）（补）

系辞下传

上古结绳而治，后世圣人易之以书契。上古官职未设，人民自为治，记其事，将其命而已，故可以结绳为。（罗苹《路史注》）按此上古文字未起，以结绳记事之时也。是故易者象也，象也者像也。《释文》云："众本并云：像，拟也。孟、京、虞、董、姚还作象。"按以例推之，《子夏传》亦同众本。（补）

介于石，不终日，终吉。《释文》云："介，众家作介。"按以例推之，《子夏易传》亦宜然。宋本《释文》介作砎。可备一说。（补）

苟非其人，道不虚行。五帝官天下，三王家天下，家以传子，官以传贤，若四时之运，成功者去，不得其人，则不居其位。（《汉书·盖宽饶传》）按此从马国翰辑《韩氏传》补入。

杂卦传

丰多故，亲寡，旅也。（补）按《释文》云："丰多故，众家以此绝句。"《子夏传》在《释文序录》所载众家中，据此补。盖丰盛故多故，旅在外，故亲寡。

第四章　《施氏易》

——平实之《施氏易》

一、施雠及施氏易书

施雠，字长卿，沛人也。沛与砀相近。雠为童子，从田王孙受《易》。后雠徙长陵，田王孙为博士。复从卒业。与孟喜梁丘贺并为门人。谦让，常称学废，不教授。及梁丘贺为少府，事多，乃遣子临分将门人张禹等从雠问。雠自匿不肯见，贺固请，不得已乃授临等。于是贺荐雠："结发事师数十年，贺不能及。"诏拜雠为博士，甘露中，与五经诸儒杂论同异于石渠阁。雠授张禹、琅邪鲁伯。伯为会稽太守，禹至丞相，禹授淮阳彭宣、沛戴崇子平，崇为九卿，宣大司空，禹、宣皆有传，鲁伯授太山毛莫如少路，琅邪邴丹曼容。著清名。莫如至常山太守，此其知名者也。由是施家有张彭之学。（《汉书·儒林传》）

《汉书·艺文志》载：《易经》十二篇，施孟梁丘三家《章句》施孟梁丘各二篇。此为《施氏易》仅见于载籍者。盖《易经》十二篇者，其经文也；《章句》二篇者，其训诂也。其书亡于西晋。陆德明《经典释文序录》云："永嘉之乱施氏梁丘之易亡。"后遂无传者。唯许叔重《五经异义》列一节，陆德明《释文》引三家音一节，朱震《汉上易传》引《施氏易》一节耳。清儒胡薇元、马国翰即据此又考之《汉书·彭宣传》及蔡邕所引易文而集为《施氏章句》。

马国翰云：

"考本传雠授张禹，禹授淮阳彭宣。《册府元龟》云：'彭宣字子佩，淮阳人为大司马长平侯，作《易传》，今亦佚亡。'《汉书·彭宣传》尚有说鼎卦一节，盖述《施氏易》也。又考熹平中蔡邕奉诏书石经，易用三家经本，《释文》引石经止一条。凡邕引易要是石经本字，并据采掇，附《汉书本传》为一卷。"

此《施氏易》辑佚之情状也。至于其版本则有《周易施氏章句》，载于其所编《玉函山房辑佚书》中，其书有清同治十年济南皇华馆书局补刻本、嫏嬛馆本、重印本、楚南书局本。胡氏之书，载于其所著《汉易十三家》中，唯录《施氏章句》七条耳。马氏有十三条。余补其佚者九条，于是《施氏易》有二十二条稍有可观。

二、《施氏易》之渊源

《汉书·儒林传》称，自鲁商瞿子木受易孔子，以授鲁桥庇子庸，子庸授江东馯臂子弓，子弓授燕周丑子家，子家授东武孙虞子乘，子乘授齐田何子装，而汉兴。何授东武王同子中，洛阳周王孙，丁宽、齐服生，皆著《易传》数篇。而丁宽读易精敏，学成，何谢宽。宽东归，何谓门人曰："易以东矣。"宽至洛阳复从周王孙受古义，号《周氏传》。宽作《易说》三万言，训故举大义而已，今《小章句》是也。宽授同郡砀田王孙，王孙授施雠、孟喜、梁丘贺。由是易有施孟梁丘之学。是施氏之易渊源于田王孙，乃孔子一脉相传者也。其易解平实，颇有可取。

三、《施氏易》及其传承

施雠字长卿，沛人也。沛与砀相近。雠为童子，从田王孙受易，后雠从长陵，田王孙为博士。复从卒业。与孟喜梁丘贺并为门人。谦让常称学废不教授。及梁丘贺为少府，事多，乃遣子临分将门人张禹等从雠问。雠自匿不肯见，贺固请，不得已乃授临等。于是贺荐雠："结发事师数十年，贺不能及。"诏拜雠为博士。甘露中，与《五经》诸儒杂论同异于石渠阁。雠授张禹、琅邪鲁伯，伯为会稽太守，禹至丞相，禹授淮阳彭宣，沛戴崇子平，崇为九卿，宣大司空，禹宣皆有传。鲁伯授太山毛莫如少路，琅邪邴丹曼容。著清名。莫如至常山太守，此其知名者也。由是施家有张彭之学。(《汉书·儒林传》)

惜乎至西晋永嘉之乱，而《施氏易》亡，今吾等乃可见《施氏易》于既亡之后者，则归功于清儒之辑佚。

四、施孟梁丘三家之异同

两汉立于学官之易，至汉宣帝元帝之间，有施孟梁丘京氏四家。施氏所传者为丁宽、田王孙之学。梁丘贺所传者乃杨何弟子京房之易，并以此得幸。孟氏所传者除丁宽田王孙，复益之以阴阳灾异。京氏则专行焦延寿之法。《汉书·儒林传》云："诸家同祖杨何丁将军，大义略同，唯京氏为异。"

然施孟梁丘之家，虽大义略同，然亦有微有不同者焉。《汉书·儒林传》载，田王孙授易于施雠孟喜梁丘贺。雠为童子时，从田王孙受易，后从长陵，田王孙为博士，复从卒业。谦让，常称学废不教授，梁丘贺为少府。荐雠云："结发事师数十年，贺不能及。"

诏拜雠为博士。孟喜好自称誉，得易家候阴阳灾变书，诈言师田生且死时，枕喜膝独传喜。诸儒以此耀之，同学梁丘贺疏通证明之曰："田生绝于施雠手中，时喜归东海，安得此事?"博士缺，众人荐喜，上（宣帝）闻喜改师法，遂不用喜。喜授同郡白光少子，沛翟牧子兄（音况）皆为博士。梁丘贺以能心计为武骑，从大中大夫京房受易，房者淄川杨何弟子。房出为齐郡太守，贺更事田王孙。宣帝时闻京房为易明，召其门人得贺。贺为人小心周密，年老终官，传子临，临学精熟，专行京房法。

由是可知施孟梁丘三家，虽同师于田王孙，然犹有不同者存焉，孟氏则当改易家法，梁丘则多行杨何弟子京房之法。施雠则自为童子，即服膺田王孙之学，以至于王孙死前犹不离王孙，是笃守丁宽王孙之学者唯有施氏而已。是三家虽同师田王孙而犹有不同者存焉。故《汉志》载：《易经》十二篇施孟梁丘三家，《章句》施孟梁丘各二篇。

言《易经》之经文虽同为十二篇，然三家犹有不同也，故分为三家，至于其章句虽皆简要而易知，同渊源于田何丁宽，然皆各述其所得于易者，是相近之中，亦固有不同者焉。唯三家之学，虽有不同者，然孟施之易犹泰半相同也。盖孟喜虽得易家候阴阳灾变书，然只以之言卦气卦候与灾异耳。《汉志》所载孟氏京房十一篇，灾异孟氏京房六十六篇，是其所得书而传于后者也。《儒林传》称孟氏改师法者，即以此卦气卦候及灾异之学也。至于《易经》之本文，丁宽、田王孙对易之诂训，则多墨守不变也。此则与施氏笃守师说者犹泰半相同也。至于梁丘贺以杨何弟子《京房易》得幸，而其子又专行其京房法。是梁丘氏家法固不同于施孟也。故施氏之易与孟氏之易经本文及训诂相近，其不同于孟者，则为卦气卦候及阴阳灾变之学耳。

今存汉熹平石经《周易》残字，经马叔平（衡）、罗振玉之荟聚，屈翼鹏（万里）先生之整理，计得四千余字，而屈先生作《汉石经

〈周易〉残书集证》一书，断定为《梁丘易》本，考证精详，雅有可信。汉石经《周易》残字著“易经梁”三字，明蔡邕所书用《梁丘易》本也。其校记中多著孟施京之异文。明施孟京三家之易有别于梁丘氏也。今录其校记二残石于下。在上残石中两引孟施京氏，皆先孟氏，后施氏，最后京氏。由是推知：“施京氏”之上缺一字当是“孟”字。然则校记中之称孟施京氏，明孟施京氏之易泰半相同也。下残石中有“孟京氏有”之文，而孟上缺字，孟下无施字，知此乃孟京与施氏不同之处也。又有“·施”二字，施上有一点，明此上为一节也，此汉石经之通例也。施上无孟字，则知此为孟氏与施氏不同之处也。上下二校记中孟施同者三异者二，则知孟施之学泰半相同也。

施京氏 四童牛之告 革，孟施京氏 盈诸满皆言盈 养，孟施京氏

欿　　欿有 六二跻九陵 利用见大人 孟京氏有 以旅与·施

且《说文》𡴞字下引易作𡴞升大吉。而解作进。朱震《汉上易传》引《施氏易》亦作𡴞，亦解作进。《说文》称易者乃孟氏之易，又施孟二氏相同之证也。汉石经作允升大吉，与今易同，而与施孟二氏不同。是故《施氏易》与《孟氏易》之经文及训诂泰半相同，以其同源于丁宽、田王孙也。与《梁丘易》稍有别者，以梁丘多用杨何弟子京房之法也。此施孟梁丘相近相异之大要也。

然《易经》同出孔子之整理，梁丘贺先学于杨何弟子京房，后学于田王孙。杨何之师为王同子中，王同子中与丁宽同学于田何，是杨何之易亦与田王孙相近也。然则施孟梁丘三家之易既同出一源，纵有小别亦有相同者焉。故《释文》引易“苋陆夬夬”，苋字三家同音胡练反。汉石经鼎九四作“鼎折足，覆公餗”。许慎《五经异义》亦然，许氏《说文》易称孟氏，则异义亦以孟氏为本。《汉书·彭宣传》宣解易云：“三公鼎足承君，一足不任则覆乱美实。”

研其文义经文亦同作“鼎折足，覆公餗。”彭宣为施氏再传弟子。是三家经文亦颇多相同者也。故汉石经周易残碑载三家不同者唯见校记二片。盖三家经文大同而小异也。

五、《施氏周易章句》阐微

凡例：

1.《汉志》载《易经》十二篇，师古注云上下经与十翼。盖古易之次序为上经一，下经二，上彖三，下彖四，上象五，下象六，上系七，下系八，文言九，说卦十，序卦十一，杂卦十二。今存汉熹平周易石经之次序，屈翼鹏先生之考证其次序亦同于古，则《施氏易》亦然。惟为求简明易察计，此依今易之次序。以后除梁丘氏与虞氏外全部同此。

2. 据上之考证和《施氏易》与《孟氏易》为近，则吾人可依孟氏之《章句》，因而考之《施氏易》之大概。

3. 施孟梁丘三家之易乃大同而小异，故兹篇全依马国翰辑本辑入，马氏于蔡邕所引易文者皆归之三家，本篇亦从之。

4.《释文序录》所载众家易注计三十有二家。西汉易有孟氏、京氏、费氏四家。《释文》云众家作某或众家本并然者。即指此三十二家多如此也。先儒所传，既皆如此，则《施氏易》乃田何、丁宽、田王孙一脉相传者也。当亦如此。故依此可补《施氏章句》之佚，今亦据此补佚。

周易上经

乾䷀（乾下乾上）

君子体仁足以长人，嘉德足以合礼。按此条马国翰据蔡邕汝南周巨胜碑辑，云："今易做嘉会，据碑三家经文当是德字。"盖君子体仁道则足以安民济众，故足以长人；有嘉德则足以化民成俗。故足以合礼。

遁世无闷。按马国翰据汝南周巨胜碑辑"遁世无闷"条。惟《易经》无皆作无，汉人引易无多作无，此既为《易经》之文，当作无。乾之初九，以阳居阳位，得位居正，然处群阳之下，居最下之位，未得其时，不易乎世不成乎名，乐则行之，夏则违之，确然不变其操，故遁世无闷。

蒙䷃（坎下艮上）

童蒙来求我。按此条马国翰据蔡邕处士圂叔则碑辑"童蒙来求我"一条，云："邕书石经用三家《易》本据补。"《释文》云："童蒙求我，一本作来求我。”是古自有作“童蒙来求我”者。施孟梁丘同师于田王孙，亦或有相同者。

不利为寇，利用御寇。按此条马氏据蔡邕《明堂论》引易辑。

豫☳☷（坤下震上）

先王以作乐崇德，殷荐之上帝，以配祖考。三王之乐可得闻观乎知王者所封二代而已。按余萧客《古经解钩沉》及马氏《周易施氏章句》辑此条，见观六四注。

六二，介于石，不终日，贞吉。（补）按下系《释文》云：“介，众家作介。”孟氏在众家中，且先儒所传皆作介，则施氏亦宜然。

观☴☷（坤下巽上）

六四，观国之光，利用宾于王。象曰：观国之光，尚宾也。许慎《五经异义》云：“公羊说存二王之后，所以通天三统之义。《礼·郊特牲》云：‘天子存二代之后，犹尊贤也，尊贤不过二代。’《春秋左氏》说，周家封夏殷二王之后以为上公，封尧舜之后，谓之三恪。”许慎谨按云：“治鲁诗丞相韦元成治易施雠说，引《外传》曰：‘三王之乐，可得闻观乎’知王者所封三代而已（陈寿祺云当作不），而与左氏说同。”（补）按六四为诸侯之位，九五为天子之位，观之六四，以阴居阴，居正得位，处诸侯之正位而近于九五之君，故可以观国之光晖，睹王者之盛治，而为王者之上宾。王者功成作乐，以崇其德，殷荐之上帝，以配祖考。故舜有韶箾，禹有大夏，汤有韶护，文王有象箾南籥，武王有大武，皆可闻观，故孔子闻舜韶箾之乐，三月不知肉味，季札听之，叹为观止，先王之乐可闻观一至于此。昔者王者功成，即封先王之后，待之如宾，听先王之乐，以崇其德，而蕴其身，皆观之盛事也。

无妄☰☳（震下乾上）

马氏据蔡邕和熹邓后谥议，消无妄之运者也。辑作无妄。然易无皆作无。故作无妄为是。《释文》云：“马郑王肃皆云妄犹望，谓无所希望也。”《史记》作“无所期望”。司马子长之父谈受易于杨何。何受易于王同子中，而施氏之学得之于田王孙，田王孙受易于丁宽。丁宽与王同子中同学于田何，以此推之，施氏亦或解作“无所期望”。

周易下经

损䷨（兑下艮上）

上九，得臣无家。按马氏据邕《答诏问灾异》辑“得臣无家”于益卦，非也。此句宜在损卦上九。而无字宜作无，凡易无字多作无。汉熹平《周易》石经正作无。

夬䷪（乾下兑上）

九五，苋陆夬夬。苋音胡练反。按《释文》云：“苋闲辩反，三家音胡练反。一本作莞，华版反。”三家者即施孟梁丘三家也。罗苹《路史后纪注》卷五引孟喜说：“苋陆兽名，大有兑，为羊也。”赵振芳《易原》释苋云：“苋上从羊，是羊头，不是草头，下从见如兔字，非见字。”以苋音胡练反，即读如《论语》夫子莞尔而笑之莞。孟氏释为兽名，三家同音，则孟氏解亦或田王孙所传，若是则施氏亦同孟。

升䷭（巽下坤上）

初六，粇升大吉。粇，进也。（《汉上易传》）按朱震《汉上易传》云：“允，《施氏易》作粇，进也。”《说文》云：“粇，进也。从本从屮允声，易曰粇升大吉。”《说文》称易孟氏，则孟氏与施氏同。《古易音训》引晁氏云：“《说文》作粇升大吉。按允，古文，粇，篆字。”盖初六居外之时，乃与二阳同进而升，大吉之道也。

鼎䷱（巽下离上）

六四，鼎折足，覆公餗。三公鼎足承君，一足不任则覆乱美实。（《汉书·彭宣传》）按马氏云：“雠本传授张禹、琅邪鲁伯，禹授淮阳彭宣，宣为施氏再传弟子。”

丰䷶（离下震上）

上六，窥其户，阒其无人，自戕也。《释文》云：“藏众家作戕，马王肃云，残也；郑云，伤也。”（补）按孟氏在《释文》众家中，众家俱作戕，则先儒所传，多如此也，以此推之，施氏亦宜然。盖上六处丰盛之极，盛极必衰，物壮则老，骄奢必败，天之理也，故窥其寂而无人，所以如此者，乃由己之自残也。

旅☲☶（艮下离上）

九四，旅于处，得其齐斧。我心不快。按马氏据蔡邕黄钺铭“齐斧罔设”，太尉桥公碑，亦用齐斧。及《释文》而辑此条。《释文》云：“资斧，子夏及众家并作齐斧，应劭云齐，利也。”孟氏在众家中，是孟氏作齐斧也，又汉熹平《周易》石经为梁丘氏易，亦作齐斧。则施氏亦作齐斧。盖九四以阳刚居阴，失位不正，居旅之时，以有旅于外，而夺得他人谋害我之利斧。故我心不快也。

系辞上传

八卦相荡。（补）《释文》云：“荡，众家作荡，马云除也，桓云动也。唯韩云相推荡。”言天下之至动而不可乱也。（补）按《释文》云：“众家本并然。郑本作至赜云，赜当为动。”圣人以此先心。按此条马氏所辑。《释文》云：“洗心，京荀虞，张蜀才作先心，石经同。”石经谓汉石经也，汉熹平周易石经用《梁丘氏易》，以此推之施氏亦或作先心，谓以易先知天下万物之心。

以神明其德，夫是故阖户谓之坤。（补）按《释文》云：“以神明其德夫，荀虞顾绝句。众皆以夫字为下句。本无失字。”以此推之施易或从众。

系辞下传

象也者象也。（补）按《释文》云：“象也者像也，众本并云像，拟也。孟京虞董姚还作象。”孟京虞董姚作象，以石经校记多云“孟施京”。孟施京多有相同者也，据此补。且象，像也，汉儒当作象。

介于石，不终日，贞吉。（补）按《释文》云：“介，众家作介。”

杂卦

丰，多故，亲寡，旅也。（补）按《释文》云：“丰多故，众家以此绝句。”丰盛故多故，旅在外，故亲寡。

第五章 《孟氏易》

——兼象数与卦气之《孟氏易》

一、孟喜传

《汉书·儒林传》云:“孟喜，字长卿，东海兰陵人也，父号孟卿，善为《礼》、《春秋》。授后苍疏广。世所传《后氏礼》、《疏氏春秋》，皆出孟卿。孟卿以《礼经》多、《春秋》烦杂，乃使喜从田王孙受易。喜好自称誉，得易家候阴阳灾变书，诈言师田生且死时，枕喜膝，独传喜。诸儒以此耀之。同门梁丘贺疏通证明之，曰:‘田生绝于施雠手中，时喜归东海，安得此事?’又蜀人赵宾，好小数书，后为易，饰易文，以为箕子明夷，阴阳气亡箕子，箕子者万物方荄兹也。宾持论巧慧，家不能难皆曰‘非古法也。’云受孟喜，喜为名之。后宾死，莫能持其说，喜因不肯仞（师古曰:“仞，亦名也，仞音刃。”按即认也。），以此不见信，喜举孝廉为郎，曲台署长，病免，为丞相椽，博士缺，众人荐喜，上闻喜改师法，遂不用喜。喜授同郡白光少子，沛翟牧子兄（师古曰:“兄读曰况。”）。皆为博士，由是有翟孟白之学。”其书在东汉立于学官，其两大弟子在西汉皆为博士，则其学在汉时皆为显学也，故诸儒得钻研之。孟氏得易家候阴阳灾变书，故能创以卦气卦候，天文气象五行之属配合于《易经》，予究易者以新启发。是亦功不可没也。

二、《孟氏易》之书及版本

《汉书·艺文志》载:《易经》十二篇，施孟梁丘三家。孟氏京房十一篇。灾异、孟氏京房六十六篇。《章句》施孟梁丘氏各二篇。由是可知刘向、刘歆父子所见，班孟坚所著录西汉之易学，以《孟氏易》为大家也。在西汉易学十三家，二百九十四篇中，孟氏一家有九十一篇，占西汉易学三分之一弱。则其著作之众多，述易之详博，见解之独到，由斯可推之矣。千古而下，见其书目，思其为学，犹令人敬仰不已也。故其易学绵延不已。东汉诸儒犹得而探研其精义，至西晋永嘉之祸以后，施氏梁丘之易，湮没无闻。惟孟喜之书存于世，虽无人传之（见《释文序》），而诸儒钻研，犹得见之，惟时代久远，历尽南北朝之战祸，其书亦随兵荒马乱而不能保其整帙矣。《隋书·经籍志》载其书八卷，残阙。梁十卷。《释文序录》云："《孟喜章句》十卷，无上经。"《七录》云："又下经无旅至节，无上系。"

《唐志》犹著录十卷。宋后无闻焉，盖或亡于两宋之间也。惜哉！惟吾人犹能于《释文》、《正义》、《古易音训》、《汉上易传》、《唐大衍历议》诸载籍中，得其易义于万一，又许叔重《说文序》谓称易孟氏，则其所称引于易者，乃《孟氏易》也，既称引孟氏则其《五经异义》，言及易者亦以孟氏为主也，由许氏二书又可考见《孟氏易》之部分。而虞翻五世传《孟氏易》，则从虞氏书中又可窥知《孟氏易》之一般矣。故清儒马国翰即据以上诸书，采许虞与今易异者及蔡邕文之引易者辑为上下二卷。张惠言《易义别录》辑为一篇，虽漏略乃有，然所采极精。余如王谟、孙堂、黄奭乃至民国沈祖绵皆曾辑《孟氏易》。而尤以沈氏所辑《周易孟氏学》，最为繁富。

今可见《孟氏易》之辑本，则有张惠言《易义别录》、《周易孟氏学》，载于《皇清经解》一千二百三十四卷。胡薇言《汉易十三家》，马国翰辑本，孙堂《汉魏二十一家》本，《黄氏逸书考》本，沈祖绵《周易孟氏学》本与余所著《〈孟氏易〉阐微》。补辑其易注数十条，余并为之阐释焉。

三、《孟氏易》之渊源

《汉书·儒林传》谓孔子传易于商瞿子木，再五传至田何而汉兴，何授王同子中，周王孙、丁宽、服生、丁宽读易精敏。及其卒业也，何谓门人曰："易以东矣。"宽又复从同学周王孙受古义；蕴诸贤之精华，光孔子之薪传，作《易说》三万言，以授田王孙。田王孙授施雠、孟喜、梁丘贺。而喜又得易家候阴阳灾变书。是孟氏之易非特源于孔子之嫡传，而又得易家候阴阳灾变之奇书，以蕴蓄其学。是其得于易者良多也。故其著作繁富，其见于《汉志》者凡九十有一篇，而其大要，则可分为本经与灾异卦候三科，其本经则有《易经》十二篇，《孟氏》《京房》十一篇，《章句》二篇，此乃源于孔子之薪传，而加以润藻者也；灾异卦候则有《孟氏》《京房》六十六篇。此乃得之于易家候阴阳灾变之书者也。今就其可考知者略举一二以证。如：

风雷益。孟氏注曰：“雷以动之，风以散之，万物皆益。”按说卦传云：“雷以动之，风以散之，雨以润之……”孟氏注本于十翼中之说卦，十翼为孔子所述作，此先儒更无异辞。（见孔颖达《周易正义序》）此《孟氏易》源于孔子之递传者也。

井卦九三，井渫不食，为我心恻；可以汲，王明并受其福。按此与司马迁《史记·屈原列传》引易同，迁继父谈之志，谈受易于杨何，杨何为田何再传弟子，亦孔子之嫡传，今易文相同，是同渊源于孔子也。《释文》载诸家之异同，《孟氏易》于陆氏撰《释文》时未亡，孟氏若异于诸家，《释文》必著而录之，今《释文》不著孟氏之异文，是孟氏易文与今诸本，及司马迁引易同也。

《大衍历议》、《六卦议》、《唐书·历志》载孟氏卦气之说云：

“自冬至初，中孚用事……十有二变而岁复初，坎离震兑，二十四气，次主一爻，其初则二至二分也，次以阴包阳，故自北至……春分出于震，离以阳包阴，故自南正，仲秋阴形于兑。”

按坎北、离南、震东、兑西，见于说卦。坎，冬至（子）；离，夏至（午）；震，春分（卯）；兑，秋分（酉）。所谓二至二分。各在北南东西，在子午卯酉之方位。其卦候之说，与《易纬》同。

《易纬·稽览图》曰：

“甲子卦气起中孚，六日八十分日之七。”

《易纬·是类谋》曰：

“冬至日在坎，春分日在震，夏至日在离，秋分日在兑，四正之卦，卦有六爻，爻主一气。”

此则孟氏得之于易家候之书，而与《易纬》相同者也，《易纬·乾凿度》《稽览图》《是类谋》《通卦验》诸书，即古易家候阴阳之书也。至于其卦气图中，七十二候则与《礼记·月令》《吕览》《夏小正》同，则其卦候之学亦渊源有自。《汉书·五行志》中，又可考见京房《章句》之言灾异者，多折衷于《春秋》三传，是亦出于孔门也。《儒林传》谓其父孟卿治《礼》、《春秋》，则喜之礼学，春秋学，亦渊源有自也。孟喜能勉励现前之业，图谋未来这功，所以永垂不朽。

四、《孟氏易》之影响

孟氏易学博大精深，其卦候、卦气之学影响后世历法及天文学至钜。吾人见《唐历志》及唐僧一行《大衍历议》所载可考而知之。其阴阳灾异之说，影响于两汉乃至后世者亦至深。吾人见两汉及后代五行志每引《京房易传》，以说妖异之事，此乃本之孟氏灾异者也。后世易家如许慎、虞翻、马融、郑玄、荀爽、荀九家、陆绩、王肃、朱熹等皆当取资于《孟氏易》，故《孟氏易》为不朽矣。《后汉书·五行志》云：

“建武中，渔阳太守彭宠被征。书至。明日潞县火，灾起城中飞出城外，燔千余家，杀人。《京房易传》曰：‘上不俭，下不节，盛火数起，燔宫室’，儒说火以明为德而主礼，时宠与幽州牧朱浮有隙，疑浮见浸谮，故意狐疑，其妻劝无应征，遂反叛攻浮，卒诛灭。……灵帝熹平三年，右校别作中有两樗树，皆高四尺许，其一株宿夕暴长，长丈余，大一围，作胡人状，头目鬓发备具。《京房易传》曰：‘王德衰，下人将起，则有木生人状。’……和帝永元元年七日，郡国九大水伤稼，《京房易传》曰：‘颛事有知，诛罚绝理，厥灾水，其水也，雨杀人损霜。’……和帝永元元年七月，会稽南山崩。会稽，南方大名山也。《京房易传》曰：‘山崩，阴乘阳，弱胜强也’。……七年七月赵国易阳地裂。《京房易传》曰：‘地裂者，臣下分离，不肯相从也。’是时南单于众乖离，汉军追讨。”

京房易学，得之于焦延寿，延寿易亦有得于孟氏。故《汉志》孟京并称，明《京氏易》与《孟氏易》同类也。京氏灾异之说影响于后世者极深，而其源则自孟氏来也。至于孟氏易之经文训诂，影响于两汉以后易家者，亦极大。许氏《说文》，称易孟氏，其诂训，亦或有本于孟氏。虞仲翔五世传孟，其经文诂训，当有同者。皆受《孟氏易》影响者也。

（一）《京氏易》源于孟氏者

京房之易，卦气卦候乃至阴阳灾异皆深受孟氏之影响，至于经文章句，亦有与孟氏同者，如乾文言，利之足以和义。《释文》云：“利物，孟喜京荀陆绩作利之。”

坎九五，禔既平。《释文》云：“祇，京作禔，《说文》同。”《说文》云：“禔，安也，从示是声。易曰禔既平。”

艮九三，厉熏心。朱震《汉上易传》云：“孟喜京房、马融、王肃作熏。”

未济九四，震用伐鬼方。《古易音训》引晁氏云：“震，孟京虞云震，敬也，一行同。”

是京氏易经文章句乃至训诂，皆有与孟氏同者，其源于孟氏者可考而知也。

（二）《马氏易》源于孟氏者

马季长（融）为东汉经学大师，其易亦有源于孟氏者。如：

晋六五，矢得勿恤。《释文》云："失，孟马郑虞王肃本作矢。"

履九四，履虎尾虩虩终，吉。《说文》云："虩虩，恐惧也。"（从段本）《释文》云："愬愬，马本作虩虩，云恐惧也，《说文》同。"

屯六二，匪寇婚媾。《说文》云："媾，重婚也，易曰匪寇婚媾。"《释文》云："媾，马云重婚。"

小畜九三，舆脱輹。《说文》云："輹，车轴缚也。易曰舆脱輹。"《释文》云："辐，本亦作輹，马融云车下缚也。"

艮九三，厉熏心。马融同。

《说文》称易孟氏，其训字义亦或本于孟氏，马季长易注，自经文章句至经义诂训，多有同于孟氏者，是其源于孟氏者，可考而知也。

（三）荀爽荀九家源于孟氏者

荀爽为东汉易家，其易亦有源于孟氏者。而荀九家，则为六朝人辑荀爽等九家之易说，于今考之，亦有源于孟氏者。如乾文言。利之足以和义。荀爽同。中孚六四，月既望。《古易音训》引晁氏曰："几，孟、荀一行作既。"大畜六四，僮牛之告，元吉。《说文》云："告，牛触人，角著横木所以告人也。易曰僮牛之告。"《释文》云："牿，九家作告，《说文》同，云牛触人，角著横木所以告人。"

是《荀爽易》及《荀九家易》亦有与孟氏同者，文献未足矣，书缺有间矣，未足以详考其相同之迹矣。然由此二条，亦足证其与《孟氏易》有关也。

（四）郑玄、王肃易源于孟氏者

郑玄为东汉末经学大师。集今古文之大成，其易注成于晚年。王肃撰定父朗所作《易传》，详考其源皆有与孟氏同者。

丰上六，天际祥也。祥，诸本多作翔。《集解》引孟作祥，《释文》

云："郑王肃作祥。"

晋五，矢得勿恤。郑玄、王肃同。

是二家皆有与孟氏同者也。

（五）陆绩、一行源于孟氏者

陆绩尝注《京氏易》。唐僧一行《大衍历议》、《六卦议》，每引孟氏说，则二家之易亦有源于孟氏也。如：

乾文言，利之足以和义。陆绩同。

未济九四，震用伐鬼方。《古易音训》引晁氏曰："震，孟京虞云震，敬也。一行同。"

中孚六四，月既望。《古易音训》引晁氏曰："几，孟荀一行作既。"

是陆绩《易述》、一行《易纂》，亦尝取资于《孟氏易》也。其余诸家，可从此类推。由是吾人知《孟氏易》对汉代以后易象之影响，亦颇大也。

（六）后世历法之推衍，源于孟京之卦候

后代历法，如乾象历、魏正光历多源于孟京之卦候。此详于《〈京氏易〉导论》之中，此不备叙。

五、《孟氏易》之价值与特色

余所著《〈孟氏易〉阐微》，述《孟氏易》之特色与价值谓：以本字正字可订诸本之失一也；诂训简明易知二也；探象数之奥妙，得立辞之本旨三也；明卦候卦气之学，以符人事之用四也；究灾异之深旨，导政教于正路五也；融古今文而一之六也；以声韵通经义七也。

《易经》之研究务先未雨绸缪，万古之后，因有备无患。

（一）《孟氏易》用本字正字可订诸本之失

吾人从《说文》所征引之《孟氏易》中，可见《孟氏易》多用本字正字，以其为田何一脉之嫡传，故可订诸本之失。如：

坎九五，禔既平。《说文》云：“禔，安也，易曰禔既平。”《释文》云：“祇，京作禔，《说文》同。安也。”

按《说文》引易用《孟氏易》，陆氏撰《释文》时《孟氏易》已无上经，故未著录孟氏，然吾人从《说文》及《汉志》孟京之并称，可推知，孟作禔。作禔者本字也，今注疏诸本作祇者借字也。段氏注《说文》禔字云：“翻本作祇，谓祇即禔之假借与。”马宗霍云：“作祇为假借字，作禔正字也。”是也。

革，君子豹变，其文斐也。《说文》：“斐，分别文也，从文非声。易曰君子豹变，其文斐也。一斐，诸本悉作蔚。”马宗霍云：“取草木茂盛之义，以状君子之文，则作（蔚、蔚）究为假借字，正字目当作斐耳。”

鼎象也，以木巽火，亨（烹），饪也。《说文》：“亨，食饪也，从丮亨声。易曰亨饪。”按亨即孰也，今诸本悉作亨饪。钱氏曰：“亨饪应为孰饪字之讹。”是《孟氏易》多用本字、正字，可订诸本之失。

（二）《孟氏易》诂训简明易知

《汉志》载《孟喜易章句》二篇，由是可推知其诂训之简明矣。《说文》所称引者乃《孟氏易》，而其解说虽亦或有宗孟氏者，然亦有许氏之解说焉，不能全属诸孟氏（沈氏祖绵将之全归诸孟氏，似非。），今从《正义》、《集解》、《释文》等书可推知《孟氏易》诂训之简明易知。如中孚，我有好爵，吾与尔靡之。

孟氏注：“好，小也。靡，共也。”又：月既望。《古易音训》引晁氏曰：“既，孟云十六日也。”

未济，小狐汔济，濡其尾，无攸利。孟氏注：“坎，穴也，狐，穴居。小狐济水，未济一步，下其尾，故曰小狐汔济，未出中也。”

既济，妇丧其髴。《古易音训》引晁氏曰：“孟一行虞作髴，云鬓，发也。”

丰，丰其屋，天降祥也。孟氏注：“天降下恶祥也。”

是其诂训简明易知，二千载下吾人读之，犹平易近人，易知易明也，是其诂训颇有价值。

（三）探象数之奥妙，以明立辞之本旨

虞氏五世传《孟氏易》，其注中，言象数甚密，凡一辞一句，皆探本于象数，以证易辞之不苟。从此以推《孟氏易》亦必主象数者也。如《说文》所载一至十之数字，多可与易天一地二，天三地四一节相印证，沈祖绵以为即本于《孟氏易》，至于《孟氏易》之言象数者如夫九五，苋陆夬夬。罗苹《路史后纪注》卷五，引《孟氏易》云："苋陆，兽名，夬有兑，兑为羊也。"夬有兑者，谓夬之上卦为兑也，兑为羊者，用说卦文也，是言象数者乃汉易之特征，亦孔子田何一脉相傅者也。由是知后儒之非象数者，非特失圣人观象系辞之征旨，亦非汉易之正也。

（四）明卦候卦气之征旨以符合于人事之日用

唐僧一行《六卦议》云："十二月卦出于《孟氏章句》，其《说易》本于气，而后以人事明之。"盖孟长卿（喜）尝得易家候阴阳之书，故将之著之于易，以指导群生，以符合于人世之日用。卦气卦候之学，乃以坎离震兑四卦，计二十四爻，配十二辟卦，二十四节气，七十二候，与乎六十卦，以当周天之数，三百六十五又四分之一日者也。其详已具于本篇第三章中。其学主于明乎天之运行，配乎易卦之消长，以见阴阳消息之真谛，指导群生趋时步吉之道，实为当时颇富实用之学也。惠定宇（栋）《易汉学》云："孟氏卦气图以坎离震兑为四正卦，余六十卦，卦主六日七分，合周天之数。内辟卦十二谓之消息卦，乾盈为息，坤虚为消。……四卦主四时，爻主二十四气，十二卦主十二辰，爻主七十二候，六十卦主六日七分，爻主三百六十五日四分日之一，辟卦为君，杂卦（谓公、侯、卿、大夫）为臣，四正为方伯，二至二分，寒温风雨，总以应卦，为节。是以《周易参同契》曰：'君子居其室……顺阴阳节。藏器俟时，勿违卦月。……谨候日辰，审察消息。纤芥不正，悔吝为贼。二至改度。乖错委曲。隆冬大暑，盛夏霜雪。二分纵横，不应漏刻。水旱相伐，风雨不节。蝗虫湧沸，群异旁出。'此言卦气不效则分至寒温皆失其度也。《汉书·谷永对策》曰：'王者躬行道德，则卦气理效，五征时序；失道妄行，则卦气悖乱，咎征著邮。'后汉张衡上疏亦言：'律一历卦候，数有征效。'樊毅修华岳碑云：'风

雨应卦，瀸润万物。’是汉儒皆用卦气为占验。”

盖人生天地间，无时不受天地之影响。日月之运行，寒暑之往来，岁华之渐移，光阴之宵逝，阴阳之变化，消息之增长，无一不与人生有关，而配之以卦，合之以气（二十四节气），符之以候（七十二候），则天之运行，消长之真机，日月之迭运寒暑之往来，人事之变化，皆可从而探知也。此孟氏卦气卦候之学，所以能探天文历象气候……乃至天象之种种征旨，而归之于人事，以指导群生之作息，与政教之推衍者也。是其学至为有用，不可轻以忽之也。近人有以浅陋之天文学目之者，则不识易数，不明易理，殊甚。

（五）融古今文而一之

《汉志》云：“刘向以中古文《易经》，校施孟梁丘经，或脱去无咎、悔亡，唯费氏经与古文同。”颜师古注：“中者天子之书也，言中以别于外耳。”是刘向以天子所藏之古文《易经》校施孟梁丘经，有脱文不与古文同。明三家易不同于古文也，《说文》许叔重自序云：“其称《易》孟氏，《书》孔氏，《诗》毛氏，《礼》周官，《春秋》左氏，《论语》《孝经》，皆古文也。”许氏所称易为孟氏之易，先贤多因“《论语》《孝经》，皆古文也”一句之故而误以《孟氏易》为古文，吾师高仲华夫子尝纠其失，谓许氏所称引之易，乃孟氏耳，非言《孟氏易》为古文也，言古文者指《论语》《孝经》而言。卓哉斯言也。足以与刘向之言相证验而纠先儒之失矣。唯《孟氏易》虽不同于古文，然亦有与古文同者，盖孟氏生乎西汉之季，既得田何之嫡传，又尝见易家候诸书，固已融今古文而一之矣。故其书有今文，有古文。如：

革上六，君子豹变，其文斐也。马宗霍曰：“新出汉熹平石经周易残碑革九五爻辞‘大人虎变，’变作辩，以彼例此，则石经豹变之变，亦作辩，石经所据者今文，则变古文也。”

说卦：参天两地。马宗霍云：“洪适隶续，所录魏三体石经尚书残碑《吕刑篇》‘有并两刑’，古文两作尔，则此作两为易之古文无疑。”

又：为的颡。马宗霍曰：“虞氏及诸家本皆作的，则的当为古文。”

损，君子以惩忿恎谷。吕氏《古易音训》云：“欲，孟作谷。按谷，古文欲字。”

蒙，再三黩。《集解》引崔憬曰：“渎，古黩字。”黩为今字也。

若三氏之言无误，则《孟氏易》中有古文，有今文，盖融而一之也。如是则融合古今文者，不始于马郑也，西汉时孟氏梁丘氏已然矣。

（六）《孟氏易》亦间以声韵通经义

今所见《孟氏易》文，虽不多，然细审其经文，有用假借字者，如损卦大象，君子以惩忿恎浴。《释文》云："窒，孟作恎，欲，孟作浴。"《广雅》云："恎，很也。"是孟氏以恎为窒者乃以同音通假故也。浴，《说文》云："洒身也。"而假借为欲望之欲，盖以同音故也。又如艮九三，裂其朋。《古易音训》引晁氏曰："列孟一行作裂，夤孟一行作朋。"盖列裂音义同，故可通用。《说文》云："朋，瘢也。"又："胂，夹脊肉也。"徐锴曰："夤当即此胂字。"是《孟氏易》用朋瘢之朋，假借为夹脊肉之夤胂。又系辞下古者伏戏氏之王天下也。《释文》、《古易音训》引孟云："伏，服也。戏，化也。"伏服二字叠韵。戏化二字古代双声。《广韵》："化，呼霸切。"故宫本、敦煌本作"霍霸反。"戏字，《广韵》十一谟："作荒乌切，又火故切。"霍、呼、荒、火，古皆双声。由是则《孟氏易》之经文或用通假字，其注文亦或用声训之方式。

（七）孟京灾异之学在导政教于正路

《汉志》载《灾异孟氏京房》六十六篇，以孟氏与京房并称，是明其渊源性质理论，皆相同，或相近也。今孟氏言及灾异者虽不可考，然吾人由《汉书·五行志》言灾异而涉及《京房易》传者，可推知孟京言及灾异之详情。如《京房易传》曰：

"君不思道，厥妖火烧宫哀公三年五月辛卯，桓厘宫灾。颛事有知，诛罚绝理，厥灾水。其水也，雨杀人，以陨霜，大风天黄，饥而不损，兹谓泰，厥灾水；水杀人，避恶有德，兹谓狂。"（以上《五行志上》）

又：

"屋有缓，兹谓不顺，厥异霜不降也。

君吝于禄，信衰贤去，厥妖天雨草。"

又：

"专征刼杀，厥妖乌鹊门。

辟退有德，厥咎狂，厥妖水乌集于国中。"（以上《五行志中、下》）

由是可推知孟氏京房言灾异者，皆欲因灾异以设教，而启国君修明政教，以去灾异者也，往往有当于理，专制国君用之，亦能使政教不失，而惠爱其民。是其言灾异者，所以劝化专制帝王也。亦自有其价值者也。

六、孟氏卦气卦候之学

《汉书·艺文志》载《孟氏章句》二篇，《易经》十二篇施孟梁丘三家外，又有《孟氏京房》十一篇，《灾异孟氏京房》六十六篇，后世所传卦气卦候之学，马国翰以为本于孟氏是也。

（一）孟氏四象二十四爻十二消息配二十四节气说

唐僧一行《大衍历议》云：

“十二月卦出于《孟氏章句》，其说易本于气，而后以人事明之。”

是后世所传十二辟卦，十二月消息卦出于孟氏也，而孟氏之易说，能本于气，征诸天象天候天气之变化，而归本于人事以人事释之，探索宇宙之理，而符于人事之日用，实殊为可取也。兹录而释之。

一行《六卦衍议》引《孟氏章句》云：

“自冬至初，中孚用事，一月之策，九六七八，是为三十。而卦以地六，候以天五，五六相成，消息一变。十有二变而岁复初。坎离震兑二十四气，次主一爻，其初则二至二分也。坎以阴包阳，故自北至，微阳动于下，升而未达，极于二月，凝固之气消，坎运终焉。春分出于震，始据万物之元，为主于内，则群阴化而众之，极于南正，而丰大之变穷，震功究焉。离以阳包阴，故自南正，微阴生于地下，积而未章，至于八月，文明之值衰，离运终焉。”

“仲秋阴形于兑，始循万物之末，为主于内，群阳降而承之，极于北正，而天泽之施穷，兑功究焉。故阳七之静始于坎，阳九之动始于震，阴八之静始于离，阴六之动始于兑，故四象之变，皆兼六爻而中节之应备矣。”（一行《大衍历议》，《唐书历志》十七上）

按四象即四正，谓坎离震兑四卦也。坎北，离南，震东，兑西。十二月卦，亦即十二消息，又名十二辟卦。辟者主也，谓君卦也，于时则主于十二月用事之卦也。其卦为十一月复䷗，十二月临䷒，正月泰䷊，二月大壮䷡，三月夬䷪，四月乾䷀，五月姤䷫，六月遁䷠，七月否䷋，八月观䷓，九月剥䷖，十月坤䷁。是也。四卦计二十四爻，每爻主一节气，以配一年十二月，二十四节气，此卦气图之本也。附注：

1. 冬至，二十四节气之一，属农历（夏历）十一月之中气。

2. 卦气起于冬至，为中孚用事，每一卦，主六日七分。

终于大雪，为颐卦用事。（详《卦气图》）杭辛斋曰：

“卦气起中孚。九二鸣鹤在阴，鹤，阳乌也，居泽阴地，阳生于阴之义也，终于颐，颐者养也，归养中宫，至中孚复出，斯造化之机轴，孔子赞易，以人事言天道，故赞中孚九二曰天下应之，曰天下之枢机，可谓天人合一，冬烘先生以附会两字抹煞之，吾无言矣。”（《易楔》）

盖卦气之学著天道之消息，明人事之万变，百姓日用而不知，君子以之研几穷理，乃阴阳天文之学也。

3. 坎七、震九、离八、兑六。七八九六加之为三十。

4. 天五地六，五六相乘为三十。当一月三十日，故一月有三十日。此一月之变也。

5. 一年凡十有二月，周而复始，故曰十有二变而岁复初。

6. 一年有四季十二月二十四气。四季者春夏秋冬也，于易坎为冬，离为夏，震为春，兑为秋。一卦有六爻，坎离震兑共有二十四爻，一爻主一气，其次序如下：

坎䷜　初六冬至，九二小寒，六三大寒，六四立春，九五雨水，上六惊蛰。

震䷲　初九春分，六二清明，六三谷雨，九四立夏，六五小满，上六芒种。

离䷝　初九夏至，六二小暑，九三大暑，九四立秋，六五处暑，上九白露。

兑䷹　初九秋分，九二寒露，六二霜降，九四立冬，九五小雪，上六大雪。

7. 二至谓冬至夏至，二分谓春分秋分，冬至为坎之初六，春分为震之初九，夏至为离之初九，秋分为兑之初九。

8. 坎为冬，于说卦传之方位属于北方，（坎者水也，正北方之卦也）坎阳在中，上下皆阴（☵）故曰以阴包阳。坎冬始于十一月之中气冬至。止于二月之初气（节）惊蛰。惊蛰之气至，则万物解冻，皆发芽生长，欣欣向荣。

9. 震为春，于说卦属于东方之方位。（帝出震震东方也）震初九为阳，帝出乎震，谓始据万物之元也，春日阳气至，而群阴皆消。阳极盛于夏，离为夏、属南方之卦。故曰极于南正，于丰卦，上震下离，丰者大也，震阳气极而止于此。其为气也，始于二月之中气，止于五月之初气。

10. 离为夏，南方之卦也，其为卦也，内外皆阳，而阴在中（☲）故曰以阳包阴。盛夏阳极，而微阴气，其为气也始于五月之中气，止于八月之初气。

11. 兑为秋，为西方之方位。兑阴为三于二（☱），其为气始于八月之中气，止于十一月之初气。

12. 阳奇阴耦，于易数以七八九六为用，七八为少阴少阳，九六为老阴老阳，九六变故动，七八不变故与二十四爻相应。由是而一年二十四节气备矣。所以始于十一月中，冬至者，盖周历建子，以十一月为首月故也，且冬至一阳生，于卦为复，复见天地心，故于此为始也。

唐僧一行《大衍历议》，《唐书历志》十七上载此，以为《孟氏章句》中语。余萧客《古经解钩沉》、马国翰辑《周易孟氏章句》皆辑入坎卦之中。沈祖绵以为非《章句》中语，乃卦候也，而辑于后，今从之。沈氏云：

"此以坎离震兑为方伯，坎冬，离夏，震春，兑秋为司令，一卦之变为六，四卦之变为二十四节、即二十四中气是也。《汉书·儒林传》冬至十二月节为小寒，五月中为夏至，六月节为小暑是也。《汉书·儒林传》谓孟氏得易家候，此即候，又谓之卦气，一行以为《章句》，非也。唐时孟氏之书已佚，后人不能厘正，以孟氏之说尽入《章句》中耳，至七十二候一行李溉辈，皆以为孟氏所传亦非也。其说在孟喜前者，有《夏小正》、《逸周书》、《吕氏春秋·十二纪》若云孟喜得之古藉则可，若以为出自孟氏则不可也。"

按沈氏以四卦配二十四节气，为孟氏卦候中语，斥一行以为《章句》之非，而以为在灾异之中，似有可能。然唐一行既亲见孟氏之书，亦不为无据。至于谓一行李溉七十二候出孟氏所传之非，亦非确论。盖孟氏既得卦候之书，而传之其徒，以至于京房亦得闻焉，故汉志孟京并称。再由京房而递传于后代也。马国翰辑《孟氏章句》载六十四卦用事，配七十二候图及卦气图两种附于后云：

宋李溉所传，出孟长卿，朱震载入《汉上易传》，循其义例。盖从唐一行《大衍历》，所列六十四卦用事配七十二候图引伸而成者也。

今本之，而列二图于下。

（二）六十四卦用事配七十二候图

六十四卦用事配七十二候图，即卦气图也，乃以坎离震兑为主，配以四季，坎冬震春离夏兑秋。每卦有六爻，计二十四爻。以至十二月二十四节气，一爻当一节气，而以其余六十卦，主一年之日数，每卦当六日七分。六十卦而一年三百六十五天又四分之一日在其中矣。每一月约管五卦。始六日七分属于公卦，次六日七分属于辟卦，次属候卦，又次为大夫卦。而殿以卿卦，而各以相当之卦配之。周而复始，又配以十二辟卦，七十二候。十二辟卦计七十二爻以当七十二候，惠氏易汉学云：

孟氏卦气图以坎离震兑为四正卦，余六十四卦，卦主六日七分，合周天之数，内辟卦十二，谓之消息卦，乾盈为息，坤虚为消，其实乾坤十二画也，系辞云乾之策二百十有六，坤之策一百四十有四，凡三百六十。当期之日，夫以二卦之策，当一期之数，则知二卦之爻周一岁之用矣。四卦至四时，爻主二十四气，十二卦主十二辰，爻主七十二候、六十卦主六日七分，爻主三百六十五日四分之一日，辟卦为君，杂卦为臣，四正为方伯之二至二分，寒温风雨总以应卦为节。是也。至于七十二候则出于《礼记·月令》。

《月令》云：

“孟春（一月）之月……东风解冻，蛰虫始振，鱼上冰，獭祭鱼。鸿雁冰……是日也草木萌动。……仲春之月……桃始华，仓庚鸣，鹰化为鸠。……是月也，玄鸟至……雷乃发声，始电……季春之月……桐始华，田鼠化为鴽，虹始见，萍始生……鸣鸠拂其羽，戴胜降于桑。……孟夏之月……蝼蝈鸣，丘蚓出，王瓜生、苦菜秀……是月也，聚畜百药，靡草死。……小暑至，螳螂生，䴗始鸣，反舌无声（百舌鸟）……鹿角解，蝉始鸣，半夏（药草）生……季夏之月……温风始至，蟋蟀居壁，鹰乃学习，腐草为萤……是月也，土润溽暑，大雨时行……孟秋之月……凉风至，白露降，寒蝉鸣，鹰乃祭鸟（杀而食之）。……天地始肃，农乃登谷……仲秋之月……鸿雁来，玄鸟归，祥鸟养羞。……是月也，雷始收声，蛰虫坏户……水始涸。……季秋之月，鸿雁来宾，爵入大水为蛤，菊有黄华（花）。豺乃祭兽戮禽。……草木黄落，蛰虫威俯在内。……孟冬之月，水始冰，地始冻，雉入大水为蜃，虹藏不见……天气上腾，地气下降，天地不通，闭寒而成冬……鹖旦（求旦之鸟）不鸣，虎始交……荔挺生，蚯蚓结，麋角解，水泉动。……季冬之月……雁北乡（问也）鹊始巢，雉雊，鸡乳。……征鸟厉疾……水泽腹坚。”

此谓之七十二候，盖著一年十二月中，万物之变化者也，显万物之变化，以示百姓春耕夏耘秋收冬藏之仪则，教国人顺时令以行赏罚，以被仁恩，以广教化。是因天文之变化，著人事之吉凶者也。易曰：“观乎天文，以察时变，观乎人文，以化成天下。”此之谓也。是图先儒所传，每有传钞之错误，马国翰杭辛斋之书，亦有微误。兹考之《月令》《吕览》及马杭二氏之书，订正并增补于此。

四季二十四节气配四卦二十四爻　十二辟卦七十二爻配六十卦

坎䷜	初六冬至十一月中	复䷗	六四蚯蚓结　六五麋角解　上六水泉动
冬			公　中孚六日七分　辟复十二日十四分 侯屯内卦
	九二小寒十二月节	临䷒	初九雁北归　九二鹊始巢　六三雉雊
			侯屯外卦十八日二十一分　大夫谦二十四日二十八分　卿睽三十日三十五分
	六三大寒十二月中		六四鸡乳　六五征鸟厉疾　上六水泽腹坚
			公　升三十六日四十二分　辟临四二百四九分　侯小遇内卦
	六四立春一月节	泰䷊	初九东风解冻　九二蛰虫始振　九三鱼上冰
春			侯小过四八日五六分　大夫蒙五四日七二分　卿益六十日七十分
	九五雨水一月中		六四獭祭鱼　六五鸿雁来　上六草木萌动
			公　渐六十六日七十七分　辟泰七十三日四分　侯需内卦
	上六惊蛰二月节	大壮䷡	初九桃始华　九二仓庚鸣　九三鹰化为鸠
			侯需外卦七十九日十一分　大夫隋八十五日十八分　卿晋九一日二十五分

续表

	初九春分二月中	震䷲	九四玄鸟至　六五雷乃发声　上六始电
			公解九七日三十二分　辟大壮一百三日三十九分　侯豫内卦
	六二清明三月节	夬䷪	初九桐始华　九二田鼠化鴽　九三虹始见
			侯豫外卦一百九日四六分　大夫讼一百十五日五十三分　卿蛊一百二十一日六十分
	六三谷雨三月中		九四萍始生　九五鸣鸠拂羽　上六戴胜降于桑
			公革一百二十七日六十七分　辟夬一百三十三日七四分　侯旅内卦
夏	九四立夏四月节	乾䷀	初九蝼蝈鸣　九二蚯蚓出　九三王瓜生
			侯旅一百四十日一分　大夫师百四六日八分　卿比一百五二日十五分
	六五小满四月中		九四苦菜秀　九五靡草死　上九小暑至
			公　小畜百五八日二十二分　辟乾百六十四日二十九日　侯大有内卦
	上六芒种五月节	姤䷫	初六螳螂生　九二鹃始鸣　九三反舌无声
			侯大有一百七十日三十六分　大夫家人一百七六日四三分　卿井一百八二日五十分
离䷝	初九夏至五月中		九四鹿角解　九五蜩始鸣　上九半夏生
			公咸一百八十八日五七分　辟姤一百九四日六十四分　侯鼎内卦
	六二小暑六月节	遁䷠	初六温风至　六二蟋蟀居壁　九三鹰学习
			侯鼎二百日七十一分　大夫丰二百六日七十八分　卿涣二百十三日五分
	九三大暑六月中		九四腐草为萤　九五土润溽署　上九大雨时行
			公履二百十九日十二分　辟遁二百二十五日十九分　侯恒内卦
秋	九四立秋七月节	否䷋	初六凉风至　六二白露降　六三寒蝉鸣

续表

			侯恒二百三十一日二十六分　大夫节二百三十七日三十三分　卿同人二百四十三日四十分
	六五处暑七月中		九四鹰乃祭鸟　九四天地始肃　上九禾乃登
			公损二百四九日四七分　辟否二百五五日五十四分　侯巽内卦
	上九白露八月节	观䷓	初六鸿雁来　六二玄鸟归　六三群鸟养羞
			侯巽二百六十一日六十七分　大夫萃二百六十七日六十八分　卿大畜二百七十三日七十五分
	初九秋分八月中	兑䷹	六四雷始收声　九五蛰虫坏户　上九水始涸
			公贲二百八十日二分　辟观二百八十六日九分　侯归妹内卦
	九二寒露九月节	剥䷖	初六鸿雁来宾　六二雀入水为蛤　六三菊有黄花
	六三霜降九月中		侯归妹二百九十二日十六分　大夫无妄二百九十八日二十三分　卿明夷三百四日三十二分
			公困三百十日三十七分　辟剥三百十六日四十四分　侯艮内卦
冬	九四立冬十月节	坤䷁	初六水始冰　六二地始冻　六三雉入大水为蜃
			侯艮三百二十二日五十一分　大夫既济三百二十八日五十八分　卿噬嗑三百三十四日六十五分
	九五小雪十月中		六四虹藏不见　六五天气腾地气降　上六闭塞而成冬
			公大过三百四十日七十二分　辟坤三百四十六日七十九分　侯未济内卦
	上六大雪十一月节	复䷗	初九鹖旦不鸣　六二虎始交　六三荔挺生
			侯未济三百五十三日六分　大夫蹇三百五十九日十三分　卿颐三百六十五日二十分

杭辛斋云：

一卦值六日，共三百六十日而岁度周，尚余五日四分日之一，每月以八十分计。（古代之时制，视漏刻之岁分，一日有定为八十分者。）五日四分日之一，共得四百二十分每卦应得七分，故合计六日七分，一卦始毕，五日为一候，三候成一气，约一气尽十六爻，为两卦又四爻，是每月五卦，又盈两爻也，故卦气起中孚之二爻，节气有长短，卦爻亦有盈缩，此扬子云《太玄》所以分七百二十九赞，以两赞当一日，以为一岁三百六十四日半，而更以立踦赢二赞以为伸缩也。是也。

（三）卦气图

卦气图即本上图，圆而图之者也。世所传者微有谬误，如《来氏周易集注》所附卦气图，以大雪对中孚此乃排印之误也。今据其图，重为订正。将坎初六冬至对中孕蚯蚓解，以符合卦候，如图所示是也。马国翰《周易孟氏章句》辑卦气图一，乃就上图方而图之者也。云：

宋李溉所传出孟长卿，并取附著。

《惠氏易汉学》亦载之，惟其图为圆形，无坎震离兑四卦，二十四爻及二十四节气。惠氏亦以为孟氏之学。盖卦气之学以五日为一候，三候为一气，六气为一季，四季为一年，郑康成注《易纬·乾凿度》云：

“五日有一候，十五日成一气，每一卦生三气，则各得十五日，十二卦，卦各得六爻，爻主一候，而一岁之运周焉。”是也。

清儒冯务堂有云：

“卦气源于《易纬·稽览图·是谋类》，发明于孟长卿，所谓六日七分，七十二候，十二月消息及六十四卦分用事，皆孟氏学也，孟氏托言受之田生，后之仿者如《焦氏易林》，《京房占候》，杨子云《太玄》，《郑氏爻辰》，《虞氏消息》，立论虽各不同，然大旨皆以中孚为主。”

是知卦气之学由来尚矣。意者孟长卿因三代之绪余，本密书而整理排比以成者也。要之，比实聚数代贤哲之智慧，与其观察所得著而成者也。大气不可见者也，不可见而显之以象，定之以数，则不可见有可见之道矣。故自古圣贤，观象于日月星辰，推步验算，察往以知来，在璿玑玉衡以齐七政，以定天时，以明人事，是以百世之后，千岁之日至，可坐而待也，此圣人之精也。岂可忽乎？

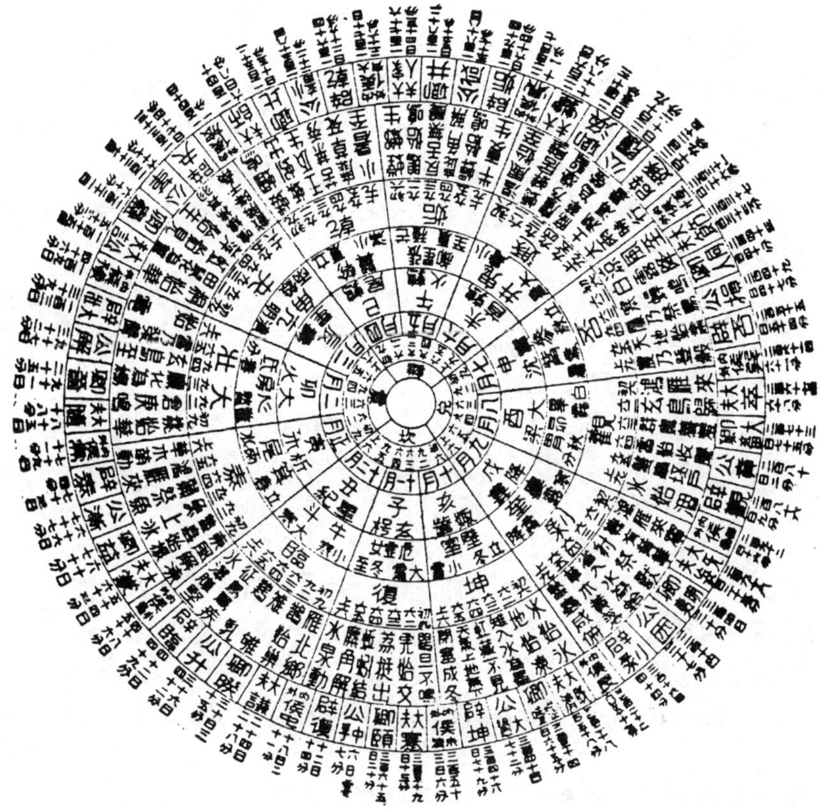

七、《孟氏易传》阐微

凡例：

1. 本篇所谓《孟氏易》包括许叔重（慎）之易。《说文序》谓称易孟氏，是《说文》所引易文，多为孟氏之经文也，然许氏博取诸家，广访通儒，故其引易每有同一经文而有不同者，如既济六四，在絮字下则引作需有衣絮，在繻字下则引作繻有衣。系辞下伏戏氏，《说文》或作庖牺氏，或作宓羲氏。重门击欜，在㯼之下，则引作㯼，在欜之下则引作欜。此非《孟氏易》之自乱其例，乃许氏学之博取诸家也。然许氏实宗孟氏者也，故辑而一之，以为孟氏一派之学。

2. 许叔重之易，既宗孟氏，而亦略采诸家，其存于今之著述，有关于易者，除《说文解字》外，尚有《五经异义》，兹篇一并辑之。至于所引《五经异义》，则用清儒陈寿祺《五经异义疏证》也。

3. 许氏《说文》，本以训诂文字为主，其称易者，乃引易以互证。未必为易之解说。其释字义，亦未必悉依孟氏家法。如郑康成学易于马季长，而注易则多有不同，然先儒如马国翰、沈祖绵等每以《说文》之训字义者，为孟氏之诂训，实则宜为许氏之诂训也。今亦辑而录之，以为许氏之易。而包括于《孟氏易》之中，以《许氏易》宗孟氏故也。吾人以孟氏一派之学视之可也。

4. 本篇以马国翰《周易孟氏章句》与沈祖绵《周易孟氏学》为主。而旁参胡薇元《汉易十三家》、张惠言《易义别录》、孙堂《汉魏二十一家易注》、黄奭《黄氏佚书考》诸本。

5. 沈祖绵《周易孟氏学》，经文一律用王弼本，后乃载《孟氏易》。今从马国翰本，凡《孟氏易》与今易不同而可考者一律用孟氏。

6. 虞氏五世传《孟氏易》、沈氏《周易孟氏学》以《说文》引易者皆孟氏家法，而以虞证孟，每评孟虞之非，评纠虞氏之不守家法。本篇则引孟虞互证，而述二家相同相近相成，乃至许虞二氏可补《孟氏易》之佚之处。

7. 凡诸家未收而为仆所补者，皆以括号加一补字，以示区别。

周易上经

孟喜曰分上下二经。（《正义序》）按《汉志》：《周易》十二篇、施孟梁丘三家。师古注："上下经与十翼故二十篇。"

乾☰（乾下乾上）

乾，元亨利贞。《说文》云："利，铦也，刀和然后利。易曰利者义之和也。"（补）按文言曰："利者义之和也。"正所以释利字，刀和然后利铦，义和然后利久。贞者正也。义和而正，始可常久亨通。

九二，见龙在田，利见大人。易有周人五号。张惠言曰："周当为君。"帝天称一也，主美称二也，天子爵号三也，大君者兴盛行異四也，人人者圣人德备五也。（《礼记·曲礼》："君天下曰天子。"《正义》引许慎《五经异义》孟京说）虞翻曰："若庖牺观象于天，造作八卦，备物致用，以利天下，故曰飞龙在天，天下之所利见也。"（乾九五注）是亦以伏羲德备能利天下为大人又曰："阳始触阴当升为君时舍于二宜利天下、直方而大、德无不利（乾文言九二注）亦以二当升五、德无不备，而为君皆足以发《孟氏易》之微义。

九三，君子终日乾乾，夕阳若厉，无咎。《说文》云："骼，骨间黄汁也，从骨易声。易曰夕阳若厉。"（骨部）又云："夤，敬惕也，从夕寅声。易曰夕惕若夤。"按沈祖绵改夕惕若夤，为夕惕若厉。云："惠士奇《易说》作夕惕若夤，厉无咎，《说文》两举夕惕若厉，《孟氏章句》如此，虞注亦未言夤，在《说文》中，骼当读若惕，夤敬惕也，是明以惕字释夤字也。"其意颇精。段若膺（玉裁）《说文》注亦云："凡汉人引《周易》夕惕若厉，不暇枚举；此引者说夤从夕之意也。学者不憭，往往误会，于是改厉为夤。"严可均亦曰："若夤当作若厉，汉人若班固张衡皆读厉字上属，许引此者，说夤之所以从夕，非谓夤字出象传，校者误会许意辄改耳。"二说是也。《集解》及所引郑荀虞干，宋翟姚王及何妥诸说皆不另著夤字。盖君子进德修业，勤勤勉勉，敬惕不已，朝夕匪懈，虽至危，亦可以无咎矣。故文言曰："居上位而不骄，在下位而不忧，故乾乾因其时而惕，虽危无咎矣。"虞翻曰："阳息至三，二变成离，离为日，坤为夕。"（九三注）又曰："夕惕若厉故不骄也，忧则违之，故不忧。"（文言注）可补《孟氏章句》之佚。又按马宗霍云："此当是易有别本，如吝遴桴欙之例耳，王弼训厉为危，许训夤为敬惕，危惧与敬惕之义亦近，故厉夤二字得通用。"此可备一解。至于宋翔凤《周易考异》云："夤下所引，盖据孟氏古文易。骼下所引，是施孟梁丘博士所传之易。凡汉人读若者，必据通行之书，使人易晓。"以一家之学而分为二，殆非也。又误以《说文序》谓"其称《易》孟氏，《书》孔氏、《诗》毛氏、《礼》周官、《春秋》左氏、《论语》、《孝经》皆古文也。一之语，因以《孟氏易》为古文，而以施孟梁丘为当时之今文。以一家之学有二本，一今文，一古文。甚非所以处《孟氏易》也，孟氏虽博而精深，必不致如此也。吾师高仲华夫子曰："《说文序》所云皆古文也。乃为《论语》、《孝经》而发也，盖以上五经皆云家派，唯《论语》、《孝经》无，故以古文著之，谓所引二书据古文本也。"此真千古不易之定论也。足以发前人之所未发，解先儒之疑情，导后学于坦途矣。宋氏若生于斯世，得闻师说，则可以不惑矣。

九五，飞龙在天，利见大人。说已俱于九二：见龙在田，利见大人。此不备载。

上九，抗龙有悔。《说文》云："忼慨也，从心亢声，忼慨壮士不得志于心也。易曰忼龙有悔。"按孙堂谓"汉简引古《周易》同"。汉熹平《周易》石经作“亢龙有悔。”则与今本同。段若膺曰：“忼之本义为忼慨，而《周易》则假忼为亢。亢之引申之义为高，《子夏传》曰：“亢，极也。”《广雅》曰：“亢，高也。”是今易作亢为正字，许所据《孟氏易》作忼假借字也。”今存汉熹平周易石经残字亦时有假借字，以此推之，《孟氏易》亦或假忼为亢。然古代声义同源，故凡从某得声者，亦有某义。忼既从亢得声，故亦有高亢之义，壮士志高气亢，故不得志，则忼慨高歌，或仰天长啸也。是《孟氏易》作忼龙有悔，义亦兼通。志气过于高亢，忼（今作慷）慨激昂过度，而至于违反常规，背离正道，自必遭悔。又按陈瑑《〈说文〉考证》，则以为一曰以下，乃读若易亢龙有悔之误，王筠则云：“忼当依今本作亢。”沈祖绵曰：“一曰易三字，即或之者之意也。可证作亢作忼犹有疑问，段注一曰易三字，乃易曰二字之误，浅人所改也，近乎武断，陈瑑《〈说文〉考证》疑是读若亢龙有悔之误，其说近是，因《说文》屡出读若易之某。如棆读若易卦屯之屯，如帾读若易屯卦之屯是也。《申鉴·俗嫌篇》，阳极则亢，阴结则凝，亢则有悔，凝则有凶。释乾坤二卦至易，亦作亢，此其证。”三家之言，虽或可备一说，然似非确论也。

六位时成。时乘六龙以御天。许慎《五经异义》云：“天子驾六，《易》、《春秋公羊》说天子驾六。谨按《逸礼·王度记》曰：天子驾六，诸侯与卿同驾四，大夫驾三，士驾二，庶人驾一，说与《易》《春秋》同。”又云：“《公羊》说引《易经》云：时乘六龙以驭天下（陈寿祺《五经异义疏证》谓以易韵考之，下为衍字。张惠言则云天下多下字，可补释文之阙。似以陈说为洽。）也，知天子驾六，谨按亦从公羊说，即引《王度记》云：天子驾六龙，诸侯与卿驾四，大夫驾三以合之。”按《尔雅·释畜》云：“马高八尺为龙。”《礼·月令》：“驾苍龙。”是孟氏以马释龙，以当时礼制释经义，亦无不可。盖谓天子法乾之六爻而行，故出则驾六辔之将将，入则驾六官之济济，（六官谓大地春夏秋冬，亦即后世之吏户理兵刑工也。）以御天下也。是其说亦能以当时之人事明之，以宏易之用，殊有可取。又按郑康成《驳五经异义》云：“《易经》时乘六龙者谓阴阳六爻耳，岂故为礼制。《王度记》云：今天子驾六者，自是汉法，与古异。”此则以阴阳六爻释易，自是家法之不同，与孟许之说，相辅相成。沈祖绵云：“许氏以《孟京易》，即时乘六龙以驭天下，系今文学家之曲说。孟欲为博士，其说多附经术以媚上，此其一也，郑玄谓时乘六龙者谓阴阳上下耳，实为不祧之论。惠栋《周易述》，引郑驳，申其义曰：是郑以时乘六龙为六爻乘时上下，非乘六龙也。义训昭然，是惠疏中之最善者也。惠又引班固《幽通赋》，蔡邕独断以释之。反不足申其其义矣。”夫易道多门，易理弥纶天下，虽得一隙以入，亦可以婉转关通，纲领昭畅，岂必以郑为是，而孟许为非？两说皆可通，两存之可也。沈氏以孟媚上，用今文之曲说，斥毁孟氏非确论也。

首出庶物，万国咸宁。《五经异义》曰：“公羊说，殷三千诸侯，周千八百诸侯，《春秋左氏》说，禹会诸侯于涂山，执玉帛者万国，唐虞之地万里，容百里地万国，其侯伯七十里，子男五十里，余为天子闲田。谨按《易》曰万国咸宁，《书》曰协合万邦，从《左氏》说。”(补) 按圣人法乾而行，保合大和，创制万类，使万物各得其用，万国各得其安，而天下平矣。郑《驳五经异义》云：“万国者，唐虞之制也。”许合。

利者义之和也。《说文》云：“利，铦也，刀和然后利，易曰利者义之和也。”按说已具于元亨利贞下。

君子礼仁足以长人，嘉德足以合礼，利之足以和义。按首二句蔡邕汝南周巨胜碑所引。马国翰辑施孟梁丘三家易，据以补入。云：“蔡书石经用三家易，据碑嘉会作嘉德是三家本。”《释文》云：“利物，孟喜京荀陆绩作利之。”今据此辑入。今所见汉熹平《周易》石经乃用《梁丘易》本，与《说文》所引《孟氏易》有不同者。唯三家同师田王孙，亦必有相同者，姑存之。盖君子体仁道，则足以安民济众，故足以长人，有嘉德则足以化民成俗，故足以合礼，能利万民，则足以和协万邦，故足以和义。张惠言曰：“利之足以和义，京荀并同，虞不用者，以《左传》穆妻之言作利物，与马郑本同，于体仁嘉会贞固协句相比，故改读从之。刘向以中古文校三家经或脱去无咎悔亡，唯费氏与古文同。故虞或以费氏正孟氏。”是也。

遁世无闷。马氏辑《施氏章句》据蔡邕汝南周巨胜碑辑“遁世无闷”一条。马氏每以蔡氏用三家经文，故凡蔡氏所引易皆辑入三家之中，此独有余，今据以补入。惟《易经》无宜作无。(补)

隺乎其不可拔。隺高至。(《释文》) 按马国翰云：“《说文》确训坚，隺，乃训高，《释文》不言《说文》作隺，据《说文》补。”

坤☷（坤下坤上）

按《说文》：“坤，地也，易之卦也，从土申。土位在申也。”沈祖绵云：“孟氏以土位在申也，已以四维，八干，十二支言易位矣。坤宫有未申，故曰土位申，与其血玄黄。干宝注，坤位未申之维，而气溢西戌之间，其说同。”地支十二寅卯属木在东，巳午属火在南，申酉属金在西，亥子属水在北，辰戌丑未属土属中央，申在西南之间，以说卦传推之，坤属西南，故云土位在申。土亦即地也。此条众家皆无，唯沈祖绵本有之。《说文》引易为《孟氏易》，则《孟氏易》坤乃作坤，汉石经作巛，为《梁丘易》，则与《梁丘易》不同。沈氏以土位在申为孟氏说，似当为许氏说。

上六，龙战于野，其血玄黄。《说文》云：“壬，位北方也，阴极生阳，故易曰龙战于野。战者，接也。象人裹妊之形，承亥壬以子生之叙也。壬与巫同意，壬承辛，象人胫胫任体也。”按《乾凿度》云：“阳始于亥。”又曰：“乾坤气合戌亥。”盖上六居坤阴之极，阴极则变阳，刊尽则成乾，乾为龙为郊坤刊阴至极，与乾阳接，故云龙战于野。乾为天，其于色也为玄，坤为地，其于色也为黄，故云其血玄黄。虞翻曰：“阴极阳生，乾流坤形，坤含光大，凝乾之元，终于坤亥，出乾初子，品物咸亨。”足与《孟氏易》相发。天干有十，配于五行，五方，则甲乙东方木，丙丁南方火，庚辛西方金，壬癸北方水，戊己中央土。壬属北方，故云位北方也。以十二地支而言，亥属北方。壬亥皆北方也。故云承亥壬。壬字形象裹妊。辛为西方金，十干庚辛然后壬癸。故云壬承辛。此许氏以怀妊子之形释字也，非易也。又按沈祖绵云：“虞注证孟说，阴极阳生，与说文阴极生阳合，此孟氏家法也。孟氏以壬承亥，又以壬以子生之叙。又以壬承辛，皆以四维、八干（十干除戊己）十二支释。所谓壬承亥，又壬以子生之叙，是干承子而言也。壬承辛，是干承干而言也。虞氏谓终于坤亥，出乾初子，以十二月辟卦解。终于坤亥者，十月亥，辟卦为坤，亥为支之终故也。出乾初子者，坤初六变为复，十一月建子，辟卦为复。为子支之初，故曰初子，坤复乾体，故曰出乾。是以辟卦释也。”其论虞是也，其说孟非也。此乃许氏释字形之说。序但谓称易孟氏耳。未云释字义以孟易也。马宗霍曰：“凡干支之字，许君皆以五行方位六气刚柔说之，当自有所本，此即引易证壬之方位，兼证阴极阳生之义也。……上六为坤之尽，阴极生阳，故其象兼乾，乾为龙德。故文言曰：为其兼于阳也，故称龙焉。……野者戌亥之间，正乾坤之交也，阴阳于是相薄，故曰战。”是也。

臣弑其君。《说文》曰：“弑臣杀君也，易曰臣弑其君，比杀省式声。”按弑汉石经作试。盖用假借字也。虞翻曰：“坤消至二，艮子弑父，至三成否，坤臣弑君，上下不交，天下无邦，故子弑父，臣弑君也。”可作《孟氏易》之注脚。沈祖绵云：“今文作试，汉博士之说也。”

阴疑于阳必战，为其兼于阳，故称龙焉，犹未离其类也，故称血焉。阴乃上薄，疑似于阳，必与阳战也。（《集解》）按此马本失收，盖上六处坤阴之极，位阴极阳生之地，说卦云：“战乎乾，乾西北之卦也，言阴阳相薄也。”薄者，迫也，入也。阴极故上薄，上薄而疑似于阳，故与阳战。虞翻曰：“乾刚正，五月十五日晨象西北，故西北之卦，薄入也，坤十月卦，乾消剥入坤，故阴阳相薄也。”则以十二辟卦消息之理释之，义得兼通。张惠言曰：“虞疑为凝，坤注云凝乾之元，与象阴始凝合，此虞发明孟氏之大者也。”是也。

屯䷂（震下坎上）

按《说文》曰：“楯，读若易卦屯之屯。”又：“㡒，读若易屯卦之屯。”是《孟氏易》屯卦之屯，与今同。汉石经作屯。盖隶体字也。

屯，元亨利贞，勿用有攸往，利建侯。《五经异义》：“公羊说不纯臣，左氏说诸侯者天子蕃卫纯臣。谨按礼，王者所不纯臣者，谓彼人为臣，皆非己德所及。易曰利建侯。侯者王所亲建纯臣也。”（补）按郑驳云：“宾者敌主人之称，而礼诸侯见天子称之曰宾，不纯臣，诸侯之明文矣。”与许叔重义亦相发。盖方当屯难之时，利于用贤，建侯以礼，使各靖其国，则天下可安矣。故利建侯。虞翻曰：“初震得正，起之欲应，动而失位，故勿用有攸往，震为侯，初刚难拔，故利以建侯，老子曰善建者不拔也。”以象数解，加备参研。

屯，刚柔始交而难生，动乎险中，大亨贞，雷雨之动满形，天造草昧，宜建侯。而不宁。《说文》：“屯，难也，屯象草木之始生，屯然而难，从中贯一，屈曲之也。一，地也，尾曲。易曰屯刚柔始交而难生。”按屯者，屯难艰难之义，屯字，象草木之始生，屮者草也，一者指地也，草木始出贯地而出，屯然而难，故曲其尾，以象难之形，此屯之义也。屯之为卦内震外坎，震为雷为动，坎为险为雨，乾天为刚，坤柔为地，天地始产生之时，屯然而难，故曰屯，刚柔始交而难生也。然而动于险中，大通而正，则能化险为夷，启文明之运，如彼雷雨之动满形，则上天之所以启草昧之繁华，圣人效之，故宜建侯，以安天下，而不遑宁息。虞翻曰：“乾刚坤柔，坎二交初，故始交，确乎难拔，故难生也。”张惠言《周易虞氏义》云：“拔，拔出地也。”可与《说文》之说相印证。又按沈祖绵云：“虞氏以坎二交初，故始交。以屯为坎宫二世卦立说，许氏孟京并称，《汉书·艺文志》易传孟京并称，则京氏宫世之说，孟亦相同尔。至虞氏乾刚坤柔之说出杂卦，此四字卦卦可以依附，爻爻可以旁通，立说之不严，未有如四字之甚也。”则不明虞义之甚矣。乾坤者万物之本，众卦之父母，卦爻皆可依附。虞氏坎二交初，乃指六二交初九也，非京氏宫世之说也。

六二，屯如驙如，乘马班如。《说文》：“驙，驺驙也，从马亶声，易曰乘马驙如。”按诸本悉作：“屯如邅如，乘马班如。”故诸家多以为《说文》引误。段玉裁曰：“许所据易，盖上句作驺如驙如，乘马二字，当为误文。”吴玉搢曰：“此当是引屯如邅如，作驺如驙如，而误引下句也。”《释文》云：“屯如，《子夏传》云如，辞也。邅如，马云难行不进之貌。班如，《子夏传》云相牵不进貌，郑本作般。”班般音近义同，皆有般旋不进之义。臧琳《经义杂记》云：“《说文》辵部无邅字，走部趁趲也。趲，趁也，邅如字当作驙。《说文》载，重难行之义与马融难行不进之貌正合，则马氏亦当作驙，今作邅者盖古或借作趲字，走与辵偏旁相近，遂误作邅也。”马宗霍亦云：“汉人所据止有作班作般之本，无作邅如者，许之所称，其为误合上下为一句审矣。使非许君耦疏，要是转写之失，未可据此以为孟易也。”诸家之言，皆于理不悖。虞翻曰：“屯邅盘桓，谓初也，震为马作足。二乘初，故乘马，班踬也，马不进故班如矣。”据此知《虞氏易》亦与今本同。虞氏五世传《孟氏易》，此所解经文，所引经文，当不背孟氏，由是推知。《孟氏易》殆作：“屯如驙如，乘马班如。”班与般古通，邅、趲、驙三字音义同。见《汉易异文考》。孙堂、黄奭并云：“《抱经堂释文考证》云，《说文》当作屯如，驙如，作乘马者涉下文而误。”是也。

匪寇婚媾。《说文》云：“媾，重婚也。从女冓声。易曰匪寇婚媾。”按《释文》云：“媾，马云重婚。”《一切经音义》卷四引贾逵《国语》注云：“重婚曰媾。”又《左传·隐公十一年》：“如旧婚媾。”杜注云：“重婚曰媾。”虞翻曰：“匪，非也，寇谓五，坎为寇盗，应在坎，故匪寇，阴阳德正故婚媾。”六二、九五皆得阴阳之正位，故曰阴阳得正，五居坎中，坎为寇盗，六二应于九五，故非寇盗也，乃求婚媾也。

上六，乘马班如，泣涕瀶如。《说文》：“瀶，泣下也。从心连声，易曰泣涕瀶如。”按汉石经作泣血连如。今易皆作“泣血涟如”。虞翻曰：“三变时离为目，坎为血，震为出，血流出目，故泣血涟如。”《诗·雨无正》毛传云：“无声曰泣血。”泣血泣涕，同是哀伤之极，特程度有不同耳。《说文》所据为孟氏本。虞氏五世传《孟氏易》，然亦博习诸家，故不纯为《孟氏易》。如郑康成学于马季长，而其注诸经，皆有与马氏不同者。至于作涟或作连者皆以同音假借也。许君作慸正字，涟为澜之重文。澜者大波也。连者连属相接之义。义亦兼通。汉陈球后碑引作“泣涕涟如”。《后汉书·寇荣传》章怀太子注引易作“泣涕连如”。义皆可通。盖三变时与上六相应，而二至四互离为目。坎为水为血卦，震足故为出。故泣血泣涕于象数皆通。沈祖绵云：“《易》泣血涟如，《说文》血作涕，段引《诗·雨无正》毛传曰‘无声曰泣血。’”檀弓注曰：“泣无声如血出，《九家易》体坎为血，伏离为目，互艮为手，掩目流血，泣之象也。是柔爻居于上，又无九三之可求，故同为乘马，而独云泣血也。二之班如，比初也，四之班如比五也，六之班如亦比五也，阴阳连班之象也……上六比五，但有乘刚之难而终无所遇，故悲伤特甚。”可备参研。

蒙䷃（坎下艮上）

匪我求童蒙，童蒙来求我。按此马国翰据蔡邕图叔则碑引易辑入。以为蔡用三家本，故辑入。《释文》云：“童蒙求我，一本作童蒙来求我。”虞翻曰：“童蒙谓五，艮为童蒙，我谓二也，震为动，起嫌求之五，故曰匪我求童蒙，五阴求阳，故童蒙求我，志应也。”虞无来字，孟氏亦当无来字。

初筮告，再三黩，黩则不告。《说文》：“黩，握持垢也，从黑卖声。易曰再三黩。”按诸本黩悉作渎。《释文》云：“渎，郑云亵也。”《集解》引崔憬曰：“渎，古黩字。”盖二字同从卖声，故音义悉相通也。《白虎通·巡狩篇》云：“渎者濁也。”是亦与垢义同。马宗霍曰：“就卦义言，作黩为正字，郑训渎为亵，亦垢濁引申之说。段氏谓渎亵当作嬻媟。按《文选》石崇《思归引序》李善注，引贾逵《国语》注云：‘黩，媟也。’则黩又通作嬻。”是也。盖再三则嫌于亵黩也，亵黩则筮失灵而不告矣。沈祖绵云：“易无今古文之别，《说文》易称孟氏者，疑施孟梁丘二氏经文或有改窜，孟氏尚无此病耳，证以黩字，知孟氏亦用今文矣。”又按《汉志》谓刘向校易，唯费氏经与古文合，则不与古文合者，殆今文也，沈氏以易无今古文之别，不确。既无今古文之别，而又云孟氏用今文，何刺谬如是乎。

初六，发蒙利用刑人，用说桎梏，以往吝。《说文》云：“吝，恨惜也，从口文声，易曰以往吝。”又云：“遴，行难也，易曰以往吝。”

按今易悉作吝。虞翻曰："之应历险，故以往吝，吝，小疵也。"沈祖绵云："《说文》吝遴两出，虞注作吝，《释文》说卦坤为吝啬下云：吝，今作遴。岂与孟氏同欤，《汉书·高惠后文功臣表》注，晋灼引许慎云：遴，难行也，是其证。"惠栋《读〈说文〉札记》曰："《方言》云：'凡贪而不戢，或谓之吝，吝，恨也。'以往吝，亦作遴，古易必有辨，今王弼俱作吝，此条后人所加。"又云："《汉书》吝字皆作遴。"严可均曰："吝，《文选·琴赋注》引《说文》作贪恨也，贪义为长。辵部引易作以往遴，此当疑。"各有不同之见。盖吝遴古音同故可通用，此处当以遴为本字，吝为借字。遴者行难也，正合屯难之义。

九二，彪蒙吉。李富孙《易经胜义》引晁氏："苞，孟京作彪。孟喜曰彪文也。"按《古易音训》引晁氏曰："苞，京房、郑、陆绩作彪，文也。"《释文》云："郑云：苞，当作彪。彪，文也。"是不曾言，孟氏作彪也。沈祖绵云："李氏以汉时孟京并称故以京说为孟说耳。"时也。

上九，击蒙，不利为寇，利用御寇。按此条后二句马国翰据蔡邕《明堂论》辑。今易悉作利御寇，虞翻曰："体艮为手故击，五已变，上动成坎，称寇，而逆乘阳，故不利为寇矣。御，止也。此寇谓二，坎为寇，巽为高，艮为山，登山备下顺有师象，故利御寇也。"虞亦作利御寇，而无用字。是《孟氏易》当无用字。虞氏之说可补孟易之佚。

需䷄（乾下坎上）

云上于天需，君子以饮食宴乐。《说文》云："需，䇓也，遇需不进，止䇓也。从雨而，易云上于天需。"按需者待也，䇓者。《说文》云："待也。（段氏据韵、会，改作立而待也）从立须声。"是需䇓二字义同。后多假䰅须之须为䇓，而䇓遂废矣。象云："需，须也。"亦假须为䇓。需之义为遇雨不进，而䇓则待之义。沈祖绵曰："䇓即䇓之假借，杂卦曰需不进也，与遇雨不进正合。"是也。故君子象之，饮食宴乐以养其心志，以待时之可用。

九二，需于沙，小有言终吉。象曰："需于沙，衍在中也。"按沈祖绵曰："赵振芳《易原》孟喜本，沙下有衍字。孟说诸本未引，不知据何书。"虞翻曰："沙谓五，水中之阳称沙也，二变之阴，称小，大壮需为言，兑为口，四之五震象半见，故小有言，二变应之，故终吉。"是虞氏无衍字也。以虞翻传《孟氏易》例之，似无衍字。虞氏注象则云："衍，流也，中谓五也。"则象有衍字。诸本悉作："需于沙，衍在中也。”断句不作：“需于沙衍，在中也。”若虞有衍字，当于爻辞下注衍，今无也，是虞氏正作需于沙。而象辞之断句亦与诸本同。谓所以需于河边沙地而不进者，乃因河流在中，阻梗于前也。由是推知，孟氏亦无衍字。赵氏盖因小象之辞致误也，不然则所见本传钞有误也。

讼䷅（坎下乾上）

六三，食旧德，贞厉终吉，或从王事无成。《五经异义》云：“卿得世不？公羊穀梁说卿大夫世，（谓世世为卿大夫，父死子继）则权并一姓，妨塞贤路（原作事据陈寿祺说改），专政犯君，故经讥周尹氏，齐崔氏也。左氏说卿大夫得世禄，不得世位。父为大夫死，子得食其故采，而有贤才则复升父故位。故传曰：‘官有世功，则有官族。’谨按易爻位三为三公，二为卿大夫，曰食旧德（陈氏以为曰上脱“讼六三”三字）。食旧德，谓食父故禄也。《尚书》‘古我先王，暨乃祖乃父，胥及逸勤，予不敢动用非罚，世选尔劳，予不绝尔善。’《论语》曰：‘兴灭国，继绝世。国谓诸侯，世谓卿大夫。’《诗》云：‘凡周之士，不显亦世。’”《孟子》曰：“文王之治岐也，仕者世禄，周制世禄也。”按据此则食旧德，谓食父故禄也，因父之功德而获禄位，虽正亦危，盖不事生产，不劳已力，不竭已能，必致于骄逸亡身也，故厉矣，然因父之禄位功德，而时王又行王者之政，而有世禄之制，己又变而得正，故终吉。食旧德因故禄，故从王事无成也。盖六三以阴居阳，处非其正矣，故有此象，郑氏驳，引《尚书》世选尔劳与《诗》刺幽王绝功臣之事与许氏微异，而可以相发。又按《乾凿度》曰：“初为元士，二为大夫，三为三公，四为诸侯，五为天子，上为宗庙。”许叔重之说爻位本此。虞翻曰：“乾为旧德，食谓初，四二已变之正，三动得位，体噬嗑食，变食乾，故食旧德，三变在坎，正危贞厉得位，故终吉也。”可补《孟氏易》之佚，而发《孟氏易》之微旨。沈祖绵云：“孟说既不可考，以‘乾利见大人’条证之，系引《乾凿度》，此亦《乾凿度》前云易孟京，此不言孟京，惟正义句有脱夺颠倒上下者，虞注与异义，不能相谋。”则未深思也。

上九，或锡之鞶带，终朝三拕之。《说文》：“鞶，大带也。易曰或锡之鞶带，男子带鞶，女子带丝，从革般声。”按《礼记·内则》云：“男鞶革，女鞶丝。”谓男子以皮革，女子以丝为带也。鞶马融训大，鞶从般声，《广雅》云：“般，大也。”是鞶带即大带也，乃贵重者所服。盖上九以阳居阴，失位不正，而处讼卦之极，乃强于争讼者也，虽暂而得王所赐大带之服，终必失之，一朝而三为夺，则争之疾，讼之频，而终无用也。故象曰："亦不足敬也。"虞翻曰："锡谓王之锡命，鞶带、大带，男子鞶革，初四已易位，三二之正，巽为腰带，故鞶带。位终乾上，二变时坤为终，离为日，乾为甲，日出甲上，故称朝，应在三，三变时艮为手，故终朝三拕之。"可补孟氏之佚，而发其微旨。

师䷆（坎下坤下）

《五经异义》云："载记《王制》云，五十不从力政，六十不与服戎，易孟氏、《韩诗》记，年二十行役，三十受兵，六十还兵。古周礼说，国中自七尺，以及六十，野自六尺，以及六十有五，皆征之。"按此许氏说古兵役之制也。孟氏以二十岁服役，三十乃受兵器，而服兵役，参与戎行。自六十乃可退役不事军旅之事。

小畜䷈（乾上巽上）

九三，车脱輹，夫妻反目。《说文》云："輹，车轴缚也，从车复声。易曰舆脱輹。"按《集解》本作车说輹，注疏诸本作舆脱辐。车即舆也，说即脱也。辐者，輹之假借也。《释文》云："辐音福，本亦作輹，音服，马融云车下缚也。"辐，《说文》云："轮轑也，从车畐声。"段玉裁注輹字云："或作腹者，假借字，或作辐者讹字。"马宗霍曰："辐在毂与牙之间，所以贯牙毂者，非可脱之物。是易辞本文自以作輹为正字。"辐与輹，古音近，故亦可通假，故注疏本作辐也。虞翻曰："豫，坤为车、为輹至三成乾，坤象不见，故车说輹。马君及俗儒皆以乾为车，非也。"盖九三当小畜之时，虽得正位，然无应于上，而旁近于四，为四所畜止。四阴乘于其上，巽为妻，妻乘夫，故有车脱輹，夫妻反目之象。又按沈祖绵云："虞义不合孟氏家法，虞氏之意以为小畜旁通豫，即六爻之变也，豫卦坤下震上，说卦坤为腹，张惠言引江承之云，輹正字当作腹舆也。与大畜同，马融说佚，此云马君及俗儒，以乾为车误也。"此言多臆说，不足信也。虞氏所引，自有所据，未有证据，岂可轻言先儒之误，且虞氏旁通之说，自有师法，岂可断言其不合。以腹为輹是以借字为正字。乃倒本为末，故沈氏此说，不足信也。

月几望。按吕氏《古易音训》在"中孚月几望"云："孟荀一行作既，孟云十六日，《说文》云'古文近为既'。……此实当作既。"小畜，《释文》云："《子夏传》作近。"汉石经亦作近。赵振芳《易原》云孟作近，盖误也。几望者未至十五也，既望者已过十五也，孟言十六日是释既望也。故作近望者，赵氏之误也。

履☰（兑下乾上）

六三，眇而视，跛而履，履虎尾，咥人凶。（据《集解》本）按马本、孙本、黄本、沈本皆据《释文》引《说文》云："眇，小目。"此未必为《孟氏易》也，视作许氏或陆德明易说可也。许氏既为孟氏学者，故亦辑入。小目则视不清。跛足则视不明，以此履虎尾，必有受啮之凶。盖六三以阴居阳，失位不正，而处履之时，故有此象。虞翻曰："离目不正，兑为小，故眇而视，视上应也。讼坎为曳，变震时为足，足曳故跛而履，艮为尾，在兑下，故履虎尾。位在虎口中，故咥人凶。既跛又眇，视步不能，为虎所啮，故咥人凶。"以象数义理释易，可作为《孟氏易》之注脚，而又足以许叔重相印证。沈祖绵云："《说文》解眇字，未引《易》，虞氏以小目为眇，义与《说文》同。"是也。

九四，履虎尾，虩虩终吉。《说文》云："虩，易履虎尾虩虩。虩虩，恐惧也。一曰蝇虎也，从虎𡭴声。"（从段本）按诸本悉作愬愬，《释文》云："愬愬，《子夏传》云恐惧貌，马本作虩虩，云恐惧也。《说文》同。"震初九，《释文》云："虩虩，孟荀作愬愬。"盖二字古音近，故得通用也。履虎尾而虩虩恐惧，则作虩为正字，愬为诉之重文，乃告诉之义，是愬为借字。虞翻曰："体与下绝，四多惧，故愬愬。变体坎得正，承五应初，故终吉。象曰志行也。"盖九四以阳居阴失位，故有履虎尾虩虩之象，变而得正，上承于五，下应于初，故志行终吉。凡人处事，能惧以临之，鲜不济矣。故孔子曰："必也临事而惧，好谋而成者也。"吕东莱曰："天下事胜于惧，败于忽。"此之谓也。

泰☷（乾下坤上）

九二，包㠩，用冯河，不遐遗，朋亡，得尚于中行。《说文》云："㠩，水广也，从巛亡声，易曰包㠩用冯河。"按㠩，诸本悉作荒。《说文》："荒，芜也，从草㠩声。"一是作㠩者本字，作荒者，借字也。虞翻曰："在中称包，荒，大川也。冯河，涉河也。遐，远也。遗，亡也。失位变得正体坎，坎为大川，为河，震为足，故用冯河，乾为远，故不遐遗，兑为朋，坤虚无君，欲使二上，故朋亡，二与五易位，故得上于中行。震为行，故光大也。"是虞氏亦以广大光大释荒，足与孟许相发。盖九二处泰之时，应于六五，皆不正也。五，君位，而阴处之。二，阳位，而阴处之。欲二用冯河之勇，舍三阳之朋，而上之五，尚于中行，为光大之事也，故有包荒之象焉。辅嗣以荒秽释荒，是不知假借义。

上六，城复于隍，勿用师，自邑告命，贞吝。《说文》云："隍，城池也，有水曰池，无水曰隍，从阜皇声。易曰城复于隍。"按隍者谓无水之池也。从阜者积土为之故也。盖上六处泰卦之至极，物极则衰，通泰之极而变成否塞，故有高城也，而反回隍，以至于城倒垣折之象。虞翻曰："否艮为城，故称城，坤为积土，隍城下沟，无水称隍，有水称池，今泰反否，乾坏为土，艮城不见而体复象，故城复于隍也。二动时体师，阴皆乘阳不顺，故勿用师，坤为自邑，震为言，兑为口，否巽为命，今逆陵阳，故自邑告命，命逆不顺，阴道先迷，失实远应，故贞吝。"可与孟许之说相证验。

否䷋（坤下乾上）

君子以俭德辟难，不可营以禄。按此马国翰据今本与虞翻异者辑入。

同人䷌（离下乾上）

六二，同人于宗，吝。《五经异义》："诸侯娶同姓今春秋公羊说，鲁昭公娶于吴为同姓也，谓之吴孟子。《春秋左氏》说孟子非小君也，不成其丧，不当讥，谨按易曰同人于宗，吝。言同姓相娶，吝道也。即犯诛绝之罪，言五属之内，禽兽行乃当绝。"按五属谓五服之类之亲也，宗，谓宗族也，同人，谓结两姓之好，而同之也。今娶于同姓则乱五伦之行，失人理之纲纪，犹彼禽兽之无礼，父子聚麀。故犯诛绝之罪。以今优生学与遗传学之理观之，凡同姓相娶，则子孙不好，非病即夭。故易云：吝也。先王制礼，同姓不婚。真有深义。惠栋《周易述》，据《五经异义》及王逸《楚辞注》补虞义云："乾为宗，二五同姓故为宗，合义不合姓，合姓吝也。故曰同人于宗吝。"又按沈祖绵引虞翻系辞：二人同心，其利断金注补之，不关此义。云："荀爽注，阴道贞静，从一而终，今宗同之，故吝也。荀说亦本孟氏。"《白虎通·嫁娶篇》："不娶同姓者，重人伦，防淫佚，耻与禽兽同也。义允。"其引《白虎通义》证孟许之说是也。云荀说本孟非也。荀注云："宗者，众也，三据二阴，二与四同功，五相应，初相近，上下众阳皆欲与二为同，故曰同人于宗也。阴道贞静，从一而终，今宗同之，故吝之。"是荀爽以宗为众，同人于宗谓同人于众，无耻不贞故吝也。非异义同姓相娶之义也。

大有☲（乾下离上）

九四，匪其尪，无咎。按马国翰云：“翻世传《孟氏易》，兹凡《虞氏易》字与今易异者，并辑入。”因辑此以为孟氏说。如是则《孟氏易》与今易全不同也。然今察《孟氏易》与注疏诸本往往有同者，故马氏之说未妥也。故沈本张本皆不辑此条。吾人可视虞氏为孟氏学之一，其易属孟氏一派可也。

豫☳（坤下震上）

豫，利建侯，行师。《五经异义》云：“《左氏》谓，诸侯者天子蕃卫纯臣。许慎谨按易利建侯者王所亲建纯臣也。”按此已具于屯卦今节引。《尔雅·释诂》：“豫乐也。”虞翻曰：“坤为邦国，震为诸侯，初至五体比象，四利复初，故利建侯。三至上体师象故行师。”盖豫者怡乐之义，所以致怡乐者，乃因内坤顺，外震动。右而动之也。顺而动之故怡，欲天下安怡，则宜用贤臣，建诸侯，而设军备，故利建侯行师也。不者变乱将作，云何豫矣。

雷出地奋豫，先王以作乐崇德，殷荐之上帝，以配祖考。《说文》云：“殷，作乐之盛称，从㐆殳，易曰殷荐之上帝。”按雷出地奋，万物怡然繁茂此豫之象也，先王体之。以作乐崇德而盛荐于上帝，以配祖考，将其成功怡乐告于神明。故昔先王功成作乐，以文得之者作籥舞，以武得之者作万舞，而配以祖考，使与天同响其功。

六三，盱豫悔，迟有悔。《释文》云：“盱，《说文》云张目也，京作汙。”马国翰据以辑入孟氏《章句》中。沈祖绵则云：“此系陆氏引《说文》解盱字也，马国翰孟氏《章句》辑入误，许君解此字，未尝引易。”按马氏据以辑入，固有未得，沈氏以此非之。亦有未妥。夫《说文》虽引易为孟氏，然训字，则为许氏之说，其训字义，则博取通儒未必征诸孟氏，而沈氏则一归于孟氏之说。其《五经异义》引易亦未言宗孟氏，其中有孟京说者，有京氏说者，有施雠说者，有甘容说者，有自解说者，而沈氏亦辑而录之。亦有未妥。吾人但视许氏为治《孟氏易》者，而此《孟氏易》，则指孟喜一派易学之荟萃。则可以无病矣。夫如是也，马氏辑盱以证易，可作为许氏之说，可作为孟氏一派易学之解说，亦无不可。故今亦辑之。六三以阴居阳失位不正，以之而观豫，必有悔，若迟而不变以从正，则悔终不离去。又：马氏辑此条于朋盍戠下，非，今移于前。

九四，由豫，大有得，勿疑朋盍戠。戠，丛合也。按此马氏据《释文》引虞翻说辑入。此虞氏之说也，虞氏五世传孟，自可视为《孟氏易》之一。若欲以为孟喜说则非也。虞氏云："由，自从也，据有五阴，坤以众顺，故大有得，得群阴也。坎为疑，故勿疑。小畜兑为朋，盍合也，戠，聚会也，坤为众，众阴并应。故朋盍戠，戠旧读作撍作宗也。"《释文》云："簪，郑云速也。京作撍，马作臧，荀作宗，虞作戠，戠丛合也。"沈祖绵以为虞氏自小吏陈桃梦见道士后，已不宗孟氏家法。似非确论。盖合《参同契》等道书以证易，乃有孟氏家法存焉，又以为虞翻之解戠，至唐时已有二说，非也。《释文》之解戠，乃陆氏之解，非虞氏之说也。虞氏解为聚会，与陆氏解作丛合，其义一也。至于以旧读撍作宗，云："虞治《孟氏易》，注凡引诸家之说，皆揭姓氏，或俗儒，至旧读实孟氏家法也。作撍作宗，在虞翻时已有两说矣。"则颇近理。京亦作撍，孟京并称，是孟氏亦或作撍也，作宗者荀爽说也，是否孟氏亦作宗，则不可考矣，阙之可也。未可以为在虞氏时，孟易已有二说也。

观䷓（坤下巽上）

六四，观国之光，利用宾于王。《五经异义》云："公羊说存二王之后，所以通天三统之义……古春秋左氏说周家封夏殷之后，以为上公封黄帝尧舜之后谓之三恪。许慎谨按云，治《鲁诗》丞相韦元成，治易施雠说引《外传》曰：'三王之乐，可得闻观乎。知王者所封三代而已，而（当作不）与左氏说同。'"（补）按闻观于三王之乐，则为宾于王，观国之光可知矣。

噬嗑䷔（震下离上）

九四，噬乾胏。《说文》："胏，食所遗也，从肉仕声，易曰噬乾胏，胏，扬雄说胏从肺。"按诸本悉作胏，胏者胏之重文。马宗霍云："胏从仕声，古音在之部，胏从𣎵声，古音在脂部，胏一作胏者，合韵之理也。"九四居噬嗑之时，以阳处阴，失位不正，犹噬而遗物于牙中，不能出，不能嗾也。故曰："噬乾胏也。"

贲䷕（离下艮上）

观乎天文以察时变。《说文》："示天垂象见吉凶，所以示人也。从一三𡿨，日月星也。观乎天文以察时变，示神事也。"按虞翻云："日月星辰为天文也，泰震春兑秋，贲坎冬离夏，巽为进退，日月星辰进退盈缩，谓朓侧朒也，历象在天成变，故以察时变矣。”盖泰卦三至五互震，震东方也，于时为春二至四互兑，兑西方也，于时为秋。贲卦内离为日为火，南方之卦也，于时为夏，贲二至四互坎，坎为月、正北方之卦也。于时为冬，此见于说卦者可推知。艮为星，日月进退，消长盈虚，而四时成焉。故观乎天文，以察时变。

六二，贲其嬬。象曰：“贲其嬬与上兴也。嬬媵之妾也。”（《古易音训》）（补）按归妹六三归妹以须《古易音训》引晁氏云：“须，子夏，孟京作嬬，媵之妾也。古文作须。《说文》与贲六二同。”盖六二当贲之时，居阴得正，故有贲其嬬与嫡俱兴之象。详参归妹。

六四，贲如皤如，白马翰如，匪寇婚媾。《说文》云：“皤，老人白也，从白番声，易曰贲如皤如。”按二至四互坎，坎为盗。六四居贲之时，以阴居阴得正应初，虽自贲饰矣，而隔于坎盗，三阻隔于前，不得应初，故修饰其身以至洁白皤如矣，应四之心，亦已如翰飞之急矣，缘其所由，盖非为寇盗，而在求婚媾也。或谓非因三之寇，则已成婚媾也，亦通。

无妄☰（震下乾上）

按马本据蔡邕《和喜邓后謚议》：“济无妄之运者也。”改为无妄，非，凡易无皆作无。至于引书之体则多作无，今乃作无。

六二，不耕获，不菑畬，则利有攸往。《说文》云：“菑不耕田也，从草菑，易曰不菑畬。”又云：“畬，二岁治田也，从田余声，易曰不菑畬田。”按《说文》畬字下引易：不菑畬田。田字盖凶字之误也。(段氏《说文》注）虞翻曰：“有益耕象，无坤田，故不耨，震为禾稼，艮为手，禾在手中，故称获，田在初，一岁曰菑，在二，二岁曰畬，初爻非坤，故不菑而畬也，得位应五，利四变之益，则坤体成，有耒耨之利，故利有攸往，往应五也。”初九为阳，非坤田，故不菑，六二为阴上，故畬，二居中得位，上应九五，故利有所往。沈祖绵曰：“虞氏此注是宗孟氏，惟一岁在初，二岁在二，孟氏家法是否如此，则不能考矣。惟不菑而畬，似虞氏以以不菑句，畬句非也，且云初爻非坤，故不菑而畬，无妄下震故初爻非坤，坤为地，地能菑，今非坤故不畬，而二爻虽坤之正位，然变坎，坎为冬，又何能畬，疑而字衍尔。”又按虞氏易数往往以爻数当之，初九在一，故一岁曰菑，六二在二，故二岁曰畬。六二非初九，故非一岁之菑也，乃二岁之畬也，故曰不菑而畬。沈氏之说非也。且六二，以阴居阴，得正应五，固不必变也，而云变坎为冬，非矣。虞氏不误。

大畜䷙（乾下艮上）

九二，舆说腹。按《说文》云："輹，车轴缚也，从车复声，易曰舆脱輹。"此已释于小畜九三。虞翻于小畜作车说輹。于大畜作舆说腹。车即舆也，说即脱也，腹即輹之假借字也。虞翻曰："萃，坤为车，为腹，坤消乾成，故车说腹，腹或作輹也。"段氏以輹为正字，以腹为假借字。是也。盖大畜旁通于萃，坤为车为腹，坤消成乾，萃变为大畜，坤象不见，故有车脱輹之象。沈祖绵曰："虞氏此义以旁通为萃，至坤消乾成，又以消息释也，惟以旁通取象，其义反迂，九二变离，说卦传离其于人也为大腹，互坎，坎其于人也为多生眚，凡象正取诸身者，即可远取诸物，舆之腹，即可以人之腹象之，腹多生眚，即脱輹之象也，其象甚明，何必以旁通释之哉。"又按沈氏之说固可备一说，然不如虞氏之善也。旁通自是易之一义，不可毁也，虞氏坤消乾成，乃谓萃变为大畜，坤象不见，故车脱腹也。非以十二消息释也。

六四，僮牛之告，元吉。《说文》云："告牛触人，角箸横木，所以告人也，从口从牛。易曰僮牛之告。"按虞翻曰："艮为童，五已之正，萃坤为牛，告谓以木楅其角，大畜畜物之象，恶其触害，艮为手，为小木，巽为绳，绳缚小木，横箸牛角，故曰童牛之告，得位承五，故元吉而喜。"虞氏以木楅其角，与《说文》《训告》之义相同，亦即《周礼》地官封人职所谓"楅衡"注疏诸本告作梏。《说文》云："牿，牛马牢也。"乃后起之专字，盖自告专用于告诉后，又再加牛旁，作牿。作为著衡木，牢牛马之专字。僮字诸本皆作童。孟氏用其本字也。又按《说文》云："僮，未冠也，从人童声。"至于童之本义则为男有辠也。虞氏说可补《孟氏易》之佚。沈祖绵曰："虞氏《释告》与《说文》同，宗孟氏家法也。《释文》《九家》作告。僮，《说文》与童异，虞作童，今文也。"是也。惟男乃通假字也。

颐䷚（震下艮上）

山下有雷，颐。君子以慎言语节饮食。《说文》："卮，圜卩器也，一名觛、所以节饮食，象人卩在其下也，易曰君子节饮食。"按段氏注云："许称此象从之意。"盖以节引易文以证卮之为器也。夫颐者养也，养而过丰，则百病丛生，养而不及，则瘠焉以疾。故必节饮食，言语亦然，能节而慎则可以无过。

六二，颠颐，拂经于丘颐，征凶。《五经异义》曰："今易京氏说臣动养君，其义理也，必（孔广林曰必当作辟，声之讹耳。辟，君也。）望利下，弗养以道，厥妖国有被发于野祭者。"（补）按《汉志》孟京必称，其说必有同者，许氏既引之，故著录之。六二宜应五，动而上行以养君，斯合正道，而乃颠越颐养之道，违背常理，而颐养于山丘之野。盖六五以不正居尊位，禄不及下，弗养下民以道故其国有被发野祭之妖。

六三，拂颐，贞凶，十年勿用，无攸利。（同上）（补）

六五，颠颐吉，虎视眈眈，其欲逐逐，无咎。跾，式六反。马国翰本根据《释文》引《说文》，辑入"跾式六反"一句。沈祖绵曰："马氏以《释文》刘表本淆入，非也，刘作跾，《释文》以《说文》'式六反'正其音，非《孟氏章句》作跾也。"按《释文》云："逐逐，如字，敦实也，薛云速也，《子夏传》作攸攸，《志林》云攸当为逐，苏林音迪。荀作悠悠，刘作跾，云远也。《说文》跾音式六反。"夫音式六反，则注刘氏之易也，《说文》云："跾，疾也，长也。从足攸声。"未引易是不足以证孟氏作"其欲跾跾"也。然亦不足以证《孟氏易》之不作"其欲跾跾"也。文献不足矣，本阙疑之例可也。惟吾人可据京氏之义补之。盖六五居颐之时，以阴居阳，不正而居尊位，宜变而得正，颐养下民则吉矣。能养民则民归焉，虽有野人家，虎视眈眈，其欲逐逐，亦无咎也。

大过䷛（巽上兑下）

九五，枯阳生华，老妇得其士夫，无咎无誉。沈祖绵辑《周易孟氏义》引《集解》虞翻注云："旧说以初为女妻，上为老妇，误矣。马君亦然，荀公以初阴失正，当变数六为女妻，二阳失正数九为老夫，以末阳得正位不变，数七为士夫，上阴得正，数八为老妇，此何异俗说也。悲夫！学之难而以初本为小，反以上未为老，后之达者，详其义焉。"沈氏并谓虞氏所谓旧说，实孟氏说也。此想当然之辞耳。今姑辑于此。

坎䷜（坎下坎上）

初六，习坎入于坎窞凶。象曰："习坎入坎，失道凶矣。"《说文》："窞，坎中小坎也。从穴臽，臽亦声，易曰入于坎窞，一曰旁入也。"（段玉裁据《说文》改作"坎中更有坎也"。桂馥、钮树玉皆以为非，故不从段本。）按虞翻注云："习，积也，位下故习坎为入，坎中小穴称窞，上无其应，初二失正，故曰失道凶矣。"是虞氏说与《说文》同，可补《孟氏易》之佚，而发其微旨。沈祖绵曰："虞注坎中小穴称窞与《说文》坎中更有坎也意同，《释文》引《字林》坎中小坎一曰旁入与《说文》同。"是也。

九五，坎不盈，禔既平，无咎。《说文》："禔，安也，从示是声，易曰禔既平。"按《释文》云："祇，京作禔，《说文》同，安也。"虞翻曰："盈，溢也，艮为止，谓水流而不盈，坎为平，禔，安也，艮止神安，故禔既平，得位正中，故无咎。"惠栋《周易述》云："既安且平，水之德也。"此三家之言，皆足以发孟氏之义。盖九五处坎之尊位，得正处中，故有坎穴不满，既安且平之象，无咎者也。坎为水，水为万物所取平，故为平。《释文》引《说文》禔，安也。京虞同，今本《说文》多一福字，殆衍字也，注疏诸本禔皆作祇，盖二字古同音，故可以通用也。沈祖绵曰："虞氏此注宗孟氏，禔今本作祇。"是也。

离䷝（离下离上）

畜牝牛，吉。《说文》云："牝畜母也，从牛匕声。易曰畜牝牛吉。"按虞翻曰："畜，养也，坤为牝牛，乾二五之坤成坎，体颐养象，故畜牝牛吉，俗说皆以离为牝牛失之矣。"乾二五之坤成坎，离旁通亦牝，坎二至五体颐，故有畜养之象，坤为子母牛故为牝牛，故畜牝牛吉。沈祖绵曰："虞翻此注与《孟氏易》异，《集解》是以畜牝牛吉也，引荀爽注：牛者，土也，生土于火（离为火），离者阴卦，牝者阴性，故曰畜牝牛吉矣，是虞氏所谓俗儒似指荀爽言也。"又按沈氏以孟虞异，别无明文可证，亦想当然之辞。吾等可视虞氏之学为发挥增订《孟氏易》者也。虞氏五世传《孟氏易》，不致于差甚无，至于以俗儒指荀爽。验之荀说，或有可能。

百谷草木麗乎地。《说文》："䕻，草木相附䕻土而生，从丽声，易曰百谷草木䕻于地。"按䕻诸本悉作麗，地，诸本悉作土，土犹地也，其义一也。至于麗作䕻者，《释文》云："麗，《说文》作䕻。"大徐本说文同，惟小徐本及类篇引并作麗，则与诸本悉同，大徐作䕻者，段玉裁曰："此引易说从艸之意，证字形耳。"马宗霍亦以为然。盖二字音同。义亦兼通，《说文》因引以证从艸之义也。虞翻曰："震为百谷，巽为草木，坤为土，乾二五之坤成坎，震体屯屯者盈也，盈天地之间者唯万物，万物出震，故百谷草木丽乎土。”可以补《孟氏易》之佚。沈祖绵以为段说不足取。今不从。

九三，日昃之离。《说文》：“昃，日在西方时侧也，从日仄声。易曰日昃之离。”按离为日九三处离内卦之终，故有日西傍晚之义。

九四，突如其来如，焚如，死如，弃如。《说文》云：“𠫓，不顺忽出也，从到（倒也）子，易曰突如其来如，不孝子突出不容于内也。㐬或从到（倒也）古文子，即易突字。”按小徐本《说文》𠫓下有“𠫓即易突字也”。大徐本则于㐬下云：“即易突字”。段玉裁曰：“《周易》之突，即仓颉之𠫓，此爻辞之用假借也。”𠫓为不顺忽出也，《说文》谓突为犬从穴中暂出，皆不顺之出，故可通假。《玉篇》𠫓下云：“此亦作突。”㐬下云：“古文，今作突”。㐬乃大之古文或体。是三字义皆同也，故许释《孟氏易》云：“不孝子突出不容于内也。不容于内，故焚如，死如，弃如也。如，语助辞也。”

周易下经

咸䷞（艮下兑上）

九五，咸其脢，无悔。《说文》：“脢，背肉也，从肉每声，易曰咸其脢。”按虞翻曰：“脢，夹脊肉也，谓四已变，坎为脊，故咸其脢，得正故无悔。”《正义》引《子夏》云：在脊曰脢，马融云脢背也。郑玄云脊肉也。诸家与《说文》皆大同而小异。《说文》：“胂，夹脊肉也。”则虞氏以胂释脢，盖脢者全部之背肉也，夹脊者部分之背肉也。在夹背脊之肉，乃背肉之最中者也，亦可代表背肉，且感其脢者，岂感其背肉之末端哉，当必感其背之中，夹脊之处也。故虞说亦至当。沈祖绵云：“虞云以夹脊肉释脢，究违师法。”此说不确。

上六，咸其辅侠舌。《释文》云：“颊，兼叶反，孟作侠。”按虞翻曰：“耳目之间称辅颊，四变为目，坎为耳，兑为口舌，故曰咸其辅颊舌。”《释文》云：“辅，虞作酺。”《说文》云：“酺，颊也；颊，面旁也；辅，人颊车也。”张惠言曰：“辅为口辅，孟颊作侠，则辅亦非口辅，二字皆假借也。”盖颊车犹辅车，牙车也，其骨强，所以辅持口也，孙堂、黄奭并云：“古颊字与夹通，古文夹字亦与侠通。”孟氏作侠者，侠即颊之通假字也。酺辅音同，义亦相近，皆面旁耳目与口间之肉也，感而动之，是专以面貌佞口，取悦于人者也，非正道也。

滕口说也。马国翰辑《孟氏章句》据虞翻、《释文》及《集解》所引《虞氏易》云：“滕，送也。”沈祖绵云：“《说文》无媵字，故许氏所不称，马国翰凡以虞作某者，孟氏亦必作某，非也。”是也。吾人可视虞氏为《孟氏易》之支裔，不可以为必孟氏也。媵，犹腾也。《古易音训》云：“晁氏曰郑作媵，送也，虞作腾，出送也。”是媵即腾也。虞翻曰：“媵，送也，不得之三，山泽通气，故媵口说也。”

恒䷟（巽下震上）

上六，楮恒，凶。《说文》云：“楮，柱氐也，古用木，今以石，从木耆声，易曰楮恒，凶。”按楮，诸本悉作震，或作振。《释文》云：“振，马云动也，郑云摇落也，张璠作震。”虞翻曰：“在震上故震恒，五动乘阳，故凶，终在益上，五远应，故无功也。”盖振动其恒常之道，所以凶也。诸家之说皆不与《说文》引易同。惠栋《周易述》曰：“古文震振祇三字同物同音，祇有耆音，故《说文》引易作楮恒也。”马宗霍曰：“震振皆从辰声，古音在谆部，楮从耆声，古音在脂部，谆、脂对转，故三字得通。楮与振震既以音通借，则是引之说假借耳。”是也。或谓：“柱砥本在下之物，以承柱为用，今反在上，故楮恒在上，大无功也。”亦可备一说。沈祖绵云：“凡震、振、唇、脣、宸之属，皆辰之衍，础《尔雅》释宫磌也，磌、楮声通，磌系今文也。”亦然。

遁䷠（艮下乾上）

九三，系遁有疾厉，畜臣妾，吉。《五经异义》云：“公羊说国灭君死正也。故《礼》云君死社稷，无去国之义。左氏说昔太王居豳，狄人攻之，乃踰梁山邑于岐山。故知有去国之义也。许慎谨按易曰系遁有疾厉，畜臣妾吉，知诸侯无去国之义也。”按《礼记·曲礼》、《正义》云：“郑不驳之，明从许君用公羊义也。”陈寿祺曰：“许氏《说文》称易孟氏，异义引遁九三系遁畜臣妾吉，为诸侯守社稷之义，当是孟氏说。”沈祖绵曰：“许易称孟氏，其异义称易曰孟京，引孟氏京房十一篇语也。曰易下邳传甘容说，曰易施雠等记。皆举姓氏，凡易曰以《说文》证，是称孟氏也。”是也。盖九三居遁之时，君子道消而密近于阴，本当遁以远害者也，然因诸侯无去国之义，故宜守社稷，故有系遁之象，系于故有疾厉也，待进以颐养，可小事，故畜臣妾吉也。虞翻曰：“厉，危也，巽绳为系，四变三体坎，坎为疾，故有疾厉，遁阴剥阳，三消成坤，与上易位，坤为臣，兑为妾，上来之三，据坤应兑，故畜臣妾吉也。”可作《孟氏易》之补充。

大壮䷡（乾下震上）

九三，羝羊触藩，羸其角。马国翰据《释文》："羸，郑虞作纍辑入。"沈祖绵云："孟说佚，羸纍《说文》均无释文。凡孟氏说与诸本异者，则云孟作某，此云虞作纍，是虞氏与诸本异也，非孟氏说也。"是也。按虞氏说见《〈虞氏易〉阐微》，此不备载。

晋䷢（坤下离上）

齐，进也，明出地上晋。《说文》："晋，进也，日出万物进，从日从臸，易曰明出地上簮。"《释文》云："晋，彖云：进也。孟作齐，齐，子西反，义同。"《古易音训》云："晁氏曰《说文》作簮，按齐，古文；簮，篆文；晋，今文。"张惠言曰："虞同众家作晋，以明出地上，于晋为合。"沈祖绵云："簮，今作晋，由隶省，虞翻注晋康侯，观四之五，晋，进也，亦作晋，以《说文》证之。孟作齐，齐为隮之古字，《仪礼·士虞礼》：'隮祔尔于尔皇祖某甫，尚飨。'注：'今文隮为齐。作齐今文也。'《释文》：'齐于九陵，本又作隮，子西反，升也。'是其证。"按作簮者，篆文晋也，作齐者，假借字也。齐为隮之古字，隮有升之义是义亦得兼通，齐、晋古音近，故可通假。

初六，晋如摧如，贞吉，有孚裕，无咎。《说文》云："裕，衣物饶也，从衣谷声。易曰有孚裕无咎。"按易诸本有孚皆作罔孚，無多作无。无，奇字無也。乃或体字。罔孚作有孚者此或师傅之异文也。盖初六以阴居阳失位不正，当晋卦之时，故有进而受摧折之象，惟应于四，若有孚信，而宽裕之，则能无咎。虞翻曰："晋，进；摧，忧愁也，应在四，故晋如；失位故摧如；动得位，故贞吉；应离为罔四坎称孚，坤弱为裕，欲四之五成巽，初受其命，故无咎也。"义亦与许相成。虞传《孟氏易》，而与许引《孟氏易》异者，盖师读有异也。李富孙曰："罔与有，或以字形相杂，然从许书义较长。"虞氏解罔罟之罔（系下云作结绳而为罔罟盖取诸离），谓罔而有之也，义与有亦相足。故义得兼通。沈祖绵曰："《说文》网，庖牺氏所结绳以田以渔也，从冂下象网交文，罔，网或加亡。大壮君子用罔。《释文》罔，罗也，与虞注离为罔同。且罗有包罗之意，包罗含有有之义，许氏称《孟氏易》罔作有，有无二字义正相反，若从释文罗，于义方合。"是也。

九四，晋如鼫鼠，贞厉。马国翰据《说文》："鼫，五技鼠也，能飞不能过屋，能缘不能穷木，能游不能渡谷，能穴不能掩身，能走不能先人。"辑入。按《释文》："鼫，音石，《子夏传》作硕鼠，鼫鼠，五技鼠也，《集解》所引《九家易》、《正义》所引蔡邕《劝学篇》、杨倞注《荀子·劝学》篇皆同，特文略有小异耳。

六五，悔亡，矢得勿恤，往吉无不利。《释文》云："失得，孟马郑虞王肃本作矢，马王云离为矢，虞云矢，古誓字。"虞翻曰："动之乾，乾为庆也。矢，古誓字，誓，信也；勿，无；恤，忧也，五变得正，坎象不见，故誓得勿恤，往有庆也。"可作为《孟氏易》之注脚。

明夷䷣（离下坤上）

六二，明夷于左股，用抍马壮吉。《说文》："抍，上举也，从手升声，易曰抍马壮，吉。"又："𦥛，读若易'抍马'之抍。"徐铉等曰："今俗别作拯非是。"是抍之俗体为拯。按《释文》云："用拯，拯救之拯，《说文》云举也，郑云承也，《子夏》作抍，《字林》云：抍，上举，音承。"段玉裁据此改抍为拯，云上举也。下据《文选注》补"出休（溺也）为拯"四字。然《玉篇》以抍为正字，云："音蒸，撜拯为重文，《广韵·十六蒸》云："抍，上举，易曰抍马壮，吉，《说文》音蒸，上声。"《集韵》则以抍承撜拯丞五形同字。由是吾人知抍拯为正俗字，今用其正字作抍。马宗霍曰："《说文》无拯字，抍之或体作撜，拯乃俗体，为许所不录，《说文·正篆》作抍，训为上举，固当不误，与《子夏传》同，盖为古本。陆氏所引《说文》云：举也，当在《子夏》作抍之下，而转写者乱之。举上无上字，或陆氏以意删。亦引书常例。"今从之作抍。盖明夷者，明伤之时也，六二虽以正处之，然无应于上，故亦为伤于左股，而不克行矣，惟用抍（拯）于壮马，则吉也。意谓得有力之后援则吉也。又按沈祖绵从段氏作拯，意亦同，特正俗之别耳。今多用拯字矣。马国翰本、张惠言本、孙黄二氏本皆作抍，今从之。

九三，肯明于南狩，得其大首不可疾贞。《说文》："狩，犬田也，从犬守声，易曰明夷于南狩。"按《尔雅·释天》云："火田为狩。"又云："冬猎为狩。"《韵会·二十六宥》引《说文》亦作火田，与《尔雅》合，《说文》作犬田，盖以形近而误，故段严王诸氏皆据《尔雅》订正。《春秋左氏传·桓公七年》孔疏引李巡孙炎《尔雅》说皆云："放火烧草，守其下风也。"段氏注《说文》云："火田必于冬，《王制》曰昆虫未蛰不以火田，故言火以该冬也。"九三居明夷之时，位三公之位，而以阳居阳，得位得正，故诸儒皆以为武王革命，讨纣之爻，明夷者，明伤之时，大乱之世也，南者，君位也，于南狩，伐纣也，得其大首，卒得纣之首也，不可疾首，《九家易》曰："自暗复明，当以渐次，不可卒正。"是也。

六五，箕子之明夷，利贞。按《汉书·儒林传》云："蜀人赵宾好小数书，后为易文，以为箕子明夷，阴阳气亡箕子，箕子者万物方荄滋也，宾持论巧慧，易家不能难，皆曰非古法也，云受孟喜，喜为名之，后宾死，莫能持其说，喜因不肯认，以此不见信。"是此但赵宾之说也，其殆耦合于孟氏之灾异卦气之说，故喜为名之也。可视作《孟氏易》之一支。颜师古注曰："此箕子者谓殷父师说洪范者也，而宾妄为说耳，荄滋言其根荄方滋茂也。"《释文》云："蜀才作箕作其，刘向云：'今易箕子作荄滋。'邹湛云：'训箕为荄，诂子为滋，漫衍无经，不可致诘，以讥荀爽。'"《古易音训》："晁氏按其，古文；箕，今文。赵宾、荀爽荄滋之见斥于刘向班固邹湛矣。"箕、其古音同，故晁氏以为古今字。荄滋之说，只可备卦气灾异之一说，属于易学别传之流。非易之正也，故其后喜不肯认。盖箕子生当纣之时，为纣之叔父，居明伤之世，义属宗亲，不忍卒去，故佯狂以避世，而忠心则贞正不移也，故利贞。

睽䷥（兑下离上）

六三，见舆曳，其牛觢。《说文》："觢，一角仰也，从角㓞声，易曰其牛觢。"《释文》云："掣，《说文》作觢，云角一俯一仰，《子夏》作契，传云一角仰也。"按段玉裁《说文注》以为一角仰当作二角仰是也。掣、觢音近可通用（见《汉易异文考》）。二角仰与一俯一仰，义得兼通，盖仰久必俯，俯久必仰。《说文》有二解亦或传钞之异。虞翻曰："离为见，坎为车，为曳，故见舆曳，四动坤为牛，为类，牛角一低一仰，故称觭，离上而坎下，故其牛觭也。"此解与《说文》同，可补《孟氏易》之佚。又按沈祖绵云："以虞注及《释文》证之，是一角仰误也，宜作角一俯一仰为正，今《说文》作一角仰，文理不通是文有脱夺，俗人妄窜耳。张惠言《虞氏义》云'为类未详'，疑字之误。说卦传坤为地，天之类也，为母父之类也，为众，均与众皆类也，何疑之有。"可备一说。

其人天且劓。《说文》："臬，刑鼻也，从刀臬声。易曰天且臬。劓或从鼻。"按臬本字，劓或体字。臬从臬声，劓从鼻声，古音同在脂部。音义同，故《说文》列为重文。虞翻曰："其人谓四恶人也，黥额为天，割鼻为劓，无妄乾为天，震二之乾。五，以阴墨其天，乾五之震二，毁艮，割其鼻也。兑为刑人，故其人天且劓。荀九家以艮为鼻，故有劓鼻之象。虞氏说可补孟氏之佚。

损☶（兑下艮上）

曷之用二匭可用享。（此条马国翰据《说文·簋》、《古文·匭》辑）按《说文》云："簋，黍稷方器也，从竹皀，匭，古文簋，从匚食九，匭，古文簋，从匚轨。"未引易。《释文》云："蜀才作轨。"未引《说文》。《说文》轨下亦未引易，《仪礼·公食大夫礼》宰夫设"黍稷六簋于俎西。"注："古文簋，皆作轨。"惟《孟氏易》是否如此，已不可考矣。马氏辑之于此，非也。沈祖绵亦辑此条。

君子以惩忿恎浴。《释文》云："窒，郑刘作懫，止也。孟作恎。欲如字，孟作浴。"《古易音训》引晁氏曰："欲，孟作谷。按谷古文欲字。"按孟氏窒作恎者，同音通假。《广雅》："恎，很也。"此则假作窒塞之窒。欲字古文作谷，谷有二音，一为谷，一为欲，此无声字多音之故也。井卦井谷射鲋，《释文》云："谷又音浴。"是其证，苦县老子铭："谷神"作浴神。（见《隶释》）河上公注作浴。是谷与浴可通用之证也。由是作谷者古文，作欲者今文，作浴者假借字也。虞翻曰："君子泰乾，乾阳刚武为忿，坤阴吝啬为欲，损乾之初成兑说，故征忿，初上据坤，艮为止，故窒欲也。"可作为《孟氏易》之补充。又按沈祖绵曰："《说文》有窒无恎，疑前人所改非孟氏文，故许氏不称。"此沈氏之臆说也，《释文》所引《孟氏易》，乃据孟氏之书而立言，岂前人之所能改。《说文》引易，乃弓以证《字义训诂》耳，至于字义已释，诂训易知，则不引也，岂得九千三百五十三文而皆一一引经书以证邪。必欲如此，则《说文》直成经说矣。岂得名《说文解字》邪。

初九，㠯事遄往，无咎。酌损之。《说文》云："遄，往来数也，从辵耑声。易曰㠯事遄往。"按㠯即以字也，徐铉本作已，徐锴本作以。㠯、已古通用，（见《周易异文考》）《释文》云："已，音以，本亦作以。"是也。遄，《尔雅·释训诂》云："速也。"《诗》："崧高蒸民。"毛传解同。《说文》解为往来数者，数，速也，亦疾速之意，㠯事遄往者，以所从事之事，疾速而往行之也。虞翻已作祀，云："祀，祭祀，坤为事，谓二也，遄，速，酌，取也。"二失正，初利二速往合志于五，得正无咎，已得之应，故遄往无咎，酌损之，象曰："上合志也。祀旧作已也。"是虞翻以已为祀，云祭祀之事，与卦辞二簋可用享之意合，足作为《孟氏易》之注脚。虞翻："遄为速，亦与许氏合。"马宗霍云：

“许速往来数也者，数兼所角桑谷二切，桑谷之音与速同，字亦作速，《周礼·考工记》弓人郑玄注云：‘故书速或作数’是其证。知虞注与许说合，许又以往来二字申之者，遄从辵，辵者乍行乍止，即且前且却之意，然此自是字义，经义则但取数速耳。”是也。又按沈祖绵云：“虞书作已旧指孟氏本也（虞云祀，旧作已，见前），作已与《说文》同。《说文》已，铉作㠯，锴作以，隶亦作㠯作以。《汉书·东方朔传》注：㠯，用也。按㠯即以。”《小尔雅·广诂》：“以，用也。古已㠯同音，作祀，惟虞氏尔。《诗》辑本以虞宗孟，虞作某，孟氏亦作某，以此证之，则非也，遄字之解，虞亦与孟异。”其言旧作指孟氏，或然，盖以已通用故也。以诸辑本因虞作某，而据以辑《孟氏易》为非。此言是也，以虞作祀，训遄为速，而言与《孟氏易》异，则非确论也。

上九，弗损益之，无咎贞吉，利有攸往，得臣无家。按马国翰本据蔡邕《答诏问灾异》而辑“得臣无家”于益卦，非也，此宝在损上九。以为蔡用三家本，故皆辑入施孟，梁丘三家之中，今存汉石经周易残石，已证蔡氏用《梁丘易》本。惟亦以施孟京氏互校，则亦尝启遍三家易本，故诸家皆从之，而辑此条，唯以蔡氏引易无作無，而以为三家皆作无，则非也，《易经》凡無皆作无，验之汉石经，丝毫不爽。作无者，引书之例，以当时常用之字引之也，四史引易语多如此。沈祖绵以汉儒引易多作无，乃引书之例，易宜作无是也。云马氏据蔡氏语辑《孟氏易》为无证据，是也。云汉石经为《京氏易》，乃本马叔平（衡）之语，非也。汉石经实用《梁丘易》，罗振玉、屈翼鹏已言之矣。

益䷩（震下巽上）

风雷益，君子以见善则迁，有过则改。雷以动之，风以散之，万物皆盈。（《正义》）按此条张孙黄三本有之。马本无。沈本辑为补遗。《正义》云：“《子夏传》云：‘雷以动之，风以散之，万物皆盈。’孟喜亦与同其意。言必须雷动于前，风散于后，然后万物皆益，如二月启蛰之后，风以长物，八月收声之后，风以残物，风之为益，其在雷后，故曰风雷益也。迁谓迁徙慕尚，改谓改更惩止，迁善改过，益莫大焉，故君子求益，以见善则迁，有过则改也。”虞翻曰：“君子谓乾也，上之三，离为见，乾为善，坤为过，坤三进之乾四，故见善则迁，乾四之坤初，改坤之过，体复象，复以自知，故有过则改也。”此二语皆可作《孟氏易》之注脚，虞氏言其象数，明其所以见善则迁，有过则改之故，正义述其义理，明其何以风雷为益之理，而归于人事之迁善改过为益。二说皆可相成也。

上九，象曰：“莫益之，遍辞也。或击之，自外来也。”《释文》云：“遍，孟作徧，云周匝也。”按虞翻曰：“遍，周帀也，三体刚凶，故至上应乃益之矣。”帀即匝也。虞氏之言，悉本孟氏，五世传孟，徇不虚言。沈祖绵云：“虞亦作徧，孟氏家法也，《说文》‘徧，帀也’，义与孟同，敦煌古写本亦作徧。”足证许虞同祖孟氏。

夬䷪（乾下兑上）

九二，惕号，莫夜有戎勿邺。《说文》：“䀝，目深突貌也，从目窅，读若易曰勿邺之邺。”按邺，诸本悉作恤。沈祖绵云：“《说文》邺，忧也。又恤，忧也，解同，《诗·羔裘序》：‘不邺其民’也。《释文》本亦作恤。恤、邺古通。”是也。虞翻曰：“惕，惧也，二失位，故惕，变成巽，故号，剥坤为莫夜，二动成离，离为戎，变而得正，故有戎，四变成坎，坎为忧，坎又得正，故勿恤，谓成既济定也。”以恤为忧与《说文》同。可补孟氏之佚。

九四，臀无肤，其行次且。按马国翰辑“其行趑且”一句，乃据《释文》：“次，本亦作趑或作跌，《说文》及郑作趑，同七私反，注下同，马云却行不前也，《说文》仓卒也。”惟《说文》未引易。今诸本悉作次且，汉石经亦然。次，《说文》云：“不措不前也。”趑，从次，音义相见，趑亦宜然，说具于《汉易异文考》。沈祖绵云：“《说文》未引易，以《释文》证之，则陆氏所见本有引易者也，今不可深考矣。”又按虞翻曰：“二四已变坎为臀，剥艮为夫，毁灭不见，故臀无肤，大壮震为行，坎为破为曳，故其行次且。一据此可以略考孟氏之微意。”

九五，苋陆夬夬，中行无咎。《释文》云：“苋，三家音胡练反。”罗苹《路史后纪注》卷五引孟喜说云：“苋陆，兽名，夬有兑，兑为羊也。”按虞翻曰：“苋，说也，苋读夫子苋尔而笑之苋，睦，和睦也。震为笑，言五得正位，兑为说，故苋陆夬夬，大壮震为行，五在上中，动而得正，故中行无咎。旧读言苋陆字之误也。马君及荀氏，皆从俗言苋陆非也。”三家音胡练反，即读如《论语》“莞尔而笑”之莞也。与虞氏同。至于虞氏之注，证之《路史注》，则不同于孟氏。盖虞氏纯以象数证易，又得《参同契》诸异说，故虽出于孟氏，然后学转精。实多增益其义，而又释之以象数，故有不同也。犹郑康成（玄）虽师马季长（融），而注易注书皆有不同之处也，亲受业且有不同，况时隔二百余年乎。又按孟氏说见《路史后纪》卷五：“请又其苋而时之，吾请逃其爪牙，则可矣。”沈氏据《路史注》与赵振芳《易原·释苋》云：“苋上从羊，是羊头不是艸头，下从见如兔字，非见字，字异而声亦别，以虞旧读言苋陆则孟作苋字也。”而定孟氏作苋。《说文》云：“苋山羊细角，从免足，从苜声。读若丸。宽字从此。”是其义颇精，足以发《孟氏易》之微旨，而与孟氏夬有兑，兑为羊，互证。

姤☰（巽下乾上）

天下有风姤，后以施命告四方。《说文》云：“后，继体君也，象人之形从口。易曰后以施命告四方。”按虞翻曰：“后继体之君，姤阴在下，故称后，与泰称后，同义也。乾为施，巽为命，为诰，复震二月东方，姤五月南方，巽八月西方，复十一月北方，皆总在初，故以诰四方也，孔子行夏之时，经用周家之月，夫子传彖象以下皆用夏家月，是故复为十一月，姤为五月矣。”是虞氏亦以继体君为释，沈氏以为此宗孟氏家法是也。告虞作诰，盖二字音义同。《说文》云：“诰，告也。”十二辟卦姤为五月，复为十一月，虞氏注见拙作《〈虞氏易〉阐微》。沈祖绵以虞氏以纳甲诂易本《参同契》非孟氏家法是也，以为纳甲与说卦不合，以四方之说为曲解，则家法不同，不可以非虞氏也。

初六，系于金檷，贞吉。马国翰据《释文》：“柅，《说文》作檷，云络丝趺也。读若昵。”而辑为《孟氏易》。按《说文》檷下未引易，此可断孟氏之以檷为柅也，陆氏《释文》亦或释字义，云此柅字，即《说文》之檷字也。柅，《说文》云：“木也，实如梨，从木尼声。”故檷柅古音同，因而通假。

虞翻曰：“柅谓二也，巽为绳，故系柅，乾为金，巽木入金，柅之象也，初四失正，易位乃吉，故贞吉。”可备参研。

九五，以杞苞瓜，含章，有陨自天。《说文》：“陨，从高下也，从阝员声。易曰有陨自天。”按虞翻曰：“陨，落也，乾为天，谓四陨之初，初上承五，故有陨自天矣。”可补《孟氏易》之佚。落亦自高下也，义得兼通。沈祖绵曰：“陨与落义异。陨者从高下，如陨星、陨石是也。瓜形如星，苞（沈按即匏也）杞上如星在故用陨。”是只知其一，不知其二者也。

萃䷬（坤下兑上）

按《说文》："悴，读与易萃卦同。"是萃孟易同。萃如嗟如，无攸利，往无咎，小吝。按马国翰本据《集解》虞翻说辑"萃如磋如"一句，非也。虞亦与诸本同，作嗟。虞翻曰："坤为聚，故萃如，巽为号，故嗟如，失正故无攸利，动得位，故往无咎，小吝，谓往之四。"可补《孟氏易》之佚。沈氏云："虞注巽为号故嗟如，以号释嗟未切。"则不知虞氏以象释易之微旨，故每以虞氏为非也。

升䷭（巽下坤上）

初六，𠃬升大吉。《说文》："𠃬，进也，从本从屮，允声。易曰𠃬升大吉。"《古易音训》："晁氏曰《说文》作'𠃬升大吉'。《说文》按允，古文；𠃬，篆字。"盖初六居升之时，乃与二阳同进而升，大吉之道也。

困䷮（坎下兑上）

九四，来荼荼，困于金轝，吝有终。按此马国翰据《集解》本辑云："虞翻注同。"惟虞未云孟说，《释文》亦未云孟，是以此辑为《孟氏易》，实证据不足，故沈氏《周易孟氏学》去之，是也。此只可视为《虞氏易》。今《集解》本与所引《虞翻易》轝皆作车。盖二字音近义同。

九五，劓刖。按此条马国翰据《释文》："劓刖，京作劓剑。按《说文》剑，断也。"沈祖绵云："马国翰以《释文》引《说文》刖作剑，以为《孟氏章句》非也。陆氏所谓按者是以《说文》解京本之剑也，非《说文》刖则作剑字也，其文甚明，《集解》引虞翻注，断足为刖，亦不作剑也。"是也。

上六：困于葛藟于槷黜。《说文》："黜、槷黜，不安也，从出臬声，易曰槷甈。"按《释文》云："甈，《说文》作劓，卼《说文》作黜，云黜，不安也。"槷黜犹劓黜也。虞翻曰："巽为草莽，称为葛藟，谓三也，兑为刑人，故困于葛藟于甈卼也。"甈卼，亦为不安之义，为刑割，则不安之甚，义得相成。

井䷯（巽下坎上）

《说文》云："荆，罚辠也，从刀井，易曰井者法也，井亦声。"按沈祖绵曰："井者法也，疑彖之佚文，抑杂卦语也。《汉书·五行志》

《风俗通》引同。”

九二，井谷射鲋，甕敝漏。按《释文》云：“甕，《说文》作罋，云汲缾也。”马国翰据此辑为《孟氏易》。沈氏曰：“甕为罋之俗。《说文》有罋无甕。”盖以瓦从缶之器，往往相同。

九三，井渫不食，为我心恻。按《释文》云：“恻，《说文》云痛也。”马国翰据此辑为《孟氏易》。

九五，井洌寒泉食。《说文》云：“洌，水清也，从水列声，易曰井洌寒泉食。”按《释文》云：“洌，音列，洁也。《说文》云水清也。”虞翻曰：“泉自下出称井，周七月，夏五月，阴气在下，二已变坎，十一月为寒泉，初二已变，体噬嗑食故洌寒泉食矣。”沈相绵云：“井于卦气，五月之卦也，故虞曰五月，五月者对十一月也，即所谓子午冲也，五月井水寒，故曰寒泉。《参同契》曰：‘姤始纪序，履霜最先，井底寒泉，午为蕤宾，宾服于阴，阴为主人。’即以姤为五月辟，井为五月卿言也，虞氏此注本之。”盖复为十一月卦，于时为子。姤为五月卦，于时为午。姤复旁通卦，故云子午冲也。

革䷰（离下兑上）

水火相熄。按《释文》云：“息，马云灭也，《说文》作熄。”沈祖绵据此辑为《孟氏易》。《说文》：“熄，畜火也，从火息声。亦曰灭火。”虞氏作息，《说文》未引易，是不可据以为《孟氏易》也，虞翻曰：“息长也，离为火，兑为水，系曰润之以风雨，风巽雨兑也，四革之正，坎见，故独于此称水也。”虞氏以息为长，与《说文》畜火意相成。乃消息之息也，四革之正，谓四变正则成水火既济六爻各得其正也，盖革卦六爻唯四以阳居阴，失位不正，故宜变正，故曰：四革之正，成既济，上卦坎为水，故独于此称水也。沈祖绵曰：“《释文》云《说文》作熄，熄下虽不称易，是《孟氏章句》也。虞以息为消息之息，义可通。《汉书·艺文志》《易传》孟氏京房十一篇，故许氏《五经异义》称孟京说，释每卦冠列某宫某世卦，从孟京说，虞注四革之正，坎见故独于此称水也，四革之正，指革为坎宫四世卦言也，虞氏误以四爻之变，四爻变为离，互体坎见，惠栋《周易述》，以四革之正，坎两见益误矣，不知彖指一卦言若虞注则指一爻，悖于例矣。”又按沈氏解四革之正误，虞氏惠氏皆不误，虞氏云四革之正者四爻变正，则成既济定也，虞氏言爻位，则归于既济定。既济䷾，上卦为坎，二至四亦互坎，惠氏云坎两见，不误，非特坎两见也，离亦两见（下卦为离，三至五亦互离)，故云水火相息也。革卦唯四不正，变正则成既济而六爻各得其正矣，所以须革也，革者改革不正使正也。四革之正非特言爻，亦且言卦，《虞氏易》之精如此。沈氏疏于象数，而非议先儒，殊失之。

初九，巩用黄牛之革。《说文》：“巩以韦束也。易曰巩用黄牛之革，从革巩声。”按《尔雅·释诂》：“巩，固也。马融干宝注同。以韦束，则固之至矣，韦者皮革也。”刑昺疏《尔雅》云：“以革有所束也。”《说文》：“韦，兽皮之可以束。枉戾相韦背，故借以为皮韦。”是皮韦即皮革。盖初九居革之初，虽以阳居阳，得正于下，然无应于上，不可以革，故象曰“不可以有为也”，巩用黄牛之革，谓以黄牛之皮革固束之，使不可以动也，所居不得其时，故固束之，使不可以革也。虞翻曰：“得位无应，动而必凶，故不可以有为。”是也，不可有为则不可以革也。

君子豹变，其文斐也。《说文》：“斐分别文也，从文非声。易曰君子豹变其文斐也。”按斐诸本悉作蔚。斐蔚一音之转当以斐为本字，蔚为借字。虞氏云：“蔚，既也兑小故其文蔚也。”《说文》云：“蔚，牡蒿也。蔇艸多。”《释文》云：“蔚，《广雅》云：‘蔚，茂也数也。’《说文》作斐。”马宗霍曰：“取草木茂盛之义以状君子之文，则作蔇究为假借字，正字自当作斐耳。”是也。沈祖绵曰：“虞作蔚，今本同，与孟异。”是也。

鼎䷱（巽下离上）

《说文》：“鼎，三足两耳，和五味之宝器也，象析木以炊，贞省声，昔禹收九牧之金，铸造鼎荆山之下，入山林川泽者，魑魅蝄蜽莫能逢之，以协承天休。易卦巽木于下者为鼎，古文以贞为鼎，《籀文》以鼎为贞。”（贞或作“贝”，此从小徐本作“贞”）按禹铸鼎承天休之语，用《左传·宣公三年》王孙满之说，而文略异。易卦异木于下者，马宗霍云：“约举鼎象传文，故不称易曰，彼云：‘卢鼎象也以木巽火，烹饪也。’象传文云：‘木上有火鼎。’盖鼎之为卦，巽下离上，巽为木，离为火，鼎之为形，下从鼎。片者，判木也，反片为爿，爿者一木析为二之形也。此盖引易以说字形，三足两耳则器形非字形也。”

鼎，象也，以木巽火，亯饪也。《说文》：“䬲，食饪也，从丮𦎫声，易曰䬲饪。”按亯者今享字也。䬲者今孰字也，𦎫，《说文》云：“孰也。”段氏曰：“凡从𦎫者，今隶皆作享，与亯之隶无别。”是也。熟物之熟本作孰，后假谁，乃加四点火与下作熟。飪任即熟饪之意。诸本悉作亨饪。《释文》云：“亨，本又作亯，同普庚反，煮也。”亨、享、烹古同字，皆小篆亯之变。《说文》云：“亯，曾也。从高省，曰象进孰物形。《孝经》曰：‘祭则鬼享之’。亯篆文亯。”段氏曰：“小篆作亯，故隶书作亨作享，小篆之变也。”是也。作烹者后起之俗字也。三字本为一字，当其解为献，则享字也，由献进引申则亨通之亨也，由进熟物引申则烹也。诸本作亨盖由辜变也。而解作烹任，与《说文》义同。盖烹则孰矣。故《说文》云：“辜，孰也。”是也。

九四，鼎折足，覆公餗，其刑渥，凶。《五经异义》：“戴说，刑不上大夫。古《周礼》说：士尸肆诸市，大夫尸肆诸朝，是大夫有刑。谨按易曰鼎折足，覆公餗，其刑渥，凶。无刑不上大夫之事，从《周礼》之说。”（补）按诸本作形渥，《释文》云：“渥，郑作剭。音屋。”《古易音训》引晁氏说：“形，九家京荀悦虞作刑；渥，九家京虞作剭，重刑也。薛云：古文作渥。”是刑渥者，刑以剭刑也，剭，《广韵》云：“重刑也。”《汉书·班固叙传》：“底剭鼎臣。”服虔注：“剭者厚刑。”即重诛之谓也。盖九四以阳居阴，失位不正，以居鼎之时，故有折足而覆去美食之象，四为诸侯位，不正失位，故折足覆亡，盖以重大之刑罚诛之也。虞翻曰：“谓四变时，震为足，足折入兑，故鼎折足，兑为刑渥，大刑也，鼎足折，则公餗覆，言不胜任，象入大过死凶，故鼎足折覆公餗，其刑剭凶。”足以与许氏《五经异义》互证，盖皆源于《孟氏易》，故其义同也。此可补孟氏之佚。

上九，鼎玉铉，大吉，无不利。《说文》：“鼏以木横贯鼎耳而举之，从鼎冖声，《周礼》庙门容大鼏七箇，即易玉铉大吉也。”按《说文》：“铉，所以举鼎也（从段本），从金玄声，《易》谓之铉，《礼》谓之鼏。”《释文》：“铣，玄曲反，一音古萤反，马云：铉，扛鼎而举之也。”马云：“扛鼎而举之，即贯鼎耳而举之也。”是铉即鼏也，特《仪礼》（段氏注《说文》铉字云：“凡单言《礼》者皆谓《礼经》，今之《仪礼》也。”）言贯鼎耳而举之之字则用鼏字，不用铉字也。《易经》则铉字，不用鼏字也。许氏之义以二字，乃同字异形也，于古音近，义则同也。故段氏《说文》鼏注云：“《易》谓之铉，《礼》谓之鼏，据此，则许所据《礼》古文作鼏，郑则据今文作铉，同义也。鼏铉，异字同义。”是也。马宗霍云：“许君解鼏以木横贯鼎耳，而举之，与马解铉同。则其兼引《礼》《易》，盖证经之异文，以明铉字即鼏，义同，而音亦必相近也。”是也。

二氏之说足以发许叔重之微旨。虞翻曰："铉谓三，乾为玉铉，体大有上九，自天右之，位贵据五，三动承上，故大吉无不利。"又曰："三变坎为耳，铉谓三贯两耳。"与许叔重说铉之义同，盖皆源于孟氏，故说同也，是二氏之言，可补《孟氏易》之佚也。又按沈祖绵云："《礼》谓之鼏，《易》谓之铉，许氏之说非也。《仪礼·士丧礼》'设扃鼏'。又云'取鼏委于鼎北，加扃不用'，《士虞礼》'左人抽扃鼎'，《士冠礼》设扃鼏十余事。注皆曰：'今文扃为铉，古文鼏为密。'是扃与鼎非一物，而铉亦非鼎耳，虞氏以三变坎为耳，取象亦误，鼎下卦巽，伏也，入也，自取扃藏之义。"甚其非矣。既以许非，又以虞误，非说所闻。（《尚书·兑命篇》传说语）段玉裁曰："许所见《礼经》扃作鼏。即鼎部所云横贯鼎而举之者也。鼎与扃皆以郊冖之冖为声，扃训外闭之关，音义皆同。若鼏则训鼎覆，盖古音如密，今音如觅，说详鼎部，许引《易》《礼》以博异名，犹土部堋下云：《礼》谓之对，《周官》谓之窆也。凡单言《礼》者，皆谓《礼经》今之《仪礼》也，据郑则《礼今》文铉矣。许何以铉专系易也，许于《礼经》之字，古文是者则从古文，今文是者则从今文。此从古文鼏，故曰：《礼》谓之鼏也，如士丧礼今文铭皆为名，从今文，故不录铭字。"沈氏昧于今古文之义，误以鼏鼎为一字。段氏补鼏字云："鼏，鼎覆也，从鼎冂，冂亦声。"注云："鼏见《礼经》，所以覆鼎；用茅为之，今本作鼏，正字也，《礼》古文作密，假借字也，从鼎冂者，冂覆也。"是二字，一从冖声，一从冂，冂亦声。判然有别，一则讯为贯耳而举之。即郑注今文扃为铉是也，亦即许氏所谓《礼》谓之鼎，《易》谓之铉者也。一则以茅为之，所以覆鼎者也。即郑注所谓古文鼏为密者也，盖茅覆之，则密矣。是二字判然有别也，惟以形近，故古今多混杂耳。沈氏不知冖与冂形音义皆不同，因误以鼏鼎为一字，而遂以许叔重为非，以虞仲翔（翻）为误，甚矣，其非也。既疏于象数，昧于今古文，而又谙于小学，而乃谓"五经无双之许叔重"为非，"五世传孟之虞仲翔"为误。甚矣，其非也。

震☳（震下震上）

亨震来虩虩，笑言哑哑。《说文》云："哑，笑也，从口亚声，易曰笑言哑哑。"又："虩，易履虎尾，虩虩，恐惧。"按虞翻曰："临二之四，天地交，故通，虩虩谓四也，来应初，命四变而来应己，四失位多惧，故虩虩之内曰来也。哑哑，笑且言，谓初也，得正有则故笑言哑哑，后有则也。"二氏皆学孟氏，其说皆可补《孟氏易》之佚。而发孟氏之微旨。震从临来。临䷒，二之四成震。

震惊百里，不丧匕鬯。《说文》云：“鬯以秬酿郁艸，芬芳攸攸，以降神也。从凵，凵器，中象米，匕所以扱之。易曰不丧匕鬯。”按虞翻曰：“阳从临二，阴为百二十，举其大数，故常震百里也，坎为棘匕，上震为鬯，坤为丧，二上之坤，成震体坎，得其匕鬯，故不丧匕鬯也。”二上之坤，谓临䷒九二之四，即成震䷲，三至五体坎也。”许从字义辨其义，虞以象数言其理，皆孟氏一派之易学，足补《孟氏易》之佚。又按沈祖绵曰：“虞注以震为鬯。张惠言补其义曰：‘震为禾稼，坎水和之，为鬯酒，故上震为鬯。’《周礼》鬯人掌共秬，鬯而饰之，礼郊特牲，周人尚臭，灌用郁，以《礼》证之张云鬯，酒，非也。”沈说亦非。按《周礼·春官序》官郁人。郑注：“郁，郁金香草，宜以和鬯。”孔疏云：“宜以和鬯者，鬯人所掌者是秬策为酒。”鬯人，郑注：“鬯，酿秬为酒芳香条畅于上下也。”又鬯人，掌共秬而饰之。郑注：“秬鬯，不知郁者饰之，谓设巾。”孔疏：“掌共秬鬯者，此直共秬黍之酒无郁也……明秬鬯之酒尊亦设巾可知。”以《礼》证之匪特足与许叔重虞仲翔之说相印证。且与张惠言之说相合也。沈氏疏于《礼》，而又欲以《礼》证先儒之非，甚矣，其非也。

艮䷳（艮下艮上）

六二，艮其腓，不承其随。其心不快。按《古易音训》云：“承，孟京王陆绩皆作承，一行作抍，误如明夷，下涣同。”按《说文》引易作抍。《释文》云：“承，音拯救之拯，马云举也。”《集韵》以抍承撜拯丞五形同字。盖五字同字异形。其本义为上举，而引申则有拯救之义。盖六二居艮止之时，居中得位，居内卦艮止之中，故有止其腓不进象，以不进故，不承其随。虞翻曰：“巽长为股，艮小为腓。拯，取也，随谓下二阴，艮为止，震为动，故不拯其随。坎为心，故其心不快。”

九三，艮其限。《说文》：“艮，很也，从匕目，匕目，犹目相匕，不相下也，易曰艮其限。匕目为皀、匕目为真也。”按虞翻曰：“限，要（腰）带处也，坎为要，五来之三，故艮其限。”谓止于腰则亦不行之义也。《释文》云：“艮，止也，郑云艮之言很也。限，马云要也。郑荀虞同。”钮树玉曰：“《广韵》艮下引《说文》作限也。与下文引易合，亦与《正义》合，又与《释名》合。”盖很限皆从艮得声，古音通，义亦近，限有止义。很，《说文》云：“行难，是义得相通也。”是艮其限，亦是止而不行之义。

裂其脟。《古易音训》引晁氏曰："列，孟一行作裂；夤，孟一行作脟。郑作膑，今文也。"按《说文》云："列，分解也；胂，夹脊肉也。脟，瘢也。"夤，马云："夹脊肉。"虞云："脊肉。"徐锴："夤当即此胂字。"郑作膑，即夤之或体字也。由是孟列作裂，音义悉同。夤作脟，盖为胂之假借字。虞翻曰："夤脊肉，艮为背，坎为脊，艮为手，震起艮止，故裂其夤。"正可发孟氏之微义，沈祖绵云："虞氏注列不作裂，夤不作脟，《说文》：脟，瘢也，从肉引声，一曰遽也，与上下两句，义不相贯。"非也。

厉熏心。朱震《汉上易传》云："薰，孟喜、京房、马融、王肃作熏。马云熏灼其心。"虞翻曰："厉，危也，艮为阍。阍，守门人，坎盗动门，故厉阍心。古阍作熏字。马因言熏灼其心，未闻易道，以坎水熏灼人也，荀氏以熏为勳，或误作动皆非也。"按沈祖绵云："虞氏所谓古实指《孟氏章句》也。"以《汉上易传》考之，信而有征，虞作阍者，盖熏阍古音同，可通用，惠氏曰："胡广《汉官解诂》云：光禄勳，勳犹阍也，易曰为阍寺。是薰与阍通。"熏亦然。是《虞氏易》足以补孟氏之佚也。

渐䷴（艮下巽上）

九三，鸿渐于陆，夫征不复，妇孕不育，凶。《释文》云："孕以证反。《说文》云怀子曰孕。"按马国翰等诸家据以辑《孟氏章句》。虞翻曰："孕，妊娠也，育生也，巽为孕妇，离为孕，三动成坤，离毁失位，故妇孕不育，凶。"三至五互离为腹，为孕，三变成成坤，离象不见，故妇孕不育。妊娠即怀子之义。皆可补《孟氏易》之佚。沈祖绵曰："虞注字异而义同。虞所谓位，非指易之正，指互体也，三动成坤之后，离已毁，故曰离毁失位。"是也。

六四，鸿渐于木，或得其桷无咎。《释文》云："桷，音角。《说文》云：'秦曰榱，周谓之椽，齐鲁谓之桷。'"按诸家据此以辑《孟氏章句》。虞翻曰："巽为木，桷，椽也。方者谓之桷。巽为交为长木，艮为小木，坎为脊，离为丽，小木丽长木，巽绳束之，象脊之形，椽桷象也，故或得其桷。得位顺五故无咎，四已承五，又顾得三，故或得其桷也矣。"《说文》曰："桷，榱也，缘木曰桷。椽，榱也。榱，椽也。秦名屋椽也，周谓之椽，齐鲁谓之桷。"许虞义同足以补孟氏之佚。沈祖绵曰："三字连类及之，义贯，虞注是也。"

归妹䷵（兑下震上）

初九，象曰："归妹以娣恒也。"（补）按《古易音训》引晁氏曰："以恒，孟京无此以字。"无以字亦通。

六三，归妹以嬬。反归以娣。按《古易音训》引晁氏曰："须，子夏孟京作嬬。媵之妾也。古文作须，一行云：'须亦贱女也，天文有嬃。'《说文》与贲六二同。"（补）按六二当归妹之时，以柔居阳，失位不正，故有嫁妹而以媵妾之象。

九四，归妹衍期，迟归有时。《五经异义》："许慎曰：年十五以上，能共事君子，可以往二十而御。易曰归妹愆期，迟归有时。《诗》云："韩侯取妻，诸娣从之，祁祁如云。娣必少于嫡，知未二十而往也。"按《春秋公羊传·隐公七年》："春王三月，叔姬归于纪。"何休注："叔姬者，伯姬之媵也，至是乃归者，待年父母国也，妇人八岁备数，十五从嫡，二十承事君子。"盖叔姬者妹也，娣也。伯姬者姊也，正嫡也。《春秋公羊传·隐公二年》："伯姬归于纪。"云："其言归何？妇人谓嫁曰归。"盖伯姬已至适人之龄，故于二年归于纪。叔姬犹未满十五，不能从嫡，故归妹衍期矣。故何休云："待年父母国是也，及至年已十五，可以从嫡矣，故于七年归于纪。至是乃归者，即迟归有时也。"许氏谓娣必少于嫡者，娣即妹也。嫡年二十而归，娣年十五从嫡，故许氏云："年未二十而往是也。"九四居归妹之时，以阳居阴，失位，是犹妹之满未十五，未至其时，不可以归，故归妹衍期也。及至十五始有从嫡之义，故迟归有时也。虞翻曰："愆，过也，谓二变、三动之正，体大过象，坎月离日，为期，三变日月不见，故衍期。坎为曳，震为行，曳故迟也。归谓反三，震春兑秋，坎冬离夏，四时体正，故归有时也。"则纯以象数说之，明其字义之所以然，可作许氏之补充说明。其言愆者过也。谓嫡已归而妹未归，过数年之后，年已满十五，有从嫡之义，始可以往。故归妹愆期也。与许氏说不相背。又按沈祖绵云："《五经异义》作待，虞翻作时，不守孟氏家法，且时字虞以四时释之其不作待，可无疑义。四时体正，即说卦传，帝出乎震一章之卦位，与虞注后天而奉天时注合。宋人后天卦位亦合，可知后天之说乃汉人旧说，非宋人所创也。"其言虞翻不守孟氏家法非也。许慎所言，自是许氏之易。岂得将许氏之易学全归于孟氏哉。且许氏引经义以证事理，虞氏主象数，以明经之所以然，两者固可相辅而成。况虞时解愆为过，即含待字之义。义固不背于许。其言宋人后天之说，乃汉人之旧说是也。

上六，士刲羊无血，无攸利。《说文》云："刲，刺也，从刀圭声，

《易》曰士刲羊。”按虞翻曰：“刲，刺也，震为士，兑为羊，离为刀，故士刲羊。三四复位成泰，坎象不见，故无血，三柔承刚，故无攸利也。”刲，张惠言以为亦刺之义，是也。虞说可补孟氏之佚。

丰☳（离下震上）

日中则稷，月盈则食。《释文》云：“昃，如字，孟作稷。”按《史记·天官书》：“食至日昳为稷。”《孝经·钩命诀》云：“日稷而亦光也。”《汉郙阁颂》云：“劬劳日稷。”皆以稷主昃，昃又作𣅀正字，昃，俗字。惠氏曰：“《尚书·中候握河纪》云：‘至于日稷。’郑注云稷读曰侧。《谷梁春秋经》云：‘戊午日下稷。’”《公羊左传》皆昃范宁注稷，昃也。一是稷昃得相通之证也。𣅀者正字，谓日下侧也，犹今夕阳西斜也。昃者其俗字。日西斜下侧，则日宜在侧，在西，岂有在上之理，故作昃者俗字也。稷者其假借字也。《古易音训》引晁氏说：“稷，古文。”此可备一解。则自古文已假借矣，日中则稷谓日至中午，光晖极者，之后则下侧也，月盈满于十五六，则必蚀以至于无。以状天行之消息盈虚也。沈祖绵谓此：“《说文》𣅀引易曰𣅀之离，则孟作𣅀，不作稷也，《释文》引孟作稷，疑后人窜改之本。”此可备一说。

初九，遇其妃主，虽旬无咎，往有尚。嘉耦曰妃。（《汉上易传》引孟氏郑氏）按此条诸本失收，惟沈祖绵本有之。虞翻曰：“妃、嫔，谓四也，四失位，在震为主，五动体姤遇，故遇其纪主也。”是《虞氏易》与孟氏同。朱震《汉上易传》云：“配者，阴阳相匹，孟氏郑氏本作妃，嘉耦曰妃。妃，媲也，亦匹配之义。初九、九四阳也，六五阴也，初与四不应，六五亦无应，四虽不应，初可因四为主，而配五，阴阳相配，故九四为配主，遇者不期而会，四不应初，而初九主之，不期而会故曰遇其配主。”可备参研。

六二，日中见主。《释文》云：“斗，孟作主。”按虞翻曰：“噬嗑离为见，象在上为日中，艮为斗，斗七星也。噬嗑艮为星，为止，坎为北中，巽为高舞，星止于中，而舞者北斗之象也，离上之三，隐坎云下，故日中见斗。”巽为高，为进退，故为高舞。（详《〈虞氏易〉阐微》），孟以斗为主，虞以斗为北斗七星，北斗即北辰，亦即北极星也，居天之中，乃群星之主也。《论语·为政》云：“为政以德，譬如北辰，居其所，而众星拱之。”是北辰为群星之主，故众星拱之也。是孟以假借说之。张惠言曰：“斗字古音通主，因讹耳，《诗》“酌以大斗”，《释文》云徐音主。”盖斗与主古双声，何以故，古无舌上音故“故知彻澄”，古声读如“端彻定”。以是观之，主即斗也。《虞氏易》正所以发孟氏之微旨也。

上六，寷其屋。《说文》：“寷，大屋也，从宀丰声，易曰寷其屋。(此从大徐本）按《释文》云：“丰，《说文》作寷，云大屋也。”与大徐本《说文》同。惟小徐本引易则与易诸本同作丰。段氏曰：“此称易说，寷从丰会意之指。宀，屋也；丰，大也，故寷之训曰大屋，此与称百谷艸木丽于地说从艸丽同意。”张惠言《易义别录・周易孟氏》云：“此引丰其屋解大屋之义耳，系传是。”二氏之说虽是，然《释文》及大徐本说亦不为无据，两存之可也。虞翻曰：“丰，大；蔀，小也，三至上体大壮屋象，故丰其屋。训为大，亦即大屋之义。”与《说文》同。

窥其户，窒其无人。《释文》云：“阒，马郑云无人貌，《字林》云静也，姚作阋，孟作窒并通。”按窒即止也，与静止义同，音与阒亦相近，故《释文》云：“并通是也。”虞翻曰：“从外窥三应阒空也。四动时坤为阖户。户阖故窥其户。坤为空虚，三隐伏坎中，故阒其无人。”空寂亦静止义，义得兼通。

象曰：“丰其屋，天际祥也。”天降下恶祥也。（《集解》）按《春秋左氏传・昭公十八年》：“郑之未灾也，里析曰将有大祥。”《汉书・五行志》：“妖孽自外来，谓之祥。”是祥者恶征也。虞翻曰：“四五已变上动成家人，大屋见则家人坏，故蔀其家，与泰二同义，故象曰‘天降祥’，明以大状为屋象故也。”虞氏言足以发《孟氏易》之义。沈祖绵将此条移于前条之前，非也，今正。

自戕也。《释文》云：“藏，众家作戕。”按沈祖绵云：“虞氏亦作藏。藏，《说文》无，即臧字，善也，从臣戕声。藏戕声通。”是也，声通故可以通假。虞氏曰：“谓三隐伏坎中，故目藏者也。”或解为戕伤亦通。

旅☶☲（艮下离上）

九四，旅于处，得其齐斧。我心不快。《释文》云：“资斧，《子夏传》及众家并作齐斧。”按汉石经蔡邕《黄钺铭》：“齐斧罔设。”《太尉桥公碑》亦用齐斧。皆作齐斧，顺此推之，孟氏亦必作齐斧。虞翻曰：“巽为处，四焚弃恶人，失位远应，故旅于处，言无所从也。离为资斧，故得其资斧。”盖资齐古音近，故可以假借。齐斧，犹利斧也，故我心不快，有人谋害，故我心不快也。此条沈本、张本无，宜补。

顨☴（巽下巽上）

按《说文》："巺，具也，从丌𠃊声，巽，古文巺，巽，篆文巽，顨，巺也，从丌从頭，此易顨卦为长女为风者。"段氏曰："伏羲文王作顨，孔子则作巽巽而小篆乃作巺矣。"今《集解》及所引《虞翻易》悉作巽。

九五，先庚三日，后庚三日，吉。《说文》："庸，用也，从用从庚。庚，更事也，易曰先庚三日。"按段氏曰："先庚三日者，先事而图更也，引以证用庚为庸。"庚，《说文》云："位西方，象秋时万物庚庚有实也，庚承己，象人斋。"是庚有更改、更事之义，有西方庚实之义。虞翻曰："震，庚也，谓变初至二成离，至三成震，震主更，离为日，震三爻在前故先庚三日，谓益时也，动四至五成离，终上成震，震三爻在后，故后庚三日，巽初失正，终变成震得位，故无初有终吉。"虞氏纳甲震纳庚，巽之变震，从初至二至三，则成风雷益，故先庚三日，变至上，则成震，故后庚三日。又其义从初变至上，皆有更事改变之义，与《说文》更事之义洽。与许说合。合此二说，可补《孟氏易》之佚。义固兼通也。又按沈祖绵云："震，庚也，因纳甲震纳庚也，是虞氏宗《参同契》，非宗孟氏也。"此则只知其一不知其二者也。

中孚☴（兑下巽上）

九二，鸣鹤在阴，其子和之，我有好爵，吾与尔靡之。《释文》云："靡，本又作縻，散也，干同，《韩诗》云：共也，孟同。埤苍作縻云散也。"按虞翻曰："靡，共也，震为鸣，讼离为鹤，坎为阴，夜鹤知夜半，故鸣鹤在阴，三动成坤，体益，五艮为手，震巽同声者相应，故其子和之，坤为身，故称我，吾谓五也，离为爵，爵位也，坤为邦国，五在艮，阍寺庭阙之象，故称好爵，五利二变之正应坎，故吾与尔靡之矣。"孟、虞皆以共释靡，张惠言曰："靡，共也，虞用之，好爵谓五以离与二共。五在艮为小，虞注不释好义，疑亦有好小之文，而《集解》删之。"是则《虞氏易》足以发《孟氏易》之微旨，或解靡为散，亦通，盖散而共之也。

六四，月既望，马匹亡，无咎。《古易音训》引晁氏曰："孟荀一行作既，孟云十六日也。《说文》按古文读近为既。《诗》既近王舅是也，此实当作既。"按虞翻云："讼坎为月，离为日，兑西震东，月在兑二，离在震三，日月象对，故月几望。”其义谓中孚自讼来。（详拙作《〈虞氏易〉阐微》）讼下卦为坎，坎为月，二至四互离，离为日，中孚下卦兑，兑位西，二至四互震，震在东，说卦传云：“帝出乎震，震，东方也。”日月东西相对，夫既云相对，是月既望也，即孟氏十六日之说也。是《虞氏易》足以与《孟氏易》相印证也。沈祖绵云：“虞作几不作既也，虞以纳甲释，不宗孟氏也。”非也。几即既也，古音同，故可通假。且日月相对，非既而何。虞以说卦之方位释，非以纳甲也。纳甲者谓日出震庚，见于兑丁，盈于乾甲，退于巽辛，消于艮丙，而虚于坤乙也。与说卦帝出乎震一节迥然有别。沈氏说误。

小过䷽（艮下震上）

丧过乎哀。《五经异义》云：“公羊曰天王丧，赴者至，诸侯哭。虽有父母之丧，越绋而行事，葬毕乃还。左氏曰王丧赴者至既哭，问故，遂服斩衰。使上卿弔。上卿会葬。经书叔孙得臣如京师葬襄王，以为得礼。许慎谨按：易下邳传甘容曰诸侯在千里内皆奔丧，千里外不奔丧，若同姓，千里外，犹奔丧，亲亲也。容说为近礼。”（补）按千里外犹奔丧，丧过乎哀可知矣。

既济䷾（离下坎上）

六二，妇丧其鬗，勿逐七日得。《释文》云：“茀，首饰也，马同。干云马鬗也。子夏作鬗，荀作绂，董作髢。”《古易音训》引晁氏曰：“孟一行虞作鬗，云鬒发也。”按虞氏曰：“离为妇，泰坤为丧，鬗，发谓鬒发也。一名妇人之首饰，故称发。《诗》曰：‘鬒发如云’，乾为首，坎为美。五取乾二之坤为坎，坎为盗故妇丧其鬗。”鬒，《说文》云：“稠发也。”《诗·鄘风·毛传》，黑发也。鬒，《说文》：“颊发也。”是二字义略异，盖二字古音近，可通假。沈祖绵云：“虞氏宗孟氏家法”是也。

六四，缧有衣絮终日戒。《说文》云：“絮，絜缦也。一曰敝絮，从体系奴声，易曰需有衣絮。”又：“缧，绘采包也，从系需声。读若缧有衣之缧。”按《说文》缧所引一作需，一作缧。《释文》云：“缧，子夏作襦，薛云古文作缧。”是宜作缧，作需者盖传钞者以音同而通假也。絮今作袽。《释文》云：“袽，《说文》作絮，云缊也，京作絮。”卢本《释文》云：“《说文》作絮。”三字形义近，因乱之也。以絮为正，絮有二义，于易当解敝絮。谓有绘彩之美衣，而乃穿敝絮也。警戒如是其不失矣。虞翻曰：“乾为衣，故称繻，袽，败衣也，乾二之五衣象裂坏，故繻有衣袽。离为日，坎为盗，在两坎间，故终日戒。”解与《说文》敝絮义同。皆可作为《孟氏易》之注脚。沈祖绵曰：“虞翻注襦不作需，袽不作絮，与许氏所称全异，惟《说文》繻字解读若繻有衣，义法亦舛，且同是一字，万无读若之理，或傍系为衣之误，宜作读若襦有衣尔，以象证之，则襦为正字，读若三字疑后人改窜，宜作易曰襦有衣也。”可备参研。

未济䷿（坎下离上）

小狐汔济，濡其尾无攸利。彖曰：未济亨，柔得中也，小狐汔济，未出中也。坎为穴也，狐，穴居。（朱震《汉上易丛说》）小狐济水，未济一步，下其尾，故曰小狐汔济，未出中也。按马国翰本与沈本悉作：“坎，狐，坎，穴也，狐穴居。”云：“朱震《汉上易传》引孟喜。”孙堂与黄奭二本同，惟多‘坎狐’一句，而“故曰小狐汔济，未出中也”作“故曰汔济濡尾”，并云出《汉上易传》。今据《汉上易传》与《汉上易丛说》正。张惠言本，则无故曰以下一句。虞翻曰：“否，艮为小狐，汔，几也，济，济渡，狐济几度，而濡其尾未出中也。艮为尾，狐兽之长尾者也，尾谓二在坎水中，故濡其尾，失位，故无攸利。”是《虞氏易》与孟说同也，虞氏足以发孟氏之微旨，而更详焉，张惠言曰：“虞云汔，几也，申成此义，坎，穴也，狐，穴居，坎为穴，不为狐，故虞氏取否艮（否二至四互艮）艮为小狐，艮黔喙之属，又为小也，否二之五，艮狐在坎穴，无妨亦有穴居之象，《汉上易传》不见孟易，采之它书所引，故不能全其说。”然足以互证孟虞之说实有相同者焉。马、孙、黄、沈四家本悉有“坎狐”一句。惟张惠言本无之。是也。又按沈祖绵云：“孟氏以坎为狐，虞氏以否艮为小狐，义不相同。否者，否与未济皆三阴三阳之卦，未济由否而来，未济二五两爻之变为否是也，治易好曲解，此其大谬者也。”是又以未察《汉上易传》全书，而误云孟以坎为狐也。又以未济二五两爻变为否，说未济由否而来之义，亦非也，虞氏以十二辟卦为消息之本，为变卦之枢。此以否二之五成未济也，非未济二五爻变为否也。倒本为末，此其大谬不然者矣。既不明《虞氏易》义，而乃谓虞氏曲解，大谬，以非议前贤，殊欠妥当。甚矣，沈氏之疏也。

九四，贞吉悔亡，震用伐鬼方。《古易音训》引晁氏曰：“震字汉名臣奏作只，孟京虞云：震，敬也，一行同。”按虞翻曰：“变之震体师。（四变则二至四互震，初至五互师）坤为鬼方，故震用伐鬼方。”此可补《孟氏易》之佚。沈祖绵曰：“虞氏注无释震为敬之文，且震由变之而来，以互卦释也，晁氏之说不足据也。”又按虞氏解震来虩虩，云四失位多惧，故虩虩，惧故敬惕也，震用伐鬼方，出师伐远邦，不敬以临之，则覆兵杀将是惧，如何敢不敬，如何敢不惧，其云晁氏说不足据。非也，晁氏生于北宋，犹及见孟氏之遗文，考京郑荀马之易，其言必有据。

系辞上传

辞，《释文》：“本亦作嗣，依字应作词，说也。”《说文》云：“词者意内而言外也。辤，不受也，受辛者辤，辝《籀文》辞字也。”按辞即词古以同音通用久矣。马孙黄沈四本据《说文》而辑此条。似非。《释文》引《说文》所以证本作词之意也，孟氏未必如此释也。

刚柔相摩，八卦相荡。《释文》云：“盪，众家作荡。唯韩云相推盪。”按荡为本字。详《汉易异文考》。虞翻曰：“旋转称摩荡也，乾以二五摩 坤成震，坎艮坤以二五摩乾成巽离兑，故刚柔相摩则八卦相荡也。”可补《孟氏易》之佚。

鼓之以雷霆。《释文》：“霆，京云：霆者雷之余气，挺生万物也，《说文》同。”按虞翻曰：“鼓动润泽也，雷、震、霆、艮、风、巽、雨、兑也。”可备参研。

坤化成物。《释文》：“坤作，虞姚作坤化。”按作化二字义得兼通。

观象系辞焉而明吉凶悔吝。《释文》：“而明吉凶，虞本更有悔吝二字。”

昼夜者刚柔之象也。《释文》：“刚柔者昼夜之象。虞作昼夜者云云。”

是故君子所居而安者，易之象也。《释文》云：“序，陆云象也，京云次也，虞本作象。”按虞氏曰：“君子谓文王，象谓乾二之坤成坎月离日，日月为象，君子黄中通理正位居体，故居而安者，易之象也，旧误作厚或作序，非也。”沈祖绵曰：“虞氏注旧读称孟氏家法也，或指他家本也，则象字为虞氏所窜可证，细释注言则孟作厚，京作序也。虞氏据《参同契》日月为象，改厚为象耳，参以虞氏在天成象句，其说自明。”可备一说。

所变而玩者爻之辞也。《释文》：“所乐，虞本作所变。”

原始及终。《释文》:“反终，郑虞作及终。”

言天下之至动而不可乱也。《释文》云：“众家本并然。”《集解》及所引虞翻注同，虞翻曰：“以阳动阴，万物以生，故不可乱，六二之动直以方。动旧误作啧也。”沈祖绵云：“旧说即孟氏家法也。”《释文》云：“众家本皆然，郑本作赜。赜当为动，九家亦作册。”沈氏以为郑从孟氏，似过于主观。

野容诲淫。《释文》:“冶，郑陆虞姚王肃作野。”

揲之以四。《释文》引《说文》云：“揲，阅持也。”

再扐而后卦。《说文》：“扐，易筮，再扐而后卦，从手力声。”按《释文》云：“扐，马云指间也，荀柔之云别也。挂，京作卦，云再扐而后布卦。”许氏与京同，盖皆本于孟氏也。虞翻曰：“谓已一扐复分挂如初，揲之归奇于初，扐并挂左手次小指间为再扐，则再闰也，又分扐揲之如初，而挂左手第三指间成一变，则布挂之一爻，谓已二扐，又加一为三，并重合前二扐为五岁，故五岁再闰，再扐而后挂，此参五以变，据此为三扐，不言三闰者，闰岁余十日五岁，闰六十日尽矣，后扐闰余分不得言三扐二闰，故从言再扐而后挂者也。”虞氏此言，明筮卦之后，足以发孟许之微旨，不得虞氏此言，则古代筮法不存矣。故虞氏有功于易学者至钜。沈祖绵曰：“《说文》无挂字，掛即挂也，《仪礼》特牲馈食礼，宾于左袂，挂于季指，少牢馈食礼挂于季指，注皆曰：‘古文挂作卦’。则挂系今文，挂隶俗也。”此言是也。

通其变，遂成天地之文。《释文》云：“天地之文，一本作天下，虞陆本作之爻。”按《集解》引虞翻作：“天地之文。”云：“变而通之，观变阴阳始立卦，乾坤相亲，故成天地之文，物相杂故曰文。”今从《集解》。

天一。《说文》：“惟初太极，道立于一，造分天地，化成万物。”虞翻曰：“水甲。”按沈祖绵曰：“许氏解一，人以为玄言，非也。《说文》始一终亥。皆言数。道立于一，即数之始也。虞氏注：‘水，一曰水，天数也’言天一生水于北也。又地六成水于北，与天一并。地六与天一匹也。甲为干之首，虞氏注，上一字言五行，下一字言干也，不可并而读之。”此则以《河图》之理释之也。以下同。兹先将《河图》布之于此，并略说明之。又按《河图》之说起源甚早，《礼记·月令》、《太玄》、《汉书·五行志》、《左传》注皆已具其说。（详见拙著《易来氏学〈河图〉〈洛书〉说》）郑庚成云：“天地之气各有五，五行之次一曰水，天数也，二曰火，地数也，三曰木，天数也，四曰金，地数也，五曰土，天数也。此五者阴无匹，阳无耦，故又合之，地六为天一匹也，天七为地二耦也，地八为天三匹也，天九为地四耦也，地十为天五匹也，二五阴阳各有合，然后气相得施化行也。”（《左传·昭公九年·正义》引）后儒即本以上诸说画为《河图》。

地二。《说文》云：“二，地之数也，从耦。”虞翻曰：“火乙。”沈祖绵曰：“《说文》解，称孟氏也。虞氏注：火，二曰火，地数也，言地二生火于南也，又天七成火于南与地二并，天七为地二耦也。乙为干之二。”按乙在天干中排属第二，火属于南方。

天三。《说文》云：“三，数名，天地人之道也，于文一耦二为三，成数也。”虞氏曰：“木丙。”

沈祖绵曰：“许氏解三，言之成理，虞氏注：木，三曰木，天数也，言天三生木于东，又地八成木于东与天三并，地八为天三匹也。丙，干之三。”按木属东方。丙为天干之第三数。

地四。《说文》云：“一匹，阴数也，象四分之形。”虞翻曰：“金丁。”沈祖绵曰：“许氏谓阴数，即地数也，虞氏注：金，四曰金。地数也，言地四生金于西也。天九成金于西，与地四并，天九与地四耦也。丁，为干之四。”按金配西方，丁，为天干之第四数。

天五。《说文》云：“五，五行也，从二阴阳，在天地交午也。”（午，仵也，交仵相背之意。）虞翻曰：“土戊。”沈祖绵曰：“《说文》释五为五行，虞氏注：土戊，立说大小不同，虞注不能包括全体也。土，五曰土、天数也，言天五生土于中也，又地十成土于中与天五并，故地十与天五匹也。戊为干之五。”按许氏释五为五行者，谓五行之数也，五行数五，故以释之。虞氏注于天干之数配之，而又配于五行。非立数大小不同之殊也，乃观点不同之故也，虞氏注：“于五行土属中央，于天干，戊为第五。”

地六。《说文》：“六，易之数，阴变于六，正于八，从人八。”虞翻注：“水己。”沈祖绵曰：“《说文》称易之数，其为孟氏家法无疑也，由此可推自一至十，称易数为多也。虞氏注：水，言地六成水于北，与天一并，合之地六为天一匹也。己为干之六。以十干而论，己之次序在六，非以生成论也，虞氏以五行十干并论，误矣。”按《说文》称易孟氏，谓引用之经文，主孟氏也，至若说解之语或取孟氏，或博取众家，或广讯通儒，未必为孟氏家法也。（其《五经异义》说易有主孟京、有主京氏、有主施氏、有主甘容）称许氏为《孟氏易》之学者，属于孟氏一派之易学可也。不可将说解之一字一义凡涉及易者，皆归之孟氏也。虞翻五世传孟，其书亦有与孟异者。郑康成师马融，而其群经之注，多有不同。而沈氏云："其为《孟氏易》无疑。"实过于主观。虞氏以五行十干并论，多见其才之博综，能触类引用也，而谓之为误，亦非确论。

天七。《说文》云："七，阳之正也，从一，微阳从中衰出也。"虞翻注："火庚。"沈祖绵曰："虞氏注：火，言天七成火于南，与地二并。合之，天七为地二耦也。庚，为干之七。"按五行，火在南，中国居北半球，故南热属火，北寒属水，五行亦多有精义，庚于天干属七。

地八。《说文》："八，别也，象分别相背之形。"虞翻曰："木辛。"沈祖绵曰："《说文》'解八之体'，《乾凿度》曰'阴以八为象'。《白虎通·嫁娶篇》'阴数八，解八之用也。'虞氏注：木，言地八成木于东，与天三并，合之地八为三匹也。辛，为干之八。"

天九。《说文》："九，阳之变，象其屈曲究尽之形。"虞翻曰："金壬。"沈祖绵曰："言阳之变惟有易，是《说文》以易释九也，虞氏注：金，言天九成于西，与地四并，合之天九与四耦也。壬，为干之九。"

地十。《说文》云："十，数之具也，一为东西，一为南北，则四方中央备矣。"虞翻曰："土癸。此则大衍之数五十有五，蓍龟所从生，圣人以通神明之德，以类万物之情。"沈祖绵曰："《说文》解十，指《易》言，浅人不察，以为通论，误矣。虞氏注：土，言地十成土于中，与天五并也，合之地十与天五匹也。癸为干之十。"是也。沈氏又云："虞氏又谓大衍之数五十有五，误也。"易系传曰："大衍之数五十，非五十有五也。"《汉书·律历志》以五乘十，大衍之数也，以五乘十，是五十。天一地二……天九地十，相并得五十有五，由天数五（一三五七九），地数五（二四六八十）而来。郑玄误之于前，虞氏承之。解天一至地十，而以天干附会，实臆说也。此节文有错简，章句既乱，误解因之。天一地二一节，当在天数五，地数五之下，方能上下通贯，无扞格之患矣。虞氏注天一水，地六水，即一六合水也；地二火，天七火，即二七合火也；天三木，地八木，即三八合木也；地四金，天九金，即四九合金也；天五土，地十土，即五十合土也。此之所谓天地者，即天数五，地数五也，与甲乙丙丁戊己庚辛壬癸日干异。蔡邕《月令章句》云："大挠采五行之情，占计所建也。始作甲乙以名日谓之干。作子丑以名月谓之支。则干为日干，尽人知之，不能与天数五地数五相混也，或以为虞氏以干解之者，乃纳甲之真理，益误矣。"张惠言以日行青道，甲一乙二，日行赤道，丙三丁四，日行黄道，戊五己六，日行白道，庚七辛八，日行黑道，壬九癸十，于虞氏纳甲之外，益以四方中央，以解日干，虽易道广大，无所不包，然亦有范围在焉。今张氏持曲成之说，置范围天地之化而不顾，未免悖矣。……总之，此节章句须在天数五，地数五一节之下，于义始顺。按其说多用以批评虞翻及先儒之非，非确论也，至于其云天一地二一句，当在天数五，地数五一节之下，尤大谬不然。今汉石经可证。（见《汉熹平〈周易〉石经》及《周易〈梁丘章句〉阐微》）。

六爻之义易以工。《释文》云："贡，京陆虞作工。"按汉石经亦作工，以例推之，孟氏亦然。谓六爻之义，简易可知，而又颇善巧也。

圣人以此先心。《释文》云："洗，京荀虞董张蜀才作先，石经同。"以例推之，孟氏亦或作"先心"。谓以易理先知天下万物之心也。晁氏谓先为古文洗字。

天垂象，见吉凶。《说文》云："示，天垂象，见吉凶，所以示人也，日月星也，观乎天文以察时变，示神事也。"按此已具于贲卦，今不具释。

系辞下传

系辞焉而明之，动在其中矣。《释文》云："命，孟作明。"按虞翻曰："谓系彖象九六之辞时，故动在其中，鼓天下之动者存乎辞者也。"谓系彖象九六之辞，使人明之，人效之而行，故动在其中矣。

夫乾隺然示人易矣。《释文》："确然，马韩云刚皃，《说文》云高至。"《说文》："隺，高至也，从隹上欲出门，易曰夫乾隺然。"按马国翰本辑有"一隺然，心志高也"。云出自《说文》，然《说文》实无此语，故诸本多略之。隺，诸本悉作确，隺为本字，确后起字。段氏曰："陆不云《说文》作隺，盖《释文》固作隺，然浅人改为从石耳，许书有确无碻。"是也。虞翻注谓确然无为，示人易矣是也，谓潜龙勿用，或恐非系辞之义。

夫坤退然示人简矣。《释文》云："隤然，马韩云柔皃也，孟作退。"虞翻曰："隤，安；简，阅也，坤以简能，阅内万物，故示人简者也。"按孟作退者，隤退二字叠韵，可通假，张惠言曰："退与隤，亦声借。"是也。《檀弓》："退然如不胜衣。"郑注："退或为妥。"妥者安也。是虞作隤解为安，亦不违孟义。沈祖绵云："虞氏以安释隤，非也。"此语未确。

圣人之大保曰位。《释文》云："宝，孟作保。"按宝、保二字古通用。《史记·留侯世家》云：“取而葆祠之。”徐广曰：“《史记》珍宝字皆作葆，《周本纪》云：“展九鼎保玉。”则借保为宝也，《淮南》俶贞注云：“保犹葆也，宝也。”是二字古可通用，张惠言曰：“古宝保通。”是也。

古者伏戏氏之王天下也。《释文》云：“包本又作庖，孟京作伏。牺，又作羲，孟京作戏，云：伏，服也；戏，化也。”《说文》网字引作庖牺氏，奰字下引作宓羲氏。按伏戏或作包羲、庖牺、炮牺、伏羲、宓羲、宓戏皆通用，盖古无轻唇音，凡轻唇之字如伏服皆读为重唇。如包炮是也。此详于《周易异文考》中。此不备叙。虞翻曰：“庖牺、太昊氏以木德王天下，位乎乾五，五动见离，离生于木，故知火化炮啖牺牲，号庖牺氏。”与《孟氏易》相成。孟氏以为能服化万物故曰伏戏氏也。沈祖绵曰：“虞氏注亦作庖牺，与孟氏异，《说文》网，解亦作庖牺氏，与孟氏作伏戏异，疑伏羲系京房说，汉人以孟京并提，以京氏说入孟氏尔。又奰云读若易虙羲氏，与网字解异。”又按沈氏以为作“伏羲”者乃京氏说，非也，陆氏《释文》既云孟京矣，自为孟氏说，而京氏从之尔。沈氏不知宓羲、庖牺、伏戏古音相近可通用，故有谬辞。音同故，传钞者即因其音，以求其字，而传钞者不一，读音亦或微转，笔之于书，即以所识之字书之，因而有异文也。故虽许氏同一书也，而一作庖牺，一作宓羲。京许虞三家皆宗孟氏者也，而有异文，此乃音同而传钞有异之故也。不足以非虞非孟也。

于是始作八卦。按沈祖绵谓：“虞翻曰庖牺观鸟兽之文，则天八卦效之。八卦乃四象所生，非庖牺之所造也。而读易者咸以为庖牺之时，天未有八卦，恐失之矣。则孟氏亦以八卦非庖牺所造也。”乃臆度之辞。

作结绳而为网罟，以田以渔。《说文》云：“网，庖牺氏所结绳，以田以渔也。（据段本增“以田”二字，段依《广韵》及《太平御览补》）罔、网或加亡。”按虞氏曰：“离为目，巽为绳，目之重者为罟，故结绳为罟，坤二五之乾成离，巽为鱼，坤二称田，以罟取兽曰田，故取诸离也。”网乃罔之古字，后加亡为罔，《集解》及所引《虞氏易》皆无网字。网，唐石经、岳本、注疏诸本悉作罔。田，唐石经、岳本、注疏本多作佃字。作田者本字也，作佃者后起字也。《释文》云：“罟，音古，黄本作为网罟，云取兽曰网，取鱼曰罟。佃音田，本亦作田。”以《说文》推之。《孟氏易》作网罟，马本、张本无此条。沈本作以田以渔。今顺《说文》《集解》推之，补一句于上。

揉木为耒。《释文》云：“耒，力对反，京云：耜上句木也，《说文》云：耜曲木垂所作。”《说文》云：“耒，耕曲木也，从手推丰，古者垂作耒枱。”按耜曲木，即耕曲木也，义同。虞翻曰：“艮为小木，手以桡之，故揉木为耒，耒耜，耔器也。”沈祖绵曰：“枱耜字也，《说文》无耜字，枱为古文耜，《说文》枱，耒耑木也。从木台声。”是也。

耒耨之利，以教天下。《释文》云：“耨，鉏也，孟云：耘除草。”按虞翻曰：“耒耜，耔器也，巽为号令，乾为天，故以教天下。”虞氏解耒耜即所以释耨也，孟氏解为耘除草，意谓耒耨所以耘除草也，义得兼通。沈祖绵曰：“耒及耨，不能与孟氏互证，《说文》无耨字，即媷与槈也。薅，披艸也，从蓐好省声，槈，薅器也，从木辱声，耒耨之利之耨当从槈也。”其言孟虞不能互证，似非，余皆是。

刳木为舟，剡木为楫，舟楫之利，以济不通。《说文》：“舟，船也，古者共鼓货狄，刳木为舟，剡木为楫，以济不通。”按此从沈本增补。沈祖绵云：“《说文》虽未引易，而与系辞同。”因辑之，是也，今从之。

犕牛乘马。《说文》：“犕，易曰犕牛乘马。从牛葡声。”按犕，诸本悉作服，《玉篇》云：“犕，服也。以鞍装马也。”《集韵》谓犕通作服。《后汉书·皇甫嵩传》注：“犕，古服字。”《说文》：“服，用也，一曰车右騑，所以舟旋。”由是犕为本字正字，服可通用。虞翻曰：“否上之初也，否乾为马，为远坤为牛，为重……在马上，故乘马，巽为绳，绳束缚物在牛背上，故服牛。”可补《孟氏易》之佚。

重门击欜。《说文》云：“㯳，判也，从木㡿声。易曰重门击㯳。”又：“欜，夜行所击者，从木㯻声，易曰重门击欜。”按作欜者本字也，作㯳者借字也，今易作柝者㯳之隶变也。《释文》云：“柝，马云两木相击以行夜，《说文》作欜。”段氏注《说文》㯳曰：“欜下引易重门击欜，欜之本义也，引经言转注也，此引易击㯳者，欜之借字也，引经言假借也。易有异文，兼引之而六书明矣。”宋翔凤曰：“欜是正字，㯳是假藉。故《说文》两存之。”是也。详具于《周易异文考》，此不备载。

上栋下宇，以待风雨。《说文》：“宇，屋边也，从宀于声，易曰上栋下宇。”按虞氏曰：“艮为待，巽为风，兑为雨，乾为高，巽为长木，反在上为栋，震阳动起，故上栋；宇谓屋边也，兑泽动下为下宇，无妄之大壮，巽风不见，兑雨隔震，与乾绝体，故上栋下宇，以待风雨，盖取诸大壮者也。”斯说也，足与《孟氏易》互证矣。

古之葬者厚衣之以薪。《说文》：“葬，藏也，从死在茻中，一其中，易曰古之葬者厚衣之以薪。”又：“弔，问终也，从人弓，古之葬者厚衣之以薪，象人持弓会敺禽。”按虞翻曰：“巽为新，艮为厚，乾为衣，为野，乾象在中，故厚衣之以薪。……故取诸大过也。”虞氏明之以象数，言经文之所由。许氏说其字义，释字义之从来，两者备，而《孟氏易》在其中矣。沈祖绵曰：“以虞氏法证《说文》，义未合。”盖未深思也。一以明象数为主，一以释字义为重，安能一一相合也。

后世圣人易之以书契。《说文》云：“契，大约也，从大㓞声。易曰后世圣人易之以书契。”按虞翻曰：“后世圣人谓黄帝尧舜也，夬旁通剥，剥坤为书，兑为契，故易之以书契。”足以补《孟氏易》之佚，而阐《孟氏易》之幽旨。又按沈祖绵曰：“虞氏以象解书契字，孟氏家法然否，不可考矣。《九家易》曰：‘夬本坤世，下有伏乾，书之象也。上又见兑，契之象也。’似虞氏袭《九家易》也。”此不通之论也，《九家易》乃晋宋齐梁之间儒者集荀爽等九家之易学而成书者也。《释文序录》云：“不知何人所集，称荀爽者以为主故也，其序有荀爽、京房、马融、郑玄、宋衷、虞翻、陆绩、姚信、翟子玄。”是虞翻亦在九家之中也。称虞氏袭《九家易》文，倒本为末，以后为先，莫此为甚。且九家易注与虞注亦不相同。一以旁通为释，一主宫世以说，象义有别。不能同而一之也。沈氏误矣。

象也者象也。《释文》云：“众家并云像，拟也，孟京虞董姚还作象。”按是京虞董姚皆同宗孟氏。象亦即像也，谓拟像天地万物之情也。

天地壹壺万物化醇。《说文》：“壺，壹壺也，从凶从壶，壶不得渫也，易曰天地壹壺。”按壹壺，《集解》本同，余或作氤氲，或作絪缊。惠栋曰：“当从《说文》作壹壺，别作氤氲，又作絪缊并非。”段玉裁曰：“许据孟易作壹壺，乃其本字，他皆俗字也，许释之曰不得渫也者，谓元气浑然吉凶未分，故其字从吉凶在壶中会意。”是《说文》所引《孟氏易》及《集解》本皆用本字也，余悉用借字。虞翻曰：“天地壹壺，谓泰上也，先说否，否反成泰，故不说泰。天地交，万物通，故化醇。”足以相参研。又按沈祖绵曰：“虞氏注释泰否以否闭塞求合壶不得渫，未免穿凿。”非也，否之闭塞，即不得渫也。

杂而不越。《说文》：“越，逾也。从辵戉声。易曰杂而不越。”按越，诸本悉作越，二字音义皆同。《说文》云：“越，度也。”又：“逾，越也。”

夫易彰往察来，而微显阐幽。《说文》：“阐，开也，从门，单声，易曰阐幽。”按《文选·长笛赋》：“从容阐缓。”李善注引《苍颉篇》曰：“阐，开也。”虞翻曰：“神以知来，知以藏往，微者显之，谓从复成干，是察来也，阐者幽之，谓从姤之坤，是章往也，阳息出初，故开而当名。”马宗霍曰：“惠栋《周易述义》从虞氏而引《苍颉篇》阐开之训以申虞义，则与许合。”是也。然则沈氏以为虞氏与《说文》不合则非矣。

说卦传

幽赞于神明而生蓍。《说文》：“蓍，蒿属，生千岁，三百茎，易以为数，天子蓍九尺，诸侯七尺，大夫五尺，士三尺，从艸耆声。”按此释蓍字。《释文》引《说文》同。

参天网地而倚数。《说文》：“网，再也，从冂从从，易曰参天网地。”按网，诸本悉作两，盖后起字。《说文》所引《孟氏易》盖用其本字也。段玉裁曰：“网盖《孟氏易》如此。”《玉篇》曰：“网，今作两。”《广韵》云：“网，今通作两。”马宗霍曰：“洪适隶续所录《魏三体石经〈尚书〉残碑·吕刑篇》：‘有并两刑。’古文两作网。则此作网为易之古文无疑”，由是知作两者古文也。”虞翻曰：“倚，立；参，三也。谓分天象为三才，以地两之，立六画之数，故倚数也。”足与《许氏易》相发，皆可补《孟氏易》之佚。

燥万物者莫暵于离。《说文》：“暵，乾也耕暴丑曰暵，从日堇声。易曰燥万物者莫暵于离。”（大徐本）按诸本悉作燥万物者莫暵乎火。徐锴《说文》系传离作火，下接火，离也三字。段玉裁严可均並从之。皆无害于易义。雷浚《说文》引《经例辨》云：“许所据作莫暵于离，与终万物始万物者莫盛乎艮一例，盖别本也。”陈缘云：“许作离用孟喜本，成言乎艮，言艮不言山，故孟低作离。”今从之。《释文》云：“暵，王肃云呼但反，火气也，徐本作暵音汉云热，暵也，《说文》同。”盖暵后省作暵作熯者音义悉同。详见《汉易异文考》。

坤，顺也。《说文》云：“羌，西戎，羊种也，从羊儿，羊亦声。……西南僰人，焦侥从人，盖在坤地，坡有顺理之性。”按西南者坤之方也，故云盖在坤地，顺理者坤之性也，许氏以此释西南夷。沈祖绵曰：“《说文》以坤顺解羌字，非称本文也，亦可证坤顺之理。”其言以坤顺解羌字非也，实释西南僰人。

乾为龙。《释文》云：“龙，如字，虞干作駹，虞云苍色，干云杂色。”虞翻曰：“駹苍色，震东方，故为駹，旧读作龙，上已为龙非也。”按沈祖绵云：“虞氏所谓旧读即孟氏家法也，干宝文同而义异，虞氏改龙为駹先子（沈氏父沈竹礽）驳之曰（见《周易易解》卷十）：

虞氏此说，谓上已为龙，非也，然如乾为天，坤为地、震为雷，均上已为天为地为雷，亦均可谓之非也。乾为天，虞氏无注，至坤为地，震为雷，虞氏有注矣。先子之言，实足箴虞氏之膏肓也。”顺此推之，作龙为是，《孟氏易》当亦如此。

为专。《释文》云：“为专，本又作专，虞同。”马国翰据以补入。

为旳颡。《说文》：“旳，明也，从日勺声，易曰为旳颡。”又：“馰，白额也，从马旳省声。一曰骏也，易曰为馰颡。”又：“烺，望见火皃，从火艮声，读若馰颡之馰。”按今本多作的。《集解》本作旳，的即旳之俗体也。《释文》云：“旳，《说文》作馰。”《尔雅·释畜》云：“馰颡白颠。”《释文》本作旳，《玉篇》云：“馰颡或作旳。”盖二字音同义亦同。马宗霍以为本作旳，后乃造馰字以作为旳颡之旳。是也。虞氏曰：“旳，白，颡，额也。震体头在口上白故的颡，《诗》云‘有马白颠’是也。”足发《孟氏易》旨。

为阪生。《释文》云：“反生，虞作阪。”

为宣发。《释文》云：“寡发，本又作宣。”《集解》引虞作宣发。

为折上稾。《释文》云：“科，虞作折。”《集解》同。按以上三条马国朝辑入。

为狗。虞翻作为拘。云：“指屈伸制物，故为拘，拘旧作狗，上已为狗，字之误。”按沈氏以为旧作狗乃《孟氏易》，作拘则虞氏擅改师法。可备一说。

为黔喙。《说文》：“黔，黎也，从黑今声。秦谓民为黔首，谓黑色。周谓之黎民。易曰为黔喙。”按《古易音训》引晁氏谓“孟无之属二字”，验之《说文》，晁氏言然，然则今本衍之属二字。

为巫。《说文》：“祝，祭主赞辞者，从示从凡，一曰从兑省，易曰兑为口为巫。”按虞翻曰：“乾为神，兑为通，与神通气，女故为巫。兑为震声。故为口舌。可作《孟氏易》之说明。”

为羊。按虞氏作为羔。云：“羔，女使，皆取位贱，故为羔，旧读以震駹为龙，艮拘为狗，兑羔为羊。皆已见上，此为再出。非孔子意也。”沈祖绵谓，所谓旧读，孟氏家法也。然则孟氏盖作羊，可考而知也。又：《八卦逸象》、惠栋《易汉学》云：“虞仲翔传其家五世孟氏之易。八卦取象十倍于九家取象共三百三十。”马国翰以为漏略颇多，补之得四百六十八，再经张惠言徐昂之补，盖伙矣多哉。今归之于虞氏之中，不另著录，马氏则归于孟氏，今不从。

序卦传

有天地然后万物生焉。盈天地之间者唯万物，故受之以屯。屯者盈也，屯者物之始生也，物生必蒙，故受之以蒙，蒙者物之稚也，物稚不可不养也，故受之以需，需者饮食之道也，饮食必有讼，故受之以讼。阴阳养万物，必讼而成之，君臣养万民，亦讼而成之。（僧一行《易纂》引孟喜序卦，程迥《古占法》卷下，王应麟《困学纪闻》卷一）

临者大也，物大然后可观，故受之以观。《说文》云："相，省视也，从目木。易曰地可观者莫可观于木，《诗》曰'相鼠有皮。'"按虞翻曰："临反成观，二阳在上故可观也。"临之为卦下兑上坤，四至上亦互坤，临反为观，观卦下坤上巽；巽为木，初至四互坤，坤为地，故云地可观者莫可观于木。虞氏所谓二阳在上，则一阴在下；此巽也，巽为木，二阳在上，故可观也，即孟氏地可观者莫可观于木之义。虞氏之学，足以发孟氏之微。又按沈祖绵《周易孟氏学》云："此佚易也，《汉书·艺文志》孟喜京房十一篇中语也，或以为序卦传语，其文不类。"非也。沈氏未精研于象数，故每每致误，每每非孟非虞，而不知自非，过矣。谓孟氏此语为佚易，弗深思之过也，将此语辑入观卦卦辞之中，非矣，谓不类序卦传语，其文不类，而不知此乃序卦传之注语也，故其文不类经文，职是故也，古人之传注，皆简言以达旨，或示其微义，或表其妙旨，或发其未尽之义，或补其未足之语，或详其文之所由，或著其理之所从，莫不片言以居要，精语以得情。使读者一观即会意于言表，详研则符会于深衷。此古人章句传注之善也。即至后代，每变本加厉，踵事增华，繁文而不知节，复语而不知删，愈注愈繁，愈繁愈多，致有注片言，而有数万之语，理一念而载千百之思，卒使读者辄观而怯倦于精读，迅览而怠志于书卷；不亦悲夫，庄生所谓道将为天下裂，此其故欤。沈氏以未精研于象数，疏于博览广搜之功，短于资料之不足，故所著《周易孟氏学》，往往非孟非虞，非古人，非先贤，而不知反躬以得意，精思以得情，此其所以致误者乎！惟其著录搜研补遗之功，亦不可没也。

杂卦传

《释文》云："韩云杂糅众卦也。孟云乱也。"按虞翻云："杂卦者杂六十四卦以为义，其于序卦之外别言也。昔者圣人之兴，因时而作，随其时宜，不必皆相因袭，当有损益之意也，故归藏名卦之次，亦多异于时，王道踳駮，圣人之意或欲错综以济之，故次序卦以其杂也。"

（《正义》、《汉上易丛说》节引）孟氏解杂为乱，亦即杂糅纷乱，错综复杂之意，虞氏之言，足与之相印证。

丰多故，亲寡旅也。（补）《释文》："丰多故，众家以此绝句。"按《孟氏易》在陆德明撰《经典释文》时未亡，犹及见之，其言众家，则孟氏在其中可知也。虞翻曰："丰大，故多，旅，无容故亲寡，六十四卦皆先言卦乃道其指，至旅体离四焚弃之行，又在旅家故独先言亲寡，而后言旅。"斯言也，足以补《孟氏易》之佚。旅外卦为离，离九四𠫓（突，《说文》作𠫓）如其来如，焚如死如弃如，故云焚弃之灾。

八、《说文》对易辞之解说

《说文》对于易辞之解说，虽不可知其是否本于孟氏，然许氏既称引孟氏，则为孟氏一派之学者，沈祖绵尝辑其数字，今补二字，因从而述之焉，至于悔吝之吝，忆释于前，则不见焉。余可以类推者，亦不述焉。易，蜥易，蝘蜓，守宫也，象形。秘书说日月为易，象阴阳。一曰从勿。按：蜥易，蝘蜓皆善于脱变之物，捉其尾，则断其尾以逝，而更生尾。是善变者也，易即象其形也。变易者之一义，故易名从之。《参同契》云："日月为易、刚柔相当。"日者阳也，刚也，月者阴也，柔也。日月交变而岁成焉。亦有变易不易间易之义在其中。一曰从勿者，从旗勿之字，则以不易为易。

卦，所以筮也，从卜圭声。按筮所以得卦也，卦所以示人以吉凶也，筮而得卦，因明吉凶之道，故云所以筮也。《易大传》曰："蓍之德圆而神，卦德方以知。"此之谓也。蓍，筮所用也。

筮，易卦用蓍也，从竹𢍰。𢍰，古文筮字。按：蓍所以筮也，以五十根蓍草而筮得卦，因而知吉凶。

蓍，蒿属，生千岁三百茎，易以为数，天子蓍九尺，诸侯七尺，大夫五尺，士三尺，从艸耆声。按：占易者以蓍五十根（大衍之数五十）由分二象两，挂一象三，揲四象四时，再扐而卦，计十八变以求其数，而所求卦象可得，故曰：易以为数，蓍草为蒿之一类，乃神草也，千年乃有三百茎，是不易生之神物也，《尚书大传》云："蓍之为言耆也，百年一本生百茎。天子筮则用九尺之蓍，诸侯七尺，大夫五尺，士则用三尺。"见体三正记，《白虎通》《仪礼·特牲馈食》。（补）

爻，交也，象易六爻头交也。按：此释易之爻。《易大传》曰："爻也者效天下之动者也。"又曰："圣人有以见天下之动而观其会通以行其典礼，是故谓之爻。”盖圣人将天下一切动作云为寄之于六爻，以示人吉凶之占，而爻者即所以象此六爻头交也。

彖，豕走也。按段氏曰：“古人用彖字必系假借，而今失其说。”刘瓛曰：“彖者断也。”

𠧪，易卦之体也，《尚书》曰贞曰𠧪。按沈祖绵云：“𠧪与悔吝之悔，古异，𠧪从卜，悔从心，今《尚书》《左传》皆作悔，后人传写之误也。”段玉裁曰：“今《尚书》《左传》皆作悔，疑𠧪是壁中古文，孔安国以今文读之易为悔也。郑注《尚书》云：“悔之言晦，晦犹终也。”《左传》注内卦曰贞；外卦曰悔。是悔即古𠧪字也，外卦之称，故云卦之体也。后作悔者，乃字之讹。

贞，卜问也。按贞，今解为正，原为卜问之意，人解作正者，段氏引后郑云：“贞之为问，问于正者必先正之乃从问焉。”故引申为正之意。(补)

悔，悔恨也。从心每声。按此即悔吝之悔，与𠧪异。

第六章 《梁丘易》与汉熹平《周易》石经

——荣显之《梁丘易》

一、梁丘贺父子与《梁丘易》之传承

《汉书·儒林传》云："梁丘贺，字长翁，琅邪诸人也。以能心计为武骑，从太中大夫京房受易。房者辎川杨何弟子也，房出为齐郡太守，贺更事田王孙。宣帝时闻京房为易明，求其门人得贺，贺时为都司空，令坐事论免为庶人，待诏黄门，数人说，教侍中。以召贺，贺入说，上善之，以贺为郎，会八月饮酎行祠孝昭庙，先驱旄头剑挺堕墬，首垂泥中，刃乡乘舆车，马惊。于是召贺筮之，有兵谋不吉。上还，使有司待祠。是时，霍氏外孙代郡太守任宣，坐谋反诛，宣子章为公车丞，亡在渭城界中，夜玄服入庙，居郎间，执戟立庙门，待上至欲为逆，发觉伏诛。故事上常夜入庙，其后待明而人，自此始也。贺以筮有应，由是近幸，为太中大夫，给事中，至少府。为人小心周密，上信重之，年老终官，传子临，亦入说为黄门郎。甘露中，奉使问诸儒于石渠，临学精熟，专行京房法。琅邪王吉，通五经，闻临说善之。时宣帝送高材郎十人，从临讲，吉乃使其子郎中骏上疏从临受易。临传五鹿充宗君孟为少府，骏御史大夫，自有传。充宗授平陵士孙张仲方、沛鄧彭祖子夏、齐衡咸长宾。张为博士，至扬州牧光禄大夫给事中，家世传业。彭祖真定太傅。咸，王莽讲学大夫，由是梁丘有士孙鄧衡之学。"

夫小心周密，能心计，能推知患祸之兴，非文理密察，洁静精微而深于易者弗能为也。由是知贺于易学之造诣盖极深也。而通其道者，多为当代之通儒，为西汉之命官，至于东汉传春学者如张兴之伦，弟子著录，且万有余人，由是知其学之盛，其道之伟。

二、《梁丘易》之书及版本

《汉书·艺文志》载：《易经》十二篇，施孟梁丘三家，《章句》施孟丘各二篇。《释文·序录》云："永嘉之乱，施氏梁丘之易亡。"则梁丘之《章句》二篇及其十二篇《周易》之原文亡于西晋怀帝之时也。幸蔡邕所书汉熹平《周易》石经，用梁丘氏本，而经罗振玉、马衡、芳若、屈翼鹏诸氏之荟聚。乃有四千余字之《梁丘氏易》传世，吾人得据以考证《梁丘氏易》十二篇之文。至于其版本及著录，已见于本章第二节汉熹平《周易》石经之发现与著录之中，今不具载。至于辑《梁丘氏章句》者有清儒马国翰、《玉函山房辑佚丛书》、胡薇元《汉易十三家》二家耳。马氏据《释文》，苋，陆引三家音，洗心引石经二条，又考之《汉书·王莽传》、《宣元六王传》、《后汉书·范升传》、《蔡邕传》引易辑为一卷，余撰《梁丘易学阐微》，复补辑其易注十余条，复录屈万里《汉石经〈周易〉残字集证》而复《梁丘易》之原文。

三、梁丘氏易学之渊源

《汉书·儒林传》谓：梁丘贺从大中大夫京房受易，房者淄川杨何弟子，（非受易于焦延寿之京房）房出为齐郡太守，贺更事田王孙。由是知贺之易渊源于杨何弟子京房与田王孙。杨何受易于王同子中，《杨氏易》二篇于西汉初，立为博士。为当时之显学。田王孙受易于丁宽，丁宽作《易说》三万言，王同子中与丁宽皆受易于田何，田何为孔子六传弟子。是梁丘氏易学之渊源可知矣，以其能蕴两家之精华，故为西汉之显学，下逮于东汉，而著于石经，传于万古。复次汉石经有与《子夏传》同者。《子夏传》，诸儒之考证，多以为乃韩婴之易。而梁丘易学与同者。如谦作嗛，小畜月近望，旅卦齐斧及大有匪其旁皆同。是《梁丘易》与《子夏传》亦有关也。

四、汉熹平《周易》石经即《梁丘氏易》

罗振玉《汉熹平石经残字集录续补》（傅斯年图书馆有其书）尝著录山东图书馆所藏《周易》残石。正反二面共十八字见其中有"易经梁三字"而断定熹平石经为《梁丘氏易》。此后屈翼鹏先生又据张溥泉所藏五十二字中反面校记确定为《梁丘氏易》本。兹录此二石正反二面如下：

面　正

旋	近	六
元	望	比
吉	君	无

面　反

易	清	革
经	男	去
梁	之	故

面　正

二	左	从	吉	蒙
比	次	王	上	吝
之	无	事	六	六
自	咎	无	入	五
内	六	成	于	童
贞	五		穴	

面　反

养	盈	革	四	口
、	诸	、	童	施
孟	满	孟	牛	京
施	皆	施	之	氏
京	言	京	告	口
氏	盈	氏		

二氏之言当可确定，汉熹平《周易》残石即梁丘贺之易。盖“易经梁”者谓蔡邕书石经时所用《易经》之版本，乃梁丘贺之本也。下所脱之字当即丘氏，而校文中两出孟施京氏，而不及梁丘氏，则所用为梁丘贺之本也。盖后汉易学立于学官者，唯施孟梁丘京氏四家耳。其碑文中既言易经梁，校记中又云：“孟施京氏”而不及梁丘氏。则其所用为梁丘氏本当可无疑矣。校文中第一行“施京氏”上脱一字。以两引“孟施京氏”之句推之。知所脱一字即孟字也，又校文尚有一残碑，亦足佐证熹平石经为梁丘氏本。（已录于本章第六节中）此校言语训亦言及孟京氏与施而不及梁丘氏也。知所用为《梁丘氏易》也，故于校记中载三家之异同以资区别研讨也。由是知汉熹平《周易》石经即《梁丘氏易》也。

唯马叔平则谓熹平石经《周易》用京氏本。云：

“后汉博士十四人，《易》有施、孟、梁丘、京氏四家；《书》有欧阳、大小夏侯三家；《诗》有鲁齐韩三家；《礼》有大小戴二家；《春秋公羊》有严、颜二家。熹平石经之例，以一家为主，而著他家异同于后。《隶释》所录，《诗》有齐韩校记，是以鲁为主也。《公羊》有颜氏有无语，是以严为主也。《论语》有盍毛包周语，余曩校尧曰载残字，考为张侯论。包周皆习张俊《章句》，是亦以某氏为主，而著盍毛包周之异同也。然则《周易》亦于四家之中，以一家为主。而此一家果谁乎？以此石（家人至小过残石）证之。盖用京氏本也。陆氏谓坎，京刘作欿。又劓刖，京作劓刽。此本悉与京氏合，是用京氏本无疑矣。其碑未校记中，当著施孟梁丘之异同。如《诗》《公羊》《论语》之例，又可断言也。”（见马氏《汉熹平石经〈周易〉残字跋》，载于《古史辨》第三册。原载于民国十八年十二月二十日《北京大学图书部月刊》第一卷第二册）

又云：“近出《周易》残石，‘蹇卦大蹇朋来’之朋作崩。按蹇当作蹇。汉石经皆作蹇。困卦于“鼿甈”。作“劓刽”。按此系困上六爻辞。九五劓刖《释文》云京作劓刽。实与石经不同。说卦坎者水也之坎作欿，与《释文》所举京本合。又《释文》系辞下洗心条曰：‘京荀虞董张蜀才作先石经同。’既于四家之中，独举京氏，而又言石经与之同，是于上举诸证之外，又得一铁证矣。”（见马氏《从实验上窥见汉石经之一斑》，载于《度祝蔡元培先生六十五岁论文集》中）

以斯而论，马氏云熹平石经之例，以一家为主，而著他家异同于后，验之熹平《周易》时，《公羊》《论语》残石，与《隶释》所载诸文，真不刊之宏论也。惟以《周易》用京氏本，则非也。盖马氏未见山东图书馆所藏正反十八字残石，及二校记残石，所以致误也。此文献不足故也。足则马氏必能征之矣。屈翼鹏先生尝著《汉熹平石经〈周易〉为梁丘氏本考》一文，除定《周易》石经确为梁丘氏本外，又正马氏之失。其说云：“执欿、崩、劓刽及先五字，遽断汉石经《周易》为京氏本，证据实甚牵强。盖坎字《说文》亦作欿，而《说文》乃用《孟氏易》者，是前乎京房之孟喜，其坎字亦如此作。况《诗·伐檀》‘坎坎’字，汉石经亦作欿。此欿字不足为京氏本究极之证一也，石经朋作崩乃下经蹇卦九五爻辞‘大蹇朋来’（按汉石经蹇皆作蹇）之异文。而《京氏易》明作崩者乃上经复卦卦辞‘朋来无咎’之异文，两者迥非一事。况崩亦作朋（按此字误，屈先生以自正之），此崩字不足为京氏本究极之证二也。‘劓刽’二字见于熹平石经者，在困卦上六爻辞，此二字虞王诸本皆作‘鼿甈’；而《经典释文》所谓亦作劓刽者，乃谓九五爻辞‘劓刖’二字之异文（按劓，汉石经实作劓，劓不同）。两者之非一事，其情形与前述崩字同。此‘劓刽’二字不足为京氏本之证三也。至洗字作先，《释文》既著京氏，又著石经，适足以证石经非京氏本；不然，何庸复举，马氏之说，正得其反。此洗字不足为京氏本之证四也。且艮卦初六爻辞‘不拯其随’之拯，京氏作承。（按此见清宋咸熙所辑《吕氏古易音训》引晁氏说）而石经则作抍。《释文》于说卦传‘为吝’下云：‘京作遴’，而石经吝字皆作吝，无作遴者。凡此，又皆汉石经周易非京氏本之明证也。……后汉《周易》之列于学官者既施孟梁丘京四家，校记中既已出施孟京三家，则其主本必梁丘氏本，无疑。复证以山东图书馆藏石，其校记开首为‘易经梁’三字，知其语，当为‘易经梁丘氏’本之意，又必和无疑也。”

又其《汉石经〈周易〉残字集证》，亦从而证熹平《周易》石经之非《京氏易》，其说云：

今所见残字较多，更有四事，可证汉石经《周易》非京氏本。小畜上九“尚德载”，《吕氏古易音训》引晁氏云：“德，子夏作得，京虞翻同。”而汉石经残字象传云：“德积载也。”明汉石经往不作得一也。豫六三“盱豫悔”。盱，《释文》云：“京作汙。”而汉石经残字象传云：“疛豫有悔。”而汉石经作酢不作醋，三也。杂卦传谦轻而豫怠也。怠，《释文》云：“京作冶。”而汉石经残字作怠不作冶四也。系辞：“可与酬酢。”《释文》云：“京作醋。”

不特此也。革九五，大人虎变。熹平石经变作辩，而京作辨。《古易音训》引晁氏云：“变，京作辨不同。”而汉石经变皆作辩，其不同又一也。蹇卦，汉石经蹇皆蹇。《释文》云：“兑宫四世卦。”此引《京氏易》也，而不载京之异文，则京亦作蹇也。此其不同者又二也。家人九三妇子嘻嘻终吝。吝，汉石经作吝。朱震《汉上易传》引《京房易》，不载吝，京作遴，以此推之或当作遴。不然，则作吝。此其不同者又三也。丰，汉石经作丰，《释文》云：“坎宫五世卦。”此京氏之说也，而不云京氏作丰，是京氏亦作丰。此其不同者又五也。由上所说，又征之屈先生之文。足证汉石经非京氏之易，乃梁丘氏之易也。

五、汉熹平《周易》石经之镌刻与毁亡

汉石经刻于后汉灵帝熹平四年（公元175年）而成于灵帝光和六年（公元183年），《后汉书·蔡邕传》云：

“邕以经籍去圣久远，文字多谬，俗儒穿凿，疑误后学，熹平四年，乃与五官中郎将堂谿典，光禄大夫杨赐，谏议大夫马日磾，议郎张驯、韩说，太史令单飏等，奏求正定六经文字。灵帝许之。邕乃自书丹于碑，使工镌刻，立于太学门外。于是后儒晚学，咸取正焉。”

此谓熹平四年蔡邕等始奏求正定《六经》而邕乃自书丹于碑，因令工镌刻之也。凡八年余而后刻成。洪氏《隶释》卷十四云：“诸儒受诏在肤廓平，而碑成则在光和六年，所刻之经有《易》、《书》、《诗》、

《仪礼》、《春秋》、《公羊传》及《论语》七种。碑凡四十有六。(陆机《洛阳记》述汉石经原四十六碑，王国维《观堂集林》卷十六《魏石经考》，亦判定汉石经为四十六碑。张国淦《汉石经碑图》云：别有后记二)而易有四碑。据所刻之字为当时通行之隶书。及至汉献帝初平元年(公元190年)遭董卓之乱而石经遭厄。至陆机时其保全者惟十八碑耳。(陆机《洛阳记》谓毁二十八碑)后经永嘉之乱(晋怀帝五年公元311年)刘曜之焚毁二学。北魏延兴年间(公元471～475年)冯熙，常伯夫之毁石修庙，孝静帝武定四年(公元546年)之从邺没水，北周宣帝之徙回洛阳，隋文帝开皇六年(公元586年)之载入长安。已残破不全，中经隋末之乱至于唐已十不存一矣。(见《隋志》)历武后之乱，几全亡矣。易既在石经之中，则易石经亦必然亡殆尽矣，惟隋末之际，石经有拓本传世。至于易之拓本，《梁志》云有三卷，《隋志》云一卷，新旧《唐志》谓："今字石经，易篆(象)三卷。"

下经唐末及五代十国之乱，至于南北宋之际拓本亦陆续而亡矣。是汉熹平《周易》石经之碑文及其拓本，已泯灭无存矣。以上所述据屈翼鹏先生《汉石经〈周易〉残字集证》卷一，并考之史志以撰。

六、汉熹平《周易》石经之发现著录

唐李绰《尚书故实》，谓东都刱造防秋馆，穿掘多得蔡邕鸿都学所书石经，洛中人家，往往有之。宋张舜民《画墁录》卷一载：嘉祐中，得蔡邕《隶画论语》、《姚宽西溪丛语》卷上，方勺《泊宅篇》卷二及邵博《闻见后录》卷六，亦载得《尚书》《论语》《仪礼》《公羊》碑。皆未言及《周易》碑石之发现，其传刻或著录之拓本，据洪适《隶释》卷十四汉石经残字，亦无《周易》之拓本出现。直至民国十一年冬，洛阳乡民朱某于朱瘩疸村掘地得魏三字石经残石，自是出土浙多，始发现汉熹平《周易》石经之残碑，十二年徐森玉、马衡访古洛阳，得《周易》残字数块。十九年，朱瘩疸村复发现《周易》残碑一大段，凡九百七十余字。迄抗日战争前，诸家著录汉熹平《周易》石经者已达千字以上。逮抗战胜利后，国立中央大学图书馆接收南京泽存书库之书，屈翼鹏先生始于其中见"旧雨楼藏汉石经"拓本四册，而《周易》部分有残字三千有余。因见某书方若题籤，有旧雨楼之方印及天津博物院所出画刊，载方旧雨汉石经《仪礼》残石二段，而断定旧雨楼为方若之书斋名。后屈先生又得马衡(叔平)《汉石经集存》一书，合此二书，得《周易》残字四千四百余字，约占《周易》全书五分之一弱。因据之著《汉经〈周易〉残字集证》一书，以校其全文，并据张国淦《汉石经碑图》以推汉石经《周易》部分复原图。自是汉熹平《周易》石经始可窥其大概。屈先生汉熹平《周易》残石之贡献，可谓伟矣。今屈先生又证方氏书为伪，惟云伪之有据，故仍之。

至于著录汉熹平《周易》残石之书，则有马衡集拓新出《汉魏石经残字》四册，民国十七年集拓本，又《汉石经集存》二册，一九五七年影印本。罗振玉《汉熹平石经残字集录》一卷，《续编》一卷，民国十八年影印双钩本。又三编一卷补遗一卷，民国二十二年影印双钩本。吴宝炜集拓《汉魏石经残字》四册，民国十九年集拓本。文素松《汉熹平〈周易〉石经残碑录》一卷，民国十九年影印本。张国淦《汉石经碑图》一册，民国二十年排印本。方若旧雨楼藏《汉石经》七卷，集拓本（虽伪然有据）。屈翼鹏《汉魏石经残字附校录》三卷，民国二十三年山东省立图书馆集拓本。又《汉石经〈周易〉残字集证》一册，一九六一年十二月历史语言研究所影印本。以上书目据屈先生及余所见者而言。多半藏于傅斯年图书馆及“中央图书馆”。至于短编之文章，如马衡《从实验上窥见汉石经之一斑汉熹平〈周易〉残字跋》二文，钱玄同《读汉石经〈周易〉残字而论及今文易的篇数问题》，屈翼鹏《汉石经〈周易〉为梁丘氏本考》等不在此例。大致得马衡《汉石经集存》、张国淦《汉石经碑图》、屈翼鹏《汉石经〈周易〉残字集证》等书，即可研究汉熹平《周易》残石矣。

七、汉熹平《周易》石经之价值

汉熹平《周易》石经为吾国今存易学书籍中最古之刻本，吾人据之可考订西汉易学之概观，若再参之释文，晁说之《易诂训传》，吕祖谦《古易音训》（二书在清儒宋咸熙所辑《吕氏古易音训》中）及朱震《汉上易传丛说》，《卦图》乃至唐李鼎祚《周易集解》，《史征周易口决义》，清马国翰《玉函山房辑佚丛书》，张惠言《易义别录》，孙堂《汉魏二十一家易注》，黄奭《黄氏佚书考》诸书。则略可考知，西汉施，孟、梁丘、京氏诸家，易学之渊源，异同及其章句，训诂之权观与夫东西汉易学之演变及其对荀刘马郑虞陆姚王乃至干宝张璠诸易家之影响。又可考西汉《易经》之篇章次序，纠后世易家之错简，正诸家失误，杜郭京之妄，却先儒之疑。

（一）可止当时诸儒因章句异文不同之忿争

《后汉书》卷一百九上《儒林传序》云：“自安帝览政，薄于艺文，博士倚席不讲，朋徒相视怠散，学舍颓敝，鞠为园蔬。……顺帝感翟酺之言，乃更修黉宇。……自是游学增盛，至三万余生，然章句渐疏。而多以浮华相尚，儒者之风盖衰矣。党人既诛，其高名善士多坐流废，后遂至忿争，更相言告，亦有私行金货，定兰台漆书经字，以合其私文。熹平四年，灵旁乃诏诸儒正定五经刊于石碑。”

又卷一百八宦者《吕强传》云：“时宦者……汝阳李巡、北海赵祐等五人，称为清忠。皆在里巷，不争威权。巡以为诸博士试甲乙科，争第高下，更相告言，至有行赂定兰台漆书经字，以合其私文者，乃白帝，与诸儒共刻五经文于石。于是诏蔡邕等正其文字，自后五经一定，争者用息。”

又卷九十下《蔡邕传》云：“邕以经籍去圣久远，文字多谬。俗儒穿凿，疑误后学，熹平四年，奏求正定《六经》文字。……于是后儒晚学，咸取正焉。”

是刻石经者所以止诸儒之忿争，正俗儒之谬误，而为后儒之弘范也，尤以《周易》异文之多，为群经之冠，今一正之。则可杜俗儒之妄说，资万代之后学矣。是其于易之功，不可没也。

（二）可正易家诸本异文之失

汉熹平《周易》石经为《梁丘氏易》，梁丘贺学易于杨何弟子京房，后又学于丁宽弟子田王孙。而杨何学于王同子中，王同子中与丁宽皆田何弟子，而田何为孔子六传弟子。是梁丘贺之学有本有原、蕴二家之长。为当时易学之大宗师。其易既刊布于学官，为西汉之显学，东汉又刊之于石经，为众儒所取法。是其易学为当时之标准本也。今《释文》所载及《古易音训》所引诸家之异文，动盈百数，往往疑而不决，今得《梁丘氏易》，则千古之疑，因而解矣。如：

上系：有功而不德。《释文》云：“郑陆蜀才作置。郑云置当为德。”按《梁丘氏易》正作德。故宜作德为是。古文德似置，故诸本因而致误，得熹平《周易》石经可证郑康成之言然。而足匡诸本之失矣。

又负且乘，致寇至。《释文》云：“徐或作戎，宋衷云戎误。”按汉石经正作寇，宋氏之言是也。使无《周易》残石之出土，谁证宋氏之言然。

剥六三，剥无咎。唐石经、岳本、注疏诸本悉作剥之无咎。《释文》云：“一本作剥之无咎非。”《古易音训》云：“京刘荀爽一行皆无之字。”按汉石经正无之字。故知唐石经、岳本、注疏诸本悉误也。

上系：先心。注疏诸本作洗心。《释文》云：“京荀虞董张蜀才作先。”汉石经亦然。由是知注疏本作洗心者误。

上系：所乐而玩者爻之辞也。《释文》：“所乐，虞本作所变。玩，郑作翫。”按汉石经正作所乐而玩者爻之辞也。是虞郑二本，虽义得兼通，然与《梁氏易》不同也。

既济，三年克之惫也。《释文》云：“陆作备，云当为惫。”验之石经，陆氏之言是也。

又吉凶者言乎其得失也。按唐石经、《集解》、岳本、《周易本义》本及注疏诸本悉作失得。今见汉石经所用《梁丘氏易》作得失。是知诸本误也，诸本作失得义虽可通，然终不如作得失之顺也。

是得汉石经《梁丘易》本，可证后世诸易家之失。而足与先儒所言相印证。是熹平《周易》石经真值吾人珍贵也。

（三）可考定古易十二篇之真面目

《汉书·艺文志》载《易经》十二篇，施孟梁丘三家，师古注曰：“上下经及十翼，故十二篇。”此古易篇目之次序也。今以石经所存《梁丘易》残石考之，知十二篇者，上经一，下经二。彖上三彖下四，象上五，象下六，系辞上七，系辞下八，文言九，说卦十，序卦十一，杂卦十二。恰如师古所言十二篇之目。而其次序，则井然有序。此古易之真面目，孔子所嫡传，而西汉儒者所讲授者也。唯自费氏以十翼解说上下经，而荀爽、马融、郑康成诸氏承之，至于王辅嗣遂以彖、象、文言附于上下经，而成今易之篇次。由是千余年来，定于一尊，后学莫不从之，遂至今所见易较古易多彖曰、象曰、文言曰，共一千零二十字。宋儒欲恢复《周易》古本之序，至东莱吕氏而论定。今依《梁丘易》考之。吕氏祖谦所论定者，即古《周易》之篇次也。如不得熹平石经《梁丘氏易》，则不能证吕氏之言然，而古易之篇次，终不得而明矣。

（四）可正诸本章目之失

系辞传孔颖达疏云："诸儒所释上篇，所以分段次，下凡有一十二章，周氏云天尊地卑为第一章，圣人设卦观象为第二章，彖者言乎象者为第三章。……大衍之数为第八章，子在变化之道为第九章，天一地二为第十章，是故易有太极，为第十一章，子曰书不尽言为第十二章，马季长荀爽姚信等又分白茅章后，取负且乘为别章，成十三章，虞翻分为十章，合大衍之数并知变化之道共为一章。"以熹平《周易》残石考之，作十二章较洽。"唯天一地二"一小节，当并于大衍章之中。非章首也，第十章之章首宜以"子曰夫易何为者也，夫易冒天下之道如斯而已者也"，而第九章之起首则宜以"易有圣人之道四焉"为首。"子曰知变化之道者其知神之所为乎"宜从虞翻作为大衍章之结语。此详于《〈梁丘氏章句〉阐微》系上第七之中。此不具述。

（五）可定诸本之错简

《集解》、唐石经、岳本及注疏诸本皆以"天一地二"为一章之首，"大衍之数五十"为另章之首，朱子《周易本义》本程氏张氏之言，将"天一地二"一节连于"天数五至行鬼神也"一节之上，而下接以"大衍之数五十"并为一章。以汉石经《梁丘易》考之，皆非也，其次序宜以"大衍之数五十"为始至"再扐而后卦"，下接"天一地二"至"天九地十"，下接"天数五，地数五"直至"子曰知变化之道者其知神之所为乎"止。此系上之正文也。而诸本皆有错简。得此，两千年之惑尽除。

又说卦传八卦广象一章，诸本之次序为乾坤震巽坎离艮兑，今以张氏《汉石经碑图》考之，当以乾坤震坎巽艮离兑，三男在前，三女在后为次。是得此非特可知古易乃至西汉诸儒所传易学之真面目，亦可考诸家错简之所在，而回复易之本来面目，而释千古之疑也。

（六）可杜郭京《周易举正》之妄

郭京《周易举正序》谓其历代传授五经，于易讨究尤深，会得王辅嗣韩康伯手写注定传授真本，以比校当世流行本及国学乡贡诸本。因举正其谬误，凡一百三节，其书始著录于《崇文总目》，宋儒洪迈、李焘并以为信。晁公武、朱子乃至明儒来知德，尝引用其书，以为可信。惟赵汝楳诋其挟王韩之名，以更古文，王应麟据《后汉书》以证其改旅卦斯字为僻字之非，惠定宇作《九经古义》则直斥其妄，而《四库全书总目提要》则疑其出宋人依托。今以汉熹平《周易》残石校之。益知其以意改《易经》文，而托言得王韩手写本。惠定宇斥其妄是也。兹举经文十节，以证其以意改经文之非。如：

坤初六象曰："履霜坚冰。阴始凝也。"郭京《周易举正》云："阴始凝也上，误增坚冰字，履霜与坚冰时候异，不合相连。"因将坚冰二字除去。按汉熹平《周易》石经正有坚冰二字，此郭氏以意改经之妄一也。比九五象曰："显比之吉，位正中也。舍逆取顺，失前禽也。"郭京云："今本'舍逆取顺'一句，误在'失前禽'上。"因将二句调换。按汉熹平《周易》石经，正与今本同。知今本不误，此郭氏以意改经之妄二也。

泰六四象曰："翩翩不复，皆失实也。"郭京云："反误作失字。"因改为皆反实也。然汉石经正作皆失实也。此郭氏以意改经之妄三也。

蹇九三象曰："往蹇来反。"郭京云："经注（指王辅嗣注）象三正字并误作反。"因改为往蹇来正。按汉石经正作"来反"，盖反者返也。非正反之反。而郭氏不知反误，此郭氏以意改经之妄四也。

姤彖曰："姤，遇也，柔遇刚也，勿用取女，不可与长也。"郭氏曰："彖辞勿用取上脱女壮字。勿用取下误增女字。非但不背定本（指王韩手定本），审详六十四卦爻彖理例，误增误脱，亦甚昭晰可知。"因将经文改为"女壮勿作取，不可与长也。"按汉石经正作"勿用取女"。与郭氏所改殊异。知此乃郭氏之误。此郭氏以意改经文之妄五也。

萃彖："萃，聚也，利见大人亨。"聚以正也。郭氏以为脱利贞二字，改作："利见大人亨利贞，聚以正也。"云："审详之，脱亦明矣。"按汉石经正无利贞二字。此郭氏以意改经文之妄六也。

巽，重巽以申命。辅嗣注："命乃行也。"郭氏曰："谨按命乃行也。一句误入注，观文寻义，义亦相连，了不关注。"因将辅嗣注。"命乃行也"加入经文之中。按汉石经无"命乃行也"之句，知郭氏之言妄也。盖古人之诂训。皆简言以达旨者，辅嗣注命乃行也，正训："重巽以申命也，"郭氏不知古人诂训之义，而妄改经文。此其以意改经文之妄七也。

鼎，象也，以本巽火，亨饪也，圣人亨以享上帝，而大亨以养圣贤。郭氏曰："谨按经帝字下误增'而大亨'字。非但定本，且义理冗长误自明焉。"按汉石经正有"而大亨"三字。非特义不冗长。即理亦更昭晰也。而郭氏不明经理，辄以意妄改。此郭氏以意改经文之妄八也。

小过，过以利贞。与时行也，柔得中，是以小事吉也。郭氏曰："是以下脱可字，小事下，误增吉字。"因而改为："是以可小事也。"按汉石经正作"是以小事吉也。"与今本同，知今本不误而京氏误，此郭氏以意改经文之妄九也。

说卦：乾以君之。郭氏曰："谨按居字误作君字，夫子于此一节明八卦长养万物之功，无君臣父子之义。"因而改为"乾以居之"。按汉石经正作"乾以君之"。郭氏不明古书修辞有互见其义之例。因而妄改。此郭氏以意改经文之妄十也。

总此十妄，可知郭氏以意妄改经文，而托言得王韩之本，实则非也。其余增损改易经文之例。尚可从碑文之字数，与前后文之关系，推知其妄。汉熹平《周易》石经为梁丘氏之易，梁丘氏之易汉代立于学，为两汉之显学，乃孔子田何一脉之真传，为汉魏儒者所取法。辅嗣易本，多与同。(见本章《梁丘氏易》之影响)。

且早辅嗣二百余年，则其本弥足珍贵，由众例推之。知诸本不误。而郭氏有妄改之处。是汉熹平《周易》石经，可杜郭氏之妄，使郭氏而早阅此经，则必不敢臆改经文矣。

(七) 可却先儒之疑

宋儒蔡西河九峰父子疑杂卦：大过，颠也。姤，遇也，柔遇刚也。渐，女归待男行也。颐，养正也。既济，定也。归妹，女之终也。未济，男之穷也。夬，决也，刚决柔也，君子道长，小人道消也。(此从《集解》本，诸本消作忧。)一有错简，谓杂卦皆取反对之意。后八卦误，当改作：大过，颠也。颐，养正也。既济，定也。未济，男之穷也。归妹，女之终也。渐，女归待男行也。姤，遇也。柔遇刚也。夬决也，刚决柔也，君子道长，小人道忧也。而明儒来氏知德从之。今以石经考之。知杂卦之次序不误也。诸家疑有错简者非也。使蔡氏来氏而生今日，得见熹平《周易》石经则可释其疑而却其惑矣。

汉熹平《周易》石经在学术上，自有其不可磨灭之价值，今特就仆所知者言之耳。

八、梁丘氏易学之特色

梁丘氏之易学，渊源于杨何、丁宽，乃孔子一脉相传者也。杨何之易于西汉初年立为博士，最为显学，为司马迁父谈之业师。《儒林传》载丁宽受学于田何，读易精敏，学成，何谢宽，宽东归，何谓门人曰："易以东矣。"宽至雒阳，复从同学周王孙受古易。号《周氏传》，宽作《易说》三万言，训说举大义而已，梁丘贺得此二家之学，故于易极精，然尤精于杨何弟子京房所传之易。故《儒林传》称："宣帝时闻京房为易明，求其门人，得贺。"又云："临（贺子）学精熟，专行京房法。"是贺虽得两家之学，而稍偏于杨京也。至其特色，可得而言者。

（一）《梁丘氏易》为古易之嫡传

吾人从汉石经《周易》残石中，可知《梁丘易》为十二篇，其次序如前所述，此汉易口耳相传，而又笔之于书之原本《周易》篇次也。至费氏以十翼解易后，荀马郑宋及辅嗣从之，而古易之篇目已失，幸赖《梁丘易》之发现，吾人始知孔子嫡传之古易篇目，以此推之，梁丘氏之章句，亦必本此以释经。

（二）《梁丘易》之诂训简要易明

《汉志》载《梁丘章句》二篇。《儒林传》载丁宽训说，举大义而已，吾人从此推知梁丘之章句亦必举其大义。故仅二篇，其为说必易知易明也。吾人由《汉书·宣元六王传》，王骏引大遇初六"藉用白茅无咎"之训释，可知其诂训简要易明也。王骏受易于梁丘贺子临，乃传《梁丘易》者也。

（三）《梁丘易》之诂训归本于人事

吾人由《汉书·宣元六王传》，王骏引"易曰藉用白茅无咎。言臣子之道，改过自新，洁己以承上，然后免于咎也。"推知梁丘氏之易，乃归本于人事也。

（四）《梁丘易》长于卜筮

据《汉书·儒林传·梁丘贺传》载："会八月饮酎，行祠孝昭庙，先驱旄头剑挺堕坠，首垂泥中，刃乡乘舆车，马惊，于是召贺筮之，有兵谋，不吉，上还……宣子章为公车丞，亡在渭城界中，夜玄服入庙居郎间，执戟立庙门，待上至，欲为逆，发觉。伏诛。……贺以筮有应，由是近幸。"知《梁丘易》长于卜筮，而且筮而有应，能推知人事之祸福也。

（五）《梁丘易》兼融今古文

《汉书·艺文志》云："易为筮卜之书，传者不绝，汉兴，田何传之，讫于宣元，有施孟梁丘京氏列于学官，而民间有费高二家之说，刘向以中古文《易经》校施孟梁丘经，或脱去无咎悔亡。唯费氏经与古文同。"不云《梁丘易》与古文同，则《梁丘易》为今文也明矣。然吾人详审汉石经《梁丘易》，亦含有古文在内。如：遘，唐石经、岳本、注疏本悉作姤。《释文》云："姤，薛云古文作遘。"而《梁丘易》正作遘，合于古文。否六二，大人不亨。不乱群也。按大人不亨，诸本悉作大人否亨。《吕氏古易音训》于遁卦九四小人否引晁氏曰："徐疾读为然否。按古文作不字。"是作不字者古文也，而《梁丘易》否卦以不为否，是其合于古文者也。

中孚，中心也。诸本願悉作愿。清儒以为願字古文。

屯象曰："虽般桓，志行正也。"按唐石经、岳本、《周易本义》及注疏诸本般悉作磐。《吕氏古易音训》引晁氏云："古文作般。"是《梁丘氏易》亦有合于古文者也。

师，长子率师。率，诸本多作帅，段玉裁《说文》注云："率与帅，古多通用，如《周礼·乐师》，故书帅为率，聘礼，古文帅皆作率。"是作率者古文也。

是《梁丘氏易》虽今文本，亦颇多合于古文者也。是其易兼融今古文。真值吾人珍贵也。

(六)《梁丘易》有用假借字以著易文者

夫声与义同源，故同音之字，义即相近。故段玉裁尝云："凡同声多同义。"刘申叔（师培）先生云："古代同音之字，义即相同。"而太炎先生亦云："语根相同之字，声必相近，义必相通。"夫义相通，故转注之用宏矣；声相近，故假借之法兴焉，假借者，始于本无其字，依声托事也，及其后也，既有其字矣，以声相近，或相同故，亦多用假借以明之。至于后代，甚有以讹字，而自冒于假借者。此假借之三变也。吾人详察汉熹平《周易》石经，知梁丘氏之易，有以假借字，以通易者。吾人从其四千余字残石中可推知。如：

系上：所乐而玩者肴之辞也。六吝之义易以工。说卦发挥于刚柔而生肴。六爻之爻或作肴或作吝，盖假借也。按《说文》云："爻，交也，象易六爻头交也。"肴，《说文》云："啖也。"《玉篇》云："俎实。"《广韵》云："凡非谷而食曰肴。"谷即吝也。吝，《说文》云："恨也，又惜也。"

六爻之爻当作爻，而乃以啖食之肴代之，此借肴为爻也。至于作吝者，盖吝之讹也。是以屈翼鹏云："汉石经吝字作吝，爻作肴，此作吝者，盖肴之讹。"是也。

文言：臣试其君，子试其父。则假试为弑之弑也。按试，《说文》云："用也。"《广雅》云："尝也。"弑者以下杀上也。而乃假试用之试为之。是假借也。

系上：辩化见矣。刚柔相推而生辩化。通辩之谓事。辩通莫大乎四时。叁伍以辩，以动者尚其辩。通其辩遂成天地之文。拟议以成其辩化。

革九五，大人虎辩，上六，君子豹辩。

凡此皆以辩为变化之变。变与辩，声既相同，义亦相近，至若变化之变。当以变为正也，辩别之辩，则当以辩为正。石经"辩吉凶者存乎辞。"辩别之辩作辩，而变化之变亦作辩，明以辩为变者假借也。余如上系在地成刑。刑乃谓之器，拟诸其刑容，则假刑罚刑之刑为形容之形也。按刑与刑同。刑，《说文》云："刭也，从刀幵声。"《玉篇》云："罚总名也。"刑，《集韵》云："与刑同。"《说文》云："罚辠也。国之刑罚也，从井刀。"形，《说文》云："形象也。"《释名》云："形有形象之异也。”《玉篇》云：“形容也。”是皆用假借也。

又：如升卦九二孚乃利瀹。则假瀹为禴也。

又如系辞上：雈鸣在阴。其子和之。则以雈为鹤也。余从此类推。是《梁丘易》实多假借字也。

（七）《梁丘易》为隶体之字

夫汉熹平石经以隶书书写，故其字，往往有与今不同者。此隶体之字也。如失作先。屯作乇。寡作寡。吝作吝。……皆隶书也。故吾人研究《梁丘易》须知隶书。

（八）《梁丘易》有并二字为一字者

吾人读汉熹平《周易》石经《大衍》章，知《梁丘易》二十作廿，三十作卅，四十作卌。此并二字为一字也。

九、《梁丘氏易》之影响

《梁丘氏易》在当时既立于学官，为天下之显学，其再传弟子如五鹿充宗、王骏皆一时之大师。弟子众多。逮于东汉，其学犹兴盛未已。《后汉书·儒林传》称张兴习《梁丘易》以教授。声称著闻，弟子自远至者，著录且万人，为梁丘家宗，足知梁丘易学极盛于两汉，故诸儒传易，多有受其影响者，今可得而述者如：

（一）京房易学与《梁丘易》相同者

《汉书》有两京房，一则杨何弟子，梁丘贺之师，官至大中大夫；一则焦延寿弟子，本姓李，吹律自定为京氏，字君明，东郡顿邱人。《汉书·儒林传》称京房受易梁人焦延寿，延寿云尝从孟喜问易。则此京房为孟喜再传弟子。喜与梁丘同学于田王孙，则其学必有相近者也。今考《京房易》，有与梁丘相同者。如嗛六四，无不利挥嗛。《吕氏音训》云：“晁氏曰京作挥。”

系上：圣人有以见天下之啧。啧，京房同，见《释文》。

又六爻之义易以工。《释文》云：“贡，京陆虞作工。”

剥六三，剥无咎。六四，剥床以簠。京房同。

鼎九四，其刑剭。京房同，

系上：再扐而后卦。圣人以此先心。辩吉凶者存乎辞。京房皆同。

由是可知《梁丘易》在当时既为显学，京房自必受其影响也无疑。

（二）马融、郑玄之易与《梁丘易》相同者

马融尝再入东观校书，其必见《梁丘易》无疑，而郑玄为其弟子。亦必受其影响，今见马郑之易与梁丘同者。如艮六二不拼其随。《汉上易传》引马融亦作拼。渐，饮食衎衎。《释文》：“衎，马云饶衎。”遘，《释文》云：“古文作遘，郑同。”萃初六，一握为笑。履，视履考详。郑同。

（三）荀悦、荀爽、荀九家与《梁丘易》相同者

荀悦、荀爽、荀九家之易有与梁丘同者。如：

鼎，九四，鼎折足，覆公涑，其刑剭。《吕氏古易音训》引晁氏云：“形，九家、京荀虞作刑。”又云：“渥，九家、京上虞作剭。”

艮初六，艮其止。《释文》云：“止，荀作止。”

剥六三，剥无咎。荀爽同。

系上：圣人以此先心。《释文》云：“京荀虞董张蜀才作先，石经同。”

随，官有渝。《古易音训》云：“晁氏曰九家作官。”

（四）刘表、虞、翻、陆绩、翟元、一行与《梁丘易》同者

刘表、虞、翻、陆绩、一行与梁丘同者，如：

小畜，月近望。《古易音训》云：“京、刘、一行作近。”

剥，剥无咎。《古易音训》云：“京、刘、一行皆无之字。”

系上：六爻之义易以工。《释文》云：“京、陆、虞作工。”

泰卦，包荒，否卦，包羞。翟元、虞翻、荀爽同。

旅，得其齐斧。《释文》云：“《子夏传》及众家并作齐斧。”虞翻同。

（五）王肃、王弼、韩康伯、孔颖达、史征、李鼎祚诸家与《梁丘易》同者

梁丘之易虽早亡于永嘉之乱。然王肃、王弼诸儒犹及见之，熹平古经虽亡于唐代，然其拓本至宋始尽唐初诸儒或犹及见之。故吾人今日究易，犹及见诸儒传易多与梁丘氏学有关。尤以王辅嗣、韩康伯本《周易》注，其与梁丘氏同者十之八九。孔颖达之疏本之，故其疏亦必不背《梁丘氏易》。史征作《周易口决义》，李鼎祚作《周易集解》，虽不能证其亲见梁丘氏本。然其广收汉易，必有得乎间接之资料。今兹举其一二略示其相同之迹。如：

乾，九二，见龙在田，利见大人。九三，君子终日乾乾。九四，或跃在洲，无咎。九五，飞龙在天。上九，亢龙有悔，用九见群龙无首吉。按吾人今日犹可考见《梁丘易》本如此作。而王弼、史征、李鼎祚之书悉如此作。是其言亦或取资于《梁丘易》也。孟喜作忼。诸儒不从孟而从梁丘，不能证诸儒与《梁丘易》无关也。

一阴一阳谓之道，继之者善也，成之者性也，仁者见之谓之仁，知者见之谓之知。百姓日用而不知，故君子之道鲜矣。按此韩康伯、李鼎祚悉同汉石经。余如：

随象：“君子以乡晦入宴息。”按《释文》云：“王肃本作乡。”是与梁丘同也。

屯象：“君子以经纶。”泰卦，包荒，否卦，包羞。王弼本，史征本全同，李鼎祚《集解》唯“纶作论”不同。余全同。

是《梁丘易》影响于后儒者至钜，吾人今日犹略可考而知也。生活自适其性贵人不若平民峨冠大带之人，一旦睹轻簑小笠飘飘然逸也，未必不动其咨嗟。长筵广席之豪，一旦遇疏簾净几悠悠焉静也，未必不增其绻恋。人奈何驱以火牛，诱以风马，而不思自适其性哉。

十、《周易梁丘氏章句》阐微

凡例：

1. 本章根据马国翰辑《周易梁丘章句》与汉熹平《周易》石经残字辑录。

2. 本章之篇次，依照古易之次序，与《汉志》所载《易经》十二篇及宋儒吕祖谦所定古易之篇次同。即依上经第一，下经第二，上彖第三，下彖第四，上象第五，下象第六，上系第七，下系第八，文言第九，说卦第十，序卦第十一，杂卦第十二之次也。

3. 汉熹平《周易》石经虽仅四千四百余字，然吾人可由彖辞以推卦辞小象，象辞以推爻辞，而与今存易本相参验，而得其全貌，此已具于第三章，今唯据石经及马本，略阐释之耳。

4. 汉《周易》石经用隶书书写，本章为便于书写印刷，多变成今体字，其中亦耦有简单之隶书体存焉，以为一隅之举耳。

5. 本章凡作引号（“”）之处，即指今存石经经文。

6. 凡阐释字句者，亦略加按语以说明之。

上经第一

乾䷀。九二，见龙在田，利见大人。九三，君子终日乾乾，夕惕若厉无咎。九四，或跃在洲无咎。九五，飞龙在天，利见大人。上九，亢龙有悔。用“九见群龙无首吉”。按九二至上九爻辞，据文言、系辞上推知。以后仿此，不另著录，汉石经凡吉利之吉皆作吉，从土口。与今体异。此或隶书之体也。

“巛䷁”。初六，履霜坚冰至。六二，直方大，不习无不利，六三，含章可贞，或从王事，无成有终。六四，括囊“无咎无譬六”。六五“黄裳”元吉。按初六至六三之爻辞，可由文言推知，以后仿此，不另著录。（如从下彖家人至未既之彖辞中，可推知其卦辞。）汉熹平《周易》石经凡坤字皆作巛。此乃当时隶书之体也。

“乇䷂”。按汉熹平《周易》石经凡屯卦之屯皆作乇，此亦隶书之体。屯卦初九至上六之爻辞，从上象中可推知，此不具述。

蒙䷃。亨，匪我求童蒙，童蒙来求我。按蔡邕处士图叔则碑有“童蒙来求我”之句。《后汉书·蔡邕传》谓邕于熹平四年秦求正定五经文字，灵帝许之。邕乃自书丹于碑。据此则汉石经为邕所书，则其引易亦必同，兹据马国翰辑本补入。《释文》云：“童蒙求我，一本作来求我。”《集解》及所引《虞翻易》、唐石经、岳本、注疏诸本、《周易本义》本及张国淦《汉石经碑图》，屈翼鹏先生《汉石经〈周易〉残字集证》（以下简称《汉易残字集证》），皆作“童蒙求我”。

初筮吉，再三渎，渎则“不吉”。按：本、唐石经、岳本悉作“不告”，汉石经作“不吉”。初筮告，诸本悉同今据“渎则不吉”推之汉石经或宜作“初筮吉”。吉告古双声，或以假借言之，亦或年代久远缺一画。然作吉于义亦通。不作不者隶书之体也。后仿此，汉石经多如此。

六四，困“蒙吝六五童”蒙吉。按汉石经吝作吝，盖隶书之体。

上九，不利为寇，利用御寇。按此蔡邕《明堂论》所引，《集解》及所引虞翻、唐石经、岳本、朱子《周易本义》、《汉石经碑图》、《汉易残字集证》悉无“用”字。又按初至三爻辞，可据上象推知。

需䷄。有孚光“亨贞吉，利”涉大川。“初九”，需于郊，利用恒，无咎。九五，需于酒食贞“吉。上六，入于穴”，有不速之客三人来，敬之终吉。按屈先生疑汉石经无“终”字，谓唐石经及今本衍一字。需卦爻辞皆可据上象推知。

讼䷅。有孚“懫，惕中吉，终凶。”利见大人，“不”利涉大川。按懫字仅半体，马衡《汉石经集存》以为懫字。今本、唐石经、岳本悉作窒。《释文》云：“窒，马作咥，读为踬，犹止也。”盖懫窒咥音同，皆有止意。六三，食旧德，贞万终吉，或“从王事，无成”。“九五，讼元吉。上九，或锡”之鞶带。按讼卦初至上爻辞据此及上象可推知。

师䷆。六四，师“左次，无咎。六”五，田有禽，利执言，无咎，长子帅“师弟子舆尸”，贞“凶。上六，大君”有命，开国承家，小人勿用。按初四、五上之爻辞悉可据上象推知。

比䷇。六“二，比之自内，贞”吉。六四，外比“之贞吉。九五”，显比，王用“三驱”，失前禽，邑人不诫，吉。上“六，比无”首，凶。按唐石经、今本、岳本及其他诸本悉作“比之无首”，汉石经少一之字，文势更简捷，此或为古易之存于汉者，当从之。三四五上爻辞据此与象上可全部推知。

小畜䷈。九五，有“孚挛如，富”以其邻。上九，“既雨既”处，尚德载，妇“贞”厉，月“近望，君”子征凶。按《释文》云：“几，《子夏传》作近。”唐石经、岳本、注疏诸本悉作“几”，汉石经与《子夏传》同作近。几近双声义同。见《汉易异文考》。三四五上爻辞可据上象补。

履☰。九四，“履虎尾”，愬愬终吉。九五，“夬履贞”厉。上九，视履“考”祥，其“旋元吉”。按六三爻辞据上象可推知。

泰☷。九三，无平不陂，无往不履，艰贞无咎，勿恤“其孚于”食有福。“六四”，翩“翩不”富以其邻，不戒“叺”孚。按汉石经字多作叺。初至四爻辞据上象可以全部推知。

否☰。六二，包“承小人”，吉，大人“否亨。六三”，包羞。九四，有命无咎“畴离”祉。按据此与上象可推知初至五之爻辞。

同人☰。同“人于野”亨。九“三”，伏戎于，“䒞升其高陵”。按汉石经莽字多作䒞，其字多作其。九四，乘其墉，“弗”克攻。按据此与上象可推知初至五之爻辞。

大有☲。“大有元”亨。九三，公用亨于“天子，小人弗克”。按据此与上象可推知初至四之爻辞。

谦☷。嗛，六“五，不富以其邻”利用侵伐，无不利。按据此与上象上系可推知初至五之爻辞。

豫☳。豫，上“六，冥豫成有渝”。按据此与上象上系可推知初二、三上之爻辞。

随☱。随，上“六，拘系之，乃从维”之，王用亨于西山。按据上象可推知初与二之爻辞。

蛊☶。蛊，六四，“裕父之蛊，往见”吝。六五，幹父之蛊”用誉。“上九，不”事王侯，高尚其事。

临䷒。监，上六，敦“临吉，无咎”。

观䷓。观盥而不荐，有孚顒若。六四，观“国之”光。

噬嗑䷔。噬嗑，亨利“用狱。初六，履校戚止无咎。六二，噬肤”戚鼻无咎。六“五，噬”乾肉。按汉石经噬作噬，灭作戚，趾作止。《释文》云：“灭止，本亦作趾。趾，足也。”止趾，古今字。噬隶体噬字。戚，古灭字，《说文》云：“戚，灭也。”《集解》及所引虞翻干宝之易，唐石经、岳本、《周易本义》及注疏诸本三字悉作噬。灭，止。

贲䷕。亨小利贞，有攸往。初九，贲其趾，舍“轝而徒六二贲其须。九五，贲如濡如“永贞吉”。按轝即车字，汉石经车多作轝，即舆之本字。亨小利贞，唐石经如此，贞字添注旁侧，《集解》、岳本及注疏诸本悉作亨，小利有攸往，屈先生疑汉石经无“小贞”二字，则作“贲亨利有攸往”，似较洽，当从之。

剥䷖。六二，剥床以辨，蔑“贞，凶。六三，剥无咎。六四，剥床以簠，凶。”按唐石经、岳本及注疏诸本“剥无咎”悉作“剥之无咎”，剥床以簠，簠悉作肤。《释文》作“剥无咎”，与汉石经同。云：“六三，剥无咎，一本作剥之无咎非”以肤。京作簠谓祭器。是诸本多一之字，非也，当从汉石经及《释文》。

复䷗。六三，频复厉无咎。六四，中行独复。按汉石经厉多作厉，盖隶书也。后仿此。

无妄䷘。马国翰辑《周易梁丘氏章句》，所蔡邕《和熹邓后谥议》：“消无妄之运者也”。因作无妄。云：“三家经，今文作无。”按此引证之例以无为无也，非经文如此，汉石经无皆作无。

大畜䷙。六二，不耕获，不菑畬，则利“有”攸往。六四，童牛之告。按六四一句据后面校语补。

大过䷛。初六，藉用白茅无咎。言臣子之道，改过自新，素己以承上，然后免于咎也。（马国翰辑本据《汉书·宣元六王传·王骏》引易）按骏传《梁丘易》，其释易或本师说，故马氏录之。据上系亦可推知初六爻辞。

下经第二

遁䷠。初六，遁尾，厉“勿”用有攸往。

大壮䷡。九三，小“人”用壮，君子用罔，贞厉。

晋䷢。初六，“晋如”崔如，贞吉。

明夷䷣。利“艰贞”。

家人䷤。九三，家人嗃嗃，悔厉吉，妇子嘻嘻终吝。六四，富家大吉。九五，王假有家，勿恤吉。上九，有孚威如终吉。

睽“䷥。睽，小事”吉。六三，见舆曳，其人天且劓。无初有终。九四，睽孤，遇元夫，交孚厉无咎。六五，悔亡，厥宗噬膚，往何咎。上九，睽孤，见豕负塗，载鬼一车。按汉石经厥多作厥，盖隶体字也。

蹇䷦。初六，往蹇“来誉。六二，王臣蹇蹇，匪躬之故。九三，往蹇来反。六四，往蹇来连。九五，大蹇崩来。上六，往蹇”来硕，吉。按汉石经蹇作蹇，来作来，朋作崩。与唐石经、《集解》、岳本及注疏诸本异。

解䷧。六三，“负且乘，致塞寇至，贞吝”。九四，解而拇朋至斯字。六五，君子维有解吉，有孚于小人。按汉石经乘作乘，朋作朋，斯作斯。又按据上系亦可推知六三爻辞及其精义。

损䷨。初九，已事遄往“无咎，酌损之。九二，利贞征凶，弗损益之。六三，三人行则损一人，一人行则得其友。”上九，得臣无家。按行作行，则作則者隶书之体也。后仿此。马国翰据蔡邕《答诏问灾异》八事辑“得臣无家”一条，系于益卦，非也，此句实在损卦，今正之。

《汉书》引易无皆作无，非易之原文。今乃作无。

益䷩。“益，利用攸往，利涉大川。初九，利用为大作，元吉，无咎。六二，或益之十朋之龟”，弗克达。九五，有孚“惠心，勿问元吉，有孚惠我德。上九，莫益之或系之，立心勿恒，凶。”按汉石经作多作伂。

夬“䷪。夬，扬于”王庭。九三，壮于頄有凶，君“子夬夬独行遇雨，若濡有愠无咎。九四，臀无肤，其行次且，牵羊悔亡闻”。言不信。九五，苋陆夬夬。按汉石经牵作牽，悔作悔，凡忄旁字皆作忄，盖隶书也。《释文》云：“苋，三家音胡练反。”马国翰据以补入。所谓三家者施孟梁丘也。三家同师田王孙，故其读音字句同。

姤䷫。遘，九“二，包有鱼，无咎不利宝。九三，臀无肤，其行次且，厉无大咎。九四，包无鱼”起凶。按姤，汉石经作遘，见下象。

萃䷬。初六，有孚不“终，乃乱乃萃，若号，一握为笑。勿恤往无咎。六五，引吉无咎，孚乃利”用沦。按汉石经笑作芺，禴作瀹。

升䷭。元亨用“见大人，勿恤，南征吉。初六，允升大吉。九二，孚乃利瀹，无咎。”按利瀹，《集解》及所引虞干之易，唐石经、岳本、注疏诸本悉作“利用禴”。汉石经以瀹为禴者假借也，详见《汉易异文考》。

困䷮。初六，臀困于株木，“入于幽谷，三岁不觌。九二，困于酒食，朱绂方来利用亨祀，征”凶，无咎。上六，困于葛藟，于劓刽。曰动悔有悔征吉。”按《释文》云：“亨祀，许两反。”唐石经亦作享祀。享，音许两反，此作亨者二字古可通用也。唐石经、集训本、岳本、注疏诸本于劓刽悉作臲卼。盖皆有危险义，义得兼通。

井䷯。改邑不必井无”丧无得。九三，井渫不食为我心恻，可用汲，王明，并受“其福。六四，井甃无咎。九五，井洌寒泉食。上六，井收勿幕。”

革䷰。九四，有孚改命吉。九五，大人虎辩未占有孚。上六，君子豹辩小人革”面。按汉石经变皆作辩。

鼎䷱。九三，鼎耳革，其行塞，雉膏不食，方雨“亏悔，终吉。九四，鼎折足，覆公餗，其荆剭，凶。六五，鼎”黄耳。按荆即刑也，荆剭，《集解》本及所引虞翻易作刑渥。唐石经、岳本、注疏诸本悉作形渥。清宋咸熙辑《吕氏古易音训》云：“晁氏云形，九家、京、荀悦、虞作荆。渥，九家京虞作剭，薛云古文作渥。”《释文》云：“形，渥郑作剭，音屋。”

震䷲。六二，震来厉，亿丧贝，“跻九陵，勿逐七日得。六三，震苏苏，震行无省。”按“跻九陵”，诸本悉作“跻于九陵”。无省，诸本悉作无眚。详《汉易异文考》。

艮䷳。初“六，艮其止，无咎，利永贞。六二，艮其腓，不抍”其随。按止，诸本悉作趾。《释文》云：“趾，荀作止”。二字盖古今字也。诸本悉作拯。《吕氏古易音训》曰：“晁氏云孟京王陆绩皆作承，一行作抍。”抍拯承三字音近义得兼通，详见《汉易异文考》。

渐䷴。初六，鸿渐于干，小子厉有言无“咎。六二，鸿渐于般，饮食衎衎吉。九三，鸿渐”于陆。诸本鸿悉作鸿。二字古今字。般即般之隶体，诸本悉作磐，音同可通假。衎衎，诸本悉作衎衎。《释文》引马融云：“饶衍。”是义得相通。

归“昧䷵。征凶，无攸利。初九，归昧以娣𡋃能履正”，吉。上六，女承筐“无实”，士“刲羊无血，无攸利。”按昧，诸本悉作妹，此作昧，盖以同音通假也。𡋃诸本悉作跛。音及义悉同。详《汉易异文考》。

豊䷶。亨王假之。九三，丰其沛，日中见沬，折其右肱，无咎。九四，丰其蔀，日“中见”斗，遇其“夷主吉。六五，来章有庆誉吉。”按丰诸本悉作丰。《释文》云：“依字作丰，今并三直书，犹是变体。若曲下作豆者礼字耳，非也，世人乱之久矣。”是石经作豊者乃蔡氏之误也。马衡《汉石经集存》云：“今碑正作曲下豆，无怪李阳冰有蔡中郎以丰同豊之讥也。”是当从诸本作丰。

旅☲☶。九“三，旅焚”其次，丧其“童仆贞”厉。九四，旅“于处得其齐斧我心”不快。按齐斧诸本悉作资斧。《释文》云：《子夏传》及众家并作齐斧，”蔡邕《黄钺铭》：“齐斧罔设。”《太尉桥公碑》亦有齐斧。是汉易多作齐斧也。详《汉易异文考》。据下象可推知六五爻辞。

巽☴☴。利用见大人。初六，进退利武人“之贞。九二”巽在床下，“用史巫”纷若，吉无咎。九三，“颠巽吝。六四”，悔亡。上九，巽在床下，丧其齐斧。按利用见大人，据后面校语推知，盖震后有利见大人，唯巽卦耳。故据以补入。颠诸本悉作频。详见《汉易异文考》。颠巽者不正之逊也，故吝矣。“丧其齐斧”马国翰本据《汉书·王莽传》补入，应劭注云：“齐利也。”据下象推知三至上之爻辞。

兑☱☱。初九，和兑“吉。九二，孚兑吉”悔亡。九四，商兑未宁，介“疾有熹。九五”，孚于剥。按熹诸本悉作喜。二字音义相近，故可通用。据此与下象可推知四至上之爻辞。

涣☴☵。六四，涣“其群无吉涣有丘。”九五，涣汗其大号，涣王居“无咎。上九”，涣其血。据下象可推知初六爻辞。

节☵☱。九五，甘“节吉，往有尚。上”六，苦节，贞凶。按据下象可推知初至四爻辞。

中孚☴☱。豚鱼吉，利“涉大川利”贞。九二，鸣雀在阴，其子和之。六四，月近望，马匹亡，无“咎”。九五，有孚“挛”如。按小畜上九，汉石经作“月近望”，此亦宜然。九二爻辞据系辞推知，据下象与此可推知初至上爻辞。

小过☳☶。“亨”利贞。九四，“无咎弗”过遇之。按据此与下象可推知本卦全部爻辞。

既济☵☲。六二，妇丧其茀，勿“逐七日得”。按据此与下象可推知全部爻辞。

未济䷿。九二，“曳其轮”贞吉。按据此与下象可推知全部爻辞。

上彖第三

大哉乾元，万物资始……乃利贞，首“出庶物万”国咸宁。

下彖第四

家人，女正位乎内，男正位乎外，男女正，天地之大“义也。”家“人有严君焉，父母”之“谓也。父父子”子，兄兄“弟弟，夫”夫妇妇，而家“道正，正家”而天下定矣。

睽，火动而上。……是以“小事吉，天地睽而其事同也，男女睽而其志通也，万物睽而其事类也，睽之时”用“大矣”哉。

“蹇，难也，险在前也，见险而能止，知矣𢦏，蹇利西南，往得中也。……“当位贞吉，以正邦”也。“蹇之时用大矣数。”按汉石经蹇作蹇，哉作𢦏，与诸本异。于每卦完后皆有点（·）号。“解，险以动，动而免乎险解，解利西南，往得众也，其来复吉，乃得中也，用攸往吉，往有功也；天地”解而雷雨作……解之时大“矣哉。”按用攸往之用，诸本悉作有。

“损，损下益上，其道上行，损而有孚，元吉无咎可贞利用攸往曷之用二簋可用亨。二簋应有时，损刚益柔有时，损益盈虚，与时偕吉。”按利用攸往，诸本用悉作有享，簋，汉石经多作𥫗，此条屈先生《汉易残字集证》无之，今补。《释文》云：“簋，蜀才作轨。”盖簋𥫗二字同字异形，从草一从竹。义则同。《说文》云：“黍稷方器也。”当从竹为正体。蜀才作轨者，用假借字也。

益，损上益下，民说无疆。……“中王有庆，利涉大川，木道乃行，益动而巽，日淮无畺，天施地生，其益无方，凡益之道与时偕行。”按畺诸本皆作疆，盖古今字也。马本《王莽传》损上益下，民说无疆一句，无作无者此引经之例，不足为据，汉石经皆作无。

“夬，决也，刚决柔也，健而说，决而和”……不“利即戎，所尚乃穷也；利用攸往，刚长乃终也。”按汉石经刚作𠟠，柔皆作栠。利有攸往，皆作利用攸往。

“遘，遇也，柔遇刚也，勿用取女不可与长也。天地相遇，品物咸章也，刚遇中正，天下大”行也，遘之时义大义哉。按《释文》云：

“姤，薛云古文作遘，郑同。”然则汉石经作遘者，亦从古文欤，盖梁丘先从杨何弟子京房学，后乃从田生学。其易实有两家之学，遘之时义大矣哉。《汉石残字集证》遘乃作姤，宜从石经作遘。

萃，聚也。……王“假有庙，致孝亨也，利见大人亨聚以正也，用大牲吉，利用攸往，顺天命也，观其所聚而天地万物之情可见矣。”按汉石经假皆作假，致作致。利有攸往，作利用攸往。“致孝亨也”，诸本亨悉作享。二字古通用。

“柔以时升巽”而顺。

“困刚揜也，险以说，困而不失其所亨，其唯君子乎，贞大人吉以刚中也，有言不信，尚口乃穷也。“巽乎水而上水井，井养”而不穷也。……“是以凶也”。

“革，水火相息，二女同居，其志不相得曰革，已曰乃孚，革而信之，文明以说，大亨以正，革而当，其悔乃亡，天地革而四时成。”按汉石经明皆作明。

鼎，象也以“木巽火，亨饪也。圣人亨以亨上帝，而大亨以养圣贤。巽而耳目聪明，柔进而上行，得中而应乎刚，是以元亨”。按“以亨上帝”，诸本悉作享。

“震，亨，震来虩虩……出可以守。宗庙社稷，以为祭主也。”

“艮止也，时止则止，时行则行，动静不失其时，其道光明，艮其止，止其所也，上下敌应，不”相兴也。

渐之进也。……进得位，住有功也，进以正，可以正邦也，其位刚得中也，止而巽，动不穷也。“归昧，天地之大义也，天地不交而万物”不兴。按归昧诸本悉作归妹。

丰，大也“明以动，故豊，王假之；尚大也，勿忧宜日中，宜照天下也，日中则昃，月盈则食，天地盈虚，与时消息；而况“于人乎。按汉石经丰悉作豊，昃作昃。

族小亨。……旅之“时义大矣哉”。

重巽以申命，刚巽乎中正而志行，柔皆顺乎刚，是以小亨，“利用攸往利见大人”。按利用诸本作利有。

兑说也。……民忘“其死说之大，民劝矣哉。”

“涣亨刚来而不穷，柔得位乎外而上同，王假有庙，王乃在中也利”涉大川。

节亨……“天地节而四时成，节以制度不伤财不害民”。按汉石经节作草。

“中孚，柔在内而刚得中，说而巽孚乃化邦也。小过……过以利“贞，与时行也，柔得中，是以小事吉也，刚失位而不中，是以不可大事也，有飞鸟之象”焉。

既济……柔得中也“也，终止则乱，其道穷也”。

“未济亨，柔得中也，小狐汔济，未出中也，濡其尾，无攸利”不续终也。

上象第五

天行健“君子以自强不息，潜龙勿用，阳在下也。见龙在田，德施普也。终日乾乾，反复道也。或跃在洲进无咎也。飞龙在天，大人”造也。

地势ш，君子以厚“德载物。履霜坚冰，阴始凝也；驯致其道，至坚冰也。六二之动，直方也；不习无不利。地道光也。含章可贞，叺时发也，或”从王事。知光大也……龙战于野其“道穷也。用六永贞，叺大终也”。“云电乇君子以经论，虽般桓，志行正也；叺贵下贱，大得民也。六二之难，乘刚也；十年乃”字，反常也。……屯其膏，“施未光也。泣血连如何可长也”。按汉石经屯作乇，经论与唐石经、岳本及注疏诸本同。般桓之般，唐石经、岳本、注疏诸本作磐，《集解》本及所引荀爽虞翻皆作盘。盖三字通。《晁氏易》云：“古文作般。”（见《吕氏古易音训》）连如之连，诸本悉作涟。盖连字古文。据此可推知屯之爻辞。

“山下出泉蒙，君子叺果行育德。利用荆人，叺正法也。子克家，刚柔接也。勿用取女，行”不顺也。按刑，汉石经皆作荆。据此可推知蒙之爻辞。以下仿此。

“上于天需君子以饮食宴乐。需于郊，不犯难行也；利用恒无咎木失常也需于沙；衍在中也；虽小有言，以终吉也。需”于泥……酒食贞吉以中“正也不速之客来敬之终吉虽不当位未大失也”。按终吉诸本悉作吉终。

天与水违行，讼，君子以作事谋始。不永所事，讼不可长也，虽小有言……复“即命渝安贞，不失也。讼元吉，以中正也。以讼受服，亦不足敬也”。“地中有水师，君子以容民畜众。师出以律，失律凶也”。……左次无咎“未失常也。长子率师，以中行也；弟子举尸，使不当也。大君有命，以正功也；小人勿用，必乱邦也”。按汉石经舆字作举，师字作率。

"地上有水比，先王以"建，不亦"伤乎。外此于贤，以从上也。显比之吉位正中也；舍逆取顺，失前禽也；邑人不戒，上使中也。比之无首，无所终也"。按邑人不戒，《集解》本及所引《虞翻易》同。唐石经、岳本及注疏诸本悉作诫。

"风行"天上……夫"妻反目，不能正室也。有孚惕出，上合志也；有孚挛如，不独富也。既雨既处，德积载也；君子征凶，有所疑也"。

"上天下泽履。"……眇能视不足以有明也；𣏌能履，不足以与行也；咥人之凶，位不当也；武人为于大君，志刚也。愬愬终吉"志行也。夬履贞厉位"正当也。按能《集解》本作而，盖二字古字通用。𣏌诸本悉作跛。《释文》云："跛，足跛也，依字作彼。"此从雅雨堂本及卢本、补宋本、闽监本、《通志堂》本作破，非也。破即𣏌之变。德明所本与汉石经同。

天地交泰，后以财成天地之道，辅相天"地之宜以左右民。拔茅征吉，志在外也。包荒得尚于中行，以光大也。无往不复，天地际也；翩翩不富，皆失实也；不戒以孚，中心愿也。"按包，《集解》本及所引荀虞翟元易，岳本、注疏诸本皆同。惟唐石经作苞。

天地不交，否。"君子以俭德辟难，不可荣以禄。拔茅贞吉，志在君也。大人不亨，不乱群也。包羞，位不当也。有命无咎，志行也。大人之吉，位"正当也。按包诸本同，惟唐石经作苞。"大从不亨"之不，诸本悉作否。

出门同"人，又谁咎也，同人于宗，吝道也。伏戎于莽，敌刚也；三岁不兴，安行也。乘其墉，义弗克也；其吉则困而反则也。同人之先，以"中直也。按《集解》本及所引《虞翻易》墉作庸，唐石经、岳本、注疏诸本皆作墉。《释文》云："郑作庸。"庸盖古文也。

火在天上，大有，君子以遏恶扬善，顺天休命。大有初九，无交害也；大轝以载，积中有败也。公用亨于天子，小人害也。匪其旁无咎"明辩哲也。"按轝，《集解》本及所引《虞翻易》同。唐石经、岳本及注疏诸本皆作车。《释文》云："车，蜀才作舆。"《古易音训》云："《子夏传》作舆。按后汉时始有车音，古则为舆字。"轝，又为舆之古文也。三字义同。见《汉易异文考》。

地中有山嗛，君子以裒多益烹称物平施嗛嗛君子卑以自牧也，鸣嗛贞吉中心得也。劳嗛君子，万民服也。无不利挥嗛。"不违则也。按嗛，诸本悉作谦。《释文》云："子夏作嗛，云嗛，谦也。"盖二字音义悉同。寊今作寡。挥诸本悉作㧑。《古易音训》云："京作挥。"《释文》云："㧑，毁皮反，指㧑也，义与麾同。《尚书》云'右秉白旄以麾'。是也。"盖挥㧑麾音同义亦相近。

"雷出地奋豫，先王以作乐崇德，殷荐之上帝，以配祖考。初六鸣豫，志穷凶也。不终日贞吉，以中正也；疛豫有悔，位不当也。"冥豫在上"何可长也。"按疛，诸本悉作盱。《释文》云："盱，睢盱也，向云睢盱，小人喜悦之貌。王肃云盱，大也。郑云誇也，《说文》云张目也，子夏作纡，就作汙，姚作旴，云日始出。"疛，《广雅》云："病也。"《集韵》音匈于切，与盱同音，盖此诸字皆同音，当从汉石经解作疛为是疛豫者病于豫也，豫遊过度而病随之，故有悔也；位不当，故不可豫也。豫，唐石经作豫，盖避讳也。

泽中有雷，随，君子以乡晦入燕息。官有渝，从正吉也。出门交有功，不失"也……系丈夫，"志舍下"也。按随，随同。乡，诸本悉作嚮，乡嚮向三字音同，通用。《释文》云："嚮，本又作向，许亮反，王肃本作乡音同。"是也。又云："官有蜀本作馆有。"《古易音训》云："晁氏曰九家作官。"官、馆音同，通用诸本悉作官，是当以官字为正。

干母"之蛊得"中道也。

下象第六

"以旅与"下，其义丧也。旅于处，未得"位也，得其齐斧，心未快也。终以誉命，上逮也。按首句据后面校语补入。得其齐斧之齐，诸本悉作资。《释文》云："《子夏传》及众家并作齐斧，应邵云：'齐，利也。'"

颠巽之吝，志"穷也。田获三品，有功也。九五之吉，位正中也。巽在床下，上穷也。丧其"齐斧，正乎凶也。按颠巽，诸本悉作频巽，此据爻辞补入。齐斧，诸本作资斧。此据《汉书·王莽传》补入。

九四之喜，有庆"也。孚于剥，位正当也。上六引兊，未光也。"

"风行水上涣，先王以亨于帝立庙。初六"之吉，顺也。

泽上"有水节，君子以制数度，议德行。不出户庭，知通塞也。不出门庭凶，失时极也。不节之嗟，又谁咎也。安节之亨，承上"道也。

泽上有风中孚，君子以议献"缓死。初九虞吉志未辩也；其子和之中心颠也。或鼓或罗，位不当也。马匹亡，绝类上也。有孚挛如，位正当也。翰音登于"天，何长长也。按辩，诸本悉作变。汉石经变皆作辩。盖音同通用也。详《汉易异文考》。颠，即愿之古文也。汉碑多如此作。《说文》云："大头也。"盖本作颠，乃曾意字。后乃改愿，以原得声，形声字。

飞鸟"以凶，不可如何也。不及其君臣不可过也。从或戕之，凶如何也。弗过遇之，位不当也。往厉必戒，终不可长也。密云不雨"已上也。

曳"其轮，义无咎也。七日得，以中道也。三年克之，惫也。终日戒，有所疑也。东邻杀牛，不如西邻之时也；实受其福，吉大来也。濡"其首厉，何可久也。按《释文》云："惫，备拜反。郑云劣弱也。陆作备，云当为惫惫，困劣也。"得汉石经，可证陆说之确。

濡其尾亦不知"极也九二贞吉中以行正也。未济征凶位不当也。贞吉悔亡，志行也。君子之光，其晖吉也。饮酒濡首，亦不知节也。"按小过，既济，未济三卦之小象，诸本多与汉石经同。

系上第七

天尊地"卑，乾巛定矣。卑高以陈，贵贱位矣。动静有常，刚柔断矣。方以类聚，物以群分，吉凶生矣。在天成象，在地成荆。辩化见"矣。按汉石经坤皆作巛，形多作荆，变皆作辩，此已具于前，及《汉易异文考》中，此不备载。"乾道成男，巛道成女。乾知大始，巛作成物，乾以易知，巛以简能。易则易知。簡则易从。易知则有亲，易从则有功，有亲"则可久。按汉石经简作簡，凡从竹者多从草。

易簡而天下之理"得矣，天下之理得，而成位乎其中矣。"按汉石经至成位乎其中矣分章，则与诸本同。

"圣人设卦观象系辞焉而明吉凶，刚柔相推而生辩化，是故吉凶者失得之象"也。

六肴之"动，三极之道也。是故君子所居而安者，易之象也；所乐而玩者，肴之辞也。是故君子居则观其象而玩其辞，动则观其"辩而玩其占。按六爻之动之肴，诸本皆作爻，此据下"肴之辞也"推知，汉石经爻作肴者，二字同音，故以通假也，二字《广韵》皆在肴韵，皆音胡茅切。《集韵》皆音何交切。《说文》："爻，交也，象易六爻头交也。"又云："肴啖也。"徐曰："谓已修庖之可食也。"是二字义不同也。当以爻字为正，汉石经盖用假借义也。所乐而玩者，诸本同。唯《集解》及所引《虞翻易》乐作变，玩作翫。《释文》云："乐，音乐，适会也，虞本作所变；玩，五乱反，研完也；郑作翫。"

肴者言乎辩"者也。吉凶者，言乎其得失也。悔吝者，言乎其小疵也。无咎者，善补过也。是故列贵贱者存乎位，齐小大者存乎卦，辩吉”者凶存乎辞。按肴者言乎辩。肴辩二字诸本悉作爻变，此据上下文推知。得失也，唐石经、《集解》、岳本、朱子《周易本义》及注疏诸本悉作失得也。误，当从汉石经正。《集解》引虞翻云：“得正言吉，失位言凶，”以文势推之，当作得失。言乎其小疵也，惟唐石经言作存。齐小大，诸本悉同，唯《集解》本（枕经楼周氏木读本，惠校。《古经解汇函》重刻卢本）作大小。下引《王肃易》则作“齐小大”，是王肃不误，《集解》误也。当据石经正之。辩吉凶，诸本皆同。

是故卦有大小，辞有“险易，辞也者各指其所之。易与天地准，故能弥纶天地之道。仰以观于天文，俯以察于地理，是故知幽明之故，原始反”终，故知死生之说。

与天地相“似，故不违。知周乎万物，而道济天下，故不过。旁行而不流，乐天知命，故不忧，安土敦乎仁，故能爱。范围天地之化而不”过。

一阴一阳“之谓道，继之者善也，成之者性也，仁者见之谓之仁，知者见之谓之知，百姓日用而不知，故君子之道鲜矣。”按汉石经至此分章，与注疏本同，孔颖达《正义》云：“周氏云天尊地卑为第一章，圣人设卦观象为第二章，彖者言乎象者为第三章也，精气为物为第四章，显诸仁藏诸用为第五章，圣人有以见天下之赜为第六章，初六藉用白茅为第七章，大衍之数为第八章，子曰知变化之道为第九章，天一地二为第十章，是故易太极为第十一章，子曰书不尽言为第十二章。马季长、荀爽、姚信等又分白茅章后，取负且乘更为别章成十三章。虞翻分为十一章，合大衍之数，并知变化之道，共为一章。”是前七章诸儒悉同以理推之，石经亦宜然。朱子《周易本义》并显诸仁于此下，非汉易之正也。由此亦可知。

“显诸仁”，藏诸用。……日新“之谓盛德，生生之谓易，成象之谓乾，效法之谓巛，极数知来之谓占，通辩之谓事，阴阳不测之谓神。夫易广矣大矣”……夫乾其静也“专，其动也直，是以大生焉。夫巛其静也翕，其动也辟，是以广生焉。广大配天地，辩通配四时，阴阳之义配日月，易简”之善配至德。按效法之谓巛。唐石经、岳本、注疏诸本、《周易本义》悉同。《集解》及《释文》所据本作爻。《释文》：“马韩如字，云故也。蜀才作效。”据是则注疏本亦宜作爻也。唯爻效，古音同义可兼通。故下系云：“爻也者效天下之动者也。”通辩之辩。诸本悉作变。马国翰据《汉书·王莽传》引易，颜师古注，辑入“夫坤其静也胁其动也辟”一条。又辟阚，古今字，胁宜作翕。二字古音近，故可通假。

“成性存存道义之门”。按汉石经至此分章，汉儒荀、马、虞、姚、唐石经、岳本及注疏诸本同。此由孔颖达《周易正义》推知。

“圣人有以见天下之啧，而拟诸其刑容，“象其物宜，是故谓之象。圣人”有以见天下之动。而观其会通，以行其典礼，系辞焉以断其吉凶，是故谓之肴，言天下之至啧而不“可恶也，言天下之至动而不可乱也。拟之而后言，议之而后动，拟议以成其辩化。鸣隺在阴，其”子和之……居其“室，出其言不善，则千里之外违之，况其迩者乎，言出乎身，加乎民；行发乎迩，见乎远，言行君子之”枢机。……子“曰：君子之道或出或处，或默或语，二人同心，其利断金。同心之言，其臭如兰。”按汉石经至此分章，与虞马荀姚及注疏本、唐石经、岳本及注疏诸本同。啧，唐石经、岳本、注疏诸本、《周易本义》本作赜，《集解》及所引《虞翻易》与汉石经同作啧。《释文》云：“赜，京作啧，云债也。”刑，诸本悉作形。议之，诸本并同。《释文》云：“郑姚、桓玄荀柔之作仪之。”盖二字音同，可以通假也。鸣隺之隺，诸本悉作鹤。汉石经以简体字书之也。辩化之辩，诸本悉作变。汉石经盖用假借字也。

“初六，藉用白茅无咎。……子”曰：慎斯术“也以往，其无所失矣。劳嗛，君子有终吉，子曰：劳而不伐，有功而不德，厚之至也。语以其功下人者也。德言”盛……贤人在下“位而无辅，是以动而有悔也。不出户庭，无咎。子曰：“乱之所生也，则言语以为阶，君不密则失臣，臣不密则失”身。……易曰负且“乘致寇至，负也者，小人之事也。乘也者，君子之器也。小人而乘君子之器，盗思夺之矣。上嫚下暴，盗思伐之矣。嫚”藏诲盗……盗之招也。按谦汉石经皆作嗛。有功而不德。《释文》云：“郑陆蜀才作置，郑云置当为德。”盖置与德之古文相近，故诸本因以致误，今以汉石经校之，置当为德，郑言是也，致寇至。《释文》云：“徐或作戎，宋衷云戎误。”证以汉石经，宋言是也。嫚，诸本悉作慢。《说文》：“嫚，侮易也，从女曼声。”慢，《说文》云：“惰也，从心曼声。”是二字音同，义得兼通，惰漫则必为人侮易。马荀姚分此为两章。虞及注疏本、岳本、唐石经本为一章，汉石经或同此。文献不足，不能考矣。

大衍之数五十，其用四十有“九。分而为二以象两卦一以象三，揲之以四以象四时，归奇于扐以象闰，五岁再闰，故再扐而后卦。天一地二”天“三”地四，天五地六，天七地八，天九地十。天数五，地数五，五位相得而各有各合。“天数二十有五，地数三十。凡天地之数五十有五，此所以成辩化而行鬼神也。乾之策二百一十有六，凡之策百卌有四，凡三”百有六十，当期之日。……“四营而成易十有八辩而成卦八卦而小成，引而伸之，触类而长之，天下之能事毕矣。显道神德行，是故可与酬酢，可与佑”神矣。子曰：知变化之道者，其知神之所为乎。按马荀姚、唐石经、岳本，至“佑神矣”为一章。虞翻并下章为一章。而将“子曰知变化之道者其知神之所为乎”作为本节结语。夫以“知变化”一句为结语是也。并下章为一章，则不可考矣。又《集解》本、唐石经、岳本及注疏本皆以“再扐而后挂”下接“天数五”至“佑神矣”。而将“天一地二”至“天九地十”一节置于“子曰易有圣人之道四焉者此之谓也”。下另起一章为章首。朱子《周易本义》则将“天一地二至此所以成变化而行鬼神也”一节置于“太衍之数五十”之前。皆非也，宜据汉石经正。《吕氏古易音训》云：“按《汉律历志》引易曰天一地二，天三地四，天五地六，天七地八，天九地十。天数五，地数五，五位相得而各有合，天数二十有五，地数三十，凡天地之数五十有五，此所以成变化而行鬼神也。又：程氏张氏并云自天一至地十合在天数五地数五上。”是也。廿卅卌诸本悉作二十三十四十。“再扐而后卦”卦，诸本悉作挂。《释文》云：“京作卦。云再扐而后布卦。”佑唐石经、岳本及注疏诸本悉作祐。《集解》本及所引《九家易》作右。《释文》云：“荀作侑。”按右祐佑侑，音同，可通用。

易有圣人之道四焉：“以言者尚其辞，以动者尚其辩，以制器者尚其象，以卜筮者尚其占。是以君子将有为也。将有行也，问焉而以言，其受命也”如响。……参伍“以辩，错综其数，通其辩，遂成天下之文，极其数，遂定天下之象。非天下之至辩，其孰能与于此。易无思也，无为也，寂然不动感”而遂通天下之故。……夫易圣人之“所以极深而研机也，唯深也，故能通天下之志，唯机也，故能成天下之务，唯神也，故不疾而速，不行而至。子曰：易有圣人之道四焉”者，此之谓也。按荀马姚、唐石经、岳本及注疏诸本自“子曰知变化之道者其知神之所为乎”为本章章首，至“四焉者此之谓也。”为一章。虞氏以“知变化”一句为太衍章结语是也。故朱子《周易本义》从之。而并本章与大衍章，则似非矣。汉石经或同虞氏，而至此分章。盖虞氏五世传《孟氏易》，而孟氏梁丘同师田王孙则其间亦必有相同者与。汉石经变悉作辩。"天下之文"，《集解》本同。余本及《集解》所引《虞氏易》悉作"天地之文"。寂，汉石经作为，盖隶书之体也。"唯机也"及"极深而研机"之机，诸本悉作几。《释文》云："几如字，本或作机，郑云机当作几，几微也。"盖二字音同故通用也。

夫易开物成务，冒天下"之道如斯而已者也。是故圣人以通天下之志，以定天下之业，以断天下之疑。是故蓍之德圆而神，卦之德方知，六爻之义易以工。"圣人以此先心。……神以知来，知以"臧往。其孰能与此哉。古之聪明睿知，神武而不杀者夫，是以明于天之道而察于民之故，是兴神物以前民用，圣人以此齐戒，以神明"其德夫。一阖一辟谓之"辩，生来不穷谓之道，见乃谓之象，刑乃谓之器，制而用之谓之法，利用出入，民咸用之谓之神。"按除朱子《周易本义》外，荀、虞、马、姚、唐石经、岳本及注疏诸本皆以此为一章，以例推之，汉石经，亦当如此。六爻之义，爻，诸本悉作爻。汉石经又或作肴。同一经也。而有作肴作爻者。屈翼鹏先生云："汉石经爻字作爻，爻作肴，此作爻，盖肴之讹也。"易，诸本悉作贡。《释文》云："贡，告也，京陆虞作工，荀作功。"此诸字同音，盖通用也。详见《汉易异文考》。"知以臧往"，臧诸本悉作藏。盖古今字也。汉石经变作辩，形作刑。已如上述。圣人以此先心，据《释文》补。《释文》云："洗心，京荀、虞张、蜀才作先心，石经同。"

"是故易有大极，是生两仪，两仪生四象，四象生八卦。"……法象莫大"乎天地，辩通莫大乎四时，县象著明，莫大乎日月，崇高莫大乎富贵，备物致用立"成器"以为天下利，莫大乎圣人，探啧索隐，钩深致远，以定天下"之吉凶。……天生神物。圣人则之，天地辩"化，圣人效之"天垂"象，见吉凶圣人"象之。河"出图，"雒出书，圣"人则之。"易有四"象，所"以示"也。系辞焉"所"以告"也。定之"以"吉凶"，所以断也。……是以自天佑之，吉无不利也。按荀马虞陆、唐石经、岳本及注疏诸本，在此分章。以例推之，汉石经亦宜然。啧，《集解》本及所引《虞翻易》同。余本悉作赜，"雒出《书》"之雒，诸本悉作洛，汉石经作雒者，盖汉以火德王，洛从水，于五行水克火。且东汉都雒阳故须避讳也。

下系第八

天下之动贞夫一也。按诸本悉作贞夫一者也。此据《后汉书·范升传》引一补。

重门击欜，以待暴客。按：唐石经、岳本及注疏诸本欜作拆。《集解》作櫜。《释文》云：“柝，马云，两木相击以行夜，《说文》作櫜又作欜。”《说文》云：“櫜，夜行所系者，从木橐声。”盖三字音同，可以通用也。（《汉书·王莽传》）

爻象“以情言”……“中心疑者其”辞枝。

文言第九

体仁足以长人，嘉德足以合礼。按：此条马国翰据蔡邕《汝南周巨胜碑》补入。惟古人引易，多有以义引之者，未必为易之原文也。今姑补入。

“故曰：乾元亨利贞。初九”曰：潜龙勿用何谓也。……遁世无闷……九二曰：见龙在田利见大人。“何谓也。子曰：龙德而正中者”也。……君子进德脩“业忠信所以进德也，脩辞立其”诚，所以居业也。……九四曰：或跃在洲无咎。何谓“也”。子“曰：上下无常，非为耶也，进退无恒”，非离群也。……圣“人作而万物睹。本乎天者亲上本乎地者”亲下“则各从”其类也。……见龙在田，时舍“也。终日乾乾，行事也。或跃在洲，自试也，飞”龙在“天上治也，亢”龙有悔……乾道“乃革飞龙在天，乃位乎天德，亢龙有悔，与时”偕“极乾元用九”，乃见天则。……六爻“发挥，旁通情也。时乘六龙，以御天也。云行雨施，天”下“平也。君子以”成德为行。……“易曰：见龙在田，利见大人。君德也。九三重刚而不中”。上“不在天，下不”在田。……故无“咎。夫大人者与天也合其德，与日月合其明，与四时合其”序，……知存而不知“亡，知得而不知丧，其唯圣人乎。知进退存亡而不失其正者。”其唯圣人乎。按马国翰据蔡氏《汝南周巨胜碑》补“人遁世无闷”一条。然古人引易多以意为之，易经无皆作无，今据以补入，而无改为无，此乾之文言，吾人由此可以推知全部之爻象与文言。耶即隶书邪字，二字音义同。

积“不善之家，必有余殃。臣试其君，子试其父，非一朝一夕之故也。”……敬义立而“德不孤，直方大，不习无不利。则不疑其所行也。阴虽有美，含之而以”从王事。……易曰括囊无咎无誉盖“言谨也。君子黄中通理，正位居体，美在中，而畅于四支，发于事业，美”之至也。按此坤卦之文言，试诸本悉作弑。此作试者盖以同音假借也。“非一朝一夕之故也。”诸本悉无也字。“而以从王事”。诸本悉无而字。“美在中”诸本悉作“美在其中”多其一字。虞翻云：“阳称美，五在中”似虞氏亦无其字。“而畅于四支”畅诸本悉作畅。

说卦第十

发挥于“刚柔而生肴，和顺于道德而理于义，穷理尽性以至于命。昔者圣人之作易也，将”以顺性命之理……故易六“画而成卦。分阴分阳迭用柔刚，故易六画而成章也。”按据此章句推知汉石经殆从“昔者圣人之作易”至此为一章。正义分而为两节，从首至“至于命”为一节，接此至而成章也，为一节。肴诸本悉作爻，六画而成章也。《集解》及所引虞翻本皆作“六画而成章”，无也字。《释文》云：“六位，本又作六画。”唐石经、岳本及注疏诸本悉作“六位而成章”亦无也字。

“天地定位，山泽通气，雷风相薄”，水火不相射，八卦相错。……“艮以止之，兑以说之，乾以君之，巛以臧之，帝出乎震，齐乎巽，相见乎离，致役乎巛说言”乎兑。……离“也者明也，万物皆相见。南方之卦也。圣人南面而听天下，乡明而治盖取诸此也。”按：据此推之。石经至此分章。唐石经、岳本、注疏诸本及《周易本义》本皆在“易逆数也”分节，至“坤以藏之”又各为一节。至于此，又为另一节。汉石经是否如此分，已不可考矣。唯坤以藏之，与帝出乎震不分，则由是可推知也。汉石经坤皆作巛，藏皆作臧。乡，《集解》、唐石经、岳本、注疏诸本悉作向。

“巛”也者地也。……相“薄也，欿者水也，正北方之卦也，劳卦也。万物之所归也。故曰：劳乎欿。艮东北之卦也。

“万”物之所成终而所成始也。按欿，诸本悉作坎。

润万物者莫润“乎水”。

巽“为鸡。”

……巽一索而得女，故“谓之长女”。

乾为天。……为“老马为”瘠马。

震为雷……其于“马为善”鸣。按诸本悉作“其于马也善鸣。”

巽为木，为风……为“长为”高。……为多“白眼为”近利市三倍。……离为火……其“于木为料”上槁。按末句诸本悉作“其于木也为科上槁。”马国翰辑本，据《王莽传》辑入“巽为风为顺”一条。按此为说易之辞，非易之原文，巽为风是也，今据以补入，为顺则解易之辞也，非易之原文。故不辑入。

序卦第十一

物稚不"可不养也，故受"之以需。……故"受之以履履而泰"然后安……有大而能谦"必豫。故受之以豫。"……"故受之以"贲……穷大者必失其居。故"受之以"旅。"旅而地所容"，故受之以巽。……有其信者必行"之故受之以小过有过物"者必济。故受之既济。

杂卦第十二

萃聚而"升不来也"，谦轻而豫"怠也"。……家人内"也否泰"反其类"也大壮则"止。……"革去故"也，鼎取新也。……遘，遇也，柔遇刚也。渐女归待男"行颐"养正也。……未济男之"穷也夬决也。……易经梁

施京氏四童牛之告革·孟施京氏盈诸满皆言盈养·孟施京氏

畝畝有六二跻九陵利用见大人孟京氏有以与施

按行颐，诸本作"行也，颐"多一也字。据后面易经梁，则可知此为梁丘氏之易。汉石经校文中有施氏京氏孟氏而无梁丘氏。知汉石经确为梁丘氏之易，当可无疑。又第一块校文第一行，施京氏之上，以例推知，当系孟字。

易之佚之

正其本万事理。按此条马国翰据《汉书·范升传》引易补入下系中，然不可确知也，今辑入于此。

十一、汉熹平《周易》石经之复原图

（一）导论

今存汉熹平《周易》石经总计有四千四百余字，吾人可由其每卦之彖辞中，推知各卦之卦辞，由其象辞、文言、系辞中推知爻辞。由今存系辞说卦、文言、序卦、杂卦之字，推知其上下字，再由碑之安置排比，验之以今易诸本，则可推知汉熹平《周易》石经之全貌，虽未必全符于原经，然以理推之，殆相去不远。首先从事于复原工作者，当首推张国淦之《汉石经碑图》，次则屈翼鹏先生之《汉石经碑〈周易〉》部分复原图。屈先生之作斯图也，乃本于张氏之碑图而加以修定，其所

用以补汉《周易》石经者，则用唐石经，惟唐石经之愆文、异文实甚多，其异于汉石经者亦甚众，吾人从四千余残字中，可以相互推知。汉石经毕字当作某也。如屯之作乇，涟之作连，吝字作吝，爻之作肴，磐之作般，苞之作包，噬之作噬，灭之作威，趾之作止，昃之作仄，节之作节，簋之作簋，笑之作芙，眚之作省，彭之作旁，谦之作嗛，盱之作疛，扐之作挥，牿之作告，藏之作臧，坎之作欿，蹇之作蹇，丰之作豊，姤之作遘，禴之作瀹，疆之作畺，窒之作懫，害之作害，鹤之作隺，几之作近，鸿之作鸿，舆之作轝，妹之作昧，祐之作右，劓之作劓，刖之作刽，变之作辩，刑之作荆，形之作荆，赜之作啧，洗之作先，坤之作巛，柔之作桒，寡之作寡，弑之作试，用拯之作用抍，资斧之作齐斧，剥床以肤之作剥床以簋，大蹇明来之作大蹇崩来，悉与今所见唐石经不同也。既为汉熹平《周易》石经之复原图，不可不依汉熹平《周易》石经之字也。兹本屈先生，《汉石经碑〈周易〉》部分复原图影印，而将唐石经与汉石经不同之字，作一“×”号于旁，以便考知汉石经之原图，并作校记及马衡、罗振玉所收残石之图于此，以便观览。

（二）汉熹平《周易》石经之碑数及每行之字数

汉熹平《周易》石经，屈先生以为有四碑，而每行七十三字，罗振玉则以为有六十九字至七十五字不等。罗振玉于其《汉熹平石经残字集录》，三编文言与说卦一碑后云：“右文言传十一行，说卦传五行，合今本校读行字参差殊甚，文言首行七十一字，次行七十二字，三行六十九字，四行、六行、十行均七十三字，八、九行均七十二字，说卦首行七十四字，次行七十五字，三行七十二字，四行七十八字。”在下经至归妹一碑后云：“右下经至归妹十八卦，合今本校读，惟第九行、十一行、十六行，各七十四字，十四行七十五字，余均行七十三字。”是以为各行字数多有不同也，此说似较可信。盖所用镌刻之石，未必全部长短大小相同，故每行字数有多有少也。

屈先生则云：“近人言汉石经者，咸谓碑无定行，行无定字。夫谓碑无定行是也。至于每行字数，于他经吾不能必其如何，至于《周易》则每行皆七十三字，可无疑也。盖以文于两氏所得大段《周易》残石，及复原后之方氏觇之，纵视之既皆成行，横视之又皆成列，且行中无夹生，行外无添注，各行上下两端，又绝无参差不齐之处。是其每行之字数相同，绝无可疑。复就汉石经所占之位置，以推前行至后行之字数，知其每行为七十三字又无疑。然以今本核之，各行字数时有多寡不等之现象者，则非汉石经《周易》每行字数之不齐一，实因今本有衍文夺文之故也。今据此四千余残字所能推知者，计唐石经本较汉石经本衍文凡七十字，今本衍文六十九字，夺文凡十二字。”此其说似亦言之成理，备为一说也。

由是吾人深知汉熹平《周易》石经凡四碑，而正反各有二面焉，其每碑之行数，则参差不等，每行之字数，多以七十三字为准。间亦有超出或少于七十三字者。（此据罗振玉说，屈先生则以为每行一律七十三字，此可备一说）屈先生之图以第一页与第八页为一碑，第二页与第七页为一碑，第三页与第六页为一碑，第四页与第五页为一碑。一二三四为正面，五六七八为反面。

（三）附马衡、罗振玉、屈翼鹏所著录汉熹平《周易》石经之图

马衡有《集拓新出汉魏石经残字》四册、《汉石经集存》二册二书及短文二篇，兹从其中选录二图，其图乃模自石经者，为隶书体之字，故甚有价值。罗振玉有《汉熹平石经残字集录》、《续编》、《三编》及《补遗》四书，兹从其三编中录一图，其图乃手抄本，用楷书书写。屈翼鹏有《汉魏石经残字》及《汉石经〈周易〉残字集证》各一册，兹从其中录二图。其图黑底白字之部分，乃汉石经；黑字部分，大字者为以今易推知之经文，小字者乃其校语。

（四）汉熹平《周易》石经复原图校记

上经第一

吉，汉熹平《周易》石经凡“吉”字悉作“吉（从土口）”，后仿此，不另著录。

1. 屯，汉熹平《周易》石经（以下简称汉石经）“屯”字悉作“乇”，盖隶书之体，后仿此。不另著录。

2. 般，汉石经磐桓之“磐”，作“股”，即“般”字也。

3. 涟，汉石经涟如之“涟”作“连”。

4. 童蒙来求我，据蔡邕《处士图叔则碑》加“来”字。彖同此。

汉熹平《周易》石经复原图

（汉石经《周易》文言说卦）

5. 刑，汉石经凡“刑”、“形”二字悉作“荆”。

6. 苞，汉石经凡包物之“包”，悉作“包”，作“苞”者乃唐石经之文，宜改“包”，后同此。

7. 利用御寇，原作利“御寇”，此据蔡邕《明堂论》增。

8. 眚，汉石经“眚”字作“省”，盖二字古音同。故通假，后仿

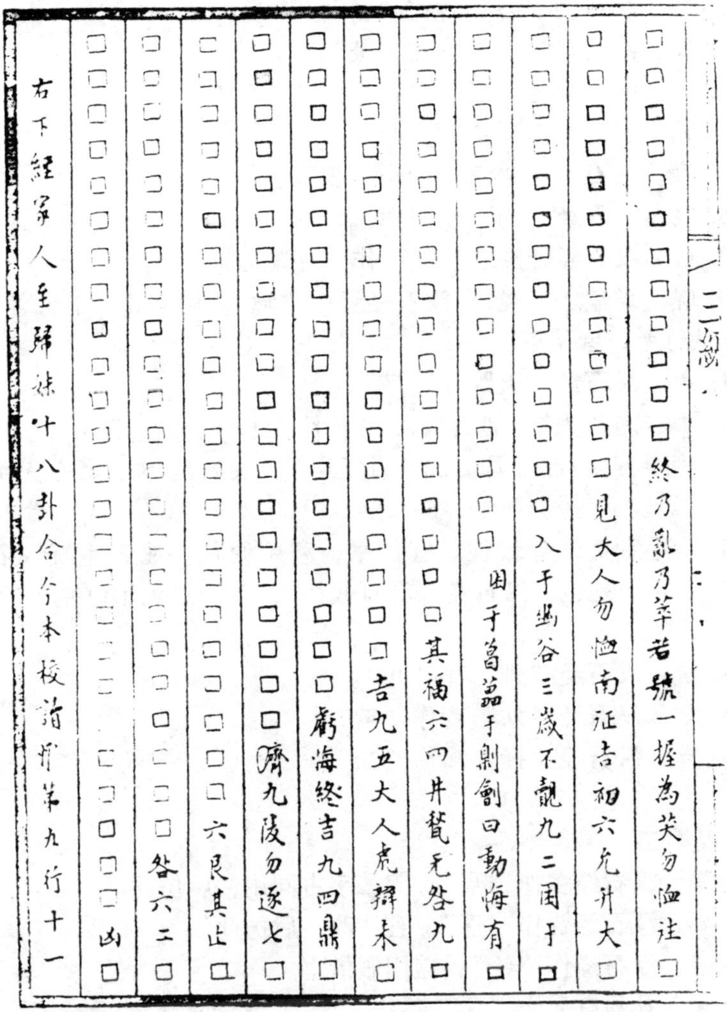

此，不另著录。

9. 否臧凶，汉石经“否”字或作“不”。如否象大人不亨。亦有乃作否者，如否，大人否亨。《吕氏古易音训》引晁氏云：“否，刘、荀、陆、一行作不。”姑两存之。

10. 舆，汉石经“舆”多作“轝”，亦有作“舆”者，如师弟子舆尸。然象则作“轝”，虞翻亦多作“轝”。今姑两存之。后仿此。

11. 跛，汉石经跛能履之“跛”，作“彼”。

12. 妹，归妹之“妹”，汉石经作“昧”，盖用假借字也。

13. 吝，汉石经“吝”皆作“吝”。
14. 笑，汉石经“笑”皆作“芺”。
15. 彭，匪其彭之“彭”汉石经作“旁”。
16. 祐，汉石经作“佑”。
17. 谦，汉石经凡“谦”皆作“嗛”。
18. 㧑，汉石经“㧑”作“挥”。
19. 盱，汉石经盱豫之“盱”作“疞”。
20. 噬，噬嗑之“噬”，汉石经皆作“噬”。后同此，不另著录。汉石经凡从竹者，皆从草。
21. 灭，汉石经“灭”作“威”。
22. 大吉之“大”，唐石经添注于旁，此衍字也，宜去之。既利艰贞矣，云何大吉。吉可耳。屈先生云：“汉石经本，当亦无大字。”是也。
23. 亨小利贞，有攸往。宜作亨，利用攸往。屈先生疑汉石经无“小贞”二字。是也。汉石经“利有攸往”，多作“利用攸往”。惟少有例外耳。
24. 趾，汉石经“趾”作“止”。
25. 坎，汉石经“坎”皆作“飲”。
26. 拯，汉石经“拯”多作“抍”。

下经第二

1. 亨，汉石经多作“亨”，盖二字古同用，后仿此。
2. 姤，汉石经皆作“遘”，宜从改，后仿此。
3. 褕，汉石经作“沦”，盖用假借也。
4. 无，凡易有无之“无”悉作“旡”。此误宜从改。
5. 摅，宜作“据”，诸本悉作“据”。
6. 劓，汉石经作“劓”，宜作“劓”。
7. 刖，似宜从上六改“刽”。晁氏以为九五与上六字同。（见《古易音训》）
8. 鸿，汉石经作“鸿”。
9. 几，汉石经作“近”。
10. 资，以旅卦，得其齐斧例之，宜作“齐”。
12. 节，汉石经节作“节”，后仿此。
13. 若，宜作“若”，诸本悉然。上六若作“若”，亦宜改。

14. 鹤，汉石经作“隺”，见系辞传。

上彖第三

1. 疆，汉石经作“畺”。后仿此。
2. 窒，汉石经作“懫”。
3. 柔，汉石经皆作“柔”。
4. 变，汉石经皆作“辩”。

下彖第四

簋，汉石经作“簋”。

上象第五

1. 坤，汉石经作“巛”。
2. 害，汉石经作“害”。
3. 剥之无咎，爻辞作“剥无咎”。
4. 频，以巽卦颠巽推之，似宜作“颠”。
5. 昊，宜作“阳”。

下象第六

1. 朋，宜作“崩”，蹇卦大蹇崩来。
2. 衎衎，汉石经作“衎衎”。
3. 火在当作上，诸本悉作“上”。

上系第七

1. 盪，宜作“荡”，见《释文》。
2. 爻，汉石经凡“爻”字皆作“肴”。
3. 赜，汉石经“赜”皆作“啧”。
4. 此节当在其知神之所为乎止。
5. 吝，当作“肴”。汉石经“爻”作“肴”，“吝”作“吝”，此误以“吝”为“爻”。
6. 洗，当作“先”，《释文》云：“三家作先。”

文言第八

会，蔡邕《汝南周巨胜碑》作“德”。

说卦第九

1. 其于地也，以其于马为善鸣推之，当无“也”字。后同此。

（五）校后语

旧雨楼藏汉石经据屈先生言，一从下彖家人“义也，家人有严君焉”起至未济“濡其尾无攸利止。”二从上彖“君子以自强不息”起至“蛊得中”止。三从旅“位也，得其齐斧”至上系阴阳之义配日月，易简”止。四从上系“成性存存”起至“定之以吉凶”止，凡四段三千余字，谓其书法雷同，乃出一人之手，疑为赝品，而无以证之，云蓄疑莫怯，余作《〈周易梁丘氏章句〉阐微》既已，亦有疑情。师卦爻辞“弟子舆尸”之舆作舆，而上彖（系旧雨楼藏汉石经）则舆作轝。否卦爻辞“大人否亨”之否作否，而上彖则作不，是旧雨楼所藏已与汉石经不同。然汉石经中与亦有作轝者，如贲卦是也。屈先生作《汉石经〈尚书〉残字集证》时已证其为方氏伪作。惟屈先生云：“若属伪作，亦不影响本篇结论。”又言：“若属赝品，亦有所本。”是也。故今乃视之为汉石经之拓本可也，且其中字体亦颇有与汉石经相同者。

第七章　《费氏易》

——博杂之《费氏易》

一、《费氏易》之书及版本

《费氏易》，《汉志》未著录。《汉书·儒林传》云："费直，字长翁，东莱人也，治易为郎，至单父令，长于卦筮，亡章句，徒以彖象系辞十篇文言解说上下经。琅玡王璜平中能传之，璜又传古文尚书。"

是费式无章句诂训也。《隋志》载费氏《周易注》四卷。《易林》二卷。注："梁五卷。"《易内神筮》二卷。《晋书·天文志》及唐《开元占经》尝引费直《周易分野》之书。《七录》载费氏《周易注》四卷。《周易筮占林》五卷。《新旧唐志》载《章句》四卷。《逆刺占灾异》十二卷。《周易林》二卷。《释文序录》亦载《费直章句》四卷。云："残缺。"又云："后汉费氏兴，永嘉之乱施氏梁丘之易亡，孟京费之易人无传者。"

由是《隋志》《唐志》及《释文》所载《费氏易》，悉与《汉书·儒林传》所云："亡章句"者异也。盖《费氏章句》及《易林》，《神筮》之书，悉为后世费氏学者所附益也，视为费氏一派之学可也。惟此学者所附益之书，亦已亡佚。《汉志》谓："刘向以中古文《易经》校施孟梁丘经，或脱云无咎悔亡，唯费氏经与古文同。"

夫《费氏易》与古文同，故吾人犹能据《释文》、《古易音训》诸书云古文作某者，而考费氏经文于断卷残篇之中也。其《易林》之书，亦可据《焦氏易林》及《礼记·月令》《正义》而辑其吉光片羽也。其《八卦分野》，亦可据《晋书·天文志》《开元占经》，以索其大概也。清儒胡薇元、马国翰即据此辑成《费氏易经文》、《费氏易林》、《周易分野萃》为一帙，本篇即据此阐述其义。《费氏易》之版本，于今可见者，亦唯此二家耳。胡氏之书载于其所著《汉易十三家》之中。马氏之书，著于其所作《玉函山房辑佚丛书》。至于近人柳逢良著《费氏易考》、王树枬著《费氏易订文》、马其昶著《周易费氏学》、沈祖绵《汉魏费氏易学考》，亦研《费氏易》之专著。

二、《费氏古文易》之渊源及影响

《汉书·儒林传》谓："费氏长于卦筮，亡章句，徒以彖象系辞十篇之言解说上下经。"《汉志》谓其与古文同。其弟子王璜既传其学，复传古文《尚书》。故儒者多目《费氏易》为古文，以其本彖象等十篇之言解说上下经，故儒者亦以费氏学渊源于孔子。《汉书·儒林传》于易之传承，著录独详，而不及费氏者，殆以其行于民间故也。

《隋书》云："费直传易，其本皆古字，号曰古文易。……行于人间，而未得立。后汉陈元郑众皆传费氏之学。马融又为传以授郑玄，玄作《易注》，荀爽又作《易传》。魏代王肃王弼并为之注，自是《费氏易》大兴。"

《费氏易》于两汉皆未立于学官，西汉只行于民间，汉成帝时刘向以中古文校施孟梁丘之经，或脱去无咎悔亡，惟费氏经与古文同。自是以后，费氏之易大行于时，东汉学者陈元、郑众、马融、荀爽、郑玄、刘表之伦悉习其学，王弼《注易》亦本其家法，自唐后弼本独行于世，是《费氏易》影响易学至大也，其家法悉为后人所踵武。独霸易坛垂一千余年之久。于两汉诸家易学之中，影响后人最大者，厥为《费氏易》乎。故晁公武云："凡彖象文言等参入卦中皆祖费氏，东京荀刘马郑皆传其学，王弼最后出，或用郑说，则知弼亦本费氏也。"（《郡斋读书志》）赵汝楳云："陈元郑众皆传费氏学，马融郑玄荀爽王弼皆为之注，今易乃费氏经也。"（《易辑闻》）马国翰云："王弼用费经注疏，今存，其易亡而不亡也。"（《费氏易》）盖古易十二篇上经下经各一篇，十翼各一篇，不相附益，自费氏始以十翼解经，此后郑氏王氏本之，而以十翼附经，直行至今，其影响可谓大矣。

至于步费氏家法以十翼解经者，东汉荀、刘、马、郑乃至虞翻皆然，此后易家悉尊此法。如荀爽注明夷六四云："坤为腹。"此说卦文也。注乾小象云："圣人作而万物睹。"则文言之文也。宋衷注恒云："雷以动之。"注巽九二云："巽为木。"皆说卦文也。马融注蛊云："艮在东北，巽在东南。"悉本说卦："巽东南也，艮，东北之卦也。"郑玄注豫卦云："坤顺也，震动也，震又为雷，坤又为众。"亦本说卦。虞翻注临初九云："咸感也。"则用咸彖文。注剥卦小人道长，则用否彖文。臣弑其君，子弑其父。则用文言之文。注大有上九云："天之所助者顺，人之所助者信，履信思顺又以尚贤。"则用系辞文。注噬嗑卦辞则用丰卦大象。注颐卦彖辞，用屯初九象辞。注坎六四云：“乾刚坤柔。”则用杂卦文。费氏以十篇之文解说上下经者，后儒多遵循其法也。至于后儒本费氏古文者，荀刘马郑以下颇多也。如家人，家人确确。《释文》云：“嗃嗃，荀作确确。”《古易音训》引晁氏曰：“确古文。”又妇子喜喜。《释文》云：“陆绩作喜喜。”《古易音训》引晁氏曰：“喜古文。”是《费氏易》影响后儒至大也。其《周易分野》，为《晋书·天文志》及唐《开元占经》所引用，则又影响于后代天文与古占筮之学矣。

三、《费氏易》之特色与价值

费氏经与古文同，据之可考易今古文及诸家之异同，以十翼解经，而归本于人事之日用，明占筮之理，可考人事之吉凶，用纳甲之法推占筮之用，配易于天文地域，开易学研究之新途。是《费氏易》亦有功儒林矣。

（一）经用古文，据之可考易今古文及诸家之异同

《汉志》云：“刘向以中古文《易经》校施孟梁丘经，或脱去无咎悔亡，唯费氏经与古文同。”据此则《费氏易》为古文也。清儒马国翰据《释文》《古易音训》之云古文者辑《费氏易》，吾人可由此考今古文之异，如：

屯，般恒。《释文》云：“磐本亦作盘，又作槃，马云槃恒旋也。”《古易音训》引晁氏曰：“磐恒，古文作般。”

乘马班如，匪寇昏冓。《释文》云：“班，郑本作般，媾，马云重婚，本又作冓。”《古易音训》引晁氏曰：“郑本作般，古文作般，马本作冓，按冓古文。”

剥床以分。《释文》云：“辨，马郑同。”《古易音训》引晁氏曰：“古文作分，今又作辨，郑作辨。”

攱无悔。《释文》云：“衹音支，辞也，马同音之是反，韩伯祁支反，云大也。郑云病也，王肃作禔，时支反，陆云禔，安也。九家本作攱字音支。”《古易音训》晁氏曰：“衹、京、刘、一行作衹，安也。《广雅》作攱，多也，《说文》衹古文用多字。”

离，不鞁缶而歌，则大耋之差。《释文》云：“鼓，郑本作击。大

鼖，京作绖，蜀才作咥。嗟荀作差。凶，古文及郑无凶字。”《古易音训》引晁氏云：“鼓，古文作�……古文及郑薛无凶字。按差古文。”

齐。《释文》云：“晋，孟作齐。”《古易音训》引晁氏曰：“《说文》作晋。按古文齐，篆文晉，今文晋。”是据《费氏易》可以考古文易之本，可以考今古文及诸家之异，至于今古文及诸家同者，则《释文》、《古易音训》所不载者是也。由是吾人知《费氏易》可以考易今古文及诸家之异同。

（二）解用十翼由斯可探三才之微旨

《汉书·儒林传》谓费氏治易亡章句，从以彖象系辞十篇之文解说上下经。由是知费氏以十翼诂易也。十翼者彖上下，象上下，系辞上下，与说卦、文言、序卦、杂卦也，先儒多以为孔子所述作。孔颖达《周易正义》谓十翼为孔子所作，先儒更无异辞。夫十翼际极天人，发三才三妙旨，道贯古今，明宇宙之统绪，言其本也，则归于贞一之正道。（《易大传》曰：“天地之道贞观者也……天下之动贞夫一者也。”）示其用也，则包容内圣王之至道，乃最为有用之学也。费氏能依此以解说上下经，是真有卓见者也。

（三）探占筮之理，明人事之吉凶

《汉书·儒林传》谓费直“治易为郎，长于卦筮。”《隋志》载《费氏易林》二卷，《易内神筮》二卷，新旧《唐志》载费氏《逆刺占灾异》十二卷，《周易林》二卷。隋唐《志》所载之书，未必为费氏自作。然由斯亦足知其精于卦筮也。今其书亡矣，虽经清儒胡薇元、马国翰之补缀，惟仅可见二、三条耳。惟吾人据今存《焦氏易林》亦足以推知，《易林》之书所以备卦筮之用，著人事之吉凶者也。易筮之用，教人步贞一之正道耳，筮得吉者，则宜于利贞，以常保其吉，其不吉者亦宜守正以转危为安。《费氏易》明卦筮之理，实至有价值者也。故易曰：“君子将有为也，将有行也，问焉而以言，其受命也如向，无有远近幽深，遂知来物。”其《费氏易》之谓乎。

（四）用纳甲之法，以推占筮之用

《礼记·月令》、《正义》引《易林》："震主庚子午，巽主辛丑未，坎主戊寅申，离主已卯酉，艮主丙辰戌，兑主丁巳亥。"此明纳甲之法也。（按：详见本篇第三章）纳甲之法，用于占筮，《京氏易传》如此，今《费氏易林》亦如此，是古有是法也。以推知吉凶祸福，并有助易义之推行，其价值自不可磨灭。

（五）配易卦于天文地域，开易学研究之新途

罗泌《路史》云："《费直易》十二篇，以易卦配地域。"马国翰云："今其书佚，唯《晋书·天文志》引其十二次所起度数，称费直《周易分野》、唐《开元占经》亦引之，称名同。其配卦之例，莫可稽考。"此马氏之失察也，按明儒来知德《周易集注》载有《八卦分野图》，将八卦十二次耳（宫）十二州二十八星宿配六十四卦而载之于图，此即罗泌《路史》所云《费氏易》以易卦配地域者也。（详本篇第四章）此则以天文，地理言易者也，足为易学开一新途径，后世《天文志》及《占经》之属皆尝受其影响，而罗盘之运用，则启源于此，是《费氏易》有价值也。

四、费直传

"费直，字长翁，东莱人也。治易为郎，至单父令。长于卦筮，亡章句，徒以彖象系辞十篇文言解说上下经。琅邪王璜平中能传之。璜又传古文《尚书》。"（《汉书·儒林传》）

五、《费氏古文易》

凡例：

1. 本章依马国翰本为主，而考之《释文》及《古易音训》诸书，载今古文或诸家之异，其有与马氏异者，则下加按语以别之。

2. 《吕氏古易音训》常引晁氏之言云："按古文作某。"虽未必可靠（其中且有错误）然录之，以备一家之说。

3. 凡《释文》云众家同者悉据以补入，而加一补字，以示区别。盖《费氏易》在《释文序录》众家中也。

4. 马氏本根据吴仁杰《古周易》本，录乾卦以为《费氏易》之经文及传注如此，本篇亦仍之。

周易上经

乾䷀

亢龙有悔，飞龙在天，利见大人。或跃在渊，无咎。君子终日乾乾，夕惕若，厉无咎。见龙在田，利见大人。潜龙勿用，见群龙无首，吉。传：大哉乾元，万物资始，乃统天，云行雨施，品物流形，大明终始，六位时成，时乘六龙以御天，乾道变化，各正性命；保合大和乃利贞。首出庶物，万国咸宁。天行健，君子以自强不息。乾，初九，潜龙勿用，阳在下也。九二，见龙在田，德施普也。九三，终日乾乾，反复道也。九四，或跃在渊无咎。九五，飞龙在天，大人造也。上九，亢龙有悔，盈不可久也。用九天德不可为首也。吴仁杰《古周易》载《费直易》，吴氏曰："此省云彖传、象传、系辞传之目，但总以一传字，加于彖传之首。王弼王肃易皆存传字，盖本于此。"又曰《崇文总目序》云："以彖象文言杂入卦中者，自费氏始。"按郑康成易以文言，说卦序卦合为一卷，则文言杂入卦中，康成犹未雨非自费直始也。直本传云："徒以彖象系辞十篇之言解说上下二经，盖解经但用彖象系辞，汉书本误以之言字为文言耳。十篇云者，史举其凡。直之学似于于每卦之后列彖象系辞，去其篇第之目，冠传字，以总之。正如杜元凯《春秋》解分经之年，与传之年相附，而经自经，传自传也。康成因之，遂省六爻之书与覆卦之书，移下上体于卦书之下，而以卦名次之移初九至用九之爻，而加之爻辞之上。又以彖象合之于经，而加彖曰，象曰之文。今王弼易自文言以前，则故郑氏本也。以高贵乡公淳于后问对观之，于时康成所注，虽合彖象于经，而所谓彖象不连经文者，犹在，及王弼注用康成之本，谓孔子赞爻之辞，本以释经，宜相附近。乃各附当爻，加象曰以别之，谓之小象，又取文言附于乾坤二卦，加"文言曰"三字于首。若说卦等篇，则仍其旧别自为卷。总曰系辞。世儒知有弼易，而不知有所谓古经矣。（马国翰《费氏易》）

坤☷

按《释文》："坤本又作巛，今字也。"汉石经作巛，用借字也。坤为正字。说详王引之《经义述闻》及拙作《汉易异文考》。马国翰本以巛为坤，非是。

由辩之不早辩也。按吕祖谦《古易音训》引晁氏曰："按辩古文变字。"《广雅》云："辩，变也。"《楚辞·九辩》注："辩者变也。"辩与变音义同，盖古今字也。汉石经变皆作辩。

阴疑于阳，必战。晁氏曰："按疑古文凝字。"

屯䷂

般桓。晁氏曰："磐桓，作般。"

乘马班如，匪寇昏冓。晁氏曰："郑本作般古文作班。马本作冓，按冓古文。"

即鹿无虞。晁氏曰："王肃作麓云山足，按鹿古文。"

求昏冓。同上。

需䷄

有专。晁氏曰："有孚，陆氏曰孚音敷，信也，又作专，彖同。按专古文。"以后孚同此，不另著录。

师䷆

不臧凶。按遁卦。小人否亨。晁氏曰："否古文作不。"（补）以后仿此。

田有禽。晁氏曰："禽古文擒字。"

小畜䷈

血去易出。晁氏曰："血，马云当作恤忧也。按血古文。"按夬卦惕号，晁氏云："古文作易。"据之改。

泰䷊

拔茅茹以其胃。《释文》："彙，古文作胃"。按否初六同此，不另著录。

偏偏不富。《释文》："篇篇，古文作偏偏。"

城复于皇。晁氏曰："堭，按古文作皇。"

否䷋

咠，离祉。《释文》："时，直留反，郑作古咠字。"

同人䷌

乘其庸。晁氏曰："郑作庸，按庸古文。"

大有䷍

大舆以载。晁氏曰："车，《子夏传》作舆。按后汉时车始有居音，古则为舆字。"按古文当作车。

嗛䷎

按《释文》云："谦，《子夏传》作嗛。"汉石经同。盖古作嗛。

君子以掊多益寡。郭忠恕佩觿引古易，按《释文》："裒，蒲侯反。郑荀董蜀才作捊，云：取也，字书作掊。"马国翰云："据此则捊掊同义，郭引古易用费本也。"

嗛嗛君子。左太冲，魏都赋，嗛嗛同轩。李善注引《周易》"嗛嗛君子卑以自牧"云："嗛古谦字。"后同此。

豫䷏

砎于石。《释文》云："介于，古文作砎，郑古入反，云谓磨砎也。"

朋盍貣。《释文》："簪，古文作貣。"

随䷐

君子以乡晦入宴息。晁氏曰："向王肃本作乡，按乡古文。"

蛊䷑

君子以振民毓德。《释文》："育，王肃作毓，古育字。"晁氏曰："毓古文。"

噬嗑䷔

履校灭止。《释文》："止，本亦作趾。"晁氏曰："止古文。"后同此。

何校灭耳。《释文》："何可反，又音河，本亦作荷。"晁氏曰："何古文。”

贲䷕

贲其止，舍车而徒。《释文》：“趾，本亦作止。”晁氏曰：“止古文。”《释文》：“车音居，郑张璠作舆。”晁氏曰：“车古文。”后同此。

剥䷖

剥床以分。晁氏曰：“古文作分，今文作辨，郑作辨。”

君子得车。《释文》：“京作德舆，董作德车。”晁氏曰：“车古文。”

复䷗

无敍悔。晁氏曰：“祇，京刘一行作祇，安也。《广雅》作敍，多也，《说文》：‘祇，古文用多字。’”按晁氏又云：“其作祇者，尤非，《说文》祇裯短衣，音低。”作祇者乃借字也，说详《汉易异文考》。

卑复。《释文》：“频，郑作卑。”晁氏曰：“卑古文频字，今文作顰。”

有扷眚。晁氏曰：“灾眚，按古文作扷眚。”

颐䷚

颠颐费经。晁氏曰：“拂，刘一行作弗，辅弼也。下同。按弗古弼字。”说详《汉易异文考》。

弗经贞凶，同上。

大过䷛

本末溺也。《释文》：“弱本亦作溺，并依字读。”晁氏曰：“溺古文弱字。”

习坎䷜

按晁氏曰：“徐氏云上脱一坎字，《说文》按例诸今文，则脱，在古文则不脱。古文则以其卦为其名故也。古文又以☵为水字。”（补）

检且沈。《释文》：“险，古文及郑向本作检。郑云木在手曰检。枕，古文作沈，沈直林反。”按晁氏曰：“象数当作检。”

离☲

日仄之离。晁氏曰："昃《说文》作，日在西方时侧也。易曰仄之离。《说文》'仄古反。'"

不鞁缶而歌，则大耋之差。晁氏曰："彭，古文作鞁，《释文》嗟，荀作差，下戚嗟同。古文及郑薛无凶字，按差古文。"

出涕沱羲，戚差羲。《释文》："古文若皆如此。"晁氏曰："按戚古文。"

周易下经

咸䷞

取女吉。晁氏曰："取古文。"按今作娶。

咸其弹母。《释文》："栂，荀作母。"晁氏曰："按母古文。"

咸其辅夹舌。晁氏曰："辅，陆氏曰虞作酺，云：'耳目之间，称酺颊。'按酺，今文辅字。颊，按古文作夹。"

恒䷟

濬恒。《释文》："浚，郑作濬。"晁氏曰："按濬古文浚。"

遯䷠

按晁氏曰："古文作遯，遯，篆文或作遂。云：遁亦篆文迁也。不与遯同。"马国翰仍作遯，今依其例，征晁氏说改。

系遯。晁氏曰："係，按古文作系。"

小人不。晁氏曰："徐疾读作否，按古文作不。"

有疾惫也。《释文》："惫荀作备。"晁氏曰："按备古文惫字。"按既济九三同此。

大壮䷡

累其角。晁氏曰："羸，按古文作累。"

丧羊于易。晁氏曰："易乃古文疆场字。"

不祥也。晁氏曰："详，古文祥字。"齐，晁氏曰："《说文》晋作晋。"按齐古文，晋篆文，晋今文。

明夷䷣

夷于左股。晁氏曰："夷，陆希声作睇，九家无此夷字。直云：明夷于左股。说之按："睇眱同音题，夷古文，眱篆文，睇今文。"

明夷于南守。《释文》："狩本又作守。"晁氏曰："说之按守古文，狩今文。"

其子之明夷。晁氏曰："其古文，箕今文。"

家人䷤

家人确确。《释文》："嗃嗃，荀作确确，刘作熇熇。"晁氏曰："确古文。"

妇子喜喜。《释文》："嘻嘻，张作嬉嬉，陆绩作喜喜。"晁氏曰："喜古文。"

睽䷥

其牛犎。晁氏曰："王弼云掣，滞隔也。《说文》："篆无挈字，犎古文，觢篆文，掣今文。"

解䷧

解而母。《释文》："拇，荀作母。"晁氏曰："母古文。"

损䷨

二簋可用享。《释文》："簋，蜀才作轨。"晁氏曰："轨古文簋字。"

君子以澄忿窒欲。晁氏曰："惩，蜀作登，按登古文澄字。欲，孟作谷。按谷古文欲字。"

夬䷪

壮于前止。《释文》："趾，荀作止。"晁氏曰："止古文。"

易号莫夜。晁氏曰："惕，按古文作易。"

其行次且。晁氏曰："次古文，且古文。"

掔羊悔亡。《释文》："牵，子夏作掔。"晁氏曰："掔古文。"

遘䷫

《释文》："姤，薛云古文作遘。郑同。"

系于金尼。晁氏曰："柅，《说文》按尼古文。"

累豕孚蹢躅。《释文》："羸，郑作虆。"晁氏曰："《说文》按与大壮羸字同训。"《释文》："蹢，古文作蹢，躅，古文作䠱。"

萃䷬

取以正也。《释文》："聚以正，荀作取以正。"晁氏曰："取古文。"

昇䷭

《释文》："升，郑本作昇。"晁氏曰："升古文作昇。"

允升大吉。晁氏曰："《说文》作䜭，升太吉。说之按：允古文，䜭篆文。"

君子以慎德。晁氏曰："史征云何妥作慎。说之按：顺古文作慎。"

困䷮

来余余。《释文》："徐徐，王肃本作余余。"晁氏曰："余古文。"

倪伔。晁氏曰："劓刖，按象数当作倪伔，即臲卼之古文也。与上六字同。"

刚弇也。《释文》："掩，虞作弇。"晁氏曰："弇古文。"

井䷯

累其瓶。晁氏曰："羸，见大壮姤。"按晁氏云："累古文。"

旧井无禽。晁氏曰："崔云禽古擒字获也。"

革䷰

大人虎辨。晁氏曰："变，京作辨，下同，说之按：辨古变字。"按汉石经作辩。晁氏于坤卦云："辩古文。"此又云："辨古文。"盖辩辨二字音同，形义近，亦可通用。

君子豹辨。同上。

鼎䷱

亯饪也。《释文》："亨本又作亯。"晁氏曰："亯古文。"

艮䷳

艮其止。晁氏曰："趾，荀从古作止。"

渐䷴

鸿渐于般。晁氏曰："磐，《汉书·郊祀志》作般，孟康曰：般，水涯堆也。说之按：般古文。"

妇孕不育。《释文》："孕，荀作乘。"晁氏曰："孕古文。"

归妹䷵

妇妹以须。晁氏曰："须，子夏孟京作嬬，胜之妾也。古文作须。"

丰䷶

日中则稷。《释文》："昃，孟作稷。"晁氏曰："稷古文。"此条马本在"窒其无人"之后，今移于前，依今易之例。

遇其妃主。《释文》："配，郑作妃。"晁氏曰："妃古文配字。"

虽旬无咎。《释文》："旬荀作均。"晁氏曰："旬古文均字。"

丰其菩，日中见斗。《释文》："蔀，郑薛作菩。见斗，孟作见主。"晁氏曰："菩古文蔀字，主古文斗字。"

窒其无人。《释文》："闃，孟作窒。"晁氏曰："窒古文。"

窒其无人，自戕也。（补）按《释文》云："藏，众家作戕，马王肃云残也。"费氏在《释文序录》所载众家中。据此补。后仿此。

旅䷷

得其齐斧。（补）按《释文》云："得其资斧，《子夏传》及众家作齐斧，应邵云齐利也。"

丧牛于易。晁氏曰："与大壮同。"谓易古文疆场字也。

巽䷸

晁氏曰："巽，《说文》作顨，云巽也。此易巽卦，为长女，为风者。说之今巽字作巽，云：具也。说之按：巽古文，顨篆文，巽俗文。"

中孚䷼

或彭或罗。晁氏曰："罗古文。"

月既望。晁氏曰："几，孟荀一行作既，孟云十六也。《说文》按："古文读近为既。"

既济䷾

妇丧其绂。晁氏曰：“茀，古文绂字。”

繻有衣袽。《释文》：“繻，子夏作䌤，王广同。薛云：‘古文作繻。’”

系辞上传

八卦相荡。（补）按《释文》云：“盪，众家作荡。”

效法之谓坤。《释文》：“爻法，蜀才作效法。”晁氏曰：“爻古文效字。”按蜀才作效法。蜀才，马国翰作今本。今依《释文》正。今本谓注疏本也。

言天下之至赜，而不可恶也。《释文》：“恶，荀作亚。”晁氏曰：“亚古文恶字。”

言天下之至动而不可乱也。（补）按《释文》云：“众家本并然。”

有功而不置。《释文》：“郑陆绩蜀才作置，郑云置当为德。”按马国翰云：“德古文类置字，因相乱。”是也。

其受命也如响。《释文》：“向许两反，又作响。”晁氏曰：“向古文响字。”

是故蓍之德员而神。《释文》：“图本又作员。”晁氏曰：“员古文。”

圣人以此洗心。晁氏曰：“洗心，石经作先心，先古文洗字。”

以神明其德夫，是故阖户谓之坤。按《释文》云：“以神明其德夫，众皆以夫字为下句。”（补）

又有尚贤也。晁氏曰：“以古文有字。”

系辞下传

象也者像也。（补）按《释文》云：“众本并云像，拟也。”

砎于石。（补）按《释文》云：“介，众家作介。”宋本《释文》“作介”作“作砎”。豫卦《释文》云：“古文作砎。”据斯而补。

天地絪缊。《释文》：“絪缊，本又作氤氲。《说文》作壹壼。”晁氏曰：“说之按：壹壼篆文，絪缊古文，氤氲隶文。”

因式以济民行。《释文》：“二郑云当为式。”晁氏曰：“按式古文。”

说卦传

三天两地而奇数。《释文》：“倚，蜀才作奇。”晁氏曰：“奇古文。”

眇万物而为言者也。《释文》：“妙，王肃作眇。晁氏曰：“眇古文妙字。”

为矫柔。《释文》：“锈，宋衷王广作揉，京作柔，荀作桡。”晁氏曰：“柔古文，锈篆文，揉俗文。”

为果堕。《释文》：“蓏，京本作果堕之字。”晁氏曰：“堕古文。”

杂卦传

丰多故。亲寡旅也。（补）按《释文》云：“丰多故，众家以此绝句。”

六、《费氏易林》

《费氏易林》为清儒马国翰、胡薇元二家所辑者惟四条而已。《焦氏易林序》，世以为费氏所作。马国翰辑之。六十四卦变占者，王莽时建信天水焦延寿之所撰也。夫易广矣大矣，以言乎远则不御，以言乎迩则静而正，以言乎天地之间则备矣。然易谓六十四卦也，推而言之，则繇说卦之所未尽。故《连山》《归藏》《周易》皆异词而共卦，虽三家并行，犹举一隅耳。赣善于阴阳，复造此以致易未见者，其射存亡吉凶，遇其事类则多中，至于靡碎小事，非其类则亦否矣。赣之通达隐几，圣人之一隅也。六十四卦变占，即今存《焦氏易林》也。“夫易广矣”至“备天”，乃系辞文。震主庚子午，巽主辛丑未，坎主戊寅申，离主己卯酉，艮主丙辰戌，兑主丁巳亥。（《礼记·月令》《正义》引《易林》）按马国翰云：“其以干支配卦文。又郑氏爻辰所酌用者乎。”非是。此乃纳甲之法也。纳甲之法，著于《京氏易传》，后儒如干实等注易，多援之入易，纳甲之法，乾内卦纳甲，外卦纳壬。坤内卦纳乙，外卦纳癸。震纳庚，巽纳辛坎戊，离纳己，艮纳丙，兑纳丁。震主庚子午者，震纳庚，初九庚子水，九四庚午火也。巽主辛丑未者，巽纳辛。初六辛丑土，六四，辛未土也。坎主戊寅申者坎纳戊，初六戊寅木，六四戊申金也。离主己卯酉者，离纳己，初九己卯木，九四己酉金也。艮主丙辰戌者，艮纳丙，初六丙辰土，六四丙戌土也。兑主丁巳亥者兑纳丁，初九丁巳火，九四丁亥水也。震坎艮为阳卦，巽离兑为阴卦，阳卦地支以顺而推。二三五上皆可由是推得。胡薇元曰：“《礼记·月令》《正义》引《费氏易林》以解康成注者如此。”马国翰曰：“今《焦氏易林》无此语，《郑氏易》本费氏，其注《月令》，亦必参费说用之。”

《唐志》有《费氏周易林》二卷，故《正义》引以解郑。至于

《焦氏易林》"明夷之咸"与"节之解"二条涉及成帝哀帝时事，胡薇无以为乃《费氏易林》之文。胡适据此二条遂断《焦氏易林》为管辂所撰。皆以意断之。兹录此二条附后以备参研。明夷之咸。"新作初陵，踰蹈难登，三驹推车，跌损伤颐。"节之解。"皇母多恩，字养孝孙，脱于襁褓，成就为君。"胡薇元曰："《焦氏易林》为焦延寿撰，焦为京房之师，房为成帝时石显谮诛。则焦为宣帝元帝时人可知。今《焦氏易林》明夷之咸，推车伤颐乃成帝时事。节之解，林言恩养孙乃定陶传太后，哀帝时事，盖《费氏易林》语而杂入焦氏也。"又云："汉儒明占候，如焦赣费直，崔篆管辂皆有《易林》，今十六卷，皆云焦氏，而他皆亡。焦费皆西汉人，故阑入不可辨，只此二节可指为费氏。"

七、《周易分野》

马国翰据《晋书·天文志》，辑费氏《周易分野》以为费氏之学虽不能确认为费直本人之作，然以之为费氏一派之学可也。马国翰云：《周易分野》一卷。汉费直撰。按罗泌《路史》云："《费直易》十二篇，以易卦配地域"，今其书佚，唯《晋书·天下志》，引其十二次所起度数，称《费直周易分野》。唐《开元占经》亦引之，称名同。至其配卦之例，莫可稽考。《唐书·历志》载一行论两戒间及易卦，或其遗法乎。"

按来氏所附八卦寿星起轸七度。(《晋书·天文志》)自轸七度至氐十度为寿星之次。(瞿昙悉达唐《开元占经》卷六十四）按寿星谓寿星之次乃十二宫之一，辰宫也。轸氐乃二十八星宿中二星之名。或配以日月水火木金土（七星）及二十八种动物。则为轸水蚓，氐土貉。后仿此。于地配兖州，故郑之地也。于卦配巽、大过、鼎、升、复、震。

大火起氐十一度。(《晋书·天文志》)自氐十一度至尾八度为大火。(《开元占经》)按大火者十二宫之一即卯宫也。尾，乃二十八星宿之一。尾配七星及动物，这尾火虎。于地配豫州。故宋之地也。于卦配噬嗑、屯、震、随、颐。

析木起尾九度。(《晋书·天文志》)自尾九度至南斗九度为析木之津。(《开元占经》)按析木者十二宫之一乃寅宫也。斗乃二十八宿之一。南斗，亦名斗，斗配七星及动物为斗木獬。于地配幽州，故燕之地，于卦配无妄、艮、旅。

星纪起斗十度。(《晋书·天文志》)自南斗十度至须女六度谓之星纪之次（《开元占经》）按马国翰云六当作五。星纪者十二宫之一也。乃丑宫也。女二十八宿之一。须女亦名女，女者，女士蝠。于地配杨州，故吴越之地也。于卦配谦、小过、艮、渐、未济。

元枵起女六度。(《晋书·天文志》）自虚女六度至危十三度为元枵。(《开元占经》）按元枵者十二宫之一，乃子之宫也。危，二十八宿之一。危，亦即危月燕，于地配青州，故齐之地也。于卦配涣解，师。

诹訾起危十四度。(《晋书·天文志》）自尾十四度至奎一度为诹訾。(《开元占经》）按诹訾，十二宫之一，即亥宫也。奎，二十八宿之一，即奎木狼也。于地配豳州、故卫之地也。于卦配困，坎、乾、泰、夬、大壮。

降娄起奎二度。(《晋书·天文志》）自奎二度至胃三度（依《晋志》当作娄九度）谓这降娄之次。(《开元占经》）按降娄者十二宫之一，即戌宫也，胃二十八宿之一，即胃土雉也，于地配徐州，故鲁之地也。于卦配大壮大有、需、履。

大梁起娄十度。(《晋书·天文志》）自胃四度（依《晋志》当作娄十度）至毕十度为大梁。(《开元占经》）按大梁者二十二宫之一，即酉宫也。娄者二十八宿之一即娄金狗也，于地配冀州，故赵之地也，于地配履、兑归妹、中孚。以上二宫星宿度数当依《晋书》。

实沉起毕九度。(《晋书·天文志》）自毕九度至东井十一度为实沈。(《开元占经》）按实沈者十二宫之一即申宫也。东井，即井，亦即井水犴乃二十八宿之一。于地配并州故晋之地也，于卦配归妹、兑、坤、萃、否。

鹑首起井十二度。(《晋书·天文志》）自东井十三度至柳四度为鹑首。(《开元占经》）按鹑首者十二宫之一，即未宫也。柳者二十八宿之一，即柳土獐也。于地配雍州，故秦之地也。于卦配坤、观、晋、豫、革。

鹑火起柳五度。(《晋书·天文志》）自柳五度至张十二度为鹑火。(《开元占经》）按鹑火者十二宫之一。即午宫也。张，二十八宿之一，即张月鹿也。于地为三河之地，即故东周之乡也。于卦配、离、革既济、明夷。

鹑尾起张十三度。(《晋书·天文志》）自张十三度至轸六度为鹑尾。(《开元占经》）按鹑尾者十二宫之一，即巳宫。轸者二十八宿之一，即轸水蛇也。于地配荆州，故楚之地也。于卦配离、家人、丰、蛊、恒。

马胡二氏未见《周易分野图》，故无以考之。今录明儒八卦分野图，虽度数略异，或备参研。详观此图。盖以后天八卦方位，配以十二州域，布以春秋战国所应之地。列以十二次舍之位（见日月会次舍图），应以六十甲子所当之次舍，以天干地支相配成六十干支，其子舍，则以丙子、戊子、庚子、壬子、乙丑，应之，其丑舍，即丑宫。即以丁丑、己丑、癸丑、丙寅、应之合以所当之六十四卦，而各以氐、亢，角、轸、翼、张、星、柳等二十八星宿配之，以应其卦位，地域与会舍。其最外圈即二十八星宿之度也。皆由一至其所当之度数为止。此乃后代罗盘之所本，堪舆阳宅家多用之。

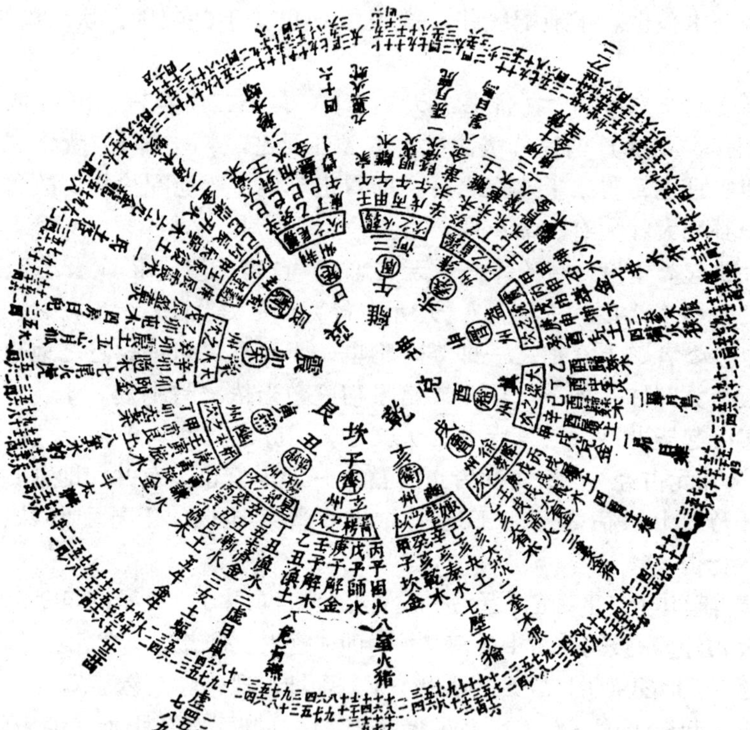

八卦分野图

第八章 《周易古五子传》

——专说灾厄

一、《周易古五子传》之书及版本

《汉志》载《古五子》十八篇，注云："自甲子到壬子说易阴阳。"刘向《别录》云："所校雠中古五子书，除复重定者十八篇，分六十四卦著之辰，自甲子至壬子，凡五子。"盖所谓古五子者，乃以干支推阴阳水旱灾之年数者也，五子谓甲子、丙子、戊子、庚子、壬子是也。至于作者名氏《汉志》不载，莫得考矣。其书自《隋志》以下皆无著录，《释文》《古易音训》亦无言及。是其书遗佚已久矣。直至清儒胡薇元、马国翰出，乃据《汉书·律历志》及《文选·左太冲吴都赋》刘渊林注，辑成其书一卷。其版本仅有二。一则胡氏之书，载于其所著《汉易十三家》中；二则马国翰之书辑入其所辑《玉函山房辑佚书》之中。

二、《周易五子传》之大义与特色

《古五子传》谓一元之岁数为四千六百一十七年，中有五十七年之灾。其灾首一百零六年后有阳九之厄，谓有九年之旱灾也，次为三百七十四年，后为阴九之厄，谓有九年之水灾也。次四百八十年又有阳九之厄。次七百二十年有阴七之厄，谓有七年之水灾也。次七百二十年有阳七之厄，谓有七年之旱灾。次六百年后有阴五之厄。谓有五年之水灾也。次六百年后在阳五之厄，谓有五年之旱灾也。次四百八十年后，有阴三之厄，谓有三年之水灾也。次四百八十年后有阳三之厄，谓有三年之旱灾也，计阳厄（旱灾）五度，阴厄（水灾）四度。计灾害共有五十七年，无水旱灾之年计四千五百八十，合之得四千六百一十七，为一元之数，周而复始焉。

其起算法以地球绕太阳一周之日数，三百六十五又四分之一，为一年之标准日数，而以夏历一年三百六十日为本，六十日为一甲子，余五又四分日之一为润，三年一润，五年两润，凡八十年而闰余尽，又周而复始焉。

甲子者谓十天干：甲、乙、丙、丁、戊、己、庚、辛、壬、癸与十二地支：子、丑、寅、卯、辰、巳、午、未、申、酉、戌、亥，相配以纪日及年也。首日为甲子，次为乙丑，次为丙寅……天干尽则终而复始，地支尽亦然。凡六十年而一甲子，天干十。凡经六循环，故称六甲；地支十二，凡经五循环而终，故曰五子。以此纪日算年，明闰余，而以易老阳数九，老阴数六，少阳数七，少阴数八，老阳老阴皆变，少阴少阳不变，以此定灾害之年，及一元之数。此其大义及其特色也。

三、《周易古五子传》之渊源与影响

易曰："观乎天文，以察时变，观乎人文，以化成天下。"

又曰："古者庖牺氏之王天下也，仰则观象于天，俯则观法于地。"《史记·历书》云："昔自在古历建正作于孟春……顺四时卒于冬分，时鸡三号卒明。抚十二节卒于丑。日月成故明也。……太史公曰：神农以前尚矣。盖黄帝考定星历，建立五行起消息……颛顼受之，乃命南正重司天以属神。……故二官咸废所职而闰余乖次，孟陬殄灭，摄提无纪，历数失序……明时正度则阴阳调，风雨节，茂气至民无夭疫，年耆禅舜，申戒文祖云：'天之历数在尔躬，舜亦以命禹。'由是观之，王者所重也。夏正以正月，殷正以十二月，周下正以十一月。"

由是观之，易之与天文历数关系实至为密切也，详研古五子说，亦即以易数七八九六推天候历数之水旱灾害者也，而《春秋左传》与战国阴阳家所讨论，亦历述之。以其洲源之古也。故《汉志》称古五子，言其渊源之有自也。此后诸儒言及历法，论及灾害，亦皆尝受《古五子传》之影响，如《汉书·历志》数引《古五子》之文，刘渊林注《左思之赋》亦用百六之会之句。是其影响于后人者，亦不可谓不大矣。后人云阳九百六者皆本此。如文天祥《正气歌》云："嗟予遘阳九。"是也。

四、《周易古五子传》之作者

《周易古五子传》之《汉志》不载著作名氏，殆不可考矣。《汉书·儒林传》云："孟喜得易家候阴阳灾变书。"焦延寿亦得隐士之说疑《古五子传》亦如此。姓名不可考矣，付之阙如可也。

五、《周易古五子传》之佚文

（一）六甲五子

天六地五数之常也。天有六气，降生五味。按天有六气者，张晏云：“六气，阴阳，风雨幽明也。”降生五味者。孟康云：“月令，五方之味酸咸是也。”五方之味谓东酸，南苦，中甘，西辛，北碱也。天有六气，故天六，地有五味，故地五。此乃天地之数之常也。

夫五六者天地之中合，而民所受以生也。按孟康云：“天，阳数奇，一三五七九，五在其中，地阴数耦，二四六八十，六在其中。故曰天地之中合。”

五为天（阳）数之中，六为地（阴）数之中而各有合焉。盖天以一生水，地以二生火，天以三生木，地以四生金，天以五生土，地以六成水，天以七成火，地以八成木，天以九成金，地以十成土，五六恰在其中，而各有一生成之合焉，故曰天地之中合。（即后世《河图》）民者五行之秀气，万物之灵明，而天地之中也，故民所生，秉天地之中合而生，故传曰民受天地之中以生是也。

故日有六甲，辰有五子。按孟庚曰：“六甲之中，唯甲寅无子。故有五子。”盖六甲者，天干凡有十：甲乙丙丁戊己庚辛壬癸是也，以表日焉；地支凡十有二：子丑寅卯辰巳午未申酉戌亥是也，以表辰焉。又表日月之所会，十二宫之名，又十二月之称，十二时之义也。天干地支配合自甲子、乙丑起算，经丙寅、丁卯、戊辰、己巳、庚午、辛未、壬申、癸酉。天干终，复从甲始，顺以甲戌乙亥，地支终，复从子始，次以丙子，丁丑，戊寅，己卯，庚辰，辛巳，壬午，癸未，次以甲申，乙酉，丙戌，丁亥，戊子，己丑，庚寅，辛卯，壬辰，癸巳，甲午，乙未，丙申，丁酉，戊戌，己亥，庚子，辛丑，壬寅，癸卯，甲辰，己巳，丙午，丁未，戊申，己酉，庚戌，辛亥，壬子，癸丑，甲寅，乙卯，丙辰，丁巳，戊午，己未，庚申，辛酉，壬戌，癸亥。凡六十而一甲子终。复从甲子起算，为第二甲子。在一甲子中，有六甲五子，六甲者，甲子，甲戌，甲申，甲午，甲辰，甲寅是也。五子者甲子，丙子，戊子，庚子，壬子是也。十一而天地之道毕，言终而复始。按天六加地五，六甲加五子计六十，六十为一甲子，故曰天地之道毕，自甲子经乙丑至癸亥，为六十而终焉。终则又从甲子起算，故曰终而复始。

（二）易九戹

易九戹曰："初入元百六阳九，次三百七十四阴九。"按易九戹，孟康曰："易传也，所谓阳九之戹，百六之会也。初入元百六岁有戹者，则前元之余气也。若余分为闰也，易爻有九六七八，百六与三百七十四，六乘八之数也，六八四十八，合为四百八十岁也。"

戹，灾也，难也。易爻有九六七八。九者老阳之数，六者老阴之数，七者少阳之数，八者少阴之数。少阴少阳不变，故七八不变；老阴老阳不变，故九六不变。《周易》以变者为占。故用九用六。"阳九之戹百六之会"，谓老阳（阳九）之戹难，在最初天之始年起算第一百零六年也。此前元之余气所积也；次三百七十四阴九者，谓阴九之戹难，在其次三百七十四年也。阳九之戹为一百零六，阴九之戹为三百七十四，合之为四百八十，乃老阴（六）少阳（八）自乘之数，再乘十而得之。阳戹指旱灾，阴戹指水灾。

次四百八十阳九。按孟康曰："亦六乘八之数也，于易爻六有变，故再数也。"如淳曰："六八四十八，而四百八十岁，有九年旱。"六，老阴故有变，谓其次阳九之灾为次四百八十年后也。

次七百二十阴七。按孟康曰："九乘八之数也，八九七十二为七百二十岁。"此谓次阴七之戹，又在次七百二十年后。此数为老阳（九）乘于少阴（八）再乘十之数。

次七百二十阳七。按孟康曰："亦九乘八之数也，于易爻九变，故再数也。"如淳曰："八十岁纪一甲子。冬至以八乘九，八九七十二，故七百二十岁乃有灾也。"此谓此杨七之戹，又在七百二十年之后也。九为老阳，故有变。

次六百阴五，次六百阳五。按孟康曰："七、八爻乘八之数也，七乘八得五百六十岁，八乘八得六百四十岁，合千二百岁也。于易爻七八不变，气不通，故合而数之各得六百岁也。"如淳曰："爻有七、八，八八六十四，七八五十六，二爻之数合千二百满纯阴，七八不变，故通其气使各六百岁乃有灾。"

次阴五之戹又在次六百年后，次阳五之戹又在次六百年后，合之计一千二百年，乃少阴少阳乘八之数之合也，少阴八乘八为六十四，少阳七乘八为五十六合之乘十为千二百。平均得六百，盖少阳少阴不变，故平均之也。

次四百八十，阴三，次四百八十，阳三。按孟康曰：“此六乘八之数也。六既有变又阴爻也，阳奇阴耦，故九再数，而六四数。七八不变，又无耦各一数。一元之中，有五阳四阴，阳旱阴水，九七五三皆阳数也，故曰阳九之戹。”如淳曰：“九六者阳奇阴耦，耦故重出，覆取上，六八四十八，故同四百八十岁，正以九七五三为灾者，从六奇数也，易天之数曰立天之道曰阴与阳，系天，故取其奇为灾岁数，八十岁则甲子冬至，一甲子六十日，一岁三百六十日，八十岁得四百八十甲子，又五日，五八四十为四百日又四分日之一，八十岁有八十分，八十分为二十日，凡四百二十日得七甲子。”（按原作四百八十日得七十甲子误今改。）八十岁合四百八十七甲子，余分皆尽，故八十岁则一甲子冬至也。次阴三之戹，则在次四百八十年之后，次阳三之戹，又在次四百八十年之后，四百八十年者，六乘八之数也。六为老阴，故有变。总上一元之中阳戹有五，阴戹有四，七八为少阴少阳不变，故各一数而无耦。九、七、五、三皆阳数也，以九括之，故曰阳九之戹。阳奇故九，阴耦故六。天为阳故奇数，即天三天五天七天九之数。地球绕太阳一周之数为三百六十五又四分之一日。此一年之日数，阴历一年以三百六十日计算。（三年一闰，五年二闰）一甲子为六十日，阴历一年则有六甲子，八十年则有四百八十甲子。然一年实际日数为三百六十五又四分之一日，减去三百六十余五又四分之一日，八十年则多四百日又二十日，凡四百二十日得七甲子。八十岁计四百八十七甲子。余分皆尽。八十岁则一甲子冬至。谓八十年而总得四百八十甲子余分皆尽，而复如初也。周人以冬至一阳生，为一年之始，此以八十年为一循环之始数，故云八十岁则一甲子冬至也。

凡四千六百一十七岁，与一元终。经岁四千五百六十，灾岁五十七。按孟康曰：“经岁从百六，终阳三也。得灾岁五十七，合为一元，四千六百一十七岁也。”

阳五阴四之灾计阳九阴九，阴七阳七，阴五阳五，阴三阳三。共得五十七年灾。一百零六加三百七十四，加四百八十，加七百二十，加七百二十，加六百，加六百，加四百八十，加四百八十。计得四千五百六十年，为灾年，所经之岁，加上五十七，得四千六百一十七年为一元之数。谓一元四千六百一十七年之中有五十七年灾也。

（三）易无妄

灾气有九，阳厄（即戹也）五，阴厄四，合为九。一元之中，四千六百一十七岁，各以数至阳厄，故云百六之会。（《文选·左太中吴都赋》刘渊林注）按：阳厄五谓旱灾五，谓阳九（有二），阳七，阳五，阳三也，阴四谓水灾四。阴九，阴七，阴五，阴三也。晁错《贵粟疏》云："尧禹有九年之水，汤有七年之旱。"九年之水，谓阴九也，七年之旱谓阳七也。四千六百一十七年为一元之数，见前。各以数至阳厄，谓初则一百零六年，阳九，次三百七十四为阴九。次四百八十为阳九……皆各以数至。"故云百六之会似当作。故云："阳九之厄百六之会也。"盖人生不如意事，十常八九，而《易经》题无妄之灾，阳九之厄吾人心地能平稳安静，触处皆青山绿水矣，在心地上无风涛之起仆，则随在皆青山绿树。在修心养性中化育，则触处见鱼跃鸢飞。学庄子之逍遥齐物，佛教之无我相人相，自能转厄为祥，逢凶化吉矣。

第九章 《周易淮南道训》
——道家易之别传

一、《周易淮南道训》之书及版本

《汉志》载《淮南·道训》二篇。注云："淮南王安，聘明易者九人号九师说。"刘向《七略别录》云："淮南王聘善易者九人，从之采获，故书中自署曰：淮南九师书。"淮南王安者，乃淮南厉王长之子也。厉王者，汉高祖之少子也。九师者，淮南王刘安所聘明易者九人也。《淮南道训》，或称《淮南九师道训》，淮南王刘安从其所聘明易者九人而采获之《周易》解说也。高诱《淮南鸿烈集解序》云："天下方术之士多往归焉。于是遂与苏飞、李尚、左吴、田由、雷被、毛被、伍被、晋昌等八人及诸儒大山小山之徒，共讲论道德，总统仁义而著此书。"然则九师者即天下方术之士与大山苏飞之流也，今不详其姓字矣。陈振孙《直斋书录解题》谓《荀爽九家易》，即《淮南九师道训》也，近人杭辛斋从之，误矣。《荀九家易》，《释文序录》已明载乃荀爽、京房、马融、郑玄、宋衷、虞翻、陆绩、姚信、翟子玄等九人之易，与《淮南道训》绝不相类也。（拙作《易来氏学》《易经研究》，昔从陈杭之说，误矣，今宜改正。）今其书已亡，文献不足，未足以考九师之姓字，唯知斯书乃淮南王刘安所撰集而成之书耳。

《淮南道训》、《隋志》及《释文序录》皆未著录其书，知其亡已久矣。其唯一可见者，谨李善《文选注》两引遁上九，飞遁之语及《淮南子》书引剥之不可遂尽也，故受之以复之语耳，余则亡矣。清儒胡微元、马国翰本此二条，又考之《淮南子》全书，凡引易著皆辑之而辑成《周易淮南九师道训》。马氏曰："朱太史彝尊《经义考》谓陆氏于需蛊遁损诸卦其所引称师者当即九师本，又谓《鸿烈解》引易曰剥之不可遂尽也，故受之以复，此则《道训》之序卦传文。"按九师之书定于《淮南鸿烈》所引，自与《道训》合。丁氏槐笺《困学纪闻》亦以阴阳言日夕为《道训》之说，竹垞之言，信而可征。至谓陆氏引称师者即九师本，似尚未确。《释文》于他经亦称师说，决非九师，臧氏镛谓，陆氏之师。卢抱经《释文》考证取之，故兹仅据朱氏后说采《淮南》书中诸引易语，辑为一卷，聊存《道训》之遗。（《玉函山房辑佚书·周易淮南九师道训》）

《释文》称师者，乃陆氏德明之师也，非九师道训也，臧氏马氏之言是也。胡薇元云："高诱《淮南鸿烈集解序》云：'于是遂与苏飞、李尚、左吴、田由、雷被、毛被、伍被、晋昌等八人及诸儒大山小山之徒总统仁义而著此书。'盖安与八人而九也。"陈振孙误以荀爽九家当之，则时代不侔矣。随时已亡佚，今就《淮南子》所引与《文选》李善注引而存其言。（《汉易十三家》）

胡氏以苏飞等八人，与淮南王合为九，为《九师道训》，非也，此《汉志》注已详言淮南王安聘明易者九人矣，非八人也。至于其就《淮南子》书中所引与李善注而辑《淮南九师道训》，则堪补《淮南道训》之佚，其辑文仅九条，此后马国翰本之而略有增益，此则今可见《淮南道训》之书也。

至于《淮南道训》之版本，则有胡薇元《汉易十三家》本。马国翰玉函山房辑佚书本。（嫏嬛馆本，重印本，楚南书局本，清同治十年济南皇华馆书局补刻本）又近人胡兆鸾尝刺《淮南子》及淮南文引易义者一一揭出，疏通证明之，成书曰《淮南周易古义》二卷，又补佚一卷。其书未刊，世不得见焉。（见余友于大成君《淮南子校释》）

二、《周易淮南道训》之特色与价值

《周易淮南道训》，其书早佚，经清儒胡薇元、马国翰据《文选注》及《淮南子》书之引易者，辑而录之，始有书可考，今可考者虽仅十数条，然其特点可得而言者有。

（一）探至道之玄义明易学之微旨

文中子有云："九师兴而易道微。"马国翰云："观其命书之义，颇涉元宗，或有，道其所道，而无资于圣经者，遂以来何盼君子之讥乎。"然则此不足讥《淮南道训》也，夫易道多门，虽得一隙以入，皆足以婉转开通，究极精微，《淮南道训》阐发道家之元义，述易理之玄微。亦足以发易学之微意，而为圣经之彭吹也。如《淮南子·泰族训》云："清明条达者，易之义也。"《诠言训》："能全其性者，必不惑于道。故广成子曰：‘慎守而内，周闭而外，多知为败，毋视毋听，抱神以静，形将自正。’……易曰：‘括囊无咎无誉。’”《缪称训》云：“圣人在上，化育如神，太上曰：我其性与。”其次曰：“微彼其如此乎。……易曰含章可贞。”又：“芒芒昧昧，从天之道与元同义。”

（二）明治乱兴亡之由示内圣外王之道

夫内圣外王者，易之微义也；治乱兴亡者，人间之群象也。《淮南》书中，多述明此义，亦深足以为吾人所取法也。如《诠言训》：“能有天下者，必不失其国，能有其国者，必不失其家……能全其性者，必不惑于道。……故易曰：‘括囊无咎无誉。’”《缪称训》：“其施厚者其报美，其怨大者其祸深，薄施而厚望，畜怨而无患者古今未之有也。”又：“遏障之于邪，开道之于善，而民向方矣。”《泰族训》：“无人者，非无众庶也，言无圣人以统理之也。”

（三）征验于史事，以证易义于无穷

以史事解易，其来尚矣。非特宋儒李光、杨诚斋也。昔周公远引高宗之伐，著之于爻辞。夫子明征文王之事，录之于彖辞。是知以史事证易理者，其来尚矣。《淮南》书中亦以斯义，发挥义理。如：

《泰族训》云：“故臧武仲以其智存鲁，而天下莫能亡也；璩伯玉以其仁宁卫，而天下莫能危也。”易曰丰其屋，蔀其家窥其户间其无人。无人者，非无众庶也。言无圣人以统理之也。

《缪称训》：“太公望、周公旦受封而相见。太公问周公曰：‘何以治鲁？’周公曰：‘尊尊亲亲。’太公曰：‘鲁从此弱矣。’周公曰：‘何以治齐？’太公曰：‘举贤则尚功。’周公曰：‘后世必有劫杀之君。’其后齐日以大，至于霸，二十四世而田氏代之。鲁日以削，至三十二世而亡。”故易曰履霜坚冰至。

（四）明时中之教，以发易学之深义

易言，时中之教者，首见于夫子之十翼。先儒多本此以释易义，《淮南》书中亦然。如《人间训》：“潜龙勿用者，言时之不可行也。”又：“终日乾乾，以阳动也；夕惕若厉，以阴息也。因日以动，因夜以息，惟有道者能之。”

（五）征引先圣之言，旁验群经之文，以证易理之旨趣

《淮南子·诠言训》中，征引广成子之言，“已涉大川”之义，又旁征《诗经》“执辔如组”之文，以与易“含章可贞”互证。

《缪称训》：“黄帝曰：‘芒芒昧昧，从天之道，与元同气。’故至德者言同略，事同指，上下一心”易曰同人于野，利涉大川。又《诗》曰：“执辔如组。”易曰含章可贞。动于近成文于远。此为其书中，可考者也，余则不可考矣。《淮南道训》之亡佚，几二千载矣，文献不足故也，足则吾能征之矣。然由此一隙以推，知其书亦必征引先圣之言，旁验群经之文，以证易理之旨趣也。

（六）诂训简明易知

近人胡兆鸾氏虽尝刺《淮南子》及淮南文引易义者，一一揭出而疏通证明，以成《淮南周易古义》二卷，补佚一卷。然其书未刊，不传于世，无以知其刺《淮南》之微义。愚以为易义广大，只要言之有理即得一隙以入，亦足以贯穿义理，婉转开通。故《四库全书总目提要》载易二派六宗之大义，盖以其皆能发挥义理，何妨共存。故记曰：“道并行而不相悖。”今《淮南》书中虽或稍涉玄宗，然其诂训简明易知，发挥义理之周至深密，亦不可没也，如遁上九，飞遁无不利。注云：“遁而能飞吉孰大焉。”既济九三，高宗伐鬼方，三年而克之。《淮南》云：“鬼方，小蛮夷也，高宗，殷之盛天子也。以盛天子伐蛮夷，三年而后克，言用兵之不可不重也。”是其对易之诂训，简明易知，足发古义，非后世之故作玄言，以文浅陋者可比也。由是，则其书自有存在之价值，不可轻而弃也。

三、淮南王刘安传

淮南王安为人好书鼓琴，不喜弋猎狗马驰骋，亦欲以行阴德拊循百姓，流名誉。招致宾客方术之士数千人，作为《内书》二十一篇，《外书》甚众，又有《中篇》八卷，言神仙黄白之术，亦二十余万言。时武帝方好艺文，以安属为诸父，辩博善为文辞，甚尊重之。每为报书及

赐，常召司马相如等视草，乃遣。初，安入朝，献所作《内篇》新出，上爱秘之，使为《离骚传》，旦受诏，日食时上。又献《颂德》及《长安都国颂》。每宴见，谈说得失及方技赋颂，昏暮然后罢。安初入朝，雅善太尉武安侯，武安侯迎之霸上与语曰："方今上无太子，王亲，高皇帝孙行仁义天下莫不闻。宫车一日晏驾，非王尚谁立者?"淮南王大喜，厚遣武安侯宝赂。其群臣宾客，江淮间多轻薄，以厉王迁死感激安。建元六年，彗星见，淮南王心怪之。或说王曰："先吴军时，彗星出长数尺，然尚流血千里。今彗星竟天，天下兵当大起。"王心以为上无太子天下有变，诸侯并争，益愈治攻战具，积金钱，赂遗郡国。游士妄作妖言阿谀王，王喜，多赐予之。王有女陵，彗，有口，王爱陵，多予金钱为中詷（侦也）长安，约结上左右。元朔二年，上赐淮南王几杖不朝，后荼爱幸，生子迁为太子，取皇太后外孙修成君女为太子妃，王谋为反具，畏太子妃知而内泄事，乃与太子谋，令诈不爱，三月不同席，王阳怒太子闭使与妃同内，终不近妃。妃求去，王乃上书谢归去。后荼太子迁及女陵擅国权，夺民田宅，妄致系人。太子学用剑，自以为人莫及，闻郎中雷被巧，召与戏，被一再辞让，误中太子。太子怒，被恐，此时有欲从军者，辄诣长安，被即愿奋击匈奴。太子数恶被，王使郎中令斥免，欲以禁后，元朔五年，被遂亡之长安，上书自明，事下廷尉河南，河南治，逮淮南太子，王、王后计欲毋遣太子，遂发兵。计未定，犹与十余日。会有诏即讯太子。淮南相怒寿春丞留太子逮不遣，劾不敬。王请相，相不听，王使人上书告相。事下廷尉治，从迹连王，王使人候司。汉公卿请逮补治王。王恐，欲发兵……是时上不许公卿……使中尉宏赦其罪，罚以削地。……其后自伤曰："吾行仁义，见削地，寡人甚耻之。"为反谋益甚。……日夜与左吴等按舆地图，部署兵所从入。……吏因捕太子王后……尽捕王宾客在国中者，索得反具以闻。……上使宗正以符节治王，未至安自刑杀水，后太子诸所与谋皆收夷，国除，为九江郡。(《汉书》卷四十四《淮南王安传》节引)

按易曰天下之动，贞夫一者也。《老子》曰："天下神器不可为也，为者败之，执者失之。"淮南王安虽雅好道术，喜书鼓琴，阴行仁义，笃爱艺文。然贪于神器，偏于心术，迷于谀佞，失于道欲求继从子为天子（武帝淮南王安之侄），乖于昭穆之序，已不可矣；又阴畜反意，纵子女后妃多行不义之事，及事觉欲反，思以淮南五郡以当天下，欲以卵击石，岂不谬哉，终致身死家毁国亡，为智者所笑，岂不悲哉。然其所作《淮南子》书，则颇具价值，其注易亦简明易知，此固可以不朽矣。

其所作书多言治乱养身之术，而已乃不免于身死国亡者何也？曰：悖于正道，贪于神器故致此耳后之君子，其鉴哉！

四、《周易淮南道训》阐微

凡例：

1. 胡薇元、马国翰二本，所引易注，多断章取义，节引易义，本篇则据之而又上考之于《淮南》之书，载其全文，明其条贯，著其诸统而又疏通证明阐述其义焉。

2. 本篇又据《淮南》书补二条。

周易上经

按《淮南子·泰族训》云："清明条达者易义也。"又云："易之失也卦。"又云："故易之失鬼。"高诱注：易以气定吉凶，故鬼也。"盖易以道阴德，定吉凶故鬼，洁静精微故精明条达。卦之德方以知，故卦。（补）

乾☰（乾上乾下）

按《要略篇》云："今易之乾坤，足以穷道通意也，八卦可以识吉凶，知祸福矣。然而伏羲为之六十四变，周室增以六爻所以原测淑清之道而捃逐万物之祖也。"高诱注云："八八变为六十四卦，伏羲示其象，周室谓文王也。"（补）

初九，潜龙勿用，言时之不可行也。（《人间训》）按《淮南子·人间训》云："古者五帝贵德，三王用义，五霸任力。今取帝王之道而施之五霸之世，是由（犹也）乘骥逐人于榛薄，而蓑笠盘旋也。今霜降而树谷，冰泮而求获，欲其食则难矣。故易曰：潜龙勿用'者'言时之不可行也。故君子终日乾乾，夕惕若厉，无咎。终日乾乾，以阳动也，夕惕若厉，以阴息也。因日以动，因夜以息，惟有道者能之。"盖初九虽以阳居阳位，然位处最下，不得其时，未获其中，犹龙之潜处于深渊，而未施其功也故勿用，言时之不可以有为，故不可以行也。

九三，君子终日乾乾，夕惕若厉，无咎。终日乾乾，以阳动也；夕惕若厉，以阴息也，因日以动，因夜以息；惟有道者能之。（《人间训》）按九三以阳居阳，得位而处于内卦乃上，似可以有为，然居多惧之地，（系辞云：三多惧五多功）故宜乾乾惕若，勉精厉操，夙夜匪懈，与时偕行乃方可以有为，然可以有为者，唯有道者能之。象曰："终日乾乾，反复道也。"文言曰：终日乾乾，与时偕行，是其义也。上九，亢龙有悔同言而民信，信在言前也；同令而民化，诚在令外也。圣人在上，民迁而化，情以先之也；动于上不应于下者，情与令殊也。故易曰亢龙有悔。（《缪称训》）按情者实也，诚也。圣人在上，诚信动于内，政教施之外，德泽加乎民，故迁而化也。至若处于上，而骄奢以临之，诚信不出乎内，德泽不加于外，则其所令反其所好，民将鸣彭而攻之矣，安能保其位哉？故龙亢而居之上，则致悔之由也。

坤䷁（坤上坤下）

初六，履霜坚冰至。圣人之见终始微言，故糟邱生平象櫡，炮烙升乎热升。（《人间训》）昔太公望周公旦受封而相见，太公问周公曰："何以治鲁？"周公曰："尊尊亲亲。"太公曰："鲁从此弱矣。"周公问太公曰："何以治齐？"太公曰："举贤而上功。"周公曰："后世必有劫杀之君。"其后齐日以大，至于霸，二十四世而田氏代之。鲁日以削，至三十二世而亡。故易曰履霜坚冰至。（补）（同上）按圣人智高识广，见事之始，即能明其将然，观物之初，即识其将来，故周公知举贤上功之敝，太公识尊尊亲亲之微，故初履于霜，即知坚冰之将至。见象櫡知糟邱之生，观热升明炮烙之施。非见其终，明其始者，安能若是乎。故圣人功成德被，同日月之光。非一朝一夕之故也，乾乾惕勉所以致之也，臣弑其君子弑其父，非一朝一夕之故也，其所由来者渐矣。胡本马本辑"至热升止"，后条余所补。

六三，含章可贞，或从王事，无成有终圣人在上，化育如神，太上曰："我其性与？"其次曰："微彼其如此乎？"故《诗》曰："执辔如组。"易曰含章可贞。动于近文成于远。（《缪称训》）按圣人居民之上，德被生民，无为而民自化，无欲而民自正，顺民之性，安民之生，其化育如神，而功侔造化，太上则合天地自然之性，其次则行而合之。《诗》曰："执辔如组。"言其绰然有余也，易曰含章可贞。言其含其章美，守其正道，故动于近，而成文于远，似无成而有终吉也。

六四，括囊无咎无誉。能有天下者，必不失其国，能有其国者，必不失其家，能治其家者，必不遗其身，能修其身者，必不忘其心，能原其心者必不亏于性，能全其性者，必不惑于道。故广成子曰："慎守而内，周闭而外，多知为败，毋视毋听，抱神以静，形将自正。"不得知己而能知彼著，未之有也。故易曰括囊无咎无誉。（《诠言训》）按欲有其天下，先不失其国，欲有其国，先不失其家，欲有其国，先不失其家，欲有其家先不失其身，欲修其身，先不忘其心，欲原其心，先不亏其性，欲全其性，先顺于道，欲顺于道，先守其内，而不惑于外。慎守其内，则性全；周闭其外，则道合。多求外知，则败其天性之自然；毋视毋听，则外欲不生；抱神以静，则寂然不动，形将自正。不得之于己，而能知其外者，未之有也。易曰括囊无咎无誉。言其能慎守其内，而周闭其外，故无灾咎，无虚誉也。

屯䷂（震下坎上）

六三，即鹿无虞，惟入于林中，君子几不如舍，往吝。君子非仁义无以生，失仁义则失其所以生，小人非嗜欲，无以活。失嗜欲则失其所以活。故君子惧失仁义，小人惧失利。观其所惧，知各殊矣。易曰即鹿无虞，惟入于林中，君子几不如舍，往吝。（《缪称训》）（补）其施厚者其报美。其怨大者其祸生，薄施而厚望，畜怨而无患者，古今未之有也。（同上）按高诱注云："即，就也，鹿以喻民，虞，欺也，几，终也，就民欺之即入林中，几终，不如舍之，使之不终如其吝也。"夫为人君上者，务广仁义仁之惠，使民各得其利，而将之以至诚，故治民无欺，欺则犹入林中，而不能出焉，惟君子以诚信临之，故终能获吉，而不至于有灾吝也。施于民厚，则民以厚报之，若无惠而畜怨，则灾害生，而有吝矣。胡本马本只有后条，前条余所补。

上六，乘马班如，泣血连如。象曰："泣血连如，何可长也。"圣人在上，则民乐其治，在下则民慕其意，小人在上位，如寝关曝纩，不得须臾宁。故易曰乘马班如，泣血连如。（补）言小人处非其位，不可长也。（《缪称训》）按上六居屯之极，乘九五阳刚之上，下无应与，故有乘马班如，般旋不进，泣血连如，伤如此深之象，如彼小人之处上位，所履不正，不得须臾宁，故不可长保其位也。

同人䷌（离下乾上）

同人于野亨，利涉大川，利君子贞。黄帝曰："芒芒昧昧，从天之道，与元同气。"故至德者言同略，事同指，上下一心，无歧道旁见者。遏障之于邪，开道之于善，而民乡方矣。易曰同人于野亨，利涉大川。（《缪称训》）按高诱注曰："言能同人道至于野，则可以济大川。大川，大难也。"盖圣人居民之上，则顺天之道，因民所利而利之，泽被生民，故能与天地合其德。凡民邪则过而障之，善则开而导之，动作云为一合于道，故能上下同心，而险难可度也。

周易下经

遁☰☶（艮下乾上）

上九，飞遁无不利。遁而能飞，吉孰大焉。（《文选》卷十五《张平子思玄赋注》，卷三十四《曹子建七启注》并引《淮南九师道训》）按上九居遁之极，不应于内，必无疑恋，故能起世高举，遁而飞逝，不因于小人，远离于灾祸，故吉无不利。今易飞作肥，盖同音通假也。《西溪丛语上》云："肥字古字作𩇯与古𩙼（飞也）字相似，即今之飞字，后世遂改为肥字。"可备一说。

丰☳☲（离下震上）

上六，丰其屋，蔀其家。窥其户，阒其无人，三岁不觌，凶。守不待渠堑而固，攻不待冲隆而拔。得贤之于失贤也。故臧武仲以其智存鲁，而天下莫能亡也；璩伯玉以其仁宁卫而天下莫能危也。易曰丰其屋，蔀其家，窥得户，阒其无人。（补）无人者几众庶也，言无圣人以统理之也。（《泰族训》）按国得圣人则治得贤人则宁。无圣无贤而国不亡者我希矣。上六居丰盛之极，盛极骄奢者必败，故先则丰盛其屋，后则蔀狭其家，窥其户，则寂而无贤圣之士。以统理之。卒至于家毁国削，凶之道也。

中孚☴☱（兑下巽上）

九二，鸣鹤在阴，其子和之。夫湿之至也，莫见其形，而炭已重矣；风之至也，莫见其象，而木已动矣；日之行也，不见其移，骐骥背日而驰，草木为之靡，县燧未转，而日在其前。故天之且风，草木未动而鸟已翔矣；其且雨也，阴噎未集而鱼已唅矣；以阴阳之气相动也。（补）故寒暑燥湿，以类相从；声响疾徐，以音相应也。故易曰鸣鹤在阴，其子和之。（《泰族训》）按：湿生则炭重，风至则木动，骥驰则草靡，天之将风而鸟先翔，阴噎未集而鱼先敛，寒暑与燥湿，以同类而相从；响之快慢，以音动而相应，阴阳之气，咸相动也。故在易曰鸣鹤在阴，其子和之。鹤鸣子和，亦以类相感也。

小过☳☶（艮下震上）

小过，亨利贞。小谨者无成功，訾行者不容于众，体大者节疏，蹠距者举远。自古及今，五帝三王，未有能全其行者也。故易曰小过，亨利贞。（补）言人莫不有过而不欲其大也。（《氾论训》）按：谨于小者则无大成，毁于行者则众不容。体大则骨节疏，蹠距则举动远自古至今，五帝三王，多未能使其行十全十美，故易曰小过，亨利贞。言人莫不有小过焉。其亨则在于能改而守正也。

既济䷾（离下坎上）

九三，高宗伐鬼方，三年而克之，小人勿用。象曰："三年克之惫也。"淮南王安上书云："《周易》曰：'高宗伐鬼方，三年克之。'鬼方，小蛮夷也；高宗，殷之盛天子也。以盛天子伐蛮夷，三年而后克，言用兵之不可不重也。"（《汉书·严助传》）又《汉纪·武帝纪》文略同。按"三年而克之"今易作"三年克之"。高宗，即武丁也；鬼方，小蛮夷之国也。虞翻曰："高宗，殷王武丁；鬼方，国名。乾为鬼方，乾二之坤五，故高宗伐鬼方，坤为年，位在三故三年；坤为小人，二上克五，故三年克之。小人勿用，象曰：'惫也。'"可备参研。

系辞传上

方以类别，物以群分。（《诠言训》）按今易作"方以类聚，物以群分"。义亦相成。

序卦传

剥之不可遂尽也，故受之以复。（《缪称训》）按高诱注："物剥落而复生也。"今易作："剥者，剥也，物不可以终尽，剥穷上反下，故受之以复。"与此文虽不同，而义则一。夫物无终尽之理，故否极泰来，剥尽复生，益极必损，丰大必旅，物之情也。《淮南九师道训》之《易经》学，有得于道家之睿智宏远盖图未就之功，先当请静贞正，保已成之业。悔既往之失，须先防将来之变。《易经》正是所以教导吾人研精索微，穷究既往，开创将来，以成内圣外王之功业者也。

第十章 《马氏易》

——马融承先启后

一、《马氏易》之书及版本

马融，字季长，扶风茂陵人。美辞貌有俊才，从京兆挚恂游学，博通经籍，恂以女妻之。拜为校书郎中，诣东观典校秘书，故能博学今古文之学。于易虽渊源于与古文同之《费氏易》，然亦多方取资于施孟梁丘京与《子夏易传》，可谓蕴古今文而一之者也。而才高博洽，博学多闻，故能集东汉以前易家之大成。于三传《孝经》、《论语》、《诗》、《三礼》、《尚书》皆有注，教养诸生，常有千数，惟得其学之真传者，惟北海郑玄（康成）而已矣。玄以是能集两汉经学今古文之大成。先儒自荀爽、虞翻、陆绩、姚信、王朗、王肃、王弼、韩康伯、侯果、翟元、干宝、崔憬、孔颖达、李鼎祚等皆尝取资参研于马氏之易。盖马季长于易，实有承先启后之功。西汉易学，多墨守家法，自东汉马季长始兼融各家，而归本于费氏古文易，诚能集易学今古文之大成者也。其易注简易平正，诂训皆有本有原。或本之于《尔雅》，以求经义之指归；或旁征于群经，以阐易义之精微；或旁验于史事，以阐易学之奥旨；或探赜于象数卦气之奥，而归本于人事之日用；或以声韵文字发诂训之条例，皆义理精微，旨趣高妙者也。可谓一代之通儒矣。清儒马国翰、孙堂皆颇推重之。

马国翰云："荀悦《汉纪》云：'马融著《易解》，颇生异说。'颜延之庭诰曰：'马陆得其象数，取之干物，荀王举其正宗，得之于心。'二子之论皆有不足于季长。然巨儒如卢植郑玄皆出其门，史又称"融为传以授郑玄，玄作《易注》。则吾道云东，其必有相契于微者矣"。孙堂云："荀悦曰：'融著《易解》，颇生异说。'观其训义亦平正无奇，第言卦气多与荀虞诸家不合，昔人尝记之，然融固一代经师，游其门者多大儒，《汉纪》称其才高博洽，谅非虚语也。"二子之论可谓平实。

其书已丧亡于宋。（见《续修四库全书总目提要·马王易义》）《隋书·经籍志》云："梁有汉南郡太守马融注《周易》一卷，亡。"《新唐书志》并云："有《章句》十卷。"其或隋末群雄并起，争战不息，干戈连年，而唐初修史者未及见，故云亡也。其后或经贞观开元之治，天下复安，而复得之，历五代北宋，修新旧唐史者，得见全书，故云有《章句》十卷也。唯北宋以后，经女真蒙古之寇难，遍地干戈而其书遂丧亡矣。及至清儒张惠言、马国翰、孙堂、黄奭、臧庸等乃据陆氏《释文》，孔氏《正义》，李氏《集解》等荟而辑之，乃有《马氏易注》残本问世。

《马氏易》之辑本，则有清儒张惠言《易义别录·周易马氏》一卷。见于《皇清经解》一千二百四十二卷。（艺文印书馆景印本）胡薇元《汉易十三家》、《周易马融传》，孙堂辑《周易传》一卷，见《汉魏二十一家易注》本，马国翰辑《周易马氏传》三卷，见《玉函山房辑佚书》本（有娜嬛本，重印本楚南书局本，同治十年辛未济南皇华馆书局补刻本），黄奭辑《易传》一卷，见《黄氏佚书考》。（民国修补本民国补刻本，傅斯年图书馆有书。《汉学堂丛书》本，《汉学堂经解》本）及臧庸《马王易义》一卷，见《问经堂丛书》本。又民国沈祖绵撰《周易与马氏传辑证》一书。马融集群经古今文之解说陶镕为一家之学，上承古圣之真传，下开后儒之觉路，功亦卓矣。而尤能以德涵养之，以文润饰之，卓然千古之大贤也。魏晋诸名士，不能养德，终归末节，而遗误国家，纵使"节义傲青云，文章高白雪"，若不以德性陶镕之，终为血气之私，技能之末。此魏晋名士清谈之误，更是明证马季长"真才实学"之大儒风范，垂范千古矣。

二、《马氏易》之渊源

《后汉书·马融传》谓挚恂以儒术教授，融从其游学，博通经籍，则马氏受学于挚氏，因而博通经籍，由是可知也，《马氏易》亦必本于挚氏，挚恂《后汉书》虽无传，然吾人从马氏之书，亦可窥知其学之一二矣。

马氏治易本于费氏。《后汉书·孙期传》云："陈元郑众皆传《费氏易》，其后马融亦为其传。"据此则马氏既本于费氏，而受学于挚恂。《费氏易》未立于学官，而盛行于民间，挚恂为隐士，则马氏所传《费氏易》，亦或受于挚恂也。

又马氏之易，亦有渊源于子夏施孟梁丘京房者，以马氏尝先后二度典校秘书，所见西汉立于学官之书必丰而且富。

《后汉书·马融传》云："永初二年……四年拜为校书郎中，诣东观典校秘书。阳嘉二年……复拜议郎，重在东观著述。"

故其《易传》亦必有本于子夏施孟梁丘京房及其余诸家之学著。又其注无妄也。与史迁所引同，迁易出于杨何，《杨氏易》书已不存，马氏虽尝取资于此然已无可考矣。故略焉而著其可考者如下：

(一)《马氏易》源于费氏考

《汉书·儒林传》云："费氏名直，字长翁，东莱人也，治易为郎至单父令，长于卦筮，亡章句，徒以彖象系辞十篇，文言解说上下经。琅琊王璜平中能传之。"又《艺文志》云："刘向以中古文易校施孟梁丘经或脱去无咎悔亡，唯费氏经与古文同。"《后汉书·儒林传》云："东莱费直传易，授琅琊王璜为费氏学，本以古字号古文易。"《隋志》称："其本皆古字，号曰古文易。"由是吾人知《费氏易》为古文易，而以十翼解经。马氏注易本于此而可考者如：

屯，六二，匪寇婚媾。《释文》云："媾，马云重婚，本作冓。"《古易音训》引晁氏云："马本作冓。"按媾今文冓。

小畜，六四，血去惕出。《释文》："血，马云当作恤。忧也。"惠氏曰："古文恤作血。"《古易音训》引晁氏同。

蛊，先甲三日，后甲三日。马氏注云："甲在东方，艮在东北，故云先甲，巽在东南，故云后甲。"按说卦传云："巽，东南也；艮，东北之卦也。"马氏注盖本于说卦，此从费氏家法，以十翼解经之应用也。

夬，九二，其行次且。晁氏曰："次，古文；且，古文。"马氏同。

系上，爻法之谓坤。《释文》云："爻，马韩如字，蜀才作效也。"晁氏曰："爻，古文效字。"

以上《马氏易》注或同于古文或十翼以解经，此本于费氏家法者也。

(二)《马氏易》源于孟喜京房考

孟氏之易有"章句"与"灾异"二科。京房盖得其灾异者也。《后汉书·马融传》载："融见陈星孛参军，知西戎北狄之将反，则融固深于灾异者也。"

又云："陈：'星孛参，毕，参西方之宿，毕为边兵至于分野，并州是也。西戎北狄，殆将起乎，宜备二方。’寻而陇西羌反，乌桓寇上郡，皆卒如融言。”

《汉志》载《孟氏章句》二篇外，又有《孟氏京房》十一篇，《灾异孟氏京房》六十六篇。马国翰以为卦气图之以卦气配节候者乃孟京之遗法。今见《马氏易》中涉及此者亦有之，则其源于此，亦可考而知也。如：乾初九，潜龙勿用。马氏注云：“初九建子之月，阳气始动于黄泉，既未萌芽。犹是潜伏。故曰潜龙也。”

坤，西南得朋，东北丧朋。马氏注云：“孟秋之月，阴气始著，而坤之位，同类相得，故西南得朋，孟春之月，阳气始著，阴始从阳，失其党类，故东北丧朋。”

至于其注亦有与《孟京章句》相同者。如：

晋，六五，矢得勿恤。《释文》云：“失，孟马郑虞王肃本作矢。”此马同于孟者也。

履，九四，履虎虩虩终，吉。《释文》云：“愬愬，马本作虩虩，音许逆反，云恐惧也。《说文》同。”《说文》虎部引同。

艮，九三，厉熏心。朱震《汉上易传》云：“薰，孟喜京房马融王肃作熏。”

系上：刚柔相摩。《释文》云：“摩，京云相硙切也。马云摩切也。”此则与《京氏易》义相近者也。

八卦相荡。《释文》云：“盪，众家作荡，马云除也。”众家作荡则孟京马皆在其中矣。

睽，上九，后说之壶。《释文》云：“弧，京马郑王肃翟子玄作壶。”是马同于京。

《说文》许叔重自序云，易用孟氏，则《说文》引易者，多为《孟氏易》也。马氏之易有与《说文》同者，则马氏之渊源于孟氏，可知也。《汉志》孟京章句与灾异并称，京房学易于焦氏，焦氏源于孟氏，则《京氏易》源于孟氏可知矣，由是《马氏易》之源于孟京者，亦可考而知也。

（三）《马氏易》源于梁丘氏考

汉熹平石经经屈翼鹏（万里）先生考证，已确知其为《梁丘易》。梁丘氏之易在西汉非特立于学官，且朝野颇为盛行。马氏典校秘书，自必亲见其书，故其易亦有本于梁丘氏者。如：

艮，六二，不承其随。承，汉石经作抍。孙堂《二十一家易注》本马融易，承作抍。云："承抍字通。"《汉上易传》云："一作抍，马融曰举也。"据此则《马氏易》亦作抍，与汉石经同。

渐，六二，饮食衎衎。汉石经衎衎作衍衍。《释文》云："衎衎，马云饶衍。"屈翼鹏先生云："似马本亦从衍衍。"故马解作饶衍，若然则《马氏易》源于梁丘者可考知也。

旅，九四，得其齐斧。《释文》云："得其资斧，《子夏传》及众家并作齐斧。"汉石经亦作齐斧。

（四）《马氏易》源于《子夏传》考

《子夏易传》张心澄以为即韩婴之易，此似较为可信者也，今姑从之。（详见《〈子夏易传〉阐微》）马氏校书东观亦必见其书，故吾人今日犹可考知其相同者，除旅九四外，尚有：

丰，九三，日中见昧。《释文》云："沬，《字林》作昧。《子夏传》云：昧，星之小者。马同。"

屯，初九，盘桓，利居贞。《汉上易传》云："《子夏易传》曰：盘桓，犹桓旋也。"《释文》："马云槃，桓旋也。"

是马氏之易，虽已残缺不全，然其源于先儒者亦可略考其源也。

三、《马氏易》之特点与价值

马氏之易本于费氏孟京梁丘诸家，故费氏之以十翼解经，孟京之灾异、卦气，梁丘之平正，悉为其特点。除此之外，可得而言者尚有：

（一）本《尔雅》以训经义之旨趣

《尔雅》乃六经之钤键，先儒之训释多本于此，而马氏之诂易尤为彰者。如豫卦豫之训乐，无妄，大象茂之训勉，大畜九二说之训解，晋卦康之训安，家人九五及丰卦假之训大。革初九巩之训固，悉本于《尔雅》之释诂，而其注渐卦九三，高平曰陆，大畜之菑田一岁也，畬田三岁也，则本之于《尔雅》之释地。大畜上九注四达谓之衢，则本之于《尔雅》之《释宫》。由是知，其注多本于《尔雅》，以探求经义之旨归也。

（二）旁征于群经，以阐易义之精微

昔刘申叔先生尝著《群经大义相通论》，以为群经之大义往往相通，盖经者恒久之正道，不刊之鸿教，人伦之师表，天下之至理也，群经所载莫不如此，故其义可以相通也。马氏之易，今虽残缺不全，然从诸家之掇拾中，可见其治易也。实有与群经相互发明，相互证验者也。如师卦之用《周礼》以训师之成数，观卦之用《左传》《论语》，以证易义之幽深，明夷之用《书经》以验易理，革卦九五之用《书经》以发大人虎变之微义，皆其彰明较著者也，此真足供吾人所取效也。盖马氏为世通儒，博通群经，故其注易融通群经之胜义乃其能事。

（三）归本于人事，以示行事之仪则

夫易虽探究宇宙之理，究极天人之际，然其终皆在于敷人生之日用，示人事之仪则也。马氏之注易也，亦本乎此，其注遁九四云："好遁君子言，言身虽在外，乃心在王室。"注明夷六五及观卦卦辞，皆归本于人事者也，故郑康成继其学，亦莫不以吉为兢兢。

（四）旁验于史事，以阐易学之奥旨

《马氏易》之征验于史事者，今可见者唯明夷卦与革卦耳，余则因书缺有间莫可考也，虽仅两条，然亦足证其注易也，亦旁验于史事也。

（五）融今古文之长，以开郑氏之先河

《汉志》谓费氏与古文合，是《费氏易》盖古文家也，马氏传费氏之学，亦继古文之家法，然亦不尽从也，如《释文》所载豫卦"介于石"，古文介作砎而马作扴。"朋盍簪"，古文簪作贷，而马作臧，皆不与古文同也。盖马氏校书东观，尝研施孟梁丘诸家之易，故其章句亦颇有与诸家相同者，《汉志》未言三家易为古文，则施孟梁丘之易有今文之成分，而马氏取之，是马氏融今古文之易以注经以授郑康成。故康成能集今古文之大成。

（六）发注经之条例，而以小学通经义之微旨

汉儒注经条例，有犹、有读为、有当作。犹者义隔而通之也，读为者，易其字以拟其音，因从而明其义也。段氏注《说文》云：“凡言读若者皆拟其音也，凡传注言读为者，皆易其字也，注经必兼兹二者。”当作亦即当为，以正其误也。段氏注《说文》云：“古人云当为者皆是改其形误之字。”马氏之注经也，多发此条例，如：

讼，有孚咥惕中，吉。马氏注云：“咥读为踬，犹止也。”

谦，六四，无不利㧑谦。马氏注云：“㧑犹离也。”

观，初六，童观。马氏注云：“童犹独也。”

系下：作结绳而为罟。马氏注云：“罟犹罔也。”

无妄。马氏注云：“妄犹望，为无所希望也。”

小畜，六四，有孚，血去惕出。马氏注云：“血当作恤忧也。”

此悉其所发注经之条例也，此后郑康成本之以注群经，使后人得因此以考经义之微旨，其功伟矣。又马氏之注易，一面发其条例，一面以声韵训诂之道明之，如上所注皆有声音之关系也，盖声与义同源，故同音多同义，凡从某声皆有某义，而音相近者，义亦往往相近。马氏之云妄犹望，则以同音通假为训也，罟犹罔，则皆合口音也。童犹独，则双声也，㧑犹离，则古代音近也，咥读为踬，犹止也。三字古同音，故义亦同也。血当作恤，则同从血声，皆有血义也。故惠氏曰恤，古文作血是也。盖马氏之注易，有推因之方式，有义界方式，有声训之方式，有以本字为训者，推音者言有变声叠韵之关系也。义界者言其中一字以上与本字有声音之关系者也，声训者以声为训也，以本字为训者，连本字于他字之上以训也。如：

辨，别也。挛，连也。巩，固也。茂，勉也。皆双声。震，惊也。戕，残也。振，动也。壮，伤也。康，安也。般，旋也。殷，盛也。吝，恨也。皆叠韵。此以推音方式为训者也。

匪，非也。泰，大也。义，宜也。此以同音多同义为训者也。

辐，足下缚也。般，旋也。日随天左旋也。禴，殷春祭名。苏苏，尸禄素餐貌。磐，山中磐纡。衎衎，绕衎。皆义界方式也。

介，音戒，大也。辨，音办，具之办，足上也。皆以声为训者也。

频，忧频也。苋陆，一名商陆。则以本字为训者也。

是其注易也多以小学通经义，故郑康成师其法而成汉代经学之大宗

师，非无由也。至于马氏之训诂，亦往往于字书相合，其注除《尔雅》外，亦往往与《说文》《玉篇》相合。如：

夬，九二，其行次且。马氏云："次，却行不前也。"而《说文》云："次，不前不精。"

困，九四，来徐徐。马氏云："徐徐，安行貌。"《说文》云："徐，安行也。"

渐，六四，或得其桷。马氏云："桷，榱也。"《说文》同。

归妹，九四，归妹衍期。马氏云："衍，过也。"《说文》同。

又上六，士刲羊无血。马氏云："刲，刺也。"《说文》同。

丰，上六，阒其无人。马氏云："阒，无人貌。"《玉篇》云："静无人也。"

是其注易也，多与其先后之字书相合。以其精于小学，故所作易虽千古之下读之，亦觉其甚为平正也。此《马氏易》发注经之条例，而以小学通经义。真注易之正统也。惜其书已不全，不能考其全矣。

（七）探乎象数卦气，以推易理于无穷

颜延之《庭诰》云："马陆得其象数。"颜氏为六朝时人，必亲见《马氏易》，其言马氏得其象数，今可考知者，如晋卦矢得勿恤，马氏云离为矢，是其象数之存于今者也，今其书已残缺不全不可考矣。惟吾人从郑虞之书中可推知马氏亦长于象数也，至于其言卦气者如乾初九及坤卦，其言五行干支者如蛊卦。此则本于孟京灾异者也。荀悦云其颇生异说，当或指此。然此亦易义之推广也，不可忽也。是马氏能研象数卦气，以推易理于无穷，此又其特点也。

四、《马氏易》之影响

马氏为一代通儒，其注易也，既融今古文之精义，又归之于平正，故此后注易者每举为准的，兹列汉末魏晋之易，曾受其影响者于此，以见其影响之大。

（一）《郑氏易》源于马氏者

郑康成为马氏之高弟，史称马氏作《易传》传于郑氏。（见《后汉

书·孙期传》）康成辞归，马氏叹曰："郑生今去，吾道东矣。"则其授受之间盖可考知也。友人胡自逢君尝作《郑易源于马氏考》一文，而清儒张惠言《易义别录·周易马氏》中，亦多言马郑之异同。兹据二书并考之于《释文》《集解》《正义》诸书，择其数条于此，以为一隅之举。如：

需，光亨贞吉。《释文》云："马郑总为一句。"是其经文相同也。

师，初六，否臧凶。《释文》云："否，马郑、王肃：方有反。"是音相同也。

师，贞大人，吉。《释文》引马传云："二千五百人为师。"《周礼·夏官序·官疏》引《郑氏易》注同。

豫，象曰："殷荐之上帝。"《释文》云："殷马云盛也。"《集解》引郑注同。

剥，六二，剥床以辨。《释文》云："辨，足下也，马郑同。"

无望。《释文》云："马郑王肃皆云妄犹望。谓无所希望也。"

由是可证《郑氏易》之源于马氏者，盖如是彰明也。吾人可从《释文》《集解》《正义》诸书及张胡二氏之作考知也。此不具述。

（二）《荀爽易》同于马氏者

荀爽之注易也亦本费氏家法（见《后汉书·孙期传》），其与马氏为同时代之人，其易同于马氏者亦颇多。如蒙上九系蒙。晁氏曰："马融郑荀爽作系蒙。"按《释文》作系蒙。系辞，子曰："知变化之道者，其知神之所为乎。"虞翻曰："诸儒皆上子曰为章旨，而荀马又从之。"（《集解》）

解，象："百果草木皆甲宅。"《释文》云："马陆作宅，根也。"《集解》荀爽曰："草木萌芽。"萌芽，既生根也。贲，六四，白马翰如。《释文》云："翰，马荀云高也。"

此荀易与马易相同者，是荀易尝受马氏之影响可知也。

（三）《虞氏易》源于马氏者

虞翻虽数评马氏，然其易注则亦有本之于马氏者。如：

睽，六三，其人天且劓。马氏云："剠凿其额曰天。"虞氏云："黥额为天。"李道平云："剠与黥同。"

蹇，六四，往蹇来连。马氏云："连亦难也。"虞翻曰："连辇，蹇难也。"

损，六五，或益之十朋之龟。十朋之注，马虞同据《尔雅》。

萃，王假有庙。《释文》云："亨，马郑陆虞等并无此字。"

艮，九三，裂其夤。马氏云："夤，夹脊肉。"虞氏云："夤，脊肉。"

渐，九三，鸿渐于陆。马氏云："高平曰陆。"虞氏云："高平称陆。"

归妹，九四，归妹愆期。马氏云："愆，过也。"虞氏同。

丰，六二，丰其蔀。马氏云："蔀，小也。"虞翻曰："蔀小"。

是《虞氏易注》，取资于马氏者颇多也。故李道平疏《集解》虞翻之易，每引《马氏易》以相比较相印证者此也，是《虞氏易》受马氏影响者可考而知也。

(四)《王肃易》源于马氏者

《魏书·王郎传》云："郎著《易》《春秋》《孝经》《周官传》《奏议论记》咸传于世。"《王肃传》云："撰定父郎所作《易传》，皆列于学官。"是王肃之易，即本之其父郎也，于魏列入学官，则其学盛于当时也，然察其说实多从马融来，盖融为世通儒，所作易传，平正易明故世多习焉，而《王肃易》本之者尤多，其注二十卷，亡于宋，清臧庸尝辑《马王易义》一卷合为一书，其中肃易渊源于马融者不难考见。而《经典释文》所载二家相同者亦甚多。如：

师，初六，师出以律，否臧，凶。《释文》："否，马郑王肃方有反。"

蛊，初六，有子考无咎。《释文》云："马王肃以考绝句。"

无妄。《释文》云："马郑王肃皆云妄犹望。谓无所希望也。"

颐，上九，由颐厉，吉。《释文》云："厉，马王肃云危。"

晋，六五，矢得勿恤。《释文》云："失孟马郑虞王肃本作矢。马王云离为矢。"

明夷，六二，夷于左般。《释文》云："股，马王肃作般，云旋也。曰随天左旋也。"

睽，上九，后说之壶。《释文》云："弧京马郑王肃翟子玄作壶。"

萃，六二，孚乃利用禴。《释文》云："禴，殷春祭名，马王肃同。"

以上或章句相同或传注相同，皆《王肃易》渊源于马融之证也。

《释文》所载,《正义》《集解》晁氏吕氏所训,尚不止此,此特一隅之举耳。其详则见于臧氏《马王易义》。此不具述。

(五)《陆绩易》源于马融者

《吴志》谓陆绩字公纪,吴郡吴人作《浑天图注易》皆传于世。《隋志》云其易注十五卷,《释文序录》云其《周易述》十三卷,已亡。明姚士粦辑《陆氏易解》一卷。后马国翰、孙堂、黄奭辑之,乃更完备。陆氏之易解,亦有本于马氏者。如:

家人,九五,王假有家。马氏云:"假,大也。"陆氏同。

解,象:"百果草木皆甲宅。"《释文》云:"坼,马陆作宅,云根也。"

萃,王假有庙。《释文》云:"亨,马郑陆虞等并无此字。"

升,九四,王用亨于岐山。《释文》云:"亨,马陆王肃许两反。"

渐,六四,或得其桷。《释文》云:"马陆云桷,榱也。"

以上所载马陆易训或章句同或音读同或训释同,皆陆氏渊源于马氏之证也。此亦一隅之举耳。

(六)《姚氏易》源于马氏者

姚氏《周易注》十卷或云十二卷。今其易注已亡,然吾人从孙黄各家所辑,可得知其梗概也。其同于马氏者如:

系下:作结绳而为罟。《释文》云:"罟音古,马姚云犹罔也。"

由辩之不早主辩也。马云:"辩别也。"

系上:辩吉凶者存乎辞。姚云:"辩,别也。"

以马姚二氏之易皆已残缺,故其渊源之迹不易寻得,然马氏为世通儒,姚氏作易亦必取资焉。

(七)《九家易》之源于马氏者

《释文序录》列九家姓名为荀爽、京房、马融、郑玄、宋忠、虞翻、陆绩、姚信、翟子元。马融为其中之一,而荀马郑虞陆姚翟皆尝取资于《马氏易》,则《九家易》之源于马氏者亦必甚多也,此吾人可从《释文》诸书证之。如:

系上：可与酬酢，可与祐神矣。马氏云："祐，配也。"《九家易》云："阴阳相配谓之祐神也。"

丰，九三，丰其沛，日中见昧。马氏云："昧星之小者。"《九家易》意同。

《九家易》为后人集荀爽、马融等九家之易注，马氏既在其中，则其必有源于马氏者也。特书残缺矣，未能一一考知耳。

（八）《王弼易》源于马氏者

王弼（辅嗣）之易注去象数而用玄理，然其训诂之际，亦颇取马氏之说，吾人可从《正义》《释文》中考知。如：

姤，初六，系于金柅。马氏云："柅者在车之下，所以止轮令不动者也。"王弼注云："柅者制动之主。"《正义》曰："王注云柅制动之主，盖与马同。"

渐，六二，鸿渐于磐。马注云："山中石磐纡，故称磐也。"王注云："磐山石之安者。"

萃，上六，赍咨涕洟。马云："赍咨悲声怨声。"王注云："嗟叹之辞也。"

（九）《韩氏易》源于马氏者

韩康伯之注系上下、说卦、序卦、杂卦也，乃补王辅嗣之注者也。王氏仅注上下经而卒。故康伯补之。详察康伯之注，亦有源于马氏者。如：

系上：爻法之谓坤。《释文》云："爻，胡孝反，马韩如字，云放也。"

系下：夫乾确然示人易矣。《释文》云："确然，苦角反。马韩云刚貌。"

夫坤聩然示人简矣。《释文》云："聩然人回反。马韩云柔貌也。"

易之为书也不可远。《释文》云："远，马王肃韩：袁万反，注皆同。"

是康伯之注章句、音读、诂训皆有取资于马也。

（十）侯果、翟元、干宝、崔憬、孔颖达诸家之源于马氏者

夫马氏为一代之通儒，其徒郑康成，集汉代经学古今之大成。盖本于马氏也。马氏于易注甚精而简明，康成又从而发挥其义。故后儒之取资者甚多。夫隋唐以后诸家之取资于此者何止百家，今唯以《正义》《集解》《释文》所载数家为例，以为一隅之举，吾人可由此知《马氏易》影响后人之深刻矣。如：

系下：初帅其辞而揆其方。马氏云："方，道也。"侯果云："率脩，方，道也。以乾通坤，故初率其辞而揆其方。"李道平疏："方，道也。从马训也。"

睽，上九，后说之壶。《释文》云："弧，本亦作壶，京马郑王肃翟子元作壶。"

萃，六二，孚乃利用禴。《释文》云："禴，羊略反，殷春祭名，马王肃同。"陆氏《释文》《训释》源于马氏者甚多，此特举其一二，以为一隅之举耳。

井，六四，井甃无咎。《释文》云："甃，马云为瓦里下达上也。干云以砖垒井曰甃。"

革，初九，巩用黄牛之革。马云："巩，固也。"干宝同。

鼎，六五，金铉。马云："铉，扛鼎而举之也。"干宝云："凡举鼎者铉也。"

系上：神武而不杀者乎。《通志堂》本《释文》云："杀，马郑王肃干：所戒反。"

系下：噫！亦要存亡吉凶。马云："噫，辞也。"崔憬曰："噫，叹辞也。"

由是知《马氏易》之影响极大。非特魏晋南北朝隋唐之易家取资于此，即唐宋之后之易家，亦多从《释文》《正义》《集解》中取资其说以注易也。盖马氏之易，训诂简易而明，而有本有元，且已荟今古文精华，为郑氏之先河，故诸家皆乐从也。

五、马融传

《后汉书·马融列传》第五十上谓：马融字季长，扶风茂陵人也。

将作大匠严之子。为人美辞貌有俊才。初京兆挚恂以儒术教授，隐于南山，不应征聘，名重关西。融从其游学，博通经籍，恂奇融才，以女妻之。永初二年（汉安帝年号）大将军邓骘闻融名，召为舍人，非其好也，遂不应命。客于凉州武都汉阳界中，会羌虏飚起，边方扰乱，米谷踊贵，自关以西，道殣相望（饿死为殣）。融既饥困，乃悔而叹息，谓其友人曰："古人有言：左手据天下之图，右手刎其喉，愚夫不为（庄子语谓不以名害其生者）。所以然者，生贵于天下也，今以曲俗咫尺之羞，灭无赀之躯，殆非老庄所谓也。"故往应骘召。四年，拜为校书郎中，诣东观典校秘书。是时邓太后临朝，骘兄弟辅政，而俗儒世士，以为文德可兴，武功宜废，遂寝蒐狩之礼，息战阵之法，故猾贼从横乘此无备。融乃感激，以为文武之道，圣贤不坠，五才之用，无或可废。元初二年，上《广成颂》以讽谏。（其辞略）颂奏忤邓氏，滞于东观，十年不得调。因兄子丧自劾归，太后闻之怒谓融羞薄诏除，欲仕州郡，遂令禁锢之。太后崩，安帝亲政，召还郎署，复在讲部。出为河间王廊长史。时车驾东巡岱宗，融上《东巡颂》帝奇其文，召拜郎中。及北乡侯即位，融移病去，为郡功曹。阳嘉二年，（顺帝）诏举敦朴，城门校尉岑起举融，征诣公车，对策拜议郎。大将军梁商表为从事中郎，转武郡太守，时西羌反叛，征西将军马贤与护羌校尉胡畴征之，而稽久不进，融知其将败，上疏乞自效（中略）朝廷不能用，又陈：星孛参毕，参西方之宿，毕为边兵，至于分野，并州是也。西戎北狄殆将起乎！宜备二方。寻而陇西羌反，乌桓寇上郡，皆卒如融言。三迁，桓帝时为南郡太守。先是融有事忤大将军梁冀旨，冀讽有司奏融在郡贪浊。免官，髡徙朔方，自刺不殊，得赦还，复拜议郎，重在东观著述，以病去官。融才高博洽，为世通儒，教养诸生，常有千数，涿郡卢植，北海郑玄，皆其徒也。善鼓琴，好吹笛，达生任性，不拘儒者之节。居宇器服，多存侈饰。常坐高堂，施绛纱帐，前授生徒，后列女乐，弟子以次相传，鲜有入其室者。尝欲训《左氏春秋》及见贾逵、郑众注，乃曰："贾君精而不博，郑君博而不精，既精既博，吾何加焉。"但著《三传异同说》，注《孝经》、《论语》、《诗》、《易》、《三礼》、《尚书》、《列女传》、《老子》、《淮南子》、《离骚》，所著赋、颂、碑、诔、书、记、表、奏、七言、琴歌、对策、遗令凡二十一篇。初融惩于邓氏，不敢复违忤势家，遂为梁冀草奏李固，又作大将军《西第颂》，以此颇为正直所羞。年八十八，延熹九年（桓帝）卒于家，遗令薄葬。族孙日磾，献帝时位至太傅。"

由此可知马氏一代通儒，博洽群经。其仕于朝，虽数受挫辱，然其学术为当时所宗，其著作影响于后人甚大，其行虽或学老庄之达生任性，不拘小节，然其学则蕴今古之精华，为郑康成导夫先路，亦儒家之大宗师也。

六、《周易马氏注》阐微

周易上经

乾䷀（乾下乾上）

初九，潜龙勿用。卦辞，文王；爻辞，周公。（《正义序》、《汉上易丛说》、《赵氏辑闻》、《董氏会通》、《瑞桂堂暇录群书考索前传》一续集三）物莫大于龙，故借龙以喻天之阳气也。初九建子之月，阳气始动于黄泉，既未萌牙，犹是潜伏。故曰潜龙也。（《集解》）按卦辞，文王所著；爻辞，周公所著。先儒多同此说。龙者麟虫之精。（《大戴·天圆篇》）或上飞于天或下潜于渊，或中见于田，乃神妙变化之物。故圣人以之喻天之阳气。建子之月，即十一月也。初九，《礼记·月令》云："仲冬之月（十一月）水泉动。"盖十一月一阳始生于盛阴之下，乾之初九，乃阳之始生，位在下，犹龙之潜藏于深渊也。故以喻焉。张惠言云："《费氏易》无六爻上息之例。初九，建子之月。谓乾坤十二爻，周十二月也，以坤西南得朋之例推之当是十二月消息卦，非是郑氏爻辰，乾起子坤起未间时而主爻辰之法也。"张氏以为马氏亦主十二月消息之说，不与郑氏爻辰同，盖十二月消息，十一月为复初九似之。

圣人作而万物睹。作起也。（《史记·伯夷列传》《集解》）按《释文》云"作如字，郑云起也，马融作起。"是《释文》引《马氏易》作起。盖二字义同。殆传写者以马氏注文，换《易经》文而误也。郑氏之学本于马，而郑训作为起，是或马氏本作"作"也。故臧庸辑《马王易义》作"作"，而训起，根据《史记》《集解》，是也。今从之。马本则据《释文》作起，孙黄二本则据《史记》，而下加按语云："《释文》云作起。"张本则无云，今从臧氏本。

坤䷁（坤下坤上）

西南得朋，东北丧朋。孟秋之月阴气始著，而坤之位同类相得，故西南得朋。孟春之月，阳气始著，阴始从阳，失其党类，故东北丧朋。

（《集解》）丧失也。（《释文》）按孟秋七月也。孟春正月也。春夏为阳，秋冬为阴，孟秋为阴之始，坤位西南。西于四时配秋。故西南得朋。孟春为阳之始也，东于四时配春，北于四时配冬。与坤之西南异党，故失其党类，故东北丧朋。

由辩之不早辩也。辩别也。（《释文》）

屯䷂（震下坎上）

初九，槃桓，利居贞利建侯。槃桓旋也。（《释文》）按般、盘义同，《说文》："般，辟也，象舟之旋从舟从殳，殳所以旋也。"《广雅》云："盘桓不进也。"是槃解作桓旋不进之貌者以其通般也。抱经堂《释文考证》臧琳云："马融云：班旋不进，义当作般。古般班字通书序班宗彝"。《释文》："班本又作般。《左传·成公十三年》："郑公子般自訾求人于大宫。"《释文》："般本亦作班。"《汉书·礼乐志》："般裔裔。"师古曰："般读与班同。"孙堂云："《战国策·公输般》高诱注云：'公，输般鲁班之号也。'吴氏《国策》校注云：'般它书或作班……皆以般为班。'又通盘，明夷夷于左股。马融作左般。云旋也。义并同。"是槃、般、班、股义同。详见《周易异文考》。初九居屯难之时，故有般旋不进之貌，惟宜居守正道，利于建侯，以靖难安邦。

六二，屯如邅如，乘马班如，匪寇婚媾，女子贞不字，十年乃字。邅如难行不进之貌。媾，重婚，本作冓。（《释文》）班如，班旋不进也，言二欲乘马往适于五，正道未通，故班旋而不进也。重婚曰冓。（孔颖达《正义》）按：六二以柔居阴得正，应于五，然当屯难之际，故有屯邅难行不进之貌，虽应于五，然下乘初阳，故有班旋不进之象，上卦坎为寇，初九居初，故非为寇盗，乃求婚媾也。然六二居贞不许初，至十年乃能应五而许五。女子许嫁曰字。《礼记·曲礼》曰："女子许嫁，笄而字。"是也。抱经堂《释文考证》臧氏琳云："《说文》辵部无邅字，马部駗马载重难行也。驙，駗驙也。易曰乘马驙如。然则邅如字当作屯如驙如。"盖邅蟺驙同从亶声声义同源，故同音多同义。故三字义得兼通。

六三，即鹿无虞，惟入于林中，君子几不如舍，往吝。吝，恨也。（《释文》）按鹿，麓也，山足也。六三以阴居阳，当屯难之时，犹入山林而无虞人为导，必如林中而不能出，君子于此时则见几而作，舍去则无害，若前往则有恨憾矣。

蒙䷃（坎下艮上）

上九，系蒙，不利为寇，利御寇。按《释文》云："击蒙，马郑作系蒙。"盖上九当蒙之极，有应于初，故有系于蒙昧。蒙昧则不利于为寇，而必遭侵侮，被侵侮，则宜思防御之法，故利于防御寇盗矣。

需䷄（乾下坎上）

需有孚光亨贞吉。《释文》云："马郑总为一句。"按需者，待也。坎险在上，故宜待也。惟九五居于尊位，阳刚中正，居外卦之中，故有孚光亨贞吉。

上六，入于穴，有不速之客三人来，敬之终吉。速召也。（《释文》）按上六居于需之极，处于坎险，坎为隐伏，故入于穴矣。惟应于初。下三阳皆来拯己，故有不召之客三人来之象。人来拯难，而我能敬之，终能获其助而能脱险出穴，故敬之终吉。

讼䷅（坎下乾上）

有孚咥惕中言。咥读为踬，犹止也。（《释文》）按汉石经咥作踬。诸本作窒，窒、踬皆止也。诉讼终非吉事，故宜有孚信。若能止塞讼源，而戒惕得中，方为吉事。

九二，不克讼，归而逋，其邑人三百户，无眚。眚，灾也。（《释文》）按九二以阳居阴，失位而当坎险之中，处讼之时，是不能讼者也，唯归而隐于若三百户之小邑，则无灾青矣。

九四，不克讼，复即命，渝安贞吉。渝变也。（《释文》）按九四以阳居阴，失正而应于坎险故不能讼，唯复就于天命正理，变而于讼，安于正道，斯吉矣。

上九，或锡之鞶带，终朝三褫之。鞶，大也。旦至食时为终朝。（《释文》）鞶带，大带衣也。（《史记》《周易口诀义》）按上九以阳居阴，失位而居讼之极，有应于三，三居坎险之极，故讼虽或获胜于刹那，而获赐大带衣。然亦迅即被夺回，故有终朝三褫之象。极言讼之不可成也。张惠言云："大带衣者，以大带表皮，犹元冕弁服也。"是也。

师䷆（坎下坤上）

二千五百人为师。（《释文》）按师者，众也，军旅之名也。军旅须众，故《周礼·夏官》以二千五百人为师，此古之军制。师卦取师旅之意。

刚中而应，行险而顺，以此毒天下，而民从之，吉，又何咎矣。毒治也。（《释文》）按师卦九二阳刚居内的卦之中，应于六五，下坎为险，上坤为顺，刚中而又有应，行险地而能顺，以此治天下，则民从之，故吉，又何咎矣。

初六，师出以律，否臧凶。按《释文》云：“否，马郑王肃方有反。臧，善也。”盖初六居师之始，以阴居阳失位，若始出师而合于法，则犹可也，若不善于法，则凶莫大焉。

比䷇（坤下坎上）

六三，比之匪人。匪非也。（《释文》）按六三以阴居阳，失位而无应，前后皆阴，故有比之非人之象，比之匪人，凶害将生，故象曰：“不亦伤乎。”

九五，显比，王用三驱，失前禽，邑人不戒吉。三驱者，一曰乾豆，二曰宾客，三曰充君之庖。（《释文》）按五为帝王之位，九五处尊得位，居比之时，故有显比之象，王用三驱者，谓田猎，一充祭祀之用，二宴宾客，三充君之庖厨，供王食用。故用三驱，至于田猎，于礼天子不合围，所以广仁恩，蕃禽兽也，故虽失前禽，亦不使邑人捕捉，此吉之道也。

小畜䷈（乾下巽上）

九三，舆脱辐，夫妻反目。乾为车。（《集解》）辐，车下缚也。（《释文》）按舆，车也。乾为金，为木果，为良马，且旁通于坤，坤为大舆，故亦有车舆之象。盖九三居小畜之时为上所畜，然无应故有脱辐反目之象。脱辐，则车不能行；反目，则家不能齐，故不吉。

六四，有孚血去惕出，无咎。血当作恤忧也。（《释文》）按六四以阴居阴，得位应初，为小畜之主，故有孚信而无忧惕之事。故无咎。当作者，正其非也，谓血宜作恤，而解作忧也。

九五，有孚挛如，富以其邻。挛连也。（《释文》）按挛谓牵连相引也。五居尊得位，居小畜之时，与上下之阳互牵连畜止，故富以其邻。

履䷉（兑下乾上）

履虎尾不咥人亨。咥，龁。（《释文》）按《说文》：“龁，啮也。啮，噬也。”履卦以兑悦而应乎乾刚，吉之道也，犹履虎之尾，可谓危矣。而虎不食人，则无险，可以亨通可知。

履帝位而不疚。疚病也。(《释文》) 按九五以阳处尊得位，居外卦之中，中而且正，故履帝位而不疚病也。

九四，履虎尾虩虩终吉。虩虩，恐惧也。(《释文》) 按《释文》云："愬愬，马本作虩虩，音许逆反，处险而能战战兢兢临之以戒惧之心，而谋出险之法，故终吉也。"

泰☷☰(乾下坤上)

泰，大也。(《释文》) 按《说文》："泰滑也，从廾水大声。"故亦有大意，如《汉郊祀歌》："杨金光，横泰河。"是也。

谦䷎(艮下坤上)

天道毁盈而益谦。按《释文》云："亏盈，马作毁盈。"毁犹亏也。义同。

六四，无不利，㧑谦。㧑，犹离也。(《释文》) 按离者，丽也，附丽也，盖六四阴柔得正，处谦之时，已自谦下矣。而又能附丽于谦，故无不利者也。张惠言云："㧑者，指麾之意，故云：离，离谦义迂。"此岂季长之义哉？且分离于谦，则不成谦卦矣。故张氏之言非也。

豫䷏(坤下震上)

豫乐。(《释文》) 按《尔雅·释诂》云："豫，乐也。"孔颖达疏："谓之豫者，取逸豫之义，以和顺而动，动不违众，众皆悦豫也。"义近于此。

殷荐之上帝，以配祖考。殷盛也。(《释文》) 按《说文》云："殷，作乐之盛称。"郑玄云："荐，进也，上帝，天帝也。"

六二，扴于石。按《释文》云："介古文作砎，郑云磨砎也。马作扴，云触小石声。"

九四，犹豫，大有得，勿疑朋盍臧。按《释文》："由从也，马作犹，云犹豫疑也。簪，马作臧。"盍合也。臧，善也。盖九四以阳居阴，失位而居豫乐之时，而豫疑焉。不陷于乐，而大有得，此时则勿疑朋友之以善道合我。

上六，冥豫有渝无咎。冥昧躭于乐也。(《释文》) 按荀爽云："阴性冥昧，居尊在上，而犹豫说故不可长。"是也。盖上六处豫乐之极，故有冥豫之象若能变而不豫，则无咎矣。

蛊䷑（巽下艮上）

先甲三日，后甲三日。甲在东方，艮在东北，故云先甲；巽在东南故云后甲；所以十日之中，唯称甲者，甲为十日之首，蛊为造事之端，故举初而明事始也。言所以三日者，不令与诛谓之暴，故令先后各三日，欲使百姓遍习行而不犯也。（《集解》）按甲配五行为木，配四方为东，说卦传云：艮，东北之卦也。蛊，外卦艮，居东北，故先甲。巽东南之卦，故后甲；甲为十干之首，以甲子记日，则为首日，故云甲为十日之首。蛊者，事也，生事之端也。欲慎终于始，故举初而明事始也。不令而诛犹论语不令视成也。皆暴虐之事，惟于事未行之时，先三日而遍告之，事既成之后，后三日而戒之，使百姓遍习熟知而不犯，则近于王政，而远于暴虐矣。张惠言曰："此用说卦方位取象例，以此知马郑于易辞皆有象，类无空说者，惜其尽佚。"盖汉儒诂易，往往理、象、数皆俱，其精如此，真值吾人精研也。

初六，干父之蛊，有子考，无咎。按《释文》云：周依马王肃以考绝句。考者父也老也。初六，居蛊之，始能治父之事，有子如此之父可以无咎矣。

六四，裕父之蛊，往见吝。裕，宽也。（《释文》）按《书·康诰》："乃由裕民。"传云："汝用宽民之政。"又"乃裕民"传云："汝行宽民之政。"是裕者宽也。《说文》云："裕，衣物饶也。"亦宽大之义。盖六四虽阴柔得正，然居蛊之时，守成则有余，若欲以宽广之事绪，则阴柔不足济也。故往见吝也。

观䷓（坤下巽上）

观盥而不荐，有孚颙若。盥者进爵灌地以降神也。此是祭祀盛时，及神降荐牲，其礼简略，不足观也。国之大事，唯祀与戎，王道可观在于祭祀，祭祀之盛，莫过初盥降神，故孔子曰："禘目既灌而往者，吾不欲观之矣。"此言及荐简略，则不足观也。以下观上，见其至盛之礼，万民信敬。故曰有孚颙若。孚，信，颙，敬也。（《集解》）按观盥者，观其祭祀时，进爵（觞也，盛酒之器）灌地，以降神之礼也，其礼详备可观，故观之；及至既灌神降之后，继之于荐牲，荐牲者陈设牺牲，如牛羊之属，以享神也，其礼仪简略，不足观也。故观盥而不观荐，是故孔子云："禘自既灌而往者，吾不欲观之矣。"（《论语·八佾篇》）岂不以荐礼简略，而时人又怠之故圣人不欲观之。唯盥礼进爵灌地降神，孚之以诚信，行之以敬谨故有孚颙若，万民瞻观而信敬而感化。故彖曰："下观而化也。"是其义也。《左传·成公十三年》刘子曰："吾闻之，民受天地之中以生，所谓命也；是以有动作礼义威仪之则以定命也。能者养之以福不能者败以取祸。是故君子勤礼，小人尽力，勤礼莫如致敬，尽力莫如敦笃，敬在养神，笃在守业，国之大事，在祀与戎。祀有执膰，戎有受脤，神之大节也。"故祭祀灌地降神之礼可观也。《周礼·春官》大宗伯之职："掌建邦之天神人鬼地示之礼，以佐王建保邦国。"是祭祀之礼，先王所垂也。李道平以为"灌"字，古文作"祼"，即《周礼》大宗伯"以肆献祼享先王"之义，可备一说。

初六，童观，小人无咎，君子吝。童，犹独也。（《释文》）按初六，以阴居阳，失位不正，而居观之始故有独观小器之象，于小人则无咎，于君子，则器小如此，吝孰甚焉。

噬嗑☲☳（震下离上）

初九，屦校灭趾。无咎。按《释文》云："校，爻教反，马音教。趾，足也。"校，桎梏也。桎梏加足，能小惩而大戒，故无咎。

六二，噬肤灭鼻，无咎。柔脆肥美曰肤。（《释文》）按肉柔脆肥美者曰肤。侯果曰："居中履正，用刑者也。二互体艮，艮为鼻，又为黔喙，噬肤灭鼻之象也。乘刚噬必深，噬过其分，故灭鼻也。刑刻虽峻得所疾也。虽则灭鼻而无咎矣。"是也。

六三，噬腊肉。晞于阳而炀于火曰腊肉。（《释文》）按《说文》云："腊，干肉，从残肉日以晞之。"阳晞而又烤以火，则干而固矣。

九四，噬干。有骨谓之胏。（《释文》）按肉而带骨者谓之胏。《玉篇》云："胏有骨也。"是也。

何校灭耳聪不明也。耳无所闻。（《释文》）按耳无所闻，故不聪不明，不闻先王之大道，故蹈荷校灭耳之凶。

贲☶☲（离下艮上）

六四，贲如皤如，白马翰如。翰，高也。（《释文》）按《说文》云："翰，天鸡也，从羽倝声。《逸周书》云：文翰若翚雉，一名鹬风，周成王时，蜀人献之。"《玉篇》云："高也。"《诗·常武》："如飞如翰。"郑云："翰，飞鸟之豪杰也。"中孚，翰音登于天，辅嗣注云："高飞也。"是翰之本义为高飞而引伸有高飞之意。

六五，贲于丘园，束帛戋戋。戋戋，委积貌。(《释文》）按《说文》："戋贼也。"《广韵》："伤也。"戋，《子夏传》作残，盖剪裁分裂委积之貌。

剥䷖（坤下艮上）

落也。(《释文》）按：剥，剥落也，群阴剥阳，至此将剥落尽矣。故名为剥。

初六，剥床以足，蔑贞凶。蔑，无也。（《释文》）按《说文》："蔑，劳目无精也。"引伸之有"无"之意。《小尔雅》："无也，不也。"《诗·大雅》："丧乱蔑愤。"蔑，无也。盖二字古音近，义亦兼通。

六二，剥床以办。辨音，办具之办，足上也。(《释文》）按初六则剥床以足，六二则剥床以足上矣。虽阴柔得正，然处剥之时，无应与于上，宜其剥而至足也。

复䷗（震下坤上）

初九，不远复无祇悔。祇，之是反，辞也。（《释文》）按《后汉纪·顺帝纪》马融对曰："《易》，不远复论，不惮改朋友交接，且不宿过，况于帝王承天理物，以天下为公者乎。"辞者犹兮，语气词，无意。不远而复，则不致有后悔矣。

六三，频复厉。频，忧噘也。(《释文》）按《说文》云："频，水厓。"《广韵》云："比也。"亦假作嚬，如《孟子》："已频顣。"是也。《正字通》："眉戚貌，通作颦。"故郑作颦。马氏盖以频为嚬也。故解作忧嚬。王辅嗣注云："频蹙之貌。"义亦同。

无妄䷘（震下乾上）

妄犹望，为无所希望也。(《释文》）按此与《史记》所引义同，郑王肃亦然。

天命不右。天不右行。（《释文》）按《释文》云："佑，本又作祐，马作右，谓天不右行。"佑、祐、右三字古通用。（见拙作《汉易异文考》）盖居无所希望之时，所行天不佑助也。虞翻云："马君云天命不右行，非矣。"盖以左右之右释之，殆非马氏之本意也。

先王以茂对时育万物。茂，勉也。对，配也。（《释文》）按《尔雅·释诂》："茂，勉也。"盖茂之古文作楙与懋音同，故通懋。《说文》

云："懋，勉也。"故马解作勉，《汉书·董仲舒传》："茂哉。"即勉也。对引伸亦有配义。

六二，不耕获，不菑畬。菑，田一岁也。畬，田三岁也。（《释文》）按《尔雅·释地》云："岁曰菑，二岁曰新田，三岁曰畬。"马氏注盖本诸此。

大畜☶☰（乾下艮上）

九二，舆说輹。说，解也。（《释文》）按说，脱也。脱即解脱分解之义。

九三，良马逐利艰贞，曰闲舆卫。闲，习。（《释文》）按《尔雅·释诂》云："闲，习也。"《礼记》云："以之田猎有礼，故戎事闲也。"亦此意。

上九，何天之衢亨。四达谓之衢。（《释文》）按《尔雅·释官》云："四达谓之衢。"《说文》《玉篇》皆同。

颐☶☳（震下艮上）

六四，颠颐吉，虎视耽耽，其欲逐逐，无咎。兑为虎。（《朱震汉上易传》卷三）耽耽，虎下视貌。（《释文》）按兑为刚卤，故马氏为虎象。《广韵》云："耽，虎视。"《汉书叙传》："六世耽耽。"师古注："耽耽，威视之貌。"

上九，山颐厉吉。厉危。（《释文》）按厉危义同。

大过☱☴（巽下兑上）

初六，藉用白茅，无咎。在下曰藉。（《释文》）按《周礼·乡师》："大祭祀，羞牛牲，共茅葅。"郑大夫读葅为藉，谓祭前藉也。易曰藉用白茅，无咎。虞翻曰："位在下称藉。巽柔，白为茅，故藉用白茅。"

九五，枯杨生华，老妇得其士夫。初为女妻，上为老妇。（《集解》虞翻引）按初上皆为阴爻，初为物始，故为女妻；上为物终，故为老妇。九二云："老夫得其女妻。"九五云："老妇得其士夫。"盖九二为老夫，九五为士夫，居大过之时，故过以相与也。

习坎☵☵（坎下坎上）

上六，系用徽纆。寘于丛棘，三岁不得凶。徽纆索也。（《集解》、杨士勋《春秋谷梁传疏》）按虞翻曰："徽纆，黑索也，观巽为绳，艮为手，上变入坎故系用徽纆。”义与此相近。张惠言本作《释文》误，此从《集解》李鼎祚按语所引。

离☲（离下离上）

初九，履错然。敬之，无咎。错，七路反。（《释文》）按七路反音处。王辅嗣曰：“错然，敬慎之貌也。”处离之始，将进其盛，故宜慎所履，以敬为务，辟其咎也。

九三，日昃之离，不鼓缶而歌，则大耋之嗟凶。七十曰耋。（《释文》）按耋或省作耊。《尔雅》云：“耋，老也。”郭注：“八十曰耋。”段氏曰：“马融注《易》，服虔注《左传》皆云：七十曰耋，盖耋训老，故七十八十皆得称也。”是也。一本无凶字。

周易下经

咸☱（艮下兑上）

初六，咸其拇。拇，足大指也。（《释文》）按初六居咸之始，故有咸其足大指之象。《说文》云：“拇，将指也。”《左传·定公十六年》：“伤将指。”注：“其足大指见斩。”是足大指亦称将指。

九四，贞吉悔亡，憧憧往来。憧憧行貌。（《释文》）按之外为往，之内为来。《说文》云：“憧憧，意不定也。”盖意不定，故憧憧往来，行不定也。

九五，咸其脢。脢，背也。（《正义》）按马国翰本作脢背肉也。脢，《说文》云：“背肉也。”郑玄云：“背脊肉。”虞翻云：“夹脊肉。”义皆同。

上六，咸其辅颊舌。辅，上颔也。（《正义》《释文》）按辅者酺也。《说文》：“酺颊也。”又云：“辅，人颊车也。”段氏曰：“颊者，面旁也。面旁者，颜前之两旁。酺与颊可互称。古多借辅为酺。如《毛诗传》曰倩好口辅也。自外言曰酺，曰颊，曰㔲。酺，自里言则上下持牙之骨谓之酺车，亦谓之牙车，亦谓之颔车，亦谓颊车，亦谓𩒹车，亦谓之酺，亦谓之颊。”上颔亦即辅车也。盖上六居咸之终，故有咸其辅颊舌之象。

恒☳（巽下震上）

上六，振恒凶。振，动也。（《释文》）按《说文》云：“振，举救之也，从手辰声，一曰奋也。”引申之皆有震动之意。《广韵》二十一震："震，动也。振奋也。"二字音同义相近，虞翻作"震恒"，亦动之意。《礼记·月令》："孟春，蛰虫始振。"振亦动也。盖上六居恒之终，故有振动其恒之象，变其恒常之道，则凶莫大焉。

遁䷠（艮下乾上）

九四，好遁，君子吉小人否。好遁，君子吉，言虽身在外，乃心在王室，此之谓也。小人则不然，身外心必怨也。（《太平御览》卷五百一）按居遁阴消阳，小人道长之日，故君子好遁。然君子之遁也，虽身遁于外，乃系心怀国。若夫小人，则身遁于外，而心怨于内矣。

大壮䷡（乾下震上）

壮伤也。（《释文》）按物过则伤，大壮为阳息之卦，阳息过盛为阴所伤，阳称大。故称大壮，扬子《方言》："凡草木刺北燕朝鲜之间谓之策，或谓之壮。"郭璞注云："今淮南亦呼壮为伤。"是也。

九三，小人用壮，君子用罔，贞厉，羝羊触藩羸其角。藩，篱也。羸，大索也。（《释文》）按小人不明事理，故用壮而伤，如彼羝羊之触篱，系累其角，君子则否也。

晋䷢（坤下离上）

晋康侯用锡马蕃庶。康，安也。（《释文》）按锡，赐也。《尔雅·释诂》云："康，安也。"虞翻曰："晋，进也，坤为康，康安也，初动体屯，震为侯，故曰康侯。"

六二，晋如悉如贞吉，受兹介福，于其王母。介音戒，大也。（《释文》）按虞翻云："介，大也，谓五已正中，乾为王，坤为母，故受兹介福，于其王母。"《诗·小雅》："神之听之，介尔景福。"介亦训大。

六五，悔亡，矢得勿恤，往吉，无不利。按《释文》云："失，孟马郑虞王肃本作矢。马王云离为矢。"虞翻云："矢，古誓字，誓，信也，勿，无；恤，忧也，五变得正，坎家不见，故誓得勿恤，往有庆也。"可补马注之不足。

明夷䷣（离下坤上）

六二，明夷于左般。般，旋也。按日随天左旋，此从《通志堂》

本《释文》。阮元《周易释文附录》本作曰，似更佳。《释文》云："股音占，马王肃作般。"盖股般二字，古文相近，故诸家各随师读而有异同。详见《周易异文考》。孙堂云："般，盘字之省，《汉隶》又省作股，石经《尚书》残碑：盘庚字作股，《仲秋下旬碑》：盘桓字作股，《杨孟文石门颂孔府君碑》阴亦以股为般，与股肱字形同，故诸家异读耳。"盖股般字形近《汉隶》每不分，故启后人之疑也。马解作般旋云："日随天左旋。"盖古人有日月左旋之说，乃居北半球所见之现象也。

六五，箕子之明夷利贞。箕子，纣之诸父，明于天道。《洪范·九畴》德可以王，故以当五，知纣之恶无可奈何，同姓恩深，不忍弃去，被发佯狂，以明为暗，故曰箕子之明夷。卒以全身为武王师，名传无穷，故曰利贞矣。（《集解》）按箕子者，纣之叔父。诸父谓父之兄弟也。五君位，箕子德可以王，故以当王，知纣恶滔天无可如何，而以同姓至亲，不忍去，乃佯狂避难，故曰箕子之明夷。《史记·周本纪》谓武王克殷访箕子以天道，箕子以《洪范·九畴》教之。箕子为帝王之师，而不失其正，故利贞。

家人☲（离下巽上）

利女贞。家人以女为奥主，长中二女，二四各得其正，故特曰利女贞。（《集解》《会通》）按家人，女正位乎内。《礼记·礼运》："奥者，老妇之祭也。"故家人以女为奥主。巽为长女，离为中女，巽正位乎四，离正位乎二，二四皆以阴居阴位，故曰各得其正。家人以女为正者也，故利女贞。象曰："风自火出家人，君子以言有物而行有恒。"木生火，火以木为家，故曰家人。火生于木，得风而盛犹夫妇之道相须而成。（《集解》《义海撮要》节引）按巽为风为木，离为火。于五行木生火，故曰火以木为家。火生于木，火仗风势，故得风而盛，犹家人夫妇之道相须而成。

初九，闲有家。悔亡。闲，阑也，防也。（《释文》）按初九以阳居阳位，得正，居家人之始，能防闲其家，故悔亡。

九三，家人嗃嗃，悔厉吉，妇子嘻嘻，终吝。嗃嗃，悦乐自得之貌。嘻嘻笑声。（《释文》）按《庄子·则阳篇》："夫吹筦也，犹有嗃也。"注："嗃，管声。"管声使人悦乐，故《集韵》云："嗃声也。曰悦乐也。"是也。嘻，《玉篇》云："和乐声。"《诗·周颂》："噫，嘻成王。"《毛传》："嘻，和也。"和乐之声，故马氏解作笑声。盖九三以阳刚居内卦之上，虽得位而有家人嗃嗃悦乐自得以致悔厉之象，然得正，故终吉，至若妇子嘻嘻笑语，则失家节而终吝矣。

九五，王假有家。假大也。（《释文》）按《尔雅·释诂》："假大也。"《诗经·大雅》"假哉天命。"《仪礼·士冠礼》："髦士攸宜，宜之于假。"皆训大。陆绩曰："假大也。五得尊位，据四应二，以天下为家，故曰王大有家。"是也。

睽䷥（兑下离上）

按《释文》云："睽，苦圭反，马郑王肃徐吕忱并音圭。"

六三，其人天且劓。剠凿其额曰天。（《释文》）按剠，黥也。为古代刑罚之一。虞翻曰："其人谓四恶人也，黥额为天，割鼻为劓。"是也。

上六，后说之弧。按《释文》云："弧，本亦作壶，马郑王肃翟子玄作壶。"虞翻曰："四动震为后，说犹置也，兑为口，离为大腹，坤为器，大腹，有口，坎酒在其中，壶之象也，之应历险，以与兑，故后说之壶矣。"可以与马意相发。此条马本无，张、孙、黄三本皆有。

六四，往蹇来连。连，亦难也。（《释文》）按张惠言曰："郑玄迟久之意亦同。"虞翻曰："连，辇；蹇，难也，在两坎间，进则无应，故往蹇；退初介三，故来连也。"李道平疏云："连，古音辇，辇亦难也。"盖六四处蹇难之时，虽得正，然无应且上下皆阳刚，故往来皆难也。

解䷧（坎下震上）

雷雨作而百果草木皆甲宅。按《释文》云："坼，《说文》云裂也，马陆作宅，云根也。"郑玄云："皮曰甲，根曰宅。"荀爽曰："仲春之月，草木萌芽，雷以动之，雨以润之，日以烜之，故甲宅也。"谓萌芽生根草木始茂也。足补马氏佚文。

上六，公用射隼于高墉之上。墉，城也。按《礼·王制》注："小城曰墉。"虞翻曰："上应在三公，谓三伏阳也。"离为隼，三失位动出成乾，贯隼入大过死象，故公用射隼于高墉之上，获之无不利也。可补马氏之阙。

损䷨（兑下艮上）

六五，或益之十朋之龟，弗克违，元吉。《尔雅》云："十朋之龟者一曰神龟，二曰灵龟，三曰摄龟，四曰宝龟，五曰文龟，六曰筮龟，七曰山龟，八曰泽龟，九曰水龟，十曰火龟。”（《正义》）按此条马氏失收，张、孙、黄三本皆有，郑虞注与马氏同。虞翻云：“二五已变成益，故或益之；坤数十，兑为朋，三上失位，三动离为龟。故十朋之龟。”是也。

夬䷪（乾下兑上）

九四，臀无肤，共行次且。次却行不前也，且语助也。（《释文》）按《说文》云：“次，不前不精。”与马意同，虞翻曰：“大壮震为行，坎为破为曳故其行次且。”李道平以马说为是。张惠言云：“郑作趑趄，正字，以次且为假借也，马读且为语助，则次为次舍之次，非七私反。”马固以次为次舍之次，非七私反之趑。（《释文》作赵，亦作跌，卢本作趑。）然解为欲行不前，义与趑不殊，且汉石经正作次且，当以马氏为是。

九五，苋陆夬夬。按《释文》曰：“马郑云苋陆，商陆也。”《正义》云：“马融、郑玄、王肃皆云苋陆，一名商陆。”邱光庭《兼明书》引马云：“一名章陆。”《辑闻》引马云：“或名当陆。”当以《释文》及《正义》所引为是。作当陆者音形近，乃宋衷之说，非马氏说也。作章陆者，音近而误耳。

姤䷫（巽下乾上）

初六，系于金柅。柅者，在车之下，所以止轮，令不动也。（《正义》《学易记》）按马国翰本误作《释文》所引。今正。虞翻曰：“柅谓二也巽为绳，故系柅，乾为金，巽木入金柅之象也。”王辅嗣曰：“金者，坚刚之物，柅者制动之主。”皆与马意相发。

九五，以杞包瓜。按《释文》：“杞，马云大木也。（《正义》同）郑云柳也。包，马郑百交反；瓜，音王花反。”虞翻曰：“杞，杞柳，木名也，巽为杞，为苞，乾圆称瓜，故以杞苞瓜矣。”与马郑意正可相发明。《说文》云：“枸杞也。”《尔雅·释木》：“杞枸檵。”严粲《诗缉》云：“《诗》有三杞。《郑风》无折我树杞，柳属也。《小雅·南山》有杞，在彼杞棘。《山木》也集于苞杞，言采其杞。隰有杞桋。枸杞也。”是杞有三，一杞柳也。二山木也。《左传·襄公十七年》：“杞梓皮革自楚往。”亦山木。三枸杞也。陆机《诗·草木疏》云：“苦杞秋熟正赤，服之轻身益气。”《本草》沈存中云：“陕西枸杞最大，高丈可作柱。”马解作大木也，似指山木而言。

萃䷬（坤下兑上）

萃，王假有庙。（《释文》）按《释文》云：“亨，王肃本同，马郑陆虞等并无此字。”考《集解》引郑，郑独有亨字，马陆虞无亨字，理亦兼通，盖能萃矣，自能亨。盖不待言亨而自亨者也。此条马本无，张、孙、黄三本悉有。

初六，有孚不终，乃乱乃萃，若号，一握为笑，勿恤往，无咎。按《释文》云：“若号，马、郑、王肃、王廙户羔反。”虞氏曰：“巽为号，艮为手，初称一，故一握，初动成震，震为笑，四动成坎，坎为恤，故若号一握为笑勿恤。”可补马注之佚。

六二，引吉无咎，孚乃利用禴。禴，羊略反，殷春祭名。（《释文》）按禴，殷之春祭名，郑虞皆云：“夏祭，盖用周礼也。”此商周祭礼之小异也。

上六，赍咨涕洟，无咎。赍咨，悲声，怨声。（《释文》）按上六居萃之极，下乘九五，又无应与，故至于悲怨涕泪涟涟也。危惧如此，能以自存，故无咎。

升䷭（巽下坤上）

升，高也。（《释文》）按升者升高升上之意，巽木在坤地之中，日益升高，升之象也，故升者高也。郑解作上，云：“木生地中，日长而上，犹圣人在诸侯之中，明德日益高大也，故谓之升。”足与马意相发明。孙堂《汉魏二十一家易注》本升作昇，误。《释文》云：“郑作昇。”不云马作昇，今从众本仍作升。

九三，升虚邑。虚丘也。按丘者丘也，为避孔子讳，故古人多少一笔而读曰某。马本作邱，误。

六四，王用亨于岐山。亨，许两反，祭也。（《释文》）按亨者，享也，享者祭也献也。亨有三义，一作亨通解，二作享献解，三作烹解。此详于《汉易异文考》。

困䷮（坎下兑上）

九四，来徐徐。徐徐，安行貌。（《释文》）按《说文》云：“徐，安行也，从彳余声。”《玉篇》云：“威仪也。”《尔雅·释训》：“其虚其徐威仪容止也。”郭注：“雍容都雅之貌。”《庄子·应帝王》：“其卧徐徐。”《释文》:“徐徐,安稳貌。”盖安行,故有雍容都雅之威仪。九四居困之时,坎险位于前,故来徐徐。

井䷯(巽下坎上)

六四,井甃无咎。甃为瓦里下达上也。(《释文》)按《说文》云:“甃,井甓也。”虞氏云:“以瓦甃垒井称甃,坤为土,初之五成离,离火烧土为瓦治象,故曰井甃。无咎脩井也。”可与马注相发明。

上六,井收勿幕。收汲也。(《释文》)按汲收义可相训相成。虞氏曰:“幕,盖也,收谓以辘轳收繘也,坎为车,应巽为绳,为繘,故井收勿幕。”谓井水可以汲用而无须盖也。虞氏义可补马氏之阙。

革䷰(离下兑上)

革,改也。(《释文》)按郑玄曰:“革改也,水火相息而更用事,犹王者受命,改正朔,易服色,故谓之革也。”郑氏学易于马氏,此则其发师意者也。

水火相息。息灭也。(《释文》《黄氏日钞》卷六)按息之本意为喘,引申有止息之意,止息与灭义近。水火相克,故相息灭。

初九,巩用黄牛之革。巩,九勇反,固也。(《释文》)按《尔雅·释诂》云:“巩,固也。”《说文》:“以韦束也。”盖以皮韦束则固之甚矣。初九得正,居革之始,无应于上,故宜守正不可妄动,故宜固以黄牛之革,喻安于正位,不可动也。

九五,大人虎变,未占有孚。大人虎变,虎变威德折冲万里,望风而信,以喻舜舞干羽,而有苗自服周公脩文德,越裳献雉,故曰未占有孚矣。(《集解》《义海》)按大人者,圣人也。虎为山兽之王,虎动风生,威德折服万里,众兽望风而服,喻圣人德化万邦。《尚书·大禹谟》谓舜诞敷文德,舞干羽于两阶,七旬而有苗格服。《尚书大传》谓成王之时,越裳重九译而献白雉。此周公辅政之德之化也。盖圣人脩德则远人咸服不言而信,故未占有孚。

鼎䷱(巽下离上)

九四,鼎折足,覆公𫗧。𫗧,健也。健音之然反。(《释文》)𫗧,谓糜也。(《谷梁传疏》)按系辞《释文》:“𫗧马作粥。”《广韵》、《集韵》:“健音居言切皆训粥也。”是粥健糜一也。盖九四体兑毁折,故有折足覆𫗧之象。

六五，鼎黄耳，金铉利贞。铉扛鼎而举之也。（《释文》）按虞氏曰："离为黄，三变坎为耳，故鼎黄耳，铉谓三，贯鼎两耳。乾为金，故金铉，动而得正，故利贞。"干宝曰："凡举鼎者铉也。"盖铉者贯鼎两耳之物，所以举鼎者也。三家义可相发。郑氏曰："金铉喻明道能举君之官职也。"则是发挥马氏之微意者也。

震䷲（震下震上）

震来虩虩，笑言哑哑。虩虩，恐惧貌，哑哑笑声。（《释文》）按虞氏曰："四失位多惧，故少虩虩。哑哑笑且言。谓初也，得正有则，故笑意哑哑，后有则也。"郑氏义亦与马氏同。皆可相足。

六三，震苏苏，震行无眚。苏苏，尸禄素餐貌。（《释文》）按六三以阴居阳位不当，故有尸禄素餐之象。震者，动也，变动而不尸位素餐，则无灾。此郑虞之解说皆不同于此。

上六，震索索视矍矍。索索，内不安貌。矍矍，中未得之貌。（《释文》）按：上六居震动之极，无应于下，故内既不安，中亦未得。

艮䷳（艮下艮上）

六二，艮其腓，不抍其随。抍，举也。（《释文》、朱震《汉上易传》卷五）按马本抍作承。《汉上易传》引作拯，孙堂云："抍承字通。"顾氏《金石文字记》云："《博陵太守孔彪碑》其文有云：抍马者，易明夷，涣皆曰用拯马壮，拯字，《子夏传》、《说文》、《字林》并作升，一音承上举也，汉时所传如此。而今作拯者，唐开元以后所定也。《方言》：抍拔也，出休为抍。休古溺字。周职币注振犹抍也。大司徒注振穷抍救天下之穷者也，又作证。《淮南子》子路撜溺而受牛，谢注撜首蒸，举也。出溺人则撜。与抍同为一字矣。古文有作承者。"是撜承拯四字音义皆同。

九三，艮其限，裂其夤，厉熏心。限，要也；夤，夹脊肉也。（《释文》）厉熏心，熏灼其心。（《汉上易传》《集解》）按虞翻曰："限，要带处也，坎为要，五来之三，故艮其限。夤脊肉，艮为背，坎为脊，艮为手，震起艮止，故裂其夤，厉，危也。"此与马氏义相近，义得相发。马氏解厉熏心，为熏灼其心者，盖以四至上互离火，故熏灼其心也。虞氏以为未闻易道，则以所见不同也，实则马氏义亦颇能与艮裂之义洽，实颇有可取也，不可以虞氏之言而迳去其胜义也。

六五，艮其辅，言有序，悔亡。辅，上颔也。(见咸上六)(补)

渐䷴（艮上巽上）

六二，鸿渐于磐，饮食衎衎，吉。磐，山中磐纡，故称磐也。(《正义》《释文》)衎衎，绕衎。(《释文》)按《广韵》云："磐，大石。"《正义》曰："马季长云山中石磐纡故称磐。鸿是水鸟，非是集于山石陵陆之禽，而爻辞以此言鸿渐者，盖渐之为义，渐渐之于高，故取山石陵陆，以应渐高之义。"盖六二居中得位，又有应于五，当渐之时，所居安稳，故有鸿渐于磐，饮食衎衎，然饶衎当乐之象，乃吉利者也。

九三，鸿渐于陆，夫征不复，妇孕不育凶，利御寇。高平曰陆。(《释文》)按《尔雅·释地》云："高平曰陆。"郑玄曰："孕犹娠也，九三上与九五互体为离，离为大腹孕之象也。又互体为坎坎为丈夫。坎为水，水流而去，是夫征不复也。夫既不复，则妇人之道颠覆，故孕而不育。"此可补马易之阙。

六四，鸿渐于木，或得其桷，无咎。桷，榱也。(《释文》)按《释文》云："桷音角，桷，椽也。马陆云桷，榱也。《说文》云秦曰榱，周谓之椽，齐鲁谓之桷。"《说文》云："桷，榱也，从木角声。椽，方曰桷。"盖六四得正，居渐之时，故有渐木得桷之象，无咎者也。

归妹䷵（兑下震上）

九四，归妹愆期。愆，过也。(《释文》)按《说文》云："愆，过也。"虞翻曰："愆，过也。谓二变三动之正，体大过象，坎月离日为期，三变日月不见，故愆期。"可作《马氏易》之注脚。

上六，女承筐无实，士刲羊无血，无攸利。刲，刺也。(《释文》)按《说文》云："刲，刺也。"盖上六居归妹之极，而无应于下，故有无实无血之象，乃无所利者也。

丰䷶（离下震上）

丰，亨王假之勿忧宜曰中。假，古雅反，大也。(《释文》)按《尔雅·释诂》云："假，大也。"彖云：丰，大也，明以动，故丰。王假之，尚大也。马氏之意，盖本诸此。

六二，丰其蔀。蔀，小也。(《释文》)按《广韵》云："蔀，小席。也亦训小之意。虞氏曰："日蔽云中称蔀，蔀，小也谓四也。二利四之五，故丰其蔀。盖居丰之时，以阴居阴虽得正矣，然无应于上，故有丰其蔀之象。

九三，丰其沛，日中见昧。昧，星之小者。（《释文》）按《释文》云："沬，郑作昧，服虔云日中而昏也。"《子夏传》曰："昧，星之小者，马同。"孙、黄二本尚有"辅星也"。并云："晁氏以为马同薛。"实则"辅星也"一句乃薛虞记之文，而《释文》明言，马同，乃指同于子夏也，非同于薛虞也，故今不取。惟二者义得兼通。李道平《周易集解纂疏》云："《星经》曰北斗七星，辅一星在大微北，北斗第六星旁。陆希声云沬者，斗檠谓斗之辅星，斗以象大臣，檠以象家臣，故曰沬，小星也。是辅星亦小星之义。"虞翻曰："日有云下称沛。沛不明也，沬，小星也。噬嗑离为日，艮为沬，故日中见沬，上之三日入坎云下，故见沬也。"《九家易》曰："大暗谓之沛，沬斗杓后小星也。"义皆与马氏相发。

上六，丰其屋，蔀其家，窥其户，阒其无人。象曰："丰其屋，天际祥也，窥其户，阒其无人，自戕也。"阒，无人貌，戕残也。（《释文》）按阒，《说文》云静也。《玉篇》："静无人也。"盖空寂而无人之意。戕残伤之意。上六居丰之极，盛极必衰，故先则丰屋而天际翔，后则蔀家而阒无人，原其所以之故，乃自伤也。（补）

旅䷷（艮下离上）

初六，旅琐琐。斯其所取灾。琐琐，疲毙貌。（《释文》）按虞氏曰："琐琐最蔽之貌也。失位远应之正介坎，坎为灾眚，艮为手为取。"可与马氏意相发。

九四，旅于处得其齐斧。按《释文》云："得其资斧，《子夏传》及众家并作齐斧。张轨云齐斧，盖黄钺斧也。张晏云整齐也。应劭云齐利也。"虞喜《志林》云："齐当作斋，斋戒入庙而受斧。"以此推之马氏亦作齐斧。（补）。

上九，其义焚也。义，宜也。（《释文》）按《中庸》云："义者宜也。"是二字义得兼通。

兑䷹（兑下兑上）

九四，介疾有喜。介，大也。（《释文》）按《诗·小雅》："神之听之，介尔景福。"介亦训大。

涣䷺（坎下巽上）

初六：用拯马壮吉。拯，举也。（《释文》）按拯与抍同。《说文》云："抍，上举也。"《集韵》或作拯，亦上举之意。《正义》云："初六处散（涣散也。）之初，乘散未甚，可用马以自拯拔而得壮吉也。故曰用拯马壮吉。"

既济䷾（离下坎上）

六二，妇丧其茀。茀，方拂反，首饰也。（《释文》）按王辅嗣注同。《正义》云："茀者，妇人之首饰也，六二居中履正，处文明之盛而应乎五，阴之光盛者。然居初三之间，而近不相得。夫以光盛之阴，处于二阳之间，近而不相得，能无见侵乎。故曰妇丧其茀。"可作《马氏易》之注脚。

系辞传

按《正义》周氏云："天尊地卑为第一章，圣人设卦观为第二章，彖者言乎象者为第三章，精气为物为第四章，显诸仁藏诸用为第五章，圣人有以见天下之赜为第六章，初六藉用白茅为第七章，大衍之数为第八章，子曰知变化之道者为第九章，天一地二为第十章，是故易有太极为第十一章，子曰书不尽言为第十二章。马季长荀爽姚信等又分白茅章后取负且乘更为别章成十三章。"是马氏分系辞上为十三章也。

在天成象。象者日月星。（《礼记·乐记》《正义》）按日月星辰运行于昊天之中，成宇宙之万象，故在天成象。

在地成形。植物动物也。（《礼记·乐记》《正义》）按植物、动物生长乎地上，造成大地之众形，譬彼高山，则植物生焉，动物息焉，江河川泽，则动物藏焉，植物资焉，故曰在地成形。

刚柔相摩，八卦相荡。摩切也，荡除也。（《释文》）按《说文》："摩，研也。"亦作磨。《诗》："如琢如磨。"《释文》云："本又作摩。"盖相磨切磋之意。荡，《释名》云："排荡去秽垢也。"亦除去之意。天下之理得而易成位乎其中矣。按《释文》："而成位乎其中，马王肃作而易成位乎其中。"此多一易字，理亦不碍。

六爻之动，三极之道也。三极，三统也。（《释文》）按三统者天地人也。周建子为天统，商建丑为地统，夏建寅为人统，故三统者谓天地人也，犹三才也。陆绩曰："天有阴阳二气，地有刚柔二性，人有仁义二行，六爻之动法乎此也。"可作《马氏易》之注脚。

所乐而玩者，爻之辞也。是故君子居则观其象而玩其辞，动则观其变而玩其占。玩，贪也。（《释文》）按马本引而玩其占，孙、黄二氏本引首句，当以首句为是。今并引之，更足以观其全。《说文》云：“玩，弄也。贪欲物也。”王逸《离骚注》：“爱食曰贪。”盖马用引申义，今人往往以“贪玩”二字联读。是贪亦有玩意，特玩之甚耳。

悔吝者言乎其小疵也。疵瑕也。（《释文》）按《说文》云：“疵，病也。瑕，玉小赤也。”《礼记·聘义》云：“瑕不拚瑜。”注：“瑕玉之病也。”是疵瑕义近，可相通，如《左传·僖公七年》：“予取予求，不女疵瑕也。”是也，此小疵盖言其小有缺憾也。

辩吉凶者存乎辞。辩别也。（坤卦释文）（补）

震无咎者存乎悔。震惊也。（《释文》）按震，惊也。系辞云：“无咎者，善补过也。”故能震于无咎者，存于其人之悔悟也。

犯违天地之化而不过。按《释文》：“范围，马王肃张作犯违。”《说文》：“范，范軷也，读与氾同。”段氏曰：“范围字当作軓或作范，而范其假借字也。违与围音同亦通假字也。或解作违背天地之变化而亦不有过失亦通。”（详见《周易异文考》）

故君子之道鲜矣。鲜，少也。（《释文》）按孙本作尟，此《郑氏易》也。见《释文》。《释文》不言马作尟，是马作鲜也。盖尟其本字，鲜其借字。

爻法之谓坤。爻放也。（《释文》）按放者仿效也。李鼎祚曰：“爻谓效也，效乾三天之法而两地成坤之卦象也。”亦以爻为仿效之意。

言天下之至赜而不可恶也。按《释文》云：“恶，马郑乌洛反。”乌洛反则意恶人之恶。马本作“而不可恶也”。今从张、孙、黄三家本。

言天下之至动而不可乱也。按《释文》云：“众家本并然。”以此推之马氏亦然。（补）

易曰负且乘，致寇至。负也者，小人之事也，乘也者，君子之器也。小人而乘君子之器，盗思夺之矣。上慢下暴，盗思伐之矣。慢藏诲盗，冶容诲婬。易曰负且乘，致寇至，盗之招也。按《正义》云：马季长、荀爽、姚信等又分白茅章后，取负且乘，更为别章。”盖慎其戒也，故另分一章。

大衍之数五十，其用四十有九，分而为二以象两。挂一以象三，揲之以四，以象四时，归奇于扐，以象闰五岁再闰，故再扐而后挂。易曰太极，谓北辰也，太极生两仪，仪生日月，日月生四时，四时生五行，五行生十二月，十二月生二十四气，北辰居位不动，其余四十九转运而用也。(《正义》《义海易》《图说》《筮宗》《礼》《书》卷七十三，《群书考索别集三》，《玉海》三十六，萧吉《五行大义》卷一，章如愚《山堂考索前集》卷九引作易有太极北辰是也，十二月并作十有二月)。归奇于扐，扐，指间也。(《释文》) 按诸本经文皆在“其用四十有九”止。详察文义，当在“再扐而后挂”止。太极谓北辰，宇宙之主也。故孔子曰：“为政以德，譬如北辰，居其所而众星拱之。”两仪者阴阳也，天地也。四时者春、夏、秋、冬也。五行者，金、木、水、火、土也。木属春，火属夏，土属季夏，金属秋，水属于冬。一、二、三月为春，四、五、六月为夏，七、八、九月为秋，十、十一、十二月为冬。二十四气者，立春、雨水、惊蛰、春分、清明、谷雨、立夏、小满、芒种、夏至、小暑、大暑、立秋、处暑、白露、秋分、寒露、霜降、立冬、小雪、大雪、冬至、小寒、大寒。二十四气加十二月加五行，加四时，加日月，加两仪，加北辰恰为五十，故大衍之数五十，北辰居其所而不用，减一为四十九，故其用四十有九。此述筮卦之法也。筮卦取五十根蓍草，返其一于囊中，用四十九根，任意分而为二，以象阴阳，取右一挂于小指无名指间，以象三才。以四分揲蓍数，以象四时，将其余数或一或二，或三或四，各挂于无名指与中指、食指间，以象闰，凡再扐（共三变）而后成一爻，如此行六次（十有八变）而成一卦。此筮卦之大要也。马氏虽未明言，然吾人就虞氏、崔氏、孔氏之说可窥其全。马氏训扐为指间，即指筮卦时归其余数于指间也。

可与酬酢，可与祐神矣。祐，配也。按谓筮卦之决断事理，其神奇可以配神也。

子曰：“知变化之道者，其知神之所为乎。”按虞翻曰：“阴阳不测之谓神，知变化之道者，故知神之所为，诸儒皆上子曰为章首，而荀马又从之。”据此知马氏以此为章首，而下接“易有圣人之道四焉”也。此条马本张本无，孙、黄二氏本悉有，今从之。

古之聪明睿知神武而不杀者乎。按《释文》云：“杀，马郑王肃干所戒反。”(《通志堂》本如此，阮元《周易注疏》校勘附录本马作王盖误，此从《通志堂》本) 此条马本张本皆无，孙、黄二氏本有，今据以补入。读所戒反，则为灭杀之杀，与《中庸》亲亲之杀义同。虞翻曰：“与天地合聪明，在坎则聪，在离则明，神武谓乾，睿知谓坤，乾坤坎离，反复不衰，故而不杀者乎。”虞氏以灭杀释之，义与马同，可辅《马氏易》之遗佚。

以神明其德，夫是故阖户谓之坤。(补) 按《释文》云：“以神明其德夫，众皆以夫字为下句。”是故易有太极。太极，北辰也。（《释文》）按北辰或谓之太一，郑注《易纬·乾凿度》云：“太一者北辰之神名也。”《礼记》云：“夫礼必本于太一，而分为天地。”与《马氏易》相近。

河出《图》，洛出《书》，圣人则之。伏羲得《河图》而作易。（《正义序》）按郑玄曰：“《春秋纬》云河以通乾出天苞，洛以流坤吐地符，河龙图发，洛龟书成，《河图》有九篇，《洛书》有六篇也。”孔安国曰：“《河图》则八卦也，《洛书》则九畴也。”盖伏羲氏之王天下也，仰则观象于天，俯则观法于地，近取远则而作易，亦必有得于天地所钟之灵气也，《河图》者，天地祥瑞灵气之所钟也。圣人因之，故作易，以神明其德，通万物之情，知天地之化。

夫乾确然示人易矣。确然，刚貌。（《释文》）按韩康伯云：“确，刚貌也。”《正义》云：“夫乾确然示人易矣者，此明天之得一之道，刚资确然示人以和易由其得一无为物由以生，是示人易也。”可互参。

夫坤隤然示人简矣。隤然，柔貌也。（《释文》）按韩康伯云：“隤，柔貌也。”《正义》云：“此明地之得一，故坤隤然而柔，自然无为以成万物，是示人简矣。”可与《马氏易》互参。

作结绳而为罟，以佃以渔，盖取诸离。罟，犹罔也。取兽曰佃，取鱼曰渔。（《释文》）象卦制器皆取卦爻象之体。（《正义》）（补）按罟，《说文》云：“罔也。”《玉篇》：“鱼罔也。”佃田猎也，通作畋。渔，《说文》云：“捕鱼也。”虞翻曰：“离为目，巽为绳，目之重者唯罟，故结绳为罟，坤二五之乾成离，巽为鱼，坤二称田。以罟取兽曰田，故取诸离也。”此可补《马氏易》象之缺遗。《正义》云：“诸儒象卦制器，皆取卦之爻象之体，唯韩氏不然。明马氏亦取象以说象卦制器也，诸本悉无此条，今据《正义》补。”

耒耨之利。耨，鉏也。（《释文》）按《说文》：“鉏之薅所用也。”（段改作立薅斫也。）段氏曰：“俗作锄。”《说文》无耨字，耨即槈也。《说文》：“槈薅器也。”即所以锄田之器，义皆同。

重门击柝。柝两木相击，以行夜。（《释文》）按《说文》柝作㯤，云：“柝判也夜行所击者。”义同。

象也者像也。像拟也。（《释文》）（补）按《释文》云：“众本并云像，拟也。孟，京虞，董，姚还作象。”以例推之，马氏作像，而解作拟也。谓拟效天地之法象也，即系上所谓“拟议以成其变化”之意，此诸家具无今补。

覆公粥。《释文》："竦，马作粥。"按孙堂云："粥字古作鬻，亦作竦。《尔雅》作鬻云糜也。《说文》云鍵也。或从食束。《字林》亦作粥，二字通。"参见《汉易异文考》。

易曰介于石，不终日，终吉。介如石焉，宁用终日，断可识矣。介触小石声。（见豫六二）（补）

易之兴也于中古乎。文王为中古。（《集解》虞翻引易之兴也，其当殷之末世节。）按此条马、张二本悉无，今据孙、黄二氏本补。

损德之循也。按《释文》："脩，马作循。"盖二字可通用。《庄子·大宗师》："以德为循。"《释文》作脩。《史记·商君传》："汤武不循古而王。"索隐云："《商君书》作脩古。"是二字可以通用之证也。孙堂云："韩昌黎《复志赋》：'惩此志之不脩兮。'《朱子考异》云：'脩，莆田方氏作循，云唐人脩近循。《楚辞》亦有误者。'今按二字古书多溷，不自唐人始也。《左氏·昭二十九年传》：'少皞氏有四叔，曰重，曰该，曰脩，曰熙。'又云：'脩及熙为元冥师。'《吕氏春秋·孟冬纪》脩作循。《战国策》：'循法无愆，万气循城苟可循也。'循本亦作脩。……然则此脩字作循，亦系汉隶之讹。"是也。

易之为书也，不可远。按《释文》云："远，马、王肃、韩，袁万反。注皆同。"袁万反，谓读作去声。如《论语》："敬鬼神而远之"之远用作动词，故读去声。系辞上曰：君子居则观其象而玩其辞，动则观其变而玩其占。故不可远也。

初率其辞而揆其方。方道也。（《释文》）按侯果云："率，循；方，道也，善脩易初首之辞，而度其终末之道，尽有典常非虚设也。"此可互参。

噫！亦要存亡吉凶。噫，于力反，辞也。按噫谓欢辞也。《周颂》："噫嘻成王。"《毛传》云："噫欢也。"犹今感欢辞唉或啊。

则居可知矣。居如字处也。（《释文》）按居处义同。

观其彖辞则思过半矣。彖辞卦辞也。（《释文》）按谓文王所作卦辞，观每卦之卦辞，而全卦之义得矣，故思过半矣。

易之兴也，其当殷之末世，周之盛德邪？当文王与纣之事邪？卦辞文王，爻辞，周公。（《正义》引马融陆绩等）文王为中古。（《集解》虞翻引）（补）按谓卦辞文王所作，爻辞周公所作。

说卦传

昔者圣人之作易也。伏羲得《河图》而作《易》（《正易序》《玉海》卷三十五）按此互见于“河出《图》”下。

参天两地而倚数。天数五，地数五，五位相得而各有合。五位相合，以阴从阳，天得三合，谓一三与五也，地得两合，谓二与四也（《正义》引先儒马融王肃）倚，依也。（《释文》）按天数五，谓一三五七九也，地数五谓二四六八十也。五位相得而各有合者，谓天一合地六为水，地二合天七为火天三合地八为木，天九合地四为金，天五合地十为土，天得三合，一三五为九，地得两合，谓二四为六。依数计其数也。立天之道曰阴与阳，立地之道曰柔与刚，立人之道曰仁与义。夫阴阳刚柔，天地所以立也。取仁于汤，资阴于义。柔以施德，刚以行刑。各顺时月，此厚群生。（《后汉纪·顺帝纪》）（补）按以此三才之道，圆融于政教德刑。

雷风相薄。薄入也。（《释文》引马郑顾）按《说文》：“薄，林薄也。”殷氏曰：“《吴都赋》：‘倾薮薄。’刘注曰：‘薄不入之丛也。’按林木相迫不可入曰薄。”林木相迫不可入者薄之本义也。故马氏释为入。《左传·僖公二十四年》：“薄而观之。”《荀子·天论篇》：“寒暑未薄而疾。”薄皆有入意。盖二字音义皆近。

震一索而得男。索数也。（《释文》）按索，数音近，故马氏以数释索，盖谓震一索求蓍策之数而得男（☳阳卦），故谓之长男也。

巽其于人也为宜发。宜为寡发。（《集解》虞翻引）按鲜宜音同，故释为寡少之义，此张马二本皆无，从黄氏本补。

艮为果蓏。果桃李之属，蓏反瓠之属。（《释文》）按宋衷曰：“木实谓之果，草实谓之蓏桃李，反瓞之属。”此可作为《马氏易》之注脚。

艮为黔喙之属。黔喙肉食之兽，谓豺狼之属，黔黑也阳玄在前也。（《集解》）按此马氏本失收，诸本皆有。《说文》：“黔，黎也。”谓黑色也。艮☶阳在上其色玄，玄苍黑色也，故阳玄在前黔喙，盖兽黔喙者多肉食，如豺狼之类。郑玄曰：“谓虎豹之属贪之类，取其为山兽。”虎豹之属亦肉食之兽也，贪冒之类，则豺狼之属是也，皆山中之兽也，艮为山，故艮为黔喙之属。

杂卦传

丰多故，亲寡旅也。（《释文》）（补）按《释文》云：“丰多故，众家以此绝句。”《释文序录》载《马氏易》在众家之中，据此补，丰大故多，旅独，故亲寡。

第十一章 《郑氏易》

——郑玄集易古今文之大成

一、《郑氏易》之源流

郑玄，字康成，北海高密人也。少为乡啬夫，常诣学官，遂造太学受业，师事京兆第五元先，始通《京氏易》、《公羊》、《春秋》、《三统历》、《九章算术》。又从东郡张恭祖受《周官》、《礼记》、《左氏春秋》、《韩诗》、《古文尚书》。复西入关，师事马融，辞归。马融曰："郑生今去，吾道东矣。"其易学既得第五元先之《京氏易》，复得马融集《费氏易》与施孟梁丘京《子夏易传》六象大成之传授。故能集古今文之大成，而复参以纬书，故传通多方，为儒门易学之重镇。先儒如虞翻、王朗、陆绩、王弼、何晏、向秀、姚信、黄遇、翟元、蜀才、桓玄、荀柔之、张璠、何妥、孔颖达、李鼎祚、史征等人，乃至清儒之研汉易者，皆多所取资，其影响后儒可谓至为深远矣。

郑玄生于公元127年，殁200年。因避（康熙皇帝玄烨）讳，不称其名，称为郑元或称郑康成，负笈求学，傅访通人，从师受业。后西入关，由卢植的介绍，师事马融。游学十余年，乃归乡里讲学，学徒相随常数百人。到了七十岁的时候，因身体有病，写了一篇《戒子益恩书》云：吾家旧贫，为父母昆弟所容，去厮役之吏，游学周秦之都，往来幽、并、兖、豫之域。获觐乎在位通人，处逸大儒，得意者咸从捧手，有所受焉。遂博稽六艺，粗览传记，时睹秘书纬术之奥。年过四十，乃归供养，假田播殖，以娱朝夕。遇阉尹擅势，坐党禁锢，十有四年，而蒙赦令。举贤良方正有道，辟大将军三司府，公车再召。比牒并名，早为宰相。惟彼数公，懿德大雅，克堪王臣，故宜式序。吾自忖度，无任于此，但念述先圣之玄意，思整百家之不齐，亦庶几以竭吾才，故闻命罔从。而黄巾为害，萍浮南北，复归邦乡，入此岁来，已七十矣。宿素衰落，仍有失误。按之礼典，便合传家。今我告尔以老，归尔以事，将闲居以安性，覃思以终业。自非拜国君之命，问族亲之忧，展敬坟墓，观省野物，胡尝扶杖出门乎？家事大小，汝一承之。咨尔茕茕一夫，曾无同生相依。其勖求君子之道，研钻勿替，敬慎威仪，以近有德。显誉成于僚友，德行立于己志。若致声称，亦有荣于所生。可不深念邪！可不深念邪！吾虽无绂冕之绪，颇有让爵之高。自乐以论赞之功，庶不遗后人之羞。末所愤愤者，徒以亡亲坟垄未成，所好群书，率皆腐敝，不得于礼堂写定，传与其人。日西方暮，其可图乎？家今差多于昔，勤力务时，无恤饥寒。菲饮食，薄衣服，节夫二者，尚令吾寡恨。

其言曰："但念述先圣之玄意，思整百家之不齐。"即是想整理文化遗产，晚年，仍然"覃思以终业"，是要在终老时完成。郑玄对错简讹文，认真审辨，又取古今文异本，仔细校勘。还将古今篇目次第的不同编排，彼此互校，然后注解。

郑玄所注释古书完整保存者有《周礼注》、《仪礼注》、《礼记注》、《毛诗笺》四部书。《周易》、《尚书》、《论语》、《孝经》，虽注释但已亡，现在仅存后人的辑本。郑玄在注经之外，复注书。一生心思才智，尽瘁于注述。

中国图书从秦火以后，靠伏生等老儒记忆背诵而传授出来的，用汉代隶书记录，称为"今文"。发现在私人收藏屋壁之中，用周秦前的字体写的，称为"古文"。这两种本子，不独字体不同，也存在内容上的分歧。西汉一代所立五经博士，分为十四家：《易》立施（雠）、孟（喜）、梁丘（贺）、京（房）四博士；《书》立欧阳（高）、大夏侯（胜）、小夏侯（建）三博士；《诗》立鲁（申培）、齐（辕固）、韩（婴）三博士；礼（指《礼经》）立大戴（德）、小戴（圣）二博士；《春秋》《公羊》立严（彭祖）、颜（安乐）二博士。共十四家，都是今文学派。郑玄融通今古文，成为两汉注释经文最有贡献的儒家大宗师。

二、《郑氏易》之书及版本

《后汉书·郑玄传》谓玄所治《周易》、《尚书》、《毛诗》、《仪礼》等凡百余万言。此为《郑氏易》著录之始。《隋志》载《周易》九卷后汉大司农郑玄注。又《周易马郑二王四家集解》十卷。又称郑玄王弼二注梁陈列于国学。齐氏唯传郑义，隋王注盛行。是《郑氏易》独盛于齐，而梁陈二代则与王弼易并行也。至隋代乃专崇王注。《释文叙录》载郑玄《周易注》十卷云："永嘉之乱，施氏梁丘之易亡，孟京费之易人无传者，唯郑康成辅嗣所注行于世。”《旧唐书》载郑玄《周易章句》九卷，《马郑二王集解》十卷。《新唐书》载郑玄注《周易》十卷，《马郑二王集解》同。是唐虽用辅嗣易作正义以立于国学，然《郑氏易》注犹未亡也。故李鼎祚《周易集解》犹能称引之，宋郑樵《通志》犹著录其书。惟至《崇文总目》载《郑氏易注》一卷，谓仅存文言、序卦、说卦、杂卦四篇，余皆散佚。《四库全书总目提要》谓郑易至中兴书目始不著录，而亡于南北宋之间。惟残篇断简，朱震晁说之犹及征引于其书。故南宋之季王伯厚应麟挺出于世，得据《集解》、《释文》及郑注《诗》《礼》，乃至孔贾之疏征诸郑注者而辑成《郑氏易注》一卷。郑氏之微意，汉学之涯略，由是得存。明胡震亨附刊于《集解》后，姚士粦更补以二十五条。至清辑佚之风甚盛，惠定宇复加补正，多王本九十有二条，而分为三卷，而丁小疋（杰）、张惠言、袁陶轩、孔广林、孙堂、黄奭继起，踵事增华，续有增订，《郑氏易注》之辑佚始更臻完善。余撰《〈郑氏易〉阐微》，复补辑数十条，虽非全帙，然得此以入郑易之涯岸，盖足以触类而通明矣。

《郑氏易》之版本则有：王应麟集《周易郑康成注》一卷，（《玉海》附刻本，《秘册汇函》本，《四库全书》本，《四库丛刊》本，摛藻堂《四库全书荟要》三卷本）惠栋增补《郑氏周易》三卷，（雅雨堂《李氏易传》附本，《四库全书》本）孙堂重校并辑《补遗周易注》三卷、《补遗》一卷，（《汉魏二十一家易注》本，《古经解汇函》本，奥东书局本，蜚英馆石印本，湘南书局本，《丛书集成》本）丁杰后订，张惠言订正，《周易郑氏注》三卷，（张皋文《笺易诠集》本，郑学汇函本，《续修四库》本）张惠言辑《周易郑氏注》三卷（《续修四库》本），臧庸撰《周易郑注》十二卷，附叙录一卷，（《湖海楼丛书》本，《丛书集成》本）袁钧辑《易注》九卷（《郑氏易》佚书：浙江书局本、观稼楼本）孔广林辑《周易注》十二卷（《通德遗书所见录》）黄奭辑《周易注》一卷，（《知不足斋丛书》本，《通德堂经解》本，《黄氏逸书考》入民国修补本、补刊本）又有明胡震亨辑姚士粦补《易解附录》一卷《附后语》一卷，（秘册汇函本，《丛书集成》本）余友胡自逢君撰《周易郑氏学》，余撰《周易易注阐微》多有补辑。

至于论述《郑氏易》者，则有惠定宇《易汉学》、张惠言《周易郑氏义》、何秋涛《周易爻辰申郑义》（皆见《皇清经解》）、戴堂《郑氏爻辰补》（自刻本，见《续修四库全书提要》）、徐昂《释郑氏爻辰补》（《徐氏全书》本）及吾友胡自逢君之《周易郑氏学》与拙著《〈郑氏易〉阐微》。以上诸书皆研究郑氏易而著成专书者也。

三、《郑氏易》之渊源

《后汉书·郑玄传》谓玄师事京兆第五元先始通《京氏易》，又事扶风马融。融为费氏学者，是《郑氏易》盖蕴京费二家之学者也。惟马氏校书东观尝研诸家之学，虽以费氏为主然亦略取施孟梁丘三家之学。郑氏传马氏之学，固亦有得于是。今见《郑氏易》亦尝取资于孟氏，且亦有与子夏梁丘同者。吾友胡自逢君叙《郑氏易》之渊源，则有费氏、京氏与马氏三家，而兼及《易纬》。今就其已述者而精简之，其未述者则补足之。

（一）《郑氏易》源于孟氏者

郑氏传马氏之学，马氏虽以费氏为主，然蕴诸家之长，（见《〈马氏易〉阐微》）萃今古文而一之，郑氏承其说，更踵而增华焉。《孟氏易》两汉皆立于学官，为当代之显学，故郑氏师徒皆尝取资于此。《郑氏易》之源于此者如：

丰，上六，天际祥也。郑与孟氏同。

晋，六五，矢得勿恤。《释文》云："失得，孟马郑虞王肃作矢。"

离，九四，㐬如其来如，焚如，死如，弃如。《说文》引《孟氏易》云："不孝子突出不容于内也。"郑氏云："子居明法之家而无正，何以自断，其君父不忍也……不如其所如……不知所从，不孝之罪，五刑莫大焉。得用议贵之辟刑之。……弃如，流宥之刑。"

咸，九五，咸其晦。《说文》引《孟氏易》亦作咸其晦云："背肉也。"郑氏云："晦，背脊肉也。"

鼎，九四，鼎折足，覆公餗，其刑渥，凶。《五经异义》云："易曰鼎折足。无刑不上大夫之事。"郑氏注云："若三公倾覆王之美道，屋中刑之。"

随，初九。郑氏注："震为大涂，又为日门，当春分阴阳之所交也。"按震当春分之时为古方伯卦，此用孟氏卦气也。

复，七日来复。郑注："建戌之月以阳气既尽，建亥之月纯阴用事，至建子之月，阳气始生，隔此纯阴一卦，卦主六日七分。"按此用孟京卦气及十二消息以注易也。

是《郑氏易》尝取资于孟氏也。

（二）《郑氏易》源于梁丘氏者

汉熹平《周易》石经用《梁丘易》本，此近人屈翼鹏先生考证详实，已为定论。今存之《周易》残石，颇有与郑氏合者，《梁丘易》在两汉亦为显学，郑氏亦尝取资于是。如：

鼎，九四，汉石经作鼎折足，覆公悚，其荆剭。郑氏亦同，《郑氏易》荆作刑者二字通用。今易作其形渥，与二家不同。

家人，九三，妇子嘻嘻。二家同。

损益二卦或益之十朋之龟。二家同。

震，六二，震苏苏。二家同。

又大衍之数章之次序，两家同，皆以"天一地二"一节接"故再扐而后卦"。

由是两家经文多有相同者，是马郑二氏亦尝取资于《梁丘氏易》也。

（三）《郑氏易》源于子夏者

《郑氏易》源于子《子夏易传》者。如：

丰，九三，日中见昧。《释文》云："沬，郑作昧。"《子夏传》云："昧，星之小者。"《古易音训》引晁氏云："马同，郑九家同，《字林》虞同子夏。"

晋，九四，晋如硕鼠。《释文》云："鼫，《子夏传》作硕鼠。"郑氏同。

明夷，六二，睇于左股。《释文》云："夷，子夏作睇，郑陆同云旁视曰睇。"

是《郑氏易》亦尝取资于《子夏易传》也。

（四）《郑氏易》源于京氏者

吾友胡君著《郑易源于京氏考》，略谓郑氏以乾坤十二爻配十二辰之法，实出于京房。而《郑玄本传》云："康成师事京兆第五元先始通

《京氏易》。”今于其章句考之，信然。如：

蒙，九二，彪蒙吉。晁说之《易诂训传》、吕祖谦《古易音训》并云：“包，京房郑玄陆绩一行皆作彪。”按俱见《古易音训》。《释文》云：“苞，郑云苞当作彪。”

无妄。《集解》载虞翻引京氏曰：“大旱之卦万物皆死，无所复望。”《释文》云：“马郑王肃皆云：妄，犹望，谓无所希望也。”

离，九四，𠫓如其来如。晁氏、《吕氏音训》并云：“突，京郑皆作𠫓，云不孝子也。”

睽，上九，后说之壶。《释文》云：“弧，京马郑王肃翟子玄作壶。”

鼎，九四，其刑剭。京郑同。

（五）《郑氏易》源于费氏者

吾友胡君作《郑易源于费氏考》，略谓《后汉书·孙期传》云：“陈元郑众皆传《费氏易》，其后马融亦为其传，融授郑玄，玄亦作《易注》。”是《郑氏易》出于费氏绝无可疑。《费氏易》无章句，徒以十篇之言解说上下经，而经皆用古文。《郑氏易》承费氏家法者。如：

随，元亨利贞，无咎。郑注：“既见随从能长之以善，通其嘉礼，和之以义，干之以正，则功成而有福。”此本文言释四德也。

同人，于野亨。郑注：“乾为天，离为火。”此用说卦文以注易。

豫，利建侯行师。郑注：“坤顺也震动也。”此亦本之说卦。

否，九四，嗇离祉。《释文》云：“畴，郑作古嗇字。”

同人，九四，乘其庸。《释文》云：“墉，郑作庸。”《古易音训》引晁氏曰：“庸古文。”

豫，六二，砎于石。《释文》云：“介古文作砎，郑古八反云谓磨砎也。”

复，六三，卑复。《吕氏古易音训》云：“频，郑作卑，晁氏曰：卑古文频字。”

（六）《郑氏易》源于马氏者

吾友胡君作《郑易源于马氏考》，略谓马氏为康成之业师，康成之注易多取自马氏。如：

蒙，上九，系蒙。《释文》云：“击，马郑作系。”晁氏云：“马融郑荀爽一行作系。”

需，元亨贞吉。《释文》云：“马郑总为一句。”

师，贞丈人吉。《释文》引马云：“二千五百人为师。”《周礼·夏官序官疏》引郑注同。

师，初六，否臧凶。《释文》云：“否，马郑方有反。”

豫，殷荐之上帝。《释文》云：“马云殷盛也。”《集解》引郑注同。

剥，六二，剥床以辨。《释文》云：“辨，足上也，马郑同。”

大畜，九三，曰闲舆术。《释文》云：“闲，马郑云习。”

（七）《郑氏易》源于纬书者

吾友胡君作《郑易源于纬书考》，略谓康成论易三义，推易道之本源每兼取纬义以为说，且其易注亦尝用纬书之义。如：

复，七日来复。郑注建戌建亥建子之月六日七分之说源于《易纬》。

损，郑注云：“泽以自损，增山之高也，犹诸侯损其国之富以贡献于天子。”《易纬·乾凿度》云：“损者阴用事，泽损山而万物损也，下损以事其上。”

易赞：易之为名也。一言而含三义：易简一也，变易二也，不易三也。”《乾凿度》云：“孔子曰：易者易也，变易也，不易也，管三成德。”

又《乾凿度》言六爻贵贱之位则以初为元士，二为大夫，三为三公，四为诸侯，五为天子，上为宗庙。郑注易亦用之。如讼九二云：“小国之下大夫。”观卦云：“九五天子之爻。”困卦云：“二为大夫有地之象。四为诸侯有明德受命当王者。”又郑氏爻辰法亦略取《易纬·乾凿度》之文以立其说。

四、《郑氏易》之特点与价值

郑康成集两汉经学之大成，蕴古今文而一之，其注易也更是功力雄浑，见解深刻，故齐代立之于国学，而梁陈二代并盛行于世。是其易学亦必有独到之处。其特点与价值可得而言者。如：

（一）本《尔雅》《说文》以求经义之指归

夫《尔雅》者群经之钤键，九流之津涉，学览者之潭奥，而摛翰者之华苑也。故先儒群经之诂训，莫不酌源于斯，郑氏之诂易亦多本乎此。许叔重作《说文解字》一书，集古代字书之大成，说明文字之本义，于经义亦多所关通。故先儒之注经，每取之为准的。郑康成生叔重之后，尝驳叔重之《五经异义》，其是者同之，其异者释之。盖尝亲见许氏之书也，其诂易也，亦间取《说文》之诂训。盖《尔雅》《说文》者，诂训之指归，《义海》之总摄也。故郑氏之注易，探本乎此。如：

泰，上六，城复于隍。郑注云："隍，壑也。"此本之《尔雅·释言》者也。

损，六五，或益之十朋之龟。郑注："《尔雅》云十朋之龟者，一曰神龟，二曰灵龟，三曰摄龟……十曰火龟。"

豫，先王以作乐崇德。郑注："崇，充也。"此本《尔雅·释诂》文。

小畜，密云不雨。郑注："密，静也。"此用《尔雅·释诂》文。

否，九五，休否。郑注："休，美也。"此亦用《释诂》之文。

贲，六四，白马翰如。郑注："翰，干也。"复六五中以自考也。郑注："考成也。"大壮上六："不祥也。"郑注："祥善也。"此皆用《释诂》文。

贲，初九。郑注："趾，足。"咸上六，郑注："媵送也。"此皆用《释言》之文。

豫，殷荐之上帝。《说文》云："殷，作乐之盛称。"

咸，九五，咸其脢。《说文》："脢，背肉也。"郑注："背脊肉也。"

文言：圣人作。郑注："作，起也。"《说文》同。

屯，天造草昧。郑注："昧，昧爽也。"《说文》："昧，昧爽，旦明也。"

蒙，初六，用说桎梏。郑注："木在足曰桎在手曰梏。"《说文》云："桎，足械也；梏，手械也。"

同人，升其高陵。郑注："大阜曰陵"《说文》："陵，大阜也。"

贲，无敢折狱。郑注："折，断也。"《说文》同。

是《郑氏易》能本《尔雅》《说文》以诠易义之指归，其可取者一也。

（二）宗十翼以诠易理之幽微

夫十翼备极精深，发自韦编三绝之后，穷易理于幽微，探天人之秘奥。赞天地之统，明内圣外王之道，非十翼，其将焉归？自费直以十翼解说上下经，后之学者，咸取法乎是，郑氏亦然。郑氏以十翼解经者。如：

大有，元亨。郑注："元亨者，又能长群臣以善，使嘉会礼通。"按此本之文言：元者善之长也，亨者嘉之会也，利者义之和也，贞者事之干也。以释经文。

谦，亨君子有终。郑注："艮为山，坤为地……亨者嘉会之礼。"按此用说卦与文言以解释经文者也。

随，元亨利贞，无咎。郑注："震动也，兑说也……能长之以善通其嘉礼和之以义，干之以正，则功成而有福。"按此用说卦及文言以诠释也。

蛊，郑注："蛊者事也。"

临，元亨利贞。郑注："临大也。"

贲，郑注："贲者文饰也。"按此悉本之于序卦传以诠释经文。

颐，郑注："颐养也……离为目。"按此则本之于序卦与说卦。

咸，亨利贞。郑注："咸感也，艮为山，兑为泽……嘉会礼通，和顺于义，干事能正……"按此用彖辞说卦文言以释经文。

余如恒卦遁卦明夷诸卦皆本十翼以释经。是《郑氏易》能本十翼以诠易理之幽微，其可取者二也。

（三）旁征于群经以融易义而一贯

夫群经所言者皆天地之正道，人事之仪则，而真理之至真至确者也，要其极归，皆止于内圣外王之至道，故其大义往往相通。故先儒之注经，多广为征引以证其义趣于一贯，郑氏之诂易也，亦本乎此。如：师卦，郑注："军二千五百人为师，多以军为名，次以师为名，少以旅为名。"按此则征之于《周礼·夏官司马·政官》之文以诠释易理者也。此已具于易注阐微之中，此不具述。

豫，象先王以作乐崇德，殷荐之上帝，以配祖考。郑注引《孝经》"郊祀后稷以配天，宗祀文王于明堂以配上帝"，以征殷荐上帝，以配祖考之义。其注云："王者功成作乐，以文得之者作籥舞，以武得之者作万舞。"此则征之于《礼记·乐记》，与《周礼·春官·籥师》以诠释易理者也。

随，初九。郑注云："昔舜慎徽五典，五典克从，内于百揆，百揆时序，宾于四门，四门穆穆。"此则直用《尚书·舜典》之文以诂易也。

观，盥而不荐。郑注云："诸侯贡士于天子，卿大夫贡士于其君，必以礼宾之，唯主人盥而献宾，宾盥而酢主人。"此则约举《仪礼·乡饮酒礼》之义，以诂易者也。

坎，上六，系用徽纆。郑注："用《周礼》朝士、司圜之文以诂易。"

离，九三，不击缶而歌。郑注："《诗》云：'坎其击缶。'"则征之于《诗经》以诂易者也。

离，九四。郑注云："不孝之罪，五刑莫大焉。"则约《孝经》："五刑之属三千，而罪莫大于不孝"之文以释易者也。

晋，九四，晋如硕鼠。郑注："《诗》云：'硕鼠硕鼠，无食我黍。'硕鼠谓大鼠也。"

是《郑氏易》能融通群经以诂易，其可取者三也。

（四）征验于史事以阐易学之奥旨

昔章氏有言曰："六经皆史也。"盖史者，生民文化之迹。而经者，文明之指归，故经中亦蕴有史事之资料。诂经者可由是而取史事以相证验。今观郑氏之诂易，亦颇取史事以相证验。如：

乾，上九，亢龙有悔。郑氏注云："尧之末年，四凶在朝，是以有悔，未大凶也。"

用九，见群龙无首，吉。郑注："舜既受道，禹与稷契咎繇之属并在于朝。"

否，九五，系于苞桑。郑注："犹纣囚文王于羑里之狱，四臣献珍异之物而终免于难，系于苞桑之谓也。"

大有，元亨。郑注："若周公摄政，朝诸侯于明堂是也。"

随，元亨利贞。郑注引焦赣曰："汉高帝与项籍其明征也。"

临，至于八月有凶。郑注："故于是卦为殷家著兴衰之戒。以见周改殷正之数。"

离，六二，黄离元吉。郑注："子有明德能附丽于其父之道，文王之子发旦是也。"

归妹，六三，归妹以须。郑注："须有才智之称……屈原之姊名女须。"

是郑注能征验于史事以诠易学之奥旨，其可取者四也。

（五）观象于天文以征天人之秘奥

《易大传》曰："古者包牺氏之王天下也，仰则观象于天，俯则观法于地。"贲卦云："观乎天文，以察时变，观乎人文以化成天下。"是天文者，法象之大者也，圣人之作易，既尝取乎天象，则诂易者自可援天文以诂易也。今所传费氏八卦分野，乃以十二宫配二十八宿，布六十四卦者也。郑氏诂易颇取于是，且其爻辰之取象亦本乎此，故其诂易也，常法象乎天文。如：

比，初六，有孚盈缶。郑注："爻辰在未，上值东井，井之水人所汲用缶，缶汲器也。"此则取象于二十八星宿之井。

坎，六四，尊酒簋，贰用缶。郑注："爻辰在丑，丑上值斗可以斟之象，斗上有建星，建星之形似簋，贰副也，建星上有弁星，弁星之形又如缶。"按斗者二十八星宿之一，建星弁星则此星座上之群星也。

困，九二，困于酒食。郑注："二据须，辰在未，未上值天厨，酒食象。"

归妹，六三，归妹以须。郑注："天文有女。"

中孚，豚鱼吉。郑注："三辰在亥，四辰在丑，四上值天渊，渊则鱼利。"

既济，九五，郑注："日出东方，东邻象也，月出西方，西邻象也。"

系上：在天成象。郑注："日月星辰也。"

是《郑氏易》能法象乎天文，以易而际极天人，此其可取者五也。

（六）归本于人事以孚修己治人之应用

吾友胡君自逢著《周易郑氏学》，尝云："郑氏归本于人事。"略谓易虽言天道而不离人事，六十四封之大象皆因天道以修人事者也。凡郑易用犹字以起下文者，皆归本于人事之例也。如：

同人，于野亨。注曰：“犹人君在上施政教使天下之人和同而事之。”

贲，亨小利有攸往。注曰：“犹人君以刚柔仁义之道饰成其德也。”

明夷，利艰贞。注曰：“犹圣人君子有明德而遭乱世抑在下位，则宜自艰无干事政以避小人之害也。”

损。注曰：“犹诸侯损其国之富，以贡献于天子。”

夬，扬于王庭。注曰：“是犹圣人积德悦天下，以渐消去小人，至于受命为天子，故谓之夬。”

升。注曰：“犹圣人在诸侯之中明德日益高大也。”

井。注曰：“犹人君以致教养天下，惠泽无穷也。”

震。注曰：“犹人君出政教以动国中之人也。”

是《郑氏易》能归本于人事，以乎修己治人之应用，此其可取者六也。

（七）释易之三义，以广易学之理趣

自来言易者，多以变易为释，郑康成独能溯本于《乾凿度》，而言易有三义其易赞（或谓之易论）曰：易之为名也，一言而含三义：易简一也，变易二也，不易三也。故系辞云：乾坤其易之蕴邪。又曰：易之门户邪。又曰：夫乾确然示人易矣。夬坤隤然示人简矣，易则易知，简则易从，此言其易简之法则也。又曰：为道也屡迁，变动不居，周流六虚，上下无常，刚柔相易，不可为典要，唯变所适，此言顺时变易，出人移动者也。又云：天尊地卑，乾坤定矣。卑高以陈，贵贱位矣。动静有常，刚柔断矣，此言其张设布列不易者也。据兹三义而说，易之道广矣，大矣。

盖易简者所以乎人世之应用，变易所以行权，不易者，易学之至理。郑氏以此三者言易，是其可取者七也。

（八）阐爻位之律则以释易义之幽赜

郑氏之释爻也，有往来上下，爻体，爻辰，三才六位，得位失位，中和与夫应据承乘。凡爻在外曰往曰上，在内曰来曰下。爻体者，阳爻在初四，则震爻，二五则坎爻，三上则艮爻。阴爻在初四则巽爻，二五则离爻，三上则兑爻。爻辰者乾坤六爻生十二律，配十二宫，二十八宿者也。三才者天地人也，凡六画之之爻，初与二为地道，三与四为人道，五与上为天道，是谓三才。六位者，言爻之贵贱也。初为元士，二为大夫，三为三公，四为诸侯，五为天子，上为宗庙，是谓六位。易六爻之位，初三五为阳位，二四上为阴位，合于此者谓之得位，不合乎此者谓之失位。中和者指二五之爻，二在内卦之中，五在外卦之中，故有中和之美，又群爻之中亦言中。应者初与四、二与五、三与上，凡阳以应阴，阴以应阳，谓之应。若阳以应阳，阴以应阴，则谓之敌应。据者阳在阴上也。承者阴在阳下也。乘者阴在阳上也，郑氏之释易也多本此律则以释之。如：

1. 往来上下例

贲。注云："离为日，天文也；艮为石，地文也。天文在下，地文在上，天地二文相饰成贲者也。"

咸。注云："艮为山，兑为泽，山气下，泽气上，二气通而相应，则是刚上而柔下。"艮，阳卦故为刚，兑，阴卦，故为柔。

2. 爻体例

贲，六四，贲如皤如。注云："六四巽爻也。"

颐，贞吉。注云："二五离爻皆得中，离为目，观象也。"

损，二簋可用亨。注云："五离爻也，离为日。"

萃，王假有庙。注云："四本震爻，震为长子，五本坎爻，坎为隐伏。"

井，九二，井谷射鲋。注云："九二坎爻也。坎为水，上直巽，九三艮爻也，艮为山，山下有井。"

中孚，豚鱼吉。注云："二五皆坎爻，坎为水。"

3. 爻辰例

泰，六五，帝乙归妹。注云："五爻辰在卯。"

坎，上六。注云："爻辰在已已为蛇。"

贲，九三。注云："位在辰，得巽气为白马。"

比，初六。注云："爻辰在斗，上值东井。"

坎，六四。注云："爻辰在丑，丑上值斗。"

4. 三才例

乾，九二，见龙在田。注云："二于三才为地道，地上即田故称田也。"

九三，君子终日乾乾。注云："三干三才为人道。"

九五，飞龙在天。注云："五于三才为天道。"

坤，六二，直方。注云："此爻得中而在地上。"

5. 六位例

讼，九二，其邑人三百户。注云："小国之下大夫，采地方一成，其定税三百家，故三百户也。"

观。注云："九五，天子之爻。"

困，九二，困于酒食。注云："此二为大夫有地之象。爻四为诸侯，有明德受命当王者。"

丰，九三，折其右肱。注云："犹大臣用事于君。"

大有，元亨。注云："六五体离处乾之上，犹大臣有圣明之德，代君为政，若周公摄政，朝诸侯于明堂是也。"是爻之变例，盖六五以阴为臣而居天子之位，故有摄政之象。

张惠言曰："随初九象舜宾四门，坎六四象夫子大臣以王命出会诸侯，上六象罢民，离六二象文王之子，九四象长子不孝，鼎九四象三公，旅下三爻象宾介之等，各观象为义也。"此言乎六位之变例也。

6. 得位失位例

家人，六二，无攸遂。注云："二为阴爻，得正于内，（六二）五阳爻也，（九五）得正于外。犹妇人修正于内，丈夫修正于外。"

中孚，豚鱼吉。注云："三（六三）辰在亥，亥为豕，爻失正。四辰在丑，爻得正（六四）。"

7. 中和

坤，六二，直方。注云："此爻得中而在地上。"此二五之中也。

复，六四，中行独复。注云："爻处五阴之中，度中而行。"此在群爻之中者也。

张惠言曰："易有太极。注云：极中之道，淳和未分之气也。蹇象曰：蹇利西南往得中也。注云：中和也。由是言之得和为中，度中而行，则和矣，此君子时中也。"是也。

8. 应例

贲，六四，贲如皤如。注云："有应于初九。欲自饰以适初。"

复，六四。注云："度中而行，四独应初。"

遁，亨小利贞。注云："二五得位而有应。"此皆以爻得位而应者也。

恒，六五，夫子凶。注云："应在九二……故云夫子凶。"

睽，小事吉。注云："睽二五相应君阴（六五）臣阳（九二）君而应臣，故小事吉。"此皆爻失位之应也。

9. 据承乘

困，九二。注云："二据初。"

坎，六四。注云："六四上承九五。"

明夷，六二。注云："六二有明德欲承九三。"

损。注云："四与五承上。"遘：一阴承五阳。

坎，上六。注云："上之乘阳（九五）有邪恶之罪。"

是郑氏能本爻位之律则，以阐释易理，使幽赜之爻义，由是而易知易明，此其可取者八也。

（九）探象数之理，以广易义于无穷

郑氏之言及象者以互卦为主，互卦或曰互体或曰互或曰体，其法首见于《左传》，而西汉诸儒亦以之言易。《京氏易传》言及互卦颇详。郑氏之言互卦有三种：一、言及三爻之互。如蒙卦，注云："互体辰。"同人注云："卦体有巽。"是也。二、四爻之互。如：颐卦注云："自二至五有二坤。"大畜注云："自九三至上九有颐象。"三、爻体之互，如既济九五注云："互体为坎。"旅初六云："互体艮。"此则以内外卦言之耳。以例推之，当亦有五爻之互，特文献未足耳。

其取象之范畴，除十翼外，尚以爻辰所配十二宫二十八星宿取象，又另有逸象如随初九注云："震为日门"，系注云："震为门。"坎上六注云："震之所为有丛拘之类。"观注云："艮为鬼门又为宫阙。"恒六五云："兑为和说。"困注云："兑为暗昧。"井注云："兑为暗泽。"之类是也。

至于其论及易数者，则有大衍之数，与天地之数，并以之而配五行焉，此已详于《〈马氏易〉阐微》之中，今不具载。复次，郑氏又以《周易》用九六，不用七八。九者老阳，六者老阴，皆将变者也，《周易》以变者为占，故用九用六。七者少阳，八者少阴，此《连山》《归藏》以不变为占者也。

是《郑氏易》能探象数之理，以广易义于无穷。此其可取者九也。

（十）研卦气消息之意以见易气之运行

孟氏以坎离震兑四正卦为四时方伯之卦，余六十卦分布于十二月，卦主六日七分。此卦气学之原也。郑氏亦颇用此以诂易。如：

复。注："建戌之月，以阳气既尽，建亥之月，纯阴用事，至建子之月，阳气始出，隔此纯阴一卦，卦主六日七分。"张惠言曰："但以辟卦为侯，不论余卦。……略以十二辟卦消息言之。"

临。注云："临自周二月用事，讫其七月，至八月而遁卦受之。"张惠言曰："盖以十二辟卦主月，则乾坤十二爻，而周一岁。"

以上皆卦气，卦侯之学也，《郑氏易》即本诸此以立说者也。是《郑氏易》能研卦气卦候之学，以见易气之运行。此其可取者十也。

（十一）论述六经之婉转关通

郑玄述经籍，有六艺论，即论六经也。郑玄辨章六经体用。其论易曰："易一名而含三义：易简，一也；变易，二也；不易，三也。"而以变易为尤要。"郑氏云："其为道也屡迁，变动不居，周流六虚，上下无常，刚柔相易，不可为典要，唯变所适。此言顺时变易，出入移动者也。"

（十二）发注经之条例，以小学通经义之指归

郑氏承马氏注经之条例，而以小学通经义之指归，小学者文字声韵与训诂是也，凡文字皆有形音义三者。三者之中，声尤重焉。盖声者物象之本，形由之而立，义因之而衍。故清儒尝言，不明声韵之理，不足以治经学。郑氏之诂群经也，多以声韵贯串其旨义。盖音在而形义由是而沟通矣。今观郑氏之注易也，有读如、读为、当作、当为、犹、之言等例。有推因、义界、声训，就其本字以为训诂等法。揽小学之宏纲，开诂经之通衢。灼然如晦之见明，的然如日之光晖。可谓诂经之大师，万世之通儒也。

读如一曰读若，拟其音以诂训也。读为一曰读曰，易其字而即声以求义也。当作一曰当为，正其误也。犹者，义隔而通之也。之言者就其本音本义以诂训也。段氏《说文解字》注于嫌疑也下注云："凡云之言者，皆就字之本音，本义而转之。"其《周礼·汉读考序》曰："汉人作注于字发疑正读，其例有三。一曰读如读若，二曰读为读曰，三曰尝为。读如读若者，拟其音也。古无反语，故为比方之词。读为读曰者，易其字也。易之以音相近之字，故为变化之词。比方主乎音，变化主乎义；比方不易字，故下文仍举经之本字；变化字已易，故下文辄举所易

之字，注经必兼兹二者，故有读如，有读为。字书不言变化，故有读如无读为。有言读如某，读为某，而某乃本字者。如以别其音，为以别其义。当为者定为字之误，声之误而改其字也，为救正之词，形近而讹，谓之字之误，声近而讹，谓之声之误。字误声误而正之，皆谓之当为。凡言读为者，不以为误；凡言当为者，直斥其误。三者分而汉注可读，而经可读。”是也。如：

坤，初六，履霜坚冰至。郑注云：“履读为礼。”

需。郑注云：“需读为秀。”

泰，九二，苞荒。注云：“荒读为康，虚也。”

谦，六四，㧑谦。注云：“㧑读为宜。”

屯，宜建侯而不宁。注云：“读而曰能。”以上读为读曰例。

坤，文言：为其慊于阳也。注云：“慊读如群公谦之谦。”

大有，九四，明辩遰也。注云：“遰读如明星晢晢。”以上读如例。

六五，顺以巽也。注云：“巽当作逊。”

坎，九五，祇既平。注云：“祇当为坻小丘也。”

系上：言天下之至赜而不可乱也。注云：“赜当为动。”

有功而不置。注云：“置当为德。”以上当作当为例。

屯，六二，匪寇昏冓。注云：“冓犹会也。”

无妄。注云：“妄犹望，谓无所希望也。”

咸，二气咸应以相与。注云：“与犹亲也。”

明夷，以蒙大难。注云：“蒙犹遭也。”以上犹例。

师，贞大人吉。注云：“丈之言长，能御众，有正人之德，以法度为人之长。”

震，震惊百里。注云：“惊之言警戒也。”

丰。注云：“丰之言腆，充满之意也。”以上之言例。

以上皆为其注易之条例，多涉及声训。此外其诂训尚有取双声叠韵之字以为诂训者。如旅初六旅琐琐。注云：“琐琐小也。”此以双声为训者也。乾九三夕惕若厉。注云：“惕惧也。”此以叠韵为训者也。豫卦：先王以作乐崇德，殷荐之上帝。注云：“崇充也，殷盛也，荐进也。”前二者叠韵，后则双声。亦有以声韵皆相近之字为训者。如：《晋书》曰三接。注云：“接音捷。”《广韵》：接即叶切，捷疾叶切，二字同韵，皆在入声二十九叶。接，精母；捷，从母，声亦相近。明夷六二用拯马壮吉。注云：“拯承也。”二字声音相近。亦有用义界方式以诂训者，义界方式者，注文诸字中，有一字以上与原字有声音关系者也。如蒙。注云：“蒙者蒙蒙，物初生形，是其未开者之名也。”蒙形名三字，古韵同。而蒙名又为双声，亦有就其本字以为诂训者。如豫六二砎于石。注云：“砎谓磨砎也。”系上：枢极之发。注云：“枢，户枢也。”是也。

是《郑氏易》能发注经之条例，而以小学通经义之指归。

（十三）兼容并蓄，蕴古今文而一之

马季长作《易传》，用费氏家法，然其经文之字句，则不全用古文，而兼用施孟梁丘三家之易。至康成承其学，更弘斯道，故季长尝曰：“郑生今去，吾道东矣。”是其授受之际，盖已深洽于心矣。然康成亦未全墨守马氏家法，乃更从而赞研，故有爻辰之说，惟其蕴古今文而一之，则乃承马氏之家法也。如：

否，九四，畴离祉。《释文》云：“畴，郑作古𠷎字。”

同人，九四，乘其庸。《释文》云：“墉，郑作庸。”孙堂云：“庸，古墉字。”

豫，六二，砎于石。《释文》云：“介古文作砎。郑古八反，云谓磨砎也。”

颐，六四，虎眡眈眈。《玉篇》云：“眡，古文视字。”

恒，初六，濬恒贞凶。《古易音训》引晁氏曰：“濬古文。”

遘。《释文》云：“姤，薛云古文作遘，郑同。”以上皆同古文者也。

屯，六二，乘马般如。《释文》云：“班，郑本作般。”《古易音训》引晁氏曰：“班，郑作般，古文作班。”按古文作班，则般为今文也。

泰，初九，拔茅茹以其汇征吉。《释文》云：“汇，古文作曹。董作夤出也，郑云勤也。”古文作菁，则汇，夤皆今文也。

上六，城复于隍。《古易音训》引晁氏曰：“堭古文作皇。”郑作隍是用今文也。

剥，六二，剥床以辨。《释文》云：“辨，马郑同。”《古易音训》引晁氏曰：“古文作分，今文作辨。”

复，初九，无祇悔。晁氏曰：“祇古文用多字。”则郑用今文也。

坎，六三，检且枕。《释文》云：“险，古文及郑向本作检。枕，郑云木在首曰枕，古文作沈。”郑检从古文，而枕则从今文。

咸，初六，咸其拇。《古易音训》引晁氏曰：“母古文。”则拇今文也。

是郑氏能兼容并蓄，蕴古今文而一之。

五、郑氏易礼

张惠言论述郑氏易礼极为详备，惟未作五礼之序，余所撰《〈郑氏易〉阐微》复从而分之而补其阙焉。兹略撮其要于此，以明郑氏易礼之家法。

（一）吉礼

郑目录云：“特牲馈食之礼，谓诸侯之士祭祖祢。少牢馈食礼，诸侯之卿大夫祭其祖祢于庙之礼，羊豕曰少牢。有司彻，上大夫既祭傧尸于堂之礼，天子诸侯之祭明日而绎。”此三者于五礼皆属吉礼，郑氏注易以例推之言吉礼者。如：

1. 郊禘之礼

豫。象曰：“先王以作乐崇德，殷荐之上帝以配祖考。”郑注：“上帝，天也，王者功成作乐以文得之者作籥舞，以武得之者作万舞，各充其德而为制，礼天地，以配祖考者，使与天同响其功也。故《孝经》云：‘郊祀后稷以配天，宗祀文王于明堂，以配上帝。’是也。”

2. 时祭之礼

萃，王假有庙。郑注：“互有艮、巽，巽为木，艮为阙，木在阙上，宫室之象也，四本震爻，震为长子，五本坎爻，坎为隐伏，居尊而隐伏，鬼神之象也。长子入阙升堂，祭祖祢之礼。”

六二，孚乃利用禴。郑注：“禴，夏祭名。”

既济，九五，东邻杀牛，不如西邻之禴祭，实受其福。郑注：“互体为坎也，又互体为离，离为日，坎为月，日出东方，东邻象也；月出西方，西邻象也。禴夏祭之名。”又《礼记·坊记》郑注云：“东邻谓纣国中也，西邻谓文王国中也。离为牛，坎为豕，西邻禴祭则用豕与，言杀牛而凶，不如杀豕受福，喻奢而慢不如俭而敬也。”

张惠言曰：“祖祢七庙也。六二言孚乃利用禴，注云：禴，夏祭名，时祭止云七庙，故云祭祖祢之礼也。涣，王假有庙，则当兼有禘祫。六二言夏祭者二离爻也。”

3. 祭礼盥而不荐

观，观盥而不荐。郑注：“坤为地，为众，巽为木为风，九五天子之爻，互体有艮，艮为鬼门，又为宫阙，地上有木，而为鬼门宫阙者，天子宗庙之象也。唯主人盥而献宾，宾盥而酢主人，设盥俎则弟子也。”

震，震惊百里，不丧匕鬯。郑注：“人君于祭之礼，匕牲体荐鬯而已，其余不亲为也，升牢于俎，君匕之，臣载之。”

张惠言云：“《仪礼疏》引郑注盥而不荐为诸侯卿大夫宾士之礼，据义当兼有祭礼。震互有坎，艮震为木，艮为牛，坎为棘，匕以棘为之，艮手持之，故象匕牲。震为稼为草，坎为水，秬酒也。艮牛持酒故象荐鬯。观互体为艮手，坤为牛，艮手临牛，故有匕牲之象，巽为木，坤牛在木下，未升俎也，故为不荐。

4. 二簋用享

损，二簋可用享。郑注：“四以簋进黍稷于坤也，初与二直，其四与五承上，故用二簋，四巽爻也，巽为木，五离爻也，离为日，日体圆，木器而圆，簋象也。”

张惠言曰：“特牲馈食礼设两敦黍稷及馂佐食分簋铏。注云：敦有虞氏之器也，周制士用之，变敦吉簋，客同姓之士得用同器耳。然则二簋用享，同姓之祭礼也。困九二利用祭礼，则天子大夫之祭，礼也，九四利用祭祀，则诸侯之祭礼也。”

5. 长子主器

序卦曰：主器者莫若长子。郑注：“父退居田里，不能备祭宗庙，长子当亲视涤濯鼎俎。”

6. 亨西山之礼

随，上六，王用亨于西山。升六四，王用亨于岐山。《易纬·乾凿度》云：“随二月之卦，阳德施行，藩决难解，万物随阳而出故上六欲九五拘系之，维持之，明被阳化而阴随从之也。譬犹文王之崇至德，显中和之美，拘民以礼，凿民以义，当此之时，仁思所加，靡不随从，咸悦其德，得用道之正，故言王用亨于西山。”郑注云：“是时纣存，未得东巡，故言西山。”

张惠言曰：“文王虽未有天下，中和之道，显巡西方诸侯告祭西山也，其祭则巡守燔柴是也。”

（二）凶礼

郑目录谓《仪礼·士丧礼》、《既夕礼》、《士虞礼》三篇皆属之凶礼。盖凶礼以丧礼为主。以凶莫大于丧也。引伸之凡凶患之事皆属之。

益卦曰益之用凶事。萃卦曰斋资涕洟皆凶事也。郑氏易注言及凶礼者。如：

1. 剭诛之刑

鼎，九四，鼎折足，覆公餗，其刑剭凶。郑注："臣下旷官失君之美道，当刑之于屋中。"按《周礼·秋官·掌囚职》曰："凡有爵者与王之同族奉而适甸师氏，以待刑杀。"司烜氏："邦若屋诛，则为明窃焉。"郑注云："屋读如其刑剧之剧。谓所杀不于市，而适甸师氏者也。"

2. 世子不孝之刑

离，九四，㐫如其来如焚如死如弃如。郑注："震为长子，女失正，又互体兑，兑为附决，子居明法之家而失正，何以自断，其君父不忍也。……不孝子之罪，五刑莫大焉。得用议贵之辟（法也）刑之，若所犯之罪焚如，杀其亲之刑；死如，杀人之刑；弃如，流宥之刑。"

3. 圜土之刑

坎，上六，系用徽纆，寘于丛棘，三岁不得凶。郑注："艮为门阙，于木为多节，震之所为，有丛拘之类……是天子外朝左右九棘之象也。外朝者所以询事之处也。左嘉石，平罢民焉；右肺石，达穷民焉。罢民，邪恶之民也，上六乘阳有邪恶之罪，故缚以徽纆，寘于丛棘，而使公卿以下议之，其害人者置之圜土而施职事焉，以明刑耻之，能复者三年而赦，中罪二年而赦，下罪一年而赦，不得者不自思以得正道，终不自改而出圜土者杀，故凶。"

（三）军礼

1. 军制

师。郑注："军二千五百人为师，多以军为名，次以师为名。师者，举中之言。"

2. 军师

师，贞丈人吉。郑注："丈人言长，能御众，有正人之德，以法度为人之长，吉而无咎，谓天子诸侯主军者。"

3. 军赋

萃，初六，一握为笑。郑注："握读为夫三为屋之屋。"

张惠言曰："萃用大牲，天子将有征讨，此当言军赋之法。王将有事征讨，简除戎器，令于夫屋民皆欢笑，则可以萃众治乱也。"

（四）宾礼

1. 会盟之礼

萃，亨，王假有庙，利见大人，亨利贞，用大牲吉，利有攸往。郑注："大牲，牛也。言大人有嘉会时可干事必杀牛而盟。"

坎，六四，尊酒簋贰用缶。郑注："天子大臣以王命出会诸侯主国尊于簋，副设元酒以缶。"

2. 朝觐之礼

丰，初九，遇其配主，虽旬无咎。郑注："初修礼，上朝四，四以匹故恩厚待之，虽留十日不为咎，正以十日者朝觐之礼，止于主国以为限，聘礼毕归大礼四旬。"

3. 聘礼

旅，初六。郑注："三为聘客，初与二其介也，介当以笃实之人为之。"

4. 贡赐之礼

损，郑注："泽以自损增山之高也，犹诸侯损其国之富，以贡献于天子。"

益，郑注："天子损其所有，以下诸侯也。"

盖觐礼于五礼属宾。宾礼诸侯见天子有贡献之礼也。以例推之，天子亦有赏赐之礼。

（五）嘉礼

郑目录谓士冠礼、士昏礼、乡饮酒礼、乡射礼、燕礼、大射、公食大夫礼皆为嘉礼。郑注易言嘉礼者有：

1. 嫁娶之礼

泰，六五，帝乙归妹，以祉元吉。郑注："五爻辰在卯，春为阳中，万物以生，生育者嫁娶之贵，中春之月，嫁娶男女之礼，福禄大吉。"

归妹，上六，女承筐。郑注："妇人三月然后祭行。"

咸，亨利贞取女吉。郑注："三十之男有此三德，以下二十之女，正而相亲说，取之则吉。"

大过注云："以丈夫年过娶二十之女，老妇年过嫁三十之男皆得其子。"是则嫁娶之礼主以仲春行之，男则三十而娶，女则二十而嫁。

2. 夫子之女亦有嫁礼

恒，六五，恒其德贞妇人吉。郑注：“以阴爻而处尊位，是天子之女，又互体。兑为和说，至尊主家之女，以和说干其家事，问正于人，故为吉也。”

3. 后无出道

同人，六二，同人于宗。注云：“天子诸侯后夫人无子不出。”

鼎，初六，鼎颠趾，利出否得妾以其子，无咎。注云：“喻君夫人事君若失正礼，踣其为足之道，情无怨，则当以和义出之，然如否者，嫁于天子，虽失礼无出道，远之而已，若其无子，不废远之，后尊如故，其犯六出则废之，远之，子废。”

4. 封侯之礼

震，震惧百里。注云：“雷发声于百里，古者诸侯之象，诸侯出教令，警戒其国内。”

晋，晋康侯用锡马蕃庶，昼曰三接。注云：“康，尊也，广也；番庶谓蕃遮禽也；接，胜也。”

5. 大夫有采地之封

困，九二，困于酒食，朱韨方来。注云：“此二为大夫有地之象，未上值天厨，酒食象，困于酒食者，采地薄不足以用也，二与日为体离，为镇霍，爻四为诸侯，有明德受命当王者。”

讼，九二，不克讼，归而逋，其邑人三百户无眚。注云：“小国之下大夫，采地方一成，其定税三百家，故三百户也。”

6. 贡士饮酒之礼（补）

观，观盥而不荐。注云：“诸侯贡士于天子，卿大夫贡士于其君，必以礼宾之，唯主人盥而献宾，宾盥而酢主人，设荐俎则弟子也。”按此见《乡饮酒礼疏》。

以上为郑氏易礼之大要也。

六、《郑氏爻辰》

何秋涛作《周易爻辰申郑义》云：“易之取象于互卦消息者，郑与诸家同，至于以爻辰为说，则康成之所独。元和惠氏、嘉定钱氏、武进张氏皆有纂述，以明其义例，溯其源流。高邮王氏、江都焦氏独起而次之，抉剔垢瘢，摧坚陷锐，此于箴膏肓发墨守，可谓辩矣。窃意易涵万象，不可执一，爻辰之法，于古必有所受，推之钟律，考之次舍，往往相协，则郑之立义不可诬也，自辅嗣易行，郑学久已微绝，采者存古谊于千百，夏鼎商彝固不以剥泐讹阙见弃矣。”是郑氏爻辰自有其价值不可诬也。且上考之于天文而有据，中验之于《三统历》及《周礼》《国语》之注述亦有理可循，下征之于后儒之阐发亦有法可观。惠氏、钱氏、张氏、何氏既阐述其理于前，戴常（著《郑氏爻辰补》）、徐昂（著《释郑氏爻辰补》）复从而博稽深思，旁搜远绍，弥补其缺于后，郑氏爻辰之说，终于全备。兹据以上六氏之说，述其精义如下。至于宋儒朱震（子发）《汉上易卦图》亦载郑氏爻辰图云坤左行。此说误，惠氏首正其说。今说爻辰不取朱氏而取六氏之说。

（一）爻辰及其渊源

爻辰本为乾六爻，坤六爻，生十二律之位，每爻当一律，当一月。乾初九，配黄钟，于辰为子（十一月），九二配大蔟，于辰为寅（正月），九三配姑洗，于辰为辰（三月），九四配蕤宾，于辰为午（五月），九五配夷则，于辰为申（七月），上九配无射，于辰为戌（九月），坤初六配林钟，于辰为未（六月），六二配南吕，于辰为酉（八月），六三配应钟，于辰为亥（十月），六四配大吕，于辰为丑（十二月），六五配夹钟，于辰为卯（二月），上六配中吕，于辰为巳（四月），辰者日月所会之舍也。《尚书孔传》云：“日月所会为辰。”是也。故爻辰又可配十二次会（宫），二十八星宿，此详具于后。六十四卦三百八十四爻，皆基于乾阳坤阴，故皆可配以所当之辰。郑注《周易》即援之入注，以为取象论象之据。至于爻辰之源，则源于《易纬·乾凿度》及刘歆《三统历》，而郑注《周礼》、韦昭注《国语》，亦足互征云。

《乾凿度》云：“乾阳也，坤阴也，并如而交错行，乾贞于十一月子左行，阳时六。注云：“贞正也。”初爻以此为正，次爻左右者各从次数之。坤贞于六月未。注云：“乾坤阴阳之主，阴退一辰，故贞于未。”右行，阴时六（以顺成其岁）。惠栋云：“《乾凿度》之说与十二律相生图合，郑于《周礼·太师》注云：“黄钟初九也，下生林钟之初六，林钟又上生太蔟之九二，太蔟又下生南吕之六二，南吕又上生姑洗之九三，姑洗又下生应钟之六三。应钟又上生蕤宾之九四，蕤宾又上生大吕之六四，大吕又下生夷则之九五，夷则又上生夹钟之六五，夹钟又下生无射之上九，无射又上生中吕之上六。（《易汉学》）

韦昭注《国语》云：“十一月黄钟乾初九也，十二月大吕坤六四也，正月太蔟乾九二也，二月夹钟坤六五也，三月姑洗乾九三也，四月中吕坤上六也，五月蕤宾乾九四也，六月林钟坤初六也，七月夷则乾九五也，八月南吕坤六三也，九月无射乾上九也，十月应钟坤六三也。”（《易汉学》）

《汉书·律历志》载刘歆《三统历》云：“律有十二，阳六为律，阴六为吕，律以统气类物，一曰黄钟，二曰太族，三曰姑洗，四曰蕤宾，五曰夷则，六曰亡射（亡即无也），吕以旅阳宣气。一曰林钟，二曰南吕，三曰应钟，四曰大吕，五曰夹钟，六曰中吕，有三统之义焉。……黄钟，黄者中之色也，君之服也，钟者，种也……始于子，在十一月。大吕，吕旅也，言阴大吕，助黄钟宣气而牙物也，位于丑，在十二月。太族，族者，奏也，言阳气大奏地而达物也，位于寅，在正月。夹钟，言阴夹助太族，宣四方之气而出种物也，位于卯，在二月。姑洗，洗洁也，言阳气洗物，辜洁之也，位于辰，在三月，中吕，言微阴始起，未成著于其中，旅助姑洗宣气齐物也，位于巳，在四月。蕤宾，蕤继也，宾导也，言阳始导阴气，使继养万物也，位于午，在五月。林钟，林君也。言阴气受任助蕤宾，君主种物使长大茂盛也，位于未，在六月。夷则，则法也。言阳气正法度而使阴气夷当伤之物也，位于申，在七月。南吕，南任也，言阴气旅助夷则任成万物也，位于酉，在八月。亡射，射厌也，言阳气究物而使阴气毕剥落之，终而复始，亡厌已也，位于戌，在九月。应钟，言阴气应亡谢，该藏万物而离阳阂种也，位于亥，在十月。三统者天施地化人事之纪也。十一月乾之初九，阳气伏于地下，始著为一，万物萌动，钟于太阴，故黄钟为天统。……六月，坤之初六，阴气受任于太阳，继养化柔，万物生长，茂之于未，令种则强大，故林钟为地统。……正月，乾之九二，（按原作九三。宋祁曰：“九三当作九二。”是也）万物棣通，族出于寅，人奉而成之，仁以养之，义以行之，令事物，各得其理，寅木也，为仁，其声商也，为义，故太族为人统。”

是爻辰之说，初具于《乾凿度》，大备于刘歆《三统历》。郑氏特阐而述之，推而辑之，并用此注《周易》之全经。今录惠氏《易汉学》，十二月爻辰图。如下：

（二）爻辰所值二十八宿

惠氏引郑氏《月令》注云：“正月宿值尾箕，八月宿直昂毕，六月

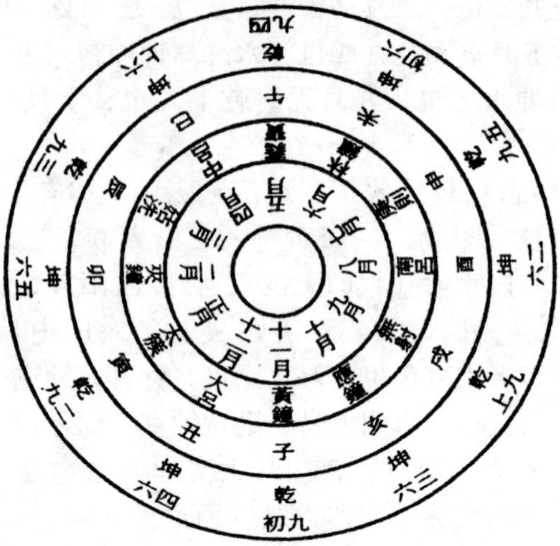

纳音图

宿直鬼。又云：直东井，九月宿直奎，十月宿直营室，卯（二月）宿直房心，申（七月）宿直，参觜。季冬（十二月）日历虚危。”此是二十八宿配爻辰之说也。宿者二十八星宿也。直者值也，尾箕即二十八星宿中之二宿，余类推。惠氏从而画爻辰所值二十八星宿图（如下）更以二十四节气配之。郑氏亦用此以释易。

汉代以来，律、历并称。乐律与历法，均与易学关系密切。乐律学借用易卦象数以表征律吕损益法则。古乐中的十二律制，乃将一个八度音阶分为十二个不完全相等的半音，相当于今之十二调。十二律中，六阳律，以乾卦六爻代表。六阴吕，以坤卦六爻代表。六律与六吕由低到高依次排列，以“三分损益”法标算十二律管的不同长度，是古人行之有效的定律方法。

《隋书·律历志》论历法同卦象之关系云：“悬象著明，莫大于二曜；气序循复，无信于四时，……乃至阴阳迭用，刚柔相摩，四象即陈，八卦成列”，足见创历之初衷。爻辰乃以乾坤十二爻对应于十二月（支），将二十八宿之四象，对应于四方。地支按顺时针方向排列，二十八宿按反时针方向排列。子、午、卯、酉对应于虚、星、房、昴。乾坤十二爻交错排列，显示阴阳二气之对立、转化是星移斗转的原因。

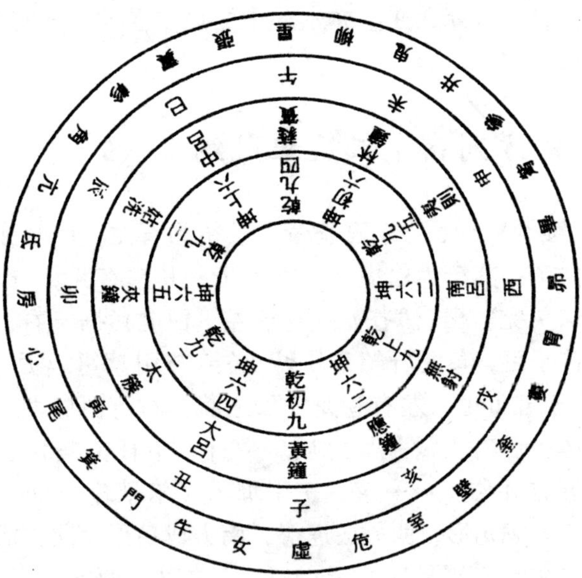

爻辰图

（三）八卦分配十二辰

阳爻在初与四为震爻，在二与五为坎爻，在二与上为艮爻，以三卦为阳卦故也。阴爻在初与四为巽爻，二与五为离爻，三与上为兑爻，以三卦为阴卦故也。据说卦知：离位正南，震位正东，兑为正西，坎为正北，谓之四正，各纳一辰；巽位东南，坤位西南，乾位西北，艮位东北，谓之四维，各纳二辰；震辰在卯，离辰在午，兑辰在酉，坎辰在子，巽辰在辰巳，坤辰在未甲，乾辰在戌亥，艮辰在丑寅，由是知六十四卦，三百八十四爻。初九辰在子得坎气，九二辰在寅得艮气，九三辰在辰得巽气，九四辰在午得离气，九五辰在申得坤气，上九辰在戌得乾气，坤初六辰在未得坤气，六二辰在酉得兑气，六三辰在亥得乾气，六四辰在丑得艮气，六五辰在卯得辰气，上六辰在巳得巽气。此据徐昂释郑氏爻辰补立说。

（四）八卦及爻辰所属五行

八卦乾为金，坤为土，坎为水，离为火，巽为木，震为苍莨竹，亦是木，艮为土，兑为泽，亦金亦水。十二辰亥子水，寅卯木，巳午火，申酉金，丑辰未戌为土。

（五）四方列宿十二辰配卦纳音

《春秋文曜钩》云：“东宫苍帝，其精为青龙，南宫赤帝，其精为朱鸟，西方白帝，其精为白虎，北宫黑帝，其精玄武。”徐昂释郑氏爻辰补曰张衡《灵宪》云：“苍龙连卷于左，白虎猛据于右，朱雀奋翼于前，灵龟匿首于后，黄龙轩辕于中。”益六二引蔡邕《月令章句》曰：“天宫五兽之于五事也，左有苍龙大辰之貌，右有白虎大梁之文，前有朱雀鹑火之体，后有玄武龟蛇之质。中有大角轩辕麒麟之信。”张衡、蔡邕两说皆五方并称。……履六三引邢昺《尔雅疏》，四方皆有七宿，各成一形，东方成龙形，西方成虎形，南方成鸟形，北方成龟形。系辞下传观鸟兽之文引《周易述》云：“南方朱鸟，西方白虎，东方苍龙，北方玄武。”

东方色青故称苍龙，西方色白故称白虎，南方色赤故称朱鸟，北方色黑故称玄武，是谓四方。四方各有七宿，合计二十八宿，周天之星座也。

十一月，日月会于玄枵而斗建在子之辰也。十二月星纪，辰在丑。正月析木辰在寅，二月大火辰在卯，三月寿星辰在辰，四月鹑尾辰在巳，五月鹑火辰在午，六月鹑首辰在未，七月实沉辰在申，八月大梁辰在酉，九月降娄辰在戌，十月娵訾辰在亥。此十二辰与十二次舍也，或称为十二宫。郑氏亦用十二次舍，二十八星宿以释易。徐昂曰：“二十八宿中，氐尾斗女危奎胃毕井柳张轸十二宿皆首尾通贯两宫。就四方七宿计之，则兼两宫者皆归入一宫。例如斗起于寅，而属于北方七宿之第一宿寅宫，所隶斗宿加括弧以示斗宿归重丑宫也。”

（六）六十四卦配辰

徐昂根据戴棠王昶之说，作六十四卦配辰表，顺十二辰“子丑寅卯辰巳午未申酉戌亥”之次从下而上依次列六十四卦三百八十四爻所值之辰，并列震坎艮巽离兑六卦所当之爻辰。益以上下卦与互体所值之辰，而作成表，简明易知，一目了然。兹录于本章之后。

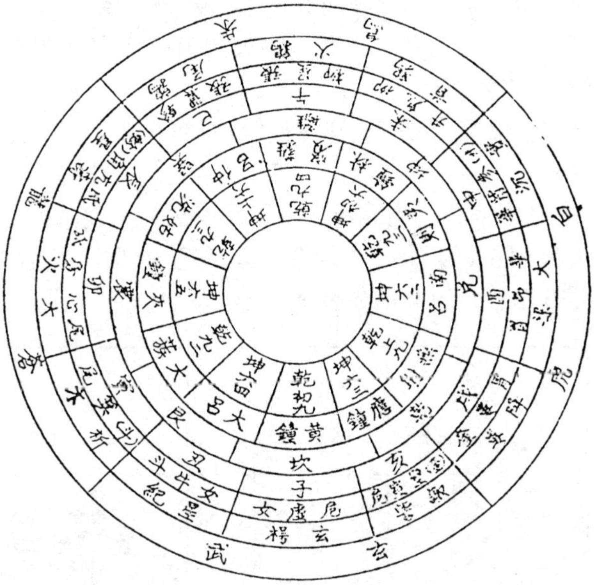

徐昂释郑氏爻辰补中四方列宿十二辰配卦纳音图

（七）十二宫二十八宿所属周天之星及其取象略说

郑氏取象非特仅及于十二宫二十八宿，即二十八宿所属周天之星，简亦以之取象。清儒戴棠推此意著《郑氏爻辰补》一书，以爻辰之说解三百八十四爻。其取象之范畴亦及于周天之星数。惟略有疏忽处，至民国二十六年，南通徐昂著《释郑氏爻辰补》一书，多加订正，其说详实。兹略取其精义于此。

1. 丑宫值星

丑宫即星纪之次，二十八星宿中未宿牛宿女宿属之。

(1) 斗宿及其附星、建星、天弁、天鸡、天渊、狗、农丈人、天阙、天鳖

斗或称南斗。《开元占经》甘氏曰："南斗星大明，将相同心。"又曰："南斗主兵。"黄帝占曰："南斗一名斧钺。"荆州星占曰："南斗主爵禄。"是斗有同心象，兵家爵禄象也。郑注坎六四云："斗上有建星，建星之形似簋，建星上有弁星，弁星之形如缶。"又有附星曰：农丈人星，主田事。南斗六星中其二曰："天阙。"《开元占经》石氏曰："弁

星主恭俭。”《开元占经》《合诚图》曰：“天鸡主侯时。”惠栋云：“天渊十星在天鳖东，一曰大海。主灌溉沟渠之事。天鳖在斗东。”

（2）牛宿及其附星织女、河鼓、天田

牛一名牵牛。徐坚《初学记》引《尚书考灵曜》曰：“日月五星冬至起牵牛。”《史记·天官书》云：“牵牛为牺牲。”甘氏曰：“上二星主道路。”则牛宿有牛牺牲、道路象。《开元占经》《合诚图》曰：“织女主瓜果。”《大象列星图》曰：“河鼓天星在牵牛北，主军鼓。”牛宿属子宫，附星天田亦然，织女河鼓皆属丑宫。

辰名 卦名	亥	戌	酉	申	未	午	巳	辰	卯	寅	丑	子
乾		上九		九五		九四		九三		九二		初九
	上乾 下乾								初九 震爻 九四 震爻	九三 艮爻 上九 艮爻	九三 艮爻 上九 艮爻	九二 坎爻 九五 坎爻
坤	六三		六二		初六		上六		六五		六四	
			六三 兑爻 上六 兑爻			六二 离爻 六五 离爻	初六 巽爻 六四 巽爻	初六 巽爻 六四 巽爻				
				下坤 上坤	下坤 上坤							
屯	六三		六二	九五			上六				六四	初九
			六二 兑爻 上六 兑爻			六二 离爻	六四 巽爻	六四 巽爻	初九 震爻			九五 坎爻
				互坤	互坤				下震	互艮	互艮	下坎
蒙	六三	上九			初六				六五	九二	六四	
			六三 兑爻			六五 离爻	初六 巽爻 六四 巽爻	初六 巽爻 六四 巽爻		上九 艮爻	上艮爻	九二 坎爻
				互坤	互坤				互震	上艮	上艮	九二 坎爻
需				九五			上六	九三		九二	六四	初九
			上六 兑爻				六四 巽爻	六四 巽爻	初九 震爻	九三 艮爻	九三 艮爻	九二 坎爻 九五 坎爻
	下乾	下乾	互兑			互离						上坎

续表

卦名＼辰名	亥	戌	酉	申	未	午	巳	辰	卯	寅	丑	子
讼	六三	上九		九五	初六	九四				九二		
			六三 兑爻				初六 巽爻	初六 巽爻	九四 震爻	上九 艮爻	上九 艮爻	九二 坎爻 九五 坎爻
	上乾	上乾				互离	互巽	互巽				下坎
师	六三				初六		上六		六五	九二		
			六三 兑爻 上六 兑爻			六五 离爻	初六 巽爻 六四 巽爻	初六 巽爻 六四 巽爻				九二 坎爻
				上坤 互坤					互震			下坎
比	六三	六二	九五	初六		上六					六四	
		六三 兑爻 上六 兑爻			六二 离爻	初六 巽爻 六四 巽爻	初六 巽爻 上六 巽爻					九五 坎爻
			下坤 互坤	下坤 互坤						互艮	互艮	上坎
小畜		上九		九五				九三		九二	六四	初九
						六四 巽爻	六四 巽爻	初九 震爻	九三 艮爻 上九 艮爻	九三 艮爻 上九 艮爻	九二 坎爻 九三 坎爻	
	下乾	下乾	互兑			互离	上巽	上巽				
履	六三	上九		九五		九四				九二		初九
			六三 兑爻						初九 震爻 九四 震爻	上六 艮爻	上六 艮爻	九二 坎爻 九五 坎爻
	上乾	上乾	下兑			互离	互巽	互巽				

续表

辰名 卦名	亥	戌	酉	申	未	午	巳	辰	卯	寅	丑	子
泰							上六	九三	六五	九二	六四	初九
			上六 兑爻			六五 离爻	六四 巽爻	六四 巽爻	初九 震爻	九三 艮爻	九三 艮爻	九二 坎爻
	下乾	下乾	互兑	上坤	上坤				互震			
否	六三	上九	六二	九五	初六	九四						
			六三 兑爻			六二 离爻	初六 巽爻	初六 巽爻	九四 震爻	上九 艮爻	上九 艮爻	九五 坎爻
	上乾	上乾		下坤	下坤		互巽	互巽		互艮	互艮	
同人		上九	六二	九五		九四		九三				初九
						六二 离爻			初九 震爻 九四 震爻	九三 艮爻 上九 艮爻	九三 艮爻 上九 艮爻	九五 坎爻
	上乾 互乾	上乾 互乾				下离	互巽	互巽				
大有		上九				九四		九三	六五	九二		初九
						六五 离爻			初九 震爻 九四 震爻	九三 艮爻 上九 艮爻	九三 艮爻 上九 艮爻	九二 坎爻
	下乾 互乾	下乾 互乾	互兑			上离						
谦			六二		初六		上六	九三	六五		六四	
		上六 兑爻			六二 离爻 六五 离爻	初六 巽爻 六四 巽爻	初六 巽爻 初四 巽爻		九三 艮爻	九三 艮爻		
				上坤	上坤				互震	上艮	上艮	互坎
豫	六三		六二		初六	九四	上六		六五			
			六三 兑爻 上六 兑爻			六二 离爻 六五 离爻	初六 巽爻	初六 巽爻	九四 震爻			
									上震	互艮	互艮	互坎

续表

辰名 卦名	亥	戌	酉	申	未	午	巳	辰	卯	寅	丑	子
随	六三		六二	九五		九四	上六					初九
			六三 兑爻 上六 兑爻			六二 离爻			初九 震爻 九四 震爻			九五 坎爻
			上兑				互巽	互巽	下震	互艮	互艮	
蛊		上九			初六			九三	六五	九二	六四	
						六五 离爻	初六 巽爻 六四 巽爻	初六 巽爻 六四 巽爻			九三 艮爻 二九 艮爻	九二 坎爻
							下巽	下巽	互震	上艮	上艮	
临	六三						上六		六五	九二	六四	初九
			六三 兑爻 上六 兑爻			六五 离爻	六四 巽爻	六四 巽爻	初九 震爻			九二 坎爻
			下兑	上坤 互坤	上坤 互坤				互震			
观	六三	上九	六二	九五	初六						六四	
			六三 兑爻			六二 离爻	初六 巽爻 六四 巽爻	初六 巽爻 六四 巽爻		上九 艮爻	上九 艮爻	九五 坎爻
				下坤 互坤	下坤 互坤		上巽	上巽		互艮	互艮	
噬嗑	六三	上九	六二			九四			六五			初九
			六三 兑爻			六二 离爻 六五 离爻			初九 震爻 九四 震爻	上九 艮爻		
						上离			下震	互艮	互艮	互艮

续表

辰名 卦名	亥	戌	酉	申	未	午	巳	辰	卯	寅	丑	子
贲	上九	六二						九三	六五		六四	初九
						六二 离爻 六五 离爻	六四 巽爻	六四 巽爻	初九 震爻	九三 艮爻 上九 艮爻	九三 艮爻 上九 艮爻	
									互震	上艮	上艮	互坎
剥	六三		六二		初六		上九		六五			六四
			六三 兑爻			六二 离爻 六五 离爻	初六 巽爻 六四 巽爻	初六 巽爻 六四 巽爻		上九 艮爻	上九 艮爻	
				下坤 互坤	下坤 互坤					上艮	上艮	
复	六三		六二				上六		六五		六四	初九
			六三 兑爻 上六 兑爻			六二 离爻 六三 离爻	六四 巽爻	六四 巽爻	初九 震爻			
				上坤 互坤	上坤 互坤				下震			
无妄	六三	上九	六二	九五		九四						初九
			六三 兑爻			六二 离爻			初九 震爻 九四 震爻	上九 艮爻	上九 艮爻	九五 坎爻
	上乾	上乾					互巽	互巽	互震	互艮	互艮	
大畜		上九						九三	六五	九二	六四	初九
						六五 离爻	六四 巽爻	六四 巽爻	初九 震爻	九三 艮爻 上九 艮爻	九三 艮爻 上九 艮爻	九二 坎爻
	下乾	下乾	互兑						互震	上艮	上艮	

续表

辰名 卦名	亥	戌	酉	申	未	午	巳	辰	卯	寅	丑	子
颐	六三	上九	六二						六五		六四	初九
			六三 兑爻			六二 离爻 六五 离爻	六四 巽爻	六四 巽爻	初九 震爻	上九 艮爻	上九 艮爻	
				互坤	互坤				下震	上艮	上艮	
大过				九五	初六	九四	上六	九三		九二		
			上六 兑爻				初六 巽爻	初六 巽爻	九四 震爻	九三 艮爻	九三 艮爻	九二 坎爻 九五 坎爻
	互乾	互乾	上兑				下巽	下巽				
坎	六三			九五	初六		上六			九二	六四	
			六三 兑爻 上六 兑爻				初六 巽爻 六四 巽爻	初六 巽爻 六四 巽爻				九二 坎爻 九五 坎爻
									互震	互艮	互艮	下坎 上坎
离		上九	六二			九四		九三	六五			初九
						六二 离爻 六五 离爻			初九 震爻 九四 震爻	九三 艮爻 上九 艮爻	九三 艮爻 上九 艮爻	
			互兑			上离 下离	互巽	互巽				
咸			六二	九五	初六	九四	上六	九三				
			上六 兑爻			六二 离爻	初六 巽爻	初六 巽爻	九四 震爻	九三 艮爻	九三 艮爻	九五 坎爻
	互乾	互乾	上兑				互巽	互巽		下艮	下艮	

续表

辰名 卦名	亥	戌	酉	申	未	午	巳	辰	卯	寅	丑	子
恒					初六	九四	上六	九三	六五	九二		
			上六 兑爻			六三 离爻	初六 巽爻	初六 巽爻	九四 震爻	九三 艮爻	九三 艮爻	九二 坎爻
	互乾	互乾	互兑				下巽	下巽	上震			
遁		上九	六二	九五	初六	九四		九三				
						六二 离爻	初六 巽爻	初六 巽爻	九四 震爻	九三 艮爻 上九 艮爻	九三 艮爻 上九 艮爻	九五 坎爻
	上乾 互乾	上乾 互乾					互巽	互巽		下艮	下艮	
大壮						九四	上六	九三	六五	九二		初九
			上六 兑爻			六五 离爻			初九 震爻 九四 震爻	九三 艮爻	九三 艮爻	九二 坎爻
	下乾 互乾	上乾 互乾	互兑						上震			
晋	六三	上九	六二		初六	九四			六五			
			六三 兑爻			六二 离爻 六五 离爻	初六 巽爻	初六 巽爻	九四 震爻	上九 艮爻	上九 艮爻	
				下坤	下坤	上离				互艮	互艮	互坎
明夷			六二				上六	九三	六五		六四	初九
			上六 兑爻			六二 离爻 六五 离爻	六四 巽爻	六四 巽爻	初九 震爻	九三 艮爻	九三 艮爻	
				上坤	上坤	下离			互震			互坎
家人		上九	六二	九五				九三				
						六二 离爻	六四 巽爻	六四 巽爻	初九 震爻	九三 艮爻 上九 艮爻	九三 艮爻 上九 艮爻	九五 坎爻
						下离 互离	上巽	上巽				互坎

续表

辰名 卦名	亥	戌	酉	申	未	午	巳	辰	卯	寅	丑	子
睽	六三	上九				九四			六五	九二		初九
			六三 兑爻			六五 离爻			初九 震爻 九四 震爻	上九 艮爻	上九 艮爻	九二 坎爻
			下兑			上离 互离						互坎
蹇			六二	九五	初六		上六	九三			六四	
			上六 兑爻			六二 离爻	初六 巽爻 六四 巽爻	初六 巽爻 六四 巽爻		九三 艮爻	九三 艮爻	九五 坎爻
										下艮	下艮	上坎 互坎
解	六三				初六	九四	上六		六五	九二		
			六三 兑爻 上六 兑爻			六五 离爻	初六 巽爻	初六 巽爻	九四 震爻			九二 坎爻
						互离			上震			下坎 互坎
损	六三	上九							六五	九二	六四	初九
			六三 兑爻			六五 离爻	六四 巽爻	六四 巽爻	初九 震爻	上九 艮爻	上九 艮爻	九二 坎爻
			下兑	互坤	互坤				互震	上艮	上艮	
益	六三	上九	六二	九五							六四	初九
			六三 兑爻			六二 离爻	六四 离爻	六四 巽爻	初九 震爻	上九 艮爻	上九 艮爻	九五 坎爻
				互坤	互坤		上巽	上巽	下震	互艮	互艮	
夬				九五		九四	上六	九三		九二		初九
			上六 兑爻						初九 震爻 九四 震爻	九三 艮爻	九三 艮爻	九二 坎爻 九五 坎爻
	下乾 互乾	下乾 互乾	上兑									

续表

辰名 卦名	亥	戌	酉	申	未	午	巳	辰	卯	寅	丑	子
		上九		九五	初六	九四		九三		九二		
姤							初六 巽爻	初六 巽爻	九四 震爻	九三 艮爻 上九 艮爻	九三 艮爻 上九 艮爻	九二 坎爻 九五 坎爻
	上乾 互乾	上乾 互乾					下巽	下巽				
	六三		六二	九五	初六	九四	上六					
萃			六三 兑爻 上六 兑爻			六二 离爻	初六 巽爻	初六 巽爻	九四 震爻			九五 坎爻
			上兑	下坤	下坤		互巽	互巽		互艮	互艮	
					初六		上六	九三	六五	九二	六四	
升			上六 兑爻			六五 离爻	初六 巽爻 六四 巽爻	初六 巽爻 六四 巽爻		九三 艮爻	九三 艮爻	九二 坎爻
			互兑	上坤	上坤		下巽	下巽	互震			
	六三			九五	初六	九四	上六			九二		
困			六三 兑爻 上六 兑爻				初六 巽爻 六四 巽爻	初六 巽爻	九四 震爻			九二 坎爻 九五 坎爻
			上兑			互离	互巽	互巽				下坎
				九五	初六		上六	九三		九二	六四	
井			上六 兑爻				初六 巽爻 六四 巽爻	初六 巽爻 六四 巽爻		九三 艮爻	九三 艮爻	九二 坎爻 九五 坎爻
			互兑			互离	下巽	下巽				上坎

续表

辰名 卦名	亥	戌	酉	申	未	午	巳	辰	卯	寅	丑	子
革			六二	九五		九四	上六	九三				初九
			上六 兑爻			六二 离爻			初九 震爻 九四 震爻	九三 艮爻	九三 艮爻	九五 坎爻
	互乾	互乾	上兑			下离	互巽	互巽				
鼎		上九			初六	九四		九三	六五	九二		
						六五 离爻	初六 巽爻	初六 巽爻	九四 震爻	九三 艮爻 上九 艮爻	九三 艮爻 上九 艮爻	九二 坎爻
	互乾	互乾	互兑			上离	下巽	下巽				
震	六三		六二			九四	上六		六五			初九
			六三 兑爻 上六 兑爻			六二 离爻 六五 离爻			初九 震爻 九四 震爻			
									下震 上震	互艮	互艮	互坎
艮		上九	六二		初六			九三	六五		六四	
						六二 离爻 六五 离爻	初六 巽爻 六四 巽爻	初六 巽爻 六四 巽爻		九二 艮爻 上九 艮爻	九三 艮爻 上九 艮爻	
									互震	下艮 上艮	下艮 上艮	互坎
渐		上九	六二	九五	初六			九三			六四	
						六二 离爻	初六 巽爻 六四 巽爻	初六 巽爻 六四 巽爻		九二 艮爻 上九 艮爻	九三 艮爻 上九 艮爻	九五 坎爻
						互离	上巽	上巽		下艮	下艮	互坎

续表

辰名 卦名	亥	戌	酉	申	未	午	巳	辰	卯	寅	丑	子
归妹	六三					九四	上六		六五	九二		初九
			六三 兑爻 上六 兑爻			六五 离爻			初九 震爻 九四 震爻			九二 坎爻
			下兑			互离			上震			互坎
丰			六二			九四	上六	九三	六五			初九
			上六 兑爻			六二 离爻 六五 离爻			初九 震爻 九四 震爻	九三 艮爻	九三 艮爻	
			互兑			下离	互巽	互巽	上震			
旅		上九	六二		初六	九四		九三	六五			
						六三 离爻 六五 离爻	初六 巽爻	初六 巽爻	九四 震爻	九三 艮爻 上九 艮爻	九三 艮爻 上九 艮爻	
						上离	互巽	互巽		下艮	下艮	
巽		上九		九五	初六			九三		九二	六四	
							初六 巽爻 六四 巽爻			九三 艮爻 上九 艮爻	九三 艮爻 上九 艮爻	九二 坎爻 九五 坎爻
			互兑			互离	下巽 上巽	下巽 上巽				
兑	六三			九五		九四	上六			九二		初九
			六三 兑爻 上六 兑爻						初九 震爻 九四 震爻			九二 坎爻 九五 坎爻
			下兑 上兑			互离	互巽	互巽				

续表

辰名 卦名	亥	戌	酉	申	未	午	巳	辰	卯	寅	丑	子
涣	六三	上九		九五	初六					九二	六四	
			六三 兑爻				初六 巽爻 六四 巽爻	初六 巽爻 六四 巽爻		上九 艮爻	上九 艮爻	九二 坎爻 九五 坎爻
							上巽	上巽	互震	互艮	互艮	下坎
节	六三			九五			上六			九二	六四	初九
			六二 兑爻 上六 兑爻				六四 巽爻	六四 巽爻	初九 震爻			九二 坎爻 九五 坎爻
			下兑						互震	互艮	互艮	上坎
中孚	六三	上九		九五						九二	六四	初九
			六三 兑爻				六四 巽爻	六四 巽爻	初九 震爻	上九 艮爻	上九 艮爻	九二 坎爻 九五 坎爻
			下兑				上巽	上巽	互震	互艮	互艮	
小过			六二		初六	九四	上六	九三	六五			
			上六 兑爻			六二 离爻	初六 巽爻	初六 巽爻	九四 震爻	九三 艮爻	九三 艮爻	
			互兑				互巽	互巽	上震	下艮	下艮	
既济			六二	九五			上六	九三			六四	初九
			上六 兑爻			六二 离爻	六四 巽爻	六四 巽爻	初九 震爻	九三 艮爻	九三 艮爻	九五 坎爻
						下离 互离						下坎 互坎
未济	六三	上九			初六	九四			六五	九二		
			六三 兑爻			六五 离爻	初六 巽爻	初六 巽爻	九四 震爻	上九 艮爻	上九 艮爻	九三 坎爻
						上离 互离						下坎 互坎

《星图》曰："河鼓三星在牵牛北，主军鼓。"牛宿属子宫，附星天田亦然。织女河鼓皆属丑宫。

（3）女宿及其附星十二国紫微垣天厨、天柱、柱史、句陈

女一名须女，《开元占经》《圣洽符》曰：“须女者主娶嫁也。”《文献通考》云：“女十一度下九尺，为日月中道。”则女宿有嫁娶行道之象。十二国或称十二诸侯。有十六星。庄存与曰：“纳女于天子曰：备百姓，十二国之象也。”十二国者齐、赵、郑、卫、周、秦、代、晋、韩、魏、楚、燕诸星是也。紫微垣天厨主盛馔，《大象列星图》云：“柱下史一星在紫微宫内近尚书。”紫微垣句陈，近于北极星之寅宫。

2. 子宫值星

子宫即玄枵之次，女宿、虚宿、危宿、室宿属之，玄枵有暴客象虚耗象。

（1）女宿及其附星十二国潢、天津、河鼓、匏瓜、奚仲

《晋书·天文志》：“须女四星，天少府也，须贱妾之称，妇职之卑者也。主布帛裁制嫁娶。”在天文中织女为贵，须女为贱，《史记·索隐》引《元命包》曰：“潢主河渠。”宋均注云：“天潢，天津也。”《开天占经》黄帝占曰：“天津一名巨潢。”匏瓜主果食，奚仲主车。

（2）虚宿及其附星司禄天垒城

虚为北方中宿，《史记正义》曰：“虚为邑居、庙堂、祭祀、祷祝之事。”《天官书》：“虚为哭泣之事。”《索隐》曰：“姚氏按荆州占以为其宿二星，南星主哭泣。”《汉上易传》云：“虚为鼠。”此虚宿之象也。《文献通考》云：“司禄主爵禄。”《开元占经》巫咸：“天垒如贯索状。”

（3）危宿及其附星造父、天钩、车府、杵臼、天驷

《开元占经》石氏曰：“虚危主庙堂。”《史记正义》云：“危为宗庙祀事。”惠士奇云：“天文危为盖屋。”此危宿之象也。造父一名司马，主御仆兼列子亥两宫。天钩九星通贯，近北极星之子亥两宫。主珍异。车府主车，杵三星在人星旁，臼四星近人星东南共七星主给庖。天驷主马。人星四星在子宫。

（4）室宿及其附星垒壁阵、羽林军、铁钺、八魅、紫微垣、句陈、天柱、天星大帝、天厨、螣蛇

室宿一曰营室，《广雅》云：“营室曰豕。”《汉书·外戚传》曰：“营室者天子之后宫也。”《开元占经》黄帝占曰：“营室三军所立，外有羽林以卫帝。”《史记·天官书》曰：“营室为清庙。”附星有螣蛇。垒壁阵十二星通贯子亥两宫。羽林军四十五星亦通，铁钺三星列亥宫，《开元占经》荆州占曰：“句陈者黄龙之位也。”主斗讼兵阵。天柱五星

列近北极星之丑子两宫，天厨六星亦然。天皇大帝近北极星之子宫。

3. 亥宫值星

亥宫即诹訾之次，《分野略例》云：“自危十六度至奎四度于辰为亥，为诹訾。诹訾者，叹息也。”

（1）危宿及其附星车府人星

人星四星在子宫，与亥宫相接，车府为乘舆象。

（2）室宿及其附星八魁雷电

八魁列亥戌两宫。

（3）壁宿及其附星云雨、羽林军、霹雳

壁一称东壁。主文章之象，有二星。

（4）奎宿及其附星紫微垣句陈

奎一度至四度在亥宫，五度至十六度在戌宫，为封豕。郑司农曰：“句陈主三公。”

4. 戌宫值星

戌宫即降娄之次。奎宿、娄宿、胃宿属之。

（1）奎宿及其附星王良阁道

奎主库兵禁不时，《春秋佐助期》曰：“奎主武库。”又为封豕。为沟渎。郄萌曰：“将有沟渎之事，则占于奎。王良天子奉车。”《开元占经》引《元命包》曰：“天骑四星，傍一星名王良，主天马。”石氏曰：“阁道六星，王良旗也，一名紫宫旗。”

（2）娄宿

娄主苑牧牺牲。《开元占经》西宫侯曰：“娄其物黄金。”郄萌曰：“有豕众之事，则占娄。”《汉上易传》云：“戌为狗者，直娄也。”

（3）胃宿

胃一度至六度在戌宫，七度至十四度在酉宫，主仓廪五谷府。

（4）紫微垣句陈中宫五帝座紫宫五帝内座

紫微垣句陈兼丑子亥戌未卯六辰。五帝座，五星列巳宫，五帝内座列近北极星之酉宫。

5. 酉宫值星

酉宫即大梁之次，分野属冀州，有水象，以其位西，故有兑泽象、虎象、岐山象，陆续云：“兑之阳爻，称虎，阴爻称豹。”

（1）胃宿及其附星积水、月、天廪、天船、大陵

《北堂书钞》引《天官星占》云：“大陵一名积尸。”徐昂曰：“西宫大陵人星之侧，别有积尸一星。”

(2) 昴宿及其附星天谗卷舌，砺石天苑、天弓

《开元占经》石氏赞曰："昴主狱事。"黄帝占曰："昴星，大牢狱也，天苑主苑牧牺牲牛羊之属。"巫咸曰："昴为天耳目。"石氏曰："天谗在卷舌中。"徐昂曰："值卷舌者多主。口语，兼言天谗者并取谗佞之象。"砺石四星，第一星在酉宫，第二三四星皆在申宫。《晋书·天文志》："参旗九星在参西，一名天弓。主司弓弩之张候变御难。"

(3) 毕宿及其附星五车、参旗、天园、附耳

《史记·天官书》："毕主弋猎。又为天纲。"甘氏曰："毕五街巷阴雨，天之雨师也。"甘氏曰："五车凡五星在毕昴北大陵东，次东南星名曰司空镇星也。"《晋书·天文志》："天园植果菜之所也。"

(4) 紫微垣少卫传舍

《开元占经》曰："传舍九星在苇屋上近河旁。"

6. 申宫值星

申宫即实沈之次。于天文参为白虎，正当实沈西方。

(1) 毕宿及其附星咸池诸王、天困、参旗、五车、附耳

《史记·天官书》："毕曰罕车，为边兵，主弋猎。"诸王主朝会。郄萌曰："天困中句曲小星明，苑马牛羊皆善。"

(2) 参宿及其附星天屏、天矢

《开元占经》玉历曰："参中央大星主命，左臂主天门，右臂主天狱。"《春秋元命包》曰："参主权衡，所以平理也。"郄萌曰："参左股亡则东方南方不可举兵，右股亡，则西方北方不可举兵。"左股右股即左臂右臂也。

(3) 井宿及其附星天樽、星钺、积水、弧矢

《开元占经》曰："弧矢主武宫。"

(4) 紫微垣天皇大帝

7. 未宫值星

未宫即鹑首之次。

(1) 井宿及其附星子孙、弧矢、天狼

井宿一度至十五度在申宫，十六度至二十三度在未宫。黄帝占曰："东井主水，用法清平如水。"《易汉学》云："《春秋元命包》曰：东井八星主水衡就缶汲器取象。"《史记·天官书》云："祸成井。"《河法盛县象记》曰："井女主之象也。"此为井宿诸象。《文献通考》云："丈人东二星曰子，子东二星曰孙，子与孙皆待丈人之侧，相扶而居。"天狼主羊。

（2）鬼宿

鬼宿一称舆鬼。《开元占经》郄萌曰："弧射狼误中参左肩舆尸于鬼。"黄帝占曰："舆鬼南星积布帛。"《孝经章句》曰："舆鬼一曰天匠。"南宫侯曰："舆鬼，天目也。"石氏曰："西二尺一星积金玉。"

（3）柳宿

《史记·天官书》："柳主草木。"《开元占经》南宫侯曰："柳其物羊豕。"

（4）紫微垣句陈

《史记·天官书》曰："后句四星，末后大星，正妃，余三星后宫之属。"

8. 午宫值星

午宫即鹑火之次。

（1）柳宿及其附星酒旗

《史记·天官书》云："柳主尚食，和滋味。"又云："为鸟注，主草木。"《晋书·天文志》："柳八星天之、厨、宰。"南宫侯曰："柳其物羊豕。"《隋志》："柳主雷雨。"柳一称舆柳。庄存与曰："舆舆也，柳舆之余也。衣裳文绣布帛金玉有马有丘，胥积于此。"《文献通考》曰："酒旗，酒官之旗也，主宴享饮食。五星守酒旗天下大酺，有酒肉财物之赐，及爵宗室。"

（2）星宿及其附星轩辕内平天相

星即七星也，《荆州星占》曰："七星主衣裳文绣。"《开元占经》列宿占曰："七星主兵。"《晋书·天文志》曰："七星主急兵，又主盗贼。"甘氏曰："七星主后妃御女之位。"轩辕十七星第十一十二折入已宫，余星皆在午宫。石氏《星书》云："中宫黄帝其精黄龙为轩辕。"《开元占经》引石氏曰："轩辕十七星，南端明者女主也，母也。"《史记·天官书》："轩辕前大星女主象，旁小星御者后宫属。"郄萌曰："轩辕星舍为百二十妃，大小相次，后宫多子孙。"内平四星已午两宫，第一星在已宫，余三星在午宫，有刑象。

（3）张宿及其附星天庙

张一度至十七度在午宫，十八度在已宫。《开元占经》南宫侯曰："张者为厨。"黄帝占曰："张主帝之珠玉宝物。"石氏曰："张主赐宾客。"甘氏赞曰："天庙祭祀，示民不忘。"

（4）紫微垣四辅、文昌、三师、内阶、少微、少微长垣

四辅四星列近北极星之已宫。黄帝占曰："文昌星黄润泽光，万民

安吉，文昌第五星为司中，主司过诰咎。文昌、六星、六府之宫也，在斗魁前经纬天下文德之宫。”皆吉之象也，三师即三公。《天官星占》曰：“少微一名处士，明而黄泽，即贤士举用。”长垣列巳宫。

9. 巳宫值星

巳宫即鹑尾之次，鹑尾一名鸟帑，一名天旄，一名鸟。有尾象、飞象、鸿象、雉象。

（1）张宿及其附星天庙

张主宗庙，天厨饮食。

（2）翼宿

《天官书》曰：“翼主远客。”《隋志》谓主夷狄远客负海之宾。《开元占经》南宫侯曰：“翼一名天都市。”有商市之象，石氏曰：“翼主辅翼以卫太微宫。”又有羽象。

（3）角宿及其附星帝席

庄存与曰：“角始也，轸终也。”谓二十八舍之终始也。

（4）轸宿

正紫微垣，北斗，北斗天极，天璇，玉衡，天牢，阴德，天理内宫天权太微太微垣虎贲太子长垣

《开元占经》引《春秋元命包》曰：“斗为帝令，为人君之象而号令之主也。”巫咸曰：“北斗，天子受命之使。”石氏曰：“北斗第一星主日。”《春秋运斗极》曰：“北斗七星第一天极，第二璇，第三玑，第四权，第五玉衡，第六闿阳，第七摇光。第一至第四为魁，第五至第七为杓，合而为斗，居阴布阳故称北斗。”《元命包》曰：“玉衡北两星曰玉绳。”北斗七星通贯巳辰两宫。阴德二星列近北极星之巳宫，天理四星为北斗所环抱，《合诚图》曰：“天理在斗中，如人喉在舌。”王昶曰：“天权一名伐星。”《天官书》云：“太微三光之庭。”《元命包》曰：“太微权政所在，权与衡象通。长垣，四星，城邑相包。”

10. 辰宫值星

辰宫即寿星之次。

（1）轸宿及其附星、长沙、青邱

巫咸云：“轸天车。”《文献通考》引张衡云：“轸主车驾。”

（2）角宿及其附星天门

《开元占经》引石氏曰：“角，春秋为木。”郄萌曰：“角为龙角。”

（3）亢宿及其附星大角折威

亢主内庭家人妇子之象。《开元占经》海中占曰：“亢星明大辅臣

纳忠，亢星齐明，宗庙有敬。”《文献通考》：“亢主疫疾。”

（4）氐宿及其附星天辐

氐一度至四度列辰宫，五度至十五度列卯宫。《天官书》：“氐为天根，氐主疫。”引伸之有木之节及水草之象。天辐有舆象。

（5）斗宿及其辅星

斗宿度数分列寅丑两宫。郑注丰九三云：“昧斗杓后小星也。”

（6）太微垣幸臣、上将、三公、太乙、大理、相星、北斗第五星玉衡

《晋志》曰：“杓南三星及斗魁一星，西三星，皆曰三公，主宣德化，和七政，调阴阳之官也。”太乙一星，大理二星，皆列近北极星之辰宫。

11. 卯宫值星

卯宫即大火之次。《公羊疏》引李巡云：“大火苍龙宿之心，以侯四时，故曰大辰。”房心尾属大火之次。为东方苍龙之位。

（1）氐宿及其附星天辐

（2）房宿及其附星日是键闭，天市

《开元占经》石氏曰：“房为天马主车驾。房三光之正道，人天之定位，房主财宝。”《史记索隐》引《尚书运期授》曰：“所谓房，四表人道。”《周语》韦昭注：“农祥房星也。”马庚吉曰：“房为明堂天子布政之宫。”甘氏曰：“日者，阳宗之积也，为鸡二足，为鸟二足。”《史记·天官书》《正义》曰：“天市二十三星，房星东北。”

（3）心宿

《开元占经》石氏云：“心，子属之象，心者宣气也。”荀子云：“心君也房中虚而治五官者也。”

（4）尾及其附星鱼龟

《文献通考》云：“尾第一星后也，次三星夫人，次则则嫔妾。”石氏曰：“尾一名天矢，尾天之九子也。”

（5）亢附星池，角附星折威

亢池六星主舟楫送迎，折威七星列卯宫，与亢宿相望。

（6）紫微垣天床句陈帝星天仓

天床五星近北极星内，除第四星为寅宫外，余皆卯宫，《合诚图》曰：“句陈大帝之妃也。”天仓六星列戌宫。

12. 寅宫值星

寅宫即析木之津。

（1）尾宿及其附星、鱼星传说

鱼星一名据星，一名蒙星传说星在尾北后河中，主巫祝祈祷。

（2）箕宿及其附星木杵

《尔雅》郭注："箕，龙尾。"邢疏："箕在苍龙之末。"《开元占经》引石氏曰："箕一名天狐，主狐貉。"郑笺《小雅·巷伯》云："箕星侈然踵狭而舌广，疏箕四星，二为踵二为舌。"庄存与云："箕为后宫精五饭缝衣裳妇人之宜也。"又为天口《大象列星图》云："杵三星在箕南，主舂杵之用。"

（3）天汉

钱大昕云："寅上值天汉、云汉、天河也。"《尔雅》："析木谓之津，箕斗之间汉津也。"郭璞注：其，龙尾，斗，南斗，天汉之津梁。"

（4）斗宿及其附星弁

第一名南斗，主爵禄兵，已具前，不具述。

（5）牛宿及其附星天田罗堰九坎

（6）紫微垣天床

（八）爻辰禽象

徐昂曰："圣人作卦，兼观鸟兽之文，十二辰所属禽象，颇有与配辰之卦象相合者。"是也。王充《论衡》云："子其禽鼠也。丑，土也，其禽牛也。"顺此以推，则知寅木属虎，卯木为兔。辰为土为龙，巳为火为蛇。郑注坎上六云："爻辰在巳，巳为蛇。"午火为马，未土主羊，申金为猴，酉金为鸡，戌土为狗，亥水为豕。

七、《郑氏易》之影响

郑氏为汉代通儒，本传称其弟子数百千人，其易注于魏晋南北朝崇尚虚无之际，仍然与以老庄解易之辅嗣易并行于世，于齐代且独崇康成而斥辅嗣，是其易注影响于当时，乃至于后世者颇深也。至唐作《正义》用弼本，而《郑氏易》始微，而亡于南北宋间。然后儒辑其佚，《郑氏易》犹泰半可见，兹择授其影响较著者数家如下：

（一）《虞氏易》源于郑氏者

虞氏作易奏上汉献帝云："若乃北海郑玄南阳宋忠虽各立注，忠小差元而皆未得其门。"是虞氏亲见郑氏之书，今观《虞氏易》，亦颇有与郑氏同者，盖尝取资于是也。如：

谦，君子以捊多益寡。《释文》云："裒，郑，荀董蜀才作捊，云取也。"《集解》引虞翻亦作捊，亦训为取。

大畜，九三，良马逐逐，利艰贞吉，日闲舆卫。《释文》引郑云："良马逐郑作逐逐，云两马走也。口人实反，日习车徒，闲习。"虞注："乾为良马，震为惊走，故称逐也，坎为闲习……故曰日闲舆卫也。"

坎，六四，尊酒簋贰用缶。郑注："贰副也，天子大臣出会诸侯，主国尊于簋，副设元酒而用缶也。"虞注："坎，酒之象，贰，副也，坤为缶，礼有副尊，故贰用缶耳。"

咸，初六，咸其拇。郑注："拇，足大指也。"虞作母，而训同。上六象曰："媵口说也。"郑注："媵送也。"虞注同。

恒，亨，无咎。郑注："恒久也。"虞注同。

明夷。郑注："夷伤也。"虞注同。

损，六五，或益之十朋之龟。郑虞皆本《尔雅》同训为十种龟。

萃，上六，赍咨涕洟。郑注："自目曰涕，自鼻曰洟。"虞注同。

六二，孚乃利用禴。郑注："禴，夏祭名。"虞注："禴夏祭也。"

（二）《王肃易》源于郑氏者

王肃略后于郑玄，不喜郑氏，尝著书，欲以反对郑氏，思与齐名。然其易注，则多取资乎是。如：

需，九三，需于泥，致戎至。《释文》云："寇，郑王肃本作戎。"

师，初六，否臧凶。《释文》："否，马郑王肃方有反。"

无妄。《释文》云："马郑王肃皆云妄犹望谓无所希望也。"

离，六五，丽王公也。《释文》云："离音丽，郑作丽，王肃云丽王者之后为公。"

遁，小人否。《释文》云："否，郑王肃备鄙反，云塞也。"

大壮，不祥也。《释文》云："详，郑王肃作祥，善也。"

睽，上九，后说之壶。《释文》云："之弧，马郑王肃翟子元作壶。”

系上：在天成象。郑注：“象者日月星辰也。”王肃注：“象者日月星。”

（三）《陆氏易》源于郑氏者

惠氏《易汉学》谓：乾坤十二爻，配十二律十二月之说，郑氏注易，陆续注太玄皆同。是陆氏亦尝受郑氏之影响，今观其易注，同于郑者。如：

蒙，九二，彪蒙吉。《古易音训》引晁氏曰：“苞，京房郑陆绩皆作彪，文也。”

明夷，六二，睇于左股。《释文》云：“夷，子夏作睇，郑陆同云旁视曰睇。”

解，百果草木皆甲宅。郑陆同。宅今作拆。

萃，王假有庙。《释文》云：“亨，马郑陆虞等并无此字。”（按今作萃，亨，王假有庙。）

系上：野容诲淫。《释文》云：“冶，郑陆虞姚王肃作野。”

又有功而不置。《释文》云：“不德，郑陆蜀才作置。”

说卦传：水火相逮。《释文》云：“水火不相逮，郑宋陆王肃王廙无不字。”

为矫猱。《释文》谓马郑陆王肃同。

（四）《王弼易注》孔颖达疏源于郑氏者

汉魏之间，《郑氏易》大行于中原，郑氏弟子散布于天下。王辅嗣生乎郑氏之后，其注易也，虽祖尚虚无然其当位失位，乘承应比之义，则同于郑氏，是《辅嗣易》尝受《郑氏易》之影响，当无疑也。今观其易注多有与郑氏同者，是亦尝取资乎此也。孔氏之疏本注而解，注既源乎郑则疏亦不通违也。如：泰，初九，拔茅茹以其汇征吉。郑注：“汇，类也，茹牵引也。”

王注：“茅之为物，拔其根而相牵引者也。茹，相牵引之貌也。……初为类首，已举则从，若茅茹也。”孔疏：“汇，类也。”

贲，六四，贲如皤如。郑注：“有应于初九，欲自饰以适初，既进退未定故皤如也。”王注：“有应在初，三为寇难，二志相感不获交通，欲静则失之应，欲进则惧三之难，故或饰或素，内怀疑惧。”是二家之意多同，惟王蹯作皤，而释为白素耳。孔疏：“六四有应在初。”

蹇，六四，往蹇来连。郑注：“连，迟久之意。”王注：“往则无应，来则乘刚，往来皆难。”孔氏疏引郑氏注而解王，则《王氏易》盖尝取资乎郑也。

损，六五，或益之十朋之龟。王注：“朋党也，龟者决疑之物也。”孔氏疏云：“朋党也者，马郑皆按《尔雅》云十朋之龟者。一曰神龟，二曰灵龟……”引马郑之意以证王。

萃，初六，一握为笑。郑注：“握当读为夫三为屋之屋。”《集韵》引云：“握，小貌。”王注：“一握者小之貌也也。”孔疏：“自比一握之间言至小也。”

上六，齎咨涕洟。郑注：“齎咨，嗟叹之辞也。”王注：“齎咨者嗟叹之辞也。”疏意本此。

井，汔至亦未繘井。郑注：“繘，绠也。”孔疏：“繘，绠也。”

（五）荀九家源于郑氏者

荀九家者，东晋南北朝时人所辑荀爽、京房、郑玄、虞翻等九人之易也，郑既在其中，则其源于郑氏乃必然矣，今观《九家易注》凡言及礼者皆本乎郑也，字句之诂训亦取之。如：

师。郑注：“军二千五百人为师，多以军为名，次以师为名，少以旅为名。”九家意同。

谦，初六，象曰：“卑以自牧也。”郑云：“牧养也。”九家云：“自牧养也。”

鼎，九四，鼎折足，覆公餗，其刑渥。《九家注易》本郑氏，文具于第二章《〈郑氏易注〉阐微》之中，此不备载。

余相同者多载之“易注阐微”之中，今不备载。

（六）何晏、向秀、姚信、董遇、翟元、蜀才、桓玄、荀柔之、张璠、王廙源于郑氏者

此诸家皆魏晋中人，皆后于郑氏，皆尝亲见郑氏注，故多有与郑氏同者。如：

系上：仪之而后动。《释文》云：“议之，郑姚、桓元、荀柔之作

仪之。”

野容诲淫。姚与郑同。

谦，君子以捊多益寡。《释文》云：“捊，郑荀董蜀才作捊，云取也。”

师，贞丈人吉。何晏曰：“师者军旅之名，故《周礼》云二千五百人为师，此皆本之郑氏。”

说卦：水火相逮。王廙同郑，无不字。

系上：有功而不置。《释文》云：“德，郑陆蜀才作置。”

睽，上九，后说之壶。翟元与郑同。

贲，舍舆而徒。郑张璠向秀同。按张璠《集解》以《向秀易》为底本。其序云：“依向秀本。”

坎，检且枕。《释文》云：“险，郑向本作检。”

夬，惕号莫夜。号音号。王廙同郑。

萃，一握为笑，笑户羔反。王廙同郑。

随，君子以乡晦入宴息。郑注：“晦，冥也，犹人君既夕之后入于宴寝而止息。”翟元注：“晦，冥也……君子之象之，日出视事，其将晦冥，退入宴寝而休息也。”

《郑氏易》在魏晋为显学，诸家俱在郑氏之后，皆尝见《郑氏易》，故皆尝取资乎是。

（七）《何氏易》源于郑氏者

《何氏易》用郑氏爻辰之说以解易。惠氏《易汉学》谓其文言注以初九为十一月，九二为正月，九三为三月，九四为五月，九五为七月，上九为九月，用郑氏爻辰法是也。

（八）史征《周易口诀义》源于郑氏者

史征，《郡斋书目》引田氏则以为乃魏征，陈氏《直斋书录解题》则谓之史之征，《宋书·艺文志》则谓之史之征，要以作史征为多，其所著《周易口诀义》一书，先儒或以为乃简取于《正义》实则非也，详观其注同于辅嗣，康成者实多而间亦引汉魏以来易家之注，其取资于郑氏而可考者甚多，具见于《〈郑氏易注〉阐微》之中，兹取其一二以证。如：

噬嗑，雷电噬嗑，先王以明罚敕法。郑注：“敕犹理也，一云整也。”史征云：“敕，整理也。”

贲，无敢折狱。郑注：“折，断也。”史征同。

咸，初六，咸其拇。郑注：“拇，足大指也。”史征曰：“拇是足大指。”

又九五，咸其晦。郑注：“晦，背脊肉也。”史征曰：“晦，背脊也。”

八、郑玄传

郑玄，字康成，北海高密人也。八世祖崇，哀帝时尚书仆射。玄少为乡啬夫，得休归常诣学官，不乐为吏。父数怒之，不能禁。遂造太学受业，师事京兆第五元先，始通《京氏易》、《公羊春秋》、《三统历》、《九章算术》。又从东郡张恭祖受《周官》、《礼记》、《左氏春秋》、《韩诗》、《古文尚书》。以山东无兄问者，乃西入关，因涿郡卢植，事扶风马融。融门徒四百余人，升堂进者五十余生。融素骄贵，玄在门下三年不得见。乃使高业弟子传授于玄。玄日夜寻诵，未尝怠倦，会融集诸生考论图纬，闻玄善算，乃召见于楼上。玄因从质诸疑义。问毕辞归，融喟然，谓门人曰：“郑生今去，吾道东矣。”玄自游学十余年乃归乡里，家贫，客耕东莱，学徒相随已数百千人。及党事起，乃与同郡孙嵩等四十余人，俱被禁锢，遂隐修经业，杜门不出。时任城何休好公羊学，遂著《公羊墨守》、《左氏膏肓》、《穀梁废疾》。玄乃发《墨守》，针《膏肓》，起《废疾》。休见而叹曰：“康成人吾室，操吾矛以伐我乎。”初中兴之后，范升、陈元、李育、贾逵之徒争论古今学，后马融答北地太守刘瑰及玄答何休，义据通深，由是古学遂明。灵帝末党禁解，大将军何进闻而辟之，州郡以进权威，不敢违意，遂迫胁玄。不得已而诣之，进为设几杖，礼待甚优，玄不受朝服而以幅巾见。一宿逃去，时年六十。弟子河内赵商等，自远方至者数千，后将军袁隗表为侍中，以父丧不行，国相孔融深敬于玄，屣履造门。告高密县为玄特立一乡，曰：“昔齐置士乡，越有君子军，皆异贤之意也。郑君好学，实怀明德，昔太史公、廷尉吴公、谒者仆射邓公，皆汉之名臣。又商山四皓，有园公夏黄公。潜光隐耀，世嘉其高，皆悉称公。然则公者，仁德之正号，不必三事大夫也。今郑君乡宜曰郑公乡，昔东海于公仅有一节，犹或戒乡人侈其门闾，矧乃郑公之德，而无驷牡之路。可广开门衢，令容高车，号为通德门。"董卓迁都长安，公卿举玄为赵相，道断不至。会黄巾寇青部，乃避地徐州，徐州牧陶谦，接以师友之礼。建安元年自徐州还高密，道遇黄巾贼数万人，见玄皆拜，相约不敢入县境。玄后尝疾笃，自虑以书戒子益恩曰："吾家旧贫，不为父母昆弟所容，去厮役之吏，游学周秦之都，往来幽并兑豫之域，获觐乎在位通人，处逸大儒，得意者咸从捧手，有所授焉。遂博稽六艺，粗览传记，时睹秘书纬术之奥，年过四十，乃归供养。假由播殖，以娱朝夕。遇阉尹擅势，坐党禁锢，十有四年，而蒙赦令，举贤良方正有道，辟大将军三司府。……吾自忖度，无任于此，但念述先圣之元意，思整百家之不齐，亦庶几以竭吾才，故闻命罔从，而黄巾为害，萍浮南北，复归邦乡，入此岁来，已七十矣。……咨尔茕茕一夫，曾无同生相依，其勖求君子之道，研钻勿替，敬慎威仪，以近有德，显誉成于僚友，德行立于己志。若致声称，亦有荣于所生，可不深念邪，可不深念邪。吾虽无绂冕之绪，颇有让爵之高，自乐以论赞之功，庶不遗后人之羞。末所愤愤者，徒以亡亲坟垄未成，所好群书率皆腐敝，不得于礼堂写定，传与其人……"时大将军袁绍总兵冀州，遣使要玄，大会宾客，玄最后至，乃延升上坐，身长八尺，饮酒一斛，秀眉明目，容仪温伟，绍客多豪俊，并有才说，见玄儒者，未以通人许之，竞设异端，百家互起。玄依方辩对，咸出问表，皆得所未闻，莫不嗟服。时汝南应劭亦归于绍，因自赞曰："故太山太守应中远，北面称弟子何如?"玄笑曰："仲尼之门，考以四科，回赐之徒，不称官阀。"劭有惭色，绍乃举玄茂才，表为左中郎将，皆不就。公车征为大司农，给安车一乘，所过长吏送迎。玄乃以病自乞还家。五年春，梦孔子告之曰："起起，今年岁在辰，来年岁在巳。"既寤，以谶合之，知命当终，有顷寝疾。时袁绍与曹操相拒于官度，令其子谭遣使逼玄随军，不得已载病到元城县，疾笃不进，其年六月卒，年七十四，遗令薄葬，自郡守以下尝受业者，縗绖赴会千余人。门生相与撰玄答诸弟子问五经，依《论语》作《郑志》八篇。凡玄所注《周易》、《尚书》、《毛诗》、《仪礼》、《礼记》、《论语》、《孝经》、《大传》、《中候》、《乾象历》。又著《天文七政论》、《鲁理禘祫义》、《六艺论》、《毛诗谱》、《驳许慎五经异义》、《答临孝存周礼难》凡百余万言。玄质于辞训通人颇讥其繁，至于经传洽熟，称为纯儒。齐鲁间宗之。其门人山阳郗虑，至御史大夫，东莱王基，清河崔琰，著名于世。又乐安国渊，任嘏，时并童幼。玄称渊为国器。嘏有道德，其余亦多所鉴拔，皆如其言。玄唯有一子益恩。孔融在北海，举为孝廉。及融为黄巾所围，益恩赴难损身。有遗腹子，玄以其手文似己，名之曰小同。

论曰：自秦焚六经，圣文埃灭。汉兴诸儒颇修艺文，及东京学者亦各名家。而守文之徒，滞固所禀。异端纷纭，互相诡激。遂令经有数家，家有数说，章句多者或乃百余万言。学者徒劳而少功，后生疑而莫正。郑玄括囊大典，网罗众家，删裁繁芜，刊改漏失。自是学者略知所归。王父豫章君，考先儒经训而长于玄。常以为仲尼之门不能过也。及传授生徒，并专以郑氏家法云。

赞曰：富平之绪，承家载世，伯仁先归，厘我国祭。玄定义乖，褒修礼缺，孔书遂明，汉章中辍。（《后汉书·郑玄传》）

九、《郑氏易注》阐微

凡例：

1. 本篇《郑氏易注》用《古经解汇函》本，王应麟集、惠栋增补、孙堂重校补遗之郑氏《周易》注本为主，而以友人胡自逢君之《周易郑氏学》为辅。

2. 凡诸本悉无，而为余所补辑者，则以括号加一补字以示区别。盖《十三经注疏》中，《诗》及《三礼》皆本郑氏而诸家所辑未能尽备，故得以再补之。

3. 郑氏颇集纬书，于五经诸纬多发明其大义，今存四库本《易纬》，虽未可尽信皆郑氏之注，然亦足与郑氏注相辅而行，故凡《易纬》注文中，有关于易注者亦择要辑之。

4. 诸家辑本皆未能阐述《郑氏易》之义理，今从而述之。

5. 黄奭根据《义海撮要》引郑者，皆辑入《郑氏易注》中，然观其文体，有不类郑康成者，故诸本悉未辑入。今据黄本辑录，其可疑者，则本阙疑之义而不加阐述焉。

6. 于简明易知之注亦不加阐述，世人皆知之。

乾䷀（乾下乾上）

易历三圣伏羲制卦，文王系辞，孔子作十翼。（《正义序》黄本）按谓伏羲画六十四卦，文王系爻之辞，孔子作彖、象、系辞上下、说卦、文言、序卦、杂卦也。

初九，潜龙勿用。当隐之时，以从世俗，不自殊异，无所成名也。（补）周易以变者为占，故称九称六。（《正义》张本黄本）按“当隐之时”以下，据文言注补。义见文言，张本黄本引刘禹锡《论周易九六说书》云：“郑玄注易，亦称以变者占，故云九六也。”盖《周易》用九用六，九者老阳之数也，六者老阴之数也。阳极则生阴，阴极则生阳，九六者阴阳之极也，故以变才为占。《易大传》曰：“变动不居，周流大虚，上下无常，刚柔相易。”此之谓也。不用七八者，七为少阳，八为少阴，少阴少阳不变，故不用也。

九二，见龙在田，利见大人。二于三才为地道，地上即田，故称田也。（《集解》）九二利见九五之大人。（《正义》）按六画之卦，初与二为地道，三与四为人道，五与上为天道，说卦曰：兼三才而两之，故易六画而成卦。此之谓也，初与二为地道，二在初上，故称田也。乾为龙，故有见龙在田之象，九二以阳居阴位，不得其位，犹君子怀才而未遇也，故利于变而应五，利见九五之大人，则能展骥騄之鸿才，施福泽于百姓。孟喜曰：“大人者，圣明德备。”是也。

九三，君子终日乾乾，夕惕若厉，无咎。三于三才为人道，有乾德而在人道，君子之象也。（《集解》）惕，惧也。（《释文》姚补胡本）按九三，以阳居阳，得位，居正，故有君子之象，然处内卦之上，上无应与，故宜终日勤勤，刚健不息，朝夕惕万，如此敬德修业，无咎之道也。

九五，飞龙在天，利见大人。五于三才为天道，天者清明无形，而龙在焉，飞之象也。（《集解》）按五处于天位，故有天象，龙，潜则在渊，见则在田，飞则在天，变化莫测，犹阳之变化也，故以喻焉。九五以阳处阳，得位居正，以履帝位，故有飞龙在天之象。于人而处此位，则宜礼下，接见贤德之君子，用匡不逮，而施泽于民。

上九，亢龙有悔。尧之末年，四凶在朝，是以有悔，未大凶也。（《正义》）按上九以阳居阴，失位不正，以履乾阳之极，故有亢龙之象，龙亢而上极，必有不测之灾，故有悔；如尧之末年，用驩兜，共工，鲧，三苗等四凶，小人之朋，几致功泽不行，故有悔。

用九，见群龙无首，吉。六爻皆体乾，群龙之象也。舜既受禅，禹与稷，契，咎繇之属，并在于朝。（《后汉书·郎顗传》）按乾一作龙，禅一作道，盖传写之讹。乾卦六爻纯阳，象曰：时乘六龙以御天。九家佚象：“乾为龙。”故有群龙之象。六爻皆阳德之君子，人君居上位，欲用之以辅政，则必以谦卑自牧，以礼下之，故曰见群龙无乎吉。若欲见之，而骄亢以元首自命，则君子不为用，而政事荒矣。元首吉者犹言不可以元首之位或高人之才智而骄人，则吉也。昔舜既立为天子，而礼下咎繇禹稷契。与八元八凯等二十二人。故群贤乐为之用，而天下蒸蒸以治也。

按《吕氏古易音训》曰："郑康成合彖象于经，故加彖曰象曰以别之。"以后仿此，不另著录。大哉乾元，万物资始乃统天。资，取也；统，本也。(《释文》) 按乾者，天也，天者，万物之始也，故乾元为万物所资取以为始者也，万物之生也，莫不本于天，故乃统天。

时乘六龙以御天。谓阴阳六爻上下耳。(《公羊隐公元年疏》黄本) 按此郑驳《五经异义》者也。郑云："易经时乘六龙者谓阴阳六爻上下耳。"盖圣人法乾，六爻而行。故曰时乘六龙。友人胡君自逢曰："黄本原置六位时成句下，按《公羊疏》引此注，本康成自释彖时乘六龙四字之文，疏藉以回应上文天子驾六龙一句。郑注用九见群龙无首，经文曰：'六爻皆体龙'，故以六爻上下为时乘六龙之注脚。盖以六爻变化其犹龙乎。黄氏不察，但以六爻六位相涉，而置此八字于彖传六位时成之下，误也。"胡君之言，足以纠黄本之谬。

乾道变化，各正性命，保合太和，乃利贞。先有旧形，渐渐改者谓之变。虽有旧形，忽改者谓之化，及本无旧形非类而改，亦谓之化。(《礼记正义·月令》，袁、黄本同引) 按此释变化之义，虽未必注易，然可备参研。胡君曰："《礼记正义》不言郑注而实为郑注。"盖变者化之渐，化者变之成。乾道六爻，初三五得正，二四上失正，失正者当变而之正，乃能体天地之和，合乾道之美，故利贞。

按胡君曰："清丁杰补（下称丁补）张本所引。"以后仿此，不另叙述。

飞龙在天，大人造也。造，为也，徂早反。(《释文》) 按乾九五曰飞龙在天者，乃大人有为之时，故宜举贤以辅政。斯能施功泽于万民，使万物各得其所，故文言曰：圣人作而万物睹。是其义也。徂早反者，造之音读也。胡君引卢文弨云："郑氏时未有反语，及直音某字为某者，后人因其义而知其读，或去其比况之难晓者，而易以翻切之法，以便学者。"翻者反也。

文言传

君子体仁足以长人。体，生也。(《文选·陆士衡赠顾交址公真诗注》惠本) 按君子体仁道而行，则仁生于天下矣，故足以长人。

不易乎世，不成乎名，遁世无闷。当隐之时，以从世俗，不自殊异，无所成名也。（《集解》）按初九以阳居阳，虽得其位，然处于最下，乃君子隐处下位者也。夫隐处之时，不变易于世俗，不立异以鸣高，合其光，同其尘。而行德积仁，虽人不知亦不愠，遁世以无闷。子曰："君子依乎中庸，遁世不见知而不悔，唯圣者能之。"是其微旨也。

确乎其不可拔，潜龙也。确，坚高之貌。拔，移也。（《释文》）按：圣人遁世，虽合光同尘，然中心卓然以仁义自守，非仁无行也，非义不为也，故坚确乎其德之盛明，乃不可为世俗所转移者也，此潜龙之义也。

庸言之信，庸行之谨，闲邪以存其诚。（《晁氏易》惠本）按九二虽未得其位，然以龙德而居内卦之中，故言忠信，行笃敬，杜邪于不生，存诚于慎独，终致德于广大，易曰德博而化。此之谓也。今本无"以"字。

君子进德修业，及时故无咎。（《晁氏易》惠本）按及时，今本作欲及时也。盖衍字也。君子及时以进德修业，则无咎。

圣人作而万物睹。作，起也。（《释文》）按圣人兴起，则德教加乎民，惠泽施于下，万物各得其所，故万物睹也。

亢龙有悔，穷志灾也。（《吕氏音训》惠本）按今本志作之。以阳居阴，履既非位，处亢阳之极，骄奢亦足亡身，穷其志以极其欲，宜其灾也。

终日乾乾，与时偕行。建辰之月，万物生长，不有止息，与天时而俱行。（《正义》）按胡君引袁氏云："疏称诸儒以为云云，郑在其中。"建辰之月，即暮春三月也，观万物之生长，既不有止息，则君子之进德修业，亦宜与天时而俱行。

利贞者，性情也。（《晁氏易》、《汉上易传》惠本）按贞者，正也。干宝曰："以施化利万物之性，以纯一正万物之情。"可备参研。

乾始而以美利利天下，（《晁氏易》惠本）不言所利，大矣哉。按而，今本作能，二字古通用。虞翻曰："美利，为云行雨施，品物流行，故利天下也。"是也。

与日月齐其明。（《书·尧典》关注，见《诗·噫嘻疏》所引黄本）按齐，今本作合，义得兼通。李鼎祚曰："威恩远被，若日月之照临也。"故能与之同明。

坤☷（坤下坤上）

初六，履霜坚冰至。象曰："履霜坚冰，阴始凝也，驯致其道，至坚冰也。”读履为礼，驯音训。（《释文》）按驯犹顺也，履，践也。干宝曰：“重阴故称六，刚柔相推，故生变占，变故有爻。系曰：爻者言乎变者也。”故易系辞皆称九六也。阳数奇，阴数耦，是以乾用一也，坤用二也，阴气在初，五月之时，自姤来也，阴气始动乎三泉之下，言阴气动矣，则必至于履霜，履霜则必至于坚冰，言有渐也。”可备参研。

六二，直方大，不习无不利。直也，方也，地之性；此爻得中气而在地上，自然之性；广生万物，故生动直而且方。（《礼记正义·深衣》）按孙堂云：“坤爻辞，履霜直方含章黄裳玄黄，协韵，故象传文言皆不释大，疑大字衍。”引元熊朋来《五经说》）盖六二居中得正，故曰得中气。六画之卦，初与二为地道，二在初上，故曰在地上。系上曰：夫乾其动也直。坤象曰：乃顺承天。文言曰：坤至静而德方。故直也，方也，地之性也。又坤彖云：大哉坤元，万物资生。故能广生万的。孔颖达云：“气至即生物，由是体正直之性。其运动生物之时，又能任其质性，直而且方。”是也。夫六二居中得正，当坤道广生万物之始，能本其直方之性布阳气于四方而广生万物，故曰大，此皆本性直方所致，故曰不习无不利。

六三，含章可贞，或从王事，无成有终。《考工记》曰：“赤与白谓之章。”郑注云：“坤位西南，万物成于致役之时，故赤与白曰章。”（补）按六三以阴居阳，失位不正，当坤之时，惟含其章美，行其正道，以顺于时耳。文言曰：地道也，妻道也，臣道也，地道无成而代有终也。即指此而言。

六五，黄裳元吉。如舜试天子，周公摄政。（《隋书·李德林传》，丁补张本引）按五者天子之位，黄者中色，地之正色也。裳者下服。坤为黄，为布，为地，故有黄裳之象。六五以阴居阳，处天子之位，不正，故有兼摄之象，如舜之相尧，尧老而舜摄，行天子之事。成王幼而周公摄政。皆是以臣行天子之事。犹六五之以阴爻居天子位也。

上六，龙战于野，其血玄黄。圣人喻龙，君子喻蛇。（《仪礼·乡村射礼疏》）按《仪礼·乡村射礼》：“龙首其中虵交。”郑注：“虵龙君子之类也。”贾疏：“易云：龙战于野，其血玄黄。郑注云：圣人喻龙，君子喻蛇。是蛇龙总为君子之类也。”虵、蛇，古今字。乾为龙，为郊，说卦云：战乎乾。盖上六处坤阴之极，阴极变阳，故有龙战于野之象。圣人处此亦唯求变通以趋时耳。

积善之家必有余庆，积不善之家必有余殃。殃祸恶也。（《释文》）

为其溓于阳也，故称龙焉。溓，读如群，公慊之慊，古书篆作立心与水相近，读者失之故作溓，慊，杂也。阴谓此上六也；阳谓今消息用事乾也。上六为蛇，得乾气杂似龙。(《诗正义·采薇》)按张惠言本溓作慊，惠、袁、孙、黄四本愁作溓，今从之。李芗沚（富孙）曰：“古本皆作兼，或作慊，王弼乃改作嫌，《说文》：慊，疑也。则与嫌字后一义同。《坊记》注云：慊或为嫌。郑读为溓。溓，杂也。与兼字义略同，诸家皆以形近而异。”孙堂曰：“《释文》谓郑作谦，讹。”盖郑氏作溓，以为宜作慊。而训为杂。作兼、嗛、溓、谦，并以意近音近而通假。今本作：“为其嫌于无阳也。”多一无字，《集解》引《九家易》则无“无”字，与郑本同。知汉易殆无“无”字。盖上六居坤之极，阴极则生阳，为其杂于阳也，故称龙，坤下伏乾，乾为龙。蛇，阴类，故称阴极阳生，故云阳谓今消息用事乾也。

夫玄黄者，天地之杂也，天玄而地黄。(《仪礼·士冠礼注》)（补）按《士冠礼》：“玄端玄裳，黄裳，杂裳可也。”郑注：“一杂裳者，前玄后黄。易曰：夫玄黄者天地之杂色，天玄而地黄。”贾疏云：“易曰者是文言文。”色今本多作也，阮元《校勘记》云：“也，徐本作色，汉时六经异文心甚多。”天色玄地黄，故云天玄地黄。

屯䷂（震下坎上）

彖曰：“天造草昧，宜建侯而不宁。”造，成也；草，草创也；昧，爽也。(《文选·任彦升天监三年策秀才文注》《为范尚书让吏部封侯第一表注》)读而曰能，能犹安也。(《释文》)按《说文》云：“昧，爽，日明也。”段改作昧爽且明也。且明谓冥暗将明之时也。《广雅》云：“冥也。”疏谓冥昧，皆不如郑释。《尚书·牧誓》：“甲子昧爽，王朝室至于商郊。”是古时昧爽连字，段说是也。郑氏读而曰能，盖古音如此，《礼记·礼运篇》“圣人耐以天下为一家。”耐即能字也，孔疏云：“刘向《说苑》始改为而。”然则能、耐、而古通。

象曰：“云雷屯，君子以经论。”谓论撰书礼乐施政事。(《释文》)按孔氏疏云：“刘表郑元以纶为论字。”经者常也，恒久之至道，不刊之鸿教也，方屯难之代，君子务以理民，施政事故论撰书礼乐以匡其情性，而导于正途。

初九，盘桓，利居贞，利建侯。桓是陇阪名，其道盘旋曲而上，故曰桓。(《尚书·禹贡注》)（补）按盘桓，盘旋难进也。初九居屯难之初，故有盘桓之象，以阳居阳，得位居下正，故利居贞，震为侯，故利建侯，以安之。

六二，乘马般如，匪寇昏冓。马牝牡曰乘。班，郑本作般。媾，本作冓，郑云犹会。（《释文》）按般，今本作班；昏冓，今本作婚媾，并通用。《古易音训》引晁氏曰："冓，古文。"震其于马也，为作足，坎为盗，为险难。盖六二居中得正，当屯难之时，上乘于初九，故有马牝牡之象。牝，雌，阴类；牡，雄，阳类。马牝牡，则以阴凌阳，故有般如不进之象。然六二应于九五，非为盗寇，乃欲往应五耳。

六三，即鹿无虞，惟入于林中，君子机，不如舍，往咎。象曰："即鹿无虞，以从禽也。"机，弩牙也。从，子用反。（《释文》）按《释文》云："几，郑作机。"震为麋鹿，三至五互艮为狐，二至四互坤为虎，为牛。坎为丛棘，故云林。鹿，山足也；虞，虞人也，掌禽兽者；机，弩牙，所以射也。六三以阴居阳，失位不正，当屯难之时，上无所应，犹山麓之中，而无虞人作导，而入于林中也，体坤为迷，若欲往前进，以弩牙猎兽，则必吝穷，故不如舍而归也。

上六，乘马班如，泣血涟如。按《九家易》曰："上六乘阳故班如也，下二四爻虽亦乘阳，皆更得承五，忧解难除，今上无所复承，忧难不解，故泣血涟如也。体坎为血，伏离为目，互艮为手，掩目流血，泣之象也。"袁本取体坎为血，以下以为郑注，云："此论互体是郑注。"姑存之。

蒙䷃（坎下艮上）

蒙，亨，匪我求童蒙，童蒙求我，初筮告，再三渎，渎则不告，利贞。蒙者，蒙蒙，物初生形，是其未开著之名也。人幼稚曰童，"未冠之称"。（此四字出《释文》）亨者阳也，互体震而得中，嘉会礼通，阳自动其中德，施地道之上，万物应之而萌牙生。教授之师取象焉，修道艺于其室，而童蒙者求为之弟子，非己乎求之也。弟子初问则告之以事义，不思其三隅，相况以反解，而筮者，此勤师而功寡，学者之灾也。渎瀆则不复告，欲令思而得之，亦所以利义而干事。（《公羊传·定公十五年疏》）筮，问；渎，亵也。（《释文》）按蒙者蒙昧，物初生形未开著，犹人之童年智慧未开时也。二至四互震，为动，九二阳居内卦之中，故有中德，三至五互坤为地，应于五，故云德施地道之上。如是则万物得阳而萌芽生也。犹师者道艺有成，童蒙求而师之，非己求之也。筮者问也，渎者亵漫也。童蒙之弟子，初问则告，再三则嫌于渎漫师道，故不告，欲令举一隅而以三隅反，使思而求之也。此教授之正道也。九二为卦主，乃发蒙之主，童蒙之师也。

初六，用说桎梏以往吝。木在足曰桎，在手曰梏。（《周礼·大司寇疏》）按说，脱也。初六以阴居阳，失位不正，当蒙昧之初，宜以正道止之，庶小惩而大戒成蒙以养正之功，若舍去处罚，放纵不治，则终成穷凶极恶，则吝矣。

九二，苞蒙吉。苞当作彪。彪，文也。（《释文》）按《古易音训》引晁氏曰："京房郑陆续皆作彪，文也。"苞，今本多作包，二字古通。盖九二为发蒙之主，群阴赖以发蒙，九二即以教而文之，使群蒙得教而有文焉，吉之道也。

六五，童蒙吉。象曰："童蒙之吉，顺以巽也。"巽，当作逊。（《释文》）按艮为少男，故曰童蒙，三至五互坤为顺，五不正，变正为巽。巽，逊也。顺用坤之卦象，巽，亦宜然，故云当作逊是也。

上九，系蒙。（《释文》）按《古易音训》引晁氏曰："马融郑荀爽一行作系。"今本作系。上九以阳居阴，失位不正，处蒙昧之时，故有系于蒙昧之象。

需☵☰（乾下坎上）

需，读为秀，阳气秀而不直前者，畏上坎也。（《释文》）需谓不充满。（《考工记·弓人》）（补）按：需者须也待也，下乾为阳之盛，故云阳气秀。而不直前者，上坎为险，为穴，而居其前也，故彖云："需，须也，险在前也。"是也。不充满故宜待也。

有孚，光亨贞吉。（《释文》）按《释文》云："光亨贞吉，马郑总为一句。"三至五互离，离为日为光明，九五居中得正，处于天位，故亨通而贞吉。

彖曰："位乎天位，以正中也。"位，音涖。（《释文》）按五为天位，九五以阳居阳，得中居正，故云涖临乎天位，而得正中之美。

象曰："君子以饮食宴乐。"宴，亨宴也。（《释文》）按坎为水，二至四互兑口，故以饮食宴乐。

九二，需于沚。沚，沙接水者。（《诗正义·凫鹥》）按《释文》云："沙，郑作沚。"《尔雅·释水》曰："小渚曰沚。"《释名》云："止息也，可以止息其上。"惠氏《九经古义》云："沚，当作沙，与沙同。"《说文》云："沙，水散石，从水从少，水少沙见。谭长说：'沙或作沙，从疋。'"可备一说。九二方需之时，以阳居阳，上无应援，故有需于沚之象。

九三，需于泥，致戎至。按《释文》云："寇，郑王肃本戎。"二字义得兼通，九三前临坎盗，而需止不前，故云需于泥，致戎至。

讼䷅（坎下乾上）

辩财曰讼。（《释文》）

有孚，咥惕中吉，终凶。咥，觉悔貌。（《释文》）按虞翻曰："孚谓二。"盖二以阳刚居中，故有孚。然讼非善事，若能觉悔而止塞讼源，因而惕厉自省，合于中道则吉，若遂其讼事，终致凶患。咥，诸本多作窒，马郑皆作咥，盖同音通假。

九二，不克讼，归而逋其邑人三百户，无眚。象曰："不克讼，归逋窜也。"自下讼上，患至惙也。小国之下大夫，采地方一成，其定税三百家，故三百户也。（《礼记正义·杂记》）不易之田岁种之，一易之田，休一岁乃利嘴，再易之田，休二岁乃种，言至薄也。苟自藏隐，不敢与五相敌，则无灾眚。（《正义》）眚，过也；惙，忧也。（《释文》）按逋，逃归也。二为大夫位，九二以阳居阴，失位不正，当讼之时，九五居尊得位，而二与讼，与天子讼，故不克也。去其讼意，归而隐遁于其封邑，则无过灾。大夫之封邑三百户。《释文》云："掇，郑本作惙，陟劣反，忧也。"以下而讼上，患害必至而有忧也。坎为加忧，故有忧象。

九四，不克讼，复即命，渝安贞吉。渝，然也。（《释文》）按九四以阳居阴，失位不正，故不克讼也，变正成巽，巽为命，复奉命于五，而然其命，唯其命之听，则安而吉。《释文》云："渝，变也，马同，郑云然也。"孙堂云："《尔雅·释言》：渝，变也，俞，然也。郑训为然，疑当作俞。"然诸家愸作渝，郑氏盖假渝以为俞也。

上九，或锡之鞶带，终朝三拕之。鞶带，佩鞶之带。（《周礼·巾车疏》）按贾公彦疏虽不言郑注，然疏之体，所以疏明注意也。郑意当如此。故贾公彦言："易之鞶囊即《内则》云男鞶革是也。"女则以丝焉，《说文》云："鞶，大带也。"盖盛服所用之带，上九以阳居阴，失位不正，居讼之极，是极于争讼者，极于争讼，初虽小利或有赐以鞶带者，然终朝之间，则三见褫夺。《释文》云："终朝，马云旦至食时为终朝。褫，郑本作拕，徒何反。"《古易音训》引晁氏曰："拕绅之拕，乃得象意。"褫、拕二字古通。

师䷆（坎下坤上）

军二千五百人为师，多以军为名，次以师为名，少以旅为名，师者举中之言。（《诗正义·棫朴》）按《周礼·夏官司马》政官之属云：

"凡制军万有二千五百人为军，王六军，大国三军，次国二军，小国一军，军将皆命卿，二千有五百人为师。师帅皆中大夫，五百人为旅，旅帅皆下大夫，百人为卒，卒长皆上士，二十五人为两，两司马皆中士，五人为伍，伍皆有长。"郑注盖本此。

师贞，丈人吉，无咎。丈之言长，能御众，有正人之德，以法度为人之长，吉而无咎，谓天子诸侯主军者（《春官·天府疏》）贞之为问，问于正者必先正之，乃从问焉，易曰：师贞丈人吉（《周礼·大卜注》）。（补）按《释文》、《古音音训》、《诗正义·甫田》皆节引之。坤为众，坎为法，故有师象，能以法度为人之长，然后可以治众，主天子诸侯之军。

初六，否臧凶。否，方有反。（《释文》）

九二，在师中吉，无咎。王三赐命。（《释文》）按孙堂曰："《书序》平王锡晋文侯秬鬯圭赞。马融本锡作赐，《禹贡》锡土姓，《史记》作赐土姓。《左氏春秋经》："王使毛伯卫来锡公命。"唐石经作来赐，古本锡，字多作赐。"赐锡古音同通用。今诸本悉作锡，郑作赐，盖同通假。《乾凿度》："师者，众也，言有盛德行中，和顺民心，天下归往乞莫不美命为王也，行师以除民害，锡命以长世德之盛。"注云："武王受命，行师以除民害，遂亨七百之祥，可谓之长也。"（补）

象曰："在师中吉，承天宠也。"宠，光耀也。（《释文》）按九二以阳居阴，虽失位，然居和得中，为师卦之主，《九家易》曰："虽当为王，尚在师中，为天所宠，事克功成，故吉无咎，二非其位，盖谓武王受命而未即命也，受命为王，定天下以师，故曰在师中吉。"可备参研。

上六，大君有命，开国承家。命，所受天命也。（《文选注》卷二十四）按此条孙堂所补。

比䷇（坤下坎上）

象曰："地上有水。"比，先王以建万国亲诸侯。亲诸侯，使诸侯相亲递相朝聘。（《周礼·形方氏疏》）按此黄氏所补。坤为众，为邦国，故有建国亲侯之象。

初六，有孚盈缶。爻辰在未，上值东井，井之水人所汲，用缶。缶，汲器也。（《诗正义·宛邱》、《释文》引末句多也字。）按坤初六，爻辰在未，为六月，于二十八星宿则在井东。井水之汲待缶而行。虞翻曰："坤器为缶，坎水流坤，初动成屯，屯者盈也，故盈缶。"

九五，王用三驱，失前禽。（《释文》）王因天下显习兵于搜狩焉，驱而射之，三则已发（一作法），军礼也。失前禽者，谓禽在前，来者不逆而射之，傍去又不射，唯背走著顺而射之，不中则一（一亦作已）是皆所以失之，用兵之法，亦如之，降者不杀，奔者不禁，背者不杀，加以仁恩养威之道。（《秋官·士师疏》、《左传正义·桓公四年》）按：敺，驱也。搜狩，皆田猎也，先王多因田猎以讲武。《周礼·夏官大司马》云："中春教振旅，司马以旗致民平列陈，如战之陈……以教坐近进退疾徐疏数之节，遂以搜田。……中夏教发舍，如振旅之陈……遂以苗田……献禽以享约，中秋教治兵……遂以狝田，如搜田之法。……中冬教大阅……遂以狩田。王用三敺者网开三面也，来者不扼两旁而去者不射，唯背走者射之，不中则已。盖仁之至也。此所以失前禽也，用兵仁威并施，亦如之。"

小畜䷈（乾下巽上）

畜，许六反，养也。（《释文》）按以一阴畜五阳，所蓄者小，故为小畜，阳大阴小，故有小畜之象。密云不雨，自我西郊密，静也，云静止不雨，喻纣恩泽不加于民也，不雨之灾，自其君也。西郊亦谓文王也。（《太平御览·天部》云："袁、孔、黄三本同。"）按二至四互兑为泽为西，坎雨不见，故密云不雨，自我西郊。

九三，舆说辐。辐，伏菟。（《释文》）谓舆下缚木与轴相连，钩心之木是也。按《说文》云："輹，车轴缚也。"辐即輹字。所以连车轴者也，脱之则不地，二至四互兑为毁折，马融云："乾为车。"故有车脱辐之象。

履䷉（兑下乾上）

履，虎尾，不噬人亨。噬音誓，啮也。（《文选·西征赋注》）按《九家易》曰："虎尾谓三也，三以说道，履五之应，上顺于天，故不咥人亨也。能巽说之道顺应于五，故虽践虎不见咥噬也。"咥，亦噬也。下兑为悦为虎，三至五互为巽顺，故不噬人。

上九，视履考详。其旋元吉。履道之终，考正详备。（《晁氏易》）按上九居履卦之终应于六三，二至四互离目为视，故有视履考详之象，唯其居履之终，所以考正详备也。

泰䷊（乾下坤上）

通也。（《释文》）按《易纬·乾坤凿度》《地天泰》注云："天地交，万汇和，敕顺天元，顺物更通，复泰道也。”

天地交泰，后以财成天地之道，辅相天地之宜，以左右民。财，节也，辅相，左右，助也。以者取其顺阴阳之节，为出内之政，春崇宽仁，夏以长养，秋教收敛，冬敕盖藏，皆可以成物助民也。（《集解》）天地交，万汇和，敕圣天元，顺物更通，复泰道也。（《乾坤凿度注》）（补）按：财，裁也，节也，后，君也，天地交泰，万品各得其所，无不通达。君人者当顺四时，阴阳之节，以敷政事，春则宽仁，夏以长养，秋冬教以收藏，此所以财成天地之道，而佐助黎民者也。

初九，拔茅茹以其汇征吉。汇音谓，类也；茹，牵引也。茅喻君有洁白之德，臣下引其类而仕之。（《汉书·刘向传》注）按王辅嗣云：“茅之为物拔其根而相牵引也。”盖初九以阳居阳，得值居正，与上二阳，皆为同类之君子，居泰之时，皆有应于外，故同类以行，茅根洁白，喻君子明德，则君子之臣引同类而仕之，《释文》、《古易音训》皆作“汇，勤也。”不作类，可备一解。

九二，苞荒。荒读为康，虚也。（《释文》）按孙堂云：“《集韵》：㡉、㮕、荒并云虚也。《广韵》引《尔雅》作㡉，司马相如《长门赋》：委参差以㮕梁。李善注引《方言》云：康虚也，与㮕同。今《尔雅》《方言》皆作漮，《尔雅·释文》云：字又作歑，《方言》作窷。郭云本或作荒。今《方言》注云或作歑，并同此义，亦通作康。《谷梁传》：四谷不升谓之康。《广韵》作歑。《韩诗外传》作荒。《太平御览》引《淮南子·天文训》云：十二岁一荒。高诱本荒作康。《诗·小雅·宾之初筵》云：酌彼康爵。笺云康，虚也。《大雅·召旻篇》：我居圉足荒。笺云：荒，虚也。又《逸周书》：谥法曰荒。《汉书·诸侯王表》有中山穅王昆侈，颜师古注引此句荒作穅。是穅字古亦通荒。”《古易音训》引晁氏曰：“荒，郑读为康，大也。”荒，康，虚，大义皆相成，声义同源，同音之字其义往往相近。

六五，帝乙归妹，以祉元吉。五爻辰在卯，春为阳中，万物以生。生育者，嫁娶之贵，仲春之月，嫁娶男女之礼，福禄大吉。（《周礼·媒氏疏》、杜氏《通典》）易说帝乙曰：“易之帝乙为成汤也。”（《礼记·檀弓下》郑注）（补）按坤六五爻辰在卯，序属二月仲春。《周礼·媒氏贾疏》云：“嫁娶以春，阳气始生，万物嫁娶，亦为生类，故《管子篇》时令云：春以令男女融。”是也。《夏小正》：“二月绥，多士女交婚于仲春。”是也。以成汤之尊，犹顺时令而嫁妹于诸侯。况众民乎，妇人谓嫁曰归。

上六，城复于隍。隍，壑也。（《诗正义·韩奕》。）按《尔雅·释言》曰："隍，壑也。"盖上六居泰之终，泰极反否，故有城池复成谷壑之象。

否䷋（坤下乾上）

天地不交否，君子以俭德避难，不可荣以禄。其物不通，化源塞天地群物俱厄。（《乾坤凿度注》）（补）

九四，𢼸离祉。（《释文》）按孙堂云："《说文》：𢼸古文畴字。"畴，类也，离，附丽也，祉，福也。盖九四上承九五，下据三阴，阴类皆附之而获福也。

九五，休否。休，美也。（《文选注》二十五）按九五居尊得位，乃否之美者也，故曰休否。

其亡其亡，系于苞桑。苞，植也。否世之人，不知圣人有命，咸曰其将亡矣，其将亡矣，而对乃自系于植桑不亡也。（《文选注》五十二）犹纣囚文王于羑里之狱，四臣献珍异之物，而终免于难，系于苞桑之谓。（《集解》）按九五居尊得位，居否之时，小人道长，咸欲消之使亡，然圣人有命，如植桑之稳固，不能亡也，犹文王被纣囚于羑里之狱，散宜生等四臣献珍异之物于纣，而文王终得免于难，故圣有天命，虽危而不亡也。

同人䷌（离下乾上）

同人于野亨。乾为天，离为火，卦体有巽，巽为风，天在上，火炎上，而从之，是其性同于天也。火得风，然后炎上益炽，是犹人君在上，施政教，使天下之人和同而事之，以是为人和同者，君之所为也，故谓之同人。风行无所不遍，遍则会通之德大行，故曰同人于野亨。（《集解》）按同人卦上乾为天，下离为火，火性炎上，上同于天，二至四互巽为风。乾为郊，为野，国君施政教，使天下之人皆和同而事之，犹风之无所遍，天火之同炎上德泽广大，以至于遍野，故同人于野，亨通之道也。

六二，同人于宗吝。天子诸侯后夫人，无子不出。（《仪礼·士昏礼疏》、《诗正义·河广》、《礼记正义·内则》）按《仪礼·贾公彦疏》云："其天子之后虽失礼，郑云嫁于天子，虽失礼无出道，远之而已，若其无子不废远之，后尊如故，其犯六出，则废之。"盖所同者少故吝。犹后夫人无子，吝而未有大灾祸也。

九三，伏戎于莽，升其高陵，三岁不兴。莽，丛木也。（《释文》）大阜曰陵。（《文选注》二十四）按九三与二相比，然二为五之应，体离为戈兵，二至四互巽为草木，为高，五刚在上，故伏戎于莽，欲以敌五，故升其高陵，然五尊得位，故三岁不兴。

九四，乘其庸。（《释文》）庸，城也。按《释文》云："墉，郑作庸。"孙堂云："一庸，古墉字，《诗·大雅》因是谢人，以作尔庸；《毛传》：庸，城也。礼王制附于诸侯曰附庸。注曰：附庸，小城也。"是也。

大有䷍（乾下离上）

大有，元亨。六五体离，处乾之上，犹大臣有圣明之德，代君为政，处其位有其事，而理之也，元亨者又能长群臣以善，使嘉会礼通，若周公摄政，朝诸侯于明堂是也。（《集解》）。按五者帝位，阴者臣象，乾为君，离为明，六五以阴居尊，位于乾上犹大臣有以圣明之德，代君为政者也，文言曰：元者善之长也，亨者嘉之会也。故能长善通礼。《礼记·明堂位》曰："武王崩，成王幼弱，周公践天子之位，以治天下，六年朝诸侯于明堂。"此周公摄政之事也。

九四，象曰："匪其彭无咎，明辩遰也。"遰读如明星哲哲。（《释文》）按《释文》："哲，郑本作遰，读如明星哲哲。"则遰与哲音同。《说文》："哲，明也。"遰，《说文》云："去也"，《玉篇》云："往也"，《广韵》云："避也"。郑氏盖解为由于明辩故能避去，而无咎也。不然则为哲之假借字也。

谦䷎（艮下乾上）

按孙堂本从子夏作嗛，似非。《释文》唯载子夏作嗛，然则郑不作嗛明矣。谦亨，君子有终。艮为山，坤为地，山体高，今在地下，其于人道高能下下，谦之象，亨者嘉会之礼，以谦为主，谦者自贬损，以下人，唯艮之坚固，坤之厚顺，乃能终之，故君子之人，有终也。（《集解》）按谦卦上坤为地为厚为顺，下艮为山为固，为止，为终，文言曰：亨者嘉之会也，嘉会足以合礼。山高而居地下，谦下之象，君子能谦下则有终吉。谦道不进也，位可让，德无违众，名曰谦。（《乾坤凿度注》）（补）

象曰："地中有山，谦，君子以捊多益寡。"（《释文》）按孙堂云："捊，唐石经作褒，今本作裒，《尔雅·释诂》：裒，聚也。《释文》云：

裒，蒲侯反，要或作抔。《玉篇》云：抔步沟切。《诗》云：原显抔矣。抔，聚也。今《诗》亦作裒，郑荀诸家训抔为取者，《说文》云：抔，引取也。玉读为聚，易萃卦聚以正也，荀本聚作取，取聚字通抔亦有二训也。”有二训者谓一作取，一作聚也，义得兼通。

初六，象曰：“谦谦君子，卑以自牧也。”牧，养也。（《释文》、《文选注》十六）按初六位最下，居谦之始，是能谦矣，又与二上承于三阳，是谦而又谦也。《九家易》曰：“承阳卑谦，以阳自牧养也。一是其养也。”

六四，无不利㧑谦。㧑读为宜。（《释文》）按《说文》云：“为，裂也，一曰手指为也。”京房与汉石经皆作辉，义得相通。

豫☳☷（坤下震上）

豫，利建侯行师。彖曰：“豫刚应而志行，顺以动，豫。”豫顺以动，故天地如之，而况建侯行师乎。坤，顺也，震，动也，顺其性而动者莫不得其所，故谓之豫，豫喜佚说乐之貌也，震又为雷，诸侯之象，坤又为众，师役之象，故利建侯行师矣。（《集解》）按：豫乐也，上震为动，为雷，为主宗庙社稷者，为侯。下坤为顺，为众，顺其性而动，则天地如之，万物各得其所，故利建侯行师。

天地以顺动，故日月不过而四时不忒。忒，差也。（《释文》）

象曰：“雷出地奋，豫。先王以作乐崇德，殷荐之上帝，以配祖考。”奋，动也，雷动于地上，万物乃豫也。以者取其喜佚动摇，犹人主乐则手欲鼓之，足欲舞之也，崇充也，殷盛也，荐进也，上帝，天帝也，王者功成作乐，以文得之者作签舞，以武得之者作万舞，各充其德而为制，祀天地以配祖考者，使与天同向其功也，故《孝经》云：“郊祀后稷，以配天，宗祀文王于明堂，以配上帝。”是也。（《集解》）按殷，盛也三句，亦见《后汉书·郎顗传》注。上帝，天帝也句，又引见《旧唐书·礼仪志》、《文苑英华》七百六十二《明堂议》。震为动为雷，雷出地奋，当春之时，万物皆欣欣向荣。故豫也，先王即体此动摇欣悦之象，而以之作乐崇德。《尔雅·释诂》云：“崇，充也。”《说文》云：“殷，作乐之盛称也。”《礼记·乐记》曰：“王者功成作乐”。《周礼·春官签师》：“掌教国子舞羽敛签。”注云：“羽签，文武也。”《韵会》：“汤武以万人得天下。”故干舞称为万舞。《夏小正》：“万也者干戚舞也。”即武舞也。《左传·季札观周乐》：“周乐以南签为文王之舞，乐记称总干为武王之乐，故各象其德。”

六二，砎于石，不终日，贞吉。砎，古八反，谓磨价也。（《释文》）按《释文》云：“介古文作砎，郑从古文作砎。”

六三，盱豫悔，迟有悔。盱，夸也。（《释文》）按《释文》云：“盱，向云小人喜悦之貌，王肃云大也，郑云夸也。《说文》云张目也。”义皆相成，六三以阴居阳，其位不正，当豫之时故有盱豫之象，致悔之由也。

九四，由豫大有得，勿疑朋盍簪。由，用也；簪，速也。（《释文》）按盍，合也，九四为豫卦之主，群阴因之而豫，故曰由豫，群阴归之故大有得勿疑朋之速来合我者，则所合愈多矣。

上六，冥豫。冥读为鸣。（《释文》）按孙堂云：“《类篇》冥，眉兵切，暗也。《集韵》收庚韵义同。”

随䷐（震下兑上）

随，元亨利贞，无咎。彖曰：“随刚来而下柔，动而说，随。大亨贞无咎而天下随时，随时之义大矣哉。”震动也，兑说也，内动之以德，外说之以言，则天下之民咸慕其行而随从之，故谓之随也，既见随从能长之以善，通其嘉礼，和之以义，干之以正则功成而有福，若无此四德则有凶咎焉，焦赣曰：“汉高帝与项籍，其明征也。”（《集解》）（《左传正义·襄公九年》）按随卦内卦震为动，外卦兑为说，说悦也，动而悦则天下之民随之矣，文言曰：“元者善之长也，亨者善之长也，亨者嘉之会也，利者义之和也，贞者事之干也。”持此四德而行，故无咎。如汉高帝刘邦是也，无则凶莫大焉，如项羽之终丧国亡身是也。

象曰：“泽中有雷随，君子以向晦入宴息。”晦，宴也，犹人君既夕之后，入于宴寝，而止息。（《正义》）按孙堂云：“晦，宴也，宴字当从宋本毛本作冥。《尔雅·释言》云：晦，冥也。《公羊传·僖公十五年》《成公十六年》并云：晦者何，冥也。《穀梁传·僖公十五年》义同。又《说文》云：夕者冥也。郑注云：既夕之后，与诸书合，今作宴者，因字形相近而讹。”是也。既，已也，既夕，谓日已夕，晦冥之时也。人君于斯入宴寝而止息。翟元曰：“晦者，冥也，雷者阳气春夏用事，今在泽中，秋冬时也，故君子象之，日出视事，其将晦冥，退入宴寝而休息也。”是也。

初九，官有渝，贞吉，出门交有功。渝，然也。（补）震为大涂，又为日门，当春分阴阳之所交也，是臣出君门，与四方贤人，交有成功之象也，昔舜慎徽五典，五典克从，内于百揆，百揆时序，宾于四门，四门穆穆，是其义也。（《集解》）按渝，然也，据讼卦注补，震为大涂，帝出乎震，故为日门，于四时属春，乃冬夏之交，故为阴阳之所交，舜慎徽五典以下《尚书·舜典》文。盖初九以阳居阳得位居正，故有官有渝贞吉，出门交有功之象。

上六，拘系之，乃从维之，王用亨于西山。《乾凿度》云："随者二月之卦，随德施行藩决难解，万物随阳而出，故上六欲待九五拘系之，维持之，明被阳化而阴欲随之也。譬犹文王之崇至德显中和之美，系民以义当此之时，仁恩所加靡不随从咸悦其德，得用道之王，故言王用亨于西山。"注云："是时纣存，未得东巡故言西山。"（补）

蛊䷑（巽下艮上）

蛊，事也。（《后汉书·谯玄传注》）按序卦传云：蛊者，事也。

先甲三日，后甲三日。甲者造作新令之日，先之三日，而用辛也，欲取改过自新之义，后之三日而用丁也，取其丁宁之义。（《正义》）按此从孙本王本首句是《正义》主，先之以下是《正义》序。古者以以记日，甲者十干之首，十日之始，故人君造作新令之日，皆用甲日，先甲一日为癸，二日为壬，三日为辛，后甲一日为乙，二日为丙，三日为丁。《史记·历书》曰："甲者言万物剖符甲而出也。"《说文》曰："甲，东方之孟阳气萌动。"人君造作新令象之。《律书》曰："辛者言万物之新生。"《律历志》："悉新于辛。"《释名》曰："辛，新也，物初新者皆收成也。"故行先甲三日白辛者，取改过自新之义。《律书》曰："丁者，言万物之丁壮也。"《说文》云："丁夏时万物皆丁实。"故后甲三日用丁者，取其再三丁宁而终成于丁壮丁实也。

初六，干父之蛊，有子考无咎，厉终吉。象曰："干父之蛊，意承考也。"子改父道，始虽利而终则吉，盖其事若不顺，而其意则在于承其父（董氏《会通》《仲氏易》孙本）按《仲氏易》所引略同。孙堂云此及离出涕沱若注，鼎象曰以木巽火注，《会通》引郑氏俱不注明康成云云。今按鼎象曰注见《集解》，离爻辞注首句自目出曰涕，亦见萃卦释文，疑必是康成说。惟此条文义颇不类。毛太史《仲氏易》引作郑玄或别有据。初六居蛊卦之始，外卦艮为少男三至五互震为男，故有子干父事之象。虞翻曰："干，正，蛊，事也。"子改正父之事，始虽广，然终能至令名，故考（父死曰考）无咎，而终则吉也。王弼曰："干事之首时有损益，不可尽承，故意承而已也。"是也。

上九，不事王侯，高尚其事。上九艮爻艮为山，辰在戌得乾气，父老之象，是臣之致事也，故不事王侯是不得事君犹高尚其所为之事。(《礼记正义·表记》）按上九爻辰属于戌，乾为君为父，上九居乾之终故有父老之象，艮为少男，得乾气而生，故上九有臣之致事之象。

临䷒（兑下坤上）

临，元亨利贞。至于八月有凶。临，大也。阳气自此浸而长大，阳浸长也，而有四德齐功于乾，盛之极也。人之情盛则奢淫，奢淫将亡，故戒以凶也。临卦斗建丑，而用事，殷之正月也，当文王之时，纣为无道，故于是卦为殷家著兴衰之戒，以见周改殷正之数云，临自周二月用事，讫其七月至八月，而遂卦受之，此终而复始，王命然矣。（《集解》）按序卦云：临者大也。临之为卦，四阴在上，二阳在下，阳气有浸长浸盛之事，故有四德，齐功于乾，惟盛极必衰，故戒以有凶也，临为十二月之卦，建丑，乃殷之正月也，周建子，以复卦十一月为首月，十二月则周之二月也，遂即古遯字，卦为六月之卦，乃殷之七月，周之八月，阳气将遯藏，故至于八月有凶矣。

九二，咸临，吉无不利。(补)

六五，知临大君之宜吉。临之九二有中和美异之行，应于五位，故百姓欲其与上为大君。(《乾凿度注》)（补）

观䷓（坤下巽上）

观盥而不荐。坤为地，为众，巽为木，为风，九五天子之爻，互体有艮，艮为鬼门，又为宫阙。地上有木，而为鬼门、宫阙者，天子宗庙之象也。(《集解》）诸侯贡士于天子，乡大夫贡士于其君，必以礼宾之，唯主人盥而献宾，宾盥而酢主人，设荐俎，则弟子也。（《乡饮酒礼疏》）按观卦下坤为地为众，上巽为木为风，三至五互艮，为门阙为阍寺。《乾坤凿度》云：“艮为鬼冥门。”故有天子宗庙之象。乡大夫，原作卿大夫，误，孙堂改之是也。《仪礼·乡饮酒礼》云：“主人就先生而谋宾介。……主人再拜，宾答拜。……尊两壶于房户间。……有玄酒在西，设篚于禁南东肆……设洗于阼阶东南……羹定，主人速宾……主人一相迎于门外，再拜宾，宾答拜……主人坐取爵适洗兴，南面，坐尊爵于篚下，盥洗。宾进东北面，辞洗，主人坐尊爵于篚兴对，宾复位，当西序。东面，主人坐取爵沃洗者西北面，卒洗主人壹揖让升。宾拜洗，主人坐尊爵，遂拜，降盥。宾降，主人辞。宾对，复位，当西序卒盥，揖让升，宾西阶上凝立，主人坐取爵实之宾之席前西北面献宾。宾西阶上拜，主人少退。宾进受爵，复位。主人阼阶上拜送爵，宾少退。”此乡大夫贡士，以礼宾之，盥而献宾之礼也。又云：“宾西阶上北面坐卒爵兴，坐奠爵遂拜执爵兴。……宾降洗，主人降……宾坐取爵，适洗南北面，主人阼阶东南面，辞洗，宾坐奠爵于篚，兴对。主人复阼阶东西面，宾东北面盥，坐取爵卒洗，揖让如初升。主人拜洗，宾答拜兴，降盥如主人礼。宾实爵主人之席前，东面酢主人，主人阼阶上拜……”此宾盥而酢主人之礼也。此二盥之礼，皆详赡故足以观也。至于设荐俎，则弟子之事。简略不足观也，故不敢荐。《乡饮酒礼》云：“荐脯醢，宾升席自西方，乃设折俎。”是荐俎之礼不足观也。故曰观盥而不观荐。郑目录云：“诸侯之乡大夫三年大比贤者能者于其君，以礼宾之与之饮酒。”是盥礼所由观也。

风行地上，观，先王以省方观民设教。按史征《周易口诀义》云：“风行地上观者，风如王者风教行于地上，人所观也，先王省方观民设教者，先王以省视万方观看民俗，设施教化。故郑众云：‘从俗所为，顺民之教，故君子治人，不求变俗。’是也。如封太公于齐，五月报政，为简其君臣礼从俗不同。伯禽于鲁，变其俗，易其礼，三年报政也。”袁本引从郑众以下，至最后而封太公以下，以意引之。袁氏曰：“周永年云郑众不注易所引三条，疑康成易注有之，犹周官之载大司农说也。唐时未亡，故史氏得以采人。”然此特史征引郑众之易耳，非康成之易注也，特以引史征经，有类康成，故本篇亦载人，用备参研。

初六，童观，小人无咎，君子吝。童，稚也。（《释文》）按史征《周易口诀义》云：“观之为体下贱上贵也，最处于下，而不近朝廷之美，所观褊狭，如童稚之见，故云童观也。大观若如是，乃小人之见，才得无咎，君子居之，深可鄙吝也。”与郑注，童稚也同，殆发挥郑意者也。

噬嗑䷔（震下离上）

象曰：“雷电噬嗑，先王以明罚敕法。”敕犹理也。一云整也。（《释文》）按《六经正误》云：“郑解敕为理为整。”史征云：“雷动而威，电照而明，明动相合，故曰噬嗑也。敕（即勅也），整理也，谓先王以明鉴之德刑罚兼施，整齐法度也。一可补郑氏之佚。震为动为雷，离为火为明为电，雷动而威，电照而明之象也。

六三，噬腊肉。小物全干曰腊（《释文》）按《释文》云：“腊，音昔，马云晞于阳，而炀于日曰腊肉。郑注周礼小物全干曰腊。”

九四，噬乾胏，得金失，利艰贞吉。胏，簀也。(《释文》) 按《说文》云：“簀，床笺也。第，簀也。”段注：“簀，阻厄切；第，阻兵切，双声字。《诗·卫风》绿竹如簀。”《毛传》云：“簀，积也。”又《玉篇》云：“压酒具。”同醡。《说文》云：“䑛，食所余也，易曰噬乾䑛。胏，扬雄说䑛从朿。”段氏云：“郑云胏，簀也，盖谓胏为策之假借，其说未闻。”盖胏簀二字双声，古音近郑氏遂训为簀者，盖谓胏者积肉而坚硬者也。陆绩曰：“肉有骨谓之胏。”是也。

上九，何校灭耳凶。象曰：“何校灭耳，聪不明也。”离为槁木，坎为耳，木在耳上，何校灭耳之象也。(《集解》) 臣从君坐之刑。(《尚书正义·康诰》) 目不明，耳不聪。(《释文》) 按离于木为科上槁，故为槁木，三至五互坎为耳。故有何校灭耳之象。史征曰：“何，担何也（荷），校枷锁也，灭没也。上九喻人积恶之极，不能惩改，须至担何枷锁以没其耳，将至诛灭之凶。”故有刑诛之罚，臣从君坐之刑亦如之，其所以至此者，乃因目不明，耳不聪也。上九以阳居阴，失位不正，上卦离目，三至五互坎耳，皆不正之爻，故有此象。

贲☶(离下艮上)

贲，亨，小利有攸往。象曰：“贲亨，柔来而文刚故亨，分刚上而文柔，故小利有攸往。”天文也。文明以止人文也。贲，文饰也。离为日。天文也，艮为石，地文也，天文在下，地文在上，天地二文相饰成贲者也。犹人君以刚柔仁义之道饰成其德也，刚柔杂，仁义合，然后嘉会礼通，故亨也。卦互体坎，艮，艮止于上，坎险止于下，夹震在中，故不利大行，小有所之则可矣。(《诗·白驹》《正义》《集解》) 贲，变也，文饰之貌。(《释文》) 按序卦云：贲饰也。贲卦上艮为山为小石，为止，下离为日，为明，故有天文、地文之象。《易大传》曰：“君子知微知彰，知柔知刚，万夫之望。”故刚柔杂，仁义则嘉会礼通而亨矣。二至四互坎为险，三至五互震为行，艮为小石，故小利有攸往。

象曰：“山下有火，贲。君子以明庶政，无敢折狱。”折，断也。(《释文》) 按史征曰：“庶，众也；敢，果也；折，断也。君子以明鉴之德必须审察为众庶之政，无直果敢折断狱讼，当审慎用刑也。”王广曰：“山下有火，文相照也，夫山之为体，层峰峻岭，其形已如雕饰，复加火照弥见文章，贲之象也。”可补郑氏之佚。

初九，贲其趾，舍舆而徒。趾，足。（《释文》）按史征《口诀义》曰："趾，足也，处无位之地，不尚华饰，所饰在于足趾，故曰贲其趾，以其执志耿介，不乘不义之车，而从有义之徒步，故曰舍车而徒也。"盖初九以阳居阳，得正而处于下位，故有此象。《释文》云："车，郑张本作舆，从汉时始有车音。"

舍舆而徒，义不乘也。（晁氏）按不乘，今易作弗乘。

六四，贲如皤如。皤音烦。（《释文》）六四，异爻也，有应于初九，欲自饰以适初，既进退未定，故皤如也。（《礼记正义·檀弓》）按孙堂云："皤元本作燔，山井鼎引元文同，《顾氏易》音引作皤，云汉蔡邕述行赋，乘马皤而不进兮即此字，今据改正，《陆绩易》皤字同。"盖六四以阴居阴，得正而应于初九，六四，为巽爻之主，巽为进退不果也，故贲如皤如也。

白马翰如，匪寇婚媾。翰，寒按反。（《释文》）谓九三位在辰，得巽气为白马，翰犹干也，见六四适初未定，欲干而有之。（《礼记正义·檀弓》）按九三于爻辰属于辰，巽为白，坎于马为美脊。故有白马之象。《释文》云："翰，干也。"（卢本）九三欲取四而有之，故有干如之明。匪寇婚媾与屯六二同，盖二、三、四互坎为寇盗，三欲盗四，而四实欲应初，史征曰："若非九三与己为寇难，即与初已为婚媾，故曰匪寇婚媾。"是也。

剥䷖（坤下艮上）

剥，不利有攸往。象曰："剥，剥也。柔变刚也，不利有攸往，小人长也。顺而止之，观象也。君子尚消息盈虚，天行也。"阴气侵阳上至于五，万物零落，故谓之剥也；五阴一阳，小人极盛，君子不可有所之，故不利有攸往也。（《集解》）直剥落伤害，使万物不得安全而已，然不能决君子。（《易纬·乾凿度注》）（补）按史征曰："剥，落也，以阴剥阳，以小人损君子，是小人道长，侵害君子，故君子不利有攸往。"剥之为卦，五阴而一阳，阳为君子，阴为小人，故小人极盛。阴之侵阳，由初而上至于五，故有万物零落之象，然上九硕果独存，非阴所能剥，故不能决君子。

象曰："山附于地，剥。上以厚下安宅。"剥，落下也，剥道圣人凌犯，相推荡象，若不和万物不美也，形若不正，万业必为崎斜，乾坤将尽，蹇剥而行，大崔搜之释也。（《乾坤凿度注》）（补）按君上见剥之为道如此，故以厚下安宅，使其不剥也。此未必为郑注。姑附之。

初六，剥床以足，蔑贞凶。蔑，轻慢。（《释文》）按初六居剥之时，故有剥其床足之象，若轻慢正道，终必有凶。

六二，剥床以辨，蔑贞凶。足上称辨，谓近膝之下，屈则相近，信则相远，故谓之辨，辨分也。（《集解》）按信者伸也，辨者床桯之间，床足之上，分辨之处也。盖剥之渐盛，正道凌夷，所以凶也。《释文》云："辨，郑符免反，足上也。"则节引也。

六四，象曰："剥床以肤，切近灾也。"切，急也。（《释文》）按床尽剥尽而至于床上人之肌肤，已危急而灾近矣。

六五，贯鱼以宫人宠，无不利。阳衰之时，若能执柔顺以奉承君子，若鱼之序然后能宠无不利也。（《易纬·乾凿度注》）（补）

上九，硕果不食，君子得舆，小人剥庐。小人傲很当剥彻庐舍而去。（《天官·遣人疏》）按阳为实，上九居剥之终，已独不为阴所剥，是硕果仅存者也，于君子则终能得舆，小人则终当剥庐舍而去。

复䷗（震下坤上）

复亨。复，反也，还也。阴气侵阳，阳失其位，至此始还，反起于初，故谓之复。阳，君象，君失国而还反，道德更兴也。（《春秋正义》）按复者十一月之卦，建子，阴之侵阳至遘，五月一阴始生，历遂（遁）否。观剥而至于坤，十月建亥，阳气息灭，至复，一阳复生于下，始返于初，故谓之复，阳为君，阴为臣，故有君失国而反，更兴道德之象。

七日来复。建戌之月，以阳气既尽，建亥之月，纯阴用事，至建子之月，阳气始生，隔此纯阴一卦，卦主六日七分，举其成数言之，而云七日来复。（《正义序》）孙堂云："此条《群书考索续集三》亦引。"按建戌九月，剥时也，阳气剥落至极，至十月建亥，坤时纯阴用事，至复十一月建子，阳气始生，孟京卦气图以六十卦当一年三百六十五又四分之一日，每卦主六日七分，从坤至于复，须经六日七分，举其成数而言，故云七日来复。

象曰："先王以至日闭关，商旅不行。"资货而行曰商。旅，客也。（《释文》）按复十一月冬至之卦，阳气始复于下，其气微弱，故先王体之，而以冬至之日闭关商旅不行，以息阳气也。

初九，不远复，无祇悔。元吉。祇，病也。（《释文》）按初九居正得位，居复之时能不远而反，无病于悔，大吉之道也。

六三，颦复厉，无咎。按《释文》云："频，郑作颦，马云忧频也。”《古易音训》引晁氏曰：“郑作卑。按：卑，古文频字。”虞翻曰：“频蹙也，三失位，故频复厉，动而之正，故无咎。”可补马郑之佚。卑频颦三字，古今字。

六四，中行独复。爻处五阴之中，度中而行，四独应初（《汉上易传》）按六四上有五上二阴，下有二三二阴，四独处其中，故曰中。史征曰:“独应于初，即是弃恶归善，处四阴之中，独得善复。”足备参研。

六五，敦复无悔。象曰：“敦复无悔，中以自考也。”考，成也。（《释文》）按史征曰：“敦，厚也，处尊位以敦厚之德，而能考成其行，故无悔而已也。”足补郑氏之佚。

上六，迷复凶，有灾眚，用行师，终有大败，以其国君凶，至于十年不克征。异自内生日眚，自外曰祥，害物曰灾。（《释文》）按《释文》云：“一灾，郑作烖，按《说文》烖，正字也，灾或字也，灾，籀文也。”史征曰：“伤害曰灾，妖祥曰眚。上为最处复后，是迷暗而更求复也，以迷求复，去善既远，必至凶灾，故曰迷复凶，有灾眚，用此迷暗之人，兴行师旅，终有大败，若用于其国内，即违君道，纵使修身改悔，至于十年，犹不能征进矣。”如纣之迷而不复，终蹈亡国灭家之祸是也。

无妄☳☰（震下乾上）

妄犹望，谓无所希望也。（《释文》）按妄与望音同，郑氏本马氏说而以假借说之。此杨何之易。今释为无虚妄者，辅嗣之易。

无妄之往何之矣。妄之言望，人所望，宜正行，必有所望，行而无所望，是失其正，何可往也。（《后汉书·李通传》）

天命不佑，行矣哉。佑，助也。（《释文》）按《释文》云：“佑，音又，郑云助也，本又作祐，马作右，谓天不右行。”右即古佑字，天不佑助，岂可行哉。

象曰：“天下雷行，物与无妄，先王以茂对时育万物。”《易纬·坤灵图》云：“帝必有洪水之灾……天无云而雷，先王以茂对时育万物。”注云：“茂，勉也；对，遂；育，长也。天之将雨，必先兴云而后雷，今乾在上，下无坎而有震，是以雷行天下，无云而雷，洪水之时，人苦雨之多，故尧于是茂勉遂其教令，以养万物，以是众庶艰食得以糊口焉。”（补）

六二，不耕获，不菑畬凶。言必先种之乃得获，若先菑乃得畬也。

安有无事而取利者乎。田一岁曰菑，二岁曰畬，三岁曰新田。（《礼记·坊记注》）（补）按凶今本多作利有攸往，郑易众本皆辑“一岁曰菑，二岁曰新田，三岁曰畬。”此条采《芑诗笺》也，实非易注，今补而正之。虞翻注亦云：“田在初，一岁曰菑，在二、三岁曰畬。”可证易注以二岁为畬。言必先种之乃得获，以下众本皆无，今补之。《坊记正义》曰：“无妄震下乾上，六二既在震卦居中得位，宜合仕者，谓合事九五，被六三所隔，不得往仕，是道之不行，虽食其禄，犹不耕获刈，不菑畬田，无功得物是其凶。”余昔读三礼又采获郑注“初爻非坤，故不菑而作畬”一条，可补于此。

大畜䷙（乾下艮上）

刚健笃实，辉光日新，其德刚上而尚贤。按《释文》云：“郑以日新绝句，其德连一句。”

不家食吉，养贤也。自九三至上九有颐象，居外，是不家食吉，而养贤。(《表记正义》）按三至上体颐，此四画之互卦。颐者养也，阳为贤，故有养贤之象。史征曰：“有大畜之财，当须养赡贤人，使贤德食禄，非食自家之食也。”可备参研。

九三，良马逐逐，利艰贞吉，日闲舆卫，利有攸往。逐逐，两马走也，日人实反。闲，习，日习车徒。(《释文》）按虞翻曰：“乾为良马，震为惊走，故称逐也，谓二已变三在坎中，故利艰贞吉，离为日，二至五体师象，坎为闲习，坤为车舆，乾人在上，震为惊卫，讲武闲兵，故曰日闲舆卫也。”可备参研。逐逐，今各本皆作逐。孙堂云：“《颜氏家训·书证篇》引此亦作逐逐。”是汉易相传多如此也。人实反，则为日月之日。闲习车徒，然后可以往征，故曰利有攸往。

六四，童牛之梏。元吉（晁氏谓梏，郑作角，非也）。巽为木，互体震，震为牛之足，足在艮体之中，艮为手，持木以就足，是施梏。(《大司寇疏》）牛在手曰梏，牛无手，故以前足当之。(《周礼·天官内饔疏》）谓梏前足也。(《左传·庄公三年疏》）按《周礼·大司寇疏》引郑志答冷刚问义同。三至五互震，震为足为木，震反巽，巽亦为木，上卦艮为手，为童，乾反坤，坤为牛。故有童牛之梏之象，童牛而梏之则不至大而触害于人，故吉。

六五，豮豕之牙，吉。牙读为互。(《释文》）按孙堂云：“互，隶书或作彑，与牙形相近，故郑读为互，雅雨堂本互作彑，凡互体之互亦作𤜶，《广韵》云：互俗作𤜶。”是也。《周礼·地官牛人》：“凡祭祀供其牛牲之互。”郑司农云：“互谓福衡之属。”康成云：“互若今屠家悬肉格。”《秋官修闾氏》注：“互谓行马所以障互禁止人也。”《说文》云：“豕去势曰豮。”李道平云：“豕刚躁去势，令不害物。”盖以福衡悬肉格之属，拘刚躁之豮豕，所以障互禁止其不害物也。六五应于九二，二刚而失位，当大畜之时，五畜止之，令不越轨，故吉也。

上九，何天之衢，亨。艮为手，手上肩也，乾为首，首肩之间，荷物处，乾为天，艮为径路，天衢象也。（《后汉·崔骃传注》）按大畜上艮下乾，故有此象。《尔雅·释宫》云：“四达谓之衢。”能荷当天衢，则才高而畜大，亨通至极矣。

象曰：“何天之衢，道大行也。”人君在上位，负荷天之大道。（《文选注》十一）

颐䷚（震下艮上）

颐，贞吉，观颐，自求口实。彖曰：“颐贞吉，养正则吉也。”观颐，观其所养也。自求口食，观其自养也。颐，口车辅之名，震动于下，艮止于上，口车动而上，因辅嚼物以养人，故谓之颐。颐，养也，能行养则其干事，故吉矣。二五离文皆得中，离为目，观象也。观颐，观其养贤与不肖也。颐中有物曰口实，自二至五有二坤，坤载养物，而人所食之物皆存焉，观其求可食之物，则贪廉之情可别也。（《集解》）按《左传·僖公五年》辅车相依注云：“辅，颊；辅车，牙车。”疏云：“辅为外表，车为内骨。”辅，口两旁之面颊也。辅车即牙车，亦即口中牙床是也。颐，《说文》云：“颔也。”即鼻下至下颌间。所以嚼物饮食以养人者也。序卦曰：颐者养也。养正，则能干事，故文言曰：贞者事之干也。故吉矣。离爻在六二六五。离为目，故有观颐之象。口实，谓口中有物，实其中也。二至五体坤，且二至三，三至五皆互坤，故有二坤，坤厚载物能生养万物，故有口实之象。观其所养之贤与不肖，则可知其人之贤否；观其自养，则可知其人之廉贪。

天地养万物，圣人养贤以及万民，颐之时大矣哉。（补）按《仪礼·乡饮酒礼》：“亨于堂东北。”郑注云：“阳气主养，易曰：天地养万物，圣人养贤以及万民。”贾疏云：“引易颐，彖辞者，养取养贤能而宾兴之事也。”

初九，舍尔灵龟，观我朵颐凶。《周礼·龟人》：“天龟曰灵属。”

郑注："天龟玄，天龟俯。"（补）朵，动也。（《释文》）按灵龟即天龟，色玄而伏者也，用之以卜最灵，故曰灵龟。史征云："灵龟谓神灵明兆之物，喻己之明德。朵犹动也，嚼也。喻贪婪躁求食禄之人，当养贤之初不能修德待用，而贪羡它人躁欲求之，如舍己明德贪窃躁求所以凶也。"足以补郑氏之佚。

六四，颠颐吉，虎眂眈眈，其欲逐逐，无咎。（补）按《周礼·大师》注："眂读为虎眂之眂，眂瞭目明者。"贾疏："虎眂之眂者，易颐卦六四云：虎眂眈眈，其欲逐逐无咎，是也。云：眂瞭目明者，以其工。"《玉篇》云："眂，古文视字。"《类篇》云："视也。"是眂即视之古文，今易多作视，从今文也。

上九，象曰："由颐厉吉，大有庆也。"君以得人为庆。（《汉上易传》）按得人谓得贤人也。

大过䷛（巽下兑上）

阳爻过也。（《汉上易传》）按彖云："大过，大者过也。"阳大阴小，今四阳在中，二阴在外，是阳爻过也。

九二，枯杨生荑，老夫得其女妻。枯谓无姑山榆。榆，羊朱反，荑，音夷，荑木更生，谓山榆之实。（《释文》）以丈夫年过娶二十之女，老妇年过嫁三十之男，皆得其子。（《诗正义·桃夭》）按《释文》云："稊，徒稽反，杨之秀也。"诸本多作稊。榆，《说文》云："白枌。"陆机《草木疏》云："榆有十种，叶皆相似，皮及木理异。"《尔雅·释榆》者三，一曰櫙茎，二曰无姑，其实夷。郭注："无姑，姑榆也，生山中，叶圆而厚，所谓芜荑是也。"三曰榆，白枌。郑注盖以为姑榆也。盖九二居大过之时，以阳居阴，失位不正，故有枯杨生荑之象，犹男女之过以相与，以婚配皆各得其子也。巽为木，乾为老为父，兑为少女为泽，巽为长女，为老妇，故有此象。

坎䷜（坎下坎上）

六三，来之坎坎，检且枕。入于坎窞勿用。木在手曰检，在首曰枕。（《释文》）按六三失位不正，当坎险之时，内外皆坎，不能出险，故有来之坎坎，受尽阻难，或木加于手，动而不得或木枕于首，出而未能，进入坎窞之象。

六四，尊酒簋贰用缶，内约自牖，终无咎。六四上承九五，又互体在震，上爻辰在丑，丑上值斗，可以斟之象，斗上有建星，建星之形似簋，贰副也，建星上有弁星，弁星之形又如缶，天子大臣以王命出会诸侯，主国尊于簋，副设元酒，而用缶也，（《诗正义·宛丘》《礼器正义》）按二至四互震，震主祭器，坎为酒，故有尊酒簋贰用缶之象，簋所以盛黍稷，缶所以盛酒浆。六四爻辰在丑，丑者日月会于星纪之辰也。上值斗二十二度，斗者二十八星宿之一，其形象斗，故以是而名，斗上为建星，建星似簋，故有簋象。建星上即弁星，弁星似缶，故有缶象。此亦簋缶之象也。盖六四得正，为诸侯之位，上承于九五，天子之位，犹天子之大臣以王命会诸侯。而受主国享晏，得饮食之正也。然于坎险之时，节约以献，自牖以进，终得无咎也。

九五，坎不盈，祇既平，无咎。祇当为坻，小邱也。（《释文》）按小邱而平，坎险不满，终有出险之时，故无咎。

上六，系用徽纆，寘于丛棘，三岁不得凶。系，拘也，爻辰在巳，巳为蛇，蛇之蟠屈似徽纆也。三五互体艮，又与震同体，艮为门阙，于木为多节，震之所为，有丛拘之类，门阙之内，有丛木多节之木，是天子外朝，左右九棘之象也。外朝者所以询事之处也，左嘉石，平罢民焉，右肺石，达穷民焉。罢民，邪恶之民也。上六乘阳有邪恶之罪，故缚以（一作约）徽纆，置于丛棘，而使（一作后）公卿以下议之，其害人者置之圜土，而施职事焉，以明刑耻之，能复者上罪三年而赦，中罪二年而赦，下罪一年而赦，不得者不自思以得正道，终不自改而出诸圜土者杀，故曰凶。（《公羊疏》）按系，一作系，音义同。徽纆，黑索也。寘，置也。三至五互艮，二至四互震，艮为手为门阙，于木为坚多节，震为萑苇，为苍筤竹，且上六爻辰属于巳，巳于十二生肖属于蛇，于二十八星宿为冀，冀星即冀火蛇也。有绳象，故有系用徽纆，寘于丛棘之象。盖上六当坎险之时，乘于九五阳刚之上，犹有邪恶之罪者，被缚以索，置于囚狱之中者也。此凶之道也。《周礼·朝士》云："朝士掌建邦外朝之法，左九棘孤卿大夫位焉，群士在其后；右九棘公侯伯子男位焉，群吏在其后；面三槐三公位焉，州长众庶在其后；左嘉石，平罢民焉；右肺石，达穷民焉。"谓三公九卿共断邪恶者之罪也，又《司圜》云："掌收教罢民，凡害人者弗使冠饰而加明刑焉。能改者上罪三年而舍，中罪二年而舍，下罪一年而舍，其不能改而出圜土者杀。"郑注盖本乎此。

离☲（离下离上）

明两作离，大人以继明照于四方。作，起也。（《释文》）明两者，取君明，上下以明德相承，其于天下之事，无不见也。（《文选注》二十一）按离为明，上下两离，故云明两作，犹言君臣上下以明德相承，故政事理，庶业兴，而四方咸被其泽也。

初九，履错然，敬之无咎。象曰：“履错之敬，以辟咎也。”错，七各反。（《释文》）《周礼·考工记》：“弓人角紾而昔。”郑注：“昔读履错然之错。”（补）按贾疏云：“玄谓昔读履错然之错者读从复卦爻辞。”非也，此实离初九之辞。

六二，黄离元吉。离，南方之卦，离为火，土讬位焉。土色黄，火之子，喻子有明德，能附丽于其父之道，文王之子发旦，是也。慎成其业，吉矣。（《文选注》二十、《御览》一百四十六、《初学记·储宫部》略同）按说卦云：“离南方之卦也。”又云：“离为火。”于五行生克，火生土，故火者土所讬位。土者火之子也。土色黄，故云黄。离，附丽也。黄离者，犹子附丽于父也，如周武王姬发周公旦有明德，能附丽于文王之道，而顺成其业，大吉者也。盖六二居中得正，故元吉。

九三，日昃之离，不击缶而歌，则大耋之嗟。《释文》云：“鼓，郑本作击。凶，郑无凶字。”艮爻也，位近丑，丑上值弁星，弁星似缶。《诗》云：“坎其击缶。”则乐器亦有缶。（《诗正义·宛丘》）耋，年逾七十也。（《诗正义·车邻》、《礼记正义·射义》）按艮卦卦主在九三，故云艮爻在三，六四爻辰在丑。九三近于六四，故云位近丑，丑上在二十八星宿属土。斗上有弁星。弁星如缶，故有缶象。所引《诗》即《陈风·宛丘》之末章，盖九二居下离之终，故有巳巳下侧之象，犹人之中年以后也，人中年后，如不乐天知命，击缶而歌，而乃悲哀永年，则至老而徒自嗟叹，将不永年矣。

九四，㐬如其来如，焚如，死如，弃如。震为长子，爻失正。又互体兑，兑为附决。子居明法之家，而无正，何以自断，其君父不志（孙氏云：“志一作忍。”）也，㐬如，震之失正。不知其所如。又为巽，巽为进退，不知所从。不孝之罪，五刑莫大焉。得用议贵之辟刑之，若如所犯之罪焚如，杀其亲之刑。死如，杀人之刑。弃如，流宥之刑。（《秋官·掌戮疏》）按离为火，为焚，三至五互兑，为附决，为毁折，二至四互巽，为进退不果，故有突如来如，焚如死如，弃如之象。九四以阳居阴，失位不正，变正，则三至五互震，震为长子，离为明，二至四互坎为法，子居明法之家，而失位不正，何以自断其命？为其君父者不忍心见其死也，其志亦不忍亲见其子之自己了断也，故弃之可也，变震为行，今失位未变也，故突如来如，不如其所如。《孝经》云：“五刑之属三千，罪莫大于不孝。”君父处此不得已，故以议贵之法刑之。《周礼·秋官·小司寇》“以八辟丽邦法附刑罪”，其六曰：“议贵之辟”。辟，法也。谓以议贵之法处之也。《周官·掌戮》云：“凡杀其亲者焚之。凡杀人者踣诸市，肆之三日。”踣，僵尸也。故焚如，为杀亲之刑罚。死如，为杀人之刑罪。弃如则为放逐流放之刑罚，《书经》所谓“流宥五刑”是也。

六五，出涕沱若，戚嗟若，吉。象曰：“六五之吉，丽王公也。”自目出曰涕，人为烟所冲，则出涕，曰沱若。以下卦离火，冲突之烈也。（董氏《会通》）《释文》云：“离，音丽，郑作丽。王肃云丽王者之后为公。”按六五以阴居阳，失位不正，下卦离火薰于前，伏坎为水，故有出涕沱若之象，能忧之而附丽于王公则吉。

下经

咸䷞（艮下兑上）

咸，亨，利贞，取女吉。彖曰：“咸，感也，柔上而刚下，二气感应以相与，止而说，男下女，是以亨利贞，取女吉也。”咸，感也，艮为山，兑为泽，山气下。泽气上，二气通而相应，以生万物，故曰咸也。其于人也嘉会礼通，和顺于义，干事能正，三十之男，有此三德，以下二十之女，正而相亲说，娶之则吉也。（《集解》）与犹亲也。（《释文》）按咸上卦兑为泽，下卦艮为山，二气感应相通，故曰咸亨。嘉会礼通释亨。和顺于义释利。干事能正释贞。皆本文言。《周礼·媒氏》：“令男三十而娶妻，女二十而嫁。”注云：“二三者天地相承覆之数也。易曰：参天两地而奇数焉。”故三十之男以下二十之女，艮止而兑悦，少男婚少女，正而相亲，刚柔皆应故娶女吉也。

初六，咸其拇。拇，足大指也。（《释文》）按史征云：“拇是足大指，初六处感之始而应于四，喻体之中在于足指，相感微浅故无吉凶悔吝也。”虞翻曰：“母，足大指也，艮为指，坤为母，故咸其母。”可补郑氏易之佚。

六二，咸其腓。膞，肠也。膞，市兖反。（《释文》）按史征云：“腓，膞腨也。腓体动躁或屈或伸，不能安静，若以躁感物必致空灾，若静而相感，即怀吉庆。”可备参研。

九五，咸其脢无悔。脢，背脊肉也。（《释文》）按虞翻曰：“脢，夹脊肉也，四已变故咸其脢，得正故无悔。”史征曰：“脢，背脊也，夫感应之道贵乎心实，今九五所感在于脢，明其非在衷心，薄于交义，故但无悔而已。”可补郑氏之佚。

上六，咸其辅颊舌。象曰：“滕口说也。”滕，送也。（《释文》）咸道极薄，徒送口舌，言语相感而已，不复有志于其间。（《正义》）按孙堂云：“《正义》云：滕，郑元作媵。朱子云：滕腾通用。按今文腾，古文作媵，《仪礼燕》及《大射篇》媵觚于宾。注云：媵，送也。今文媵皆作腾，《公食大夫篇》众人腾羞者。注云：腾当作媵。”是也。虞翻曰：“耳目之间称辅颊，四变为目，坎为耳，兑为口舌，故曰咸其辅颊舌。滕，送也，不得之三，山泽通气，故滕口说也。”史征曰：“辅颊是言语之具，上六咸道之末，所感在于口舌颊颔之间，不能以心相感，但滕达口舌传说而已。”可备参研。

恒䷟（巽下震上）

恒，亨，无咎，利贞。象曰：“恒，久也。刚上而柔下，雷风相与，巽而动，刚柔皆应恒。恒亨无咎利贞，久于其道也。”恒，久也。巽为风，震为雷，雷风相须而养物。犹长女承长男，夫妇同心而成家，久长之道也。夫妇以嘉会礼通，故无咎。其能和顺干事所行而善矣。（《集解》）按恒上卦震为雷，为长男为刚，下卦巽为风为长女为柔，夫妇同心，则家道久长，此乃嘉美之会合，故足以合礼而亨通无咎。又能和悦于义，而干以正道，故所行善矣。

象曰：“雷风恒，君子以立不易方。”史征云：“先儒皆云：雷资风而益远，风假雷以增威，故君子以立不易方，方道也。言君子立身修行，举事合宜，不移其道，宜于世俗也。”（补）

初六，濬恒，贞凶无攸利。按《释文》云：“浚，深也，郑作濬。”《古易音训》引晁氏曰：“濬，古文；浚，篆文。”《玉篇》云：“濬，深也，同浚，古文作濬。”是郑用古文。

九三，不恒其德咸承之羞。《释文》云：“或，一云常也，郑本作咸承。”爻得正，互体为乾，乾有刚健之德，体在巽，巽为进退，不恒其德之象。又互体兑，兑为毁折，是将有羞辱也。（《缁衣正义》《后汉书·马廖传》注义同）按九三以阳居阳，得正，二至四互乾，体巽为进退不果，三至五互兑为毁折。故有此象。

六五，恒其德贞，妇人吉，夫子凶。象曰：“妇人贞吉，从一而终也。”夫子制义，从妇凶也。以阴爻而处尊位，是天子之女。又互体兑，兑为和说，至尊主家之女，以和说干家事，问正于人故为吉也，应在九二，又男子之象，体在巽，巽为进退，是无所定，而妇言是从，故云夫子凶也。(《缁衣正义》)按康成注《缁衣》云:“侦,问也,问正为侦,妇人从人者也,以问正为常德则吉,男子当专行干事,而以问正为常德,是亦无恒之人也。”疏即引郑注易以互证。侦,贞也,五为天子位,而六五以阴爻处之,又互兑为少女,故为悦,故有天子之女和悦干事,问正于人之象。应在九二,互乾为男子之象,体巽进退不果,故从妇凶矣。

上六,振恒凶。象曰:“振恒在上,大无功也。”振,摇落也。(《释文》)按体震为动为震,故有摇落之象。上六处恒之极,极则将变,又体震动,故摇落其恒。摇落常轨,故凶。

遯䷠(艮下乾上)

按《释文》云:“遯,又作遂,又作遁,同隐退也。郑云逃去之名。”孙本作遂,今不从。《集解》《释文》皆作遯。

遯,亨,小利贞。象曰:“遯亨,遯而亨也。刚当位而应,与时行也。小利贞,浸而长也。遯之时义大矣哉。”遯,逃去之名也。艮为门阙,乾有健德,互体有巽,巽为进退,君子出门,行有进退,逃去之象。二五得位,而有应,是用正道,得礼见召聘,始仕他国,当尚谦谦,小其和顺之道,居小官,干小事,其进以渐,则远妬忌之害。昔陈敬仲奔齐辞卿是也。(《集解》、《释文》、《汉上易传》、《周易窥余》、《义海撮要》皆节引)按遯上乾下艮,二至四互巽,故有遯逃之象,六二,九五皆得阴阳正位,故曰刚当位而有应,是犹用正道得礼见召聘者也。始仕于他国,羁旅他邦,当以谦谦之道,卑下以自牧,艮为小,故宜居小官。小其和顺之道,而进以进,斯能远害而全身。如昔陈公子完(敬仲)奔齐,桓公使之为卿而辞,乃使之为工正是也,惟其如此,故能远害,而其后遂有齐国。

九三,象曰:“系遯之厉,有疾惫也。”惫,困也。(《释文》)按九三以阳居阳,得位居正,当遯之时,无应于上,是系于遯而不悟者也,故有疾困也。

九四,好遯,君子吉,小人否。否,备鄙反,塞也。(《释文》)按九四当遯之时,应于初,故好遯君子吉。惟以阳居阴失位不正,而上承于五,小人处之,则沉迷于禄仕而不能遯也,故小人否。

大壮䷡(乾下震上)

壮,气力浸强之名。(《释文》)

九三，羝羊触藩，累其角。（《释文》）大壮，九三爻主正月阴气犹在，故羝羊触藩而累其角。（《乾凿度注》）（补）按《释文》云：“羸，马云大索也，郑虞作累。”二字音同，纍为本字。盖九三当大壮之时，应于上六，然四五在其前，互兑为毁折，为羊。故有独藩累角之象。

九四，藩决不羸。九四主二月，二月之时，阳气已壮，施生万物而阴气渐微，不能为难以障闲阳气，故曰藩决难解也。

六五，丧羊于易，无悔。易音亦，谓佼易也。（《释文》）按虞翻曰：“四动成泰，坤为丧也，乾为易，四上之五，兑还乾，故丧羊于易。动各得正而处中和，故无悔矣。”可备参研。

上六，象曰：“不祥也。”祥，善也。（《释文》）按虞翻曰：“乾善为详，不得三应故不祥也。”祥、详古通。

晋䷢（坤下离上）

晋康侯用锡马蕃庶。康，尊也，广也；蕃，发袁反；庶，止奢反；谓蕃遮禽也。（《释文》）按晋，进也，坤为广，为众，初失位，动正成震为候。为马作足，故有康侯进而受王之锡蕃多之象。

昼日三接。接，音捷，胜也。（《释文》、《集韵》及《群经音辩》引并同）按孙堂云：“《礼记·内则》注接读为捷，捷，胜也。与此训合。《春秋左氏·庄公十二年》经宋万弑其君捷，《公羊》《穀梁》捷字皆作接，是接与捷古通。”是则郑氏以接为捷，故释为胜也。

象曰：“明出地上，晋。君子以自照明德。”明而顺，日新其德。（《乾坤凿度》）（补）地虽生万物，日出于上，其功乃著，故君子法之，而以明自照其德。（《集解》）按晋卦上离为日为明，下坤为地。

初六，晋如摧如。摧读如“南山崔崔”之崔。（《释文》）按初六以阴居阳失位不正，当晋卦之时，未能前进。故有晋如摧如之象。《正义》云：“摧退也。”《集韵》亦释为退。晋如摧如者欲进而未能前进也。

六二，晋如愁如。愁，子小反，变色貌。（《释文》《群经音辩》）按：六二居中得位，当晋卦之时，欲进而上无其应。且三至五互坎，坎险在其前，故有进而遇险，而变色之象。

九四，晋如硕鼠，贞厉。《诗》云：“硕鼠硕鼠，无食我黍。”谓大鼠也。（《正义》）按硕鼠一作鼫鼠。陆玑疏云：“今河东有大鼠能人立，交前两脚于颈上，跳舞善鸣，食人禾苗，人逐则走，入树空中，亦有五伎，或谓之雀鼠，其形大，故序云大鼠也。魏国今河北县言其方物宜谓此鼠，非鼫鼠也。”孙堂云：“此作硕鼠，训之为大，不作鼫鼠之字。”是也。九四当晋之时，失位不正，而前临尊位，后为坤众，故有晋如硕鼠之象。虽正当晋卦之时，亦危厉。

六五，矢得勿恤。（《释文》）按《释文》云：“失，孟马郑虞王肃本作矢。马王云离为矢。”虞翻云：“矢古誓字。誓，信也；勿，无；恤，忧也。五变得正，坎象不见故誓得勿恤，往有庆。”可备参研。

明夷䷣（离下坤上）

明夷，利艰贞。夷，伤也，日出地上，其明乃光，至其入地，时则伤矣，故谓之明夷。日之明伤，犹圣人君子有明德而遭乱世，抑在下位则宜自艰，无幹事，政，以避小人之害也。（《集解》）反体凌荡，圣人不愈。（《乾坤凿度》）（补）按序卦曰：夷者伤也。明夷之为卦，离日在坤地之下，其明为蔽，故曰明夷也。犹圣人君子处乱世抑于下位，宜守艰贞以避小人之害。

内文明而外柔顺，以蒙大难，文王似之。蒙，犹遭也。（《释文》）按《释文》云：“文王以之，郑荀向作似之，下亦然。”惠氏曰：“古似字作以。”宋翔凤曰：“古以似通用。”孙堂曰：“《汉书·高帝纪》夫子儿比以君。《史记》以作似。”是二字固可通用。内文明，内卦离为文明，外柔顺，外卦坤为柔顺。

内难而能正其志，箕子似字。（《释文》）

象曰：“明入地中，明夷，君子以莅众，用晦而明。”《诗·小雅》：“垂带而厉。”郑笺：“而亦如也。”（补）按虞翻曰：“而，如也，君子谓三，体师象，以坎莅坤，坤为众为晦，离为明，故用晦如明也。”可备参研。

六二，明夷睇于左股。旁视为睇，六二辰在酉，酉在（一作是）西方，又下体离，离为目，九三体在震，震东方，九三又在辰，辰得巽气为股，此谓六二有明德，欲承九三，故云睇于左股。（《内则正义》）按《释文》云：“夷，子夏作睇，郑陆同云旁视曰睇。”三至五互体为震，六二爻辰属酉，酉属于西方金，九三爻辰在辰，辰为寿星之次，甲辰配巽木。（费氏《周易分野》）故辰土得巽气，巽为股，阳为左，六二欲上承九三，故睇于左股。

用拯马壮吉。拯，承也。（《释文》）按三至五互震，震于马为作足，九三阳刚得位，六二居中得正，当明伤之时，得上承于九三，则得吉矣。

家人䷤（离下巽上）

初九，闲有家，悔亡。闲，习也。（《释文》）按初九居家人之始，以阳居阳，得位居正，故有闲习家事之象，悔亡者也。

六二，无攸遂，在中馈，贞吉。二为阴爻，得正于内；五阳爻也，得正于外；犹妇人自修正于内，丈夫修正于外。无攸遂，言妇人无敢自遂也。爻体离，又互体坎，火位在下，水在上，饪之象也。馈，酒食也，故云在中馈也。（《后汉书·杨震传注》《王符传注》）按：六二以阴居阴，得正于内卦之中，应于九五，五亦得正于外，下卦离火，二至四互坎水，故有酒食馈饪之象。妇人得正于内，唯主中馈而已，余于所遂也。

九三，家人熇熇，悔厉吉。熇熇，苦热之意。（《释文》）按嗃，晁氏易作熇，今从之。九三居家人之时，以阳居阳，下体离火，故有治家刚猛，先则苦而危，后则吉之象。

妇子嘻嘻终吝。嘻嘻，骄佚喜笑之意。（《释文》）按骄佚喜笑，失家之节，终必有吝。

九五，王假有庙，勿恤吉。假，登也。（《释文》）按五为王位，九五以阳居阳，处尊得位，居家人之时，故有王登其庙，家道已成之象，故勿恤吉。

睽䷥（兑下离上）

按《释文》："睽，马郑王肃音圭。"

睽，小事吉。彖曰："睽火动而上。泽动而下，二女同居，其志不同行。说而丽乎明，柔进而上行，得中而应乎刚，是以小事吉。"睽，乖也。火欲上，泽欲下，犹人同居而志异也，故谓之睽。二五相应，君阴臣阳，君而应臣，故小事吉。（《集解》）按睽上离为火，为中女，下兑为泽，为少女，火性炎上，泽性润下，其性乖违，故有睽乖之象。五为君位，而六五以阴处之，阴为小，而应于九二，皆得中，故小事吉。

六三，其牛觢。牛角皆踊曰犎。（《释文》）按《尔雅》云："角一俯一仰，觭皆踊，破觢。"《释文》云："本或作犎。"今易作掣。

上九，先张之弧，后说之壶。按《释文》云："后说之弧，京马郑王肃翟子元作壶。"

蹇䷦（艮下坎上）

蹇，利西南，往得中也。中，和也。（《释文》）

初六，象曰："往蹇来誉，宜待时也。"（《释文》）按《释文》云："宜待也，郑本作宜待时也。"

六四，往蹇来连。连（如字），迟久之意。（《释文》）按虞翻曰："连，辇；蹇，难也。在两坎之间，进则无应，退初介三，故来连也。"王弼曰："往则无应，来则乘刚，往来皆难。故曰往蹇来连。"可备参研。

解䷧（坎下震上）

天地解而雷雨作，雷雨作而百果草木皆甲宅。木实曰果。解读如人倦之解，解谓坼嘑，皮曰甲，根曰宅，宅，居也。（《文选·蜀都赋注》）按解，谓懈也。谓雷雨兴，而百果草木皆萌牙生根而安居也。又王本张本及吾友胡君引此皆作"皆读如人倦之解，此从惠本及孙本"。

上六，公用射隼于高墉之上，获之无不利。小城曰墉。（《礼记·王制注》）《周礼·秋官》郑注："猛鸟鹰隼之属。"贾疏云："《王制》云：鹰隼击，然后罻罗设。易云公用射隼于高墉之上。隼即谓之鹘者也。"（补）

损䷨（兑下艮上）

艮为山，兑为泽，互体坤，坤为地，山在地上，泽在地下，泽以自损，增山之高也。犹诸侯损其国之富，以贡献于天子，故谓之损矣。（《集解》）按损卦，上艮为山，下兑为泽，三至五互坤为地，在中间，故云山在地上，泽在地下，是以有损之象。

二簋可用亨。《周礼·廪人》："凡祭祀共簠簋。"郑注："言曰簠，圆曰簋，盛黍稷，稻粱器。"（补）四以簋进黍稷于神也，初与二直，其四与五承上，故用二簋，四巽爻也，巽为木，五，离爻也，离为日，日体园，木器而园，簋象也。（《考工记》、《旊人疏》、《仪礼·少牢馈食礼疏》、《诗正义·权舆》）按巽离俱阴卦，巽正位在四，四阴爻，故云四巽爻也。五阴爻居中，故云五离爻也。初与二为阳爻故直。四与五阴爻上承上阳，上九宗庙之位，故云二簋可用。

损，损下益上，其道上行。阳用事之时，阴宜自损以奉阳者，所以戒阴道以执其顺者也。（《乾凿度注》）（补）

象曰："君子以征忿懫欲。"按《释文》云："征，郑云犹清也。

室，郑刘作懫，懫，止也。”窒懫，古音同，皆有止意。征，今本作惩者后起字也。

六五，或益之十朋之龟，弗克违，元吉。《尔雅》云：“十朋之龟者，一曰神龟，二曰灵龟，三曰摄龟，四曰宝龟，五曰文龟，六曰筮龟，七曰山龟，八曰泽龟，九曰水龟，十曰火龟。”（《正义》）按马融虞翻注皆同。虞翻曰：“二五已变成益，故或益之。坤数十，兑为朋，三上失位，三动离为龟。十谓……故十朋之龟，三上易位成既济，故弗克违元吉。”可备参研。

益䷩（震下巽上）

益，利有攸往，利涉大川。阴阳之义，阳称为君，阴称为臣，今震一阳二阴，臣多于君矣。而四体巽之下，应初，是天子损其所有，以下诸侯也。人君之道，以益下为德，故谓之益也。震为雷，巽为风，雷动风行，二者相成，犹人君出教令。臣，奉行之，故利有攸往，利涉大川也。（《集解》、《义海》引之）按益上巽为风，下震为雷。九五居君位得正，应于六二。六二阴位，阴爻居之，臣之道也。风雷交相助益，故名益。臣奉行君令，动而顺之，故利有攸往，三上易位成既济，故利涉大川。

自上下下，其道大光。当阴用事之时，阳宜自损以益阴者，所以戒阳道以弘其化也。（《乾凿度注》）（补）

六三，有孚中行，告公用圭。天子以尺二寸，元圭事天，以九寸事地也。上公执桓圭九寸，诸侯执信圭七寸，诸伯执躬圭七寸，诸子执谷璧五寸，诸男执蒲璧五寸，五等诸侯，各执之以朝见天子。（《集解》引《九家易》）按袁氏云：“郑在九家中，礼是郑学，此是郑注也。”然别无他据，今姑存之。

夬䷪（乾下兑上）

夬，扬于三庭。夬，决也，阳气浸长至于五。五，尊位也，而阴先之。是犹圣人积德说天下以渐，消去小人，至于受命为天子，故谓之夬。扬，越也。五互体乾，乾为君，又居尊位，王庭之象也。阴爻越其上，小人乘君子，罪恶上闻于圣人之朝，故曰夬扬于王庭也。（《集解》）

彖曰：“夬，决也，刚决柔也，健而说，决而和。扬于王庭，柔乘五刚也。”按夬五阳在下，自复一阳生，至于五，阳气浸渐而长。而上六以阴先之，乘于五刚之上，故有君子决小人之象。初至五互乾，乾为君，五处君位，故有王庭之象，上六以阴乘阳，犹小人乘君子也。当君子决小人之时，故有夬扬于王庭之象。《释言》云："扬，越也。"史征曰："以君子除小人，以刚正之德去邪谄，故可显然于王者之庭，发扬决断之事，示公正而无私隐。"是也。

九二，惕号，莫夜有戎。《释文》云："号，郑王音号，莫夜郑如字，云无也，无夜非一夜。"按九二以阳居阴，失位不正，当夬之时，君子决小人，故有惕号有戎之象。

九三，壮于頯。有凶。頯，夹面也。（《释文》）按《释文》云："頄，郑作頯，頯，夹面也。"二字通。翟元云："頄，面也，谓上处乾首之前称頄，頄颊闲骨，三往壮上，故有凶也。"可备参研。

九四，其行赼趄。按《释文》云："次，《说文》及郑作赼，同七私反，注下同。马云却行不前也。《说文》仓卒也。且，本亦作趄，注及下同，马云语助也。王肃云赼趄，行止之难也。下卦仿此。"盖九四以阳居阴，失位不正，当夬决之时，故有此象。

九五，苋陆夬夬。按《释文》云："苋陆，马郑云苋陆，商陆也。"

遘䷫（巽下乾上）

按《释文》云："姤，薛云：文作遘。郑同。"

遘，女壮，勿用取女。彖曰："遘遇也，柔遇刚也。勿用取女，不可与长也。"遘，遇也。一阴承五阳，一女当五男，苟相遇耳，非礼之正，故谓之遘。女壮如是，壮健似淫，故不可娶。妇人以婉娩为其德也。（《集解》）按五阳在上，而一降在下承之，阳为刚为男之象，阴为柔为女之象。取，娶也。婉娩者妇之容也。婉，言语之柔婉也；娩，容貌之妩媚也。

象曰："后以施命诰四方。"诰，起一反，正反。（《释文》）按孙堂云："正字旧作止，今据《考证》改，山井鼎引元文同。"故孔、黄本同。袁、张本作止。今不从。

初六，蠯豕孚蹢躅。按《释文》云："羸，郑力追反。"晁氏云："郑作蠯。"

九二，包有鱼无咎，不利宾。包，百交反。（《释文》）

九三，臀无肤，其行赼趄，厉无大咎。按《释文》云："次，《说文》及郑作赼，同七私反，注下同，马云却行不前也。《说文》：仓卒也。且，本亦作趄，马云语助也。"（补）按此据夬九四补。

九五，以杞包瓜，含章，有陨自天。杞，柳也，包，百交反。（《释文》）瓜，王花反。（《释文》）（补）按《释文》引薛虞云：“柳，柔脆木也。”虞翻曰：“杞，杞柳，木名也。巽为杞，为苞，乾圆称瓜，故以杞苞瓜矣。含章谓五也，五欲使初四易位，以阴含阳，己得乘之，故曰含章。陨，落也，乾为天，谓四陨之初，初上承五。”可备参研。

萃䷬（坤下兑上）

萃，王假有庙，（《释文》）利见大人，亨，利贞，用大牲吉。利有攸往。彖曰：“萃，聚也，顺以说，刚中而应故聚也，王假有庙，致孝享也。利见大人亨，聚以正也。用大牲吉，利有攸往，顺天文命也。”萃，聚也。坤为顺，兑为说，臣下以顺道承事其君，说德居上待之，上下相应，有事而和通，故曰萃亨也。假，至也。互有艮巽，巽为木，艮为阙，木在阙上，宫室之象也。四本震爻，震为长子，五本坎爻，坎为隐伏，居尊而隐伏，鬼神之象。长子入阙升堂祭祖，祢之礼也，故曰王假有庙。二本离爻也，离为目，居正应五，故利见大人矣。大牲，牛也，言大人有嘉会时可幹事，必杀牛而盟，既盟则可以往，故曰利往。（《集解》）按萃上兑为说，下坤为顺。《尔雅·释诂》云：“假，至也。”二至四互艮，三至五互巽，震阳在四，故九四本震爻。坎正位在五，故五本坎爻。祢，《说文》云：“亲庙也。”离阴卦，正位在六二，故二本离爻，坤为牛，巽为鸡，艮为狗，兑为羊，故用大牲吉。

象曰：“泽上于地，萃。君子以除戎器，戒不虞。”除，去也。（《释文》）按诸家多解除为修治，郑独云：“除，去者。”盖去旧更新之义，去旧戎器，而更新之，以戒不虞之事。

初六，有孚不终，乃乱乃萃，若号，一握为笑，勿恤，往无咎。号，户羔反。握，当读为夫三为屋之屋。（《释文》）号，号咷。（《晁氏易》）握，小貌。（《集韵》）按初六阴柔不正，当萃聚之时，应于九四，然三近承九四，体巽为进退不果，为号，艮为手，为握，故有此象。史征曰：“初六应于九四，见六三与九四相近，心生嫌疑，始以诚信相就，忽然生疑未进，故曰有孚不终也。当萃之时，贵于合会奔驰而往进不以礼，故曰乃乱乃萃。夫谦恭之道，百行之本，若以谦而行即无不合，今初六若执之谦逊，自比身如一握之小，又为柔懦卑劣之容，往必相得，不用忧虑。故曰勿恤往无咎也。一握者卑小之质。喻己身如一握之微小也，为笑者懦劣之容，不敢作强刚之貌也。”可补郑氏之佚。

六二，孚乃利用禴。禴，夏祭名。（《释文》）按六二当萃之时，居中得正，应于九五，故孚。虞翻曰：“孚谓五，禴夏祭也，体观象，故利用禴。四之三故用大牲，离为夏故禴祭，《诗》曰：‘禴祭蒸尝。’是其义也。”可补《郑氏易》之佚。

上六，斋咨涕洟，无咎。斋咨，嗟叹之辞也，自目曰涕，自鼻曰洟。(《释文》) 按上六乘于四五阳刚之上，在萃之终极，艮为鼻，离为目，坎为水，故有此象。史征曰：“斋咨，嗟叹辞也。”居萃之极，乘刚居上，内无应援则忧患生焉。故斋咨涕泣不安，如此忧惧，即众所不害，遂得免咎，故曰无咎。先儒云：“自目曰涕，自鼻曰洟。”可补《郑氏易》之佚。

昇䷭（巽下坤上）

按《释文》云：“升，序卦云上也。郑本作昇。”《集解》作升，盖二字古通。昇，上也，坤地巽木，木生地中，日长而上，犹圣人在诸侯之中，明德日益高大也。故谓之昇。昇，进益之象也。(《集解》) 按：昇卦上坤为地，下巽为木。

六四，王用亨于岐山，吉无咎。象曰：“王用亨于西山，顺事也。”《释文》云：“亨，马郑王肃许两反，马云祭也，郑云献也。”按许两反，即享也，亨享古同字。谓可享献祭祀于岐山也。《乾凿度》云：“昇者十二月之卦也，阳气升上，阴气欲承万物始进，譬犹文王之修积道德，弘开基业，始即昇平之路。当此时也，邻国被化岐民和洽，是以六四蒙泽而承吉，九三可处王位，享于岐山为报德也，明阴以显阳之化，民臣之顺德也，故言无咎。”郑注：“王臣化顺文王之德。”(补)

困䷮（坎下兑上）

困，亨贞大人吉，有言不信。彖曰：“困，刚弇也，险以说，困而不失其所亨，其唯君子乎？贞大人吉，以刚中也。”坎为月，互体离，离为日，兑为暗昧，日所入也。今上弇日月之明，犹君子处乱代，为小人所不容，故谓之困也。君子虽困居险能说，是以通而无咎也。(《集解》) 按困卦上兑为泽，为毁折，为阴，为暗昧，为说，为西，故为日所入。下坎为险为月。二至四互离为日，上六六三为阴，而掩二五之阳，居离坎之上，故云上弇日月之明。弇，掩也。居险而能悦，故不失其所亨而无咎。此唯君子能之。

九二，困于酒食，朱韨方来。(《古周易订诂》) 二据初，辰在未，未为土，此二为大夫有地之象，未上值天厨，酒食象。困于酒食者，采地薄不足己用也。二与日为体，离为镇霍，爻四为诸侯，有明德受命当王者，离为火，火色赤，四爻辰在午，时离气赤又朱。（《士冠礼疏》）文王虽纣三公而为小人所困，且进不得伸其职事也，故遂同于大夫，二为大夫也。因其禄薄故无以为酒食。（《乾凿度注》）（补）按初六爻辰属于未，禾为土，二为大夫位，故有大夫有地之象。井于二十八星宿为井鬼二宿，上为天厨星故有酒食之象。九四，爻辰为午为鹑火之次，甲午离火，丙火明夷，亦火（费氏《周易分野》）离为火，故有朱韨之象。《乾凿度》云："困之九二，有中和居乱世，交于小人，又困于酒食者，困于禄也，赤绂者，赐大夫之服也。文王方困，而有九二大人之行，将赐之朱绂也，其位在二故以大夫言之。朱绂者，天子赐大夫之服。"是也。韨、绂同，或作茀者，则假借字也。

九五，劓刖，困于赤韨，乃徐有说，利用祭祀。劓刖当为倪伔。（《释文》）朱深曰赤。（《诗正义·斯干》）文王将王，天子制用朱韨。（《仪礼·士冠礼疏》）朱赤虽同而有深浅之差。赤茀，纣所赐文王，所以喻纣也，以巽顺而变，故终无灾。（《乾凿度注》）（补）按《乾凿度》曰："劓刖，不安也，文王在诸侯之位，上困于纣，故曰困于赤绂，夫执中和，顺时变，以全王德，通至美矣。故曰乃徐有说。"郑云当作倪伔，即不安之意也。茀，即绂之借字。韨与绂同。

井䷯（巽下坎上）

汔至亦未繘井，未有功也。羸其瓶，是以凶也。繘，绠也。羸读曰虆。（《释文》）按荀爽曰："汔至者阴来居，初，下至汔竟也，繘者所以出水通井道也，今乃在初，未得应五故未繘也。繘者绠汲之具也。初欲应五，今为二所拘羸，故凶也。"史征曰："繘，绠绳也。汔，将至之义，羸，舒展也，言汲水将至井口，其绠犹未尽出而鉤舒绳断倾，覆其瓶，即是劳而无功，喻人行其恩德，须善始令终，若有始无终，不能永保其故，就人事言凶也。《尚书》云：为山九仞，功亏一篑，是也。"二家之言，可补郑氏之佚。

象曰："木上有水，井。君子以劳民劝相。"坎，水也，巽木，桔槔也，互体离兑，离外坚中虚，瓶也，兑为暗泽，泉口也，言桔槔引瓶下人泉口，汲水而出，井之象也。井以汲人水无空竭，犹君子以政教养天下，惠泽无穷也。（《集解》）井，法也。（《释文》）按井卦上坎为水，下巽为木，三至五互离，离中虚，汲水瓶之象也。二至四互兑，兑为口为泽，井口之象也。吉槔者，古时抽水之机器也，以木为之，可以汲水。井养人不穷犹君子劳民劝相，惠泽无穷也。

九二，井谷射鲋，瓮敝漏。九二坎爻也，坎为水，上直，巽，九三艮爻也，艮为山，山下有井，必因谷水所生，鱼无大鱼，但多鲋鱼耳，言微小也。夫感动天地，此鱼之至大。射鲋井谷，此鱼之至小，故以相况。（《文选·吴都赋注》）瓮，停水器也，射音亦厌也。（《释文》）按坎阳在二五，故九二为坎爻，上卦亦坎，下卦巽，巽为鱼，艮阳在三上，故九三为艮爻。谷者山谷也，鲋者小鱼也。感动天地，指豚鱼，中孚鱼吉是也。史征曰："鲋，井底小鱼也。夫井之为道，以下给上为义。今九二与初六相近而附于初，即是附给下之义，如以溪谷之水，从上往下射鲋鱼，故曰井射鲋也，井不上汲反以下注，失井之道，又似瓮之破漏出水注下，故曰瓮敝漏也。"可备参研。

九三，井渫不食，为我心恻，可用汲，王明并受其福。谓已浚渫也，犹臣修正其身，以事君也。（《文选·登楼赋注》）按浚渫，修治也。井已修治而不食，故我心恻也。犹臣修正其身，不为世所用而心恻怆也，唯既已修正，则可以事君，君明而用之，则臣庶并受其福矣。

革䷰（离下兑上）

革，改也，水火相息，而更用事，犹王者受命，改正朔，易服色，故谓之革。（《集解》《释文》引首句）按革卦上兑为泽，下坎为水。水火相尅而更迭用事，故曰革。史征曰："革既改旧易新，即是王者创制命令，改前王之法度。"是也。改正朔如夏建寅，以一月为始月，商革之而建丑，以十二月为始，至周则建子，以十一月为始是也。易服色，如夏尚黑殷易之以白，殷尚白，周易之以赤是也。

上六，君子豹变。君子，诸侯。（同上）

鼎䷱（巽下离上）

鼎，元吉亨。彖曰："鼎，象也，以木巽火，亨饪也。圣人亨以享上帝，而大亨以养圣贤。"鼎象也，卦有木火之用，互体乾兑，乾为金，兑为泽，泽钟金而含水，爨以木火，鼎亨孰物之象。鼎亨孰以养人，犹圣君兴仁义之道，以教天下也，故谓之鼎矣。（《集解》）按下卦巽为木，上卦离为火，二至四互乾金，三至五互兑泽。鼎者烹饪之器，以金属制成所以孰物养人。

象曰："木上有火，鼎，君子以正位凝命。"凝，成也。（《释文》）按虞翻曰："君子谓三也，鼎五爻失正，独三得位故以正位。凝，成也，体姤谓阴始凝，初，巽为命，故君子以正位凝命也。”可备参研。

初六，鼎颠趾，利出否，得妾以其子，无咎。颠，踣也；趾，足也。无事曰趾，陈设曰足，爻体巽为股，初爻在股之下，足象也。足所以承正鼎也。初承爻而柔与乾同体，以否正承乾，乾为君，以喻君夫人事君，若失正体，踣其为足之道，情无怨，则当以和义出之，然如否者嫁于天子，虽失体，无出道，废远之而已。若其无子不废，远之，后尊如故，其犯六出，则废之，远之，子废。坤为顺，又为子母牛，今在后妃之旁，侧妾之例也。有顺德，子必贤，贤而立以为世子，又何咎也。(《士昏礼疏》、《内则正义》、《御览》卷一百四十六）按颠者踣倒也，初六以阴居阳，不正而失位，而上承乾君，（二至四互乾）犹君夫人之失正礼。踣废子承君之道，三至五互兑悦，故当以和义出之。然若嫁于天子则无出道，唯废远之耳。五坤爻，又互兑为少女，妾之象也，若妾有顺德，则其子必贤，而立之以承祭祀为世子，亦无咎也。

九二，鼎有实，我仇有疾，不我能即，吉。怨耦曰仇。(《释文》)按嘉耦曰匹，怨耦曰仇。史征曰：“实谓阳也，即，就也，我仇谓五也，仇，匹也，然六五是我之仇匹，有乘刚之疾，不得来就于我，为六五下有二刚爻为疾也，我得全其志不为骄盈即获吉也。”可备参研。阳实，阴虚，九二应无六五，六五乘于三四阳刚之上，故有此象。

九三，雉膏不食。雉膏，食之美者。(《释文》)

九四，鼎折足，覆公餗，其刑剭。餗，菜也，剭音屋。(《释文》)糁谓之餗，震为足，竹萌曰笋，简者，餗之为菜也，餗，美馔，是（一作具）八珍之食。鼎三足，三公象，若三公倾覆王之美道，屋中刑之(《天官醢人疏》、《秋官司烜氏疏》《诗正义·韩奕》）剭诛谓所杀不于市而北适甸师氏者也。（《秋官司烜氏注》）（补）按《九家易》曰：“鼎者三足一体，犹三分承天子也，三公谓调阴阳，鼎谓调五味，足折餗覆犹三公不胜其任，倾败天子之美，故曰覆餗也。”如此则有重刑而于屋中刑之。

六五，鼎黄耳，金铉利贞。金铉喻明道能举君之官职也。（《文选·西征赋注》《唐律义疏》）按虞翻曰：“离为黄，三变坎为耳，故鼎黄耳，铉，谓三贯鼎两耳，乾为金，故金铉，动而得正，故利贞。”可备参研。

震䷲（震下辰上）

震，亨震为雷，雷，动物之气也，雷之发声，犹人君出政教，以动

国中之人也，故谓之震。人君有善声教，则嘉会之礼通矣。（《集解》《诗正义·召南》）

象曰："震来虩虩，恐致福也。"虩虩，恐惧貌。（《释文》）按天下事胜于惧，惟恐事之不成，故发愤以底于成，故能致福。

震惊百里，不丧匕鬯。出可以守宗庙社稷以为祭主也。惊之言警戒也，雷发声闻于百里，古者诸侯之象，诸侯之出教令，能警戒其国疆之内（《诗正义·召南》）则守其宗庙社稷，为之祭主，不亡其匕与鬯也。人君于祭之礼尚（一作匕）牲体，荐鬯而已，其余不亲为也。（《特牲馈食礼疏》）升牢于俎，君匕之，臣载之，鬯，秬酒芬芬条鬯，因名焉。（《集解》）按古者诸侯之封不过百里，象雷之发声闻于百里。《周礼·宗伯》："以肆献祼享先王。"肆，解牲体也；献，献腥也；祼，灌以鬱鬯也。宗庙之祭灌鬯以求神，既灌则献体以荐腥，既献则解牲体以荐熟，凡匕牲体，荐鬯酒，皆君亲为之，其余不亲也。若乎升鼎牢于俎，则君匕之，臣载之。鬯者，酿秬为酒芬香条畅于上下，故名鬯。《正义》节引今不具。

笑言哑哑。哑哑，乐也。（《释文》）

六二，亿丧具。十万曰亿。亿，于力反。（《释文》）

六三，震苏苏，震行无眚。苏苏，不安也。（《释文》）按史征曰："苏苏，是心怀忧虑不安之貌，六三履位不正，心恒忧虑，不获安宁，故曰震苏苏也。虽必不安而不乘刚，不为乖逆，故可以惧行而无灾眚。故曰震行无眚。"可补郑氏之佚。

上六，震索索，礼矍矍，征凶。索索，犹缩缩，足不正也。矍矍，目不正。（《释文》）按：震为足，初至四互离为目，故有此象。史征曰："索索，不安不专之貌。矍矍，视不正不审谛之容也。上六处震之极，是惧之极矣。既居极惧之地，而欲求安，亦不能得，故心怀不安乃索索然而所瞻视又不专审乃矍矍矣，忧惧若此更有征，即将有凶至，故曰征凶也。"可备参研。

艮☶（艮下艮上）

艮其背，不获其身，行其庭，不见其人，无咎。艮为山，山立峙各于其所，无相顺之时，犹君在上，臣在下，恩敬不相与通，故谓之艮也。（《集解》）艮之言很也。（《释文》）按艮为山，为止，一阳在上，似君，二阴在下似臣，艮止其背，则不见其身，上下皆不应，故行其庭，不见其人，无咎。

九三，艮其限，列其膑。(《释文》）限，要也。(《释文》）按孙堂云："《集韵》：膑，夹脊肉也。与夤同。"要者腰也。虞翻曰："限，要带处也，坎为要，五来之三，故艮其限，夤脊肉，艮为背，坎为脊，艮为手，震起艮止，故裂其夤。"可备参研。

渐䷴（艮下巽上）

初六，鸿渐于干。小子厉，有言无咎。干谓大水之旁，故停水处者。(《诗正义·伐檀》、《诗正义·斯干》、《释文》）按鸿，大雁也；干，犹水涯也。鸿渐进于水涯，非其处也，初六阴柔而居于阳位，非其处而处焉，故小子厉，艮为小子。然时当渐进之时，故虽人之有言，然无咎。

九三，鸿渐于陆，夫征不复，妇孕不育，凶。渐卦，艮下巽上，九三上与九五互体为离，离为大腹，孕之象也。又互体为坎，坎为丈夫，坎为水，水流而去，是夫征不复也。夫既不复，则妇人之道颠覆，故孕而不育。(《礼记正义·郊特牲》）孕，锋娠也。(《释文》）孕，任子也，易曰妇孕不育。(《礼记·郊特牲注》）（补）按三至五互离，二至四互坎，艮为少男为夫，巽为长女为妇。任，妊也，怀子也。

象曰："夫征不复，离群丑也。"离，犹去也。(《释文》）丑，众也。(《诗·小雅》"执讯获丑"，郑笺）

归妹䷵（兑下艮上）

六三，归妹以须。须有才智之称，天文有须女，屈原之姊名女须（《诗正义·桑扈》）按孙堂云："《周礼·冢宰疏》首句无有字，末句妹字作姊。《诗正义》引此注及郑志答冷刚俱云："屈原之妹或贾孔所见本不同也。须字古与胥通。故《诗笺》《周礼》注胥字下贾孔二疏并引易注须字为证，女须字，古亦作媭。"《汉书·高后纪》吕禄遇其姑吕媭。颜师古注云："媭，吕后妹。"《诗正义》引作屈原之妹，义与颜同。按《说文》贾侍中说，楚人谓姊为媭。王逸《楚辞注》亦云："女媭屈原姊。"又水经江水又东，过秭归县之南。注袁山松曰："屈原有贤姊，闻原放逐，亦来归。喻令自宽，全乡人冀其见从，因名曰秭归。"《广韵》引云："姊与秭同音。"是贾疏作姊字更有据。"

上六，女承筐无实。士刲羊无血，无攸利。家庙之礼，主妇奉筐米。(《仪礼·特牲馈食礼疏》）《士昏礼》云："妇入三月而后祭行。"(《诗正义·葛履》）按上六居归妹之终，下无应援，阴虚，故无实，震为男为筐，兑为女为羊，为毁折，故士刲羊，三至五互坎为血，上六不应三，故无血。

丰䷶（离下震上）

丰之言腆，充满意也。（《释文》）按腆者丰厚也。日中则昃，月盈则食。言皆有休已无常盛也。（《公羊疏》）按物不常盛，日中则下侧，月满则渐饰。

初九，遇其妃主。嘉耦曰妃。（《释文》）按妃，配也，二字古同音。孙堂云："古配字多作妃。《卫风·氓诗序》：丧其妃耦。妃读为配。《诗正义·皇矣》引某氏曰：天立厥妃毛本妃作配。《左氏·文公十四年传》子叔姬齐昭公。彼《释文》云：妃本亦作配，又《昭公九年传》：妃以五成。妃亦音配。"是二字古盖通用，初九当丰盛之时，居正得位，故有遇其配主之象。

象曰："虽旬无咎。"初修礼，上朝四，四以匹敌恩厚待之，虽留十日，不为咎。正以十日者，朝聘之礼，止于主国，以为限。聘礼毕归，大礼曰旬，而稍旬之外为稍，久留非常。（《诗正义·有客》）按一旬为十日。初九当丰之时，与九四敌应，四诸侯之位，故初上朝之。皆为阳故同类相得，故留十日不为咎。

六二，丰其菩。菩，小席。（《释文》）按《释文》云："蔀，马云：蔀，小也，郑薛作菩云小席。"盖六二当丰之时，无应于上，上亦阴，阴小，故有丰其菩之象。

九三，丰其芾。祭祀之蔽膝。（《释文》）按芾，《说文》作市云："韠也，韨篆文市。"徐铉云："俗作绂。"孙堂云："钟鼎欵识，周宰辟父敦，朱市字，皆作芾。是芾亦古字也。《诗·曹风·侯人篇》：三百赤芾。《毛传》云：芾，韠也。《小雅·采菽篇》：赤芾，在股。笺云：芾太古蔽膝之象也。"是芾、市、绂、韨一也。九三以阳处阳，得位居正，应于上六，当丰之时，故有丰其芾之象。

日中见昧。昧，斗杓后星。（《释文》《古易音训》）（补）按《释文》云："沬，微沬之光也。《字林》作昧，亡太反，云斗杓后星。王肃云音妹，郑作昧，服虔云日中而昏也。《子夏传》云：昧星之小者，马同。"《古易音训》引晁氏云"郑九家同《字林》。"

折其右肱。三艮爻，艮为手，互体为巽，巽又为进退，手而便于进退，右肱也。犹大臣用事于君，君能诛之故无咎。（《仪礼·觐礼疏》）按艮阳爻在三上，今九三为阳，故为艮爻，二至四互巽为进退，为股，三至五互为毁折，故有折其右肱之象。

上六，丰其屋，菩其家，阒其无人，三岁不觌凶。菩，小席。(补) 阒，无人貌。(《释文》) 按《释文》云："蔀，郑薛作菩，云小席。"盖上六居丰盛之极，盛极必衰，故有先则丰其屋，而骄夺得后则菩其家，而至于无人之凶。

象曰："丰其屋，天际祥也。窥其户，阒其无人，自戕也。"际当为瘵，病也；戕，伤也。(《释文》)

按骄奢淫佚，天所不佑也。上六居丰盛之极，正当其位而以阴邪处之，而丰其屋，而骄奢焉，奢极必病，故天予以病害灾祥，卒至于户空无其人，原其所由，乃由于骄奢自伤所致也。

旅䷷（艮下离上）

初六，旅琐琐，斯其所，取灾。琐琐，犹小小也。爻互体艮，艮小石，小小之象。三为聘客，初与二其介也，介当以笃实之人为之，而用小人琐琐然，客主人为言，不能辞曰非礼，每者不能以礼行之，则其所以得罪。(《仪礼·聘礼疏》) 按《释文》云："琐琐，郑云小也，马云疾弊貌，王肃云细小儿。"盖初六以阴居阳，失位不正，居旅之时，体艮为小石，故有琐琐疾弊之状。在旅之时如此，取灾之道也。九三阳爻得正，犹聘客来访者也，初二皆阴而承于九三，犹其介也，以阴柔小人为介，每以巧言令色，行于非体，斯所以得罪也。

九四，旅于处，得其齐斧，我心不快。按《释文》云："得其资斧，《子夏传》及众家并作齐斧。应劭曰：齐，利也。"离为斧，故有此象。

兑䷹（兑下兑上）

象曰："离泽兑，君子以朋友讲习。"离，犹併也。(《释文》) 按《释文》云："丽，连也，郑作离云犹併也。"离，附丽也，兑为泽，二兑相附丽，朋友之象也。史征曰："丽，犹连也，两泽相连，上下俱悦，故曰丽泽兑也。先儒云同处师门曰朋，共执一志曰友。友犹党也，朋友聚居讲解道义，修习文礼，相悦之盛，莫盛于此，故郑众云乐耽于酒，则有沉湎之凶，志累于乐，则有伤性之患。所以君子乐之美者莫过于尚诗书，敦习道义。教之盛矣，乐在斯焉。"可备参研。郑众云以下，袁本辑之为郑易，云："此是道成引众语。"今附于末。

涣䷺（坎下巽上）

九五，涣汗其大号，涣王居，无咎。号，令也。（《文选注》卷三）按巽为号令，《九家易》曰："五建二为诸侯，使下君国，故宣布号令，百姓被泽，若汗之出身不还也。此本否卦，体乾为首，来下处二成坎水，汗之象也。阳称大，故曰涣汗其大号。"可备参研。

节䷻（兑下坎上）

彖曰："节以制度，不伤财，不害民。"空府藏则伤财，力役繁则害民，二者奢泰之所致。（《后汉书·王符传注》）

按先王制度以节，使民以时，故不伤财不害民。

中孚䷼（兑下巽下）

中孚，豚鱼吉。利涉大川，利贞。孚，信也，两阴在内，亦以五以中和之气候之，两阴，犹民，于在上矣，臣在上矣，臣在下候行中正之道，政教信于民，故谓之中孚。两阴者（《易纬·稽览图》），三辰在亥，亥为豕，爻失正，故变而从小名言豚耳，四辰在丑，丑为鳖蟹，鱼之微者，爻得正，故变而从大，名言鱼耳。三体兑，兑为泽，四上值天渊，二五皆坎爻，坎为水，二浸泽则豚利，五亦以水灌渊则鱼利，豚鱼以喻小民也，而为明君贤臣恩意所供养，故吉。（《诗正义·无羊》）互体是震，震为木，二爻巽为风，木在水上，而风行之，济大川象，君能济于难也。（《稽览图》）按孙堂据《稽览图》补首尾，中间与《诗正义》所引义同。孙氏以为此《郑氏易注》附入《易纬》者也，故辑之，今从之。六三，爻辰为亥，十二生肖，亥属于豕。六四爻辰在丑，二至四互离，离为牝牛，为鳖蟹。丑于十二生肖属牛，上值星纪之次，于二十八星宿，为牛女虚，故上值天渊，坎阳爻在二五，故二五为坎爻，二至四互震，震巽皆为木。

利涉大川，乘木舟虚也。舟谓集板，如今自空大木为之，曰虚。（《诗正义·谷风》）按中孚上巽为木为风，下兑为泽，木行泽上，顺风而行，故有乘木舟之象。

小过䷽（艮下震上）

小过，亨利贞。中孚为阳，贞于十一月子，小过为阴，贞于六月末，法于乾坤。（《乾凿度》）按中孚为阳卦，于卦气属于十一月子。小过，小者过，为阴卦，于易纬属于六月末。余友胡君云："此本《易纬·乾凿度》之文。《汉上易》误引今删。”删之是也。

不宜上宜下，大吉。上（如字）谓君也。（《释文》）按小过为阴过之时，阴者臣之象也，故宜于臣，不宜于君。山上有雷，小过，君以行过乎恭，丧过乎俭，用过乎俭。取过于礼而为害。（《太平御览·人事部·恭敬类》）

六五，象曰：“密云不雨，已尚也。”尚，庶几也。（《释文》）按尚上古通用。

既济䷾（离下坎上）

既，已也，尽也；济，度也。（《释文》）

六二，妇丧其茀，勿逐七日得。茀，车蔽也。（《释文》）按孙堂云：“《诗·卫风·硕人篇》：翟茀以朝。《正义》曰：茀，直蔽也。妇人乘车不露见车之前后，设障以自隐蔽，谓之茀。”六二居中得正，然二至四互坎为寇盗，体离为中女，坎于舆为多眚，故有妇丧其茀之象。应于九五，皆得中道。易位极于六，七则复始。故勿逐七日得。

九三，高宗伐鬼方，三年克之，小人勿用。象曰：“三年克之，惫也。”劣弱也。（《释文》）

六四，繻有衣袽，终日戒。繻音须。（《释文》）《周礼·考工记·弓人》：“薄其帤则需。”郑注：“需谓不充满。郑司农云帤读为襦有衣袽之袽。”疏云：“需襦不进，故为不充满。”（补）

九五，东邻杀牛，不如西邻之禴祭。实受其福。互体为坎也，又互体为离，离为日，坎为月，日出东方，东邻象也；月出西方，西邻象也。（《诗正义·坊记》）禴，夏祭之名。《诗正义·天保》）按《礼记·坊记》郑注：“东邻，谓纣国中也，西邻谓文王国中也。此辞在既济，既济离下坎上，离为牛，坎为豕，西邻禴祭则用豕与言杀牛而凶，不如杀豕受福，喻奢而慢，不如俭而敬也。”与此可以相发。

未济䷿（坎下离上）

小狐汔济，濡其尾，无攸利。汔，几也。（《释文》）按虞翻曰：“汔，几也，济，济渡，狐济几渡而濡其尾未出中也。艮为尾，狐，兽之长尾者也，尾谓二在坎水中，故濡其尾，失位故无攸利不续终也。”可补郑氏之佚。惟虞氏以未济自否来，否艮为狐，则似与郑氏不同，孟喜以坎为狐，狐穴居，似较洽。《郑氏易》是否本孟氏，文献不足未敢遽断。坎为水，故称济称濡。

系辞上传

天尊地早，乾坤定矣，卑高以陈，贵贱位矣。卑高谓山泽也。位矣，尊卑之位象山泽也。(《礼记·乐记》郑注)(补)君臣尊卑之贵贱，如山泽之有高卑也。(《礼记正义·乐记》)按山高众君，泽卑如臣。《乐记》云："天尊地卑，君臣定矣。"君臣犹乾坤也，特乾坤取象大耳。乾为君，坤为臣。

动静有常，刚柔断矣。动静雷，风也，阳动阴静，刚柔之断也。(《礼记正义·乐记》《穀梁疏》《公羊疏》)按《乐记》云："动静有常，小大殊矣。"郑注："动静阴阳用事，大小万物也。大者常存，小者随阴阳出入。"《正义》云："动散有常，故云常也。"可备参研。阳刚主动，阴柔主静。

方以类聚，物以群分。类聚群分，谓水火也。(《礼记正义·乐记》)按《乐记》："方以类聚，物以群分，则性命不同矣。"郑注云："方谓行虫也，物谓殖主者也。"《正义》云："走虫禽兽之属各以类聚，不相杂也，殖生若草木之属各有区分，自殊于薮泽也，二注不同，各有以也。"可备参研。

在天成象。日月星辰也。(《礼记正义·乐记》)按郑注《乐记》："在天成象。"云："象，光耀也。"盖日月星辰光耀于天上，故在天成象，谓日月星辰也。

在地成形。谓草木鸟兽也。(《礼记正义·乐记》《御览》卷三十六)按郑注《乐记》："在地成形，云：形，体貌也。"《正义》云："马融注易云植物动物也。王肃注易云山川群物也。郑注易云：谓草木禽兽也。注此云：形，体貌也。总此三者所注虽异，其意皆同如此。"是也。

刚柔相摩，八卦相荡。《释文》云："盪，众家作荡。"摩，犹动也。(《乐记注》)(补)按刚，阳也；柔，阴也。阴阳二物相切迫相摩易也。八卦之气相感动故万物以生。

乾以易知。易音亦。(《释文》)按谓天道甚迩，易于知晓也。藏补本及张本据《诗正义·天保》补易也。则以变易解，似非注意。

六爻之动，三极之道也。三极，三才也。(《释文》)按三才为天地人。六爻之画，初与二为地道，三与四为人道，五与上为天道。

所乐而翫者爻之辞也。按《释文》云："玩，研玩也。郑作翫。"二字古通。详《汉易异文考》。

君子居则观其象而翫其辞。(《古周易订诂》)按下动则观其变而翫其占，依《释文》及古《周易》可以类推，孙堂本、惠氏本唯辑此条。

震无咎者存乎悔。震，惧也。(《释文》)

易与天地准。准，中也，平也。(《释文》)

原始及终，故知死生之说。按《释文》云："反终，郑虞作及终。《九家易》云："阴阳交合，物之始也，阴阳分离，物之终也，合则生，离则死，故原始及终，故知死生之说矣。"可备参研。

精气为物，游魂为变，是故知鬼神之情状，与天地相似故不违。精气谓七八也，游魂谓九六也，七八木火之数，九六金水之数，木火用事而物生，故曰精气为物；金水用事而物变，故曰游魂为变；精气谓之神，游魂谓之鬼，木火生物，金水终物，二物变化，其情与天地相似，故无所差违之也。(《集解》《礼记正义·乐记》)五帝德说黄帝德曰："死而民畏其神者百年。"《春秋传》曰："若敖氏之鬼。"然则圣人之精气谓之神，贤知之精气谓之鬼。(《乐记注》)(补)按易数，七为少阳，八为少阴，九为老阳，六为老阴。物少则壮，故精气谓七八，物老则变，故游魂谓九六。天地之数配五行之生成，天七成火，地八成木，天九成金，地六成水。木属春，火属夏，春夏物生，故曰精气为物；金属秋，水属冬，秋冬万物收藏，故游魂为变。精气生物故谓之神，游魂终物，故谓之鬼。二物之变化，与天地终始万物同。故与天天地相似。

知周乎万物而道济天下，故不过。道当作导。(《释文》)按《说文》："道，所行道也；导，导引也。"孙堂云："古导字亦省作道。《论语》：道千乘之国。今本与汉石经同黄侃本改作导。《汉书·文帝纪》：令各率其意以道民焉。颜师古注云道读曰导。"二字古通，此谓易理周知万物，故可以导济天下而无过越也。

范围天地之化而不过，曲成万物而不遗。范，法也。(《释文》)范者刑之所自出，围者数之所能周。天地之化有刑数故可得范围。木挠而水弱，金坚而火燥。土均而布，稼穑出焉。相成也而开物，相克也而成务。制于形丽于数而未始有穷也。无以范围之，则天有伏阴，地有愆阳，五行之气怫鬱而失其性，其发也有不得其平而甚至于过。水有启闭，火有出纳，而必适其时。治金以为利，伐木以为用，陶土以为器而必顺其理，此范围天地之化也，故不过易也。天地也，圣人也，合则同，离则异，天下之万物，出入死生之不齐而不可为量数。由其道，得其宜，极其高大，莫不安其性命之情而致曲以成之者易而已。盖帝之于万物，所以出齐相见与夫役说战劳而遂至于成也，岂一理而足哉，此之谓曲成万物而不遗也。(《义海撮要》七)按自范者以下，乃李衡《周易义海撮要》所引郑说。李衡之书，乃约宋熙宁间房审权之《周易义海》，而益之以程伊川、苏东坡及朱震《汉上易传》而成书者也。房书录自汉至宋王介甫易注，凡百家注易之涉及人事者，惟其书谨注明其姓或其名，如苏东坡则简称坡，王介甫简称介，朱震称朱，程伊川称伊，孔颖达称孔，胡瑗称胡。此称郑，未知是否为汉郑康成之注，抑宋儒郑某氏之注，考其注文与康成语气，似不相类，且《义海》置之于最后，故诸本皆未收，惟黄奭本收之，姑录于此，存疑可也。

一阴一阳之谓道。道无方也。阴阳则有方矣，道无体也，阴阳则有体矣。无方故妙物而为神，无体故用数而为易，有方则上下位焉，有体则大小形焉，是物而已，然则所谓道者，未尝离物而物无乎非道。则道非即阴阳，非离阴阳，而万物之所由者，一阴一阳而已。彼师天而无地，师阴而无阳者，皆万物之所不由也。（《义海撮要》）按此条亦唯有黄奭本有耳，其余诸本皆无。

故君子之道尟矣。尟，少也。（《释文》）按《释文》云："鲜，郑作尟，马郑王肃云少也。"郑用其本字也，诸本作鲜者借字也。

臧诸用。臧，善也。（《释文》）按谓善于用也。

富有之谓大业。兼济万物故曰富有。（《太平御览·人事部》一百二十二）

成象之谓乾，效法之谓坤。象有见而已，法则制焉，乾位乎亥前，天一肇焉，万物于是始有见，坤位未后，万宝成焉，裁而制焉，万物皆睹，圣人立成器以为天下利，亦合乎天地之法象而已。（《义海撮要》）按：乾初九爻辰为子，是在亥前也，天一为数之始，是始于前也。坤初六爻辰在未，六二在酉，六三在亥，故云在未后。《义海》引此，故在最前似为康成之注。

知崇礼卑，崇效天，卑法地。德之崇在智，以辨物故也；业之广在礼，以交物故也；辨则天道升，故知言崇；交则天道降，故礼言卑。智于五行为水，水趋下也而致用常在上，升而为云是也。礼于五行为火，火炎上也，而致用常在下，若烹饪是也。然智天一也，辨而见独，故崇效天，以远而尊故也。礼地二也，示而弗閟，故卑法地，以迩而亲故也。（《义海撮要》七）按此亦黄氏所辑余本无。

而拟诸其形容，象其物宜，是故谓之象。拟诸其形容者，刚柔有体，象其物宜者，百物不废。（《义海撮要》七）按此亦黄氏所辑。

言天下之至啧而不可恶也。恶，乌落反。（《释文》）

言天下之至啧而不可乱也。啧，当为动。（《释文》）按啧，或作赜，通用。

仪之而后动。按《释文》云：“议之，郑姚桓玄荀柔之作仪之。”

枢机之发，荣辱之主也。枢，户枢也。机，弩牙也。户枢之发或明或暗；弩牙之发，或中或否；以喻君子之言，或荣或辱。（一云以譬言语之发有荣有辱。《礼记正义·曲礼》、《左传正义·襄公二十五年》）

二人同心，其利断金，同心之言，其臭如兰。兰，香草也。（《文选·张平子东京赋注》）按此唯丁惠本有之。

慎斯术也以往，其所失矣。术，道，慎，时震反。（《释文》）

有功而不置。置当为德。（《释文》）按孙堂云：“《抱经堂考证》云：置德古通用。大戴：哀公问五义云：躬行忠信，其心不置。《荀子·哀公篇》言忠信而心不德。”盖德古字作悳与置相似，故或误作置，故郑纠之，是也。

君不密则失臣，臣不密则失身，几事不密则害成。几，微也；密，静也。言不慎于微，而以动作，则祸变必成。（《公羊疏》）

野容诲淫。谓饰其容而见于外曰野。（《后汉书·崔骃传注》）言妖野容仪，教诲淫泆也。（《释文》）

大衍之数五十，其用四十有九，分而为二以象两，挂一以象三，揲之以四以象四时，归奇于扐以象闰，五岁再扐，故再扐而后卦。天一地二，天三地四，天五地六，天七地八，天九地十。天地之数五十有五。以五行气通，凡五行减五，大衍又减一。故四十九也。（《正义》）衍，演也；揲，取也。（《释文》）天一生水于北，地二生火于南，天三生木于东，地四生金于西，天五生土于中，阳无耦，阴无配，未得相成，地六成水于北，与天一并，天七成火于南，与地二并，地八成木于东，与天三并，天九成金于西，与地西并，地十成土于中，与天五并，大衍之数五十有五。五行各气并，气并而减五，惟有五十，以五十之数不可以为七八九六卜筮之占，以用之，更减其一，故四十有九也。（《礼记正义·月令》）按郑康成此注实并释“天一至地十”一节而诸本俱用之以释大衍之数。考之汉石经之次，大衍之数至“再扐而后卦”下接天一至地十一节，下接“天数五”以下一节。郑注两者并释，是与汉石经相同也。此汉易之正也，自王辅嗣本脱落“天一至地十一”节于“易有圣人之道四焉者此之谓也”下。而系辞之次序，遂至凌乱，程子朱子知其误也，而移“天一”一节于“大衍之数”之前。虽能正其非，然非汉易之次序，今依汉石经正之。

天数五，地数五。五位相得而各有合。天地之气，各有五，五行之次，一曰水，天数也，二曰火，地数也，三曰木，天数也，四曰金，地数也，五曰土，天数也。此五者阴无匹，阳无耦，故又合之。地六为天一匹也，天七为地二耦也，地八为天三匹也，天九为地四耦也，地十为天五匹也，二五阴阳各有合，然后气相得，施化行也。(《春秋左传正义·昭公九年》)按天一至地十一节，正在此节之前。乃宋儒《河图》之本，兹将《河图》及《河图配五行生成图》于后，用备参研。图中凡白圈者为天数，即阳也，黑圈者为地数，即阳也。图南上北下，左东右西。盖宜以圆形视之，倒之即成上北下南，左西右东矣，则与今地图之方向合，古人所以依上南下北者，盖坐北朝南为尊位，故也。

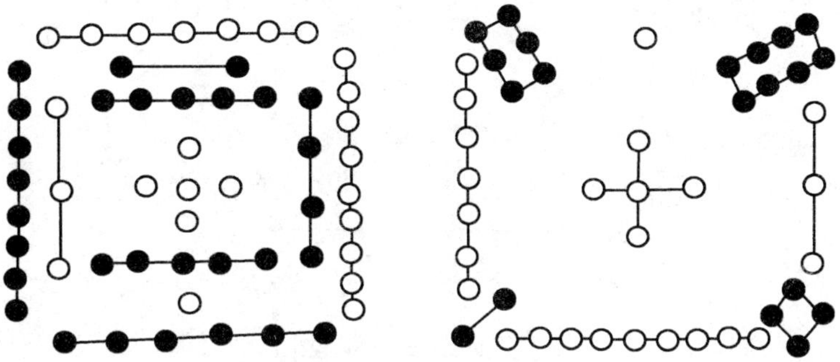

河图洛书

凡天地之数五十有五，此所以成变化而行鬼神也。天地之数五十有五，以之开物成务，以之冒天下之道，所谓易者，如斯而已。此所以成莫大之变化，行无形之鬼神也。新故相代，清浊相废，死生相胶，万变相缠，此之谓成变化。五辰伏见，四时潜处，七宿轸转，六用内驯，此之谓行鬼神。鬼神无形而数能行之何哉？周官以八则治都鄙，有祭祀以御其神，夫所谓神者，王之祭祀犹足以御之而使从，况天地之数和哉。(《义海撮要》)按此唯黄本有之，《义海》引此注殿于《孔氏正义》之后。

当期之曰。四正卦之爻减二十四之数与当期之日相契。(《汉上易丛说》)按此亦黄本所补，疑有脱误四正卦谓坎离震兑皆少阳少阴之卦。少阳之策二十八，乘以阳卦之爻十二，加二十四为三百六十，少阴之册三十二，乘阴卦之爻十二，加二十四为三百六十。

八卦而小成，引而伸之，触类而长之，天下之能事毕矣。八卦以象告而已，虽曰通神明之德，类万物之情，而易之为书未悉备也，故曰八

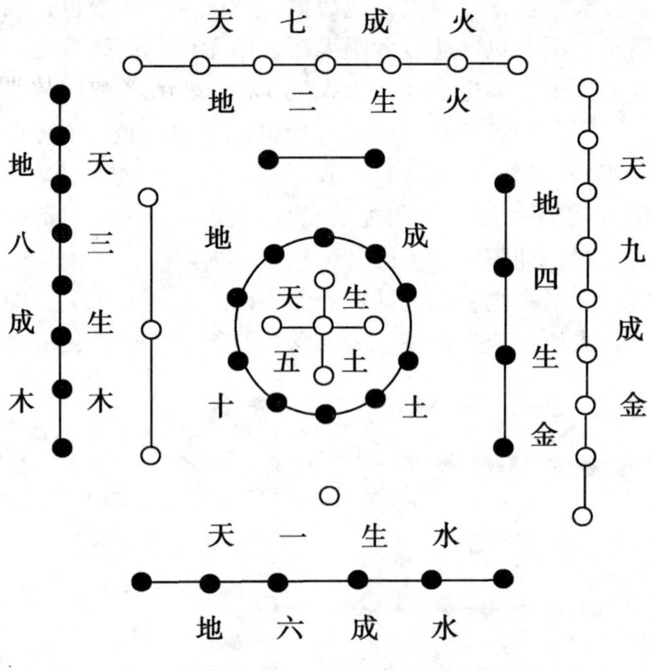

河图配五行生成图

卦小成，引而伸之，所谓数者，自一以至千百万之不同，触类而长之。所谓卦者，有上下焉，有内外焉，而遂于六十四。则大为天地，幽为鬼神，散为万物，虢天下而同吉凶之患，周世变而际古今之运，无不该也，无不遍也，故曰天下之能事毕矣。天能天而不能地，地能地而不能天，天人各有能有不能是岂天下之能事哉？惟无能也，无不能也，然后天下之能事毕矣。（《义海撮要》）按此亦黄本所补，亦置于《孔氏正义》之后。

易有圣人之道四焉，以言者尚其辞，以动者尚其变，以制器者尚其象，以卜筮者尚其占。象谓有所造立也。易曰以制器者尚其象。（《周礼·大卜注》）（补）龟知生数一二三四五之神，蓍知成数六七八九十之神。（《周礼注》）（补）此四者存于器象可得而用一切器物及造立皆是。（《春官·太卜疏》）按诸本只辑“以制器者尚其象”而下接“此四者存于器象”非也，此四者即以卜筮尚其占，以上四者，即正而补之。

夫易圣人之所以极深而研机也。易者揲蓍变易之数可占者也。

(《周礼·大卜注》)(补)研喻思虑也。(《文选·陆士衡吊魏武帝文注》)机当作几，微也。(《释文》)按诸本悉作几，郑氏正之，是也。

是故蓍之德圆而神。蓍形圆而可以立变化之数，故谓之神也。(《仪礼·少牢馈食礼疏》)按《周礼注》云：蓍知成数六七八九十之神，故谓之神。不意杀也。

神武而不杀者夫。……以神明其德。不意杀也。(《古易音训》)杀，所戒反。(《释文》)按《释文》云："以神明其德夫。荀虞顾绝句，众皆以夫字为下句。"

易有太极，是生两仪。极中之道，淳和未分之气也。(《文选注》十九)气象未分之时，天地之所始也。轻清者上为天，重浊者下为地。(《乾凿度注》)(补)

两仪生四象。布六于北方以象水；布八于东方以象木；布九于西方以象金；布七于南方以象火。(《乾凿度注》《汉上易丛说》)按《乾凿度》云："太极分而为二"注"七九八六"，七者少阳之数，八者少阴之数。九者老阳之数，六者老阴之数，此四者谓即水木金火也，亦即东西南北也。所谓四象者是也。

定天下之吉凶，成天下之亹亹者，莫善乎蓍龟。凡天下之善恶及没没之象事，皆成定之，言其广大无不包也。(《公羊疏》)按没没，勉勉也。

河出图，洛出书，圣人则之。《春秋纬》云："河以通乾出天苞，洛以流坤，叶地符，河龙图发，洛龟书成，《河图》有九篇，《洛书》有六篇也。"(《集解》《正义》)按《易纬》谓天不爱其道，地不爱其宝，故河出图，洛出书是也，圣人据之法之，而化成天下。

履信思乎顺，有以尚贤也。《释文》云："又以，郑本作有以。"按《集解》引虞翻同。

系辞下传

八卦成列，象在其中矣。因而重之，爻在其中矣。刚柔相推，变在其中矣。系辞焉而命之，动在其中矣。吉凶悔吝者，生乎动者也。道无变动则为三才而八卦以象告。道有变动则为六爻而九六以数倚，天数肇于一，地数起于二，木生于三，金别于四而土备于五，此数之自然也。参天数而得九，两地数而得六，九六定其数而卦成，卦成而为爻，爻成而变动备矣，益易者象而已，发天下之颐而托于健顺动入陷丽止说之用，寓天下之道而形于天地山泽风雷水火之物，则八卦成列而象斯在其中矣。卦始于三画，未有爻也，因而重之则其体有上下，其位有内外，其时有初终，其序有先后，其数有九六，其序有本末而爻在其中矣。五阳也而居之以六，二阴也而居之以九，柔来而文刚，分刚上而文柔，刚柔之中不中，屡变而无常也。故曰刚柔相推变在其中矣。蹇之不可以往也，坎之不可以出也，大过之可以大有为，睽之可以小事，履之所以经世，需之所以待时，率其辞而揆其方，天下之动不可易矣。故曰系辞焉而命之，动在其中矣。在其中者，其理犹隐也。圣人系辞焉而命之吉凶，则吉凶悔吝者生乎动者也，天下之理，动不若静，静而无为则荡然无执，熟为吉凶，不睹一庇。熟为悔吝，动而交物，则所谓吉者常少而凶悔吝者常多，此圣人之动所以常寓于不得已者欤。(《义海撮要》) 按此条亦唯黄本据《义海撮要》辑，余本悉无。

夫乾确然示人易矣。夫坤隤然示人简矣。确然坚高也。乾之德不陷乎阴而其道上行，崇以临之，刻以制之，可谓确然矣。然昭之以象，觌之以文，则日月有象，云汉有章，因性而已，其德行常易也。坤之势承天而以下为顺，其厚以载物，其静以代终，可谓隤然矣。然山河之融结，草木之华实，其止说以性，其生成以时，循理而已，其德行常简也。(《义海撮要》) 按此条亦黄本据《义海撮要》辑，余本愁悉无。

何以守位曰人。持一不惑曰守。(《诗正义·凫鹥序》) 按此条丁补，张本引之，孙堂补之。

古者包牺氏之王天下也。包，取也。鸟兽全具曰牺。(《释文》) 按包牺氏取鸟兽以供牺牲，故谓之包牺。

作结绳而为冈罟，以佃以渔，盖取诸离。象卦制器，皆取卦之爻象之体。(《正义》) 按《正义》引诸儒，袁本据以补。

包牺氏没，神农氏作。女娲修伏牺之道无改作。(《尚书正义序》) 按臧补张本仍之。神农氏没，黄帝尧舜氏作金天高阳高辛遵黄帝之道无所改作，故不述焉。(《周礼·春官·大司乐疏》惠本则删末四字。

黄帝尧舜垂衣裳而天下治，盖取诸乾坤。土托位南方，南方色赤，黄而兼赤，故为纁也。(《礼记正义·王制》) 黄帝始燔肉为炙，(《北堂书钞》一百四十五) 始去羽毛 (《公羊传·桓公四年疏》)，金天氏高阳高辛遵黄帝之道，无所改作 (《春官·大司乐疏》) 乾为天，坤为地，天色玄，地色黄。故玄以为衣，黄以为裳，象天在上，地在下。(《诗正义·七月》) 按诸本辑此条者，或辑其一，或辑其二，未能备全，今萃而辑之，总成于此。

重门击柝，以侍虣客，盖取诸豫。(《释文》惠本) 豫，坤下震上，九四体震，又互体有艮，艮为门，震日所出亦为门，重门象，艮又为手，初，巽爻也，应在四，皆木也，手持二木也，手持二木以相敲，是为击柝，击柝为守备警戒也。（《左传正义·哀公七年》引作是为击拆守备警戒也。）四又互体为坎，坎为盗。五离爻，为甲胄戈兵，盗甲胄持戈兵，是虣客也。又以其卦为豫，有守备则不可自逸。（《周礼·天官·宫正疏》）按豫卦二至四互艮，艮为手为门阙，说卦云：帝出乎震，震东方也。谓日也。故震为日所出，巽阴在初，故初为巽爻，巽为木，九四体震亦木，三至五互坎为寇盗，离阴在五，故五为离爻。离为甲胄为戈兵，故有重门击柈以待虣客象。虣，暴也。

弦木为弧，剡木为矢，弧矢之利，以威天下，盖取诸睽。按《礼记·射义疏》云："郑目录特举大射燕射，其射之所起起自黄帝，故易系辞黄帝以下九事章云：古者弦木为弧，剡木为矢，弧矢之利，以威天下。又《世本》云：挥作弓，夷牟作矢。注云：挥，夷牟，黄帝臣。是弓矢起于黄帝矣。"（补）疏之体，必本于注，今据以补。从非郑注，亦可备参研。

古之葬者，厚衣之以薪，葬之中野，不封不树，丧期无数，后世圣人易之以棺椁，盖取诸大过。大过者，巽下兑上之卦，初六在巽，体巽为木，上六位在巳，巳当巽位，巽，又为木，二木在外，以夹四阳，四阳互体为二乾，乾为君为父，二木夹君父，棺椁之象，（《礼记正义·檀弓》孙堂云："此条《正义》不言郑注，王应麟以为说本康成。）封谓聚土为坟。不封之，不树之。（《礼记·王制注》）（补）按上六爻辰属于巳，巽六五纳辛巳。巽于《周易分野》，为巳宫之卦。

上古结绳而治，结绳为约，事大大结其绳，事小小结其绳。（《正义》）后世圣人易之以书契。书之于木刻其侧为契，各持其一后以相考合。（《尚书正义》孙堂云："此条《艺文类聚别集》三亦引。"）以书书木边言其事，刻其木谓之书契。（《书序释文》《文献通考》）按"以书书木"以下孙堂所补，孙氏云："此条仲林《余氏经解钩沉》引作易注。今据补入。"

象也者像也。像，拟也。（《释文》）按《释文》云："象也者像也，众本并云像，拟也。"

阳一君而二民，君子之道也；阴二君而一民，小人之道也。一君二民，谓黄帝尧舜。谓地方万里，为方千里者百，中国之民居七千里，七七四十九，方千里者四十九。夷狄之民居千里者五十一，是中国夷狄二民共事一君。二君一民，谓三代之末。以地方五千里，一君有五千里之十一，五五二十五，更足以一君二十五，始满千里之方五十，乃当尧舜一民之地，故云二君一民。(《礼记正义·王制》) 按一君二民君子之道也，可以治民理国者也，黄帝尧舜之时是也。二君一民，小人之道也，乃乱世之法。夏商周之末是也。

斥蠖之屈，以求信也。《考工记·弓人》郑注：“斥蠖，屈虫也。”贾疏：“斤蠖屈虫者，易曰斥蠖之屈，以求信是也。”（补）按今易作尺蠖，尺斥一声之转。信，伸也。

易曰：砎于石，不终日，终吉。砎如石焉，宁用终日。砎，古八反，谓磨砎也。(补) 按此见豫卦释文。

君子知微知章，知柔知刚，万夫之望。知微谓幽昧，知章谓明显也。(《文选·西征赋注》) 按此唯惠本有之，余本均无，孙氏曰：“此条今《文选》不云郑注。”意者惠氏另有所见邪？姑存之。

其殆庶几乎。庶，幸也；几，觊也。(《诗正义·兔爰》) 按：胡君云：“此藏补张本引。”谓几于道也。盖庶几者接近之意。

男女覯精。覯，合也，男女以阴阳合其精气。(《诗正义·草虫》)

其易之门户邪。(《正义八论》及《世说新语·文学篇》注引易赞) 按今本无户字，亦臧氏所补，张本引之。

因贰以济民行。贰当为式。(《释文》) 按《说文》：“贰，副益也。二古文作式。”二字古通。

易之兴也，其于中古乎。易是文王所作，《左传正义序》文王为中古。(《集解》引虞翻云) 按系下云：易之兴也，其当殷之末世，周之盛德邪。当文王与纣之事邪。故知文王所作。

作易者其有忧患乎。文王因而演易。(《正义八论》论卦爻辞谁作) 损，德之修也。益，德之裕也。困，德之辩也。修，治也。《释文》：辩，别也。遭困之时，君子固穷，小人穷则滥，德于是别也。(《集解》) 损其所有余，则累去而德全；益其所不足，则智明而德光。无患而自若者众人也；有忧而不改其操者君子也。困则君子小人较然见矣。(《义海撮要》) 按损其所有余以下黄本有之，余本悉无。

益长裕而不设。设，大也。《周礼·考工记》曰：“中其茎，设其后。”(《周礼·考工记·桃氏疏》) 按胡君曰：“周礼以下十二字，王删惠补。《考工记》载桃氏为剑之形制曰：中其茎设其后。郑注之云：从中以却稍大之也，后大则于把易制。言剑身自中向后渐宽大，便于把制也。是疏所引周礼以下十二字，确为康成易注，而以证设有大义，惠补之是也。”

六爻相杂，唯其时物也。二至四，三至五，两体交互，各成一卦也。(《象旨决录》)按此黄奭本有之，余本无。

若夫杂物算德。(《释文》)按《释文》云："撰，郑作算，云数也。"《古易音训》引晁氏，《象旨决录》同。撰算古通。

则居可知矣。居音基。(《释文》)居，辞也。(《古易音训》引晁氏)

知者观其彖辞，则思过半矣。彖辞，爻辞也。(《释文》《象旨决录》)按郑以彖辞为爻辞，似非。

柔之为道不利远者，其要无咎，其用柔中也，三与五同功而异位，三多凶，五多功，贵贱之等也。谦惧逊说，不可以大有为，柔之道也，方睽之时，柔进而上行，小事吉而已。《诗》称仲山甫之德曰："柔嘉为则而已。"柔之为道不利远者，盖远者大者，非柔之所能为也。故其要旨于无咎者，以其用柔中故也，以过物而解难，岂柔之所能济哉？三在下卦之上而过中，虽若乾之君子乾乾而且不能以无危也，故曰多凶。五则操天下之利器，所往无不得志矣，故多功。系辞曰：列贵贱者存乎位。贵有常则功易以立，贱有等威而不僭，以慢者，以多凶故也。故曰三多凶，五多功，贵贱之等也。(《义海撮要》)按此《义海》引郑而黄补之。

当文王与纣之事邪。据此言以易是文王所作，断可知矣。(《左传正义·昭公二年》)。夫乾天下之至健也，德行恒易以知险，夫坤天下之至顺也，德行恒简以知阻。乾纯阳也，为天下之至健。坤纯阴也，为天下之至顺。至健矣与时偕行而无所积，则疑若难而未尝不易者，因性故也，至顺矣与理偕会而无违，则疑若烦而未尝不简者，以循理故也，唯因性固性而行者有所不为，则知险矣，此阴之所以不能陷也，惟循理故违理而动者有所不作则知阻矣，此阳之所以不能止也。险在前也，阳不能进而为需，阴无得而胜焉，阻在前也。坤自由而为比，阳无得而胜焉，此又以文意，又辞推之疑非郑康成之注。乾坤之不忽于阴阳而为健顺之至欤。(《义海撮要》)按此《义海撮要》所引郑注，黄本辑之，余本悉无。

成天下之亹亹者。亹亹，没没也。(《释文》)按没没犹勉勉也。孙堂云："亹亹，蠠没，勉也。郭璞注：蠠没，犹黾勉。《诗·大雅·文王篇》：亹亹文王，令闻不已。笺云：勉勉乎不倦，礼器君子达亹亹焉。注云：亹亹，勉勉也。此注没没字，犹言勉勉，盖即《尔雅》蠠没之义。王应麟元本及别本《释文》山井鼎引，元文没没，作汲汲俱误。"是也。

人谋鬼谋鬼谋谓谋卜筮于庙门是也。(《士冠礼疏》) 按人谋谓谋于贤士是也。

爱恶相攻而吉凶生。恶，乌落反。(《释文》)

说卦传

昔者圣人之作易也。易者阴阳之象，天地之所变化，政教之所生，自人皇初起。(李芗沚《易义塍解》引《路史》) (胡君补) 昔者圣人谓伏羲文王也。(《尚书正义·孔序》)

参天两地而倚数。天地之数备于十乃三之以天，两之以地，而倚托大衍之数五十也。必三之以天，两之以地者，天三覆，地二载，欲极于数，庶得吉凶之审也。(《正义》) 二三者天地相承之数。(《周礼·媒氏注》) (补) 按参天谓天一，天三，天五，加之得九。两地谓地二，地四，加之得六。故易用九用六。倚，《周礼·媒氏注》引作奇。《释文》云："奇，本或作倚，音同。"是二字音义同。

发挥于刚柔。挥，扬也。(《释文》)

穷理尽性以至于命。言穷其义理，尽人之情性以至于命，吉凶所定。(《文选·陆士衡吊魏武帝文注》) 按此惠氏所补。

兼三才而两之，故易六画而成卦。《周礼》郑注："易之三才六画。"贾疏："兼三才者天有阴阳，地有刚柔，人有仁义，三才六画，一才兼二画。"(补) 三材天地人之道。六画画六爻。(《仪礼·士冠礼疏》) 按初二为地道，三四为人道，五上为天道，故三材六画。三材，天地人也。六画，六爻之画也。

雷风相薄。薄，入也。

帝出乎震，齐乎巽……万物出乎震，震东方也。齐乎巽，巽东南也。齐也者言万物之絜齐也。离也者明也，万物皆相见，南方之卦也。圣人南面而听天下，响明而治，盖取诸此也。坤也者地也，万物皆致养焉，故曰致役乎坤。兑正秋也，万物之所说也，故曰说言乎兑。战乎乾，乾西北之卦也。言阴阳相薄也。坎者水也，正北方之卦也。劳卦也，万物之所归也，故曰劳乎次。艮东北之卦也，万物之所成终而所成始也，故曰成言乎艮。万物出于震，雷发声以生之也。齐于巽，风摇动，以齐之也，洁犹新也，相见于离，万物皆相见，日照之使光大，万物皆致养，地气含养使秀实也。万物之所说，草木皆老，犹以泽气说成之。战言阴阳相薄，西北阴也，而乾以纯阳临之，犹君臣对合也。坎，劳卦也，水性劳而不倦，万物之所归也。万物自春出生于地，冬气闭藏，还皆入地。万物之所成终而所成始，言万物阴气终，阳气始，皆艮之用事也。(《汉上易传》《周易折中》)。坤不言方，坤之养物，不专此时也。兑不言方而言正秋者，秋分也。兑言秋分，则震为春分，坎为冬至，离为夏至，乾为立冬，艮为立春，巽为立夏，坤为立秋可知。兑言正秋者，正时也。离言圣人南面而听天下，响明而治。则余卦亦可以类推矣。战乎乾，言阴阳相薄而乾胜也。(《义海撮要》) 按“坤不言方”以下，《义海撮要》所引。震为雷，巽为风，离为日，坤为养为地，兑为泽为说。乾，西北之卦，坎为劳为冬，艮为终。《正义》云“坤不言大者，所言地之养物不专一也”则节引者也。

神也者，妙万物而为言者也。共成万物，物不可得而分，故合谓之神。(惠本《汉上易传》《义海撮要》)

莫盛乎艮。盛，音成裹也。

故水火相逮。(《释文》)

乾为首，坤为腹，震为足，巽为股，坎为耳。离为目。艮为手。兑为口。兑开似口。(《汉上易传》) 按朱震曰：“郑本此章在乾为马之前。”张氏辑之。

艮为狗。艮卦在丑，艮为止，以能吠止人则属艮。以能言则属兑，兑为言故也。(《周礼·序官疏》) 按丑上值星纪之次（《周易分野》），癸丑属于艮，故艮卦在丑。

兑为羊。其畜好刚卤。(《周礼·夏官·羊人序官疏》) (《古周易订诂》)

乾为天。天清明无形。(《汉上易传》) 按清明无形，纯阳之象也。

为瘠马。凡骨为阳，肉为阴。(《汉上易传》) 按阳刚故为瘠马。

为均。今亦或作旬也。(《礼记·内则注》) 按《周礼·地官·均人》注云：“易坤为均，今书亦有作旬者。”疏云：“易坤为地，地德均坪，是以均为义，今书今易言有作旬字者，旬与均俱有均平之义。”是也。

为龙。龙读为龙，取日出时色杂也。(《汉上易传》) 按虞翻作駹，云：“駹，苍色，震东方故为駹。”孙堂云：“《周礼·大人》，用駹可也。注云：“故书駹作龙，龙读为駹，谓不纯色也。牧人，用龙可也。谓杂色不纯，是龙駹义同。古駹字多作龙。”是也。

为专。按《释文》：“旉，本又作尃，郑氏恋反。”

为大涂。国中三道曰涂，震上值房心，涂而夫者，取房有三涂焉。(《汉上易传》) 按震，春，二十八宿属于心房二宿，爻辰在卯，属大火之次（《周易分野》），以癸卯为震是也。

为萑苇。竹类。（《汉上易传》）

其于稼也为反生。生而反出也。（《汉上易传》）

为绳直为墨。按《晁氏易》："工，郑作墨。"按巽为绳直，故为工，为墨，皆通。

其于人也为宣髮。宣髮取四月靡草死，髮在人体，犹靡草在地。（《考工记·车人疏》）按《周礼·考工记·车人疏》云："半矩谓之宣，《注易》巽为宣髮。疏云：今易文不作宣作寡者，盖宣寡义得两通，故郑为宣，不作寡也。"是也。

为黄颡（《释文》）（《汉上易丛说》）按黄，今作广。

为矫猱。（《释文》）

为月。臣象也。（《文选·月赋注》）

为电。取火明也。久明似日，暂明似电也。（《集解》）按《象旨决录》引"大明者日，暂明者电也"。皆离之象也。

为乾卦。乾当为干，阳在外能干正也。（《释文》）（《汉上易丛书》）

为鳖，为蟹，为蠃，为蚌，为龟。皆骨在外。（《周礼·考工记·梓人疏》、《艺文类聚》九十六引离为蠃注云："刚在外也。"）按离阳在外故有此象。

其于木也为科上槀。木科上者阴在内为疾。（《汉上易传》）按《释文》云："槁，郑作槀。"

为径路。田间之道曰径路，艮为之者，取山间鹿兔之蹊。（《初学记》二十四、《锦绣万花谷后集》二十五）

为不指。（《晁氏易》）按今本多作指，艮为少男，故为小指所以止物故为指。

为黔喙之属，谓虎豹之属贪冒之类。（《释文》、《古周易订诂》）取其为山兽。（《汉上易丛说》）

为阳此阳谓为养无家女行赁炊爨，今时有之，贱于妾也。（《晁氏易》、《汉上易》、《古周易订诂》）羊，女使。（项安世《周易玩辞》）按阳，今本作羊。羊与阳通。详《汉易异文考》。

序卦传

物生必蒙。蒙，幼小之貌。齐人谓萌为蒙也。（《集解》）

物稚不可不养也。言孩稚不养则不长也。（《集解》）

饮食必有讼，故受之以讼。讼犹争也，言饮食之会恒多争也。

（《集解》）

履然后安，故受之以泰。（《晁氏易》）按履下，今有“而泰”二字，盖衍文也。

有大有不可以盈。（《晁氏易》）按有大有，今本作有大者。

有大而能谦必豫。言国既大而有谦德，则于政事恬豫，雷出地奋豫，豫行出而喜乐之意。（《集解》）按豫者喜乐之意。

豫必有随。喜乐而出，人则随从。孟子曰：“吾君不游，吾何以休？吾君不豫，吾何以助？”此之谓也。（《正义》）

可观而后有所合。《乾凿度》曰：“阳起于子，阴取于午。天数大分以阳出，离，以阴入坎，坎为中男，离为中女，太乙之行出从中男，入从中女。因阴阳男女之耦为终始也。”（《后汉书·崔骃传注》）按此条惠本王本俱援之入《易注》，孙本从之。

致饰然后亨则尽矣。亨，许两反。（《释文》）按许两反即享字，有无妄物然后可畜。（《晁氏易》）按今本无物字。

故受之以大过。以养贤者宜过于厚。（《正义》）

夫妇之道，不可以不久也。言夫妇当有终身之义，夫妇之道谓咸恒也。（《集解》）按咸者感也，恒者久也，故夫妇之道取象焉。

物不可以终久于其所。（《晁氏易》）按终久于，今作久居。

主器者莫若长子。谓父退居田里，不能备祭宗庙，长子当亲视涤濯鼎俎。（《礼记正义·曲礼》）按震为长子，长子代父，故主器。

杂卦

屯见而不失其居。（《释文》）

损益，衰盛之始也。（《会通》引《释文》）按今《释文》无之，衰盛，诸本多作盛衰。

兑说而巽伏也。（《晁氏易》）按说，今作见。

蛊，则饰也。（《释文》、《古周易订诂》）按饰，今作饬。二字古通。详《汉易异文考》。

否泰反其类也。先尊而后卑，先通而后止者，所以类阳事也。（《古周易订诂》）按此黄氏所补。

丰多故，亲寡旅也。按《释文》云：“丰多故，众家以此绝句。”丰盛大，故多故；旅在外，故亲寡。

大过颠也。自此以下卦音不协，似错乱失正，弗敢改耳。（《晁氏易》）按汉石经亦同此。宋儒蔡氏以为有脱简，而改其次序。

君子道长，小人道消也。(《晁氏易》) 按消，今作忧。

易赞易论。(《正义八论》云：“易赞易论，《世说新语·文学篇注》作易序。”)

易一名而含三义。(原作“易之为名也一言而含三义”引与《世说》注同) 易简（《世说》注作简易）一也，变易二也，不易三也，故系辞云：乾坤其易之缊邪。又云：易之门户邪。又云：夫乾确然示人易矣，夫坤隤然示人简矣，易则易知，简则易从。此言其易简之法则也。又云：为道也履迁，变动不居，周流六虚，上下无常，刚柔相易，不可为典要，唯变所适。此言顺时变易出入移动者也。又云：天尊地卑，乾坤定矣。卑高以陈，贵贱位矣。动静有常，刚柔断矣。此言其张设布列不易者也。(《周易正义·论易之三名》引) 据此三义而说，易之道广大矣。(《世说新语·文学篇注》、《周易正义》从“易一名而含三义”至“言其张设布列不易者也”。)

夏曰《连山》，殷曰《归藏》，周曰《周易》。《连山》者，象山之出云连连不绝；《归藏》者，万物莫不归藏于其中；《周易》者，言易道周普。无所不备。(《周易正义·论三代易名》)

神农重卦。(《正义八论》)

处义作十言之教曰：乾坤震巽坎离艮兑消息，无文字谓之易。(《汉上易传》引《左传正义·定公四年》引易云伏羲至消息，此条王附易赞。)

汉易阐微

徐芹庭 著

下

中国书店

第十二章 《荀氏易》

——荀爽寓易学于匡世济民

一、荀爽以易礼匡时政

（荀）爽，字慈明，一名谞。幼而好学，年十二能通《春秋》《论语》。太尉杜乔见而称之曰："可为人师。"爽遂耽思经书，庆吊不行，征命不应。颍川为之语曰："荀氏八龙，慈明无双。"延熹九年，太常赵典举爽至孝，拜郎中。对策陈便宜曰："臣闻之于师曰：'汉为火德，火生于木，木盛于火，故其德为孝。其象在《周易》之离。'夫在地为火，在天为日。在天者用其精，在地者用其形。夏则火王，其精在天，温暖之气，养生百木，是其孝也。冬时则废，其形在地，酷烈之气，焚烧山林，是其不孝也。故汉制使天下诵《孝经》，选吏举孝廉，夫丧亲自尽，孝之终也。……所以崇国厚俗，笃化之道也。事失宜正，过勿惮改。天下通丧，可如旧礼。"

昔者圣人建天地之中而谓之礼，礼者所以兴福祥之本，而止祸乱之源也。人能枉欲从礼者，则福归之；顺情废礼者，则祸归之。推祸福之所应，知兴废之所由来也。众礼之中，婚礼为首。故天子娶十二，天之数也；诸侯以下各有等差，事之降也。阳性纯而能施，阴体顺而能化，以礼济乐，节宣其气，故能丰子孙之祥，致老寿之福。及三代之季，淫而无节，瑶台倾宫，陈妾数百，阳竭于上，阴隔于下，故周公之戒曰："不知稼穑之艰难，不闻小人之劳，惟耽乐之从，时亦罔或克寿。"是其明戒。后世之人，好福不务其本，恶祸不易其轨，《传》曰："截趾适履，孰云其愚？何与斯人追欲丧躯？"诚可痛也。臣窃闻后宫采女五六千人，从官侍使复在其外，冬夏衣服，朝夕禀粮，耗费缣帛，空竭府藏，征调增倍，十而税一，空赋不辜之民，以供无用之女，百姓穷困于外，阴阳隔塞于内，故感动和气，灾异屡臻。臣愚以为诸非礼聘，未曾幸御者，一皆遣出，使成妃合。

夫寒热晦明，所以为岁；尊卑奢俭，所以为礼，故以晦明寒暑之气，尊约侈卑之礼为其节也。易曰天地节而四时成。《春秋传》曰"唯器与名不可以假人。”《孝经》曰：“安上治民，莫善于礼。”礼者尊卑之差，上下之制也。昔季氏八佾舞于庭，非有伤害，困于人物，而孔子犹曰是可忍也，孰不可忍。《洪范》曰：“惟辟作威，惟辟作福，惟辟玉食。”凡此三者，君所独行而臣不得同也。今臣僭君服，下食上珍，所谓“害于而家，凶于而国”者也，宜略依古礼尊卑之差，及董仲舒制度之别，严督有司，必行其命。此则禁乱善俗，足用之要。（以上见《后汉书·荀爽传》）

欲国君敦尚礼义，崇简约之政，而去侈奢淫佚，履孝道以敷正事，使阴阳和，男女正，礼仪兴，五行顺，而灾害不生，政事以和，是有心匡时救世者也。

东汉帝王寿多不永，岂以后宫五六千而淫佚过度。荀爽有志匡时，欲复古礼天子聚十二之数，以救时敝，而使怨女得耦，旷男得室，以和阴阳，惜乎天子不采其说，权臣又从而敝障之，遂使汉祚日短，惜乎。

二、创阳升阴降之说以救时敝

东汉之季，天子寿多不永，母后秉政，外戚专权，君权旁落，宦官群小，乘机鼓动，以是小人当道，贬君子而用小人，君柄日坠，而女德或有不顺以陵阳刚之虞。故荀爽创为“升降”之说，既以注易，亦以匡时。曾上封事云：

臣闻：有夫妇然后有父子，有父子然后有君臣，有君臣然后有上下，有上下然后有礼义，礼义备，则人知所厝矣。夫妇人伦之始，王化之端。故文王作易，上经首乾坤，下经首咸恒。孔子曰：“天尊地卑，乾坤定矣。”夫妇之道，所谓顺也。《尧典》曰：“厘降二女于妫汭，嫔于虞。”降者下也，嫔者妇也，言虽帝尧之女下嫁于虞，犹屈体降下，勤修妇道。易曰：“帝乙归妹，以祉元吉。”妇人谓嫁曰妇。言汤以娶礼归其妹于诸侯也。《春秋》之义，王姬嫁齐，使鲁主之，不以天子之尊加于诸侯也。今汉承秦法，设尚主之仪，以妻制夫，以卑临尊，违乾坤之道，失阳唱之义。孔子曰：“昔圣人之作易也，仰则观象于天，俯则察法于地；睹鸟兽之文与地之宜，近取诸身，远取诸物，以通神明之德，以类万物之情。”今观法于天则北极至尊，四星妃后；察法于地，则昆山象夫，卑泽象妻。睹鸟兽文，鸟则雄者鸣雊，雌则顺服；兽则牡为唱导，牝乃相从。近取诸身则乾为人首，坤为人腹，远取诸物，则木实属天，根黄属地。阳尊阴卑，盖乃天地。且《诗》初篇实首《关睢》，《礼》始《冠》《婚》；先正夫妇，天地六经其旨一揆。宜改尚主之制，以称乾坤之性。尊法尧汤，式是周孔。合之天地而不谬，质之鬼神而不疑。人事如此，则嘉瑞降天，吉符出地，五韪咸备，各以其叙矣。(《后汉书·荀爽传》)

阴之陵阳，女之陵夫，臣之卑君，皆非也。故当崇阳而抑阴，升君子而降小人，尊君而卑臣。此其注易用“升降”之故也。以是有匡时济世之志。后遭党锢，隐于海上，南遁汉滨，积十余年，以著述为事，遂称硕儒，有名于时。献帝即位，董卓强征之，进拜司空，见董卓之残暴，必危社稷，故多举才略之士以共图之。与司徒王允及董卓长史何顒为内谋。会病卒，而王允遂成逐董卓之志。范氏《后汉书》谓其逊言迁都之议，救杨黄之祸，潜图董氏，几振国命，所谓大直若屈，道固委迤者也。慈明学识博瞻，著有《礼》、《易传》、《诗传》、《尚书正经》，《春秋条例》、《汉语》、《公羊问》及《辨谶》。复有志匡时，真儒学之宗师，百世之师表也。

三、《荀氏易》之源流及版本

《荀氏易》学源于费氏，复取资于孟氏京氏之阴阳消息灾异与象数，兼取子夏、马融之易学，复自创升降诸说，以成一家之学。后儒如虞翻、陆绩、姚信、董遇、蜀才、张璠、王弼、荀柔之、明僧绍、僧一行、李鼎祚，乃至清儒惠栋、张惠言、孙堂、马国翰、黄奭等多所取资，诚百代之易学大师也。

《后汉书·荀爽传》云:“著《礼》、《易传》、《诗传》、《尚书正经》、《春秋条例》……”是爽于易有传，而群经及其他著述亦颇多也。荀悦《汉纪》云：“孝桓帝时，故南郡太守马融著《易传》，颇生异说。及臣悦叔父司徒爽著《易传》，据爻象承应阴阳变化之义，以十篇之文，解说经义，由是兖豫之言易者，咸传荀氏学。”此皆荀爽易注，见于汉史而信而有征者也。惟皆不载卷数，《隋志》载《荀爽易注》十一卷，陆德明《经典释文序录》载十卷，注引《七录》云十一卷。《唐志》载十卷，其易书或云十一卷或云十卷者，盖其一卷，为序或录也。其书至宋以后不传于世，惟陆德明《经典释文》、李鼎祚《周易集解》、吕祖谦《古易音训》诸书破引其经文章句，虽皆残缺不全，然《荀氏易》之吉光片羽，亦赖以保存，故清儒胡薇元、马国翰等犹得辑其余绪焉。

今可见《荀氏易》之版本除拙作外。有胡薇元辑《周易荀爽注》《汉易十三家》本，马国翰辑《周易荀氏注》三卷，载于《玉函山房辑佚丛书》中。（清同治十年辛未济南皇华馆书局补刻本、娜嬛馆本、重印本、楚南书局本）孙堂辑《周易注》一卷，载于《汉魏二十一家易注》，黄奭辑《易言》一卷载于《汉学堂经解》及《黄氏逸书考》（民国修补本，民国补刊本）中。至于张惠言辑《周易荀氏九家义》一卷载于《皇清经解》一千二百三十三卷，则专论荀及《九家易》之大义者也，非辑其佚文者。惠定宇《易汉学》所载荀慈明亦然。

四、《荀氏易》之渊源

《后汉书·儒林传》谓后汉易立于学官为博士者有施孟梁丘京氏四家，费高二家未得立。《孙期传》云："陈云郑众皆传《费氏易》，其后马融亦为其传，融授郑玄，玄作《易注》，荀爽又作《易传》，自是费氏兴。"据此知《荀氏易》盖本于费氏然考其易注，源于孟京马融者亦有之。兹分述如下：

（一）《荀氏易》源于费氏考

《汉书·儒林传》谓："费氏名直，治易为郎，亡《章句》，徒以彖象系辞十篇之言解说上下经。"《后汉书·儒林传》云："东莱费直传易授琅邪王横为费氏学，本以古字号古文易。"《隋志》称《费易》云："其本皆古字号古文易。"由是吾人知所谓《费氏易》者字皆古文，原无章句，特以十篇之文解说上下经耳，十篇者即十翼也。荀悦《汉纪》称其叔父"故司徒荀爽著《易传》，以十篇之文解说经义。"此《荀氏易》源于费氏这明征也。如：

修辞立其诚所以居业也。荀注云："修辞谓终日乾乾，立诚谓夕惕若厉，居业谓九三也。"按此以乾九三爻辞与文言相印证以诂经者也。

荀氏需九二注云："二与四同功。"按"二与四同功而异位"，此系辞传之文，荀氏师六四、同人六二、临六四皆以此入易注。夬九三则用与五同功之文，皆以系辞注易者也。

需，九五，需于酒食贞吉。荀注："需者饮食之道。"按此序卦文。

履，初九，素履往无咎。荀氏注曰："初九者潜位隐而未见行而未成。"按此用乾文言以诂易。噬嗑上九，何校灭耳凶。荀氏注曰："三体坎为耳，故曰灭耳凶。恶积而不可弇，罪大而不可解，故宜凶矣。”按此以说卦及系辞诂易。

颐，君子以慎言语。荀注云：“言出乎身，加乎民，故惧言语所以养人也。”按此亦以系辞诂易。

复，用行师。荀注云：“坤为众，故用行师。”按此以说卦诂易。

系下：观鸟兽之文……远取诸物。荀注云：“乾为马，坤为牛，震为龙，巽为鸡之属是也，乾为首，坤为腹，震为足，巽为股也，乾为金玉，坤为布斧之类是也。”按此悉用说卦之文。

又：存而不忘亡。荀注云：“谓虑戎器，戒不虞也。”按此用萃卦大象之辞以诂易。余如“治而不忘乱”、“损德之修也，益德之裕也”，皆用彖辞。

又：谦尊而光。荀氏注云：“自上下下，其道大光也。”按此用彖辞以诂易。余如“益以兴利”，亦然。

荀氏本十翼以诂易者颇多，未暇一一载也。此详于《〈荀氏易传〉阐微》之中。今不具载。至于其经文亦有用古文者，此亦本于费氏家法也。如：

咸，咸其母。《释文》云：“拇，荀作母。”《古易音训》引晁氏曰：“母，古文。”

遁，有疾备也。《释文》云：“惫，荀作备。”晁氏曰：“备，古文惫字。”

解，解而母。《释文》云：“拇，荀作母。”晁氏曰：“母古文。”

夬，壮于前止。《释文》云：“趾，荀作止。”晁氏曰：“止古文。”艮卦“艮其止”同。

萃，取以正。《释文》云：“聚以，王、荀作取以正。”晁氏曰：“取古文。”

是《荀氏易》亦有本于费氏古文者，此《荀氏易》源于费氏者也。至于荀氏经文亦有用今文者，如丰虽旬无咎。《荀氏易》作均。（晁氏曰：“旬古文均字。”则均为今文）渐发朵不育。《荀氏易》作“乘”。（晁氏曰：“朵古文。”则乘为今文）皆用今文。则是《荀氏易》不主一家也。

（二）《荀氏易》源于孟氏考

孟氏之易，两汉皆立于学官。其学可分章句、卦候、灾异三科。

《汉书·儒林传》称其得“易家候阴阳灾变书”。此则其卦候灾异之学所自来也。《荀氏易》之章句，亦有本于孟氏者，其卦候阴阳灾异之学荀氏亦略取之，荀悦《汉纪》称其叔父荀爽著《易传》“据爻象承应阴阳变化之义”。《后汉书·荀爽传》云：“爽对策陈便宜云……阴阳隔塞于内故感动和气，灾异屡臻。”又其易注亦用十二消息之以诂易，则亦尝取资于孟氏之“家候阴阳灾异也”。其可考者如：

利之足以和义。《释文》云：“孟喜京荀陆绩作利之。”

明夷，六五，箕子之明夷。《释文》云：“箕子之明夷，刘向云：今易作荄滋，邹湛云：训箕为荄诂子为滋，漫衍无经，不可致诂，以讥荀爽。”是荀爽注作“箕为荄子为滋”也。《汉书·孟喜传》云：“蜀人赵宾，好小数书，后为易饰易文，以为箕子明夷，阴阳气亡箕子，箕子者万物方荄兹也。宾持论巧慧，易家不能难，皆曰：非古法也。云受孟喜喜为名之。”是荀氏之注，本于赵宾，而源于孟氏也。黄奭辑《荀氏易注》一卷，亦以为然。

中孚，六四，月既望。《释文》云：“几，荀作既。”《古易音训》引晁氏曰：“孟荀一行作既，孟云十六日。说之按：古文读近为既，此实当做既。

归妹，月既望。孟荀同。

天尊地卑，乾坤定矣。荀氏注曰：“谓否卦也。否七月，万物以成……”

变化者，进退之象也。荀氏注曰：“春夏为变，秋冬为化，息卦为进，消卦为退也。”

往来不穷谓之通。荀氏注曰：“谓一冬一夏，阴阳相变易也，十二消息阴阳往来无穷已，故通也。”

坤，上六，龙战于野。荀氏注云：“消息之位，坤在亥。”按此四则注文，皆本孟氏卦候之学，以坎离震兑为方伯，以王四季。以十二消息主十二月者也。

是荀氏之学亦尝取资于孟氏之章句、家候及阴阳灾异也。

（三）《荀氏易》源于京氏考

《汉志》以孟京并称，而京氏受易于焦延寿。京氏以为《延寿易》即《孟氏易》。盖孟京二家之易，其言及卦候灾异者，多半相同。其章句亦然耳。荀氏之易既有取资于孟氏者，则其源于京氏者亦可考而知也。如：

君子体信足以长人。《释文》云：“体仁，京房、荀爽董遇本作体信。”

利之足以和义。京荀同。

蒙，再三渎，渎则不告。渎蒙也。荀注云：“渎不能尊阳，蒙气不除，故曰渎蒙也。”按《汉书·京房传》云：“二年二月朔拜上封事曰：辛酉以来，蒙气衰去。……辛巳蒙气复乘卦。……丁亥蒙气去，然少阴并力而乘消息，戊子益甚，到五十分，蒙气复起。”是荀氏注蒙气盖本之京氏。

至于荀氏言及消息及卦候者亦本之京氏。张惠言《周易荀氏九家义》云：

荀氏消息唯六日七分注变化之象云：“春夏为变，秋冬为化，易十二消息，阴阳往来不穷已。”……坤上云：“消息之位坤在于亥，下有伏乾。”屯云：“十二月雷伏藏地中。”大有云：“夏火王在天。”随云：“八月之时雷藏于泽。”（九家）临以兑为八月，（方伯之卦）复云：“冬至之卦。”解云：“仲春之月。”姤云：“南方夏位。”皆言六日七分也。

据此则荀氏言及卦候者亦尝取资于京氏也。然则《荀氏易》源于京氏者可知也。又其有世应游魂归魂飞伏之说，则本之《京氏易传》，此详于《〈荀氏易〉之特色》“探乎象数”一节中，今不具述。

（四）《荀氏易》源于子夏者

《子夏易传》，近人之考证多以为韩婴之易，而惠氏则以为乃魏晋间人采辑汉易而成，今考《荀氏易》与之同者。如：

比，初六，终来有它，吉。《子夏传》云：“非应称它。”荀爽云：“非应故曰它也。象云：‘有它吉者谓信及非应，然后吉也。’”

噬嗑，九四，噬乾胏。《释文》云：“胏，子夏作脯，荀董同。”

是《荀氏易》与《子夏易传》亦有颇密切之关系也。

（五）《荀氏易》源于马氏者

马季长（融）易古今文之精华，用费氏家法以诂易，《后汉书·儒林传》以马融郑玄荀爽，归之《费氏易》，马融与荀爽为同时代之人，而马融长于荀爽颇多，且融易早成。《荀氏易》亦尝受其影响，其相同之迹可考者如：

贲，六四，白马翰如。《释文》云："翰，马荀云高也。"

蒙，上九，系蒙。《古易音训》引晁氏曰："马融郑玄荀爽一行作系。"

系辞：子曰知变化之道者其知神之所为乎。虞翻曰："诸儒皆上子曰为章首，而荀马又从之。"（《集解》）

艮，九三，艮其限。《释文》云："马云'限，要也'，郑荀虞同。"

是《荀氏易》尝受马氏之影响也。

（六）《荀氏易》与郑氏刘表同者

荀氏与郑玄、刘表皆同时之人，年亦略相近，东汉以易名世者，荀刘马郑，其较著者也，马氏稍早于荀爽，《荀氏易》尝受其影响。当无疑义，郑玄之易受之马融，则亦有与荀氏同者，刘表与荀氏渊源之迹，则文献未足征矣。今察此三家之易注本有相同者，此殆渊源于立于学官之施氏梁丘氏者也。如：

师，初六，师出以律，不藏凶。《古易音训》引晁氏云："否，刘荀陆一行作不。"

剥，六三，剥无咎。晁氏曰："剥之无咎。"按京刘荀爽一行既无之字。

谦，君子以捊多益寡。《释文》云："裒，郑荀爽董蜀才本作捊。"

艮，九三，艮其限。《释文》云："马云限，要也，郑荀虞同。"

乾以易知。《释文》云："易，郑荀董并音亦。"

《古易音训》引多作刘荀，《释文》多作郑荀，多以刘郑先于荀氏，是则郑刘或略先于荀氏也，不然则乃同源于施氏梁丘者也。

五、《荀氏易》之特色与价值

《荀氏易》既渊源于孟京及费马，则当具有诸家之特点与价值，除此之外又多所创造。其特色与价值可得而言者如：

（一）溯本于字书以训经义之旨趣

荀氏之注易，亦探本于《尔雅》《说文》，以求其本义之所在，因而明经义之旨趣。故其诂训确而有据。如涣，王假有庙。荀氏注云："假，大也。"此本之《尔雅·释诂》者也。

讼，自下讼上，患至掇也。荀注："下与上争取患害，如拾掇小物，而不失也。"《说文》云："掇，拾取也。"

谦，君子以捊多益寡。荀注："捊，取也。"《说文》云："引取也。"

说卦：幽赞于神明而生蓍。荀注："幽，隐也；赞，见也。"此训本于《说文》。

（二）归本于十翼以弘易理之精微

夫易道因十翼而彰，十翼备极易理之精微，阐述易学之义旨，述明三才之妙用，穷尽宇宙之至理，而归本于内圣外王之要道，故先儒之诂易多本乎此。荀氏亦然。荀氏诂易本之十翼者已具于本篇"《荀氏易》源于费氏考"之中，此不备叙。

（三）征引于群经，以融易理之微旨

夫经者恒久之至道，不刊之鸿教人伦之师表，而真理之至精至要者也，群经所载，莫不如此，故其大义可以相通。是以先儒之诂经，多互证于群经，以发经义，宏妙旨。荀氏亦然。如：

需，上六，引《诗经·鄘风》"朝跻于西，崇朝其雨"之辞，以证"云上外极则降而为雨，而远入于地之旨。"履，初九，履错然敬之无咎。睽，象曰："上火下泽睽。"荀爽曰："火性炎上。"此本于《尚书·洪范》："火曰炎上。"

家人，君子以言有物而行有恒。荀注："君子之言，必因其位，位大言大，位小言小，不在其位，不谋其政。"按后句本之于《论语》。

初九，闲有家悔亡。荀注："居家理故治可移于官。"此本之于《孝经》。

系辞上：天垂象，见吉凶圣人象之。荀注："谓在璇玑玉衡以齐七政也。”此本之于《尚书·舜典》。

是荀氏注能融群经于易理之中，以发经义之妙旨，乃至有价值者也。

（四）旁征于史事，以阐易学之微旨

夫易著天人之变，明内圣外王之迹，弥纶宇宙，囊括群品，故历史之演变亦不能出其外，是以先儒之诂易也多有旁验于史事，以阐易学之微旨者，荀氏亦然。如：

蒙，六五，童蒙吉。荀注：“顺于上，巽于二，有似成王任用周召也。”

小畜，自我西郊，施未行也。荀注：“体兑位秋，故曰西郊也，时当收敛，臣不专赏故施未行喻文王也。”

萃，上六，赍资涕洟，无咎。荀注：“此本否卦上九阳爻见灭迁移喻夏桀殷纣以上六阴爻代之，若夏之后封东楼公于杞，未安居位，故曰赍资涕洟未安上也。”

是荀氏注易，能旁验于史事，以阐易学之微旨，使人一览即会意于言表，乃极有价值者也。

（五）归本于人事以孚人世之日用

夫易述明天人之际、究极宇宙人生之理，以孚人世之日用者也，故先儒注经多归本于人事，荀氏亦然。如：

困，困而不失其所亨，其唯君子乎。荀注：“喻君子虽陷于险中，不失中和之行也。”

井，九三，井渫不食。荀注云：“不得据阴，喻不得用，故曰不食，道既不行，故我心恻。

巽，君子以申命行事。荀注云：“法教百端，令行为上，贵其必从，故曰行事也。”

又巽在床下，用史巫粉若吉。荀注云：“明将之所专，不过军中事也，史以书勋、巫以告庙……征伐既毕，书勋告庙，当变而顺五则吉。”

是荀氏之注易也，能采宇宙万源，而归本于人事，以孚人事之日用，乃极有价值者也。

（六）取各家之精义融合古今文而一之

《荀氏易》渊源于孟京费马，而不专主一家，取各家之精义，而融之于已心，故能秀出当时，为当时兖豫学者所取法，今观其易注，既本费氏家法用十篇之文以诂易，然《费氏易》为古文本，而荀氏则今古文并用，此其所以不专主于费，而能博考当时上于学官之施孟梁丘京，与当代通儒马季长之学，以融今古文而一之，故能秀出于当时也。此已略明于《荀氏易》源于费氏考之中，此不具述。

（七）探乎象数以宏易理于无穷

《荀氏易》言及象者有升降、卦变、消息、飞伏、卦世、游魂、归魂、两象对合、互卦、反卦诸类，兹分述之。

1. 升降说

升降者谓阳在下者当升于五或升于上卦，阴在上者当降于下也，此乃荀氏所创之例。惠定宇《易汉学》云：

“荀慈明论易以阳在二者当上升坤五为君，阴在五者当降居乾二为臣。盖乾升坤为坎，坤降乾为离，成既济定则六爻得位，系辞所谓上下无常，刚柔相易，乾象所谓各正性命，保合太和。利贞之道言九二之大夫当升坤五为君也。慈明之说合于古之占法，故仲翔注易亦与之同。”

张惠言《周易荀九家义》则云：“荀氏之易莫大乎阳升阴降，其阳升于坤，又不主九二一爻，乾文言注云：乾升于坤曰云行，坤降于乾曰雨施，乾坤二卦成两既济，阴阳和均而得其正。又云坤三之乾二为离，乾二之坤五为坎。坤文言注云：乾二居坤五为含，坤五居乾二为宏，坤初居乾四为光，乾四居坤初为大。又云阴升之阳则成天之文也，阳降之阴则成地之文也，幽谓否卦变成未济也，明谓泰卦变成既济也，此乾坤三百八十四爻之升降由泰而既济，由否而未济，为阴阳之大限，通六十四卦为运行，故既济注云：天地既交，阳升阴降。未济注云：虽刚柔相应而不以正，由未能济。明既未济为升降之用也。乾注云：乾六爻皆君，二当升坤三、四上跃居五，或下居坤初，上当下之坤三。以乾爻君坤，谓乾六爻为六十四卦之君，乾坤二卦成二既济，义见于此，乃爻升之例。”

然则荀氏升降之说，盖溯源于《左传》，亦有本有源者也。其升降之要义则以乾六爻为六十四卦之君，乾坤为三百八十四爻升降之主，由泰而既济，由否而未济为阴阳升降之极用，及其大限，以通六十四卦三百八十四爻之运行。至于升降之种类则有：

（1）下卦升上卦例。荀氏需卦注云："下三阳需时当升，乾升在上，坎降在下。"泰卦注云："自地升天，三体俱上。"升卦注云："初与巽一体相随，升居坤上。"按需下三阳谓下卦乾之三阳也，泰卦三阳亦谓下卦乾之三阳，升卦下巽上坤，初与巽一体相随者谓升卦下卦升上卦也。皆下卦升上卦之例也。下卦升上卦，则上卦当降下卦也。

（2）初升五例。荀氏复注云："利往居五，刚道浸长也。"按复唯初为阳，故初阳可以升五。初阳升五，则五阴当降初也。

（3）二升五例。荀氏乾九二注云："二当升坤五。"余如需、师、临、解、升，皆以二当升五为言，二阳升五，则五阴降二，以求阴阳之正位也，此升降之要义也，故升降之例以此为多。

（4）三升五例。荀氏谦九三注云："阳当居五。"明夷六四注："欲上三居五……言三当出门庭，升五君位。"此三阳当升五之例，三阳升五为君，则五阴当降三为臣。

（5）四升五例。荀氏离九四注云："阳升居五，光炎宣扬，故突如也，阴退居四，灰炭降坠。"小过九四注云："四往危五……勿长居四，当动上五。"此皆四升五例，四阳升五，则五阴宜降四也。

（6）阳已升上，五阴不降例。荀氏蒙六五注云："顺于上，巽于二，有似成王任用周召也。"盖以蒙卦上九为阳，阳已升在上，五阴顺而承之，故五阴可以不降也。贲六五注云："五为王位，体中履和，勤贤之主，尊道之君也。……能以中和饰上成功，故终吉而有喜了。"盖以六五上承上九，故云："能以中和，饰上成功"也，以例推之，大有同此例。此阳已居上，五阴不降之例也。

（7）五阳不降不升之例。夫阳既已升五阳位，得尊而处中矣，故五阳可以不升，可以不降。荀氏乾文言九五注云："与天合德，谓居五也。"注乾九五云："见居天位，圣人作，而万物睹，是其义也。"夫乾九五既已得位，故荀氏不云乾当降也，明乾五不降也，然则五阳可以不降也。屯、讼、比、小畜、履、同人、随、观、无妄、坎、咸、遯、家人、蹇、益、姤、萃……诸卦九五《集解》皆未引荀氏注，殆荀氏注不异于其升降例，无胜义可述，故不备载也，至如大过九五，虞翻引荀氏注云："以五阳得正位，不变为士夫。"夫为不变者，谓九五不上升亦不下降也，荀氏否九五注云："阴欲消阳由四及五，故曰其亡其亡，谓坤性顺从，不能消乾使亡。……坤体在下，虽欲消乾，系其本体，不能亡也。”夫不能亡者，谓五正居其所不变也。是五阳不降亦不升也，盖已正居其位也。荀氏需卦九五云：“五有刚德，处中居正，故能帅群阴举坎以降阳，能正居其所则吉。”正居其所即不变也，举坎以降阳，谓需时而礼下乾阳也，非五立刻升降也，故《荀氏易》有五阳不升不降例。

总上荀氏升降有七例。一般言汉易者，多未及之。盖荀氏见当时臣凌其君，妇乘其夫，阴阳失正，故创升降之说以尊阳抑阴，实深有微意也。后二例为余所发现。盖学问之道，宜勉励现前之业图谋未来之功，才能精益求精。

2. 卦变

本升降之理，荀氏演为卦变之说。其后虞氏本之阐卦变之理，多本之荀氏。荀氏之卦变，乃以乾坤为枢纽，泰否为运用，泰否亦由乾坤而来，是荀氏卦变之说，盖以乾坤为总枢杻也。推而论之，则由升降而推得者也。兹略分述之如下：

（1）一阳一阴之卦。荀氏注剥云：“阴外变五。”谓阴消五，同人云：“乾舍于离。”皆变自乾坤也。

（2）二阳二阴之卦。荀注屯卦云：“此本坎卦也。”注蒙云：“此本艮卦也。”坎艮为六子之卦，皆出于乾坤，故注坎云：“阳来为险。”谓由乾来也。注讼云：“阳来居二。”注晋云：“五从坤动而进居五。”注蹇解皆云：“乾动之坤。”是皆自乾坤而来也，或以十二消息释之，十二消息亦自乾坤而来。

（3）三阳三阴之卦。荀注贲云：“此本泰卦，谓阴从上来，居乾之中，文饰刚道，交于中和，故亨也。分乾之二，居坤之上。”注咸云：“乾下感坤，故万物化生于山泽。”注恒云：“乾气不终，始复升上居四也，坤气上终，始复降下，居初者也。”注损云：“损乾之三，居上孚二阴也。”注井云：“此本泰卦阳往居五，得坎为井。”注损云：“阳来居二，在坤之中。”注未济云：“柔上居五，与阳合同故亨也。”多自乾坤或泰否而来。

是荀氏之卦变，虽或以六子，十二消息为说，然皆以乾坤为总枢杻也。故张惠言云：“一阴一阳二阴二阳之卦皆乾坤相之，观于蹇解可见，屯蒙讼晋虽自坎艮遁观，实亦乾之二三，坤之二四耳，泰否乾坤也，故成卦独多，萃象乾灭，其例大畜当配之，注阙不可知也。”恒注云：“乾气下终，始复升上，居四，坤气上终，始复降下居初，已则知卦变之例皆升降，以求六十四卦皆得通之矣。”是也。

3. 消息

荀氏之言十二消息者，亦本孟京之余绪而立论。乃以十一月复，十二月临，正月泰，二月大壮，三月夬，四月乾，为阳息之卦。五月姤，六月遁，七月否，八月观，九月剥，十月坤，为阴消阳之卦。其注文亦本于是，如其注系辞：“变化者进退之象”“往来不穷谓之通”及坤上六及临、复、姤之注皆是也。

4. 飞伏

飞伏犹隐现也。凡阴爻现，则阳爻隐伏于其下，阳爻现，则阴爻隐伏于其下，盖阴极则生阳，阳极则生阴，故阴现矣，其极则不得不变之阳；阴现矣，其极则不得不变之阴。凡易卦六爻之位，初三五为阳位，二四上为阴位，若以阳居二四上，则下伏阴以阴位故也，若阴居初三五，则其下有伏阳，以阳位故也。荀氏之解经亦用飞伏之例，如荀注坤上六云：“下有伏乾，则以坤尽乾生之故也。”注坤文言云：“六三阳位，下有伏阳，坤阴卦也，虽有伏阳含藏不显。”又云：“霜者乾之命令，坤下有伏乾。”皆飞伏之例也。飞伏之说《京氏易传》说之最多。荀氏之说亦或有自来欤。

5. 卦世游魂归魂

卦世游魂归魂之说起于《京氏易传》。以八纯卦为主，分六十四卦为八宫，每宫有八卦，凡八纯卦初爻变谓之一世，初爻二爻皆变谓之二世，初二三，三爻皆变谓之三世，初二三四，四爻皆变谓之四世，初二三四五，五爻皆变谓之五世。上不能变，而还回于第四爻变，谓之游魂。（即变初二三五，四爻也。）至最后顺游魂而变其内卦谓之归魂。（即变第五爻而已）荀氏亦以是诂易。如荀氏注随云：“随者震之归魂。”注蛊云：“蛊者巽也，巽归会震故元亨也。”盖蛊者巽这归魂，巽三世，风雷益，四世，天雷无妄，五世，火雷噬嗑，游魂山雷颐，归魂为山风蛊。故云巽归会震。注恒云：“震世也。”恒仍震之三世也。注解云：“震世也。”谓震之二世卦也。

6. 两象对合反卦及互卦

两象对合者谓内外两象，适为反卦也，八卦之中震与艮，巽与兑，互相反对，震卦反之，则为艮，艮卦反之则为震，巽卦反之则为兑，兑卦反之则为巽，先儒或谓之反卦，或谓之覆卦，明儒来知德则谓之综卦。六十四卦中如屯卦，反视之则蒙也，蒙卦反视之则屯。余如需、讼、师、比、小畜、履、泰、否。……诸卦除乾、坤、坎、离、颐、大过、中孚、小过八卦外，悉皆两两相反，此即先儒所谓反卦也。荀氏注于中孚云：“两象对合，外实内阴。”两象对合者，谓中孚䷼上巽下兑，而兑反巽，故谓之两象对合也。互卦之种类颇多，荀氏惟用二至四，三至五二种，盖源于系辞“二与四同功而异位，三与五同功而异位”也。荀氏注噬嗑六三云：“为艮所止。”盖以噬嗑䷔二至四互艮也。注贲六五云：“艮山震林，失其正位。”盖以贲䷕外卦艮，三至五互震也，注恒九三云：“三与五为兑。”注大壮云：“三与五同功为兑。”皆以三至五互兑之故也。注蹇曰：“艮在坎下，见险而止。”谓二至四互坎，坎为险也。

7. 取象之范畴

荀氏取象之范畴，则以说卦为主，而或引申之。如系辞下：仰则观象于天，俯则观法于地。荀氏注云：“震巽为雷风，离坎为日月也，艮兑为山泽也。”皆未超过说卦，其以坎为险之类则就说卦而引申者也。

8. 荀氏之易数

荀氏论及易数者亦本之系辞，且以之而解易，兹分述之。

（1）万物之数。系辞下：“知周乎万物。”荀注：“二篇之册万有一千五百二十，当万物之数，故曰知周乎万物也。”乾彖：“万物资始”荀注：“分为六十四卦万一千五百二十册皆受始于乾也。册取始于乾，犹万物之生本于天。”又系辞：“曲成万物而不遗。”荀注：“谓二篇之册，曲成万物无遗失也。”凡此皆以筮册之总数，以当万物之数也。

（2）大衍之数与二编筮册之总数。系辞上曰：“大衍之数五十，其用四十有九，分而为二以象两，掛一以象三，揲之以四以象四时……乾之策二百一十有六，坤之策百四十有四，凡三百有六十，当期之日，二编之策，万有一千五百二十，当万物之数也。”阳爻之册三十有六，乾六爻皆阳……合二百一十有六也，阳爻数九合四时，四九三十六，是其义也。阴爻之册二十有四，坤六爻皆阴……合一百四十有六也，阴爻六，合二十四气也。说卦：“幽赞于神明而生蓍。”荀注云：“二篇之册万有一千五百二十，上配列宿，下副物数。”二篇之册，谓六十四卦三百八十四爻之册也，阳爻一百九十二乘三十六，得六千九百一十二，阴爻一百九十二乘以二十四得四千六百零八，加之即二篇之总数。

（3）七、八、九、六之数。系辞：“四营而成易。”荀注：“营者谓七、八、九、六也。”七者少阳之数，八者少阴之数，九者老阳之数，六者老阴之数。《周易》以变者为占，故用九用六。

（4）筮卦之法。系辞传：“大衍之数五十，其用四十有九……十有八变而成卦。”此明筮卦之法也，此已详于《〈荀氏易传〉阐微》中，此不具载。

是《荀氏易》能探象数之藩篱，推易义于无穷，明易理之极则，知天地之化育，识吉凶之消长，以推人事之一切。是极有价值而至为可嘉者也。

（八）明爻位之律则以肇通易之舟航

荀氏之说爻位则以初三上为阳位，二四上为阴位，凡阳爻居阳位，阴爻居阴位，谓之得位，得位则多吉。阴爻居阳位，阳爻居阴位，谓之失位，失位则多凶。如中孚六三荀注云："四得位，有位故鼓而歌，三失位无实，故罢而泣也。"于爻之贵贱，则依《乾凿度》："初为元士，二为大夫，三为三公，四为诸侯，五为天子，上为宗庙"之律则。如荀氏讼上九，临六五及家人卦之注是也。于六爻之关系则有据承应乘往来贞之说。据者阳位于阴上也，阳位于阴上则有据点可据。如离初九荀注："二为三所据。"恒九三荀注云："欲据初隔二。"承者阴在阳下，上承于阳也。阴上承于阳则有所持，如鼎荀注云："以阴承阳故未悖也。"应者凡初与四，二与五，三与上，阳以应阴，或阴以应阳，谓之应，有应则有援，而多得吉。如革六二荀注云："去三应五。"九三云："三应于上。"是也。乘者阴在阳上也，有时阳在上亦谓之乘，以阴柔而在阳上则多凶。如巽九三荀注云："为阴所乘，号令不行，故志穷也。"中孚初九荀注："四者乘五有它意于四则不安。"则阳在阴上也。往来者由内卦往外卦谓之往，由外卦到内卦谓之来，盖以内为主也，故曰往来。如蹇往得中谓乾动往居坤五也。解来复吉谓乾动来复居二也。贞者正居其所不往应也。如家人六二注是也。此皆《荀氏易》爻位之律则。

（九）发易之正道，阐中和之微旨

惠定宇《易汉学》云："易道深矣，一言以蔽之曰时中，孔子作彖传言时者二十四卦，言中者三十五卦，象传言时者六卦，言中者二十八卦，中者举一爻所适之位而言之也。"此说明时中之义为易之要旨也。荀氏则多言中，或言和，或合言中和。盖指二五之位而言者也。盖二居内卦之中，五居外卦之中，以其有中和之义，故不论当位与否，每多有吉利。以其立易卦之中位也。如荀氏临六五注云："二处中行，升居五，五亦处中，故行中之谓也。”贲六五注云：“五为王位、体中履和……能以中和饰上成功故终吉而有喜也。”坎九二注云：“处中而比初。”恒九二注云：“能久行中和，以阳据阴故曰：能久中也。”家人六二注。“六二处和得正得正有应……居中守正永贞其志故曰贞吉也。”是荀氏阐中和之微旨，能发易之王道也。

（十）兼取纬书之文，以释易之旨趣

夫纬书者，所以辅助经义，敷叙经理者也，故先儒如郑康成、虞仲翔皆笃信之，荀氏亦然。荀氏之用纬书者，如讼注则取春秋元命包之文，谓“三者阳功成也。”而于易之爻位，则笃守《易纬·乾凿度》之文。此亦取而有据，足以匡纬易道者也。

六、《荀氏易》之影响

荀悦《汉纪》云：“臣悦叔父故司徒爽著《易传》，据爻象承应阴阳变化之义，以十篇之文，解说经义，由是兖豫之言易者咸传荀氏学。”由此可知荀氏对当时中原易学影响之巨。及至王辅嗣出而据荀氏乘承应比，爻位之律则，加之以老庄之玄言以释易，而独传于千古，是《荀氏易》之影响后世者亦至巨也，兹略述诸家易受荀氏影响者于后，以为一隅之举。

（一）《虞氏易》源于荀爽者

虞仲翔作易注奏上于汉献帝云：“至孝灵之世，颍川荀谞，号为知易，臣得其注，有愈俗儒。”是虞氏亲见《荀氏易》也，今观其易注，亦取荀氏升降、卦变爻位据承应乘往来之说。其经文亦有与荀氏同者，如：

阴凝于阳必战，为其兼于阳也。《释文》云：“疑，荀虞姚信蜀才本作凝。嫌，荀虞陆董作兼。”

屯。荀注云：“此本坎卦也。”李鼎祚云：“初六升二，九二降初。”虞氏曰：“坎二之初，刚柔交震。”

蒙。荀注：“此本艮卦也。”李鼎祚释之曰：“二进居三，三降居二。”虞注：“艮三之二。”需九二，需于沙。荀注：“二应于五，水中

之刚，故曰沙。”虞注：“沙谓五，水中之阳，称沙也。”

谦。象：“君子以捊多益寡。”《释文》云：“荀作捊云取也。”虞注：“君子谓三。捊，取也。”

乾，九二。荀注：“二当升坤五，故见龙在田。”虞注：“阳始触阴当升五为君，时舍于二。”

升。荀注：“大人，天子谓升居五。”虞注：“升五得位。故有喜。”

（二）陆续姚信董遇蜀才张璠荀柔之僧绍一行之易源于荀氏者

此诸家皆生乎荀氏之后，故亦尝取资于荀氏，故诸家易与荀氏多有同者，如：

文言：君子礼信足以长人。《释文》云：“礼仁，京房荀爽董遇本作体信。”

又利物足以和义。《释文》云：“孟喜京荀陆续作利之。”

师，初六，师出以律，不臧凶。《古易音训》引晁氏曰：“刘荀陆一行作不。”

剥，六三，剥无咎。《古易音训》引晁氏云：“京刘荀爽一行皆无之字。”

谦。象：“君子以捊多易寡。”《释文》云：“裒刘荀董蜀才作捊，云取也。”

系辞：圣人以此先心。《释文》云：“洗，京荀虞董张蜀才作先。”

又：通乎昼夜之道而知。《释文》云：“荀爽荀柔之僧绍：知音智。”

（三）王弼之易源于荀氏者

王辅嗣据荀氏爻位之律则，当位之义，乘承应据之理，文之以老庄之玄言，为魏晋以后言易者所取法，至唐代正义，用辅嗣本，而独享令名于千古，追原其易注，盖亦颇取荀氏之说也。如：

剥，初六，剥床以足，蔑贞凶。王辅嗣云：“床者人之所以安也。剥床以足，犹云：剥床之足也，蔑犹削也。剥床之足，灭下之道也，下道始灭，刚陨柔长，则正削而凶来也。”《释文》云：“犹削或作消，此从荀本也。”荀，盖指荀爽。

观，六二，窥观，利女贞。王注云：“……犹有应焉……君内得位……居中得位。”

临，六三，甘临。王注云：“履非其位。”六四注云：“履得其位。”

益，六四。王注云：“体柔当位在上应下。”

夬，九四。王注：“下刚而进，非己所据。”初九注：“往而不胜。”

姤，九三。王注：“二据于初，不为己乘，居不获安，行无其应。”

是辅嗣之注易也，固尝本荀氏之家法也。

（四）《九家易》源于荀氏者

《释文序录》云：“《荀爽九家传注》十卷，不知何人所集，称荀爽者以为主故也，其序有荀爽、京房、马融、郑玄、宋衷、虞翻、陆绩、姚信、翟子玄。”盖魏晋南北朝学易者所集九家易注荟而成书者也。既以荀爽为主，则必泰半为荀爽之说也，故荀氏升降、卦变、爻位、消息、象数诸学，《九家易》皆祖述之。以其易注之泰半相同也，故惠定宇以为《九家易》乃六朝人说《荀氏易》者所作，张惠言亦以为然，故惠氏之易汉学则二家并述而张氏作《周易荀氏九家义》，则并而一之，明《荀氏易》对于九家有最深切之关系也，取二家书校之信然。

七、荀爽传

（荀）爽，字兹明，一名谞。幼而好学，年十二能通《春秋》《论语》。太尉杜乔见而称之曰：“可为人师。”爽遂耽思经书，庆吊不行，征命不应。颍川为之语曰：“荀氏八龙，慈明无双。”延喜九年，太常赵典举爽至孝，拜郎中。对策陈便宜曰：“臣闻之于师曰：‘汉为火德，火生于木，木盛于火，故其德为孝。其象在《周易》之离。’夫在地为火，在天为日，在天者用其精，在地者用其形，夏则火王，其精在天，温暖之气；养生百木，是其孝也。多时则废，其形在地，酷烈之气，焚烧山林，是其不孝也。故汉制使天下诵《孝经》，選吏举孝廉，夫丧亲自尽，孝之终也。今之公卿及二千石，三年之丧，不得即去，殆非所以尊崇孝道，而克称火德者也。……夫仁义之行，自上而始；敦厚之俗，以应乎下。传曰：“丧祭之礼阙，则人臣之恩薄，背生忘死者众矣。”曾子曰：“人未有自致者，必也亲丧乎。”《春秋传》曰：“上之所为，民之归也。”夫上所不为而民或为之，故加刑罚；若上之所为，民亦为之，又何诛焉？昔丞相翟方进以自备宰相，而不敢逾制。至遭母忧，三十六日而除，夫失礼之源，自上而始。古者大丧，三年不呼其门。所以崇国厚俗，笃化之道也。事失宜正，过勿惮改。天下通丧，可如旧礼。

臣闻：有夫妇然后有父子，有父子然后有君臣，有君臣然后有上下，有上下然后有礼义，礼义备，则人知所厝矣。夫妇人伦之始，王化之端。故文王作易，上经首乾坤，下经首咸恒。孔子曰："天尊地卑，乾坤定矣。"夫妇之道，所谓顺也。《尧典》曰："厘降二女于妫汭，嫔于虞。"降者下也，嫔者妇也，言虽帝尧之女下嫁于虞，犹屈体降下，勤脩妇道。易曰帝乙归妹，以祉元吉。妇人谓嫁曰归。言汤以娶礼归其妹于诸候也。《春秋》之义，王姬嫁齐，使鲁主之，不以天子之尊加于诸侯也。今汉承秦法，设尚主之仪，以妻制夫，以卑临尊，违乾坤之道，失阳唱之义。孔子曰："昔圣人之作易也，仰则观象于天，俯则观法于地；睹鸟兽之文与地之宜，近取诸身，远取诸物，以通神明之德，以类万物之情。"今观法于天则北极至尊，四星妃后；察法于地，则山昆山象夫，卑泽象妻；睹鸟兽文，鸟则雄者鸣雊，雌则顺服；兽则牡为唱道，牝乃相从。近取诸身则乾为人首，坤为人腹，远取诸物，则木实属天，根黄属地，阳尊阴卑，盖乃天性。且《诗》初篇实首《关雎》，《礼》始《冠》《婚》；先正夫妇，天地六经其旨一揆。宜改尚主之制，以称乾坤之性。尊法尧汤，式是周孔。合之天地而不谬，质之鬼神而不疑。人事如此，则嘉瑞降天，吉符出地，五韪咸备；各以其叙矣。

昔者圣人建天地之中而谓之礼，礼者所以兴福祥之本，而止祸乱之源也。人能枉欲从礼者，则福归之；顺情废礼者，则祸归之。推祸福之所应，知兴废之所由来也。众礼之中，婚礼为首。故天子娶十二，天之数也；诸侯以下各有等差，事之降也。阳性纯而能施，阴体顺而能化，以礼济乐，节宣其气，故能丰子孙之详，致老寿之福。及三代之季，淫而无节，瑶台倾宫，陈妾数百、阳竭于上，阴隔于下，故周公之戒曰："不知稼穑之艰难，不闻小人之劳，惟耽乐之从，时亦罔或克寿。"是其明戒。后世之人，好福不务其本，恶祸不易其轨，传曰："截趾适屦，孰云其愚？何与斯人追欲丧躯?"诚可痛也。臣窃闻后宫侍女五六千人，从宫侍使复在其外，冬夏衣服，朝夕禀粮，耗费缣帛，空竭府藏，征调增倍，十而税一，空赋不辜之民，以供无用之女百姓穷困于外，阴阳隔塞于内，故感动和气，災异屡臻。臣愚以为诸非礼聘，未曾幸御者，一皆遣出，使成妃合。

夫寒热晦明，所以为岁；尊卑奢俭，所以为礼，故以晦明寒暑之气，尊卑侈约之礼为其节也。易曰天地节而四时成。《春秋传》曰："唯器与名不可以假人。”《孝经》曰：“安上治民，莫善于礼。”礼者尊卑之差，上下之制也。昔季氏八佾舞于庭，非有伤害，困于人物，而孔子犹曰是可忍也，孰不可忍。《洪范》曰：“惟辟作威，惟辟作福，惟辟玉食。”凡此三者，君所独行而臣不得同也。今臣僭君服，下食上珍，所谓“害于而家，凶于而国”者也，宜略依古礼尊卑之差，及董仲舒制度之别，严督有司，必行其命。此则禁乱善俗，足用之要。奏闻即弃官去。后遭党锢，隐于海上。又南遁汉滨，积十余年，以著述为事，遂称硕儒。党禁解，五府并辟。司空袁逢举有道不应，及逢卒，爽制服三年，当世往往化以为俗。时人多不行妻服，虽在亲忧犹有吊问丧疾者又私谥其君父及诸名士。爽皆引据大义，止之经典，虽不悉变，亦颇有改。

后公车征为大将军何进从事中郎，进恐其不至，迎荐为侍中，及进败，而诏命中绝。献帝即位，董卓辅政，复征之。爽欲遁命，吏持之急不得去。因复就拜平原相。行至宛陵，复追为光禄勋。视事三日，进拜司空。爽自被征命及登台司，九十五日，因从迁都长安。爽见董卓忍暴滋甚，必危社稷，其所辟举，皆取才略之士，将共图之。亦与司徒王允及卓长史何颙等为内谋，会病薨，年六十三。著《礼》、《易传》、《诗传》、《尚书正经》、《春秋条例》，又集汉事成败可为鉴戒者，谓之《汉语》，又作《公羊问》及《辩谶》，并它所论叙题为《新书》，凡百余篇。今多所亡缺。兄子悦彧并知名，彧自有传。（《后汉书·荀爽传》）

按范晔论爽曰：“荀爽郑玄申屠蟠俱以儒行为处士，累征并谢病不诣。及董卓当朝，复备礼召之，蟠玄竟不屈以全其高。爽已黄发矣，独至焉。未十旬而取卿相，意者疑其乖趣舍。余窃商其情。以为出处君子之大致也，平运则弘道以求志，陵夷则濡迹以匡时。荀公之急急自励，其濡迹乎。不然，何为违贞吉而履虎尾焉。观其逊言迁都之议，以救杨黄之祸，及后潜图董氏，几振国命。所谓大直若屈，道固逶迤也。”可谓得实。今览荀氏传，可见其学识之赡博，匡时拯世之慈心，盖儒学之大宗师，而百世之师表也。

八、《荀氏易传》阐微

凡例：

1. 凡出自《集解》者，一律不注明其出处，余书则多载其叙《荀氏易》较前而较详者。

2. 凡仆所补者，多以括号加一补字，以别之。余悉如前。

周易上经

乾☰（乾下乾上）

乾，元亨利贞。元，大，亨，通，贞，正也。（补）按随象《集解》引荀氏注云："震归从巽，故大通，动爻得正，故利贞……动而得正。"据此补，盖乾二、四、上三爻以阳居阴不正，动变而得正，故利贞，以乾通坤，则含亨光大品物咸亨矣，故大通。

初九，潜龙勿用。气微位卑，虽有阳德，潜藏在下，故曰勿用也。（补）按此据《集解》小象引荀氏注补。初九位乾卦之始，一阳初动，故气征；在六爻之下爻，居元士之位，故云位卑。阳为君子为德，荀九家云乾为龙，初九在乾之最下，故云潜藏在下，潜藏在下，则功泽不施，故勿用。

九二，见龙在天，利见大人。见者见居其位，田谓坤也，二当升坤五，故曰：见龙在田；大人谓天子。（补）按此据《集解》小象引荀氏注补。九二以阳见于二位，故曰：见居其位，以六画卦言之，初与二为地道，二在上，故为田，旁通坤，坤为地，故田谓坤也，九二以阳居阴，失道不正，升于坤五，则得正而居尊位，故曰见龙在田。大人指天子。

九三，君子终日乾乾，夕阳若厉，无咎。日以喻君，谓三居下体之终，而为之君，承乾行乾，故曰乾；夕惕以喻臣，谓三臣于五，则疾修柔顺，危去惕行，故曰无咎。（《集解》）按三为三公之位，五为天子之位，九三以阳居阳，得位居正，然处下卦之终，是为下卦之君，上承乾，而本身为乾，故云：承乾行乾，三公为诸侯之等，故为下体之君，然以阳居多凶之位（系辞云三多凶），近于天子故宜朝夕惕勉，速修柔顺。则危去矣，故无咎。

九四，或跃在渊，无咎。乾者君卦，四者阴位，故上跃居五者欲下居坤初，求阳之正，地下称渊也。（补）按此据小象荀注补。乾为君，故云君卦，二四上为阴位，九四以阳居阴，失位不正与五同体，故欲上跃居五，变正则可以应初，故云：欲下居坤初求阳之正。初在地下，故称渊也。

九五，飞龙在天，利见大人。飞者喻无所拘，天者首事造制，大人造法，见居天位，圣人作而万物睹。（补）按此据小象补。无所拘故能飞去自如，六画之卦，五为天位，天为万物之始，故云：首事造制，创业继统，故万物睹。盖九五居尊得位，可以有为，故有飞龙在天，利见大人之象。

上九，亢龙有悔。在上故贵，失位故无位，升极当降，故有悔。（补）按此据文言补。上九以阳居阳位，故失位。位在乾上，居于宗庙之位，故无位，为乾卦之极，故云升极；极则反下，故当降，降则有悔。故云亢龙有悔。

彖曰：“大哉乾元，万物资始，乃统天，云行雨施，品物流行。”谓分为六十四卦，万一千五百二十册，皆受始于乾也，册取始于乾，犹万物之生本于天。（《集解》）按房审权《义海撮要》：“受始于乾”作“受命于乾。”系上云：“乾之策二百一十有六，坤之策，百四十有四，二篇之册，万有一千五百二十，当万物之数。”而皆受始于乾。此以筮策取譬也，盖天者万物所资始，此天之所以为大也，品物即众物也，天地既成，云行雨施，皆成形而繁盛焉。

大明终始。乾起坎而终于离，坤起于离而终于坎，离坎者，乾坤之象，而阴阳之府，故曰大明终始也。（《集解》）按《义海》引义同，熊过《周易象旨决录》引首二句。《乾凿度》曰：“离为日，坎为月。日月阴阳之经，所以终始万物。”即此义也。坤二五之乾成离，乾二五之坤成坎，乾为阳，坤为阴。离日在南，坎月在北，阳盛极于离，而始于坎，阴反之。

六位时成。六爻随时而成乾。

潜龙勿用，阳在下也。气微位卑，虽有阳德，潜藏在下，故曰勿用也。按在下故勿可施用，解见初九。见龙在田，德施普也。见者见居其位，田谓坤也，二当升坤五，故曰见龙在田；大人谓天子，见据尊位，临长群阴，德施于下，故曰德施普也。按九二以阳居阴，失位，升为坤五，则居尊得位，得以临长群阴，德泽徧施于下，故曰德施普也。阳为君，阴为民。

终日乾乾，反复道也。承乾行乾，故曰乾乾。（补）按此据九三补，终日乾乾，疾修柔顺，朝夕惕勉，复于道中。

或跃在渊，进无咎也。乾者君卦，四者阴位，故上跃居五者欲下居坤初求阳之正，地下称渊也，阳道乐进，故曰进无咎也。按九四以阳居阴，失位欲上跃坤五，然五非其应，乃变正，以应初，阳道乐进，进而得正，又有应于下，故进无咎也。

飞龙在天，大人造也。飞者喻无所据天者首事造制，大人造法，见居天位，圣人作而万物睹，是其义也。按九五以阳居阳，得位居正，以处天子之位，故可以造制，众法惠泽于民，使万物皆各得所，故文言曰：圣人作而万物睹，此之谓也。

亢龙有悔，盈不可久也。贵而无位，故有悔，升极当降，故盈不可久。（补）按此据文言补。

利者义之和也。阴阳相和，各得其宜，然后利矣。按义者宜也，阴阳相和，各得其正，则宜于事理，洽于人伦，则利斯永世矣，故永世之利，在乎义之和也。

贞者事之斡也。阴阳正而位当，则可以斡举万事。按此条马本，在利之足以和义下，今移于此。初三、五为阳位，二、四、上为阴位，各得其正，谓之阴阳正而位当，阴阳各得其正，男女各得其宜，则万物育而天下定矣。易曰正其本，万事理。此之谓也。

君子体信足以长人。按《释文》云："体仁，京房荀爽董遇作体信。"夫人道之要在忠信笃敬，故君子体信足以为人之长。盖信者政之本，故足以长人。"

利之足以和义。按《释文》云："利物，孟喜京荀陆续作利之。"盖能使万物名得其宜，则利莫大焉，故足以和义。

九二，见龙在田，利见大人，何谓也？子曰：龙德而正中者也，庸言之信。庸行之谨，闲邪存其诚，善世而不伐，德博而化。易曰见龙在田，利见大人。君德也。处和应坤，故曰信。按九二居内卦之中德博而化。处五据坤，故德博，群阴顺从，故物化也。按九二以阳处阴不正当升坤五，则坤为地为博，故德博。又居尊得位，故群阴顺从，顺从故物化。

九三，君子终日乾乾，夕惕若厉，无咎。……修辞立其诚，所以居业也。修辞谓终日乾乾，立诚谓夕惕若厉，居业谓九三也。按终日乾乾以修辞积学，夕惕若厉，以立诚积德。九三之象如此，此所以居业也。

九四，或跃在渊无咎，何谓也？子曰：上下无常，非为邪也。进退无恒，非离群也。乾者君卦，四者臣位也，故欲上跃居五者下，当下居坤之初，得阳正位，故曰上下无常非为邪也。进谓居五，退谓居初，故进退无恒，非离群也。按乾为君，故君卦，四为阴位，阴为臣，故臣位，九四以阳居阴，失位不正，欲上跃进五然五非其应，惟下居坤初，则得正处阳，故上下无常，非为邪也，为得其正位也。故或进五，或退初，非无恒也。非离群也，为求合于正也。

九五，水流湿火就燥。阳动之坤而为坎，坤者纯阴，故曰湿也；阴动之乾，而成离，乾者纯阳，故曰燥也。按乾二升坤五，成坎，坎为水，坤为土为纯阴而坎水湿坤土，故曰湿也。坤五动而降乾二成离，离为火为日，乾纯阳故乾燥，离火就乾，故曰燥也。

云从龙，风从虎。龙喻王者，谓乾二之坤五为坎也，虎喻国君，谓坤五之乾二为巽，而从三也，三者下体之君，故以喻国君。按《春秋左氏传·昭公二十五年》云："龙水物也。"乾二之坤五为坎，坎为云为水，物以群分，方以类聚，故云从龙，故龙起而云兴。三者三公之位，犹下体之君也。喻诸侯之国，坤五之乾二，则二至四互巽，巽为风，虎啸而风作，故风从虎。

本乎天者亲上。谓乾九二本出于乾，故曰本乎天，而居坤五故曰亲上。按乾为天，九二以阳居阴不正，故云坤五，得正居上，故曰本乎天者亲上。

本乎地者亲下。谓坤六五本出于坤，故曰本乎地，降居乾二故曰亲下也。按坤为地，六五以阴居阳不正，之乾二则得正，故云本乎地者亲下。

上九，贵而无位。在上故贵失位故无位。按上九居上，故贵，以阳居阴故失位。

贤人在下位，而无辅，是以动而有悔也。谓上应三，三阳德正，故曰贤人。别体在下，故曰在下位；两阳无应故无辅，升极当降，故有悔。按九三以阳居阳，得位居正，阳为君子，故曰贤人：而居下卦故曰在下；上本应三，然上九、九三皆为阳，两阳无应，不相与，故无辅，上九升之极矣，升极必降，故有悔。

时乘六龙以御天也。御者行也，阳升阴降，天道行也。按六爻以时而成，圣人法乾之六爻，以行天道，天之道在阳升阴降，圣人效之，崇贤人而去小人，崇德行而去邪恶。

云行雨施，天下平也。乾升于坤曰云行，坤降于乾曰雨施，乾坤二卦成两既济阴阳和均，而得其正，故曰天下平。按乾二不正升坤五则坤上卦成坎，坎为云，故云行；坤五降于乾二，而四上，各返正，则成既济，则乾内卦为离，而乾四上、坤初三失位，各得其正皆成坤。初乾上之坤三、坤初之乾四成既济，而各爻皆得其正矣。阴阳得正，则云行雨施，万物遂长，而天下平矣。

潜之为言也，隐而未见，行而未成，是以君子弗用也。隐而未见，谓居初也，行而未成，谓行之坤四，阳居阴位，未成为君，乾者君卦也，不成为君，故不用也。按初九居初在于卦下，故隐而未见；初应于四，初九上行而之坤四，则以阳居阴不正，故行而未成；乾为君，故为君卦。不成为君，故君子弗用。

夫大人者与天地合其德。与天合德，谓居五也，与地合德，谓居二也。按六画之卦，五为天位，二为地位。

与日月合其明。谓坤五之乾二成离，离为日，乾二之坤五为坎，坎为月。

天且弗违，况于人乎，况于鬼神乎。人谓三，神谓天，鬼谓地也。按六画之卦三为人位。神属阳故谓天，鬼属阴，故谓地。

亢之为言也，知进而不知退，知存而不知亡，知得而不知丧。阳位在五，今乃居上，故曰：知进而不知退也，在上当阴，今反为阳，故曰：知存而不知亡也。得谓阳，丧谓阴。按上九以阳居阴，失位不正，进九五之上，亢阳至极，故知进而不知退，阳为存，阴为亡，上阴位而以阳居之，故知存而不知亡；阳盈为得，阴虚为丧。以阳居阴，故知得而不知丧。

其唯圣人乎，知进退存亡而不失其正者，其唯圣人乎。进谓居五，退谓居二，存谓五为阳位，亡谓上为阴位也，再出圣人者，圣人谓五，下圣人谓二也。按阳为存阴为亡，李道平曰："上圣人谓五者，五得中得正，而不至于亢，故先举九五之圣人以赞之曰其唯圣人乎，下圣人谓二者：中而不正，进居于五则正矣，故复举九二之圣人以赞之曰：知进退存亡而不失其正者其唯圣人乎！"是也。

坤䷁（坤下坤上）

坤，元亨利牝马之贞。天地交万物生，故大通。《九家易》曰："坤为牝。"（补）按此据彖注及象补。利西南得朋东北丧朋。阴起于午，至申，三阴得坤一体，故曰：西南得朋，阳起于子至寅，三阳丧坤一体，故东北丧朋。（《集解》虞氏引）按以十二消息而言，阴起于午，谓五月，消息属姤，至六月未，遁七月申，否阴起午至申，谓五至七月，三阴谓三卦，皆驯至而得坤之一体，坤为西南之卦，故西南得朋。阳起于子，十一月，复一阳生，十二月丑临，正月寅泰，三阳卦皆驯致而丧坤之一体，坤在西南，不在东北，故东北丧朋。

至哉坤元，万物资生。含弘光大，品物咸亨。乾二居坤五为合，坤五居乾二为弘，坤初居乾四为光，乾四居坤初为大也。天地交万物生，故咸亨。按乾二居坤五为坎，坎二阴含一阳故为含。坤五居乾二为离，离为日为大腹又二阳包一阳，故弘坤初居乾四为巽体观，观六四，观国之光，故为光，乾四居坤初为震，震为大塗，故为天。天地交万物皆生故皆亨通。

初六，履霜坚冰至。霜者乾之命令坤下有伏乾，履霜坚冰盖言顺也。（补）按此据文言注补。

六二，直方大，不习无不利。大者阳也，二应五，五下动之则应，阳出直布阳于四方。物唱乃和，不敢先有所习，阳之所唱，从而和之，无不利也。按阳为大，坤与乾旁通，夫乾其动也直，故为直坤至静而德方故为方。坤二应乾五，五阳来则应，乾为阳，坤为阴，故阳出直布阳于四方。阳唱阴和，阴随阳者也，故不敢先有所习。阳唱而后和，则可直布阳于四方，故无不利。

六三，含章可贞，或从王事，无成有终。六三阳位下有伏阳，坤阴卦也，虽有伏阳，含藏不显，以从王事，要待乾命，不敢自成也。（补）按此据文言注补。

六四，括囊，无咎无誉。象曰："括囊无咎，慎不害也。"六四阴位，迫近于五，虽有成德，当括而囊之，谨慎畏敬也。（补）按此据文言注补。

上六，龙战于野，其血玄黄。消息之位，坤在亥，下有伏乾，为其兼于阳，故称龙也。（各本同）血以喻阴顺阳也。（补）按以十二消息言之，坤为十月之卦，故在亥与乾旁通，阴极生阳，至十一月，一阳生，故坤下有伏乾。《乾凿度》曰："阳始于亥是也。"乾为野为龙，说卦曰战于乾。谓阴阳相薄也，上六居坤之极，位阴极阳生之地，故有龙战于野之象。《九家易》曰："实本坤体，未离其类，故称血焉，血以喻阴也，玄黄天地之杂，言乾坤合居也。"可补荀氏之佚。

坤至柔而动也刚至静而德方。纯阴至顺故柔也。坤性至静，得阳而动，布于四方也。按系辞传云："夫坤其静也翕，其动也辟。"故曰布于四方。

坤道其顺乎承天而时行。承天之施因四时而行之也。按马国翰本时行作施行，非也，今不从。由变之不早变也。按《释文》云："辩荀作变。"辩变，古通用。详《汉易异文考》。

易曰履霜坚冰至盖言顺也。霜者乾之命令，坤下有伏乾，履霜坚冰，盖言顺也。乾气加之性而坚，象臣顺君命而成之。按坤旁通乾，乾为寒为天故霜。为金、为玉、为冰，故云坚冰。霜之始，知寒气之浸盛及至后则坚冰隆冬，则坚冰顺至，冰著之地，而得乾天之气，故坚犹阴之顺阳臣之顺君也。

真方大，不习无不利，则不疑其所行也。直方大乾之唱也；不习无不利，坤之和也；阳唱阴和，而无所不利，故不疑其所行也。按乾动也直，刚故方，阳为大，故曰：直方大。坤顺乾而行，故不习无不利。

阴虽有美，含之以从王事，弗敢成也。六三阳位，下有伏阳，坤阴卦也，虽有伏阳含藏不显，以从王事，要待乾命，不敢自成也。（《集解》《义海》）按六三以阴居阳位，阳位故伏阳，坤阴故含藏不显，坤者地道也、臣道也、妻道也，地道无成而代有终，故不敢自成，要待乾命，乾君之道也、天道也、父道也。

易曰括囊，无咎无誉。盖言谨也。六四阴位，但近于五，虽有成德，当括而囊之，谨慎畏敬也。按六四以阴居阴得位，本当吉亨，然居多惧之地（系传云：四多惧）近于五之君位在坤顺之时，虽有成德，亦宜括而囊之，韬其光而敛其慧，谨慎畏敬斯可无咎。

阴凝于阳必战，为其兼于阳也。按《释文》云："阴疑，荀虞姚信蜀才本作凝。嫌，荀虞陆董作兼。"故称龙焉，犹未离其类也，故称血焉；夫玄黄者，天地之杂也，天玄而地黄。实本坤卦，故曰未离其类也。血以喻阴顺阳也，消息之卦，坤位在亥，下有伏乾，阴阳相和，故言天地之杂也；天者阳始于东北，故色玄也；地者阴始于西南，故色黄也。按上六处坤之极，故未离其类血者阴类，以喻阴顺阳，以消息而言，坤属亥，坤旁通乾，故云："下有伏乾。"《考工记》云："天谓之玄，地谓之黄。"《乡饮酒义》曰："天地温厚之气，始于东北，天地严凝之气，始于西南。"荀氏注盖本于此。

屯䷂（震下坎上）

屯，刚柔始交而难生。此本纯坎，初升二降初，是皆刚柔之交，坎震既合，动乎险中，屯道乃成雷雨则取坎震，生物之象也。（郑刚中《周易窥余》）按此条黄奭所补，然与荀注似不相类，姑据补入。

动乎险中，大亨贞。物虽在始生，此坎卦也。按屯者难也，坎者险也，震者动也，动而入险，故物始生为难，屯自坎来，坎九二之初成屯，故云此坎卦也。李鼎祚云："初六升二九二降初，是刚柔始交也；交则成震，震为动也，上坎是动乎险中也；动则物通而得正，故曰动乎险中，大亨贞也。"可备参研。马国翰本误以李氏按语，为荀注，非也。今依嘉靖戊寅周氏木渎本及光绪辛卯三余草堂《周易集解》，纂疏本正之。

雷雨之动满形（《集解》曰："今本形讹盈。"），雷震雨润，则万物满形而生也。按形盈音近，故易讹，盈者满也，当以形为正，震为雷，坎为雨，雷震雨润，故万物欣欣向荣，满形而生。《说文》云："雷雨生物者也。"是也。

天造草昧，宜建侯而不宁。谓阳动在下，造生万物于冥昧之中也。天地初开世尚屯难，震位承乾，故宜建侯；动而遇险，故不宁也。按《说文》云："屯难也，象草木初生屯然而难。"屯卦内震外坎，震为动，为长男，为主宗庙社稷者为侯，故曰：阳动在下，震位承乾，故宜建侯。天地初开，乾坤始生万物莫不屯然而难生，阳为造生之主，阴为化生之源，阳动在下，以承坤阴（二至四互坤），故造生万物于冥昧之中，外坎险，内震动，故曰动而遇险。遇险则宜求出险平安之计，故不宁也。

象曰："云雷屯，君子以经论。"屯难之代，万事失正。经者常也，论者理也，君了以经论，不失常道也。按《释文》云："论如字。"则今本作纶者非也。经者恒常之至道，《释名》云："论，纶也。"有伦理也方屯难之时，皆不得其正，君子宜以常道治之，使归于正，而孚惠佈德于下民。

初九，盘桓，利居贞，利建侯。象曰："虽盘桓，志行正也。以贵下贱，大得民也。"盘桓者，动而退也，谓阳从二动，而退居初，虽盘桓，得其正也。阳贵而阴贱，阳从二来，是以贵下贱所以得民也。按三至五互艮为止，内震动，故云：动而退，屯自坎来，坎二阳不正，动而退居于初，则得正，阳贵阴贱，阳为君子，阴为下民，阳从二之初，故以贵下阴，大得民也，震为侯，故利建侯。

六二，屯如邅如。阳动而止，故屯如也；阴乘于阳，故邅如也。按内卦震为动，三至五互艮为止，故云：阳动而止，故有屯然而难进之象，邅如者，难行也，六二以阴柔居于初九阳刚之上，故有邅如难行之象。

蒙䷃（坎上艮下）

蒙亨，以亨行，时中也。此本艮卦也。按蒙自艮来，艮三之二成蒙，故云本艮卦也。李鼎祚曰："二进居三，三降居二，刚柔得正，故能通，发蒙时令，得时中矣，故曰：蒙亨以亨行时中也。"可以发荀氏之微旨。马本以李氏按语入荀氏注中，非也，今不从。

童蒙求我，志应也。二与五志相应也。按九二与六五相应，内坎为心，为志，故云："志相应也。"

再三渎，渎则不告，渎蒙也。再三谓三与四也，皆乘阳不敬，故曰渎；渎不能尊阳，蒙气不除，故曰渎蒙也。按渎，黩也，媟也。再谓四，三、四皆以阴柔乘于九二阳刚之上，九二为发蒙之主，乘阳则不敬，故曰渎。不能尊阳则蒙昧之气不除。而益蒙昧矣。

六五，童蒙吉。象曰：“童蒙之吉，顺以巽也。”顺于上，巽于二，有似成王，任用周召也。按蒙外卦艮为少男，故为童；三至五互坤为顺，上九为阳，故顺于上。六五失正，变阳，则外卦为巽，巽者逊也，九二为发蒙之主，能礼于九二之贤，则蒙气可除故吉也。李道平云：“五以童稚之年，居于尊位，委任于二，君师于臣，反蒙为圣，故曰有似成王任用周召也。”是也。周谓周公，召谓召公。

需䷄（乾下坎上）

九二，需于沙，小有言，终吉。象曰：“需于沙，衍在中也；虽小有言，以吉终也。”二应于五，水中之刚，故曰沙；知前有沙漠而不进也，体乾处和，美德优衍，在中而不进也，二与四同功而三据之，故小有言；乾虽在下，终当升上，二当居五，故终吉也。按九二以阳居阴，失位不正，变正则应于九五，五在坎水之中，其刚象沙，知前有沙漠，则不进，而有待也，故曰需于沙。二居内卦之中，故处和。内卦为乾，故云体乾。系辞云：“二与四同功而异位。二多誉，四多惧。”三至四互兑，兑为口，四为阴，阴小而三据二之上，接于三，故小有言。二不正。阳主升二终当升五，居尊得位，故终吉。

九三，需于泥，致寇至。亲与坎接，故称泥。须止不进，不取于四，不致寇害。按九三以阳居阳得位居正，而外卦，坎在其前，坎为水，三近坎，故称泥称寇。三居正，须止不前，故不致受寇害。

九五，需于酒食，贞吉。五互离，坎水在火上，酒食之象。需者饮食之道，故坎在需家为酒食也。云须时欲降，乾须时当升，五有刚德处中居正，故能师群阴，举坎以降阳，能正居其所则吉，则曰需于酒食也。按三至五互离、火、坎水在其上，二至五互鼎食，故有酒食之象，故序卦云：“需者饮食之道也。”坎为云，须时而降乾为天，须时而升。九五阳刚中正，居君位，故能师群阴以降阳，而正居其所，故贞吉。

上六，入于穴，有不速之客三人来，敬之终吉。象曰：“不速之客来，敬之终吉，虽不当位，未大失也。”需道已终，云当下入穴也，云上升极则降而为雨，故《诗》云：“朝隮于西，崇朝其雨。”则还入地，故曰：入于穴，云雨入地，则下三阳动而自至者也，三人谓下三阳也，须时当升，非有召者，故曰：不速之客，乾升在上，君位以定，坎降在下，当循臣职，故敬之终吉也。上降居三，虽不当位，承阳有实，故终吉无大失矣。（同上）按坎为穴、为云、为雨，上六居需卦之终，升极必降，故有入于穴之象，云升至极复降为雨，故《诗·鄘风》云："朝隮于西，崇朝其雨。"速召也，乾阳在下，不召而自来，需时而升也，上降于三则以阴居阳虽不当位，然上承乾阳之施，故终吉无大失。

讼䷅（坎下乾上）

讼，有孚。阳来居二，而孚于初，故讼有孚也。按四阳二阴之卦自遁来，遁九三来居二，而成讼，讼九二孚于初阴，坎为孚，故云讼有孚。

利见大人，尚中正也。不利涉大川，入于渊也。二与四讼，利见于五，五以中正之道，解其论也，阳来居二，坎在下为渊。按坎在下，为穴为渊，九二九四皆以阳居阴位，皆失位不正，居讼之时，故互论焉，九五居尊得位，能以中正之道解其讼，故利见九五之大人。

象曰："天与水违行，讼。"天自西转，水自东流，上下违行，成讼之象也。按讼卦上乾为天，下坎为水，中国居北半球之上，所见之现象，为地球绕日，月绕地球，皆自西而运行，水多向东而流，故东西异途，上下违行，故有讼之象。

九二，不克讼归而逋，其邑人三百户无眚。象曰："不克讼，归逋窜也。"自下讼上，患至掇也，三不克讼，故逋而归，坤称邑。二者邑中之阳人。逋，逃也，谓逃失邑中之阳人。下与上争即取患害。如拾掇小物而不失也，坤有三爻，故云三百户无眚。二者下礼之君君不争则百姓无害矣。按逋者逃也，坎为隐伏，故逃。二失位不正，变正则内卦成坤，坤为土为邑，坤有三爻，故称其邑人三百户。坎为災眚，二变正，则成坤，不成坎故无眚。六三失位不正，居讼之时而争讼，则不能成讼，故逃而归。九二为阳，故称邑中之阳人。二居下卦之中，为下体之君，君不争则百姓宁矣。若以下而与上争讼，则患自来矣。

上九，或锡之鞶带，终朝三拕之。二四争三，三本下体，取之有缘。或者疑之辞也，以三锡二，于义疑矣，争疑之世，分理未明，故或以锡二，终朝者，君道明，三者阳功成也。君明道盛，则夺二与四，故曰终朝三拕之也。鞶带宗庙之服，三应于上，上为宗庙，故曰鞶带也。按鞶带者，宗庙之服，所以祭也。拕者夺也，二为卿大夫之位，三为三公之位，四为诸侯之位，上为宗庙之位，李道平曰："二与四争三公之服，三本下体，与二相比，是取之有因也。以三公之服，赐二大夫故于义疑矣。终朝为君道明，《春秋元命包》曰：'阳成于三。'故云三阳功成也，四为诸侯，入为三公，宜服三公之服，故君道盛，则夺二与四，阳道方长，故三拕之也。三应于上，上为宗庙，故知鞶带为祭服而在上也。”

师䷆（坎下坤上）

彖曰：“师，众也；贞，正也。能以众正，可以王矣。”谓二有中和之德，而据群阴，上居五位，可以王矣。按二居内卦之中，故有中和之德，阳主升，阴主降，群阴谓上下五阴，阳为君，阴为臣，九二上君五之尊位，则居中得正，临治下民，可以王矣。

初六，师出以律不臧凶。按《古易音训》引晁氏曰：“否，刘荀陆一行作不。”此条马本无。

九二，在师中。吉无咎。王三锡命。象曰：“在师中吉承天宠也。王三锡命，怀万邦也。”王谓二好，二者阳德成也，德纯道盛，故能上居王位，而行锡命，群阴归之，故曰王三锡命，怀万邦也。按阳为君，阴为臣，故王谓二，阳成于三，故三锡命，锡者赐也，九二阳德纯，故能上居五而群阴归之。二居内卦之中，上升至五，居外卦之中，为天子之位，故云在师中吉。

六四，师左次无咎。左谓二也，阳称左，次舍也，二与四同功，四承五，五无阳，故呼二舍于五，四得承之，故无咎。按阳左阴右，《春秋左氏传·庄公三年》云：“凡师一宿为舍，再宿为信，过信为次。”系辞云：二与四同功。六四承五，然六五为阴，欲九二升五，已得承之，故云师左次无咎。

六五，田有禽。利执言，无咎，长子帅师，弟子舆尸，贞凶。田猎也，谓二帅师禽五，五利度二之命，执行其言，故无咎也。按坤为田，猎者本为田除害，故后世田猎并称。九二应于六五，二阳当升五位，五阴当降二，居师卦之时，故有二帅师擒五之象，五利于度二之命，降于二，则无咎。

象曰：“长子帅师，以中行也。”长子谓九二也，五处中应二，二受任帅师，当上升五，故曰：长子帅师，以中行也。

上六，大君有命开承家。大君谓二，师旅已息，既上居五，当封赏有功，立国命家也。开国封诸侯，承家立大夫也。按《义海》引云“二上居五当封赏”，盖节引也。

比䷇（坤下坎上）

后夫凶，其道穷也。后夫谓上六，逆礼乘阳，不比圣王，其义当诛故其道穷凶也。(《集解》《义海》引无末句）按上六居比之时，群阴皆来比九五之至尊，而上六独逆乘九五阳刚之上，不比于五，而居后，故独蹈后夫之凶。《国语·鲁语》孔子曰：“昔禹致群神于会稽之山，防风氏后至，禹杀而戮之。”《周礼·大司马》：“建太常，比军众，诛后至者，故后夫凶矣。”

初六，有孚比之无咎。有孚盈缶，终来有它吉。象曰：“比之初六，有它吉也。”初在应外，以喻殊俗，圣王之信，光被四表，绝域殊俗，皆来亲比，故无咎也。缶者应内，以喻中国，孚既盈满中国终来及初，非应故曰它也。象云：“有它吉者”，谓信及非应，然后吉也。按二应于五，初在其外，当比之时，犹绝域殊俗之人也。而来亲比于圣王，故无咎。光被四表，《书经·尧典》之文。缶者陶器，以土制成，所以盛物，坤为土为国，故比缶喻中国，孚信既盈满于中国，势必光被于四表，以渐及于绝域殊俗之地，虽初在应外者，亦沾及其光，故有它吉也。

上六，比之无首凶。象曰：“比之无首，无所终也。”无首，阴以大终，阴而无首，不以大终，故凶也。按上六居比之终，后终九五之王，故不亲比阳，不亲比阳，则无大终矣，故凶。阳大阴小，乾用九见群龙无首吉，阴用六，利永贞，象曰无所终也，今阴而无首，不以大终，故凶矣。

小畜䷈（乾下巽上）

自我西郊，施未行也。体兑位秋，故曰西郊也。时当收敛，臣不专赏，故施未行，喻文王也。按二至四互兑，说卦云：兑，正秋也。为四方之卦也，故曰西郊。秋主收歛，故施未行，喻文王以诸侯，化洽西岐，而施未行于天下也。

六四，有孚，血去惕出，无咎。象曰：“有孚惕出，上合志也。”血以喻阴，四阴臣象，有信顺五。惕，疾也。四当去初，疾出从五，故曰上合志也。按四为畜之主，四为阴，故为小畜，阳为君，阴为臣，故四阴臣象，血，阴之类，故以喻焉。孚者信也，六四应于初，而上承于中正之五，五居尊位，而四居阴得位，有孚于五，宜速去初而从五，与五合志，故无咎。

履䷉（兑下乾上）

履虎尾，不咥人，亨，利贞。彖曰：“履，柔履刚也，说而应乎乾，是以履虎尾，不咥人亨。”谓三履二也，二五不误，故无元，以乾履兑，故有通，六三履二非和，故云利贞也。按六三以柔履九二阳刚之上，故曰柔履刚也，二三皆不得其正，故利贞。二五皆阳故无应。兑为悦，悦而应乎乾，故亨通。乾旁通坤为虎，兑得坤之一体又为刚卤故有虎尾之象。

初九，素履往，无咎。象曰：“素履之往，独行愿也。”初九者，潜位，隐而未见，行而未成，素履者，谓布衣之士，未得居位，独行礼义，不失其正，故无咎也。（《集解》）按乾，初九，潜龙勿用，故云初九，潜位，文言云：隐而未见，行而未成。故独行礼义，不失其正，故无咎。素者白也，白衣平民所服，即布衣之士也。

上九，视履考详。详，审也。按《古易音训》引晁氏曰：“祥，荀作详，审也，郑作详，云履道之终，考正详备。”盖上九居履之终，故视其所履，考察详审，能履正道，则古矣。孙黄二氏并云：“古祥字亦作祥。”《尚书·君奭》云：“其终出于不祥。”石经残碑修其道出于不详。《吕刑》：“告尔祥刑。”《后汉书·刘恺传》郑康成《周礼注》：祥刑字皆作详。昭公十一年《春秋经》明于祲详。服虔引祥皆作详。是也。《丙子学易编》同。《象旨决录》引荀作详。

泰䷊（乾下坤上）

象曰：“天地交泰。”坤气上升，以成天道，乾气下降，以成地道，天地二气，若时不交，则为闭塞，今既相交，乃通泰。按泰之为卦，乾下坤上，乾为天，坤为地，天地之气，交相通泰，则品物咸亨，万物以济矣，故曰泰，泰者大也。

后以裁成天地之道。按《释文》云：“财荀作裁。”二字古通。

初九，拔茅茹以其汇征吉。拔茅茹，取其相连，汇者类也。（补）按此据否初九补。阳升阴降，三阳同类俱升，故征吉。

九二，包荒，用冯河，不遐遗，朋亡，得尚于中行。河出于乾，行于地中，阳性欲升，阴性欲承，冯河而上，不用舟航，自地升天，道虽辽远，三体俱上，不能止之，故曰不遐遗。中谓五，坤为朋，朋亡而下，则二尚居五，而行中和矣。按九二以阳居阴，失位不正，然阳欲升，升于五，则上于中行，得中而居正矣。二为地道，五为天道，三阳俱升，不能止之，故不遐遗；冯河谓直涉不用舟航也。天降雨雪，汇而成河，行于地中，故有冯河之象，坤东北丧朋，故朋亡；谓九二独升于五也。

六五，帝乙归妹，以祉元吉。妇人谓嫁曰归，言汤以娶礼归其妹于诸侯也。按此条唯孙黄二氏本有之。

否䷋（坤下乾上）

初六，拔茅茹，以其汇，贞吉亨。象曰："拔茅贞吉，志在君也。"拔茅茹，取其相连，汇者类也，合体同包，谓坤三爻同类相连，欲在下也。贞者正也，谓正居其所则吉也。按下卦坤三爻同类相连，阴欲下降而承君，正居其所，阴本在下也，故吉，拔茅而根相连，以俱上，犹三阴合体同包也。

六二，包承，小人吉，大人否亨。二与四同功，为四所包，故曰包承也。小人二也，谓一爻独居，閒象相承，得系于阳故吉也：大人谓五，乾坤分体，天地否隔，故曰大人否也。二五相应，否义得通，故曰否亨矣。按六二居阴得正，当天地否寒之时，应于五，然既承于五，故为四所包，阳为大人，指九五、阴为小人，指六二，二既为四所包，在天地否寒之时，正小人得志之日，故小人吉也。且二与三四皆不正，二得系于阳，故吉。居否之时，五正应于二之小人，故大人否亨。

六三，包羞。象曰："包羞，位不当也。"卦性为否，其义否隔，今以不正，与阳相承，为四所包，违义失正，而可羞者，以位不当故也。按六三以阴居阳，失位不正、居否之时，天地否塞，而与九四不正之阳相承，羞何如也，故有包羞之象。

九四，有命，无咎，畴离祉。象曰："有命无咎，志行也。"谓志行于群阴也。按四承五，而下据三阴，三阴并附丽之而得福祉，故志行于群阴。

九五，其亡其亡，系于包桑，阴欲消阳，由四及五，故曰其亡其亡。谓坤性顺从，不能消乾，使亡，包者乾坤相包也。桑者上玄下黄以象乾坤也，乾职在上，坤体在下，虽欲消乾，系其本体，不能亡也。（同上）按否卦下坤上乾，阴之消阳从下始，否卦消至三再消则消四以及五矣，然坤为顺、顺于乾，故不能消乾，故曰：岂其亡乎，岂其亡乎。桑者上茎叶皆玄似天，下根黄似地，故象乾坤；桑根系乎地，至为坚韧，犹乾之系于本体，不能亡也。

同人䷌（离下乾上）

象曰："天与火同人。"乾舍于离，相与同居，故曰同人也。按同人卦乾居离上，故曰：乾舍于离离火炎上乾性在上，乾为人，离性与之同，且相与同居一卦，故曰同人。

六二，同人于宗吝。宗者众也，三据二阴，二与四同功，五相应，初相近，上下众阳皆欲与二为同，故曰同人于宗也。阴道贞静，从一而终，今宗同之，故吝也。按六二居阴得位，居同人之时，为同人卦主，九三据六二之上，二与四同功，五与二应初近于二，一阴而为群阳近宗主，故曰同人于宗也。阴道从一而终，今众同之，故吝也。

大有䷍（乾下离上）

象曰："火在天上，大有。"谓夏火王在天，万物并生，故曰大有。按离位南方，离火属夏，说卦云："离也者明也，万物皆相见，南方之卦也。"今离火炎上，王在天，故万物并生，而名大有。

九四，明辨晰也。按折，朱震《汉上易传》引荀作晰。

谦䷎（艮下坤上）

谦亨，君子有终。乾来之坤，成谦。（补）按此据彖辞补，乾上九来之坤三，成谦，天道下济而三得位，故亨。以谦故君子有终。经曰："劳谦君子有终吉。"是也。

天道下济而光明。乾来之坤，阴去为离，阳来成坎。日月之象，故光明也。按乾来之坤，故天道下济，阴去为离，离为日，阳来成坎，坎为月，日月光晖，故光明。

君子以捋多益寡。按《释文》："裒，郑荀董蜀本作捋，取也。"虞翻曰："君子谓三，艮为多，坤为寡，乾为物为施，坎为平，谦乾盈益谦，故以捋多益寡，称物平施。"可备参研。《说文》云："捋取也。"故捋训取。

初六，谦谦君子，用涉大川吉。艮初最在下为谦，二阴承阳亦为谦，故曰谦谦也。二阴一阳相与成体，故曰君子也。九三体坎故曰涉大川吉也。按乾上九来之坤三成谦，谦初六最在谦之下，是谦之至也，初六六二承乎九三，是二阴承阳，谦而又谦也，故曰谦谦。阳为君子，指九三、二至四互坎，坎为大川，故用涉大川吉。

九三，劳谦君子，有终吉。体坎为劳，终下二阴君子有终故吉也。按说卦云："劳乎坎、艮东北之卦也，万物之所成终而所成始也。"故坎为劳，艮为终。九三得位居正，在谦之时，二至四互坎，故有劳谦之象。体艮为终，故终下二阴。

象曰："劳谦君子，万民服也。"阳当居五，自卑下象，降居下体，君有下国之意也。众阴皆欲扮阳上居五位，群阴顺阳故万民服也。按九三为阳，阳当居五，今乃居下卦，是自卑谦下于众也，三为三公之位，阳为君，坤为国，故君有下国。扮，挥举也，众阴皆欲挥阳使上居五位，君临万民，群阴顺阳，故万民服也。

六四，无不利扮谦。象曰："无不利扮谦，不违则也。"四得位处正，家性为谦，故无不利。阴欲扮三，使上居五，故曰扮谦。扮犹举也。按六四居阴得位，在谦之时，处于正道，故无不利也。艮为手，故有挥举之象。

六五，不富以其邻。邻谓四与上也，自四以上乘阳，乘阳失实，故皆不富。五居中有体，故总言之。按阳为富，阴为不富，四五上皆以阴乘九三之上，阳实阴虚，乘阳失实，故不富以其邻。

利用侵伐，无不利。谓阳利侵伐来上，无敢不利之者。按二至上体师，九三利于升五位，故利用侵伐，众阴同志承阳，故无敢不利之者。

象曰："利用侵伐，征不服也。"不服谓五也。按征之为言正也，六五以阴居阳位，不正，九三以正侵五之不正。故云征不服也。

豫䷏（坤下震上）

先王以作乐崇德，殷荐之上帝，以配祖考。乐者圣人因人之豫而节之，所以养其正而闲其邪，其和可以感鬼神，而况于人乎。（《义海撮要》）按此黄氏所补。

六二，介于石不终日贞吉。（补）按此据系辞释文补。朋盍宗。按《释文》："簪，荀作宗。"盖盍者合也。宗者众也，主也。九四为豫之主，群阴来合之也。

象曰："冥豫在上，何可长也。"阴性冥昧，居尊在上，而犹豫悦，故不可长。（《集解》）按上六居豫悦之终极，乐极生悲，故不可长也。

随䷐（震下兑上）

随，元亨利贞，无咎。随者震之归魂，震归从巽，故大通；动爻得正，故利贞；阳降阴升，嫌于有咎，动而得正，故无咎。按震宫三世卦为雷风恒，四世卦为地风升，五世卦为水风井，游魂卦为泽风大过，归魂为泽雷随。震之归从巽而来，巽旁通震，而卒归于震故大通。三四二爻不正，动而得正，故利贞。一说随从否来，否上失位，动而之初，成随皆各得其正，故利贞。

蛊䷑（巽下艮上）

蛊，元亨，而天下治也。蛊者巽也，巽归会震，故元亨也。蛊者事也，备物致用，故天下治也。按蛊者巽宫归魂卦也，巽宫三世为风雷益，四世为天雷无妄，五世为火雷噬嗑，游魂为山雷颐，归魂为山风蛊，巽自震归，巽震旁通故大通；蛊者事也，备物致用，事而大通，故天下治也。

六五，干父之蛊，用誉。体合应中，承阳有实，用斯干事，荣誉之道也。按六五处外卦之中，故曰处和。应于九二，二居内卦之中，故曰应中。上承上九之阳，故承阳有实。以此干事，必获荣誉。

上九，不事王侯，高尚其事。象曰："不事王侯，志可则也。"年老事终不当其位，体艮为止，故不事王侯。据上临下，重阴累实，故志可则。按蛊者事也，上九以阳居阴其位不正，居蛊之终，故曰：年老事终，不当其位，艮为止，为终，故不事王侯，巽为高，故高尚其志。四五重阴，二三皆阳，阳实故曰累实。初至五象坎，坎为志，为法，故志可则。

临䷒（兑下坤上）

至于八月。兑为八月。（《集解》虞翻引荀公）按兑为正秋，七、八、九皆属兑，临之内卦为兑，故荀公云然，先儒多以临反观，观为八月卦释，虞氏以旁通遁，遁为六月卦，于周为八月释之，唯荀氏异。故虞氏以为非。

象曰："泽上有地临。"泽卑地高，高下相临之象也。按临上坤为地，下兑为泽，地在泽上，以高临下，故有临之象。

初九，咸临贞吉。象曰："咸临贞吉，志行正也。"阳始咸升，以刚监柔得其正位而居，是吉，故曰志行正。按初九以阳居阳，得位居正，位临之时，阳则欲升，故阳始咸升。咸，感也，以阳刚与四相感应，而临四柔，皆得其正，故志行正也。

九二，咸临，吉无不利。象曰："咸临吉无不利，未顺命也。"阳感至二，当升居五，群阴相承，故无不利也。阳当居五，阴当顺从，今尚在二，故曰未顺命也。按咸，感也，九二以阳居阴，未得其位，居临之时，阳当升五，而应于五，感而升五，则群阴相从而无不利矣。然今尚在二，群阴未顺，故曰未顺命也。

六四，至临无咎。象曰："至临无咎，位当也。"四与二同功，欲升二至五，己得顺承之，故曰至临也。阳虽未乘，处位居正，故得无咎，是位当也。按六四以阴居阴，得位居正，故当位无咎。居临之时，与九二同功，欲使九二升居于五，则四得上承于阳，二至五而临四，故曰至临。二阳未升，三乘二阳，四未乘阳又得正位，故无咎。

六五，知临，大君之宜吉。象曰：“大君之宜，行中之谓也。”五者帝位，大君谓二也，宜升上居五位吉，故知临大君之宜也。二者处中行，升居五，五亦处中，故行中之谓也。按五为帝位。阳为大，为君，二阳宜升五，而居帝位，以临万民，故知临大君之宜，吉之道也。二五皆居内外卦之中，故行中。

上六，敦临，吉，无咎。上应于三，欲因三升二，过应于阳，敦厚之意，故曰敦临吉无咎。按坤为厚，故有敦临之象，上六居临之终得位居正，应于三，然三为阴，则无与，故欲因三升二，过三而应于阳，故有敦临之象，吉而无咎者也。

观䷓（坤下巽上）

六三，观我生进退。象曰：“观我生进退，未失道也。”我谓五也，生者教化生也，三欲进观于五、四既在前，而三故退未失道也。按巽为进退不果，又为命故为教化。九五为观之主，又居尊得位，易曰观我生，君子无咎。故我谓五，三欲进而观五之光，然四阴得正在前，巳承于五而观国之光矣。三以阴居阳不正，故退而居三，当观之时，亦未失道也。

噬嗑䷔（震下离上）

六二，噬肤灭鼻无咎。艮为鼻，四三二，艮之象，而初以阳塞其下，所以为鼻者不得通矣。按此条黄奭所补。今《汉上易传》、《周易口诀义》、《义海撮要》皆无，未知所据，姑存之以备考。

六三，噬腊肉，遇毒，小吝无咎。腊肉，谓四也，三以不正噬取异家，法当遇罪，故曰遇毒，为艮所止，所欲不得，故小吝。所欲不得，则免于罪，故无咎矣。(《集解》)按《说文》云：“昝，肉乾也。”谓四者四阳，正颐中之物也。六三以阳居阴，不正，失位，当噬嗑之时，噬于四，非其有而食之，当有罪，故有遇毒之象，二至四互艮，艮为止，止而未得，故小吝无咎。

九四，噬乾脯。按《释文》：“胏，子夏作脯，徐音甫，荀董同。”《说文》云：“脯，肉干也。”《玉篇》云：“腊也。”

六五，噬干肉得黄金，贞厉无咎。象曰："贞厉无咎，得当也。"谓阴来正居，是而厉阳也，以阴厉阳，正居其处，而无咎者以从下升上，不失其中，所言得当。按六五以阴居阳，不正，失位，而乘于九四，故曰阴来正居而厉阳。五为阳位，而六五以阴居之本有咎，而无咎者，以六五本自否初升上，虽不正，而居外卦之中，故得当也。盖噬嗑自否来，否初升五，五降初即成噬嗑。详见《虞氏易》。

上九，何校灭耳凶。为五所何，故曰何校。据五应三，欲尽灭坎，三体坎为耳，故曰灭耳凶。上以不正，侵欲无已，夺取异家恶积而不可掩，罪大而不可解，故宜凶矣。按何者荷也，位五之上，故为五所荷。灭者掩也，上九以阳居阴，失位不正，当噬嗑之时而据于五，应于六三，欲尽吞灭之，而三至五互坎，坎为耳，故有灭耳之象，以不正而失位，又侵吞之欲望无已，夺劫他家之物，卒至于恶积而不可掩，罪大而不可解，终遭杀戮，凶之道也。

贲䷕（离下艮上）

彖曰："贲亨，柔来而文刚，故亨。"分刚上而文柔，故小利有攸往。此本泰卦，谓阴从上来，居乾之中，文饰刚道，文于中和故亨也；分乾之二，居坤之上，上饰柔道兼据二阴，故小利有攸往矣。（《集解》）按贲自泰来，泰上六之二，九二之上而成贲，是阴从上来而居二，处乾之中，以文饰刚也，故曰柔来而文刚。分泰之九二，居于上六，上而文饰坤柔，兼据四五二阴之上。阴为小，故小利有所往。泰内乾外坤，故有此象。

六四，贲如波如，白马翰如，匪寇婚媾。按《释文》："皤，荀作波；翰马荀云高也。"皤波古音近，皆有白意。盖六四得位居正，应于初九，而二至四互坎，坎为寇盗而生前，未得遽之初，故贲饰以至于皎洁，高飞其马以至于急切，此非为寇盗也，乃求婚媾也，故终无尤。

六五，贲于丘园，束帛戋戋，吝，终吉。象曰："六五之吉，有喜也。"艮山震林，失其正位，在山林之间，贲饰丘陵，以为园圃，隐士之象也；五为王位，体中履和，勤贤之主，尊道之君也。故曰：贲于丘园，束帛戋戋。君臣失正，故吝，能以中和饰上成功，故终吉而有喜也。按贲外卦艮为山，三至五互震为林，六五以阴居阳，失其正位，阳为君，阴为臣，以阴失位，故退居山林，贲饰山林，五为王位，处外卦之中，故有尊道这君，束帛戋戋，以聘隐士之象，失位不正故吝。得中以饰，故终吉有喜。

剥䷖（坤下艮上）

象曰："剥，剥也，柔变刚也。"谓阴外变五，五者至尊，为阴所变，故曰剥也。按阴消阳，消至五，成剥，五者帝位，为阴所变，故云剥，剥者剥落也。

初六，剥床以足灭贞凶。按《释文》云："蔑，荀作灭。"王辅嗣云："蔑犹削也，剥床之足灭下之道也，刚损柔长，则正削而凶来也。"可备参考。故削或作消，此从荀本也。下皆然是也。

六三，剥无咎。象曰："剥无咎，失上下也。"众皆剥阳，三独应上，无剥害意，是以无咎。象曰："失上下也。"按《古易音训》引晁氏曰："剥之京刘荀爽一行皆无之字。"《释文》云："剥无咎，一本作剥之无咎，非。"是宜作剥无咎，盖六三当剥之时，众阴皆剥阳，己独应于上九，不从上下之阴而剥阳，故无咎。

复䷗（震下坤上）

利有攸往刚长也，复其见天地之心乎。利往居五，刚道浸长也，复者冬至之卦，阳起初九为天地心万物所始吉凶之先，故曰见天地之心矣。按复者阴剥阳皆尽，阳将返复之时，故云复也，复初九，一阳生，渐至于五阳浸长，万物繁茂，故云刚长。十一月之卦也，冬至一阳生，为十一月之节气，犹复也，一阳初动处，见天地未生之时，故复见天地之心。

上六，迷复凶，有灾眚，用行师终有大败，以其国君凶。坤为众故用行师也，谓上行师而拒于初，阳息上升，必消群阴，故终有大败。国君谓初也，受命复道，当从下升，今上六行师，王诛必加故以其国君凶也。按上六居复之极，是迷途而不复者也，故有灾眚，师者众也，坤为众，故用行师，阳为君，阴为臣，上用师以拒出，初阳上升，渐至寖长，必致消阴，故终有大败，而以其国君凶。

颐䷚（震下艮上）

颐贞吉。观颐自求口实。饮食失宜，患之所起。（史征《口诀义》）按饮食必正，斯吉而远害。史征曰："颐贞吉者颐养也，观颐者，谓在下之人，观其君上所养之人贤良即能助君行化也。养正则吉，故曰：颐贞吉也，自求口实者谓其自养求其口中之实物，饮食不节患必生焉。"可备参研。

象曰："山下有雷颐。君子以慎言语，节饮食。"雷为号令，今在山中闭藏故慎言语，雷动于上，以阳食阴，艮以止之，故节饮食也。言出乎身，加乎民，故慎言语所以养人也，饮食不节，残食群生，故节饮食所以养物。（《集解》）按震为鼓，故为号令。艮为山，为止，故山中闭藏。故慎言语。雷在下动而上，以阳食阴，体艮为止，故节饮食。言出乎身一句，系辞文。

其欲悠悠。按《释文》云：“逐逐，荀作悠悠。”盖长远之义。

大过䷛（巽下兑上）

九二，枯杨生稊，老夫得其女妻，无不利。初阴失正，当变数六为女妻，二阳失正，数九为老夫。按初六以阴居阳，失位不正，当变阳，老阴数六，变，故为女妻；九二以阳居阴失位不正，数九故为老夫。

坎䷜（坎下坎上）

水流而不盈。阳动阴中故流。阳陷阴中，故不盈也。按阳陷于坎中，故不盈满。

行险而不失其信。二震为动，阳来为险而不失中，中称信也。按：阳来陷阴中，内外皆坎，坎为险，而居内外卦之中，故称中信。

九二，象曰：“求小得，未出中也。”处中而比初三，未足为援，虽求小得未出于险中。按九二以阴居阳，处内卦之中，而比于初三，未足为援，故未出坎险之中。

离䷝（离下离上）

离，丽也。阴丽于阳，相附丽也。亦为别离，以阴隔阳也。离者天也，记于木，是其附丽也，烟焰飞升，炭灰降滞是其别离也。（《集解》）按离有二义，一谓相附丽，乾二五之坤成离，是阴附丽于阳也；又离为火，木生火，火附丽于木而生，亦附丽之意。一谓别离，一阴在二阳之间，隔离于阳，是别离之意也。又离火烧焚，烟焰飞升于上，炭灰降滞于下，亦别离之意也。

是以畜牝牛吉也，牝牛者土也，生土于火，离者阴卦，牝者阴性，故曰畜牝牛吉矣。按乾二五之坤成离，坤为土为子母牛，离为中女得坤之一体，乃阴卦也。火生土，故曰生土于火。牛者土畜也，故云牛者土也。以阴畜阴，故畜牝牛吉矣。《集解》：“离皆作离，盖省体字也。”

明两作离。作，用也。（《释文》）按上离下亦离，离为明，故明两作离。作犹用也。

初九，履错然，敬之无咎。火性炎上，故初欲履错于二，二为三所据，故敬之则无咎矣。按：火性炎上，初欲升二而履三，然二为三所据，二已承于三，初欲履二，而履不得其所，故曰，履错然。惟敬之则无咎。

九三，日戾之离，不鼓缶而歌，则大耋之差凶。《释文》：嗟荀作差，嗟若亦尔。初为日出，二为日中，三为日戾，以喻君道衰也。按《说文》云："日君象也。"又云："戾，日在西方时侧也。今俗别作昊非。"离为日，初居其始，故为日出，二在其中，故为日中，三在其末，故为日戾。

九四，𠫓如其来如，焚如，死如，弃如。阳升居五，光炎宣扬故𠫓如也，阴退居四，灰炭降坠故其来如也，阴以不正，居尊乘阳历尽数终天命所诛位丧民叛下离所害，故焚如也。以离入坎故死如也。火息灰损，故弃如也。按九四六五皆不正，阳升阴降，四升居五，则离光显扬，故𠫓如也。五阴退居四，灰炭降坠故来如。六五以阴居阳，失位不正，而据于九四阳之上，是乘阳也，犹数终而为天命所诛，故焚如；离火克坎水，故死如弃如也。

六五，出涕池若，戚差若吉。《释文》："沱荀作池。"六五阴柔退居于四，出离为坎，故出涕池若。而下以顺阴阳也。按六五以阴居阳，失位不正，退居于四则得正矣，而二至四互坎，坎为水为雨，故出涕池若。五阳居上，而临下故云下以顺阴阳也。《释文》："差，荀作嗟；沱荀作池。"盖差与嗟，沱与池，皆同音字，古音近可通假。

周易下经

夫妇人伦之始，王化之端，故文王作易，上经首乾坤，下经首咸恒。(《后汉书·荀爽传》)(补)

咸䷞（艮下兑上）

初六，咸其母。象曰："咸其母，志在外也。"按《释文》云："拇，荀作母，阴位之尊。"咸，感也。虞翻曰："母，足大指也。艮为指，坤为母，故咸其母，失位远应，之四得正，故志在外，谓四也。"晁氏曰："拇，古文作母。"盖初六以阴居阳，失位不正，当感之时，应于九四，故有感其母之象。四为阴位为诸侯，故荀云阴位之尊。

六二，咸其肥。《释文》云："腓，旬作肥，云谓五也，尊盛故称肥。"按六二当感之时，在中得正，应于九五，五为帝位，九五以阳处之，得中居正，故有咸其肥之象。吉之道也。

恒䷟（巽下震上）

恒亨，无咎，利贞。久于其道也。恒，震世也，巽来乘之，阴阳合会，故通无咎。长男在上，长女在下，夫妇通正，故利贞。久于其通也。按恒，久也，乃震宫三世之卦，恒，巽内震外，故云：巽来乘之，巽为阴卦，震为阳，帮云阴阳合会，震为长男而在上，巽为长女而在下，得夫妇之正，故利贞。乾为久，为通，亨则通也。通则久，故久于其通也。

利有攸往，终则有始也，谓乾气下终，始复升上，居四也，坤气上终，始复降下，居初者也。按恒自泰来，泰乾下坤上，泰乾气下终，始复升上而居四，坤气上终，始复降下而居初，以成恒卦，终则又始，故利有所往。

九二，悔亡。象曰："九二悔亡，能久中也。"乾为久也，能久行中和，以阳据阴，故曰能久中也。按九二以阳居内卦之中，当恒之时，据于初六阴爻之上，是能久行其中者也，故曰能久中也。

九三，不恒其德，或承之羞，贞吝。与初同象，欲据初隔二，与五为兑，欲说之，隔四，意无所定，故不恒其德，与上相应，欲往承之，为阴所乘，故或承之羞也。贞吝者，谓正居其所，不与阴通也，无居自容，故贞吝矣。按九三以阳居阳虽得其位，然处恒之时，二已据初，三至五互兑，兑为悦，四已承悦于五，欲之初五，而有未得，故意无所定，是以不恒其德矣。应于上六，欲往应之，而六五叠乘于三之上，不得应而承上，故或承之羞也。以阳居阳，故正居其所。不与阴通，故无居自容。是以虽得正亦有吝矣。

遁䷠（艮下乾上）

遁亨，小利贞。阴称小，浸而长，则将消阳，故利贞。按此据彖注补。谓居阴消阳之时，小人道长之际，君子唯遁始能通也。（补）

小利贞，浸而长也，阴称小，浸而长，则将消阳，故利贞。居二与五相应也。按阳大阴小，二阴浸长，势必至于消阳，以至于剥落而后尽，故二阴利于正居其所。二与五应，初与四应，去其消阳之势始可。

九三，象曰："系遁之厉有疾备也。"按《释文》："惫，苟作备。"备者古文惫也，即疲敝之意也。盖九三系恋于二阴，而无阳刚之志以遁，卒至为阴所消而成否，故曰有疾备也。

畜臣妾吉，不可大事也。大事谓与五同任天下之政，潜遁之世，但可居家畜养臣妾，不可治国之大事。按阳为大，阴为小，系恋于二阴，故不可大事，而居家畜养臣妾。盖当遁之时小人得志，故大事不可为矣，唯遁而居家乃能免杀身之祸而得吉也。

大壮䷡（乾下震上）

九三，羝羊触藩，羸其触。三与五同功为兑，故曰羊；终始阳位，故曰羝；藩谓四也，三欲触四而危，之四反羸其角，角谓五也。按系辞云："三与五同功而异位。"九三居遁之时，三至五互兑，兑为羊，三为阳位故曰羝羊。谓雄羊也。四体震为行，为萑苇，为林，故为藩。三欲应上，则宜触四而往，当大壮之时，阳壮，触而往，危之道也，《说文》云："羸，瘐也。"孔颖达《正义》云："物累缠绕也，触而往，势必至于拘累缠绕其角而病不能行矣。故不可壮而往也，"角者六五阴爻，两拆象两角也。

晋䷢（坤下离上）

顺而丽乎大明，柔进而上行，是以康侯用锡马蕃庶，昼日三接也。阴进居五，处用事之位，阳中之阴，侯之象也。阴性安静，故曰康侯；马谓四也，五以下群阴锡四也，坤为众，故曰蕃庶矣。按晋卦坤下离上，坤为顺，离为明，故顺而丽乎大明；六五以阴居阳位，阳中之阴，五本尊位，故云侯之象也。康者安也，锡者赐也，群阴谓内卦坤，坤为牝马为众，故赐马蕃庶，以奖贤劳也。

六五，悔亡，矢得勿恤，往吉无不利。五从坤动而来为离，离者射也，故曰矢得。阴居尊位，故有悔也。以中盛明光照四海，故悔亡，勿恤，吉无不利也。按坤二五动之乾为离，离为戈兵，为矢，为明。六五以阴居尊位，本宜有悔，然以离明光照四海，故悔亡，吉无不利，三四五互坎为加忧，五在坎终故勿恤。

上九，象曰："惟用伐邑，道未光也。"阳虽在上，动入冥豫，故道未光。按上九以阳居阴失位不正，变则成。

豫䷏（坤下震上）

离明不见，故道未光也。上六象曰："冥豫在上，何可长也。"故曰动入冥豫，道未光也。

明夷☷☲（离下坤上）

内文明而外柔顺，以蒙大难，文王似之。明在地下为坤所蔽，大难之象，文王君臣相事，故言大难。按《释文》云："文王以之，郑荀向作似之，下亦然。"明夷之卦离明在坤地之下，为坤阴所蔽，以文王为臣，遇商纣之暴君。明伤，故有大难也。内离为文明，外坤为柔顺，文王似之，以避大难。

内难而能正其志，箕子似之。（补）按此据《释文》补。

初九，明夷于飞，垂其翼，君子于行，三日不食，有攸往，主人有言。火性炎上，离为飞鸟，故曰于飞；为坤所抑，故曰垂其翼；阳为君子，三者阳德成也；日以喻君，不食者，不得食君禄也；阳未居五，阴暗在上，初有明德，耻食其禄故曰：君子于行，三日不食也。按夷者伤也，离为火，故炎上。为雉，故为飞鸟，在坤之下，故垂其翼，阳为君子。《春秋元命包》曰："阳成于三。"故三者阳德成也，离日为日，以喻君。谓六五以阴居阳，失位不正犹暴君在上也，初九得位居正，在明伤之时，有离明之德，耻食暴君之禄，阳德成于三，故三日不食。初应四，欲上居五，则众阴有言，三四五互震为行为言为主宗庙者，故有所往，主人有言矣。

象曰："君子于行，义不食也。"暗昧在上，有明德者，义不食禄也。按体离为明，坤阴为暗昧。

六四，入于左腹，获明夷之心于出门庭。阳称左，谓九三也。腹者谓五居坤，坤为腹也。四得位比三，处于顺首，欲上三居五，以阳为腹之心也。故曰：入于左腹获明夷之心，言三当出门庭，升五君位。按坤为腹，九三之五成坎，坎为心，三四五互震为出，六四以阴居阴位，得正以处明伤之时，处于坤顺之始，比于阳刚之九三，而六五以阴居阳为不正之君，四利于使三上居五，得君位之正，则已得承之，故曰入于左腹获明夷之心。三升五，则三至五互艮为门庭，故于出门庭。

六五，箕子之明夷。箕为荄，子为滋。按《释文》："箕子之明夷，刘向云：'今易作荄滋。'邹湛云：'训箕为荄，诂子为滋，漫衍无经，不可致诘。'以讥荀爽。"此荀氏本赵宾之说也。《汉书·儒林传》云："蜀人赵宾，饰易文，以为箕子明夷，阴阳气亡箕子，箕子者万物方荄兹也。"师古注曰："荄滋，言其根荄方滋茂也。"又云："箕子者谓殷父师说《洪范》者也，而宾妄为说耳。"是也，而荀氏本之，非矣。故李氏《集解》不取。黄奭曰："箕子，古文当作其子，其古者音亥，其与亥，子与兹，文异音义同。《三统术》云：'该阂于亥孳萌于子。'亥亦同物也，五本坤也，坤终于亥，乾出于子，用晦而明，明不可息，故云箕子之明夷。宾据古义以难诸儒，诸儒皆屈，于是施讎梁丘贺皆嫉之，讎及喜而并及宾。刘向《别录》犹循孟学。故马融俗说，荀爽独知其非，复用宾古义。魏晋以后师道丧，邹湛讥荀谞而《周易》之学晦。”虽多臆断之辞，然可备一说。

家人䷤（离下巽上）

家人有严君焉，父母之谓也。离巽之中有乾坤，故曰父母之谓也。按乾为父，坤为母，巽一索而得女，故谓之长女，离再索而得女，故谓之中女。故离巽之中有乾坤。

父父子子，兄兄弟弟，夫夫妇妇，而家道正，正家而天下定矣。父谓五，子谓四，兄谓三，弟谓初，夫谓五，妇谓二也。各得其正，故天下定矣。按五阳居尊，故谓父，四承五，故谓子，三为三公位而以阳居之故谓兄，初九为弟，在下故也。夫谓五阳居中得正，妇谓六二居内卦之中，母之象也。初二三四五，五爻皆各得阴阳之正位，父子兄弟夫妇皆正，故正家而天下定矣。

象曰：“风自火出，家人。君子以言有物而行有恒。”风火相与，必附于物，物大火大，物小火小。君子之言，必因其位，位大言大，位小言小，不在其位，不谋其政。故言有物也；大暑烁金，火不增其烈。大寒凝冰，火不损其热，故曰行有恒矣。按巽为风，离为火，风助火势，皆为阴卦，故有家人之象，物大而火，风又助之，则火大，小则反之，皆有定也，君子之言亦然。离火之性炎上，虽大暑能融金矣，火性亦依然炎上而有光辉。大寒积冰，火性亦依然炎上而有热度，君子法之，故行有恒。

初九，闲有家，悔亡。象曰：“闲有家，志未变也。”初在潜位，未干国政，闲习家事而已。未得治官，故悔。居家理，治可移于官。守之以正故悔亡。而未变从国之事，故曰志未变也。按初九以阳居阳，得位处家人之始，在潜藏之下位为乾，初九潜龙勿用之时，故居家闲习家事，未干国政。似有悔矣，然《孝经》云：“居家理，故治可移于官。”《大学》云：“家齐而后国治。”得位处正，未变齐家治国之志。故悔亡。

六二，无攸遂，在中馈，贞吉。六二处和得正，得正有应，有应有实，阴道之至美者也。坤道顺从，故无所得遂，供肴中馈酒食是议。故曰中馈。居中守正，永贞其志则吉，故曰贞吉也。按以体离为火，二三四互坎为水，上卦巽为木，烹饪中馈，供肴酒之象也。六二居中得正，应于九五，阳为实，故有应有实，坤为阴，阴道在顺从，故无所得遂，唯供肴食而已，故在中馈，以阴居阴，得位处中，故永贞其志而得吉。

九三，家人确确，悔厉吉。按《释文》："嗃嗃，荀作确确。"《古易音训》引晁氏曰："确确古文。"盖二字古音近，故可通，九三以阳居阳得位，阳则刚强，在家人之时，故有坚确治家之象。坚确刚强以治家，始则似有悔，然终则家治而得吉。

睽☲（兑下离上）

柔进而上行，得中而应乎刚，是以小事吉。小事者臣事也，百官异体，四民殊业，故睽而不同，刚者君也，柔得其中，而进于君故言小事吉也。按阳为君，阴为臣，为小。五者阳之尊位，即君位也，六五以阴柔居君位，得中而应于九二，阴为小，故小事吉。

象曰："上火下泽，睽。君子以同而异。"火性炎上，泽性润下，故曰睽也；大归虽同，小事当异百官殊职，四民异业，文武并用，威德相反，共归于治，故曰君子以同而异也。按《洪范》云："水曰润下，火曰炎上。"上下相异，故睽也；而天下之事，同归而殊途，大道虽同归，而小事则有殊焉，百官各殊其职，四民士农工商，各异其业，文武不同而并用，威德相反而兼行，其终则共归于治而已，故君子以同而异。

六三，见舆曳，其牛觭。按《释文》云："掣，荀作觭，郑作㸷，云牛角皆踊。《说文》作觢，云："角一俯一仰。"盖三字古音近，可能用。六三当睽乖之时，以阴居阳失位不正，三至五互坎为车，为曳，故见舆曳，不顺也；离为得坤之一体为牝牛，所行不顺故其牛觭矣。

蹇☵（艮下坎上）

蹇，难也，险在前也。蹇利西南，往得中也。不利东北，其道穷也。西南谓坤，乾动往居坤五，故得中也；东北艮也，艮在坎下，见险而止，故其道穷也。按说卦传："艮东北之卦也。"而以例推之，知坤为西南之卦，乾之坤五成坎，九五居中，故往得中。坎为险，艮为止，见险而止，则无以求出险之道，故其道穷也。

当位贞吉，以正国也。《释文》："正邦，荀陆本作正国。谓五当尊位正居，是群阴顺从故能正邦国。按邦犹国也，九五居尊得位，群阴顺从，故以正国也。

六四，往蹇来连。象曰：“往蹇来连，当位实也。”蹇难之世，不安其所，欲往之三，不得承阳，故曰往蹇也；来还承五，则与至尊相连，故曰来连也；处正承阳，故曰当位实也。按六四以阴居阴，得位居正，惟当蹇难之世，故不安其所，欲往而之三，则不得上承九五之阳，且乘阳不敬故往蹇；来四远承五，则与五相连，九五居尊得正，阳为实，故来连而有实。

解䷧（坎下震上）

彖曰：“解，利西南，往得众也；无所往，其来复吉，乃得中也。有攸往夙吉，往有功也。”乾动之坤而得众，西南众之象也；阴处尊位，阳无所往也，来复居二，处中成险，故曰复吉也。五位无君，阳又卑，往居之者，则吉，据五解难，故有功也。按坤为众，解自临来，监初阳之坤四而成解，坤为西南，故利西南，往得众也；六五以阴处尊位而在上，故阳无所往，来复居于二，处内卦之中，故复吉；五位无阳故无君；二阳居坎险之中，而又居于卑下之位，往居之者则早得吉而有功。

天地解而雷雨作，雷雨作而百果草木皆甲宅。谓乾坤交通，动而成解，卦坎下震上，故雷雨作也，解者震世也，仲春之月，草木萌芽，雷以动之，雨水润之，日以烜之，故甲宅也。按临初阳至坤四，坤四至初，乾为阳，故乾坤交通而成解。下坎为雨，上震为雷，故雷雨作，此解之象也；解为震宫二世卦，震为春，仲春之月，草木萌芽，说卦云：雷以动之，雨以润之，日以烜之，故草木百果之根牙皆萌动发越。皮曰甲，根曰宅。故皆甲宅。

九四，解而毋。朋至斯孚。按《释文》：“拇，荀作毋。”《古易音训》引晁氏曰：“毋古文。”是大指为拇，盖九四以阳居阴不正，而附于三，故有拇之象，唯去三不正之附乃能应于初，故朋至斯孚。

损䷨（兑下艮上）

彖曰：“损，损下益上，其道上行，损而有孚，元吉无咎，可贞，利有攸往。”谓损乾之三，居上孚二阴也，居上据阴，故元吉无咎以未得位嫌于咎也；少男在上，少女虽年尚幼必当相承，故曰可贞，阳利往居上损者，损下益上，故利往居上。按损自泰来，泰内卦为乾，九三之上，则或损，而上九孚于四五二阴，故损而有孚元吉无咎，损上艮为少男，下兑为少女，兑承艮，故曰可贞；损泰卦下卦之九三，以益上，故曰损下益上，是以利有所往。

曷之用，二簋可用享。二簋谓上体二阴也，上为宗庙簋者宗庙之器故可享献也。按曷何也，上为宗庙簋者盛黍稷之器，以竹为之，宗庙祭祀用之，匹五二阴，阴上虚能受，二簋之象也，言当损之时，天下不丰，虽二簋之至薄，亦可享献于鬼神。

君子以征忿窒欲。按系辞损德之修也。《集解》引荀注："惩作征欲作欲。"盖音义悉同。

初九，已事遄往。按《释文》："遄，荀作颛。"一字古音同，可通用。初九以阳居阳，得正应于六四，当损之时，速往应之与之合志。

六三，三人行则损一人，一人行则得其友。象曰："一人行，三则疑也。"一阳在上，则教令行，三阳在下，则民众疑也。按上九一阳在上，二三四互震为行，孚于四五二阴，应于六三，众应以之，故教令行。损自泰来，泰卦三阳在下，阴无所承，故疑也。李道平云："三阳之阳当作阴，三以阴爻在下，上互坤众，故民众疑也。"可备一说。

夬䷪（乾下兑上）

孚号有厉，其危乃光也。信其号令于下众阳危去，上六阳乃光明也。按九五以阳居尊得位，孚于众阳，故信其号令于下，上六以阴掩阳，乘阳，不敬，居夬刚决柔之时，众阳危去上六，阳乃光明也告目邑，不利即戎，所尚乃穷也。不利，即尚兵戎，而与阳争，必困穷。按不利于崇尚兵戎以与阳争，若尚兵戎，穷兵器武必至困穷。

九二，惕号，莫夜有戎勿恤。惕，敕悬反，荀作锡云赐也。

九三，壮于頄，有凶，君子夬夬，独行遇雨，若濡有愠，无咎。九三体乾，乾为君子，三五同功，二爻俱欲决上故曰君子夬夬也，独行谓一爻独上，与阴相应，为阴所施，故遇雨也，虽为阴所濡，能愠，不说得无咎也。按乾阳为君子，系辞云三与五同功而异位，当夬之时三应上六，五承上六二阳皆欲决去上六故曰君子夬夬，而九三独应上六，上体兑泽，故遇雨为阴所施，然九三阳刚得位，故能愠而不悦故无咎。

九五，苋陆夬夬。苋谓五，陆谓三，两爻决上，故夬夬也；苋者叶柔而根坚且赤，以言阴在上六也；陆亦取叶根坚也，去阴远，故言陆，言差坚于苋，苋根小，陆根大，五体兑柔，居上苋也，三体乾刚，在下根深，故谓之陆也。按三五两爻同功，同欲决上，故夬夬。苋陆，皆草名也。《尔雅·释草》云："蒉，赤苋。"郭注："赤苋，一名苋，今苋菜之赤茎者。”是苋者叶柔而根坚且赤乃草之可食者也，五体兑柔，乾为大赤，故曰苋。陆者，《尔雅》谓之蓫薚亦即当陆也，根坚而大，乾为刚健，故陆谓三。《晁氏古易》、《易窥余象旨决录》皆节引，今从《集解》。

姤䷫（巽下乾上）

天地相遇，品物咸章也。谓乾成于巽，而舍于离，坤出于离，与乾相遇，南方夏位，万物章明也。按荀九家云：“阳起子（十一月复）运行至四月，六爻成乾，巽位在巳，故言乾成于巽，既成转舍于离，万物皆盛大，坤从离出，与乾相遇，故言天地遇也。”乾成于巽，谓五月姤卦也，属于南方夏位，说卦云：“离也者明也，万物皆相见南方之卦也。”故天地相遇，品物咸章也。朱震《汉上易传》引云：“坤出于离，与乾相遇故万物皆相见也。”则以意引之也。

九二，胞有鱼。按《释文》：“包，荀作胞。”盖二字音同，通用。详《汉易异文考》。

萃䷬（坤下兑上）

彖曰：“萃，聚也，顺以说，刚中而应，故聚也。”谓五以刚居中，群阴顺说而从之，故能聚众也。按坤为顺，兑为说。说，悦也。九五居尊得位，群阴悦而顺从，故能聚众也。

利见大人，取以正也。按《释文》：“聚以正，荀作取以正。”晁氏曰：“取古文。”是也。

象曰：“泽上于地，萃。”泽者卑下，流潦归之，万物生焉，故谓之萃也。按：泽者居卑下之地，万物皆萃聚于是，故曰萃也。

君子以虑戎器，戒不虞。按《释文》：“除戎器，荀作虑。”虑者思也，谓思而备之也。

上六，赍资涕洟，无咎。象曰：“赍资涕洟，未安上也。”此本否卦，上九阳爻见灭迁移，喻夏桀殷纣，以上六阴爻代之，若夏之后封东楼公于杞，殷之后封微子于宋，去其骨肉，臣服异姓，受人封土，未安居位，故曰赍资涕洟，未安上也。按否上九变则成萃。阳爻见灭以喻夏桀商纣之被灭也。萃上六自否上九变来，故云以上六阴爻代之。以喻周武王封夏后东楼公于杞。殷后微子于宋。去其夏殷之旧邦，臣服于周，受周之封，未安于位，故曰赍资涕洟，未安上也。虞翻曰：“赍，持；资，赙也。货财，丧称赙。自目曰涕，自鼻称洟，乘刚远应，故未安上也。”可备参研。

升䷭（巽下坤上）

巽而顺，刚中而应，是以大亨。谓二以刚居中，而来应五，故能大亨，上居尊位也。按升卦下巽上坤，坤为顺，九二以阳刚居内卦之中而应于六五，五为尊位，二终当升五也。

用见大人，勿恤有庆也。大人，天子，谓升居五，见为大人，群阴有主，无所复忧，而有庆也。按大人，指天子，二升居五，则众阴有主，而三至五互离为见，阳为庆。

象曰：“地中生木，升。”地谓坤，木谓巽，地中生木，以微至著，升之象也。按坤为地，巽为木，地中生木，由小而大，升之象也。

初六，允升大吉。谓一体相随，允然俱升，初与巽一体，升居坤上，位尊得正，故大吉也。按初六居升之始，与二阳同体，信然而俱升，二阳升五，位尊得正，初升四得承之，故大吉。

九三，升虚邑。象曰：“升虚邑，无所疑也。”坤称邑也，五虚无君，利二上居之，故曰升虚邑，无所疑也。

六四，王用亨于岐山，吉无咎。此本升卦也，巽升坤上，据三成艮，巽为岐，艮为山，王谓五也，通有两体位正众服故吉也。四能与众阴退避当升者，故无咎也。按巽升坤上成观，三至五互艮山，五阳为王巽为木为躁卦故为岐。

六五，贞吉升阶。象曰：“贞吉升阶，大得志也。”阴正居中为阳作阶，使升居五，已下降二，与阳相应，故吉而得志也。按六五处外卦之中，当升卦之时，阳升阴降，二升五，五降二，与之相应，故得志。

上六，冥升，利于不息之贞。象曰：“冥升在上，消不富也。”坤性暗昧今升在上，故曰冥升也；阴用事为消，阳用事为息，阴正在上阳道不息；阴之所和。故曰利于不息之贞。阴升失实，故消不富也。按坤为阴为黑，故暗昧；今在升卦之时，而在上故冥升。阴用事则阳消，故为消，阳用事则息而不消，今阴在上，阳道未息，故上六利于不息贞。阳实阴虚，坤在上，故失实。

困䷮（坎下兑上）

象曰：“困，刚弇也。”谓二五为阴所弇也。按《尔雅·释言》：“弇，盖也。”二为三所弇，五为上所弇。

险以说。此本否卦，阳降为险，险升为说也。按困自否卦来，否上九阳降二，为困之坎，坎为险，否上之险上为困之兑，兑为说。

困而不失其所亨，其唯君子乎。谓二虽弇阴，陷险，犹不失中与正，阴合故通也；喻君子虽陷险中，不失中和之行也。按二虽弇于三，陷于坎险之中，犹居内卦之中，不失其中，与初三合而成坎，坎为通。故曰困而不失其所亨。

贞大人吉，以刚中也。谓五虽弇于阴，近无所据，远无取应，体刚得中，正居五位，则吉无咎也。按九五居困之时，二四皆阳，故近无所据，远无所应，居尊得位故吉而无咎。

有言不信，尚口乃穷也。阴从二升，上升六成兑，为有言，失中为不信，动而乘阳，故曰尚口乃穷也。按否六二升上成兑，兑为口，故有言，上而失中，故不信，乘于九五故穷。

初六，臂困于株木，入于幽谷，三岁不觌。象曰："入于幽谷，幽不明也。"为阴所弇，故不明。按荀九家曰："臂四，株木三也，三体为木，泽中无水，兑金伤木，故枯为株也，初者四应，欲进之四，四困于三，故曰臂困于株木；幽谷二也，此本否卦，阳来入坎与初同体，故曰入幽谷，三者阳数，阳陷阴中，为阴，所弇，终不得见，故曰三岁不觌也。"可备参研。

九二，困于酒食，朱绂方来，利用亨祀，征凶无咎。二升在庙，五亲奉之，故利用亨祀。阴动而上，失中乘阳，阳下而陷，为阴所弇，故曰征凶；阳来降二。虽位不正。得中有实，阴虽去中，上得居正，而皆免咎，故曰无咎也。按上为宗庙之位，否二升上成困，位五之上，故云五亲奉之。是以利用祭祀。否二升上，失中乘阳，上九之阳降二为阴所，故征凶。然九二为阳，阳为实，处中，上六以阴居阴得位，故无咎。

九五，劓刖，因于赤绂。劓刖，不安貌。（《释文》）按《释文》云："荀王肃本劓刖作劓刖。"当困之时为阴所弇，故不安也。

利用祭祀，受福也。谓五爻合同，据国当位，而主祭祀，故受福也。按九五以阳居阳，故曰当位。二变应五，坤为国，故曰据国。五处尊位，故主祭祀。诚以降之，久终出困而受福。率下五爻，合力出困，故五爻合同。

井䷯（巽下坎上）

象曰："巽乎水而上水，井。井养而不穷也。"巽乎水，谓阴下为巽也；而上水，谓阳上为坎也；木入水出，井之象也。按井自泰来，泰卦六五降初成井，内卦为巽，初阳上升于五，则成井卦，井内卦巽为木。外卦坎为水，以木作成桔槔，可用以汲水，故有井象。

改邑不改井，乃以刚中也。刚得中故为改邑；柔不得中，故为改井也。按泰之外卦为坤，坤为邑，泰初之五成井，九五刚居中，坤象不见，故改邑。泰五之初，成井，外卦坎为水，内卦巽为木，而柔不得中，故不改井。

无丧无得。阴来居初有实为无丧，失中为无得也。按泰六五降，初，初为阳位，阳实故无丧，失其中位故无得。

往来井井，汔至亦未繘井，未有功也，羸其瓶，是以凶也。此本泰卦阳往居五，得坎为井，阴来在下，亦为井，故曰往来井井也；汽至者，阴未居初，下至汔竟也，繘者所以出水，通井道也；今乃在初，未得应五，故未繘也；繘者绠汲之具也。井谓二，瓶谓初，初欲应五今为二所拘羸故凶也。按井自泰来，泰初阳往居五，则外卦成坎水为井，五阴来降于初，内卦成巽木亦为井，上而往，下而来，往来皆井，故曰往来井井。繘者，绠汲之具，郭璞云："汲水索也。"所以往来取水，通井道之具也。五阴来居初成井，初居井之最下，故云汔至，谓至尽境也，至于尽境未得应五，故未繘也。二居中，有实，坎水相应，故井谓二。初阴虚，故为瓶，初欲过二应五，而为二所拘累，不得应坎水故凶也。

九二，井谷耶鲋。按《释文》："射，荀作耶。"盖或形近之误也。

九三，井渫不食，为我心恻。去积浊清洁之意也，三者得正，故曰井渫；不得据阴，喻不得用，故曰不食；道既不行，故我心恻。按井渫者，井之污积已清除也，污已除则可食用，九三得正故有此象，今而不食，道既不用，故我心恻。九三在九二之上，不得据阴，故不为人所用。

可用汲。王明，并受其福。谓五可用汲三，则王道明，而天下并受其福。按：五为王位，阳为福庆，三至五互离为明，三得正为贤人君子，三与五同功，故五可用汲求三之贤人而用之，则王道明，而天下受福矣。

六四，井甃无咎。坎性下降，嫌于从三，能自脩正，以甃辅五，故无咎也。按：甃，修治也，井既修治，则可食用，故无咎，六四以阴居阴，得位居正，上承于五，能自修正，故无咎。

上六，井甃勿幕。按《释文》："收，荀作甃。"义亦兼通。

革䷰（离下兑上）

巳日乃孚。日以喻君也，巳日，谓五巳居位为君。（补）按此据荀六二注补。

六二，巳日乃革之，征吉无咎。日以喻君也，谓五巳居位为君，二乃革意去三应五，故曰：巳日乃革之；上行应五，去卑事尊，故曰征吉无咎也。（《集解》）按《广雅》曰："日，君象也。"盖日居天上，以临下土，犹君临万民。故以喻焉。九五居尊得位，已立为君，六二居阴得正，乃革离三而上应。故曰巳日乃革之。去三之卑应五之尊，故征吉无咎。

九三，征凶贞厉。三应于上，欲往应之为阴所乘，故曰征凶；若正居三而据二阴，则五来危之，故曰贞厉也。按九三当革之时，以阳居阳得位，应于上六，欲应于上六，则上六乘九五之阳，乘阳不敬而危，故征凶。若居三不变而据六二之阴，则二五相应，五来应二，三则危矣。故贞厉。

鼎䷱（巽下离上）

三足形同，以足为异。（董逌《广川书跋》卷一）按孙黄二氏并云："'三足形同'句，系九家原文，以足为异，句，似董氏约其义而为之。"荀九家以荀为主，今姑存之。

象曰："鼎，象也，以木巽火，亨饪也。"巽入离下，中有乾象，木火在外，金在其内，鼎镬亨饪之象也。按鼎下卦巽为木，上卦离为火，二至四互乾为金。故有鼎以亨饪之象。

象曰："木上有火，鼎。"木火相因，金在其间，调和五味所以养人，鼎之象也。

初六，象曰："鼎颠趾，未悖也。"以阴承阳故未悖也。按初六以阴居阳失位不正，当鼎之时，故有鼎颠趾之象。惟上承二阳有实，故未至悖乱。

震䷲（震下震上）

震来愬愬。按《释文》："虩虩，荀作愬愬。"二字古音相近，可相通，此训恐惧也。

六二，震来厉，亿丧贝。按《释文》云："丧荀如字，贝荀音败。"虞翻曰："厉，危也，乘刚故厉，亿惜辞也，坤为丧，三动离为赢蚌故丧贝。"可备参研。

九四，震队泥。按《释文》："遂泥，荀本遂作队。"《汉上易传》云："荀本作隧。或云：遂隧古通用。"孙黄二氏并云："《荀子·礼论篇》："暴慢恣睢轻俗以为高之属，入焉而队。杨倞注云：队，古坠字，堕也。"盖遂队隧古通。虞翻曰："坤上得雨为泥，位在坎中，故遂泥也。"可备参研。

艮䷳（艮下艮上）

初六，艮其止。按《释文》："其趾，荀作止。"《古易音训》引晁曰："荀从古文作止。"《说文》云："止，下基也，象草木出有趾，故以止为足。"段氏曰："许书无趾字，止即趾也，古文止为趾。"艮为止，初六居艮止之时，位不正而在下，故有艮其趾之象。

九三，艮其限。限，要也。按《释文》云："马云：限，要也，郑荀虞同。"盖九三得正，居艮止之时故有止其腰不行之象。

列其肾。互体有坎，坎为肾。(《释文》）按《释文》云："夤，荀作肾。"二至四互坎，坎为肾，故列其肾。

厉动心。互体有震，震为动。(《释文》）按《释文》云："薰，荀作动。"《集解》引虞翻云："荀氏以熏为勋或误作动皆非也。"盖勋动，一音之转，义亦相成，盖动则有勋，故或以之通用。三至五互震，震为动，故危厉而动其心。

渐䷴（艮下巽上）

九三，妇乘不育。按《释文》："孕，《说文》云：怀子曰孕，郑云犹娠也，荀作乘。"乘娠音近，荀氏盖以乘为娠也。虞翻曰："孕，妊娠也，育，生也，巽为妇，离为孕，三动成坤，离毁失位，故妇孕不育凶。"可备参研。

归妹䷵（兑下震上）

六三，归妹以嬬。按《释文》："以须荀陆作嬬。陆云妾也。"《说文》云："须颐下毛也，嬬，弱也，一曰下妻也。"是则作嬬者本字也，作须者借字也，荀陆盖用其本字。盖六三当归妹之时，以阴居阳，失位不正，兑为少女故有归妹以嬬之象。

月既望。按《释文》："月几荀作既。"《古易音训》引晁氏："孟荀一行作既。孟云十六日。说之按：古文读近为既，此实当作既。"

丰䷶（离下震上）

日中则昃。丰者至盛，故日中；下居四，日昃之象也。按日中者，至盛之象，今丰卦，离日在震动之下，故曰：下居四，日已下稷，日昃之象也。昃犹侧也。

象曰："雷电皆至，丰。君子以折狱致刑。"丰者阴据不正，夺阳之位而行以丰，故折狱致刑，以讨除之也。按震为雷，离为电，雷电交加，丰之至也，六五据尊失位不正，五本阳位，震为行而六五以阴据之，故云夺阳之位，处丰之时，故云行之以丰。折狱致刑正所以讨除此穷凶极恶也。

初九，虽均无咎。按《释文》云："旬，荀作均。"《古易音训》引晁氏曰："旬，古文均字。"王辅嗣云："荀，均也，虽均无咎，往有尚也。"孔颖达曰："俱是阳爻，谓之为均。"郑氏《周礼》均注云："荀，均也，坤为均。"谓均则无咎也。

上六，窥其户，阒其无人，自戕也。藏，众家作戕。马王肃云残也。（《释文》）（补）

旅䷷（艮下离上）

彖曰："旅小亨。"谓阴升居五，与阳通者也。按旅至否来，否卦六三升居于五，九五降居于三成旅，阴阳相通故而阴居五之尊位，故小亨。

九四，得其齐斧。《释文》云："得其资斧，众家并作齐斧。应劭云："齐利也。"（补）

巽䷸（巽下巽上）

象曰："随风巽，君子以申命行事。"巽为号令，两巽相随，故申命也；法教百端，令行为上，贵其必从，故曰行事也。按巽为风，故为号令，下巽上巽，故申命。

初六，进退，利武人之贞，象曰："进退，志疑也。"风性动，进退欲承五，为二所据，故志以疑也。按巽为进退不果，初六不正，欲上而承五，然位于巽之最下，九二据其上，初至四体坎，为志，为疑，故志疑也。

九二，巽在床下，用史巫纷若，吉无咎。床下以喻近也，二者军帅三者号令，故言床下；以明将之所专，不过军中事也；史以书勋，巫以告庙，纷，变；若，顺也。谓二以阳应阳，君所不臣，军帅之象；征伐既毕，书勋告庙，当变而顺王则吉，故曰：用史巫纷若，吉无咎矣。按师九二："在师中吉。"故二者军师，三体巽，故为号令，功勋则史官书之；功成告庙，则巫实主之。纷者变更也，若者顺从也。九二九五皆阳，故以阳应阳，将在外，君命有所不受，故为军师之象，征伐既巳，史书其勋，巫告于庙，九二当变为柔顺，以顺从于五，则吉而无咎。不然则有被杀之危。

象曰："纷若之吉，得中也。"谓二以处中和，故能变。按九二处内卦之中，故云中和，以阳处二，失位当变，二以中和故能变而应五故吉而无咎。

九三，频巽吝。象曰："频巽之吝，志穷也。"乘阳无据，为阴所乘，号令不行，故志穷也。按九三处两巽之间，乘于九二阳刚之上，以阳乘阳，非所据而据焉，故无据。六四之阴乘其上，故号令不行，志穷而吝。

上九，巽在床下，丧其齐匠，贞凶。军罢师旋，亦告于庙，还斧于君。故丧齐斧；正如其故，不执臣节，则凶。故曰丧其齐斧，贞凶。按《九家易》曰："上为宗庙，礼封赏出军皆先告庙，然后受行三军之命，将之所专，故曰巽在床下也。"李道平曰："古者饮至策勋，皆在于庙，赐弓矢斧钺，然后得专征伐，故出则授斧，入则还斧于君，故丧齐斧；若正如其故，是不执臣节，则凶矣。"正如其故者，谓返至朝廷，而犹如在外之不受君命也；此凶之道也，上九失位，故象曰正乎凶也。

涣䷺（坎下巽上）

王假有庙，王乃在中也。谓阳来居二，在坤之中，为立庙；假大也，言受命之王，居五大位，上体之中，上享天帝，下立宗庙也。按涣至否来，否九四之阳来居于二，在内卦坤之中，三至五互艮为门阙故立庙。《尔雅·释诂》云："假，大也。"九五以阳居中得位，受命于王之象也。

象曰："风行水上，涣，先王以享于帝立庙。"谓受命之王，收集散民，上享天帝，下立宗庙也；阴上至四，承五为享帝；阳下至二为立庙也；离日，上为宗庙，而谓天地宗庙之神所配食者，王者所奉，故继于上，至于宗庙，其实在地，地者阴中之阳，有似宗庙之神。按涣者涣散也，风行水上，涣之象也，否，上乾为王，下坤为众为散民，九五居尊得位，亦王之象也。否二阴上至四，成涣卦，涣六四上承九五，五帝位，故为享帝；否四阳下至二成涣，三至五互艮，门，三至上体观，故为立庙，三至五体离，离为日，上为宗庙之位，离日在上，否乾为天，坤为地，王者所奉日月天地宗庙之神皆在上，而庙则立于下也，二为地位，九二阴中之阳，阳为神，阴为鬼，故有宗庙之神之象。此注似有脱简误谬。

六三，涣其躬，无悔。象曰："涣其躬，志在外也。"体中曰躬，谓涣三使承上为志在外，故无悔。按六三应于上九，当涣散之时，宜上而承上，上在外卦，故曰志在外；六画之卦，三四为人位，故体中曰躬，躬者身也。

六四，匪弟所思。按《释文》："匪夷，荀作匪弟。"李富孙曰："《释诂》云：夷弟，易也。义本同。《说文》："鹈或从弟作鶫，夷弟形相类，故亦通用。"是也。

节䷻（兑下坎上）

天地节而四时成节以制度，不伤财不害民。夫寒暑晦明所以为岁，尊卑奢俭所以为礼，故以晦明寒暑之气，尊卑侈约之礼，为其节也。（《荀爽传》）（补）

上六，苦节贞凶悔亡。象曰："苦节贞凶，其道穷也。"乘阳于上，无应于下，故其道穷也。按上六居节之终，是节而又节者也，故有苦节之象。乘于九五之上则位不安，六三非阳，无以应之，则无援，故其道穷也。

中孚䷼（兑下巽上）

两巽对合，外实内虚。（朱震《汉上易丛说》）按巽上兑下，兑反则为巽，故曰：两巽对合，初二五上为阳，在外，三四为阴在内，阳实阴虚，故曰外实内虚。

初九，虞吉，有它不燕。虞，安也，初应于四，宜自安虞，无意于四则吉。故曰虞吉也。四者承五，有它意于四，则不安。故曰：有它不燕也。按：初九以阳居阳，得位居下，当中孚之时，阳有实，故安而吉；若应于六四之阴柔，则不安矣。因四巳上承于五故也。《尔雅·释诂》云："燕，安也。"

初九，象曰："虞吉，志未变也。"初位潜藏，未得变而应四也。按初九当中孚之时，得位居正，乃潜藏在下，而不应四之阴虚故安吉。

六三，得敌或鼓或罢，或泣或歌。三四俱阴，故称得也，四得位，有位故鼓而歌，三失位无实，故罢而泣之也。按三至四互震动为鼓，三至五互艮上为罢，三四皆阴柔相承，故云得敌，六四以阴居阴，得位居正，故或鼓或歌，六三地阴居阳，失位不正，又虚无阳，故或罢或泣。

六四，月既望。按《释文》："几望，荀作既。"《古易音训》引晁氏曰："孟荀一行作既，孟云十六日。说之按：古文读近为既，此铺底发作既。"是也，盖既，几古音近，故易淆。

小过䷽（艮下震上）

彖曰："小过，小者过而亨也；过以利贞，与时行也。"阴称小，谓四应初，过二而去，三应上，过五而去，五处中见过不见应，故曰小者过而亨也。按阳大阴小，四应初，过六二而应初，三应上，过六五而应上，二五皆阴，应皆过之，故曰小过。六五以阴而处外卦之中，见九三过之而应于上，故云见过，六二阴柔，相类故不见应，五处中故亨。

九四，无咎，弗过遇之，往厉必戒，勿用永贞。四往危五，戒备于三，故曰往厉必戒也。勿长居四，当动上五，故勿用永贞。按荀九家曰："以阳居阴，行过乎恭；今虽失位，进则遇五，故无咎也。四体震动，位既不正，当动上居五，不复过五，故曰弗过遇之矣。"盖六四以阳居阴故失位；当小过之时，前则遇六五之阴。而升于五，四升则五危，故危；然九三在其下，三与五同功而异位，故必戒三，四动而上居五位，则得正。故勿用永居于四位。

既济䷾（离下坎上）

彖曰："既济亨，小者亨也。"天地既交，阳升阴降，故小者亨也。按既济自泰来，泰内卦乾二之外卦坤五，成既济。故天地既交。泰二之阳升五，五之阴降二，故阳升阴降。六二阴居内卦之中，阴小故小者亨也。

象曰："水在火上，既济，君子以思患而豫防之。"六爻既正，必当复乱，故君子象之，思患而豫防之，治不忘乱也。按既济六爻，皆得位居正，天下之生，一治一乱，故正极必当复乱，君子知之，故思患而预防之。系辞云："治不忘乱。"此之谓也。

六二，妇丧其绂。按《释文》："其茀，荀作绂。"二字古音同，可通用。《诗经·卫风》："翟茀以朝。"孔氏疏云："妇人乘车不露见车之前后，设障以自蔽隐，谓之茀。"

上六，濡其首，厉。象曰："濡其首厉，何可久也。"居上濡五，处高居盛，必当复危，故曰何可久也。按上卦坎为水，故称濡，上六居既济之极，盛极必衰，故何可久也。

未济䷿（坎下离上）

彖曰："未济亨，柔得中也。"柔上居五，与阳合同故亨也。按未济自否来，否六二之柔，上居于五，得中，而与上下二阳合同故亨也。

虽不当位，刚柔应也。虽刚柔相应，而不以正，犹未能济也。按未济，六爻皆失正，唯六爻皆两两相应，故曰刚柔相应也，六爻失位未能济，故曰未济。

六三，未济征凶，利涉大川。未济者未成也，女在外，男在内，婚姻未成，征上从四则凶，利下从坎故利涉大川矣。按济者成也，未济故未成，离为中女而在外卦，坎为中男而在内卦，男女不得其正，故婚姻未成。六三失位上承九四，则凶；利下从坎，坎为水，故利涉大川。

系辞上

天尊地卑，乾坤定矣。谓否卦也，否七月，万物以成，乾坤各得其位定矣。按以十二消息言之，否卦属于七月，否上乾为天，下坤为地，故其位定矣。

卑高以陈，贵贱位矣。谓泰卦。按泰卦上坤下乾，坤卑而在上，乾尊而在下，天地交泰，故贵贱位矣。

八卦相荡。按《释文》云："众家作荡，马云除也，桓云动也。"（补）

乾道成男，坤道成女。男谓乾，初适坤为震，二适坤为坎，三适坤为艮，以成三男也；女谓坤，初适乾为巽，二适乾为离，三适乾为兑，以成三女也。按说卦传云："乾天也故称乎父；坤地也，故称乎毋；震一索而得男，故谓之长男；巽一索而得女，故谓之长女；坎再索而得男，故谓之中男，离再索而得女，故谓之中女，艮三索而得男，故谓之少男；兑再索而得女，故谓之少女。"荀注本此。

乾知大始，坤作成物。始谓乾禀元气，万物资始也；物谓坤，任育体，万物资生也。按《集解》上句引《九家易》，下句引《荀氏易》，马国翰云："九家以荀为主，二句辞义一例，据补。"是也，诸本悉无上句，此据马本。

乾以易知。易音亦。（《释文》引郑荀董）

有亲则可久，有功则可大。阴阳相亲，杂而不厌，故可久也；万物生息，种类繁滋，故可大也。按说卦云：立天之道曰阴与阳。阴阳相异，然杂居，亲而不厌，故天下万物得以绵延以至长久。坤德广大，万物繁滋，故可大。

天下之理得而成位乎其中矣。阳位成于五，五为上中，阴位成于二，二为下中，故成位乎其中也。按五为阳位，二为阴位，二五各居内外卦之中。

圣人设卦观象，系辞焉而明吉凶。因得明吉，因失明凶也。按：圣人设六十四卦，三百八十四爻，又观察宇宙人事之现象，配合于卦爻，而系之以辞，以明吉凶之理，因有所得而明吉利之事。因有所失，而明凶患之道。

悔吝者，忧虞之象也。忧虞小疵，故悔吝也。按《说文》云："疵，病也。"系辞云：悔吝者言乎其小疵也。荀注本此。

变化者，进退之象也。春夏为变，秋冬为化，息卦为进，消卦为退也。按《乾凿度》曰："阳动而进，阴动而退。"息卦者阳生之卦，复、临、泰、大壮，乾是也，故为进；消卦者阳消之卦，姤、遁、否、观、剥、坤是也，故为退。春夏为阳故变，变者有形者也，秋冬为阴，故化，化者无形者也。

刚柔者，昼夜之象也，刚为乾，柔为坤，乾为昼，坤为夜，昼以喻君，夜以喻臣也。按乾为阳，为刚，为昼，为君；坤为阴，为柔，为夜，为臣，故杂卦云：乾刚坤柔。是其意也。

故能弥纶天下之道。弥终也；纶迹也。(《释文》）按终迹者，包罗含盖其始终也。

仰以观于天文，俯以察于地理。谓阴升之阳则成天之文也；阳降之阴则成地之理也。按说卦传：立天之道曰阴与阳，立地之道曰柔与刚。天中有阴，地中有阳，此天地万物之所以繁延不息也。仰俯，犹言上下也。

是故知幽明之故。幽谓天上地下不可得睹者也，谓否卦变成未济也。明谓天地之间，万物陈列，著于耳目者，谓泰卦变成既济也。按：以消息而言未济䷿自否变，否䷋二之五成未济，既济䷾自泰变，泰䷊五之二成既济。未济者未成也，故不可而睹者也，既济者既已成就也，著于耳目者也。知周乎万物二篇之册，万有一千五百二十，当万物之数，故曰知周乎万物也。按荀注本系辞上大衍之数一章，而立言。二篇之策，指上下经，六十四卦，三百八十四爻之策数，乃以筮卦之策数而言。

乐天知命，故不忧。坤建于亥，乾建于巳，阴阳孤绝，其法宜忧，坤下有伏乾为乐天，乾下有伏巽，为知命；阴阳合居故不忧。按此以十二消息而言，坤纯阴，十月之卦，建亥，乾纯阳，四月之卦，建巳。独阴不生，独阳不长。其法宜忧，然坤下伏乾，至十一月而一阳来复，复卦内卦震，为善鸣，故为乐天；乾下伏坤，至五月一阴生成姤，天地相遇，品物咸章，姤内卦巽为命，故知命；阴阳合居，万物遂长，故不忧。又可参《京氏易传》乾坤二卦。

安土敦乎仁，故能爱。按谓否卦，乾坤相据，故安土；敦仁谓泰卦，天气下降，以生万物；故敦仁；生息万物，故谓之爱也。按否卦上乾下坤，坤为土为安，故安土；泰卦，上坤下乾，天气下降，地气上腾，阴阳二气以相感应，万物以生，故敦仁；敦者厚也。

曲成万物而不遗。谓二篇之册，曲成万物，无遗失也。按二篇之册万有一千五百二十，当万物之数，用以弥纶天下，经纶宇宙，含盖古今，故无遗失。

通乎昼夜之道而知。昼者谓乾，夜者谓坤也，通于昼夜之道，无所不知也。按《释文》云："知，荀爽荀柔之，僧绍音智。"通乎昼夜幽明之理，则天下之理，无所不知，天下之理无所不知，则其智大矣。

盛德大业至矣哉。盛德者天，大业者地也。按乾为德，坤为事业。

生生之谓易。阴阳相易转相生也。按阳极生阴，阴极生阳，阴阳相异相生，自古无极。京氏云："八卦相荡，阳入阴，阴入阳，二气交互不停。"是也。

广大配天地。阴广阳大，配天地。按阳为天，天之道大，阴为地，地之道广。

阴阳之义配日月。谓乾含于离，配日而居，坤含于坎，配月而居之义是也。按坤二五之乾成离，离为日，乾二五之坤成坎，坎为月。又京氏易传乾之游魂归魂在离，坤之游魂归魂在坎。

易简之善配至德。乾德至健，坤德至顺，乾坤简易相配于天地，故易简之善配至德。按乾者天下之至健，故以易知；坤者天下之至顺，故以简能，乾为天，坤为地，健顺之德，合于无疆，故配至德。

圣人有以见天下之动而观其会通。谓三百八十四爻阴阳动移，各有所会，各有所通。按张璠曰："会者阴阳合会，通者乾坤交通。"是也。

言天下之至赜而不可亚也。亚，次也。（《释文》）按《释文》云："恶，荀作亚，亚次也。"天下万事万物至为繁杂，而不易定其次序，圣人作易，以定之，使民易知易行焉。

言天下之至动而不可乱也。《释文》云："众家本并然。"荀在众家

中，据补。（补）

言行君子之枢机。艮为门，故曰极；震为动，故曰机也。

大衍之数五十，其用四十有九。卦各有六爻，六八四十八，加乾坤二用，凡五十。初九潜龙勿用，故用四十九也。乾用九，坤用六，皆在八卦爻数之内。潜龙勿用，如勿用娶女之类。（《汉上易丛说》）（补）

凡天地之数，五十有五，此所以成变化而行鬼神也。在天为变，在地为化，在地为鬼，在天曰神。乾之册二百一十有六，坤之册百四十有四。阳爻之册三十有六，乾六爻皆阳三六一百八十，六六三十六，合二百一十有六也；阳爻九，合四时，四九三十六，是其义也；阴爻之册二十有四，坤六爻皆阴，二六一百二十，四六二十四，合一百四十有四也；阴爻六，合二十四气，四六二百四十也。按《周易》以变者为占，故称九称六，是以用老阳老阴焉，老阳数九，老阴数六，筮卦之法，之以四，以象四时，故阳爻之册，四乘九，为三十六，乾六爻皆阳，三十六乘六为二百一十六，阴爻之册，六乘四为二十四，坤六画皆阴，二十四乘六得一百四十四。阴爻之册，二十四者，亦象二十四节气之数，二十四节气，即四时之节气也。（五百为一候，三候为一气。一月二气，一季六气。）

是故四营而成易，十有八变而成卦。营者谓七八九六也，二揲册，掛左手一指间，三指间满而成一爻，又六爻三六一十八，故十有八变而成卦也。按大衍之数章，明筮卦之法，大衍之九五十，其用四十有九，谓一不用也，分而为二以象天地，掛一于小指无名指间，以象三才。揲之以四，而将其余掛于无名指中指间，又归其余而再揲，掛于食指中指间，三指掛满而得一爻，老阴数六，老阳数九，少阴数八，少阳数七，各视其数而知其爻凡三变而得一爻，十八变而筮得一卦。

是故，可与酬酢，可与侑神矣。按《释文》："祐，荀作侑。"二字音近，义亦相成。

以制器者尚其象。结绳而为罔罟，盖取诸离，此类是也。按此下系之文，谓制器者多崇尚易之象而拟诸其现象，观其形容而制器焉。

夫易圣人之所以极深而研机也。谓伏义画卦，穷极易幽深，文王系辞研尽易几微者也。

六爻之义，易以功。按《释文》："贡，荀作功。"谓六爻之义简易，依而行之勉焉，惕焉，戒焉，可以步成功之途也。

圣人以此先心。按《释文》："洗，京荀虞董张蜀才作先。"谓先知天下之变化。晁氏以为先古洗字。

以神明其德夫。按《释文》："荀虞顾绝句。"

往来不穷，谓之通。谓一冬一夏，阴阳相变易也，十二消息，阴阳往来，无穷已，故通也。按寒往暑来，暑往寒来，而岁成焉，冬寒为阴，夏暑为阳，交相变易而成岁。十二消息者，十一月为复卦，十二月临，正月泰，二月大壮，三月夬，四月乾，五月姤，六月遁，七月否，八月观，九月剥，十月坤。从复至乾为阳息，从姤至坤为阳消阴长，阴阳往来不穷，故通。

见乃谓之象，形乃谓之器。谓日月星辰光见在天而成象也，万物生长在地成形，可以为器者也。按日月星辰，光见于天，其象可见万物生长，形著于地，其物可用。

制而用之，谓之法。谓观象于天观形于地，制而用之，可以为法。

吉凶生大业。一消一息，万物丰殖，富有之谓大业。

变通莫大乎四时。四时相变，终而复始也。

天垂象见吉凶，圣人象之。谓在璇玑玉衡，以齐七政也。按《书经·舜典》："在璿玑玉衡以齐七政。"孔传云："在，察也；璿；美玉。玑衡，王者正天文之器，可运转者，七政日月五星。"

鼓之舞之，以尽神。鼓者动也；舞者行也，谓三百八十四爻，动行相反其卦所以尽易之神也。按六十四卦多两两相反，如乾坤，剥复泰否之类盖相反相生相长，此所以尽易之神也，故易本于一阴一阳。易曰一阴一阳之谓道。是也。

乾坤毁则无以易见。毁乾坤之体则无以见阴阳之交易也。

神而明之，存乎其人。苟非其人，道不虚行也。按荀注引系辞下文，以注易。

系辞下

日月之道，贞明者也。离为日日中之时，正当离位，然后明也；月者坎也，坎正位冲离，冲为十五日，月当日冲，正值坎位，亦大圆明，故曰日月之道贞明者也，言日月正当其位，乃大明也。

功业见乎变。阴阳相变，功业乃成者也。按举凡奇正之类皆阴阳也。

理财正辞，禁民为非曰义。尊卑贵贱，衣食有差，谓之理财，名实相应，万事得正，谓之正辞，咸得其宜，故谓之义也。按义者宜也。

仰则观象于天。震巽为雷风，离坎为日月也。按雷为雷，巽为风，离为日，坎为月。

俯则观法于地。艮兑为山泽也。按马氏据《集解》引《九家易》补，艮为山，兑为泽。《九家》又云："地有水火五行八卦之形者也。"故观法于地。

观鸟兽之文与地之宜。乾为马，坤为牛，震为龙，巽为鸡之属是也。

近取诸身。乾为首，坤为腹，震为足，巽为股也。

远取诸物。乾为金玉，坤为布釜之类。是也。按以上荀注皆见于说卦。

于是始作八卦，以通神明之德。乾坤为天地，离坎为日月，震巽为雷风，艮兑为山泽，此皆神明之德也。按谓八卦取天地日月雷风山泽之象以通神明之德也。

象也者像也。像，拟也。(《释文》)（补）按《释文》云"众本并云：像拟也。"

往者屈也，来者信也。阴气往则万物诎者也，阳气来则万物信者也。按信，伸也，阴屈阳伸，春夏为阳故万物伸，秋冬为阴故万物屈。

尺蠖之屈，以求信也。以喻阴阳气气屈以求信也。按尺蠖，虫名，一屈一伸而前进其身。

过此以往，未之或知也。出乾之外，无有知也。

存而不忘亡。谓虑戎器，戒不虞也。按《集解》引作除戎器《释文》："除，荀作虑。"此注亦当作虑据改。谓谋治戎器，以戎不虞之事，此萃卦大象之辞。

治而不忘乱。谓思患而预防之。按此既济大象之辞。

易曰其亡其亡。存不忘亡也。

系于包桑。桑者上元下黄，乾坤相包以正，故不可忘也。

万夫之望。圣人作而万物睹。按此乾文言之辞。

介于石，不终日。(补）按《释文》云："介于，众家作介。"古文作砎。

子曰：乾坤其易之门邪。乾，阳物也；坤，阴物也。阴阳相易出于乾坤，故曰门；阳物天，阴物地也。按乾坤者易之本，万物之祖，故阴阳相易出于乾坤。

损，德之修也；益，德之裕也。征忿窒欲，所以修德，见善则迁，有过则改，德之优裕也。按上引损卦大象，下引益卦大象。

谦，尊而光。自上下下，其道大光也。按此谦卦彖辞。

恒，杂而不厌。夫妇虽错居，不厌之道也。按恒卦上震为长男，下巽为长女，有夫妇之象。夫妇虽异而杂居不厌。序卦云：夫妇之道，不可以不久也，故受之以恒。是也。

益，以兴利。天施地生，其益无方故兴利也。按此益卦彖辞。

易之为书也，广大悉备。以阴易阳谓之广，以阳易阴谓之大，易与天地准，固悉备也。按阴阳交易相生相长故广大悉备。

定天下之吉凶，成天下之娓娓者。娓娓者，阴阳之微可成可败也，顺时者成，逆时者败也。

将叛者其辞惭。谓屯六三往吝之属也。

中心疑者其辞枝。或从王事先成之属也。按此坤六三之辞，文言曰：或之者疑之也。凡事专则成，枝则无成。

躁人之辞多。谓睽上九之属也。

诬善之人其辞游。游豫之属也。按既豫六三，盱豫悔之类。

失其守者其辞屈。谓泰上六城复于隍之属也。

说卦传

幽赞于神明而生蓍。幽，隐也，神者在天，明者住地，神以夜光，明以昼照，蓍者册也，谓阳爻之册三十有六，阴爻之册二十有四，二篇之册万有一千五百二十，上配列宿，下副物数，生蓍者谓蓍从爻中生也。按《说文》云："幽，隐也；赞，见也。"神在天显于夜，日月星之类是也；明在地，照以昼，日光是也。阳爻之册三十六，六十四卦阳爻有一百九十二，计六千九百十二册，阴爻二十四，六十四卦阴爻有一百九十二，计四千六百八册，总计二篇六十四卦之册，万一千五百二十册。列宿，谓群星。雷以动之。谓建卯之月，震卦用事，天地和合，万物萌动也。按建卯之月，即二月，震于四时属春，仲春之月，雷以动之，万物皆萌动发越。

风以散之。谓建巳之月，万物上达布散四野。按四月建巳，巽为风。《说文》云："四月阳气已出万物皆成文章。"空气之流动既成风。风布散四野者也。

雨以润之。谓建子之月含育萌芽也。按十一月建子，坎者北方之卦，属冬，冬至一阳生，故含育萌芽。

日以烜之。谓建午之月，太阳欲长者也。按烜，《释文》云："体远反。"五月建午，离日属夏，夏日太阳盛长于北温带。

艮以止之。谓建丑之月，消息必止也。按十二月建丑，艮为止。

兑以说之。谓建酉三月，万物成熟也。按八月建酉，兑属秋，秋万物成熟，故悦也。

乾以君之。谓建亥之月，乾坤合居，君臣位得也。按十二月建亥，说卦云：“战乎乾，乾西北之卦也，言阴阳相薄也。”故云：乾坤合居，乾为阳为君，坤为阴为臣，故君臣位得。

坤以藏之。谓建申之月，坤在乾下包藏万物也。按马国翰据《集解》引荀九家以补此条。姑从之，七月建申；于卦为否，否乾上坤下，坤为万物。乾在其上，故包藏万物。荀九家云：“乾坤交索既生，六子，各任其才，往生物也，又雷与风变化不常而日月相摧，迭有来往，是以四卦以义言亡，天地山泽恒在者也，故直说名矣。”此说八卦之功。

为柴马。多筋幹。(《释文》)按《释文》：“瘠，京荀作柴。”多筋幹，即瘠也。义亦兼通。

为末足。按《释文》：“馵，京作末，荀同。”

为长女。柔在初。按一索而得女，故柔在初为长女。

为工。以绳木故为工。按巽为绳为木，工者以绳墨正木者也，故为工。

为进退。风行无常故为进退。

为矫桡。按《释文》：“鞣，荀作桡。”鞣，楺也，鞣桡一音之转，义同。

为极心。极，中也。(《释文》)按《释文》：“亟，荀作极。”

为下首。水之流首卑下也。

为日。阳外光也。按离中虚外实，日之象也。

为中女。柔在中也。按离二索而得女，故柔在中，为中女。

序卦传

盈天地之间者唯万物，故受之以屯。屯者盈也。谓阳动在下，造生万物于冥昧之中也。按屯外坎内震，屯者物之始生，震为动，一阳在下，所以产生万物。

物稚不可不养也，故受之以需，需者饮食之道也。坎在乾上，中有离象，水火交和，故为饮食之道。按需䷄坎上乾下，三至五互离，离火在下，坎水在上，故有饮食之象。

履然后安，故受之以泰，泰者通也。李鼎祚曰：“今本履而泰衍而泰二字。”谓乾来下降以阳通阴也。按泰卦乾阳在下坤阴在上，天地交泰故通。

有事而后可大，故受之以临，临者大也。阳称大，谓二阳动升，故曰大也。按临卦二阳在下，有渐盛之势，动而升上，以居尊位，阳称大，故曰大也。

致饰然后亨，则尽矣；故受之以剥，剥者剥也。极饰反素，文章败故为剥也。按贲者文饰也，贲极反素，文极而败，败则剥矣。故贲尽而反剥。

有无妄物然后可畜，故受之以大畜。物不妄者畜之大也，畜积不败，故大畜也。按李道平曰："物不妄者则茂对时育万物，故云畜之大也；刚健笃实辉光日新是畜积不败，故大畜也。"李氏本无妄及大畜之大象以释是也。

有天地然后有万物，有万物然后有男女，有男女然后有夫妇，有夫妇然后有父子，有父子然后有君臣，有君臣然后有上下，有上下然后礼义有所厝。夫妇之道不可以不久也，故受之以恒。《后汉书·荀爽传》曰："有夫妇然后有父子，有父子然后有君臣，有君臣然后有上下，有上下然后有礼义，礼义备则人知所厝矣。夫妇，人伦之始，王化之端，故文王作易上经首乾坤，下经首咸恒。"（补）按今易厝作错。

杂卦传

临观之义，或与或求。临者教思无穷，故为与；观者观民设教，故为求。按本临观之大象以释。明夷诛也。诛灭也。（《释文》）按夷者伤也，明夷者明伤也，明伤故诛罚行。

大有终也。按《释文》："荀作终。"物大故终，云有之极也。

丰，多故亲。寡，旅也。按《释文》："荀本丰多故亲，绝句，寡旅也，别为句。"盖丰盛之时，则附从者众，故云多故亲，旅居外，则亲朋少。故云寡旅也。

第十三章 《刘氏易》

——王弼易注之先河

一、《刘氏易》之书及版本

《后汉书·刘表传》谓表博求儒术，綦毋闿、宋忠等撰立《五经章句》，谓之后定。而《释文序》载《刘表章句》五卷，注引荀勖《中经簿录》云："《注易》十卷。"又引阮孝绪《七录》云："九卷，录一卷。"《隋书·经籍志》云："《周易》五卷，汉荆州牧刘表章句。"新旧《唐志》并云五卷。由是知刘氏书，原为十卷，在隋唐时存五卷，已非完帙。重以宋元之兵灾，更散佚无余。至清儒马国翰、张惠言、孙堂、黄奭出，乃根据《释文》、《正义》、《集解》、《晁氏》、《吕氏》书所引，辑而成书。乃有残缺之《刘氏章句》可见，以较十卷之目，则散佚多矣！惜哉。

今所见《刘氏周易章句》之版本，则有六。一张惠言辑《易义别录》，《周易》宋氏刘氏一卷。二胡薇元《汉易十三家·刘氏章句》。三马国翰辑《周易刘氏章句》一卷，见《玉函山房辑佚丛书》。（嫏嬛馆本、重印本、楚南书局本）四孙堂辑《周易章句》一卷，《汉魏二十一家易》注本。五黄奭辑《易章句》一卷。见《汉学堂丛书》、《黄氏逸书考》（民国修补本，补刊本）及《汉学堂经解》。余撰《〈刘氏易〉阐微》，复补辑佚文而阐释之。

《刘氏章句》，虽已残缺不全，然吾人就其书，乃可考知其易义，张惠言以为《刘氏易》近于郑氏，亦传费氏学者也。马国翰云："其文字解说与今易异者，如君子以经纶作论之类，皆足备考订之助，表于《尚书》《诗》《礼》《春秋》，并有撰述，以故名高八方，为海内所称，今悉湮沦，良为可惜。"盖《刘氏易注》，简明易知，有本有原，无怪马氏赞仰备至矣。

《后汉书·刘表传》谓表字景升，山阳高平人。任荆州刺史。关西兖豫学士归者千数，表安慰赈赡，起立学校，博求儒术。綦毋闿、宋忠等撰立《五经章句》，谓之后定。盖表初令彼等撰《五经章句》，而后复亲自审定也。《周易章句》即其一也。其学盖溯源于梁丘、京氏与《子夏易传》。张惠言以为与郑氏近，亦传费氏学者，盖皆尝取资于梁丘及京氏《子夏易传》者也。表之学受自王畅，其旨在以《尔雅》《说文》求本意，以《小学》通诂训而归本于人事。

二、《刘氏易》之渊源及影响

刘表之学受于王畅，张惠言以为刘易同于郑氏，乃传费氏学者也，然除此之外，刘氏之易，实与京氏为近，亦有近于梁丘氏与子夏者，盖亦必融诸家之学者也，故其注文及其章句，有同于其同时代之郑玄、荀爽、虞翻、陆绩者，至于王辅嗣、一行、孔颖达、朱震诸人，则受其影响者也。此吾人从其残缺之易注中，可考而知者也。兹分别述之如下：

（一）《刘氏易》源于京氏者

《刘氏章句》，其源于《京氏章句》者颇多，其文义，亦与京氏为近。如：

小畜，上九，月近望。晁氏吕氏并云："月几望，子夏京刘一行作近。"

剥，六三，剥无咎。晁氏吕氏并云："剥之无咎，京刘荀爽一行皆无之字。"

复，初九，无祇悔。晁氏吕氏引京刘云："祇，安也。"

颐，初九，观我瑞颐凶。晁氏云："京作瑞，与朵同音，动也，刘亦作瑞。"

习飲。《释文》云："坎本亦作埳，京刘作飲。"

由是知《刘氏章句》乃本于京氏者也。

（二）《刘氏易》源于梁丘氏者

今存汉石经拓片经屈翼鹏先生之考证，以为乃梁丘氏之易。此可确信者也。《刘氏章句》源于是者亦有之，如剥六三，汉石经亦同作剥无咎，而坎作飲，汉石经说卦亦作飲。是《刘氏易》亦有源于此者。

（三）《刘氏易》源于《子夏易传》者

《刘氏易》亦有源于《子夏易传》者，如小畜上九、颐六二，颠颐弗经，二家皆作弗，皆训为辅弼。是其章句诂训皆同也。又旅九四，同作“得其齐斧”。是其可考者也。

（四）《刘氏易》与郑玄、荀爽、虞翻、陆绩相同者

刘表与郑、荀、虞、陆皆同时代之人。而考其易注，有相同者，其章句亦有相同者。荀氏为费氏学，郑氏渊源于马氏，蕴今古文精华，虞氏近孟氏学，陆氏学近于京氏。则刘氏书亦融诸家而一之者也。兹举数例以证。

屯，象：“君子以经论。”《正义》云：“刘表、郑玄以纶为论字。”

睽，六三，其牛犎。《释文》谓：“刘表解依郑。”

损，象：“君子以澄忿懫欲。”《释文》云：“澄，郑云犹清也。刘作澄云，清也。窒，郑刘作懫，云止也。”

大畜，象：“君子以多志前言往行。”虞翻同。

又六四，童牛之牿。刘虞皆训角。

坎，六四，樽酒簋贰用缶。刘虞断句同。

睽，六三，其牛犎。刘虞训同。

师，初六，不臧凶。《晁氏易》《吕氏古音训》并云：“否，刘荀陆一行作不。”

大畜，六四，童牛之牿。《释文》云：“牿，刘云牿之言角也，陆云牿当作角。”

余如剥六三之与荀爽同，复初九之训则与陆同，是《刘氏易》与当时著名易家郑荀虞陆足以相印证，且有不少相同之处也。昔人每谓东汉易家辄以荀刘马郑并称，良有以也。

（五）《刘氏易》之影响

刘氏以易家名于汉末，此后之易家，每受其影响。王弼、陆德明、孔颖达、朱震，其最著而可考者也。吾师高仲华夫子尝云：“表之学受于王畅，畅为粲之祖父，粲族兄凯为表之婿，凯生业，业生二子，长宏，次即

弼也。粲二子既诛，使业为粲嗣，故弼乃刘表之外曾孙，王粲之嗣孙、王畅之嗣玄孙，弼之学盖渊源于刘表，而实根于王畅，又何怪其能以易名家。”是弼之学实受刘氏之影响也。孔颖达据弼之易注以作《正义》，亦每每引《刘氏易》以互相印证，是孔氏《正义》渊源于表者可知也。陆德明《经典释文》、朱震《汉上易传》皆尝取资于《刘氏易》。如：

屯，君子以经论。《释文》云：“论音伦。”同于刘氏。

剥，六三，剥之无咎。《释文》同。

复，反复其道。《释文》云：“复，芳福反，刘本同。”

大畜，六五，豮豕之牙。朱震《汉上易传》与刘同。

又九三，曰闲舆卫。王弼与刘同作曰。

又六四，童牛之牿。王弼与刘同训角。孔氏《正义》同有角义。

乾象。孔氏引刘云：“详其名也。”

颐，象：“山下有雷颐。”《正义》与刘同训山止于上，雷动于下。

是诸家皆尝受《刘氏易》之影响也。《释文》所据本，本之王弼，而今弼本往往略异，盖或后代传写之误也。不然则孔氏《正义》之误也。

三、《刘氏易》之特点与价值

《刘氏易》虽残缺至于惟剩三十条，不能考其全而知其义矣，然吾人由其诂训中，尚能得其大义，其特点可得而言者如下：

（一）本《尔雅》《说文》以求易之本义

《尔雅》《说文》皆诂训不可少之字书，乃群籍之钤键而通经之宝筏也。刘氏生乎汉之季叶，得以睹《尔雅》《说文》之全，故其注易也多有本之者。如：

大畜，六五，豮豕之牙吉。《说文》：“豕去势曰豮。”刘注同。

咸，九四，憧憧往来。刘注云：“憧憧，意未定也。”《说文》云：“意不定也。”

睽，六三，其牛觢。刘注与《说文》引同。《释文》云：“刘本从《说文》。”

小畜，上九，月近望。近，今易作几。《尔雅·释诂》云：“几，近也。”

是其注文章句，亦有本有原。而其训诂，亦合易旨，亦极有价值者也。

（二）以小学通经义之旨归

刘氏注经之例于今可考者，有犹与之言，汉儒注经凡云犹者义隔而通之也，之言者，通其音义以为诂训也。（见段氏《说文》祼字注文）刘氏注经既本斯例，其注文，亦多有声训之关系。如：

大畜，九三，曰闲舆卫。注云："曰犹为也。"

六四，童牛之牿。注云："牿之言角也。"

此其本注经之例以注经者也。而皆有声音之关系焉。余如、弗、辅弼也。弗、弼古音同。以古无轻唇音故。欿，险也陷也。澄，清也。则以叠韵为训。憤，止也，则以音近为训者也。是《刘氏易》以小学通经义，亦殊有可取者也。

（三）本人事，以通易义之用

先儒之注易多归本于人事。如十翼中大象之例，刘氏注文及章句唯余三十条，而注文唯十余耳，然从其注文也，可见其立意简明，不作高远之论。如其注谦也，云降已升人，降体之义，则亦本于人事者也。刘氏起于东汉之末，无一兵一卒，而卒领荆州牧。封为列候。安定湖湘半壁江山，虽以孙坚之强，孙策之勇，袁术之大，亦无如之何，是表亦一时人杰也，非通易理，能识时务，用谋略，安人民，定邦家，能如是其伟者乎，是表亦善用易者也。

四、刘表传

《后汉书·刘表传》卷六十四下云："刘表字景升，山阳高平人，鲁恭王之后也。身长八尺余，姿貌温伟。与同郡张俭等俱被讪议，号为八顾。诏书捕按党人，表亡走得免。党禁解，辟大将军何进掾。初平元年，长沙太守孙坚，杀荆州刺史王叡。诏书以表为荆州刺史，时江南宗贼大盛，又袁术阻兵屯鲁阳，表不能得至，乃单马入宜城，请南郡人蒯越，襄阳人蔡瑁与共谋画……对曰：'理平者先仁义，理乱者先权谋。兵不在多，贵乎得人。袁术骄而无谋，宗贼率多贪暴，越（蒯越）有所素养者，使人示之以利，必持众来，使君诛其无道、施其才用，威德既行，襁负而至矣。兵集众附，南据江陵，北守襄阳荆州八郡，可传檄而定。公路（袁术）虽至，无能为也。’表曰：‘善。’乃使越遣人诱宗贼帅，至者十五人皆斩之，而袭取其众。唯江夏贼张虎、陈坐，拥兵据襄阳城。表使越与庞季往譬之，乃降，江南悉平。诸守令闻表威名，多解印绶去。表遂理兵襄阳，以观时变。袁术与其从兄绍有隙。而绍与表相结，故术共孙坚合从袭表，表败。坚遂围襄阳，会表将黄祖救至，坚为流箭所中死，余众退走。及李傕等入长安，冬，表遣使奉贡，傕以表为镇南将军、荆州牧，封成武侯，假节，以为己援。建安元年。骠骑将军张济，自关中走南阳，因攻穰城，中飞矢而死，荆州官属皆贺，表曰：‘济以穷来，主人无礼，至于交锋，此非牧意，牧受吊不受贺也。’使人纳其众，众闻之喜，遂皆服从。三年长沙太守张羡率零陵桂阳三郡畔表，表遣兵攻围，破羡平之。于是开土遂广，南接五岭，北据汉川，地方数千里，带甲十余万。……万里肃清，大小咸悦而服之。关西兖豫学士归者盖有千数。表安慰赈赡，皆得资全。遂起立学校，博求儒术，綦毋闿宋忠等撰立《五经章句》，谓之后定。爱民养士，从容自保。及曹操与袁绍相持于官度。绍遣人求助，表许之，不至，亦不援曹操，且欲观天下之变。……六年，刘备自袁绍奔荆州。表厚相待结而不能用也。十三年，曹操自将征表，未至。八月，表疽发背，卒。在荆州几二十年，家无余积。二子琦……琮，及操军到襄阳，琮举州请降……操后败于赤壁，刘备表琦为荆州刺史，明年卒。”

是刘表亦为一世豪杰也。虽身死而荆州降，然本无一兵一卒，起于扰乱之中，而能安定荆州几二十年，安定人民，博求儒术。非豪杰能如是乎。表受学于王畅，其《周易章句》虽或为綦毋闿、宋忠等所撰立之《五经章句》之一，然亦尝亲自校阅审定，谓之后定者，谓初由綦宋等撰立，后经刘表亲自审定也。是《刘表周易章句》或即为其《五经章句》之一也。

五、《周易刘氏章句》阐微

周易上经

乾☰（乾下乾上）

象曰："天行健。"言健者，详其名也。（《正义》）按天者，乾之象，行者运行之意；健者，刚健之称。天行刚健，故曰天行健。《正义》云："不言天行乾，而云天行健者。刘表云详其名也。然则天是体名，乾则用名，健是其训，三者并见最为详悉。"《正义》之训，盖本于刘氏。

屯䷂（震下坎上）

君子以经论。按《释文》云："论音伦，郑如字，谓论撰书礼乐，施政事。黄颖云：经论，匡济也。本亦化纶。"（《通志堂》本）《正义》云："刘表、郑玄以纶为论字。"郑氏黄氏之训皆可补刘氏之缺。

师䷆（坎下坤上）

初六，师出以律，不臧凶。按晁氏、《吕氏古易音训》并云："否，刘荀陆一行作不。"盖二字音近义同，《说文》云："否，不也。"古籍二字多通用。如《论语》："予所否者。"《史记·孔子世家》否作不，是其证也。

小畜䷈（乾下巽上）

上九，月近望。按晁氏吕氏并云："月几望，《子夏传》京刘一行作近。"《释文》云："几，《子夏传》作近。"《尔雅·释诂》云："几，近也。"是二字义同，顾氏曰："古书近、几同为一字。"是也。

谦䷎（艮下坤上）

象曰："地中有山谦。"地中有山，以高下下，故曰谦。谦之为道，降己升人，山本地上，今居地中，亦降体之义，故为谦象也。（《集解》）按《汉上易传》引作："谦之道降己而升人者也。"《易纂言》引无而字，皆以义引之也。谦卦下卦为艮，艮为山，上卦为坤，坤为地，山本在地上，今屈居于下，在地之中是以高下下之义也。故为谦之象。降己升人即《曲礼》"夫礼者自卑而尊人"之意。

豫䷏（坤下震上）

六二，介于石，不终日。（补）按此据系下释文补。

剥䷖（坤下艮上）

六三，剥无咎。按晁氏吕氏并云："剥之无咎。京刘荀爽一行皆无之字。"《释文》云："剥无咎，一本作剥之无咎，非。"汉石经亦作

“剥无咎”。是宜作剥无咎为是。

复䷗（震下坤上）

反复其道。复，芳福反。按《释文》云：“芳福反，刘本同。”福复二字叠韵，皆入声字也。今音复读去声，福读平声。非古音也。自定明清官话（北平话）为国语。今人遂鲜知入声字矣。

初九，不远复，无祇悔。元吉。祇，安也。按晁氏吕氏引京刘一行云：“祇，安也。”《释文》云：“祇音支，辞也。王肃作禔。陆云：禔，安也。”《说文》云：“禔，安也。从示是声。”禔祇二字古音同，故即以祇为禔。禔从是得音，是为无声字，故有多音，其一音提，与氏古音同。故即以假借也。段氏《说文注》以祇当祇，作祇者误，恐非也。以上二条张本悉无。

大畜䷙（乾下艮上）

君子以多志前言往行。（《释文》）按孙黄二氏并云：“《论语·述而篇》：“多见而识。”《白虎通义》：“识引作志。”《子张篇》：“贤者识其大者。”不贤者，识其小者，《隶释》、石经残碑亦作志。《周礼·保章氏》：“以志星辰日月之变动。”注云：“志者，古文识。”斯言与李乡沚《易经异文》识引同。贾公彦《周礼·保章氏》疏云：“古之文字少，志意之志，与记识之识同。”是也。

九三，良马逐，利艰贞，曰闲舆卫，利有攸往。曰犹言也。（《释文》）按《释文》云：“曰，音越，刘云曰犹言也。”孔颖达云：“虽曰：有人欲闲阂车舆，乃是防卫见护也。”可补刘氏注之残缺。

六四，童牛之牿。元吉。童，妾也，牿之言角也。（《释文》）按惠定宇《九经古义》以此为刘歆说，殆非也。《释文》引刘者乃指《刘表章句》而言。《释文序》未会引刘歆易注，故知惠氏说殆非也。妾者，小妻之称也。二至四互兑，兑为少女，故为妾，童牛犹云小雌牛也。盖六四以阴居阴得位应初，居大畜之时，可以为畜矣。犹雌牛尚幼之时，其角不触人，畜养之，则他日蕃育无穷。故大吉也。王辅嗣云：“处艮之时，履得其位，能止健，初距不以角，柔以止刚，刚不敢犯，抑锐之始，以息强争，岂唯独利，乃将有喜也。”可备一解。

六五，豮豕之牙，吉。豕，去势曰豮。（《释文》）按《说文》云：“豕去势曰豮。”势者，雄物也。豮刚躁，去其雄器，则可以畜养矣。朱震《汉上易传》云：“牡豕曰豭，攻其特（即势也），而去之曰豮。

豮豕则驯扰，刚躁自止，牙不能害物矣，二应五得正，故吉。古之善畜天下者知有血气皆有争心。难以力制，务绳其不善之本而已，犹去豕牙之害而豮之也。”可作为《刘氏易》之注脚。

颐䷚（震下艮上）

象曰：“山下有雷，颐。君子以慎言语，节饮食。”山止于上，雷动于下，颐之象也。（《集解》）按艮为山为上，而在上卦，震为雷，为动而在下卦，故云：山下有雷。此乃颐之象也。

初九，舍尔灵龟，观我揣颐，凶。揣颐，多辩也。（晁氏《古周易》、《吕氏古易音训》）按《释文》云：“朵，多果反，动也，京作揣。”（从阮元附录本、《集韵》引同）《古易音训》引晁氏云：“京作揣，与朵同音，动也，晁氏亦作揣，揣颐，多辨也。”《玉篇》云：“揣，垂貌。”《集韵》云：“动也。”与朵音同，义亦相近。盖初九居颐之始，应于六四，故有舍尔灵龟不用，而观我之多辨之口，舍己从人，人病不耘己之田，而耘他人之田，凶之道也。

六二，颠颐弗经于丘颐，征凶。弗，辅弼也。（同上）按《释文》云：“拂，违也。《子夏传》作弗云辅弼也。”盖弗与弼古音同，故得假借也。

六四，颠颐，吉，虎视眈眈，其欲篴篴无咎。篴篴，远也。（《释文》）按《释文》：“逐逐，薛云速也。《子夏传》作攸攸。荀作悠悠，刘作篴。《说文》篴音式六反。”孙黄二氏云：“臧氏琳云：《说文》篴，疾也。一训与薛云速也合，长也，一训与刘云远也合。贪利则欲速而志高远，此当从刘表作篴。攸悠皆借用同声字。《汉书叙传》下其欲浟浟。师古引易其欲浟浟云：浟浟，其欲利之貌。浟亦攸之俗字。然亦可见本不作逐也。虞喜《志林》妄云：攸当为逐，王弼等同之。汉易皆不作逐。”郑刚中《周易窥余》云：“刘歆作篴篴，远也。”则误以刘表为刘歆矣。

欿䷜（坎下坎上）

水流不休故曰习。欿，险也，陷也。（《释文》）按《释文》云“坎本亦作埳，京刘作欿。”汉石经说卦：“欿者，水也。”可见汉石经亦以欿为坎。《广雅》云：“欿，坑也。”《诗》：“坎坎伐轮。”《鲁诗》石经坎亦作欿。盖二字音义同。

水洊至。洊，仍也。（《释文》）按仍者，因也，引申有频仍之意，即重也。《汉书·王莽传》:“吉瑞累仍。”《谷永传》:“饥馑仍臻。”仍皆训重也，频也。与《尔雅》之训洊为再意同。

六四，樽酒簋贰用缶。按王辅嗣易作“樽酒簋贰用缶。”虞翻则与刘氏同，云:“震主祭器，故有尊簋，坎为酒，簋、黍稷器，三至五有颐口象……贰，副也，坤为缶，礼有副尊，故贰用缶耳。”可补《刘氏章句》之缺遗。

上六，系用徽纆，示于丛棘，三岁不得凶。三股曰徽，两股曰纆，皆索名，以缚其罪人矣。(《唐律表疏》注后句引作，所以禁囚。房审权《周易义海》、李衡《撮要》引首二句，《春秋谷梁传》疏引首二句，曰字作为，《释文》引前三句。)言众议于九棘之下也。(《释文》)按此从马国翰本。《释文》云:“寘，置也，刘作示。”孙黄二氏并云:“《尔雅·释诂》系，继也。《谷梁》注引此系作继，《一切经音义》云:系，古文系。二音同，古诣反。系，缀也。系，束也。《周易窥余》曰:字俱作为。《诗·小雅·鹿鸣篇》:示我周行。笺曰:示当作寘。《正义》云:古音寘示同读，故改从寘也。《中庸》治国其如示诸掌乎。郑注云:示读如寘诸河干之寘。《谷梁》注引此亦作示。”是系即系也;示，犹置也。盖上六居坎穴之极，无应于下，坎为险难，故被系以徽纆之索，为众议千九棘之下，虽三年亦不得释，凶之极也。

周易下经

咸䷞(艮下兑上)

九四，贞吉悔亡，憧憧往来，朋从尔思。憧憧，意未定也。(《释文》)按《周易窥余》云:“刘歆谓意未定也。则误以刘表为刘歆也。”《说文》云:“憧憧，意不定也，从心童声。”盖九四居咸感之时，以阳居阴，失位无应，故有往来不定之象。

家人䷤(离下巽上)

九三，家人熇熇，悔万吉，妇子嘻嘻，终吝。按此条马本失收。《释文》云:“嗃嗃，郑云苦热之意。刘作熇熇。”孙黄二氏并云:“《说文》无嗃字，新附始有之。郑笺《诗》云:多行熇熇，惨毒之恶，注易作嗃，云苦热之意。是古字皆从火，家人嗃嗃。《象旨决录》云:“刘向作熇。”则误以刘表为刘向。盖九三居家人之中，以阳居阳位，乃治家刚猛盛烈者也，故先则悔厉，后则吉也。如妇子嘻嘻喜乐过度，则终吝矣。

睽䷥（兑下离上）

六三，见舆曳，其牛觢。觢之世反，牛角皆踊曰觢。（《释文》）按《释文》：“掣，郑作㸷，云牛角皆踊，曰㸷。《说文》作觢，之世反，云牛角一俯一仰。刘本从《说文》。解依郑。”六三以阴居阳失位，居睽乖之时，故舆则拖曳不顺于行，牛则踊而不便于行。

损䷨（兑下艮上）

山下有泽损，君子以澄忿懫欲。澄，清也。懫，止也。（《释文》）按《释文》云：“征，郑云犹清也，刘作澄，云清也。窒，郑刘作懫，云止也。”（从卢本）君子见损之象，则以之清损其忿怒懫止其欲望。

萃䷬（坤下兑上）

六二，孚乃利用爚。《释文》：“禴刘作爚。”按孙黄二氏云：“《集韵》：爚，弋灼切，音乐，本作礿，夏时祭也。同禴。郑康成注云：禴，夏祭之名。此作爚。字异义同。”

丰䷶（离下震上）

窥其户，阒其无人，自戕也。（补）按《释文》云：“自藏，众家本作戕。马王肃云残也，郑云伤也。”

旅䷷（艮下离上）

九四，旅于处，得其齐斧，我心不快。（补）按《释文》云：“得其资斧，《子夏传》及众家并作齐斧。应劭云：齐，利也。”此众本悉无，今据《释文》众家补。

系辞传

刚柔相摩，八卦相荡。（补）按《释文》云：“盪，众本作荡。”说详《汉易异文考》。

言天下之至动而不可乱也。（补）按《释文》云：“众家本并然，郑本作至赜，云赜当为动，九家亦作册。”详《汉易异文考》。

神以知来，知以臧往。臧，善也。按《释文》云：“藏，如字，刘作臧，善也。”盖唯蓍之神也，故能以推未来之事而知之。唯人智之慧也，故能善于知既往之事情。

象也者像也。（补）按《释文》云："众本并云像，拟也。"盖拟效，法象之义也。

介于石，不终日，终吉。（补）按《释文》云："介，徐音戒，众家作介。"宋本介作砎，此从《通志堂》本。

杂卦传

丰多故，亲寡旅也。（《释文》）（补）按《释文》云："丰多故，众家以此绝句。"《刘表章句》载于《释文序录》众家之中，故以此可考知其句读。丰者大也，故多故，旅者行于外也，故亲寡。

第十四章　《宋氏易》

——易学之先师

一、《宋氏易》之书及版本

陆德明《经典释文序录》载易注云："《宋衷注》，九卷。《七志》《七录》云十卷。"《隋志》云："梁有十卷亡。"新旧《唐志》亦并云十卷。是《宋氏易注》原有十卷也，《释文》云九卷者，殆去目录或序言之也。唐初撰《隋书》时，未见其书，故云亡也，其后复得之，故新旧《唐书》得载其书，而李鼎祚《集解》、史征《口诀义》皆得征引之也，其十卷之书殆亡于北宋南宋之间。逮清儒张惠言、马国翰、孙堂、黄奭出，始据《释文》、《集解》、《口诀义》诸书辑其易注为一卷，残篇断简，其去十卷之目，相去远矣，宁不痛惜。

今存《宋氏易》之版本可考者有张惠言辑《易义别录》《周易宋氏刘氏》一卷。见《皇清经解》一千二百四十三卷。胡薇元《汉易十三家·周易宋忠注》。马国翰辑《周宋氏注》一卷，见《玉函山房辑佚书》。(嫏嬛馆本、重印本、楚南书局本）孙堂辑《周易注》一卷，见《汉魏二十一家易注》及黄奭辑《易注》一卷，见《汉学堂丛书》、《汉学堂经解》及《黄氏逸书考》（民国修补本，民国补刊本）等五本耳。

二、《宋氏易》之渊源及影响

张惠言《易义别录》云："虞仲翔表云：北海郑玄，南阳宋忠虽各立注，忠小差玄，而皆未得其门。今以残文推之，仲子（宋衷字）言乾升坤降，卦气动静，大抵出入荀氏，虞君以为差胜康成者，或以此。"而马国翰则云："其学大抵与郑康成相似。"荀爽郑玄皆传费氏学，然则《宋氏易》亦本于费氏也，今考其注文，有用十翼以注经，且有以象解卦，以象释爻者，此则《宋氏易》本于费氏之确证也。说察其注又有与虞翻及刘表同者，虞氏五世治《孟氏易》，则宋氏亦有本于孟氏者，又可知也。刘表为荆州牧之时，尝令綦毋闿、宋忠撰《五经章句》。宋忠即宋衷也。马国翰云："衷忠古字通用。"是也。然则刘表之易有从宋衷来者，又可知也。柯劭忞《续修四库全书提要》于《周易宋氏注》下云："今观刘宋两家之易，渊源迥别，可知当日经师，墨守家法，不肯曲徇于人矣。"可谓非知言者也。盖刘表命綦宋等撰章句，已复从而定之，故云后定。是《刘氏章句》，有宋氏学在也，故张惠言合宋刘易注辑为一卷，卓哉其识也。另王辅嗣、陆德明、孔颖达、李鼎祚、史征诸氏，或易注相同，或征引其说，皆会受《宋氏易注》之影响者也。兹略述之如下：

（一）《宋氏易》与荀爽同者

张惠言以《宋氏易》言乾升坤降，卦气动静，大抵出入荀氏。盖宋氏易中，实有与荀同者，如爻位之律则有应承比据者荀宋皆有之，乾升坤降，亦然。如需象曰："云上于天需。"宋氏注云："云上于天须时而降也。"张惠言云："此荀氏举坎降阳之义，知乾升坤降之例同。"

师，开国承家。宋氏注云："阳当之五，处坤之中……行其赏禄。"张惠言云："此条尽与荀氏同，知阳之五，五阴之二者，乃升降非易位也，又此云：在二承五，承即应也，以阴上应，故亦名承。"荀氏易亦多言应承。

革，已日乃孚。张惠言谓宋注与荀同。

系辞上：原始反终，故知死生之说。宋注："说，舍也。"张惠言云："荀氏升降义，乾始乎坎，舍于离，坤始于离，舍于坎，乾生物始于泰，聚于午，而终于否，物死于否，坤化成之，群于子而复始于泰。是姤复为天地终始，泰否为万物始终。皆舍于坎离，宋释说为舍。盖同此义。"

系上夫乾其静也专。张氏《易义别录》谓动静以用事言，则十二爻辟卦之气，亦荀氏泰否始终之运。夬九五，苋陆夬夬。张惠言谓宋与荀同。

其余应比承据，爻位之律则，荀与宋亦同。是则二家易注盖有密切之关系也。考荀爽与宋衷皆同时代之人。而荀稍早于宋，或宋尝师事荀与？抑荀宋皆同源一师邪？今文献不足矣，不能征之矣。要之，二家易注有密切之关系，殆无疑义。

（二）《宋氏易》与郑氏同者

马国翰云："《宋氏易》大抵与郑康成相似。"张惠言辑《易义别录》，《周易》刘氏云："刘氏义于郑为近。"而刘氏学中有宋氏部分，是《宋氏易》亦有与郑同者亦可知也。郑易有互体，言象数，守爻位之律则，言爻位之贵贱（本于《乾凿度》）而宋易亦然，是其相同之迹可得而考也。马国翰以为宋易可刊辅嗣之野文，补康成之逸象。（二句李鼎祚《集解序》中语）堪称知言，其章句亦有同者，如说卦：水火相逮。《释文》云："水火不相逮，郑宋陆王肃王廙无不字。"

夬，九五，苋陆夬夬。宋氏云："陆，商陆也。"郑云："苋陆，商陆也。"

是《宋氏易》亦有同于郑氏者。且其附彖象于卦爻，亦同于郑。

（三）《宋氏易》源于费氏者

《宋氏易》之解经也，亦常有以十翼之文，解说经文者，如恒卦与颐卦是也。又详察注文，宋氏以小象附爻辞。如用九天德不可为首也，及师九六、六四，革卦等皆并小象与爻辞一起解说。张惠言《易义别录·周易宋氏刘氏》，用九下云："此注并释群龙，则是宋注本分象附爻，自乾而然矣。"是并彖象，小象于卦爻辞，宋氏亦然。此本之费氏家法者也。

（四）《宋氏易》与虞翻同者

虞仲翔五世传《孟氏易》，虽亦旁取他家，然以孟氏为主。《宋氏易》有与虞氏同者，则亦尝取资于孟氏可知也。如：

姤，初六，羸豕孚蹢躅。宋氏云："羸大索……巽为风，动摇之貌也。"张惠言云："取象及义尽与虞同。"非特此也，章句字体亦与虞氏同。

巽，九二，巽在床下。宋氏注云："二无应于上，退而据初，心在于下。"虞氏六四田获三品注云："田谓二也，地中称田，失位无应，悔也，欲二之初，已得应之，故悔亡。"

具其爻位之律则，贵贱，亦与虞同，而象数，注文，章句，又有相同者。然则《宋氏易》亦尝取资于孟氏也。

（五）《宋氏易》与刘表同者

刘表为荆州牧时，使綦毋闿、宋忠撰《五经章句》，宋氏既在其中，则刘表《周易章句》亦必有与宋氏同者。如：

乾，象曰："天行健。"宋氏注云："昼夜不懈，以健详其名，余卦当名，不假于详矣。"《刘氏章句》云："详其名也。"惠氏曰："与宋同。"

是刘氏之章句，亦必有与宋氏同者，此从其残篇中可考而知者也。特二氏之书皆残缺太甚，无以考其金。而柯劭忞撰《周易宋氏注提要》乃云："渊源迥别。"此非知言者也。

（六）《宋氏易》之影响

陆绩王肃王弼王廙皆魏晋时人，稍后于宋衷。犹及亲见《宋氏易》之全文，故有受其影响者。而陆德明之《经典释文》、史征之《周易口诀义》、孔颖达之《周易正义》、李鼎祚之《周易集解》、熊过《周易象旨决录》乃至于《学斋占毕》诸书皆尝引宋氏之说，尝受其影响可知也。而《宋氏易》之得以保存一二字义者，亦赖于此，今略举一二以证。如：

说卦：水火相逮。《释文》云："水火不相逮。郑宋陆王肃王廙无不字。"今《十三经注疏》本王弼注孔颖达疏亦无不字。

余如爻值之律则，承乘应据之说，亦有相同者。是《宋氏易》亦颇醇正，不可弃也。

三、《宋氏易》之特色与价值

《宋氏易》虽已残缺，然吾人从其遗文中，可考知其易注之特点，如本十翼以说易，敢象数以注易，征史事、综群经等皆其特色也。今略述如下：

（一）博综群经以融易理于一贯

先儒之注易也，多融群经于一炉。宋氏亦然。如其注说卦为阍寺也，则用《周礼·天官》阍八寺人之文义，其注颐卦彖辞也，则用《论语·乡党篇》"割不正不食"之文。其注师卦之开国承家也，亦用《礼记》与《周礼》之义。其注坤卦地势坤也，则用《尚书·禹贡》地有上下九等之说。是其能融通群经而一贯可知也。

（二）本十翼以阐易理之旨归

自费氏以十翼解经后，后儒多从其家法。如荀刘马郑虞陆姚王皆是也。宋氏亦然。如宋氏注恒卦大象则引说卦之文，其取象也，亦用说卦之文。而并彖象以附经文，则直用十翼以解经者也。

（三）征史事以符易之实际

周公之系爻，远引殷高之伐鬼方，孔子之述彖，明征文王箕子之事。是征史事以证易理，其源夐矣。宋氏亦本此以释易，如师卦上六用武王卦周公之事以证开国之义谛。遁挂彖辞用太公四皓之事，以证遁之时义，皆欲以证易理之实际者也。

（四）取象数以诠易理之旨趣

汉儒多言象数，荀虞马郑诸家莫不如此。宋氏亦然。宋氏之言象有升降，如需卦师卦是也，有互体如泰卦与姤卦是也，有"之"，之与往来爻变相近。如师上六是也。至于其取象之范畴多本之说卦传，如巽为风为股之类是也。至于其言数者则文献不足，未能一一而详考矣。以例推之，当亦如荀郑。

（五）明爻位之律则以诠易义之幽微

汉儒之言爻位，多以三五为阳位，二四上为阴位，凡每卦六爻，合于此者为当位为正，背乎此者为失位，为不正。凡乘者多指阴爻在阳爻之上，据者多指阳爻在阴爻之上，应者则指初与四，二与五，三与上，阳以应阴也，此谓之正应若初三五以阴应二四之上阳刚为不正之应。复次爻有贵贱之分。上为宗庙，五为君位，四为诸侯，三为三公，二为大夫，初为元士。此本于《易纬乾·凿度者》也。宋氏亦本乎此在注易，如师卦泰卦姤卦巽卦之注皆是也。又凡爻初称尾或曰下，此宋氏注既济与巽卦亦用之。

四、宋衷传

宋衷《后汉书》无传，《刘表传》、《三国志·虞翻传注》及《隋书·经籍志》悉作宋忠。马国翰云："衷忠古字通用。"是也。《释文序录》云："字仲子，南阳章陵人，后汉荆州五等从事。盖刘表为荆州牧时，任衷为五等从事，并使之与綦毋闿等撰立《五经章句》，并自注《易经》、《太玄》等书。《隋志》云："荆州五业从事注《周易》十卷，亡。"《续四库提要》云："五等误作五业。"是也。当从《释文》作五等。《七志》《七录》及新旧《唐志》并云：《注易》十卷。《释文》作九卷，盖去目录言之也。《三国志·虞翻传注》引《翻别传》云："若乃北海郑玄，南阳宋忠虽各立注，忠小差玄。"又云："宋氏解玄，颇有缪错。"是宋氏于易与扬子《太玄》皆会作注也。马国翰云："宋衷于《七经纬谶世》本扬子《太玄经》皆有注，其学大抵与郑康成相似，其说苋，苋莱也，陆，商陆也……说飞鸟遗之音，曰：震为声音，飞而且鸣，鸟去而音止，此皆有见乎发挥旁通之妙。洵可刊辅嗣之野文，而辅康成之逸象。学非仲翔，未可轻议之也。"于此亦足见宋氏之博学矣，而其易注亦值吾人珍贵。

五、《周易宋氏注》阐微

周易上经

乾☰（乾下乾上）

象曰："天行健，君子以自强不息。"昼夜不懈，以健详其名。余卦当名，不假于详矣。(《集解》、《周易口诀义》）按史征《周易口诀义》云："行者，运动之称；健者，强壮之名，所以乾称健者以其运行不息，无时亏退，故宋衷云：昼夜不懈，以健详其名，余卦当名，为假于详也，君子以自强不息者，凡言君子，圣贤之通呼，故尧舜一日万几，文王。日昃不暇食，仲尼终夜不寝，颜子欲罢不能自已，盖是修德乾乾，无时休息也。”此可作《宋氏易》之注脚。

用九见群龙无首，吉。用九，天德不可为首也。用九六位皆九，故曰见群龙；纯阳则天德也，万物之始，莫能先之，不可为首。先之者凶，随之者吉，故曰无首吉。（《集解》）按此释乃解爻辞及象辞者也，诸家唯录其象辞耳。今一并录之。九者阳之极数也，乾为龙，乾卦六爻阳九，故曰见群龙，乾为天，阳称德，六爻皆阳，故曰纯阳；乃天德之象征。彖云：“大哉乾元，万物资始。”司马子长曰：“夫天者人之始也。”（《史记·屈贾列传》）人与万物皆资始于天，故万物之始，莫能比天为先，故不可为首；古人有云：“不为祸始，不为福先。”盖先之者凶也，且天地未始，而汝先之，则将无所措手足矣。既有所始，随之则吉，天地既有，而汝随之，则有所安置矣。故不可为首，故无首吉。

九二，见龙在田，利见大人，何谓也？子曰：龙德而正中者也，庸言之信，庸行之谨，闲邪存其诚。闲，防也，防其邪而存其诚焉。二在非其位，故以闲邪言之，能处中和，故以存诚言之。（《集解》）按《说文》云：“闲，防也。”《广韵》云：“防也，御也。”九二以阳居阴失位，故云二在非其位。失位则不正，不正则邪，故宜防闲其邪，居内卦之中，故能处中和，故以存诚。

九三，君子终日乾乾，夕惕若，厉无咎。何谓也？子曰：君子进德修业，忠信，所以进德也，修辞立其诚，所以居业也。知至至之，可与言几也，知终终之，可与存义也。是故居上位而不骄，在下位而不忧，故乾乾因其时而惕。虽危无咎矣。业，事也，三为三公，君子处公位，所以进德修业也。（《集解》）按《乾凿度》云：三为三公，阳为君子，九三以阳居阳位，得位居正，进德修业，可以有为。

坤䷁（坤下坤上）

象曰：“地势坤，君子以厚德载物。”地有上下九等之差，故以形势言其性也。（《集解》）按《尚书·禹贡》载，禹别九州，冀州厥田惟中中。传云：田之高下肥瘠，九州之中为第五，青州惟上下，厥赋中上。注云：“田第三，赋第四。”据此则田地上下九等之差，谓上上，上中，上下，中上，中中，中下，下上，下中，下下也。以其有九等之差，故不能一概名其上下肥瘠，而以形势言地势之深厚广大，故曰地势坤也。

阴虽有美，含之以从王事，弗敢成也。地道也，妻道也，臣道也，地道无成而代有终也。臣子虽有才美，含藏以从其上，不敢有所成名也。地得终天功，臣得终君事，妇得终夫业，故曰代有终也。（《集解》）按《论语》子曰："虽有周公之才之美，使骄且吝，其余不足观也已。"况六三，以阴居阳，失位，失位则不得于君，不得于君，则有才美，必遭嫉害。故唯含藏其美，以事其上，不敢成名，得以保身。天有四时寒暑雨露之施，而遂成地万物之繁盛，故云终天功。臣子得平治邦国，妇得治好家业，故曰终君事，终夫业矣。故代有终也。

需䷄（乾下坎上）

象曰："云上于天，需。"云上于天须时而降也。（《集解》）按乾为天，坎为水，为雨，为云，需卦坎上乾下，故曰云上于天。须者，待也，云上于天，待时而降者需卦之象也。

师䷆（坎下坤上）

六五，象曰："弟子舆尸，使不当也。"弟子谓六三也，失位乘阳，处非所据，众人不听从，师人分北，或败绩死亡，舆尸而还，故曰弟子舆尸。谓使不当其职也。（《集解》）按六三以阴处阳，故失位，乘于九二之上，故乘阳。坤为众，居率师御敌之际，处非所据，故众不听从，军队之败北，乃份所该有，甚或败绩死亡，载尸而返，故弟子舆尸者诸命使不当，不能称其职也。

上六，大君有命，开国承家，小人勿用。阳当之五，处坤之中，故曰开国；阴下之二，在二承五，故曰承家；开国谓析土地以封诸侯，如武王封周公七百里地也。承家立大夫为差次，立大夫因采地，名正其功勋，行其赏禄。（《集解》）按上卦坤为众为国，五为阳位，为君位，今六五以阴居之，不正，二为阴位，为大夫，而九二以阳居之失正，故九二之阳当升五，处上卦坤之中，故云开国，六五之阴下降之二，以承五，大夫称家，故承家。开国者，古封建制度，诸侯称国，以土地分封公、侯、伯、子、男令各建立国家也，礼明堂谓成王封周公于曲阜，地方七百里，周礼夏官，司土以功诏禄，礼运谓大夫有采地，以处其子孙，而大夫有上大夫有下大夫之差次，承家者谓天子诸侯各立大夫之爵次，而以采地分之，以行其赏禄，而名正其功勋也。

泰䷊（乾下坤上）

九三，无往不复，无往不复，艰贞无咎，勿恤其孚，于食有福。象曰："无平不陂，天地际也。"位在乾极，应在坤极，天地之际也，地平极则险陂，天行极则还复，故曰无平不陂，无往不复也。（《集解》）按古人笺注简明，不多繁辞，详际注文，当是并释爻辞与小象。马本在"象曰：无平不陂"下，多"无往不复"，恐非也。今从张惠言本。九三处于内卦乾之上，而应于上六，上六居外卦坤之极，乾为天，坤为地，故曰天地之际也。地平千里，至于极限，则必有险陂之山陵峻坡，天行至于极，由朝至暮，可谓极矣，而由暮夜又返复为朝，由春暖至冬寒可谓极矣，而腊尽又回春，故天行极则反复也。盖九三处泰之时，居乾极坤生之际，故有此象，惟艰贞诚信，则可以无咎而有福。

六四，翩翩不富，以其邻。不戒以孚。象曰："翩翩不富，皆失实也。"四互体震，翩翩之象也；阴虚阳实，坤今居上，故言失实也。（《集解》）按翩翩者往来貌，（《毛诗·小雅·苍伯》）三至五互震，震为足，故有翩翩往来之象，阴虚阳实，阳富阴贫，泰上卦为坤，坤三画皆阴，故翩翩不富以其邻，故皆失实也。

否䷋（坤下乾上）

象曰："天地不交，否。君子以俭德辟难，不可荣以禄。"天地不交，犹君臣不接，天气上升，而不下降，地气下沉又不上升。二气特隔，故云否也。（《集解》）按否者不也。闭塞不通也，否之为卦上乾下坤，乾为天，为君，为阳，坤为地为臣，为阴，天之阳气本上升者，今又居上，则升之极而不下降矣。地之阴气本下降者，今又居下，是降之极，而不上升矣。天地二气皆不相接而闭塞隔离，故云否也。

豫䷏（坤下震上）

六二，介于石，不终日。《释文》云："众家本作介。"（据系下释文补）

噬嗑䷔（震下离上）

象曰："颐中有物曰噬嗑，噬嗑而亨，则柔分，动而明，雷电合而章，柔得中而上行，虽不当位，利用狱也。"象曰："雷电噬嗑。先王以明罚敕法。"雷动而威，电动而明，二者合而其道章也。用刑之道，威明相兼，若威而不明，恐致淫滥，明而无威，不能伏物，故须雷电并合，而噬嗑备。（《集解》）按震为雷，为动，为刚，为阳卦，离为火，为电，为明，为柔，为阴卦，嗑者合也，噬者啮也，雷动而威震百里，电动而照天下，雷电合而其道章明。犹彼用刑，须威严与明智相兼，若专行威严而不明智，则或致于淫刑滥罚，而民有冤情。若明智而无威以济之，则不能使人降伏，故必雷电并合，威明兼施，然后噬嗑备，可利用狱。

复䷗（震下坤上）

雷在地中，复。先王以至日闭关，商旅不行，后不省力。商旅不行自天子至公侯不省四方之事，将以辅遂阳体，成致君道也。制之者王者之事，奉之者为君之业也，故上言先王，而下言后也。（《集解》）按至日谓冬至、夏至之日，复为十一月卦，故以冬至言之，十一月阳气始生，复一阳在下，阳体微弱，先生体天行道，故以此日闭关，令商旅休止不行，而天子王侯亦不省四方之事，以顺天行，以辅阳体。《尔雅·释诂》云：“后，君也。”

颐䷚（震下艮上）

象曰：“颐贞吉，养正则吉也。观颐，观其所养也。自求口实，观其自养也。”颐者，所由饮食自养也，君子割不正不食，况非其食乎，是故所养必得贤明，自求口实，必得体宜，是谓养正也。（《集解》）按颐卦二阳在上下，中为阴，似颐口之象，颐者养也，所由饮食自养之道也。《论语·乡党》云：“割不正不食。”所养能得贤明则能得事之宜；自求口实，则必能得体之宜，是谓养正则吉，不正则凶矣。

周易下经

恒䷟（巽下震上）

象曰：“雷风，恒，君子以立不易方。”雷以动之，风以散之，二者常相薄，而为万物用，故君子象之，以立身守节，而不易道也。（《集解》）按震为雷，为动，巽为风，为散。说卦曰：雷以动之，风以散之。又曰：雷风相薄。又曰：动万物者，莫疾乎风。盖雷风常相薄以挠动万物，君子象之，立身守节，恒久不变其道。

遁䷠（艮下乾上）

遁之时义大矣。太公遁殷，四皓遁秦之时也。（《集解》）按时既否塞，小人得志，正道不行，君子惟有遁避以待时耳，昔太公避商纣，居北海之滨，闻文王作而往归之，四皓避秦，逃匿山中，及汉惠礼之而起往归之。盖惟君子惟能遁，亦惟君子惟能行道也，故叹其时义之大。

益䷩（震下巽上）

彖曰："益，损上益下，民说无疆，自上下下，其道大光。利有攸往，中正有庆。"明君之德，必须损己而利人，则下尽益矣。（《周易口诀义》）按此条马本无，张、孙、黄三本悉有，史征《口诀义》云："损上益下者，亦犹人君能自损己而惠下人，故宋衷云：'明君之德，必须损己而利人，则下尽益矣。'君能以益物为意，动而无有违者，即斯而往，何所往不利，故利有攸往也。"可作为《宋氏易》之注脚，孙黄二本引宋易皆在"利有攸往也"绝句，此从张惠言本。

夬䷪（乾下兑上）

九五，苋陆夬夬，中行，无咎。苋，苋荣也；陆，商陆也。（《释文》）按商陆、阮元《周易注疏》本作当陆，宋注疏本则作章陆，此从《通志堂》本。荀爽云："苋谓五，陆谓三，两爻决上，故曰夬夬也。苋者叶柔而根坚且赤，以言阴在上六也，陆亦取叶柔根坚也，去阴远，故言陆，言差坚于苋，苋根小，陆根大，五体兑，柔居上苋也，三体乾刚，在下根深，故谓之陆也。"此可与《宋氏易》相发。故张惠言云："与荀同。"是也。

姤䷫（巽下乾上）

初六，羸豕孚蹢躅。羸，大索，所以系豕者也。巽为股，又为进退，股而进退，则蹢躅也。初应于四，为二所据，不得从应，故不安矣；体巽为风，动摇之貌也。（《集解》）按羸即纍，大索也，巽为绳，为股为进退为风，蹢躅者徘徊不安这貌也。虞翻曰："坎为豕，为孚，巽绳操之，故称羸也，巽为舞，为进退，操而舞，故羸豕孚蹢躅，以喻姤女望于五阳如豕蹢躅也。"可与《宋氏易》相参。盖初以柔居阳，应于不正之四，而九二乘之，不得之应。故徘徊不安也。

革䷰（离下兑上）

革，巳日乃孚，元亨利贞悔亡。人心习常，不说改易，及变之后，乐其所成，故即日不孚，巳日乃孚矣。故曰巳日乃孚也。巳，竟也。（《周易口诀义》）按此条马本无，张、孙、黄三本有。史征云："革，改变之名，易旧之义，故名革也，革既改旧易新，即是王者创制命令，改前王之法度，以其初施法令，民有所感，未便从伏，必须已竟，今日明日方始从令，故宋衷云：人心习常，不悦改易………巳，竟也。”盖革命必待已革之后，民乃信从也，又宜有元亨利贞，四德，乃无悔。

九五，大人虎变，未占有孚。象曰：“大人虎变，其文炳也。”阳称大，五以阳居中，故曰大人，兑为白虎，九者变爻，故曰大人虎变，其文炳也。(《集解》）按阳大阴小，五君位，九五以阳居外卦之中，当大君之位，故云大人。外卦兑，说卦言八卦方位兑属西方，西方于五色属白，白虎星宿，属于西方，故兑为白虎。《说文》云：“九，阳之变也。”盖九为老阳，阳极必变，故九者变爻，九居兑中，应于六二，内卦离明，故在人虎变，其文炳也。《周易窥余》云：宋衷以兑为虎，象旨引兑为白虎，悉以意引之。

鼎䷱（巽下离上）

六五，鼎黄耳金铉，利贞。象曰：“鼎黄耳，中以为实也。”五当耳，中色黄，故曰鼎黄耳；兑为金，又正秋，故曰金铉。公侯谓五也，上尊故玉，下卑故金，金和良可柔屈，喻诸侯顺天子。(《集解》）按五以鼎言之，属于鼎耳之部位，六五居外卦之中，黄于五色属中央之色，故云鼎黄耳，兑属西方，于四时为正秋，于五行属金，铉所以举鼎，故云金铉。五君位，故公侯谓五，阳尊阴卑，上九为阳，故尊称玉，六五为阴，故卑称金，玉贵于金，金性和良，可以柔屈，喻诸侯顺天子，故鼎黄耳，金铉利贞，谓诸侯臣于天子，享金铉之利，而利于守正，五阴不正，当变阳，阳为实，故中以为实也。

上九，鼎玉铉，大吉，无不利。象曰：“玉铉在上，刚柔节也。”以金承玉，君臣之节，上乾体为玉，故曰玉铉；虽非其位，阴阳相承，刚柔之节也。(《集解》）按六五金铉，以承上九玉铉，故云以金承玉阳为君，阴为臣，六五承上九，故云君臣之节，乾为金、为玉，二至四互乾，五变外卦亦为乾，故云玉铉，上九以阳居阴，非其位也，然与六五相承，处鼎之时，得刚柔之节，故大吉无不利也。熊过《周易象旨决录》云：“玉贵于金，上尊于五，故以别之。”此以意引之也。

丰䷶（离下震上）

窥其户，阒其无人，自戕也。(补）《释文》：“自藏，众家本作戕，马王肃云残也。郑云伤也。”

旅䷷（艮上离上）

九四，得其齐斧。《释文》："得其资斧，众家并作齐斧。"（补）

巽䷸（巽下巽上）

九二，巽在床下。巽为木，二阳在上，初阴在下，床这象也。二无应于上，退而据初，心在于下，故曰巽在床下也。（《集解》）按巽为木为股，九二九三二阳居上而模列，犹床之干也，初六阴柔居下，而对峙，犹床之足，故有床之象。二五皆阳，故二无应于上，二位于初上，初为阴，故可退而据初，初在下，二心在于初，故云巽在床下。

小过䷽（艮下震上）

有飞鸟之象焉，飞鸟遗之音。二阳在内，上下各阴，有似飞鸟舒翮之象，故曰飞鸟；震为声音，飞而且鸣，鸟去而音止，故曰遗之音也。（《集解》）按小过二阳在三四，二阳在内也，象鸟之身，初二、五，上皆阴，四阴在外，象鸟之翅与足，有似飞鸟展羽舒翮之象，震善鸣，故为声音，飞鸣而去，则音止，故曰飞鸟遗之音。

既济䷾（离下坎上）

初九，曳其轮，濡其尾，无咎。象曰："曳其轮，义无咎也。"离者两阳一阴，阴方阳圆，舆轮之象也，其一在坎中，以火入水，必败；故曰曳其轮也；初在后称尾，尾濡轮曳，咎也，得正有应，于义可以危而无咎矣。（《集解》）按既济内卦为离，外卦为坎，二至四亦互坎，坎为水，离为火。离二阳一阴，阳圆融为一，象轮。阴分斥为二，象舆。郑注《考工记》云："载物为舆行地为轮。"舆者车身也，方形，轮者车轮也，圆形。故有舆轮之象。离一阳（九三），在坎中（二三四互坎），水克火，故以火入水必败，故有曳其轮之象，初在坎水之后，曳其轮以涉水，则如濡其尾部，此宜有咎也，然六爻皆得正，而皆有应，故虽危无咎。象曰："刚柔正，而位当。"指六爻之得正也。

系辞上传

八卦相荡。《释文》："相荡，众家作荡。"（补）

原始反终，故知死生之说。说，始锐反，舍也。（《释文》）按说，舍古音近，即以假借说之。舍者，所处之地也。谓原始反终，故知死生之所处也。

夫乾其静也专，其动也直，是以大生焉。乾静不用事，则清静专一，含养万物矣；动而用事，则直道而行，导出万物矣。一专一直，动静有时，而物无夭瘁，是以大生也。（《集解》）按阳奇而阴耦，乾为天，为纯阳，纯阳故清静专一，有天之象焉，故能含养万物。纯阳专一，故动则直道而行，有导出万物之德。是以天德广运，物无夭瘁，而万物莫不欣欣向荣，广大繁茂焉。

夫坤其静也翕，其动也辟，是以广生焉。翕犹闭也，坤静不用事，闭藏微伏，应育万物矣；动而用事，则开辟群蛰，敬导沉滞矣。一翕一辟，动静不失时，而物无灾害，是以广生也。（《集解》）按《尔雅·释诂》云："翕，合也。"合即闭合之义，坤为地，为纯阴，纯阴至静，故有闭藏微伏，应育万物之功。其动也，则有开辟群蛰，敬导沈滞之功，使万物各畅其生，各得其生机，故物无灾害，而莫不广大繁盛焉。

言天下之至动而不可乱也。《释文》云："众家本并然。"（补）

易曰负且乘，致寇至。寇或作戎误。（《释文》）按此解六三爻辞，正作致寇至，作致戎至者误也。

鼓天下之动者，存乎辞。欲知天下之动者，在于六爻之辞也。（《集解》）按圣人有以见天下之动而观其会通，行其典礼；故设卦观象而命爻系辞焉，以断其吉凶。故六十四卦，每卦六爻，三百八十四爻，皆系以辞，皆著天下之动，显万物之变也，故观辞而知其变动之迹也。

系辞下传

何以守位曰仁。守位，当得士大夫公侯，有其仁贤，兼济天下。（《集解》）按《乾凿度》言六爻之位，五为天子，四为诸侯，三为三公，二为大夫，初为元士，上为宗庙，盖天子之守位，必得贤能之士大夫公侯，以相佐助，然后可以兼济天下也。

是故易者象也，象也者像也。《释文》云："众本并云像，拟也。"（补）

介于石，不终日。《释文》云："众家作介。"宋本介作砎。此从《通志堂》本。（补）

说卦传

水火相逮。按《释文》云："水火不相逮，郑宋王肃王廙无不字。"今注疏本亦无不字。《正义》云："性虽不相入而气相逮及。"是也。

乾为天。乾动作不解，天亦转运。（《集解》）按乾六画纯阳，有龙德之象焉，纯阳无阴柔之私，故动作不懈。犹天行刚健，转运不息。

为圜。动作转运非圜不能，故为圜。（《集解》）按在戴礼，《曾子·天圆篇》谓天道曰圆。《吕氏春秋》曰：“何以说天道之圜也，精气一上一下，圜则复匝，无所稽留，故曰天道圜。”圜即圆也，圆则易于动作转运。故为圜。

为驳马。天有五行之色，故为驳马也。（《集解》）按李道平云：“《考工记》画绘之事，杂五色，东方谓之青，南方谓之赤，西方谓之白，北方谓之黑，天谓之玄，地谓之黄，凡五而目有六者，玄与黑同而异也。五方之色单而天之玄全乎五方之色，故云天有五行之色也。其色不纯，故为驳马。”是也。

为木果。群星著天，似果实著木，故为木果。（《集解》）按《正义》云：“取其果实著要，有似星之著天也。”是也。

震其于稼也为反生。阴在上，阳在下，故为反生，谓枲豆之类戴甲而生。（《集解》）按震二阴在上，一阳在下，故为反生。郑玄《周礼注》云：“种谷曰稼。”引申之凡农作物之属皆可曰稼，震于稼也，为反生之物，如枲豆之属，皆戴甲而生，谓豆之种子著于土后，即生根出芽，而其种子反而在上也，如今豆芽之类皆是。

巽为木，阳动阴静，二阳动于上，一阴安静于下，有似于木也。（《集解》）按巽二阳在上，象树干及枝叶，一阴在下，象木之根，分枝于土中故为木也。

坎为水。坎阳在中，内光明有似于水。（《集解》）按《说文》云：“水准也，北方之行，象众水并流，中有微阳之气也。”水之篆文为似坎☵，坎卦内阳光明，可鉴形，外阴如岸，故坎为水。

为矫揉。曲者更直为矫，直者更曲为揉，水流有曲直，故为矫揉。（《集解》）按《释文》引宋衷云：“使曲者直，直者曲，为揉。”有遗落。张惠言云：“盖误脱为矫字。”是也。水性随地而有曲直故为矫揉。

其于马也，为美脊。阳在中央，马脊之象也。（《集解》）按乾为良马，坎一阳在二阴间，有脊象，乾阳在中，故为美脊。

为曳，水摩地而行故曳。（《集解》）按水摩动地而行，犹物之曳地，故为曳。

离其于木也，为科上槁。阴在内，则空中，木中空则上科槁也。（《集解》）按离二阳在外，一阴在内，故有中空之象，木中空，则其上枯槁也。

艮为山。二阴在下，一阳在上，阴为土，阳为木，土积于下，木生于上，山之象也。（《集解》）按阴有土之象，阳直故有木之象。二阴为土在下，一阳为木在上，木生于土上，山之象也。

为果蓏。木实谓之果，草实谓之蓏，桃李瓜瓞之属皆出山谷也。（《集解》）按果属木，故木实为果，蓏属草，故草实为蓏，桃李为木果，瓜瓞为草实，皆出于山谷，故艮为果蓏。

为阍寺。阍人主门，寺人主巷，艮为止，此职皆掌禁者也。（《集解》）按说卦传云：艮为止。阍，寺皆掌宫中之禁，皆所以止人不前者也，故艮为阍寺。《周礼·天官》阍人掌守王宫中门之禁。寺人掌王之内人及女宫戒令。

兑为泽。阴在上，令下湿，故为泽也。（《集解》）按兑一阴在上，使下润湿，故有泽之象。

序卦传

以喜随人者必有事，故受之以蛊。蛊者事也；有事然后可大，故受之以临，临者大也。事立功成，可推而在也。（《集解》）按事立然的功成，功成然后可推而大之。

杂卦传

丰多故，亲寡旅也。（《释文》）（补）按《释文》云：“丰多故，众家以此绝句。”《宋氏易》载于《释文序录》，在众家之中，故由于可考知其句读。丰者大也，故多；旅者行旅于外也，独行踽踽，故亲寡。

第十五章　《荀爽九家易》

——偏重象数之荀爽九家注

一、《荀爽九家易》之书及版本

《释文序录》载《荀爽九家集注》十卷。云："不知何人所集，称荀爽者以为主故也。其序有荀爽、京房、马融、郑玄、宋衷、虞翻、陆绩、姚信、翟子玄。子玄不详何人，为《易》义，注文内有张氏朱氏并不详何人。"《隋志》载《周易荀爽九家注》十卷。《旧唐志》载《周易》十卷，《荀氏九家集解》。《新唐志》载《周易荀氏九家集解》十卷。皆云十卷，与《释文》所言同，惟皆不载作者姓名。以陆氏德明《释文序录》考，知陆氏亲见《荀爽九家集注》之书及其序，陆氏既明言不知何人所集，则作者姓名不可考矣。惟据《释文》、《隋志》及新旧《唐志》著录易书之次序，知作者为东晋时人当无疑。至于所以命名为《荀爽九家集注》者，则以其书集荀爽、京房、马融、郑玄、宋衷、虞翻、陆绩、姚信、翟子玄等九家之易注，而以荀爽为主故也。其书尽佚于宋。惟吾人犹可于《集解》、《释文》、《汉上易传》、《古易音训》、《周易玩辞》诸书中得其遗说，故清儒王谟、孙堂等犹能据此诸书辑其佚。

今日吾人可见《九家易》之书则有王谟辑《九家易解》一卷。（《汉魏遗抄》本）孙堂《九家周易集注》一卷。（《汉魏二十一家易注》本）黄奭辑《九家易集注》一卷。（《汉学堂经解》本、《黄氏遗书考》本）此为今日可考而见之《周易荀爽九家集注》辑本也。

二、《荀爽九家易》作者之异说

关于《荀爽九家集注》之作者问题，尚有以下二说焉。

甲：以为乃荀爽所集淮南九师之易注。此说创于陈振孙《直斋书录解题》，朱震《汉上易传》、马端临《文献通考》继之，近人杭辛斋亦以为然。

朱震云："秦汉之际易亡说卦，孝宣帝时河内女子发屋得说卦古文，《老子》，《后汉荀爽集解》又得《八卦逸象》三十有一。"（《汉上易传》卷九"说卦乾为天为圜"以下注。）杭辛斋云：荀九家荀慈明集《九家易解》为书十卷，见于班书，而《文献通考》引陈氏说，谓汉淮南王所聘明易者九人，荀爽尝为这集解。但陆氏《释文序录》列九家姓名为京房、马融、郑玄、宋衷、虞翻、陆续（当作绩）、姚信、翟子玄、荀爽，与前说不同。但考陆氏所列诸家无论时代后先，且立说各异，有相冰炭，决非可合而为一者，姑录其说，以备参考可耳。"（《学易笔谈》卷三《逸象》）

此二说皆主《荀爽九家集注》为荀爽所作也。然考乎《隋书·经籍志》及新旧《唐书·经籍志》及《艺文志》，其所著录易学书目，作者及其存废，皆以时代为先后，其列荀爽章句及注（《隋志》云：《周易》十一卷汉司空荀爽注。《旧唐志》《周易》十卷《荀爽章句》。《新唐志》《周易荀爽章句》十卷）皆在汉代，而列《荀爽周易九家集注》，则皆在东晋诸易家之中。若二书皆荀爽所作，则宜列于汉代诸易书之中，而系于《荀爽章句》这后，今列于东晋易家之中，明《荀九家易注》为东晋时人所作也，非后汉荀爽所作也，此其一。

又陆德明为隋唐之际之通儒，其所作《经典释文》，称南朝梁陈为近代，而叙周秦汉魏、晋宋齐之书目亦顺时代之先后，其列易家亦列荀爽于后汉，而擲《荀爽九家集注》于东晋诸易学之中。明非后汉荀爽所作也，乃东晋时人所作也。此其二。又《释文序录》："《荀九家集注》，不知何人所集，其序有荀爽、京房……"是陆氏亲见其书，亲见其序也。必是东晋时人所集荀爽等九家之易注，故列于东晋易家之中也。《旧唐书·经籍志》云："及汉末还都，焚溺过半，爰自魏晋迄于周隋，而好事之君，慕古之士，亦未尝不以图籍为意也。……荀勖、李充、王俭、任昉，皆远学多闻，历世整比，群分类聚。"是汉末董卓之乱，及五胡乱华之祸，书籍多亡，而魏晋周隋之际，好事慕古者，多类聚古书也。魏以前多专家之著作，晋以后乃有集注之产生。《隋志》及新旧《唐志》所载集《易经》之注者有《荀氏九家集解》，马郑《二王集解》等书，皆纂辑汉魏迄于两晋之易注者也。皆不列辑者之姓名。若《荀氏九家集解》为荀氏所集，则马郑《二王集解》为马融郑玄王肃王弼所集，而《二王集解》为王肃王弼所集也，是不通之论也。故知《荀爽九家注》等三书皆东晋及东晋以后人所纂辑者也，非荀爽、马融、郑玄、王肃、王弼所自辑也。此其三。

杭氏谓荀九家，荀慈明集九家易经，为书十卷，见于班书。今察《汉书·艺文志》，惟载《淮南道训》二篇而已。班固自注云："淮南王聘明易者九人，号九师说。"不载《荀爽九家易注》也。且荀爽（字慈明）为后汉末年之人，其所纂辑之书，安得列于较其约早二百年之书邪？必无是理也。此其四。且《汉志》所载《淮南道训》二篇与《荀爽九家易集注》十卷，言其书名，则不相与同，论其卷数，又相乖隔，乃不同时代之书也。安得二而一之邪？此其五。

又今察《荀爽九家易注》，与淮南王书所引易绝不相同。如：

亢龙有悔。《淮南子·缪称训》云："同言而民信，信在言前也；同令而民化，诚在令外也。圣王在上，民迁而化，情以先之也。动于上，不应于下者，情与令殊也。故易曰亢龙有悔。"《荀九家》云："阳当居五，今乃居上，故曰盈也，亢极失位，当下之坤三，故曰盈不可久，若太上皇者也，下之坤三，屈为诸侯，故曰悔者也。"

履霜坚冰至。《淮南子·齐俗训》云："圣人之见于始微言故槽邱生乎象樠炮烙生乎热升。"《荀九家》云："霜者乾之命令，坚冰者阴功成也，谓坤初六之乾四，履乾命令，而成坚冰也；此本乾卦，阴如消阳起于此爻，故履霜也。"

乘马班如，泣血涟如。《淮南子·缪称训》："言小人处非其位，不可长也。"《荀九家》注："上爻乘阳班如也，下二四爻虽亦乘阳，皆更得承五，忧解难除，今上无所复承，忧难不解，故泣血涟如也。体坎为血，伏离为目，互艮为手，掩目流涕，泣之象也。"

《淮南子》所引易义，必本诸《淮南道训》也，今与《荀九家易注》绝不相类，是《荀九家易注》非《淮南道训》明矣。此其六。

由以上六证，吾人可确信，《荀爽九家集注》非荀爽所集淮南王所聘明易者九人所作《淮南道训》二篇之文。乃东晋时人所集荀爽、京房、虞翻等九人之易注，陆氏既亲见其书，故其所论甚切。且此九人之易注，皆相互发明，其渊源之关系皆一一可考，本篇已一一阐述。绝不如杭氏所言"有相冰炭"也，故惠定宇云："《九家易》，魏晋以后人所撰，其说以荀爽为宗，朱氏遂谓爽所集，失之。"是也。其纂辑者，当为东晋人所撰也。

乙：惠定宇、张惠言以为，《荀爽九家集注》为六朝人说《荀氏易》者所作。

张惠言《易义别录》云："九家或云即淮南九师，或云荀爽集古《易》家凡九皆非也。惠征士云：'六朝人说《荀氏易》者'为得其

实。”（《皇清经解》一千二百三十三卷）

此说以为《荀九家》之作者为六朝时人，是也。惟以为“说《荀氏易》者所作”，则似未确。盖若为说《荀氏易》者所作，则其书理宜同于《荀氏易》。然察其说则有同于京房马融郑玄者，且其经文之字句，亦与荀氏章句不尽相同，如：

复，初九，无祇悔。祇，《释文》云：“无祇，郑云病也，王肃作禔，陆云禔，安也，九家本作祇。”《古易音训》引晁氏曰：“京刘一行作祇，云安也。《广雅》作多也。说之按：祇，古文用多字。”按《释文》、《易音训》多载诸家相异于王弼易注本者，今载《九家易》，而不载荀爽，明《荀爽易》不尽同于《荀爽九家集注》也。

系上：言天下之至动而不可乱也。《释文》云：“众家本并然，郑本作至赜，云：赜当为动，九家亦作册。”按《荀爽章句》在《释文》众家之中，则与九家不同矣。

杂卦：丰，多故；亲寡，旅也。《释文》云：“丰我故，众家以此绝句，亲寡，旅也，荀本丰多故亲，绝句。寡，旅也，别为句。”《九家》在《释文》众家中，而不载其异，是与诸本同，而与《荀氏章句》异也。

归妹，中孚，月几望。《释文》并云：“几荀作既。”而不载《九家》，明《九家》与今本同，而与荀异也。

咸，咸其拇。《释文》云：“拇，荀作母。”不言《九家》。

艮，艮其趾。《释文》云：“趾，荀作止。”《古易音训》引晁氏：“荀从古文作止。”皆不言《九家》。

渐，妇孕不育。《释文》云：“孕，荀作乘。”《古易音训》引晁氏云：“按乘古文。”皆不言《九家》。

是《荀爽章句》与《荀爽九家集注》，经文亦有不同者也，然则惠氏张氏以为《九家》乃说《荀易》者所作，亦非确论也。要之，陆氏著《经典释文》既亲见《九家》之书，而云：“《九家集注》之序有荀爽、京房、马融、郑玄、宋衷、虞翻、陆绩、姚信、翟子玄。”是《九家》集者，乃东晋时人集此九家之易注而纂以成书者也。故孙堂云：“《九家易注》乃后人集荀爽等九家之说，陈振孙谓荀爽所集非也，《释文序录》列九家姓名皆汉魏人，则此书当了自魏晋人手。”是也，至于所以名为《荀爽九家集注》者。陆氏云：“称荀爽以为主故也。”是也。

三、《荀爽九家集注》之渊源

（一）源于荀爽者

《荀爽九家集注》乃东晋时人所纂集荀爽、京房、马融、郑玄、宋衷、虞翻、陆绩、姚信、翟子玄九家之易注，荟而成书者也。其书以荀爽为主，故以是为名焉。其升降、卦世、飞伏、互卦、象数及注解，多与荀氏同，或发荀氏之微旨，或因荀氏之注而推演之，或补荀氏注之不足。其注与荀相同相近相似者，就二家经文中比较之，俯拾即得，故惠定宇《易汉学》、张惠言《周易荀氏九家义》，皆合二家而并论之。张氏且将二书佚文，辑而一之，成《周易荀氏九家》三卷。明其有不可分离之关系也。

（二）源于京房者

云雷，屯。《九家易》注："今言屯者十二月雷，伏藏地中。未得动出。"按：屯于京氏卦侯属十二月卦。

谦，亨。《九家易》注："谦者兑世，艮与兑合，故亨。"

姤，天地相遇，品物咸章。《九家易》注："阳起子，运行至四月，六爻成乾，巽位在巳。"

张惠言云："《九家易》云：谦者兑世，艮与兑合，故亨，夬本坤世，下有伏坤，屯上六体坎为血，伏离为目，用京氏法也。"又涣注云："离日上为宗庙，亦以涣离世，上离爻也。"又云："九家注小畜云：五以四阴作财与下三阳共之。"注随初九，官有渝云："震为子得土之位，故为官。"惠征士以为小畜巽五世卦体木，六四辛未土，土为财也，随上之初，乾之上九居坤初为震，震初庚子水得坤初乙未土之位，水以土为官，故曰官也。财官之位，本京氏积算法也。（《周易荀氏九家义》）

是《荀九家易》取之《京氏易》者颇多也。

（三）源于虞翻者

随。虞注："否上这初，刚来下柔，初上得正。"九家注初九，官有渝。云："渝变也，谓阳来居初（否上阳来居初成随）得正为震。"

虞注讼九四亦云："渝，变也。"

噬嗑，亨。虞注："坎为法律。"《九家易》："坎为律。"又六二噬肤灭鼻。虞注："艮为肤为鼻。"《九家易》："艮为鼻为虎。（惠氏以为虎当作肤）"

复，上六，迷复凶。虞注："坤冥为迷。"九家云："坤为迷。"大畜，六四，童牛之告元吉。虞注：萃坤为牛，告谓以木楅其角。"九家云："牛触角著横木所以告人。"经文同，注亦近。

大过，九二，枯杨生梯。虞注："巽为杨。"九家注同。坎，上六，寘于丛棘。亦同。

离，大人以继明照于四方。虞注："坤为方。"九家同。解，九二，田获三狐。虞注："艮为狐。"九家同。

是《九家易》源于虞翻者良多也。

（四）源于马融者

《九家易》既以荀爽为主，荀爽尝取资于马融。马融又在家中，则《九家易》之源于马融者必不少也，惟是文献不足征矣。兹举二例以证。如：

系上：可与酬酢，可与祐神矣。马氏云："祐，配也。"

《九家易》："阴阳相配，谓之祐神也。"（按祐，一本作右同。）

丰，九三，丰其沛，日中见沫。马氏云："昧，星之小者。"

《九家易》："沫，斗杓后小星也。"

（五）源于郑玄者

郑康成易注行于北方，南北朝时，与王注本同盛，其注既在九家中，则九家必尝取资于是，当可无疑。如：

鼎。郑注："鼎象也。卦有水火之用，互体乾兑，乾为金，兑为泽，泽钟金而含水，爨以木火，鼎烹孰之象，鼎烹熟以养人，犹圣君兴仁义之道，以教天下也。"《九家易》注云："鼎言象者卦也，木火互有乾兑，乾金兑泽，泽者水也，爨以木火，是鼎镬亨之象，亦象三公之位，上则调和阴阳，下而抚毓百姓，鼎能熟物养人，故云象也。"

系上：原始及终。《释文》云："反终，郑虞作及终。"九家同。云："原始及终，故知死生之说矣。"为萑苇，《九家易》曰："萑苇，莱葭也，根茎丛生，蔓衍相连有似雷行也。”李道平疏云：“根茎丛生，蔓衍相连，郑氏以为竹类是也。”

系上：范围天地之化而不过。《九家易》曰：“乾坤法周天地而不过于十二辰也。”此则有取于郑氏十二爻辰也。

师。郑注云：“军二千五百人为师，多以军为名，次以师为名，少以旅为名，师者举中之言。”《九家易》注云：“凡制军，万有二千五百人为军，天子六军，大国三军，次国二军……二千五百人为师，师帅皆中大夫，五百人为旅。”

又九家以礼注易者多本于郑氏家法，如坎之上六，盖取自郑注。是《九家易》取资于郑康成者亦不少也。

（六）源于陆绩、宋衷、姚信、翟子玄者

《九家易》既是集九家之注，今已考其源于荀爽、京房、虞翻、马融、郑玄五家矣，则其余四家亦必尝取资焉，特文献不足征耳，今将可考者，考之如下。

系上：举而措之天下之民谓之事业。九家曰：“圣人画卦为万民事业之象，故天下之民尊之，得为事业矣。”

陆绩曰：“变通尽利，观象制器，举而措之于天下，民咸用之以为事业。”

需，六四。陆氏《京氏易传》注云：“外卦坎水为险，亦阴称血也。”《九家》屯卦上六注云：“体坎为血，伏离为目。”

师。陆绩注：“坎在坤内，故曰地中有水。师，众也，坤中众者莫过于水。”《九家易》注：“坤为众物，坎为众水，上下皆众，故曰师也。”

在上文《荀氏易》中，吾人可知其与姚信、刘表诸人皆有关系，刘表之易或宋衷蕴色者也，《九家易》既以荀为宗，而又取其余八家，则此数家之易亦必与九家有关也，特文献不足，未足以考之耳。

四、《荀爽九家集注》之特色与价值

《九家易》既以荀氏为主，则其特色与价值亦之与荀氏同。论其本字书，以训经义之旨趣者，则有取之《尔雅》者如乾文言九二、否九五、随初九是也，有取之《说文》者，如大畜及旅六二是

也。论其本十翼以弘易理之精微者如小过及系辞是也。论其证引群经以融易理这微旨者，则有引《论语》者如乾、大过上六是也；有引《孟子》《孝经》者如大过是也；有引《春秋公羊传》者如泰卦六五及系辞是也；有引《周礼》《仪礼》者如系辞、坎上六师、益六三及巽上九是也。言其旁征于史事，以阐易学之微旨者如师九二、豫卦及大过上六是也。言其归本于人事，以孚人世之日月用者如在过上六、坎上六及系辞注是也。言其取各家之精义者则取九家焉。而马荀郑虞皆融今古文而一之者也，则九家亦然。言其探乎象数以宏易理于无穷者，则有《逸象》卅一，皆根据荀虞各家之易注而得。其论象数则有升降、纳甲、卦气、卦侯、宫世、游魂、归魂、消息、互卦、变卦、旁通诸端。论其易数则多与荀同。至于言其爻位之律则者，则亦同于荀氏。是其特色价值多与荀氏同也，可与《荀氏易》相辅而行也。

五、《周易荀爽九家集注》阐微

周易上经

乾☰（乾上乾下）

乾，元亨利贞。元者气之始也，元亨，始而在通。（补）按此据九家注“大哉乾元”及文言补。

大哉乾元，万物资始。阳称大，六爻纯阳，故曰大；乾者纯阳，众卦所生，天之象也；观乾之始，以知天德，惟天为大，惟乾则之，故曰大哉，元者气之始也。按阳大阴小，六爻纯阳，则大之至矣，故叹其大曰大哉；乾为天，天者万物之始，六十四卦皆托始始于乾，故曰众卦所生，乾能生众卦，犹天之生养万物也，故曰惟天惟大，惟乾则之。《子夏传》曰：“元，始也。”物之始，莫先于气，故云气之始也。荀爽曰：“册取台于乾，犹万物之生本于天。”故乾元为万物之始。

乃统天。乾之为德乃统继天道，与天合化也。按乾者刚健不息之谓，天亦刚健不息者也，故曰统继天道，与天合化也。

亢龙有悔，盈不可久也。阳当居五，今乃居上，故曰盈也；亢极失位，当下之坤三，故曰盈不可久。若太上皇者也；下之坤三，屈为诸侯，故曰悔者也。按上九以阳，居阴位，失位不正，以处乾之极，故亢极失位；物极必衰，故盈不可久；下之坤三，居诸侯之位，失其上皇之亢，未能保其盈满之至，故有悔。

元者善之长也。乾者君卦也，六爻皆当为君，始而大通，君德会合，故元为善之长也。按说卦传曰：乾为君。又曰：乾以君之。故为君卦，阳为君，六爻皆阳，故皆当为君；乾始而大通，万物以生，犹君德大通，功泽生民，故曰元为善之长也。虞翻曰："乾能统天生物，故继之者善。"是也。

亨者嘉之会也。通者谓阳合而为乾，众善相继，故曰嘉之会也。按阳为善，六阳合而为乾，故众善相继，故亨通为嘉美之会也。

九二，见龙在田，利见大人。何谓也。……庸言之信，庸行之谨。以阳居阴位故曰谨也。庸，常也，谓言常以信，行常以谨矣。按：九二以阳居阴，失位故宜谨，《尔雅·释诂》云："庸，常也。"荀爽曰："处和应坤故曰信。"

善世而不伐。阳升居五处中居上，始以美德利天下，不言所利，即是不伐；故老子曰："上德不德，是以有德，此之谓也。"按二阳升坤五，则处上卦之中矣。文言曰：乾始能以美利利天下，不言所利大矣哉。善世而不伐，即有德而不自以为德矣，如是存天理之公，故德必普及天下。

时乘六龙。谓时之元气以王而行，履涉众爻，是乘六龙也。按李道平曰："时之元气以王而行者如月令盛德在木则行春令，盛德在火，则行夏令，盛德在金则行秋令，盛德在水则行冬令时也，乾以纯阳之气，乘时而履涉六爻，故云时乘六龙。"是也。

坤䷁（坤下坤上）

坤，元亨，利牝马之贞。君子有攸往，先迷后得主。坤为牝为迷。按说卦传："坤为地，为母为子母牛为众，故有牝象。迷象。"

至哉坤元谓乾气至坤，万物资受而以生也，坤者纯阴，配乾生物，亦善之始，地之象也；故又叹言至美。（《义海撮要》节引）按《白虎通》云："地者元气所生，万物之祖。"《说文》云："元气初分，浊阴为地，万物所陈列也。"坤为地，六爻皆阴故纯阴，配乾天以生物，故叹言其尽善尽美。

万物资生。谓万一千五百二十策皆受始于乾，由坤而生也，策生于坤，犹万物成形出乎地也。按此条荀爽所注，黄奭补遗视之为荀九家，误，今不从。

柔顺利贞，君子攸行。谓坤爻本在柔顺，阴位则利正，之乾是阳爻来据之，故曰君子攸行。按坤爻谓阴爻也，阴爻柔顺，二四上为阴位，初三五为阳位，坤爻当在阴位，故利正，初三五不正，之乾，则乾爻来据初三五之位，乾为君子，故曰君子攸行。

象曰："履霜坚冰，阴始凝也；驯致其道，至坚冰也。"霜者乾之命也，坚冰者阴功成也，谓坤初六之乾四，履乾命令，而成坚冰也。此卦本乾，阴始消阳起于此爻，故履霜也；驯犹顺也，言阳顺阴之性成坚冰矣，初六始姤，姤为五月盛夏而言坚冰，五月阴气始生地中，言始于微霜，终至坚冰，以明渐顺至也。按说卦传云：乾为天为寒为冰，故霜为乾这命；春夏为阳，秋冬为阴，由阳和而至穷冬盛阴则坚冰成，坤初六，失位不正，之乾四，则得正，阴而至乾寒，故履乾命而成坚冰。阴消乾阳始于初，消成姤五月之卦也，五月一阴始生于下，至九月，而微霜，十月、十一月而坚冰，由积渐而来，故云驯致其道，至坚冰也。《说文》云："驯，马顺也。"故有顺义。

象曰："六二之动，直以方也。"谓阳下动应之，则直而行，布阳气于四方也。按荀爽曰："大者阳也，二应五，五下动之则应，阳出直，布阳于四方。"乾与坤六通，乾二升坤五，则二与五应，五阳下动，二应之。系辞上云：夫乾其动也直。文言云：坤至静而德方。故直而行布阳气于四方。

上六，龙战于野，其血玄黄。实本坤体，未离其类，故称血焉，血以喻阴也，玄黄天地之杂，言乾坤合居也。按乾为龙，坤与乾旁通，上六居坤阴之极，阴极阳生，故有龙战于野之象。故言乾坤合居。血者阴类，坤亦阴类，故以喻焉，文言曰：犹未离其类也，故称血焉，夫玄黄者天地之杂也，天玄而地黄。是其义也。

坤至柔而动也刚。坤一变而成震，阴动生阳，故动也刚。按坤初变阳则内卦成震，震为动为阳，故动也刚。

发于事业。天地交而万物生也，谓阳德潜藏，变则发现，若五动为比，乃事业之盛。按坤伏乾，乾为天，坤为地，天地交泰，而万物化生。六五以阴居阳，伏阳不现，故阳德潜藏，五变则阳生，而成比卦。比，象云："先王以建万国。"故发于事业，盛于至也。

为其兼（晁氏同）于阳也，故称龙焉。阴阳合居，故曰兼阳，谓上六，坤行至亥，下有伏乾，阳者变化。（晁氏作阴阳变化）以喻龙焉。（《集解》晁氏）按坤为十月之卦，建亥，说卦传谓乾西北之卦，亦属亥方。《乾凿度》曰："乾坤气合戌亥。"故云阴阳合居。上六处坤之极，阴极阳生，故下有伏乾，龙潜则居渊，见则在田，飞则在天，变化无方，犹乾阳之变化无端也，故以喻焉。是以《九家易》象以乾为龙是也。

象曰："云雷屯。"雷雨者与养万物，今言屯者，十二月雷伏藏地中，未得动出，虽有云雨非时长育，故言屯也。按屯卦下震为雷，上坎为雨，雷雨之动，所以使万物萌动兴起，故所以兴养万物。屯于卦侯，属于十二月之卦，十二月穷阴隆冬，雷气未出，故伏藏地中，未得动出，阳气未动，故言屯也。《说文》云："屯，难也，象草木之初生屯然而难，从贯一，一地也，尾曲故难生。"是其义也。

象曰："六二之难，乘刚也。十年乃字，反常也。"阴出于坤，今还为坤，故曰反常也；阴出于坤，谓乾再索而得坎，今变成震，中有坤体，故言阴出于坤；今还于坤，谓二从初即逆，应五顺也，云逆就顺，阴阳道正，乃能长养。故曰十年乃字。按六二以阴居阴得位居正，应于九五，然当屯难之时，乘于初九之刚，故有难；二至四互坤，坤数十，难久必解，终能应于九五，阴阳得正，故十年乃字。屯卦震下坎上，震坎之阴，皆出于坤，故云阴出于坤，屯二至四互坤，今六二去初九不顺之阳，过坤而上应于五，故还为坤。

上六，乘马班如，泣血涟如。上六乘阳故班如也；下二四爻虽亦乘阳，皆更得承五，忧解难除；今上无所复承，忧难不解，故泣血涟如也。体坎为血，伏离为目，互艮为手，掩目流血，泣之象也。按上六当屯难之时，乘于九五阳刚之上，上坎为马，下震为行，三至五，互艮为止，马行而止，故有突出马班如之象，班如谓行维艰也。上六位屯难之极，无所复承，下无应援，忧难不解，坎为血，坎旁通离，故伏离为目，互艮为手，故有泣血涟如之象。二应于五，故二虽乘于初，四虽应于初，皆有承援，故能解其难，惟上六处屯难之极至，上无承，下无应，故独至泣血也。

需䷄（乾下坎上）

六四，需于血，出自穴。云从地出，上升于天，自地出者莫不由穴，故曰需于血，出自穴也。按坎为云为血为穴，云者地面之水气，蒸发而升天者也，水藏天地，莫不由穴，故云需于血出自穴也。李鼎祚曰："血以喻阴，阴体卑弱，宜顺从阳，故曰需于血于。"是也。

象曰："需于血，顺以听也。"云欲升天，须时当降，顺以听五，五为天也。按需者须也，待也，云出自穴升于天，须时当降为雨，六四阴爻故顺，坎为耳，故听五为天位，谓四承五，顺而听五也。

象曰："酒食贞吉，以中正也。"谓乾二当升五，正位者也。按荀爽曰："五互离，坎水在火上，酒食之象，需者饮食之道，故坎在需家为酒食也，需须时欲降，乾须时当升，五有刚德，处中居正，故能帅群阴，举坎以降阳，能正居其所则吉，故曰需于酒食也。"二家之义足以互证。

讼䷅（坎下乾上）

上九，象曰："以讼受服，亦不足敬也。"初二三四皆不正，以不正相讼，而得其服，故不足敬也。按初三五为阳位，二四上为阴位，今初三以阴居阳，二四上以阳居阴位，皆不正，以不正而相讼，上独讼而得其服，故不足敬也。

师䷆（坎下坤上）

师，众也；贞，正也，能以众正，可以王矣。坤为众物，坎为众水，上下皆众故曰师也。凡制万有二千五百人为军，天子六军，大国三军，次国二军，小国一军，军有将，皆命卿也，二千五百人为师，师帅皆中大夫，五百人为旅，旅帅皆下大夫。（补）按此据序卦九家注补。师卦上坤为地为众物，下坎为众水，故曰师。凡制以下文皆本《周礼·夏官·大司马》之文。

初六，师出以律。坎为法律。按《九家易》说卦云："坎为律。一师下卦坎，而初居师之始，故有师出以九二，在师中吉，无咎，王三锡命。象曰：'在师中吉，承天宠也。'虽当为王，尚在师中，为天所宠，事克功成，故吉无咎；二非其位，盖谓武王，二受命而未即位也；受命为王，定天下以师，故曰在师中吉。（《集解》《义海撮要》）按五爻皆阴，独为阳，阳为君，阴为臣，阳升阴降，二当升五居王位，然当师卦之时，在坎中，故尚在师中，有刚中之德，应于六五，五为天位，故为天所宠。阳当升五，今处二阴位，故非其位；犹武王之受命而未即位也，及受命为王，壹戎衣而有天下，故云在师中吉也。"

小畜䷈（乾下巽上）

象曰："风行天上，小畜。"风者天之命令也，今行天上，则是令未下行，畜而未下，小畜之义也。按小畜下乾为天，上巽为风。巽象曰："重巽以申命。"故巽为命，风行天下，犹天所命也，故云风者天之命令也。几行于天上，未施于下，是风畜而未下也，巽为阴卦，阳大阴小，故为小畜，又以一阴畜五阳亦小畜之义也。

九三，舆说辐，夫妻反目。象曰："夫妻反目，不能正室也。"四互体离，离为目也，离既不正，五引而上，三引而下，故反目也；舆以轮成车，夫以妻成室，今以妻乘夫，其道逆，故不能正室。按三四五互离，离为目，离互于上下二阳之间，故不正，五据四阴，故引而上，四乘三阳故三引而下，故有反目之象，车脱輹则不能行，夫妻反目，则室家不正。以六四之阴乘于九三之上，其道逆，犹妻之乘夫也，故不能正室。

九五，有孚挛如，富以其邻。象曰："有孚挛如，不独富也。"有信下三爻也，体巽故挛如；如谓连接其邻，邻谓四也，五以四阴作财，与下三阳共之，故曰不独富也。按孚，信也；挛，连也，巽为绳故挛如；四承五，故邻谓四，李道平云："炎珠林巽属木，六四纳辛未土，以木克土成财，故四为巽之财也；四为五财，与下三阳共之，则三阳皆连而富矣。"是九家之义也。

履☰（兑下乾上）

说而应乎乾。动来为兑而应上，故曰说而应乎乾也。以喻一国之君。应天子命以临下，承上以巽，据下以说，其正应天，故虎为之不咥人也。按履卦兑为说，说即悦也。上乾为天，乾三动而为兑以应上九，故曰说而应乎乾。三为三公之位，故以喻一国之君。三至五互巽，故承上以巽，下体兑，故据下以悦，正应于上九，故应天。是以履虎尾不咥人亨。

是以履虎尾不咥人亨。虎尾谓三也，三以说道履五之应，上顺于天，故不咥人亨也。按以巽说之道，顺应于五，故虽践虎亦不见噬也，自古圣王德及禽兽，故虎不食人。亨者五刚当位，故于五也。

泰☷（乾下坤上）

君子道长，小人道消也。谓阳息而升，阴消而降也；阳称息者长也，起复成巽，万物盛长也；阴言消者，起姤终乾，万物成熟，成熟则给用，给用则分散，故阴用特言消也。按郑注《月令》云："阳生为息。"生者长也，阳生于复，盛于乾，终于姤，姤下卦巽，故云成巽；姤象曰："天地相遇，品物成章也。"故万物盛长。姤，阴生，故阴之消阳，起姤，阴盛于坤，坤伏乾，乾为寒为冰，故终乾，万物成熟足供人用，供人用则分散矣，故言消。

六四，象曰："不戒以孚，中心愿也。"乾升坤降，各得其正，阴得承阳，皆阴心之所愿也。按乾二升坤五，坤五降乾二，六四得正，而得以承五阳，故中心愿也。

六五，帝乙归妹，以祉元吉。五者帝位，震象称乙，是为帝乙。六五以阴处尊位，帝者之姊妹。五在震后，明其为妹也。五应于二，当下嫁二，妇人谓嫁曰归，故言帝乙归妹，谓下居二以中和相承，故元吉也。按《后汉书·荀爽传》，爽曰："妇人谓嫁曰归，言汤以娶归其妹于诸侯也。"是帝乙谓汤也。五为帝位，三到五互震震东方也，甲乙东方木，故震象称乙，六五以阴爻处五帝位，故有帝姊妹之象，震为长男，五居后，故为妹，五应于九二，故当下嫁于二，居二得正故元吉。

象曰："以祉元吉，中以行愿也。"五下于二而得中正，故言中以行愿也。按五下二，以阴居阴，故得正，处内卦之中，故中以行愿也。

上六，城复于隍，勿用师，自邑告命，贞吝。象曰："城复于隍，其命乱也。"乾当来上，不可用师而拒之也；自邑者谓从坤性而降也；告命者谓下为巽，宣布君之命令也，三阴自相告语，俱下服，顺承乾也，城复于隍，国政崩也；坤为乱，否巽为命，交在泰上，故其命乱也。按泰与否旁通，否三至五互巽为命，坤为乱为邑为众为师。上六处泰之终，泰极反否，故有国政崩其命乱，城复于隍之象。泰卦坤上乾下，乾当升，故不可用师抗之，阴当降，故坤三阴。惟自相告语下顺于乾。

否䷋（坤下乾上）

初六，象曰："拔茅贞吉，志在君也。"阴至在下，欲承君也。按乾为君，初在下，而上应于四，四承五，五君位，故欲承君也。

九四，有命，无咎，畴离祉。巽为命，谓受五之命，以据三阴，故无咎。无命而据则有咎也。畴者类也，谓四应初，据三，与二同功，故阴类皆离祉也。离，附；祉，福也。阴皆附之，故曰有福；谓下三阴，离受五四之福也。按三至五互巽，巽为命，四为卿位，五为君位，故四受五之命，下据三阴，初则应四，二则与四同功，三则承四，故下三阴皆附丽承受四、五之福祉。荀爽曰："志行于群阴。"是也。

九五，休否，大人吉。否者消卦，阴欲消阳，故五处和居正，以否绝之；乾坤异体，升降殊隔，卑不犯尊，故大人吉也。按否为阴消阳之卦，九五以阳处阳，居中处正，故止而否绝之，使不能消阳，故有体否之象。乾，为大人，乾升坤降，乾尊坤卑，今九五体乾居尊位，故大人吉。

同人䷌（离下乾上）

同人谓乾舍于离，同而为日；天日同明，以照于下，君子则之，上下同心，故曰同人。按乾为天，离为日，同人上乾下离，故有同人之象。荀爽曰：“乾舍于离相与同居。”是也。

九五，象曰：“大师相遇言相克也。”乾为言。

大有䷍（乾下离上）

上九，象曰：“大有上吉自天佑也。”上九说五，以柔处尊，而自谦损，尚贤奉己，上下应之，为乾所右，故吉且和也。按三至五互兑为说。五以柔处尊，为大有之主，以柔故自谦损。上下五阳皆应之，上九为阴而五以至尊承之，故五能尚阳刚之贤而奉上九，乾为天，五为天位，故自天佑也。

谦䷎（艮下坤上）

象曰：“谦亨艮山坤地。”山至高也，地至卑也，以至高下至卑，故曰谦也；谦为兑宫五世卦，兑为泽艮兑合则山泽通气故亨也。

初六，象曰：“谦谦君子，卑以自牧也。”承阳卑谦，以阳自牧养也。按牧，养也。初与二，上承九三之阳，居谦之时，是以谦下自养者也。荀爽曰：“初最在下为谦，二阴承阳亦为谦，故曰谦谦也，二阴一阳相与成体，故曰君子也。”谦谦君子，乃以谦卑自养者也。

六四，象曰：“无不利扮谦，不违则也。”阴扮上阳，不违法则。按扮，举也。二至四互坎为法则。荀爽曰：“四得位处正，家性为谦，故无不利，阴欲扮三，使上居五，故曰扮谦。”阳当升五，三升五，则四得承之，故不违则也。

上六，鸣谦，利用行师征邑国。象曰：“鸣谦，志未得也。”可用行师，征邑国也。阴阳相应，故鸣谦也；虽应不承，故志未得；谓下九三可行师来上，坤为邑国也，三应上，上呼三征；来居五位，故曰：利用行师，征邑国也。按坤为众为师，为邑国，三至五互震为行为征，上六当谦之时独应于九三，故有鸣谦之象；惟隔于四五，二至四互坎为志为穴，故虽应不承，其志未得；是以欲九三上征于五，故有利用行师征邑国之象。

豫䷏（坤下震上）

豫，利建侯，行师。豫顺以动，故天地如之，而况建侯行师乎。震为建侯，坤为行师，建侯所以兴利；行师所以除害；兴利除害，民所豫乐也；天地有生杀，万物有始终，王者盛衰亦有迭更，犹武王承乱而应天地，建侯行师，奉辞除害，民得豫说，君得安乐也。按豫卦上震为长子，为主宗庙社稷以为祭主者，故有建侯之象，下坤为众故有行师之象。建侯所以安定四方故所以兴利，行师所以除患害，利兴害除则民豫乐，故豫利建侯行师。武王之应天顺人，建侯行师，除暴政，安天下似之。故以喻焉。

六二，介于石，不终日，贞吉。（补）按系辞下释文云：“介于，众家作介。”九家在《释文》所引众家中，据补。又宋本《释文》介作砎。盖同音通用。

随䷐（震下兑上）

象曰：“泽中有雷，随。”兑、泽、震、雷，八月之时，雷藏于泽，则天下随时之象也。按随卦上兑为泽，下震为雷。月令、仲秋，雷始收声，谓八月也。雷藏泽中，随时将出，至于春和，则雷出地奋万物悦豫矣。二至五互观，观为八月之卦，以卦侯而言，随在惊蛰春分间，二月之卦也。二月为仲春，雷藏于八月，待二月而动，故曰随时。

初九，官有渝（晁氏两汉坤误，补遗同）贞吉，出门交有功。渝，变也，谓阳来居初得正为震，震为子，得士之位，故曰官也。阴阳出门，相与交通，阴往之上，亦不失正，故曰贞吉而交有功。按《尔雅·释言》云：“渝，变也，随自否来，否上阳来居初，初阴往之上，而各得其正，故曰贞吉而交有功。”李道平曰：“震初纳庚子水得坤纳乙未土之位，水以土为官，以震变坤，故曰官有渝也。”震为出，二至四互艮为门，故有官有渝出门交有功之象。

蛊䷑（巽下艮上）

蛊，元亨，而天下治也。子行父事，备物致用，而天下治也，备物致用，立成器以为天下利，莫大于圣人，子修圣道，以临天下无为而治。（补）按此据序卦传九家注补。蛊者事也，初六曰：干父之蛊。谓行父之事也。“备物致用立成器。以为天下利，莫大于圣人”，乃系辞上之文。

利涉大川，往有事也。阳往据阴，阴来承阳，故有事也；此卦本泰，乾天有河，坤地有水，二爻升降，出入乾坤，利涉大川也，阳往求五，阴来求二，未得正位，戎事不息，故有事。按蛊者事也，泰初九之上，下据二阴，上六之初上承二阳，则成蛊卦。蛊上九据六五是求阴也，初六承九二，是求二也，初二五上皆不正失位，三至上体离为甲胄为干戈，故戎事不息。初至四体坎水，且天有天河，云汉是也，坤地有水，初上升降出入泰乾坤，而成蛊，故利涉大川。

临䷒（兑下坤上）

上六，敦临吉无咎。象曰："敦临之吉，志在内也。"志在升二也，阴以阳为主，故志在内也。按敦，厚也，坤土，故称敦临。荀爽曰："上应于三，欲困三升二，过应于阳，敦厚之意，故敦临吉无咎。"谓欲困三而使二阳升于五也。志在升二，二在内卦，故曰志在内也。

观䷓（坤下巽上）

象曰："风行地上观，先王以省方观民设教。"先王谓五，应天顺民，受命之王也；风行草上，草木必偃，枯槁朽腐，独不从风；谓应外之爻，天地气绝；阴阳所去，象不化之民，五刑所加；故以省察四方，观视民俗，而设其教也。言先王德化，光被四表，有不宾之民，不从法令，以五刑加之，以齐德教也。按五为王位，九五以阳居阳得位，故有先王之象。乾为天为王，坤为民为顺，巽为风为命，五居天位，故应天顺民，风行地上，惟枯槁朽腐之物不从风，以喻外处之爻，不化之民则五刑加之，故以省方观民设教，应外之民，喻初。

噬嗑䷔（震上离下）

初九，履校灭趾无咎。噬嗑六五本先在初处非其位，小人者也，虽欲为恶，终止不行，则无咎。（补）按此据系辞下九家注补已具于彼，此不具述。

上九，象曰："何校灭耳。聪不明也。"当据离坎以为聪明，坎既不正，今欲灭之，故云聪不明也。所在失正，积恶而罪大，为上所灭。闻善不听，闻戒不改，故凶也。按三至五互坎，坎为耳故聪，体离目为明。上九以阴居阳，失位，又据五，不正而在坎上，故有灭耳之凶。荀爽曰："为五所何，故曰何校，据五应三，欲尽灭坎，三体为耳，故曰灭耳凶。"是也。"所在失正"以下，据系辞下补。

复䷗（震下坤上）

初九，无祇悔。祇音支。（《释文》、赵汝楳《辑闻》）按《释文》

云："衹音支，辞也，郑云大也，王肃作禔，陆云禔，安也。九家本作禔字，音支。"《古易音训》引晁氏曰："《广雅》作敍，多也。说之按：衹古文用多字。"盖敍衹同音，可通用，详《汉易异文考》。

无妄䷘（震下乾上）

象曰："天下雷行，物与无妄。"天下雷行，阳气普遍，无物不与也；物受之以生，无有灾妄，故曰物与无妄也。按无妄上乾为天，下震为雷为行，故曰天下雷行。说卦云：万物出乎震。故震阳普遍，无物不与。物受以生，故物与无妄。

大畜䷙（乾下艮上）

六四，童牛之告，元吉。牛触人角著横木所以告人。（《释文》）按《说文》云："告，从口从牛，牛触人角著横木，所以告。"虞翻曰："艮为童，五已之正，萃（旁通萃）坤为牛，告谓以木楅其角，大畜畜物之家，恶其触害，艮为手为小木，巽为绳，绳缚小木，横著牛角，故曰童牛之告。得位承五故元吉。"可备参研。

颐䷚（震下艮上）

六四，虎视眈眈。艮有虎象。（《张氏会通》）

大过䷛（巽下兑上）

九二，枯杨生梯。荀九家亦以巽为杨。（陈上元《易象钩解》）按虞翻曰："梯，稚也，杨叶未舒称梯。巽为杨，乾为老，老杨故枯杨，在二也，十二月时，周之二月。兑为雨泽，枯杨得泽，复生梯。"可备参研。

上六，象曰："过涉之凶，不可咎也。"君子以礼义为法，小人以畏慎为宜，至于大过之世，不复遵常，故君子犯义，小人犯刑，而家家有诛绝之罪，不可咎也；大过之世，君子逊遁，不行礼义，谓当不义则争之，若比干谏而死也，是也。桀纣之民可比屋而诛，上化致然，亦不可咎。曾子曰："上失其道，民散久矣，如得其情，则哀矜而勿喜。"是其义也。按大过之世，谓过乱之世，君子犯义，小人犯刑。孟子曰："当不义则争之。"

坎䷜（坎下坎上）

六三，险且玷。（《释文》）按《释文》云："枕，郑玄云木在首曰枕。陆云闲碍险害之儿，九家作玷，古文作沈。”玷，《集韵》：“都念切，玉病。”《诗·大雅》：“白圭之玷。”毛传云：“缺也。”盖亦闲碍险害之义。

上六，系用徽纆，寘于丛棘，三岁不得凶。象曰：“上六失道，凶三岁也。”坎为丛棘，又为法律。按周礼王之外朝，左九棘，右九棘，面三槐，司寇公卿议狱于其下；害人者加明刑，任之以事，上罪三年而舍，下罪一年而舍也。（《义海撮要》节引）按《周礼·秋官朝士》：“掌建邦外朝之法，左九棘，孤卿大夫位焉，右九棘，公侯伯子男位焉，面三槐，三公位焉。左嘉石，平罢民焉，右肺石，达穷民焉。”郑注：“树棘以为位者，取其赤心而外刺，象以赤心三刺也。”外朝，讯事之处也。罢民，邪恶之民也，平罢民，谓治其罪也，又司圜：“掌收教罢民，凡害人者弗使冠饰，而加明刑焉，任碰碰车事而收教之，能改者，上罪三年而舍，中罪二年而舍，下罪一年而舍，其不能改而出国土者杀。”《九家易注》盖本乎此，此郑康成之家法也，故与郑注同。

离䷝（离下离上）

离，利贞亨，畜牝牛吉。离为牝牛。（《周易窥余》）按离为阴卦，得坤之一体；坤为牛，故离亦有牝牛之象。

九三，日昃之离，不鼓缶而歌，则大耋之差凶。鼓缶者，以目下视，离为大腹，瓦缶之象；谓不取二也，歌者口仰向上，谓兑为口而向上取五也，日昃者向下也，今不取二而上以五，则上九耋之阳称大也，差者谓上被三耋，五忧嗟穷凶也，火性炎上，故三欲取五也。离为日为大腹。按离为日，三至五互兑为口，昃，日向下时侧也，谓日夕也。缶瓦器，可以作为乐器，耋老也，八十曰耋，差，嗟也。九三据二当取二，以火性炎上而三与五同功，故舍二取五，上九据五，今五阴为九三所取，故上九以之耋而无耦，因嗟叹穷忧也。

象曰：“日昃之离，何可久也。”日昃当降，何可久长，三当据二以为鼓，而今与四同取于五，故曰不鼓缶而歌也。按日已夕矣，故不可久长。

九四，象曰：“㐬如其来如，无所容也。”在五见夺，在四见弃，故无所容也。按五已为三所夺，而九四以阳居阴位，失位不正，故在四位又见弃，是以㐬如其来如，焚如死如弃如，而地所容也。

六五，出涕沱若，戚差若吉。象曰：“六五之吉离王公也。”戚差顺阳，附丽于五，故曰离王公也；阳当居五，阴退还四，五当为王，三则三公也，四处其中，附上下矣。按五为王位，三为公位，四阳当升五，五阴当退四，九四忧戚嗟叹，以顺乎阳，终附丽于五，则得位。而上附丽于王，下附丽于公矣。故出涕沱若戚差若吉。荀爽曰：“六五阴爻退居于四，出离为坎，故出涕沱若，而下以顺，阴阳也。”虞翻曰：“坎为心，震为声，兑为口，故戚差若，动而得正，尊丽阳故吉。”可备参研。

周易下经

咸䷞（艮下兑上）

上六，象曰：“咸其辅颊舌，乘口说也。”山泽通气，滕口说之象。（《周易窥余》）按《释文》云：“滕，达也，九家作乘，虞作滕，郑云送也。”滕乘一音之转。咸卦上兑为泽，下艮为山，说卦传云：山泽通气。故滕口说也。虞翻曰：“滕，送也，不得之三，山泽通气，故滕口说也。”是也。山泽通气，滕口说之象，此黄奭所补，诸本皆无。

恒䷟（巽下震上）

恒，亨无咎。刚柔皆应，恒。初四二五虽不正，而刚柔皆应，故通无咎矣。按三上得位相应，初应四，二应五，则失位相应。以其皆相应，故亨无咎。

九三，不恒其德，或承之羞，贞吝。象曰：“不恒其德，无所容也。”言三取初，隔二，应上见乘，是无所容；无居自容，故贞吝。按荀爽曰：“与初同象，欲据初，隔二，与五为兑，欲说之隔四，意无所定，故不恒其德；与上相应，欲往承之，为阴所乘，故或承之羞也；贞吝者谓正居其所，不与阴通也；无居自容，故贞吝矣。”九家之注，盖本荀氏也。

晋䷢（坤下离上）

六二，象曰：“受兹介福，以中正也。”五动得正中，故二受大福矣；福谓马与蕃庶之物是也。按介，大也，六五失正，动而得正，居处卦之中，二应于五，五为王位，故二受大福，阳为福，晋卦辞曰：“晋康侯用锡马蕃庶。”受大福之谓也。

九四，晋如鼫鼠，贞厉。（晁氏曰：“九家作鼫。”）鼫鼠，喻贪，谓四也。体坎欲降，游不渎度，不出坎也，飞不上屋，不至上也，缘不及木，不出离也，穴不掩身，五坤薄也，走不先足，外震在下也，五技皆劣，四爻当之，故曰晋如鼫鼠也。按《集解》作硕鼠，盖通用。《诗经·魏风·硕鼠序》曰“贫而畏人”，是其义。九四在晋之时，失位不正，而贫于进，故有硕鼠之象。三至五互坎，四在其中，故欲游而不出坎；火性炎上体离，故欲上而四在离下，故飞不上屋；离于木为科上槁，四在离下，故不出离；欲掘穴而不掩其身，以五阴薄弱应坤之故，四不正之初，则内卦为震而在下，故不先足。五技皆劣，故如硕鼠。

明夷䷣（离下坤上）

明入地中明夷。日在坤下，其明伤也，言进极当降复入于地，故曰明夷也。（补）按明夷卦上坤为地，下离为日，为明，故曰日在坤下。夷者伤也，今明入地中，故其明伤也，晋者进也，晋卦离明在上，进极当降，故复入于地中，故曰明夷也。此据序卦传九家注补。

初九，明夷于飞，垂其翼。……有攸往，主人有言。四者初应；众阴在上为主人也，初欲上居五，则众阴有言，言谓震也，四五体震为雷声，故坚贞不屈有攸往，主人有言也。按初九得位而应四，三至五互震，震为雷为善鸣，为主宗庙社稷者，故主人有言，阳当升，自内往外处曰往，故有所往。

六二，明夷于左股。（晁氏曰：“九家直云明夷于左股。”）用承（晁氏曰：“九家作承”。）马壮吉。左股谓初，为二所夷也，离为飞鸟，盖取小过之义，鸟飞舒翼行；夷者伤也，今初伤垂翼在下，故曰明夷于左股矣。九三体坎，坎为马也，二应与五，三与五同功，二以中和应天，应天合众，欲升上三，以壮于五，故曰用承马壮吉。（《集解》）承，升也。（晁氏）按阳左阴右，故左股谓初。夷者伤也，当明夷之时，二阴乘阳故为二所伤。二至五体小过，小过：飞鸟遗之音，不宜上宜下。故初伤于飞，垂翼而行，故曰明夷于左股。二至四互坎，说卦云：其于马也为美脊。故为马，三为阳。阳当升。而五以阴居之不正，故二合众欲升三使进居五位，己得应之，故用承马壮吉。

象曰：“六二之吉，顺以则也。”二欲上三居五为天子，坎为法律，君有法则，众阴当顺从之矣。按五为天子位，而六五以阴居之不正，三阳当升，五阴当降，故二欲使三上居天子位，则得正而有则矣。

九三，明夷于南狩，得其大首，不可疾贞。岁终田猎名曰狩也，南者九五，大阳之位，故称南也；暗昧道终，三可升上而猎于五，得据于大阳首位，故曰明夷于南狩，得其大首。自暗复明，当以渐次，不可卒正，故曰不可疾贞也。按九三以阳居阳得正，阳当升，故三升五得居九五之尊位，五为天子位，天子为南面之尊，阳为大，故称明夷于南狩得其大首也，明夷，明入地中是暗，今三升五则暗昧不见故复明。当以渐次行之，故不可疾正。

六四，象曰："入于左腹，获心意也。"四欲上居五为坎，坎为心，四以坤爻为腹，故曰入于左腹，获心意也。按荀爽曰："阳称左，谓九三也，腹者谓五居坤，坤为腹也，四得位比三，应于顺首，欲上三居五，以阳为腹心也，故曰入于左腹，获明夷之心。言三当了门庭升五君位。"九家之言，盖本于荀爽。

家人䷤（离下巽上）

象曰："六二之吉，顺以巽也。"谓二居贞，巽顺于五，则吉矣。（《集解》《义海撮要》作顺以巽，谓二居正，顺于五也。）按六二以阴居阳得正，故居贞，应于九五，五体巽，故巽顺于五。

九三，象曰："家人嗃嗃，未失也；妇子嘻嘻，失家节也。"别体异家，阴阳相据，喜乐过节也；别体异家，谓三五也，阴阳相据，三五各相据阴，故言妇子也。按三与五同功而异位，三居内卦，五居外卦，居家人之时，故曰别体异家。三据二，五据四，故各相据阴；阴阳相据皆非其应，故有喜乐过节之象。离为中女，故称妇，三至四互坎为中男，故称子。嗃嗃刚严也，严故虽厉而未失；嘻嘻，喜乐过节也，故失家节。

睽䷥（兑下离上）

天地睽而其事同也，男女睽而其志通也，万物睽而其事类也，睽之时用大矣哉。乖离之卦，于义不大，而天地事同，共生万物，故曰用大。按睽者乖违也，乖违之卦，其义本不大，然而天地虽睽违，而造生万物则同，故睽之时用实甚大也。

解䷧（坎下震上）

象曰："雷雨作解，君子以赦过宥罪。"坎为桎梏，罪人居重坎，桎梏之间，蹇执甚焉。君子宥之，然后出出。（《周易窥余》）按此条黄奭所补。解卦下坎，三至五亦互坎故曰重坎。

九二，田获三狐。坎为狐，解自初至五，互体重坎，五爻之中，二五君臣也，余三爻则怀疑于前后者，故谓之三狐。（《周易窥余》）按此条亦黄奭所补。

上六，象曰："公用射隼，以解悖也。"隼，鸷鸟也，今捕食雀者，其性疾害，喻暴君也；阴盗阳位，万事悖乱，今射去这，故曰以解悖也。按六三以阴居阳，失位不正，坎为盗，故曰阴盗阳位，上六射而去之，故以解悖也。三至四互离为鸟。故有隼象。

益䷩（震下巽上）

六三，有孚中行，告公用圭。天子以尺二寸元圭事天，以九寸事地也，上公执桓圭九寸，诸侯执信圭七寸，诸伯执躬圭七寸，诸子执谷璧五寸，五等诸侯各执之以朝见天子也。按虞翻曰："公谓三伏阳也，三动体坎，故有孚，震为中行，三公位，乾为圭，乾之二，故告公用圭，圭桓圭也。"《周礼·春官典瑞》云："公执桓圭，侯执信圭，伯执躬圭，子执谷璧，男执蒲璧，以朝觐宗遇会同于王，四圭有祇，以祀天旅上帝，两圭有地，以祀旅四望。"《考工记》玉人之事："镇圭尺有二寸，天子守之；命圭九寸，谓之桓圭，公守之；命圭七寸，谓之信圭，侯守之；命圭七寸谓之躬圭，伯守之。"九家注盖本此。

夬䷪（乾下兑上）

夬，决也。夬者决也，大壮进而成夬。（补）按此据系辞九家注补，大壮五变即成夬。

姤䷫（巽下乾上）

天地相遇，品物咸章也。谓阳起子，运行至四月，六爻成乾，巽位在巳，故言乾成于巽，既成转舍于离，万物皆盛大，坤从离出，与乾相遇，故言天地遇也。按荀爽曰："乾成于巽而舍于离，坤出于离与乾相遇，南方夏位，万物章明也。"九家即申荀说。阳起于复，十一月阳生，至四月成乾，建巳，巽位在巳，乾成于巽，说卦云：万物出乎震，齐乎巽，齐也者言万物之洁齐也，离也者明也，万物皆相见。故言转舍于离，万物皆盛大也，说卦云：相见乎离，致役乎坤。故坤从离出，姤遇也，故天地相遇，品物咸章也。

初六，系于金柅，贞吉有攸往见凶。丝系于柅，犹女系于男故以喻；初宜系二也，若能专心顺二则吉，故曰贞吉；今既为二所据，不可往应四，往则有凶，故曰有攸往见凶也。（《集解》、《义海撮要》节引，《会通》引作荀氏非也）按巽为绳，初六当姤遇之时失位不正，宜系于二，则吉，若往应四则凶。

萃䷬（坤下兑上）

利贞五以正聚阳，故曰利贞。按九五以阳居阳，得正居中，当萃聚之时，故有聚阳之象。

升䷭（巽下坤上）

初六，允升大吉。象曰："允升大吉，上合志也。"谓初失正，乃与二阳允然合志，得升五位，故曰上合志也。按初二皆失正，然应于六四六五，阳当升，故初与二俱升。故上合志也。

困䷮（坎下兑上）

初六，臀困于株木。谓四，株木三也；三体为木泽中无水，兑金伤木，故枯为株也；初者四应，欲进之四，四困于三，故曰臀困于株木也。按四在上体之下，似臀，二至四互离，离于木为科上槁，上卦兑为泽，三体巽巽为木，故为株木，兑为金，为毁折，初应四，四困于三，故曰臀困于株木。

入于幽谷，三岁不觌。幽谷二也，此本否卦，谓阳来入坎，与初同体，故曰入幽谷；三者阳数，谓阳陷险中，为阴所弇，终不得见，故曰三岁不觌也。按二至四互离为见。

六三，入于其宫，不见其妻，不详也。此本否卦，二四同功为艮，艮为门阙，宫之象也；六三居困而位不正，上困于民，内无仁恩，亲戚叛逆，诛将加身入宫无妻，非常之困，故曰不详也。按困自否来，否上之二成困，否二至四互艮故有宫象，六三以阴居阳，失位不正，在困之时，上无所应，上卦兑为少女为妻无应，故不见其妻，乃不吉详者也。详祥古通用。

鼎䷱（巽下离上）

彖曰："鼎象也，以木巽火亨饪也。"鼎言象者，卦有木火，互有乾兑，乾金兑泽，泽者水也，爨以木火，是鼎镬亨饪之象；亦象三公之位，正则调和阴阳，下而抚毓百姓，鼎能孰物养人，故云象也。牛鼎受一斛，天子饰以黄金，诸侯白金，三足以象三公，足上皆作鼻目为饰也。羊鼎五斗，天子饰以黄金，诸侯白金，大夫以铜；豕鼎三斗，天子饰以黄金，诸侯白金，大夫铜，士铁，三鼎形同亨饪煮肉，上离阴爻为肉也。（《集解》、《董氏广川书跋》引作荀爽非也。）按鼎上离为火，下巽为木，二至四互乾为金，三至五互兑水，故有亨饪之象。三公之责，上则调和阴阳，下则抚育百姓，故象之。牛鼎以下，亦见郊祀志。荀爽曰："巽入离下，中有乾象，木以在外，金在其内，鼎镬亨饪之象也。"是也。

九四，鼎折足，覆公竦，其刑渥，凶。晁氏曰："渥，九家作剧。"鼎者三足一体，犹三公承天子也，三公谓调阴阳，鼎谓调五味，足折竦覆，犹三公不胜其任，倾败天子之美，故曰覆竦也。按郑氏云："鼎三足，象三公，竦是八珍之食。"鼎三足，共承一体，犹三公之共承天子也，鼎者所以调和五味，具八珍之食者也，今足折竦覆，犹三公不胜其任倾败天子之美也。如此则有重刑加之，凶之道也。刑渥谓厚重之刑罚。象曰："覆公竦，信如何也。"渥者厚大，即厚重也既覆公竦，信有大罪刑罚当加，无可如何也，重，谓罪重也。

上九，鼎玉铉。震为玉，变体震为玉铉。（《象旨决录》、陈上元《易象钩解》作上变为震，故有玉铉这象）按《荀九家易》象以震为玉，盖震得乾之一体，故有为玉之象。

丰䷶（离下震上）

勿忧宜日中。震动而上故勿忧也，日者君，中者五，君宜居五也；谓阴处五，日中之位当倾厄矣。按坎为加忧，今震动在上，不见坎象，故勿忧，日者，君之象也，中者五之位也。五者君之位也，今六五以阴处阳而居君位，失位不正，当有倾侧之灾。

六二，象曰："有孚发若，信以发志也。"信著于五，然后乃可发其顺志。按孙堂云："此条毛本胡本俱引作虞翻说讹。"惠校本、纂疏本、《古经解汇函》本皆作九家是也。虞翻曰："欠为孚，四发之五成坎，孚动而得志，故有孚发若吉，坎为志也。"是也，四之五，则成既济，六爻皆得正，故曰乃可发其顺志。

九三，丰其沛日中见沬。大暗谓之沛，沬斗杓后小星也。（《集解》）按孙堂云："项氏《玩辞》，引九家本经文与《集解》同，晁氏沬引作昧，云斗杓后星。"盖沬与昧古音同，可通用。虞翻曰："日在震下称沛，沛不明也，沬小星也，噬嗑离为日，艮为沬，故日中见沬，上之三日入坎云下，故见沬也。"日在云下不明，即大暗也，李道平云："辅星在北斗第六星闿阳旁，五至七为杓，六在杓中，故云沬，斗杓后小星也。"是也。

上六，窥其户，阒其无人，自戕也。《释文》云："自藏如字，众家作戕。马王肃云残也，郑云伤也。"（补）

旅☲☶（艮下离上）

六二，旅即次怀其资得僮仆贞。即，就；次，舍；资，财也。以阴居二，即就其舍，故旅即次；承阳有实，故怀其资，初者卑贱，二得履之，故得僮仆；处和得位正居，是故曰得僮仆贞矣。（《义海撮要》节引）按《说文》云："即，一曰就也。"就即往也。次犹今旅舍也。资谓财物，六二以阴居阴，得位居中，故就其舍，上承九三，阳为实，又二至四互巽，为利市三倍速。故怀其资矣；初卑贱之位而不正，故二得履于其上，二已得位居正，故曰得僮仆矣。内卦艮为少男，故有僮仆象。

九四，得其齐斧。按《释文》云："得其资斧。《子夏传》及众家并作齐斧。邵云：齐，利也。"（补）

巽☴☴（巽下巽上）

上九，巽在床下。上为宗庙，祀封赏出军，皆先靠庙，然后受行；三军之命，将之所专，故曰巽在床下也。按六爻之位，上为宗庙，古礼凡封赏诸侯大臣，及出军征伐，皆先告庙，然后行之。荀爽九二注："床下以喻近也，二者军帅，三者号令，故言床下，以明将之所专，不过军中事也。"可备参研。

涣☴☵（坎下巽上）

涣，亨王假有庙，利涉大川。木在水上，流行者风，舟楫之象也；此本否卦，九四之二。乾为远天故济不通。（补）按此据系辞补，涣上巽为木，为风，下坎为水，故有舟楫利涉大川之象，否四之二成涣，否乾为天为远。

九五，涣汗其大号。谓五建二为诸侯，使下君国，故宜布号令百姓被泽，若汗之出身，不违反也。此本否卦体乾为首，来下处二成坎水，汗之象也；阳称大，故曰涣汗其大号也。按涣自否来，否卦上乾下坤，九四去乾而来处于二，即成涣卦。涣卦上巽为号令，下坎为汗水，阳为大，故涣汗其大号。否卦五本应二，坤为民为国，乾为君，变至涣，则二至四体震为侯，故曰五建二为诸侯，使下君国。坎为水为泽，故民咸被泽。

节☵☱（兑下坎上）

六四，象曰："安节之亨，承上道也。"言四得正五上通于君，故曰承上道也。按六四以阴居阴，得正而上承于五，五君位得正，故曰承上道也。虞翻曰："二变艮止，坤安得正，承五有应于初故安节亨。"

小过䷽（艮下震上）

九四，无咎，弗过遇之。按九四以阳居阴，以尊居卑，故行过乎恭，上体震为行，以阳居阴虽失位，然体震为动，动即遇五，不必过五，故曰弗过遇之。

系辞上

方以类聚。谓姤卦，阳爻聚于午也方，道也，谓阳道施生，万物各聚其所也。按姤卦为五月之卦，姤五阳一阴，五月建午，故姤阳聚于午也，五月万物繁盛，阳道主施，姤，象曰："姤，遇也，天地相遇，品物咸章也。"是万物各聚其所也，故谓方以类聚矣。

物以群分。谓复卦阴爻群于子也，阴主成物，故曰物也；至于万物一成，分散天下也；以周人用，故曰物以群分也。按：复卦为十一月建子之卦，其卦五阴一阳，阴盛，故群于子；坤阴主化成万物，物成而分散天下以周人用。故物以群分。

八卦相荡。按《释文》云："相盪，众家作荡。马云除也，桓云动也。"（补）

乾知大始。始谓乾禀元气万物资始也。按乾彖云："大哉乾元，万物资始。"是其义也。

原始及终，故知死生之说。阴阳交合物之始也，阴阳分离；物之终也，合则生，离则死，故原始及终，故知死生之说矣。交合泰时春也，分离否时秋也。按阴阳合则物生，离则物终。泰，正月之卦，天地交泰，故物生，否，七月之卦，天地不交，万物不通，故分离。

而道济天下故不过。言乾坤道济成天下而不过也。

旁行而不流。旁行周合六十四卦，月主五卦，爻主一日，岁既周而复始也。按此即孟焦京卦侯之学，以六十四卦配七十二侯者也。其法以坎离震兑为四正，分主春夏秋冬。余六十卦主一年，以十二消息卦管十二月，每月五卦，每爻主一日，每卦主六日七分，一年三百六十五又四之一日，周而复始，故旁行而不流。

范围天地之化而不过。范者法也，围者周也，言乾坤消息法周天地而不过于十二辰也，辰日月所会之宿，谓诹訾、降娄、大梁、实沉、鹑首、鹑火、鹑尾、寿星、大火、析木、星纪、元枵之属是也。按阴消阳息，十二月而岁一周，以乾坤十二爻配之，爻主一辰，以当一月，故有十二辰。《春秋左传·昭公七年》云："日月之会是谓辰。"杜预注："一岁日月十二会，所会谓之辰。"是也。皇甫谧《帝王世纪》曰："自危十七度至奎四度曰：诹訾之次，于辰在亥，谓之大渊献，斗建在寅。自奎五度至胃六度曰：降娄之次，于辰在戌谓之阉共，斗建在卯。自胃七度至毕十一度曰：大梁之次，于辰在酉，谓之作噩，斗建在辰。自毕十二度至东井十五度曰：实沈之次，于辰在申。谓之在涒滩，斗建在巳。自井十六度至柳八度曰：鹑首之次，于辰在未，谓之协洽，斗建在午。自柳九度至张十七度曰：鹑火之次，于辰在午，谓之敦牂，斗建在未。自张十八度至轸十一度，曰：鹑尾这次，于辰在巳，谓之大荒落，斗建在申。自轸十二度至氐四度，曰：寿星之次，于辰在辰，谓之执徐，斗建在酉。自氐五度至尾九度，曰：大火之次。于辰在卯，谓之单门，斗建在戌。自尾十度至斗十度，曰：析木之次，于辰在寅，谓之摄提格，斗建在亥。自斗十一度至婺女七度，曰：星纪之次，于辰在丑，谓之赤奋若，斗建在子。自婺女八度至危十六度，曰：玄枵之次，于辰在子，谓之困敦。斗建在丑。凡天十有二次，日月之所缠，子丑等十二辰在地娵訾等十二次在天。"

言天下之至册而不可乱也。(《释文》)按《释文》云："言天下之至动而不可乱也。众家本并然，郑本作至赜云：赜当作动，九家亦作册。"册与积盖音近而通，当从众本作动。

是故可与酬酢，可与右神矣。阳往为酬，阴来为酢，阴阳相配谓之右神也；孔子言大衍以下至于能事毕矣，此足以显明易道，又神易德行可与经义相斟酌也。故喻以宾主酬酢之礼，所以助前圣发见于神秘矣。礼饮酒主人酌宾为献，宾酌主人为酢，主饮之又酌宾为酬也；先举为酢，答报为酬，酬取其报，以象阳唱阴和，变化相配，是助天地，明其鬼神者也。按《苍颉篇》："主答客曰酬，客报主人曰酢。"《释文》云："祐，助也，马云配也，荀作侑。"《仪礼·乡饮酒礼》："主人坐取爵实之，宾之席前西北面，献宾。……宾实爵主我之席前，东南面酢主人。……主人实觯酌宾。"九家释经，盖本乎此。

是故圣人以通天下志。凡言是故者，承上之辞也，谓以动者尚其变，变而通之，以通天下之志也。按以动者尚其变，系辞上文。以下二则亦引系辞互证。

以定天下之业。谓以制器者尚其象也。凡事业之未立，以易道决之故言以定天下之业。

以断天下之疑。谓以卜筮者尚其占也，占事知来故断天下之疑。

举而措之天下之民，谓之事业。谓圣人画卦为万民事业之象，故天下之民尊之，得为事业矣。按圣人作易所以弥纶天下，经纶古今，天下之民尊之，则参为天下之事业。故陆绩曰：“变通尽利，观象制器，举而措之于天下，民咸用之以为事业。”是也。

默而成，不信而信，存乎德行。默而成，谓阴阳相处也；不言而信，谓阴阳相应也；德者有实行者相应也。按《古易音训》引晁氏曰：“默百成之，无之字。”谓默而成，如阴阳之相处也，不言而信，如阴阳之相感应也。德者亦行德者而感应者也，不行德，则无德以应之矣。

系辞下

俯则观法于地。艮兑为山泽也，地有水火五行八卦之形者也。按：艮为山，兑为泽。五行金木水火土，八卦乾兑（金），震巽（土），坎（水），离（火），坤艮（土）。

与地之宜。谓四方四维，八卦之位，山泽高卑，五土之宜也。按：据说卦传可知八卦之方位，震东，巽东南，离南，坤西南，兑西，乾西北，坎北，艮东北。东西南北谓之四方，余谓之四维。《周礼·大司徒》：“以土会之法，辨五地之物生，一曰山林，其动物宜毛物，其植物宜皂鳞……二曰川泽，其动物宜鳞鳞，其植物宜膏物……三曰丘陵，其动物宜羽物，其植物宜核物……四曰坟衍，其动物宜介物，其植物宜荚物……五曰原湿，其动物宜蠃物，其植物宜丛物。”此即五土之宜也。

以类万物之情。六十四卦凡有万一千五百二十册，册类一物故曰类万物之情，以此庖牺重为六十四卦明矣。按系辞上云：二篇之策，万有一千五百二十，当万物之数也。策即册也，册类一物，故以类万物之情。

黄帝尧舜垂衣裳而天下治，盖取诸乾坤。黄帝以上，羽皮革木，以御寒暑。至乎黄帝始制衣裳垂示天下，衣取象乾，居上覆物，裳取象坤，在下今物也。按黄帝以前草昧初开，民皆衣羽皮革木以御寒暑，至黄帝文明始肇，始创衣裳。虞翻曰：“乾为治在上为衣，坤下为裳，乾坤万物之组，故以象衣裳。”

挎木为舟，掞木为楫，舟楫之利，以济不通，致远以利天下，盖取诸涣。木在水上流行若风，舟楫之象也；此本否卦，九四之二。挎，除也，巽为长为木，艮为手，乾为金，艮手持金，故挎木为舟，掞木为楫也；乾为远天，故济不通，致远以利天下矣。法涣而作舟楫，盖取斯义也。按涣上巽为风、为木，为长，下坎为水故有舟楫之象。涣自否来，否四之二成涣，否上乾为金，二至四互艮为手，故有挎揆之象。乾为远为天，故有致远以利天下之象。

重门击柝以待虣客，盖取诸豫。下有艮象，从外示之，震复为艮，两艮对合，重门之象也。柝者两木相击以行夜也，艮为手，为小木，又为上持；震为足，又为木，为行，坤为夜；即手持柝木，夜行击门之象也；坎为盗；虣、水暴长，无常，故以待暴客；既有不虞之备，故取诸豫矣。按豫上震下坤，二至四互艮，震反亦艮，艮为门，故有重门之象。艮为手，为持，为木坚多节；故为小木，震为足，为木，为行，坤为阴，为黑，故为夜，故有击柝行夜之象。三到互互坎，坎为盗为水，虣暴也；水暴长无常，故有待暴客之象。

上古结绳而治，后世圣人易之以书契，百官以治，万民以察，盖取诸夬。古者无文字，其有约誓之事，事大大其绳，事小小其绳，结之多少，随物众寡，各执以相考，亦足以相治也。夬本坤世，下有伏坤，书之象也；上又见乾，契之象也；以乾照坤，察之象也；夬者决也，取百官以书治职，万民以契明其事，契，刻也。大壮进而成夬，金决竹木为书契象；故法夬而作书契矣。(《集解》《路史·因提纪注》节引）按夬为坤宫五世之卦，故下有伏坤，坤为文，故为书之象，夬初至五互乾，乾为金为玉为言，故有契之象。夬，彖云：夬，决也。所以决断事理也，故百官取书以治其职务，万民以契而治其事理，契者古时刻竹木以为文，所以约定双方者也，大壮五变即成夬，乾为金，大壮外卦震，为竹为木，变为夬，则震象不见，故云金决竹木，是以有书契之象。

象也者像也。像：拟也。(《释文》)（补）按《释文》云：“众本并云像，拟也。”

利用安身，以崇德也。利用，阴道用也，谓姤时也，阴升上究则乾伏坤中，诎以求信，阳当复升，安身嘿处也；时则潜藏，故利用安身以崇其德；崇德体卑而高也。按诎，屈也；信，伸也；嘿，默也，姤卦一阴生于五月，卒至于十月，坤卦，阴道用事，至于坤，阴极阳生，故乾伏坤中，潜藏以安身，阳屈必伸，故十一月复一阳生，而卒到于乾德刚健矣。故利用安身以崇德。

子曰：小人不耻不仁，不畏不义，不见利不动，不威不征，小征而大戒，此小人之福也。易曰屦校灭趾，无咎。此之谓也。噬嗑六五，本先在初，处非其位小人者也；故历说小人，所以为罪，终以致害；虽欲为恶能止不行，则无咎。按否五之初成噬嗑，噬嗑六五本先在否之初六，皆以阴居阳，失位不正，故有小人之象。故孔子历述小人之所以获罪致害之由以明之；然若能遏止，为恶之心而不行，则无咎矣。

善不积不足以成名，恶不积不足以灭身，小人以小善为无益而弗为也，以小恶为无伤而弗去也，故恶积而不可弇，罪大而不可解。易曰：何校灭耳凶。噬嗑上九爻辞也，阴自初升五，所在失正，积恶而罪大，故为上所灭，善不积，斥五阴爻；聪不明者，闻善不听，闻戒不改，故凶也。按否卦初六升五，即成噬嗑，否初六噬嗑六五，皆以阴居阴，失位不正，故积恶而罪大，为上所灭，故凶。善不积谓六五以阴居阳，阳者为德以阴居之，故善不积。象曰：“何校灭耳听不明也。”则指闻善不职，闻戒不改，故蹈灭耳之凶也。

易曰介于石，不终日贞吉。（补）按《释文》云：“介于，众家本作介。”宋本《释文》作砎。盖通用。阴阳合德，刚柔有体，以天地之撰。撰，数也，万物形体，皆受天地之数也，谓九，天数，六，地数也，刚柔得以为体矣。按天地之数即系辞上所谓“天一、地二、天三、地四、天五、地六、天七、地八、天九、地十。天数五、地数五……凡天地之数五十有五，此所以成变化而行鬼神也。”天数奇，阴数耦，《易经》以变者为占，故用九用六。九为天数，六为阴数，六十四卦三百八十四爻，皆用九用六，故刚柔有体，以体天地之撰。

以通神明之德。隐藏谓之神，著见谓之明，阴阳交通，乃谓之德。按李道平曰：“神者阴藏，隐之德也；明者著见，阳之德也；阴阳相交则神明之德通矣。”圣人探啧索隐，幽赞于神明，作易以通神明之德，以类万物之情。

其称名也杂而不越。阴阳杂也，名谓卦名，阴阳虽错，而卦象各有次序，不相逾越。按虞翻曰：“阴阳错居曰杂。”多指六十四卦之名，六十四卦虽阴阳杂错，然其卦象皆各有次序。

易之兴也，其于中古乎？作易者其有忧患乎。是故履，德之基也……巽以行权。巽象号令，又为近利，人君政教进退择利而为权也。《春秋传》曰：“权者反于经，然后有善者也。”此所以说九卦者，圣人履忧济民，之所急行也，故先陈其德，中言其性，后叙其用，以详之也；西伯劳谦，殷纣骄暴，臣子之礼有常，故创道以辅济君父者也。然其意义广远幽微，孔子指提解此九卦之德，合三复之道，明西伯之于纣，不失上下。按巽为风，为申命，为号令，为近利市三倍，为进退。人君之政教择利而行权，法巽之象也。《春秋公羊传·桓公十一年》

云："权者反于经然后有善者也。"明行权，务以善出。从履德之基地，至巽以行权。乃孔子三陈九卦之德，以济民者也。故先则陈九卦之德，次则言九卦之性，末则言此九卦之用。以教人行德避忧之事，西伯即文王也。谦九三云，劳谦君子。有终吉，文王之谓也，文王居商纣暴乱之时而为其臣，而履常德，遭患难，故作易道思以感格其君，而辅济之。其意义广远，孔子谨撮九卦之德而再三陈述之。明文王不失上下之序也。故而再三陈述之，明文王不失臣子之道也。故孔子曰："三分天下有其二，以服事殷，周之德，其可谓至德也已矣。"是也。

说卦

雷以动之，风以散之，雨以润之，日以烜之，艮以止之，兑以说之，乾以君之，坤以藏之。谓建申之月，坤在乾下，包藏万物也。乾坤交索，既生六子，各任其才，往生物也；又雷与风雨，变化不常，而日月相推，迭有来往，是以义言之，天地山泽，恒在者也，故直说名矣。按否卦为七月之卦，建申，否乾上坤下，刊所以包藏万物也。乾坤交索而生六子，震巽一索，坎离再索，艮兑三索。震为雷，巽为风，坎为雨，离为日，此四卦以义言之，乾为天，坤为地，艮为山，兑为泽，以其象皆恒久存在，故直说其名。

巽为鸡。应八风也，风应节而变，变而不失时，鸡时至而鸣，与风相应也。二九十八，主风精为鸡，故鸡十八日剖而成雏，二九顺阳历，故鸡知进而鸣也。按巽为风，《史记·律书》云："东北方条风，立春至；东方明庶风，春分至；东南方清明风，立夏至；南方景风，夏至至，西南方凉风，立秋至，西方阊阖风，秋分至，西北方不周风，立冬至，北方广莫风，冬至至。"故风应节而变，鸡知时与风相应，故巽为风，二乘九为十八，主风精，鸡在十八日剖而成子，九者阳数，二者阴数，二九故顺阳历。鸡知时而鸣故巽为鸡。

坎为豕。污辱卑下也，六九五十四主时精为豕，坎豕怀胎四月而生，宣时理节，是其义也。（《集解》）按豕居卑下污辱之地，故以象焉，六老阴数，九老阳数，六乘九得五十四。《淮南子》曰："六九五十四，四主时，时主豕。"故豕怀胎四月而生。李道平曰："时谓四时，节谓八节。"节即春分、立春、冬至、立冬、夏至、立夏、立秋、秋分。豕知时故可宜理时节。

艮为狗。艮止主守御也，艮数三，七九六十三，三主斗，斗为犬，故犬怀胎三月而生，斗运行十三时，日出故犬十三日而开目，斗屈故犬卧屈也，斗运行四市，犬亦夜绕室也，火之精畏火不敢饮，但舌舐水耳，犬斗以水灌之则解也，犬近奎星，故大淫，当路，不避人者也。（《集解》《玩辞》节引）按艮为止，狗所以止物，故为艮之象。艮数三，李道平曰："艮时行为时，斗建四时，《春秋考异邮》曰：'犬，斗精也。'七九六十三，阳气通，故狗三月而生，斗之运行，杓指寅，日出从寅至市，一日，是行十三时日出故犬生十三日开目。"是也。

为老马。言气衰也，息至巳，必当复清，故为老马也。按乾为四月卦，建巳，阳极阴生，阴生故气衰；阳息至四月，阳盈极，至五月一阴生为姤，至十月坤而阳消极矣，故气衰也，故为老马。

为龙为直为衣为言。（《释文》《汉上易传》《本义玩辞》）按阳气变化无端犹龙，其动也直故为直，覆盖万物故为衣，为头为君，君出令者也，故为言。项安世《周易玩辞》曰："兑之决也，震之龙，巽之绳，兑之口，皆以乾爻故也。"

为子母牛。土能生育，牛亦含养，故为子母牛也。按坤为土为牛为母，能生养万物，化育万品，《春秋左氏传·昭公四年》云："纯离为牛。"离坤之子也，子母皆牛，故为子母牛。

为文。万物相杂故为文也。按系辞云：物相杂故曰文。李道平云："《楚语》《左史倚相》曰地事文。《逸礼·三正记》曰资法天，文法地。《白虎通》曰天为质，地受而化之，养而成之。故为文。"是也。

为牝为迷为方为囊为裳为黄为帛为浆。（《释文》《汉上易传》《本义玩辞》）按坤为母为雌为黑故为迷，至静而德方，故为方，能含容万物故为囊，为地，黄者地之中色，故为黄，裳下饰，坤卑故为裳，为布故为制帛，为釜为均故为浆。杜预注《左传》曰："坤为布帛。"项安世曰："乾为蚕精而出于震，至巽离而有丝至坤而成帛。酒主阳，浆主阴，故坤为酱，坎为酒皆乾之阳也。"可备一说。

为苍莨竹。苍莨，青也，震阳在根长坚刚，阴爻在中，使外苍莨也。按《说文》："苍，草色也。"草色青，震阳在下，根之坚刚于下，阴爻在中，使之有文，震，东方也，东方色青，故为苍莨竹。

为萑苇，萑苇。蒹葭也。根茎全生，蔓衍相连，有似雷行也。按《说文》云："苇，大葭也。萑，草多貌又乱也。"故释为蒹葭。

为玉为鹄为鼓。（《释文》《汉上易传》《周易本义》《玩辞》）按震为玄黄为专，故为善鸣，为健为作足，故为鹄为鼓。玉一作王，项安世曰："为王者帝出乎震。鹄古鸿字，为鼓皆声之远闻者也。与雷同。鹄色正白与彝的同。"可备一解。

为杨为鹳。(《释文》《汉上易传》《本义玩辞》）按项安世《周易玩辞》引杨作扬，云：“巽称而阴，称即扬也，扬，子曰：巽以扬之。”惠定宇曰：“朱震、项安世皆作扬，读为称扬之扬非也，巽为故木，故称为杨，大过‘枯杨生梯。’仲翔注巽为杨不从手也。”项曰：“鹳水鸟能知风雨者，朱震《汉上易传》曰震为鹤。鹤，阳禽也。巽为鹳，鹳阴禽也。”故为鹳。

为薄蹄。薄蹄者，在下，水又趋下，趋下则流散，流散则薄，故为薄蹄也。

为宫为律为可为栋为丛棘为狐为蒺藜为桎梏。(《释文》《汉上易传本义》按项安世《周易玩辞》引栋作棟，去棟字疑当为栋。）按：坎为水，为法，故为宫，为律，为可；其于木也为坚多心，故为栋；为丛棘，为蒺藜，为豕，为极心，为心病，故为狐，为多眚，故为桎梏。项安世曰：“宫与穴同象，皆围土居人陷也，隐伏也，阳在中也，栋在屋中有阳之象，故为栋，桎梏皆物之险而能陷者也。”《释言》曰：“坎律铨也。”惠氏曰：“可当为河，坎为大川故为河，或云当为坷，《说文》曰：‘坷，坎坷。’古文省作可。”亦通。朱云：“丛棘，狱也，《子夏传》曰坎为小狐。困坎为蒺藜。”可备参研。

为牝牛。(《释文》《汉上易传》本义《玩辞》）按《春秋左氏传·昭公五年》云：“纯离为牛。”离者阴卦，故为牝牛。

为鼻为虎为狐。(《释文》《汉上易传本义》《玩辞》）按《易汉学》引管辂云：“鼻者艮天中之山。”又引斐松之云：“相书谓鼻之以名为天中，鼻有山象，故曰天中之山也。”项安世曰：“艮主寅，虎寅兽故为虎。”惠定宇曰：“先儒解易皆取二象，不闻艮为虎也，虎当为肤字之误也，仲翔注易云艮为肤，是也。”然虎者山兽也，故艮为虎，似不误。《左传》秦伐晋，卜徒父筮之，其卦遇蛊曰：“获其雄狐，蛊艮为狐。”项安世曰：“取其喙之黔。”坎为狐，取其心之险也。

为常为辅颊。(《释文》《汉上易传》《本义》《玩辞》）常，西方神也。(《释文》）按兑为西方，故为常兑为口舌，故为辅颊。易咸上六云咸其辅颊舌，是也。

序卦

讼必有众起，故受之以师，师者众也。坤为众物，坎为众水，上下皆众，故曰师也。凡制军万有二千五百人为军，天子六军，大国三军，次国二军，小国一军，军有将，皆命卿也；二千五百人为师，师帅皆中大夫，五百人为旅，旅帅皆下大夫也。按“凡制军万有二千五百人为军”以下皆本《周礼·夏官》文。师卦上坤为众物下坎为众生，故有师众之象。

以喜随人者必有事，故受之以蛊，蛊者事也。子行父事，备物致用，而天下沼也，备物致用立成器以为天下利，莫大于圣人，子修圣道行父之事，以临天下，无为而治。按蛊干父之蛊，故云子行父事。备物致用，立成器以为天下利，皆系辞文。

进必有所伤，故受之以明夷，夷者伤也。日在坤下，其明伤也，言进极当降，复入于地，故曰明夷也。按明夷上坤为地，下离为日，日在地下，故明伤也，晋卦进升已极，极则当降，故明入地中，而为明夷。

杂卦

丰，多故；亲寡，旅也。(《释文》)（补）按《释文》云：“丰多故，众家以此绝句；亲寡，旅也，荀本：丰多故亲，绝句，寡，旅也，别为句。”九家在众家中，据补。丰盛之极，故多故；旅在外，故亲寡。

第十六章　《虞氏易》

——虞翻集两汉易学之大成

一、虞翻及其易注

虞翻字仲翔，尝佐王朗孙策，抚绥郡县，时著勋绩，孙策待以交友之礼，躬临其家。曹操挟汉献帝以令诸侯，召为侍御史，不受。《虞翻别传》载其初立《易注》，奏上汉献帝云："臣闻六经之始，莫大阴阳。"尝与少府孔融书，并示以所著《易注》，融答书：示所著《易传》，自商瞿以来，舛错多矣，去圣弥远，众说骋辞，曩闻延陵之理乐。今睹吾子之治易，乃知东南之美者，非徒会稽之竹箭也。又观象云物，察应寒温，原其祸福，与神合契，可谓探赜穷通者也。方世清圣上求贤者，梁丘以卦筮宁世，刘向以《洪范》昭名，想当来翔，追踪前烈，相见乃尽，不复多陈。

孔融期许之高，由斯可见。数犯颜直谏孙权，权不能用，涉之交渊。讲学不倦，门徒数百，注《易》《老子》《国语》《参同契》诸书，具见学问之博通。其易更荟聚两汉易学之大成，而又能以宏识卓见出之，可谓有得矣。

陆德明《经典释文》载其书十卷，云："字仲翔，会稽余姚人，后汉侍御史。"《隋书·经籍志》则载《周易》九卷，云："吴侍御史虞翻注。"新旧《唐志》并同，惟《新唐志》翻作飜。二字盖同字异体，是其旧。至北宋宋祁（子京）编《新唐书》时犹未亡也。惟南宋元明之时，其书不传于世，幸李鼎祖先《周易集解》征引《虞氏易》最为详实，而《释文》、《古易音训》、《汉上易传》诸书并征引之，故清儒得以辑《虞氏易》之书，而张惠言《周易虞氏义》，且补足《虞氏易》之遗佚，使《虞氏易》复现于世，虽非《虞氏易》之本来面目，然亦庶乎近之。

《虞氏易》之辑本，有孙堂《周易注》十卷，《附录》一卷，《汉魏二十一家易注》本。《黄奭易注》一卷，《汉学堂经解》本、《黄氏逸书考》。（民国修补本、民国补刊本）补足《虞氏易》之佚者，则有清张惠言《周易虞氏义》九卷一家。张氏书载于《皇清经解》，其后纪磊撰《虞氏易义补注》二卷，载于《吴兴丛书》中，曾钊周《易虞氏义笺》九卷，自刻本。民国徐昂《周易虞氏学》六卷，《徐氏全书》本，此三家皆就惠言书而补足详正，阐释说明者也。至于研究《虞氏易》者，则有张惠言《周易虞氏消息》二卷，《易礼》二卷，《易事》二卷，《易候》一卷，《易言》二卷，皆见于《皇清经解正续编》及张皋广《笺易诠集》本中，又李锐《周易虞氏略例》一卷，徐昂《周易虞氏学》六卷，前三卷补张氏《虞氏易义》之不足，后三卷为杂释，以上所载皆研究《虞氏易》之书。至于惠定宇《周易述》，虽非以虞氏为名，然以虞氏为主，江藩、李林松《周易述补》亦然，皆可备参研。余作《虞氏易述解》（五洲出版社印行）则荟先儒之精义，述一已之所得。

二、《虞氏易》之渊源与影响

《三国志》裴松之注引《虞翻别传》云：“翻初立易注，奏上曰……臣高祖父故零陵太守光，少治《孟氏易》。曾祖父故平舆令成，缵述其业，至臣祖父凤为之最密，臣先考曰南太守歆，受本于凤，最有旧书，世传其业……至臣五世……所览诸家。解不离流俗，义有不当，实辄悉改定，以就其正。”又奏曰：“经之大者，莫过于易，自汉初以来，海内英才其读易者解之率少，至孝灵之际，颍川荀谞，号为知易，臣得其注，有愈俗儒……又南郡太守马融，名有俊才，其所解释，复不及谞。……若乃北海郑玄，南阳宋衷，虽各立注，衷少差玄，而皆未得其门。……宋氏解玄，颇有缪错，更为立注，并著明杨释宋。”是虞氏五世传《孟氏易》，其易自必以孟氏为宗，又兼览荀、马、郑、宋之易，间亦略取资四家之义焉。故纪磊（《虞氏易义补注》）谓：“汉季易师，以虞氏为巨擘，世传孟学，又参考荀马宋郑诸儒说，其所得深。”是《虞氏易》源于孟氏，而亦尝取资于四家也。又上考于《京氏易》、《子夏易》与《费氏易》，故能集两汉易学之大成。

其后易家，如陆绩、董遇、张璠、蜀才、姚信、翟元、陆德明、李鼎祚、史征、朱震，乃至清惠栋、张惠言、马国翰、孙堂等人皆尝有所取资，而李鼎祚《周易集解》用其说者盖十分有九。

(一)《虞氏易》源于孟氏者

沈祖绵撰《周易孟氏学》，每征引《虞氏易》以互证，而述明其异同之处，而每每以虞为非，拙作《〈孟氏易〉阐微》则从而订其失而述明《虞氏易》同于孟氏者，其文具在，今不备载，惟列举其一二以证。

系辞下：象也者象也。《释文》云：“像，众家并云拟也。孟京虞董姚还作象。”

晋，六五，失得勿恤。《释文》云：“失，孟马郑虞王肃作矢。”

姤，后以施命告四方。《说文》云：“后，继体君也，易曰后以施命告四方。”虞注：“后，继体之君，姤阴在下，故称后……”

益，上九。象曰：莫益之，遍辞也。《释文》云：“偏，孟氏作徧，云周匝之也。”虞翻曰：“徧，周匝也。”

咸，咸其脢。《说文》云：“脢，背肉也。易曰咸其脢。”虞注：“脢，夹脊肉也，坎为脊，故咸为脢。”

坎，九五，禔既平。《说文》云：“禔，安也。易曰禔既平。”虞注：“禔，安也，艮止坤安，故禔既平。”

又初六，入于坎窞凶。《说文》：“窞，坎中小穴也。易曰入于坎窞。”虞注：“坎中小穴称窞。”

讼，上九，或锡之鞶带。《说文》：“鞶，大带也。易曰或锡之鞶带。男子带鞶。”虞注：“鞶带，大带，男子鞶革。”

《说文》称易孟氏，故吾人于《说文》中可见孟氏之佚文，以与《虞氏易》相较，其中颇有相同者。是《虞氏易》之源于孟氏者犹可考知也。

(二)《虞氏易》源于梁丘氏者

今存汉石经乃梁丘氏之易，《虞氏易》与之同者如：

泰卦包荒，否卦包羞，旅卦得其斋斧，上系六爻之义，易以工。其经文皆同，《梁丘易》与孟氏同源皆为汉叶之显学，《虞氏易》亦或尝取资乎此。

（三）《虞氏易》源于京氏者

《京氏易》亦取资乎孟氏。《虞氏易》既源于孟氏，则与京氏同者，本固然矣。如：

小畜，上九，尚得载。《古易音训》引晁氏曰："德，《子夏传》作得，京虞翻同。"

复，反复其道，七日来复。《汉上易卦图》云："京房曰六爻反复之称。"虞翻曰："消乾六爻为六日，刚来反初。"

革，九五，六人虎变。《京房易传》曰："坤为虎刑。"虞注："坤为虎。"

系上：圣人有以见天下之啧。《释文》云："赜，京作啧。"虞同。

是《虞氏易》源于孟京者，犹可考知也，且孟京十二消息之说。虞氏亦全用之，而卦气之说，虞氏亦征引采信颇多。

（四）《虞氏易》源于子夏者

《虞氏易》与子夏同者如：

复，七日来复。《汉上易卦图》云："子夏曰：极六位而反于坤之复，其数七日，其物阳也。虞翻曰：消乾六爻为六日，刚来反初。盖先儒旧传自子夏，京房，陆绩，虞翻皆以阳涉六阴，极而反初为七日。"

履，九四，履虎尾，愬愬终吉。《子夏传》曰："愬愬，恐惧之貌也。"虞注："体与下绝，四多惧，故愬愬。"

井，六四，象曰："井甃无咎，脩井也。"《正义》云："《子夏传》曰：甃，亦治也，以砖垒井，脩井之坏，谓之为甃。"《释文》引《子夏传》云："甃，脩治也。"虞注："脩，治也，以瓦甓垒井称甃。"

丰，九三，日中见沬。子夏作昧，云："星之小者。"虞注："沬，小星也。"

既济，六二，妇丧其鬏。《释文》云："茀，子夏作鬏。"虞同。

（五）《虞氏易》源于费氏者

《费氏易》为古文，无章句，而以十翼解说上下经，荀爽马融郑玄咸依费氏家法，虞氏既有取于三家，则亦溯源于费氏。如：

困，刚弇也。《释文》：“掩，虞作弇。”《古易音训》引晁氏曰：“弇古文。”

丰，初九，遇其妃主，虽旬无咎。《古易音训》引晁氏：“妃，古文配字；旬，古文均字。”虞用古文。

归妹，六三，归妹以须。《古易音训》引晁氏曰：“须，子夏孟京作嬬，古文作须。”虞用古文。

贲，舍车而徒。晁氏曰：“车，古文。”虞用古文。

此皆虞氏用古文者也，至于用十翼解经者，更所在多有。如临初九云：“咸，感也。”则用咸彖文。注剥卦云：“小人道长。”则用否彖文。“臣弑其君，子弑其父”则用文言之文。注大有上九则用系辞文。注噬嗑卦辞则用丰卦大象文。注颐卦彖辞用屯初九象辞。注坎六四云：“乾刚坤柔。”则用杂卦文。此皆已详具于《〈虞氏易〉注阐微》之中矣，此不备载。

（六）《虞氏易》源于马氏者

虞氏既尝亲见马氏之书，且于篇中，一再提及马氏，虽未显言源于马氏，然今见其注亦尝取之于马氏。如：

睽，六二，其人天且劓。马注：“剠凿其额曰天。”虞注：“黥额为天。”

损，六五，或益之十朋之龟。马虞之注同据《尔雅》。

萃，王假有庙。《释文》云：“亨，马郑陆虞等并无此字。”

艮，九三，裂其夤。夤，马注：“夹脊肉。”虞注：“脊肉。”

归妹，九四，归妹愆期。马注：“愆，过也。虞同。”

渐，九三，鸿渐于陆。马注：“高平曰陆。”虞注：“高平称陆。”

（七）《虞氏易》源于荀爽者

虞氏称荀氏号为知易，并尝亲见其书，故亦略取资乎荀氏，如：

坤，文言：阴凝于阳必战，为其兼于阳也。荀虞并同。

屯，刚柔始交而难生。荀注：“物难在始生，此本坎卦也。”虞注：“坎，交初故始交，确乎难拔，故难生。”

蒙，亨。荀云：“此本艮卦也。”虞注：“艮三之二。”

需，九二，需于沙。荀云："水中之刚故曰沙。"虞注："水中之阳称沙也。"

师，上六，大君有命，开国承家。荀注："师旅已息，既上居五，当卦赏有功，立国命家也。"虞注："欲令二上居五为比，故开国承家。

（八）《虞氏易》源于郑氏者

《虞氏易》源于郑氏者，已详具于《〈郑氏易〉阐微》之中，今唯列举一二，如：

坎，六四。郑注："贰，副也。"虞同。

咸，初六。郑注："拇，足大指也。"虞同，唯拇作母耳。

咸，上六。郑注："媵，送也。"虞同。

损，六四，五十朋之龟。郑虞注同。

蹇，初六，象曰："宜待时也。"《释文》云："宜待也。郑本宜待时也。"

（九）《虞氏易》源于宋衷者

虞氏亲见宋氏之书，云："衷少差玄。"今观其易注，亦略有与宋民同者。如：

姤，初六，羸豕孚蹢躅。宋注："羸，大索，所以系豕者也。巽为股又为进退，股而进退，则蹢躅也。为风动摇之貌也。"虞注："坎为豕，巽绳操之，故称羸也。巽为舞为进退，操而舞，故羸豕孚蹢躅。"按张惠言曰："宋氏取象及义，尽与虞同。"

巽，九二，巽在床下。宋注："二无应于上，退而据初，心在于下。"虞注六四田获三品云："田谓二也，欲二之初，已得应之。"

师，六五，弟子与尸。宋注："弟子谓六三也，失位乘阳，处非所据，众不听从，师人分北，或收绩死亡舆尸而还。"虞注："弟子谓三，失位乘阳，逆故贞凶。"

三、《虞氏易》之特点及价值

张惠言曰："翻之言易，以阴阳消息，六爻发挥，旁通升降，归于乾元用九而天下治。依物取类，贯穿比附，始若琐碎，及其沈深解剥，离根，散叶，畅茂条理，遂于大道，后儒罕能通之。翻之学既世，又具见马郑荀宋氏书，考其是否，故其义为精，又古书亡而汉魏师说可见者十余家，然唯郑荀虞三家，略有梗概可指说，而虞又较备，然则求七十子之微言，田何，杨叔，丁将军之所传者舍虞氏之注，其何所自焉。”《虞氏易》之特色、价值及其重要如是，吾人真宜钻研勿替，用光易道，而阐先贤之绝学，述先圣之元意。庶无负于先儒之苦心。张氏言《虞氏易》之特色及其价值，犹未尽也，今更从而论之。

（一）本《说文》《尔雅》《方言》以求易义之旨归

《尔雅》《方言》与《说文》，皆群经之钤键，百家之津涉，诂训之义海，而擒翰之华苑也。故先儒之诂经，多取资乎此。虞氏之解易，取资乎是，以求经义之旨归者以百十数。兹略举数例以证：

蒙，象：“君子以果行育德。”注云：“育，养也。”此用《尔雅·释诂》之文。

讼，九四，渝安贞吉。注云：“渝，变也。”此用《尔雅·释言》之文。

又，初九。注：“永，长也。”小畜上九注：“几，近也。”泰大象注：“后，君也。”九二注：“遐，远。”九三注：“恤，忧，孚，信。”六五注：“祉，福也。”大有六五注：“孚，信也。”豫六五注：“恒，常也。”观彖注：“若，顺也。”皆用《尔雅·释诂》之文。豫上六注：“渝，变也。”噬嗑初九注：“祉，足也。”咸上六注：“媵，送也。”皆用《释言》之文。大畜上九注：“衢四交道。”则取自《释宫》。损六五，“十朋之龟”之注，则取自《释鱼》，是虞氏义取自《尔雅》者颇多也。

泰，九二，不遐遗。注：“遗，亡也。”此用《说文》之文。

否，六二，大人否享。注云：“否，不也。”此皆用《说文》之文。

余如贲，初九。注：“徒，步行也。”坎九五注：“禔，安也。”萃大象注：“戎兵。”皆用《说文》之文。

噬嗑，六二，噬肤灭鼻。注云：“噬，食也。”此用扬子云《方言》之文。

大过，九二，老夫得其女妻。注云：“乾为老。”《方言》云：“乾老也。”

革，九五，未占有孚。注云：“占，视也。”此用《方言》之文。

（二）博征于群经诸子以融易义于一贯

据《虞翻传》及《别传》，知虞氏有《周易》、《论语》、《国语》、《老子》、《参同契》之注解，《周易日月变例》、《周易集林律历》，《太玄》明扬释宋之作又秦郑玄解《尚书》违失事，并条举玄所注《五经》违义尤甚者百六十七事于汉献帝。由是足知其学之博大精深矣，以如是博大精深之学以注易，故能博微群经诸子而融易义于一贯。如：

坤，文言：敬义立而德不孤。注：“西南得朋，乃与类行。故德不孤，孔子曰必有邻也。”

同人，君子以类族辨物。注：“孔子曰君子和而不同。故于同人象见以类族辩物也。”

蹇，君子以反身修德。注云：“阳在三，进德修业，故以反身修德，孔子曰德之不修是吾忧也。”

以上用《论语》文。

蛊，六四，裕父之蛊，往见吝。注云：“裕，不能争也。孔子曰父有争子则身上陷于不义。”

损，一簋应有时。注云：“时为春秋也。……谓春秋祭祀以时思之。”

系辞上：无咎者善补过者也。注云：“失位为咎悔，变而之正，故善补过。孔子曰退思补过者也。”

以上用《孝经》文。

屯，九五，屯其膏。注：“坎雨称膏。《诗》‘云阴雨膏之’。是其义也。”

比，象：“先王以建万国亲诸侯。”注：“先王谓五，震为建为诸侯，坤为万国为腹，坎为心，腹心亲比，故以建万国亲诸侯。《诗》曰公侯腹心。是其义也。”

泰，象：“辅相天地之宜，以左右民。”注：“相赞，左右，助也，震为左，兑为右，坤为民，谓以阴辅阳，《诗》曰‘宜民宜人，受禄于天’。”

以上用《诗经》之文。

泰，九三，无平不陂。注：“平谓三，天地分，故平，天成地平，平谓危者使平，易者使倾。”“天成地平”取自《尚书·大禹谟》之文。

临，六三，甘临。注：“兑为口，坤为土，土爰稼穑作甘，兑口衔坤，故曰甘临。”“土爰”一句用《尚书·洪范》文。

益，初九，利用为大作。注：“大作谓耕作来耨之利……日中星鸟，敬授民时，故以耕播也。”“日中至民时”用《尚书·尧典》之文。

以上用《尚书》之文。

蒙，匪我求童蒙，童蒙求我。注：“礼有来学无往教。”按《典礼》云：“礼闻来学，不闻往教。”

中孚，上九，翰音登于天。注：“《礼·荐牲》：鸡称翰音也。”按《曲礼》云：“鸡曰翰音。”以上取礼注易。

大过，彖：“大过之时大矣哉。”注：“国之大事在祀与戎”。此用《春秋左氏传·成公丨三年》文。

震，六三，震苏苏。注：“死而复生称苏。”《春秋传》曰：“晋获秦谍，六日而苏也。”按《春秋左氏传·宣公八年》云：“晋人获秦谍杀诸绛市，六日而苏。”

以上用《春秋左氏传》文。

乾，象：“君子以自强不息。”注：“老子曰自胜者强。”

坤，象：“君子以厚德载物。”注：“老子曰胜人者有力也。”

屯，利建侯。注：“老子曰善建者不拔也。”

震，象：“君子以恐惧修省。”注：“老子曰修之身，德乃真也。”

系辞下：有不善未尝不知。注：“老子曰自知者明。”

以上用《老子》之文。

（三）旁征于史事以证易义之旨趣

取史事以证验易理，先儒之注易，多如此，《虞氏易》亦然。如：

乾，九五，飞龙在天。注：“谓若苞牺观象于天，造作八卦备物致用，以利天下。故曰飞龙在天。”

明夷，彖。注：“三喻文王……若纣杀比干，三幽坎中，象文王之拘羑里……喻从文王者，纣惧出之……箕子，纣诸父，故称内难。……故正其志，箕子以之，而纣奴之矣。”

革，九四，有孚改命吉。注：“体大过死，以比桀纣，汤武革命，顺天应人，故改命吉也。”

又九五，大人虎变。注：“传论汤武以坤臣为君。”

未济，上九，有孚于饮酒，无咎，濡其首，有孚失是。注：“谓若殷纣沉湎于酒以失天下也。”

（四）取易经卦爻之辞，以释易之义理

先儒之注经，多本费氏之家法，以十翼之文解说上下经，虞文之注易，非特如此，且进一步，用《易经》之经文以解经。如：

大有，象："君子以遏恶扬善。"注："体夬，扬于王庭。"此用夬之卦辞。

蹇，利西南。注："往得中谓西南得朋。"此用坤之卦辞。

兑，九四，商兑未宁。注："与比不宁方来，同义。"此用比之卦辞。

以上用卦辞解说上下经。

大有，九三，小人弗克。注："四折鼎足，覆公竦，故小人不克也。"此用鼎九四爻辞。

大壮，九三，贞厉。注："体乾夕惕，故负厉也。"按乾九三，"夕惕若厉。"

鼎，上九，大吉无不利。注："体大有上九，自天右之。"

震，六五，亿无丧有事。注："王享于西山。"按随上六云："王用享用西山。"

以上皆用爻辞，以解说上下经。

（五）宗十翼以诠易理之幽微

先儒本十翼解经，最为明确可知者，厥为虞氏乎，虞氏易注，其释象也，或以象释象，或以爻释象，或取系辞文言说卦之属释之。其释爻也，或以象释之，或以小象释之，或以大象，文言说卦杂卦之属释之。其释十翼也，或用卦爻之辞释之，或用十翼释之。较费氏之以十翼释上下经者，更进一层矣。故清儒之研虞氏义者，咸推重之，良有以也。兹略述之如下：

临，初九，咸临贞吉。注："咸，感也。"此以咸象释爻。

贲，象："观乎人文以化成天下。"注："贲离象重明丽正。"此以离象释象。"

剥，不利有攸往。注："以柔为刚，小人道长，子弑其父，臣弑其君，故不利有攸往。"此以否象及坤文言释卦。

无妄，不利有攸往。注："天命不右，故不利有攸往。"此以本卦

象辞释卦。

颐，象。注："以贵下贱，大得民，故以及万民。"此以屯初九小象释象。益象同。

豫，初六，象："志穷凶也。"注："体剥蔑贞。"此以剥初六释小象。

临，象。注："兑口讲习，学以聚之，问以辩之。"此以兑大象及乾文言释大象。

噬嗑，亨利用狱。注："上当之三，蔽四成丰，折狱致刑，故利用狱。"此以丰大象释卦。

大有，上九，注："天之所助者顺，人之所助者信，履信思顺，又以尚贤。"此用系辞之文释爻。

豫，象。注："通变之谓事。"此用系辞释象。

乾，文言：同气相求。注："艮兑山泽通气。"此以说卦释文言。

大过，象。注："潜龙之德，故称独立不惧，忧则违之，故遁世无闷。此以文言释大象。

无妄，象。注："雷以动之，震为反生。"此以说卦释大象。

坎，六四，象曰："刚柔际也，"注："乾刚坤柔。"此以杂卦释小象。

鼎，初六，注："折入大过，大过颠也。"此以杂卦释爻辞。

蛊，初六，注："蛊，事。"此以序卦文释爻。

无妄，象。注："序卦曰：复则不妄矣，故受之以无妄。"此以序卦释大象。

（六）明爻位之律则以阐易理之精微

凡六爻之位，初三五为阳，二四上为阴，合于此者为正，或谓之当位，不合乎此者谓之失位，或不正。二居内卦之中，五居外卦之中。故皆曰中。二阴五阳，则谓之中正。初为元士，二为卿大夫，三为三公，四为诸侯，五为天子，上为宗庙，此六爻贵贱之位也。三与五同功而异位，三多凶，五多功，二与四同功而异位，四多惧，二多誉。此中四爻之关系。凡初与四，二与五，三与上，阳以应阴，阴以应阳，谓之应。凡阴爻在阳之上谓之乘，阴爻在阳爻之下谓之承，阳爻在阴爻之上谓之据。凡间隔于其他之爻而不得承或应者为隔。此乘承应据隔之大义也。凡六爻之中最重要之爻，谓之卦主，如屯之初九，比之九五，此卦主之旨。六爻初与二为地位，三与四为人位，五与上为天位，此六爻三才之位。凡阳爻有喜庆，君子，善美之象，凡阴爻有凶祸，小人，冥暗之象，以上皆爻位之律则也，虞氏之释易多本乎此，此以具于《〈虞氏易〉注阐微》之中，文繁，今不具载。

（七）以既济定位，发易学之微言

既济六爻皆得正位，故彖曰："刚柔正而位当也。"杂卦曰：既济定也。《虞氏易注》每以各卦爻位不正者，多欲使之变成既济。如：

恒，彖："圣人久于其道，而天下化成。"注："初二已正，四五复位，成既济定，乾道变化，各正性命。"损上九弗损益之……大得志也。注："动成既济，故大得志。二五已变，上下益三成既济定，离坎体正，故大得志。"

益，九五，有孚惠心。注："三上易位，五体坎，已成既济。"

夬，九二，勿恤。注："坎为忧，坎又得正，故勿恤，谓成既济定也。"

井，上六，象曰："元吉在上，大成也。"注："初二已变成既济定，故大成也。"

革，彖："大亨以正。"注："四动成既济定，故大亨。"

盖六十四卦唯有既济六爻皆得正位，余皆未得其正位，故欲使之正，《易大传》曰："天下之动贞夫一者也。"虞氏生当乱世，有意匡济天下于正道，故注易多以既济定为言也。

（八）明变通之意以阐变易之理

变，或称动，或称发，间亦称之。亦或曰易位。《易大传》曰："刚柔相推，变在其中矣。"又曰："易之为书也不可远，为道也屡迁，变动不居，周流六虚，上下无常刚柔相易，不可为典要，唯变所适。"明六爻变易之义也，盖《周易》以变者为占，而变易者易之一义也，故虞氏注易，兼明变通之义，变通者，欲使不正而变之正也。

困，六三，困于石。注云："二变正时，三在艮山下，故困于石。"按困九二以阳居阴失正，变阴，则得正也。故曰变正。

讼，六三，贞厉终吉。注："三变在坎。正危贞厉，得位故终吉也。"按六三以阴居阳失位不正，变阳则得正，故终吉。

随，九四，有孚在道以明。注："四变应初，得位在离，故有孚在道以明。"

坤，六三。注："三失位，发得正，故可贞。"

无妄，六三，无妄之灾。注："上动体坎，故称灾，四动之正。动亦变也。"

损，九二。注："二之五成益。"谓九二与六五易位也。

（九）明消息卦气之大义阐天地消长之真机

伏羲十言之教曰："乾坤震巽坎离艮兑消息。"孟京之易以十二辟卦为消息之枢杻，又明卦气卦侯之学，以阐天地消长之真机，虞氏承之，故注易亦明消息与卦气卦侯。张洪之曰："阮芸台特赞虞氏消息，谓其大要，明乾元以立消息之本，正六位以定消息之礼，叙六十四卦以明消息之次，推九六变化，以尽消息之用，始于幽赞神明，终于乾元用九而天下治尽之矣。"消息之义明于《汉易略例》中，兹不备载。

（十）以巽行权幽赞孔子之元意

权者权变也，君子正以处世立身，权以处变应险，孟子有言："男女授受不亲礼也，嫂溺援之以手者权也。"是守正而行权者，圣人之所嘉也。《易大传》曰"巽以行权"者此之谓也。虞氏注曰："乾阳隐初，特变成震，以消为息，故曰行权。"徐昂曰："爻本得正，而变为不正权也，变正为不正，而终复正位，权而不失乎经者也，渐上九虞注云："已得位，又变受上权也。张注曰：巽以行权，渐家人皆礼巽。按巽上爻应三取三权变，巽之行权在此。家人上体巽，三权变，象传张注所谓权也。渐上体巽，初变成家人，故三之权变同于消家人。"鼎、丰、归妹、遁、旅诸卦顺此类推，亦皆变以行权也。张洪之曰："权者反于经常，不拘一定而合理之谓。引而伸之，巽为资斧，能断利物，又为入，是于物之积微曲折处，无孔不入，无入而不彻底，不然，何以断制是非，而神其权变，孔子赞易以行权，归巽者，厚其义，散见于诸卦象辞，虞氏先证实于家人，谓三权变受上，上九注云："三已变，与上易位，成坎，坎为孚，乾为威，坤为身，上反之三，成既济定，故反身之谓，此家道正，正家而天下定矣。……巽权之妙，隐于辞，孔子微揭之，而虞氏透发无遗。王胡程失，何能窥见及此。"是《虞氏易》能发

"以巽行权"之意阐孔子之微旨，亦颇有可取者也。

（十一）存诸家之易注，集两汉易学之大成

虞氏生当东汉末年，既得《孟氏易》之真传，又博阅诸家之易，故能集两汉易学之大成，其注中亦往往有存诸家之易注。如：

坤，东北丧朋，乃终有庆。注："马君云：孟秋之月，阴气始著，而坤之位同类相得，故西南得明。……荀君以为阴起于午至申三阴得坤一体，故曰西南得朋。"

履，六三，跛而履。注："俗儒多以兑刑为跛。"

否，象："君子以俭德避难，不可营以禄。"注："营或作荣。俭或作险。"

谦，亨。注："乾上九来之坤，彭城蔡景君说剥上来之三。"

豫，九四，勿疑朋盍戠。注："戠旧作撍，作宗。"

无妄，六三，行人得牛，邑人灾也。注："或说以四变则牛应初，震坤为死丧，故曰行人得牛，邑人灾也。"

大畜，九二，舆说腹。注："腹或作輹也。"

颐，自求口实。注："或以大过兑为口，或以临兑为口，坤为自，艮为求，口实颐中物，谓其自养。"

（十二）建立易之批评论，用纠诸家之非

虞氏书中，除博引众家之注外，亦时评诸家训诂之之非，而纠之以正道，以导人易学之正解。如：

临，至于八月有凶。注："与遁旁通，临消于遁，六月卦也，于周为八日，遁弑君父，故至于八月有凶，荀公以兑为八月，兑于周为十月，失之甚矣。"

小畜，九三，车说輹。注："豫坤为车，为輹，至三成乾，坤象不见故车脱輹。马君及俗儒皆以乾为车，非也。"

履，虎尾。注："……俗儒皆以兑为虎，乾履兑，非也。"

无妄，象曰："天下雷行物与无妄。"注："与谓举，妄，亡也，谓雷以动之，震为反生，万物出震无妄者也。……京氏及俗儒以为大旱之卦，万物皆死，无所复望，失之远矣，有无妄然后可畜，不死明矣，若物皆死，将何畜聚，以此疑也。"

艮，九三，万阍心。注："坎为心，厉，危也。艮为阍，阍，守门人，坎盗动门，故厉阍心。古阍作熏字，马因言熏灼其心，未闻易道。以坎水薰人也。荀氏以熏为勳，读作动，皆非也。"

小过，飞鸟遗之音。注："离为飞鸟，震为音，艮为山，晋上之三，离去震在，鸟飞而音止，故飞鸟遗之音。……俗说或以卦象二阳在内，四阴在外，有似飞鸟之象，妄矣。"

（十三）发同义之例，以启触类旁通之门

虞氏之易注往往有与某卦某爻同义，以启人举一反三，引而申之，触类而旁通之，而阐示易道，使人顿悟于言表者，此于教育上近人或谓之类化原则，如：

鼎，彖："柔进而上行，得中而应乎刚。"注："柔谓五得上中，应乾五。刚，巽为进，震为行。非谓应二刚，与睽五同义。"

渐，上九，其羽可用为仪吉。注："三变受成既济，与家人彖同义。"

徐昂《周易虞氏学》论同义例最详。其言曰："虞氏所言同义之卦或举一卦或举数卦。有浑括其义者。有详其相同之词者。举一卦而浑括其义。如：讼六三无成与坤三同义，小畜九二象传不自失，与比二同义。否卦辞与比三同义。同人上九失位无应，与乾上九同义。……举数卦而浑括其义者，如颐卦反覆不衰，与乾坤坎离大过小过中孚同义。萃象传与大壮咸恒同义。举一卦而详其相同之词。如小畜九五二变为既济，与东西邻同义。泰六四与比邑人不戒同义。……举数卦而详其相同之词，如小畜上九与归妹中孚月几望同义。凡甲卦与乙卦同义者，乙卦亦与甲卦同义。……除旅丰有旁通之机外，虽不涉于旁通之例。要亦卦与卦相通者也。"

（十四）集象数之大成，扩易义于无穷

近人李证刚有言："今日吾人欲求通易，莫能外乎观象，余因此三复虞氏之书，深昧乎虞氏说易。不主数理而主观象之故，诚得圣人作易之旨也，由象方能得其消息之数，以及理事时方之用明矣，苟难乎象，则数与理事时方，更于何以见之哉。吾人欲求通易。非自虞氏书中求之不可。通易之道，莫要乎观象，若离于象即无以观易。"张洪之亦言：

“秦汉以来往易诸家咸推虞仲翔为最。”盖虞氏承孟氏之真传，为孔子田何一脉相承之正统。又博览马郑荀宋与诸儒之易，故能集象数之大成。虞氏之言象数也，有互体，纳甲，半象，两象旁通，反卦，爻之升降，变通，互易，大衍之数，干支之数，爻书之数，此已明于《汉易略例》中，虞氏之言今不备载。

（十五）观宇宙之大用而归本于人事

李证刚云：“虞氏以观象为本，明易之象实示人生日用无所不届。故于书卦近取诸身，而远取之物，准此以推论人事，根本原则既明，更不必为枝节之谈。吾人欲求通易，莫能外乎观象，而观象之道，莫能外乎人事，盖宇宙为人之宇宙，乾元实惟宇宙人物之同本。”又云：“虞氏以消言体，而息言用，明易之要旨在发挥宇宙人生体用不二之理，可谓易学津逮矣。虞氏之说易本人事，不若宋儒之徒托空言。盖虞氏明象数之体用，综群经之大义，发贞一之正理，阐十翼之微言，而归本于人事之日用，可谓易学之正解矣。其归本于人事者虽不可具见，然以类推之，引而申之，象数之用即在人事中也。其言既济定位者，欲拨乱世而反诸正也，其言消息者亦人事之有盈虚，得不可骄，失不可馁也，其以阳为君子，阴为小人者，所以扶阳抑阴，欲君子道长而治世之一见也。明乎此，则知《虞氏易》能观宇宙之大用，而归本于人事，乃易学之正解也。”

（十六）行夏之时，以发孔子之微旨

徐昂《周易虞氏学》云：“虞氏临卦注云：临消于遁，六月卦也，于周为八月。大过九二注云：十二月时，周之二日。九五注云：夬三月时，周之五月。皆先言夏正而后详周正。井九五注云：周七月，夏之五月，先言周正而后详夏正。又注云：阴气在下二已变坎，十一月为寒泉。益初九注云：震三月卦。张惠言云：三当为二，系辞传变通配四时。注云：泰大壮夬配春，乾遘遁配夏，否观剥配秋，坤复临配冬，谓十二消息相变通而周于四时也。是皆专言夏正之例。遘大象传云：复震二月东方，遘五月南方，巽八月西方，复十一月北方，皆总在初故以诰四方也。孔子行夏之时，经用周家之月。夫子传彖象以下皆用夏家月。是故复为十一月，遘为五月矣。虞氏以夏正诠经，即遵夫子夏时之义。”

是虞时之注易也，行夏之时，足发孔子之微旨也。

（十七）用纳甲之义，明消息盈虚之至理

虞氏坤彖注云："阳得其类，月朔至望，从震至乾，与时偕行，故乃与类行。"又云："阳丧灭坤，坤终复生。谓月三日震象出庚，故乃终有庆。"此明易道阴阳消息盈虚之至理也。盖以月之出入为准者也。月于三日始生明，始受一阳之光，昏时见于西方为震。故震纳庚。庚属西方。八日上弦，受二阳之光，昏时见于南方为兑。南方为丁，故兑纳丁。十五日月盈满，光明四溢，昏时见于东方，如乾卦六爻之盈满，甲在东方，故乾纳甲，说卦传云：乾西北之卦也。故乾又纳壬。十六日以后至十八日，一阴渐生，月平旦没于西方，辛为西方之卦，故巽纳辛。二十三日，月下弦，二阴渐生，平旦月没于南方，丙为南方，故艮纳丙。二十九、三十日，月象阴暗不见消于东方，此坤阴之象也，故坤纳之，乾纳甲壬，故坤纳乙癸。此虞氏纳甲之大义也。虞氏蹇卦注云："月消于艮，丧乙灭癸。"蹇彖传注云："坎月生西南而终东北，震象出庚，兑象见丁，乾象盈甲，巽象退辛，艮象消丙，坤象穷乙丧灭于癸，终则复始，以生万物。"是以月之盈虚，见易道阴阳之消息者也。

（十八）用卜筮之法，以极大易之神奇

《三国志·虞翻传》载虞氏以卜知关公之破亡。是虞氏盖明于卜筮之用者也。今观其注系辞上大衍之数章亦详明清晰，由是足知其卜筮之法。盖亦源于孔子之薪传。易有圣人之道四焉，卜筮其一也。虞氏能明易之全体大用。故辅王朗而全其性命，佐孙策而克定江东，辅孙权而多所谏正，非通于易者不能如此也。

四、治易须先抉王虞得失

张洪之（承绪）为近代治易之大家，尝撰《王虞易辨》（原题《治易须先抉王虞得失》）载于其所作《君子易》之中，以为《虞氏易注》，优于王弼。兹载其文于兹，以便参考。

易之为书，道准太极，气气两仪，理梳三才，象备万物，而消息相因，互为盈虚，统宇宙已往之事迹，及近今情状，与夫人生之祸福得

失，皆莫能逃其信律。坤文言曰：积善之家，必有余庆，谓乾息为吉也，积不善之家，必有余殃，谓坤消为凶也。然安不忘危，存不忘亡，治不忘乱，能乾乾夕惕，纵使时伏否机，而泰可常保，犹能挽气运于弗衰，昔者尧舜在位久，明乎穷变通久之义，知子不肖，不克以持盛治，圣圣相承。舜又让禹。以故治称垂裳，延至一百数十年，此明证也。进而上之，道在开天，溯伏羲之前，礼制未兴，男女乱耦。人每知有母而不知有父。伏羲忧之，仰观俯察，画八卦，别男女，制俪皮以定夫妇，然后有父子，又次有君臣，礼辨上下，而人道以立，即以开万世之太平，而造化之缺陷，亦赖弥补。乾文言曰：先天而天弗违，先儒谓称赞义圣者如此，易其神矣乎，盖义圣之时，重八卦为六十四，只有卦象而已。错综变化，无象不含。自文周择其象之大者精者，而制为辞，分系于彖爻，义可了解，惟象受文字拘，不能赅括，学者苟能通象于辞外，活活泼泼，方可悟卦象之化机，并进窥太易之真谛。若唾弃本象，第沾沾释辞句。无论义与经文难符，即耦有所合，实非穷易之本，秦汉以来，注易诸家，咸推虞仲翔为最，自辅嗣扫象，意似鄙薄焦京，专求实理，然虞义为所掩，易象无从推测。使《周易》晦暗二千余年，而莫明其究竟。夫王注何以盛传，由于文浅易晓，经唐诏立学官。至程朱出，复本其说发挥，以张其焰。绵延其绪垂清初，使学者只知有易理，不知有易象，犹幸唐李鼎祚，厌王尊虞，《易集解》多采其注，而幽光必发，迨清惠定宇张皋文踵起，费半生心血，寝馈虞注，纠讹补阙，汇为整帙，一时读者，玩辞悟象，称快不忍释手。然亦有訾之者，殆属浅尝辄止，而未得其精义之故，兹分抉王虞得失如下：

王注缺点（扫象）：《辅嗣略例》曰：义苟在健，何必马乎，类苟在顺，何必牛乎。邢氏注：大壮九三有乾，亦云：羝羊坤卦无乾，亦云牝马。按互变见于经文，辅嗣不明其义，遂谓羝羊亦属健性，误为乾象，牝马性亦顺，而谬指为坤象，不知兑为羊，乾无称羊一说，羊而曰羝，虽性健强，然三互五为兑，乾刚兑羊，因互称羝羊，阴极生阳，震阳起于坤初，坤为牝，震为马，亦系合两象而为牝马也。

又曰：义苟合顺，何必坤乃为牛，义苟应健，何必乾乃为马。邢注：遁无牛六二亦称牛，明夷无乾，六二亦称马。按其语意，是由遁明夷六二爻，寻不出牛马影子，即以为马牛，非乾坤定象，失之甚矣。盖马属阳健性牛属阴性顺，确为乾坤定象，非为他卦所得假借，不过震为乾初。其究为健，亦称马，难得坤之中气，亦称牛，与坎得中气于乾，其于马也为美脊，象义相同，遁初变离，六二得坤中气，何必坤不为牛，明夷变自于临阳，临阳二互至四，震象，失位，是马而见伤也，因变三之二，二之三，仍象震马，位得其正，济马于危，故六二曰，用拯马壮吉。大壮卦虞注壮伤也。据震称乾初，亦何必乾不为马乎。

又曰：按文责卦，有马无乾，通以互礼，互体不足，遂及卦变。按为是说者，是以互变，为汉儒伪造，而不可轻信，亦知互变之义，早载于经文乎，试观泰六五曰帝乙归妹。归妹卦名，何以系辞于此，缘泰二至四互兑，三至五互震，震为长子，兑为少女，象震妹，震外兑内，有归妹之义。又如何谦九三曰劳谦君子。按坎为劳卦。（见说卦传）若非二互至四，坎象未见，何以云劳。小畜九三曰夫妻反目。震为反，离为目，若非三互至五，见离，与通豫震，何以言反目，至于经文寓变，先就乾言之九二曰利见大人。九五曰利见大人。离目为见，是就二四变离言也，九四曰或跃在渊。巽为股，坎为渊，二四失位，变之，巽出，三在坎，故有此象。巽为不果，又称或也，上九不知变则曰亢龙有悔。阳极为亢，乾上失位。应随二四同变，成既济。当变不变。乾盈则倾，故有悔，亦有不当读而变者。如恒九三曰不恒其德。德谓乾三，卦惟此爻得正，为恒其德，是以大象曰："君子以立不易方。"而辞忽称不恒者，则以二三其德，变之失当耳。

又曰：变又不足，推及纳甲五行。按纳甲亦经文所本有者，考乾坤纳甲乙，艮兑纳丙丁，坎离纳戊己，震巽纳庚辛，乾坤复纳壬癸一说，是根日月往来，以象阴阳消息，不然，日月不对象，爻文何以屡言月几望。小畜上九、归妹六五、中孚六四，皆系"月几望"三字而八卦在天成象之说，即胎息于此，《京房易传》取之，而黄梨洲焦理堂诸人，犹泥守王注，又薄虞象，以为谬采魏伯阳道说，实亦少见多怪耳，原天易含万象，无象不包，无义不备，纳甲亦属易中一义。是以泰六五，有"帝乙"二字，以坤象合乙也。革六二，有"己日"二字，以离象就已也。蛊彖曰："先甲三日，后甲三日。"乾为甲，以蛊随旁通，初变乾出，为先甲。变四至五成乾，为后甲也。巽九五曰：先庚三日，后庚三日。震为庚，以震巽特变，巽终变震，内震为先庚，外震为后庚也。而蛊巽两言三日，象就变离取出，此不赘及。至于坎为水，离为火，震巽合木，兑乾合金，艮坤合土，亦略见于经文，坎上离下，曰：水火既济。鼎离上巽下，曰：以木巽火。巽为木，又为入也，屯坎上震下，初九曰：磐桓。桓训柱非木乎，噬嗑五变成乾，曰：得黄金。乾为金也，兑位西，属金，主杀，故说卦曰：兑为毁折。坤地艮山，故升坤在上，六五曰：升堦。贲艮在上，六五曰：贲于丘园。（丘训土高）堦与丘，亦土而已矣，此五行之家，或显或微，略著卦爻，以见易义，而辅嗣欲护其短，遽欲一概屏之，则殊非是。

又复强饰其辞曰：变互纳甲诸象，纵复或值，而义无所取，其失在于存象忘意，忘象以求其意。义斯见矣。按辞生于象，象生于意，意即卦情也，意隐而象著。老子曰："惚兮恍兮，其中有象。"是象虽露意义，犹在恍惚间。（恍惚，见不真切貌。）故欲明了卦意。非由象以推测其微，恐不能得其真解，而反曰：忘象以求其意，义斯见，见果在何处。且乾二变离，义取利见，谦三互坎。义取劳谦，泰坤为乙，义取阴晦，蛊乾为甲，义取阳明，巽变震庚，义取更新，革开离己，义取诎起，甲乙等字，圣人非漫焉无所取，而便填为辞，乃王氏昧于互变纳甲诸义，不求深究，敢张皇其词曰："纵复或值，义无所取，岂真无所取乎?"犹曰："其失在于存象忘意。"谬甚。系传曰：易者象也。又曰：圣人立象以书其意，是明明易重在象。象之中自含有意。据象解辞，则意显然可知，断未有灭烛而能探其隐物者。（意譬隐物，象譬烛）乃自矜私智。欲驳翻汉儒言象诸家。甚至经文，亦忽焉不察，而几直扫之。何疏狂一至于此，然着道语，有两句曰："得意忘象，得象忘言。"（言即彖辞爻辞也。）原谓不得于言，则求之于象，象得而言可忘也，不得于象，则求之于意，意得而象可忘也，学易至于得意忘象，叹观止矣，义文周孔洞彻易意远达乎忘象之境，辅嗣语得当，而注易略象，则不得谓之忘象，直逃象矣，宜乎来矣鲜深斥之，而谓易学沉晦久，咎归王氏，赵紫芝（宋赵师秀，字紫芝）诗曰："辅嗣易兴无汉学，元晖诗变有唐风。"固不徒惠定宇、张皋文修订虞义。对王氏不能满口也。

虞义特点（明象）：

（一）易明消息

一部易理，尽于消息二字，易者易也，不易也，不易为体，在图为太极，在卦为乾元，易为用，即一阴一阳，根于乾元。而互为消息，以尽化之神，是以剥彖曰："消息盈虚，天行也"。系曰：刚柔相推而生变化。又曰：故神无方而易无体。总之，消息脱不了乾元，脱了乾元，无动无静，则乾坤便为死物。在天道，以乾坤十二画消息，别为春夏秋冬，而时行物生，在人事为诚敬。文言传乾二曰闲邪存其诚。坤二曰君子敬以直内。上焉者，则可穷理尽性，以至于命。虞注：坤为理，以乾推坤，谓之穷理，乾为性，以坤变乾，谓之尽性，性尽理穷，故至于命，乾伏坤初，巽为命也。其次，人有善不善，来由于渐，乾为善，初积至上，德成名立，故曰：积善之家，必有余庆。坤为不善，初积至上，罪大难解。故曰：积不善之家，必有余殃。示劝惩也。易本天道以推之人事，原发明于孔子，而汉儒本之。试观临彖曰："至于八月有凶，消不久也。"谓临通遁，不久由息而变为消也。丰彖曰："天地盈虚。与时消息。"而况于人乎。谓人宜法天健，以防阳消也，是以虞氏深明消息，能探象于辞外，又于丰象曰："雷火丰，君子以折狱致刑。"依坎为狱，兑为毁折之义。知噬嗑四失正，系在坎狱中，上之三，毁坎成兑，折四入大过死。而有此象，断定自噬嗑变来。君子谓乾三，象辞之妙，难得如此神悟，注中类此者甚夥，以故阮芸台特赞虞氏消息，谓其大要明乾元以立消息之本。正六位以定消息之体，叙六十四卦以明消息之次，推九六变化以尽消息之用，始于幽赞神明，终于乾元用九而天下治。尽之矣，然溯其源，实关于伏羲十言之教，曰："乾坤震巽坎离艮兑消息。"

（二）卦取变通

乾文言曰：六爻发挥。旁通，情也。是卦爻各有其情。发挥，谓爻变爻之，而爻之一义，又证明于"辞也者各指其所之"之字，旁通，谓卦有对象，此与彼通，如乾通坤、屯通鼎之类是。自程朱误本王注。不究象，并不明变通，几将原来卦爻，看成整整一块额，所著传义，语虽自圆，而于辞变象义，多有乖悖，如释乾四或跃在渊，第谓其酌进退，未知渊字来历，实由于二四变出坎而来，又如咸四憧憧往来，往谓咸初六之四，来谓九四之初，不明乎爻之，第解"憧憧"二字，曰心不定，亦非，盖憧憧是往来貌也。又如师二在师中吉，无咎，王三锡命。徒就辞文直释其理，未剖明王三锡命象源，与无咎变例，此殊笼统，不知师与同人旁通，同人上乾为王，下离为三，二至四互巽，为命，故曰王三锡命。系传曰：无咎者善补过也。依易例，谓乾二失正，将升之坤五也，故曰无咎。推而言之，昧乎旁通之义，则革五大人虎变，虎字，亦何知由蒙坤变来，盖坤为虎也。惠栋曰："虎杀物而有文，坤象也。"虞义之精确处在此。

（三）既济定位

曩闻师友证于卦爻，多系利贞贞吉，谓易道尚正，并读乾传乾道变化各正性命及圣人知进退存亡而不失其正诸语，略悟前者，谓乾二四上失正，宜变，后者反言乾上失道，知进而不知退，以亢致悔，然尚不敢据为定论，嗣参王注程传，不拘于位正不正，乃以二五失位，有中和气，无可无不可，甚至三四上初，谓有阳居阴阴居阳而吉者，亦有阴阳各居其正而反凶者，此皆由于不通爻变，茫乎辞之所指，而复滋疑虑。及深研虞义，恍启初衷，乃曰："六十四卦，惟既济各正其位，彖称刚柔正而位当，特赞之也。"又证于既济定一语，曰："定也者，以既济六爻各正，所以定各卦爻之不正也，定之一字，为孔子微言，而虞氏能会其意，妙甚。"乃焦氏循谈易，犹执初吉终乱之辞，谓取正位于既济，非是。且斥乾二四上通坤，则两卦皆变既济，为贞凶，意犹是偏信终乱，未通辞指，殊不思既济为泰盛之时，泰极将否，而蛊先生焉，邵子曰："泰至盛时方是蛊。"此言气运使然，而人犹可以艰贞补救之，是以既济彖曰：终止则乱。而大象责重君子，又曰：思患豫防，人特虑其不贞耳。宁有贞而见凶之理，必谓既济为贞凶，如泰象成于乾三，而爻辞曰：无平不陂，无往不复。与初吉终乱义同，则泰三亦为贞凶乎，而复曰：利艰贞，于食有福者何居。焦氏不解忧危明之旨，而妄评之则传云动贞于一。为是乎，为非乎。

（四）巽以行权

权者反于经常，不拘一定而合理之谓。夫巽何以行权，虞注云：乾阳隐初，特变成震，以消为息，故日行权，引而伸之，巽为资斧，能断制物，又为人，是于物之积微曲折处，无孔不入，无入而不彻底，不然，何以断制是非。而神其权变，孔子赞易，非漫无来历，而行以权归巽者，原其义散见于诸卦象辞，虞氏先证实于家人，谓三权变受上，家人，九三，妇子嘻嘻，终吝。注云：三变，震出为子，为笑言，巽为妇，故妇子嘻嘻，坤象称吝也。上九，有孚威如，终吉。象曰："威如之吉，反身之谓也。"注云：三已变，与上易位，成坎，坎为孚，乾为威，坤为身，上反之三，成既济定，故反身之谓，此家道正，正家而夫天下定矣。又证实于渐，彖曰："进以正，可以定邦也，其位刚得中也。”注云：初已变，为家人，四进已正，而上不正，三动成坤，为邦，上来反三，故进以正，可以正邦也，夫三已得位，又变受上，权也，而此卦三上两爻辞，均曰渐于陆。亦万权变，遁恒鼎巽诸卦，可以例推，按巽权之妙隐于辞，孔子微揭之，而虞氏透发无遗，王胡程朱何能窥见及此。以上所述虞王得失，可见概略，窃据八卦以象告，爻象以情言，知凡彖辞爻辞，无不本于象变，以尽其意，是象固有定义矣，苟按定象传注，是辞有范围，义亦有裁制，何至易说出有四五百种，与经义多悖，弊在辅嗣空谈易理，扫除变互旁通诸主说，而骋辞别派，便易踵兴也。要之，经重明象，得尼圣一传，已足矣。此外虞注释象，以备不了经文传文之一助，义较精备，可改作《周易疏》，与并存。余皆参考料，无关轻重，虽多亦奚以为。

然犹有不得不辨者，夫翼传备精蕴，发自韦编三绝后，言博指约，原以补辞象所未罄，而易之秘鑰，亦赖以启，乃有菲薄说卦，谓语不类孔子，为汉儒伪撰。（其说衍于《隋书·经籍志》谓“泰后易失说卦三传后河内女子得之”之误。）甚至谬称文言系辞说卦序卦杂卦诸传，皆属疑文，而独存彖象两翼。如欧阳修粗不辨精，修著《易童子问》，粗浅少精义，久成废物矣。敢创诞语，递衍至今，聚讼犹烈，彼欧阳氏能辞其罪耶，穷厥病源，实开惑于扫象一说，而毒酿愈深，复妄度王氏近汉，必知易有真伪，不然何以王弼注易，只取上下两篇，概置不论，不知此弼年夭使然（弼卒年二十四），未及全注耳。考《韩伯传略》云，王弼注易，于系辞说卦序卦杂卦诸传，犹未毕业，伯实续为之注，此可证明，必谓弼薄翼传，则惠栋著《周易述》，易藁姑及革卦，以病易箦，犹有十五卦未完成，是此书短十五卦，亦可谬指卦义复杂，为汉儒伪补。而惠氏不屑为之述乎，传可毁，经亦可毁，此不可以不辨。

五、先儒论《虞氏易》之言

张惠言曰：“元和征士惠栋，始考古义，孟京荀郑虞氏，作《易汉学》。又自为解释曰《周易述》。……其所述大氏宗称虞氏……翻之学既邃又具见马郑荀宋氏书，考其是否，故其义为精。又古书亡而汉魏师说可见者十余家，然唯郑荀虞三家略有梗概可指说，而虞尤较备。然则求七十子之微言，田何杨叔丁将军之所传者，舍虞氏之注，其何所自焉。”（《周易虞氏义序》）

陈澧曰：“虞仲翔注乾卦云：成既济。惠定宇《周易述》云：乾六爻二四上匪正，坤六爻初三五匪正，乾道变化，各正性命。……澧按：乾之所以利贞者，以变既济而六爻各正，既济彖传乃说利贞二字之通例，此虞氏之最精善处，此真以十篇说经者矣。……十二消息副卦之说则必出于孔门。郑荀虞皆用此说。”（《东塾读书记》）

李证刚曰：“取各家书以相参证，始觉惟虞氏说易较有着落。如消息旁通之理，虞氏独得其旨，推卦爻辞亦多有据。消息惟虞氏精审允当，虞氏以消言体，而息言用，明易之要旨在发挥宇宙人生体用不二之理，可谓易学津逮矣。以观象为本，示人生日用无所不届。今日吾人欲求通易，莫能处乎观象，而观象之道，莫能外乎人事。通易，非自虞氏书中求之不可。王弼之易，既不得旨，复窜乱章句，徒作玄谈，无关易学，其与宋人之易，实皆易之别传。通易之道，莫要乎观象，若离于象，即无以观易。”（《易学研究之方法》）

张洪之曰：“舍象无可言易，易在释明象意，以见真理，息息与四圣心易相通，然此非虞注莫属。……原夫易理准于《易简》，易象寓于变化，易数究于奇耦。而数统于象，象统于理；天地舒惨之气，国家治乱之机，事业得失之微，以至物极万变，无不含有至理，隐呈其象于几先。是故卦各有象，象又有变，彖爻曲写象意。孔子解经，语不离相，象理虽微，尽于消息二字。旨载伏羲十言之教，终以消息。仲翔通其意，尊乾元以立消息之本，正六位以定消息之礼，叙六十四卦，以明消息之次，推九六变化，以尽消息之用，而穷象又澈本原；家五世攻易，独获真谛于孟喜，义较精备，为汉易学家莫能先，惜世通之者少。……盖易以道阴阳，出乾入坤，剥复相倚，非伏羲画卦，不能启其秘；非文周系辞，不能抉其精；非孔子像传，不能窥其概；非虞氏易义，曲折揭明，无以会其通而悟其妙。汉初田何治易，能得商瞿意，转传孟氏，说较详。至仲翔隐义全揭，孔融善其书，称为商瞿后绝作。……夫易生象，象生辞，辞与象通，无字无象，无象无理。虞氏钩穿剪缀，文若零散，理实贯达。耦索未获，目为穿凿，弗思已甚。”（《周易象理证·自序》）

张之江曰：“汉儒之学为近古，易则虞氏得其传，谓易无一言离象，其于宗也，可谓稠适而上遂矣。”

黄郛曰：“虞氏仲翔，五世治易，独得孟氏真传。其为说尤精湛有统系，其援象证辞，因爻定义，神明变化，类能发周孔不传之秘。惜宋易兴而汉易亡，仲翔之书，已无完本，零章断简，仅散见于诸家丛录，如管中窥豹，时见一斑，此直可歎息扼腕而引为深恨者也。”

景耀月曰："田何授王同周王孙、丁宽服光……至虞翻，翻自其高祖光，及身五世皆治《孟氏易》，时去古未远，故仲翔治易造湛，而尤深孟学。由周秦逮汉已来，易学之中统也。"（俱见张洪之《周易象理证》）

夫先儒论《虞氏易》之重要如此，故吾人学易，须通《虞氏易》也。

六、学易须通象，通象必自《虞氏易》始

系辞传曰：易者象也，象也者像也。又曰：八卦成列，象在其中矣。又曰：八卦以象告。又曰：圣人设卦观象，系辞焉而明吉凶。又曰：君子居则观其象而玩其辞。是象与易并存也，舍象则易不可见矣，易不可见。则乾坤或几乎息矣，其大义见于圣人之传者，昭昭如此。而世乃有扫象与忘象之说（注一）者，是不揣其本也。夫象之与易，犹形之有影也。譬响之应声也，影去形则无容。声舍响则无应，然则，易离象岂有易哉？故学易者必通乎象，而后可以言易。彼扫象与忘象之说。若以谈玄，则可资詹詹者之一言。若语至道，则犹未窥其宫墙也，况以通易乎，夫王辅嗣以一少年，见易象之渐趋芜杂，立志欲改之，乃遁于玄无以说易，语其志，则豪矣，言其行，则非也，此正所谓矫枉而过其正者也。盖易以有立教，不以无也，若语其无邪，则至道之极，在乎形迹双遣。物我两忘，损之又损，以至于无。则是并易亦无矣，何有于得意乃忘象哉，且得鱼兔而忘筌蹄（注二）。仅足饱一时之意，若欲长永，则筌蹄亦不可忘也。然则欲极深研几，以通神明之易，以究天人之际者。非特欲其精义入神以致用，亦须即象以探天地之赜，以察万物之理也，安在其忘象乃得意哉。

夫天地之道，往复不穷，人事之变。千变万化，而万物之类。百京兆垓，易虽以卦爻賅之，然仅举其条纲，略备其大体而已，至若欲曲尽其情而无遗，囊括万变而无阂，则舍象莫由矣，象者拟诸形容，像之物宜，以尽无穷之意者也，是故子曰：书不尽言，言不尽意。故圣人立象以尽意。岂不以言难两歧，而象可通变也，故立象以尽意，而意其无遗蕴矣。是故学者于书所未言者，当求之于意，意有所未尽者，当察之于象，始能变通尽利。鼓舞尽神，而默契大道之妙，直获圣人作易之心矣。

盖昔者圣人设卦观象，或本无是物，而以象拟之；或本无此事，而以象言之；或本有此物此事，而因象广之。大则天地风雷，日月山泽，小则衣服器用，虫鸟沙石，常则天下郡国，家人夫妇，怪则狐尾鬼车，

剸则鞔鞄，正则典礼教化，进德修业，变则登天人地，入腹获心，皆拟诸其形容，像其物宜，以明阴阳造化之妙，以定人事之善恶吉凶，而示人以内圣外王之至道也，是故用一字而面面皆通，立一义而头头是道，同囊籥之无穷，通亿载而为津也。夫象之用如是，是以易能弥纶天地。囊括古今，恢之而弥广，究之而愈深也。夫非德通神明，智同造化者，孰能立象尽意，如此其大者乎，是故知象以究易，而意斯得矣，若不知象而学易，则犹援木求鱼，终不可得矣。是故学易复通象。

附注　《虞氏易》通象独冠于千古，故通象必自虞氏始。

①扫象与忘象之说：忘象之说起于王弼，其大旨谓言者所以明象，得象而忘言，象者所以存意，得意而忘象，故立象以尽意，而象可忘也。重画以尽情，而画可忘也，后儒本之，扫象之说遂起。

②王弼《略例》云：言者所以明象，得象而忘言，象者所以存意，得意而忘象。犹蹄者所以在兔，得兔而忘蹄，筌者所以在鱼。得鱼而忘筌也，然则言者象之蹄也，象者意之筌也，是故存言者得象者也，存象者非得意者也。象生于意而存象焉，则所存者乃非其象也，言生于象而存言焉，则所存者乃非其言也，然则忘象者乃得意者也，忘言者乃得象者也。得意在忘象，得象在忘言，故立象以尽意，而象可忘也，重画以尽情，而画可忘也。

七、《虞氏易》之影响

《虞氏易》集两汉易学之大成，其影响于当时及后世者至深。兹举数家为例以见其余。

（一）《陆氏易》源于虞氏者

《陆氏传》称虞翻旧齿多盛，年差长，亦与绩友善。《虞氏易注》成于汉献帝之时，时陆绩尚幼，其后必阅及《虞氏易》。故《陆氏易》述有与虞氏同者。如：

坤，文言：为其嗛于阳也。《释文》云："嫌，荀虞陆董作嗛。"

系上：鼓之以雷霆。《释文》云："虞陆董皆云鼓，鼓动也。"

又上六爻之义，易以工。《释文》云："贡，京陆虞作工。"

（二）董遇张璠蜀才姚信易源于虞氏者

系上：圣人以此先心。《释文》云：“洗，京荀虞董张蜀才作先。”

坤，文言：阴凝于阳必战。《释文》云：“疑，荀虞姚信蜀才本作凝。”

谦，哀多益寡。《释文》云：“郑荀董蜀才作捊，云取也。”《集解》引虞翻同。

此诸家皆略后于虞氏，盖亦尝取资于《虞氏易》者也。

（三）《九家易》源于虞氏者

《虞氏易》在九家之中，故《九家易》必有取于虞者也。如：

随，初九，官有渝。《九家易》曰：“渝，变也。”虞氏注讼九四同。

噬嗑，六二。虞注：“艮为肤为鼻。”九家同。

复，上六。虞注：“坤冥为迷。”《九家易》：“坤为迷。”

大畜，六四，童牛之告，元吉。九家同。

大过，九二，枯杨生稊。虞注：“巽为杨。”九家同。

离，象曰：“大人以继明照于四方。”虞注：“坤为方。”九家同。

此九家之源于虞者也，余如王辅嗣《解易之爻位》、唐一行《释易》多有取虞氏者。盖虞氏易学集汉易之大成，又亲观荀宋马郑之易，故后儒易注多所取资也。

八、虞翻传

虞翻字仲翔，会稽余姚人也。太守王朗命为功曹，孙策征会稽。翻时遭父丧，衰绖诣府门，朗欲就之，翻乃脱衰人见，劝朗避策。朗不能用，拒战败绩，亡走浮海。翻追随营护，到东部侯官，侯官长闭城不受，翻往说之，然后见纳。朗谓翻曰：“卿有老母，可以还矣？”翻既归。策复命为功曹，待以交友之礼，身诣翻第。策好驰骋游猎，翻谏曰：“明府用乌集之众，驱散附之士，皆得其死力，虽汉高帝不及也。至于轻出微行，从官不暇严，吏卒长苦之。夫君人者，不重则不威，故白龙鱼服，困于豫。且白蛇自放，刘季害之，原少留意。”策曰：“君言是也。”然时有所思，端坐悒悒，有褌谌草创之计，是以行耳。翻出为富春长。策薨，诸长吏并欲出赴丧，翻曰：“恐邻县山民，或有奸变，远委城郭，必致不虞。”因留制服行丧，诸县皆效之，咸以安宁。后翻州举茂才，汉召为侍御史。曹公为司空辟皆不就。

翻与少府孔融书，并示以所著易注。融答书曰：“闻延陵之理乐，睹吾子之治易，乃知东南之美者，非徒会稽之竹箭也。又观象云物，察应寒温，原其祸福，与神合契，可谓探赜穷通者也。”会稽东部都尉张纮，又与融书曰：“虞仲翔前颇为论者所侵，美宝为质，雕摩益光，不足以损。”孙权以为骑都尉。翻数犯颜谏争，权不能悦。又性不协俗，多见谤毁。坐徙丹阳泾县，吕蒙图取关羽，称疾还建业。以翻兼知医术，请以自随，亦欲因此令翻得释也。后蒙举军西上，南郡太守麋芳开城出降。蒙未据郡城，而作乐沙上。翻谓蒙曰：“今区区一心者，麋将军也。城中之人岂可尽信，何不急入城，持其管籥乎？”蒙即从之，时城中有伏计，赖翻谋不行。关羽既败，权使翻筮之。得兑下坎上，节，五爻变之临。翻曰：“不出二日，必当断头。”果如翻言，权曰：“卿不及伏羲，可与东方朔为比矣！”魏将于禁，为羽所获，系在城中，权至释之，请与相见。他日，权乘马出，引禁并行，翻呵禁曰：“尔降虏，何敢与吾君齐马首乎？”欲抗鞭击禁。权呵止之。后权于楼船会群臣饮，禁闻乐流涕。翻又曰：“汝欲以伪求免邪？”权怅然不平。

权既为吴王，欢宴之末，自起行酒。翻伏地，阳醉不持。权去，翻起坐。权于是大怒，手剑欲击之，侍坐者莫不惶遽，惟大司农刘基起抱权，谏曰：“大王以三爵之后，手杀善士，虽翻有罪，天下孰知之？且大王以能容贤畜众，故海内望风。今一朝弃之可乎？”权曰：“曹孟德尚杀孔文举，孤于虞翻何有哉？”基曰：“孟德轻害士人，天下非之。大王躬行德义，欲与尧舜比隆，何得自喻于彼乎？”翻由是得免。权因敕左右，自今酒后言杀，皆不得杀。翻尝乘船行，与麋芳相逢，芳船上人多欲令翻自避。先驱曰：“避将军船。”翻厉声曰：“失忠与信，何以事君？倾人二城，而称将军，可乎？”芳阖户不应，而遽避之。后翻乘车行，又经芳门营，吏闭门，车不得过，翻复怒曰：“当闭反开，当开反闭，岂得事宜邪？”芳闻之有惭色。翻性疏直，数有酒失。权与张昭论及神仙，翻指昭曰：“彼皆死人，而语神仙，世岂有仙人也？”权积怒非一，遂徙翻交州。虽处罪放，而讲学不倦，门徒常数百人。又为《老子》《论语》《国语》训注，皆传于世。初，山阴丁览，太末徐陵。或在县吏之中，或在众所未识，翻一见之，便与友善，终成显名。在南十余年，年七十卒。归葬旧墓，妻子得还。翻有十一子，第四子汜，最知名。永安初，从选曹郎为散骑中常侍，后为监军使者。讨扶严，病卒。(《三国志·吴志》)

虞仲翔乃一世之英才，允文允武，《别传》载其步行日走二百里，云自征讨以来，吏卒无过之者。又善用矛，尝卫护孙策。观其筹策定计，以佐王朗，以辅孙策，以说华歆，以定国是，无不各如其意，而功著于当时。曹操欲举之而不就，曹丕称帝常为之设虚坐。其见重于当时，盖如是之卓伟，惜乎孙权以不知人之故，不能用之，使郁悒于交州，未能施展弘才，时命也夫！使当汉室之兴，亦张萧之流也。

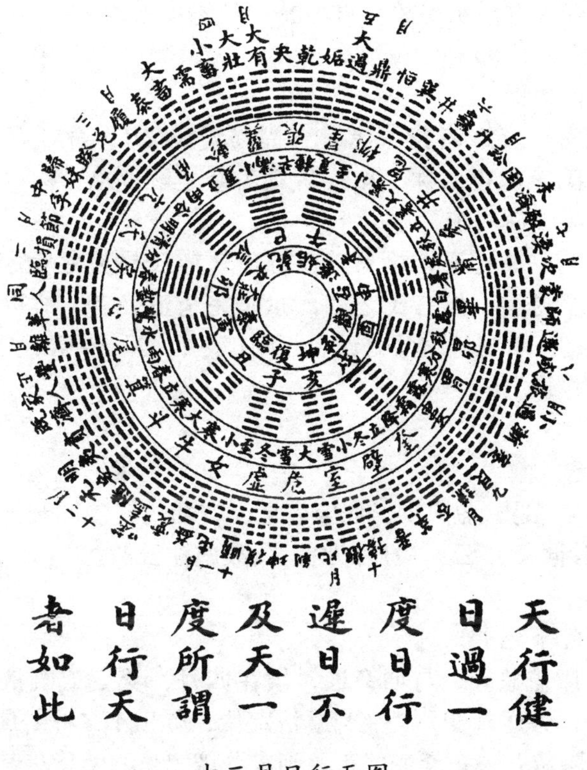

十二月日行天图

九、虞翻注集解

先儒恒言学易须明象，而古今易注中，惟虞翻明象独冠于千古。清儒张惠言撰《周易虞氏义》，近儒徐昂撰《周易虞氏学》，而唐李鼎祚

《周易集解》所录易注虽有三十五家，然虞易注实居其十之九，清儒李道平《周易集解纂疏》，亦时有疏《虞氏易》注者，惟三家对《虞氏易注》之全体大用与其微旨，仍有所阙，余有鉴及此，复术而解之，并列张徐二家之精华，略采李氏之疏，共集一篇，而名曰《集解》。至于《虞氏易》之书版本与其渊源、特点、价值、影响，已详拙著《〈虞氏易〉述解》。兹不赘云。

凡例：

1.《虞氏易》注依汉易十二篇之次，观其爻注与小象注。有同时兼及者可证也。故张惠言《周易虞氏义》，将小象移于卦爻之后。其余同于今本。今为方便研习故，自坤卦以后悉同于今本之序。乾卦之序。则改今本之序，依坤卦之例，先卦辞，次彖辞，次大象，次爻辞及小象。而以文言殿焉。

2. 本篇称“义”者指张惠言《周易虞氏义》；称“学”者则指徐昂《周易虞氏学》也；称“按”者则为余之解说也；称“疏”者则指李道平《周易集解纂疏》也。

3. 张惠言、李道平、徐昂三氏皆治《虞氏易》之大家，故时引其说以辅虞氏之易注。然三氏之言，亦非完全正确者。故以按语阐其微意，补其不足。若三氏之注有误者，则正之；若与余见不同，而义可相成者，亦一并录之。

周易上经

《释文》：“易，盈只反，此经名也，虞翻注《参同契》云字从日下月。”按《参同契》云：“日月为易。”故虞注云然。

乾䷀（乾下乾上）

《义》：阳盈象天，与坤旁通，候在四月，爻变成既济。按《虞氏易》主消息，旁通卦变，爻变与既济定位，乾于十二辟卦属于四月，二四上皆阳居阴位，失正爻变之正，则成既济定位六爻皆得其正矣。

乾，元亨利贞。乾经开通，以阳通阴，故始通。按元，始也；亨，通也；贞，正也。《义》：乾始者谓易出复初，探赜索隐万物资始，故曰元；以阳通阴，六阳消息二五利见故曰亨；利谓坤来入乾，以成万物，美利利天下，当位曰正，二四上失位，位变而之正，则云行雨施，天下平也。

彖曰：“大哉乾元，万物资始，乃统天。云行雨施，品物流形。大明终始，六位时成，时乘六龙以御天。乾道变化，各正性命，保合大和，乃利贞。首出庶物，万国咸宁。”已成既济，上坎为云，下坎为雨，故云行雨施；乾以云雨，流坤之形，万物化成，故曰品物流形也。云雨，坎也。大明，离也。乾卦而言坎离者言其变也，阴阳失位则变，得位则否，九二、九四、上九阳居阴位，故动而有坎离之象。（《黄氏佚书考》《汉上易丛说》云：“此虞氏所论动爻之说也。”）按彖辞首句释元，次句释亨，末句释利贞。乾卦二四上变阴，则成既济矣，故上坎为云，二三四互坎，故下坎为雨，品物，众物也，乾以云行雨施，以润于坤，坤化成物，故众物流形矣。变既济则内卦为离，三至五亦互离，离为日为明，故为大明。《义》：六位，六爻之位，六龙，六阳也。御，行也，六阳消息周三百六十五日成岁，四时乘六位以行乎天，既济定刚柔位当，阴阳合德，故各正性命，保合大和，乃利贞矣。

象曰：“天行健，君子以自强不息。”君子谓三，乾健故强，天一日一夜，过周一度，故自强不息，老子曰：“自胜者强。”按虞氏注说卦传云：“精刚自胜，动行不休，故健也。”地球自转于天，一周二十四小时，终古如斯，故刚健不息。六畫之卦，三为人道，故云君子。《义》：人道体天，故谓三。胜，任也。《学》：胜，克也，自胜即克己。

初九，潜龙勿用。象曰：“潜龙勿用，阳在下也。”爻辞，周公所作。（《春秋左氏传序疏》）按虞注文言云：君子弗用，隐在下位。《义》：乾为龙，阳精变化之象。

九二，见龙在田，利见大人。象曰：“见龙在田，德施普也。”地上称田。（恒九四注）按二变成离，离为目，故称见龙。初二为地道，二在初上，地上称田，故曰在田。《义》：大人谓二，二有君德，当升坤五，时舍于田，之正体离，物皆相见。阳为德，善世不伐，故施普。

九三，君子终日乾乾，夕惕若厉，无咎。象曰：“终日乾乾，反覆道也。”阳息至三二变成离，离为日，坤为夕。厉，危也。（震六五注）至三体复，故反复道，谓否泰反其类也。按《疏》云：“息长也，阳长至三为泰，泰上卦坤冥为夕，下体终三，故曰终日，否道将反，以乾接乾，故曰乾乾。二变三互坎（半象）为惕，泰否之际，阳道危，故夕惕若厉。正位，故无咎也。”泰三至上体复，泰反则为否，故曰否泰反其类也。《义》：三四人道，故不称龙，三得位，故曰君子。

九四，或跃在渊，无咎。象曰：“或跃在渊，进无咎也。”《义》：四失位，之正承五，体坎（半象）为渊；震足动为跃，失位疑之，故曰或得正故无咎。

九五，飞龙在天，利见大人。象曰："飞龙在天，大人造也。"四已变则五体离，离为飞，五在天，故飞龙在天，利见大人也，谓若庖义氏观象于天，造作八卦，备物致用，以利天下，故曰飞龙在天，天下之所利见也。按五变则外卦体离，离为雉，故为飞，五于六画之卦，属天位，故在天，文言虞注云：文王书经系庖义于乾五，圣人作而万物睹，故利见大人。造，作也。

上九，亢龙有悔。象曰："亢龙有悔，盈不可久也。"按系辞上虞注云："乾盈动倾，故有悔。"《义》：穷高曰亢，四已变，体巽为高；震无咎者存乎悔，明当之正也，乾盈当变。

用九，见群龙无首吉。象曰："用九，天德不可为首也。"《义》：爻不正，则道有变动乾坤用九六所以立消息，正六位也。乾二四上失正，用九变成既济，离为见，坤为群，乾为龙为首，乾坤交离，乾象不见，故见群龙无首，乾道变化，各正性命，故吉也。六十四卦皆乾坤用九用六通乎二篇之爻也。天道变化，莫测其端也。按九者阳之极数也，用九者，用阳刚之道也，谓用阳刚之道，又不可过于刚猛，宜辅之以柔顺，如群龙无首，不刚猛锐进，而能柔能刚，则吉矣。故但持刚猛之德，则不可为首也。此愚之意也，谨备一说。

文言曰：元者善之长也，亨者嘉之会也，利者义之和也，贞者事之干也。君子体仁足以长人，嘉会足以合礼，利物足以和义，贞固足以干事，君子行此四德者，故曰乾元亨利贞。按此虞氏无注，盖释卦辞乾元亨利贞，又以仁义礼智四德配焉，干事者智之事也，故贞属智。《义》：乾为积善，如息于子，首出庶物，故长；会，合也。以乾通坤，嘉美所合；干，举也。位正则事举；乾六爻皆称君子，初息震，震为仁，为诸侯，阳称嘉，坤为礼；阳称物，坤为义，坤来成乾，和顺于道德而理于义；坤为事，以乾举坤，坤为智，配四德也。《学》：乾初震阳成复卦，冬至阳生，当坎方子位，乾初九地支配子，故云始息于子，震为长男，故有长象；震为诸侯，就卦气言之则复为辟卦，六日七分后值屯卦为侯，亦取下震之象体仁长人，惟君辟足以尽其能，诸侯只为辅弼耳；复息至二成临，临象传君子以教思无穷，容保民无疆，即利物和义之道，息至三成泰，泰象传天地交，交者会也，乾以阳嘉会合坤阴，此即是嘉会，泰由履受。序卦传云：履者礼也，履然后安，故受之以泰，此即合礼之道。

初九曰潜龙勿用，何谓也。子曰：龙德而隐者也。不易世，不成名，遁世无闷，不见是而无闷，乐则行之，忧则违之，确乎其不可拔潜龙也。阳出初震，为乐为行，故乐则行之，坤死称忧，隐在坤中，遁世无闷，故忧则违之也。确，刚貌也，乾刚潜初，坤乱于上，君子弗用，隐在下位，确乎难拔，潜龙之志也。按阳在初为震，震为善鸣，为作足，故为乐为行。《疏》云："月，三十灭于坤（纳甲），为既死魄，故坤为死。"乾初阳息复，故阳刚潜初，复二至上为坤，故坤乱于上。《义》：震为世，阳为名，未出震，乾为远，阳隐故曰遁世；闷，忧也，坎为消，消息无坎，故无闷。《学》：乾初位当复为阳，为坤宫一世卦，复中伏遘为乾宫一世卦，未出震而阳隐不见，即指伏遘之象，初九乾阳正位，不宜变易，此不易世之义也，乾万物资成而成乎艮，初九位当正始，故有不成之象。坎为加忧，乾二四变之正互坎，有忧象。

九二曰见龙在田，利见大人，何谓也。子曰：龙德而正中者也。庸言之信，庸行之谨，闲邪存其诚。善世而不伐德传而化。易曰见龙在田，利见大人，君德也。中，下之中，二非阳位，故明言能正中也。阳始触阴，当升五为君，时舍于二，宜利天下，直方而大，德无不利，明言君德，地数始二，故称易曰。按九二居下卦之中，以阳居阴位，故不称中正，变而之正，故曰正中，《疏》云："二为阴位，阳息至二，是阳始触阴也，二与五应阳主升，故二当升五为君也，时舍居于二，已有利天下之德焉，乾二旁通坤二，直方大，不习无不利，是二之大人虽下位，实有君人之德，系上曰：天一地二，是地数始二也。《义》：庸常也，二之正，体震（半象）震为言，为行，为常，三息体坎（半象）坎为孚，为法，言乎故信，行法故谨。闲防也，二在非，其位，故以闲邪言之，能处中和，故以存诚言之。乾善震也，不居乾，故不伐震宽仁，地道广博，故德博，乾交坤，故化。《学》：复阳息至二即是临卦，临二虽失正，爻言吉无不利，因其能息三成泰也，故二当升五，须俟成泰后二五易位成为既济。

九三曰君子终日乾乾，夕惕若，厉无咎，何谓也。子曰：君子进德修业，忠信所以进德也，修辞立其诚，所以居业也，知至，至之，可与言几也，知终终之，可与存义也。是故居上位而不骄，在下位而不忧，故乾乾，因其时而惕，虽危无咎矣。乾为德，坤为业，以乾通坤谓为进德修业，天道三才，一乾而以至三乾成，故为上，夕惕或厉，故不骄也，下位谓初隐于初忧则违之，故不忧。按阳息至三成泰内乾外坤，故进德修业。系辞上：可久则贤人之德，可大则贤人之业，亦谓乾坤也。系辞下：知几其神乎。虞注："几谓阳也，阳在复初称几。"《疏》云：一至三而乾成，有天道焉，故为上。《义》：离中为忠，坎孚为信，与初二为离坎，此终乾之事……故所以居业；是谓反复道，泰反否，三反复，体谦，谦艮为居也。否将至三，至之谓夕惕若厉，几者动之微，吉之先见，谓复初也，泰将终，三终之谓终日乾乾，地静而理曰义，易以坤成乾之性，乾无常存，故可与存义也。《学》：乾阳由复初，上息至三，成泰而反否，否消阳至五则剥，剥由上爻反三成谦。三至上互复卦，故反复体谦，复为十一月冬至之辟卦，否由遘消，遘为五月夏至之辟卦，冬至之几在复，夏至之几在遘，故云知至至之也。复之终为正月泰而尽于四月乾，遘之终为七月否而尽于十月坤，故知终终之。

九四曰或跃在渊，无咎，何谓也。子曰：上下无常，非为邪也；进退无恒，非离群也；君子进德修业，欲及时也故无咎。《义》：上谓承五下谓应初，二四不正，故皆言邪；上未变体巽，巽为进退，阳称群，上体三爻也；君子谓四，三四否泰之间，故言时。《学》：上下皆泰否相反，进退指既济，未济相循。乾阳息至三成泰，乾在下，坤在上，反否，坤在下，乾在上；上下反复无常而有常也。泰二五易位成既济，初九位当震阳，六四位当巽阴，反成未济，初六巽阴，九四震阳，震进则巽退，巽进则震退；循环无恒而有恒也。按三四人位，阳为君子，故张氏谓四为君子。

九五曰飞龙在天，利见大人，何谓也。子曰：同声相应，同气相求，水流湿，火就燥，云从龙，风从虎，圣人作而万物睹，本乎天者亲上，本乎地者亲下，则各从其类也。同声相应谓震巽也，庖义观变而放八卦，雷风相薄，故相应也，同气相求，谓艮兑，山泽通气，故相求也。离上而坎下，水火不相射。乾为龙，云生天，故从龙也，坤为虎，风生地，故从虎也。睹，见也，圣人则庖义合德乾五，造作八卦，以通神明之德，以类万物之情，五动成离，日出照物，皆相见，故曰圣人作而万物睹也。方以类聚，物以群分，乾道变化，各正性命，触类而长，故各从其类。按震为雷，巽为风，雷风相薄，震纳庚，巽纳辛，庚辛相得而合金，故同声相应；艮为山，兑为泽，山泽通气，艮纳丙，兑纳丁，丙丁相得而合火，故同气相求，坎为水，离为火，水润下，火炎上，水火不相射，故水流湿而火就燥也，龙所以象阳，故乾为龙；虎，土物也，坤为土，故为虎。《义》：变谓日月消息；放，则也；庚震辛巽，相得合金；丙艮丁兑，相得合火，戊坎己离，相得合土，云出天气，风出地气；云，坎也。风，巽也。是谓天地定位，此庖义则象观变，六位之列，所以摩刚柔也。初震二巽，贞地位，故同声相应；五艮上兑，贞天位，故同气相求；三贞下坎，水流湿也；四贞上离，火就燥也；天尊贞五，坎体成于乾，去从龙也；地卑贞二，二巽位，风从虎也；此参天两地之数，妙万物之本。本天，阳爻也；本地，阴爻也；上乾下坤，谓五正乾道，三百八十四爻，资始消息。《学》：五动成离者指乾无生卦，五之坤而成离也。

上九曰亢龙有悔，何谓也。子曰：贵而无位，高而无民，贤人在下位而无辅，是以动而有悔也。天尊故贵；以阳居阴，故无位；在上故高；无阴故无民也；乾称贤人，下位谓初也；遁世无闷，故贤人在下位而不忧也；上无民，故无辅；乾盈动倾，故有悔；文王居三，纣亢极上，故以为诫也。（系辞上：亢龙有悔。虞翻注，今移此。）按上为阴位。上九以阳居之，故无位；坤阴为民，今纯阳无阴，故无民；乾阳为君子，故称贤人；初在下位，遁世无闷，故不忧；阳极生阴，故乾盈则动而倾，生阴故有悔；《疏》云：乾盈于上，动则必倾，动而入剥，故有悔。文王居三为贤人，终日乾乾，夕惕若，而纣亢极上，亢极则变而有悔。《义》：此为上戒耳，非谓乾龙有纣德也。

潜龙勿用，下也。见龙在田，时舍也。二非王位，时暂舍也。

终日乾乾，行事也。《义》：进德修业乾为天行，坤为事也。

或跃在渊，自试也。《义》：上下进退，自考其德为业。

飞龙在天，上治也。《义》：居上治下。

亢龙有悔，穷之灾也。按李鼎祚曰：“此当桀纣失位之时，亢极骄盈，故致悔恨穷毙之灾祸也。与虞氏解近，张氏虞氏义非也。

乾元用九，天下治也。《义》：既济定，天下不深正其元，不能成其化。《吴志·虞翻传》注：“斯诚君子所宜协阴阳，致麟凤之道。”按李鼎祚曰：此当三皇五帝礼让之时，垂拱无为而天下治矣，李氏《集解》以虞为主，此语殆本于虞。

潜龙勿用，阳气潜藏，见龙在田，天下文明。《义》：坤为文，离为明。终日乾乾，与时偕行，或跃在渊，乾道乃革。《义》：否泰之交乾道革易。

飞龙在天，乃位乎天德。亢龙有悔，与时偕极，乾无用九，乃见天则。《义》：离为见，坎为则，易六位正，王度见矣。乾元者，始而亨者也；利贞者性情也。乾始开通以阳通阴故始通。按此释元亨利贞，彖云：大哉乾元，万物资始。故曰乾始开通。《疏》云：阴阳不变，不能通气，乾始交坤，以阳通阴，故曰始通也。是也。

乾始而以美利利天下，不言所利，大矣哉。大哉乾乎，刚健中正，纯粹精也；六爻发挥，旁通情也；时乘六龙，以御天也，云行雨施，天下平也。美利谓云行雨施，品物流形，故利天下也。天何言哉，四时行焉，百物生焉。故利者大也。按此释彖辞，末句引《论语》孔子语，以与易相发明。《义》：乾始，性也；美利，情也。刚曰健，中正纯粹精也。七者乾之性，发，动；挥，变也；当爻交错谓之发挥，全卦对易，谓之旁通。乾往之坤，坤来之乾，是乾之情。按今本“而”作“能”，古文通。

君子以成德为行，日可见之行也；潜之为言也。隐而未见，行而未成，是以君子弗用也。谓初，乾称君子，阳出成为上德，云行雨施，则成离，日新之谓上德故日可见之行。按此释初九，乾阳故称君子。虞注彖辞云：“已成既济。”故云行雨施。既济内卦，及三四五皆离，乾为德，离为日，故日新之谓上德，相见乎离，故日可见之行也。《义》：乾六龙皆君子，出而既成乃为上德，离为见，震为行。

君子学以聚之，问以辩之，宽以居之，仁以行之，易曰见龙在田，利见大人君德也。谓二，阳在二，兑为口，震为言，为讲论，坤为文，故学以聚之，问以辩之，兑象君子以朋友讲习；震为宽，仁为行，谓居宽行仁，德传而化也，重言君德者，大人善世不伐，信有君德，后天而奉天时，故详言之。按此释九二也，阳息至二成临。故云兑为口，兑象朋友讲习二三四互震，故云震为言，为讲论，三四五互坤，又乾旁通坤。故云坤为文。《疏》云：震东方主春为无，故为宽仁，震足故为行，二有善世之德，而不自矜伐，故重言君德以赞之。是也。《义》：阳息至二，震春兑秋，二当之，故言后天而奉天时。

九三，重刚而不中，上不在天，下不在田，故乾乾因其时而惕，虽危无咎矣。以乾接乾，故重刚，位非二五，故不中也。

九四，重刚而不中，上不在天，下不在田，中不在人，故或之，或之者疑之也，故无咎。非其故，故疑之也。按九四以阳居阴，故云非其位。《义》：于三才，四在人，云不在人者，不正故爻不称君子也。

夫大人者，与天地合其德，与日月合其明，与四时合其序，与鬼神合其吉凶，先天而天弗违，后天而奉天时，天且弗违，况于人乎，况于鬼神乎。乾神合吉，坤鬼合凶，以乾之坤，故与鬼神合其吉凶。乾为天为先，大人在乾五乾五之坤五，天象在先，故先天而天弗违。奉，承行，乾四之坤初成震，震为后也。震春兑秋，坎冬离夏，四时象具，故后天而奉天时，谓承天时行，顺也。按大人谓九五，五为天位，故云大人在乾五，乾坤合德，故天地合德，六爻既正，成既济，坎为月，离为日，故日月合明。阳息初成复息二成临故震春兑秋，坎冬离夏，故与四时合其序。《义》：消息之序剥穷于上，乾五归三成谦体坎阳，生仲冬也；谦息履乾三之坤初为复，出震春也；上息成离兑，初三易位，离象先成，是离夏兑秋相次与四时合其序也。乾五之坤五，谓成坎也；就乾而言，四上之正成坎，就五而言，五之坤成坎，自五动故曰先天，自初息至五，故云后天。又按孙堂云："乾四之坤初，疑作乾二之坤二。"

亢之为言也，知进而不知退，知存而不知亡，知得而不知丧，其唯圣人乎，知进退存亡而不失其正者，其惟圣人乎！《义》：进存得谓乾，退亡丧谓坤，亢由失正，之坤谓正。

坤☷（坤下坤上）

《义》：阴虚，象地，与乾旁通，候在十月，卦取息乾，爻变成观。

坤，元亨利牝马之贞；君子有攸往，先迷，后得主利，西南得朋，东北丧朋，安贞吉。虞翻得主为句。（《周易象旨决录》《黄氏佚书考》）阴极阳生，乾流坤形，坤合光大，凝乾之元，终于坤亥，出乾初子，品物咸亨，故元亨也。坤为牝，震为马，初动得正，故利牝马之贞矣。按乾以云雨流坤之形，坤为地道，故合弘光大，乾坤交通故品物咸亨。《疏》云：坤渊乾自初始，乾初为元，故凝乾之元，坤之一阴，始于姤，姤消自午而终亥成坤，至复一阳复生出于乾初而息子。故终于坤亥，出乾初子。是也。初六以阴居阳，动得正成震，故利牝马之贞。《义》：元亨者乾为之，易者乾阳，地道资生，与天合德，故义取乾出震也，六爻皆息乾，利贞独言初者，乾之元也。震为后为主，震出坤，故后得主，震西兑南，阳息则利，谓初履霜，坤灭已癸，阳消之时，安以牝阳，则初正而吉。

彖曰："至哉坤元，万物资始，乃顺承天。坤厚载物，德合无疆。含弘光大，品物咸亨，牝马地类，行地无疆。柔顺利贞，君子攸行，先迷失道，后顺得常。西南得朋，乃与类行，东北丧朋，乃终有庆。安贞之吉，应地无疆。"阳得其类，月朔至望，从震至乾，与时偕行，故乃与类行。阳丧灭坤，坤终复生，谓月三日，震象出庚，故乃终有庆，此指说易道阴阳，消息之大要也。谓阳月三日，变而成震，出庚，至月八日，成兑见丁，庚西丁南，故西南得朋，谓二阳为朋，故兑君子以朋友讲习。文言曰：敬义立而德不孤。彖曰乃与类行，二十九日，消已入坤，灭藏于癸，乙东癸北，故东北丧明，谓之以坤灭乾，坤为丧故也。马君云：孟秋之月，阴气始著，而坤之位同类相得，故西南得朋；孟春之月，阳气始著，阴始从阳失其党类，故东北丧朋，失之甚矣，而荀君以

为阴起于午至坤三阴，得坤一体，故曰西南得朋，阳起于子至寅三阳，丧坤一体，故曰东北丧朋，就如荀说，从午至申，经当言南西得朋，子至寅，当言北东丧朋，以乾变坤，而言丧朋，经以乾卦为丧耶。此何异于马也。坤道至静，故安，复出得正，故贞吉；震为应，阳正于初，以承坤阴，地道应，故应地无疆。按坤初三五非正，变而之正，则正矣，故曰柔顺利贞，虞注阳月三日以下，乃言纳甲之法也。纳甲之法，乾纳甲壬，坤纳乙癸，震纳庚，巽纳辛，艮纳丙，兑纳丁，坎为月纳戊，离为日纳己，此其本体不变，虞注系上县象著明莫大乎日月县天，成八卦象，三日暮，震象出庚，八日兑象见丁，十五日乾象盈甲，十七日巽象退辛，二十三日艮象消丙，三十日坤象灭己，晦夕朔旦，坎象流戊，日中则离，离象就已。此易道阴阳消息之大要也。盖月出庚，震一阳为生明，月见丁，兑二阳为上弦，月盈甲，乾三阳为望。丙丁于五行属南，庚辛属西，故西南得朋，出震为行，三阳同类，故曰乃与类行。二十九日消乙入坤，阳灭于坤，故曰阳丧灭坤，于五行乙属东，癸属北，故东北丧朋，阴尽阳生，至三日，震象见庚终则有始，故乃终有庆。《义》：至凝一之意，其德合天，无有穷意。宏，扩也，阳德光大，坤含而宏之。震藏坤中，故亦地类，阳虽在地周流不息，故行地无疆，消息卦言谦至鼎，自豫至革是也。坤以柔顺承乾，故初出之正而息，阳称道，震为常，阴从阳，理之常。法象莫大乎日月，月受日光，阴阳消息之最著者，故以为候焉，庖义观变而放八卦谓此也。马以西南为申，东北为寅，阴得其类，不可谓利，就阳不可谓丧，故云失之甚矣。《学》：坤为地，为牝马，同为阴类，地载物，马亦载物，故云牝马地类。乾阳出坤初成震为复，牝马已成牝马，阳气从初爻地道上行，由复息至二成临，至三成泰，至四成大壮，至五成夬，至上爻成乾，坤疆之象不见，故云行地无疆；震与乾阳同类，此以性为同类也，出庚至盈甲，须由初八日兑象见丁，兑为阴类，与震阳异，而乾阳息初成震，息至二成兑。此荡息为类也。虞氏就月三日震象出庚立说，与十七日巽象退辛对象震当复初，巽当遘初，此取复遘循环之象，马融就孟秋阴气，孟春阳气立说，孟春正月值泰卦，孟秋七月值否卦，泰卦由复上息，否卦由遘上消，泰否之本根仍复遘两卦也。荀谞就阴起于午，阳起于子立说，坎子值十一月，辟卦为复，离午值五月，辟卦为遘，故马取泰否荀取坎离，与虞氏取复遘不相悖也。

象曰："地势坤，君子以厚德载物。"势，力也；君子谓乾，阳为德；动在坤下，君子之德车，故厚德载物，老子曰："胜人者有力。"按坤与乾旁通，故乾为君子，阳为德，初变为震，故动在坤下，坤为厚，为大舆，故厚德载物。《义》：载物故云力。

初六，履霜坚冰至。象曰："履霜坚冰，阴始凝也，驯至其道，至坚冰也。"按乾阳为坚为冰，变震为足为履为至。《义》：乾在西北为坚冰，坤为暑，纯坤在亥，微阳入凝，则露为霜，震为足，故称履霜，阳震出坤，顺致纯乾，乾坚冰至。阳称道，驯犹顺也。《学》：坤亥当十月剥卦九月霜降，卦候乾列四月，而乾为寒，贞于十一月子，故为坚冰；坤由剥卦上消，乾阳不灭，由下来坤初成震为复上息至二成兑为临，兑秋亦有霜象，初阳震足蹑霜，上息至三成乾为泰，乾象坚冰，故坚冰至者，即由初爻履二爻而三爻至也。

六二，直方大，不习无不利。象曰："六二之动，直以方也。不习无不利，地道光也。"按乾为直，坤为方，阳称大。参虞注文言，六二以阴处阴位，得位之正，故曰利曰光。《义》：六二之动，阳见兑丁体临，故大也。习，重也，坤为习，六爻独此言利者，明利西南得朋，六二当之。阳动至二，万物化光，地道动而交阳，非失位也。

六三，含章可贞，或从王事，无成有终。象曰："含章可贞，以时发也，或从王事，知光大也。"贞，正也，以阴包阳，故含章；三失位，发得正，故可贞也；三已发成泰，乾为王，坤为事，震为从，故或从王事；地道无成而代有终，故无成有终。按六三以阴居阳位，故云以阴包阳，故含章，变而得正，故可贞。三爻变而成泰。乾为君，故为王。坤致役，故为事；震为足为从，阴非三位，故言或。《义》：坤言乾三，又阳位；章，美也，发即动也；三虽体健，不敢当王，故别自取震象；非其位，故曰或也；三为泰时，四即否时，故以时发，乾为知三，体乾成，故知光大，光大，乾坤之合，所谓王事也。

六四，括囊无咎无誉。象曰："括囊无咎，慎不害也。"括，结也，谓泰反成否，坤为囊，艮为手，巽为绳，故括囊；在外多咎也，得位承五，系于包桑，故无咎；阴在二多誉，而远在四，故无誉。按阴息至三至否，泰反亦否，否二至四互艮为手，三至五互巽为绳，坤为囊；六四以阴居阴位，又上承五，故无咎。虞注谦彖云：坤为鬼害，四得位而承五，则不害矣。《义》：四既否时，故括囊不动，则五正否成观也，四多惧即多咎，不动故得位，五动体否五。坤为害，艮为慎，四慎承五，故不害。

六五，黄裳元吉。象曰："黄裳元吉，文在中也。"按坤为黄为裳，《九家易》云：坤为黄。虞注系下垂衣裳云坤下为裳是也。说卦云：坤为文，五在外卦之中，故云文在中也。《义》：五动体观，坤为帛，巽为股，帛在股为裳，地色黄，故黄裳。故有乾元，非自外至，故元吉；独阴不成为文，坤含阳，故坤象为文。

上六，龙战于野，其血玄黄。象曰："龙战于野，其道穷也。"按乾为龙，坤阴之极。故曰野曰，曰穷，消息之位，坤在十月亥，亥居西北乾方，说卦曰：战于野，故曰战，坤阴之极，故战乾、天为玄，坤地为黄，坎为血卦，故为血；故曰其血玄黄。《义》：野，戌亥之间，乾坤交位也，乾象既盈，坤道至盛，说卦曰：战乎乾，坤十月卦，乾消剥入坤谓此也。震为玄黄，坎为血，阳道穷尽，不入坤中，无以息震。

用六，利永贞。象曰："用六永贞，以大终也。"按贞正也，阳称大，坤道柔顺，不永贞，则偏于邪慝，故永贞所以求大终也。文言曰"地道无成而代在终也"，是其义也。《义》：乾用九以交坤，坤用六以息阳，阳以得位为正，阴以从阳为正，永长也；四利括囊无咎元誉，知有此用，则可长正，故坤为永也。阳称大，动与下动皆阳道，地道代终故以大终。

文言曰：坤至柔而动也刚，至静而德方，后得主而有常，含万物而化光，坤道其顺乎，承天而时行。坤阴先迷，后顺得常，阳出初震，为主为常也。按此申彖意，至柔者坤阴之性，变为乾阳，则动刚矣。说卦曰：帝出乎震，震出器，故为主；震后有则，故有常。说卦曰：坤以藏之，故含万物。含弘光大，故化光。《义》：纯阴故柔，动阳故刚，谓元；阴性静，方，辟也，谓亨；静含万物，化则光大，坤顺乾，故称道，谓西南得朋，与时偕行。

积善之家，必有余庆，积不善之家，必有余殃。臣弑其君，子弑其父，非一朝一夕之故，其所由来者渐矣。由辩之，不早辩也。易曰履霜坚冰至，盖言顺也。谓初，乾为积善，以坤牡阳，灭出复震，为余庆；谓东北丧朋，乃终有庆也；坤积不善，以臣弑君，以乾通坤，极姤生巽，为余殃也；坤消至二，艮子弑父，至三成否，坤臣弑君，上下不交，天下无邦故子弑父，臣弑君也。刚爻为朝，柔爻为夕，乾为寒，坤为暑，相推而成岁焉，故非一朝一夕，所由来渐矣。按此申初六之意，乾为健，阳称善，故为积善；乾阳灭于二十九日坤乙，三日复出于震庚，是为余庆；坤阴为不善，以乾通坤，极下为姤，内卦为巽，十五日月盈乾，十六日平旦没于巽辛，生魄，阳极阴生，故为余殃。坤阴消阳，至二为遁，内卦艮为少男，外卦乾为父为君，阴消阳故子弑父，消至三为否，内卦坤为臣，故臣弑君。《疏》云：一朝谓乾初息三成泰，一夕谓坤初消至三成否，一阳始子，历六阳时而成乾，一阴台未，历六阴时而成坤，积朝夕而成寒暑，积寒暑而成岁，故曰非一朝一夕之故，其由来渐矣。是也。《义》：坤虽灭阳，阳道不息，潜孕坤中，故曰牝，凡庆皆阳，乾息坤到夬，夬尽阴生于巽成姤，阳自消剥出坤，二十六卦而泰反否，历刚柔爻一百五十六；阳自极夬姤乾，亦二十六卦而否反泰，历刚柔爻一百五十六；辩，别也；复小而辩于物，则别之早矣；以阴顺阳，所以辩之。《学》：阳刚三十六卦，阴柔三十六卦，刚柔爻各一百九十二，消剥入坤，決夬就乾，阳卦由复临泰反否而为观剥坤，阴卦由姤遁否泰而为大壮夫乾，自复至坤六辟卦，自姤至乾六辟卦，各生二十六卦，故刚柔爻各历一百五十六，此除去十二辟卦刚柔爻数而计之者也。

直其正也，方其义也，君子敬以直内，义以方外，敬义，立而德不孤，直方大，不习无不利，则不疑其所行也。谓二阳称直，乾其静也专，其动也直，故直其正；方谓辟，阴开为方，坤其静也翕，其动也闢，故方其义也。阳息在二，故敬以直内；坤位在外，故义以方外，谓阳见兑丁，西南得朋，乃与类行，故德不孤；孔子曰："必有邻。"按此申六二之意也。虞氏系注云：坤为方，为义门，故义以方外；乾息二为临，阳动直，位内，坤位外，纳甲，兑见丁，兑西丁南，故西南得朋，乃与类行。参彖注可知。《义》：正，乾之德也。义，坤之德也。变正言敬，乾为敬也，坎为疑。

阴虽有美，含之，以从王事，弗敢成也。地道也，妻道也，臣道也，地道无成而代有终也。按此申六三之意，乾为王，坤为理，为事，为地，为臣，又为母，故有妻道，并参前注。《义》：阳称美，坤化成物，终乾之事，不居其功。

天地变化，草木蕃；天地闭，贤人隐。易曰括囊无咎无誉，盖言谨也。谓阳息坤成泰，天地反，以乾变坤，坤化升乾，万物出震，故天地变化，草木蕃矣；谓四，泰反成否；乾称贤人，隐藏坤中，以俭德避难，不荣以禄，故贤人隐矣。按此申六四之意，据虞氏注例，似天地变化，草木蕃，宜属六三，惟众家皆属六四，今姑且从众家之说。孙堂云："反疑作父，荣当作营。"是也。阳息坤三成泰，天地交泰，阳变阴化，帝出乎震，故草木蕃矣，泰反成否，天地不交，故天地闭，乾为贤人，隐于坤外，故贤人隐。《义》：反，爻也，震为草木，草木物之小者，贤人即四阳，息四亦体也，隐故括囊，谨犹慎也。

君子黄中通理，正位居体，美在其中而畅于四肢，发于事业，美之至也。谓五，坤息体观，地色黄，坤为理，以乾通坤，故称通理；五正阳位，故曰正位；艮为居；体谓四支也，艮为两肱，巽为两股，故曰黄中通理，正位居体；阳称美，在五中，四支谓股肱。按此申六五之意，乾称君子，阳为美，在五中黄为理，五居中位，故黄中通理。息，长也，阴长至四，故坤息体观，三至四互艮，四二至六为巽。《义》：畅于四支，所谓居体，发于事业所谓正位。

阴疑于阳必战为其兼于阳也，故称龙焉；犹未离其类也，故称血焉；夫玄黄者，天地之杂也，天玄而地黄。按此申上六之意。疑，张惠言作凝，今从《集解》本及《注疏》本。此已俱上六注，今不具述。《义》：阴阳气不相薄不凝，以阴包阳曰兼，阳在坤中，未能成震，犹在阴类所谓牝马地类；天谓之元，地谓之黄，震者，乾坤之交，故色元黄。

屯䷂（震下坎上）

《义》：消息卦，乾坤会于离坎，而出屯鼎；屯，元黄之杂也。鼎通之，二五交则息复，故屯鼎旁通，鼎五应乾五谓屯也，屯者盈也，牝马行地，盈乎地中，故名曰屯，内卦候在十一月，外卦十二月，屯有乾德，故初正而既济定。《学》：屯五与鼎五相交则屯变为复，鼎变为姤，屯二五交则息兑为临，鼎二五交则消艮为遁，屯二三四互坤，与鼎二三四互乾交易，则屯成夬卦，鼎成剥卦。

屯，元亨利贞，勿用有攸往，利健侯。坎二之初，刚柔交震故元亨，之初得位，故利贞矣；之外称往，初震得正，起之欲应，动而失位故勿用有攸往；震为侯，初刚难拔，故利建侯，老子曰："善建者不拔也。"按屯自坎来，坎二失正，初成屯，则各得其正，故曰元亨利贞。《义》：二阳四阴之卦，非临则观来，此消息卦，故不从此例也，乾田离入坎，合坤生震，所谓其血玄黄者，故以坎二之初贞有二义。失位者之正为贞，得位者不动为贞，勿用有攸往，是即初贞之义。凡旁通之卦皆刚柔相易，唯屯鼎蒙革各自坎离来，不由爻往，嫌初当之四，四隆鼎初，故曰勿用有攸往；震未出坤，体乾初潜龙，确乎不可拔。《学》：初四皆得正，初得位不必动，可往与四应而为失正之六三阴爻所阻。二三四互坤为用，三变之正则坤毁，有勿用之象，方能往应。屯卦于卦气冬至小寒间，当诸侯之位，豫利建侯行师，虞氏亦取震为诸侯之象。按豫卦于卦气春分清明间，亦值诸侯之位，与屯卦侯象同例。曰屯同刚柔始交而难生，动乎险中，大亨贞，雷雨之动满形，天造草昧，宜建侯而不宁。乾刚坤柔，坎二交初，故始交，确平难拔，故杂生也，震雷坎雨，坤为形也，谓三已反正成既济，坎水流坤，故满形。谓雷动雨施，品物流形也；造，造生也；草，草创物也。坤冥为昧，故天造草昧；成既济定，故曰不宁，言宁也。按屯难也，乾为刚为天，坤为柔为地为形，谓天地始交，草昧初开，故难生也；屯卦内震为动为雷为侯，外坎为阴为水为雨，故曰动乎险中；雷雨之动满形，三动成既济定，故大亨贞，宜建侯而宁。《义》：拔，拔出地也；动震险坎，屯物未生，天生之时，不可为象，由其动，则亨贞矣。云雷动则雨，建侯则宁，皆动而亨贞之义。初既动正，则必大通；体乾之称，成既济也。三正成坎，水下于地，故曰流坤；物出屯，然后有形也。

象曰："云雷屯，君子以经论。"《义》：云雷未雨难生之时。君子为乾初，坎为经，震为讲论，万物冥昧，当论经法以正之，如雷雨之动物。

初九，盘桓，利居贞，利建侯。象曰："虽盘桓，志行正也；以贵下贱，大得民也。"震起艮正，动乎险中，故盘桓；得正故利居贞；谓君子居其室，慎密而不出也。按震为动为起，且屯卦三至五互艮，艮为止，坎为险，故动乎险中，初刚难拔，触艮而止，故有盘桓难进之象。二往居初，故得正；二至四互坤为民，故得民。《义》：初刚难拔，触艮而止，故震起艮止，艮为宫，坤为门户。在坤艮下，不出户庭；盘桓利居贞，故不出也。坎为志，震为行，阳贵阴贱，初正居下，四阴归之，建侯之义，阳居下则得民。

六二，屯如邅如，乘马班如，匪寇婚媾，女子贞不字，十年乃字。象曰："六二之难，乘刚也。十年乃字，反常也。"屯邅，盘桓，谓初也；震为马作足，二乘初，故乘马；班，踬也，马不进，故班如矣；匪，非也，寇谓五，坎为寇盗，应在坎，故匪寇，阴阳德正，故婚媾，字，妊娠也，三失位变复，体离，离为女子，为大腹，故称字；今失位为坤，离象不见，故女子贞不字；坤数十，三动反正，离女大腹，故十年反常乃字，谓成既济定也。按屯内卦为震，外卦为坎，二至四体坤，三变则成既济定也，而内卦为离，盖六二阴柔在初九阳刚之上，故有屯邅之象，震为马作足，故有乘马班踬之象；应于九五，坎为盗寇，然六二比于六三，六三变阳，阴阳德正，故婚媾；婚媾非九五，故匪寇；复，返也，三失位而返于正则内卦为离，离为中女为大腹，三不变则体坤，离象不见矣，故女子贞不字，坤为十，十乃变而为离，故十年反常乃字。《义》：取象马者，所以行也，阴柔凝阳乃生，下乘则逆，上承则顺；屯阳始交，阴发承阳之义，不以爻位之应为正，故三阴爻同象乘马，三求初，故乘马；初屯邅，故班如；下不得初，则上将求五，故止之，言所求者非此寇也；三之二，二承之，阴阳德正为婚媾，复，反也，女子由离象而有，故知婚媾当谓三，虞氏例不以阴阳爻为男女，四求婚媾，亦以体离也；难，难生也，阳正位为常，阴从阳为常。

六三，即鹿无虞，惟入于林中，君子几不如舍，往吝。象曰："即鹿无虞，以从禽也。君子舍之，往吝穷也。"即，就也，虞谓虞人，掌禽兽者，艮为山，山足称鹿，鹿，林也，三变体坎，坎为丛木，山下故称林中，坤为兕虎，震为麇鹿，又为惊走艮为狐狼，三变禽走入于林中，故曰即鹿无虞，惟入林中矣。君子谓阳已正位，几，近，舍，置，吝，疵也；三应于上，之应历险（坎）不可以往，动如失位，故不如舍之往必吝穷矣。又鹿谓五，三妄动而求五也。（《周易窥余》）按三至五体艮，艮为山为狐狼；鹿，麓也；坤为牛为虎，兕，如牛也，故为兕虎，鹿善惊，震惊百里似麇鹿，三变则二至四体坎，坎为丛棘，在艮山之下，故称林中；舍，舍置也，三变而应于上，则应于外卦之坎险，故不可往，往则失位，而吝穷。《义》：古鹿麓道，三体艮下，三变禽走入林中，坤震艮皆入坎，田猎惟有虞人掌禽，乃不惊足，三应上为三，虞者上也，上乘五不及三，故无虞；当惟入林中而已，惟，思也；坎为思，上在山外，坎为入为内，故虞人矣；之外曰往，三动成既济，屯所以成亨也；阳动，唯专乃直，三初即鹿，阴体也，唯无系应，故能之正，若往求之，则必穷矣，因无虞而求上，是从禽，非初这行也。《学》：上卦坎象，三变之正后，二三四爻又互坎，两坎有二木，故称林，下卦震鹿，三变则鹿入于林中矣。

六四，乘马班如，求婚媾，往吉无不利。象曰："求而往，明也。"乘三也，谓三已变坎为马，故曰乘马；马在险中，故班如也；或说乘初，初为建侯，安得乘之也；之外称往，体离故明也。按三变为阳，则二三四互坎，坎为险，又为美脊之马，四乘其上，又外卦亦坎险，故亦有乘马班如之象，之外称往，如之五则吉无不利矣，三变则三四五体离明故明也。《义》：初不拔，则不应四，故安得乘之，四当求五为婚媾。

九五，屯其膏，小贞吉，大贞凶。象曰：“屯其膏，施未光也。”坎雨称膏，《诗》云：“阴雨膏之。”是其义也；阳陷阴中，故未光也。按：坎为雨为润，故称膏泽，三四五体艮止，而九五陷于坎中，故屯其膏；五既陷于坎中，故近比四得得小贞之吉，若远求二，则坎为盗，为险，下艮为止为狐狼，坤为十为兕虎，故有大贞之凶；近比于四，陷于阴中，故施未光。《义》：既济上坎为云，下坎为雨，三坎满形，而五坎难下，故曰屯其膏。小，阴也，小正谓四，四求五，三变离明，故吉。大正谓三，君膏屯而臣满形，非五之光，凶道也。《学》：三变成互坎后，上坎之云方成为膏雨而下降，三未变则云未成雨，膏泽在酝酿中，故云屯其膏。象曰：“施未光也。”即以三未变成互坎，则重离之日光不见也。

上六，乘马班加，泣血涟如。象曰：“泣血涟如，何可长也。”乘五也，坎为马，震为行，艮为止，马行而止，故班如也；三变时，离为目，坎为血，震为出，血流出目，故泣血涟如；柔乘于刚，故不可长也。按上六阴柔在九五阳刚之上，故曰乘；上与三应，三岁正时，三四五体离目，外卦为坎，二三四亦互坎，坎为血为雨为涟如；内卦震为足为行为出，牵出乎震，故为出；上柔乘五刚，上无所承，故危而不可长。《义》：涟如，泣貌，三不应上，故上泣，二四乘阳，则不承刚矣。

蒙䷃（坎下艮上）

《义》：消息卦，坤入中宫，以刚接柔，而为蒙革，巽生姤成，故蒙革旁通，阴巽将生，乾阳蒙昧，故名曰蒙，侯在正月，蒙接阴，故不成既济，初发二五正，为观否道也。

蒙亨，匪我求童蒙，童蒙求我，初筮告，再三渎，渎则不告，利贞。艮三之二，亨谓二，震刚柔接故亨；蒙亨以通行时中也；童蒙谓五，艮为童蒙，我谓二也，震为动，起嫌求之五，故曰匪我求童蒙；阴求阳，故童蒙求我志应也，艮为求，二体师象，坎为经，礼有来学无往教。二五失位利变之正，故利贞；蒙以养正，圣功也。按此以消息言，艮九三之二，则成蒙。二阳故亨，二至四互震，应于六五柔，故云震刚接柔，艮为少男，为童蒙，又初三五互师，坎为经，故童蒙求我。《礼记·曲礼》云：“礼闻来学不闻往教。”二阳五阴皆失阴阳之正位，二变阴，五变阳，则成观卦，得阴阳之正位，故利于正，故象云：“蒙以养正，圣功也。”《义》：此亦消息卦，故不从临观来，艮者物之成终，始取乾九三，下坎以刚接柔，之革（旁通）成巽（二至四互巽），故从艮来，而旁通革。消息取九二，变巽故二特言约妇吉。虞不言旁通革者明也，乾坤交乃亨。经，六经，师，法也。初筮，谓初问于二也，初承二，顺于师，初发成兑为口说，故告也；再三谓三四，三逆乘非正也，四远实故渎也；渎，污亵之意，坎为渎，初已发，师象不见，故不告也。《学》：革六二离阴，爻位实当巽阴，不仅二三四互震，伏有巽阴也，蒙卦旁通革卦互乾（革，二至四互巽，三至五互乾），说卦逸象乾为蓍有筮象，革九五虞注：离为占，蒙二三四互震为萑苇，亦有蓍象；革九五为苍筤竹，蒙初发，下卦成兑为巫，以震竹加兑巫上，即成筮字。张氏依系辞传注，取震巽相应有筮义，尚未尽也，初发成兑为口说，此说甚当。坎为渎，初不发成兑，则有坎渎之象而无兑告之象，再三谓二三与初成坎也，张氏以再三为三四，就初发师象不见取不告之象，似亦未密。二三四互震为告，二五易位后，震告之象已毁，三上再易位，则二三四互坎为渎，而震告之象见销矣，故渎则不告也。

彖曰：“蒙，山下有险，险而止蒙，蒙亨，以亨行，时中也。匪我求童蒙，童蒙求我，志应也；初筮告，以刚中也。再三渎，渎则不告，渎蒙也；蒙以养正，圣功也。”体颐故养；五多功，圣谓二，二志应五，变得正，而亡其蒙，故圣功也。按艮为山为止，坎为险，二阳五阴，志相应也；二至上，体颐象，颐，养也。二变得正，故蒙以养正，圣功也。《义》：艮三时行则行，三由艮三下，故以亨行时中也；志谓二，坎为志，五求二应，志相通，初筮告，谓二发蒙，渎，蒙也，蒙自渎，非二之过。

象曰：“山下出泉，蒙，君子以果行育德。”艮为山，震为出，坎泉流出，故山下出泉，君子谓二，艮为果，震为行；育，养也，二至上有颐养象，故以果行育德。按艮为山，为果蓏，坎为水为泉，二至三互震，震为行为出，二至上体颐，君子谓刚中之二。《义》：宋均注礼斗咸仪云蒙小水也，小水可以灌注，犹童蒙可以作圣，艮为贤人，果决也，艮时行故为果。

初六，发蒙，利用刑人，用说桎梏，以往吝。象曰：“利用刑人，以正法也。”发蒙之正，初为蒙始而失其位，发蒙之正以成兑，兑为刑人，坤为用，故曰利用刑人矣；坎为穿木，震足艮手，互与坎连，故称桎梏；初发成兑，兑为说，坎象毁坏，故曰用说桎梏；之应历险，故以往吝；吝，小疵也，坎为法初发之正，故正法也。按发，动也，说，脱也，初六以阴居阳失正，动而为阳则成正而蒙发矣，初动则内卦变兑，兑为毁折，为秋，秋官掌邦刑，故为刑人。三至五体坤，致役乎坤故坤为用；二至四体震，震为木为足内卦坎为穴，外卦艮为手，故为穿木。桎足械也，梏手械也，兑为说，故用说桎梏。说脱古音同，皆从兑声，故可通用。应六四则经内卦坎险，将有小疵，故以往吝。《九家易》坎为法，初变成正，故曰正法。《义》：二变在坤初子克家，上四爻皆得二发蒙，下系于二，故云互与坎连，四当求初，初不当往四，若历险以往必吝，明二纳巽，初乃成震。

九二，包蒙吉，纳妇吉，子克家。象曰："子克家，刚柔接也。"坤为包，应五据初初与三四同体。（孙氏黄氏并以为下初字疑作文或作二）包养四阴，故包蒙吉。震刚为夫，伏巽为妇，二以刚接柔。故纳妇吉。二称家震长子主器者，纳妇成初。（孙氏黄氏并以为初疑作家）故有子克家也。按三四五互坤，坤体信含弘光大故为包，二应于六五，又据于初上，故应五据初。初与三四五皆阴，故同体。而二皆包养之，故曰包养四阴故包蒙吉。孙氏黄氏疑下初作爻或二非也。盖脱一五字，宜作初与三四五同体，故包养四阴。二至四互震，震为长男为夫为主器者，蒙旁通革，革二至四互巽长女为妇，震变作巽，故曰伏巽，故纳妇吉，二为大夫位，大夫称家，故曰子克家。九二以刚接六五之柔，且震刚巽柔，故曰刚柔接也。孙氏黄氏疑纳妇成初，初疑作家是也。《义》：初与三四同体师，二自包四阴三四自为渎，革坤成乾二，巽姤下由蒙二接之，故九二有伏巽，巽长女故为震妇，不以五为妇，五艮少男非女也，纳妇与包蒙不属，故各言吉。《乾凿度》曰："二为大夫，大夫称家，初已发二正，二伏巽出，使初震为子。"《学》：蒙革旁通，蒙三四五互坤，与革三四五互乾交易，则蒙成姤卦，革成复卦，蒙革属夬姤消息，屯鼎属剥复消息，而蒙二三四五互复，三四五上互剥，革二三四五互姤，三四五上互夬，此与屯初二三四互复，二三四五互剥，鼎初二三四五互姤，二三四五互夬，皆贵通剥复消息与夬姤消息也。蒙二承三，三动成蛊，三克家有干蛊象。蒙二伏巽，巽九五虞注云："五动成蛊。"取消息以示所变之卦，其例可循也。

六三，勿用娶女，见金夫，不有躬，无攸利。象曰："勿用娶女，行不顺也。"谓二，诚上也，金夫谓二，初发成兑，故三称女。兑为见，阳称金，震为夫，三逆乘二阳，所行不顺，为二所淫，上来之三陟阴，故曰勿用娶女，见金夫矣。坤身称躬，三为二所乘，兑泽动下，不得之应，故不有躬。失位多凶，故无攸利也。失位乘刚，故行不顺也。按：

二至四互震，震阳为夫，乾为金，故阳称金，初变而之正内卦成兑，兑为少女为见。离卦云：兑见而巽伏也。坤成形故为躬。六三以阴居阳，而乘于九二阳刚之上，兑泽润下，故见金夫而不得应上，故上勿用娶，而三亦不有身无所利，以其失位又乘刚也。《义》：女谓三也，三应上，娶女者上也，坎为淫，兑淫说之，故为二所淫。上九所以谓二寇也，二刚中养蒙而于三义取金夫者，以正为求，以邪为淫，历坤故曰用。泽性就下，震又动之，故失坤体。《学》：虞注三为二所乘昂。按蒙九二阳爻为六三阴爻所乘，非三为二所乘也，三逆乘二阳一句，虞注已详上文，不应自赘其说，此必有误。又按徐氏昂之言是也，愚以为三为二所乘，乘当为淫字之误。

六四，困蒙吝。象曰："困蒙之吝，独远实也。"《义》：远于二，故困蒙吝，阳为实。按二阳为发蒙之主，四隔三不能比于二，而二又应于五，比于二三，惟四不得与二近，故独远于二。

六五，童蒙吉。象曰："童蒙之吉，顺以巽也。"艮为童蒙，处贵承上，有应于二，动而成巽故吉也。按艮为少男，故为童蒙。六五以柔处尊位，下应九二，上承上九，所近皆阳刚之贤，故吉。三四五互坤顺，五主为外卦成巽入，故曰顺以巽也。《义》：言承上者，为动巽而言，非五求上发蒙，坤为顺也。

上九，击蒙，不利为寇，利御寇。象曰："利用御寇，上下顺也。"体艮为手，故系谓五已变，上动成坎称寇，而逆乘阳，故不利为寇矣。御，止也，此寇谓二坎为寇，巽为高，艮为山，登山，备下，顺有师象，故利御寇矣。自上御下，故顺也。按外卦艮为手为止，蒙指三，逆承二故击之，五变阳，而上变阴则外卦成坎，坎为寇，上阴乘阳，故不利为寇。艮为山，五变则外卦为巽，为高，故登山。初至五体师，三至五体坤顺，故曰顺有师象。备下，故利御寇。《义》：上体艮亦为蒙，不利为寇，言上不可变三应上为上所淫，上不变而御二则利也，取师象者明当御之于卑。《学》：下坎失正为寇，五变上动成坎，中正得位，不得谓之寇，盖六二失正，当下坎之尾，上九亦失正，间爻六五又失正，如上爻不待变之正，而即与六三坎寇之尾相应，则同为寇矣，故为寇与御寇之寇皆指下坎。又按徐氏之言纠虞氏之误，似有可取。

需䷄（乾下坎上）

《义》：大壮息卦，阳至大壮，过盛失正，为阴所伤，义宜须养，故名曰需，内卦候在正月，外卦二月，爻变成既济，乾道也，大壮息阳，故上别取终乾。

需，有孚，光亨贞吉，利涉大川。大壮四之五，孚谓五，离日为光，四之五得位正中，故光亨贞吉，谓壮于大誉之緐也。按消息之卦，二阴四阳之卦，自大壮来，大壮四之五则成需。孚，信也，九五阳刚中正，可谓孚矣。又坎为通为字，三至五互离日，故光亨。五得位故贞吉。大誉之緐，大壮九四爻卦辞，外卦坎，二变得正，二至四亦坎，而上应九五，故利涉大川。《义》：阳在二五称孚，坎为孚，贞谓五正，辐当为腹，大壮九四，壮于大之腹。壮，伤也，四在大壮，为阴所伤，之五还伤坤也。

彖曰："需，须也，险在前也。刚健而不陷，其义不困穷矣。需，有孚，光亨，贞吉，位乎天位，以正中也。利涉大川，往有功也。谓二失位，变面而涉坎，坎为大川，得位应五，故利涉大川。五多功故往有功也。按：外卦坎为险陷为川，内卦乾为刚健，三至五互离明，故不陷。位乎天位以正中指九五，故虞卦辞注云："孚谓五"是也。外卦坎，二变得位二至四亦坎，上应九五，五多功，故往有功也。五多功下系文。《义》：须，待也，养也；险，坎卦，以外为前。杂卦注：险在前故不进。之外称往谓二。

象曰："云上于天，需，君子以饮食宴乐。"君子谓乾，坎水兑口，水流入口为饮，二失位，变体噬嗑为食，故以饮食，阳在内称宴，大壮震为乐，故宴乐也。按乾阳为君子，外坎水，二至四互兑口，故有饮象。二失位变正，则初五体噬嗑食，故有食象。《疏》云：于文日在宅内称宴，今乾阳在内，故曰宴也；卦自大壮来，大壮震阳和，阳象春，故知震为乐。《义》：天须云降雨以养物，宴，在宅内，安也。由乐而有饮食，故取震象。

初九，需于郊，利用恒，无咎。象曰："需于郊，不犯难行也。利用恒，无咎，未失常也。"《义》：初需四，郊谓四也。乾为野，坎为邦险，城隍也。乾之前，故于郊。恒，久也。乾为人，二变坤为用，五用之也，初之应险，远宜久需，二变而后应之，坎险，故难，初不退需之，阴从阳正也，来而后往，故未失常。按乾为郊，为恒久坎为险难，初九虽居正位，而应于六四惟居需待之时，前有坎险，故有需郊，利恒之象。

九二，需于沙，小有言，终吉。象曰："需于沙，衍在中也。虽小有言，以吉终也。"沙谓五，水中之阳称沙也。二变之阴称小。大壮震为言，兑为口，四之五震象半见，故小有言。二变应之故终吉。衍，流也。中谓五也。按二以阳居阴位，变之阴，则应于九五而得终吉；五，阳刚居坎水之中，故需于沙。阴小需自大壮来，大壮外卦震为善鸣，故为言。三至五互兑口，四之五成需，需震象半见，故小有言。《义》：二需五也，二未变在兑属申震，正位故吉。五有中德泽流于二。又按二未变在兑属半震者谓需二至四互兑，兑属半震，此似非虞氏，四之五震象半见之义。

九三，需于泥，致戎至。象曰："需于泥，灾在外也，自我致戎，敬慎不败也。"离为戎，乾为敬，阴消至五，遁臣将弑君，四上壮坤，故敬慎不败。按九三居正位应于上六，外卦坎居其前，坎为险为寇，为灾难，需于坎水之前，故曰需于泥，三至五互离，离为干戈，故曰戎，乾三夕惕故敬。消息之卦，大壮阴消至五，反为遁，则六五不见，将反，故云遁臣将弑君。五至上坤象半见，又阴消至四成泰，外卦为坤，今需四上壮坤，四之五成坎，故不败。《义》：三需上也，上入坎深，故于泥；离为戎，大壮五上伤阳，四上之五，折三入离，上为戎首致之者，谓上入于穴致戎，致戎旧读致寇，郑王肃皆作致戎，上坎为灾，消息之卦遁反大壮，大壮乾四失位，为阴所伤，遂进不需，则阴消至五而反遁矣，四上之五，折坤为坎，壮于大与之腹，则不反遁上来终乾，敬慎不败。又按舆誉古今字。輹，正字，腹借字。

六四，需于血，出自穴。象曰："需于血，顺以听也。"《义》：四愿初也，坎为血，二已变，初在重坎之下，故于血。坎在雨坎中，故于穴。本大壮需为出，故出自穴。坎为耳二变重坎为听，四顺听于初也。按六四正位与初九相应，坎为血，为穴，为难，为耳，故在坎穴而能出，顺听初九，故顺以听也。

九五，需于酒食，贞吉。象曰："酒食贞吉，以中正也。"沉湎则凶，中正则吉。(《周易窥余》)《义》：二之应成噬嗑，酒食之象。贞谓二，五中正，故二变应之。《学》：说卦传：震其于稼也，为反生，震既由大壮来，大壮上震为食象，四之五成需，上卦坎为水，即酒象。按九五居外卦之中，合于阴阳之正位，故曰中正。二失位变正，初至五体噬嗑为食，坎水为酒，五居需之时，待二变应已，故曰需于酒食。二家之言可相足，然似皆有未审者焉。

上六，入于穴，有不速之客三人来，敬之终吉。象曰："不速之客来，敬之终吉，虽不当位，未大失也。"《义》：诫三也，自外为来。不速之客，谓坤体三爻也。上为我主，故牵率坤爻以就三，大壮盈阳，坤既就乾则终息乾体，乾为敬，故敬之终吉。终乾则二四上失位，故曰不当位。阳体盈，故未大失。按上六正位，居需之极，无所需待坎为穴，变巽为入，故入于穴。上六应于九三，内卦三阳同体，俱来相应，故有不速之客三人来。乾为敬，故终吉。初与二本不应己，然既来之则敬之，故未大失也。荀爽曰："三人谓下三阳也，须时当升，非有召者，故曰不速之客焉。乾升在上，君位以定，坎降在下当循臣职，故敬之终吉也。"是也。张氏之《义》，恐不合虞氏，故匡补之。

讼䷅（坎下乾上）

《义》：遁消卦，次无妄，遁消乾无妄。明乾元非消例，消卦始于讼，阳与阴争，故曰讼。候在三月，卦辞利见大人，唯二五，远成否时行也，爻成既济，明五求遁，乾元也。《学》：遁先变成无妄，次变成讼，无妄由遁上推迁之初，乾元出震，此息乾之道，遁三得正，动之二成讼，虽云救否，而九二失正，阳陷阴中，实不足以息乾。

讼，有孚，窒惕，中吉，终凶，利见大人，不利涉大川。遁三之二也，孚谓；二窒，塞止也；惕，惧，二也，二失位，故不言贞。遁则成否，则子弑父，臣弑君。三来之二，得中弑不得行，故中吉也。二失位，终止不变，则入于渊，故终凶也。按以消息言之，讼自遁来，遁三之二即成讼。二坎阳为孚信，为加忧，二变则二至四成艮土，故曰窒塞，惕惧。阳消至二为遁，消至三成否，乾为君为大，坤为臣，二至四体艮为少男为子，故弑父弑君。遁三之二成讼二得中，否弑不得行，故中吉。内卦坎为水，为川皆失位，故不利涉。《义》：遁三之二，四阳二阴例，坎为孚，止遁不成否故塞上。坎为阳，大人谓五中正在上，离在其下，二利之正应之，故利见大人。二不变终凶，五将变应之成未济，坎为大川，故不利涉大川。

彖曰："讼，上刚下险，险而健，讼。讼，有孚，窒惕，中吉，刚来而得中也。终凶，讼不可成也，利见大人，尚中正也。不利涉大川，入于渊也。"险而健者，常好争讼。（《周易窥余》）《义》：刚健乾，险坎，二自三来故得中。阳不与险成争，故不可成。唯五正中能通坤，坎为渊为入，失位而讼，徒成险长。按内卦坎为险为渊，外卦乾为刚健，中谓九二居内卦之中，遁三之二故来，中正谓九五居外卦之中，又合于阴阳之正位，入谓三至五互巽，巽为入，张氏以坎为入似非也。

象曰："天与水违行讼，君子以作事谋始。"君子谓乾，三来变坤为作事，坎为谋，乾知大始，故以作事谋始。按坎水属知谋，阳消至三为否，坤为事，系辞云：乾知大始，坤作成物，故作事谋始。《义》：

天行健，坎行险，故皆以行言之，天西水东，相违错，讼始于相违也，遁倾否，故云非艮爻也，不以上乾为君子者，三来讼遁为卦主，坤为事，明讼为乾德。《学》：文王八卦乾天居西北，入坤向右，至西南方，坎水居北，通离向左达西南方，此天水相违一证，天文以日月为主，日月会宿，由左向右，水始于斗勺，斗宿转移，由右向左，此又天水相违之一证。

初六，不永所事，小有言终吉。象曰："不永所事，讼不可长也。虽小有言，其辩明也。"永，长也。坤为事，初失位而为讼始，故不永所事也。小有言，谓初四易位成震言，三食旧德。震象半见，故小有言。初变得正故终吉也。按初以阴居阳，失位而处讼之始，故变之正，故不永。初四易位二至四成震，震为言，二至三震象半见，故小有言。初变内卦兑口，二至四互离明，故其辩明也。《义》：讼家阳讼阴初，遁坤弑父之党，二救之故不永所事，谓弑事也。坤初以刚失位，阳来讼之，其始易明，故即能变正。初不正，则讼长。《学》：益卦六三虞注：坤为永讼由遁来，遁阴将消至三成否，而三之二成讼，折坤，已有不永之象，九二失正，动乃成否，初先变之正，则二变时坤象不见，故不永所事。初以柔爻居阳刚之位，讼由遁来，遁由姤消，坤阴入乾初，则阳坤消去而失位，此说亦通。

九二，不克讼，归而逋其邑人三百户，无眚。象曰："不克讼，归逋鼠也，自下讼上患至掇也。"谓与四讼坎为隐伏故逋。乾位刚在上，坎濡失正，故不克也。眚，灾也，坎为眚，谓二变应五乾为百，坤为户，三爻故三百户，坎化为坤，故无眚。又《周易象旨决录》云："虞翻范长生讼九二皆遁与遯通。"按二与四讼，上卦乾刚，下卦坎水，为隐伏，为多眚，初，二，三皆失阴阳之正位，故逋而不克。二变阴则上应于九五而内卦成坤，多眚远离故无眚。坤为地，为邑，为阖户。《象旨》所言殆以逋即遯也，而遯通作遁。《义》：谓二与四俱讼阴，故皆言不克，非讼四也，当遯之时，三四逼于阴故讼，阴方浸长敢与阳讼，阳不克也，在坎为逋，未之正，乾位刚宜居五，今在坎失正，濡读如耎，弱也，坎为濡。掇当依，郑为惙，忧也。下谓阴，上谓阳，遯二阴上之三讼阳，二忧患至坎为忧也。缘辞谓之惕。《学》：《乾凿度》云："二为大夫，三百户为小国下大夫之制，故二爻言三百户，遁卦下艮为鼠，三之二成讼，下坎为穴，鼠人穴即窜字之象。"

六三，食旧德，贞厉终吉，或从王事无成。象曰："食旧德，从上吉也。”乾为旧德，食谓初四，二已变之正，三动得位，体噬嗑食，四变食乾，故食旧德。三变在坎正危贞厉得位，故终吉也。乾为王，二变否时，坤为事，故或从王事。道无成而代有终，故曰无成。坤三同义也。按系辞上：乾以易知。可久则贤人之德。故乾为旧德。初之四则成中孚，乾象不见矣，故食乾。食谓初四，二三又变则成家人，初至五体噬嗑食，故食旧德。二至四体坎险，故虽变之正，然乃正而危厉，惟得位故终吉。乾为君为王，二变时成否，坤为臣为事，上而承乾，故或从王事，坤三文言曰：地道无成而代有终也。是也。《义》：乾为德，遯时故旧，三本遯爻居乾位，故食旧德，从上而吉。虽正而危是贞厉也。三未动，二化坎为坤，则成否，而二从工事，坤三以泰从王事，此以否从王事，皆为地道，故义同彼，上谓五，三变阳为吉。

九四，不克讼，复即命，渝安贞吉。象曰：“复即命渝，安贞吉不失也。”失位故不克讼，渝，变也，不克讼，故复位。变而成巽，巽为命令，故复即命。渝动而得位，故安贞吉。谓二已变坤安也。按九四以阳居阴，故失位而不克讼。变之正则外卦成巽，巽为命令，故复位即命。变正得位，故安贞吉而不失。《义》：即，就也，与初易位体复。谓二已变初四易位成益，初至四体复，故复即命渝，讼不可成，不失其正。

九五，讼元吉。象曰：“讼元吉，以中正也。”《义》：能讼阴者五也，故讼元吉。按九五阳刚得位居外卦之中，为讼之主，故元吉而中正。

上九，或锡之鞶带，终朝三挖之。象曰：“以讼受服，亦不足敬也。”锡谓王之锡命，鞶带男子巩革，初四已易位三二之正巽为腰带，故鞶带，位终乾上，二变时坤为终，离为日，乾为甲，日出甲上，故称朝。应在三，三变时艮为手，故终朝三挖之使变应已，则去其鞶带，体坎乘阳，故象曰不足敬也。服谓鞶带，终朝见挖，乾象毁坏，故不足敬。按锡，赐也。《说文》：“鞶，大带也。”挖，解去也，乾为王，巽为命为帛为交，故赐之带，纳甲乾配甲，月终坤乙，三变时三至四体艮手，故终朝三挖之，上变外卦成兑为毁折，乾象毁故不足敬。《义》：二正初四易，上有巽象，时三未变，三盖衍字。（谓三二之正之三）上亦讼阴者在巽上位尊，象讼而受其锡也，终以上言又以三言四本乾四已变三动体离。四已变，三为艮手，变乃挖之，三使上变应已，自三至五三爻，故三。乾为敬，言讼非息乾之道。

师䷆（坎下坤上）

《义》：消息卦，谦三降二与同人旁通，阳出征，阴体坎，王于出征，故名曰师。候在四月。

师，贞，大人吉，无咎。《义》：大人谓二，体乾九二见龙在田，故曰大人。二常升五为比，故正。大人吉无咎。

彖曰："师，众也；贞，正也。能以众正，可以王矣。刚中而应，行险而顺，以此毒天下，而民从之，吉又何咎矣。"坤为众，谓二失位，变之五为比，故能以众正，乃可以王矣。按外卦坤为众，二以阳居阴位，变之五成比，则得中正，以之正众故可以王矣，二以应五，内卦坎险外卦坤顺。《义》：此明消息大义也。剥穷于上，乾五反三为谦，谦三为复，息成履，谦三降二为师，师二为复，息成同人，师二升五为比，比五为复，息成大有乾坤乃合于离，故谦旁通履，同人比旁通，大有于爻次谦为师，师为比，故二变之五为比也。刚中谓二应谓五阴。险坎；顺坤，行也。坎为毒，马氏云：毒，治也。坤为民，贞大人故民从之。《学》：谦卦虞注云：乾上九来之坤，剥上九乾阳穷于艮，艮由乾五之坤，谓五反三为谦者，即以乾阳发动，重在九五中正耳，谦、履、师、同人、比、大有六卦消息，乾坤由是合于坎离张氏谓合于离者该坎而言也。

象曰："地中有水，师，君子以容民畜众。"君子谓二，容，宽也，坤为民众，又畜，养也。阳在二，宽以居之，五变执言时，有颐养象，故以容民畜众矣。按阳刚为君子，坤为众为臣为民为养为容，说卦曰：坤也者地也，万物皆致养焉，五变时成坎，二至五有颐养象。执言六五爻辞。《义》：地中有水，阳气动于渊泉，师之象也。地能正水，水以养地，师之义也。乾二故称君子。乾九二文言注：震为宽仁。

初六，师出以律，否，臧凶。象曰："师出以律，失律凶也。"《义》：师之同人，二下初息复以坎为震，震为出，坎为法律，故云师出以律。初失位不变，是不用律。初不正，二之五，坎象不见是失律。按臧者善也，师与同人旁通，故张氏云然。

九二，在师中吉，无咎，王三锡命。象曰："在师中吉，承天宠也，王三锡命，怀万邦也。"《义》：卦以五阴，统于二将在师中之象，在国则臣无专命，同人乾五为王，巽为命，师息同人，由二故有此象，五至二，三爻故三锡，谦三天道下济，居二为师主，故曰承天宠也。坤为邦，二息复通坤，故怀万邦也，非升比也。

六三，师或舆尸，凶。象曰："师或舆尸，大无功也。"坤为尸，坎为车，多眚，同人离为戈兵，为折首，失位乘刚无应，尸在车上，故舆尸凶矣。按孙黄二氏并以为坎疑作坤，此条毛本胡本俱作卢氏说，据说卦传云：坎其于舆也为多眚。是作坎不错也。毛本胡本作卢氏说者误也，本卦旁通同人，故多以同人取象，同人内卦为离，离上九云：有嘉折首，故为折首。六三以阴居阳位，又无应于上而乘九二阳刚之上，故有舆尸之凶。《疏》云：坤形为身，灭己为丧，身丧故为尸，故有舆尸之象。《义》：首乾，师息至三同人折首，坎三舆尸矣，二为坎主，故象舆三，坎阴故象户。功谓五，五使不当故大无功。

六四，师左次，无咎。象曰："左次无咎，未失常也。"《义》：体震左也，同人在巽亦左也，左次，常备师也，震为常，豫备师之常。《学》：二三四互震，震位东方为左，初变之正，下卦成兑，兑位西方为右，偏将军居左，上将军居右，九二长子以上将居左，六三弟子以偏将军居右，阴阳皆失其位，言无咎者，宜正其位。按六四当位，故无咎未失常。

六五，田有禽，利执言，无咎。长子帅师弟子舆尸，贞凶。象曰："长子帅师，以中行也。弟子舆尸，使不当也。"田谓二，阳称禽，震为言，上失位，变之正，艮为执，故利执言无咎，长子谓二，震为长男，在师中，故帅师也。弟子谓三，三体坎，坎震之弟而乾之子，失位乘阳逆，故贞凶。按《疏》云：二自乾九二龙在田，故田谓二，阳称禽者，本乎天者亲上也。是也。二三四体震，震为言为长子，五变之正，三至五体艮艮为手，故为执。九二，在师中吉。故长子帅师谓二。坎为中男，故称弟子。六三，师或舆尸凶。是也。《义》：田，猎也；禽，获也。二为震主，二体震，故三独体坎。舆尸言贞明三之同人折首。

上六，大君有命，开国承家，小人勿用。象曰："大君有命，以正功也。小人勿用，必乱邦也。"同人乾为大君巽为有命，随也，坤为国，二称家谓变乾为坤欲令二上居五为比，故开国承家阴称小人坤虚无君，体迷复凶，坤成乾灭以弑君，故小人勿用。五多功，五动正位故正功也。坤反君道，故乱邦也。按旁通同人，阳称大，乾为君，巽为命。师卦外卦坤土为国，二为大夫之位，故称家，二上之五则成比。建国亲诸侯，故开国承家。阴称小人，外卦坤无阳，故无君。二至上体复，复上六云：迷复凶。象云反君道也。五动成阳得正。系辞云：五多功，故以正功也。《义》：师息至上，同人体成，故上象大君有命，变乾为坤以取象，所谓权也，小人谓上自谦至大有皆息复，故体复之上，复上六，迷复凶，行师终有大败，以其国君凶。《学》：师息成同人，上坤息为上乾，而虞氏谓变乾为坤者，盖以师九二变成同人六二也，同人二三四互巽，就既济六爻配合六子而言，六二爻位本当巽阴，张氏所谓权者，亦即巽以行权之道。

比䷇（坤下坎上）

《义》：消息卦师二正五，与大有旁通，阴比于阳，故名曰比，候在四月，乾德至比而成体，故爻以成既济，明乾道成也。

比吉原筮元，永贞，无咎，不宁，方来，后夫凶。既二上之五得位，众阴顺从，比而辅之故吉。与大有旁通。水性流动，故不宁。坤阴为方，上下应之，故方来也。后谓上，天谓五也，坎为后，艮为背，上位在背后。无应乘阳，故后夫凶也。按师卦九二失位，上之五成比得位，众阴顺从而比之，故吉。坎为水为劳卦，故不宁。坤为方，初二在下，三四在上皆应之，故方来。上六居比卦之终，故后。九五阳故为夫。上六乘阳无应而后于五，故凶。艮为背者，三至五体艮，艮卦云：艮其背。《义》：五下初为复上息。原筮，再筮也。师同人，震巽相通，受命如向，筮象也，之五为比，通大有，大有乾为著，兑为口说，比艮为手，手著而说，又筮象，故曰原筮。乾五得位，乾元始正，五下初息大有，乾元正则五爻皆正，故元永贞。阴初从阳，当惕厉，以待其定。

彖曰："比，吉也；比，辅也；下顺从也。原筮元永贞无咎，以刚中也。不宁方来，上下应也；后失凶，其道穷也。"按下卦坤顺，又四阴比于五，故下顺从也。上六后于五，故穷凶。《义》：比则吉矣，五正则永贞，爻所以定既济，上虽后夫，其义宜应。

象曰："地上有水，比，先王以建万国亲诸侯。"先王谓五，初阳已复，震为建，为诸侯，坤为万国，为腹，坎为心，腹心亲比，故以建万国亲诸侯。《诗》曰："公侯腹心。"是其义也。按内卦坤地，外卦坎水，故云地中有水。五为夫子之位，乾灭坤中，故曰先王。《疏》云：比之一阳自复来。故云初阳已复。初刚难拔，故为建。"公侯腹心"，周南文。《义》：五本乾五，乾已灭坤，故曰先王，消息至此而复。

初六，有孚，比之，无咎，有孚盈缶，终来有它吉。象曰："比之初六，有它吉也。"孚谓五，初失位，变来得正，故无咎也。坤器为缶，坎水流坤，初动成屯，屯者盈也，故盈缶。终变得正，故终来有它吉，在内称来也。按坎阳为缶，初以阴居阳，变则得正而无咎。缶，上器，坤所成形，故为缶。初变成屯，故虞氏云然。《义》：五使初正，故象曰元永贞，消息之卦，五下初息大有，故曰变来，此亦兼明旁通。比卦五阴，皆以比五为吉凶，独初则五来比之变正为前禽，故曰有它吉。又按张氏及李氏之《疏》悉云：五来比初，此非虞氏义也。虞氏但云：终变得正故终来有它吉，不言五来比初也。《学》：比由师来，师由谦来，谦由剥来，剥上阳终于艮，艮为终，来之初成复，故终来有它吉。比卦隶剥复消息，由剥而复也。

六二，比之自内，贞吉。象曰："经之自内，不自失也。"《义》：自二应五，故比自内，正位故吉。不失己位，无取息阳。

六三，比之匪人。象曰："比之匪人，不亦伤乎。"匪，非也，失位无应，三又多凶，体剥伤众，弑父弑君，故曰匪人。按六三以阴居阳，故失位；上六为阴故无应。系辞云：三多凶，初至五体剥，剥者伤也。《义》：匪人谓三言此乃比时之匪人也，剥六四剥床以肤。彼注云：艮为肤，剥至四，乾象毁坏，臣弑君子弑父，比自五至初，俱有剥象初息复，二四庆承于五，唯三远五，体艮未正，剥肤之位，故独得此象，不言之正者，匪人不能自正，须五驱之，乃变正也。《学》：三四两爻为人道，乾阳九三得正为人。九四失正非人，故乾卦文言传九四言中不在人，九三不言，坤阴六四得正为人，六三失正不合人道，故比卦六三言比之匪人，至于否卦六三九四皆不当位，故匪人之辞特著于卦象，复卦初阳上升之五成比，上息至五成夬，夬九三取壮象夬直接由大壮上息也。虞氏以体剥释伤象。按象传所谓伤者，与遘卦壮象同义，阴之伤阳，由遘而始，阳之伤阴，至壮而甚，比阳在五，下卦三爻也，成否象，至于坤三位当竞阴，为毁折，有伤象。

六四，外比之，贞吉。象曰："外比于贤，以从上也。"在外体，故称外。得位比贤，故贞吉也。按六四以阴居阴，故得位。在外卦之初，比于五，故外比之。阳称贤，上谓五。

九五，显比王用三驱，失前禽，邑人不戒吉。象曰："显比之吉，位正中也。舍逆取顺，失前禽也。邑人不戒，上使中也。"五贵多功，得位正中，初三以变体重明，故显比。谓显诸仁也。坎五称王，三驱谓驱下三阴，不及于初，故失前禽。谓初已变成震，震为鹿，为惊走，鹿之斯奔，则失前禽也。坤为邑，师震为人，师时坤虚无君，使师二上居五中，故不戒告也。离象明，正上中也。背上六，故舍逆。据三阴，故取顺；不及初，故失前禽。邑人谓二，使师二上居五中。按五以阳居尊得位，初三已变成既济，内卦及三至五皆体离，故重明。显诸仁系上文，坎五居尊位，故称王，五之二成师，故曰驱。前禽谓初，初变内卦为震，初至四体复，故失之。五阴，故坤虚无君，二上之五成比，震为言，震象半见，故不戒吉也。《义》：以，已也。震为仁，五息初元，三阴亦正，故显诸仁也。五降初为复，故驱不及初；此以田猎为喻，田立三表，三驱而止，不合围，喻舍逆取顺，二本师，震在坤中，故称邑人。二使师，二上居五中，众所乐比，故不待戒告而比之。震为言，震不见，故不戒矣。《学》：比五降之坤初为复，息成大有，阳三驱阴，由下而上，息至二爻一驱，息至三爻二驱，息至四爻三驱，其实坤初之阴亦为比五下降所驱，并非不及于初也。师二互震为鹿，二之五成比，震体毁坏，故失前禽，内卦为前，外卦为后，比息成同人，上离为飞鸟，则失前禽而得后禽矣。

上六，比之无首，凶。象曰："比之无首，无所终也。"首，始也，阴道无成而代有终，无首凶。迷失道故无所终也。按上六居比之终，蹈彼夫之凶，故无首凶也。《义》：乾阳为首，上以阴居艮，背上是无首也，注转言始者，上亦欲比五，失之于始，故后夫以无始，故无终也。阴从阳，乃有终。亦体迷复，与师上同。

小畜☴（乾下巽上）

《义》：消息卦通豫息阳，阳畜于阴，故名小畜，候在四月，卦辞自我西郊，唯二变为家人，阴阳一家也，爻变既济，明乾元始此。

小畜亨，密云不雨，自我西郊。按六四为卦主，以阴畜阳，所畜者少，故曰小畜，余详彖注。

彖曰："小畜，柔得位而上下应之，曰小畜。健而巽，刚中而志行，乃亨。密云不雨，尚往也。自我西郊，施未行也。"需上变为巽，与豫旁通，豫四之坤初为复，复小阳潜，所畜者少，故曰小畜。二失位，五刚中正，二变应之，故志行乃亨也。密，小也。兑为密，需坎升天为云，坠地称雨，上变为阳，坎象半见，故密云不雨，上往也。豫坤为自我，竞为西，乾为郊，雨生于西，故自我西郊。九二未变，故施未行矣。按六四以阴居阴，故得位。上下五阳皆应之，内卦乾为健，外卦为巽。需上六变则成小畜，旁通豫，豫四之初成复。（孙黄二氏疑豫为乾，非也。）系辞云：复小而辨于物，复阳潜下，故所畜少曰小畜。九二失位，变正则应于九五志行乃亨矣。需外卦为坎，坎为水为云为雨，上六变为阳成小畜，坎象半见，故密云不雨，二至四互兑，兑正秋也，为西方之卦。豫内卦坤为形为身为自我，故自我西郊。《义》：此坤之消息也，夬息入乾坤上当反阴，凝阳乃生，故复初之坤四为豫，豫四之坤初为复，而息夬得反四，是为小畜，豫四得朋为萃，萃五之复二为临，而息二阴反艮，是为大畜，萃四反三，合离坎为蹇，蹇三之复二为临而息成睽，坤乃得合魂于坎，故豫小畜旁通，萃大畜旁通，蹇睽旁通，卦息豫非从需来，云需上变者豫初变复，至二临，至三泰，至五需，由需乃变小畜，凡坤之消息皆兼取爻来阳卦，不为阴主也，故小畜取需。畜，养也。少，少也。以一阴畜复故小，以二阴畜临则大，复，阳小，临阳大也。凡消息旁通之卦，止以初爻成卦为义，其息卦虽具临泰等象，皆不以阳盛论，旧此十二卦，皆在剥夬之后，复遘之前，摩荡而成，非实阳消也。二变为坎，则雨生西郊。以阴畜阳，上下皆应，乾健而阴巽，刚中谓五二变坎为志行也，尚上通，需上变，故不雨，五阳为施，不得应为行。《学》：乾魂合于离，晋大有上离，而游归始于互坎，豫谦互坎，坤魂合于坎，需比上坎，而游归始于互离，小畜履互离，乾游魂始于豫归魂始于谦，坤游魂始于小畜，归魂始于履。故谦之息成履，豫之息成小畜，皆由乾魂而变为坤魂，乾阳始震而终艮，坤阴始巽而终兑，震游魂始于遘，巽游魂始于复，艮归魂始于夬，兑归魂始于剥，故剥复夬，遘消息皆有乾阳坤阴两魂往来其间也。豫四降之坤初为复，上息至二成临，至三成泰，至四则豫之九四消成六四，仍为泰卦，盖消息卦上息之卦，阴息成阳，阳消成阴也，五再息成阳，而上未变时，则成需卦需上爻变，然后成小畜，而坤之游魂则由小畜而入于需也，临泰等卦阳盛起于初阳，遁否等卦阴盛起于初阴，故复遘初爻为成卦之基。十二卦于豫小畜萃大畜，蹇瞪外兼该谦履归同人比大有六卦，豫小畜萃大畜蹇睽皆在夬后遘前，由夬而入遘，所谓夬遘中间消息也，谦履师同人比大有皆在剥后复前，由剥而入复，所谓剥复中间消息也。

象曰："风行天上，小畜。君子以懿文德。"君子谓乾，懿，美也。豫坤为文，乾为德，离为明，初至四体夬，为书契，乾离照坤，故懿文德也。按小畜外卦为巽为风，内卦乾为天，风行天上，畜而未下，故曰小畜。三至五体离，初至四体夬，系下云：易之书契，取诸夬，故夬为书契。《义》：风，地气也，行天上，散天气于地，以阴畜阳之象。乾离照坤，坤得畜乾。

初九，复自道，何其咎，吉。象曰："复自道，其义吉也。"谓从豫四之初成复卦，故复自道，出入无疾，明来无咎。何其咎吉，乾称道也。按小畜旁通豫，豫四之初成复，复初九曰不远复。象曰："出入无疾，明来无咎。"乾道变化，故为道。《义》：豫四本复初故言自道。

九二，牵复吉。象曰："牵复在中，亦不自失也。"变应五，故不自失，与比二同义也。按九二以阳居阴，变正应五，故下自失。《义》：复息至二，朋来失位，五引之，则变而应五，故牵复。五体巽绳，二在豫，艮手五挛如，谓牵二也。得正故吉。二初不变，至五引之乃变，故三五俱象乾，至上乃象既雨。

九三，舆说輹，夫妻反目。象曰："夫妻反目，不能正室也。"豫坤为车，为輹至三成乾，坤象不见，故车说輹。马君及欲儒皆以乾为车，非也。豫震为夫，为反，巽为妻，离为目，今夫妻共在四，离火动上，目象不正，巽多白眼，夫妻反目，妻当在内，夫当在外，今妻乘夫而出在外。象曰不能正室。三体离需饮食之道，饮食有讼，故争而反目也。按说，脱也。小畜豫旁通，豫内卦坤为车为輹，小畜内卦为乾，坤象不见故车脱輹。豫外卦震为长男，为反生。故为夫为反，小畜外卦巽为长女，故为妻。皆外卦以四为主，故共在四。二至五体离，离为目，火动而上，巽多白眼，故夫妻反目。今巽居外卦，为妻在外之象，故不能正室。离为干戈。序卦云：需者饮食之道也，饮食必有讼，故反目。《义》：輹，《说文》云："车轴，缚也，輹正字当作腹，舆也。"豫震为夫，今震自下息至三，三体震，则巽宜为三妻，故下云妻乘夫而治在外，明上妻三夫也，夫妻共在四者，夫妻之日共在离，动故不正。离，伤也。

六四，有孚，血去惕出，无咎。象曰："有孚惕出，上合志也。"孚谓五，豫坎为血为惕。惕，忧也。震为出变成小畜，坎象不见，故血去惕出，得位承五，故无咎也。按六四以阴居阴得正位，孚于五，与五合志，故无咎而合志。豫卦三至五互坎，坎为血，卦为加忧，外卦震为足，为出，变成小畜，则坎象不见，故血去惕出也。《义》：阳在二五称孚，谓四承五。上，五也，上变坎，四与五合志。

九五，有孚挛如，富以其邻。象曰："有孚挛如，不独富也。"孚五，谓二也。挛，引也，巽为绳，豫艮为手，二失位，五欲其变，故曰挛如。以，及也，五贵称富，邻谓三，兑西震东称邻，二变承三，故富以其邻。象曰不独富。二变为既济，与东西邻同义。按五居尊，得位，二变应五，故有孚。艮手，故有孚挛如。五居尊位，故称富。小畜兑为西，豫震帝出乎震。震，东方也，故为东。既济九五东邻杀牛，不如西邻之禴祭，二上变则成既济。《义》：阳在二五皆孚，变承三为坎，志行乃亨，故欲其变，三体兑，五在豫为震。

上九，既雨既处，尚得载，妇贞厉。月几望，君子征凶。象曰："既雨既处，得积载也。君子征凶，有所疑也。"（今本得作德）既，已也。应在三，坎水零为雨，巽为处，谓二已变，三体坎雨，故既雨既处。坎云复天，坎为车，积载在坎上，故上得积载。巽为妇，坎成巽坏，故妇贞厉。几，近也，坎月离凶，上已正，需时成坎与离相望，兑西震东，日月象对，故月几望。上变阳消，之坎为疑，故君子征有所疑矣，与归妹，中孚，月几望义同也，巽消承坎，故得积载，坎习为积也。变坎为盗，故有所疑也。按上九变则外卦为坎，二变则二至四亦坎，故既雨。不变则巽人为处，故既处。坎于舆为多眚，故为车，重坎故为积载，上九变正则成坎而巽坏，故妇贞厉。三至五互离，离为日，坎为月，二至四体兑兑西，豫外卦震为东，日月相望，故月几望。坎为心病，故为疑。《疏》云：承当作成，言巽阳消而成坎是也。《义》：三雨而上处，谓上亦变，坎复需时，重坎故为积载。尚上通字，上变正也，虽正而危，阴盛将消阳也，正位如需时，谓上与三相对，非二五正，故近望也。君子谓三也，阴盛阳消，故君子征凶。

履☰（兑下乾上）

《义》：消息卦谦三为复上，息成履。以坤履行乾德，乾阳尚微，故主坤言之名曰履，候在六月，卦明消息，爻变既济明乾用。

履，虎尾，不咥人亨，利贞。谓变讼初为兑也，与谦旁通，以坤履乾，以柔履刚，谦坤为虎，艮为尾，乾为人，乾兑乘谦，震足蹈艮，故履虎尾，兑悦而应虎品，与上绝，故不咥人，刚当位故通，俗儒皆以兑为虎，乾履兑，非也，兑刚卤非柔也。按讼初变，内卦成兑，为履旁通谦，谦坤柔践履乾刚，履卦内兑外乾，旁通谦，故乘谦，谦内卦为艮，三至五互震，故震足蹈艮，兑为悦，故应虎口不咥人，九五刚当位故通。《义》：此息谦非由讼来，以小畜反之，故亦有变讼象，谦三之坤，初为复而息履践行也，谓坤践行乾德谦三天道下济又以震足行息，涉兑成乾，是为以坤履乾，以柔履刚。系辞云：履以和行，坤为和，震为行，是履乾之义，坤以谦震降初而息履，故震足蹈艮，坤为虎，而艮为尾，有履虎尾之象。既成履后，则乾有人象，而艮尾为兑口，故又象不咥人，非以乾人履坤虎也，乾人履坤虎，则是刚履柔。兑成坤灭口与虎绝，上谓乾人，绝不相属。咥，齿也，此一说，以为乾履兑，乾非柔，又虎在人后，非履尾，其非易明，故曰非也。此又一说，以为兑履乾，以乾刚为虎，故破之云兑非柔下，又云兑不履乾。《学》：兑口有咥象，二动成震，则兑口不见，故不咥人。张氏涉兑成乾之说，谓履三以柔履下二刚，朱子以履为蹑，取上三阳，按履由谦息，履六三以坤阴践谦卦艮阳，艮室内为虎。

象曰："履，柔履刚也，说而应乎乾，是以履虎尾不咥人，亨。刚中正，履帝位而不疚，光明也。"坤柔乾刚，谦坤籍乾故柔履刚。说，兑也。明兑不履乾，故言应也。刚中正，谓五，谦震为帝，五帝位，坎为疾，乾为大明，五履帝位，坎象不见，故履帝位而不疚，光明也。按籍即履也，兑为悦而上应乾，九五阳刚中正当位，居帝位，坎为心病为疾病，乾为大明终始，二至四体离，故虞氏云然。《义》：籍，蹈也，若兑履乾，乾为虎，兑不应虎也，若乾履兑，兑口承乾，正为咥也，明由坤为虎，故兑应乾为不咥人，明以谦三行乾居五，故曰履帝位。

象曰："上天下泽，履。君子以辩上下，定民志。"君子谓乾，辩，别也，乾天为上，兑泽为下，谦坤为民，坎为志，谦坤时，在乾上，变而为履，故辩上下，定民志也。按履上乾天，外兑泽旁通谦，故多取谦象。谦外卦为坤，二至四互坎，故虞氏云然。《义》：分定而后可履，故上天下泽为履。

初九，素履往，无咎。象曰："素履之往，独行愿也。"应在巽为白，故素履。四失位变往得正，故往无咎，初已得正，使四独变，在外称往，象曰独行愿也。按三至五互巽，巽为白。素，白也。初九当位，九四失位，四变得正，初往应之，故无咎而愿。《义》：凡履之道，以阴履阳，履初者四，故素履谓四，往者四也，变在外皆称往，不以初之四为往者，柔履刚，初不往，无咎自谓初，初使四变，而四果往，故无咎。初使四变，辩上下之义，四独行往初之愿也。又按张氏以初不往，殊失虞义。

九二，履道坦坦，幽人贞吉。象曰："幽人贞吉，中不自乱也。"二失位变成震，为道，为大涂，故履道坦坦。讼时二在坎狱中，故称幽人。之正得位，震出兑说，幽人喜笑，故贞吉也。虽幽讼狱中，终辩得正，故不自乱。按九二以阳居阴，故失位变正则内卦成震，震为大涂，为道，讼内卦为坎狱，成履则内卦兑悦，之正则震出，故贞吉。《义》：坦坦，宽平，亦震象也，二变履五，履之道也，独于二取讼象者，谦三当之师二先息成履，故三降初时，二有伏坎不可云师坎，故取讼坎，而称幽人，非由讼来，故于初不言，震为喜笑为言。《学》：二变之正，二三四五上互遁，此幽隐之象，九二阳爻有阴爻潜伏其中，变成六二则幽人出见矣。

六三，眇而视，跛而履；履虎尾，咥人凶，武人为于大君。象曰："眇而视，不足以有明也。跛而履，不足以与行也。咥人之凶，位不当也。武人为于大君，志刚也。”（今本而为能。）离目不正，兑为小故眇而视。视上应也，讼坎为曳，变震时为足，足曳故跛而履。俗儒多以兑刑为跛，兑折震足为刑人，见刑断足者，非为跛也。艮为尾，在兑下，故履虎尾。位在虎口中，故咥人凶。既跛又眇，视步不能，为虎所齿，故咥人凶。象曰位不当也。乾象在上为武人，三失位变而得正成乾，故曰武人为于大君，志刚也。按二三四互离目，互故不正，兑少女故为小，故眇而视。初变讼，内卦坎为曳。履二变则内卦震为足，故跛而履。六三以阴居阳失位不正，谦艮为尾，变履则在兑下，位在虎口，故履虎尾，咥人凶。三变成乾，乾为君，为刚健，为武人，故武人为于大君，志刚也。《义》：江承之云：视者虎谓察其行事而效之与履同义，此亦伏坎也，谦三降初，先与伏二为坎，坎与息复为震，故下云变震时为足，一说谓二已变震也，三阴将履，上阳失位，故有此象，三伏阳也，艮兑互伏，谦艮阳伏，兑下口上，属坤二变动，故虎咥人。三阳不能出，待上易位也。谓上也，乾金气又在上，故为武人。大君乾五也，为助也，三变与上易位，上自乾来，更与四五为乾，既济定三在坎为志。《学》：三应在上爻二三四互离为戈兵。三当离阴失正，上来与三易位，互离戈兵之象自消止戈为武与三易位，由上爻发动，故武人之象，上多当之。

九四，履虎尾，愬愬终吉。象曰：“愬愬终吉，志行也。”体与下绝，四多惧，故愬愬。变体坎得位承五，应初故终吉。象曰志行也。按九四位外卦之始，与内卦殊，故与下绝，四多惧之位，故愬愬多惧，变而体坎则得位，而与初九应，又上承于五，故终吉志行。《义》：四正当谦，震履退之位，故为履虎尾。乾已变坤，故不咥人也；注特解愬愬为惧也，体与下绝者，下兑悦，悦体尽，故惧也。行即动，云往也。变生体坎为志行。

九五，夬履，贞厉。象曰：“夬履贞厉，位正当也。”谓三上已变体夬象，故夫履四变五在坎中也，为上所乘，故贞厉。象曰位正当也。按履三上变则成夬，故夬履四变则外卦坎，而五在坎中，上六乘于其中，故贞厉。《义》：三上易位，故上变在四前，夬刚决柔也。以乾决坤，履以坤履乾为象，故于五履帝位，正乾决坤之义所谓辩上下，定民志。五本以息谦，变坎为不疚，又以四变体坎为贞厉，居安思危，以当天位，唯能贞厉是以不疚。

上九，视履考详，其旋元吉。象曰：“元吉在上，大有庆也。”应在三，三先视上，故上亦视三，故曰视履考详矣。考，稽，详，善也，乾为积善，故考详。三上易位，故其旋吉。象曰大有庆也。按上九与六三相应，详，详也；详，善也，乾为积善，二四已正，三上易位成既济定，故元吉而大有庆也。《义》：上以乾体之三为大君，又成乾，故象积善。旋，易也，上易三，则四变成既济定，乾元复离，三离爻来，故曰元吉。阳称大，离本在三，由乾元亨于既济，故于既济，故大有庆在上。

泰䷊（乾下坤上）

《义》：息卦自否反天地变化，故名曰泰。候在正月，卦唯言亨，朋友类也。象言万物通，明泰则既济与爻义同。

泰小往大来吉亨。阳息坤，反否也。坤阴诎外，为小往。乾阳信内，称大来，天地交，万物通，故吉亨。按坤阴小乾阳大，自内而出为往，自外而反为来。系辞云：往者屈也，来者信也。信，伸也。诎者屈也，外坤内乾，故小往大来。二之五成既济定天地交万物通。《义》：泰三阳息临云息坤者，乾坤消息往来于否泰自遘至否，坤成乾灭，则阳息而反泰，自复至泰乾成坤灭，则阳消而反否，故否泰反其类，乃见消息之用，自内而去，往者诎也，自外而反来者信也。

象曰："泰，小往大来，吉亨。则是天地交，而万物通也。上下交而其志同也。内阳而外阴，内健而外顺，内君子而外小人，君子道长，小人道消也。"按外卦坤为地，内卦乾为天，乾健坤顺，乾为君子，坤为小人。《义》：天地交谓坤诎乾信，交则定，既济二五易位，乾阳物，坤阴物，坎为通，故万物通。乾上坤下，坎为志既济体两坎上下同，泰息震，大壮息兑夬盈乾甲。

象曰："天在交泰，后以财成天地之道，辅相天地之宜，以左右民。"后，君也，阴升乾位，坤女主，故称后。坤当称财，守位以人聚人以财，故曰成天地之道。相，赞，左右助之，震为左，兑为右，坤为民，谓以阴辅阳。《诗》曰："宜民宜人，受禄于天。"按坤土居上又为母，故称后。地生万物，故富。守位二句系辞文，震东为左，兑西为右，"宜民"二句诗假乐文。《义》：五为天位，乾为人，坤为财，坤居五位，尚二中行，是守位以人聚人以财。反否初为震，二为兑，乾通坤，故左右民。故坤后为主，言坤承乾命，故言辅相。

初九，拔茅茹，以其汇，征吉。象曰："拔茅征吉，志在外也。"否泰反其类，否巽为茅。茹，茅根，艮为手。汇，类也，初应四，故拔茅如以汇。震为征，得位应四，征吉，外谓四也。按否泰相反，否三至五体巽，巽为草木为茅茹，否二至四互艮手，初九应于六四，得位故征吉。《义》：否初应四，与四同体，在地中，故茅根。由否反泰始于否，上益下，非初之正，故取阴。随阳诎四拔初，与三二俱往，而泰得息初也，否泰之义，犹乾坤，泰取反否，否则取泰息，故初爻同象，否泰者乾坤之用，故泰成既济与乾同坤息不成乾，而成观，故否息，不取成泰而成益。征吉，自以泰初应四必取应四者，四欲升上也，四故否初茅茹。既济定，四体坎为志。《学》：否二三四互艮手，三四五互巽茅茹，九四艮手拔六三茅茹，茅在手下，为覆手方拔之象，否反成泰，九四变成九三，六三变成六四，茅倒在手上为仰手已拔之象。

九二，包荒，用冯河，不遐遗，朋亡得尚于中行。象曰："包荒，得尚于中行，以光大也。"在中称包荒，大川也。冯河，涉河；遐远遗，亡也。失位变得正体坎，坎为大川，为河，震为足，故用冯河。乾为远，故不遐遗。兑为朋，坤虚无君欲使二上，故朋亡。二与五易位故得上于中行。震为行，故光大也。按九二以阳居阴失位，变正应五，二至四体坎，坎为河川，三至五体震，震为足，乾为远为郊，兑象曰朋友讲习，故为朋。二上之五得尊居中，故曰上于中行。五之二成离明，故光大。《义》：以足涉水曰冯，亡当为忘，既济体两坎，下流故为大川荒，体复初称中行，息坤至二成兑体乾，九二见龙，云行雨施，中有坎体，谓之包荒。用变之正，则以震足涉坎，故曰用冯河。用者，用此包荒也，乾体在下，坤虚在上，邑人不戒，欲使居五不可以远忘之，二五易位，初亡其朋，而震行得上于中矣，阳为大，既济两离，故光大。

九三，无平不陂，无往不复，艰贞无咎，勿恤其孚，于食有福。象曰："无往不复，天地际也。"陂，倾，谓否上也，平谓三，天地分，故平。天成地平。谓危者使平，易者使倾往谓消外，复谓息内，从三至上体复象，终日乾乾，反复道，故无平不陂，无往不复也。艰，险；贞，正；恤，忧；孚，信也。二之五得正在坎中，故艰贞。坎为忧，故勿恤，阳在五，孚险，坎为孚，故有孚。体噬嗑，食也。二上之五，据四，则三乘二，故于食有福也。按天平地成，《尚书·大禹谟》之文。三居内卦之终，内乾外坤天地分，故平终日乾乾，乾九三文，二之五成既济，三得正在坎中，初之五体噬嗑食象。既济五据四阴，三乘二阴，故于食用福。《义》：平易泰三也，危倾，否上也，泰盈三则消外而为否顺，是为易者使倾。否穷上，则复初，而为泰平，是为危者使平。谓否反成泰，至三而盈，当反复道，乃不陂，三为坎中。五孚于坎，三坎又为孚，二五易位乘阴和，故有福。际，接也，乾尽坤接，故戒其陂与乾三同义。《学》：平谓泰，陂谓否，无平不陂。即无泰不否，是易者使倾也，就对象而论，即无陂不平，亦即无否不泰是危者使平也。平陂以征实之象言，往复以循环之理言。复者反也，往谓消，复谓长，阳长阴消，否往则泰复，阴长阳消，泰往则否复，否由遘消阳，遘中伏复，所谓无往不复者，亦即无复不往也。

六四，翩翩不富以其邻，不戒以孚。象曰："翩翩不富，皆失实也。不戒以孚，中心愿也。"二五变时，四体离飞，故翩翩。坤虚无阳，故不富。兑西震东，故称其邻。三阴乘阳，不得之应。象曰皆失实也。谓坤，邑人不戒，故使二升五，信来孚邑，故不戒以孚。二上体坎中正。象曰中心愿也。与比邑人不戒同义也。按二五变时成既济，三至五体离，离为雉为飞，泰二至四体兑西，三至五体震东，无阳故失实。二上五体中正，坎为孚坤为邑。《义》：坤凝乾元，故广生为富，虚则不富。震兑皆谓二也，四以不富，故以二升五，而承之得翩翩。三阴皆欲二升四，为之导，坤为邑，此卦无邑人象，因此言之耳。戒，告也，四体震，为言，二来震灭成坎，故不戒以孚。比五由师二升比二为邑人，阴以阳为实，二升五坎为心。《学》：泰卦六四上六坤阴皆得位初四本相应，三上本相应，虞氏谓三阴乘阳不得之应者，因初欲应四而阻于二，上欲应三而阻于五也，二五正则三阴各乘一阳，皆得之应矣。师二三四体震为言，师二之五成比，震象不见，泰三四五体震为言，二变之五，震象不见，故比之九五，泰之六四，皆云不戒。比言邑人，师五与二易位，下卦仍为坤，泰不言邑人，以坤已变也，虞氏言坤邑人者，就泰未变时言。

六五，帝乙归妹，以祉元吉。象曰："以祉元吉，中以行愿也。"震为帝，坤为乙，帝乙纣父归谓嫁也。震兄兑妹，故嫁妹。祉，福也。谓五变体离，离为大腹，则妹嫁而孕，得位正中，故以祉元吉也。按帝出乎震，故震为帝纳甲，坤纳乙，故帝乙。女子谓嫁曰归，互震兑，震兄兑妹，故嫁。五变则三至五体离，离为大腹，九五得位正中，故以祉元吉。《义》：此谓二升五也，震初息坤为帝乙，二息兑为初，妹上居五，泰女主，故二升。象归妹，泰用在初，故归二者初。于五言元者，凝阳犹坤之黄裳，故取离大腹，得中以行真愿。《学》：《京房传》载汤嫁妹之辞或谓汤以乙日生，故曰帝乙，泰卦上坤互震，震帝坤乙，与人名适合，不必辨其为汤为纣父，震为长男，故又为兄，兑为少女，故又为妹，归妹乃卦之虚象，指其事以实之，则凿矣。

上六，城复于隍，勿用师，自邑告命，贞吝。象曰："城复于隍，其命乱也。”否艮为城，故称城。坤为积土，隍，城下沟，无水称隍，有水称池，今泰反否，乾坏为土，艮城不见而体复象，故城复于隍也。二动时体师阴皆乘阳，行不顺故勿用师，坤为自邑，震为言，兑为口，否巽为命，今逆陵阳，故自邑，告命。命逆不顺，阴道先迷，失实，远应，故贞吝。按否二至四互艮，艮为门关，故为城。坤为积土，泰否相反，泰则坤土成乾，艮象不见，而三至上体复，故城复于隍。二动时，二至上体师，阴乘阳行不顺，故勿用师。《义》：泰之上，否之三也，泰之三，本否之四，故取艮象，上宜体坎，既济未成，故沟无水。天地虽交以坤乘乾，行逆不顺，故泰之用在既济，于上特发此义，言五未变不可用也，三本否，巽未成既济而上就三，告则仍否之命而已，五未实，故先迷而远。欲应三，故命逆。自三居上正也，不顺五则吝。坤虚无命，故命乱。《学》：泰上即否三，系就乾坤两单卦上下易位取象，既济初九张注泰初本否四也，亦同此例。而张氏又言泰三本否四者，则就泰否两卦颠倒取象。

否䷋（坤下乾上）

《义》：消卦，自泰反，天地闭塞，故名曰否。候在七月，卦爻皆取成益反泰。

否之匪人，不利君子贞，大往小来。阴消乾，又反泰也，谓三比坤灭乾，以臣弑其君，子弑其父，故曰匪人。阴来灭阳，君子道消，故不利君子贞。阴信阳诎，故大往小来。则是天地不交，而万物不通，与比三同义也。按阴消乾至三成否，反泰，消至三，则成坤灭乾矣，坤为臣，乾为君，阴消至二成遁，乾为父，艮为子，至三则灭乾矣，故有臣弑其君，子弑共父，人道灭绝之象，故云否之匪人。阳为君子，谓五中得位，阴来灭阳，君子有日消之势，故不利君子贞阴伸在内，故小来；阳屈在外，故大往。是天地否塞而不交，万物否塞而不通。《义》：遁虽艮子弑父，然乾未灭，故弑君弑父，并在否三，乾为君子，正唯九五耳，否时五当损上，降初成益，息泰而已当上位，故不利君子贞；否闭塞也，比三体剥四，剥床以肤，弑父弑君，故曰比之匪人。否三亦体剥，艮肤也。

彖曰：“否之匪人，不利君子贞，大往小来。则是天地不交而万物之通也，上下不交而天下无邦也，内阴而外阳，内柔而外刚，内小人而外君子，小人道长，君子道消也。”按外卦乾为天，为刚，为阳，为君子而在上，内卦坤为地，为柔，为阴，为小人而在下，天气不下，地气不上，故天地否塞而不上，下否塞而不通，故万物不通。天下无邦，小人日长，君子日消。《义》：乾不降，坤不升，故天地不交，不成既济，故万物不通。坤为邦，乾为人，坤虚无人，故曰无邦。否消巽，观消艮，剥来入于坤。

象曰："天地不交，否。君子以俭德辟难，不可以营以禄。"君子谓乾，坤为营，难谓坤为弑君，故以俭德辟难，巽为入，伏乾为远，艮为山，体遁象，谓辟难远遁入山，故不可营以禄。营或作荣，俭或作险。按乾阳称君子，坤弑君，故为难；坤为吝啬，故为俭。三至五互巽，巽为入，二至四互艮，艮为山。二至上体遁。《义》：营，求也；俭，约也。艮为慎，乾为畏，故俭德。遁时弑难将成，故君子以远小人。否难成乾象入艮，故君子以辟难。坤来营乾，乾若入坤，则成未济，不可营以禄。

初六，拔茅茹，以其汇，贞吉亨。象曰："拔茅贞吉，志在君也。"按其义已具于泰初九。汇，类也。巽阴为草木，故为茅，茅根为茹，内卦三阴相连，故拔茅茹以其汇，初以阴居阳失位，变正则将成泰，故贞吉亨。《义》：义具泰卦，三阴上，拔，上来正位，初居二，亦正，阳息而吉亨也。乾为君，息益则泰乾成，故志在君。《学》：否上降初进迁成益初，拔至二，张氏所释，此乃一义，否反泰，下卦三阴拔至上卦，否之上即泰之三，泰上六张注泰之上否之三也，例可互证。否上失位，来之上正位，否初六位当巽阴，反泰后二五易位成既济，六二位当巽阴，既济初三五当震坎，艮二四上当巽离兑，否初之巽阴，居既济第二爻，亦初居二而得正，此又一义也。

六二，包承，小人吉，大人否亨。象曰："大人否亨，不乱群也。"否，不也。物三称群，谓坤三阴乱弑君，大人不从，故不乱群也。按四承五，二与四同功，二为四所包而应五，故包承。二阴柔得正，居否之时，小人道长，君子道消，而独应于五，是不乱群也。《义》：包义与泰二同，六二得正应五，虽未反泰，而承阳之义，自在其中，故曰包承。小人，三也，上益于下，二拔为三，三拔为四，三与阳体上巽，弑逆不行，故小人吉。大人，二也，本体坤二直方，故曰大人。二居二剥伤位，有大人之德，不从阴乱，故大人否。应五故通。又按大人谓五，六二应于九五，故九五曰大人吉，张氏以大人为二似非虞氏之义。

六三，包羞。象曰："包羞，位不当也。"按六三以阴居阳，故失位而不当。为四所包，阴阳不正，故曰包羞。《义》：拔四得正，故不言凶，本匪人弑虽不成，包羞在中，故不言吉，居三不当，故有羞。

《学》：否由泰反，泰二三四互兑为羊，泰四反成否三，三四五互巽，六三当巽初爻，巽初纳丑，兑羊加巽丑之上为羞字。

九四，有命，无咎，畴离祉。象曰："有命无咎，志行也。"按三至五互巽，为命畴，类也。离，附也；祉，福也；四应初据三，与二同功，使阴类离祉，故无咎而志行。《义》：四主拔三阴离，巽为命，受乾命也；畴，类也，三阳为类，并得反泰，故离四之祉，四拔则当五否，五非君，故言有命。震为行，志在息震，四在泰正坎，故称志。初云志在君，亦四也。《学》：祉，福也，否四乾纳午，午当九宫南方离位，三四变之正，四互离，离居先天乾宫，于九畴中属五福，故云畴离祉。第五福考终命，乾为老为考，泰三位当艮阳为终，反成否卦，否三四五互巽为命，以之颠倒言之，否四即乾三，故取命象。

九五，休否，大人吉。其亡，其亡，系于包桑。象曰："大人之吉，位正当也。"按休者美也，大人谓五，乾阳故为大人，巽为绳为木，故曰系于包桑。《义》：休，美也，九五得位，体观，坤六五美在其中，故休否；大人吉，巽为绳，故系。巽为木，荀氏曰："桑者上元下黄，以象乾坤也。"系辞下曰：君子安而不忘危。注云：危谓上，则亡亦谓上，上盈不久，故危亡也。五使上反初，损上益下则五当上处，故其亡其亡。以乾通坤，巽入震出，天地之美，包在其中，故曰系于包桑。以正位，故能休也。

上九，倾否，先否后喜。象曰："否终则倾，何可长也。"否终必倾，益不可久，故先否。下反于初成益，体震，民说无疆，故后喜。以阴剥阳，故不可久也。按倾，覆也，下也，上九居否之终，否终则倾而反益，益自否来，否四反于初，则成益，震阳为喜，故益。象曰民说无疆。故先否后喜。剥极必复，故何可长也。《义》：倾，陂也。乾上亢龙，坤为民，震为喜说，上不益下，则消成剥。

同人䷌（离下乾上）

《义》：消息卦，师二降初为复，而息师震，同人巽交乾坤于二，夫妇同心之象，故名曰同人。候在七月，同人再息，乾道渐著，故卦云：君子贞，明有既济之用，爻变各正矣，唯上不变，则成家人，又与卦互相备也。

同人于野，亨，利涉大川，利君子贞。按详象。《义》：息师为同人，义取巽震相同，故取乾为野不为人，不得以二五应为同人也。君子谓五，五类族辩物，天下志通，既济定。

彖曰："同人，柔得位，得中而应乎乾，曰同人。同人曰：同人于野，亨，利涉大川。乾行也。文明以健，中正而应，君子正也。唯君子为能通天下之志。"旁通师卦，巽为同，乾为野，师震为人，二得中应乾，故曰同人于野亨，此孔子所以明嫌表微。师震为夫，巽为妇，所谓二人同心，故不称君臣父子兄弟朋友而故言人耳，乾四上失位，变而体坎，故曰利涉大川，乾行也。唯独也。四变成坎，坎为通，为志，故能通天下之志，谓五以类族辩物，圣人作而万物睹。按六二阴柔得位，位内卦之中，而上与九五相应，二至四互巽，巽为绳，直为工，为同，为长女，为妇，乾为郊，为野，旁通师卦，二至四互震，震为长男，为夫，三四人位，二人同心，故同人于野亨。同人四上失位，变正成既济，上坎，二至四亦坎，坎为大川，乾为刚健，故利涉大川，乾行也。内卦离火为文明，外卦乾健，为君子，六二九五皆中正以相应，四变则二至四互坎，坎为通，为志。《义》：应乎乾即于野之义，二人谓夫妇。震夫巽妇，坎为心，六二震巽俱体师坎，故二人同心。所以必取震巽夫妇者，剥复之间，刚柔相接，然后息阳也，谦履震巽，失中，比大有无震巽，唯师同人以震巽就离坎，故特表此名，与蒙革刚接柔息阴同义也。云：表微明嫌者，名卦止取六二一爻，卦辞乃取于野，取涉川，非复夫妇相同之义，故复出同人以表之云所同者夫妇，乃曰同人于野，亨，利涉大川者，由取乾通天下之志，体坎而行也。唯，独也。四变成坎，三坎也，不言五坎，主天下言。

象曰："天与火，同人，君子以类族辩物。"君子谓乾，师坤为类，乾为族，辩，别也，乾阳物，坤阴物，体姤，天地相遇，品物咸章，以乾照坤，故以类族辩物。谓方以类聚，物以群分。孔子曰："君子和而不同。"故于同人家见以类族辩物也。按旁通师，师外卦坤，方以类聚，故坤为类，二至上体姤。天地相遇二句，姤彖辞。乾阳物二句与类族辩物二句，皆系辞文。"君子和而不同，"《论语》文。《义》：火者，阳光，乾舍于离，天光通火，故天与火。以族辩三，以类辩四，二应五，物辩乃可同。

初九，同人于门，无咎。象曰："出门同人，又谁咎也。"乾为门，谓同于四，四变应初，故无咎也。按系辞云：乾坤其易之门耶，故乾为门。九四不当位，变而应初则当位，而无咎矣。《义》：正应辩类，故四变应之，初息震为出，谁谓四，四方攻三，疑初咎也，唯初明消息，余爻不言，义见小畜。《学》：礼运言外户而不闭，是谓大同。上九同人于郊，当大同之象，九四未臻大同，乾阳辟户宜变为坤阴阖户。

六二，同人于宗，吝。象曰："同人于宗，吝道也。"《义》：宗谓五，妇人谓同姓之适曰宗，二在同人，与乾为巽，故五曰宗，二当同师，震以应五，若以巽上应，则三四据二相攻，故吝。先号咷是也。女子外成，同于宗吝之道。《学》：六二中正，例与九五相应，惟阻于九四重刚，如不待四变而往与五应，四必来攻，故吝。攻之象在九四，不涉反九三，因三得正，二顺承三，三不攻二也。

九三，伏戎于莽，升其高陵，三岁不兴。象曰："伏戎于莽，敌刚也。三岁不兴，安行也。"巽为伏，震为草莽，离为戎，谓四变时，三在坎中，隐伏自藏，故伏戎于莽也。巽为高，师震为陵，以巽股升其高陵，爻在三，乾为岁，兴，起也，动不失位，故三岁不兴也。按互巽为入，故为伏，互离为戈兵，故为戎，师互震，为萑苇，故为草莽。四变时，二至四成坎，而三在坎中，故伏戎于莽，巽为高股，震为阪生，故为陵，故升其高陵。《义》：卦主九五，通天下之志，故三四待坎而同三体离戎，四刚失正，师爻故相攻，五类族辩物，四变三在坎中，乃入伏就震，故有似戎于莽之象。高陵，震巽之颠四也，四已变，三得历四通五。刚谓四，四虽变三，志未通，故尚伏戎。由安而行，不践危道，师坤为安，震为行，乾照坤，故三岁而安。《学》：九四当震阳之位，变刚互离为戎，故离戎即伏震象草莽之中，震为兴，同人由师二降之坤初，为复上息成卦，师卦互震之象已毁，下卦震足汲乾下，三得正，不能动成震，故三岁不兴也。

九四，乘其庸，弗克攻，吉。象曰："乘其庸，义弗克也。其吉则困而反则也。"巽为庸，四在巽上，故乘其庸。变而承五，体讼，乾刚在上，故弗克攻则吉也。按庸，墉也，城也，巽为伏为高，故为庸，二至四互巽，四在巽之上，故乘其庸。九四失正，变正则二至上成讼，讼六四不克讼，且乾刚在上，故不克攻。返而应二则吉。《义》：城，墉也，四乘巽则其谓三也，体讼四不克讼，复即命渝，五以类族辩物，故四变弗克攻，以不正乘人，故义弗克，坎为刚。

九五，同人，先号咷而后笑，大师克相遇。象曰："同人之先，以中直也，大师相遇，言相克也。"应在二，巽为号咷，乾为先，故先号咷，师震在下，故后笑。震为后笑也。乾为大，同人反师，故大师，二至五体姤，姤，遇也，故相遇。按九五与六二相应，二至四互巽，巽阴为进退不果，故号咷。乾为先，旁通师，二至四互震，震初九后笑言哑哑，故为后笑。二至五体姤，姤象云："遇也，故相遇。"《义》：号咷，呼号也，巽在乾家，同人谓二，同师震也。系曰：或出或处或默或语，二人同心，其利断金，彼注云："失出妇处，妇默夫语，则此号咷与笑皆震巽同心之言也。"二以巽先应五，乾则三四相攻，号咷师震同志而来，则四变三伏故后笑。大师谓五，五既遇二，则天下志通。二四震直，谓当以中直为先。《学》：九五爻虞注："应在二，巽为号咷。"巽为绳直，二互巽阴位内卦之中，故中直取巽象，下当取震象。

上九，同人无郊，无悔。象曰："同人于郊，志未得也。"乾为郊，失位无应，与乾上九同义，当有悔，同心之家，故无悔。按上九以阳居阴，故失位，九三伏戎，未变，故无应。《义》：在下志已通，上必变正，坎为悔，故当有悔同心之家，体家人未变，故无悔。坎为志未变，故于郊。

大有☲（乾下离上）

《义》：消息卦比初动为屯，而息乾阳三息魂归于离，离中有阳，故名曰大有。内卦候在四月，外卦五月，卦唯言亨者，比已明乾体，大有著其就离也，象取二变，则成离，义益明矣，爻成家人。

大有，元亨。与比旁通，柔得尊位，大中应天而时行，故元亨也。按大有六五得尊位，居外卦之中，应于九二，应天时行，故大通。与比旁通。《义》：息比为大有。彖注云："谓五以日应乾而行于天也，以乾亨坤，故曰元亨。"

彖曰："大有柔得尊位，大中而上下应之，曰大有。其德刚健而文明，应乎天而时行，是以元亨。"谓五以日应乾而行于天也，时谓四时也。大有亨比，初动成震为春，至二兑为秋，至三离为夏，坎为冬，故曰时行，以乾坤亨，是以元亨。按乾为天，其德刚健，离为日，其德文明，六五居离日之中，下应于乾，而应天时行，大有旁通于比，比初动成屯，内卦成震，说卦云：震，东方也。于时属春，息至二，谓初二俱变阳，则内卦成兑，说卦云：兑，正秋也。息至三，则成，三至五互离，离火属夏，外卦坎水属冬，故曰时行。亨，通也。《疏》云：大有亨比者，亨当作通。是也。《义》：大，阳也。比初动震为应乾。应五，息也；阳息乾归，故曰大有。刚健乾，文明离。象曰火在天上，应天时行，唯日耳。《学》：卦注张氏所谓乾阳三息魂归于离者，即阳息乾归也，大有为乾卦归魂与坤卦归魂之比卦旁通，乾归于离，坤归于坎，比五之坤初为复上息成大有，比卦下坤，初爻伏震大有下乾，初爻伏巽，震巽同声相应，故大有九五离柔与比九五坎刚相应，九二乾刚与比六二坤柔相应，所谓上下应之也。象传又言应乎天而时行者，应比五之乾，下独指本卦也。

象曰："火在天上，大有，君子以遏恶扬善，顺天休命。"遏，绝；扬，举也。乾为扬善，坤为遏恶为顺，以乾灭坤，体夬扬子王庭，故遏恶扬善；乾为天休，二变时巽为命，故顺天休命。按上卦离为火，为日，下卦乾为天，故曰火在天上。离日在天上，无物不照，故曰大有。乾阳为善，坤阴为恶，比成大有，则坤象不见，故以乾灭坤，是遏恶也。初至五体夬，夬卦云：夬扬于王庭。是扬善也。二变时二至四互巽，巽为命，坤为顺，乾文言云：以美利利天下。休，美也，故乾为休。《义》：不曰日而曰火者，日中则离，阴阳相就阳气盛行，万物毕纳，故曰大有。日中则盛如火，故曰火在天上。君了谓乾，夭以刚决柔，乾为王，为扬，通剥，艮为门庭，故曰扬于王庭。以乾灭坤，亦决柔义，故取夬象，以坤归乾，故顺天休命。《学》：二五失正，乾为善，坤为恶，九二乾善，宜扬之而升于第五爻，六五坤恶，宜遏之而降于第二爻，以对象言，阳性阴命，乾震坎艮皆为性，坤巽离兑皆为命，六五离命，宜休为六二，而顺变正之九五乾命，乾命即坎命，休命亦即安命也。

初九，无郊害，匪咎，艰则无咎。象曰："大有初九，无交害也。"害谓四，四离火为恶人，故无交害。初动震为交，经坤为害，匪，非也，艰难谓阳动比初成屯。屯，难也，变得位，艰则无咎。按初九与九四，上下敌应不相与，故无交四，而受其害。大有旁通比，比初变成屯，内卦为震，屯刚柔始交而难生，故为交为难。初九以阳居阴变而得位，则无咎矣。《义》：离在四，梦如死如，故为恶人。谓无应四，四在比坤中为害，嫌初动当交之，故明其无交。无应宜咎，以恶人宜远，非为咎也。于消息例当五降初成复，比五阳尊降，初失位，故取自变成屯，则无咎也，在大有可无交四。《学》：无交就大有本卦而言，初爻不能与失正之四爻相应，虞氏言害谓四，是也。就旁通比卦言之，大有初爻得正，如与与比卦失正之初爻相通，则鼎颠趾矣，故宜无交。就比卦而言，四在比坤中得正，爻言贞吉，初动成震能与之应，虞氏所言，盖诫比五，非，诫比初也，初爻自动成屯，五不必弃尊位，而降于初爻，与之相交，虞氏又云："艰难谓阳动比初成屯。"是也。此于比五降之坤，初为复上息成大有之例外别具一例，张氏亦言，取初自变成屯，而以为嫌初当爻四，义似未密。

九二，大誉，以载，有攸往，无咎。象曰："大誉以载，积中不败也。"比坤为大誉，乾来积上，故大誉以载，往谓之五，二失位，变得正，应五，故有攸往无咎矣。按旁通经，比内卦为坤。誉，古与字。（见《周易异文考》）坤为大誉，变为大有，则内卦成乾，而上九阳居六五阴之上，故曰乾交积上，故大誉以载。二与五应，九二以阳居阴，六五以阴居阳，皆变得正，故有所往无咎。虞氏云："往谓之五者，即二之五，五之二，各得其正也。"象曰以下，乾为大车注，诸本俱作卢氏说，雅雨堂本作虞氏说，非也，故孙黄二氏删之是也。《义》：顺天休命，嫌五未变，在离有咎，坤为败。

九三，公用亨于天子。小人弗克。象曰："公用亨于天子，小人害也。"天子谓五，三公位也，小人谓四，二变得位，体鼎象，故公用亨于天子。四折鼎足，覆公悚，故小人不克也。小人谓四也。按五为天子位，三为公位，四为阴，又不得正，故为小人。二变则二至上体鼎，三至五体兑，为毁折，四变三至五为震足，故云鼎折足，覆公悚。鼎九四爻辞。《义》：爻位三为三公，亨读曰飨，传曰：天子降心以逆公，谓亨王也。鼎变屯，四折震入兑，故曰鼎折足，覆公悚。谓三欲与四辅五，四小人，故不克。言当使四变。

九四，匪其尫无咎。象曰："匪其尫无咨，明辩析也。"匪，非也，其位尫足，尫，体行不正，四失位折震足，故尫变而得正，故无咎。尫或作彭，作旁，声字之误，折之离，故明辩析也。四在乾则尫，在坤为鼠，在震噬胏，得金矢在巽折鼎足，在坎为鬼方在离焚死，在艮旅于处，言无所容，在兑睽孤孚厉三百八十四爻独无所容也。按《说文》云："尫，跛曲胫也。"九四以阳居阴，三至五体兑，兑为毁折，故有跛象。变而得正，则无咎。外卦离为折上槁，离火明，震善鸣，故明辩析也。孙黄二氏以为其位之位疑衍恐非。《义》：鼎四位离明震辩，兑折，折辩入明，非实鼎体，故能变而无咎。乾为人，象足尫，在坤晋四也，三上易位，体小过，有飞鸟之象，艮为穴动，出穴中，飞而不高，硕鼠之象，故曰晋如硕鼠。在鼠噬嗑四也，艮为肤，阳为骨肉，有骨谓之胏，离火熯之，故为乾胏。金矢毒害之物，离为兵下震动，之矢象。故曰噬乾胏，得金矢。在巽鼎四也，在坎，未济四也，变之正体，师坤为鬼方为三所伐，故曰震用伐鬼方。在离，四为下火所炎，故曰焚如。二至五体大过死象，故曰死如。在艮，旅四也，彼注云：巽为处，四焚弃恶人，失位远应，故旅于处，言无所容也。在兑睽四睽孤，遇元夫，交孚，厉无咎。彼注：孤，顾也，在两阴间，睽五顾三，故曰睽孤。震为无夫，谓三已变动而应震，故遇元夫也。震为交，坎为孚，动而得正，故交孚厉无咎矣。离九四象曰无所容也。比知恶人，宜焚死无所容矣。

六五，厥孚交如，威如吉。象曰：“厥孚交如，信以发志也。威如之吉，易而无备也。”孚，信也，发而孚二，故交如。乾称威，发得位，故威如吉。按比外卦坎为孚，二五皆失位，二变而应五，五动而孚二，故交如。乾刚健，故威如。坎为志。《义》：比坎为孚，五发而二应之，四已变，震为交。信谓比五，坎孚乾，又为信，四已变二，坎为志也，乾德恒易，易四之厄也，五体夬，有成为备，发以变四，夬象不见，故易而无备。

上九，自天右之，吉无不利。象曰：“大有上吉，自天右也。”谓乾也，右，助也，大有通比，坤为自，乾为天，兑为右，故自天右之。比坤为顺，乾为信，天之所助者顺，人之所助者信，履信思顺，又以尚贤，故自天右之，吉无不利。按乾为天，兑西方故为右。右，佑也，助也，大有旁通比，比内卦坤为形，为身，为自，为顺，“天之所助”四句，系辞下文。《义》：大有乾息已成，故上爻通取一卦之义。系注云：兑为口，口助为右，比坎为思，按履信，谓坤履乾思顺，谓乾比坤，乾为贤人，坤在乾下，故又以尚贤。明此为卦德非爻位也。

谦☷☶（艮下坤上）

《义》：消息卦，乾尽剥上，而入坤，上来反三，归魂之始，乾盈于上，谦而居三之初为复，息履与履旁通，游魂之变也，候在十二月，乾来为谦，谦三降二为师，师二升五为比，消息之次也，阳宜正五，故爻义不之师而之比卦，明乾来初，明履息上三爻明升五，消息之义备矣。《学》：豫卦张注“坤尽夬上而入乾”，乾元索坤之四为豫，息为小畜，为坤游魂之变云云，坤魂游于需而始于小畜，张氏以小畜为坤游魂之变，变即始也，谦注“游魂之变也”一句，以豫注推之，则说不可通，如承履卦说，坤魂归于比而始于履，当云坤归魂之变也，而预列夬遘消息之首，就坤魂立说，谦居剥复消息之首，宜就乾魂立说，不应再说坤魂，则游魂之变也一句，当云归魂之变也，宜置“故名曰谦”一句之下，盖乾归魂大有而始于谦，不始于履也，但张注已有“归魂之始”一语在前，不应再叠其辞，言归魂之变，姑存其见，以供学者之研讨。

谦亨，君子有终。乾上九来之坤，与履旁通，天道下济，故亨。彭城蔡景君说剥上来之三，君子谓三，艮终万物，故君子有终。按坤消乾至上九，反至三则成谦，旁通履。蔡景君说剥上九来之三，义同。阳为君子，说卦云：终万物始万物者莫盛乎艮，谦内卦为艮，故君子有终。《义》：乾尽坤中，上来反三，三之初为复息履。济，成也。上之三故曰下，坤交乾则亨。剥上即乾上，义亦一也，不见乾元之正，故不用也。乾称君子，说卦曰：艮也者，东北之卦也。万物之所成终而所成始也，是艮终万物，剥由艮入坤，谦反坤济艮，终则有始天行也。

彖曰："谦，亨，天道下济而光明，地道卑而上行，天道亏盈而益谦，地道变盈而流谦，鬼神害盈而福谦，人道恶盈而好谦，谦尊而光，卑而不可逾，君子之终也。"谓乾盈履，上亏之坤三，故亏盈。贵处贱位，故益谦。谦二以坤变乾盈，坎动而润下，水流湿故流谦也。鬼谓四，神谓三，坤为鬼害，乾为神福，故鬼神害盈而福谦也。乾为好，为人，坤为恶也，故人道恶盈，从上之三，故好谦矣。天道远故尊光。三位贱故卑，坎水就下，险弱难胜，故不可逾。按以旁通履故多取履象，履外卦为乾，至谦则亏之坤三，谦二以坤变乾，之二，孙堂黄奭李道平皆以为宜作三，是也。二至四体坎水润下。《义》：乾来居三是天道下济，阳来成坎息履成离，离日坎月，故光明也。坤纳乾成震，坤在上，震为行，故卑而上行。谦息履，非履变，谦履象，别上下是也。此自亢龙，盈不可久，亏之坤三云：盈履上者不可云盈。乾上又不可云盈；剥上因假履上见义耳，剥复之间，卦无实象，故多假，义与履讼坎同，上贵三贱，乾盈于上，坤出遇遘，品物咸章，至二成遁，乾灭之始，消至剥尽木由于二，二以坤变乾盈，谓此也。云谦二者，不可云坤二，又不可云遁二，故亦假言谦二，既济两坎，下坎为湿，谦得既济下坎也。游魂在四，归魂在三，四诎三信，故鬼谓四，神谓三，皆乾精也，盈则诎坤而为鬼，谦则信乾而为神，乾盈则就坤，故人道恶盈。乾来，故为好。自上来，故尊。息履离，故光。坎离纳乾坤，故艮终万物。

象曰："地中有山，谦。君子以捊多益寡，称物平施。"君子谓三，捊，取也，艮为多，坤为宴，乾为物，为施，坎为平，谦乾盈益谦，故以捊多益寡，称物平施。按说卦云艮为坚多节，故为多，坤阴故为寡少，乾彖云："云行雨施，品物流形。"故为物为施，坎水为物所取平，故为平。以乾盈益谦，以艮山之多益坤地之寡，故称物平施。《义》：地柔而山刚，秉天阳也。地中不盈地也，地谦，广以益山之高，山谦高以益地之大，阴有阳则多，无阳，则寡，艮为多，实乾为多也，捊乾益坤，称量也，以坎量而平乾。

初六，谦谦君子，用涉大川吉。象曰："谦谦君子，卑以自牧也。"按初六居谦之始，以阴居阳，艮止而坤顺，是谦之至也，上至四互坎为大川，故用涉大川吉矣。牧，养也。坤为自，为卑。《义》：谦息履，三降初乾，上谦居三，三又降初，故为谦谦君子。三坎升五又体坎为大川，初坤为用，故用涉大川吉。牧，养牛人也，坤为牛，震为人，驱之，故象牧。坤为自三降初，卑以自牧。

六二，鸣谦，贞吉。象曰："鸣谦贞吉，中心得也。"中正谓二，坎为心也。按三至五互震，震善鸣，故为鸣谦。六二位内卦之中，以阴居阳，得阴阳之正位，故中正。说卦云坎为亟心，故为心。《义》：三降履初，二息体震，为善鸣，故曰鸣谦，息则失位，正而承三，故贞吉。

九三，劳谦，君子有终吉。象曰："劳谦君子，万民服也。"按说卦云劳乎坎，故坎为劳。艮为终，九三得阴阳之正位，故有终吉。坤为顺，为服，为万民，故万民服也。《义》：坎为劳，艮为终，不以变论与师上，开国承家义同。

六四，无不利，扐谦。象曰："无不利扐谦，不违则也。"按六四得阴阳正位，居谦之时，内卦艮为手，二至四体坎，坎为法为则，故无不利扐谦，不违则矣。《义》：体三有实，故无不利。荀氏云："扐，举也。"阴欲扐三，使上居五，谦虽之师，亦志在比五，扐者艮为手，成比则四在艮体中。坎为则，四本坎，五变又为坎，故不违则。

六五，不富以其邻。利用侵伐，无不利。象曰："利用侵伐，征不服也。"《义》：坤虚，故不富，邻谓三，三在谦为震，在履为兑，震东兑西，称邻。谓以二居五体师，五变利执言，故利用侵伐，又言无不利者，坤为利，谦变坤不利，坎艮险阻，故又为不服象。

上六，鸣谦，利用行师，征邑国。象曰："鸣谦，志未得也。可用行师，征邑国也。"按三至五互震，震善鸣，上六应九三，故曰应在震，故曰鸣谦。二至上体师，坤为土，为邑国，为众，五变正，利用侵伐，上得从征。《义》：三震上行，故曰行师，行师征邑国者，五也，上利用之，虽鸣谦应三，而志未得，故可使三升居五，五变体坎，坎为志，是得志。

豫䷏（坤下震上）

《义》：消息卦，坤尽夬上而入乾，乾元索坤，之四为豫，息为小畜，为坤游魂之变。豫，怡也，阴得阳而喜乐，故名曰豫。内卦候在二月，外卦三月，卦爻皆取息，小畜，乾元入坤也，爻至五，上不变，则成需，坤之游魂也。《学》：爻至五截句，不连下读，盖谓豫四之坤初为复上息至第五爻时成需卦，息至上爻变动时，则成小畜卦也。

豫，利建侯，行师。复初之四与小畜旁通，坤为邦国，震为诸侯，初至五体比象，四利复初，故利建侯。三至上体师象，故行师。按复初之四则成豫，旁通小畜，坤为上为邦国，震长子主器，故为诸侯。豫初至五体比，比象万国亲诸侯，九四以阳居阴不正，之初，则各得其正而相应与；三至上体师，故利建侯行师。《义》：复之者乾元也，阴丽阳而生，豫四之坤初为复，息小畜，阴始凝阳，比先王以建万国，亲诸侯，不以口震为侯者，屯注云："善建者不拔震在初，体潜龙，确乎不拔，乃建侯也。四震下行，故为行师。"

彖曰："豫，刚应而志行，顺行动豫，豫顺以动，故天地如之，而况建侯行师乎？天地以顺动，故日月不过而四时不忒。圣人以顺动，则刑罚清而民服，豫之时义大矣哉。"小畜乾为天，坤为地，如之者，谓天地亦动以成四时，而况建侯行师，言其皆应而豫也，豫变通小畜，坤为地，动初至三成乾，故天地以顺动也，过谓失度。忒，差迭也。谓变初至需，离为日，坎为月，皆得其正，故日月不过。动初时震为春，至四兑为秋，至五坎为冬，离为夏，四时位正，故四时不忒。通变之谓事，盖此之类。清犹明也，动初至四，兑为刑，至坎为罚，坎兑体正，故刑罚清。坤为民，乾为清以乾乘坤，故民服。顺动天地，使日月四时皆不过差，刑罚清而民服，故义大也。按四为卦主，五应之，故志行。坤为顺为地，震为动，顺而动，故谓之豫。小畜内卦乾为天。《说文》云："如，随从也。"豫息初则成震，帝出乎震，震为春，息至二成归妹，至三成大壮。乾为天，故天地如之。至四成泰，二至四体兑秋，至五成需，外卦坎为月，三至五体离日，皆各得其正，故日月不过。坎为冬，离为夏，故四时不忒，通变之谓事，系上文兑为毁折，故为刑，坎为法，故为罚。需三至上皆各得其正，故坎兑体正，故刑罚清。《乾凿度》云："轻清者上而为天，故乾为清，豫卦坤为众顺，为民服。"《义》：谓四复初，息小畜，乾阳皆应。坎为志，震为衍，坎为震，故志行。坤顺震动，四复初，动乎顺，至二即兑，云四者，四兑位定，对下刑罚清而言，兑坎皆息乾，故清。复初为圣人，乾息，故圣人以顺动也。

象曰："雷出地奋，豫，先王以作乐崇德，殷荐之上帝，以配祖考。"按奋，动也，震为雷，为动，坤为地，故雷出地奋，为豫卦之象，殷，盛也，荐进，震善鸣故作乐，乾为崇，坤为德，故作乐崇德。《义》：阳升出地，万物皆喜，复乾故曰先王。象雷出地，故作乐。乾为德，息乾故崇德。《说文》云：“作乐之盛称殷。”荐，进也，荐上帝，配祖考，谓大飨上帝于明堂，以文武配是也。复初万物之始，天行之成，故为上帝。小畜离飨明而治，为明堂，坤为鬼，乾盈甲复初，乾为父，复乾为祖，四下初，亦为震，体复，故配祖考也。《学》：鼎卦象传虞注云：圣人谓乾，初四易位，体大畜，震为帝，在乾天上，故曰上帝。由虞说推之，震在乾上称上帝，震与坤值，更宜在坤上，始称上帝，豫由复初之四，震在坤上，故亦取上帝之象，若就复初未变成豫时，或豫四之坤初为复上息时取象，则震在坤下，有何上之足云乎。

初六，鸣豫凶。象曰：“初六鸣豫，志穷凶也。”应震善鸣，失位，故鸣豫凶也。体剥蔑贞，故志穷凶也。按初应四，震为善鸣，以阴居阳，故失位。初至四体剥，剥初六云：剥床以足蔑贞凶。《义》：凡豫阴道在阴而不能正，则豫。初不取息者，义取四复初，故不言初变。四坎为志，失位故穷。初在剥初，故凶也。

六二，介于石，不终日，贞吉。象曰：“不终日贞吉，以中正也。”介，纤也，与四为艮，艮为石，故介于石。与小畜通，应在五，终变成离，离为日，得位，欲四急复初，已得休之，故不终日贞吉。按二至四互艮，说卦云艮为小石，小畜三至五互离日，六二以阴居阴，得位中正，故贞吉。四复初则成复卦，复卦六二曰：休复吉。故曰已得休之。《义》：纤介，微意，系以豫二知几注云：知四，当复初则此介谓几之纤微如石，息小畜至五则四成离，故曰终变。不终日似谓成泰时也，由二中正得位，故能知几。欲四复初息正，小畜乾为天休，坤欲四复如师，谦欲二三升。《学》：豫四之坤初为复上息至四而五未变时，皆为泰时，不仅息至三成泰时也，盖小畜下乾师泰卦下乾，小畜六四即泰卦六四，其时五尚未变，互离日象不全，故不终日。张氏之说谓坤欲四复初，如师欲二升五，谦欲三升五也原句笼统，似欠明晰。又按徐氏说足补张氏之不足。

六三，盱豫悔，迟有悔。象曰：“盱豫有悔，位不当也。”按《说文》云：“盱，张目也。”盱豫由于张目媚上而得豫也，小畜外卦，巽为进退不果故迟。以阴居阳，故失位不当。《义》：盱，张目也，小畜离为目，六三失位，目不正为盱，在阴故豫迟，谓四之初息，而三不即正也，五变在艮，故为迟。

九四，由豫，大有得，勿疑，朋盍戠。象曰：“由豫，大有得，志大行也。”由，自从也，据有五阴，坤以众顺，故大有得，得群阴也。坎为疑，故勿疑。小畜兑为朋。盍，合也，坤为盍，戠，聚会也，坎为聚，坤为众，众阴并应，故朋盍戠，戠旧读作撍，作宗也。按九四为卦主，五阴皆由之而豫，坤为众，为顺，阳为大，得群阴，故大有得。三至五互坎，坎为亟心，为心病，故疑。小畜二至四互兑，兑象云：以朋友讲习，故为朋。系云：阖户谓之坤，故坤为盍。说卦云坎为丛棘，故为聚。《义》：群阴之豫，皆由四也，阳称大，当复初息小畜，故云勿疑也，四复初，息至兑，兑通坎，坤阴并息阳。由坎息震，坎为志，震为行，故志大行。《学》：虞氏消息豫四息五成萃卦，萃卦象传云：萃，聚也，训聚，盖取萃象，非取坎象，萃上卦兑由震息，月体纳甲，震兑为朋，不特小畜二三四互兑朋也。

六五，贞疾，恒不死。象曰："六五贞疾，乘刚也；恒不死，中未亡也。"按坎为心病，故为疾，以纳甲言之，豫内卦为坤，月灭于坤乙，故为死。外卦为震，说卦云震为反生，不应二，故贞疾，恒不死，月灭于坤乙，生于震庚，亦不死之象也。盖六五以阴乘于九四阳刚之上，故贞疾矣。居外卦之中，故中未亡也。《义》：在豫坎中，小畜上不变五正在坎，故贞疾五在豫不应二，小畜二不正，无应，二五不取应五之坤则为死，五乘四坎为疾，正坎又为疾，贞疾故不死。生于忧患，变得中，不应坤，故未亡。又按不言中正，言中未亡，殆不指五变为阳也。

上六，冥豫，成有渝，无咎。象曰："冥豫在上，何可长也。"应在三，坤为冥，渝，变也，三失位，无应，多凶，变乃得正，体艮成，故成有渝无咎。按《尔雅·释言》云："冥，晦也。"以纳甲言之，月灭于坤故晦。六三以阳居阴失位，变正，则与上六相应，而内卦为艮，说卦云艮万物之所成终而所成始也，故为成。上六以阴居阴，故无咎。《义》：艮为成，成有渝者，三也，艮变也，上得位，三变则有应，故无咎。谓小畜成上体巽为长。《学》：豫四息五成萃，息至上爻，则成否卦，故何可长也一语，与否卦上九象传相同，戒之之旨深矣。

随䷐（震下兑上）

《义》：消息卦，泰息至蛊，当反否，随来通蛊，兑阴从震失，明乾元复正也，故名曰随自否来者，乾坤之合，候在二月，成既济。

随，元亨利贞，无咎。否上之初，刚来下柔，初上得正，故元亨利贞，无咎。按随自否来，否上之初，则成随。而初九，上六各得其正矣。《义》：乾元复正，故元亨。初上既正，天行消息，终成既济，故利贞。阳降阴升，非益之道，嫌于有咎，故曰无咎。此与蛊旁通，不言者，蛊变泰入否，故通随为义，随通蛊入泰，不必取蛊也。

彖曰："随刚来而下柔，动而说，随，大亨贞无咎，而天下随时，随时之义大矣哉。"否乾上来之坤初，故刚来而下柔。动，震；说，兑也。乾为天，坤为下，震春兑秋，三四之正。坎冬离夏，四时位正，时行则行，故天下随时矣。按否外卦乾上九之刚，而来下于内卦坤初六之柔则成随，故云刚来下柔。随内卦震为动，外卦兑为说，动而悦则成随矣。否内坤外乾，故有天下之象，随卦内卦震为春，外卦兑为秋，三四之正则成既济，坎为冬，离为夏，而六爻各得其正矣。《义》：阴之随阳，由刚下之，夫妇之义，惠征士云：阳唱而阴和，男行而女随，故义大。

象曰："泽中有雷，随，君子以向晦入宴息。"按内卦震为雷，外卦兑为泽。《义》：泽中有雷，阴随阳息，君子谓乾，上民，坤为晦，震为向，宴，安，坤德也。息滋也，向晦入安息，养夜气震道也。

初九，官有渝，贞吉，出门交有功。象曰："官有渝，从正吉也，出门交有功，不失也。"按渝，变也。《义》：官，主也；渝，变也。应四，艮为官，为门，震为出，四失位，变而交初，三已正，则与五成离，五多功，四有离体，故交有功。四明曰有孚在道，明功也，谓此震为从，谓从初，初，正也。四上随五，嫌初失四，故曰不失。

六二，系小子，失丈夫。象曰："系小子，弗兼与也。"应在巽，巽为绳，故称系。小子谓五，兑为少，故曰小子，丈夫谓四，体大过老夫，故称丈夫，承四隔三，故失丈夫。三至上有大过象，故与老妇士夫同义，体咸象夫死大过，故每有欲嫁之义也，已系于五，不兼与四也。按以应与而言，初与四应，三四五互巽，巽为绳直，外卦兑为少女，故曰少。五阳故曰小子，三至上体大过。大过二五体乾，乾老，故称老夫，六二欲承九四，而隔于六三，故失丈夫。二至上体咸象，咸取女吉，二三阴为女，系辞下大过有棺椁之象，故为死。《义》：大过九二老夫得其女妻，随四体大过，九二为老夫，三体大过，初六为老妇，五则大过之士夫，故为小子。二不体大过，故失丈夫也。咸取女二三女也，大过棺椁之象，故为死。老夫，故夫死也。

六三，系丈夫，夫小子，随有求得，利居贞。象曰："系丈夫，志舍下也。"随家阴随阳，三之上无应，上系于四，失初小子，故系丈夫，失小子。艮为居，为求，谓求之正，得位远应，利上承四，故利居贞矣。按阴随阳，天地之大义也，居随之世尤然，三与上皆阴，故无应。上系于九四，则失初九，二至四互艮，艮为门阙，为止，故为居，为少男，故为求上系于四，孙黄二氏以四疑作五，非也。《义》：与四为巽，故系初。亦为小子者，对四乾为老夫，震长男是小子也，承四然后能变正。下谓初。《学》：上应在三，二三四互艮，少男为小子，三变之正而四未变时，则三四五互乾为丈夫，而艮象毁矣，故系互乾之丈夫失互艮之小子。

九四，随有获贞凶，有孚在道以明，何咎。象曰："随有获，其义凶也。有孚在道，明功也。"谓获三也。失位相据，在大过死象，故贞凶。象曰其义凶矣。孚谓五，初震为道，三已之正，四变应初，得位，在离故有孚在道以明何咎。象曰明功也。死在大过故凶也。功谓五也，三四之正，离为明，故明功也。按三随四，故获三也，三四皆失位，又相据。三至上体大过，三四在大过之中，故贞凶。九五孚于嘉吉，故孚谓五，震为大涂，故为道。三四变正成既济，则六爻皆正而得位，内卦为离，三至五亦互离，离为日为明，故有孚在道以明，明功也。《义》：三系丈夫，阳在五为孚。

九五，孚于嘉，吉。象曰："孚于嘉，吉，位正中也。"坎为孚，阳称嘉，位五正，故吉也。凡五言中正，中正皆阳得其正，以此为例矣。按九五居中得正，毁济外卦坎为孚，乾文言云：亨者嘉之会也。故阳为嘉，凡九五，六二皆可谓之中正。

上六，拘系之，乃从维之，五用亨于西山。象曰："拘系之，上穷也。"应在艮，艮手为拘，巽为绳，两系称维，故拘系之，乃从维之。在随之上，而无所随，故维之。象曰"上穷"是其义也。否乾为王谓五也。有观象，故亨。兑为西，艮为山，故王用亨于西山也。乘刚无应，故上穷也。按上六居随之上，无所随矣，故从而维五，应在三，二至四互艮，艮为手，故拘。三至五互巽绳，故维。随自否来，否乾为君为王，否初至五体观，随二至五亦体观，故有观象。观卦辞云：观盥而不荐，有祭祀之象，且随外卦兑为西，互艮为山，故用亨于西山。晁氏曰亨，虞作享，盖亨享二字古通用，详见《汉易异文考》。上六乘于九五，阳刚之上，故上穷也。《义》：三未正，故无所随与三共系于五，故两系称维也。《乾凿度》曰：上六用待九五，拘系之，维持之，明被阳化而阴欲随之，亨读如飨，观盥而不荐，祭亨之象。用，用上也，上自坤升为用，艮兑之象，由上升而成，故曰用亨于西山。惠征士云："系于五则不穷。"《学》：随二三四互艮手，三四五互巽绳，艮于中系有巽绳，随旁通蛊，蛊下巽为绳，上艮为手，巽绳亦系艮手中，两系当取旁通之象。

蛊䷑（巽下艮上）

《义》：消息卦泰否之间，犹剥复也，泰之息卦终于蛊，刚上柔下，乾元失位，名曰蛊。蛊，事也，饰也，泰久则坠坏，当整饬而有事也，与随旁通，通变不倦，随则反泰乾道也，候在三月，卦取通随，先变成渐蛊，坤道反否不成既济，爻初正则成家人。

蛊，元亨，利涉大川。先甲三日，后甲三日。泰初之上，与随旁通，刚上柔下，乾坤交故元亨也。二失位，动而之坎，故利涉大川也。按泰卦初之上，即成蛊。旁通随。二以阳居阴，变正则二三四互坎，坎为大川。《疏》云：初为始交，坤为通。《义》：二五失位，不言五者，二上易五，故爻云干父用誉。

彖曰："蛊，刚上而柔下，巽而止，蛊。蛊，元亨，而天下治也。利涉大川，往有事也。先甲三日，后甲三日，终则有始，天行也。"泰初之上，故刚上。坤上之初，故柔下。上艮下巽，故巽而止蛊也。初变成乾，乾为甲，至二成离，离为日，谓乾三爻在前，故先甲三日。贲时也。变三至四，体离至五成乾，乾三爻在后，故后甲三日，无妄时也。易出震，消息历乾坤，象乾为始，坤为终，故终则有始。乾为天，震为行，故天行也。初变六经天文编作变初。按蛊自泰来，泰初之上为刚上，坤下之柔为柔下。蛊上卦为艮，艮为止，下卦为巽，巽为风，为入，巽风入而艮止不动，所以致蛊也。蛊者事也，有事可后可大，故天下治也。初变则成大畜，内卦成乾，乾纳甲，故为甲。二又变则成贲，内卦成离，离为日。二未变时，内卦为乾，故乾三爻在前，内卦为先，此以二变贲而言，故先甲三日，变至三则成颐，变至四则成噬嗑，外卦为离日，变至五则成无妄。外卦乾，乾为甲，外卦称后。四变之后，五变继之而成无妄，故后甲三日无妄时也。初，二，三，四，五变以旁通随故也，至六爻皆变则成随矣。帝出乎震，故曰易出震。《疏》云：阳初动为复，故云易出震，息至乾，入巽为姤，消至坤。故云消息历乾坤，始于乾之一阳，又乾知始。故为始；终于坤之上阴，又坤代终，故为终坤。终则乾又始，而为复，故曰终则有始。以纳甲言之，乾纳甲始于震之初阳是先甲，而为乾始也，先甲三日者震兑乾为三日也。终于坤之上阴，是后甲而为终，后甲三日者，巽艮坤为三日也，亦坤终则震生。纳甲与消息，其义一也，泰乾为天，互震为行，故曰天行。《义》：刚柔交通，巽顺而止其所，然后可以有事，乾为天，坤为下，阳升阴降，以乾治坤，是天下治，坤为事，二上有坤，故往有事。饬事之道，尽饬而无妄，因旁通随见义。出震为复，至泰为乾，则反否而终，退巽为遘，至否为坤，则反泰而始，否泰反类象乾坤，明出震为饬蛊之道。

象曰："山下有风。蛊，君子以振民育德。"君子谓泰乾也，坤为民，初上抚坤，故振民，乾称德，体大畜须养，故以育德也。按泰内乾外坤，蛊二至上体大畜。《义》：《左传》云风落山谓之蛊，风者所以宜滞毓财，振者举而有之。

初六，干父之蛊，有子考，无咎，厉终吉。象曰："干父之蛊，意承考也。"干，正，蛊，事也。泰乾为父，坤为事，故干父之蛊，初上易位，艮为子，父死大过称考，故有子考，变而得正，故无咎，厉终吉也。按乾文言：贞者事之干也，故干为正。序卦云：蛊者事也，泰内乾外坤，初上易位成蛊，外艮，艮为少男，故为子，初至四体大过棺椁，故云父死大过称考。初六失位，变正，故无咎厉吉。《义》：文言曰：贞固足以干事，犹言立事非坏而正之。父以有子而称考，谓初伏阳也，初上易位，谓泰初之上，初变体夬，故属大畜须养，故终吉；艮为终，承考谓复成乾。

九二，干母之蛊，不可贞。象曰："干母之蛊，得中道也。"应在五，泰坤为母，故干母之蛊，失位故不可贞，变而得正，故贞而得中道也。又自泰而变泰初之上，以初与三皆乾，乾为父，二亦阳而称母者，谓应在六五也。(《象旨决录》) 按九二应六五，以阳居阴故失位。变而得正，又居内卦之中故得中道也。《义》：坤为事也，泰以乾为主，唯二承五，象母蛊余皆父蛊也，注义凡言贞者之正也，凡言不可贞者正守也，此或失之，不可贞者，谓当与五易位，不可自正而已，旁通卦皆自正，三四不变，故五待二易位，五在震为道。

九三，干父之蛊，小有悔，无大咎。象曰："干父之蛊，终无咎也。"按九三无应，以处蛊故有悔，得位故无大咎。《义》：二变涉川，坎为悔，三不变，陷坎中，故小有悔，正位故无大咎。

六四，裕父之蛊，往见吝。象曰："裕父之蛊，往未得也。"裕，不能争也。孔子曰：父有争子，则不陷于不义，四阴体大过，本末弱，故裕父之蛊。兑为见，变而失正，故往见吝。象曰"往未得"是其义也；往失位折鼎足，故未得。按初至四体大过，大过象云：本末弱。而六四以阴柔体之，是不能争父之过，仅能裕父之事也。六四得位，变则失正，二至四体兑，杂卦云：兑见，故往见吝矣。四变则成鼎，鼎九四曰：鼎折足，故未得也。《义》：裕亦宽意，震为宽阴柔，故为裕也。往变也，戒言不可变。

六五，干父之蛊，用誉。象曰："干父用誉，承以德也。"誉谓二也，二五失位，变而得正，故用誉。变二使承五，故承以德。二乾父，故称德矣。按系辞下云：二多誉，二五皆失位，变皆得正。上九，不事王侯。高尚其事。象曰："不事王侯，志可则也。"泰乾为王，坤为事，应在于三，震为侯，坤象不见，故不事王侯。谓五已变，巽为高，艮阳升在坤上，故高尚其事。按蛊自泰来，故取泰象。三至五互震，震为诸侯，泰变蛊，则坤象不见，故不事。蛊卦五变则外卦巽为高，蛊卦艮之一阳升于泰卦坤之上，故高尚其事。《义》：王侯皆指三上不变无应，故不事王侯。志则皆坎象。明上九之高尚，可与乾为既济，初云意承考，亦谓二上五既济坎为意。

临䷒（兑下坤上）

《义》：息复阳，始大进临于阴，故名曰临。临者大也，与遁旁通，遁息于临，临消于遁也，临十二月卦也，动成泰而后既济。

临，元亨利贞，至于八月有凶。阳息至二与遁旁通，刚浸而长，乾来交坤，动则成乾，故元亨利贞。与遁旁通，临消于遁，六月卦也，于周为八月，遁弑君父，故至于八月有凶。荀公以兑为八月，兑于周为十月，言八月失之甚矣。按阳初息复，至二成，旁通遁临者，大也，乾交坤，阳浸而长大，至乾则盛大之极，故元亨利贞。临长成乾，复消于遁，遁为六月之卦，夏代建寅以正月为首，周则建子，以十一月为首，故夏六月为周八月也。以消息言，阴消至遁，艮子将弑乾父，消至否，坤臣弑乾君，故有凶也。

彖曰："临，刚浸而长，说而顺，刚中而应，大亨以正，天之道也。至于八月有凶，消不久也。"刚谓二也，兑为水泽，自下浸上，故浸而长也。说，兑；顺，坤也；刚中谓二也。四阴皆应之。故曰而应大亨以正。谓三动成乾天得正为泰，天地交通故亨以正天之道也。按临阳刚息下渐长阳息于二，故刚谓二兑为泽，坎象不见，故为水泽。内卦兑为悦，外卦坤为顺，二以刚居内卦之中，而四阴皆应之。三动则成泰，内卦乾泰彖云：天地交而万物通，故大亨以正，天之道也。《义》：浸，渐也，天之道谓成泰，则二升五成既济也，注不言者，因泰可知，天地盈虚与时消息。

象曰："泽上有地，临，君子以教思无穷，容保民无疆。"君子谓二也，震为君，兑口讲习，学以聚之，问以辩之，坤为思，刚浸长，故以教思无穷。容，宽也，二宽以居之，仁以行之，坤为容，为民，故保民无疆矣。按兑为泽，坤为地，二至四互震，善鸣，故为声。兑为口，兑象曰："君子以朋友讲习。""学以聚之"及"宽以居之"四句乃乾复文言之文。坤为文，故为思。《义》：临者大也。泽，水之大也，地大容泽，泽大浸地，故曰临。

初九，咸临，贞吉。象曰："感临贞志，志行正也。"咸，感也，得正应四，故贞吉也。初在卦下，四当临之，阳升之世，阴亦下降，初动而说，往感于四，四顺其欲，相与志行其正。独贤人思治，愿奉其上，上能用之以为临者也。（《义海》孙黄二氏以为此条不类虞氏，疑《义海》误引。）按初九得正应四，故贞吉。《义》：以阳感阴，所以成大，故初二皆曰咸临。惠徵士云："卦唯初与四，二与五，二气感应，故谓之咸。震为行，初本复卦震爻。故曰行。正感四坎，故称志。"《学》：复初震阳感二息成临，临二感三息成泰，此感之第一动机也。惠徵士就四五应爻立说，此乃感之第二步也。

九二，感临，吉无不利。象曰："咸临吉无不利，未顺命也。"得中多誉，兼有四阴，体复初元吉，故无不利。按系辞下云：二多誉，三至上，四应之，二至上体复。《义》：坤为顺，遁巽为命，二浸长戒凶，故未顺命。《学》：观反临，临亦反观，观上巽为命，临下兑倒巽逆命，故未顺命。

六三，甘临，无攸利，既忧之，无咎。象曰："甘临，位不当也。既忧之，咎不长也。"兑为口，坤为土，土爰稼穑作甘，兑口衔坤，故曰甘临。失位乘阳，故无攸利。言三失位无应，故忧之，动而成泰，故咎不可长也。按《洪范》云："土爰稼穑作甘。"临卦下兑为口，上坤为土，作甘，故甘临六三以阴居阳，在九二之上，故无攸利。动而而泰，故小往大来吉亨而咎不长矣。《义》：当临之时，物无不大，故六爻皆临，三以阳体临阴，故甘临。六三坤爻，含章，故能忧之。亦以三正后，二变体坎，为忧也。谓忧则必正，故咎不可长。《学》：临卦于节气值丑土之月，六四于地官，纳丑土之位，说卦传震，其于稼也为反生。临由复初震阳上息，二三四仍互震，稼墙作甘，不仅属坤土之象，三息成泰，泰三即乾三，既忧之无咎者，即乾卦九三所谓君子终日乾乾，夕惕若，厉无咎也。

六四，至临，无咎。象曰："至临无咎，位当也。"至，下也，谓下至初应，当位有实，故无咎。按六四与初九相应，以阴居阴，故当位。初阳为实，故有实。《义》：《释文》云一本作当位实，非。今谓虞本或宜作当位实。《学》：临由复息，复为冬至主卦，而卦之阳气自中孚起，夏至之月，遘为主卦，而卦之阴气始于咸卦，成泰以后下卦全阳，上卦全阴，初四相应，蕴有二至感应之妙，初爻言咸临，四爻言志临，皆有奥义，非如虞注之简易也。

六五，知临，大君之宜，吉。象曰："大君之宜，行中之谓也。"按六五居外卦之中，应于九二刚中，故云行中。《义》：乾为知，大君，阳居五也，三已正成泰，坤虚无君，二五易位成既济，故知临大君之宜，与泰六五同义也。中谓二，震为行，言二升五。

上六，敦临，吉无咎。象曰："敦临之吉，志在内也。"按敦，厚也，坤为厚；上六以阴居阴当位，而志在九二之刚中，故吉。《义》：敦，厚也，坤为厚，上据坤终，故敦临。二已上五，既济定，故吉无咎。内谓二。

观䷓（坤下巽上）

《义》：消否九丑正观示坤阴，故名曰观。观与大壮旁通，观息于大壮，大壮消于观也，观八月卦也，消卦不成既济，上三正为蹇言难也。

观盥而不荐，有孚颙若。按见彖注。彖曰："大观在上，顺而巽，中正以观天下。观盥而不荐，有孚颙若，下观而化也。观天之神道，而四时不忒。圣人神道设教，而天下服矣。"（今本"圣人"下有"以"字。）谓阳息临二，临者大也，在观上，故称大观。顺，坤也，中正谓五。五以天神道观示，天下咸服其化，宾于王庭。观，反临也，以五阳观示坤民，故称观。盥，沃盥；荐，羞牲也。孚，信，谓五；颙颙，君德有威容貌。若顺也，坎为水，坤为器，艮手临坤，坎水沃之，盥之象也。故观盥而不荐。孔子曰："禘自既灌吾不欲观之矣。"巽为进退，容止可观，进退可度，则下观其德，而顺其化。上之三，五在坎中，故有孚颙若，下观而化。《诗》曰："颙颙卬卬，如珪如璋。"君德之义也。忒，差也。神道谓五，临震兑为春秋，三上易位，坎冬，离夏，日月象正，故四时不忒。圣人谓乾，退藏于密，而齐于巽，以神明其德教，故圣人设教，坤民顺从而天下服矣。按：观反临，阳息临二，观内外坤顺，坤六二云直方大，临为大，今阳在观上，故称大观在上。外卦巽，故云顺而巽。五以阳居阳，居外卦之中，故中正。初四体坤，坤为民，五居其上，故以阳观示坤民，故称观。阳实为孚，《尔雅·释诂》云："若，顺也。"《释训》："颙颙卬卬，君之德也。"上之三，则二至四互坎水，坤形为器，观外三至五互艮手，故有盥之象。坤为牛，艮为狗，巽为鸡，皆羞牲也，上之三则皆不见矣，故观盥而不观荐。盖盥礼盛，荐礼简。“禘自既灌”二句，出《论语》。“容止可观”二句，出《孝经》。临二至四互震春，内卦兑秋观三上易位成外卦坎冬，为月，三至五互离夏，为日，故四时不忒。《义》：观消卦不言消否者，正阳故取反临，祭将灌时，先沃手，阳在五，观坤道五正位，则上之三，故有坎象。坤为牛，上之三，坤象不观，故不荐。由临息泰，反否退观，观为消卦，圣人神道设教，特取临二艮五为义，故异其文曰大观。乾为道，乾阳之信者为神，二五之神，成离日坎月是也，临体乾二，上正坤五成始乎艮，洁齐乎巽故曰神道。乾道变化自成坎离，故三上易位。春秋者阴阳之著，故临宸兑先见，冬夏者，阴阳之微，故五得位乃易三，四时由日月兑为密，临教思无穷，反观神道，故神明其德教。

象曰：“风行地上，观先王以省方观民设教。”《义》：风者天之教，所以观示万物，临云行坤，故行地上观消卦，临乾未成故曰先王，坤为方为民三上易位，离见艮止，故省方观民。

初六，童观，小人无咎，君子吝。象曰：“初六童观，小人道也。”艮为童，阴小人，阳君子。初位贱，以小人承君子，故无咎。阳，伏阴下，故君子吝矣。按三至五互艮为少男，故为童。初六以阴居阳位，故以小人乘君子。《义》：自临反观，初先之上为艮，上来居艮处，故童观。艮指初，非初观上。阴，初六也，阳临初伏位，临阳伏下阴得从之，是为道也。阳为道。

六二，窥观，利女贞。象曰：“窥观女贞亦可丑也。”临兑为女，窃观称窥，兑女反成巽，巽四五得正，故利女贞。艮为宫室，坤为阖户，小人而应五，故窥观女贞，利不淫视也。按临观二卦相反，临内卦兑为少女。反成观则外卦巽为长女，六四九五皆得正，故利女贞。互艮为门阙，为宫室。阖户谓之坤。六二阴爻为小人，应于九五。《义》：临五来居兑巽女处，故女贞。二得位不淫视，言四五得正者，五比四不应二也，初二临阳之位，又坤未成，无民象，故为小人。

六三，观我生进退。象曰：“观我生进退未失道也。”坤为我，临震为生，生谓坤生民也。巽为进退，故观我生进退。临震进之五得正居中，故象曰未失道。按临观相反，坤身为我，临二至四互震，震为反生观内卦坤为民，故坤生民，外卦巽为进退不果，故观我生进退。临震反则为观巽，九五居中得正，故未失道也。《义》：谓五二观示坤民进退，三欲五二正，上来易己，震为道，二进五退，故未失道。《学》：否六三虚坤反泰，息成大壮，泰九三盈乾反否，括囊成观，泰否之反，即乾坤之进艮，皆在第三爻，故进艮之象特于观三发之。

六四，观国之光，利用宾于王。象曰："观国之光，尚宾也。"坤为国，临阳至二，天下文明，反上成观，进显天位，故观国之光。王谓五阳，阳尊宾坤，坤为用，为臣，四在王庭，宾事于五，故利用宾于王矣。《诗》曰："莫敢不来宾，莫敢不来王。"是其义也。按坤为地为邑国，阳息至二成临，乾九二文言云：天下文明。反成观则二阳居五王位，六昼之卦，五为天位，故云进显天位。是阳尊至矣，下临坤，是宾坤也。坤为用，为臣，故利用宾于王。尚，上也。《义》：艮为门庭四诸侯位，故在王庭。

九五，观我生，君子无咎。象曰："观我生，观民也。"我，身也，谓我生。生谓生民，震生象，反坤为死丧，嫌非生民，故不言民。阳为君子，在临二失位，之五得道处中，故君子无咎矣。坤为民，谓三也。坤体成，故观民也。按我生谓民，初至四为坤，临二失位，反成观，月灭于坤，故坤为死。九五居中，故君子无咎。孙黄二氏以我身也。身，疑作坤。坤，为我。《义》：坤为身，谓我生三字疑衍，三坤也，临二与三为震，震为反生，言生则民见，不兼初二者，初二有临伏阳，不得以坤言民。《学》：观以反临为义，临由复初震阳上息，二三四互震，观反临，则五与三四为倒震，与说卦传震为反生之义相合。

上九，观其生，君子无咎。象曰："观其生，志未平也。"应在三，三体临震，故观其生。君子谓三之三得正，故无咎矣。坎为志为平，上来之三，故志未平矣。按上九失位，之三则得正，故无咎。而外卦成坎，坎为水为平，为心为志。《义》：上当易之，故不云我生。三成坎，故志未平矣。上为五志也。

噬嗑䷔（震下离上）

《义》：名噬嗑者。嗑，合也，乾坤当合于中孚，当否之时，未能即合，故象噬之，上来反三四五乃正是也，候在十月，卦取之丰为消息，之丰则反泰，故四五取成既济，上九又别明之益消息。《学》：噬嗑丰贲旅四卦在泰否之间，皆取刑狱坎象，中孚消息在泰否之末，由讼四来之坎初，大象传云君子以议狱缓死亦取坎狱之象。

噬嗑亨，利用狱。否五之坤初，坤初之五，刚柔交，故亨也。坎为狱，艮为手，离为明，四以不正而系于狱，上当之三，蔽四成丰，折狱致刑，故利用狱，坤为用也。按噬嗑自否来，否九五之坤初，坤初之五，即成噬嗑，刚柔交故亨。三至五互坎，坎为律，为桎梏，故为狱。二至四互艮手，外卦离明，折狱从手贵明，故取艮离之象。九四以阳居阴，陷于坎陷之中，故系于狱上之三则成丰，象曰：“折狱致刑。”《义》：由四不正，故上当折之。兑为折，为刑人，责三坎正位，故无敢折狱乾人通坤，故有用象。

象曰：“颐中有物曰噬嗑。噬嗑而亨，刚柔分，动而明，雷电合而章。柔得中而上行，虽不当位，利用狱也。”物谓四，则所噬乾脯也。颐中无物，则口不噬，故先举颐中有物曰噬嗑也。按初至四体颐，四变则成颐，颐中无物。颐中有物，则成噬嗑矣。九四噬乾脯者，其中之物也。噬啮也。嗑，合也。内卦震刚，为动为雷，外卦离柔为明，为电，故曰刚柔分，动而明，雷电合而章。坤初之五，六五居外卦之中，故曰柔得中而上行，六五以阴居阳，故不当位。《义》：分乾降坤，分坤升乾，是以亨。动雷谓震，明电谓离。坤初升五，故柔得中。五升则四入狱，上乃之三折之，故云上行。震为行也，不当位谓五。

象曰：“雷电噬嗑，先王以明罚敕法。”按震雷与离电交合而作，噬嗑之象也。《义》：《稽览图》曰：雷有声名曰雷，有光名曰电，则电亦雷也，雷之发必先有光，而声随之，故言雷电。则雷动而上，电明而下，噬嗑象也。言皆至则雷后，又电乃为丰象，降阴下迎，阴起而阳气自上薄之，则为雷。乾通坤，否噬而后嗑之象，否乾为先王，坎为罚，为法离为明，上之三正坎，故明罚，勅法也。

初九，屦校灭趾，无咎。象曰：“屦校灭趾，不行也。”屦，贯；趾，足也。震为足，坎为校，震没坎下，故屦校灭趾。初位得正，故无咎。否坤小人，以阴消阳，其亡其亡。今五变灭初，故坤杀不行也。按坎为桎梏，故为校。震足没于坎校之下，故屦校灭趾。初九以阳居阳位，故得正。卦自否来，否内卦为坤，否以阴消阳，其亡其亡者，否九五爻辞。否五之初，则成噬嗑，故坤杀不行。屦，贯；趾，足也。哑无咎，孙黄二氏云：“毛本胡本作侯果说，诸本俱作虞氏说。”《义》：坎水曰灭，震体以初为主，故独象屦校。杀读曰弑，云五变灭初，变初成趾，灭于坎下，非谓灭去初阴。

六二，噬肤灭鼻，无咎。象曰：“噬肤灭鼻，乘刚也。”噬，食也，艮为肤，为鼻，鼻没水坎中，隐藏不见，故噬肤灭鼻。乘刚，又得正，多誉，故无咎。按二至四互艮，三至五互坎，坎为水为隐伏，故云鼻没坎水中，位在初阳之上，故乘刚。二多誉，又得正故无咎。《义》：坎为隐伏，中四爻在颐中，各有食象，所噬之物，还是当爻之象，刚谓初，初否，五体震，二乘之为下仁，故噬之易。

六三，噬，旮肉，遇毒，小吝，无咎。象曰：“遇毒，位不当也。”

三在肤里故称肉，离日汉之为𦠆，坎为毒，故噬笞肉遇毒，毒谓矢毒也失位承四，故小吝。与上易位，利用狱，成丰，故无咎也。按二至四互艮肤，三在其中，故曰肉。《说文》云：笞，干肉也。从残肉，日以晞之。外卦离日，故为笞。坎为盗，为加忧，为血卦，故为毒害。六三以阴居阳，故失位。又上承九四，故小吝。与上易位，则成丰，利用狱而无咎矣。《义》：四阳为骨，二为肤，三在肤里称肉，四金矢。《学》：噬嗑上之三成丰，丰初九遇其妃主，虞氏言："五动体遘遇。"盖取五变之正，二至五互遘体，为遇象也。噬嗑五动，三至上亦互遘体，遇之取象与丰相通。

九四，噬干胏，得金矢，利艰贞吉。象口："利艰贞，吉未光也。"《义》：肉有骨谓之胏，阳为骨，离乾之，乾为金，离为矢，金矢毒害之物，四体离，焚弃恶人，故得金矢。四五易位，体屯，故利艰贞。三上已变既济，故吉也。屯五施未光，谓阳陷阴中。《学》：噬嗑初至五互体屯，不待四五易位也，且四五易位而不言上变，体益非体屯。按徐氏之言足补张氏之不足。

六五，噬干肉，得黄金，贞厉，无咎。象曰："贞厉无咎，得当也。"阴称肉，位当离日，中烈，故干肉也。干金黄，故得黄金。贞，正；厉，危也。变而得正，故无咎。按六五处外卦离火之中，离为乾卦，故噬干肉，否卦乾为金，金色黄，坤为黄，又位居外卦之中，黄者中色，故为黄。《疏》云：贞正者，变而正也。《义》：乾阳亦谓四也，四失位毒害，则为金矢。与五易位，则为黄金。《学》：坤土色黄，坤土黄裳，即取土色。噬嗑五变之正，坤土变成干金，故得黄金。

上九，何校灭耳，凶。象曰："何校灭耳，聪不明也。"按上九以阳居阴，位不正，居噬嗑利用狱之极，三至五互坎为耳，为桎梏，离为槁木，为戈兵，坎在离下，故有灭耳之凶。《义》：何，负也，在坎校上故何校。坎为耳，水自下没上，故灭耳。系曰恶积而不可弇，罪大而不可解。坎正则聪，今不正，故凶，明之三折坎，则离也。

贲䷕（离下艮上）

《义》：阳息至泰，已正既济，坤来入乾成贲，贲初之四为旅，否象见矣。为泰反否，中间消息在蛊。名曰贲者，贲，饰也。太平之功立文盛当反质，故曰贲，无色也，饰而不亲，则否道，候在八月，五利往则永贞，成既济，化成天下。

贲，亨，小利有攸往。泰上之乾二，乾二之坤上，柔来文刚，阴阳交故亨也。小谓五，五失正，动得位，体离，以刚文柔，故小利有攸往。按消息之卦三阴三阳之卦多自泰来，泰坤上来之乾二，乾二坤上，则成贲。内卦离为文明，上柔来文二刚，故通。六五阴失正为小。变正，则三至五互离，初至五亦离。《义》：离为文，自外曰来，谓二，往者之正卦，唯五上失位，故小谓五，刚谓三，柔谓四，五变，分三成离，为文。

象曰："贲亨，柔来而文刚，故亨。分刚上而文柔，故小利有攸往。天文也，文明以止，人文也。观乎天文以察时变，观乎人文以化成天下。"刚者阳爻也，柔者阴爻也，刚柔之爻，或谓之来，或谓之分，或谓之上下，所谓唯变所适也。（《汉上易丛说》引讼随蛊噬嗑贲无妄大畜咸损益涣节诸象下刚者阳爻云：此虞氏所谓自某卦来之说也。今从李富孙《易解剩义》注云："贲象柔来而文刚下。"）谓五，利变之正，成巽体离，艮为星，离日坎月，巽为高，五天位，离为文明，日月星辰高丽于上，故稍天之文也。人谓三，乾为人，文明离。止，艮也，震动离明，五变据四，二五分，则止，文三，故以三为人文也。日月星辰为天文也，泰震春兑秋，贲坎冬离夏，巽为进退，日月星辰进退盈缩，谓朓侧朏也，历象在天成变，故以察时变矣。泰乾为人，五上动体既济，贲离象，重明丽正，故以化成天下也。按五变正则外卦成巽，体离日，艮为山，为石，故为星。二至四体坎月。又内卦离为文明，外卦艮为止。三至五体震动，五变据四，初至五体离，上下两离交于三，故二五分则止文三。三人位，故人文。泰三至五互震，二至四互兑，贲内卦为离二至四互坎，巽为进退不果，离为观，五上失正，变则成既济，贲体重离，离象云："重明以丽乎正乃化成天下。"《义》：柔谓二，刚谓三，柔谓四，五变分三上属成离，刚亦谓三也，上下两离交集于三，二五分三之文，则皆止于三，《说文》云："晦而月见西方谓之朓，朔而月见东方谓之缩。"肭侧即肭也，朏，月始生也。此由泰来，泰成既济，五既变则远体泰道长，故上终变成既济，九三爻曰永贞是也。三体合离。《学》：天文依乎斗宿，半居东北方艮位，为北方七宿之首，统辖北方坎位诸宿，时变始于十一月冬至斗宿北指，值方伯坎卦，贲卦上艮，二三四互坎，故斯象。

象曰："山下有火，贲。君子以明庶政，无敢折狱。"君子谓乾，离为明，坤为庶政，故明庶政。坎为狱，三在狱得正，故无敢折狱。噬嗑四不正，故利用狱也。按泰内卦为乾，外卦坤为众，为庶，为事业，故为庶政。二至四体坎狱，九三在坎狱中而得正，故无敢折狱。《义》：

山下有火，文在其中而见乎外，五变明坤也。

初九，贲其趾，舍车而徒。象曰：“舍车而徒，义弗乘也。”应在震，震为足，故贲其趾也。应在艮，艮为舍，坎为车，徒，步行也，位在下，故舍车而徒。按初九应六四，三至五体震，足。四柔文初刚，故贲其趾。外卦艮为止，故为舍。坎于舆为多眚，故为车。《义》：阳为质，阴为文，贲之义以柔饰刚，贲初者四，四体震，故贲其趾。四在止体，下属于坎，不坚应初，故初舍之。位在下者，惠征士云：“古者大夫乘车，初为士也，故义弗乘。”

六二，贲其须。象曰：“贲其须，与上兴也。”《义》：须，待也，二无应待五之正，二则贲之，归妹六三，归妹以须。注云：“须，需也，彼待四正，与此同也，上谓五，震为兴。”按侯果曰：自三至上有颐之象也，二在颐下，须之象也，二无应，三亦无应，若能上承于三与之同德，虽俱无应，可相与而兴起也。义似较张氏为佳。

九三，贲如濡如，永贞吉。象曰：“永贞之吉，终莫之陵也。”《义》：上下文之，故贲如。体坎水，故濡如。永贞，谓五正。则六爻皆正，五分三刚以文柔，三守正以待五，上变则吉，与元永贞义似也。艮为陵。按张氏“贲如濡如”之释取自卢氏。卢氏曰：“体刚履正，故永贞吉。”与二同德，故终莫之陵，义与侯果同，亦较张氏为胜。

六四，贲如皤如，白马翰如，匪寇婚媾。象曰：“六四当位疑也。匪寇婚媾，终无尤也。”《义》：五变文四，故贲如。在巽为白，故皤如。皤，白貌，坎为马，白马为翰，坎为寇，谓三也，婚媾谓初也，戒四当贲初。坎为疑，四在坎，疑贲三，终应也。按李鼎祚曰：“坎为盗故疑，当位乘三，悖礼难饰，应初远阳，故当位疑也。”

六五，贲于丘园，束帛戋戋，吝终吉。象曰：“六五之吉，有喜也。”艮为山，五半山，故称丘。木果曰园，故贲于丘园也。六五失正，动之成巽，巽为帛，为绳，艮手持，故束帛。以艮断巽，故戋戋。失位无应，故吝。变而得正，故终吉矣。五变之阳，故有喜。凡言喜庆皆阳爻。束帛戋戋，委积之貌。按贲外卦为艮，六五在艮之半，故为丘。艮为果蓏，为石，为山，为园，六五变正，则外卦成巽，巽为白，为绳直，故为枭。戋，伤也，六五以阴居阳，故失位，变正则应于六二，故终吉。《义》：艮为木果，言五阴贲于艮，巽为齐，故断。《学》：贲由泰来。泰卦下乾依说卦传当云：乾为木果。如取贲卦上艮之象，亦当依说卦传言艮为果蓏，剥上九虞注艮为硕果，不言木果。

上九，白贲，无咎。象曰：“白贲无咎，上得志也。”在巽上，故曰白贲，乘五阴，变而得位，故无咎矣。上之正得位，体成既济，故曰得志。坎为志也。按五变则上九在巽上，巽为白，故曰白贲。上九以阳居阴失位，变正则得位，五上皆正则成既济，坎为心为志，故曰得志。

剥䷖（坤下艮上）

《义》：阴消观，九月卦也。阳气衰消，而阴尽不能尽阳，小人不能决君子也，谓之剥。言不安而已，剥通夬，夬消于剥，剥息于夬也。卦不发，爻义三为谦，五为观，上为艮，为坤，皆明消息。

剥不利有攸往。阴消乾也，与夬旁通，以柔变刚，小人道长，子弑其父，臣弑其君，故不利有攸往也。按剥，旁通夬，阴消乾至五成剥，以柔变刚即以阴消阳，阴消至二成遁，艮子弑乾父，消至三成否，坤臣弑乾君，否彖云："小人道长。"坤文言云：子弑其父，臣弑其君。《义》：剥复，消息之要，故本乾而言，自夬刚长，即有剥消，训又有夬，故旁通为义，上变则乾尽。

彖曰："剥，剥也。柔，变刚也。不利有攸往，小人长也，顺而止之，观象也，君子尚消息盈虚，天行也。"坤，顺；艮，止。谓五消观成剥，故观象也。乾为君子，乾息为盈，坤消为虚，故君子尚消息盈虚天行也。则出入无疾，反复其道。易亏巽消艮，出震息兑，盈乾虚坤，故于是见之耳。按群阴剥阳，故名为剥，内坤顺，外艮止，阴消观九五成剥，故观象也。阳息初为复（十一月），息二为临（十二月），息三为泰（正月），息四为大壮（二月），息五为夬（三月），阳盈为乾（四月），故云乾息为盈。阴消阳初为姤（五月），消二为遁（六月），消三为否（七月），消四为观（八月），消五为剥（九月），消上成虚为坤（十月），故曰坤消为虚。出入无疾，反复其道，复彖文以纳甲明之，月亏于巽消于艮，出于震，息于兑为夬，月盈于乾，虚于坤。是天行也。于易消息亏巽为姤，消艮为剥，出震为复，息兑为夬，盈乾虚坤，消息盈虚天行也。《义》：剥虽消，上不变，犹观示群阴，盈自复至夬，虚自遘至剥，消息皆乾道，亏巽遘也，易乾元也，消艮剥也，出震复也，息兑夬也，日月为易，剥复易之大，故发之。

象曰："山附于地剥，上以厚下安宅。"山高绝于地，今附地者明其剥也。（《周易窥余》）《义》：山附于地，基大则安，剥而不陁，上谓上九，非君位，故曰上。厚下坤也，宅，艮也，厚下以安宅，则剥而不穷。

初六，剥床以足，蔑贞凶。象曰："剥床以足，以灭下也。"此卦坤变乾也，动初成巽，巽木为床，复震在下为足，故剥床以足。蔑，无；贞，正也。失位无应，故蔑贞凶。震在阴下，象曰“以灭下也。”按以消息言之，阴消乾初，成巽。剥反复，复震为足，初六以阴居阳，六四为阴，故失位无应。孙黄二氏云：“此下象曰虞氏注一条，毛本胡本俱误作虞翻，今删之。”是也。《义》：消阳无可贞也。三无咎而初蔑贞者，三剥成当反，初剥始未能正也，剥则凶矣，失位无应，极言之，以起其凶。复震灭阴下，坤灭藏，故曰灭。

六二，剥床以辨，蔑贞凶。象曰：“剥床以辨，未有与也。”指间称辨，剥，剥二成艮，艮为指，二在指间，故剥床以辨。无应在剥，故蔑贞凶也。按孙堂黄奭二氏俱以为下剥字作动，然动二亦未成艮，则二亦宜作三矣，六二虽得正，然未有与也，故蔑贞凶。《义》：《说文》：“釆，辨别也，象兽指爪分别也，读若辨，辨判也。故曰指间称辨。与，应也，五未之正，故未有与。”

六三，剥，无咎。象曰：“剥之无咎，失上下也。”《义》：消三坤成，剥体已就，故值言剥。剥穷于上，乾魂先返三，三反成艮，成终，成始，故无咎。按上下之阴皆无应，唯三应上，故无咎。三应上，则不比于上下之阴矣，故失上下也。张氏之义恐不合虞氏。

六四，剥床以肤，凶。象曰：“剥床以肤，切近灾也。”辨上称肤，艮为肤，以阴变阳，至四乾毁，故剥床以肤，臣弑君，子弑父，故凶矣。按：以阴消阳，至二成遁，艮为少男，乾为父，至三成否，坤为臣，乾为君，至四成观，乾象毁灭，故弑父弑君，切近灾矣。张氏注：“剥道已著，乾未毁，犹不为切近忠厚之至，此于虞义不洽，故删之。”

六五，贯鱼以宫人宠，无不利。象曰：“以宫人宠，终无尤也。”剥消观五，巽为鱼，为绳，艮手持绳贯巽，故贯鱼也。艮为宫室，人谓乾五，以阴代阳，五贯乾为宠人，阴得丽之，故以宫人宠。动得正成观，故无不利也。按五动外卦成巽。乾五阳为人，五未变，故以阴代阳，阴得丽之。五动成观，中正以观，故终无尤而无不利也。《义》：宫人谓乾五不称后者，剥统于上，五不得正尊位，巽为长女是宫人。宠于乾者，群阴所丽也。艮为终，上变坎为尤，体观，故终无尤。《学》：剥直接由观消，间接由遘消，遘卦巽初为鱼，而遘之鱼象在二，观卦巽四为鱼，而剥之鱼象在五，剥五所贯之鱼即遘二包中之鱼也。

上九，硕果不食，君子德舆，小人剥庐。象曰：“君子德舆，民所载也。小人剥庐，终不可用也。”艮为硕果，谓三已复位，有颐象，颐中无物，故不食也。夬乾为君子，为德坤，为舆，为民，乾在坤，故以德为车。小人谓坤，艮为卢，上变灭艮，坤阴迷乱，故小人剥卢也。按艮为果蓏，上九居艮之极故为硕果。三变正则三至五体颐，颐中无物，不成噬嗑，故不食。旁通夬，夬内卦乾为君子，为德。剥内卦坤为民为舆，为小人，艮为门阙，为卢，上变坤灭艮，坤先迷后得，故为迷乱。《义》：此言上变之坤，剥上就夬，五统坤载乾，故德舆。民所载，坤先迷后得主，坤为民，坤载乾，故民所载。阴必丽阳，故坤出震，坤为用也。

复䷗（震下坤上）

《义》：息卦之始，十一月之卦，取阳息成泰，爻取正位，成既济皆乾道。

复，亨。出入无疾，朋来无咎。反复其道，七日来复，利有攸往。谓出震成乾，入巽成坤，坎为疾，十二消息不见坎象，故出入无疾。兑为明，在内称来，五阴从初，初阳正，息而成兑，故朋来无咎矣。虞翻本易轨，谓爻主一日，剥卦阳气尽于九月之终，十月末须坤用事，坤卦将尽，则复阳来隔，坤卦六爻为六日，复来成震一阳爻生为七日。(《周易窥余》)阳息临，成乾，小人道消，君子道长，故利有攸往矣。按消息之卦，阳息初从震始为复卦，历临，泰，大壮，夬而至乾。阴消阳人巽，为姤，历遁，否观否至坤，皆无坎象，坎为亟心，为病，故为疾，故出入无疾。初阳得正，阳息至五成兑，兑象朋友讲习，故朋来无咎。剥为九月之卦，十月为坤，坤卦尽则一阳来复，坤卦消乾六爻为六日，复一阳为一日，故七日来复。《义》：坤牝阳，故曰息坤。反，还也。由复历临至泰，反观成剥，入坤为乾之消息六卦，由遘历遁至否返大壮成夬，盈乾为坤之消息六卦，凡得乾坤之卦八，震巽兑艮卦各二，不见坎离，盖日月成八卦之象，乾坤合东，震巽合西，艮兑合南，坎离入中宫，其处空虚，离为日光，震巽兑艮皆可见离象，坎为月精，晦朔之交，不可见也。《虞氏易例》曰："数并以爻数解。"《学》：惠氏以日为月，本诸《诗经·豳风·七月》，五月夏至，遘阴消阳，至十一月冬至，乾阳来复，与虞氏以日数解释爻数之说相发，或谓卦气起中孚，六日七分之后为复，此说亦通，又按乾坤诸卦游魂在四，归魂在三，三与四相加，亦合七日来复之数。

彖曰："复亨，刚反动而以顺行，是以出入无疾，朋来无咎，反复其道，七日来复，天行也。利有攸往，刚长也，复其见天地之心乎。"阳息坤，与姤旁通，刚反交初，故亨。刚从艮入，坤从反震，故曰反动。坤顺震行，故而以顺行。阳不从上来反初，故不言刚自外来，是以明不远之复，入坤出震义也。谓乾成坤，反出于震，而来复，阳为道，故复其道，刚为昼日，消乾六爻为六日，刚来反初，故七日来复，天行也。坤为复，谓三复位时，虽为见，坎为心，阳息临成泰，乾天坤地，故见天地之心也。按消息与纳甲刚皆从艮入坤，艮反震，故反动。坤为顺，震为足为动，故为行。坤顺震行，不远而复，三变正，则内卦为离，二至四互坎，阳息至二为临，至三则成泰，泰内乾天，外坤地，故见天地之心。从反震，从下，孙黄二氏以为疑有坤字，似非。《义》：艮有反震象，明自谦至鼎消息，阳生于子，消于午，天之大数七也，目下也，言自坤为复。必先归魂于谦，故三复位时有离坎也，坤既为复，则朋来无咎，利有攸往，故泰见乾坤也，谦坎履离并在三，由坎离为乾坤，故见天地之心。《学》：复由剥来，剥光反三成谦，张氏所谓自坤为复，必先归魂于谦也，从反震者，谦卦下艮从豫卦上震而反之，谦列剥复消息之首，为乾卦归魂之始，豫列夬遘消息之首，为乾卦游魂之始，乾魂先游于豫而至于晋，然后归于谦而至于大有也。复阳甚微，而小中可以见大，复为冬至阳生之辟卦，方伯坎卦司之，由复而推知夏至阴生之遘卦，方伯离卦司之，天心在坎，地心在离，出入无疾，复卦等十二辟卦，虽不见坎离，而方伯司权，且由复息成全乾，二五位当坎阳，遘消成全坤，二五位当离阴，亦未尝无坎离也，卦以第五爻为最贵，天数五，地数五，五数居《河图》《洛书》之中心，故以数而言，天地之心在五，乾阳出震初，其数在一，阳穷剥上反三成谦，为归魂之始，其数在三，乾天坤地，其数在五，来复之日，其数在七，乾元取用，其数在九，一三五七九皆阳数，阳始于复，数始于一。

象曰：“雷在地中，复，先王以至日闭关，商旅不行，后不省方。”先王谓乾初。至日，冬至之日。坤阖为闭关，巽为商旅，为近利市三倍，遘巽伏初，故商旅不行。姤象曰后以施命诰四方，今隐复下，故后不省方，复为阳始，姤则阴始，天地之始，阴阳之首，已言先王，又更言后，后，君也，六十四卦唯此重耳。按复十一月之卦，至冬至之日。系辞云：阖户谓之坤，故为闭关，旁通姤，巽为近利市三倍，故为商旅，姤巽伏初，复为息阳之始，姤为阴长之始。《义》：雷，阳气也，乾已入坤，故称先王。阳生子中，是为冬至。震为大涂，剥艮为门，伏遘，巽为利市关象。后，继体之君，谓初乾也。《学》：乾为辟户，坤为阖户。复由剥来，剥艮为门，剥上消成全坤，则户尽阖矣，既转为复，值十一月冬至阳生，乾门已启，惟复阳微小，群阴尚盛，且巽伏震下，故取坤阴闭关之象。

初九，不远复，无祇悔，元吉。象曰："不远之复，以修身也。"按初九得位，应四，居复之时，故不远能复，无祇悔，能以修身元吉也。《义》：乾为远七日来复，灭乾复震，故不远复。郑云："祇，病也。"坎为心病，为悔，出入无疾，故无祇悔。乾元正，故元吉也。坤为身，刚反通坤，故以修身。

六二，休复，吉。象曰："休复之吉，以下仁也。"按二居中得正，而乘初九阳上，能以下仁，故休复吉矣。《义》：休宽仁之意，震为宽仁，二得正不变下体初震，故休复而吉。仁谓初震为仁。

六三，频复，厉无咎。象曰："频复之厉。"《义》：无咎也。频，蹙也，三失位，故频复厉。动而之正，故无咎也。按六三以阴居阳，故失位，变正应上，故无咎。《义》：频，蹙也。《说文》曰："频，水厓频蹙不前，三处震终虩虩畏惧，震为足，变坎大川，将变而惧，故谓之频。"离为日，月上震惧，频蹙之象。

六四，中行独复。象曰："中行独复，以从道也。"中谓初，震为行，初一阳爻，故称独。四得正应初，故曰中行独复，以从道也。俗说以四位在五阴之中，而独应复，非也。四在外体，又非内象，不在二五，何得称中行耳。按六四居群阴之中，而得位独应于初九，故曰中行独复。震为行，为大涂，为道。《义》：惠征士云："董子以中者天地之太极。"极，中也，即复之初也，谓初已复，四宜从之，震体在外，即不为中，阳为道谓初。

六五，敦复无悔。象曰："敦复无悔，中以自考也。"《义》：敦，厚也，坤为厚，故敦复。变而得正，坎为悔，三动成离，故无悔矣。考，省也。坎为心，离明察之，五位上中，故中以自考。

上六，迷复凶，有灾眚。用行师，终有大败，以其国君凶。至于十年不克征。象曰："迷复之凶，反君道也。"坤冥为迷，高而无应，故凶，五变正时，坎为灾眚，故有灾眚也。三复位时而体师象，故用行师。阴逆不顺，坤为死丧，坎流血，故终有大败。姤乾为君，灭藏于坤，坤为异邦，故国君凶矣。坤为至，为十年，阴逆坎临，故不克征。谓五变设险，故帅师败丧君而无征也。姤乾为君，坤阴灭之，以国君凶，故曰反君道也。按上六居复之极，外卦坤为迷，又无应故凶，五变外卦坎为多灾眚，三变正复阳，则二至上体师象，二至四互坎险，坎为血卦，坤为顺，月丧坤乙，故又为死丧，上为终，故阴逆不顺，终有大败。旁通姤，乾为君，今为复，坤以藏之，故国君凶，坤数十，故为十年；坎临之临，张氏及李氏道平皆以为当作险，是也。五变外卦成坎险，故不克征。《义》：谓五未变，师震为行，坤为用，故用行师，五变师体坎，故大败。君即五也，三行师，五出象险逆，故遘乾为君，临当为险字误，谓上负险，人不能征，复阳之微，尤恶阴逆，故上六象如此。《学》：七日来复，夬息成全乾后，遘阴六爻消阳，至乾阳出震初成复，日之数为七，息至二成临，其数为八，息至三成泰，其数为九，阳至九而尽，爻至三而盈，过此以往如息至四爻，则数为十而成大壮，有所伤矣。上爻至于十年不克征，由日数而扩之为年数，上应在三，戒泰三不能上息而征阴，非直指上爻也，且泰盈必反否，亦不容其前征也。

无妄䷘（震下乾上）

《义》：遁消乾，子弑父，上之初，出震反生，阳无所亡，故名曰无妄。妄，亡也，此为消卦之始，故杂卦曰无妄灾也。候在九月，卦辞元亨利贞，与乾同，然消卦不能成既济，故三不变，则上亦不变，而成益，否道也。

无妄，元亨利贞。其匪正有眚，不利有攸往。遁上之初，此所谓四阳二阴，非大壮则遁来也，刚来交初体乾，故元亨。三四失位，故利贞也。非正谓上也，四已之上，上动成坎，故有眚，变而逆乘，天命不右，故不利有攸往矣。按四阳二阴之卦非自大壮则自遁来，无妄则自遁来，遁上之初，上疑作三，三之初则成无妄。张氏李氏以为消卦之始，特正乾元，另备一解。三四上皆失位，非正谓上，四正上动则成屯，外卦坎为灾眚。《义》：依例当三之初，此上之初者，消卦之始，特正乾元，与上成益同义，乾元正，卦三四上皆失位，独言三四者，爻位三上相易，三正则上亦正，因卦辞别出，上匪正，故独言三四，不及上也，卦虽利贞其贞者四耳，三系于四，不有与上易位，故上有匪正之象。三上易位正也，三不变而上变是为匪正。坎为眚，此屯坎也，若三变成既济，则不为眚，上不变则成益，故不利有攸往。《学》：无妄以三上易位为正，不利三未变而上独变，利其来之三，与三相易，故言不利有攸往者，实利有攸来也。四上变而三不变，则成屯，此得乎下者也。四变而三上不变则成益，此得乎中者也。三上相易而四又变则成既济，此得乎上者也。

彖曰："无妄，刚自外来而为主于内，动而健，刚中而应。大亨以正天之命也。其匪正有眚，不利有攸往。无妄之往，何之矣，天命不右，行矣哉。”动，震也，健大亨谓乾，刚中谓五，而应二，大亨以正，变四承五，乾为天，巽为命，故曰大亨以正，天之命也。四已变，上动体屯，坎为泣血涟如，故何之矣天，五也，巽为命，右，助也，四已变成坤，天道助顺，上动逆乘巽命，故天命不右，行矣哉，言不可行也。马君云：“天命不右行非矣。”按遁上下卦皆刚，变无妄则初五为刚，为主于内，震为动，乾为健，九五刚中而应六二，是大亨以正四变则外卦成巽为命，承五，故大亨以正，天之命也。张氏与李氏皆云：“初体乾，殆非也，乾者无妄外卦为乾也，故刚中谓五，不谓初，至于孙黄二氏以健大亨之大亨二字为衍，以为应下正下疑有谓字。”可备参研。《义》：自上来之初，震为主也，大亨初也，初体乾，故谓乾，初乾使四变，故曰以，上变巽灭，故天命不右。《学》：大有上九虞注：“兑为右，故自天右之。”无妄下震，二得位，不能息成兑，四变得正，上爻再动，不能成兑，兑为右，兑象不见，故不右。

象曰：“天下雷行，物与无妄，先王以茂对时育万物。”与谓举，妄，亡也，谓雷以动之，震为反生，万物出震，无妄者也，故曰物与无妄。序卦曰复则不妄矣，故受之以无妄，而京氏及俗儒以为大旱之卦，万物皆死，无所复望，失之远矣。有无妄然后可畜，不死明矣，若物皆死，将何畜聚，以此疑也。先王谓乾，乾盈为茂，艮为对时，体颐养象，万物出震，故以茂对时育万物，言物皆死，违此甚矣。按五天位，故为天，三至五互巽命，四已正，则二至四互坤顺，上动成坎，而巽象不见，故逆乘巽命，天命不右，不可行矣。与，举也，皆也；妄，亡也，失也。孙黄二氏以与谓之谓衍，是也。雷以动之三句皆说卦文，乾阳盈故为茂，艮象云：“动静不失其时，故为对时。”初至四体颐，颐，养，帝出乎震，故育万物。《义》：万物皆生，无所亡失，阳气既复，物无所亡；乾，初也，初故遁乾，故曰先王，亦初乾也，茂，盛也，艮为时，对之者初乾。

初九，无妄，往吉。象曰：“无妄之往，得志也。”谓应四也，四失位，故命变之，正，四变得位承五，应初，故往吉，在外称往也。四变应初，夫妻体正，故往得志矣。按初九得正，四失位变正，则承五应初，故往吉。《义》：初为卦主，物所由无妄者，故直曰无妄。震巽为夫妻，男女睽而其志通，故得志。

六二，不耕获，不菑畬，则利有攸往。象曰：“不耕获，未富也。有益耕象，无坤田，故不耨。”震为禾稼，艮为手，禾在手中，故称获。田在初，一岁曰菑，在二，二岁曰畬，初爻非坤，故不菑而畬也。得位应五，利四变之益，则坤体成有耒耨之利，故利有攸往，往应五也。四动坤虚，故未当也。按初至五体益，系下云耒耨之利，取诸益，故有益耕象。无妄无坤，故无田，故不耕耨。说卦云：震于稼为反生，故为禾稼。二至四互艮手，故有获象。初为地道，故田在初，初九震足动田，之初故为菑，不菑畬谓不菑而望畬也。初爻非坤，二应于五，故不菑而畬。六二得位应五，四变则成益卦，二至四互坤，而有耒耨之利矣，故利有攸往。四变成坤虚故未富也。《义》：此耨字当为耕，或经当为耨，疑不能明也。谓四变无田，而有出，故不耨而获。四变则坤在二，天之所助者顺。《学》：初至五互体益，不独待四变也。

六三，无妄之灾。或系之牛，行人之得，邑人之灾。象曰："行人得牛，邑人灾也。"上动体坎，故称灾也。四动之正，坤为牛，艮为鼻，为止，巽为桑，为绳。系牛鼻而止桑下，故或系之牛也。乾为行人，坤为邑人，乾四据三，故行人之得。三系于四，故邑人之灾。或说以四变，则牛应初震，坤为死丧，故曰行人得牛，邑人之灾也。按四已之正，上变则外卦成坎，坎多眚，故称灾。坤为牛，为众，为邑人，二至四互艮，为鼻为止，四变，巽为绳，为木，为桑，乾健为行人，指四，邑人指三，乾四据三有所得，故行人之得。三受系于四，故邑人之灾。《义》：由三不变，故上体屯。是以三为卦之灾，四为巽，而系三为坤，故或系之牛。行人四也，邑人三也，四系三为有所得，三系四不变，上独变成屯，故灾。四坤为牛，震为行人也，三坤为灾，此言初得四，三受灾义亦不同，但不备也。言三不变由系四也。

九四，可贞，无咎。象曰："可贞无咎，固有之也。"动得正，故可贞。承五应初，故无咎也。动阴承阳，故固有之也。按九四以阳居阴，动得正，承五应初，故可贞无咎，固有之也。

九五，无妄之疾，勿药有喜。象曰："无妄之药，不可试也。"四已之正，上动体坎，坎为疾，故曰无妄之疾也。巽为木，艮为石，故称药。坎为多眚，药不可试，故勿药有喜。康子馈药，丘未达，故不尝，此之谓也。按四已正，上动则外卦为坎，坎为心病，故为疾；巽木艮石，药石之所以成，故称药。坎多眚，故药不可试。九五居中得正，故勿药有喜。"康子馈药"句《论语》文。《义》：外三皆坎，坎归于五，故曰无妄之疾。《学》：无妄二三四互艮，三四五互巽，三四变而之正，则艮石巽木两象皆不见，故云勿药。

上九，无妄，行有眚，无攸利。象曰："无妄之行，穷之灾也。"动而成坎，故行有眚，乘刚逆命，故无攸利，天命不右行矣哉。按上九不正，动而成坎，乘于九五阳刚之上，故无攸利。《义》：句上本无妄行则灾也，无妄矣，而又行则穷而灾。

大畜☶（乾下艮上）

《义》：消息卦萃五之复二成临，通萃，为大畜，二阴畜阳，凝阳于四，故名大畜。候在八月，成既济。

大畜，利贞。不家食吉，利涉大川。大壮初之上，其德刚上也，与萃旁通。二五失位，故利贞，此萃五之复二成临，临者大也，至上有颐养之象，故名曰大畜也。二称家，谓二五易位，成家人。家人体噬嗑食，故利涉大川，应乎天也。按大畜卦自大壮来，大壮初之上，而各爻顺次之下，则成大畜。旁通萃，九二六五失阴阳之正位，故利贞。四至上体颐，颐者，养也，畜也，以消息言之，萃五之复二则成临，临者大也，故名大畜。二位大夫故称家，又大畜二五易位成家人卦，而初至五体噬嗑食，不易位，则为大畜，不成家人，故不家食吉。二五相应，二之五则二至四体坎水，故利涉。《义》：坤之消息兼从爻例，初之上非正，例亦殊之。二为天德，五应而变，二五既正，上变既济，重坎相承，故曰涉大川。不成家人，故曰不家食。《学》：无妄由遁上之初，大畜由大壮初之上，变化皆推迁而非交易，无妄卦张注云："依例当三之初，此上之初者，消卦之始，特正乾元，与否上成益同义。"按大畜依例当四之上，此初之上，与泰初成损同义。

彖曰："大畜，刚健笃实，辉光日新，其德刚上而尚贤。能健止，大正也。不家食吉，养贤也，利涉大川，应乎天也。"刚健谓乾，笃实谓艮，二已之五，利涉大川，互体离坎，离为日故辉光日新也。健，乾，止，艮也，二五易位，故大正，旧读言能止健，误也。二五易位，成家人，今体颐养象，故不家食吉，养贤也。按二之五则成家人，内卦为离，二至四互坎，三至五亦互离。《义》：艮成终始，故笃实。既济体两离坎，大壮初升上，故刚上。艮为贤人，健止则必正，畜阳非止乾，故云误也。颐象曰圣人养贤以及万民，谓艮为贤人，乾下养上，故此体颐为养贤也，天德定，既济二升五则上亦变，故涉大川，震为应也。

象曰："天在山中，大畜。君子以多志前言往行，以畜其德。"君子谓乾，乾为言，震为行，坎为志，乾知大始，震在乾前，故志前言往行，有颐养象，故以畜其德矣。按三至五互震。《义》：阳光皆天也，山畜天阳，故能生万物，此象不取乾为言，似非也，当是震为言为行，传写误耳，萃五下之复二，则上成坎，复下震也，息二又震也，至三乃成乾，乾前有二震，萃坎临之，故多志前言往行也。德阳也。

初九，有厉利已。象曰："有厉利已，不犯灾也。"二变正，四体坎，故称灾也。《义》：已，止也，初应四，二正四体坎，故有厉，初本复爻，出入无疾，故利已不犯灾也。《学》：已当为戊己之己，二变则下卦成离，离于天干纳己，故利己也。按王弼朱熹等皆以己为正，似宜从之，徐氏之言，另备一解可也。

九二，舆说腹。象曰："舆说腹，中无，尤也。"萃坤为车，为腹，坤乾成，故车脱腹，腹或作輹。按说，脱也，旁通萃，萃内卦坤为车为腹，坤消乾成大畜，则坤象不见，故车脱輹也。虽不当位，然居内卦之中，应于六五，故中无尤也。孙黄二氏以舆当作车，盖舆即车也。《义》：说读如脱，二为萃息之主，故特取此象，不言其变正应五者，方言阳息于初，三爻互明之。二得中，之正得位，故无尤。《学》：九二位当坎阳，坎于舆为多眚，二三四互兑为毁折，故车说腹。小畜九三车说輹。（虞氏舆作车，辐作輹。）大畜之车说腹，象在九二，本大壮之九三降下也。

九三，良马逐，利艰贞，吉。日闲舆卫，利有攸往。象曰："利有攸往，上合志也。"乾为良马，震为惊走，故称逐也。谓二已变，三在坎中，故利艰贞吉。离为日，二至五体师象，坎为闲习，坤为车舆，乾人在上，震为惊卫，讲武闲兵，故曰日闲舆卫也。谓上应也，五已变正，上动成坎，坎为志，故利有攸往与上合志也。按震卦云震惊百里，又震为足，故为惊走，为惊卫。二变正则二至四互坎，三在坎险之中，三得位为正，故利艰贞吉。二变则二至五体师象，而内卦为离日，又离为戈兵，坎称习坎，故为闲习。五上变正，则上体成坎，坎为志，而三得应上，故上合志也。《义》：息至三乾成，乾既成则四五二阴速反，震亦成，利二变也，乾成则二，变天道也，乾为人，萃坤为乾，人在车上，上动与三皆体坎为合志。

六四，童牛之告，元吉。象曰："六四元吉，有喜也。"艮为童，五已之正，萃坤为牛，告谓以木楅其角。大畜畜物之家，恶其触害，艮为手，为小木，巽为绳，绳缚小木，横著牛角，故曰童牛之告。得位承五，故元吉，而喜，喜谓五也。按外卦艮为少男，故为童，旁通萃。《说文》云："告，牛触人，角著横木所以告。"说卦云：艮于木坚多节，故为小木。凡言喜庆皆阳爻，此指五已变正。《义》：萃，艮也，萃坤在艮，故曰童牛。养物者必去其害，猪豕亦是也，此大畜艮也。消息之义，生于二阴畜阳，阴见于巽，故五变而巽得畜阳，故坤元凝于四也。畜阳者，阳毓阴中，坤之游魂，故畜乾而象取坤牛也。遘巽未成，故曰童牛。乾坤相合，得巽而定，故曰告。萃息乾而反于坤，故五又象猪豕。四本小畜，阳少不能凝元，得五易二，始能有元也，喜谓五阳，即五云庆。《学》：坤游魂在需，而小畜为游魂之始，小畜上爻变则成需，张氏于大畜六四言坤之游魂者，盖大畜与需卦皆从大壮来，大畜与小畜同属夬遘消息，故大畜六四亦即需与小畜之六四也。

六五，豮豕之牙，吉。象曰："六五之吉，有庆也。"二变时，坎为豕，剥豕称豮，令不害物，三至上体颐象，五变之刚，巽为白，震为出，刚白从颐中出，牙之象也。动而得位，豮豕之牙吉。五变得正，故有庆也。按二变时二至四互坎。《说文》云："豕去势曰豮。"又云："剧者，以刀去豕势也。"故剧豕称豮，去势则不刚燥害物，三至上有颐象，五变刚，外卦成巽，巽为白，故有牙象。孙黄二氏疑位下有故字是也。《义》：豕去雄称剧。大畜息阳至五而反于坤，故取豮豕之象。《学》：大畜息阳至四即反于坤，云至五者，坤在上卦五当第二爻，坤阴以二为主也。

上九，何天之衢，亨。象曰："何天之衢，道大行也。"何，当也，衢，四交道，乾为天，震艮为道，以震交艮，故何天之衢亨。上变坎为亨也。上据二阴乾为天道，震为行，故道大行矣。按何，荷也；担，当也。说卦云震为大涂，艮为径路，故为道。五上皆变则成坎。《义》：何读如负何之何，二五未变之象，交于天道，故变坎定既济。

颐䷚（震下艮上）

《义》：消息卦，与大过旁通，即坎离之象也。坤入于乾，历豫小畜萃大畜蹇睽而阴阳合于大过颐，大过体复，一爻阳伏巽中，颐通大过，巽伏震初，遘于是生，颐者养也，大小畜之盛也，候在十一月，天地合，故成既济。

颐，贞，吉，观颐，自求口实。晋四之初与大过旁通。养正则吉，谓三爻之正，五上易位，故颐贞吉。反复不衰，与乾坤坎离大过小过中孚同义，故不从临观四阴二阳之例，或以临二之上，兑为口，故有口实也。离为目，故观颐，观其所养也。或以大过兑为口，或以临兑为口，坤为目，艮为求口实，颐中物谓其自养。按颐，养也。晋四之初则成，谓消息之卦颐自晋来也。旁通大过。三五上各之正，则成既济定，故养正则吉。乾坤坎离颐大过小过中孚，皆无反卦。（来知德谓之综卦）反之复之皆此八卦，故云反复不衰。故不从临观四阴二阳之例，或以临二之上成颐，临内卦兑为口，故有口实。则谓从临而来亦通。晋外卦离为目。《疏》云：颐全体似离，则与明儒来氏知德之大象同，旁通大卦，大过外卦为兑，坤为目，孙黄二氏以目疑作自，是也。《义》：颐通大过，反巽为震，晋四之初者，晋乾游魂卦也。成既济定。反复不衰，谓上下如一，八卦皆阴阳之合，终则又始，故反复不衰。乾归魂于离，而息坎出震，坤归魂于坎而息离遘巽，坎离剥复之合也，大过积坎，颐积离，阴道重，故大过颐为夬遘之合，小过内离外坎，中孚内坎外离，二卦消息之并，故泰否之合八卦同义也，晋离四之初上成艮，艮为贤，人是以离日下观养贤。颐自晋来，息大过，故取兑口为象。自养也，晋离四之初上成艮，艮为贤，人，是以离目下观养贤。颐自晋来，息大过，故取兑口为象。自养谓三之正，五上易位，坤虚正则实，郑元刘表并以下动上止象颐，故名颐。虞既取兑为口，则颐非象，颐直取养义耳。《学》：大过初至五互遘，二至上互夬，颐初至五互复，二至上互剥，大过颐消息列在夬遘，亦通于剥复也。颐与大过旁通，颐上艮，大过上兑，艮山兑泽，同气相求，不仅艮为求也。

彖曰：“颐，贞吉，养正则吉也。观颐，观其所养也。自求口实，观其自养也。天地养万物，圣人养贤以及万民。颐之时大矣哉。”乾为圣人，艮为贤人，颐下养上，故圣人养贤。坤阴为民，皆在震上，以贵下贱，大得民，故以及万民。按旁通大过，大过二至四，二至五皆互乾，颐外卦艮，二至四，二至五皆互坤。皆在内卦震之上。屯卦初九云以贵下贱，大得民也。《义》：谓养三五，五之正为功，三出坎为圣，与蒙以养正，圣功同义，以下养上，艮为养贤，自养谓三五，正坤实，颐坤大过乾，震生巽长，艮山兑泽，坤为万物，山泽之物，无不生长。大过体复一爻，故为圣人，谓初也。以初养艮，震为初，四贵，降初为下贱，颐时天地合，日月望，阴阳往来，物所以生，故大也。

象曰：“山下有雷，颐，君子以慎言语，节饮食。”按：艮山震雷，君子谓乾。《义》：雷伏山下，天地以阳养万物，君子谓初乾，震也，震为言，艮为慎，慎言语也，大过兑口，坤虚无实，艮为节，故节饮食也。惠征士以君子谓三，正体坎，震象也。

初九，舍尔灵龟，观我朵颐，凶。象曰：“观我朵颐，亦不足贵也。”晋，离为龟，四之初，故舍尔灵龟。坤为我，震为动，谓四失离，入坤，远应多惧，故凶矣。按颐自晋来，晋外卦离为龟，坤为自身，为我。初与四应，晋四之初，成颐故舍，四本多惧之位，成颐则失离入坤矣。《义》：朵，动貌，四多惧，朵颐谓初，尔谓四也，四求初养，不足贵，故凶。初下养贤，四在艮。故为初所养，阴非贤人，故不足贵。

六二，颠颐，拂经于丘颐，贞凶。象曰："六二征凶，行失类也。"按颠，倒也；拂，违也；经，常也。《义》：颠，马蹶也。三变二在坎为马，乘刚故颠。江承之云："拂经，反常，谓五失位也。"五失位而承于上，体艮半山为丘，义在养上，非能应二，故曰拂经于丘颐，征则凶。类谓应，二当时五正。

六三，拂颐，贞凶，十年勿用，无攸利。象曰："十年勿用，道大悖也。"三失位，体剥不正，相应弑父弑君，故贞凶。坤为十年，动无所应，故十年勿用，无攸利也。弑父弑君，故大悖也。按六三以阴居阳，上九以阳居阴，皆失位不正，而相应，故曰不正相应贞凶矣。二至上体剥。《疏》云：违于养道故拂颐。体坤土数十，故十年。动则成阳而不应上，故十年勿用无攸利也。《义》：体剥床以肤，贞谓三动也，由颐主上，上正五，而三变应之，则定既济。上未主为而三先变动，无所应，虽正犹凶。坤为用，云勿用。故知，谓动也，三道大悖，虽变犹凶，十年数极，上变则利。

六四，颠颐吉，虎视眈眈，其欲逐逐，无咎。象曰："颠颐之吉，上施光也。"晋四之初，谓三已变，故颠颐，与屯四乘坎马同义。坤为虎，离为目，眈眈，下脉貌，逐逐，心烦貌，坤为吝啬，坎水为欲，故其欲逐逐，得位应初，故无咎。谓上已反三，成离，故上施光也。按三变则二至四互坎，坎为险陷。四乘三上，故颠颐。初在下，故视之眈眈。坎为亟心，为心病，为水为欲，故其欲逐逐。四以阴居阴得正应初故无咎，五上易位，而三变则外卦成离日，故上施光也。《义》：晋四本坎也，三变又为坎，故象颠而易焉，屯四亦三变而乘坎马，应初之专，二无应，故颠颐而凶。四有应，故颠颐而吉。上已反与五易位，三成离，上谓五正三成离，故施光。《学》：大畜九三良马逐。虞注："震为惊走，故逐也。"物畜然后可养，故颐与大畜相次，同属夬遘消息，震阳上息，有逐阴之象，大畜四五阴爻，震初在三，故祇言逐，颐震在下卦，二三四五爻皆坤阴，故六四言逐逐。

六五，拂经，居贞吉。不可涉大川。象曰："居贞之吉，顺以从上也。"失位故拂经，无应顺上，故居贞吉；艮为居也，涉上成坎，乘阳无应，故不可涉大川矣。按六五以阳居阴故失位，无应故顺上，居贞吉，涉上谓五阳之正，上阳来居五，则上六乘九五阳刚之上，而不能与六三应矣。外卦成坎水，故不可涉大川。《义》：居则贞而吉，义在养颐，自我往曰涉，五宜变当从上反，不可自五往，亦养贤之义，阳谓上。

上九，由颐，厉吉利涉大川。象曰："由颐厉吉，大有庆也。"由，自从也，体剥居上，众阴顺承，故由颐。失位故厉，以坤艮自辅，故吉也。失位故厉，之五得正，成坎，坎为大川。故利涉大川；变阳得位，故大有庆也。按二至上体剥，上九居上，为卦为主，二至五体坤，为颐，故四阴顺承，故由颐，以阳居阴故失位。外卦艮土，中体坤土，土能养物，故以艮坤自辅。之五则上成阴而得正，外卦为坎，而五则变阳得位，故利涉大川，故大有庆也。阳称喜庆。《义》：之五故得位。

大过䷛（巽下兑上）

《义》：消息卦，大过颠也，圣人取为棺椁之象，盖乾老坤生，故大者过也。不言死阳，无绝也，初体复一爻，阴凝乾，继世承祀矣，候在十月，卦取二正，成咸，阴阳感也，爻过以相与，女妻有子，续阳之义。

大过，栋桡，利有攸往，亨。大壮五之初，栋桡谓三，巽为长木，称栋，初上阴柔，本末弱故栋桡也。谓二也，刚过而中，失位无应，利变应五，之外称往，故利有攸往，乃亨也。按大过自大壮来，大壮五之初即成大过，兑三之初亦然。九三曰栋桡凶，故栋桡谓三，巽为长木，故称栋，初六上六皆阴柔，故本末弱，兑为毁折，故栋桡。二以阳居阴，故失位。利变应五乃亨。《义》：四阳二阴之卦，例由大壮来，或兑三之初者，坤尽于夬，至大过而生遘，夬兑下成巽，坤之始终也。此与颐旁通，不言者略也。本初末上，桡，下屈也，兑，反巽也，两巽相承，故全卦象栋，而本末弱，桡独在三者，下巽本体任重，三居上下之际，故不胜而桡也，上巽反承在三，为下桡在四则为上隆，下桡必倾，上隆犹可任。象曰"大者过也。"谓二失位，故知往谓二，虽过而中。

彖曰："大过，大者过也。栋桡，本末弱也。刚过而中，巽而说行，利有攸往，乃亨。大过之时大矣哉。"阳称大，谓二也，二失位，故大者过也。刚过而中，谓二。说，兑也，故利有攸往。大壮震五之初，故亨与遁二同义。国之大事，在祀与戎，藉用白茅，女妻有子，继世承祀，故大矣哉。按阳大阴小，九二失位，故大者过也。居下卦之中，故而中。外卦兑悦，内卦巽逊，大壮震为行，五之初成大过得位，而二变应之故亨。藉用白茅，初六爻辞，女妻，九二爻辞。《疏》云：伏震为春，体兑为秋，伏颐体离为夏，大过体坎为冬，禴祠蒸尝，四时体备，故大过之时大矣哉。《义》：大过体坎，二为主，本末谓初上，阴，柔，故弱。以其得中，又巽而说行，故利变应五也，说行者，大壮震为行，大壮四失位，为二阴所伤，五之初，阳得位，阴不能伤，二变应之，其亨宜矣。遁二消阳，子弑其父，三来之二成讼，弑逆不行，失位终凶。复变应二，故同义也。自坤尽入乾，历豫小畜萃大畜蹇睽而入大过，乾精凝坤，乾老坤孕，故女妻继世，坤为鬼，故巽白茅承祀，此大过消息之义。

象曰："泽灭木，大过。君子以独立不惧，遁世无闷。"君子谓乾初，阳伏巽中，体复一爻，潜龙之德，故称独立不惧。忧则违之，乾初同义，故遁世无闷也。按上兑为泽，下巽为木，泽居木上，是灭木也。说卦云巽其究为躁卦，躁故阳伏，乾初九即复，阳息初也，故云体复一爻，忧则违之，遁世无闷，乾文言初九辞。《义》：兑泽巽木，木水所生，而水或灭木，木不得地也，阳阴所牝，而阴终消阳，阳不得位也，大过阳之终，君子知微，故发独立不惧之发。复初也，方消故不言圣人。巽，坤阴之始也，阴始著，则阳始消，故初阳伏入巽下。

初六，藉用白茅，无咎。象曰："藉用白茅，柔在下也。"位在下称藉，巽柔白为茅，故藉用白柔。失位咎也，承二过四，应五士夫，故无咎矣。按巽为草木，又为白，故称白茅。凡祭前，以白茅荐下曰藉，初六以柔居下，故可藉，以阳居阴，故失位。上承九二，本应四，今居大过之时，乃过四而应于五之士夫，过以相应，故无咎。《义》：初过应五，义具二也，承二应五，所谓藉也。初为下。

九二，枯杨生稊，老夫得其女妻，无不利。象曰："老夫女妻，过以相与也。"稊，稚也，杨叶未舒称稊，巽为杨，乾为老，老杨故枯，阳在二也，十二月时，周之二月，兑为雨泽，枯杨得泽复生稊，二体乾老，故称老夫。女妻谓上兑，竟为少女，故曰女妻。大过之家，过以相与，老夫得其女妻，故无不利。谓二过初与五，五过上与二，独大过之爻，得过其应，故过以相与也。按《说文》云："稚，幼禾也，是稊者初生之貌也。"杨叶未舒，谓初生之时也，兑为泽得泽水之泽，故枯杨生稊。二至四体乾，乾为人。《方言》云："乾为老，故称老夫。"应于外卦兑之少女，故得其女妻。夏历十二月即周之二月也，或以大过自临而来，临为十二月之卦。初比二，二使初过而应五，上六比于九五，五使上过以应二，故过以相与。《义》：木近泽是杨也，乾至大过嬗阴，故枯。遘阴故又生稊，生华。二五爻独以爻当月者，大过时重阴始，故阳义全，二体临，五体夬也。二无应，今过应上，生稊之象，杨少则稊，而老则华，故上为稊，初为华。初过四应五，上过三应二，是谓过以相与，初比二，而二使之过与五，上比五，而五使之过与二。初本应四，四不桡乎下，故过与五。上本应三，三不可有辅，故过与二。《学》：（一）初当应四，过之而欲与五应，上当应三，过之而欲与二应，此注以初上两爻为主，二五两爻为宾。（二）此注以二五两爻互为主宾，二本应五，而过初使与五应，五本应二，而过上使与二应。（三）此注申言虞义，提出初上两爻，而仍以二五两爻为主，二使初过与五，换言之，即二使五取初，五使上过与二，换言之，即五使二应上。（四）此注以三四两爻为中枢，推究初过四应五，上过三应二之故。（五）大过由大壮来，大壮由复阳上息，大过在消息中，由夬入遘，遘从夬阳上息成全乾后，阴生于下成巽，阳义全而后阴始也，节气中十月卦气从大过开始，至十一月中冬至，复阳产生，大过全体以阳包阳，为坎卦象，冬至方伯坎当令，故溯其原始，大过初爻巽阴，实复阳之位，伏有复初震阳，九二值临卦，当夏十二月，九三值泰卦，当夏正月，九四值大壮卦，当夏正月，九四值大壮卦，当夏二月，九五值夬卦，当夏三月，虞氏以二五两爻当月，可推知也。

九三，栋桡凶。象曰："栋桡之凶，不可以有辅也。"本末弱，故桡。辅之益桡，故不可以有辅。阳以阴为辅也。按九三虽得位应上，然居大过之时，上六柔爻故末弱，过上应初，初亦柔爻，故本亦弱。辅之益桡，故凶矣。

九四，栋隆，吉。有它吝。象曰："栋隆之吉，不桡乎下也。"隆，上也。应在于初，已与五，意在于上，故栋隆吉。失位，动人险而陷于井，故有它吝。乾为动直，远初近上，故不桡下也。按九四本与初应，居大过之时，不桡乎下，故与九五共应于上，故栋桡吉。以阳居阴故失位，变则外卦为坎险，而成井卦矣，故曰陷于井，有它吝也。《义》：桡之反，反比上为巽，故栋隆之象，二失位，利有攸往，四亦失位，变则成井，故戒其不可变也，然九二不取利正之义，则四有它，亦谓不可与初耳，注似非也。自二至四乾成，故能不桡，初承二，三应五，上应二比五，四其位然也。《学》：张惠言以九四之注为非，似非通论。

九五，枯杨生华，老妇得其士夫，无咎无誉。象曰："枯杨生华，何可久也。老妇士夫，亦可丑也。"阳在五也夬三月时，周之五月，枯杨得泽故生华矣。老妇谓初，巽为妇，乾为老，故称老妇也。士夫谓五，大壮震为夫，兑为少，故称士夫。五过二使应上，二过五使取初，五得位故无咎。阴在二多誉，今退伏初，故无誉。体姤淫女，故过以相与，使应少夫。象曰“亦可丑也。”旧说以初为女妻，上为老妇，误矣。马君亦然，荀公以初阴失正，富变，数六为女妻，二阳失正，数九为老夫，以五阳得正，位不变，数七为士夫，上阴得正。数八为老妇，此何异俗说也。悲夫学之难而以初本为小，反以上末为老，后之达者详其义焉。乾为久，枯而生华，故不可久也。妇体姤淫，故可丑也。按阳在五为夬，夬于夏为三月之卦，于周则为五月。内卦巽为长女，已嫁为妇，故初为老妇。二至五体乾亦为老，外卦兑为少女，自大壮而来，大壮外卦震为长男，故为士夫。五本应二，今在大过之时，故过二以应上，二本应五，今居大过之时，故过五而应初，五以阳居阳得位，故无咎。二本多誉，今退应初，巽为入，为进退，故无誉。初至五体姤，今老妇士妇过以相与，故亦可丑也。《义》：五为杨，犹四栋皆取反巽也，或者初巽老妇为枯杨得士夫为生华，巽长女，故象已嫁为妇，巽人乾体，故初亦老，五阳必取大壮，震为夫者，兑本女也，然则二亦以大壮，乾为老夫，注略耳。巽为退伏，非由二退也，但以数多少为老少。

上六，过涉灭顶，凶，无咎。象曰：“过涉之凶，不可咎也。”大壮震为足，兑为水泽，震足没水，故过涉也。顶首也，乾为顶，顶没兑水中，故灭顶凶，乘则咎也。得位故无咎，与灭耳同义也。按卦自大壮外卦震为足，今大过兑为水泽，乘于九五阳刚之上，故乘刚咎也。以阴居阴故得位。处大过之时，故不可咎也。《义》：涉者之过也，谓大过之时，乾没于阴，噬嗑上九，坎水自下没上故曰灭耳，与此灭顶相似，噬嗑由否之泰，消息卦，否上不及坤，弑父弑君，故曰何校灭耳凶。此本大壮，阴伤阳，五已之初，而上阴灭乾，故凶。与灭耳同义，大过宜凶，非阴之咎。

坎☵（坎下坎上）

《义》：乾二五之坤，阳陷阴中，故名曰坎，于消息卦乾尽入坤，三息会离，乾五征坤成坎，阳得其当，故曰习坎；坎方伯之卦也，初六冬至，上六惊蛰。《学》：剥复消息，乾尽入坤后历谦息履，师息同人，比息大有，然后乾坤合于坎离，故云三息。夬遘消息，坤尽入乾后历豫息小畜，萃息大畜，蹇息睽，亦是三息，然后会于大过体坎，颐体离也。

习坎，有孚，维心亨，行有尚。乾二五之坤，与离旁通，于爻观上之二。习，常也；孚，信。谓二五，水行往来，朝宗于海，不失其时，如月行天，故习坎为孚也。坎为心，乾二五旁行流坤，阴阳会合故亨也。行谓二，尚谓五也，二体震为行，动得正应五，故行有尚，往有功也。按乾二五之坤则成坎。旁通离。于爻观上之二亦为坎，二五刚中故孚。乾二五旁行流坤，故成坎，乾坤阴阳会合故通。二陷坎中，失正，变得正则应五，故行有尚，往有功也。二至四互震为行。习坎为孚之为字，孙黄二氏以为疑作有，是也。《义》：乾归大有，坤二五乃交乾，而为离，离息成坎，日月会壬，八纯卦，唯坎加习者，嫌阳陷险非正，故明之阳息阴中，是其常也，重亦常义。坎在天为月，在地为水，水之潮汐，应月之行，故以明坎之有孚，旁行者四周行于六十四卦，重险则陷，故二宜之正。《学》：乾归魂于离，其卦为大有，大有下乾上离，坤归魂于坎，其卦为比，比下坤上坎，张氏谓卦辞取二正为比，是也。乾兼纳壬，坤兼纳癸，乾坤以坎离为舍，坎月离日，会于壬而藏于癸，即乾坤之合也。

象曰：“习坎，重险也。水流而不盈，行险而不失其信。维心亨，乃以刚中也。行有尚，往有功也，天险不可升也，地险山川丘陵也。王公设险以守其邦，险之时用大矣哉。”信谓二也，震为行，水性有常，消息与月相应故不失其信矣两象也，天险地险，故曰重险也。功谓五，二动应五，故往有功也。五在天位，五从乾来，体屯难，故天险不可升也。坤为地，乾二之坤，故曰地险。艮为山，坎为川，半山称丘，丘下称陵，故曰地险山川丘陵也。王公大人谓乾五，坤为邦，乾二之坤成坎险，震为守，有屯难象，故王公设险以反扑其邦，离言王用出征，以正邦是也。按上下两坎，故曰两象，故曰重险。五在天位，二至上体屯，故为天险。乾二之坤成下坎，二在地位，故曰地险。三至五互艮山。坤为邦。《义》：五，天位；二，地位；盈，溢也。谓五艮为止水流不溢，刚中谓二五，自离成坎，兑秋震春，坎冬离夏，因时设险，故曰时用。

象曰：“水洊至，习坎，君子以常德行，习教事。”君子谓乾五，在乾称大人，在坎为君子，坎为习，为常，乾为德，震为行，巽为教令，坤为事，故以常德行习教事也。按两坎相重，故为习。坎水常流故为常，二至四互震为行，坎从观来，观外卦巽申命行事，故为教令。《疏》云：君子进德修业如水之重习有常。《义》：剥，复相嬗，如水续流，坎会乾出震，常，德行也，变观，习教事也。

初六，习坎，入于坎窞，凶。象曰：“习坎入坎，失道凶也。”习，积也，位下故习。坎为入，坎中小穴称窞，上无其应，初二失正，故曰失道凶矣。按两坎相积，而初在其最下，故云积。以阴居阳，上又无应，与二俱失道。《义》：自阳德言则习为常，自险势言，则习为积，两坎之下，是坎中，窞，习坎其位也，入坎其失道也。阳为道，初失位，故曰失道。

九二，坎有险，求小得。象曰：“求小得，未出中也。”阳陷阴中，故有险。据阴有实，故求小得也。按坎为陷为险，位初六之上，是据阴也。阳实，故有实。《义》：位在坎不能自出险中，故曰坎；而又有险，谓上更遇坎也，据初阴，阳为实，阴为小，动应五，则出险中。

六三，来之坎坎，险且枕，入于坎窞，勿用。象曰：“来之坎坎，终无功也。”坎在内称来，在坎终坎，故来之坎坎。枕，止也。艮为止，三失位乘二则险，承五隔四，故险且枕。人于坎窞，体师三舆，故勿用。枕，止也，闲碍险害之貌。（《晁氏易》）按在内曰来，在外曰往，三在上坎之下，下坎之终，故来之坎坎。在坎终坎，孙黄二氏疑作在外称之，非也。往来皆可谓之“之”。三至五互艮止，六三以阴居阳，故失位。又乘九二之上，故险。居上坎之下，以坎接坎，故入于坎窞。初至四体师，师六三曰：师，或舆尸凶，故勿用。体师三舆，孙黄二氏以为下疑有尸字，是也。《义》：三无应来就下坎而终坎，故来之坎坎。人卧则枕，故枕为止，初在重坎之下，坎，窞也，三下就坎，则既险矣，且上就艮，则在坎之下，而亦入于坎窞也。艮为终，功谓五，五不能承五，体师三，师或舆尸，大无功也。

六四，尊酒簋贰，贰用缶。内约自牖，终无咎。象曰：“尊酒簋，刚柔际也。”震主祭器，故有尊簋，坎为酒，簋，黍稷器，三至五有颐口象，震献在中，故为簋。坎为木，震为足，坎酒在上，尊酒之上，贰，副也，坤为缶，礼有副尊，故贰用缶耳。坎为内也，四阴小，故约；艮为牖，坤为户，艮小光照户牖之象。贰用缶，故内约自牖。得位承五，故无咎。乾刚坤柔，震为交，故曰刚柔际也。按二至四互震，序卦云：主器者莫若长子，故震为祭器，故有尊簋，坎水故为酒簋。震为稼，故为簋，为黍稷器，说卦云：坎其于木也为坚多心，故为木象。缶，瓦器，坤为土，为缶，《疏》云：贰用缶者副尊用缶也。说卦云：坎，万物之所归也，故为入为纳，艮为门阙故为牖。艮为少男为小石，故为小。四得位，上承九五，故无咎。杂卦云：乾刚坤柔，屯刚柔始交，其内卦震，故为交。禔，晁氏引作祇，音义并同。《义》：敬则用祭器，此非祭礼，周礼旊人为簋，簋以瓦为之，亦缶类，坤象。震为祭，为黍稷也。震为献，在颐中，君尊有丰，以木为之，若豆而卑，言震为足者，以其在下。元酒也，燕礼君尊瓦大两有元酒，坎坤际，乾四上承五，刚柔之交，尊酒飨礼，簋食礼，贰用缶，燕礼也。谓四顺承五也。飧食之礼，宾席牖间，至燕，正臣礼不敢烦亵尊者，为苟敬席于阼阶，故贰用缶，则内约自牖矣。《学》：坎二至五互颐，非三至五也。又按：徐氏之言是也，三至五互艮也，唯二至五始互颐。

九五，坎不盈，禔既平，无咎。象曰："坎不盈，中未光大也。"盈溢也，艮为止，谓水流而不盈，坎为平，禔安也，艮止坤安，故禔既平。得位正中，故无咎。体屯五中，故未光大也。按盈满也，溢也，坎水为物所取平，坤卦辞云：安贞吉故为安。九五以阳居阳得位，居外卦之中，故无咎。二至上体屯，屯九五云施未光也。

上六，系用徽纆，寘于丛棘，三岁不得凶。象曰："上六失道，凶三岁也。"徽纆，黑索也。观巽为绳，艮为手，上变人坎，故系用徽纆；寘，置也，坎多心，故丛棘。二变则五体剥，剥伤坤杀，故寘于丛棘也。不得谓不得出狱。艮止坎狱，乾为岁，五从乾来，三非其应，故曰三岁不得凶矣。以置九棘，取改过自新，故曰系用徽纆，寘于丛棘也，若四置之九棘之中，而不能改过自新，必致罪咎，故曰三岁不得凶也。(《周易口诀义》）按坎自观来，观上卦巽为绳，下卦说卦云：其于地也为黑。故释徽纆为黑索。三至五互艮，艮为手，观上之二则成坎。《说文》云："寘，置也。"说卦云：坎于木也为坚多心。《九家易》云："坎为丛棘。"坎二变则初至五体剥，剥，落也，故伤。坤弑父，弑君，故杀。艮为止，坎为狱，乾为天，故为岁。盖上六居坎穴之极，无应于下（三不正)，故有三年之凶也。《义》：谓变观上阳为道，故失道。

离☲（离下离上）

《义》：坤二五之乾，阴丽于阳，故名离。离者丽也，于消息卦为乾之舍，谦师比三息而乾坤合于离，与坎旁通，离阴丽坎阳也，方伯卦初九夏至，上九白露，变正坎。《学》：乾游魂晋，归魂大有，晋大有上卦皆离，故乾魂在离，张氏所谓乾之舍是也。卦序离后于坎，而虞氏剥复消息离独先乎坎，盖以乾舍于离故耳。剥复重在乾阳，夬遘重在坤阴，坤魂游于需而归于比，需比皆上坎，坤魂在坎，坎即坤之舍。大过坎体，颐卦离体，夬遘消息，大过先乎颐，即是先坎后离，此可互证者也。

离，利贞，亨。畜牝牛，吉。坤二五之乾，与坎旁通，于爻遁初之五，柔丽中正，故利贞亨。畜，养也，坤为牝牛，乾二五之坤成坎，体颐养象，故畜牝牛吉。俗说皆以离为牝牛，失之矣。按坤，二五之乾则成，于四阳二阴之例则自遁来，遁初之五亦成离，旁通坎。坤为子母牛，九家说卦云：坤为牝故为牝牛。坎二至五体颐养，故畜牝牛吉。《义》：中正，谓五伏阳，乾尽归离，而出于坎，坤者乾之牝，离之阴丽乎坎之阳也，坤二五之乾而凝元在二，乾二五之坤而出坎在五，故二元吉，而五利贞，五正则二体皆变成坎，故下云畜牝五之刊而出坎在五，故二元吉，而五利贞，五正则二体皆变成坎，故下云畜牝牛，唯坎中正，故能丽坤。

象曰："离，丽也。日月丽乎天，百谷草木丽乎土，重明以丽乎正，乃化成天下，柔丽乎中正，故亨，是以畜牝牛吉也。"乾五之坤成坎，为月。离为日，日月丽天也。震为百谷，巽为草木，坤为土，乾二五之坤成坎，震，体屯，屯者盈也，盈天地之间者唯万物，万物出震，故百谷草木丽乎土。两象，故重明。正谓五阳，阳变之坤，来化乾，以成万物，谓离日化成天下也，柔谓五，阴中正，谓五伏阳出，在坤中，畜牝牛，故中正而亨也。按《疏》云：乾五伏阳上出于坤，先成坎月，下仍本离为日，乾为天，故日月丽天也。伏坎互震，震惊百里，于稼为反生，故为百谷。离互巽，则爻为木，柔爻为草，故为草木。坎二至上体屯，两象谓上下两离也，正指坎九五，系辞下云：坤化成物。柔谓六五，以阴居阳不正，变阳则中正矣，盖坎九五中正，离伏坎也。《义》：丽，附著之意，阴必附于阳，故乾合坤元而为离。两象，离坎也，离日坎月，为重明，所谓明两作，阳变之坤，谓坤二五之乾，以丽乾五，坤为化，故曰化乾，化坎由离。

象曰："明两作离，大人以继明照于四方。"两谓日与月也，乾五之坤成坎，坤二之乾成离，离坎，日月之象，故明两作离。作，成也，日月在天，动成万物，故称作矣。或以日与火为明两作也。阳气称大人，则乾五大人也，乾二五之光，继日之明，坤为方，二五之坤，震东兑西，离南坎北，故曰照于四方。按《疏》云：孟子曰："天无二日。"故两谓日与月也。乾五之坤五成坎，为月，为光，坎北，坤二之乾二成离为日，离南，以月继日，故云继日之明。坎互震，震东，离互兑，兑西，故照四方。《义》：离以丽乾为义，故明两作谓日月。

初九，履错然，敬之，无咎。象曰："履错之敬，以辟咎也。"《义》：坎，震为足，初在其下，震履未成故错然也。错，杂也。乾为敬，四恶人，初变应四，则见侵，故敬之无咎。咎谓四，初不变辟之。按离旁通坎，坎二至四互震为足。辟，避也。

六二，黄离元吉。象曰："黄离元吉，得中道也。"按黄，中色也，六二居内卦离之中，得位，故曰黄离。中正得位，故元吉。《义》：坤六五也，体黄裳，故黄离。凝乾之元，故元吉。中谓二，乾为道。

九三，日昃之离，不鼓缶而歌，则大耋之差凶。象曰："日昃之离，何可久也。"《义》：竞为西，巽为人，故曰昃。离为大腹，缶象也，坎三当艮为手，震为笑言，则鼓缶而歌也。三不能变则下体成乾，乾为老，三，乾尽，体大过死，故大耋也，巽呼号，兑口舌，故嗟矣。按坎三至五互艮手，震笑言哑哑又为善鸣，故歌。离二至五体大过。

九四，㐬如其来如，焚如死如弃如。象曰："㐬如其来如，无所容也。"按《说文》云："㐬，不顺忽出也。易云突如其来如。"不孝子突出，不容于内也，虞氏世传《孟氏易》，而《说文》用《孟氏易》，故可相成也。《义》：㐬，逆了也，次四当震，为长男，坎为中男，艮为少男，四未能变，乘乾，三男皆逆乘父，故㐬如，上下之交，故来如，在二火间，故焚如。体大过故死如。二已正，体乾，乾为野，大过棺椁象，毁四在野上，故弃不葬。四恶人，无所容，故焚死弃也。

六五，出涕沱若，戚嗟若，吉。象曰："六五之吉，离王公也。"坎为心震为声，兑为口，故戚嗟若。动而得正，尊丽阳，故吉也。按旁通坎，坎互震，震善鸣，故为声，离互兑口。《义》：自目曰涕，离为目，由离出坎，象水出目，故出涕，沱若。王公，乾五大人也。

上九，王用出征，有嘉折首。获匪其丑，无咎。象曰："王用出征，以正邦也。"王谓乾，乾二五之坤成坎，体师象，震为出，故王用出征首谓坤二五来折乾，故有嘉折首；丑，类也。乾征得，坤阴类，乾阳物，故获非其丑，无咎矣。乾五出征坤，故正邦也。按坎初至四体师，乾为首，为嘉。坤为邦国，孙黄二氏疑神二五来折乾，之上有乾字，此文义已足，似无乾字。《义》：离之二五也，伏阳出，先折二五，故曰折首。二五曾折乾者，故谓之首也。阳为嘉，谓五阳，既出，初三四上皆变而为坤，故曰阴类。

咸䷞（艮下兑上）

《义》：渐息卦，在否坎，渐女归待男行，咸以乾感坤为反泰之始也，候在五月变成既济。

咸，亨，利贞，取女吉。咸，感也，坤三之上成女，乾上之三成男，乾坤气交以相与，止而说，男下女，故通利贞，取女吉。按咸自否来，否坤三之上成兑少女，乾上之三成艮少男，三上易位，故乾坤气交以相与，艮止而兑悦，男下女，故通。六二、九五各正位乎内外，故利贞。《疏》云：六爻阴阳相应，故取女吉。《义》：由否来，贞谓初四易位，少男下少女，亲迎之义，初四正，则中男正乎外，中女正乎内，故取女吉。《学》：咸卦未变时，兑女位艮男上，即亲迎之象，夫倡于前，妇随于后，卦下先而后上也，初四既变，既济定，则坎男位离女上，女已归男家，男正乎外，女正乎内，卦下内而上外也。

彖曰："咸，感也，柔上而刚下，二气感应以相与。止而说，男下女，是以亨利贞，取女吉也。天地感而万物化生，圣人感人心而天下和平。观其所感，而天地万物之情可见矣。"否反成泰，天地灵寿万物化醇，（序卦注）乾为圣人，初四易位成既济，坎为心为平，故圣以感人心而天下和平，此保合太和，品物流形也。谓四之初，以离日见天，坎月见地，县象著明，万物见离，故天地万物之情可见也。按兑柔在上，艮刚在下，艮为少男而在下卦，兑为悦为少女，而在上卦。卦自否来。否外卦乾五为圣人，初四失正，易位则成既济，坎为亟心，为水平，兑为和悦，坤为众，故圣人感人心而天下和平。保合太和，品物流形，乾彖文。《义》：阳始感阴，柔坤三，刚乾上，郑氏云："与犹亲也。"止艮说兑，艮男兑女，初四正，既济定。天地行变化，既成万物，故万物化生。

象曰："山上有泽，咸，君子以虚受人。"君子谓否乾，乾为人，坤为虚，谓坤虚三受上，故以虚受人，艮山在地下，为谦，在泽下为虚。按卦自否来，否内坤外乾，坤阴故为虚。三自乾上来，故以虚受人。艮山在地下，则为谦，在泽下为咸卦能以虚受人。《义》：乾坤感应，阳施阴受，故曰君子。泽在山上，源出山中，山虚受之。

初六，咸其母。象曰："咸其母，志在外也。"（今本母为拇，今文通。）母，足大指也，艮为止坤为母，故咸其母。失位远应，之四得正，故志在外，谓四也。按母，即拇也，足大指也。初六以阴居阳，故失位。应于九四，故远应之四则成既济定，而得正矣，故志在外。既济外卦坎为志。《义》：咸家男下女，四感初，初乃之四，然初之志，则常在四也，母非动始然，足之行先于母，初志应四，初之四，坎为志。

六二，咸其腓，凶，居吉。象曰："虽凶居吉，顺不害也。"《义》：腓，胫腨也，巽为股，二最在下，腓之象。巽长为股，艮小为腓，感之者三也，凡感之道，近则通，二五正应近，为三感故凶。阴道承阳，故居而比三，虽凶吉也。二在否体坤，坤为顺，为害，三来坤坏，二坤中，故顺不害。

九三，咸其股，执其随，往吝。象曰："咸其股，亦不处也。志在随人，所执下也。"巽为股，谓二也，巽为随，艮为手，故称执。三应于上，初四已变，历险故往吝。巽为处女也，男已下女也，以艮阳入兑阴，故不处也。凡士与女未用皆称处矣。志在于二，故所执下也。按二至四互巽，巽象曰："随风巽，故为随。"三应于上，初四已变成既济，外卦及二至四皆坎险，故往应上则吝。巽为长女为伏，故为处女。同在巽体，故亦不处也。三乘二是志在二，故所执下也。孙黄二氏以未用之用疑作应，云毛本亦作应。按应亦用也。《义》：三与二俱为股，三二相感，非谓二独为股也。三当执守于二，二乃随之，往谓之上，当咸之时，已有男下女之象，故三二同在巽体，亦不处也。二女三士。

九四，贞吉悔亡。憧憧往来，朋从尔思。象曰："贞吉悔亡，未感害也。"憧憧往来，未光大也。失位悔也，应初动得正，故贞吉而悔亡矣。憧憧，怀思虑也，之内为来，之外为往，欲感上隔五，感初隔三，故憧憧往来矣。兑为朋，少女也，艮初变之四，坎心为思，故曰朋从尔思。坤为害也，今未感坤，初体遁弑父，故曰未感害也。未动之离，故未光大也。按九四以阳居阴故失位。应初，初四易位则各得其正，故贞吉而悔亡。凡之内皆曰来，之外皆曰往，兑象曰："以朋友讲习故为朋。"初四易位，二至四互坎，坎为心故为思。《义》：四为咸心，无所不感，初上举其远者，故有往来之象。四既正，则上亦从也，四与上非男女之感，故转兑为朋象。未感则害，必贞吉，乃悔亡。感上亦以求正也。《学》：兑之朋就未变取象，坎之思就已变取象，四变为坎，则兑朋从之成坎体矣。艮初变之四，则四来与二三互坎，往与五上成坎，第四爻适当重坎之中心，坎心为思，本以中间阳爻为主，此则以重坎中枢变成六四之阴爻为主。

九五，咸其脢，无悔。象曰："咸其脢，志末也。脢，夹脊肉也。"谓四已变，坎为脊，故咸其脢，得正故无悔。按四变则外卦为坎，坎其于马也为美脊，故为脊。五以阳居阳故无悔。李鼎祚曰："末犹上也。"四感于初，三随其二，五比于上。《汉上易传》："夹脊肉之夹作背。"《周易象旨》引无夹字。《义》：五感上也，通体坎为脢，亦如三之股，脢不动，象五不应，舍二感上，嫌有悔，故云无悔。又按：张氏志末之解芜杂，李氏之言近于虞义，故据以补之。

上六，咸其辅颊舌。象曰："咸其辅夹舌，媵口说也。"耳目之间称辅颊，四变为目，坎为耳，兑为口舌，故曰咸其辅颊舌。媵，送也，不得之三，山泽通气，故媵口说也。按四变则三至五互离为目，外卦坎为耳，咸外卦兑为口舌。孙黄二氏以四变为目，变下疑有离字是也。晁氏项氏俱云："媵，虞作腾。"按字音义通。《义》：辅颊耳目之间，与舌不相接，而相通，上应三，三在离坎之间，辅颊也。上为兑，舌也，上感于五，不得之三，而与三通气，以言语相感，故曰咸其辅颊舌。象曰滕口说也。

恒䷟（巽下震上）

《义》：泰息卦，通益，天地终则有始，恒久之道，故名曰恒。内卦候在六月，外卦七月。化成必先正位，故先言利贞，明既济也，后言利有攸往，明成既济乃反益也。

恒，亨，无咎，利贞。利有攸往。恒，久也，与益旁通，乾初之坤四，刚柔皆应，故通无咎利贞矣。初利往之四，终变成益，则初四二五皆得其正，终则有始，故利有攸往也。按恒，久也，常也。卦自泰来，泰内乾外坤，乾初之坤四则成恒，旁通益。六爻刚柔皆应。《义》：由泰来，失位咎也，刚柔应，故无咎。变复成益，立不易方，成既济定。否泰相寻，恒益反复。

彖曰："恒，久也，刚上而柔下。雷风相与，巽而动，刚柔皆应恒。恒亨无咎利贞，久于其道也。天地之道，恒久而不已也。利有攸往，终则有始也。日月得天而能久照，四时变化而能久成，圣人久于其道而天下化成。观其所恒，而天地万物之情可见矣。"泰，乾坤为天地，谓终则复始，有亲则可久也。动初成乾为天，至二离为日，至三坎为月，故日月得天而能久照也。春夏为变，秋冬为化，变至二离夏至，三兑秋至，四震春至，五坎冬至。故四时变化而能久成，谓乾坤成物也。圣人谓乾，乾为道，初二已正，四五复位成既定，乾道变化，各正性命，有两离象，重明丽正，故化成天下。以离日照乾，坎月照坤，万物出震，故天地万物之情可见矣，与咸同义也。按震刚在上，巽柔在下，震为雷，为动，巽为风。卦自泰来，泰内乾天，外坤地。《疏》云：否泰循环，恒益反复，故云终则有始。有亲则可久系上文。恒初动则内卦为乾。故为天动至二则内卦，离为日，动至三则三至五互次为月。《疏》云：春夏阳伸为变，秋冬阴诎为化。至三兑秋，至四震春误，此益变成恒，当云初已变至二成离，是类谋夏至，日在离，三四五互体兑，秋分日在兑，变至三成震，春分日在震，变至五成坎，冬至日在坎。孙黄二氏以至五坎冬至之至为衍，云：毛本无，则当云至三震春，至五坎冬，四变兑秋矣，似较洽。初二四五皆正刚成既济定。乾道变化二句，乾彖文。既济内卦为离三至五亦互离，故有两离象，故重明丽正，化成天下。《义》：乾初上，坤四下，乾为久，阳为道，凡不变者不足恒，故利贞，乃久于其道。有始读曰又。此误应云变，至二离夏，兑秋，至三震春，至五坎冬。三不易方，故久于道，此论爻变也，卦三上得位，三久其道，不与上易，则益，初二四五正位成既济。

象曰：“雷风恒，君子以立不易方。”君子谓乾三也，乾为易，为立，坤为方，乾初之坤四，三正不动，故立不易方也。按恒自泰来，泰内卦为乾，故君子谓乾三。乾以易知，乾知大始，故为易为立。坤直方大，故为方。泰乾初之坤四成恒，三得正位，故不动。《义》：雷风至，变而恒，乾爻唯三正。《学》：恒为震宫三世卦，九三当世位，阳爻得正，不宜变成坤方。

初六，浚恒，贞凶，无攸利。象曰：“浚恒之凶，始求深也。”浚，深也，初下称浚，故曰浚恒。乾初为渊，故深矣。失位变之正，乾为始，故曰始求深也。按初位在下，故称浚深，乾初潜龙勿用，潜于渊也。故深。初六以阴居阳故失位。变正则内卦为乾。《义》：初失位，变体潜龙，故浚恒贞。益成则死坤中，故凶，无攸利。益初宜吉而凶者，未定既济，非损上益下也。

九二，悔亡。象曰：“九二悔亡，能久中也。失位悔也，动而得正，处中多誉，故悔亡也。”按九二以阳居阴，故失位悔也。动而得正，又处内卦之中，乾为久，故悔亡能久中也。《义》：变得位，是能久中。

九三，不恒其德，或承之羞，贞吝。象曰：“不恒其德，无所容也。”《义》：卦变成益，三上失位，三宜立不易方，则上富有不变而既济定，乾为德，坤为耻，三不守乾，则二四与为坤，故或承之羞。至承耻而后贞，虽正犹吝。诸爻皆正，三独失位，故无所容。按荀爽曰：“正居其所，不与阴通，无居自容，故贞吝。”《九家易》云：“取初隔二，应上见乘，故不恒其德，或承之羞，而无所容也。”

九四，田无禽。象曰：“久非其位，安得禽也。”田为二也，地上称田，无禽谓五也，九四失位，利二上之五，已变承之，故曰田无禽。言二五皆非其位，故象曰：“久非其位，安得禽也。”又禽，二也，泰四下为初，则二成巽，说卦云巽为难。（《周易窥余》）按二于三才为地位，地上曰田，故田谓二。禽，擒也，获也。九四以阳居阴故失位，六五失位，二之五则五得位，四变承之，则有禽矣。今皆失位也，故无禽。《义》：禽，获也。阳出征阴，则有获，在五多功，与师五田有禽同义。凡二五易位者四多利五变、按张氏云：“与师五田有禽同义。”李道平云：“二五易位，各得其正，故曰田无禽。”似皆未洽。

六五，恒其德贞，妇人吉，夫子凶。象曰：“妇人贞吉，从一而终也，夫子制义，从妇凶也。”动正成乾，故恒其德。妇人谓初。巽为妇，终变成益，震四复初，妇得归阳，从一而终，故贞妇人吉也。震乾之子而为巽夫，故曰夫子。终变成益，震四从巽，死于坤中，故夫子凶也。一谓初，终变成益以应初震，故从一而终也。震没从巽入坤，故从妇凶矣。按六五以阴居阳失位，动而成正，则二至五体乾，乾为德为久，故恒其德。内卦巽为长女，而初六为阴，故妇人谓初。恒旁通益，恒震在四（外卦）变益时，震复于初（内卦）。初阳得正，故妇得归阳，从一而终，故贞妇人吉。恒，震在外卦，变益时，外卦成巽阴，二至四互坤，故曰震四从巽死于坤中而夫子凶矣。《义》：初上为四，从震而吉，四下为初，从巽死坤中，此浚恒所以凶也。故三立不易方，乃各正性命也，使初四正者乾五，故言之。坤为义，以乾制坤为制义。

上六，震恒，凶。象曰：“震恒在上，大无功也。”在震上故震恒，五动乘阳，故凶。终在益上，五远应，故无功也。按五动之正，则上六以阴乘阳，故凶，变成益，则上九在九五之上，五多功而应二，不比上，故大元功也。孙黄二氏疑“远应”之下有二字，又谓一作“三远应”，故无功也。此可存一说。《义》：不变在益上，故凶。三正定既济，则非乘阳也。五应二不能比上，上不得五，故无功而凶。上六在益上，故凶。

遁䷠（艮下乾上）

《义》：消遘阴道长，阳当退，故名曰遁。与临旁通，临至八月有凶，谓遁也。遁，六月卦也，卦不变，消时也，爻取三。消成否，上来四，反成既济，明泰否之义，与时行也。

遁，亨，小利贞。阴消姤二也，艮为山，巽为入，乾为远，远山入藏，故遁。以阴消阳，子弑其父，小人道长，避之乃通，故遁而通，则当位而应，与时行也。小阴，谓二，得位浸长，以柔变刚，故小利贞。按阴始消遘，消至二成遁，内卦艮为山，二至四互巽为入，乾为郊，为远，艮为少男，消乾成遁，故子弑父。小谓阴，六二得正，浸长则以柔变刚而消阳，故小利贞，而阳则遁藏乃通。《义》：宜与临旁通，不言略也，乾人入藏于远山，当位谓五，应谓二，二阴道长，弑父弑君，由应五，利贞，故阳不伤，遁之而通，二得位贞矣，浸长则非正，利贞者，请执用黄牛之革也。

彖曰：“遁，亨，遁而亨也；刚当位而应，与时行也。小利贞，浸而长也。遁之时义大矣哉。”按孙黄二氏疑应下有谓字，然无谓字亦无害于义刚谓五而应二，艮为时，故与时行矣。《义》：遁乃得通，临至八月有凶，遁二消临兑，阴消之际，时行则行，否反成既济，故义大也。

象曰："天下有山，遁。君子以远小人，不恶而严。"君子谓乾，乾为远，为严。小人谓阴，坤为恶，为小人，故以远小人，不恶而严也。《义》：弑乱之时，天下无邦，唯山可遁，二阴浸长，三消入坤，是小也。乾上反三，据坤四，动初既济定，是远小人也，不恶而严。

初六，遁尾厉，勿用有攸往。象曰："遁尾之厉，是往何灾也。"艮为尾也，初失位，动而得正，故遁尾厉，之应成坎为灾，在艮宜静，若不往于四，则无灾矣。按艮为止为黔喙之属，故为尾。初六失位，在遁之时，处于艮正，故遁尾。动而得正，阴已消阳故厉。之四则成坎，坎险为灾。《义》：初动则遁去其尾，之四成坎，故厉。遁消方长，必至否乃能复济初在艮中，时止则止，故宜静。否既成上既来变三，四来之初，则可往。

六二，执之用黄牛之革，莫之胜说。象曰："执用黄牛，固志也。"艮为手，称执，否坤为黄牛，艮为皮，四变之初，则坎水濡皮，离日乾之，故执之用黄牛之革。莫，无也；胜，能；说，解也。乾为坚刚，巽为绳，艮为手，持革缚三在坎中，故莫之胜说也。按阴消至三则否，否内卦为坤。《九家易》云：坤为黄，为子母牛，故为黄牛。艮为肤，故为皮。四变之初，则二至四互坎，三至五互离。说，脱也，解也。外卦乾为坚刚，二至四互巽，四变外卦亦巽。坎为志。《义》：二执三，二执三在成否之后，故取否坤，皮濡而乾乃成革，阴浸而长，三消成否，二小利贞，故上来之三，仍为艮四之初，而执三在坎中也。此则三动而复也，与旅三同，故旅上丧牛，五动成遁。注云："六二执用黄牛，则旅家所丧牛也。"说读如脱，上来时四未变为巽绳。坎为志，谓上来之三，四变之初。

九三，系遁，有疾厉，畜臣妾吉。象曰："系遁之厉，有疾惫也。畜臣妾吉，不可大事也。"厉，危也。巽绳为系，四变三体坎，坎为疾，故有疾厉。遁阴剥阳，三消成坤，与上易位，坤为臣，兑为妾，上来之三，据坤应兑，故畜臣妾吉也。三动入坤，坤为事，故不可大事也。按孙堂《汉魏二十一家易注》本及《黄氏佚书考》本作"巽为四变"二氏云："为下疑有系字。"张氏《周易虞氏》义同，唯云脱绳字，今从惠校《周易集解》本，四变时二至四体坎，坎为心疾为疾，三消则成否。内卦为坤，坤为臣，三与上易位，则外卦为兑，兑为妾。《义》：

宜脱绳字，三在巽，故系。消坤失位，有系于上故系遁。此二所谓执用黄牛之革，据上来之三也，虽有疾厉，然以乾畜坤兑，终成既济，故吉也。《学》：遘二不变，所以防遁。遘二失正，尚不取变，遁三得位，何以变动而不防否，盖遁二三四互巽，三权变后上来之三，仍得其位，与巽三权变同例，固不以消成否坤为虑也，且虚坤为否，乃天地自然之道，泰由否反，不防否亦所以成泰。

九四，好遁，君子吉，小人否。象曰："君子好遁，小人否也。"否，乾为好，为君子，阴称小人，动之初，故君子吉。阴在四多惧，故小人否，得位承五，故无凶咎矣。按三消成否，外卦为乾，四动之初，则初阳得正，故君子吉矣。四动则成阴，四又多惧，故小人否也，然一动而得位，上承五，故无凶咎。《义》：三消成否，四乃之初，故称否乾，四以乾入坤，故吉。初遁尾厉，故否。《学》：阴阳对象，分而言之，乾阳为君子，坤阴为小人，合而言之，阳爻一三五，阴爻二四上，皆得正为君子。阳爻二四上，阴爻一三五，皆失正为小人。遁初六九四两爻皆失正，为小人否。初四易位，两爻皆得正，为君子吉。而虞氏之意以初变为阳君子吉，四变为阴小人否。义似未尽。

九五，嘉遁，贞吉。象曰："嘉遁贞吉，以正志也。"乾为嘉，刚当位应二，故贞吉。谓三已变，上来之三，成坎象。故曰以正志也。按九五以阳居阳位，故为当位。下应六二，三变成否，动得正，上来之三，则外卦成坎，坎为志。《义》：三已变否，上之三，四正，初五在坎为志正。

上九，肥遁，无不利。象曰："肥遁，无不利，无所疑也。"乾盈为肥，二不及上，故肥遁，无不利。象曰无所疑也。按乾阳盈满，故称肥。《疏》云：上与二为敌应，无所系恋，二虽执三，不能及上，故上将远遁无所疑，是以肥遁，无不利，无应则无疑。《义》：四五上皆乾，由乾而遁，故曰好遁。嘉遁，肥遁也。遁皆变去，五不变，故曰贞吉。二执三，谓执上。然二不能及上，上遁之三，二乃得执之，入坎，坎为疑，疑有疾厉不利。

大壮䷡（乾下震上）

《义》：阳息泰，过盛而为阴伤，故名曰大壮。壮，伤也，与观旁通，大壮二月卦也。卦辞正五成需，阳过当止，故曰大壮止也。爻成既济五正则阳道成。按正五成需，当为四之五成需。

大壮，利贞。阳息泰也。壮，伤也。大谓四，失位为阴所乘，兑为毁折，伤，与五易位乃得正，故利贞也。按阳息三为泰，息四则为大壮，四阳故为大。九四以阳居阴失位，五阴乘之，三至五互兑为毁折。四与五易位，则四五各得其正矣。孙黄二氏疑“毁折”下有“故”字，是也。《疏》云：阳息过盛而为阴阳，故云壮伤也。是也。《义》：物过则伤，不云伤而云壮者，阴阳之辞。《方言》曰：“凡草木刺人，北燕朝鲜之间，或谓之壮。”郭璞注云：“今淮南亦呼壮为伤是也。”阳不失位，不致伤也。

象曰：“大壮，大者壮也，刚以动，故壮。大壮利贞，大者正也，正大而天地之情可见矣。”四进之五，乃得正，故大者正也。正大，谓四之五成需，以离日见天，坎月见地，故天地之情可见矣。按四之五则成需，三至五互离日，下卦乾为天，外卦坎为月。《疏》云：乾之坤成坎，故云坎月见地。《义》：阳为大，刚，乾；动，震动而过刚，谓四失位，为阴所乘，故伤也。

象曰：“雷在天上，大壮。君子以非礼弗履。”按外卦震为雷，内卦乾为天。《义》：雷阳气，震阴而为声，在天上，阳盛而伤，故震也。失位而伤，非礼弗履之义。震足履乾，履非所履，四正成坎，震足不见，非礼弗履，君子谓乾阳。

初九，壮于趾，征凶，有孚。象曰：“壮于趾，其孚穷也。”趾谓四，征，行也，震足为趾，为正。初得位，四不征，之五故凶。坎为孚，谓四上之五成坎，已得应四，故有孚。应在乾终，故其孚穷也。按虞氏云：“四不征之五故凶者，谓四不之五，则四为阳，初亦阳，不相应也，若初遂征而之四，则凶也。”须待四上之五，则四得正，而初乃应四，故有孚也。江氏承之、李氏道平俱云：“虞氏误，失之甚矣。”《义》：正当作征，趾征，犹言趾之征也。凡应不相得则伤，四不应初，故初伤而凶。江承之云：“经文言征，非言不征，如虞读似四征五而初伤，若遂动而应四，则凶，唯不动而待四之五，已得应之，则有孚也。”壮于趾为句，征凶为句。象曰：“壮于趾，其孚穷也。趾征不连续明甚。”

九二，贞吉。象曰：“九二贞吉，以中也。”变得位，故贞吉。动体离，故以中也。”按九二以阳居阴，变阴则得位，故贞吉。而内卦成离，离六二。象曰“得中道也。”

九三，小人用壮，君子用罔，贞厉。羝羊触藩，羸其角。象曰：“小人用壮，君子用罔也。”应在震也，三阳君子，小人谓上，上逆故用壮。谓二已变离，离为罔，三乘二，故君子用罔。体乾夕惕，故贞厉。按：九三应上六，阳为君子，阴为小人，故指上六。壮，伤也。二变外卦成离，系辞下云作结绳而为罔罟，盖取诸离，故离为罔。《义》：阴方逆乘，伤阳不应三，罔，罗也，三陷于罔，故危；羝羊，牡羊也。藩，篱也。羸，缀系也。三体兑，兑为羊在乾故曰羝。震为竹木，谓上二阴在阳前为藩，乾为首，三乾上故为角，兑为刚卤，三欲触上，反见羸，谓二已变体巽为绳也。荀氏以三触四而危之，三为君子，明不触四也，上方伤阳，三宜正守，乃恶而触之，羸角宜矣。

九四，贞吉，悔亡。藩决不羸，壮于大誉之腹。象曰："藩决不羸，尚往也。"失位悔也，之正得中，故贞吉而悔亡矣。体夬象，故藩决；震四上处五，则藩毁坏，故藩决不羸。坤为大誉，为腹，四之五折坤，故壮于大誉之腹。象曰"尚往"者，谓上之五。又决读为夬，决之决。(《晁氏易》）按九四以阳居阴，故失位；上而之五，则得正。初至五体夬，夬者决也，外卦震为笔为藩，四上之五，则震象毁坏，故藩决不赢；四动成泰，外卦为坤，四之五成坎，故曰折坤。《义》：与五易位，故得中。尚，上也，谓之五。《学》：九三张注言二已变体巽为绳，谓二变与三四互巽也，震四上处五，则藩决而绳亦断，虞氏言震不言巽者略也。

六五，丧羊于易，无悔。象曰："丧羊于易，位不当也。"四动成泰，坤为丧也。乾为易，四上之五，兑还属乾，故丧羊于易。动各得正而处中和，故无悔矣。按以纳甲言之，月丧于坤，故为丧。兑为羊，乾以易知，故为易。四上之五，则四五各得其正，而内卦为乾，三至四互兑，故兑还属乾。六五未变时，以阴居阳，故位不当。《义》：体乾九五有乾德，故曰易。四五不当位，故丧羊仍无悔。《学》：四未之五时，五与三四互兑，兑羊居五，四乾往居兑位，与四上成坎而兑毁，故兑羊为乾易所丧，惟四既之五而二未变时，则四与二三仍为兑而系于乾，二变之正，羊乃丧矣。

上六，羝羊触藩，不能退，不能遂，无攸利，艰则吉。象曰："不能退，不能遂，不详也。艰则吉，咎不长也。"应在三，故羝羊触藩。遂，进也。谓四已之五体坎，上能变之巽，巽为进退，不能遂，退则失位，上则乘刚，故无攸利。坎为艰，得位应三，利上。故艰则吉。乾善为详，不得三应，故不详也。巽为长，动失位为咎，不变之巽，故咎不长也。按四之五，外卦成坎，上变则外卦成巽，巽为进退不果，退于四则失位，在上则乘刚，谓四已之五，而上六居其上，故乘刚也。坎陷故艰，以阴居阴，故得位，下应九三。详，祥也。《义》：谓上不应三，使三触藩，故无攸利。明三所触者上矣。能衍字，不能进退，言为巽之不可。退谓上，为巽退于已，则失位，进于五则逆乘刚也。不变居坎，则得位藩既决，三自应之，利居五上。

晋䷢（坤下离上）

《义》：观消卦，阴进居五，故名曰晋。晋，进也，不曰进而曰晋者以阳为义，日中观之大也。杂卦曰：晋，昼也。候在二月，卦辞初动成噬嗑，消道也，取阳义，故爻成既济。

晋，康侯用锡马蕃庶，昼日三接。观四之五，晋，进也，坤为康，康，安也，初动体屯，震为侯。故曰康侯。震为马坤为用，故用锡马。艮为多，坤为众，故繁庶。离日在上，故昼日。三阴在下，故三接矣。按：晋自观来，观四之五则成晋，坤，安贞吉，故为康。晋初动则初至五体屯，内卦震为诸侯，为马。锡，赐也，艮为坚多节，故多。上卦离，离为日，坤三阴在下，故三接。《义》：谓四进居五，上行也。康侯犹宁侯，谓初坤为震也，诸侯所以享王。蕃当作繁，观四之五，以离日接乾，初正坤故三阴在下，三接三享也。

彖曰："晋，进也，明出地上，顺而丽乎大明。柔进而上行，是以康侯用锡马蕃庶，昼日三接也。"按上卦离为明，下卦坤为地，为顺。观四柔进而居五，故曰上行。《义》：离为明，顺坤丽离，大明谓乾也，五乾位，阴顺丽阳，故丽乎大明。谓观四之五也，以四丽五，柔进上行，以离接乾，是康侯用锡马于王，昼日三接之象。

象曰："明出地上，晋，君子以自照明德。"君子谓观，乾，乾为德，坤为自，离为明，乾五动以离日自照，故以自照明德也。按晋自观来，观九五曰君子无咎，观四变则外卦为乾，乾五动则成离日。《义》：日出于地，进而照地，乾，五也，就阳而言，为乾五动。

初六，晋如摧如，贞吉，罔孚，裕无咎。象曰："晋如摧如，独行正也。裕无咎，未受命也。"晋，进；摧，忧愁也。应在四，故晋如。失位故摧如，动得位故贞吉。应离为罔，四坎称孚，坤弱为裕，欲四之五成巽，初受其命，故无咎也。初动震为行，初一称独也，五未之巽，故未受命也。按四坎称孚之四字，张氏及孙黄二氏皆作曰字，张氏以曰字为衍，孙黄二氏则疑为误字，此从惠氏校本。盖三至五互坎，四在坎中，故曰四坎称孚。初应四故晋如。以阴居阳故失位，外卦离为罔罟。四之五则外卦成巽，巽为命。《义》：四虽孚，而在罔，变则四在坤而裕，巽为命，正位得应，故无咎矣。四裕在坤，初受巽命。

六二，晋如悉如，贞吉；受兹介福于其王母。象曰：“受兹介福，以中正也。”谓二应在坎上，故愁如。得位处中，故贞吉也。乾为介福，艮为手，坤为虚，故称受。介，大也，谓五已正中，乾为王，坤为母，故受兹介福，于其王母。按谓二应在坎上，张氏及李氏道平本作震为应在坎上，云脱行字，似误。二应五，三至五体坎，故云应在坎上。坎为加忧，故愁如也。以阴居阴，处内卦之中，故贞吉。介，大也，乾阳为大为善为福，二至四互艮手，坤阴为虚，五失位，变阳则得正。《义》：脱字当云震为行，故晋如。谓初已变，二在震也，二无应，嫌当变应五，四五易位体艮，艮手持福与二，二受之，九五乾也，消坤中，故为王母。

六三，众允，悔亡。象曰：“众允之志，上行也。”坤为众，允，信也。土性信，故众允。三失正，与上易位，则悔亡，故象曰上行也。此则成小过，小过故有飞鸟之象焉，臼杵之利，见硕鼠出入坎穴，盖取诸此也，坎为志，三之上成震，故曰上行也。按坤土为信，故云众允。以阴居阳故失位。与上易位，则各得正位，故悔亡。三上易位则成小过。《疏》云：小过自晋来，晋离为雉，故有飞鸟之象。系辞下云：臼杵之利，盖取诸小过。晋二至四互艮，艮为鼠，故四称硕鼠，坎为穴，故臼杵之利，取诸小过。孙黄二氏以为上行也，之下疑有脱误。张氏云：此并解九四。意者其殆九四之解误移于此耶。《义》：此并解九四，硕鼠由三上易位也，小过飞鸟则硕鼠也。系辞曰：臼杵之利，取诸小过。

九四，晋如硕鼠，贞厉。象曰：“硕鼠贞厉，位不当也。”按九四以阳居阴，失位，以居坎穴中，故贞厉。《义》：硕鼠，五技鼠也，离为飞鸟，上之三，离象坏，震为动，艮为穴，动出穴中，飞而不高，故为硕鼠，正居坎故危。《学》：二三四互艮为鼠，晋由观来，观上巽为鱼，四之五成晋，上离为飞鸟，九四离鸟适当艮鼠与观卦巽鱼之位，硕鼠为水陆两栖动物，不仅取离卦飞鸟之象。

六五，悔亡，矢得勿恤，往吉无不利。象曰：“矢得勿恤，往有庆也。”动之乾，乾为庆也，矢，古誓字。誓，信也；勿，无；恤，忧也。五变得正，坎象不见故誓得勿恤，往有庆也。按六五动则外卦成乾，乾阳为庆，坎为加忧，动则坎隐，故勿恤。《义》：失位为悔，之正故亡。誓得，信得也。往谓之正。《学》：四五易位，三四五互坎之象虽不见，而上与三再易位，则上卦成坎，五当坎心，二三四又互坎，坎象益显矣。

上九，晋其角，惟用伐邑，厉吉，无咎，贞吝。象曰：“惟用伐邑，道未光也。”五已变，之乾为首位在首上，称角，故晋其角也。坤为邑，动成震而体师象，坎为心，故维用伐邑。得位乘五，故厉吉无咎，而贞吝矣。又角刚居上。(《周易象旨》）按上九失位，动而得正，则三至上体师象。《义》：维字误当为惟，心谓五也，五未正，体师，已正体坎，惟，思也，言思欲伐邑，谓五使上之三，伐坤也，得位故吉，无咎。乘阳故吝。谓五已正，离为光，上之三，伐邑，五得光也，五阳为道。

明夷☷（离下坤上）

《义》：临息卦，坎升，阳虽升而未光，犹伤于阴，故曰明夷也。言阳当有所诛杀，故曰明夷诛也。候在九月，五出成既济。

明夷，利艰贞。夷，伤也，临二之三，而反晋也，明入地中，故伤矣。谓五也，五失位，变出成坎，为艰，故利艰贞矣。按明夷卦自临来，此四阴二阳之例，临二之三则成明夷，倒反之则成晋卦，下离日为明，上坤为地，故明入地中。五失位变正，则外卦成坎。《义》：兼取反卦，非消息例。

象曰：“明入地中，明夷。内文明而外柔顺，以蒙大难，文王以之。利艰贞，晦其明也，内难而能正其志，箕子以之。”以，用也，三喻文王，大难谓坤，坤为弑父，迷乱荒淫，若纣杀比干。三幽坎中，象文王之拘羑里，震为诸侯，喻从文王者，纣惧出之，故以蒙大难，得身全矣。箕子纣诸父，故称内难。五乾天位，今化为坤，箕子之象。坤为晦，箕子正之，出五成坎，体离，重明丽正，坎为志，故正其志，箕子以之，而纣奴之矣。按内卦离为文明，外卦坤为柔顺，三为三公，故喻文王。坤阴消阳为弑父如纣迷乱荒淫，杀其叔父比干，二至四互坎，坎为狱。五本乾天之位，在明夷之时化为坤，以内甲言之，月三十日灭于坤，故为晦。五变成坎为既济，成两离而各爻皆正，故曰重明丽正。《疏》云：未出坎险，故箕子以仁人而为纣所囚。《义》：谓反晋，坎为入，文明，离也，柔顺坤也，蒙，遭也，虞以纣惧诸侯而出文王，乾为大明，故晦其明。

象曰：“明入地中，明夷，君子以莅众，用晦而明。”而，如也，君子谓三。体师象，以坎莅坤，坤为众，为晦，离为明，故用晦如明也。按三阳得正，故称君子。二至上体师，师内卦为坎，明夷上至四亦体坎，外卦坤，故以坎莅坤。《疏》云：虽在晦犹自明也。

初九，明夷于飞，垂其翼，君子于行，三日不食。有攸往，主人有言。象曰："君子于行，义不食也。"《义》：离为飞，晋时离在上，今反下，故垂翼。晋四下初，体震为行，晋初动，体噬嗑食，初从四下，不从坤变，故不食。离为日，自四至初三爻，故三日不食。荀氏云："暗昧在上，有明德者，义不食禄也。"《学》：明夷取象反晋，晋四下初，则成颐卦，颐中无物，故有不食之象。剥上鼎三虞注皆可证。按晋初动则成噬嗑，晋四之初为颐，徐氏之说似较洽，明夷三至五互震。

六二，明夷夷于左股，用拯马壮吉。象曰："六二之吉，顺以则也。"《义》：本临，三在震为足，初趾，二股也，震为左，故左股。拯，《子夏传》作耕，举也；壮，伤也。震为马，谓临二。震在坤下，失位而伤三，之二举之，得位而吉。按张氏以壮为伤，取大壮之解，似不然，盖夷已解为伤，则此处之壮，当为壮大之壮也。

九三，明夷于南狩，得其大首，不可疾贞。象曰："南狩之志，乃大得也。"《义》：体师，以坎征坤，离为南，故南狩。此本离上也，离上有嘉折首，坎为疾，疾贞，正乎坎也，言当征五成既济也。按二至上体师，故曰狩。

六四，入于左腹，获明夷之心，于出门庭。象曰："入于左腹，获心意也。"《义》：坤为腹，体震为左，本晋初也，在艮下，艮为门庭，今体震，故出坎为心。明夷之心三也，四应初历险，近得于三，故获明夷之心，于出门庭矣。按震东故为左。

六五，箕子之明夷，利贞。象曰："箕子之贞，明不可息也。"《义》：五正，则重明丽正，故不息。《学》：明夷五正成既济，有两离坎象，离日坎月，相推而明生，非仅取重离丽明之象，离大象继明即取离坎两象，明夷六五象传所谓明不可息者，盖必明有所继，始不可息也。

上六，不明晦，初登于天，后入于地。象曰："初登于天，照四国也。后入于地，失则也。"应在三，离灭坤下，故不明晦。晋时在上丽乾，故登于天照四国。今反在下，故后入于地失其则。按上六应于九三，坤上离下，故云离灭坤下。晋时离日在上，在上故丽于乾天。故登于天照四国，明夷反晋，明在坤下，故后入于地失则。《义》：谓晋时在坤上，坤为四国，反在坤下，三坎为则，三在下，不应上上失之。

家人䷤（离下巽上）

《义》：遁消卦，次讼，阴阳一家，故名曰家人。候在五月，三权变受上，成既济，消卦，正位多由家人，此发例也，卦不变消卦之正。

家人，利女贞。遁初之四也。女谓离巽，二四得正，故利女贞也。按家人自遁来，此四阳二阴之例，遁初之四即成家人，内卦离为中女，外卦巽为长女，二体离，四体巽，皆得正位。

彖曰："家人，女正位乎内，男正位乎外，男女正，天地之大义也。家人有严君焉，父母之谓也。父父子子，兄兄弟弟，夫夫妇妇，而家道正，正家而天下定矣。"遁乾为天，三动坤为地，男得天，正于五，女得地，正于二，故天地之大义也。遁乾为父，艮为子，三五位正，故父父子子。三动时，震为兄，艮为弟，初位正，故兄兄弟弟。三动时，震为夫，巽四为妇，初四位正，故夫夫妇妇也。按家人自遁来遁外卦乾为天为父，三动则内卦坤为地为母，男正位乎外指九五，女正位乎外指六二。乾为严为君，遁内卦为艮，艮为少男，故为子为弟。正位乎三，家人三动时成震，为长男，故为兄为夫，巽为长女故为妇。《义》：遁五不变，成既济二不变，离巽皆女，女以男为家，故三动正天地，则二五男女正内外矣。三本正位，变坤复易上成既济，所谓权也。父母，乾坤也，乾为君，坤为后，后亦君也，父子兄弟夫妇，所以各正，由父母正，故三动然后既济定。父尊子卑，当言初五位正，上已言三五，故省文。兄先弟后，夫内成，妇外成。三上易位，六爻皆正，成既济定，云行雨施，天下平。《学》：家人衹上爻不得位，第三爻以阳居阳位，本得乎正，必权变而后与上相易者，盖内离外巽二女无以成家人。三变成震为益卦，巽妇从震夫，然后家道成也。震下巽上，男在内而女在外，彖传言女正，位乎内男正位乎外者，三既动而与上相易，变为既济，则下离上坎，中女正位于内卦，中男正位于外卦矣。

象曰："风自火出，家人。君子以言有物而行有恒。"按外卦巽为风，内卦离为火。《义》：火天气，风地气，火则生风，得风而火盛，犹男女之道，相须而成，君子谓九三，遁艮贤人也，三动成震，为言，为行，纳上成坎为法，故有物有恒。

初九，闲有家，悔亡。象曰："闲有家，志未变也。"《义》：应四在坎为闲。闲，防也，初夫四妇，三未动，震巽未成，故闲之晦也，三动则悔亡。坎为志谓三。按闲，习也，坎为习，初得位得四，初阳故为夫。四阴体巽，故为妇。二至三互坎。

六二，无攸遂，在中馈，贞吉。象曰："六二之吉，顺以巽也。"《义》：二得地正，坤道从阳，故无攸遂。三动体颐，二在颐中，五在颐上，艮手馈养，故在中馈。居正应五，故吉。坤为顺，巽谓五。按三动，初至五体颐，三至五互艮手二居中得正应五，故在中馈贞吉。

九三，家人嗃嗃，悔厉吉；妇子嘻嘻，终吝。象曰：“家人嗃嗃，未失也；妇子嘻嘻，失家节也。”《义》：嗃嗃，悦乐自得之貌。三动震为喜乐，故嗃嗃。失位故悔厉，天地正故吉。嘻嘻，乐笑无节也。妇巽子震也，三终为坤而不正，位则悦乐之过，而妇子嘻嘻矣，谓当与上易位。坎为节，三上易，则体两坎，为家节。《学》：九三互坎为忧，家人由遁来，遁由遘消遘由乾消，家人三即乾三，君子终日乾乾，夕惕若，厉无咎，嗃嗃犹之忧心，悄悄也。故悔厉吉。三权变则下卦成震为喜笑，即妇子嘻嘻矣，马训似不可从。

六四，富家大吉。象曰：“富家大吉，顺在位也。”三变体艮，艮为笃实，坤为大业，得位应初。顺五乘三，比据三阳，故曰富家大吉，顺在位也。谓顺于五矣。按三变则三至五互艮，艮万物之所成终而所成始，故为笃实。二至四互坤，坤为事，为众，故为大业。以阴居阴，故曰得位。上顺于五，下乘于三，初三五皆阳，故云比据三阳。

九五，王假有家，勿恤吉。象曰：“王假有家，交相爱也。”乾为爱也，二称家，三动成震，五得交二，初得交四，故交相爱。震为交也。按《疏》云：乾元为仁，故为爱。二位在大夫故称家。三动则内卦为震。屯卦云刚柔始交，故震为交。《义》：假，大也。乾五称王，家谓二，坎为恤，谓三也。三变则五交二，无忧而吉。《学》：家人二应五，四应初，阴阳皆得正相应，必待三动而后得交者，盖离巽二女皆阴性，上下不相交，故必三动成震，内外阴阳正位，乃能相交也。

上九，有孚，威如，终吉。象曰：“威如之吉，反身之谓也。”三已变，与上易位成坎，坎为孚，故有孚。乾为威如，自上之坤，故威如。易则得位，故终吉也。谓三动，坤为身，上之三成既济定，故反身之谓。此家道正，正家而天下定矣。按三已变阴，与上易位，则外卦为坎，乾为君为父，故威如。

睽䷥（兑下离上）

《义》：消息卦，通蹇，坤五丽乾五，微阴始著，阴阳之气自此而分，故名曰睽。睽，乖也。义在乾五，伏阳，出通坤五，故先睽而后同。候在十二月卦，唯言五应乾，消息之义，爻取五正，则定既济，明乾元也。

睽，小事吉。大壮上之三，在系盖取无妄二之五也，小谓五，阴称小，得中应刚故吉。按睽自大壮来，此亦四阳二阴之例，大壮上之三，则成睽，六五阴爻，故小谓五，五居外卦之中，故得中。《义》：四阳之例，杂卦曰：睽外也。亦谓阳动而外也。系辞云：弧矢之利，以威天下，盖取诸睽。此象云：“柔进而上行。”故知与盖取同义，应刚蹇乾五。

象曰：“睽火动而上，泽动而下，二女同居，其志不同行。说而丽乎明，柔进而上行，得中而应乎刚，是以小事吉。天地睽而其事同也，男女睽而其志通也，万物睽而其事类也，睽之时用大矣哉。”离火炎上，泽水润下也。二女，离兑也。坎为志，离上兑下，无妄震为行，巽为同，艮为居，二五易位，震巽象坏，故二女同居其志不同行也。说，兑；丽，离也。明谓乾。当言大明以丽于晋，柔谓五，无妄巽为进，从二之五，故上行。刚谓应乾，五伏阳非应二也与鼎五同义也。坤为事也，五动体同人。故事同矣五动乾为天四动坤为地，故天地睽四动艮为男，兑为女，故男女睽，坎为志为通，故其志通也，四动万物出乎震，区以别矣，故万物睽坤为事为类，故其事类也。按上离为中女，下兑为少女，故曰二女。三至五互坎为志，卦又自无妄来，无妄震为足为行，三至五互巽，巽震同声相应，二五易位成睽，则震巽象坏矣。乾象曰：“大明终始。”晋象曰：“顺而丽乎大明。”故当言大明以丽于晋。张氏疑丽为例，似宜从之。无妄巽为进退，二上之五成睽，故上行。六五得中，应乾五，盖六五伏阳故也。旁通蹇，蹇九五亦阳。《义》：无妄二之五，二动为火，五动为泽，巽艮体，皆坏，则同居者原其在无妄而言，非即谓离上兑下为同居。女道外成，离兑为姊妹，故原在家为同居，乾五伏阳，即蹇五也，丽疑当为例，晋言丽乎大明，大明谓乾，此亦当然，与晋同，则脱字也。鼎应屯五乾，睽应蹇五乾，乾上坤下，象天地否，故天地睽。咸两象易，故男女睽。震生兑杀，故区以别矣。离夏兑秋坎冬，四变震春，故曰时。惠征士云：“非义之常。”故曰时用也。

象曰：“上火下泽，睽。君子以同而异。”《义》：君子谓乾五伏阳，伏阳出成巽为同，四动三上易位，既济定，乾坤别，故以同而异。

初九，悔亡。丧马勿逐自复，见恶人无咎。象曰：“见恶人，以避咎也。”无应悔也，四动得位，故悔亡。应在于坎，坎为马，四而失位，之正入坤，坤为丧，坎象不见，故丧马。震为逐，艮为止，故勿逐。坤为自，二至五体复象，故自复。四动震马来，故勿逐自复也。离为见，恶人谓四，动入坤初，四复正，故见恶人以避咎矣。按九四以阳居阴失位，动而得位以应初，故悔亡。三至五互坎，坎其于马也为脊，故为马。四变则三至五坤，二至四成震，外卦为艮，二至五体复，震为足，故为逐。其于马为作足，故为马。故丧马勿自复。离为目故为见。四不变时失正，故为恶人。既变则成坤而初四皆正矣，四而失位之而字，孙黄二氏疑衍，是也。《义》：而衍，当以二变四至初体复，云二至五似非，四离焚弃，故恶人。《学》：四变之正，二至五互复卦，虞说不误，二四俱变之正，初至五互复卦，张氏以二变四至初体复，其说实非。又按徐说是也。

九二，遇主于巷，无咎。象曰："遇主于巷，未失道也。"二动体震，震为主，为大涂，艮为径路，大道而有径路，故称巷。变而得正，故无咎而未失道也。动得正，故未失道。按二失位，故当变。变则内卦成震，震为大涂，又长子主器，故为主。变而得正，故无咎而未失道也。

六三，见舆曳，其牛劓。其人天且劓，无初有终。象曰："见舆曳，位不当也。无初有终，遇刚也。"离为见，坎为车，为曳，故见舆曳。四动坤为牛为类，牛角一低一仰，故称劓。离上而坎下，故其牛劓也。其人谓四，恶人也。黥额为天，割鼻为劓。无妄乾为天，震二之乾五，以阴墨其天，乾五之震二，毁艮割其劓也，兑为刑人，故其人天且劓。失位动得正成乾，故无初有终。象曰遇刚，是其义也。动正成乾，故遇刚。按坎其于舆也为多眚，故见舆曳。四动则三至五互坤，坤为牛，为方为事为类，自无妄来，二至四互艮为鼻，震二上之乾五成睽，故其人天。乾五下之震二则艮象毁，故且劓。兑为毁折，故为刑人。三失位，动则内卦成乾阳，遇刚故有终。《义》：当以四动坤为舆，直取坎车，似非，舆谓四也，为类未详，疑字之误。四睽五顾三，三失位，故所见舆牛人皆四也。三失位故见四顾之，刚谓上，三与上相易。《学》：说卦传：坤为大举，坎为曳，其于舆也为多眚，舆曳自当取坎象。类字不误，乾坤合而言之，皆有类。乾阳类，坤阴类。分而言之，乾为群，坤为类。系辞传：方以类聚，物以群分。虞注坤方道静，故以类聚。乾物动行，故以群分，观乎虞说，则坤之为类，义至明显。又按：徐氏之言是也。

九四，睽孤，遇元夫，交孚，厉无咎。象曰："交孚无咎，志行也。"孤，顾也。在两阴间，睽五顾三，故曰睽孤，震为元夫，谓二已变，动而应震，故遇元夫也。震为交，坎为孚，动而得正，故交孚厉无咎矣。坎动成震，故志行也。按离为目，四在两阴间，以阳居阴失位，故不承五。而下欲据三，震为长男，故为元夫。二变则内卦为震，四动应初，故遇元夫。震，乾坤始交，故为交，为足故为行。坎为志为孚，四动则成震，故交孚志行也。《义》：体离故为目。《说文》云："睽，目不相视也。"四失位不承五，而顾三，故曰睽孤也。坎动成震，故交孚。《学》：四本与五比，乃睽五顾三，而四五终相易，上本与三应，乃睽三顾五，而上三终相易，即先睽后同之道，初得位而无应，四变之正，则与初应，四顾者三，欲三亦变之正，而应上之变也。上顾五者，欲五亦变之正而应二之变也。

六五，悔亡，厥宗噬肤，往何咎。象曰："厥宗噬肤，往有庆也。"往得位，悔亡也。动而之乾，乾为宗，二体噬嗑，故曰噬。四变时艮为肤，故曰厥宗噬肤也。变得正成乾，乾为庆，故往无咎，而有庆矣。按六五以阴居阳失位，动则成乾而得位，乾阳为庆，天者人之所本，故为宗。二动则成噬嗑，四变时外卦艮为肤。《义》：明五变四乃能变，五本与乾五为体，宗谓乾五，伏阳，非谓二应。

上九，睽孤，见豕负涂，载鬼一车。先张之弧，后说之壶。匪寇婚媾，往遇雨则吉。象曰："遇雨之吉，群疑亡也。"睽三顾五，故曰睽孤也。离为见，坎为豕，为雨，四变时，坤为土，土得雨为泥涂，四动艮为背，豕背有泥，故见豕负涂矣。坤为鬼，坎为车，变在坎上，故载鬼一车也。又坎水滞于卦中不能留，有泥涂之象。(《周易窥余》)五已变乾为先，应在三，坎为弧，离为矢，张弓之象也，故先张之弧。四动震为后，说犹置也，兑为口，离为大腹，坤为器，大腹有口，坎酒在中，壶之象也，之应历险，以与兑，故后说之壶矣。匪，非，坎为寇，之三历坎，故匪寇，阴阳相应，故婚媾。三在坎下，故遇雨。与上易位，坎象不见，各得其正，故则吉也。物三称群，坎为疑，三变坎败，故群疑亡矣。按上九与六三相应，皆不正，故睽三顾五，三至五互坎，坎为雨，为车，为弓轮，为弧，为寇，为亟心，为心病，故为疑。四变时则互坤土，而外卦为艮矣。艮彖云：艮其背，故为背。以纳甲言之，坤为死魄，故为鬼。说，脱也。离为戈兵，故为矢。震彖曰："后有则。"故为后。之应则遇坎险，而竟为毁折，故后脱之壶。三上不正，易位相应，则各得其正，而坎象不见矣，故吉而群疑亡也。《义》：豕鬼皆谓五，五未变，上失正，所见如此，五变，上乃与三相应，三不应已，四动三乃与上相应，坎象不见，壶空置矣。三匪与上为应，上易三，下坎为寸，成既济定。坎三爻也。

蹇䷦（艮下坎上）

《义》：消息卦，通睽，萃四既息五，则下反三，而为蹇，蹇三之复二成睽，睽五应蹇五，乾坤乃通，阳老入重坎，始蹇难，故名曰蹇。坤德至蹇而复，故卦辞利西南，不利东北，与坤同也，候在十一月，成既济，坤元复也。

蹇，利西南，不利东北，利见大人，贞吉。观上反三也，坤，西南卦。五在坤中，坎为月，月生西南，故利西南。往得中，谓西南得朋也。艮东北之卦，月消于艮，丧乙灭癸，故不利东北，其道穷也，则东北丧明矣。离为见，大人谓五，二得位应五，故利见大人，往有功也。五当位正邦，故贞吉也。按蹇自观来，从二阳四阴之例，观上反三，则成蹇，坤位在西南，乾五在坤中，则成坎，坎为月，月生西南，故利西南。西南得朋，故往得中。内卦艮，艮东北之卦，退辛消丙。（见坤象纳甲图）丧于乙，乙东方，灭癸，北方，故不利东北，东北丧朋故也。《义》：观上即萃四，萃观上之四也，坤德成观，又二阳之例，故不言萃四，此言乾五当使三之复，二成睽也，三之睽成震兑，西南得朋，五居坤中，以应睽五，故曰利西南。与坤同义，然得中者，谓三往居二，中爻就一卦言，以外体为往卦，就消息言，以之卦为往，义各有当也。言丧乙灭癸，明不但以艮为东北也，则西南亦指震兑，此乃据爻义言之。坤为邦，乾正坤，明初当正。《学》：坤位西南，利西南乃坤卦惟一之义，蹇利西南，不仅与坤同义，三之复二成临，上息为睽，震在复初，兑在临三，月体纳甲，震西兑南，此一义也。蹇利在乾五使三之复二成睽，睽下兑位西，上离位南，此又一义也。二十三日月消艮丙，二十九日消乙入坤，三十日灭藏于癸，坤纳乙癸，乙属东方，癸属北方，不利东北，据八卦方位，则东北指艮卦丑寅，据月体方位，则东北指乙癸。

彖曰：“蹇，难也，险在前也。见险而能止，知矣哉。蹇利西南，往得中也，不利东北，其道穷也，利见大人，往有功也，当位贞吉，以正邦也，蹇之时用大矣哉。”离见，坎险。艮为止，观乾为知，故知矣哉。大人谓五，二往应五，五多功，故往有功也。坎月生西南，而终东北，震象出庚，兑象见丁，乾象盈甲，巽象退辛，艮象消丙，坤象穷乙，丧灭于癸，终则复始，以生万物，故用大矣。按坎险在外卦，故曰险在前也。三至五互离为见，乾以易知，故为知。坎为月，以纳甲而言，月生西南，而终于东北，出震庚，见兑丁，盈乾甲，退巽辛，消艮丙，穷灭于坤，坤纳乙癸，终则复始，循环不穷，万物以生，参坤象解。《义》：前，外也。诸爻言往蹇，以险在前，五体观乾，三之复二得中，震西兑南，三在坤中，坤东癸北，阳道穷。五正坤，坤为邦，三之复二，成震兑。五乾照之，为阳息。变之四成巽艮，灭于坤，为阴消，故备时用。蹇，坤乾之合，阳将老，故又发此义。

象曰："山上有水，蹇。君子以反身修德。"君子谓观乾，坤为身，观上反三，故反身。阳在三，进德修业，故以反身修德。孔子曰："德之不修，是吾忧也。"按卦自观来，故君子谓观乾，观上反三成蹇，九三乾文言九三云君子进德修业，故反身修德。《义》：山上有水，地险山川，故为蹇难。体乾九三，故曰君子。观乾德外著，反之于内，体乾之夕惕。

初六，往蹇来誉。象曰："往蹇来誉，宜待时也。"誉谓二，二多誉也。失位应阴，往历坎险，故往蹇。变而得位，以阳承二，故来而誉矣。艮为时，谓变之正，以待四也。按初六以阴居阳，故失位。上应六四则历坎险，外卦坎，二至四亦互坎，故往蹇，初六动而得位，成既济，而承于中正之六二，故来则多誉，艮象云。动静不失其时，故为时。孙黄二氏以承二之承疑作比，似非。《义》：蹇以见险而止，为义，故诸爻并言往来，内卦则以外卦为往，外卦则以变为往。

六二，王臣蹇蹇，匪躬之故。象曰："王臣蹇蹇，终无尤也。"观乾为王，坤为臣，为躬，坎为蹇，之应涉坤，二五俱坎，故王臣蹇蹇。观上之三，折坤之体，臣道得正，故匪躬之故。象曰终无尤也。按观四变外卦为乾，内卦为坤。蹇，险难也，坎象，观二之应则涉坤，蹇外卦为坎，二至四亦互卦，故王臣蹇蹇，观上之三，则成蹇，而九三得正，坤体折，故匪躬之故。《疏》云：五本坤乾居之，故云之应涉坤，似非。《义》：蹇亦险难，君臣同难。尤亦悔意，坎也，终无尤，言不累于坎。

九三，往蹇来反。象曰："往蹇来反，内喜之也。"应正历险，故往蹇。反身据二，故来反也。内谓二阴也。按九三应上六，外卦坎险，故往蹇历险。返身据二，阳为喜，六二居内卦之中得位，方蹇难之时，得阳刚之助。故喜也。《义》：江承之云："反当谓三反之复二成临息睽，注似非，二是阴爻，反身据二是其义也。"按江承之以虞注为非，云："当为三反之复二成临息睽，则不免于迂矣。"《疏》云：上反于三，下据于二，舍应从比，亦非虞义。

六四，往蹇来连。象曰："往蹇来连，当位实也。"连，辇；蹇，难也。在两坎间进则无应故往蹇。退初介三，故来连也。按辇，《说文》云："輓，车也。"《周礼·小司徒》注曰："辇，人挽行所以载任器也。"故书辇作连。郑司农云："连读为辇。"是也。段氏注云："连辇古今字。"《左传·庄公十一年》辇其母，谓运其母也。《说文》云："连，负车也。"段注云："连即古文辇也，人与车相属不绝，故引申为连属字。"又《说文》云："联，连也。"是辇亦连属之意也。外卦坎，三至四亦坎，故在两坎之间，进则遇险，而无应，故往蹇。退初则连于三，故来连也。六四当位，而比于九三，阳实，故当位实也。《义》：辇亦难意，故通训之。进谓变往，初已正，故无应。阳为实，谓初变正应四，不以来连为患。《学》：六四得正，不宜变往，初爻失位，未变之正，六四虽正而无所应，张氏已字似当作示，如谓初已变正而四亦变则无应，其说不免太曲。又按徐氏之言是也，张氏及疏皆以连为难意，似非虞义。

九五，大蹇朋来。象曰："大蹇朋来，以中节也。"当位正邦，故大蹇，睽兑为朋，故朋来也。按九五居中得正，故方蹇难之时可以正邦。蹇，旁通睽，睽内卦兑为朋。《义》：九五以乾通睽，故大其蹇。三之复二为兑，西南得朋，五中节，故能睽而同，是以朋来。《中庸》曰："发而皆中节。"

上六，往蹇来硕吉，利见大人。象曰："往蹇来硕，志在内也。利见大人，以从贵也。"险在险上，变失位，故往蹇，硕谓三，艮为硕，退来之三，故来硕。得位有应，故吉也。离为见，大人谓五，故利见大人矣。按上六处蹇之极，在外卦坎险之上，变则失位，故往蹇。来应于三，皆各当位，艮，阳为石，故为硕。《义》：上无所往，故知以变为往，坎为志，三在内，五乾为贵，言上应三，则比五。

解䷧（坎下震上）

《义》：临息卦，坎明夷，阳动而交坤，阴始解散，故名曰解。候在二月，卦辞成屯，消息震也，屯则既济定，故爻至上而三正。

解，利西南。无所往，其来复吉。有攸往，夙吉。临初之四，坤西南卦，初之四得坤众，故利西南，往得众也。四本从初之四，失位于外，而无所应，故无所往。宜来反初，复得正位，故其来复吉也。二往之五，四来之初，成屯，体复象，故称来复吉矣。夙，早也；离为日，为甲。日出甲上，故甲也，九二失正，早往之五则吉，故有攸往夙吉，往有功也。按解从临来，从二阳四阴之例，临初之四则成解，临外卦坤，坤位西南，初之四成解，故得坤众。解四即临之初也，临初也，临初之四成解，以阳居阴故失位。解初亦失位，故无所往。来反于初，则复得正位，故其来复吉。二至四互离日，九二以阳居阴失正，早往之五则吉而有功。《义》：二阳例，此说西南与坤往违，盖非也。四在震，二往之五成兑，震西兑南，西南得朋，正坤五，故利西南，往得众也。初亦失位，不相应也，下云夙吉，知二往之五，四乃得来之初，乾为甲，离亦为甲，日所出也，四变则离不见，故夙吉。《学》：天干乾纳甲，离纳己，乾之为甲，是甲乙之甲，离之为甲，乃甲胄之甲，甲字篆文从日出甲上，甲属天干，指东方甲木，日出扶桑若木也。虞氏于甲取离象，张氏误以乾离二甲合而为一，宜其未能正虞氏之纰缪，象传甲宅之甲，当取乾象，张氏兼取离象，亦非。又按张氏之注似非。

象曰："解，险以动，动而免乎险，解。解利西南，往得众也。无所往，其来复吉，乃得中也。有攸往夙吉，往有功也。天地解而雷雨作。雷雨作而百果草木皆甲宅。（今本宅作拆，从古文宅而讹。）解之时大矣哉。"险，坎；动，震。解二月，雷以动之，雨以润之，物咸孚甲，万物生震，震出险上，故免乎险也。按坎险，震动，动而出险，所以为解。《汉书·五行志》云："雷以二月出。"故解于消息，候在二月。坎水为雨，"雷以动之"二句说卦文，帝出乎震，二月物咸孚甲而出。《义》：春分雷动地中，下坎为雨也，震为出，坎解为雨，故免乎险。二之五，之外故往也。复初为中，中，正也，天元之正也，二已之五，四来体复，故乃得中也。二之外为往，五多功也，临乾解坤，故天地解。惠征士云：皮曰甲，根曰宅，乾为百果，震为草木，离为甲，艮为宅，解之时，震时也，万物出故大。

象曰："雷雨作，解，君子以赦过宥罪。"君子谓三伏阳，出成大过，坎为罪，入则大过象坏，故以赦过。二四失位，皆在坎狱中，三出体乾，两坎不见，震喜兑说，罪人皆出，故以宥罪。谓三入则赦过，出则宥罪，公用射隼，以解悖，是其义也。按震雷坎雨，三阴失位伏阳，变正则为君子，三正则解，初至五体大过，解内卦及三至五毕坎，坎陷为罪，为入，三不变，则不成大过，故赦过。二四皆失位，在两坎中，坎陷为狱，三变则二至四体乾，坎象不见，外卦震春为喜，三至五互兑悦，故罪人皆出，故曰宥罪。谓三不变则赦过，变则宥罪也，公用射隼，上六爻辞。《义》：阳升为雷，阴下为雨，取三伏阳者，临二阳息，乾三当位，临来之，卦升明夷，皆三正位，故解。伏阳出以解悖也。

初六，无咎。象曰："刚柔之际，义无咎也。"与四易位，体震得正，故无咎也。体屯初震，刚柔始交，故无咎也。按初与四易位而二之五，则成屯，初体震得正，象曰"刚柔始交"，故无咎。《义》：二已屯五，故体震。失位宜咎，之正，故无咎。初四变，不言贞者，解主九二，二贞则诸爻皆正。二五已正，故体屯。

九二，田获三狐，得黄矢，贞吉。象曰："九二贞吉，得中道也。"二称田，田，猎也。变之正，艮为狐，坎为弓，离为黄矢，矢贯狐，体二之五历三爻，故田获三狐。得黄矢，之正得中，故贞吉。动得正，故得中道。按地上称田，二，地位，故称田，故乾九二，曰见龙在田，二至四互离，系辞下云：以田以鱼，盖取诸离，故有田猎象。九二失位，变正则二至四互艮，为狐，坎为弓轮，离为戈兵，又离二称黄离，故为黄矢，艮在四，离在三，黄矢贯狐体。《义》：体乾九二在田，体坎离则象猎，二离黄矢，之正艮体见，故获狐。二上五艮狐象，四下初，又艮二三四三爻皆狐，故三狐，三解悖，离复见，故得黄矢。

六三，负且乘，致寇至，贞吝。象曰："负且乘，亦可丑也。自我致戎，又谁咎也。"负，倍也，二变时，艮为背，谓三四艮倍五也。五来寇三时，坤为车，三在坤上，故负且乘。小人而乘君子之器，故象曰"亦可丑也"。五之二成坎，坎为寇盗，上位慢五，下暴于二，慢藏悔盗，故致寇至，贞吝。象曰"自我致戎，又谁咎也"。临坤为丑也，坤为自我，以离兵伐三，故转寇为戎。艮乎招盗，故谁咎也。按负，背也，倍即背也，二变则二至四体艮，艮卦云：艮其背。故为背，五在四后，故云三以四背五，小人乘君子之器，系辞上文。解又或自萃卦来，萃内卦坤为车，萃五之二成解。解内卦坎为寇，故云寇三。解二本萃五，故云在坤上。故负且乘，致寇至。卦自临来，临外卦坤，为黑故丑。为形，为自，为我。《义》：三伏阳解悖，六三非能自正，故以致盗，言之。本象二变之五为萃，正与困二入宫同。五在艮后，故三以四艮倍五，五之三成解也，坤为器，乾为君子，乾在坤上，称君子德车。五之二失正，故为寇盗。坎心为悔，坤为藏，困兑为见，藏而见，故慢藏也。伏阳出三，则贞矣，可丑故吝也。义无取于临坤，不可云萃坤，故借言临坤，甚三之罪二藏坤时，艮手招盗，谓二欲五伐三。

九四，解而母，朋至斯孚。象曰："解而母，未当位也。"二动时，艮为指，四变之坤为母，故解而母。临兑为朋，坎为孚，四阳从初，故朋至斯孚矣。按二变时二至四体艮，四变体坤，母即拇。母，大指也，四阳应初，临内卦为兑朋，解内卦为坎孚，故朋至斯孚，九四以阳居阴，故未当位。《义》：母，大指也。坤艮兼象指母，四解坤而成母，四本临之兑，四为二之朋，朋主自四，谓二往也，二之五成坎，故斯孚。

六五，君子惟有解，吉，有孚于小人。象曰："君子有解，小人退也。”君子谓二之五得正成坎，坎为心，故君子惟有解吉，小人谓五，阴为小人，君子升位，则小人退在二，故有孚于小人；坎为孚也。二阳上之五，五阴小人，谓之二也。按二阳上之五得正位成坎，惟，思也，故君子惟有解。《义》：惟，思也，君子思解则解矣。《乾凿度》曰："阴失正为小人，三阳出二亦为坎。"

上六，公用射隼于高庸之上，获之无不利。象曰："公用射隼，以解悖也。"上应在三公，谓三伏阳也，离为隼，三失位，动出成乾，贯隼入大过死象，故公用射隼于高庸之上，获之无不利也。坎为悖，三出成乾，而坎象坏，故解悖也。按三阴失正伏阳，变正，与上六应，三公位，二至四互离，离为雉，故为隼。三失位，变则初至五体大过死，故公用射隼。庸城也，三变，下卦巽为高为伏，故为高墉。《义》：凡公皆三也，六三暴慢，故知三，伏阳，三乾君子赦过宥罪，谓此也。离矢坎弓，乾人发之，同人注云："巽为庸。"既济定，故无不利。《学》：巽亦为高，见说卦传。解三四未变而五先与二易位，三四五互巽，上爻据互巽之前，故取象高庸之上。否二之上成困，解救否卦六二遁子弑父之悖，困二入宫仍还否二，萃五之二，夺之成解，又将弑父之悖解免，解三即萃三，萃三即困三，亦即否三，臣弑君之悖显著如故，六三伏阳出现，则悖解而暴除，上应在三，上爻所解之悖，即解救否三弑君之悖。

损䷨（兑下艮上）

《义》：泰息卦，坎即济，消之始，损阳益阴，失位故曰损，谓泰不久也。候在七月，二五正成益，上之三既济，必成益者，损衰益盛也。

损有孚，元吉，无咎，可贞，利有攸往。曷之用，二簋可用亨。泰初之上，损下益上，以据二阴，故有孚元吉，无咎。艮男居上，兑女在下，男女位正，故可贞，利有攸往矣。按损自泰来，从三阳三阴之例，泰，初之上成损，损乾之下，以益坤上，成损而下据二阴，孚于二阴，故有孚元吉无咎。上卦艮为少男，下卦兑为少女。《义》：自初之上，自上之三，坎为孚，泰初乾元损成既济，由上故元吉。失位宜咎，元吉，故无咎。皆泰之上，一爻当之。男女位正者，正明构精化生，所以可贞，非谓此为贞也，可贞谓二五也，二五失位，二当贞，五则成益，万物化生，则上益三而亦正也，利有攸往，谓三也。与上爻辞同义，损家损下，故二益五，自二往上，益三则自三往。坤为用，谓二正五成益，上为宗庙，震长子主祭，坤为器，艮手执器，亨祭之象，簋黍稷器圆曰簋，方曰簠，周官旊人为簋。则簋以瓦为之，坤为土，上之三成两离，离火烧土而中虚，体乾为圆，在祭器则簋也，谓益道成既济定，耒耨之利，荐之宗庙，当泰之后，王者治定制礼也。《学》：损卦上艮少男，下兑少女，男女内外正位，而二五未得位，变之正成益，变为下震上巽，长男在下，长女在上，二五得位，而男女内外之位未正，成益以后，上之三成既济，变为下离上坎，中女在下，中男在上，男女位正，二五皆得位。损家损下，二之五成益，由二往之五，既变成益，则益家损上，故上来之三成既济，上既来益三，三乃往之上，三往在上未之后，如谓上来由于三往，则与益家损上之道不合，损卦上九虞注：损上益三，益卦六三与象传，虞注皆言上来益三，义至明显。

象曰："损，损下益上，其道上行，损而有孚，元吉无咎，可贞，利有攸往。曷之用，二簋可用亨，二簋应有时，损刚益柔有时，损益盈虚，与时偕行。"时谓春秋，损二之五，震二月，益正月春也，损七月，兑八月秋也，谓春秋祭祀，以时思之，艮为时，震为应，故应有时也。谓冬夏也，二五已易成益，坤为柔，谓损益上之三成既济，坎冬离夏，故损刚益柔有时。乾为盈，坤为虚，损刚益柔，故损益盈虚。谓泰初之上，损二之五，益上之三，变通趋时，故与时偕行。按损二之五成益，故损下益上，又艮山在上，兑泽在下，损下泽，以增山高，故损下益上，下体震春，值二月以益正月，属于春，损于消息为七月卦，下体兑秋，属八月。"春秋""祭祀"二句见《孝经》。震善鸣，故为虚，益二之四为坤，益上之三，则成既济，外坎冬，内离夏，月盈乾，虚坤。泰初之上成损，损二之五成益，益上之三成既济，系辞下云："变通者趋时宜也。"故与时偕行。《义》：谓泰初之上，由乾上行，故损之道如此，所谓天地壹壹，万物化醇。损由泰反否，衰之始也，圣人于此明与时偕行之义，谓持泰之道，损有而孚，反益而成既济，人道备矣。《学》：损二五易位成益，下震上巽，雷风同声相应，不持震为应也。

象曰："山下有泽，损，君子以征忿窒欲。"君子泰乾，乾阳刚武为忿，坤阴吝啬为欲，损乾之初成兑说，故征忿。初上据坤，艮为止，故窒欲也。按损自泰来，泰内卦乾为君子，为刚武为忿，外卦坤为吝啬，为多欲，损乾之初成兑悦，故征忿。以益上据坤成损，艮为山为止，故窒欲。

初九，祀事遄往，无咎，酌损之。（今本祀作已）象曰："祀事遄往，上合志也。"祀，祭祀，坤为事，谓二也。遄，速；酌，取也。二失正，初利二速往合志于五，得正无咎，已得之应，故遄往无咎酌损之。象曰上合志也。祀旧作巳。终成既济，谓二上合志于五也。按九二失正，初九得正，故无咎。初利二速往合志于五，而已得应四，二居五，取上益三，故酌损之。合志于五之五字，张氏及孙黄二氏本俱作正，正疑为五。惠校本作五，今从惠校本。《义》：二簋用亨，故举祀事，用亨者二，正当为五，无咎亦谓二。

九二，利贞，征凶，弗损，益之。象曰："九二利贞，中以为志也。"失位当之正，故利贞。征，行也。震为征，失正毁折，故不征之五则凶，二之五成益，小损大益，故弗损益之矣。动体离中，故为志也。按九二失位，之五则正，内卦兑为毁折，故不之五则凶，二之五成益，阳大阴小，二之五，五阳，故大益。二成阴，故小损。二之五，三上易位成既济，二体离中，二至四为坎，坎为志。《义》：不贞则为震，体兑，征当为贞，声之误也。二有应于五，震性行，故戒其不正而之应于五也。贞之五，亦损下，故小损。

六三，三人行则损一人，一人行则得其友。象曰："一人行，三则疑也。"泰乾三爻为三人，震为行，故三人行。损初之上，故则损一人。一人谓泰初之上，损刚益柔，故一人行。兑为友，初之上据坤应兑，故则得其友，言致一也。坎为疑，上益三成坎，故三则疑也。按损自泰来，泰内卦乾为人，三爻故三人损初之上，以成损，故损一人。泰初之上是一人行也，有孚于二阴，下应兑友言致一也，系下文。坎多心，故为疑。《义》：乾为人，谓泰三爻拔茅茹，一人行反来益三，此言得反。上来益三，由三往之上，故上但言应兑而已，致一谓天地化醇，男女化生。

六四，损其疾，使遄有喜，无咎。象曰："损其疾，亦可喜也。"四谓二也，四得位，远应初，二疾上五，已得承之，谓二之五，三上复，坎为疾也，阳在五称喜，故损其疾，使遄有喜。二上体观，得正承五，故无咎矣。二上之五，体大观象，故可喜也。按系辞云：二与四同功而异位，遄，速也，六四得位远应于初，而隔于二，欲二疾上五，则已得应初承五，故损其疾。使遄有喜无咎也。二之五，三上易位，则成既济，外卦坎。损二之五则二至上体观，大观在上，故可喜。《义》：与初同义，二坎体，故称疾，亦彖称上有孚之义。三正四在坎疾，故明之无咎。

六五，或益之十朋之龟，弗克违，元吉。象曰："六五元吉，自上右也。"谓二五已变成益，故或益之。坤数十，兑为朋，三上失位，三动离为龟，十谓神，灵，摄，宝，文，筮，山，泽，水，火之龟也，故十朋之龟。三上易位成既济，故弗克违元吉矣。按二上之五则成益，地数成于十，故坤数十。益三动则三至五互离，十朋之龟，《尔雅·释鱼》云："一曰神龟，二曰灵龟，三曰摄龟，四曰宝龟，五曰文龟，六曰筮龟，七曰山龟，八曰泽龟，九曰水龟，十曰火龟。"《义》：或者不主之辞，不可云上益之故云或。惠征士不违龟筮也。

上九，弗损益之，无咎贞吉。利有攸往，得臣无家。象曰："弗损益之，大得志也。"损上益三也，上失正，之三得位，故弗损益之，无咎贞吉。动成既济，故大得志。三往之上，故利有攸往。二五已动成益，坤为臣，三变据坤，成家人，故曰得臣。动而应三成既济，则家人坏，故曰无家。二五已变，上下益三，成既济定，离坎体正，故大得志。按上与三应，上以阳居阴失位，之三得位，故弗损而益三，无咎贞吉矣。二五已正，三上易位，成既济定，故大得志。自内曰往，三往之上，得正故利。二五动成益，二至四互坤，益三变则成家人，三已正，而上动应之，则成既济，不成家人矣，故得臣无家。

益䷩（震下巽上）

《义》：否反泰，消息卦，否终必倾，损上益下，中行得位，故名曰益。益与恒旁通，明益之道，当恒也，益卦义不取恒，候在正月，三正由上益三成既济，故曰益，盛之始也。

益，利有攸往，利涉大川。否上之初也，损上益下，其道大光。二利往坎应五，故利有攸往。中正有庆也。三失正，动成坎，体涣，坎为大川，故利涉大川。涣舟楫象，木道乃行也。按益从否来，从三阳三阴之例，否上之初之上字宜作四，系辞下：盖取诸益。注云："否四之初"是也。否四之初则成益。张氏李氏悉作上，谓否终必倾，下反于初以成益，似非。否四之初，故损上卦益下卦。三上易位成既济，离日为光，外卦为坎，五居坎中，二往应之，皆得正居中，故中正有庆。三失位，变正则二至上体涣，二至四互坎为大川，系辞下云：舟楫之利。盖取诸涣。巽为木，故利涉大川，木道乃行。《义》：言应坎者，明当成既济。

彖曰："益，损上益下，民说无疆。自上下下，其道大光。利有攸往，中正有庆。利涉大川，木道乃行。益动而巽，日进无疆。天施地生，其益无方。凡益之道，与时偕行。"四之初，坤为无疆，震为喜笑，以贵下贱，大得民，故说无疆矣。乾为大明，以乾照坤，故其道大光。

或以上之三，离为大光矣。中正谓五，而二应之，乾为庆也，三动成涣，涣舟楫象，巽木得水，故木道乃行也。震三动为离，离为日，巽为进，坤为疆，日与巽俱进，故日进无疆也。乾下之坤，震为出生，万物出震，故天施地生。阳在坤初，为无方。日进无疆，故其益无方也。上来益三，四时象正，艮为时，震为行，与损同义。故与时偕行。按益从否来，否内卦坤为地，为无疆，益上变成屯，屯初九，象曰："以贵下贱，大得民也，民悦无疆。"乾彖曰："大明终始，故为大明。"否乾上坤下，故以乾照坤，其道大光。五中正有庆而二应之。乾阳为喜庆。三动则二至上体涣，舟楫象。二至四互坎水，益内卦震动，外巽，三动内卦为离，巽为进退，坤无疆，故日进无疆。万物出震，故震为生；坤为方，阳在坤初，故无方。三上易位成既济，坎冬离夏，益震春，损兑秋，艮为时，故与时偕行。《义》：坤为民，谓上之初，乾为道，坤为方，上之三，坎冬离夏，益初反泰，震春兑秋，故四时象正。损，衰之始，有孚反益，而定既济，益盛之始，成既济而后反泰，所谓与时偕行。

象曰："风雷益，君子以见善则迁，有过则改。"君子谓乾也，上之三，离为见，乾为善，坤为过，坤三进之乾四，故见善则迁。乾四之坤初，改坤之过，体复象，复以自知，故有过则改也。按益自否来，否上乾下坤，三上易位成既济，坤阴不善，故为过。坤三进之乾四，四阴得位，故曰迁善。乾上之坤初成益，而坤体毁，故改过。初至四体复。《义》：《稽览图》曰："降阴下迎，阴起合和，而阳气用上薄之，则为雷。"郑注云：阳气风也，是风之益雷。自上下下也。"系辞注云："益万物者莫大乎风雷。上之初，故三进居四，居四得位，故曰迁善。"《学》：益由否反泰，泰阳上息至四成大壮，大壮五之初成大过，否既成益，未息成大壮，则大过之象不见，故有过则改。益旁通恒卦，恒卦初二三四五爻互大过，初四易位，仍变成泰反否，终变成益，大过象坏，亦改过之征也。

初九，利用为大作，元吉无咎。象曰："元吉无咎，下不厚事也。"大作谓耕播耒耨之利，盖取诸此也。坤为用，乾为大，震为作，故利用为大作。体复初得正，故元吉无咎。震三月卦，日中星鸟，敬授民时，故以耕播也。按系辞下云：耒耨之利，盖取诸益。震为作足，故为作。初至四体复，初得正，复曰。朋来无咎。震三月卦，张氏云："三当为二"是也。"日中星鸟"二句《尧典》文。《义》：复初元吉也，三当为二，日中星鸟，春分也。益正月卦，启蛰郊而祈谷，农事之始，益民之大，莫若农。坤为厚事，民无他事，农为大作也。《学》：益由否来，否卦下坤，上之初成益，乾元正初，坤向上迁，坤为厚，初爻坤象不见，故言不厚。

六二，或益之十朋之龟，弗克违，永贞吉。王用享于帝吉。象曰："或益之，自外来也。"上从外来，益三，故或益之。二得正远应，利三之正，已得承之，坤数十，损兑为朋，谓三变离为龟，故十朋之龟。坤为水，上之三得正，故永贞吉。震称帝，王谓五，否乾为王，体观象，艮为宗庙，三变折坤牛，体噬嗑食，故王用享于帝，得位故吉。乾上称外，来益三也。按卦自否来，否上从外来益三，二得正，远应，利三上易位，已得承之，六爻皆正，故永贞吉。此与损六五同，否初至五，益二至上皆体观，艮为门阙，故为宗庙。益二至四互坤，三变则坤体折，而初至五体噬嗑食。益三孙黄二氏疑作初，非也。《义》：以反泰则上下益初，以爻定既济，则上来益三。二五卦主，益三所以益二，成卦在初，反泰在上，当否之时，阳不正位，不能反泰，故上必先来益三，而后下益初，上下初成损，体兑，故曰十朋之龟。明上当益初，朋来无咎也。注云："损兑为朋，其旨微矣。"此亨帝而取宗庙，以其祭感生帝也，《礼》曰："王者禘其祖之所自出，以其祖配之，而立四庙。"王用亨于帝者，言祭天也，三王之郊一用夏正。《学》：上先来益三，就益卦而言，象传张注："上之三坎冬离夏，益初反泰，震春兑秋。"又云："成既济而后反泰。"盖以益卦上爻先来，益三成既济，而后来益初反泰也，此与剥上先反三成谦，而后反初成复，其例相近，六三注张氏又言："上当下初，益三非正。"此又何说。又按就否卦而言，否上爻益三易位成咸，咸由否三之上，上自来益三益二易位成困，困由否二之上，上自来益二，益初推迁成益，否上之初成随，是易位而非推迁。益卦初九即泰初，困卦九二即泰二，咸卦九三即泰三，否之反泰，由是而成，换言之，泰初即益初，泰二即困二，泰三即咸三，此又先益三而后益初之方式。

六三，益之用凶事，无咎。有孚中行，告公用圭。象曰："益用凶事，固有之矣。"坤为事，三多凶，上来益三，得正，故益用凶事无咎。公谓三，伏阳也，三动体坎，故有孚。震为中行，为告位在中，故曰中行。三公位，乾为圭，乾之三，故告公用圭。圭，桓圭也。三上失正，当变，是固有之。按三失正，上来益三，则得正，虽凶亦无咎也。三伏阳，公位也，动则二至四体坎，故有孚。初主四体复，复四曰中行独复，乾为玉故为圭。《义》：凶事，丧事也，坤为死，三阳伏坤中，上来益之，但象凶事而已。上来益三，而云三伏阳者，明上当下初，益三非正也。震为行，为告，中字误衍耳。中行谓初，初体复，中为内，初在内，乃得称中，行明非初，虽震不得为中行也。公谓三，伏阳圭谓上，初欲上来益己，而反泰，故先欲三上复正，上来益三，初为之也，初以上益三，伏阳出，则上益初，是初以上之圭，告于三之伏阳，此所以有孚，公执桓圭。

六四，中行告公从，利用为依迁国。象曰："告公从，以益志也。"中行谓震，位在中，震为行，为从，故曰中行。公谓三，三上失位，四利三之正，己得以为实，故曰告公从矣。坤为邦，迁，徙也，三动坤徙，故利用为依迁国也。坎为志，三之上，有两坎象，故以益志也。按六四应于初九，内卦震，故谓震。三上失位，三之正，则六四得乘阳为实，三动则二至四互坎，而坤徙矣。三之上则成既济，外坎，二至四亦坎，坎为志，故益志也。徙字张氏及孙黄二氏皆作从，云疑作徙是也。惠校本作涉。《义》：谓初也，嫌与三异义，故更说之也。告公者，初也，从者四也，四与初正应，从皆当为徙，四诸侯，惠征士说以《春秋左传》曰周之东迁晋郑是也。

九五，有孚惠心，勿问元吉，有孚惠我德。象曰："有孚惠心，勿问之矣。惠我德，大得志也。"谓三上也，震为问，三上易位，三五体坎，已成既济，坎为心，故有孚惠心，勿问元吉。故象曰勿问之矣。坤为我，乾为德，三之上体坎为孚，故惠我德。象曰大得志。按三上失位，易位成既济，坎为孚，为心，为志。《疏》云：在益之家，而为卦主，故曰有孚惠心。《义》：已以通，当益之时，故曰惠心。江承之云："刚当为剥，传写之误。"《学》：益下震有问象，三失位，变之正则震问之象毁坏，故云勿问。

上九，莫益之，或击之，立心勿恒凶。象曰："莫益之，偏辞也；或击之，自外来也。"莫，无也，自非无益初者，唯上当无应，故莫益之矣。上不益初，则以剥灭乾，艮为手，故或击之。上体巽为进退，故勿恒；动成坎心，以阴乘阳，故立心勿恒凶矣。偏，周帀也，三体刚凶，故至上应乃益之矣，外谓上，上来之三，故曰自外来也。按除上之外，无益初者，然三上失位则无应，故莫益之矣。二至上体否，故则以剥灭乾矣，三至五互艮手，巽为进退不果，故勿恒。上动成坎，坎为心，故立心勿恒凶。三为刚位且多凶，上得正，应乃益之。《疏》云：上在外卦故外。谓上自外来系三，故曰自外来也。江承之与张氏疑三体刚凶之刚为剥，似非。《义》：上下初，则五亦随之，而泰成，故自非上莫益初。三上失位，失位则不应上，当无应之时，体否，上穷灾，民莫之与，岂能益人，故莫益初矣。言上当益三正位，倾否之始，初阳不能独立，上不益初，则还成坤剥耳，谓既益三后，若不益初，虽立坎心，犹为巽体勿恒也。盖倾否非能既济之时，若以为济，犹弗泰矣。谓初也，三体剥凶，故上无应，不能益初，偏者谓上三正，则六爻偏正，偏乃益初也。不来则或击，故自外来也。

夬䷪（乾下兑上）

《义》：息大壮，五阳去一阴，决之而已，故名曰夬。夬者决也，与剥旁通，剥息于夬，夬消于剥也。夬三月卦也，爻成既济，卦已取二动复利终乾者，上终有凶，既济不定也。

夬，扬于王庭。孚号有厉。告自邑，不利即戎，利有攸往。阳决阴，息卦也，刚决柔，与剥旁通，乾为扬，为王，剥艮为庭，故扬于王庭矣。阳在二五称孚，孚谓五也。二失位动体巽，巽为号，离为光，不变则危，故孚号有厉，其危乃光也。阳息动复，刚长成夬，震为告，坤为自邑，夬从复升，坤逆在上，民众消灭，二变时，离为戎，故不利即戎，所尚乃穷也。阳息阴消，君子道长，故利有攸往。刚长乃终。按夬，决也，五阳决一阴也，说卦曰：兑为附决，故为决。阳息之卦也，阳息初为复，息二为临，息三为泰，息四为大壮，息五为夬，夬旁通剥，乾阳上升故为扬。剥外卦艮为门关，故为庭。二失位，动正则二至四互巽，巽为命，故为号。内卦离为光，阳息初为复，刚长至五成夬，复内卦震善鸣，故为告。外卦坤为自，为邦，为自邑，为民众，至夬则坤象不见，二变离为戈兵，故为戎，故不利即戎。《义》：决，开也，乾九五，以乾居艮，故为王庭。扬，举也，小人而举在王庭，乘君子之上，其重难决。彖曰“柔乘五刚也”。阳在二五皆坎体，故称孚。五不变，故谓五。决上者五，而二辅之，五苋睦于上，二惕号于下，故卦主二五之孚号也。决小人危事，故孚号，恐其有厉。卦有戎象，故戒之。二孚号体离，似尚即戎，故戒以所尚在兵，乃困穷也。复云用行师，终以大败，亦同义。言君子之去小人，当以阳德渐散其民众，则去之，决不当尚兵戎，与之争也。

彖曰：“夬，决也，刚，决柔也。健而说，决而和，扬于王庭，柔乘五刚也。孚号有厉，其危乃光也。告自邑不利即戎，所尚乃穷也。利有攸往，刚长乃终也。”乾决坤也，健，乾；说，兑也。以乾阳获阴之和，故决而和也。乾体大成，以决小人，终乾之刚，故乃以终也。按乾刚决坤柔，乾健而兑说，上六乘于下五刚之上，阳息至上，则成乾终决去上六之阴，故乃终也。《义》：尚兵以决小人，乃以穷困。

象曰："泽上于天，夬，君子以施禄及下，居德则忌。"君子谓乾，乾为施禄，下谓剥坤，坤为众臣，以乾应坤，故施禄及下。乾为德，艮为居，故居德则忌。阳极阴生，谓阳忌阴。按乾阳为君子，乾云行雨施，为喜庆，故为旋禄。旁通剥，剥内卦坤，外卦艮为门阙，为止，故为居。阳极阴生，夬阳已极，则成乾，姤阴将生，故阳亦忌阴。《义》：泽气上天阴也。阳决之则降为雨，施禄及下，告自邑也。居德谓乾已成，宜戒余殃矣。

初九，壮于前趾，往不胜为咎。象曰："不胜而往，咎也。"夬变大壮，大壮震为趾，位在前，故壮于前。刚以应刚，不能克之，往如失位，故往不胜为咎。往失位应阳，故咎矣。按夬五变则成大壮，初应四，大壮外卦震足为趾，初九以刚应九四亦刚，四失位，兑为毁折，故往不胜。《义》：壮，伤也，大壮初九壮于趾，注谓四震为足，此云前亦四也，四失位，闻言不信，兑为毁折，故伤。决阴之时，阳贵相应，又重正位，初变四，乌能胜阴矣。

九二，惕号莫夜，有戎勿恤。象曰："有戎勿恤，得中道也。"惕，惧也，二失位故惕，变成巽，故号。剥坤为莫夜，二动成离，离为戎，变而得正，故有戎。四变成坎，坎为忧，坎又得正，故勿恤。谓成既济定也。动得正应五，故得中道。按九二以阳居阴，故失位。变则二至四互巽，巽为命为号，旁通剥坤，月灭于坤乙，故为莫夜。二动，内卦成离，离为戈兵，故有戎。四又变正，则二至四体坎，成既济定，故勿恤。《义》：谓有守备，二有离象，戒勿即戎，有者言勿用也，有坎象，戒勿恤。

九三，壮于頄，有凶。君子夬夬，独行遇雨，若濡有愠，无咎。象曰："君子夬夬，终无咎也。"《义》：三在大壮，小人用壮，谓上也，君子用罔，谓三也，上阴乘阳，三应于上，为上所伤，故壮于頄有凶。大壮体乾三，君子，此亦当然，夬夬者，言三志在决上也。大壮震为行，三不应上，故独行。四变泽为坎，故遇雨。遇雨故濡。坎为心，不应上，故有恤。得正决阴，故无咎。按九三得正应上，当夬之时，志在决上，而为上所伤，故壮于頄，有凶。然得正，故无咎。

九四，臀无肤，其行次且。牵羊悔亡，闻言不信。象曰："其行次且，位不当也。"闻言不信，聪不明也。二四已变，坎为臀。剥艮为肤，毁灭不见，故臀无肤。大壮震为行，坎为破，为曳，故其行次且。兑为羊，二变巽为绳，剥艮手持绳，故牵羊。谓四之正得位承五，故悔亡。震为言，坎为耳，震坎象不正，故闻言不信也。坎耳离目，折入于兑，故聪不明矣。按九四失位，二四变则成既济定，坎为穴，为隐伏，故为臀。剥艮为肤，夬外卦兑为毁折，故臀无肤。坎多眚，为曳，为薄蹄，故其行次且。次且，行不正也。二变则二至四互巽绳。既济坎为耳，离为目。《义》：次且，欲行不前也，五阳同心以决小人，四位诸侯，不可刚进，当应初顺二，行次且应初也，牵羊，顺二也，如此则悔，亡。然四体壮趾，虑其不信初二，故以闻言不信戒之，自大壮动也。《学》：夬由剥息，剥四，剥床以肤，故夬四无肤。

九五，苋陆夬夬，中行无咎。象曰："中行无咎，中未光也。"苋，说也。苋读夫子苋尔而之苋。睦，和睦也。震为笑言，五得正位，兑为说，故苋陆夬夬。大壮震为行，五在上中，动而得正，故中行无咎。旧读言苋陆，字之误也。马君荀氏皆从俗，言苋陆非也。又：苋，蕒也；陆，商也。（《释文》）又：苋，虞作莞尔之莞，陆作睦。（《周易象旨》）在坎阴中，故未光也。按兑为悦，苋，亦悦也，意与莞同。陆，和睦也，亦兑之象。震卦笑言哑哑，故为笑言。五以阳居阳，得正居中，故中行无咎。四变，五在坎穴之中，故未光。孙氏云："苋，古莞字；陆，古睦字。《赵氏辑闻》引苋，蕒。《史氏学斋占毕》又引作苋，蕒也；陆，商也。"俱非是。今《释文》亦有误者，晁氏改陆作睦云和也，亦非。（《汉魏二十一家易注》）黄氏同。张氏云："陆当为睦字。"以虞氏注考之，当作苋睦。张氏之言是也。《释文》引虞注云："苋，蕒也；陆，商也。"孙黄二氏皆以为误引。然《释文》所据亦必有本，不可遽以为误也。今据《尔雅·释草》云："蕒，赤苋。"郭注云："今苋菜之有赤根者。"《说文》云："草器。苋，"《说文》云："苋菜也。"是二字义得相通，意者陆氏《释文》所见之异本欤，至于陆解作商者，今卢本《释文》则作和，亦和睦之解也，作商或涉上文马郑作商陆而误。

上六，无号，终有凶。象曰："无号之凶，终不可长也。"应在于三，三动时体巽，巽为号令，四已变坎，之应历险，巽象不见，故无号。位极乘阳，故终有凶矣。阴道消灭，故不可长也。按上与三应三动时，三至五互巽，四变成坎，上应三，则历险。巽象不见，而又乘于阳刚之上，故曰无号，终有凶。张氏言："三动之三当为二。"李氏道平从之，或然。三已不得正，似不宜变。《义》：三动，三当为二，言三不应之。《学》：夬卦辞九二爻辞言号，虞氏皆取巽象，以巽为号咷也。

上六言无号，上卦兑由大壮震阳上息至五，震为声为音，变成兑口，声音在口内，震象不见，二动互巽而四再变，巽象亦不见，其无号也宜矣。虞注号令之令字当是衍文。

姤☰（巽下乾上）

《义》：消卦之始，坤决入乾。遘，遇也。阳称复，阴称遇者，不正。阴之生以遇刚为咎也，与复旁通。复遘阴阳之初，互相伏。遘五月卦也，卦变小畜，消道也。爻变终于需，阳消不定既济也，二不变所以防遁。

姤，女壮，勿用取女。消卦也，与复旁通。巽长女，女壮伤也，阴伤阳，柔消刚，故女壮也。阴息剥阳，以柔变刚，故勿用取女，不可与长也。按姤，张氏、徐氏并作遘。此古今字。姤为消乾之始，故云消卦，旁通复，姤内卦巽为长女，故女壮伤也。阴消阳至剥则阳为阴伤，故不可与长也。《义》：此古文，以序卦杂卦注知当作此，复初龙蛇俱蛰，遘初命诰四方，阴阳相伏，不言伤阳讳之，积遘成剥，巽为长，初当变四。《学》：艮手为取，说卦逸象，九三虞注："二折艮体。"遘阴未消至二成遁，艮体不见，无艮取之象，故言勿用取女。与蒙卦六三爻同，蒙由艮二之三，六三艮阳亦不见也。徐氏之言，足备参研。

彖曰："姤，遇也，柔，遇刚也，勿用取女。不可与长也。天地相遇，品物咸章也。刚遇中正，天下大行也。姤之时义大矣哉。"《义》：巽为长，谓五使初上四，坤出于巽，而遇乾，乾坤相见乎离，乾为物故品物咸章。遘在初，以柔遇刚，五使初上四，以刚遇柔，五中正，故刚遇中正，阳得阴助，阴阳交亨，故天下大行。复遘震巽，总在于初，阴阳争，死生分，故大也。

象曰："天下有风，姤。后以施命诰四方。"后，继体之君，姤阴在下，故称后。与泰称后同义也。乾为施，巽为命，为诰，复震二月东方，姤五月南方，巽八月西方，复十一月北方，皆总在初，故以诰四方也。孔子行夏之时，经用周家之月，夫子传彖象以下，皆用夏家月，是故复为十一月，姤为五月矣。按外乾为施，内巽为命，为诰，伏震。《义》：风，天气也，而出于土，天地相遇也，风周天下，故施命诰四方矣。乾消故为继体。阴生五，本纯乎阳，泰女主，故称后。此阴生，故同义。如临八月有凶为遁。

初六，系于金柅，贞吉。有攸往见凶。羸豕孚蹢躅。象曰："系于金柅，柔道牵也。"柅谓二也，巽为绳，故系柅。乾为金，巽木入金，柅之象也。初四失正，易位乃吉，故贞吉矣。以阴消阳，往谓成坤，遁子弑父，否臣弑君，夬时三动离为见，故有攸往，见凶矣。三夬之四在夬动而体坎，坎为豕，为孚，巽绳操之，故称羸也。巽为舞，为进退，操而舞，故羸豕孚，蹢躅，以喻姤女望于五阳，如豕蹢躅也。阴道柔，巽为绳，牵于二也。按初四皆失位，易位乃得正而吉，阴消阳，消至于，遁艮子弑父。至三，否坤臣弑君。四动成离，离为目，为见，故有攸往见凶矣。姤九三即夬九四，夬四动成需，外卦为坎，坎为孚。《义》：二乾金，故知谓二。柅，《说文》作极，云："络丝趺也。"谓初当系二，系二则四陨而初贞，消至二遁，至三否，遘初由夬三也，夬决于上，游魂于四。归魂于三，故本而言之，此言三动，即下云动而体坎一也。在遘为三，在夬为四，故下云：三夬之四。遘之消息，起于小畜，小畜由豫复初，复初本乾，上降三，夬三即乾三，复初之四，实夬，三之坤四，以豫小畜在四，故云三夬之，游魂在需也。假夬四为象，羸当读为缧，古字通，操之者二也。蹢躅，不静也。《学》：夬上反三成履，三再降初成遘，故张氏云：遘初由夬三也，夬倒为遘，遘三即夬四，遘初还之三，在夬即上反之四，夬上反四成小畜，为坤卦游魂之始，夬上反三成履，为坤卦归魂之始，张氏所谓夬决于上，游魂于四，归魂于三者，此也。虞氏谓夬时三动，乃指夬上动反三成履，非谓夬上不动而三动成兑也。虞氏又云："在夬动而体坎。"盖指上下动而四动成需，即坤卦游魂也。张氏谓此言三动，即下云：动而体坎。此说似可商。豫由复初之四，既可谓夬三之坤四，小畜由豫息，亦可谓夬上反四，履由谦息，亦可谓夬上反三，乾上降三，即剥上反三成谦，谦三降初为复，夬由复息，故夬三即乾三，亦即复初之乾元，豫为乾卦游魂之始，谦为乾卦归魂之始，而终游于晋，归于大有，与坤魂之终游于需，而归于比，皆出入坎离，坤魂丽乾，乾魂亦丽坤也。

九二，包有鱼，无咎，不利宾。象曰："包有鱼，义不及宾也。"巽为白茅在中称包。《诗》云："白茅包之。"鱼谓初阴，巽为鱼，二虽失位，阴阳相承，故包有鱼，无咎。宾谓四，乾尊称宾，二据四应，故不利宾，或以包为庖厨也。按巽为白为木，故为白茅。鱼阴类，故谓初阴。九二以阳居阴，故失位。然比与阴，阴阳相承，故包有鱼。《义》：二在中，二非阳不能包初，故不以失位为咎。四应初不正，故二包之，不使即宾，以及宾为不利也。四不当包初，义者利之和也。《学》：遘二变为坤阴则成遁，否乱将成，故不利宾。宾当谓初爻失正之巽阴，巽阴即坤阴，四既失正，不能及宾而应初，乾主坤宾，坤宾于乾，乾不宾于坤，似非乾尊称宾也。又按徐氏以宾为初阴，似非。虞氏不误。

九三，臀无肤，其行次且，厉无大咎。象曰："其行次且，行未牵也。"夬时动之坎为臀，艮为肤，二折艮体，故臀无肤。复震为行，其象不正，故其行次且。三得正位，虽则危厉，故无大咎矣。在夬失位，故牵羊。在姤得正，故未牵也。按姤三即夬四也，故爻辞同。惟姤九三以阳居阳，得正，故无大咎。《义》：自三夬，动之豫为坎，豫，艮也，豫下坤为复，息小畜，不正者不能反复道，遘生其下，不为阴所牵。

九四，包无鱼，起凶。象曰："无鱼之凶，远民也。"《义》：二包有鱼，故四无也。上曰起，下曰陨，四当陨自天，故起自凶。初坤为民，不陨乃远。

九五，以杞苞瓜，含章，有陨自天。象曰："九五含章，中正也。有陨自天，志不舍命也。"杞，杞柳，木名也。巽为杞，为苞，乾圆称瓜，故以杞苞瓜矣。含章谓五也，五欲使初四易位，以阴含阳，已得乘之，故曰含章。初之四体兑口，故称含也。陨，落也，乾为天，谓四陨之初，初上承五，故有陨自天矣。巽为命也，欲初之四承已，故不舍命矣。按巽为木，故为杞。《疏》云：木之柔者，故为苞。乾为圆，故称瓜。初四失正，易位则各得其正，而已得乘之，以阴含阳故曰含章。初之四，则二至四互兑口。《义》：苞，蔓也。谓四变，五乾体，巽瓜蔓于杞，上变坎为志，舍犹守也，与临二未顺命同义。《学》：瓜取艮象，初未变时，二动之正，下卦成艮为果蓏，五应在二，初爻巽杞苞二爻艮瓜，艮为舍，遘五利初之四，而不利二变成遁，已得应之，不变成遁，则下卦艮手不见，故取不舍之象。

上九，姤其角，吝无咎。象曰："姤其角，上穷吝也。"乾为首，位在首上，故称角。动而得正，故无咎。按上九位在乾首之上，故为角，失位故吝。动而得正，应三故无咎。

萃䷬（坤下兑上）

《义》：消息卦，通大畜，豫四息五，阳得其朋，阴得其主，聚而归之，故名曰萃。萃，坤德也，萃五之复二成临，则息大畜。候在八月，消息之次，萃次豫，蹇次萃，蹇三萃四也，卦取三四正，初不变之蹇也，爻成既济，乾德也。

萃，亨，王假有庙。利见大人，亨利贞。用大牲吉，利有攸往。观上之四也，观乾为王。假，至也。艮为庙，体观享祀，故通。上之四，故假有庙，致孝享矣。大人谓五，三四失位，利之正，变成离，离为见，故利见大人，亨利贞，聚以正也。坤为牛，故曰大牲。四之三折坤得正，故用大牲吉。三往之四，故利有攸往，顺天命也。按萃自观来，此二阳四阴之例，观上之四即成萃。艮为门阙，为阍寺，为庙，初至五体观，观卦云观盥而不荐，故有享祀之象。观上之四则成萃，故王假有庙致孝享矣。乾五利见大人，坤为子母牛，故为牛，为大牲。萃四之三，则三四各得其正，而成离折坤矣。《周易象旨》以为萃有二亨，马郑陆绩虞翻作衍文，此非也。首作享，非亨也。故虞氏云："致孝享矣。"次乃作亨，故虞氏云："亨利贞。"《义》：二阳卦例，不云豫来者，以乾照坤，非阳生之次，上自观来，又体观，利见由于利贞，故变彖文，三四易位，由三往。

彖曰："萃，聚也。顺以说，刚中而应，故聚也。王假有庙，致孝享也。利见大人，亨，聚以正也。用大牲吉，利有攸往，顺天命也。观其所聚，而天地万物之情可见矣。"坤为聚，坤三之四，故聚以正也。享，享祀也。五至初有观象，谓享坤牛，故致孝享矣。坤为顺，巽为命，三往之四，故顺天命也。三四易位成离坎，坎月离日，日以见天，月以见地，故天地之情可见矣。与大壮咸恒同义也。按内卦坤为顺，外卦兑为悦，五刚中而应二，坤众故为聚。三四失位，三之四则各得其正，萃三至五互巽，巽为命，五乾为天。《义》：顺坤说兑，五刚中，二应之，不言万物，或脱字。

象曰："泽上于地，萃，君子以除戎器，戒不虞。"君子谓五，除修。戎，兵也。《诗》曰："修尔车马，弓矢戎兵。"阳在三四为修，坤为器，三四之正，离为戎兵，甲胄，飞矢，坎为弓弧，巽为绳，艮为石，谓放甲胄，锻厉矛矢，故除戎器也。坎为寇，坤为乱，故戒不虞也。按上卦兑泽，下卦坤地，乾三四文言皆曰进德修业，故阳在三四为修。三四之正，则外卦为坎，为弓，为寇，而三至五互离为戈兵为甲胄。萃内卦坤为器，为迷乱，二至四互艮为石，三至五互巽，故修戎器戒不虞。《义》：聚水于泽，以备旱潦，乾三四进德修业。

初六，有孚不终，乃乱乃萃，若号一握为笑，勿恤，往无咎。象曰："乃乱乃萃，其志乱也。"孚谓五也。初四易位，五坎中，故有孚。失正当变坤为终，故不终。萃，聚也。坤为乱，为聚，故乃乱乃萃。失位不变，则相聚为乱，故象曰"其志乱也。"巽为号，艮为手。初称一，故一握。初动成震，震为笑，四动成坎，坎为恤，故若号一握为笑，勿恤。初之四得正，故往无咎矣。坎为志，初不之四，故其志乱也。按初四失位，易位则五在坎中，坎为孚也，四虽之初。内卦卦象不见，然二至四互坤，坤为终，为聚，为迷乱，萃三至五互巽，二至四互艮，初爻故一。象注：初不之四。孙黄二氏本、雅雨堂本、张氏本、李氏道平纂疏本皆无不字，以为宜有不字，惠校本则有不字，今从之。《义》：言五利初，初易四也，初四易，爻之正也。初四易位，则二三与四为坤，以三往易四，坤体不见，故不终。谓初不能与四易，四与三易位，初不能上四，四已之正，号呼于初，初乃变震应之，初自动不与四易，四虽之三，三本坤初，以艮变而体则震，故曰一握为笑。之应非易位，四易三位，嫌无应有咎。

六二，引吉无咎，孚乃利用禴。象曰："引吉无咎，中未变也。"应巽为绳，艮为手，故引吉。得正应五，故无咎。利引四之初，使避己，己得之五也。孚谓五也。禴，夏祭也。体观象，故利用禴。四之三，故用大牲。离为夏，故禴祭。《诗》曰："禴祠烝尝。"是其义。二得正，故不变也。按五坎中而二应之，故孚。内卦坤为牛，为大牲，四之三则折坤牛而用之，故用大牲吉。《疏》云：坤牛为大牲，四之三坤体坏，故不用大牲，故下当脱不字。禴，薄祭也，既济九五曰东邻杀牛不如西邻之禴，故知不用大牲。此非也，卦辞云用大牲吉。虞注云："四之三折坤得正。"故用大牲吉。此正言用也，不言不用也，李氏疏在此亦言用大牲吉，是作不用非也，故张氏云："明卦义在此爻"是也。《义》：九四大吉，六二引吉，吉谓四，二欲引之，之初也，四待三易位，义不之初，四不避二，嫌二不得之五有咎，故明无咎。明卦义在此爻，今诗祭为祠也。二不能引四，五使四之三，二得应五也。二中不变，故五用禴而得应。

六三，萃如嗟如，无攸利，往无咎，小吝。象曰："往无咎，上巽也。"坤为聚，故萃如；巽为号，故嗟如；失正，故无攸利；动得位，故往无咎小吝。谓往之四，动之四故上巽。按坤众聚，故为萃，互巽为号，以阴居阳，故失正。动则得位，三之四非正，故有小吝焉。三之四则上卦为巽。《义》：三之四非正，故无咎而小吝。

九四，大吉无咎。象曰："大吉无咎，位不当也。"以阳居阴，故位不当；动而得正，承五应初，故大吉而无咎矣。《义》：失位咎也，动而得正，故无咎；四正则五体皆正，故吉大矣。

九五，萃有位，无咎。匪孚，元永贞悔亡。象曰："萃有位，志未光也。"得正居中，故有位无咎；孚谓四也，四变之正，则五体皆正，故元永贞，与此彖同义。四动之初，故悔亡。阳在坎中，故志未光也。与屯五同义。按五以阳居阳，故得位；居外卦之中，故居中；中正得位，五爻萃而归之，故有位，四不正，故匪孚。四变正，则坎为孚矣，三四易位，初动正，则成既济定，而五体皆正矣，此象曰元永贞，故同义。《义》：五虽正位，复元在四未正，故咎；五得位，能使永贞，故无咎。四当正，坎为孚，三与四易，初正应四，元，始也，爻正四始之，四本豫四，复初乾元也。之，应也。

上六，赍资涕洟，无咎。象曰："赍资涕洟，未安上也。"赍，持；资赙也，货财丧称赙，自目曰涕，自鼻称洟，坤为财，巽为进，故赍资也；三之四体离坎，艮为鼻，涕泪流鼻目，故涕洟；得位应三，故无咎；上体大过死象，故有赍资涕洟之哀。乘刚远应，故未安上也。按《说文》云："资，货也。"《广韵》："持，送人也，以货财哀丧送人曰赙。"坤生万物，故为财富；三之四，外卦坎水，三至五互离目，内卦成艮，萃二至四亦艮，艮为鼻，故涕洟也。以阴居阴故得位。三变正，故应。萃三至上体大过，上六乘九五阳刚之上，故未安也。《义》：以货财哀丧，上应在三，死大过中，故赍资；哀之四，易三位，大过象毁，故涕洟而无咎。《学》：离为目，坎为水，坎水出离目为涕，出艮鼻为洟。补九五《学》：瓜取艮象，初未变时，二动之正，下卦成艮为果蓏，五应在二，初爻巽杞苞二爻艮瓜。艮为舍，说卦逸象：遘五利初之四，而不利二变成遁，已得应之，不变成遁，则下卦艮手不见，故取不舍之象。萃初四易位成屯卦，三未变之正时，离象未显，故未光同象，上爻涕洟之象，亦与屯卦上爻泣血涟如相类。

升䷭（巽下坤上）

《义》：临息卦，阳临阴，二当升五，故名曰升。乾之用始于此，故元亨。候在十二月，变之蹇，升之初未定既济也。

升，元亨。用见大人，勿恤，南征吉。临初之三，又有巽象，刚中而应，故元亨也。谓二当之五，为大人离为见，坎为恤，二之五得正，故用见大人，勿恤，有庆也。离，南方卦，二之五成离，故南征吉，志行也。按升自临来，从二阳四阴之例。临初之三，即成升。二至上有临象，临卦云元亨。象云："刚中而应以二刚中而五应之也。"升二不正，阳五升，升五居君位，故为大人；二升五，则三至五有离象，二至四与外卦皆为坎象，坎为加忧，故为恤。阳称庆。说卦云：离也者明也，万物皆相见，南方之卦也。故南征吉。黄本吉，误作去。《义》：二阳例，乾元正，故曰元，与临同义，二刚中，四阴应之。

象曰："柔以时升。巽而顺，刚中而应，是以大亨。用见大人勿恤，有庆也。南征吉，志行也。”柔谓五坤也，升谓二，坤邑无君，二当升五虚，震兑为春秋，二升坎离，为冬夏，四时象正，故柔以时升也。二之五坎为志，震为行。按坤为邑，为虚，为顺，外卦坤地，无阳故无君。升二至四为兑秋，三至五互震春，使二升五，外卦坎冬，三至五互离夏，四时象正，故柔以时升。《义》：卦以升二为义，使二升者五，故曰五为二阶，巽以顺坤，刚中谓二，四阴应之，阳为庆，坤有阳，故庆。

象曰：“地中生木，升。君子以慎德，积小以成高大。”君子谓三，小谓阳，息复时，复小为德之本。至二成临，临者大也，临初之三，巽为高，二之五艮为慎，坤为积，故慎德积小成高大。按巽木生于坤地中，乾三称君子，三阳故称君子，阳息初为复。系辞下云：复小而辨于物。又云：为德之本。息二成临。序卦云：临者大也。临初之三，所以成升；二之五则内卦成艮，艮阳小，故为慎。坤为德，为土，为积。《义》：木之升阳也，地阴养之，柔以时升也。地中生木，以微至著，积小以成高大。临初至三，则主三，二为君，不称君子。

初六，允升大吉。象曰：“允升大吉。上合志也。”《义》：允，信也，坤土为信，《说文》作㝎，云：“进也。”升主九二上升，余爻无升义。初虽失位，之正成泰，初居坤，与群阳共升二于五而承之，故允升大吉。象曰“上合志也”。

九二，孚乃利用禴，无咎。象曰：“九二之孚，有喜也。”禴，夏祭也。孚谓二之五成坎为孚，离为夏，故乃利用禴无咎矣。升五得位，故有喜。按二之五则外卦与二至四皆坎卦，三至五互离夏，阳称喜。《义》：卦有四时之象，二升五，艮为宗庙，坎为思，春秋祭享，以时思之也，坎水沃艮手，观之盥象也。二上折坤牛，萃用大牲象也。故利用禴矣，阳为喜。

九三，升虚邑。象曰：“升虚邑，无所疑也。”坎为疑，上得中，故无所疑也。《义》：荀氏云：坤称邑，五虚无君，利二上居之，虞义亦宜然。按九三得位，升五虚邑，则得中而无所疑也。

六四，王用亨于岐山，吉，无咎。象曰：“王用亨于岐山，顺事也。”《义》：亨亦享也，王谓二，已正位五也，坤为用，二用禴，四用亨，其义同。岐山即西山，二升五，艮为山，体兑在西，兑象不见，故不言西山。体离为火，火性枝分为岐，四顺承五，以下比三，故吉无咎。坤为顺事，谓承五。

六五，贞吉，升阶。象曰：“贞吉升阶，大得志也。”二之五故贞吉。巽为高，坤为土，震升高，故升阶也。按二失位之五，得正居中，故贞吉，坤为土，古者以土为阶，三至五互震，下巽为高，故升阶也，阳称大，坎为志。《义》：五升二，二五皆体坎，故大得志。

上六，冥升，利于不息之贞。象曰：“冥升在上，消不富也。”《义》：当升之时，阴性暗昧，故冥升。贞亦谓二五，惠征士云：二升五，积小以成高大，故曰不息。阳道不息，阴之所利，故曰利于不息之贞。阴消失实，故利阳息。《学》：不息取泰象，升由临来，临息成泰，升虽利二升五，而不息之象，则重在初正成泰，阳升不已，至于夬而成全乾。阳息则害阴，而阳息成全乾，则阴出乾初成蹇，故害之适以利之也。

困䷮（坎下兑上）

《义》：否消卦，二之上，阴乘阳，故名曰困。而次否，候在九月，卦不变，困时宜静也，爻成既济，困而亨也。

困，亨，贞，大人吉，无咎。有言不信。否二之上，乾坤交，故通也。贞大人吉，谓五也。在困无应，宜静，则无咎，故贞大人吉无咎。震为言，折入兑，故有言不信，尚口乃穷。按困自否来，从三阳三阴之例，否二之上则成困。否天地不交，二之上则乾坤交矣，故通。乾五大人，得正故贞。二失位变正，应五故无咎。震声为言，否二之上成兑，兑为毁折。《义》：二阴上弇五阳，故为困矣。体乾五大人，五本正也，言贞大人者，否上若之初，则五随上反下，今上之二，嫌五宜下，故戒之也。上当反初，成益体震，今二上折乾入兑，乾为信，乾灭故不信，兑为口。

象曰：“困，刚弇也。险以说，困而不失其所亨，其唯君子乎。贞大人吉，以刚中也，有言不信，尚口乃穷也。”兑为口，上变口灭，故尚口乃穷。按上卦兑为口，上变乾，则口灭矣。《义》：否二之上弇五之刚，故为困。险坎；说兑；在险之中，能自正以说，不失所亨，所谓乃徐有说，谓五也。上无变象，盖灭下脱乾字。

象曰：“泽无水困。君子以致命遂志。”君子谓三，伏阳也，否坤为致，巽为命，坎为志，三入阴中，故致命遂志也。按乾三君子伏于否下，坤驯致其道，故为致。《义》：水在泽下，故无水。泰成于三，故否消之初，取三伏阳，三出则大过死，故不出也。此与解相足。

初六，臀困于株木，入于幽谷，三岁不觌。象曰：“入于幽谷，幽不明也。”《义》：初在坎穴为臀，株木，枯木，谓三坎为木，兑金毁折，故为株木。惠征士云：初动体兑，坎水半见于口，故为谷。坎为入，觌，相见也，初应在四，四体离为觌，自初至四，三爻为三岁。坤幽在上。

九二，困于酒食，朱绂方来。利用享祀，征凶无咎。象曰："困于酒食，中有庆也。"《义》：二困于三，兑酉流坎为酒，四变体颐为食，绂，韠也，《乾凿度》曰："天子三公九卿朱绂，诸候赤绂。"朱绂谓五，乾为朱，坤为绂，自外曰来，五来应二，二当之正，初四已之正，体损，二变应五，则三伏阳出，成既济，二簋用享也，坤为用。征，行也，动入坤，坤为凶，得位故无咎。中谓五，二变应五，故中有庆。

六三，困于石，据于蒺藜，入于其宫，不见其妻凶。象曰："据于蒺藜，乘刚也。入于其宫，不见其妻，不详也。"二变正时，三在艮山下，故困于石。蒺藜，木名，坎为蒺藜，二变艮手据坎，故据蒺藜者也。巽为入，二动艮为宫，兑为妻，谓上无应也。三在阴下，离象毁坏，隐在坤中，死其将至，故不见其妻凶也。按六三以阴居阳位不正，乘于九二阳刚之上，二变正时，二至四互艮为石，未变时内卦为坎，故据于蒺藜。三至五互巽为入，艮为宫，上兑少女为妻，上六无应，二至四互离，二变时，离象毁，故不见其妻凶。《义》：石谓四，蒺藜谓二。象曰乘刚。注以变言者，阴乘阳不得，云据知二已变，虽变犹是刚体，故象曰乘刚。一曰初已正为刚。三伏阳，在阴之下，三隐坤中，致命遂志，又三体大过死，二虽变三，逆乘犹为乘刚，详，善也，乾为详，伏阳出乃为乾也。下谓初，坎为志，以四尊位降而来初，故不当位。有与谓有应。《学》：二三四互离为妻，二动则互离变为互艮，艮宫象显，离妻象隐，故入宫而不见妻也。六三无论变与不变，皆体大过，不变则三四五上互大过，变则全体成大过。

九四，来荼荼，困于金车，吝有终。象曰："来荼荼，志在下也。虽不当位，有与也。来欲之初，荼荼，舒迟也，见险故来荼荼。"否乾为金，坤为车，之应历险，故困于金车。易位得正，故吝有终矣。按九四方困之时，虽以阳居阴，不当其位，然下应于初，故有与也。《义》：初云三岁不觌，是初先正而待四，云易位略言之。

九五，劓刖，困于赤绂，乃徐有说，利用祭祀。象曰："劓刖，志未得也。乃徐有说，以中直也。利用祭祀，受福也。"割鼻曰劓，断足曰刖，四动时，震为足，艮为鼻，离为兵，兑为刑，故劓刖也；赤绂谓二，否乾为朱，故赤。坤为绂，二未变应五，故困于赤绂。兑为说，坤为徐，二动应已，故乃徐有说也。按四不正，变正则二至四互震，三至五互艮，未变时上卦兑为毁折，故为刑；二至四互离为戈兵。否外卦乾为大赤，故为朱；内卦坤为帛，故为绂；二未变应五，故困于赤绂。坤柔故为徐。二失正，动而应五。刚中直，故有悦。《义》：劓刖，刑之小者也。于困之时，未得二应，止可行其小刑。象曰志未得也，朱赤同耳，深浅差之，五深故朱，二浅故赤。二变坤之兑，与二同义。乾为直，二五乾德，故能相应。王明并受其福。

上六，困于葛藟，于臲卼，曰动悔有悔，征吉。象曰："困于葛藟，未当也。动悔有悔，吉行也。"巽为草莽称为葛藟，谓三也。兑为刑人，故困于葛藟，于臲卼也。乘阳故动悔。变而失正，故有悔。三已变正，己得应之，故征吉也。谓三未变，当位应上故也。行谓三，变乃得当位之应，故吉行者也。按三至五互巽，巽为木，柔卦，故为草莽乘九五之上，故乘阳。上六以阴居阴得位，若变则失正而有悔井矣，三以阴居阳失位，不变以应上，故未当也。三变则为当位之应，故为吉行也。《义》：臲卼盖兀刑也，五之劓刖，正施于三四，动三在震，受离兵兑刑曰者，三戒上之辞，二变三在震为言，三不欲上动，故三之正，而上得征吉。

井䷯（巽下坎上）

《义》：泰息卦，在既济前。井，通也，辩也。泰以乾别坤而通阴，所以定既济，故名曰井，所以象井者，泉自下出，阳通而上也，候在五月，定既济在初二，正功成在上，故上成而元吉。

井，改邑不改井，无丧无得，往来井井，汔至亦未繘井，羸其瓶凶。泰初之五也，坤为邑，乾初之五折坤，故改邑；初为旧井，四应甃之，故不改井。无丧，泰初之五，坤象毁坏，故无丧。五来之初，失位无应，故无得；坎为通，故往来井井；往谓之五，来谓之初也。巽绳为繘，汔几也，谓二也，几至初改，未繘井，未有功也。羸，钩罗也，艮为手，巽为繘，离为瓶，手繘折其中，故羸其瓶；体兑毁缺，瓶缺漏，故凶矣。按井自泰来，从三阳三阴之例，泰初之五即成井。泰外卦坤为土为邑为丧，内卦为乾，乾之五折毁坤邑，故改邑，故无丧；乾为久，将变，故初为旧井。坤为丧，坤五来之初，初失位，无应故无得。《疏》云：泉在下，二近泉，故几谓二也，初之五改邑，故称初改。二近初故云几至初改。井卦唯二初失位，二变正则内卦为艮手，持繘未变，故未繘井，未有功也。二未变则艮手不见，故手繘折其中，则钩罗其瓶。二至四互兑折，三至五互离，外实中虚，故有瓶象，故羸其瓶凶。无丧，泰初之五，无丧，孙黄疑作坤为丧，几至初改，改疑作故。似宜从之。《义》：乾坤往来，井居其所而迁，乾上助阴，不失旧体，故四甃之而初正，是改邑不改井。坤为丧，初变正乃有得，郭璞《方言》注云："繘汲水索也。"言汔至亦未繘，谓二非二为几，谓五初上改邑，二几至泉，井字衍，二变为艮，手持繘未变，故未繘。二不变折艮为兑。言二当正。

象曰："巽乎水而上水，井，井养而不穷也。改邑不改井，乃以刚中也。无丧无得，往来井井，汔至亦未繘井，未有功也。井羸其瓶，是以凶也。"兑口饮水，坎为通，往来井井，故养不穷也。二未变应五，故未有功也。按外卦坎水，内卦巽木，又为绳，故巽水上水。坎为通，二至四互兑口，故井养不穷。《义》：巽，入也，为井者构木于泉，是巽水也。居尊位，故能不失初阳。谓初不变，二亦不变，凡功谓五。

象曰："木上有水，井，君子以劳民劝相。"君子谓泰乾也，坤为民，初上成坎为劝，故劳民劝相。相，助也，谓以阳助坤矣。按下卦巽木，上卦坎水。有井象，坎为劳卦故劝。《义》：构木为井泉，乃上出以养民，坎为劳。

初六，井泥不食，旧井无禽。象曰："井泥不食，下也。旧井无禽，时舍也。"食，用也，初下称泥，巽为木果，无噬嗑食象，下而多泥，故不食也。乾为旧，位在阴下，故旧井无禽，时舍也。谓时舍于初非其位也，与乾二同义。按巽为木果，孙黄二氏以为木果，亦通。《义》：坎之下，惠征士云："古者井树木果。"故孟子井上有李，禽来食之。说是也，不食本以井养为义，因辞言禽，故注巽为木果，初二正体离为飞鸟，是禽也，五体噬嗑，故食。凡未成故不食。时舍故不食，非初之咎。《学》：井由泰初之五，噬嗑由否五之初，泰否相反，井卦下巽，伏噬嗑下震，上坎伏噬嗑上离，故井卦中伏有噬嗑食象，而其象未显，故不食。

九二，井谷射鲋，甕敝漏。象曰："井谷射鲋，无与也。"巽为谷，为鲋，鲋，小鲜也。离为甕，甕瓶毁缺，羸其瓶凶，故甕敝漏也。按巽为入，故为谷，鱼阴物，巽阴为鱼，离外实中虚，象甕，互兑毁折，故甕敝漏，六五为阴，故无应无疑。《义》：鲋谓初，初二不言变者，初待四而修，二待五而洌也。五不应之。

九三，井渫不食，为我心恻。可用汲，王明并受其福。象曰："井渫不食，行恻也。求王明，受福也。"《义》：去秽浊，清洁之意也，三当位，故井渫；未正，初二无噬嗑象，故不食。二变为坎为心，二折坎心，故为我心恻。二变艮手持繘为汲，王谓五，体离为明，三利二正既济定，已为五汲。行道之人为恻，明非三求用，三体噬嗑，震为行。二变艮为求。

六四，井甃无咎。象曰："井甃无咎，修井也。"修，治也，以瓦甓垒井称甃，坤为土，初之五成离，离火烧土，为瓦沼象，故曰井甃无咎，修井也。按六四当位承五，故无咎。《义》：初旧井，四应初，甃之则初正。

九五，井洌寒泉食。象曰："寒泉之食，中正也。"泉自下出称井，周七月，夏之五月，阴气在下，二已变，坎十一月为寒泉，初二已变，体噬嗑食，故洌寒泉食矣。按泉自下出于上为井。周建子，以十一月为首月，夏建寅，以正月为首月，故周之七月即夏之五月，五月夏至，一阴至，阴气在下，二变坎应五，二至四互坎，以卦气而言，卦主冬，十一月为寒泉。初二变则初至五体噬嗑食。五居中得正，故言中正。

上六，井收勿幕，有孚元吉。象曰："元吉在上，大成也。"幕，盖也。收谓之辘轳收繘也，坎为车，应巽绳为繘，故井收勿幕。有孚谓五坎，坎为孚，故元吉也。谓初二已变成既济定，故大成也。按坎于舆多眚，故为车。上六得位，故元吉。初二变则成既济定，故大成。《义》：辘轳，车类。古者井不汲，则幕之，成既济乾元定。

革䷰（离下兑上）

《义》：消息卦，蒙二以刚接柔，革五以乾通坤，以坤革乾，遘生其下，乾道更革乃故名曰革，候在三月，坤凝乾元，坤道即乾道，故元亨利贞，成既济，与乾同义。

革，巳日乃孚，元亨利贞悔亡。遁上之初，与蒙旁通。悔亡谓四也，四失正，动得位，故悔亡。离为日，孚谓坎，四动体离，五在坎中，故巳日乃孚。以成既济，乾道变化，各正性命，保合太和，乃利贞，故元亨利贞悔亡矣。与乾彖同义也。按革自遁来，从二阴四阳之例，遁初之上即成革。旁通蒙，九四云悔亡，九四以阳居阴故失正。动而得位，故悔亡。四变，则成既济，上卦为坎，故五在卦中，二正应五，故巳日乃孚。乾道变化以下四句乾彖文。《义》：二阴例，当遁初上，云上之初者，非遁也，蒙艮三之二，实颐初之二，卦由大过初之二，当云兑三之二，大过兑皆大壮生卦，阴生卦不可取大壮，故取遁之二，蒙九二接巽坤，变革四乾。惠征士云："离象就已，故云巳日。"《学》：革卦下离于天干纳己，上兑于地支纳巳，巳日之己乃天干戊己之己，非地支辰巳之巳，旧读己字为巳然之巳，以己日为已可改革之日，此说非是，巳日乃孚一语，应在六二离阴己丑，所谓巳日乃革之也。

象曰："革，水火相息，二女同居，其志不相得曰革。已日乃孚，革而信之，文明以说，大亨以正，革而当，其悔乃亡。天地革而四时成，汤武革命，顺乎天而应乎人。革之时大矣哉。"息，长也。离为火，兑为水。系辞曰：润之以风雨。风，巽；雨，兑也。四革之正坎见，故独于此称水也。二女离兑，体同人象，蒙艮为居，故二女同居。四变体两坎象，二女有志，离火志上，兑水志下，故其志不相得。坎为志也，文明谓离，说，兑也。大亨谓乾四，动成既济定，故大亨以正。革而当位，故悔乃亡也。谓五位成乾为天，蒙坤为地，震春兑秋，四之正，坎冬离夏，则四时具，坤革而成乾，故天地革而四时成也。汤武谓乾，乾为圣人，天谓五，人谓三，四动顺，五应三，故顺天应人。巽为命也。按下离火为中女，上兑泽水为少女，四革之正，成既济。上坎，二至四亦互坎，故坎见。初至五体同人，旁通蒙，蒙上卦艮为门阙，为止，故为居；离火炎上，故志上。兑泽润下，故志也。三至五互乾，上兑为秋，蒙三至五互坤，二至四互震，乾为天，为君，故为圣人，为汤武，五，天位；三，人位。四动得正，顺承五，而上应三，二至四互巽命，干宝曰："革天地，成四时，诛二叔，除民害，天下定，武功成，故大矣哉也。"孙黄二氏将此条例为虞翻注，云："雅雨堂本作干宝说，毛本胡本并作虞翻，未知孰是，姑并存之。"今考虞氏注例，未有三字一句，若是之整齐者，而干宝易注喜用史事对衬，雅雨堂本作干宝说，是也。故惠校本、张氏《周易虞氏义》本、李道平《周易集解纂疏》本皆作干宝说，今从之。《义》：乾坤相为消息，言兑当言雨，二女同自蒙来，消息则乾革成坤，四革命是也。坤之凝元，则乾革坤，天地革而四时成，皆阳也。五天位。三人位，四顺五，上应三。

象曰："泽中有火，革，君子以治历明时。"君子，遁乾也，历象谓日月星辰也，离为明，坎为月，离为日，蒙艮为星，四动成坎离，日月得正，天地革而四时成，故君子以治历明时也。按革自遁来，遁上为乾，旁通蒙，蒙上卦为艮。《义》：火阳，泽阴，泽中有火，水成火藏，坤凝乾象也。

初九，巩用黄牛之革。象曰："巩用黄牛，不可以有为也。得位无应，动而必凶，故不可以有为也。"《义》：惠征士云："巩固也。"蒙坤为黄牛，艮皮为革，得位无应，未可以动，故巩用黄牛之革。

六二，巳日乃革之，征吉无咎。象曰："巳日革之，行有嘉也。"嘉谓五，乾为嘉，四动承五，故行有嘉矣。《义》：二应于五，为四所隔，故己日乃革，之二为离，水火相息也，之应，故征吉。体蒙震为征。按张氏云："体蒙震为征，体字误，宜作通字。"盖二卦旁通。故作通为是。且虞氏本卦注已明之，不然则宜云四变二至五体蒙。

九三，征凶贞厉。革言三就，有孚。象曰："革言三就，又何之矣。"四动成既济定，故又何之矣。《义》：亦体蒙，震为征，三应于上，四未变逆乘，故征凶。得位故贞，革命之际当危也。蒙震为言，有孚谓五，三至五三爻，四变五三皆坎，故革言三就；有孚，就，成也。革道大成，无取之应。按体蒙之体，亦宜作通，或云四变体蒙亦可。

九四，悔亡，有孚，改命吉。象曰："改命之吉，信志也。"孚谓五也，巽为命，四动五坎改巽，故改命吉。四乾为君，进退无恒，在离焚弃，体大过死，传以比桀纣，汤武革命，顺天应人，故改命吉也。四动成坎，故信志也。按四变，五在坎中，坎为孚，故孚谓五。革二至四互巽命，四动，则二至四互坎，故坎改巽命。乾九四文言云：进退无恒。离九四，焚如死如弃如。二至五体大过死。《义》：离四亦乾四，象注云：天谓五，人谓三。

九五，大人虎变，未占有孚。象曰："大人虎变，其文炳也。"乾为大人，谓五也。蒙坤为虎变，传论汤武以坤臣为君。占，视也。离为占，四未之正，五未在坎，故未占有孚也。乾为大明，四动成离，故其文炳也。按旁通蒙，蒙三至五互坤，坤为虎为臣，变为革，则三至五互乾，彖云："汤武革命。"故以坤臣革乾君。《疏》云：离目，故为占。《义》：由坤变，故曰虎变。革，乾革成坤，阳无消道，故以汤武坤臣象之，阳在五，具坎离，四虽未变，五已有孚，离为文。

上六，君子豹变，小人革面，征凶，居贞吉。象曰："君子豹变，其文蔚也。小人革面，顺以从君也。"蒙艮为君子，为豹，从乾而更，故君子豹变也。阴称小人也，面谓四，革为离，以顺承五，故小人革面。乘阳失正，故征凶。得位故居贞吉。蒙艮为居也。蔚蔽也，兑小，故其文蔚也。乾君谓五也，四变顺五，故顺以从君也。按蒙上卦艮阳为君子，艮为狗，为鼠，为黔喙之属，故为豹。艮三索得男，又变而为革，则三至五互乾，故从乾而更，四变阴为小人，乾为首，四在其中，为面，三至五互离，四顺承五，故革面。四乘九三阳刚之上，未变则失正，而上六与九三为四所隔，不能相应，坎征凶然上六得位，故居贞吉。《义》：上由艮变，四变阴小人，在乾首中，故面，《说文》曰：

“蓖，草多貌，蔚蓖皆繁缛之貌也。”《学》：上六乘阳，而以阴爻居阴位，并不失正，惟欲应三而隔于四，若不待四变而即来应三，则不吉，故云征凶。

鼎䷱（巽下离上）

《义》：消息卦，通屯，以离五应坎，五复生其下，杂卦曰：鼎取新也。言故乾去而新震来，犹和水火以新物，故取象而名鼎。内卦候在五月，外卦六月，卦元吉亨唯取坎离，交五生复之养也。

鼎，元吉亨。大壮上之初，与屯旁通，天地交，柔进上行，得中应乾五刚，故元吉亨也。按鼎自大壮来，从四阳二阴之例，大壮上之初则成鼎，旁通屯。屯象云“刚柔始交”，谓天地始交也。柔谓五，得中而应刚。《义》：据大壮应初之上，云上之初，非大壮也。屯自坎二之初，则鼎离二之初。阳生不取阴卦，故从大壮而变其例。乾坤出离坎，彖注谓柔谓五，进谓巽，行谓震，盖以屯二居五为进，以巽通震也。乾元正。《学》：依爻例，大壮上之初，则柔退而下降，初之上，则刚进而上，升依消息例，鼎由离二之初，亦柔退而下降，皆与彖传柔进而上行之义不洽，鼎由离来，离由遁生，鼎五即离五，离五来自遁初，故彖传云柔进而上行。

彖曰：“鼎，象也，以木巽火，亨饪也。圣人亨以享上帝，而大亨以养圣贤。巽而耳目聪明，柔进而上行，得中而应乎刚，是以元亨。”六十四卦皆观系辞，而独于鼎言象何也，象事知器，故独言象也。圣人谓乾，初四易位，体大畜，震为帝，在乾天上，故曰上帝。体颐象，三动噬嗑食，故以享上帝也。大亨谓天地养万物，圣人养贤以及万民，贤之能者称圣人矣。谓三也，三在巽上，动成坎离，有两坎两离象，乃称聪明。日月相推而明生焉。故巽而耳目聪明。眇而视，不足以有明。闻言不信，聪不明。皆有一离一坎象故也。柔谓五，得上中，应乾五刚，巽为进，震为行，非谓应二刚与睽五同义也。按鼎初四易位，则成大畜，而三至五互震，帝出乎震，下卦乾为君，故曰上帝。三至上体颐，鼎三动则二至上体噬嗑食，“天地养万物”二句颐彖文。下卦巽，三在巽上，三动则内卦成坎，三至五亦坎，二至四互离，外卦亦离。眇而视二句见履六三，闻言不信见夬九四象。六五以柔居上卦之中，伏阳，旁通屯，屯九五为阳刚，屯下卦震为足为行。《义》：谓观文王之辞，以释卦名。坤为器，乾五之坤为象，故象事知器。谓坤凝乾元莫盛于鼎，故于鼎之取新言象。屯鼎通，震木巽于下，火炎于上，而烁水，亨饪之象。此引颐象非取颐象也，颐象雉膏不食，可以享帝，不可以养圣贤，鼎以九三变未济，应上体噬嗑食，上体大有，上九为圣贤，三乾阳为大，故大亨以养圣贤，系辞下云：巽而耳目聪明，申成此义。不正故曰上中，通屯之象，睽五应蹇五。《学》：坤凝乾元，为巽离兑三卦，鼎卦下巽上离，三四五互兑，一卦而具三象，盛之至也，其次则推革卦，下离上兑，二三四互巽，鼎由剥入复，革由夬入遘，各列消息之终，其道至深。

象曰："木上有火，鼎，君子以正位凝命。"君子谓三也，鼎五爻失正，独三得位，故以正位凝成也。体姤谓阴始凝，初巽为命，故君子以正位凝命也。按下巽木上离火，初至四体姤，阴息初为姤，坤初象曰：阴始凝也。孙黄二氏以为谓阴始凝之谓凝作为字。为谓义近，得两通。《义》：木之传火转续相生，犹乾生震继于离也，乾未出震，赖坤凝之，三变养贤，以成复震，是谓凝命。

初六，鼎颠趾，利出否，得妾以其子，无咎。象曰："鼎颠趾，未悖也。利出否，以从贵也。"趾，足也，应在四，大壮震为足，折入大过，大过颠也，故鼎颠趾也。初阴在下，故否。利出之四，故曰利出。兑为妾，四变得正，成震，震为长子，继世守宗庙而为祭主，故得妾以其子无咎矣。出初之四承乾五，故以从贵也。按鼎自大壮来，外卦震阳居四为足，变鼎则初至五五互大过，三至五五互兑毁折，故颠。兑为少女为妾，四变则三至五互震，震长男，故为长子。震象云："出可以守宗庙社稷以为祭主也。"初应四，皆不正，初之四，则得其正承五矣。《义》：否闭也，亨以享上帝，取此象。

九二，鼎有实，我仇有疾，不我能即吉。象曰："鼎有实，慎所之也。我仇有疾，终无尤也。"二为实，故鼎有实也，坤为我，谓四也。二据四妇，故相与为仇。谓三变时四体坎，坎为疾，故我仇有疾。四之二历险，二动得正，故不我能即吉。二变之正艮为慎。不我能即吉，故终无尤也。按阳实阴虚，九二为阳，故实。屯二至四互坤，又四变阴，亦坤象，初阴爻与九四应，是初为四之妇，二据于初之上，故二据四妇，三变时三至五互坎，坎为心病，为疾，为险，四之二则历坎险，而二动又得正，故不能即我，二变则内卦艮。《义》：阳实也，四当变坤爻，初为四妇，谓二不变，则与四争初，变正得吉。

九三，鼎耳革，其行塞，雉膏不食，方雨亏悔终吉。象曰："鼎耳革，失其义也。"动成两坎，坎为耳，而革在乾，故鼎耳革。初四变时，震为行，鼎以耳行，伏坎震折而入乾，故其行塞。离为雉。坎为膏，初四巳变，三动体颐，颐中无物，离象不见，故雉膏不食。四已变，三动成坤，坤为方，坎为雨，故曰方雨，三动亏乾而失位悔也，终复之正，故方雨亏悔，终吉也。鼎以耳行，耳革行塞，故失其义也。按三变则内卦坎，三至五亦坎，乃鼎之两耳，鼎倒反即为革卦，鼎三至五互乾，乾为金，《尚书》云："金从革。"故革在乾，初四易位，三至五互震，三又变则三至上体颐，不易位则伏坎，坎水为膏，四变三又变则三至五互坤。三动则三失位，三至五互兑，乾象不见。《义》：三不变，而初四变，伏坎为震所折，而入乾，三正位，不宜变而卦取大亨，以养圣贤，三宜动而应，言三与初四俱变，又为不食之象，故上取三独变，坎者四不动而三独变，三动而养圣贤，然后复正而定既济，所谓权也。

九四，鼎折足，覆公悚，其刑渥凶。（今本刑作形）象曰："覆公悚，信如何也。"谓四变时，震为足，足折入兑，故鼎折足。足为刑渥，大刑也。鼎足折，则公悚覆，言不胜任，象入大过死凶，故鼎足折，覆公悚，其刑渥凶。按四变时，则三至五互震，不变乃见兑，兑为毁折，为刑，初至五体大过，棺椁之象。孙黄二氏云："刑字今本作形，古通用。"《孔子家语·屈节解》云："诚于此者，刑彼。"《颜氏家训》作形于彼。《汉上易传》引此亦作形渥字。《汉上易传》及晁氏并作剭，晁引虞云："剭重刑也。"颜师古《汉书叙传》注曰："剭者厚刑也。"今亦与此合。《义》：言四不变之咎如此，三已变，四在坎为信，故曰信，如何言非信。《学》：大壮上震为足，上降之初成鼎，震足已折，不待四变也，四应在初，九四鼎折足与初，六鼎颠趾，两象相贯，上卦离四，焚如死如，弃如，鼎折足则为弃鼎矣，三四五互兑为毁折，四居兑中，故取折象，大壮上震于稼为反生，稼有悚象，反者覆也，上降之初，故有倾覆公悚之象。

六五，鼎黄耳，金铉，利贞。象曰："鼎黄耳，中以为实也。"离为黄，三变坎为耳，故鼎黄耳；铉谓三，贯鼎两耳，乾为金，故金铉；动而得正，故利贞。按离六二曰：黄离故为黄。《义》：此则三复正成既济也。实谓乾五刚。

上九，鼎玉铉，大吉，无不利。象曰："玉铉在上，刚柔节也。"铉谓三，乾为玉铉，体大有上九，自天右之，位贵据五，三动承上，故大吉无不利；谓三亏悔，应上成未济。虽不当位，六位相应，故刚柔节。象曰："巽耳目聪明，为此九三发也。"按乾为金，为玉二至五体大有，据五阳之上。孙黄二氏以巽耳目聪明，巽下疑有而字是也。《义》：五正位，象乾之刚，故金铉。上圣贤，象乾之纯，故玉铉复初成震，即此爻矣。此或失之，金玉铉皆当谓三。自未济复出，三出，则诸爻皆正，故五利贞。上大吉无不利，刚柔节谓既济定，未济不得大吉。谓三变承上未济，刚柔应。五利贞，既济刚柔应。

震䷲（震下震上）

《义》：乾二五之坤，震动也，一阳动于二阴之下，于息卦在临，次解，阴解散，阳震动，则成泰也，方伯之卦，初九春分，上六芒种，卦取四变，成复，爻变成既济。

震亨，震来虩虩，笑言哑哑，震惊百里，不丧七鬯。临二之四，天地交，故通，虩虩，谓四也，来应初，命四变而来应己，四失位多惧，故虩虩，之内曰来也。哑哑，笑且言，谓初也，得正有则，故笑言哑哑后有则也；谓阳从临二，阴为百二十，举其大数，故当震百里也；坎为棘，上震为鬯，坤为丧，二上之坤成震体坎，得其七鬯，故不丧七鬯。按震自临来，从二阳四阴之例，临二之四即成震，又三画之卦由震一索而得，故天地交，震惊百里，四居上卦之始，在下卦之上，故虩虩谓四，四以阳居阴故失位。由外之内曰来，初得位，命四变来应己，九四之阳从临二而来。《疏》云：阴为百二十者从二息时有五阴，阴爻二十四，五爻故百二十。然《汉上易卦图》下卷则云："百里，阳爻三十六，阴爻二十四，震初九，九四二阳二阴为百二十，举其大数也。"孙堂《汉魏二十一家易注》及黄奭《黄氏佚书考》皆以为虞注。朱震所为《汉上易卦图》成于宋代，信而有征，当从之。且虞注：阳从临，二阴为百二十，殆有脱文，所脱之文即此，是也。坎为丛棘故为棘匕。震长子主祭器，故为鬯。月灭坤乙，故为丧。临二上之坤成震，三至五互坎，故不丧匕鬯。《义》：大小以乾二五相索，其在六十四卦又从爻变消息乾二五之坤，虩虩恐惧貌，坎为则，谓四变来应从临二息时，有五阴，阴爻二十四，五爻故百二十，以阳震阴，坤方为里。震为禾稼，坎水和之，为鬯酒，故上震为鬯。

彖曰："震亨，震来虩虩，恐致福也。笑言哑哑，后有则也。震惊百里，惊远而惧迩。不丧匕鬯，出可以守宗庙社稷，以为祭主也。"惧变承五应初，故恐致福也；则法也，坎为则也，远谓四，近谓初，震为百，谓四出惊远，初应，惧近也，谓五出之正，震为守，艮为宗庙，社稷长子主祭器，故以为祭主也。按四失位，居多惧之地，当震惊之时，故惧而变正，上承五，下应初，故能致福。三至五互坎为法则。迩近也，四在外故远，初在内故近，震为百，即卦注云：百二十，是也。五变正，震长子，故为守。《义》：坎则谓四，后谓初，四应初，故初笑言。远近以地言，卦辞注从临，二阴为百二十，此又云震为百似衍，为当作谓字误。

象曰："洊雷震，君子以恐惧修省。"君子谓临二，二出之坤四，体以修身，坤为身，二之四以阳照坤，故以恐惧修身。老子曰："修之身，德乃真也。"按两震相重，故曰洊。震自临来，阳为君子，临九二阳，临二上之坤成震，临二至上体复，复初九象曰："不远之复，以修身也。"临外卦坤为身，临二之四成震阳，故以阳照坤。孙黄二氏以四体以修身之体下疑有复字是也。《义》：洊重也，当天之阳气，动出地下，惊震四方。复震。

初九，震来虩虩，后笑言哑哑吉。象曰："震来虩虩，恐致福也。笑言哑哑，后有则也。"虩虩谓四也，初位在下，故后笑言哑哑；得位故吉也。阳称福，得正故有则也。《义》：爻例上为前，下为后，故下震为后。初得正，故四变应之。按初九以阳居阳位，得正而四变应之。

六二，震来厉，亿丧贝，跻于九陵，勿逐七日得。象曰："震来厉，乘刚也。"厉危也，乘刚故厉。亿，惜辞也。坤为丧，三动离为蠃蚌，故称贝；在艮山下，故称陵；震为足，足乘初九，故跻于九陵；震为逐，谓四已体复象，故丧贝逐；三动时离为日，震数七，故七日得者也。按六二位初九阳刚之上，故乘刚；三动刚内卦成离，上至四互艮，二在艮山下，故称陵；四已变则成复，复卦曰七日来复，故丧贝勿逐。四已体复，已下张氏义及李氏疏皆云"脱变字"是也。《疏》云：震纳庚月，七日见庚，故震数七。不逐自复，故七日得也。复七日主六日七分之说，震七日主七日见庚之说，义各有当也。《义》：二自四来，故曰来，亿噫同，本亦有作噫者。二当为离，故惜其丧贝。当云四已变，脱变字也。震得庚七。

六三，震苏苏，震行无眚。象曰："震苏苏，位不当也。死而复生称苏，三死坤中，动出得正，震为生，故苏苏；坎为眚，三出得正，坎象不见，故无眚。"《春秋传》曰："晋获秦谍，六日而苏也。"按临三至上体坤，变为震则坤象不见，故死坤中；三失位，动而得正，震东方春，万物始生，故为生内外皆震，故苏苏；三互坎为多眚，三变则坎象不见，故无眚。《春秋传》见《左传·宣公八年》事。《学》：眚，目疾也，六三失正，下卦未变成离目，有眚象，行动而变之正，则离目全明，故云震行眚。

九四，震遂泥。象曰："震遂泥，未光也。"坤土得雨为泥，位在坎中，故遂泥也。”在坎阴中，与屯五同义，故未光也。按临互坤土，二之四成震，互坎故震，遂泥。屯九五象曰“施未光也”，亦以在坎中故也。《义》：四不言变者，四当之五，上云震不于其躬，于其邻，谓四之五也，四之五，又在坎，故遂泥矣。往谓在外，四体屯五，又当之五，故与同义。《学》：遂进也，大壮上六虞注：震由临二之四，乾阳进而陷坎水中，三四五互坎失正，坎水又陷坤土中，故有遂泥之象。若四之五，则五当坎阳，中正得位，由泥坏而入于霄汉，不得谓之遂泥也。又按徐氏之解，足匡张氏之失。

六五，震往来厉，亿无丧有事。象曰：“震往来厉，危行也。其事在中，大无丧也。”往谓乘阳，来谓应，阴失位乘刚，故往来厉也。坤为丧也，事谓祭祀之事，出而体随，王享于西山，则可以守宗庙，社稷为祭主，故无丧有事也。乘刚山顶，故危行也。动出得正，故无丧。按六五失位，以阴乘于九四之上，而应二阴，皆失位，故往来危厉矣。五变正则成随，随上六云王用享于西山。二至四互艮山，而五在其上，故危行也。《义》：亿义同六二，无丧有事而惜之者，惜其不定既济也，故上取四五易位。

上六，震索索，视矍矍，征凶，震不于其躬于其邻无咎，婚媾有言。象曰：“震索索，中未得也。虽凶无咎，畏邻戒也。”上谓四也，欲之三隔坎，故震索索；三已动，应在离，故矍矍者也。上得位，震为征，故征凶；四变时坤为躬，邻谓五也，四上之五，震东兑西，故称邻；之五得正，故不于其躬于其邻；无咎谓三已变，上应三震为言，故婚媾有言。四未之五，故中未得也。谓五正位，已乘之，逆，畏邻戒也。《义》：索索，马氏云：“内不安貌。”矍矍，惊视貌。言上之凶由四也，五出体随，故取兑象。《学》：月体纳甲，震西兑南，交角为邻，虞氏取文王八卦震兑方位，中宫间隔，不得谓之邻。按上欲应三而隔于四，四在坎中，故索索；三动则内卦为离，上六应之，离为目，故矍矍。上得位不宜征，故行则凶也；四变时则三至上体坤，五在上六之下，故称邻；震居东，五之正则成随，上卦兑西。徐氏以纳甲解，固不如虞氏之解为善，虞氏书中多如此。

艮䷳（艮下艮上）

《义》：乾二五之坤，艮，止也，阳穷止于阴上，于消卦在观，次晋，阳道当剥，进不可极，当止于上，故曰艮也。艮下有伏兑，内卦候在九月，外卦十月，卦辞不变时，止则止也，彖传取五动成渐，爻初五正，成家人，时行则行也，在消卦不成既济。

艮其背，不获其身，行其庭，不见其人，无咎。观五之三也，艮为多节，故称背。观坤为身，观五之三折坤为背，故艮其背；坤象不见，故不获其身；震为行人，艮为庭，坎为隐伏，故行其庭，不见其人；三得正，故无咎。按艮自观来，从二阳四阴之例，观五之三则成艮，艮其于木也为坚多节，故称背；观初至四体坤为身，观五之三，则折坤成艮背矣。三至五互震为行，三人位，故为行人。二至四互坎为隐伏，三以阳居阳故得正。《义》：二阳例。《学》：五动成渐，艮卦张注：三四五互震之人象已毁，初爻未变之正，下卦离目未见，故不见其人。

彖曰："艮止也，时止。时行则行，动静不失其时，其道光明。艮其止，止其所也。上下敌应，不相与也。是以不获其身，行其庭，不见其人，无咎也。"位穷于上故止也；时止谓上，阳穷上故止；时行谓三，体处震为行也；动谓三，静谓上，艮止则止，震行则行，故不失时；五动成离，故其道光明。谓两象各止其所。艮其背背也。两象相背，故不相与也。按艮阳在上，无所复之故止；三至五互震，震为足为行，故时行；观坤五之三成艮，故动谓三；上止其所不谓，故止谓上；五动成离为日，为火，故光明；上下两艮，各止其所。两象相背，故上下阴阳相敌应，不相与。《义》：五动时行也，明背是三才，卦象非九三一爻，相违背也，明传解艮其背。《学》：三与上同属阳性，相敌不能相应，初与四，二与五皆为阴性，亦相敌而不能应，张氏所谓明背是三才卦象，非九三一爻也，乾阳所生震坎艮三卦，皆上下敌应，而独于艮卦发之者，乾阳终于艮，由终溯始，可推而知之也，阴由阳推，坤阴所生巽离兑三卦亦复如是。

象曰："兼山艮，君子以思不出其位。"君子谓三也，三君子位，震为出，坎为隐伏，为思，故以思不出其位也。按内外皆艮山，故曰兼山艮。艮三索而得男，艮三即乾三，乾三为君子，三至五互震为出，二至四互坎为心，故为思。《义》：止莫如山。

初六，艮其趾，无咎利永贞。象曰："艮其趾，未失正也。"震为趾，故艮其趾矣；失位变乃得正，故无咎永贞也。动而得正，故未失正也。按初应在四，三至五互震足，故为趾；爻例初亦称趾，以阴居阳故失位；变正故未失，而利永贞。《义》：艮不取应震为趾似非，以咸例之，当云艮为指，坤为永。又按艮为指，则指艮其指矣。张氏之义似背虞义。

六二，艮其腓，不拯其随，其心不快。象曰："不拯其随，未违听也。”巽长为股，艮小为排。拯，取也，随谓下二阴，艮为止，震为动，故不拯其随；坎为心，故其心不快；坎为耳，故未违听也。按二变则内卦成巽股，艮阳小故为腓。艮为手，故称拯；为止故不拯；震动故为随；初二阴随三，二至四互坎，坎为心为耳。《义》：初二随三，不能自止，三为之心，故不拯其随，则心不快。并言初者，五正初乃正，故初言永贞，与萃四元永贞亦同义。趾腓听心者也。

九三，艮其限，裂其夤，厉阍心。象曰：“艮其限，危阍心也。”限，腰带处也，坎为要，五来之三，故艮其限；夤，脊肉，艮为背，坎为脊，艮为手，震起艮止，故裂其夤；坎为心，厉，危也，艮为阍。阍，守门人，坎盗动门，故厉阍心。古阍作熏字，马因言熏灼其心，未闻易道以坎水熏灼人也。荀氏以熏为勳，或误作动，皆非也。坎为心，坎盗动门，故危阍心也。按要腰也，坎水，肾象。故为腰；三在六爻之位，犹人之腰也。观五之三成艮止，故艮其限。坎为美脊为心，震动起，艮为止，为门。《义》：《汉书·百官公卿表》光禄勳如淳注：胡公曰勳之言阍也，光禄主公门，是古阍勳，假借字，熏勳，又通也。《学》：二三四互坎，坎水中伏有离火，初爻变之正，与二三成离，五爻变之正，与二三四互离，三居坎心，实上下两离之中枢，马融传东汉古文易，取离象熏灼，不为无见。虞氏远承西汉今文孟氏之学，往往訾议马氏，盖古今文之争也。

六四，艮其身，无咎。象曰：“艮其身，止诸躬也。”身，腹也，观坤为身，故艮其身；得位承五，故无咎；或谓妊身也，五动则四体离妇，离为大腹，孕之象也，故艮其身；得正承五而受阳施，故无咎；《诗》曰大任有身，生此文王也。艮为止，五动乘四，则妊身，故止诸躬也。按观初至四体坤，以阴居阴，故得位。五动则三至五互离，离为中女，为大腹五伏阳，四承之。《义》：受五乾施。

六五，艮其辅，言有孚，悔亡。象曰：“艮其辅，以中正也。”辅，面颊骨上颊车者也。三至上体颐象，艮为止，在坎车上，故艮其辅；谓辅车相依震为言，五失位悔也动得正，故言有孚悔亡也；五动之中，故以正中也。按二至四互坎，坎为车，五在其上，三至五互震为言，五以阴居阳，故失位；动则得位，故言有孚。中正张氏以虞氏作正中误，或虞氏义经文正作正中也，亦未可知张氏略嫌武断。《义》：车身牙，阳在二，五称孚。中正谓为正中。

上九，敦艮吉。象曰：“敦艮之吉，以厚终也。”无应静止，下据二阴，故敦艮吉也；坤为厚，阳上据坤，故以厚终也。按上九下据四五二阴，无应于下，故止而动。观坤为厚。《义》：敦厚也，阳据坤，故厚。

渐䷴（艮下巽上）

《义》：否消卦，次未济。渐者进也，三进而承阳，自随阳之渐，其成则泰也，故曰渐。候在正月，成既济，三权变受上否时，非君子行权不济也，初变成家人，唯家人变受耳。

渐，女归吉，利贞。否三之四，女谓四，归，嫁也。坤三之四承五，进得位，往有功，反成归妹，兑女归吉。初上失位，故利贞，可以正邦也。按渐自否来，从三阴三阳之例，否二之四即，成渐三至五互离，为中女，故女谓四；否卦坤三之乾四，乾坤交，四得位承五，故有功反；卦为归妹，归妹内卦为兑少女，故归吉。孙黄二氏以兑疑作故，似较通。《义》：乾坤交，离为女，归自外来也，四自下进，不可谓归，故以反成归妹为义，消息卦渐不通归妹，否泰卦乾坤交，故取义众也。杂卦曰：渐女归待男行也。寻归妹之义，震兄嫁兑妹，以坎离为夫妇。女归之义，仍在渐象。卦有归妹反象，故取女归。九三虽坎体权变成震，九三变则四专承五，而上正五坎为夫妇，所谓终莫之胜者，是亦震兄嫁妹，归妹之义也。以女无自进之道，归妹由阳来，而渐由阴往，故其取义如此。初正三，权变成坤为邦，受上正既济。

象曰："渐之进也，女归吉也。进得位，往有功也。进以正，可以正邦也。其位刚得中也。止而巽，动不穷也。"三进四得位，阴阳体正，故吉也。功谓五，四进承五，故往有功。巽为进也。初已变为家人，四进已正，而上不正，三动成坤，为邦，上来反三，故进以正，可以正邦，其位刚得中，与家人道正同义，三在外体之中，故称得中。乾文言曰：中不在人，谓三也。此可谓上变既济定者也。止艮也，三变震为动，上之三，据坤，动震成坎，坎为通，故动不穷，往来不穷谓之通。按否三进四，三四各得其正，渐外卦巽为进退，初变则成家人卦，四自三进而得位已正，然上九不正，三动则内卦成坤，艮止，初已变正，则三变时内卦震，而初至四互坤，渐二至四互坎，故动不穷。《义》：此即以阴阳体正，释女归，则坎离夫妇本卦象也。乾三体复初，乾元故称中。此君子行权，得乾三之中，故称中，非在内体即称中。家人三变，然后夫妇正，此亦三变而女归故同。

象曰："山上有木，渐，君子以居贤德善俗。"君子谓否乾，乾为贤德，坤阴小人，柔弱为俗，乾四之坤，为艮，为居，以阳善阴，故以居贤德善俗也。按否外卦为乾，内卦为坤，乾四之坤成渐，内卦为艮。《义》：木生渐进。乾为君子，故取乾四之坤。

初六，鸿渐于干，小子厉，有言无咎。象曰：“小子之厉，义无咎也。”雁也，离五鸿渐进也，小水从山流下称干，艮为山，为小径，坎水流下山，故鸿渐于干也；艮为小子，初失位故厉；变得正，三动受上成震，震为言，故小子厉有言无咎也。动而得正，故义无咎也。按三至五互离离为雉，为飞鸟，故为鸿；二至四互坎，艮为山为迳路，故为小径；为少男，故为小子；初以阴居阳，故失位。变正而三动，则内卦成震，为言。《义》：鸿飞不独行，有次列者也，五为鸿，与五爻俱渐也。

六二，鸿渐于磐，饮食衎衎，吉。象曰：“饮食衎衎，不素饱也。”得正应五，故吉。素空也，承三应五，故不素饱。按艮为山为小石，坎为丛聚，大石称磐，初之正则初至五体噬嗑食，坎水一阳为颐中之物，故饮食衎衎。《义》：阳为物也，衎衎，饮食貌。

九三，鸿渐于陆，夫征不复，妇孕不育，凶，利用御寇。象曰：“夫征不复，离群丑也。妇孕不育，失其道也。利用御寇，顺相保也。”高平称陆，谓初已变，坎水为平，三动之坤，故鸿渐于陆；初已之正，三动成震，震为征，为夫，而体复象，坎阳死坤中，坎象不见，故夫征不复也；孕，妊娠也，育生也，巽为妇，离为孕，三动成坤，离毁失位，故妇孕不育凶；御当也，坤为用，巽为高，艮为山，离为戈兵甲胄，坎为寇，自上御下，三动坤顺，坎象不见，故利用御寇，顺相保。保大也。坤三爻为丑，物三称群也，三动离毁，阳陨坤中，故失其道也；三动坤顺，坎象不见，故以顺相保也。按二至四互坎，三动则二至四成坤土，初之正，则内卦震，为征，为长男，为夫，而初至四体复，而坎变坤，坎阳不见，故夫征不复；巽为长女，故为妇；三至五互离，为大腹，故孕；三动离毁而成坤，故妇孕不育；坤为阴，为丑，为群，张氏云阳为道。《义》：初未变，则艮山也，坤土无水，故陆矣，夫谓三坎，妇谓四离，坎谓三阳，四当承五，坎寇之，为夫妇，《春秋传》所谓保大定功。《学》：初未之正，三未权变时，复象未见，有不复之象，初变而三权变，初至四互复，上来三正位，复体仍毁。亦有不复之象。禦字从御亦声，御从卸亦声，卸从止，当云禦止也，蒙卦上九利禦寇，虞注：“禦止也。”其说甚当，惟未明言，艮为止耳。蒙艮在上，故上九言禦，渐艮在下，故九三言禦，三上两爻皆当艮阳之脊，乾阳终止，故取禦止之象。

六四，鸿渐于木，或得其桷，无咎。象曰：“或得其桷，顺以巽也。”巽为木，桷，椽也，方者谓之桷，巽为交为长木，艮为小木，坎为脊，离为丽，小木丽长木，巽绳束之，象脊之形，椽桷象也，故或得其桷；得位顺五，故无咎；四已承五，又顾得三，故或得其桷也矣。坤为顺，以巽顺五。按巽乾坤交而得女，故为交；艮其于木也坚多节，故为小木六四以阴居阴，故得位。《义》：木谓五，桷谓三，明四当顺五，四五得两顾者，坎离夫妇之义，三五本一坎也，女归待男行，三成震，四然后嫁，故取归妹也。

九五，鸿渐于陵，妇三岁不孕，终莫之胜吉。象曰：“终莫之胜吉，得所愿也。”陵，丘，妇谓四也，三动受上时，而四体半艮山，故称陵；巽为妇，离为孕，坎为岁，二动离坏，故妇三岁不孕；莫，无；胜，陵也。得正居中，故莫之胜吉。上终变之三，成既济定，坎为心，故象曰得所愿也。上之三既济定，故得所愿也。按三四五互离，为中女，四在离中，故妇谓四；三动受上时，三至五互艮山，而四体恰在半艮，故称陵；离为大腹，故曰孕；坎为冬，《疏》云：岁始冬至，故坎为离；三动成艮，离腹不见，故不孕。初三已变，上之三，则成既济。《义》：自三至上三爻，故三岁。上三易位则妇孕。

上九，鸿渐于陆，其羽可用为仪吉。象曰：“其羽可用为仪吉，不可乱也。”陆为三也，三坎为平，变而成坤，故称陆也；谓三变受成既济，与家人彖同义，上之三得正，离为鸟，故其羽可用为仪吉。三动失位坤为乱，乾四止坤，象曰“不可乱”。彖曰：“进以正邦，为此爻发也，三已得位，又变受上权也。”孔子曰：“可与适道，未可与权，宜无怪焉。”坤为乱，上来正坤，六爻得位，成既济定。故不可乱也。按二三四互坎为平，三变则成坤，坤为乱，《疏》云：谓三变受者变而受上易位也，初已变故成既济。孙黄二氏以三变受成既济之受下疑有上字，乾四止坤疑作乾上正坤，进以正邦，进疑作可。此可备一解。《义》：变而受上易位，乾四三也，上来即三出，故曰乾四，止字当为正。系辞曰：巽以行权，渐家人皆体巽。

归妹䷵（兑下震上）

《义》：泰息卦次损泰过，将反阴道始盛，故明阴阳始终之义曰归妹也，内卦候在八月，外卦九月，卦辞不变消道也。

归妹，征凶，无攸利。归，嫁也，兑为妹，泰三之四，坎月离日，俱归妹象，阴阳之义配日月，则天地交而万物通，故以嫁娶也；谓四也，震为征，三之四不当位，故征凶也；谓三也，四之三，失正无应，以柔乘刚，故无攸利也。按归妹自泰来，从三阳三阴之卦，泰三之四则成归妹，“阴阳之义”一句系下文，“天地交”一句泰彖文，三无应，而位九二之上，故乘刚。《义》：自外曰归，震为兄，兑为妹，乾坤交，夫妇义，谓卦具三象，乾坤一也，坎离二也，震兄嫁妹三也，天地交宜亨，否之始，故戒之。

象曰：“归妹，天地之大义也。天地不交而万物不兴。归妹，人之终始也。说以动，所以归妹也。征凶，位不当也。无攸利，柔乘刚也。”—乾天坤地，三之四，天地交，以离日坎月战阴阳，阴阳之义配日月，则万物兴，故天地之大义；乾主壬，坤主癸，日月会北，震为天玄地黄之杂，震东兑西，离南坎北，六十四卦，此象最备，四时正卦，故天地之大义也；乾三之坤四，震为兴，天地以离坎交阴阳，故天地不交，则万物不兴矣；人始生乾而终于坤，故人之终始。杂卦曰：归妹女之终谓阴终坤癸则乾始震庚也。说兑，动震也，谓震嫁兑，所归必妹也。按归妹自泰来，泰内乾天，处坤地，泰三之四，故天地交，互离日坎月，说卦云：战乎乾，乾阳坤阴，之义配日月，故战阴阳，万物兴，此天地之大义也。以纳甲而言，乾纳甲壬，坤纳乙癸，壬癸于四方五行属北方水。《疏》云：日月合朔于壬，故日月会北。归妹上震为东，下兑为西，互离南坎北。泰乾三之坤四，外卦成震，震为行，故为兴。《疏》云：乾阳交坤为坎，坤阴交乾为离。二十九日，月灭于坤癸，三日，月魄生于震庚，终则有始，上震动长男为兄，下兑悦少女为妹。《义》：日月会壬癸，其象也。乾坤会至生震，否泰小剥复于此见之，谓四当反，三当进四。

象曰：“泽上有雷，归妹，君子以永终知敝。”君子谓乾也，坤为永终，为敝。乾为知，三之四为永终，四之三兑为毁折，故以永终知敝。按兑泽震雷，泰乾阳为君子，为知，坤利永贞，地道无成而代有终，故为永终。坤阴为敝。乾三之坤四，为震，四之三成兑为毁折。《义》：阳功既成，雷归于泽，退保蛰虫，雷出夺阳，雷入成阴，故曰归妹，泰尽将否，君子不失其时。

初九，归妹以娣，跛而履，征吉。象曰：“归妹以娣，以恒也。跛而履吉，相承也。”震为兄，故嫁妹谓三也，初在三下，动而应四，故称娣；履，礼也，初九应变成坎，坎为曳，故跛而履；应在震为征，初为娣，变为阴，故征吉也。阳得正，故以恒，恒动初承二，故吉相承也。按四在震，故为兄；三在兑，故为妹；初在兑妹之下，变而应四，故归妹以娣；而内卦成坎为曳，外震为履为征，初九以阳居阳，故得正；变则以阴了在二。《义》：震四嫁三妹，初亦震妹，在三下故娣。嘉事，礼之大，娣从媵礼也。四未反，故初变应，二变初当为震，震为足，故跛而履。此言初当应四耳。四反正，则初亦反正，故在二为震，在五为离在上为乾也。言初为三娣，正以得位，不取变也，既得正又动承二，二未变，初动承之，二变正，初亦正，故相承。

九二，眇而视，利幽人之贞。象曰："利幽人之贞，未变常也。"视，应五也，震上兑下，离目不正，故眇而视幽人谓二，初动二在坎中，故称幽人，变得正，震喜兑说，故利幽人之贞，与履二同义也。常，恒也，乘初未之五，故未变常矣。按二至四互离目，为视，应于六五，二失位故目不正，故眇，初动则内卦为坎。《义》：二当与五易位，卦主在四，四正然后初正，二乃得上之五爻序，如此。谓得正，初变二乘坎，故幽人，之五正位则为常。

六三，归妹以须，反归以娣。象曰："归妹以须，未当也。"须，需也，初至五体震象，故归妹以须；娣谓初也，震为反，反，马归也，三失位四反得正，兑进在四，见初进之，初在兑后，故反归以娣。三未变之阳，故未当。按归妹初至五体需，三以阴居阳，故失位，四反三则三得正，兑三进四，则四亦正矣，初六变正则相应矣，初在兑下，故为娣。《义》：须待也，卦象震兄嫁妹，则卦有妇而无夫，坎离不为夫妇者，失正故也，故须四反三，三进四，则二五易位，坎在兑三，离在震四，日东月西，夫妇道著，六五月几望是也，故二归妹以须，震为马，四反不可仍象震兄，故象反马，兑为见，四反初，亦正，与兑四为应，故象四嫁而进其娣，礼，嫁女同姓，媵之，故初变应震兄，及见于君，必夫人进之，故又正应兑四，而在兑后也。

九四，归妹愆期，迟归有时。象曰："愆期之志，有待而行也。"愆，过也，谓二变三动之正，体大过象，坎月离日，为期。三变，日月不见，故愆期；坎为曳，震为行，行曳，故迟也；归谓反三，震春兑秋，坎多离夏，四时体正，故归有时也。待男行矣。按二三变正，则二至五体大过。《义》：三不待四则愆期，故三须四而迟归也。在兑为嫁，在震为反，三四正位，二五升降，坎离时正。《学》：九四震爻于地支纳午，时交夏令，春华已过，标梅无实，就节气推之，归妹九四候在外卦，时当九月，岁云深秋，距春更远，愆期弥甚矣。

六五，帝乙归妹，其君之袂，不如其娣之袂良。月几望吉。象曰："帝乙归妹，不如其娣之袂良也。其位在中，以贵行也。"三四已正，震为帝，坤为乙，故曰帝乙；泰乾为良，为君，乾在下为小君，则妹也；袂，口袂之饰也，兑为口，乾为衣，故称袂；谓三失位无应，娣袂谓二得中应五，三动成乾为良，故其君之袂，不如其娣之袂良，故象曰“以贵行也”。几其也，坎月离日，兑西震东，日月象对，故曰几望；二之五，四复三得正，故吉也。与小畜中孚月几望同义也。三四复正，乾为良，三四复，二之五成既济，五贵故以贵行也。按帝出乎震，故震为帝。三动则内卦及三至五皆乾，二之五，四之三成既济定，故吉。孙黄二氏以为三四复之下疑有正字，是也。《义》：帝乙，纣父。谓三为震之妹，居乾位为小君，袂当为衣，二在兑亦三娣，此象参错三四已正，帝乙归妹，妹归在四，初正乾衣，兑口为袂，泰女主五为小君，失位无实，娣谓二在乾中，故其君之袂不如其娣之袂良，谓二当升五贵行。几，近也。此以三四得正，三居兑，四居震为几望，非以五坎二离为望，故与小畜中孚同义。既济定，小畜上正，离在兑，三通豫，坎在震，二中孚，由讼四之初，坎在兑二，离在震三，皆非二五，故曰几望。

上六，女承筐无实，士刲羊，无血，无攸利。象曰：“上六无实，承虚筐也。”女谓应三兑也，自下受上称承，震为筐，以阴应阴，三四复位，坤为虚，故无实。象曰承虚筐也。刲，刺也，震为士，兑为羊，离为刀，故士刲羊；三四复位成泰，坎象不见，故无血；三柔承刚，故无攸利也。泰坤为虚，故承虚筐也。按上六、六三以阴应阴，三四复位，则外卦坤为虚，离为戈兵，为刀。孙黄二氏以为柔承刚之“承”疑作“乘”。《疏》云：三目以柔承坎刚，不能应上，则以应而解。可各备一说也。《义》：刲，即刺字，谓四反三为上，应上也，坎为血，言三自以柔承坎刚，不能应上，二之五则坤实。

丰䷶（离下震上）

《义》：泰息卦，折噬嗑，乾坤合，则否反泰，丰王假之，与时消息，群阴顺从，故大。杂卦曰：丰多故，言亲五者多也，候在六月，成既济。

丰，亨，王假之，勿忧宜日中。此卦三阴三阳之例，当从泰二之四，而丰三从噬嗑上来之三，折四于坎狱中，而成丰，故君子以折狱致刑。阴阳交，故通噬嗑。所谓利用狱者，此卦之谓也。乾为王，假，至也。谓四宜上至五，动之正成乾，故王假之，尚大也。五动之正，则四变成离，离日中当五在坎中，坎为忧，故勿忧，宜日中。体两离象，照天下也，日中则昃，月盈则食，天地盈虚，与时消息。按以消息卦而言，丰从三阴三阳之例，自泰而来，泰二之四即成丰，若以上下易而言，则自噬嗑而来，噬嗑，上来之三即成丰，上来之三，使四在坎狱中，故折狱致刑。《义》：消息卦变例，五阳自出，非四易位，下别云四变，则此上之五者，犹言上息五耳。尚上通，泰初故明消息。

彖曰："丰，大也，明以动，故丰。王假之，尚大也。勿忧宜日中，宜照天下也。日中则昃，月盈则食，天地盈虚，与时消息，而况于人乎，况于鬼神乎。"五动成乾，乾为天，四动成两难，重明丽正，故宜照天下，谓化成天下也。月之行，生震见兑，盈于乾甲，五动成乾，故月盈；四变体噬嗑食，故则食。此丰其屋，蔀其家也。五息成乾为盈，四消入坤为虚，故天地盈虚也。丰之既济，四时象具，乾为神人，坤为鬼，鬼神与人，亦随时消息，谓人谋鬼谋，百姓与能，与时消息。按离为明，震为动，五动则三至五互乾，四动则成离，内卦亦离。以纳甲而言，月三日，生于震庚，七日见于兑丁，十五日盈于乾甲，四变则初至五成噬嗑食，四变则外卦入坤虚，变定既济，则四时象具。《义》：阳动，故大；明离，动震，阳动，故王假。是以大也。尚上也，大，阳也。至尊阳而上之，四五正，重离为日中，上变成家人离为巽，巽日入，故则昃也。上所以取成家人，丰震春兑秋，既济坎冬离夏也。人谓三，乾由上之三为神，鬼谓上，坤变之巽，皆与时消息。

象曰："雷电皆至，丰，君子以折狱致刑。"君子谓三，噬嗑四失正，系在坎狱中，故上之三；折四入大过死象，故以折狱致刑；兑折为刑，贲三得正，故无敢折狱也。按震为雷，离为火为电，噬嗑九四失正互坎狱，上之三则二至五互大过死象，三至五互兑为毁折。《义》：雷电阳威之大。

初九，遇其配主，虽旬无咎，往有尚。象曰："虽旬无咎，过旬灾也。"妃嫔谓四也，四失位，在震为主，五动体姤遇，故遇其配主也。四失位，变成坤，应初，坤数十，四上之五成离，离为日。体大过，故过旬灾，四上之五，坎为灾也。按初应四，四阴位，三至五体兑少女，故妃嫔谓四。震长子主器，故为主。五动则二至五体姤，姤，遇也，以初遇四，故遇其妃主。十日为旬，四变则外卦为坤，坤数十，四上之五，则三至五互离日，二至四互坎灾，二至五体大过。《义》：配当为妃，此言五变而四不变，五未动，卦先王假遇其妃主，是先动，以初为夷主，嫌不免咎，故曰虽旬无咎。四不应初，则坎为灾。《学》：四应在初，丰由噬嗑来，九四在噬嗑中互坎，失正为灾，四上之五成既济，则九五坎阳中正。不为灾也。

六二，丰其蔀，日中见斗，往得疑疾，有孚发若吉。象曰：“有孚发若，信以发志也。”日蔽云中称蔀，蔀，小，谓四也，二利四之五，故丰其蔀；噬嗑离为见，象在上为日中，艮为斗。斗，七星也，噬嗑艮为星，为止，坎为北，中巽为高舞，星止于中而舞者，北斗之象也，离上之三，隐坎云下，故日中见斗；四往之五得正，成坎，坎为疑疾，故往得疑疾也。坎为孚，四发之五成坎孚，动而得位，故有孚发若吉也。四发之五，坎为志也。按离为日，四之五则二至四互坎为云，为疑疾，为志，噬嗑上卦为离，二至四互艮，三至五互坎，离上之三则成丰，二至四互巽。《疏》云：艮为狗，大戴易本命斗主狗，故曰艮为斗也。《义》：在五则大为丰，在四则小为蔀，欲去四之蔽也，四噬嗑艮离隐而艮爻见，故见斗谓四也，此似非当，谓五阳发成坎，若顺也，谓二应五顺之。《学》：丰卦下离，六二纳丑，五变之正，二至五互遘，六二当互遘下巽初爻，地支亦纳丑，北方七宿斗首位居丑宫，离为日，故日中见斗。坎在文王八卦居北方，在月体纳甲方位居中央，与离相并。

九三，丰其沛，日中见沬。折其右肱，无咎。象曰：“丰其沛，不可大事也。折其右肱，终不可用也。”日在云下称沛。沛，不明也；沬，小星也。噬嗑离为日，艮为沬，故日中见沬；上之三，日入坎云下，故见沬也；兑为折，为右，噬嗑艮为肱，上来之三，折艮入兑，故折其右肱；之三得正，故无咎也。利四之阴，故不可大事；四死大过，故终不可用。按噬嗑三至五互坎云，外卦离日，二至四互艮，上之三成丰，则日入坎云下，故见沬也；丰三至五互兑为毁折，为西，故为右；噬嗑上来之三则丰艮肱不见，故折其右肱也。二至四互大过。《义》：三本离日，故见艮为沬，二阴见之则为斗，皆谓四也，三利四之阴，故象与二同。

九四，丰其蔀，日中见斗，遇其夷主吉。象曰：“丰其蔀，位不当也。日中见斗，幽不明也。遇其夷主，吉行也。”蔀，蔽也，噬嗑离日之坎云中，故丰其蔀，象曰“位不当也”。噬嗑日在上为中，上之三为巽，巽为入。日入坎云下，幽伏不明，故日中见斗。象曰“幽不明”，是其义也。震为主，四行之正，成明夷，则三体震为夷主，故遇其夷主吉也。离上变入坎云下，故幽不明。坎，幽也，动体明夷，震为行，故曰吉行。按九四以阳居阴，故位不当。噬嗑离日在外卦，三至五互坎，上之三则成丰，内卦震为主，而二至四互巽，为入，四动则成明夷，而三四五互震，故为夷主。《义》：四变然后五正。

六五，来章有庆誉吉。象曰：“六五之吉，有庆也。”在内称来章，显也，庆谓五，阳出称庆也，誉谓二，二多誉，五发得正，则来应二，故来章有庆誉吉也。动而成乾，乾为庆。六五以阴居阳失位，动而变阳，以应六二故有庆誉吉也，五动则三至五互乾。

上六，丰其屋，蔀其家，窥其户，阒其无人，三岁不觌凶。象曰："丰其屋，天际详也。窥其户，阒其无人，自藏也。"丰，大；蔀，小也。三至上体大壮屋象，故丰其屋；谓四五已变，上动成家人，大屋见，则家人坏，故蔀其家；与泰二同义。故象曰"天降祥"，明以大壮为屋象故也。谓从外窥三应，阒，空也，四动时坤为阖户，阖故窥其户；坤为空虚，三隐伏坎中，故阒其无人。象曰"自藏也"。四五易位，噬嗑离目为窥，窥人者，言皆不见，坎为三岁，坤冥在上，离象不见，故三岁不觌凶。三隐伏坎中，故自藏者也。按丰三至上体大壮，四五皆变则成家人上与三应，从外而窥三，四动外卦坤为空虚，阖户谓之坤，而二至四则互坎，而三伏其中，故阒而无人。四五易位则外坎内离，离为目为窥，张氏及李氏道平皆以为此有误，详见下。而孙黄二氏以为窥人者疑作无，是也。《义》：泰二终变成坎爻，曰：包㐬。㐬，大川也，谓阳息二，包坎体也，此上六终变当成家人，今体大壮，故丰其屋，蔀其家，与泰二同义。大壮乾为天，震动为祥，坎为伏，言三不应上，此有错误，四五易位，则无取噬嗑离也，当云四五易位，离目为觌，今无人故不见。体否坤，故冥。谓五未变，离象不见也，四五已变，上体既济，而三不应取成家人者，否未反泰，既济未定，天地盈虚，与时消息，故上权变也。际，降也，孟氏云天降下恶祥也。

旅䷷（艮下离上）

《义》：否消卦，变贲也，否象已就乾，寄坤家，有似羁旅，故名曰旅，内卦候在三月，外卦四月，卦正，五爻成遁，否之渐也。

旅，小亨，旅贞吉。贲初之四，否三之五，非乾坤往来也，与噬嗑之丰同义，小谓柔得贵位，而顺刚，丽乎大明，故旅小亨，旅贞吉；再言旅者，谓四凶恶，进退无恒，无所容处，故再言旅，恶而愍之。按旅自贲来，亦自否来。贲初之四，否三之五皆成旅。《疏》云：不从三阴三阳之例者，以艮离易位，非乾坤往来也，犹觉不自泰来，而自噬嗑，故与噬嗑之丰同义。六五阴柔得尊贵之位，而顺上之刚，离为丽，为明，乾为大明。九四失位，体巽进退不果，在离则焚如，故凶恶无所容处。《义》：大明乾也，五丽乾，故能正。取五通乾坤，贞亦五也。

彖曰："旅小亨，柔得中乎外，而顺乎刚，止而丽乎明，是以小亨旅贞吉也。旅之时义大矣哉。”以离日丽天，县象著明，莫大日月，故义大也。按六五以柔居外卦之中，而上顺于刚，下卦艮为止，上卦离为丽，为明，县象著明，系辞上之辞。《义》：谓五顺乾刚，止，艮；丽，离也。明，大明，谓乾。离丽，乾五也。贲，震春坎冬，旅，兑秋离夏。

象曰：“山上有火，旅，君子以明慎用刑而不留狱。”君子谓三，离为明，艮为慎，兑为刑，坎为狱，贲初之四，狱象不见，故以明慎用刑，而不留狱，与丰折狱同义者也。按阳称君子，艮阳小，故为慎。兑为毁折，故为刑；坎为桎梏，故为狱。贲卦二至四互坎狱初之四则二至四互巽，为令，而坎狱之象不见矣，故不留狱。《义》：山上有火，阳寄于地，旅之象也，火焚杀万物，故明慎用刑之义。艮为贤人。

初六，旅琐琐，斯其所取灾。象曰：“旅琐琐志穷灾也。”琐琐，最蔽之貌也，失位远应，之正介坎，坎为灾眚，艮手为取，谓三动应坎，坎为志，坤称穷，故曰“志穷灾也。”按初六以阴居阳故失位。远应不正之四，若之正，则初四易位成贲，二至四成坎，故介坎，上卦成艮为取。《义》：最蔽盖猥杂也，艮为居，巽为伏，为草莽，伏居草下，故最蔽也。谓之正，与四易位，则在坎，故初不之正，三动则四在坎体，艮手初往应之，为取灾。杂卦曰：亲寡旅也，言不应。

六二，旅即次，怀其资，得僮仆贞。象曰：“得僮仆贞，终无尤也。”艮为僮仆，得正承三，故得僮仆贞，而终无尤也。按艮为少男，为阍寺，故为僮仆。六以阴居阴，故得正，上承九三，三亦得正。《义》：即，就；次，舍；次，财也。艮为舍，二正在艮中，故即次；五变应阳有实，巽为藏，故怀其资。僮仆谓三也，谓五动二执三，用黄牛之革，得僮仆之贞也。三动坎为尤，二执三，故终无尤。

九三，旅焚其次，丧其僮仆贞厉。象曰：“旅焚其次，亦以伤矣。以旅与下，其义丧矣。”离为火，艮为僮仆，三动艮坏，故焚其次；坤为丧，三动艮灭入坤，故丧其僮仆；动而失正，故贞厉矣。三动体剥，故伤也。三变成坤，坤为下为丧，故其义丧矣。按上卦离火，下卦艮男，三动则内卦成坤，不成艮矣，故焚次；三本得位，变则失位，故贞厉。三变则初至四体剥。《义》：艮舍为次，三正位，泰将为否，故三欲动而应上，贞正也，五动二执三在坎，故危。言三动而失正，宁正而危也。

九四，旅于处，得其资斧，我心不快。象曰：“旅于处，未得位也。得其资斧，心未快也。”巽为处，四焚弃，恶人失位远应，故旅于处，言无所从也。离为资斧，故得其资斧，三动四坎为心，其位未至，故我心不快也。又二动非己所乘者，刚不得其所，而得其资斧之地，故我心不快。(《象旨决录》) 按二至四互巽，巽为入，故为处；九四失位，在离，离九四焚如弃如，巽为进退不果，故无所从；离为戈兵，故为资斧。三变则二至四互坎，坎为心。其位未至，孙黄二氏疑至作正，是也。《义》：资当为齐。陆德明云："诸家皆作齐。"言若寄处人家者然，资当为齐，齐，斧所以断物，二执三终不动。

六五，射雉，一矢亡，终以誉命。象曰："终以誉命，上逮也。"三变坎为弓，离为矢，故射雉；五变乾体，矢动雉飞，雉象不见，故一矢亡矣；誉谓二，巽为命，五终变成乾，则二来应己，故终以誉命。逮，及也，谓二上及也。按上卦离，离为戈兵为矢，为雉，三变体坎为弓轮，故射雉；五变外卦成乾，而离毁，矢象不见，故一矢亡；二多誉，故为誉；互巽为命，五失位终变成正，二来应之，故终以誉命。其位未至，孙黄二氏疑至作正，亦通。

上九，鸟焚其巢，旅人先笑后号咷，丧牛于易凶。象曰："以旅在上，其义焚也。丧牛于易，终莫之闻也。"离为鸟，为火，巽为木，为高，四失位，变震为筐，巢之象也，今巢象不见，故鸟焚其巢；震为笑，震在前，故先笑；应在巽，巽为号咷，巽象在后，故后号咷；谓三动时坤为牛，五动成乾，乾为易，上失三，五动应二，故丧牛于易；失位无应，故凶也；五动成遁，六二执之用黄牛之革，则旅家所丧牛也。离火焚巢，故其义焚也；坎耳入兑，故终莫之闻。按离为雉，故为鸟；为火，故为焚；二至四互巽为木，为高，四变正则三至五互震，震为苍筤竹，故为筐。今旅卦上为离火，不见震筐，故鸟焚其巢。三动时内卦为坤，五动时外卦为乾，上失位，不应三，故失三；五动则成遁卦，遁六二执之用黄牛之革，在旅下卦艮，不成坤，故丧牛。贲二至四互坎，初四变成旅，则二至五互兑，兑为毁折。终莫之闻也。《义》：此即贲时也，贲震，故在前。《学》：否卦下坤为牛，上乾为易，旅由否三之五，则五之三，坤牛丧于乾易，旅初四失位无应，五失位，不能与二应，上失位，不能与三应，杂卦传所谓亲寡诚然。

巽䷸（巽下巽上）

《义》：坤二五之乾，阳入伏阴下，故曰巽。巽，入也，伏也。于消卦在遁，次家人，阴阳一家，柔巽顺刚，巽旁通震，上动成初，乾元用九，而天下治，所以明消之有息也，内卦候在七月，外卦八月。

巽，小亨，利有攸往，利见大人。遁二之四，柔得位而顺五刚，故小亨也；大人谓五，离目为见，二失位，利正往应五，故利有攸往，利见大人矣。按巽自遁来，从四阳二阴之例，遁二之四则成巽，四柔得位，上顺五刚，二以阳居阴，故失位。《义》：二阴例，自内曰往，往历离，故曰见。此唯言二正，以象注言之，初二易位之正也。《学》：巽由遁来，遁利二往之四成巽，免消为否，此利有攸往之要者也，巽初失位，利往之二，三虽得正，而利权变往之上，皆利有攸往，不仅如虞氏所云也。

象曰："重巽以申命，刚巽乎中正而志行，柔皆顺乎刚，是以小亨，利有攸往，利见大人。"刚中正，谓五也，二失位，动成坎，坎为志，终变成震，震为行也。按九五以阳刚居阳位，得正，居外卦之中，二失位，二变则二至四互坎。巽旁通震，故终变成震。《义》：巽为命，重故申。杂卦曰巽伏也，五刚中正，入伏震下，故刚巽乎中正而志行。

象曰："随风巽，君子以申命行事。"君子谓遁乾也，巽为命，重象故申命；变至三，坤为事，震为行，故行事也。按巽自遁来，遁外卦为乾，遁三变则内卦成坤。《义》：风者天之号令，随从也，风从地所以散布阴气也，重故随，巽阴卦，故知遁乾。

初六，进退，利武人之贞。象曰："进退，志疑也；利武人之贞，志治也。"巽为进退，乾为武人，初失位，利之正为乾，故利武人之贞矣。动而成乾，乾为大明，故志治。乾元用九，天下治，是其义也。按初六以阴居阳位，故为失位。初变正则内卦成乾，乾刚武，故为武人。《义》：阳由震而入，伏于巽为退，由巽而反于震为进，皆在于初，其在爻则二退初进亦是。坎为疑为志，在上变坎，故志疑也。震巽阴阳出入，故象乾坤。

九二，巽在床下，用史巫纷若，吉无咎。象曰："纷若之吉，得中也。"按九二失位，无应，居内卦之中，变而得位。《义》：巽为木，遁乾人，藉木，床也，下谓初，二失位，动而之初，故曰巽在床下。兑为巫，巽为命令，兑又为书契史也，二入坤用之，故用史巫。荀氏云："纷，变；若，顺也。"当变而顺五，则吉无咎。《学》：初爻变之正，初至四互夬卦，为书契，即史象。系辞传所谓后世圣人易之以书契，盖取诸夬也，夬卦上兑，史巫皆出于兑，似不当取巽象。

九三，频巽，吝。象曰："频巽之吝，志穷也。"频頞也，谓二已变，三体坎艮，艮为忧，艮为鼻，故频巽，无应在险，故吝也。按频，蹙额也，二变则二至四互坎，坎为加忧，内卦艮为鼻，又无应，而在坎险，故吝。《义》：又不言初变者，巽变震自上来非由二动之初，二三四但论位义，变成家人，故三取坎艮，明二非易初。在坎为志，不变为穷，上爻贞凶谓此也。

六四，悔亡，田获三品。象曰："田获三品，有功也。"田谓二也，地中称田，失位无悔应也，欲二之初，己得应之，故悔亡；二动得正，处中应五，五多功，故象曰有功也；二动艮为手，故称获；谓艮为狼，坎为豕，艮二之初，离为雉，故获三品矣。按二之初，则成家人卦，内卦为离，而四与初应，故悔亡矣。《义》：二位在田，失位上脱初字，功谓五，谓二应五。《学》：艮狼坎豕皆取九三象，似欠精密艮初二同为阴爻，二之初指本卦巽文，"艮二之初" 句，艮字当是衍文，初二既变之正，四应在初，先历九三爻，位当互坎豕象，获第一品，次历九二爻，阳变为阴，位当雕豕，获第二品，后历至初六爻，阴变为阳，位当震马，获第三品。

九五，贞吉悔亡，无不利，无初有终，先庚三日，后庚三日，吉。象曰："九五之吉，位正中也。"得位处中，故贞吉悔亡，无不利也；震巽相薄，雷风无形，当变之震矣，巽究为躁卦，故无初有终也。震，庚也，谓变初至二成离，至三成震，震主庚，离为日，震三爻在前，故先庚三日，谓益时也；动四至五成离，终上成震，震三爻在后，故后庚三日也；巽初失正，终变成震得位，故无初有终吉；震究为蕃鲜，白谓巽也，巽究为躁卦，躁卦谓震也，与蛊先甲三日，后甲三日同义。五动成蛊，乾成于甲，坤成于庚，险阳天地之始终，故经举甲庚于蛊象巽五也。居中得正，故吉也。按九五以阳居阳位，居外卦之中，故贞吉悔亡；二变应五，故无不利。震雷巽风，相薄无形，而万物各得其和，巽其究为躁卦，旁通震，故终变之正；初二皆变，内卦成离，三亦变则成益，内卦震，震纳庚，三爻在前，故先庚三日。四五亦动则外卦成离，上变则成震，在外卦之上，故在后，故后庚三日；巽初失位，终变成震，而得位故吉。《义》：明正位，与之震，皆中正之道，对后震为前，释蕃鲜为白，震在上躁动，此明五动成蛊，二卦同义，蛊非自巽也，巽者消卦，在否前，蛊者泰息卦，在反否前，故举始终也。《学》：朱子以先庚三日，为丁后丁三日为癸，取丁宁，揆度之义，其说颇当，兑于天干纳丁，兑息成乾，反入于巽，兑在巽先，巽二三四爻互兑，位次亦在前，故先庚三日。巽未反震时，乾穷上而入坤，亏巽在前，入坤在后，坤于天干兼纳癸，上之位次亦在后，故后庚三日；卦由下生，下先上后，兑丁位下，坤癸位上，合成临卦，巽中遁来，临旁通遁，巽之先庚三日，即蛊之后甲三日，同属兑丁。

上九，巽在床下，丧其齐斧，贞凶。象曰："巽在床下，上穷也。丧其齐斧，正乎凶也。"床下谓初也，穷上反下成震，故巽在床下；象曰上穷也。明当变，穷上而复初者也。变至三时，离毁入坤，坤为丧，巽为齐，离为斧，故丧其齐斧；三变失位，故贞凶；阳穷上反下，故曰穷也；上应于三，三动失正，故曰正乎凶也。按上九以阳居阴，失位无应，故上穷。初变至三则内卦成坤，九三得位，变则之凶。《义》：巽上复震，犹否上复泰上应三，故取三变。坤为凶，三当权变，失位，乃可贞，象曰"正乎凶也"，上以凶而正，所谓权也。

兑䷹（兑下兑上）

《义》：坤二五之乾兑，说也，见也。阳正而见阴，阴故而说也；于息卦在大壮，次需，阳伤大壮，需养正，五刚中柔外，故说而可决阴也。兑下有伏艮，兑，方伯之卦也，初九秋分，上六大雪，息卦成既济。

兑，亨利贞。大壮五之三也，刚中而柔外，二失正，动应五承三，故亨利贞也。按兑自大壮来，从四阳二阴之例，大壮五之三成兑。五二刚中三上柔外，九二以阳居阴失正，变正则应五而承三。《义》：四阳例，宜三之五，此亦变也。刚中谓二五，柔外谓三上，二承三则三正可知，二正则四亦正也。

彖曰："兑，说也，刚中而柔外，说以利贞，是以顺乎天而应乎人。说以先民，民忘其劳。说以犯难，民忘其死，说之大，民劝矣哉。"兑口，故说也。刚中谓二五，柔外谓三上也，二三四利之正，故说以利贞也。大壮乾为天，谓五也，人谓三矣，二变顺五承三，故顺乎天，应乎人；坤为顺也。谓二四已变成屯，坎为劳，震喜兑说，坤为民，坎为心，民心喜说，有顺比象，故忘其劳也；体屯故难也；三至上体大过死，变成屯，民悦无疆，故民忘其死；坎心为忘，或以坤为死也，体比顺象，故劳而不怨；震为喜笑，故人劝也。按说，悦也。二五阳刚居内外卦之中，三上阴柔居内外卦之上，九二，六三，九四失正，之正则成既济定，故说以利贞；五天位，三人位，九二变正顺五承三，故顺天应人；二四变成屯，二四互坤，为顺为民，上卦坎，为劳卦为心，下卦震笑，言，故为喜，二至上体比，比象云下顺从也。兑卦三至上体大过死，二四变则成屯。孙黄二氏以体大过死变成屯之屯疑作震，可备一说。《义》：说悦同义三正则君子。《学》：兑二至上互萃，故顺乎天而应乎人，与革卦彖传相同。说以犯难，民忘其死，即汤武革命之象。

象曰：“丽泽兑，君子以朋友讲习。”君子，大壮乾也，阳息见兑，“学以聚之”问以辩之，兑二阳同类，为明，伏艮为友，坎为习，震为讲，兑两口难，帮朋友讲习也。按兑自大壮来，大壮内卦为乾，乾阳故称君子，兑二至四互离，二兑相丽，故称丽泽兑；“学以聚之”二句文言之文，兑旁通艮，山泽通气，故艮为友；二四变则外卦坎，故称习；内卦震声为讲。《义》：离为丽，兑阴丽阳，故丽泽。体乾二也。

初九，和兑，吉。象曰：“和兑之吉，行未疑也。”得位四变应己，故和兑吉矣。四变应初，震为行坎为疑，故行未疑。按初九以阳居阳，故得位，四变应己，故有和兑之象。

九二，孚兑吉，悔亡。象曰：“孚兑之吉，信志也。”孚谓五也，四已变，五在坎中，称孚。二动得位，应之，故孚吉悔亡矣。二变应五，谓四已变，坎为志，故信志也。按四按则外卦坎而五在其中，故称孚，二动得位，应之，故孚兑。《义》：初合四变，五以二变。

六三，来兑凶。象曰：“来兑之凶，位不当也。”从大壮来，失位，故来兑凶矣。按六三以阴居阳位，失正故位不当。《义》：不言正者，兑家阴悦阳，三无应，故不变。上变阳，与三易位，然后变也，三不变而上能变者，兑有伏艮，艮兑之卦，皆上为主也。《学》：虞氏从兑所由生之大壮取象，就本卦说，三多凶而又失正，上若不权变，即来兑三与之相应，其凶必矣，此警戒上爻之辞。

九四，商兑未宁，介疾有喜。象曰：“九四之喜，有庆也。”巽为近利市三倍，故称商兑；变之坎，水性流，震为行，谓二已变体比象，故未宁，与比不宁方来，同义也。坎为疾，故介疾；得位承五，故有喜。阳为庆，谓五也。按三至五互巽，四变成坎，二四变则成屯，上坎下震，而二至上体比，比卦辞云：不宁方来，故为同义。四变正得位承五，故有喜。《义》：比不宁，亦取坎水性流，介，织也，体艮为小，阳为喜。

九五，孚于剥有厉。象曰：“孚于剥，位正当也。”孚谓五也，二四变体剥象，故孚于剥，在坎未光有厉也。按二四变则二至五体剥，九五以阳居阳处尊位，应于已变之二，正孚于剥，故位正当也。《义》：未成既济，三未为离。

上六，引兑。象曰：“上六引兑，未光也。”无应乘阳，动而巽为绳，艮为手，应在三，三未之正，故引兑也。二四已变而体屯，上三未为离，故未光也。按上六以阴乘五阳之上，而无应于下，阳动而反则成巽，旁通艮，故引兑。《疏》云：兑上极而下之巽为绳，三至五亦互巽为绳，是也。孙黄二氏以动而之巽之下疑有二字，殆非也，上动而之二则成无妄矣。若动而有所之，宜作四。动之四，则与三相应而四亦得正，外卦成巽。《义》：三不之正，上动与三易位乃各正。

涣䷺（坎下巽上）

《义》：否消卦，次咸阳如感通，阴如解散。涣者难也，候在六月，卦辞二正成观，成观则有既济之道。

涣，亨，王假有庙，利涉大川，利贞。否四之二成坎，巽天地交，故亨也。乾为王，假至也，否体观，艮为宗庙，乾四之坤二，故王假有庙，王乃在中也；坎为大川，涣舟楫象，故涉大川，乘木有功；二失正变应五，故利贞也。按涣自否来否乾四之坤二，天地交成涣上卦巽。否乾四之坤二即成涣，二变则成观卦，上巽下坤。《义》：以阳涣阴，乾入艮中，中谓二。《学》：否卦乾王在九五，当位中正，不在中而不正之九四，否四之二成涣，涣九二失位，更不得谓之王，涣五即否五，王当谓五，三四五互艮为庙，九五乾王即在所互艮庙之中，张氏承虞氏说，直以中谓二，象传注亦言二得中，似可商。

彖曰："涣亨，刚来而不穷，柔得位乎外而上同。王假有庙，王乃在中也。利涉大川，乘木有功也。"巽为木，坎为水，故乘木有功也。按涣自否来，否四刚来之二，二柔之四成涣，下卦为坎水，水流不穷，四柔得位，乎外卦，有承于五。三至五互艮为宗庙，九五中正得位，故王乃在中也。《义》：否四之二，坎为通，故不穷也。二之四顺五，二得中，在艮宗庙，故假庙，谓圣人作舟楫。

象曰："风行水上，涣，先王以亨于帝立庙。"否乾为先王。亨，祭也，震为帝，为祭艮为庙，四之二杀坤大牲，故以亨帝立庙谓成既济，有噬嗑食象故也。按否乾为王，变成涣，则乾王已不见，故云先三帝出于震，长子主祭，故为帝为祭；艮为门阙，故为庙；涣四之二则成否，内卦坤为牛，故为大牲；今否变涣，坤牛不见，故杀大牲；初二三上四爻不正，变正成既济定，二至五有噬嗑食象，故享帝立庙。《义》：风行水上，阴散而阳聚，故涣以立庙；祭则鬼享之，故以成既济为象也。享于帝立庙，谓立新庙也。享于帝者，告于南郊而谥之，涣否泰之交，象嗣君正位继体也。

初六，用拯马壮吉，悔亡。象曰："初六之吉，顺也。"坎为马，初失正，动体大壮得位，故拯马壮吉悔亡之矣。承二，故顺也。按坎于马也为美脊故为马；初六以阴居阳位故不正，动正则初至四体大壮，而初得位矣，故吉而悔亡。张氏李氏并云：“悔亡之矣，四字盖衍，或虞本有悔亡字。”孙黄二氏则云：“今本及《集解》本俱无悔亡二字，《汉上易》引虞本有之，今据补。”揆之注当有悔亡，故今从朱震《汉上易》、孙黄二氏之本。《义》：拯《子夏传》作抍，取也。初应在四，四坤为门，四拯于初，初动马壮而言。二将变，初正承之，故顺。

九二，涣奔其机悔亡。象曰：“涣奔其机得愿也。”震为奔，坎为棘，为矫輮，震为足，輮棘有足，艮肱据之，凭机之象也。涣宗庙中，故设机，二失位变得正，故涣奔其机悔亡也。动而得位，故得愿也。按二至四互震足为奔，三至五互艮手，为肱，九二以阳居阴，失位，动而得正，则得愿而悔亡。《义》：初已正二变为震，棘小枣，古者几盖以棘木为之。机古几字，二王假有庙，故设机，以阳之阴，假庙象灭，疑有悔，故明之。

六三，涣其躬，无悔。象曰：“涣其躬，志在外也。”《义》：二已变坤为躬，坎为悔，不变故无悔。外谓四，三变与四成坎，故志在外。《学》：坎二失位有悔，变之正，坎象毁而悔亡，当云变故无悔，不字似误。按徐氏之言是也。

六四，涣其群元吉。涣有丘，匪夷所思。象曰：“涣其群，元吉，光大也。”谓二已变成坤，坤三爻称群，得位顺五，故元吉也。位半艮山，故称丘；匪非也，夷谓震四，应在初，三变坎为思，故匪夷所思也。又涣群则虽光大，有丘则非平易，故有匪夷之思。(《象旨决录》)谓三已变成离，故四光大也。按二变则初至四体坤，坤为众为群，又物三称九，坤三爻，故称群；六四以阴居阴，故得位；三至五互艮山，四在其中，故云半艮山。《疏》云：震为大涂，故夷谓震。四互震也，四应在初，初二三皆不正，初二易位，三亦变正，坎为思，故匪夷所思。谓有非夷之思也。《义》：三变故涣四丘，震大涂，故夷，二已变初为震。

九五，涣汗其大号，涣王居，无咎。象曰：“王居无咎，正位也。”五为玉，艮为居，正位居五，四阴顺命，故王居无咎正位矣。《义》：巽为号令，五乾称大，否坤为身，四之二成坎为水，水出于身，汗也，汗出而不反以比号令，五为王，艮为居，当涣之时，王居正位，二变位，故无咎。

上九，涣其血，去逖出，无咎。象曰：“涣其血，远害也。”应在三，坎为血，为逖。逖，忧也。二变为观，坎象不见，故其血去逖出，无咎。乾为远坤为害。体遁上，故远害也。按上九应三，坎为血卦，为加忧，故为血为逖。二失正，变正成观。涣自否来，否上乾下坤，涣三至上体遁，遁上六云肥遁无不利，故远害。李氏以遁象解，非虞氏体遁上之义。《义》：三不取变与二为坎，上不正者未能定既济也，故独取二正，体观观象。

节䷻（兑下坎上）

《义》：泰息卦，次归妹，阴道既盛，阳虽既济，犹不可贞，故节止不过，则四时成也，候在七月，爻变成屯。

节，亨，苦节不可贞。泰三之五，天地交也，五当位以节，中正以通，故节亨也。谓上也，应在三，三变成离，火炎上作苦，位在火上，故苦节；虽得位，乘阳，故不可贞。按节自泰来，从三阳三阴之例，泰乾三之坤五，天地交成节，九五中正，当位坎为通，三至五互艮为止，为坚多节，故称节；苦节谓上，上应三，三不正，变血则三至五互离，离火灾上作苦，故苦节；上乘五，阳，故不可贞。《义》：节，止也。五体艮，故止也。坎通也，爻亦言苦节。三变既济，云苦节者泰已过不可恃，故上象在离上也，三不变则上不苦，成屯则节之道。

彖曰："节亨，刚柔分而刚得中，苦节不可贞，其道穷也。说以行险，当位以节，中正以通，天地节而四时成，节以制度，不伤财，不害民。"位极于上，乘阳故穷也。兑说坎险，震为行，故说以行险也。中正谓五，坎为通也，泰乾天坤地，震春兑秋，坎冬，三动离为夏，故天地节而四时成也。艮手称制，坤数十度，坤以为害为民，为财，二动体剥，剥为伤，三出复位成既济定，坤剥不见，故节以制度，不伤财，不害民。按节自泰来，泰天地成节，节坎刚在上，兑柔在下，而刚皆得中，上六苦节故，道穷。兑为说，坎为险，二至四互震为行，泰下乾上坤，互震兑，节上坎亦互震兑，三变则三至五互离。度以十为准，十寸为尺，十尺为丈，坤数十，故为度。节二变则二至四体剥，三至五互坤，三变正则成既济定，故坤剥皆不见矣。《义》：刚柔分天地交也，谓三泰之五刚得中，泰时已极，故道穷。三嗟若无咎。

象曰："泽上有水，节。君子以制数度，议德行。"君子，泰乾也。艮止为制，坤为度，震为议，为行，乾为德，故以制数度，议德行。乾三之五为制数度，坤五之乾为议德行也。按节三至五互艮，震善鸣故为议；泰乾三之五，坤五之乾，则成节，互有艮震，故制数度议德行。《义》：水在泽上，不节则溃，手止称制。

初九，不出户庭，无咎。象曰：“不出户庭，知通塞也。”泰坤为户，艮为庭震为出，初得位应四，故不出户庭无咎矣。坎为通二变坤土，壅初为塞。按节自泰来阖户为坤，故为户；节三至五互艮为门阙，为庭，初九得位应四，故无咎。二变二至四互坤。《义》：初不变为不出户庭，通塞皆节泽之道。

九二，不出门庭凶。象曰：“不出门庭凶，失时极也。”变而之坤，艮为门庭，二失位不变，出门应五，则凶，故言不出门庭凶矣。极中也，未变之正，失时极也。按二变则二至四互坤，九二失位，不变则凶。

六三，不节若则嗟若，无咎。象曰：“不节之嗟，又谁咎也。”三节家君子也，失位故节若。嗟，哀号声，震为音声，为出。三动得正而体离，坎涕流出目，故则嗟若。得位乘二，故无咎也。按六三以阴居阳，故失位；震善鸣，故为音声；三动则得正，而三至五互离为目。孙黄二氏以为失位，故节若；故字下疑有不字，可备一说。《义》：节六爻皆君子，当节之时，三不变则成屯，得节之道，故节若。若辞也。时使然不得咎三。

六四，安节亨。象曰：“安节之亨，承上道也。”二已变，艮止坤安，得正承五，有应于初，故安节亨。三至五互艮，二已变，则二至四互坤，四以阴居阴故得正而上承五，下应初，故亨。《义》：不言三变者，三节若其常也。

九五，甘节吉，往有尚。象曰：“甘节之吉，居位中也。”得正居中，坎为美，故甘节吉；往谓二，二失正，变往应五，故往有尚也；艮为居，五为中，故居位中也。按九五得正居外卦之中，坎为美脊，故为美，故甘节吉。失位，变正往应四。《学》：节由泰三之五，九五本泰卦坤五，伏有坤土，二变之正，成震为屯，震为禾稼，说卦逸象：土爰稼穑作甘，二居震中，五应在二，有甘象。

上六，苦节贞凶，悔亡。象曰：“苦节贞凶，其道穷也。”二三变在两离，火炎上作苦，故苦节；乘阳故贞凶，得位故悔亡。按二三变则内卦为离，三至五亦互离。《义》：位极于上，乘阳故穷。

中孚䷼（兑下巽上）

《义》：消息卦在否次益恒，否自咸阳感阴，历涣，噬嗑，丰，益，恒凡六卦而乾坤合于中孚，反泰而息大壮，注云：大壮阳已至四，谓此也，中孚小过与坎离同义，孚，信也。中孚离外而坎内，故二体坎为孚，言阳信于阴，故否反泰也，候在十二月，爻成既济。

中孚，豚鱼吉。利涉大川，利贞。讼四之初也，坎孚象，在中谓二也，故称中孚；此当从四阳二阴之例，遁阴未及三，而大壮阳已至四，故从讼来。二在讼时体离，为鹤在坎阴中有鸣鹤在阴之义也。孚，实之象。（《汉上易丛说》）巽为鱼，何也，曰鱼多白眼，而巽乎泽者也。（《汉上易丛说》）艮为山豚所处，三为兑泽，鱼所在。（《黄氏佚书考》）坎为大川，谓二已化邦，三利出涉，坎得正体涣，涣舟楫之象，故利涉大川，乘木舟虚也。谓二利之正，而应五也。中孚以利贞，乃应于天也。按中孚自讼来，讼四之初即成中孕，讼内卦坎为孚，若从四阳二阴之例，则宜云自遁或大壮来，然中孚初至四体大壮，三至上体遁，遁阴消阳未及二，而大壮阳息已至四，《疏》云：不能两爻并动以成之卦，故不从二卦来，而从讼来，是也。讼二至四互离为雉，为鹤。内卦为坎，故在坎阴中。中孚二变正应五，二至四互坤为邦，三又变正则二至四互坎，为大川。而二至上体涣，系辞云：舟楫之利，盖取诸涣，涣象云："乘木舟虚，故利涉大川。"《义》：二本，讼坎，今在二中，坎象半见，不取五而取二者，反泰乾，故二为主，讼者离魂卦，明此与坎离同义。此以爻辞证卦从讼来。李鼎祚云："虞氏以二至上体遁，便以豚鱼为遁鱼也，巽为鱼体遁，故遁鱼。得泽故吉也。"彖曰："说而巽孚乃化邦也。"谓二应五化成坤，即下云：利贞也。彖于孚言也，谓二具孚德，以能化邦，故卦辞利涉大川，据二已化邦也。复言利贞者，卦德未显，故又言之，谓二正三上也，李鼎祚谓虞解遁鱼不言化邦，更生异说，不知彖传之次，化邦已在孚中，李以化邦解遁鱼，乃违彖传也。天谓五乾。

彖曰："中孚，柔在内而刚得中，说而巽，孚乃化邦也。豚鱼吉，信及豚鱼也。利涉大川，乘木舟虚也。中孚以利贞，乃应乎天也。"二化应五成坤，坤为邦，故化邦也。讼乾为天，二动应乾，故乃应乎天也。按二变为柔，二至四互坤，二柔在内，九五刚得中。《义》：刚柔皆谓二也，二变应五，故柔在内，王弼云："三四在内，四外体不得云内也。"兑说谓二巽，孚谓之五，故乃化邦矣。遁鱼谓三四，三四体遁弑君父，二救之，故信。三出体涣舟楫象，故乘木舟虚。

象曰："泽上有风，中孚，君子以议狱缓死。"君子谓乾也，讼坎为狱，震为议，为缓，乾为死，乾四之初，则二出坎狱，兑说震喜，坎狱不见，故议狱缓死也。按中孚自讼来，讼上乾下坎，中孚二至四互震而内卦为兑，二变则互坤，讼乾四之初则坎象不见，故出坎狱。《义》：

风生乎泽，风行水上，以阳散阴，泽上有风，以阴应阳，中孚之义也。泽者恩泽，风者号令，议狱缓死之义。讼乾即否乾也。

初九，虞吉，有它不燕。象曰："初九虞吉，志未变也。"《义》：虞燕皆安也，初得位，故虞吉有它，谓应四也。初正比二，二化邦，坤为安，四遁鱼上承五，不取相应，故戒以有它而不燕也。四马匹亡，象曰绝类上谓初九。讼二坎为志，二未变，故初有它。

九二，鸣鹤在阴，其子和之，我有好爵，吾与尔靡之。象曰："其子和之，中心愿也。"靡，共也，震为鸣，讼离为鹤，坎为阴，夜鹤知夜半，故鸣鹤在阴；二动成坤，体益，五艮为子震巽同声相应，故其子和之，坤为身，故称我；吾谓五也，离为爵，爵，位也，坤为邦国，五在艮，阍寺庭阙之象，故称好爵；五利二变之正应坎，故吾与尔靡之矣；坎为心，动正应五，故中心愿也。按二至四互震善鸣，讼二至四互离下为坎，二动则成益卦。《学》：鹤知夜半，夜半，值子时，此子之义一也；中孚卦气当十一月冬至，十一月值子，此子之义二也；子象不仅属艮，震长子，坎中子，冬至阳生交方伯坎卦，中孚九二本讼卦坎阳，坎一宫居子水之位，此子之义三也；二三四互震，二当震初，于地支初爻纳子，此子之义四也。

六三，得敌，或鼓或罢，或泣或歌。象曰："或鼓或罢，位不当也。"《义》：三失位，不能自正，应在上，登天不下与三易位，敌谓三四也，上与四体震为鼓艮止为罢，下乘二，在讼坎为泣，二变震为歌，象曰位不当也。三失位，不能正，待上易位。

六四，月几望，马匹亡，无咎。象曰："马匹亡，绝类上也。"讼坎为月，离为日，兑西震东，月在兑二，离在震三，日月象对，故月几望；乾坎两马匹，初四易位，震为奔走，体遁山中，乾坎不见，故马匹亡；初四易位，故无咎矣。讼初之四，体与上绝，故绝类上也。按讼上乾下为坎，二至四互离，中孚下卦兑，二至四互震，讼坎月在中孚为兑二，离则在震三，讼乾为马，坎于马为美脊，故两马匹。初四易位成中孚，则成震奔走，二至上体遁，乾坎不见，故马匹亡；初四失正，易位得正，故无咎。《义》：讼四之初，二在兑四则离位，几，近也。不在二五不正望。中孚离坎之合，故发此象，匹配也，在讼乾四，与坎初为匹也。

九五，有孚击如，无咎。象曰："有孚击如，位正当也。"孚，信也，谓二在坎为孚，巽绳艮手，故击；二使化为邦，得正应己，故无咎也。按中孚外卦巽，三至五互艮，二失正，变正则应五，而二至四互坤为邦。九五以阳居阳，得正故位正当也。《义》：五正中，故能孚二。

上九，翰音，登于天贞凶。象曰："翰音登于天，何可长也。"巽为鸡，应在震，震为音，翰高也，巽为高，乾为天，故翰音登于天；失位故贞凶；礼荐牲鸡称翰音也。按中孚二至四互震为善鸣，故为音。上九以阳居阴，故失位。《礼记·曲礼》："鸡曰翰音。"《义》：谓上宜与三易位，正乎凶，卦辞利涉大川是也。谓当反三。

小过䷽（艮下震上）

《义》：消息卦，在泰次随，蛊，泰自归妹阳归阴，历节，贲，旅，蛊，随六卦而乾坤遇于小过反否而消观注云："观四已消，谓此也。"小过坎外而离内，谓五以阴丽阳，故名小过。注云："柔得中而应乾刚是也。"内卦候在十二月，外卦正月，卦辞五正咸，成爻成既济。

小过，亨利贞。可小事，不可大事，飞鸟遗之音，不宜上宜下，大吉。晋上之三，从四阴二阳，临观之例，临阳未至三，而观四已消也。又有飞鸟之象，故知从晋来。杵臼之利盖取诸此。柔得中而应乾刚，故亨五失正，故利贞；过以利贞，与时行也。小谓五，晋坤为事，柔得中，故可小事也；大事谓四，刚失位而不中，故不可大事也。离为飞鸟，震为音，艮为止，晋上之三，离去震在，鸟飞而音止，故飞鸟遗之音，上阴乘阳，故不宜上，下阴顺阳，故宜下。大吉。俗说或以卦象二阳在内，四阴在外，有似飞鸟之象，妄矣。按小过自晋来，晋上之三成小过，若从四阴二阳之例，则初至四体观三至上体临阳临阳息未至三而观阳消已至四。《疏》云：不能两爻并动以成之卦，与讼四之初成中孚同例是也。晋上离为飞鸟，故有飞鸟之象。系辞下云：臼杵之利，盖取诸小过，五柔得中，而伏乾刚，故亨。六五以阴居阳，失位故利贞，故可小事；九四以阳居阴失位不中，故不可大事。小过上震善鸣，故为音。下艮止晋上之三成小过，离象已去。震艮象成，故鸟飞去而音止，故不宜上，下阴顺三阳且二得位，故大吉。虞氏注大事下孙黄二氏疑有谓字。《义》：从晋者，乾游魂卦也，明否泰具乾坤义，晋三象曰上行也。注云：此则小过，小过故有飞鸟之象焉。杵臼之利，见硕鼠出入坎穴，盖取诸此也。亨谓五也，乾刚谓五伏阳，震为应。小，阴也；遗，存也。谓五当变，谓二遇其臣，宋仲子说也，于易无取此象法，故曰妄也。

彖曰："小过，小者过而亨也。过以利贞与时行也。柔得中，是以小事吉也，刚失位而不中，是以不可大事也。有飞鸟之象焉，飞鸟遗之音，不宜上宜下大吉。上逆而下顺也。"谓五也，阴称小，故小事吉也；

谓四也，阳称大，故不可大事也。按阳大阴小，五柔居外卦之中，故小事吉；四刚失位而不中，故不可大事。《义》：小谓五，五过乎阳，而应乾刚，故过而亨。艮为时，震为行，谓五正成咸，泰否相反，终则有始，与时偕行。阴在阳上为逆，故五宜正；阴在阳下为顺，故二不变。

象曰："山上有雷，小过，君子以行过乎恭，丧过乎哀，用过乎俭。"君子谓三也，上贵三贱，晋上之三，震为行，故行过乎恭，谓三致恭以存其位，与谦三同义，晋坤为丧，离为目，艮为鼻，坎为涕洟，震为出，涕洟出鼻目，体大过，遭死丧，过乎哀也，坤为财用，为吝啬，艮为止，兑为小，小用止，密云不雨，故用过乎俭也。按三阳故称君子，且艮三即自乾来，系辞上云：谦也者致恭以存其位者也，震足为行，故行过乎恭也。晋上离目，下坤为丧，二至四互艮鼻，三至五互坎水，故为涕洟，小过二至五体大过棺椁象，故丧过乎哀。六五云密云不已。《义》：雷者随阳而出，遇阴而声在，山上为阴过，在天上为阳伤，义同。泰否之义，同剥复也。

初六，飞鸟以凶。象曰："飞鸟以凶，不可如何也。"应四，离为飞鸟，上之三则四折入大过死，故飞鸟以凶。四死大过，故不可如何也。按初应四，小过自晋来，晋上离为飞鸟，上之三成小过，而二至五体大过死，故飞鸟以凶。《义》：初失正，利四来易位，四死大过，故以初凶。

六二，过其祖，遇其妣，不及其君，遇其臣无咎。象曰："不及其君，臣不可过也。"祖谓祖母，初也母死称妣，谓三坤为丧为母，折入大过死，故称祖也；妣二过初，故过其祖；五变三体姤遇，故遇妣也；五动为君，晋坤为臣，二之五隔三，艮为止，故不及其君；上如承三得正，体姤遇象，故遇其臣无咎也。体大过，下止舍巽下，故不可过，与随三同义。按祖母指初，二遇初故过其祖；晋下坤为丧，为母，为臣母死称妣，故妣谓三；晋上之三成小过而二至五体大过死，故称祖称妣。五变则二至五体姤，姤彖云："姤遇也，故遇其妣矣。"五失正，动成阳故为君；三体艮止，二之五隔三，故不及其君。承三则二三各得其正，而体姤遇，故遇其臣无咎。二至四互巽下艮止，二止舍于巽下，隔于艮三，二不过五，故臣不可过也，故称祖也。妣，张氏以为宜作祖妣也，上如承三，张氏云："如与而同义"是也，孙黄二氏疑祖字衍，而如疑作以，似非，今从张氏。《义》：对妣言，故知谓祖母，当为妣也，误倒耳，二在巽三，巽之主女随母，故三为二母。死大过，故妣也。初坤体坤，又为巽母，故为祖母也。谓三在坤位为五臣，如而通。小过之时，阴过阳，故戒以顺阳为吉。《学》：小过由晋上之三，晋由观四之五，晋为小过之母，观为小过之祖母，小过二过三应五，小过之三本晋之上，亦即观之上，故过三即过其祖母也；九三阳爻当称祖父，小过六五即晋六五，故应五即遇其妣也。

九三，弗过防之，从或戕之，凶。象曰："从或戕之，凶如何也。"防，防四也，失位，从或而欲折之初，戕，杀也。离为戈兵，三从离上入坤，折四，死大过中，故从或戕之凶也。三来戕四，故凶如何也。按三欲应上，则须过四，然四失位应初，在晋上离为戈兵，下坤为死，三从离而之上，而上入坤三，成小过。二至五体大过，故折死大过，故从或戕之凶；故小过三弗过四，须防四乃无凶，之内日来，晋三之上，上来之三，而戕四成小过，故凶如何也。《疏》云：三不防四，四从初受伤，是三来戕四而三亦受伤。似非，盖虞氏易例之内曰来，之外曰往，若三戕四，宜曰三往戕四，今云三来戕四，乃谓晋三之上，上之三，戕四成小过也。《义》：谓三弗过去，应上而防四也。失位谓四也，或初。凶谓四也，此或疑焉，四之凶不当见于三，谓三不防四，四折之初，则体飞鸟，而成明夷，三离灾眚故凶耳。

九四，无咎，弗过遇之，往厉必戒，勿用永贞。象曰："弗过遇之，位不当也；往厉必戒，终不可长也。"体否上倾，故终不可长矣。《义》：失位咎也，下成明夷，故失位。无咎谓四弗过三之初，而待五正体过遇。往，之初也，坤为用，五既变则三弋初而正四，故永贞也。四失位，故常欲过三之初。

六五，密云不雨，自我西郊，公弋取彼在穴。象曰："密云不雨，已上也。"密，小也，晋坎在天为云，坠地为雨，上来之三，折坎入兑，小为密，坤为自我，兑为西，五动乾为郊，故密两不雨，自我西郊也。公谓三也。弋，矰；缴，射也。坎为弓弹，雕为鸟，矢，弋无矢也，巽绳连鸟，弋人鸟之象，艮为手，二为穴，手入穴中，故公弋取彼在穴也。谓三坎水已之上六，故已上也。按：晋三至五互坎，上来之三，折坎入兑，成小过，兑少女，故为小。晋下卦坤，小过上卦兑，五不正，动而之正，则三至五互乾。三为公位，故公谓三。二阴爻，故为穴。虞注故公弋取彼在穴，张氏李氏孙氏黄氏本并作故公以在穴。张氏云句有误，弋入下有脱字也。李氏道平以为脱取字，孙黄二氏以为人疑作取。今从惠校本作取是也。张氏李氏以为有脱字，依虞氏注引易例宜无人字，故作取，是也。且嘉庆戊寅五月，周氏刊行枕经楼藏板亦作取，是其证是也。《义》：三，公位，谓三弋取初而正四，成既济，体坎离，初四易位，体二离鸟。巽伏为穴，在穴中者初也。三坎水已之上六，故不雨。

上六，弗遇过之，飞鸟离之凶，是谓灾眚。象曰：“弗遇过之，已亢也。”谓四已变之坤，上得之三，故弗遇过之；离为飞鸟，公弋得之，鸟下入艮手而死，故飞鸟离之凶；晋坎为灾眚，故是谓灾眚矣。飞下称亢，晋上之三，故已亢也。按四失正，变正则内卦成坤，而上得应三，晋上为离鸟，上之三成小过，下艮手，体大过死，三公位，公弋得之，故飞鸟离之凶。《义》：谓四先五，动明夷时也，上弗待五正，遇三而过五，应三，谓四也，按四下易初，则三在离鸟，三主弋鸟者，今不取在穴，而由四下之休死鸟，离其凶，不能应上也，以凶主四，故取晋坎。今言三，则四下初，三在坎矣。《诗传》曰：“飞而上曰颉，飞而下曰颃，古颃亢同。”谓三已下，飞不上，应上。《学》：三不先过四应上，待四之初后，上来而应之，四不先过三之初，待五正而后与初易位，上不先过五应三，亦待五正而后来与三应，四之初，上应三，皆宜待五正，四与上不待五正，则四过三之初，上过五应三，三不待四之初，则三过四应上，皆失之过矣。三四皆阳，四之初则阳化为阴，然后三能应上不为同性失正者所阻，五上皆阳，五正则阴化为阳，然后上能应三，不为同性失正者所阻。

既济䷾（离下坎上）

《义》：泰息卦，六爻皆正，故曰既济。济，成也，泰至既济则反否，故辞危。候在十一月，爻不变。

既济，亨小利贞，初吉，终乱。泰五之二，小谓二也，柔得中，故亨小，六爻得位，各正性命，保合大和，故利贞矣。初，始也，谓泰乾，乾知大始，故称初；坤五之乾二，得正处中，故初吉。柔得中也，泰坤称乱，二上之五，终止于泰，则反成否，子弑其父，臣弑其君，天下无邦。终穷成坤，故乱其道穷。按既济自泰来，从三阳三阴之例，泰五之二成既济，六二以柔得中，故亨小，六爻皆各得其正，“各正性命”二句乾彖文。坤为终，为乱。《义》：于例当二之五，而五之二者，泰坤女主下，交上，二故卦主，柔得中而亨小，坤为终，既济者，已济也，其济在泰，至既济而尽，尽则二复于五，终泰而反否。

象曰：“既济亨小者，亨也。利贞，刚柔正而位当也。初吉，柔得中也，终止则乱，其道穷也。”中谓二，反否终坤，故其道穷也。按六二阴小，小者亨，六爻各居正位，故刚柔正而位当。《义》：小谓二，由坤五之二，乃得亨。

象曰："水在火上，既济，君子以思患而豫防之。"《义》：水火相济，以成其用，其不相济，则患也。君子谓乾三也，乾为患，坎为思，泰天地交，物所以济，终上则乱，乾三惕若，使二升五，以正坤，故曰思患而豫防之，谓防否也。

初九，曳其轮，濡其尾，无咎。象曰："曳其轮，义无咎也。"按既济上坎下离，初变则成艮，自泰来，泰反否，否二至四亦互艮。《义》：坎为轮，为曳，泰初本否四也，否四在艮为狐，为尾，未济之小狐濡尾是也。坎水为源，初应在四，历坎故曳其轮，濡其尾。濡曳其似咎，正位故无咎。既济六爻各正，不取相应，虽二五亦然，故二主承三也。正位，故无咎。

六二，妇丧其髴，勿逐七日得。象曰："七日得，以中道也。"离为妇，泰坤为丧，髴，鬒髮也，一名妇人之首饰，坎为玄云，故称髮。《诗》曰："鬒髮如云。"乾为首，坎为美，五取乾二之坤为坎，坎为盗，故妇丧其髴；泰震为七，故勿逐七日得。与睽丧马勿逐同义，髴或作茀，俗说以髴为妇人蔽膝之茀，非也。按玄，黑也，坎，北方之卦，于色为黑，故云玄云。鬒髮如云，见《鄘风》，君子偕老，坎为美脊，故称美。泰三至五互震，为足为逐，系上天七注云：庚也，震纳庚，故震为七；泰变既济，震毁坎离见，故勿逐七日得。六二以柔居内卦之中，故得中道也。《义》：震谓三也，离为日，震为离，二又在坎，故得其髴，言当顺三。睽初，丧坎马得震马，故同义。卦无膝象，故知非也。二中宜柔，道乃然也。

九三，高宗伐鬼方，三年克之，小人勿用。象曰："三年克之，惫也。"高宗，殷王武丁；鬼方，国名；乾为高宗，坤为鬼方，乾二之坤五，故高宗伐鬼方。坤为年，位在三，故三年。坤为小人，二上克五，故三年克之。小人勿用，象曰惫也。坎为劳，故惫也。按泰下乾为君，上坤为鬼为方，坤阴为小人。《义》：泰乾为君，三在震，帝君配天，故称高宗。坤为反，为方，故鬼方；三为高宗者，既济泰之用，以泰坤为君，乾三得位，使二上五征坤，故三为高宗。象曰："君子思患豫防之。"谓三也。坤为小人，谓上也，坎为劳也。

六四，繻有衣袽，终日戒。象曰："终日戒，有所疑也。"乾为衣，故称繻。袽，败衣也。乾二之五，衣象裂坏，故繻有衣袽；离为日，坎为盗，在两坎间，故终日戒；谓伐鬼方，三年乃克，旅人勤劳，衣服皆败，鬼方之民，犹或寇窃，故终日戒也。按泰乾为衣，二之五成既济，乾象不见，故繻有衣袽，上为坎，二至四亦互坎，故四在两坎间。《义》：三言定既济之难，四言既济不可恃，四多惧两坎闲坎为疑也。《学》：既济三即未济四，高宗伐鬼方，与未济九四震用伐鬼方同象，未济九四虞注变之震体师，既济为坎宫三世卦，而坎之归魂即为师卦，归魂在三，故既济九三伐鬼方，亦含师象，三应在上，故“小人勿用”一句，与师卦上六相同。

九五，东邻杀牛，不如西邻之禴祭，实受其福。象曰：“东邻杀牛，不如西邻之时也。实受其福，吉大来也。”泰震为东，兑为西，坤为牛，震动五杀坤，故东邻杀牛；在坎多眚，为阴所乘，故不如西邻之禴祭也；离为夏，兑动二体离明，得正承五顺三，故实受其福，吉大来也。按：泰三至五互震，二至四互兑，上卦为坤，二之五，震动成既济，坤象不见，故东邻杀牛；兑象不见，成离夏，六二承五顺三，故实受其福。阳为大为福。《义》：东西称邻，五在震为东邻，二在兑为西邻，泰成既济，四时象正，国之大事，在祀与戎，故三言伐鬼方，五言祭事也。受乾福也，阳为大。

上六，濡其首厉。象曰：“濡其首厉，何可久也。”乾为首，五从二上在坎中，故濡其首厉；位极乘阳，故何可久。按泰下乾为首，二之五成既济，上坎为水，故濡其首。《义》：象上濡五也，泰所以否也。

未济䷿（坎下离上）

《义》：否消卦，六爻皆错，故名曰未济。未济者，言反泰则济也，内卦候在十月，外卦十一月，卦辞不变消道也，爻正既济，明可以济也。

未济，亨，小狐汔济，濡其尾，无攸利。否二之五也。柔得中，天地交，故亨；济成也，六爻皆错，故称未济也。否艮为小狐，汔，几也；济，济渡。狐济几度，而濡其尾，未出中也。艮为尾，狐，兽之长尾者也；尾谓二，在坎水中，故濡其尾；失位，故无攸利，不续终也。按未济自泰来，从三阴三阳之例。否二之五成未济。五柔得中，坤二之乾五，故天地交；六爻皆失正，故称错。否二至四为艮为狐，为少男，故称小狐；未济下卦坎水，故濡其尾。《义》：小狐谓四也，几度谓二上之五涉坎，由濡尾，故未济。未济非可终之道。

象曰：“未济亨，柔得中也。小狐汔济，未出中也。濡其尾无攸利，不续终也。虽不当位，刚柔应也。”二未变在坎中也。否阴消阳，至剥终坤，终止则乱，其道穷也。乾五之二，坤杀不行，故不续终也。按阴消阳，至三成否，至五成剥，消之极矣，至上成坤。而终焉，坤为乱，乾五之二成未济，坤象不见，故不续终也。六爻皆错而失位，然皆有应。《义》：否二之三，天地交，二以上体既济，故几济也。六爻失位，不可相续而终，故二居坎无攸利也。

象曰："火在水上，未济，君子以慎辨物居方。"君子，否乾也，艮为慎辨，辨别也。物谓乾阳物也，坤，阴物也，艮为居，坤为方，乾别五以居坤二，故以慎辨物居方也。按否上乾阳为君子，二至四互艮，艮阳小，为慎，艮止为居，系辞下云：乾，阳物也。乾别五以居坤则成未济，故慎辨物居方。《义》：水火各居其方，未成其功也。当云阴物也，脱物字，以阳为主，故乾别五。

初六，濡其尾，吝。象曰："濡其尾，亦不知极也。"应在四，故濡其尾，失位故吝。按初六以阴居阳，故失位。《义》：四在否艮，故为尾；四濡尾，故不应初。伐鬼方，则不正初矣。李鼎祚云："极，中也。"谓四居坎中，以濡其尾，是不知极也。

九二，曳其轮，贞吉。象曰："九二贞吉，中以行正也。"初已正，二动成震，故行正。《义》：坎为轮，为曳，未济之家，不正相应，故皆不取应爻，二应五而曳其轮也。贞而得位，故吉矣。《学》：未济初六濡其尾，上九濡其首，与既济初九上六爻辞同，曳其轮则两卦异爻既济初应四，历坎，坎阳在三，未济二应五，历坎，坎阳在四，四后乎三，故曳其轮一语，既济在初九，未济在九二，既济初爻得正，祗言无咎，未济失正，九二则言贞吉，一取本爻，一取变爻也。按张氏以未济不取应爻，非也。彖云："虽不当位，刚柔应也。"明未济六爻虽不正，然有应也，是有取应爻之义也。

六三，未济征凶，利涉大川。象曰："未济征凶，位不当也。"《义》：三在两坎之中，故独象未济，三变正，四在震为征，谓伐鬼方也，初二未变，入大过，故凶也；四下正初，五变二正，上孚既济，皆三之用，故利涉大川。六爻皆位不当，因三言未济而发之。

九四，贞吉悔亡，震用伐鬼方，三年有赏于大邦。象曰："贞吉悔亡，志行也。"动正得位，故吉而悔亡矣。变之震体师，坤为鬼方，故震用伐鬼方；坤为年，为大邦，阳称赏，四在坤中，体既济，离三，故三年有赏于大邦。按九四失位，动而得正，故贞吉。四变则二至四互震，而初至五体师，阳为喜庆，故为赏。未济二至五体既济。与既济九三同义。《义》：鬼方谓四，震谓三也，又言三，以四阳下正初也，四体既济，离三亦伐鬼方之爻也，初坤爻，又鬼方三年者，自四下初三爻，故三年；以其正在初，故以离三言之耳。震正四，以四阳下正初，坎为志，震为行，故志行。

六五，贞吉无悔，君子之光，有孚吉。象曰："君子之光，其晖吉也。之正则吉，故贞吉无悔。"动之乾，离为光，故君子之光也。孚谓二，二变应己得有之，故有孚吉；坎称孚也。动之正，乾为大明，故其晖吉也。按五失正，动成乾，坎为孚。《义》：上变坎为悔，未济柔中亨，嫌变有悔，三四已正，五丽乎大明。

上九，有孚于饮酒，无咎，濡其首，有孚失是。象曰："饮酒濡首，亦不知节也。"坎为孚，谓四也，上之三介四，故有孚饮酒；流颐中，故有孚于饮酒，终变之正，故无咎；乾为首，五动首在酒中，失位故濡其首矣，孚信是正也，六位失正，故有孚失是；谓若殷纣沉湎于酒，以失天下也。节，止也，艮为节，饮酒濡首，故不知节矣。按三至五互坎，为孚，为酒，上之三则介四，二至上有颐象，四坎在中，故云坎酒流颐中，上六失正，故有孚失是。否二至四互艮，艮为止，为坚多节，故为节。《义》：饮当为坎字误。否乾也，坤二之五也，此又综六爻之义，而言有孚，谓四；四失是者，既济泰主九三，故高宗伐鬼方；未济否主九四，故震用伐鬼方；以其为消息之主，故既济之得正由三，未济之失正由四，其贞亦四先之初也，干宝侯果皆以既济为殷亡周兴之卦，盖古有是说，故引纣沉湎于酒为比。

系辞传上

天尊地卑，乾坤定矣。卑高以陈，贵贱位矣。动静有常，刚柔变矣。方以类聚，物以群分。吉凶生矣。在天成象，在地成形，变化见矣。天贵故尊，地贱故卑，定谓成列。乾高贵五，坤卑贱二，列贵贱者存乎位也。断分也，乾刚常动，坤柔常静，分阴分阳，迭用柔刚。物三称群，坤方道静，故以类聚；乾物动行，故以群分；乾生故吉；坤杀故凶，则吉凶生矣。谓日月在天成八卦，震象出庚，兑象见丁，乾象盈甲，巽象伏辛，艮象消丙，坤象丧乙，坎象流戊，离象就己，故在天成象也；在地成形，谓震竹巽木，坎水离火，艮山兑泽乾金坤土，在天为变，在地为化，刚柔相推而生变化矣。按易之贵贱，刚柔，变化，吉凶由天地万物之尊卑，高低动静，情态，及现象中可探而知也。《义》：谓庖牺分天象为三才，以地两之，乾坤相并，俱生，天地相应，成一阴一阳，六划之列，天以上为尊，故五为天位；地以下为卑，故二为地位；故曰定也。此即既济之位也。乾坤之列，自下而上，以位言之，则坤在乾上，故曰卑高；乾坤正位二五，故贵贱位；谓若《乾凿度》曰："初为元士，二为大夫，三为三公，四为诸侯，五为天子，上为宗庙者也。"谓庖牺即定乾坤六位，又分乾阳坤阴，各为六画，然后可以迭用，所谓刚柔者，立本者也。言乾坤各以三为六，乾坤各为六画，则有正不正，故吉凶生。得正言吉，失位言凶也。凡吉乾之生，凡凶坤之杀也。在天之象，庖牺则之，为三才之卦，既定乾坤，则就乾坤生六子，本此在天之象形成，故变化仍象之也。即乾变坤化一也。谓乾坤为六子也。

是故刚柔相摩，八卦相荡，鼓之以雷霆，润之以风雨，日月运行，一寒一暑。乾道成男，坤道成女。乾知大始，坤化成物（今本化为作）。旋转称摩，薄也；乾以二五摩坤成震，坎，艮；坤以二五摩乾，成巽，离兑。故刚柔相摩，则八卦相荡也。鼓动。润，泽也。雷震霆艮，风巽雨兑也。日离月坎，寒乾，暑坤也。运行往来，日月相推而明生焉，寒暑相推而岁成焉，故一寒一暑也。按八卦乾为天为寒，坤为地为暑，坎为水为月，离为火为日，震为雷为行，艮为山为霆，巽为风，兑为雨，乾坎艮震为刚，坤巽离兑，为柔，相荡相摩而化成万物。《义》：薄，相薄入。八卦天象所生，其成爻则六子，由乾坤二五摩薄，故曰庖牺作八卦，此谓六爻卦也，凡言二五者谓其中气尔，非必二五爻，故三才卦亦言二五。荡，动也，乾坤与六子俱名八卦而小成也。霆，劈历也。雷动于下，霆击于上。风生于水，故巽坎半见于下，雨陨于云，故兑坎半见于上。大寒乾生，大暑坤生，一寒一暑谓六子成乾坤之功。乾坤统六子震坎艮为阳，巽离兑为阴也。六子生物皆乾坤也，大哉乾元，万物资始，至哉乾元，万物资生，阳称大，资始未来，故曰知，神以知来也，承天成物，故曰化也。

乾以易知，坤以简能。易则易知，简则易从。易知则有亲，易从则有功。有亲则可久，有功则可大。可久则贤人之德，可大则贤人之业。易简而天下之理得矣。天下之理得，而易成位乎其中矣（今本脱易字）。阳见称易，阴藏为简。简，阅也。乾息昭物，天下文明，故以易知。坤阅藏物，故以简能矣。乾县象著明，故易知。坤阴阳动辟，故易从。不习无不利，地道光也。阳道成乾为父，震坎艮为子，本乎天者亲上，故易知则有亲；以阳从阴，至五多功，故易从则有功矣。易为乾息，简为坤消，乾坤变通，穷理以尽性，故天下之理得矣。按此明易理简易，而可以弥纶天下也。《义》：以阳变阴，故称易。乾以息阳而知大始，坤以牝阳而化成物。言坤之能在从阳，本乎地者亲下。独言乾者，巽离兑阴卦，皆丽阳，故震通巽。坎正离，艮伏兑，三女外成坤，无亲也。实以阴从阳，言以阳从阴，坤凝阳出震，乾来通阴，故曰从阴也。五正位，坤化则成。以阳正阴，终则有始，故有亲则可久；大谓阳，以阴牝阳动出至五，则复乾，故有功则可大。贤人，乾坤也，言乾以日新为德，坤以富有为业。以乾推坤谓之穷理。以坤变乾，谓之尽性。乾坤消息既正，六十四卦皆出于此。易神也，中下系辞注云正也，六位正，既济定，则易之迭用柔刚也，六十四卦消息，则易出乾入，坤九六之用，各正性命，保合太和，故曰易成位乎其中矣。

第一章　《义》：孔疑达《正义》云："周氏分上系为十二章，虞翻合大衍之数，并知变化之道，共为一章，凡十一章。"今以注文考之，易有太极，盖合天一地二为一章，今唯并此一章，余悉依《正义》。此章明庖牺作易立乾坤，以起消息成于既济。

圣人设卦，观象系辞焉，而明吉凶。刚柔相推而生变化，是故吉凶者，失得之象也。悔吝者，忧虞之象也。变化者，进退之象也。刚柔者，昼夜之象也。六爻之动，三极之道也。是故君子所居而安者，易之象也。所变而玩者，爻之辞也。是故君子居则观其象而玩其辞，动则观其变而玩其占，是以自天右之，吉无不利。刚推柔生变，柔推刚生化也，吉则象得，凶则象失也。悔则象忧，吝则象虞也。阴阳失位则变，得位则否，故以阳居阴位，阴居阳位则动。(《易禆传外篇》)君子谓文王，象谓乾，二之坤成坎月离日，日月为象，君子黄中通理，正位居体，故居而安者，易之象也。旧读象误作厚，或作序，非也。爻者言乎变者也，谓乾五之坤，坤五动则观其变，旧作乐，字之误。玩，弄也。谓乾五动则成大有，以离之目，观天之象，兑口玩习，所系之辞，故玩其辞。谓观爻动也，以动者尚其变，占事知来，故玩其占。谓乾五变之坤，成大有，有天地日月之象，文王则庖牺，亦与天地合德，日月合明，天道助顺，人道助信，履信思顺，故自天右之，吉无不利也。《义》：圣人谓庖牺文王也，庖牺设卦系辞变化，则文王象消息之象也。刚柔相推，消息之象也，文王因之，而为九六变化。得正言吉，失位言凶此文王言观象以正人事，谓辞之吉凶，象人事之失得。虞，欢虞也。忧未至吉，虞未至凶。变化之消长，象人事之进退。阴阳之昼夜，象人事之刚柔，变刚柔为昼夜，避人事同文。极，中也，三极，三才也，三才六爻非中，则动，下系辞曰因而重之，爻在其中，故君子以天地之消息仪人事。以其系辞，谓之圣人。以法后世，谓之君子。有上九爻辞，故此以大有说之，易三百八十四爻，随举为例也，乾五之坤为比，比息坤为大有，大有通比，故坎月离日，言乾二者，消息师二为比五。坤五动之乾为大有，坤五之动由乾五之坤，此玩爻之例。比坤坎，大有乾离。《学》：以昼对刚，以夜对柔，昼由于离日。坤凝乾元，卦主阴柔，而体则阳刚也。夜由于坎月，乾索坤元，卦主阳刚，而体则阴柔也。

第二章　按此章言圣人作易明吉凶变化之道，君子学易，知居安乐玩，动观知变，故无不利也。《义》：此章言文王系辞用九六，以正消息。

彖者言乎象者也；爻者言乎变者也。吉凶者，言乎其失得也；悔吝者，言乎其小疵也。无咎者，善补过也；是故列贵贱者存乎位；齐大小者存乎卦；辩吉凶者存乎辞；忧悔吝者存乎介；震无咎者存乎悔。是故卦有小大，辞有险易，辞也者各指其所之。在天成象，八卦以象告，彖说三才，故言乎象也。爻有六画，所变而玩者，爻之辞也，谓九六变化，故言乎变者也。失位为咎，悔变而之正，故善补过。孔子曰："退思补过者也。"辩，别也。(《释文》）介，织也。介如石焉，断可识也，故存乎介。谓识小疵。震，动也，有不善未尝不知之，知之未尝复行。无咎者善补过，故存乎悔也。阳易指天，阴险指地，圣人之情见乎辞，故指所之。按此释易彖爻吉凶悔无咎之义明卦辞介悔之攸关。《义》：彖本七八正象之名，卦辞言象，亦谓之彖，彖言两象，故说三才。疵，病也，卑高以陈，贵贱位矣。小，阴；大，阳，齐，正也；谓分阴分阳，迭用柔刚。存乎介，举豫四为则。存乎悔，举复初为则。

易与天地准，故能弥纶天下之道。仰以观于天文，俯以察于地理，是故知幽明之故；原始及终，故知死生之说。（今本及作反，天下为天地）准，同也；弥，大；纶，络。谓易在天地，包络万物，以言乎天地之间则备矣，故与天地准也。按此明易能经纶天下之道。《义》：说卦注云：乾三画成天文，坤三画成地理，及下章注云：阴谓幽，然则阳谓明也。观震巽出入，则知日月之行，察五位方隅，则知山川维络之纪，乾坤代序，则知温凉寒暑之候。六位成章则知天地䜣合之理，故知幽明之故也。下系辞注云：以乾原始，以坤要终，谓原始及终，以知死生之说。又云：出阳知生，入阴惧死，然则乾合于坤，坎为元黄，震出于乾为父子，此人之始。乾往通坤，死于大过，震伏遘，初，出坤承乾为父子，此人之终。故原始及终，则知死生之说也。

第三章　《义》：此承上章，言观象观变之大义。

精气为物，游魂为变，是故知鬼神之情状。与天地相似，故不违；

知周乎万物，而道济天下，故不过；旁行而不流，乐天知命，故不忧；安士敦乎仁，故能爱。范围天地之化而不过，曲成万物而不遗，通乎昼夜之道而知，故神无方而易无体。一阴一阳之谓道，继之者善也，成之者性也。仁者见之谓之仁，知者见之谓之知，百姓日用而不知，故君子之道鲜矣。魂，阳物，谓乾神也，变谓坤鬼，乾纯粹精，故主为物。乾流坤体，变成万物，故游魂为变也。乾神似天，坤鬼似地，圣人与天地合德，鬼神合吉凶，故不违。继，统也，谓乾能统天生物，坤合乾性养化成之，故继之者善，成之者性也。《义》：坤无魂，坤魂亦乾，鬼亦神为之，故言神无方，不言鬼也。万物资始乾元，乾消剥入坤，九三反艮为谦，息谦成履，谦三下二为师，息师成同人，师二上五为比，息成大有，坎离止，乾坤合，出屯，元黄而复震，坤决夬就乾，复初之坤四为豫，小畜凝之，豫四息五为萃，大畜凝之，萃五使四之三为蹇，睽凝之坎离正，乾坤合，革故生巽，剥复夬遘之际，阳阴未成，乾元流坤，变而成体，故曰游魂。京房述孔子曰“游魂归魂为鬼易”是也。京氏之法，八卦皆有游魂，乾坤在坎离，坎离在乾坤，震巽艮兑互为游归，虞氏消息止坎离战乾坤耳。乾神坤鬼，即天地之用，故相似。谓不违卜筮也，精气游魂，皆乾元也。言鬼神之德圣人不违也。乾为知为道，出乾入坤，故周乎万物。时成既济，保合太和，故道济天下。消息十二爻生长收藏，故不过差也。旁行旁通也，消息之卦，阴阳旁通，以济成乾坤，不流淫也。谓若剥夬遘复坎难谦履豫萃之类。巽为命，谓阴消之卦以坤变乾，极遘生巽为余殃，故变天知命。阳消宜忧，知命故不忧坎为忧，谓消卦不贞，坎入大过，故不忧。坤为土，震为仁，谓阳息之卦，以乾据坤，故安土。敦厚也，谓牝乾复震为余庆，故敦乎仁也。阳不遗阴，故汎爱众。乾为爱也。乾为金为范，坤方为围，乾坤消息裁成天地不过差也，谓坤元也。阴道诘诎，万物化成谓乾元也，刚柔皆本乾元，乾神知来，谓圣人以此先心，自阴谓之神，自坤乾谓之易神无方，故易无体。谓出乾入坤，上下无常，周流六虚者也。一阴一阳，相并俱生，三极各正，保合太合，是之谓道矣，庖牺参天两地，六位时成，以为道法也，易神消息成万物，则复于道也，一阴一阳皆统于乾元，大哉乾元，万物资始，乃天是也。乾为善，乾为性，乾非坤化性亦不成。言乾坤合德以立道，人得乾善之统，资坤之化以成性，故率性之谓道者也。神与易皆此也，见阳之息谓之仁，见阴之藏谓之知。《学》：泰五之二成既济，则泰三即不息至四成大壮，五再之初而成大过矣，故济则不过，根乎卦象。

第四章　按此章明易道能范围天地，曲成万物，而道济天下。而其所本者则唯一阴一阳之理而发挥之耳。《义》：此章言易以消息为神，是谓之道。

显诸仁，藏诸用，鼓万物而不与圣人同忧，盛德大业至矣哉。富有之谓大业，日新之谓盛德。生生之谓易，成象之谓乾，效法之谓坤，极数知来之谓占，通变之谓事，阴阳不测之谓神。事谓变通趋时以益利，天下之民，谓之事业也。按此释显仁藏用，盛德大业之极致，及易乾坤、占事、神六者之微义。《义》：震为仁，坤为用谓阳息出震乾元显见，于德为仁，故显诸仁。阳消入坤，乾元退藏，知以藏往，为仁之用，故藏诸用。震为鼓，故鼓万物作易者其有忧患乎，乾元消息，保合太和，各正性命，故不同忧。乾易显仁，故盛德坤简藏用，故大业。可大故富有，可久故日新。阴阳消息转易相生，故谓之易。京氏曰：八卦相荡，阳入阴，阴入阳，二气交互不停，故曰生生之谓易。在天成象，八卦皆阳象也，自显至藏乾象可见，故以立三才之象矣。爻例也，自藏之显皆合乾而成爻例，乾法故两地而倚数矣。知来通变，皆圣人忧患之事，神者乾元之运出阳入阴，故不测易则神之所为也。

夫易广矣大矣。以言乎远则不御，以言乎迩则静而正，以言乎天地之间则备矣。夫乾，其静也专，其动也直，是以大生焉。夫坤，其静也翕，其动也辟，是以广生焉。广大配天地，变通配四时，阴阳之义配日月，易简之善配至德。乾象动直，故大；坤形动辟，故广也。御止也，远谓乾天，高不御也，地谓坤，坤至静而德方，故正也。谓易广大悉备有天地人道焉，故称备也。变通趋时，谓十二月消息也，泰大壮夬配春，乾姤遁配夏，否观剥配秋坤复临配冬，谓十二月消息，相变通而周于四时也。按地谓坤之地，张氏以为宜作迩，是也。此明易道广大无所不包，而又以变通为用，简易为本。《义》：下论大生，广生，故采以为说，地当为迩。隐藏坤中，突然无为，故其静也专。说卦曰：震为专也。动出触坤，直导生物。翕合也，辟开也，坤静牝阳凝元无闲，故翕动而出震开辟四布也。泰乾三大壮乾四，夬乾五，乾，乾上，遘坤初，遁坤二否坤三，观坤四，剥坤五，坤，坤上，复乾初，临乾二，复出震临见兑泰，盈乾，退巽剥，消艮入坤，是谓阳盈；遘遇，巽遁，侵艮否灭，坤大壮反震，夬决兑就乾，是谓阴虚；与日月县象相应，是谓配日月也。乾息为易，坤消为简，乾元称善，至德太极也。《礼》曰：“至德以为道本。”

子曰易其至矣乎。夫易圣人之以崇德而广业也。知崇礼卑，崇效天，卑法地，天地设位，而易行乎其中矣。成性存存道义之门。崇德效乾，广业法坤也。知谓乾，效天崇体，谓坤法地卑也，位谓六画之位，乾坤各三爻，故天地设位，易出乾入坤，上下无常，周流六虚，故易行乎其中也。知终终之，可与存义也。乾为道门，坤为义门，成性谓成之者性也，阳在道门，阴在义门，其易之门耶。按此明易之极致乃在崇德广业。《义》：易配至德，故至矣乎。乾神知来，凡知谓乾，智谓坤。坤正位居体，体卑所以广义，乾爻初三五，坤爻二四上。设立也，庖牺参天两地，立此六画之位。上在天，下在地。六虚六位。此乾九三文言谓，三当乾之终泰当反否，三终乾反复上，坤不变，乾元常存，故知终终之，可与存义。坤为义也，引之者天地消息，乾坤相续，易以坤成乾之性，乾元常存，道义出焉。举乾三为则也。

第五章　此章言易道之广大极致，及圣人显仁藏用，崇德广业之能事。《义》：此章言道以乾坤为门。

圣人有以见天下之赜，而拟诸其形容。象其物宜是故谓之象。圣人有以见天下之动，而观其会通，以行其典礼，系辞焉以断其吉凶，是故谓之爻。言天下之至赜而不可恶也，言天下之至动而不可乱也，拟之而后言，议之而后动，拟议以成其变化。乾称圣人，谓庖牺也，赜谓初，自上议下称凝，形容谓阴，在地成形者也。物宜谓阳，远取诸物，在天成象，故象其物宜象谓三才八卦在天也。庖牺重为六画也。重言圣人，谓文王也。动谓六爻矣。至啧无情，阴阳会通，品物流宕，以乾易坤，简之至也。元善之长，故不可恶也。以阳动阴，万物以生，故不可乱。六二之动，直以方动旧误作啧也。以阳凝坤，而成震，震为言，议为复动，故凝之而后言，议之而复动，谓当时也矣。按此言圣人拟效象之爻之微义。以乾易坤，简之至也。张氏、孙黄二氏悉作乾简坤易，毛本、枕经楼本则作乾开坤易。张氏云："当为乾易坤简，误倒耳。一本简作开亦通，是也。"今从惠校本。《义》：庖牺位乾五，天下之赜谓万物之初，重为六画，仍是三才之象，故六十四卦，皆谓之象。文王谓乾三，会谓阴阳交，通谓旁通，典礼谓典常，出入以度也。乾简坤易，当为乾易坤简误倒耳，一本简作开亦通，庖牺无言言天下之至赜，谓系辞也，故云至赜无情。无情则不可得言，以阴阳会通乾易坤简至赜，于此可言也，至赜乾元也。所谓典礼证以阳动阴，至赜至动，皆乾元，乾元震初也，人观乾元有此象，故以之先心。震为言，动乾元在先，故拟乾元而后言既有言而后动也。时，消息之时，坤为安身，乾元牝坤，当时出震故安其身而后动，三百八十四爻，皆言时也。乾二五通坤，坤二五息乾，阳已出震，故天称议。阴方牝乾故地称拟。下说中孚成益，故本益卦言之学：泰由否反后，历井既济损归妹节贲旅诸卦，通于蛊随，而会于小过否由泰反后，历困，未济，渐咸涣噬嗑丰诸卦，通于益恒，而会于中孚。乾入坤后历谦履师同人比大有六卦，会于离坎，而通于屯鼎。坤入坤后，历豫小畜萃大畜蹇睽六卦，会于大过颐，而通于蒙革。是皆会通之例，震象出庚，以乾通坤，而至于盈甲，巽象退辛，以坤通乾，而至于消乙，坎月离日会于乾壬坤癸后，复出庚而以阳通坤为震，此亦会通之证也。

鸣鹤在阴，其子和之，我有好爵，吾与尔靡之。子曰：君子居其室，出其言善，则千里之外应之，况其迩者乎。居其室，出其言不善，则千里之外违之，况其迩者乎。言出乎身，加乎民；行发乎迩，见乎远。言行君子之枢机，枢机之发，荣辱之主也。言行君子之所以动天地也，可不慎乎。按君子谓初也，二变五来应之，艮为居，初在艮内，故居其室，震为出言，讼乾为善，故出言善。此亦成益卦也，谓二变则五来应之，体益卦，坤数十，震为百里十之千里也，外谓震巽同声，同声者相应，故千里之外应之，迩谓坤，坤为顺二变顺初，故况其迩者乎。此信主遁鱼者也。谓初阳动入阴成坤坤为不善也。谓初变体剥，弑父弑君，二阳肥遁，则坤违之，而承于五，故千里之外违之，况其迩者乎。震为出为言，坤为身，为民也；震为行，坤为迩，乾为远，兑为见，谓二发应五，则千里之外，故行发迩见远也，二已变成益，巽四以风动天，震初以雷动地，中孚，十一月雷动地中，艮为慎，故可不慎乎。按此参中孚卦辞及九二爻辞。《义》：此下引七爻略明拟议之变化也。初阳正，故称君子之得为震，由初自讼四来，故辞本于初，二已变，初以乾体震，是出言善。云外者，在坤震之外，是五也，体巽，三至上体遁，巽为鱼，遁鱼谓五也。二不顺初与三四自为坤，自初为坤，则千里之外，四也，五体讼乾，通谓二坤，乾坤为门，故震为枢机，阳息为荣，阴消为辱，震为主，故荣辱之主。二变乃有地象。《学》：乾为善，坤为恶，说卦逸象系辞释中孚九二爻，以善不善并言，不善即是恶中孚由讼四之初，讼初四两爻皆失正，四降之初，则乾元得位，即善象也，故云出其言善。讼由遁三之二虽足以救遘，而来成中孚时，初爻仍为坤阴所居，即不善之象，故云出其言不善。

同人先号咷而后笑。子曰：君子之道或出或处，或默或语，二人同心，其利断金。同心之言，其臭如兰。乾为道，故称君子也。同人反师，震为出为语，坤为默巽为处，故或出或处，或默或语也。二人谓夫妇，师震为夫，巽为妇，坎为心，巽为同，六二震巽具师坎，故二人巽为利，乾为金，以离断金。谓夫出妇处，妇默夫语，故同心也。臭气也，兰香草，震为言，巽为兰，离日燥之，故其臭如兰也。按此参同人九五爻辞。《义》：《方言》中孚二动而五应故次，言同人二往应五，以明千里之外应之之义。君子谓师二乾爻，同人体巽，谓乾二爻变，则同人，巽为草木，又为臭草木之臭，故为兰。

第六章　《义》：此章言系辞拟议变化引二爻以明言动之义。

初六，藉用白茅，无咎。子曰：苟错诸地而可矣，藉之用茅，何咎之有？慎之至也。夫茅之为物薄而用可重也，慎斯术也以往，其无所失矣。其初难知阴又失正，故独举初六。苟或，错置也，颐坤为地，故苟错诸地。今藉以茅，故无咎也。阴道柔贱，故薄也。香洁可贵，故可重也。按此参大过初六爻辞注。《义》：大过爻辞，中孚君子由初正，故次举大过初六，大过通颐往谓过四应五，五颐在艮，艮为慎也。

劳谦君子有终吉。子曰：劳而不伐，有功而不德，厚之至也。语以其功下人者也，德言盛，礼言恭，谦也者，致恭以存其位者也。坎为劳，五多功乾为德，德言至，以上之贵，下居三贱，故劳而不伐，有功而不德。艮为厚坤为至，故厚之至也。震为语五多功，下居三，故以其功下人者也。谦旁通履，乾为盛德，坤为礼，天道亏盈而益谦，三从上来同之盛德，故恭。震为言，故德言盛礼言恭。坎为劳，故能恭。三得位，故以存其位者也。按乾为德，德言至。张氏疑后三字衍，非也。《义》：谦九三爻辞，三君子之位，次初言方。剥艮入坤，乾上九来居坤，三上降体坎，故劳而不伐。五乾位可居五而不居，故有功而不德。乾上即乾五，下云坎为劳，故能恭。此云盛德故恭。寻其文旨，当谓三从上来，乾同于坤，以乾德盛，故礼恭耳。能恭谓三也。《学》：此论明夷三，明夷三当坎心，象传所谓文王以之也。

亢龙有悔。子曰：贵而无位，高而无民。贤人在下位而无辅，是以动而有悔也。按此已注于乾上九文言。《义》：乾上九爻辞，谦九三乾上九也，谦三存位，反之则无龙。此因论谦三而示戒耳，乾六爻皆龙德尧舜禅与时偕极则知进退存亡者也。《学》：泰三之五成节卦下兑为口，二三四互震为言，震言出兑口中，六三兑口，九二震言，皆不得其正，泰三之五反否，节卦六三九五即否卦六三九五，泰治而否乱，泰反否则乱生矣，故乱之所生。

不出户庭，无咎。子曰：乱之所生也，此言语以为阶。君不密则失臣，臣不密则失身，几事不密则害成。是以君子慎密而不出也。节本泰卦，坤为乱，震为生，为言语，坤称阶，故乱之所生，则言语为之阶也。泰乾为君，坤为臣，为闭故称密，乾三之坤五，君臣毁贼，故君不密则失臣，坤五之乾三，坤体毁坏，故臣不密则失身。坤为身也。几初也谓二已变成坤，坤为事，故几事不密，初利居贞，不密初动则体剥，子弑其父，臣弑其君，故害成。君子谓初二动坤为密，故君子慎密。体屯盘桓利居贞，故不出也。按此参节初九爻注。《义》：节初九爻辞，节初君子，《方言》节初遁在下位，故又论节初。泰三之五，坤土故称阶。泰三震为坤，不言乾毁，君臣之辞。此不密连文协句耳，二变坤为几事，其不密自由初动，初动则二坤不纯，故为不密。初正故君子。《学》：泰三之五成节卦，下兑为口二三四互震为言出兑口中，六三兑口，九二震言，皆得其正，泰三之五反否，节卦六三九五，即否卦六三九五，泰治而否乱，泰反否则乱生矣，故乱之所生，则言语以为阶也。系辞释节卦初九爻，上文君不密臣不密两句，虞氏皆取坤毁之象。几事不密与上文相贯，其象亦同，二变成坤，则坤为事，即为密也。与不密之象不符。又以初动释不密，取象似太曲，下文慎密，虞氏谓二动坤为密，则不密而亦言二变成坤，殆非也。节由泰来，几事之事，即取泰坤之象，不须二变。

子曰：为易者，其知盗乎。易曰负且乘，致寇至。负也者，小人之事也，乘也者，君子之器也。小人而乘君子之器，盗思夺之矣。上慢下暴盗思伐之矣。慢藏悔盗，野容悔淫。易曰负且乘，致寇至，盗之招也。为易者，谓文王，否上之二成困，三暴慢以阴乘阳，二变入宫为萃，五之二夺之成解，坎为盗，故为易者其知盗乎。阴称小人，坤为事，以贱倍贵违礼悖义，故小人之事也。君子谓五器坤也，坤为六车，故乘君子之器也。小人谓三，既违礼倍五，复乘其车，五来之二成坎，坎为盗，思夺之矣，为易者其知盗乎，此之谓也。三倍五上慢乾君而乘其器，下暴于二，二藏于坤五，来寇二，以离戈兵，故称伐之，坎为暴也。坎心为悔，坤为藏兑为见，藏而见故慢藏三动成乾，为野。坎水为淫，二变藏坤，则五来夺之，故慢藏悔盗，野容悔淫。悔谓悔恨，野容诲淫，言妖野容仪，教诲淫泆也。（参《释文》）五来夺三，以离兵伐之，故变寇言戎以成三恶二藏，坤时艮手招盗，故盗之招。按此参解六三注。藏而见，雅雨堂本及孙黄二氏本、张氏本悉作“藏不见”。张氏孙黄二氏并云：“不疑作而。”枕经楼本、惠校本、李氏道平本悉作而。今从之。孙黄二氏云：“悔释文句注仍作教诲之诲，疑误。”是也。《义》：父变故谓文王，困二曰入于其宫。入宫则为萃，此取入宫耳，无取萃也。六十四卦消息，萃观上之四，解临初之四，此《说文》王爻变之例，注唯此一条耳，下辞系引十一爻解次困后，疑为彼次因节泰来，故解亦取否来相次也。负且乘致寇至解六三爻辞。困二变入宫成坤，以四艮倍五，五萃五，坤为器，折三入离，三在困时体坎暴二，故二入宫。萃三体坤兑，故藏而见。郑氏谓饰其容而见于外为野。困时三体离为中女暴二动乾，是野容也。谓五来成坎，二藏五来卦淫中女，慢藏野容，三也，盗淫，五也。解象曰“自我致戎”，是变寇言戎，又疑虞本此致寇至，当为致戎也。《学》：下系辞虞氏以困次咸谓困本咸与上系辞取否成困不同，而成亦由否来也，虞氏消息系辞引爻第十四谓成三所以入宫而为困，及五解否，三乃出而射集，以救否也，此合上下系辞传注而为之辞，卦变特例与消息变化有别，列图于下以觇其变。

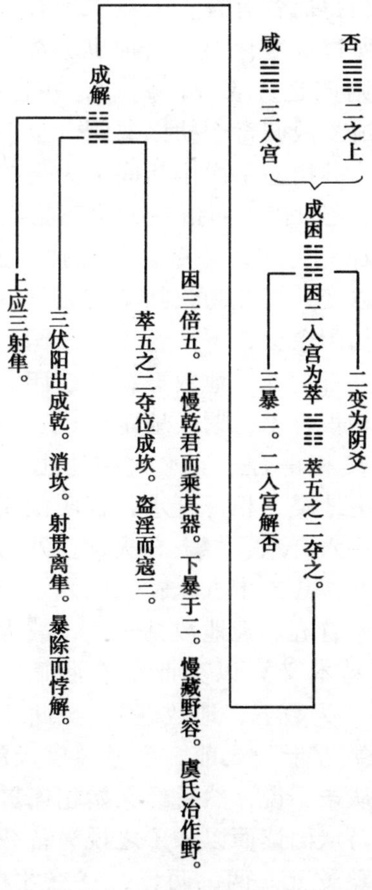

成解图

咸三入宫，三之二居坤中也。困二人宫，二阳在坤中，变阴成纯坤也，坤中央称宫，否二之上成困，属泰否消息。困二入宫为萃，属夬遘消息。萃五之二夺之成解，属临观消息。否由泰反遘由否消，临由复息。上系辞释解六三爻辞，次于节初九爻辞之后，节由泰来，泰由临息，解由临生，下系辞释解上爻辞射隼，次于困九三多爻辞之后，困从否来，解从困转，故张氏谓解亦取否来相次。

第七章 《义》：此承上章明君子观象玩辞之要。

大衍之数五十，其用四十有九，分而为二以象两，卦一以象三，揲之以四以象四时，归奇于扐以象闰，五岁再闰，故再扐而后卦。天数五，地数五。五位相得而各有合，天数二十有五。地数三十，凡天地之数五十有五，此所以成变化而行鬼神也。奇所卦一策，扐所揲之余，不一则二，不三则四也，取奇以归扐，并合掛左手之小指为一扐，则以闰月定四时成岁故归奇于扐以象闰者也。谓已一扐复分卦如初揲之，归奇于初扐，并掛左手次小指间，为再扐则再闰也，又分扐（孙黄二氏疑作卦）揲之如初，而掛左手第三指间成一变，则布掛之一爻，谓已二扐，又加一为三，并重合前二扐为五岁，故五岁再闰，再扐而后掛。比参五以变，据此为三扐不言三闰者，闰岁余十日，五岁闰六十日尽矣，后扐闰余分，不得言三扐二闰，故从言再扐而后掛者也。天数五，谓一三五七九；地数五，谓二四六八十也。五位谓五行之位，甲乾乙坤，相得合木，谓天地定位也。丙艮丁兑，相得合火山泽通气也。戊坎己离相得合土，水火相逮也。庚震辛巽，相得合金，雷风相薄也。天壬地癸，相得合水，言阴阳相薄而战于乾，故五位相得而各有合或以一六合水，二七合火，三八合木，四九合金，五十合土也。一三五七九，故二十五也；二四六八十，故三十也；天二十五，地三十，故五十有五。天地数见于此，故大衍之数略奇五而言五十也。按朱子《周易本义》以为此章有脱简，因将“天一地二”至“天九地十”下接“天数五，地数五”，至此“所以成变化而行鬼神也”移至“大衍之数五十”之前。今考《虞氏注义》，亦以大衍之数为演筮之法，似宜从朱子说，然后经义始相连贯，唯《集解》及辅嗣注则乃从旧读。今乃从旧读而以朱子之说另备一说。《义》：衍，郑氏云演也，虚其一以象乾元。两，两仪，三三才也。以揲四象四时，以扐象岁，以归奇象闰。卦旧作掛，《释文》云：“京作卦，云：再扐而后布卦，今详《虞氏注义》，其本实同。”京氏作卦，后人传写之误，《说文》扐字云：“易筮再扐而后卦。”《说文》引《孟氏易》，是《孟氏本》作卦也。取前过揲之策，复分二卦一。先并所揲之余于初扐，乃取奇归之，故云归奇于初扐。卦当为掛字之误。又并所揲之余于再扐，其奇则不归也。掛当为卦，《集解》引之，改以从经耳。布卦之一爻者，七八九六也，谓再扐之后，四揲之策，九为九，八为八，七为七，六为六是成一爻画之于地以识之，士冠礼有卦者，注有司主画地识爻者，有所卦者，注所以画地识爻者也，是画地识爻谓之卦，再扐而后掛，当为卦，谓一扐一岁也，归奇一闰，再扐二岁也，合初扐三岁也，归奇再闰也，三扐四岁也，合再扐，五岁也，不归奇，故再闰。以三为五，而成一变，故参五以变。《素问》曰：“日行一度，月行十三度而有奇焉。”故大小月三百六十五日而成岁积气余而盈闰矣，谓三百六十五度四分度之一，积三十日为一月，气盈五日有奇，朔虚五日有奇，故月大小常差六日，约其大数岁十日也。五岁余五十日，再闰六十日，已侵下余分闰月不能恰尽必有余分，故虚扐象之，然则四时终而计余，余分定乃成岁，并扐象计余成岁，归奇则象闰也。若言三扐则似有三归奇也。甲一、乙二、艮三、兑四、坎五、离六、震七、巽八、天壬九、地癸十。乾坎艮震为天，坤兑离巽为地。天数一三五七九，地数二四六八十。庖牺三索生六子，象其数也。此则五行生成之数。《太玄》曰：“一与六共宗，二与七共朋，三与八成友，四与九同道，五与五相守。一六为水，二七为火，三八为木，四九为金，五五为土。”是也。五五则十也，此亦得为天地之数故备一义也。《太玄》曰：“五与五相守，地之十还是五，故略之也。”鬼神之情状与天地相似则此也。

乾之册二百一十有六，坤之册百四十有四，凡三百有六十，当期之日，二篇之册，万有一千五百二十，当万物之数也。是故四营而成易。十有八变而成卦，八卦而小成，引而信之，触类而长之，天下之能事毕矣。显道神德行，是故可与酬酢，可与右神矣。子曰：知变化之道者，其知神之所为乎。引谓庖牺引信三才，兼而两之，以六画触动也，谓六画以成六十四卦。故引而信之，触类而长之，其取类也大，则发挥刚柔而生爻也。谓乾以简能（孙黄二氏疑作“圣人成能”）能说诸心，能研诸侯之虑，故能事毕。显道神德行（孙黄二氏疑此五字衍），乾二五之坤成离日坎月，日月在天，运行照物，故显道神德行。默而成不言而信，存于德行者也。在阳称变，乾二之坤，在阴称化，坤五之乾，阴阳不测之谓神知变化之道者，故知神之所为。诸儒皆上子曰。为章首，而荀马又从之，甚非者矣。又：此本美大衍四象之大，而荀谓上为章首，尤可怪笑。(《三国志·吴志注》、《学易编》）按阳策三十六，乘六为二百一十六。阴策二十四，乘六为一百四十四，加之为三百六十当阴历一年之数，阳爻一九二乘三十六得六八一二、阴爻一九二乘二十四得四六〇八，加之得一〇五二〇，当万物之数。孙黄二氏本引《汉上易丛说》云："阳爻三十六，阴爻二十四，三爻一百二十，曰三百者举大槩也。"此与注义不合，今删之。《义》：侯果云："二篇谓上下经，三百八十四爻。"谓庖牺幽赞神明，以生蓍数，乃观变于阴阳而立卦也，营亦变也，易变而为一，一变而为七，七变而为九，九者气变之究也，乃复变而为一，此一即太极易也，四营者，四变也。阴阳相并俱生阳动而进，阴动而退，八丽于七，六依于九，九六七八，故成易也。虞君表云："孔子美大衍四象之作，此之谓矣。"庖牺观四营之数，三天两地，立六画之位，乾坤各三爻于是分刚柔，别乾坤以立本。每六爻三变，则成六子之卦，谓若乾二五之坤成坎，于六位初二三变，坤二五之乾成离，于六位四五上变，三六十有八，则六子之卦，与乾坤并为八卦，而小成说卦注云：阳变成震坎艮，阴变成巽离兑，六爻三变则十有八变而成卦，八卦而小成阳一君二民，阴二君一民，不道乾坤者也。又系注云：乾坤与六子俱名八卦而小成也。明取类六十四卦为大成也。明十有八变而成卦，即观变于阴阳而立卦也。乾以简能，乾当为坤，蓍图乾道，卦方坤道，故坤以简能。下系辞注云：乾五之坤，坎为心，兑为说，故能说诸心。坎心为虑乾五之震为诸侯，故能研诸侯之虑则此皆言坎离。酬酢谓阴阳往来。变化之道，九六消息也，虞君表云："孔子叹易知变化之道者，其知神之所为乎，以美大衍四象之作也。"

易有圣人之道四焉：以言者尚其辞，以动者尚其变，以制器者尚其象，以卜筮者尚其占。是故君子将有为也，将有行也，问焉而以言，其受命也如向。无有远近幽深，遂知来物。非天下之至精，其孰能与于此。参五以变，错综其数，通其变，遂成天下之文。极其数，遂定天下之象。非天下之至变，其孰能与于此。易无思也，无为也，寂然不动，感而遂通天下之故。非天下之至神，其孰能与于此。夫易圣人之所以极深而研几也。唯深也，故能通天下之志；唯几也，故能成天下之务；唯神也，故不疾而速，不行而至。子曰：易有圣人之道四焉者，此之谓也。圣人之情见于辞系辞焉以尽言也，乾蓍称筮，动离为龟，龟称卜，动则玩其占，故尚其占者也。有为谓建侯，其行谓行师也。乾二五之坤成震，有师象，震为行，为言问故有为有行。凡应九筮之法，谓问于蓍龟，以言其吉凶，爻象动内，吉凶见外，蓍德圆神，卦德方智，故史拟神智，以断吉凶也。言神不疾而速，不行而至，不言善应乾二五之坤成震巽，巽为命震为向，故受命同声相应，故如向也。远谓天，近谓地，阴谓幽，深谓阳，来物谓乾神，神以知来，感而遂通，谓幽赞神明而生蓍也。至精谓乾，纯粹精也。逆上福错，综，理也，谓五岁再闰，再扐而后掛，以成一爻之变，而倚六画之数，卦从下升，故错综其数，则三天两地而倚数者也。变而通之，观变阴阳始立卦，乾坤相亲，故成天地之文。物相杂故曰文。（《释文》作爻与此不合，似宜从《释文》。）数六画之数，六爻之动，三极之道，故定天下吉凶之象也。谓参五以变，故能成六爻之义，六爻之义易以贡也。天下何思何虑，同归而殊途，一致而百虑，故无所为。谓其静也专。谓隐藏坤，初机息矣，专故不动者也。感动也，以阳变阳，通天下之故，谓发挥刚柔而生爻者也。至神谓易隐初入微，知几其神乎。深谓幽赞神明，无有远近幽深，遂知来物，故通天下之志。谓蓍也。务，事也，谓易研几开物故成天下之务，谓卦者也，神谓易也，谓日月斗在天，日行一度月行十三度，从天西转故不疾而速；星寂然不动，随天右周感而遂通，故不行而至者也。《义》：系辞以尽言，若坎人辞惭，离人辞枝之属。变谓消息之变，议之而后动。象谓若十二盖取。古者卜筮盖皆出于易，而所以占异，今不可考也。《礼记》曰："易抱龟南面。"郑注《周礼》云："龟知生数一二三四五之神，蓍知成数，六七八九之神。"建侯行师，乾元动震，故就震言之，举例也。乾二五之坤坎也，坎体震有师象。谓凡为与行皆震之象，故震神尽知之。九筮，周官筮人所掌也。乾二五之坤，则坤二五动，故震巽常相向，向答也。乾元，谓神明三扐而象五岁，故参五以变，参三也，掛当为卦。一爻之变七九八六也，易始于一，壮于七，究于九，故三画而成乾，阴并阳生，一而二，七而八，九而六，故参天两地。以倚六画之数，倚立也，乾坤六画，一阳一阴自下而上，六画一阴一阳，即既济之位。《释文》云："虞氏作天地之爻。"据此注则《释文》误耳，极六画之数，三百八十四爻成六爻之义，用九用六也，下系注云：六爻正。既济定，故何思何虑，乾元未动，一阴一阳之谓道，是无思无为也。几者动之微。研，究也，阴阳不测，是乃易也。日月者，六十四卦消息所出，斗与日月相会，正建十二次，卦气消息出焉，历家以斗为阳气，皆神之可见者也，上注寂然不动感而遂通，谓阳隐藏坤中，以阳阴，发挥刚柔，是言乾元，非言星也，以斗随天，故以斗为天之消息耳，乾道复子遘午出震入兑，唯斗可见故言之也。北辰在斗，是易之太极。

第八章　《义》：言蓍卦皆神之所为。按此章先儒悉分为二章，虞氏并而为一章，徇有卓见。《正义》云：“虞翻分为十一章，合大衍之数并知变化之道，共为一章。”盖“知变化之道”一章，正所以申大衍演卦之微义，明几神之妙旨也，故虞氏合而为一章。

天一地二，天三地四，天五地六，天七地八，天九地十。天一，水甲；地二，火乙；天三，水丙；地四，金丁；天五，土戊；地六，水己，天七，火庚；地八，木辛；天九，金壬；地十，土癸。此则大衍之数五十有五，蓍龟所从生，圣人以通神明之德，以类万物之情。《义》：天一生水于北，日行青道，甲一乙二、地二生火于南，甲乾乙坤，相得合木。大三生木于东日行赤道，丙三丁四，地四生金于西，丙艮丁兑相得合火。天五生土于中，日行黄道，戊五己六，地六成水于北，一六合水。戊坎己离相得合土，天七成火于南，二七合火。日行白道，庚七辛八，地八成木于东，三八合木。庚震辛巽，相得合金，天九成金于西，四九合金。日行黑道，壬九癸十，地十成土于中，五十合土。天壬地癸相得合水。幽赞神明而生蓍，以此生之耳。按此则宋儒以为《河图》五行生成之说之本也。兹以图明之：

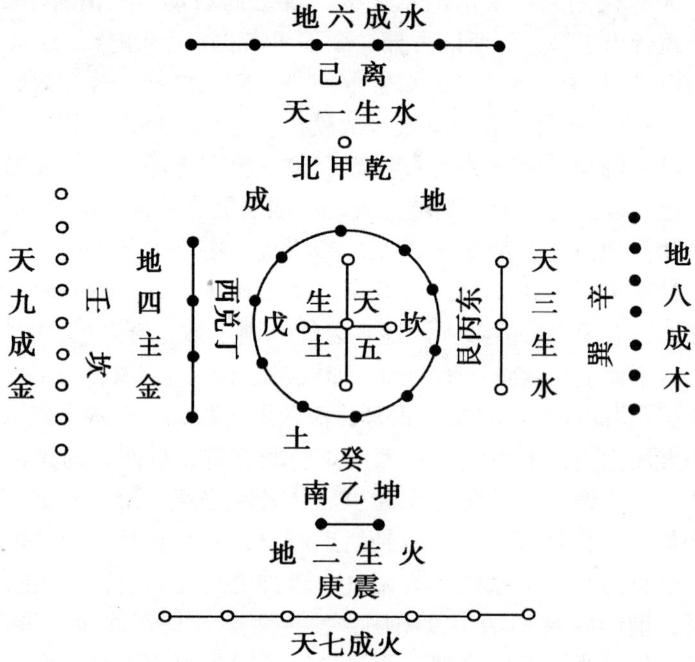

子曰：夫易何为而作也？夫易开物成务，冒天下之道，如斯而已者也。是故圣人以通天下之志，以定天下之业，以断天下之疑。是故蓍之德圆而神，卦之德方以知，六爻之义易以贡，圣人以此先心（先韩康伯读为洗），退藏于密，吉凶与民同患，神以知来，知以藏往，其孰能与于此哉。古之聪明睿知，神武而不杀者夫。是以明于天之道，而察于民之故，是兴神物，以前民用，圣人以此斋戒，以神明其德夫。是故阖户谓之坤，辟户谓之乾，一阖一辟谓之变，往来不穷谓之通，见乃谓之象，形乃谓之器，制而用之谓之法，利用出入，民咸用之谓之神。问易何为取天地之数也。以阳辟坤，谓之开物。以阴翕乾，谓之成务冒触也，触类而长之如此也。圣人谓庖牺，以蓍神知来，故以先心。阳动入巽巽为退伏坤为闭户，故藏密。谓齐于巽，以神明其德阳吉阴凶，坤为民故吉凶与民同患，谓作易者其有忧患也。乾神知来，坤知藏往，来谓先心，往谓藏密也。谁乎能为此哉，谓古之聪明睿知之君也。谓大人也，庖牺在乾五，动而之神，与天地合聪明，在坎则聪，在离则明，神武谓乾，睿知谓坤，乾坤坎离，反复不衰，故而不杀者夫。乾五之坤，以离日照天，故明天之道，以坎月照坤，故察民之故，坤为民。阖闭翕也，谓从巽之坤，坤柔象夜，故以闭户者也。辟开也，谓从震之乾，乾刚象画，故以开户也。阳变阖阴，阳变辟阳，刚柔相推，而生变化也。《义》：以阳辟坤，息而出震，震在庚，其数七，是阳象数也。以阴翕乾，消而退巽，巽在辛，其数八，是阴象数也。息变而进七之九，消变而退八之六。九六相变，所以触类而长。易变而为一，一变而为七，七变而为九，阴并阳一而二，七而八九而六，七八九六而天地之数备。一三五九也，二四六也，五九也，十六也，故曰如斯而已者也。若以一六合水之义，则生数每加五为成数，大衍之数五十五而五为虚。《太玄》云："五五相守。"十即五也，物成而后有数，亦阳进阴退，而七九八六之数，立不用一二三四以通天下之志谓开物。业谓成务，断疑谓冒天下之道。蓍数七，七七四十九，阳数也。乾之德，故圆而神。知读为智，卦数八，八八六十四，阴数也，坤之德，故方以智。六爻之义，九六也，惠征士读与功同，谓功业见于变。震七之神也，复见天地之心，故先心。由巽入坤，以卦德藏往，卦入之智也，以六爻定吉凶，九六之易也。聪坎为耳，明离为目，武乾刚德，坤知藏往。杀衰也，乾五之坤大有。兴神物，谓幽赞神明而生蓍。前民用，谓先心也。神明其德谓退藏于密。乾坤易之门，故曰户。通旁通卦，九六往来，在天成象，东方一二，南方三四，西方七八，北方九十，五六合中。在地成形，水一六，火二七，木三八，金四九，土五十。阳用七九，阴用八六。出乾入坤，以前民用，百姓日用而不知。按《虞氏易注》平易可知，观之足矣。张氏之注多芜杂之辞，可备参考。

第九章　按：张惠言《虞氏易》并下章为第九章，以不合虞氏分章之义。今析而二之，以合虞氏分十一章之义。此章明易道开物成务，而卜筮之用可以通神。

是故易有太极，是生两仪。两仪生四象，四象生八卦，八卦定吉凶，吉凶生大业。太极太一也，分为天地，故生两仪也。四象四时也，两仪谓乾坤也，乾二五之坤，成坎离震兑，震春兑秋，坎冬离夏，故两仪生四象，归妹卦备，故彖独称天地之大义也。乾二五之坤，则生震坎艮，坤二五之乾，则生巽离兑，故四象生八卦，乾坤生春，艮兑生夏，震巽生秋，坎离生冬者也。阳生则吉，阴生则凶，谓方以类聚，物以群分，吉凶生矣。已言于上，故不言生而独言定吉凶也。按此明易之宇宙论也。由太极而生天地，由天地而有四时，而有八卦，而有宇宙，而有人类而有吉凶。大业，其理简易可知。《义》：《乾凿度》曰："太一取七八九六之数，以行九宫，四正四维，皆合于十五。"郑氏注云："太一者，北辰之神名也。"居其所曰太一，常行于八卦日辰之间，曰太一。又引《星经》曰："天一太一，主气之神。"然则太一即乾元也。在天为北辰，在易为神，虞君注斗寂然不动，感而遂通，谓此太一也。两仪谓天地，仪法也，《礼运》曰："夫礼必本于太一，分而为天地。"谓日月之行，春甲乙，夏丙丁，秋庚辛，冬壬癸，四时之闲，甲丙戊庚壬为天象，乙丁己辛癸为地象。《月令》曰春，其日甲乙，夏其日丙丁，秋其日庚辛，冬其日壬癸，中央其日戊己。郑注云：日之行春，东从青道发生万物，月为之佐，时万物皆解，孚甲自抽轧而出，故名甲乙。日之行夏，南从赤道长育万物，月为之佐，时万物皆炳然著见，而强大，故名丙丁。日之行四时之闲，从黄道，月为之佐，至此万物皆枝叶茂盛其含秀者，抑屈而起，故名戊己。日之行秋，西从白道，成孰万物，月为之佐，万物皆肃然改更秀实新成，故名庚辛。日之行冬，北从黑道，闭藏万物，月为之佐，时万物怀任于下，揆然萌芽，故名壬癸。此四时之象也。又言两仪谓乾坤者，谓庖牺观天之象则而画卦，幽赞神明以拟太极，乃立乾坤，以象天地，以太极之一七九为乾坤之三画，亦是太极生两仪也。此与天地四时之文不属，每句各具二义耳。二五中气即太极。太极乾元，一施为坎，再施为离，一息为震，再息为兑，此庖牺所定以则四象也，离以象日，昼中正南，故为夏；坎以象月中正北，故为冬；震阳出以象雷，故为春；兑阳成以象雨，故为秋。既象乾之息，乃复象其消，反兑而为巽，以象风，反震而为艮，以象霆，消息既备，则乾退而就坎，坤进而就离，故分震坎艮属天，巽离兑属地。三索交乾坤，以成六子之爻，十五日，乾象西北，西北坎前坤阴所积，乾就坤以交阴，则生三男也。坤不位东南者，阳光阴后，不敢敌阳，故位离。后西南震兑之闲，阳盛之位，坤亦就乾以交阳，则生三女也，艮在甲癸之闲，故位东北。震巽相薄，阳动入巽，故位乎东南以受震。下系辞注云：乾坤与六子俱名八卦，而小成谓此也。此乃言在天八卦生于四时也，生春犹言生乎春，行至甲乙，而乾坤象见，是乾坤生乎春也。月行至丙丁，艮兑象见，月行至庚辛，震巽象见坎离在中，不可象，日月会于壬癸，而坎离象见，故生乎冬。八卦六位有正不正，故吉凶生。富有之谓大业，谓坤化成物也。吉凶相推，万物化成谓触类而长，成六十四卦。

是故法象莫大乎天地，变通莫大乎四时，县象著明，莫大乎日月。崇高莫大乎富贵，备物致用，立成器以为天下利，莫大乎圣人。探赜索隐，钩深致远，以定天下之吉凶，成天下之娓娓者，莫大乎蓍龟。（娓娓今作亹亹）谓日月县天成八卦象，三日莫震象出庚，八日兑象见丁，十五日乾象盈甲，十七（二氏疑作六，云诸本并同）日旦巽象退辛二十三日艮象消丙三十日坤象灭丙，三十日坤象，灭乙，晦夕朔旦，坎象流戊，日中则离，离象就己戊土位，象见于中，日月相推而明生焉，故县象著明，莫大乎日月者也。（孙黄二氏云：《汉上易卦图》、《六经·天文篇》震象兑象乾象巽象艮象坤象下俱有月字，旦下有则字，甲下有壬字，坎象下有水字，离象下有率字。此无伤于易义，今从《集解》本。）谓乾正位于五，五实坤富，以乾通坤，故高（二氏疑作莫，是也。）大富贵也。神农黄帝尧舜也，民多否闭，取乾之坤，谓之备物，以坤之乾谓之致用。乾为物，坤为器，用否四之初，耕稼之利；否五之初，市井之利；否四之三，舟楫之利；否上之初，牛马之利。谓十二，盖取以利天下，通其变，使民不倦，神而化之，使民宜之，圣人作而万物睹，故莫大乎圣人者也。探取赜初也。初隐未见，故探赜索隐。则幽赞神明而生著，初探故曰钩深。致远谓乾，乾为蓍，乾五之坤。大有离为龟，乾生知吉，坤杀知凶，故定天下之吉凶莫善于蓍龟也。按县，悬也，县象著明，虞氏以纳甲解，三日莫，莫暮也，并参前注可知。《义》：《文言》注：二十九日此云三十日，大分言之，当以彼注为正。高大不辞，盖脱误耳。当言崇高莫大乎富贵，此下皆吉凶生大业者也。

制器尚象，多因否来，皆乾坤六位往来。初深谓潜龙，远谓乾，致之谓息。

是故天生神物，圣人则之；天地变化，圣人效之；天垂象，见吉凶，圣人象之；河出图，洛出书，圣人则之。易有四象，所以示也；系辞焉，所以告也；定之以吉凶，所以断也。易曰自天右之，吉无不利。子曰：右者助也。天之所助者顺也，人之所助者信也。履信思乎顺，有以尚贤也。是以自天右之，吉无不利也。谓系彖象之辞，八卦以象告也。系辞焉以断其吉凶，八卦定吉凶，以断天下之疑也，大有兑为口，口助称右，大有五以阴顺上，故为天所助者顺也。信谓二也，乾为人为信，庸言之信也。大有五应二而顺上，故履信思顺，比坤为顺，坎为思，乾为贤人，坤伏乾下，故有以尚贤也。《义》：神物蓍龟，则之，则天也。效之谓效天地而立刚柔。象之，象天八卦消息而立六十四卦。《河图》《洛书》王者所以受命则之，以立易轨，其说存《乾凿度》。四象即上章大衍，四象，谓七八九六，四营成易者之圣人作易，所以示人法天地之数也。又引大有上九证之，下注云：比坤为顺，则此谓大有通比五，本比坤二，顺上而乾应之为兑，故曰天之所助者顺也。体乾九二，谓二应乎五，而三与之成兑，故人助信。顺上言二五相应以顺上，大有成比，坤伏乾下，有读曰又。

第十章　张氏并此章及上章为第九章，此殊失虞氏分章之义。《正义》云："先儒分为十二章，虞氏分为十一章合大衍之数，并知变化之道共为一章。"虞氏在"子曰知变化之道"者注云："诸儒及荀马皆上此为章首。"明虞氏之分章唯此与诸儒异耳。今张氏之分章，非特不合先儒之义，亦与虞氏乖殊矣。如此而命名为《周易虞氏义》，岂真为虞氏之义哉？按此章言易之宇宙论及易道筮龟之用。《义》：此章言圣人象数立卦消息之序，所以幽赞神明正义章次，以是故易有太极以下别为一章，言虞不异，今谓虞注聪明睿知，以乾五之坤为义即是与自天右之吉无不利为一章，《正义》所言或后人误分之耳。又按张氏并此章及前章为第九章，非是。《正义》云先儒分为十二章，虞氏分十一章，合大衍之数，并"知变化之道"共为一章，虞氏注"子曰知变化之道"者云："诸儒及荀马皆上此为章首。"明虞氏之分章唯此与诸儒异耳。张氏合之，误矣。

子曰：书不尽言，言不尽意。然则，圣人之意，其不可见乎。子曰：圣人立象以尽意，设卦以尽情伪，系辞焉以尽其言，变而通之以尽利，鼓之舞之以尽神。谓书易之动九六之变，不足以尽易之所言，言之则不足以尽庖牺之意也，神易也，阳息震为鼓，阴消巽为舞，故鼓之舞之以尽神。按此言圣人立象尽意，设卦尽情，系辞尽言之深意。《义》：谓圣人之意尽于象，此谓立象尽于六十四卦。谓彖象之辞，尽易之言。九六之变，六爻发挥旁通，皆所以尽言。雷声动万物，故以鼓言。风散动万物，故以舞言。明消息则意言尽。

乾坤，其易之缊邪？乾坤成列，而易立乎其中矣。乾坤毁，则无以见易，易不可见，则乾坤或几乎息矣。是故形而上者谓之道，形而下者谓之器，化而裁之谓之变，推而行之谓之通，举而错之天下之民谓之事业。是故夫象，圣人有以见天下之赜，而拟诸其形容，象其物宜，是故谓之象。圣人有以见天下之动，而观其会通，以行其典礼，系辞焉以断其吉凶，是故谓之爻。极天下之赜者存乎卦，鼓天下之动者存乎辞，化而裁之存乎变，推而行之存乎通，神而明之存乎其人；默而成，不言而信存乎德行。缊藏也，易丽乾藏坤，故为易之缊也。按缊，惠氏云："虞作韫，音义通。"此言乾坤之至用，及圣人裁制道器变通事业，拟效卦爻象辞，发为事业，缊为德行之事。《义》：此不言尽神在乾坤成列，谓乾坤各三爻，天尊地卑，乾坤定矣。中正也，一阴一阳，各正性命，故易立乎其中也。谓分阴分阳，重为六爻，乾成则坤毁，坤成则乾毁，六位不皆正，易道不见也，谓若乾坤不见，易道则亦几于息绝，故九六变化成既济定，所以为易之缊，道天成位于上，垂象于道器，地成位于下，五行之用为器。以阳通阴，崇高莫大乎富贵，富是财也，以乾元言，故独言变矣，财亦为裁。凡旁通卦多为震上息，震为行，故推而行之。乾坤各正成既济定，坤为天下，乾为民，保合太和，谓之事业。故设卦则尽情伪，故系辞则尽言，故鼓之舞之则尽神。德行谓显道神德行也，圣人位乾五，五之坤成离日坎月，故神而明之，存乎其人。坤为默，震为言，乾为信，为德，震为行，乾元在坤中，寂然不动，乾体自正，故默而成。不言而信，存乎德行也。

第十一章　按此章言圣人设卦立象系辞，神明变通，以存德立业之微义。《义》：言玩辞当求之神，神当求之乾坤六位。张氏分为十章，非特不合先儒分十二章之义，亦乖虞氏分为十一章之义。

系辞传下

八卦成列，象在其中矣；因而重之，爻在其中矣；刚柔相推，变在其中矣，系辞焉而命之，动在其中矣。象谓三才成八卦之象，乾坤列东，艮兑列南，震巽列西，坎离在中，故八卦成列，则象在其中。天垂象见吉凶，圣人之象是也。谓参重三才为六爻，发挥刚柔则爻在其中。六画称爻，六爻之动，三极之道也。又：重卦伏羲。(《辑闻》）谓十二消息，九六相变，刚柔相推，而生变化，故变在其中矣。谓系彖象九六之辞，故动在其中。鼓天下之动者存乎辞者也。按以纳甲而言，乾纳甲，坤纳乙，甲乙东方木，故乾坤列东；艮纳丙，兑纳丁，丙丁南方火，故列南；震纳庚，巽纳辛，庚辛西方金，故列西；坎纳戊，离纳己，戊己中央土，故在中。谓月出震见兑盈乾，入巽消艮灭坤，阳生则吉，险长则凶。三画之卦，因而重之成六爻六十四卦，自复至乾为息，自姤至坤为消，阳九阴六，往来变动不居。《义》：三才谓三画，象一七九也，中正也，日月为象，坎离者神明之象也，坎在戊正位阳，离在己，正位阴，故八卦象在其中。以八为六十四。中，正也，参天两地之六爻，各得其正也。极，中也。文王设九六变化，所以随时而处中，归乎既济。以动之正，不正命其吉凶。吉凶悔吝者，生乎动者也，刚柔者，立本者也，变通者，趣时者也，吉凶者，贞胜者也，天地之道，贞观者也，日月之道，贞明者也，天下之动，贞夫一者也。动谓爻也，爻者效天下之动者也，爻象动内，吉凶见外，吉凶生而悔吝著，故生乎动也。乾刚坤柔，为六子父母，乾天称父，坤地称母。本天亲上，本地亲下，故立本者也。变通配四时，故趣时者也。贞正也，胜灭也，阳生则吉，阴消则凶者也。言天地正可以观瞻为道也。一谓乾元，万物之动，各资天一阳气以生，故天下之动，贞夫一者也。《义》：天尊地卑，天正位于五，地正位于二，中正以观天下，故贞观者也；参天两地，既济定，体两虽两坎，重明丽正，故贞明者也。天地日月之道即此也。天一即太一，三百八十四爻皆以乾元消息。

夫乾确然示人易矣，夫坤隤然示人简矣，爻也者效此者也，象也者象此者也，爻象动乎内，吉凶见乎外，功业见乎变，圣人之情见乎辞，天地之大德曰生，圣人之大宝曰位，何以守位曰仁，何以聚人曰财。理财正辞，禁民为非曰义。阳在初弗用，确然无为，潜龙时也，不易世不成名，故示人易者也。隤安，简阅也。坤以简能，阅内万物，启示人简者也。效法之谓坤，谓效三才，以为六画。成象之谓乾，谓圣人则天之象分为三才也。内初外上也，阳象动内则吉，见外。阴爻动内，则凶见外也。《义》：乾以易知，不在出震，而在潜龙，所谓乾元。坤之简能，不在动辟而在静翕，所谓坤元。此谓乾元坤凝，乾元相并俱生，故效乾而参两也，由两地而有爻，故主坤元。此亦谓乾元日月之象也，皆示乾元，故圣人则之，象者三才，故主乾元，初上，约略言之，指内外卦耳。《乾凿度》曰："三画已下为地，四画已上为天。"易气从下生，动于地之下，则应于天之下；动于地中之，则应于天之中；动于地之上，则应于天之上。初以四，二以五，三以上，此之谓应。是也。变谓之卦消息，辞谓系辞尽言。乾坤合元，以生万物，故大德曰生。乾为圣人，位在九五乾为金为玉，故大宝曰位。震为守为人，乾五出坤，自震始坤富有为财，乾道入坤出震，故财聚人。以乾通坤谓之理财。乾为言，以坤翕乾，谓之正辞。以乾制坤，谓之禁民为非。阴为非，谓消息旁通，终成既济，美利利天下，利物足以和义，故曰义也。

第一章　按此章言爻象变动及吉凶悔吝之道，而归于贞一仁义。张氏定系辞下传为七章，今依先儒之义分为九章，张氏分章之义，亦因而明之。《义》：下篇分章无文，《正义》依周氏庄氏为九章，今定为七章，此章言爻象变动消息在正，正者乾元也。

古者庖牺氏之王天下也，仰则观象于天，俯则观法于地，观鸟兽之文与地之宜，近取诸身，远取诸物，于是始作八卦。以通神明之德，以类万物之情。作结绳而为罟，以佃以渔，盖取诸离。庖牺，太昊氏，以木德王天下，位乎乾五，五动见离，离生于木，故知火化。炮啖牺牲，号庖牺氏也。谓庖牺观鸟兽之文，则天八卦效之，易有太极是生两仪，两仪生四象，四象生八卦，八卦及四象所生，非庖牺所造也。故曰象者象此者，则大人造爻象，以象天卦可知也。而读易者，咸以为庖牺之时，天未有八卦，恐失之矣。天垂象，示吉凶，圣人象之。则天已有八卦之象。离为目，巽为绳，目之重者唯罟，故结绳为罟，坤二五之乾成离。巽为鱼，坤二为田，以罟取兽曰田，故取诸离也。按庖牺氏即伏牺氏也，此言其仰观俯察，近取远则而作八卦，以弥纶天地万物。又发明以结绳为罔罟，以捕鱼兽，此盖取自离卦之象。二至四互巽为绳，坤二五之乾则成离。坤为地，地上为田。离为目，谓网之网目也。故取诸离。惠校本、张氏本、雅雨堂本、孙黄二氏本皆作离为日，张氏孙黄二氏并云"宜作目"是也。今从枕经楼本及李道平、纂疏本作目。《义》：文王书经系庖牺于乾五，在天成象，在地成形，鸟兽之文，日月也，张衡灵宪云：日者阳精之宗，积而成鸟，象鸟而有三趾，阳之类，其数奇。月者阴精之宗，积而成兽象，免阴之类，其数耦是其义也。宜山泽也，身物备焉。庖牺重卦六十四言八卦者，本其象于天也，日当为目字之误，乾九二在田在坤二也。

庖牺氏没，神农氏作，断木为耜，揉木为耒，耒耨之利，以教天下，盖取诸益。日中为市，致天下之民，聚天下之货，交易而退，各得其所，盖取诸噬嗑。没，终；作，起也。神农以火德继庖牺王，火生土，故知土，则利民播种，号神农氏也。益否四之初也，巽为木，为入，艮为手，乾为金，手持金以入木，故断木为耜。耜止所逾，因名曰耜。艮为小木，手以挠之，故揉木为耒。耒耜，耔器也。巽为号令，乾为天，故以教天下。坤为田，巽为股，进退震足，动耜艮手持耒，进退田中，耕之象也，益万物者莫若雷风，故法风雷而作耒耜。噬嗑否五之初也，离象止上，故称日中也。艮为径路，震为足，又为大涂，否乾为天，坤为民，故致天下之民众也。坎水艮山，群珍所出，聚天下货之象也，震升坎降，交易而退，各得其所，噬嗑食也，市井交易，饮食之道，故取诸此也。按神农氏已由渔猎时代进为农业时代，而有交易之商业行为。否四之初成益。否五之初成噬嗑。此并参益及噬嗑二卦之注。李氏以为否四之初，四宜作上，因改四为上，非也。诸本俱作四。《义》：否四之初，乾为艮而入巽，故手持金入木，耜耒头金，耒面谓之疵，长尺有一寸，断木为疵，耜金入之。耒耜柄长六尺六寸倨句磬折。耔耨也。乾之坤，故天下。耕亦益之大。坤以类聚，震雷主升，坎雨主降，否天地不通，五之初，交易，雷雨满形，故各得其所。

神农氏没，黄帝尧舜氏作，通其变，使民不倦，神而化之，使民宜之，易穷则变，变则通，通则久。是以自天右之，吉无不利也。黄帝尧舜垂衣裳而天下治，盖取诸乾坤。刳木为舟，剡木为楫，舟楫之利，以济不通，致远以利天下，盖取诸涣。服牛乘马，引重致远，以利天下盖取诸随。重门，击柝，以待暴客。盖取诸豫。断木为杵，阙地为臼，臼杵之利，万民以济，盖取诸小过。弦木为弧，剡木为矢，弧矢之利，以威天下，盖取诸睽。变而通之以尽利，谓作舟楫，服牛乘马之类，故使民不倦也。神谓乾，乾动之坤，化成万物以利天下，坤为民也，象其物宜，故使民宜之也。乾为治，在上为衣，坤下为裳，乾坤万物之缊，故以象衣裳。乾为明君，坤为顺臣，百官以治，万民以察，故天下治，盖取诸此也。随否上之初也，否乾为马，为远，坤为牛为重，坤初之上为引重，乾上之初为致远，艮为背，巽为股，在马上故乘马。巽为绳，绳束缚物在牛背上，故服牛。出否之随，引重致远以利天下，故取诸随。小过晋上之三也，艮为小木上来之三断艮，故断木为杵。坤为地，艮手持木以阙坤三，故阙地为臼。艮止于下，臼之象也。震动而上，杵之象也。震出巽入，艮手持杵，出入臼中，春之象也，故取诸小过。本无乾象，故不言以利天下也。睽无妄五之二也，巽为绳为木，坎为弧，离为矢，故弦木为弧。乾为金，艮为小木，五之二，以金剡艮故剡木为矢，乾为威，五之二故以威天下。弓发矢应，而坎两集，故取诸睽也。按黄帝尧舜时为文明兴盛之时，垂衣裳而天下治，故有舟楫之利，牛马之乘，重门之设，臼杵之便，弧矢之威，宫室之起，文字之兴，人民养生送死皆无憾而文明大盛。否四之二成涣，否上之初成随复四之初成豫，晋上之三成小过，并参诸卦之注。《义》：易穷于剥，变之五为比，大有通比，乾元复正则可久。坤由夬入坤，否四之二也，否乾为金，艮为手，坎为穴，手持金穴木，故刳木为舟也。巽为长木，艮为小木，震为行，小木动长木，楫也。艮手持金剡之，故剡木为楫也。坎为通，坤为闭，塞否四耒通坤，故济不通。乾为远，为天，乾耒坤中，故致远以利天下矣。刳或为挎，剡或为掞。二三坤牛亦艮为背，复初之坤四也，震为门，艮反为门，故重门。坎为穿木，艮为小木，为手，震为声，手持两木有声，故击柝也。暴客，匆遽之客。坤夜为阖户，震为行人，为开户，艮为待，故以待暴客也。无妄乾艮，而如古通。《学》：萃六二引吉，兑上六引兑，虞氏皆取象巽为绳，艮为手，引重致远，取诸随卦，随二三四爻互艮为手，三四五爻互巽为绳，虞氏谓："绳束缚物在牛背上，故服牛。"牛不能自束缚物，非艮手不可，服牛如是，乘马可推，故引重之引，似仍当取巽艮两象。

上古穴居而野处，后世圣人易之以宫室，上栋下宇，以待风雨，盖取诸大壮。古之葬者，厚衣之以薪，葬之中野，不封不树，丧期无数。后世圣人易之以棺椁，盖取诸大过。上古结绳而治，后世圣人易之书契，百官以治，万民以察，盖取诸夬。大壮无妄两象易也，无妄乾在上，故称上古。艮为穴君乾为野，巽为处无妄乾人在路，故穴居野处。震为后世，乾为圣人，后世圣人谓黄帝也。艮为宫室变成大壮，乾人入宫，故易以宫室。艮为待，巽为风，兑为雨乾为高，巽为长木，反在上为栋，宇谓屋边也，兑泽动下为下宇，无妄之大壮，风不见兑雨隔震，与乾绝体，故上栋下宇，以待风雨。盖取诸大壮者也。大过，中孚上下易象也，本无乾象故不言上古。大过乾在中，故但言古者。巽为薪，艮为厚，乾为衣，为野，乾象在中，故厚衣之以薪。葬之中野。穿土称封，封古窆字也。聚土为封中孚无坤坎象，故不对不树坤为丧，期谓从斩衰至缌麻日月之期数，无坎离，日月坤象，故丧期无数。巽为木，为入，处兑为口，乾为人木而有口，乾人入处棺敛之象，中孚艮为山丘，巽木在裹，棺藏山陵，椁之象也，故取诸大过。夬履上下象易也，乾象在上，故复言上古。巽为绳，离为罔罟，乾为治故结绳以治后世圣人，谓黄帝尧舜也。夬旁通剥，剥坤为书，兑为契，故易之以书契。乾为百，剥艮为宫，坤为众，臣为万民，为迷暗，乾为治，夬反剥，以乾照坤，故百官以治，万民以察。故取诸夬。大壮，大过夬此三盖取直两象，上下相易，故俱言之大壮本无妄，夬本履卦，乾象俱在上，故言上古。中孚本无乾象大过乾不在上，故但言古者。大过亦言后世圣人易之，明上古时也。《义》：两象易唯此盖取三卦耳，无以明之也。乾为古，震为路，前言黄帝尧舜氏作，故知谓黄帝。乾在上，则为穴居。乾入居，则为宫室。乾人入宫，乾居艮上，艮巽，无妄艮巽。大壮兑，中孚之卦，遁阴未至三，而大壮阳已至四，是乾在中孚中，必知非聚土为卦者，以殷人尚墓，而不愤，不必上古也。坎为穿土，坤为聚土，坤为丧，坎离乃为期也，然则大过亦无坎离，而圣人易中孚而定丧期之象者，岂非以大过通颐，象离坎乎，非正离坎故经不言也。此又以巽木象椁也，大过得有封树象者，大过通颐，颐坤聚土，坎象穿土。契刻木两书一札，同而别之，《周礼》谓之剂。兑为附决，连附而决，分之契也。履无震亦言后世者，履本由谦震降初，是后世圣人。上言圣人观象制器，故复明易本由日月之象，故圣人取象焉遂言圣人以象通德类情也。谓卦象之象还即在天之象也，材读当为才，彖分说两象是说三才之卦。

第二章　按此章言圣人观象作易制器及文明演进与易之关系。《义》：言圣人观象以作易，故能通神明之德，类万物之情，以制器尚象之事明之。是故易者象也。象者象也；彖者材也。爻也者，效天下之动者也。是故吉凶生而悔吝著也。阳卦多阴，阴卦多阳其故何也。阳卦奇，阴卦耦，其德行何也。阳一君而二民，君子之道也。阴二君而一民，小人之道也。易谓日月在天，成八卦象。县象著明，莫大日月是也。彖说三才，则三分天象以为三才，谓天地人之道也。动，发也，谓两三才为六画，则发挥刚柔而生爻也。爻象动内则吉凶见外，吉凶悔吝者，生乎动者也，故曰著。阳卦一阳故奇，阴卦二阳故耦，谓德行何可者也。按震坎艮为阳卦皆一阳二阴，巽离兑为阴卦皆二阴一阳称君子，阴称小人，《义》：乾为君坤为民。

易曰憧憧往来，朋从尔思。子曰：天下何思何虑？天下同归而殊涂，一致而百虑。天下何思何虑？日往则月来，月往则日来，日月相推而明生焉。寒往则暑来，暑往则寒来，寒暑相推而岁成焉。往者诎也，来信也，诎信相感而利生焉。尺蠖之诎以求信也；龙蛇之蛰以存身也；精义入神以致用也；利用安身以崇德也；过此以往，未之或知也；穷神知化，德之盛也。易无思也既济定六位得正，故何思何虑；谓咸初往之四，与五成离，故日往。与二成坎，故月来。之外曰往，在内曰来此就爻之正者也。初变之四，与上成坎，故月往。四变之初与三成离，故日来者也。既济体两离坎象，故明生焉。乾为寒，坤为暑，谓阴息阳消从姤至否，故寒往暑来也。阴诎阳信，从复至泰，故暑往寒来也。感咸象，故相感。天地感而万物化生，圣人感人心而天下和平，故利生。利生谓阳出震，阴伏藏。蛰潜藏也，龙潜而蛇藏，阴息初巽为蛇，阳息初震为龙，十月坤成十一月复生，姤巽在下，龙蛇俱蛰，初坤为身，故龙蛇之蛰，以存身也。以坤变乾谓之穷神，以乾通坤谓之知化，乾为盛德，故德之盛。按此引申咸九四爻义而极言之，参咸卦注。《义》：引咸九四爻，以明阴阳德行消息各正之义也。憧憧怀思虑也，之内为来，之外为往，欲感上隔五，感初隔三，故憧憧往来矣。兑为朋少女也，艮初变之四，坎心为思，故曰朋从尔思也。阳息阴消，定于既济，君子之道，所谓既济体两离坎，卦变咸从否来，坤三之上乾上之三卦气咸在遘前，夏至六日七分卦也，故于咸，明阴阳消息，上系七爻首中孚，中孚冬至六日七分卦也，与此十一爻首咸，皆消息自然之序，阳息于复，至泰反否，阴消于遘至否反泰，咸否天地交反泰之始，否为暑往咸乾下三为寒来，即遘复之义，复遘为阴阳始，泰否为阴阳中，春秋冬夏于是具矣。凡往皆诎，凡来皆信，既济六位时成，乾元至正，自然阳出震阴伏藏，所谓复见天地之心者，天地之心正，既济也。注云：阳常主动，阴常主静，阳常主吉，阴常主凶，于此见之矣。下皆言阳出震阴伏藏，遘遇所以正消息，皆在乾元也。尺蠖，惠征士云“巽虫为尺蠖”是也。阴未遇遘，巽体未成不曰蛇，而曰尺蠖，咸卦时也，咸时尺蠖诎，至遘则信。阴阳相并俱生，故遘巽在下，承龙蛇皆蛰言之，坤为义为用，为安身乾为精为神为德，谓乾藏坤中以阳动阴，所以致坤之用，巽伏乾下，以阴牝阳，所以崇乾之德。阴阳既出变化不一无以知之，以坤变乾，消卦也；以乾通坤，息卦也。消息变化，所谓未之或知，一消一息成既济定，乾元德盛则殊途同归，一致百虑，天下何思何虑者也。

第三章　《义》：言阴阳有君子小人之道，易消息各正，归于盛德，是为德行。《学》：乾为寒，谓冬至一阳生乾阳出震为复，复值十一月冬至建子，乾值四月小满建巳，阳生于子而尽于巳，故纯乾在巳，坤为暑，谓夏至一阴生坤阴入巽为遘，遘值五月夏至建午，坤值十月小雪建亥，阴生于午而尽于亥，故纯坤在亥，泰值寅月，在寒后暑前，否值申月，在暑后寒前，泰乾寒在内，坤暑在外，泰及否则寒往暑来；否坤暑在内，乾寒在外，否反泰则暑往寒来。乾坤消息固往来于否泰也。张注云：否为暑往，咸乾下三为寒来，即遘复之义。张氏言暑往者，指否三之上成咸卦而言也。否下坤暑末，穷极则反故卦值七月处暑节，亦为暑往，咸初四相易成既济，初阴之四，四阳之初，既成坎月离日往来之象，亦兼暑往寒来之象。

易曰困于石，据于蒺藜，入于其宫，不见其妻，凶。子曰：非所困而困焉，名必辱，非所据而据焉，身必危，既辱且危，死其将至，妻其可得见邪。困本咸成三入宫，以阳之阴，则二制坤，故以次咸为四所困；四失位恶人，故非所困而困焉；阳称名，阴为辱，以阳之阴下，故名必辱也；谓据二，二失位故非所据焉；二变时坤为身，二折坤体，故身必危。按此释困六三之义参困卦注。《义》：困六三，困否二之上，此云困本咸者，以此困咸相次俱是否来之卦，则又生此象焉。上系辞注云：否上之二成困，三暴慢，以阴乘阳，二变入宫为萃，五之二夺之成解，亦为此困解相次而言，皆非本义。以咸变为义，故不与经注同。

易曰公用射隼于高庸之上，获之无不利。子曰：隼者禽也，弓矢者器也，射之者人也。君子藏器于身，待时而动，何不利之有？动而不括，是以出而有获，语成器而动者也。禽为隼，故称禽。言其行野容如禽兽焉，离为矢坎为弓，坤为器，人，贤人也。谓乾三伏阳出而成乾，故曰射之者人。人则公，三应上，故上令三出而射隼也。三伏阳为君子，二变时坤为身，为藏器为藏弓矢。以待射隼，艮为待为时，三待五来之二，弓张矢发，动出成乾，贯隼入大过死，两坎象坏，故何不利之有。象曰："以解悖三阴小人，乘君子器，故上观三出射去隼也。"括，作也。震为语，乾五之坤二成坎弓离矢，动以贯隼，故语成器而动者也。按此释解上六，参解卦注。为藏弓之为孙黄二氏作谓非也。《义》：解上六，三野容悔淫，所谓二变入宫为萃，上以三为象，故曰观三出，待时而动，不见作为，解震也，困五下二则震成，故语成器。《学》：坤六四虞注云："括，结也。"系辞释解上六爻，言动而不括，不括即不结，解六三小人乘君子之器上慢下暴，其悖乱已固结而不可解，上六射隼以除其暴，象传所谓以解悖也，悖解则不解矣。

子曰：小人不耻不仁，不畏不义，不见利不动，不威不征，小征而大戒，此小人之福也。易曰履校灭趾，无咎。此之谓也。谓否也，以坤灭乾，为不仁不义，坤为耻为义，乾为仁为畏者也。否乾为威为利，巽为近利，谓否五之初成噬嗑市，离日见乾为见，利震为动，故不见利不动。五之初以乾威坤，故不威不征震为征也，艮为小乾为大，五下威初，坤杀不行，震惧虩虩，故小惩大戒。坤为小人，乾为福，以阳下阴，民说无疆，故小人之福也。按此释噬嗑初九，参注可知。否五之初成噬嗑。《义》：噬嗑否五之初，惠征士云："征古惩字，震虩虩恐惧，故为征也。杀读为弑。"

善不积，不足以成名，恶不积不足以灭身，小人以小善为无益而弗为也，以小恶为无伤而弗去也。故恶积而不可弇，罪大而不可解。易曰何校灭耳凶。乾为积善阳称名，坤为积恶，为身，以乾灭坤，故灭身者也。小善谓复初，小恶谓姤初，谓阴息姤至遁子弑其父，故恶积而不可弇；阴息遁成否，以臣弑君，故罪大而不可解也。按此释噬嗑上九。噬嗑自否来，张氏云："否阴既成当上九，下初成益非也，否上之初成随不成益。"《义》：噬嗑上九爻辞否阴既成，当上九，下初成益反泰，上九恶积罪大安于不正，故五之初小征大戒以救之，五下则坎为校为耳。何儋也，乾本为首，坎成横贯其中，故何校灭耳。

子曰：危者安其位者也；亡者保其存者也；乱者有其治者也。是故君子安而不忘危，存而不忘亡，治而不忘乱，是以身安而国家可保也。易曰其亡。其亡，系于包桑。君子大人，谓否五也否坤为安，危谓上也，坤为身谓否反成泰，君位定于内，而臣忠于外，故身安而国家可保也。按此释否九五爻。张氏云："上反之初，当为四反之初，四反之初成益，上卦为巽木。"《义》：上亢故危，当下初成益，存治谓乾，亡乱谓坤，五知存亡治乱，故使上反下也。损上益下，则反成泰。否九五爻辞上反之初，五在巽体为木包本也，震阳入地为木根桑者，上元下黄，乾坤之象也。巽为绳艮为手，故五系于包桑，与初拔茅同义也。

子曰：德薄而位尊，知小而谋大，力少而任重尟不及矣。易曰鼎折足，覆公餗，其刑渥凶。言不胜其任也。鼎四也，则离九四凶恶，小人故德薄；四在乾位，故位尊；兑为小知，乾为大谋，四在乾体，故谋大矣；五至初体大过本末弱，故力少也；乾为仁故任重。以为已任，不亦重乎。尟少也及，及于刑矣。按此释鼎九四。参鼎卦注。《义》：乾为仁，释为任重之故耳，非谓鼎四任仁也。豫二欲四复初，故主谓豫四。

复初之四为豫，豫四反复初，通小畜。

子曰：知几其神乎，君子上交不谄，下交不渎，其知几乎。几者动之微，吉之先见者也。君子见几而作，不终日。易曰介于石，不终日，贞吉。介如石焉宁用终日，断可识矣。君子知微知章，知柔知刚，万夫之望。子曰：颜氏之子，其殆庶几乎？有不善未尝不知，知之未尝复行也。易曰不远复，无祇悔，元吉。几谓阳也，阳在复初称几，此谓豫四也，恶鼎四折足，故以此次言豫四，知几而反复初也。豫上谓四也，四失位，谄渎，上谓交五，五贵，震为笑言，笑言且谄也，故上交不谄；上谓交三，坎为渎，故下交不渎，欲其复初得正元吉，故知几乎；阳见初成震，故动之微；复初元吉，吉之先见者也。几者神妙也，颜子知微故殆庶几，孔子曰："回也其庶几也。"复以自知老子曰："自知者明。"谓颜回不迁怒不贰过，克己复理，天下归仁。按上释豫六二，此释复初九并参经注。《义》：言且当为且言，四在艮则知当复初，不待终变也，故曰忧悔吝者存乎介。初动之微，终离见为章，故知微知章。小畜阳潜四中，故知柔知刚；坤为万，震为夫，离目为望，小畜以离畜阳，故万夫之望。今《论语》回也其庶乎。理当为礼，复初九爻辞，七日来复，故不远复；坎为悔，出入无疾，故无祇悔。乾元正，故元吉。天地壹壹，万物化醇，男女构精万物化生。易曰三人行则损一人；一人行，则得其友，言致一也。谓泰上也，先说否，否反成泰，故不说泰；天地交，万物通，故化醇；谓泰初之上成损，艮为男，兑为女，故男女构精；乾为精，损反成益，万物出震，故万物化生也。按：此释损六三。《义》：此明所说十一爻之序也，此章主论阳吉阴凶，故明遯复否泰之几，阴生遯成乎否。阳生复成乎泰，泰反否非遯而有遯道，天地壹壹否反泰，非复而有复道，知几其神也，咸者遯前之卦，说咸不说遯，说损不说泰，互见也。咸困噬嗑皆否来。解临来，鼎大壮来，此引则皆为否消也。咸三入宫。上慢下暴，则乾三伏阳出射之，其本由否不反泰，故五降为噬嗑，以救之，否五知存亡，故损上益下而反泰也，鼎息也，阳新之时，五爻皆吉，唯四以不正处高位，独凶，故次否五，以起豫四也，豫四反复道，息泰成故说损也，损泰交坤，将又反否，故更以益终焉，皆穷神知化之事。

子曰：君子安其身而后动，易其心而后语，定其交而后求。君子修此三者，故全也。危以动则民不与也，惧以语则民不应也。无交而求，则民不与也。莫之与，则伤之者至矣。易曰莫益之，或系之，立心勿恒凶。谓反损成益君子益初也，坤为安身震为后动，乾为易，益初体复心，震为后语，震专为定为后交，谓刚柔始交艮为求也。谓否上之初，损上益下，其道大光，自上下下民说无疆，故全也。谓否上九，高而无位，故危，坤民否闭，故弗与也；否上穷灾，故惧；不下之初成益，故民不应；坤为民，震为应也。上来之初，故爻；坤民否闭，故不与；震为爻。上下不之初，否消灭乾，则体剥伤，臣弑君，子弑父，故伤之者至矣。按此释益上九。《义》：益上九则否九五也，言当益初者，益道反泰三阳以次下初，则泰成，故益上九象以否上为说也。

第四章　按此章引困六三，解上六，噬嗑初九、上九，否九五，鼎九四，豫六二，复初九，损六三及益上九之爻辞，而阐述其微义。上来之初，故爻孙黄二氏疑作上不交初，故无交。可备一说。伤之者至矣孙黄二氏本无者字，云疑有者字，是也。惠校本有者字，今从之。《义》：承上章，言阴阳君子小人之道，穷神知化之盛德。

子曰：乾坤其易之门邪？乾，阳物也；坤，阴物也，阴阳合德，而刚柔有体，以体天地之撰，以通神明之德，其称名也杂而不越，于稽其类，其衰世之意邪？夫易章往而察来，而微显阐幽，开而当名，辩物正言，断辞则备矣。其称名也小，其取类也大。其旨远，其辞文，其言曲而中，其事肆而隐，因贰以济民行，以明失得之报。合德谓天地杂，保大和，日月战乾刚以体天，坤柔以体地也。稽，考也，三称盛德，上称末世，乾终上九，动则入坤，坤弑其君父，故为乱臣，阳出复震入坤出坤，故衰世之意邪。神以知来，知以藏往，微者显之，谓从复成乾，是察来也；阐者幽之，谓从姤之坤，是章往也；阳息出初，故开而当名。谓乾坤与六子俱名八卦而小成，故小；复小而辩于物者矣。谓乾阳也，为天为父，触类而长之，故大也。远谓坤也。曲，诎也，肆，直也，阳曲，初震为言，故其言曲而中。坤为事，隐未见，故肆而隐也。二谓乾与坤也，坤为民，乾为行，行得则乾报以吉，行失则坤报以凶也。《义》：易坤也入坤出乾，故乾坤为易之门。乾入坤，坤就乾，天地杂也，坤牝乾，阴凝阳日月战保太和也。易出入乾坤之门者以此。天地之撰刚柔也，神明之德阴阳也，体之通之易也。撰数也，天地之数，即大衍之数是也。易出入乾坤而为消息，故参天两地而倚数，幽赞神明，则六十四卦成也。名六十四卦名也，名以阴阳杂居而立，然不越乎乾坤之大义也。谓庖牺作易为衰世法，易穷则变，变则通，通则久，是衰世之意，非取殷之末世，周之盛德。乾元出坤，其动也辟，故开六十四卦由此生，故当名也；乾元出坤，阴阳以别，故辩物；震为言为辞，阳出震，故正言断辞；皆备于名，故则备矣。乾坤为易之门，神即乾元，然其称名则与六子并列，而为八卦，是小也。言八卦则与三百八十四爻俱名六十四卦为小可知，故下又申之，复小而辩于物也。阳元别物，六十四卦称名由此也。谓触类而长之，成六十四卦皆乾元所为，为天，为父者，言其大生，故触类而长之耳，非以说卦所属为取类也。乾元知来，故旨远；坤知章往，故辞文。中正也，称名小，谓当名，取类大谓辩物，旨远辞文，谓断辞，言曲事肆，谓正言，皆阳道开，坤出乾通，神明之德也。

第五章　按张氏并下章为一章，今析之此明易之体用。

易之兴也，其于中古乎。作易者，其有忧患乎。是故履德之基也，谦德之柄也，复德之本也，恒德之固也，损德之修也，益德之裕也，困德之辩也，井德之地也，巽德之制也。兴易者谓庖牺也，文王《书经》系庖牺于乾五，乾为古，五在乾中，故兴于中古。系以黄帝尧舜为后世圣要，庖牺为中古，则庖牺以前为上古。谓忧患百姓未知利兴远害，不行礼义，茹毛饮血，衣食不足，庖牺则天八卦，通于六十四，以德化之吉凶与民同患，故有忧患。乾为德，履与谦旁通，坤柔履刚故德之基。坤为基。坤为柄，柄本也，凡言德皆阳爻也。复初乾之元，故德之本也，立不易方，守德之坚固。巽风为号令，所以制下，故曰德之制也。按：先陈九卦之用，以明圣人忧患修德之义。恒自泰来，泰乾初之坤四，成恒，泰初之五成井，遁二之四成巽。《义》：乾五见离，火生乎木庖牺木德王，帝出乎震，故文王位之乾五。六十四卦皆乾元，故言德。地者万物之本。乾上九反三，阳德皆本乎此，故谦为德之柄。恒自泰乾初之坤四，三正不动，故立不易方，损下益上乾道日新，故德之修。荀氏云："征忿窒欲，所以修德。"天施地生，其益无方，乾道优裕。荀氏云："见善则迁，有过则改，德之优裕也。"否上之二，以乾别坤，井泰初之五，劳民劝相，以阳助坤，故德之地。巽遁二之四，柔得位而顺五，君子以申命行事，故曰德之制。注阙不备也。

履和而至，谦尊而光，复小而辨于物，恒杂而不厌，损先难而后易，益长裕而不设，困穷而通，井居其所而迁，巽称而隐。履以和行，谦以制礼，复以自知，恒以一德，损以远害，益以兴利，困以寡怨，井以辨义，巽以行权。谦与履通，谦坤柔和，故履和而至礼之用和为贵者也。阳始见故小，乾阳物，坤阴物，以乾居坤，故称别物。损初之上失正，故先难；终反成益，得位于初，故后易。易其心而后语。谓天施地生，其益无方，凡益之道与时偕行，故不设也。阳穷否上，变之坤二成坎，坎为通，故困穷而通也。礼之用和为贵，谦震为行，故以和行也。阴称礼，谦三以一阳制五阴，万民服，故以制礼也。有不善未尝不知，故自知也；恒德之固，立不方于，从一而终，故一德者也。坤为害，泰以初止坤上故远害；乾为远。坤为怨，否弑父与君，乾来上折坤二，故寡怨；坎水性通，故不怨也。坤为义以乾别坤，故辨义也。《义》：履刚而行，故至。至哉坤元也。天道下济而光明，故尊而光。乾坤交，故终则有始。恒久而不已，故不厌也。设大也，谓利之而不庸。迁，改也。旧井甃之改邑不改井，故居其所而迁称度也，物齐乎巽，神明其德，阳隐乎初，故称而隐。礼鬼而从地居，故阴称礼，乾以知来。坤为自以乾通坤故复自知，乾为利，否乾益下反泰，乾道德正，故兴利。权者，反于经然后合道者也。巽阳隐初特究成震，以消为息，故曰巽以行权。

第六章　三陈九卦之德，以明圣人忧患修德，作易之旨。

易之为书也不可远，为道也屡迁，变动不居，周流六虚，上下无常，刚柔相易，不可为典要，唯变所适。《义》：迁徙也，日月周流上下无常，故屡迁也。变易动行六虚六位也。日月周流终则复始，故周流六虚，谓甲子之旬，辰巳虚坎戊为月离己为日，入在中宫，其处空虚，故称六虚五甲如次者也。刚柔者，昼夜之象也，在天称上，入地为下，故上下无常也。典常，孙黄二本无常字，毛本惠校本皆有，是也。要，道也，上下无常，故不可为曲要。适乾为昼，适坤为夜。按此述明六位之变易。谓文王书易六爻之辞。按远，去也。君子居则观其象，而玩其占。此章发明九六之变其用九用六，本为日月周流，故首发之也。此六位，谓十二辰为六位，在易则为乾坤六画之位，亦其理也。旬中戊己，皆虚也，此专言日月周流之变动，《参同契》曰：“坎离者，乾坤之二用无爻位，周流行六虚，往来既不定，上下亦无常，此之谓也。”坎五离六，天地之中合，就天地于壬癸，壬九巽十，天地之终合，阳动而进盈九，阴动而退虚十此二用，所以生九六也。甲子旬有戊辰己巳而无戌亥。言辰巳虚者辰为戌所冲，巳为亥所冲，盖戌亥在甲子旬外，孤立而别有所附丽，辰巳虽实，因受冲而化为虚空，故巳亥为孤，辰巳为虚也，由甲子旬推及甲寅甲辰甲午甲申甲戌五旬，午未虚申酉虚戌亥虚，寅卯虚与所谓辰巳虚者合为六虚。其出入以度。外内使知惧，又明于忧患与故，无有师保如临父母，初帅其辞而揆其方，既有典常，苟非其人，道不虚行。出乾为外，入坤为内日行一度，故出入以度，出阳知生。入阳惧死，使知惧也。神以知来，故明忧患；知以藏往，故知事；故作易者其有忧患乎。临见也，言阴阳施行，万物无有师保生成之者，万物出生皆如父母，孔子曰："父母之道。天地乾为父，坤为母。"始下也，帅，正也，谓修辞立诚。方谓坤也，以乾通坤，故初帅其辞，而揆其方。其出入以度，故有典常。苟，诚也，其人谓乾乾为贤人，神而明之合订本乎其人，不言而信，谓之德行，故不虚行也。《义》：六十卦三百六十爻，爻，当一日，法日月之行度，故出入以度。爻变虽无典要，常依日月消息，出入阴阳，而死生分焉。乾坤之德九六具之，谓易道变化，生物尽有乾坤之德。师保，亦谓乾坤也。乾严为师，坤生为保；谓六十四卦无乾坤之生成，万物资之，皆如乾坤。谓乾元正复初，震为辞揆度也。初正通坤，则消息有度，故有典常也；既，尽也。

易之为书也，原始要终，以为质也。六爻相杂，唯其时物也，其初难知，其上易知，本末也。初辞拟之卒成之终，若夫杂物撰德，辨是与非，则非其中多不备。噫！亦要存亡吉凶，则居可知矣。质，本也，以乾原始，以坤要终，谓原始及终以知死生之说。阴阳错居，称杂，时阳则阳，时阴则阴，故唯其时物。乾阳物，坤阴物。撰德谓乾，辨别也，是谓阳非谓阴也，中正乾六爻，一一四上非正，坤六爻初三五非正，故杂物，因而重之，爻在其中，故非其中，则爻辞不备。近有变动，故曰爻也。《义》：初原始则上要终终上要存凶，故易知也。爻不中则有变动，谓六爻时物，原始要终则知存亡，谓要卦之终以知存亡，视爻所居，以知吉凶，象说三才，言卦存凶。

第七章　按此章明易六位之变动不居，及时位初终，与爻及象之微意。示圣人观象系辞之法，其大义则在象此章张氏并于下章，今依《正义》分出《正义》之分章，盖本之先儒，其有异同多述而明之，今不言也，明虞氏之分章亦与先儒不异也，故析而二之。

二与四同功而异位，其善不同，二多誉四多惧近也，柔之为道不利远者，其要无咎，其用柔中也，三与五同功而异位，三多凶，五多功，贵贱之等也，其柔危，其刚胜邪？二四阴位，二多誉，以其居内卦之中，四多惧以其近于五之君位，危故也，二四阴位不利于阳，阳变柔则可用。五君位故贵，三居内卦之外故贱。三五阳位，阴柔居之则危，阳刚乃克。《义》：申言要存凶也。同功，互象也。爻位异则存亡不同。在内为近，在外为远也，如远阳谓乾，近阴为坤，阳宜居外，阴宜居内，远近相取，而悔吝生，二近应阳，故多誉，四远取阳，故多惧，二四皆阴位，苦以阳居之，则亦相取，故曰不利远者。谓以阳居二、四，而要无咎，则以变柔得正矣，所谓要存亡，故亡九六也。列贵贱者，存乎位。

易之为书也，广大悉备。有天道焉，有人道焉，有地道焉。兼三才而两之，故六。六者，非它也，三才之道也。道有变动故曰爻；爻有等故曰物；物相杂，故曰文；文不当，故吉凶生焉。乾阳物坤阴物，纯乾纯坤之时，未有文章，阳物入坤，阴物入乾，更相杂成，乃有文章，故曰文。按六十四爻之爻张氏云宜作卦，李氏纂疏是也。此明六爻三才之位，初与二为地位，三与四为人位，五与上为天位。初三五为阳位，二四上为阴位，阳居阳位，阴居阴位为当位，多吉。阳居阴位阴居阳位为不当位，则多凶。《义》：三五阳位柔居之则危，刚乃胜之，不言变可知也。以言乎天地之间则备矣，庖牺分天象为三才，以地两之所谓因而重之爻在其中，六爻之动还依三才也。同功异位，阴阳时物。爻当为卦字误，不当，不当其位也。

易之兴也，其当殷之末也，周之盛德邪？当文王与纣之事邪？是故其辞危，危者使平易者使倾，其道甚大，百物不废。惧以终始，其要无咎，此之谓易之道也。谓文王书易六爻之辞也，末世乾上盛德乾三也，文王三分天下而有其二，以服事殷周德其可谓至德矣，故周之盛德纣穷否上知存，而不知亡知得而不知丧终以焚死，故殷之末也也而马荀郑君从俗，以文王为中古失之远矣。危谓乾三夕惕若厉故辞危也。大谓乾道，乾三爻，三十六物，故百物不废，略其奇才与大衍之五十同义。乾称易道，终日乾乾，故无咎，危者使平，易者使倾恶盈福谦故易之道者也。《义》：综上文，庖牺位乾五，文王位乾三。易轻也危则能平，文王之事易，则必倾纣之事，泰九三注云：陂倾谓否上也，平谓三天地分，故平天成地平，谓危者使平易者使倾。易者乾元，易道即乾道也，惧以终始三百八十四爻皆然，所谓震无咎者也。

第八章　言文王书易之六爻变动惧以终，始为易道。《学》：乾阳始于震而终于艮。震初九震来虩虩，象传恐致福也，此即惧之始，艮九三厉阍心象传危阍心也，此即惧之终，乾九三位当艮阳，君子终日乾乾夕惕若，厉无咎因危厉而乾惕惧之道也，故无咎。按此章明仲爻二三四五爻及三才六位与易逆之用。

夫乾天下之至健也，德行恒易以知险，夫坤天下之至顺也，德行恒简以知阻。能说诸心，能研诸侯之虑，定天下之吉凶，成天下之娓娓者。险谓坎也，谓乾二五之坤成坎离，日月丽天天险不可升，故知险者也。阻险阻也，谓坤二五之乾艮为山陵坎为水巽高兑下，地险山川丘陵，故以知阻也。乾五之坤，坎为心兑为说，故能说诸心。坎心为虑、乾初之坤为震，震为诸侯，故能研诸侯之虑。乾二五之坤成离，曰坎月，则八卦象是八卦定吉凶，故能定天下之吉凶，娓娓进也。离为龟乾为蓍日月生震初，故成天下之娓娓者谓莫善蓍龟也。按坎互震艮，离互巽兑。《义》：此章言坎离为乾坤之用，不主言乾坤之用，乾二五之坤成坎，坤二五之乾成离，此阴阳之义，若以坎离消息则离乾精坎遘坤形，坎离相正相合，故乾坤二五皆成坎离也。乾坤易简合于坎离而震兑生是亦四象生八卦也。凡事进乃成，月生震初是乾元也，知险知阻皆以此耳。

是故变化云为吉事有祥。象事知器，占事知来，天地设位，圣人成能，人谋鬼谋，百姓与能，八卦以象告，爻象以情言，刚柔杂居，而吉凶可见矣。变动以利言，吉凶以情迁。祥几祥也，吉之先见者也，阳出变化云为吉林为祥，谓后初乾元者也。象事谓坤，坤为器乾五之坤成象，故象事知器也。占事谓乾以知来，乾五动成离，则玩其占故知来。天尊五地卑二故设位。乾为圣人，成能谓能说诸心，能研诸侯之虑，故成能也。乾为人，坤为鬼，乾二五之坤，坎为谋，乾为百，坤为姓，故人谋鬼谋，百姓与能。在天成象，乾二五之坤则八卦象成，兑口震言，故以象告也。乾二之坤成坎，坤五之乾离，故刚柔杂居，艮为居离有巽，兑坎有震艮，八卦备故吉凶可见也。乾变之坤成震，震为言，故变动以利言也。乾吉坤凶六爻发挥，旁通情也，故以情迁。《义》：谓乾坤合而成易，利贞者，性情也。六爻发挥，旁通情也，爻象变动，震为言故以情言。乾元也，变动自此始，当位阳道不当位阴道。

是故爱恶相攻而吉凶生，远近相取而悔吝生，情伪相感而利害生。凡易之情近而不相得则凶。或害之，悔且吝，将叛者其辞惭，中心疑者其辞枝，吉人之辞寡，躁人之辞多，诬善之人其辞游，失其守者其辞诎。攻，摩也，乾为爱，坤为恶，谓刚柔相摩，以爱攻恶生吉，以恶攻爱生凶，故吉凶生也。远，阳，谓乾。近，阴，谓坤。阳取阴生悔，阴取阳生吝。悔吝言小疵。情，阳；伪，阴也。情感伪生利，伪感情生害，乾为利，坤为害，坤为害，以阴居阳，以阳居阴，为悔且吝也。坎人之辞也，近而不相得故叛，坎为隐伏将叛坎为心，故渐也。离人之辞也，火性枝分，故枝疑也。寡，艮人之辞也；多，震人之辞也。震为决躁，恐惧虩虩，笑言哑哑，故多辞。游兑人之辞也，兑为口舌，诬乾，乾为善人也。诎巽人之辞也。巽诘诎，阳在初守巽初阳入伏阴下，故其辞诎。此六子也，离上坎下，震起艮止，兑见巽伏。上经终，坎离，则下经终既济示济，上系辞终乾坤，则下系辞终六子，此易之大义者也。《义》：阳息也，阴得正则丽阳故亦吉。阴消也，阳失正则倾消故亦凶。非其所应而相取，故悔吝生。阳之情相远，阴之情相近此谓爻位远近以阳居阴亦阳取阴，以阴居阳，亦阴取阳，且吝也。乾息也，坤消也。吉凶以情迁也，以阴取阳，而不相得则凶。阳皆受阴之害，悔吝小疵由悔吝入吉凶，明下六人之辞，皆近而不相得也，辞则爻辞矣。艮为慎故辞寡，《乾凿度》曰日月之道阴阳之经，所以终始万物，故以坎离为终。是经终坎离之义也。既济未济亦坎离。

第九章　按此章首言乾坤简易而能成天下之伟业，圣人法象天地以成易，使百姓皆能深知易之道，而明吉凶之理因而明爱恶情伪相感而生吉凶悔吝利害之事，末则示以辞观人之法。《义》：第九间综言乾元之用爻变之序。

说　卦

昔者圣人之作易也，幽赞于神明而生蓍，参天两地而倚数。观变于阴阳而立卦，发挥于刚柔而生爻，和顺于道德而理于义，穷理尽性以至于命。倚、立、参三也，谓分天象为三才，以地两之，立六画之数，故倚数也。谓立天之道曰：阴与阳乾坤刚柔立本者，卦谓六爻，阳变成坎艮，阴变成巽离兑，故立卦，六爻三变，三六十八变而成卦（孙黄二氏疑作则十有八变而成卦）。八卦而小成是也。系辞曰：阳一君二民，阴二君一民，不道乾坤者也。谓立地之道曰：柔与刚，发，动，挥，变，变刚生柔爻，变柔生刚爻，以三为六也，因而重之，爻在其中，故生爻。谓立人之道曰仁与义，和顺谓坤，道德谓乾，以乾通坤，谓之理义也。以乾推坤之穷理，以坤变乾谓之尽性，性尽理穷，故至于命，夏为命也。按此节言圣人作易，制蓍数卦爻，以弥纶德义性命之理。《义》：圣人谓庖牺，幽隐也，赞谓探索，神明谓乾阳也，圣人未作，卦，神明在天，深幽不见，庖牺探赜索隐，则天八卦效之，则知天数一三五七九，地数二四六八十，乾元消息之数七八九六则蓍生焉，故幽赞于神明而生蓍，天象在天八卦，谓庖牺既立八卦，则知阴阳相并俱生，故以乾坤为六画，乾数初三五，坤数二四上也，《乾凿度》曰三画而成乾，乾坤相并俱生，因而重之，故六画而成卦谓此也。谓三乾坤二卦，以为阴阳各六爻。三才无变，震坎艮谓之阳卦，巽离兑谓之阴卦。谓若乾二五之坤成坎，变初二三，故三变，五卦如例者也。乾坤立本不在阴阳卦例。乾坤未立则曰阴阳，乾坤既定，则曰柔刚阴阳配天，刚柔配地谓六十四卦，因而重之谓八卦小成，类以长而成六十四卦。谓六十四卦消息也，乾为仁，坤为义，坤六五君子黄中通理坤为义故以乾通坤，谓之理义也。谓乾盈积善坤阴顺阳，纪乾出震者也，坤为理，乾穷之，谓自复至乾阳推阴。命谓以乾通坤，极遘生巽也，此亦立人之道，曰仁与义之事。

昔者圣人之作易也，将以顺性命之理。是以立天之道曰阴与阳，立地之道曰柔与刚，立人之道曰仁与义。兼三才而两之，故易六画而成卦。分阴分阳，迭用柔刚，故易六画而成章。按此节言圣人作易以顺性命之理兼三才以成六画。六画初二为地位，三四为人位，五上为天位，故六画之位。《义》：天地人各有乾坤。《学》：就四象生八卦而言，乾阳刚而坤阴柔，由生卦至重卦相摩相荡错综变化，区以别矣。乾分阳刚以与坤而震坎艮以生，坤分阴柔以与乾，而巽离兑以生。六十四卦变化多胚胎于此，乾坤阴阳刚柔往来于泰否，噬嗑由否来，节由泰来，两卦象传皆言刚柔分，而刚柔之分不仅此两卦，虞氏根据系辞，以昼夜释之就两仪始生言之耳。数往者顺，虞注谓坤消从午至亥，上下故顺也，张注巳午昼为上，亥子夜为下，知来者逆，虞注谓乾息从子至巳，下上故逆也。

天地定位，山泽通气，雷风相薄，水火不相射，八卦相错。数往者顺，知来者逆，是故易逆数也。乾坤五贵二贱，故定位也；艮兑同气相求，故通气；震巽同声相应，故相薄。水火谓坎离，射，厌也，水火相通，坎戊离己，月三十日，会于壬，故不相射也。错，摩，则刚柔相摩，八卦相荡也。坤消从午至亥，上下故顺也。乾息从子至巳，下上故逆也。易谓乾易，故逆数。按此节即宋儒先天八卦方位之所本，乾故逆数孙黄二氏疑作乾气从下生，是故易逆数也。可备一说。《困学纪闻》引水火不相射云：坎戊离己，月三十日，会于壬，不相厌射，盖节引也。《义》：此庖牺以六位之数观变立卦，则日月之象，乃成此列焉。位六画之位也，乾坤贞于二五，甲上乙下，故定在天，则相得合木也，艮兑，艮天位，丙五丁六，在天则相得合火也。震巽贞地位，庚初辛二在天则相得合金也。坎离贞人位，戊三己四，在天则相得会壬癸，而成象于中，八卦六位，一阴一阳故相钻，逆上称钻也。谓八卦成列，则发挥刚柔而生消息，乾自复至乾生子尽已，坤自遘至坤，生午尽亥，六十卦，从十二辟卦为消息系曰：神以知来，知以藏往，谓乾息一阳至六阳，阳将来消，自五阳为上，亥子夜为下，系辞注云：在天称上，入地为下也。消息皆谓乾阳，故易谓乾。

雷以动之，风以散之，雨以润之，日以烜之，艮以止之，兑以说之，乾以君之，坤以藏之。《义》：乾坤六位逆数而上，震巽一，坎离二，艮兑三。乾坤临之以生万物，六子与乾坤所以并列而俱名八卦也，变水火为雨日，艮兑乾坤举卦名者成言生物之用也。《学》：虞氏释上下与下上。以卯酉分界，卯至申为上酉至寅为下坤消从午起午在卯申之间，至亥而止，亥在酉寅之间。乾息从子起，子在酉寅之间至已而止已在卯申之间。子午与卯酉相关，已亥与寅申相关，卯字象辟户形酉字象阖户形，而乾阳之户实辟于子，坤阴之户实辟于午也。

帝出乎震，齐乎巽，相见乎离，致役乎坤，说言乎兑，战乎乾，劳乎坎，成言乎艮。万物出乎震，震东方也。齐乎巽，巽东南也。齐也者，言万物之絜齐也。离也者，明也，万物皆相见，南方之卦也。圣人南面而应天下，向明而治，盖取诸此也。坤也者地也，万物皆致养焉，故曰致役乎坤。兑，正秋也，万物之所说也，故曰说乎兑。战乎乾，乾西北之卦也，言阴阳相薄也。坎者水也，正北方之卦也，劳卦也，万物之所归也，故曰劳乎坎。艮，东北之卦也。万物之所成终而所成始也，故曰成言乎艮。出，生也。震初不见东，故不称东方卦也。巽阳隐初，又不见东南，亦不称东南卦。巽阳藏室，故絜齐。为日，为火，故明日，出照物，以日相见，离象三爻皆正，日中正，南方之卦也，离南方故南面。乾为治，乾五之坤，坎为耳，离为明，故以德天下，向明而治也。坤阴无阳故道广，布不主一方，含弘光大，养成万物。兑三失位不正故言正秋。兑象不见西故不言西方之卦。兑为雨泽故说万物。震为言，震二动成兑言从口出，故说言也乾刚正，五月十五日晨象西北故西北之卦。薄入也，坤十月卦，乾消剥入坤，故阴阳相薄也。归藏也坎二失位不正，故言正北方之卦，与兑正秋同义，坎月夜中，故正北方。艮三得正，故复称卦，万物成始乾甲，成终坤癸，艮东北是甲癸之间，故万物之所成终而成始者也。按此节为后儒后天八卦之所本。纳甲之道，亦本于此。《义》：此说八卦布散用事之序，帝天皇大帝，阳之主即太乙也。注明八卦在天之例，是其本也，震初出庚，故云不见东。《乾凿度》曰孔子曰岁三百六十日而天气周，八卦用事，各四十五日方备岁焉。震生物于东方位在二月。《乾凿度》曰：巽散之于东南，位在四月。东南巽见率，巽阳藏室，退藏于密，以神明其德，离长之于南方，位在五月，日中南方，就阳盛之位而在西南不言卦不言方。坤养之于西南方位在六月，兑收之于西方，位在八月，正秋嫌阴不正，故正之。兑见丁坤藏乙，乾制之于西北方，位在十月，坤十月卦，坤辟于亥，剥九月，阴疑于阳必战，乾就坤乃生物故位西北，坎藏之于北方，位在十一月，以为习险，阳气入险，穷剥生复故为劳卦，万物归藏，不劳则生气不复。艮终始之于东北方，位在十二月，并《乾凿度》文，艮见于丙，而言甲癸之间者，惠征士云："乾十五日，坤三十日，艮二十二日，去乾坤各八日，故甲癸之间，甲癸之间则东北也。"

神也者，妙万物而为言者也，动万物者莫疾乎雷，挠万物者莫疾乎风，燥万物者莫熯乎火，说万物者莫说乎泽，润万物者莫润乎水，终万物始万物者莫盛乎艮。故水火相逮，雷风不相悖，山泽通气，然后能变化既成万物也。谓乾变而坤化，乾道变化，各正性命，成既济定，故既成万物矣。按此节明八卦之用。《义》：神谓易也。妙，微也。震为言，钩深致远，故妙万物而为言，本言文王推爻，乾元用九而天下治也。挠散也；泽，雨泽也。谓六子皆神之神，即其用事者是也。既，尽也，谓上下无常，刚柔相易也，乾坤六爻分阴分阳则坎离正二五震巽正初四，艮兑正三上，九六之变不相悖也三上相易山泽通气也，故成既济也。

乾，健也；坤，顺也；震，动也；巽，人也；坎，陷也；离，丽也；艮，止也；兑，说也。精刚自胜，动行不休。故健也纯柔承天，时行故顺。阳出动行。乾初入险。阳陷阴中。日丽乾刚。阳位在上故止。震为大笑，阳息震成兑，震言出口，故说。按此节言八卦德性之象。《义》：初乾灭入坤中，离是阴卦而阳精所舍，阴附丽于阳，象日之附丽于天。

乾为马，坤为牛，震为龙，巽为鸡，坎为豕，离为雉，艮为狗，兑为羊。按此节言八卦引伸为禽兽之象，即远取诸物也。《义》：郑氏注《洪范·五行传》云："马畜之疾行者也，牛畜之任重者也。"乾爻六龙震乾元故为龙。《九家易》云："风应节而变，变不失时，鸡时至而鸣，与风相应也，二九十八，主风精为鸡故鸡日剖而成雏，二九顺阳历，故鸡知时而鸣也。"《九家易》云："六九五十四，主时精为豕，故豕怀胎四月而生，离为飞鸟，又为文章，故为雉。"艮止，主守御也。艮数七九六十三，三三主斗，斗为犬，故犬胎三月而生，此类注文既阙，故或取他家之说言之。兑为刚卤郑氏谓其畜好刚卤也。

乾为首，坤为腹，震为足，巽为股，坎为耳，离为目，艮为手，兑为口。按此节言八卦引伸为人身之象，即近取诸身是也。《义》：首图示象，腹虚象，动手下巽进退，故为股。《淮南子·精神训》云："耳目者，日月也。"且物于上，震足艮手。反对三象，下注云：兑为震声是为口也。

乾天也，故称乎父，坤地也，故称乎母。震一索而得男，故谓之长男；巽一索而得女，故谓之长女；坎再索而得男，故谓之中男；离再索而得女，故谓之中女；艮三索而得男，故谓之少男；兑三索而得女，故谓之少女。六子皆以乾坤相易而成，艮兑以终相易，坎离水中相易，震巽以初相易，终则有始，往来不穷，所谓通也。(《汉上易丛说》)按此节言八卦引申为人伦之象。

乾为天，为圜，为君，为父，为玉，为金，为寒，为冰，为大赤，为良马，为老马，为瘠马，为驳马，为木果。为君贵而严也，成三男其取类大，故为父也。太阳为赤，月望出入时也。乾善，故良也。按此言乾之广象。《义》：天道圜，阳五贵在上，乾气寒凝故。刚纯粹精，在物唯金玉耳。乾位在西北，故为寒冰。《白虎通》云："赤者盛阳之气，故周为天，正色尚亦，老马乾阳之成，将退故老。"郑氏云："凡骨为阳肉为阴，乾阳皆骨，故为瘠马。"宋仲子云："天有五行之色，故为驳马也。"

坤为地，为母，为布，为釜，为吝啬，为均，为子母牛，为大誉，为文，为众，为柄，其于地也为黑。柔道静成三女能致养，故为母，物三称群，阴为民，三阴相随，故为众也。按此为坤之广象。《义》：布阴功，《月令·仲夏》曰："母暴布"。郑注云："不以阴功干太阳之事，是也。"孔颖达云："取其化生成物。"阴道畜聚故吝啬。崔憬云："取地生万物不择善恶。"坤凝乾则象牝马丽阳则象牝牛，牝牛则子母牛也。载物地道，《逸礼·三正记》曰："质法天，文法地，"《九家易》云："万物相杂，故为文也。"系辞注云："柄本也。"谓本乎地者亲下。极阳色赤，极阴色黑，乾于月望出入时，为赤，坤于地为黑一也。《学》：伏羲八卦乾位南方午火，故为大赤，坤位北方子水故黑。文王八卦乾居西北戌亥之方，其色为苍而九二九四两爻伏有重离三火，乾象传所谓大明也。坤居西南未申之方其色为黄，而六三六五两爻伏有重坎三水也。

震为雷，为駹，为玄黄，为专，为大涂，为长子，为决躁，为苍筤竹，为萑苇，其于马也为善鸣，为异足，为作足，为的颡，其于稼也为阪生，其究为健为蕃鲜。太阳火得水有声，故为雷也。马苍色震东方故为駹，旧读作龙。上已为龙非也。天玄地黄，震天地之杂物，故为玄黄。阳在初隐静未出触坤，故专则乾静也专，延叔坚说以专为害，大布非也。乾一索，故为长子，为雷，故善鸣也。马白后左足为异震为左，为足，为作，初阳白，故为作足。的白颡额也，震体头在口上白，故的颡，《诗》有白颠是也。阪，陵阪也。(《释文》)震巽相薄变而至三则下象究与四成乾，故其究为健为蕃鲜，巽究为躁卦，躁卦则震，震雷，巽风无形，故卦特变耳。按此言震之广象，孙黄二氏云：天经奥论谓駹虞作骊音龙非是。《周易象旨》依虞本作駹。是也。孙黄二氏又以故为作足之作疑作异，震体头在口上白，头在疑作在头。非也。皆不然，故知其非。《义》：乾坤以坎离战，阴阳交会于壬，而生震，故云太阳火得水也。体乾初潜龙。万物所出下注云：震阳在初则为大涂也。下注云：震外体为躁动之过也。震巽皆东方，巽阳在上，下有伏震，故中实而为木震阳在下，中有伏巽，故中空而为竹，为萑苇。《九家易》云："苍筤青也。"阳在上色白，此云为作足当馵足之误，又脱文也，作足者，作起也，王劭云："马行先作弄四足也。"乾为首兑为口震乾初在兑上，故体头而在召上，震体乾故得马象。稼之阪生者，台木豆之属。春种夏获者，皆震气所生。稼坤之功震阳出坤，故于稼有象。健则乾谓成巽也，蕃鲜白也。巽注云：震究为蕃鲜白白谓巽白。

巽为木，为风，为长女，为绳直，为工，为白，为长，为高，为进退，为不果，为臭，其于人也，为寡髪，为广颡，为多白眼，为近利市三倍，其究为躁卦。为近利市三倍，故为工，子夏曰："工居肆。"乾阳在上故白，乾阳在上长故高。阳初退故进退。臭，气也。风至知气，巽二入艮鼻，故为臭，系辞曰：其臭如兰。为白故宜髪，马君以宣为寡髪非也。变至三，坤为广，四动成乾为颡在头口上，故为广颡与震的颡同义，震一阳故的颡，巽变乾二阳，故广颡，为白。离目上向则白眼见故多白眼。变至三成坤，坤为近四动乾，乾为利至五成噬嗑，故称市。乾三爻为三倍，故为近利市三倍，动上成震，故其究为躁寡，八卦诸爻唯震巽变耳。变至五成噬嗑，为市动上成震，故其究为躁卦，明震内体为专，外体为躁。按此为巽之广象。《义》：风，土气之散阳也。工，规榘也，所以齐物，物齐乎巽，注广其义为百工，震进巽退併在初。不果亦进退之义。逸象艮为鼻，同人六二体巽，如注则宣白也，宣鲜同音或即蕃鲜，六画卦中体离故且上向。《学》：风兼八风之象，以卦气言之，巽值七八月之交，值八风之凉风，为近市三倍，虞注变至三成坤，中略之五成噬嗑，故称市。噬嗑为巽卦第五世卦，巽三四五互离，日中得正，世爻当五为道路，市在其中。

坎为水，为沟渎，为隐伏，为矫揉，为弓轮，其于人也为加忧，为心病，为耳痛，为血卦，为赤，其于马也，为美脊，为亟心，为下首，为薄蹄，为曳，其于与也，为多眚，为通，为月，为盗，其于木也为坚多心。以阳辟坤水性流通，故为沟渎也。阳藏坤中，故为隐伏也。可矫揉，故为弓轮。坎为月，月在于庚为弓，在甲象轮故弓轮也。两阴失心为多眚故加忧。为劳而加忧，故心病。亦以坎为心，坎二折坤为心病。眚败也，坤为大车，坎折坤体，故为车多眚也。水流渎，故通也。坤为夜，以坎阳光坤，故为月也。水行潜窃，故为盗也。阳刚在中，故坚多心，棘，枣属也。按此为坎之广象。《义》：《说文》曰："水北方之行也，象众水并流，中存微阳之气也。水流随地曲直，故为矫揉。"宋仲子云："曲者更直为矫，直者更曲为揉。"失或为夹逸象。坎为心，坎为耳多眚，故痛。坤上六其血元黄，文言曰：犹未离其类也，故称血焉。坎正十一月，阳气始养，根株黄泉之下，万物皆赤，故坎为赤也。坎秉乾气，马乾也，宋仲子云："阳在中央，马脊之象也。"阳刚在中，象背为脊，象胸为心，亟疾亟也。乾为首入阴下故下首。震为足震象半见，故薄蹄震足曳初阴，故为曳皆谓马也。坎折坤故亦有舆象。坎离具有木象，离体巽，坎体震故也。

离为火，为日、为电，为中女，为甲胄，为戈兵，其于人也为大腹，为乾卦，为鳖，为蟹，为蠃，为蚌，为龟。其于木也为科上槁。槀外刚故为甲，乾为首，巽绳贯甲而在首上，故为胄胄兜鍪也。乾为金，离火断乾燥而炼之。故为戈兵也。象日常满如妊身妇，故为大腹，乾为大也。火日熯燥物，故为乾卦也。此五者皆取外刚内柔也。巽木在离中，体大过死，巽虫食心则折也，蠹虫食口木，故上槀或以离火烧巽故折上槀。按此为巽之广象，蠹虫食口木，孙黄二氏疑作"蠹虫口食木"。是也。《义》：象巽半见于乾上，中贯之。离者阴之受阳故象妊身妇。腹有乾故大。坎为乾精，离为乾气故皆称卦。又体兑为口，谓虫口食木。槀，枯也。

艮为山，为径路，为小石，为门阙，为果蓏，为阍寺，为指，为拘，为鼠，为黔喙之属，其于木也为坚多节。艮为山中径路，震阳在初，则为大涂，艮阳小故为径路也。乾为门，艮阳在门外，故为门阙。两小山，阙之象也。艮手多节，故为指。指屈伸制物，故为拘。拘旧作狗，上已为狗，字之误。似狗而小在坎穴中，故为鼠。晋九四是也。阳刚在外，故多节，松柏之属。按此为艮之广象。《义》：惠征士云：坤为土阳止坤上，故为山也。否土之阳也。艮为山阳小故小石。乾三故门外，象艮下二耦为两小山，乾为木果，艮得乾上，故为果蓏艮为门阙，又为止阍寺，守禁门阙也。坎穴半见于上。晋九四艮坎。坎，山黔狗类，马氏云，豺狼之属也，黔黑也，坤色黑，乾为首，坤在乾下，头之下，故为喙。艮亦体震，故有木象。

兑为泽，为少女，为巫，为口舌，为毁折，为附决，其于地也为刚卤，为妾，为羔。坎水半见故为泽。坤三索，位在末，故少也，乾为神，兑为通，与神通气，女故为巫。兑为震声，故为口舌。二折震足，故为毁折。乾体末圜，故附决也。乾二阳在下，故刚泽水润下，故鹹。三少女位贱，故为妾。羔女使皆取位贱，故为羔旧读以震駹为龙，艮拘为狗，兑羔为羊，皆已见上，此为再出，非孔子意也。震已为长男又言长子，谓以常继世守宗庙，主祭祀，故详举之。三女皆言长中少，明女子各当外成，故别见之，此其大例者也。按此兑之广象。故为口舌孙黄二氏疑为宜作得。非也。诸本俱不然。《义》：兑息即乾，震以阳为声息兑，故兑为震声。未当为末，乾阳至二阴犹附之，故乾体未圜，当决而去之也。兑得坤三在地之上，故有地象。羔郑氏读为养，云无家女赁炊爨者亦其义也。

张氏说卦逸象。《义》：注所见者次而著之盖孟氏所传也。乾为王，为先王，为明君，为神，为人，为大人，为圣人，为圣，为贤人，为君子，为武人，为行人，为物，为易，为立，为直，为敬，为畏，为威，为严，为坚刚，为道，为德，为盛德，为行，为性。为精，为言，为信，为善，为扬善，为积善，为良，为仁，为爱，为忿，为生，为祥，为庆，为天休，为嘉，为福，为介福，为禄，为先，为始，为知，为大，为盈，为茂，为肥，为好，为施，为利，为清，为治，为大谋，为高，为扬，为宗，为族，为高宗，为甲，为老，为旧，为古，为大明，为远，为郊，为野，为门，为道门，为百，为岁，为顶，为朱，为衣，为圭，为蓍，为瓜，为龙。徐昂补有为顶，为繻，为角，为小君。

坤为臣，为顺臣，为民，为万民，为姓，为小人，为邑人，为鬼，为形，为身，为牝，为母，为躬，为我，为自，为至，为安，为聚，为富为财，为积，为聚，为萃，为重，为厚，为致，为用，为包，为寡，为徐，为营，为下，为容，为裕，为虚，为书，为迩，为近，为疆，为无疆，为思，为恶，为理，为体，为礼，为义，为事，为业，为大业，为庶政，为俗，为度，为类，为闭，为藏，为密，为耻，为欲，为过，为丑，为积恶，为迷，为乱，为弑父，为怨，为害，为遏恶，为终，为永终，为敝，为穷，为死，为丧，为冥，为晦，为夕，为莫夜，为暑，为乙，为年，为十年，为义门，为阖户，为闭关，为盍皿，为土，为积土，为阶，为田，为邑，为国，为邦，为万国，为异邦，为方，为鬼方，为裳，为绂，为车，为鯀，为器，为缶，为囊，为虎，为兕，为黄牛，为牝牛。徐昂补有为顺，为大难，为小，为大牲，为陆，为基。

震为帝，为主，为诸侯，为人，为二，为兄，为夫，为元夫，为趾，为生，为行，为征，为作，为逐，为惊走，为鹜走，为鹜卫，为定，为百，为言，为讲论，为议，为问，为语，为告，为向，为声，为鸣，为应，为交，为征，为反，为后，为后世，为从，为守，为左，为生，为常，为缓，为宽仁，为乐，为笑，为喜笑，为笑言，为道，为陵，为祭，为鬯，为禾稼，为百谷，为草莽，为鼓，为筐，为马，为麋鹿。徐昂补有为兴，为奔，为奔走。

巽为命，为命令，为号令，为教令，为诰，为号，为号咷，为处女，为妇，为妻，为商旅，为木果，为茅，为白茅，为兰，为草木，为草莽，为杞，为葛藟，为薪，为庸，为床，为绳，为帛，为腰带，为繘，为蛇，为鱼。徐昂补有为桑，为栋。

坎为圣，为云，为元云，为川，为大川，为河，为心，为志，为思，为虑，为忧，为谋，为谋，为惕，为疑，为艰，为蹇，为恤，为悔，为逖，为忘，为劳，为濡，为涕洟，为眚，为疾，为疾病，为疾厉，为疑疾，为灾，为破，为罪，为悖，为欲，为淫，为寇盗，为暴，为毒，为渎，为孚，为平，为法，为罚，为狱。为则，为经，为习，为入，为内，为聚，为脊，为要，为臀，为膏，为阴夜，为岁，为三岁，为尸，为酒，为丛木，为丛棘，为蒺藜，为棘匕，为桑木，为弧，为弓弹，为木，为车，为马。徐昂补有为积，为北，为美。

离为女子，为妇，为孕，为恶人，为见，为飞，为爵，为日，为明，为光，为甲，为黄，为戎，为折首，为刀，为斧，为资斧，为矢，为飞矢，为黄矢，为罔，为罟，为甕，为瓶，为鸟，为飞鸟，为鹤，为隼，为鸿。徐昂补有为占，为阙，为昼日，为日中。

艮为弟，为小子，为君子，为贤人，为童，为童蒙，为僮仆，为官，为友，为阍，为时，为来，为星，沫，为霆，为果，为慎，为节，为信，为制，为执，为小，为多，为厚，为取，为舍，为求，为笃实，为道，为穴居，为石，为宫室，为门庭，为庐，为牖，为居，为宗庙，为社稷，为鼻，为肱，为背，为腓，为皮，为肤，为小木，为硕果，为硕，为豺，为狼，为小狐，为尾。徐昂补有为拘。

兑为妹，为妻，为朋，为友，为讲习，为刑人，为刑，为小，为少，为密，为见，为下，为少知，为契。徐昂补有为西。

周易序卦

有天地然后万物生焉。盈天地之间者唯万物，故受之以屯。屯者盈也。屯者万物之始生也。物生必蒙，故受之以蒙。蒙者物之稚也。物稚不可不养也，故受之以需。需者饮食之道也。饮食必有讼，故受之以讼。讼必有众起，故受之以师。师者众也。众必有所比，故受之以比。比者比也。比必有所畜，故受之以小畜。物畜，然后有礼，故受之以履。履者礼也。（今本“履者礼也”，四字入注）履（今本衍“而泰”二字）然后安，故受之以泰。泰者通也。物不可以终通，故受之以否。物不可以终否，故受之以同人。与人同者，物必归焉，故受之以大有。大有者不可以盈，故受之以谦。有大而能谦必豫，故受之以豫。豫必有随，故受之以随。以喜随人者必有事，故受之以蛊。蛊者事也。有事而后可大，故受之以临，临者大也，物大然后可观，故受之以观，可观而后有所合，故受之以噬嗑。嗑者合也，物不可以苟合而已，故受之以贲。贲者饰也。至饰而后亨则尽矣。故受之以剥。剥者剥也，物不可以终尽剥，穷上反下。故受之以复。复则不妄矣，故受之以无妄。有无妄，然后可畜，故受之大畜。物畜然可养，故受之以颐。颐者养也，不养则不可动，故受之以大过。物不可以终过，故受之以坎。坎者陷也。陷必有所丽，故受之以离，离者丽也。临反成观，二阳在上，故可观也。颐中有物食，故曰合也。分刚上文柔故饰。阳四月穷上消姤，至坤者也。天地养万物，圣人养贤，以及万民。人颐不动则死，故受之以大过。按此为上经之序。序卦者所以叙述六十四卦相次序之理也。其卦多两两相反。或取反卦，或取旁通。所以明万物相生相反，相消相长之理。易含万象，故其序卦。亦含万物生灭兴亡之象。是以邵康节《皇极经世·观物篇》取象乎此。以定元会运世。

有天地然后有万物，有万物然后有男女，有男女然后有夫妇，有夫妇然后有父子，有父子然后有君臣，有君臣然后有上下，有上下然后礼义有所错。夫妇之道不可以不久也，故受之以恒。恒者久也，物不可以终其所，故受之以遁。遁者退也，物不可以终遁，故受之以大壮，物不可以终壮，故受之以晋。晋者进也，进必有所伤，故受之以明夷，夷者伤也。伤于外者必反于家，故受之以家人。家道穷必乖，故受之以睽，睽者乖也。乖必有难，故受之以蹇，蹇者难也，物不可以终难，故受之以解。解者缓也。缓必有所失，故受之以损。损而不已必益，故受之以益。益而不已必决，故受之以夬，夬者决也。决必有遇，故受之以姤。姤者遇也，物相遇而后聚，故受之以萃。萃者聚也，聚而上者谓之升，故受之以升。升而不已必困，故受之以困。困乎上者必反下，故受之以井。井道不可不革，故受之以革。革物者莫若鼎，故受之以鼎。主器者莫若长子，故受之以震。震者动也。物不可以终动止之，故受之以艮，艮者止也。物不可以终止，故受之以渐，渐者进也。进必有所归，故受之以归妹。得其所归者必大，故受之以丰。丰者大也，穷大者必失其居，故受之以旅。旅而无所容，故受之以巽。巽者入也。入而后说之，故受之以兑。兑者说也。说而后散之，故受之以涣，涣者离也。物不可以终离，故受之以节。节而信之，故受之以中孚。有其信者必行之，故受之以小过，有过物者必济，故受之以既济，物不可穷也，故受之以未济，终焉。谓天地否也，否反成泰，天地絪缊万物化醇故有万物也。泰已有否，否三之上，反正成咸，艮为男，兑为女，故有男女。咸反成恒震为夫，巽为妇，故有夫妇也。咸上复乾成遁，乾为父，艮为子，故有父子。遁三复坤成否乾为君，坤为臣，故有君臣也。否乾君尊上，坤臣卑下，天尊地卑，故有上下也。错置也，谓天君父夫象尊错上，地妇臣子礼卑错下，坤地道，妻道，臣道，故礼义有所错者也。晋时在外，家人在内，故反家人。否三进之四，巽为进也，震嫁兑，兑为妹，嫁归也。兑为讲习，故学而时习之，不亦说乎。风以散物故离也。按：此下经之序也，首咸恒，人道之始也，终未济示宇宙之未有已也。《义》：谓乾坤释穷上之义，巳午为上，亥子为下也。否卦否闭之卦。上经明乾坤，下经明泰否，故诸家并谓上经言天道，下经言人事也。不言遁反成大壮，遁消卦无反大壮也之理，故消成否，反泰而息大壮也。虞君注序卦之例略见于此，然全篇之注，残阙已甚，以意补之，恐违阙如之义，故守其略别于消息通之，遁而伤。谓离二也，离二进丽五退反居下，故晋为家人，此序卦消息也。《乾凿度》曰："孔子曰阳三阴四，位之正也。"故易卦六十四，而分为上下，象阴阳也。夫阳道纯而奇，故上篇三十，所以象阳也。阴道不纯而耦，故下篇三十四，所以法阴也。乾坤者，阴阳之根本，万物之祖宗也。为上篇始者，尊之也。离为日，坎为月，日月之道，阴阳之经所以终始万物，故以坎离为终。咸恒者男女之始，夫妇之道也。人道之兴，必由夫妇，所以奉承祖宗，为天地主也，故为下篇始者，贵之也。既济未济为最终者，所以明戒慎而存王道。孔子曰："泰者天地交通，阴阳用事长养万物也。"否者天地不交通阴阳不用事，止万物之长也。上经象阳，故以乾为首，坤为次，先泰而后否，损者阴用事，泽损山则万物损也，不损以事其上，益者阳用事，而雷风益，万物也，上自损以益下，下经以法阴，故以咸为首恒为次，先损而后益，各顺其类也。《学》：有天地然后万物生焉，虞注谓乾坤以上经，卦序首乾坤也，乾坤往来于泰否，下经首咸恒，而卦皆属泰否消息，咸由否三之上，恒由泰初之四，虞氏于天地取否象，否由遁消天地不反，而取其天尊地卑之象。以泰由否反也。

周易杂卦

乾刚坤柔，比乐师忧。临观之意，或与或求。屯见而不失其居，蒙杂而著。震，起也；艮，止也。损益衰盛之始也。大畜，时也；无妄，灾也。萃聚而升不来也。谦轻而豫怡也。噬嗑，食也，贲，无色也。兑见而巽伏也。随无故也，蛊则饬也。剥，烂也，复，反也。晋，昼也，明夷，诛也。井通而困相遇也。咸速也，恒，久也。涣，离也，节，止也。解，缓也，蹇，难也。睽，外也，家人，内也。否泰反其类也。大壮则止，遁则退也。大有，众也，同人，亲也，革，去故也，鼎，取新也。小过，过也，中孚，信也。丰，多故也，亲寡旅也。离上而坎下也。小畜，寡也，履，不处也，需，不进也，讼，不亲也，大过，颠也。姤，遇也，柔遇刚也。渐女归，待男行也，颐养正也，既济，定也，归妹，女之终也，未济，男之穷也。夬，决也。刚决柔也，君子道长，小人道消也（今本消作忧）。乾刚金坚，故刚。坤阴和顺，故柔也。比五得位建万国，故乐。师三失位，舆尸故忧。阳出初震，故见。盘恒利居贞，故不失其居。蒙二阳在阴位，故杂。初杂为交，故著。震阳动行故起，艮阳终止故止。损泰初益上衰之始。益否上益初，盛之始。太畜五之复二成临，时舍坤二，故时也。无妄上之遁初，子弑父，故灾者也。坤众在内故聚，升五不来之二，故不来，之内曰来也。谦位三贱故轻豫荐乐祖考怡，怡或言怠也。颐中有物，故食。贲离日在下，五动巽白故无色也。兑阳息二，故见。则见龙在田，巽乾初入阴，故伏也。否上之初君子弗用，故无故也。蛊泰初上饰坤，故则饰也。剥生于遘阳得阴熟，故烂。复刚反初。诛伤也，离日在上，故昼也。明入地中，故诛也。泰初之五为坎，故通也。困三遇四，故相遇也。相感者不行而至，故速也。日月久照，四时久成。故久也，涣，散故离。节制数度故止。雷动出物故缓，蹇险在前故难。离女在上故外也，家人女正位乎内故内者也。否反成泰，泰反成否，故反其类终日乾乾，反复之道。大壮止阳，阳故止，遁阴消阳，阳故退，巽为退者也。五阳并应，故众也，夫妇同心，故亲也。革更故去鼎亨饪，故取新也。五以阴过阳，故过。信及遁鱼故信也。丰大故多旅无容，故亲寡。六十四象皆先言卦，及道其指，至旅体离四焚弃之行，又在旅家，故独先言亲寡，而后言旅。乾四之坤初成震，一阳在下，故寡也。乾三之坤，上成剥，剥穷上失位故不处。险在前也，故不进天水违行，故不亲也。颠殒也，顶载泽中，故颠也。遇坤遇乾也。兑为女，艮为男，反成归妹巽成兑，故女归待艮成震乃行，故待男行也。谓养三三五，五之正为功，三出坎为圣，故曰：颐养正与蒙以养正，圣功同义也。济成二爻得位（二氏疑位下有故字）定也。归妹人之终始，女终于嫁，从一而终，故女之终也。否艮为男，位否，五之二，六爻失正，而来下阴，未济主月晦，乾道消灭，故男之穷也。以乾决坤，故刚决柔也。乾为君子，坤为小人，乾息，故君子道长。坤体消灭，故小人道消。谕武王伐纣自大过，至此八卦，不复两卦对说，大过死象，两体姤夬，故次以姤，而终于夬。言君子之决小人，故君子道长，小人道消。按杂卦者杂六十四卦以为义，其于序卦之外别言也，昔者圣人之兴，因时而作，随其时宜，不必相因袭，当有损益之意也。故归藏各卦之次，亦多异于此。王道踳驳，圣人之意或异，错综以济之，故次序卦，以其杂也。（《正义》、《汉上易丛说》节引）《义》：八卦配五行，乾为金，古人以金象阳也。临二阳通阴故与观五在上，下观而化故求。阴阳初杂是其交。《吕氏音训》盛衰，陆氏曰："郑虞作衰盛。"大畜五之复二成临，由萃五也。五下居二故时舍。遁子弑父，故上之初为无妄以救之。贲小利有攸往，谓五，故五动，巽为白。否上之初，君子弗用礼用乾初九，故谓旧也否阴卦随通阳也。三伏阳，出四之正相遇也。多故谓故旧多。及当为乃。离五自遁初，故上。坎由观上之二故下。韩康伯云："火炎上，水润下义亦通。"豫四之坤初为复。小畜以一阴畜复。剥上反三为谦，谦三之坤初息履，故本剥言之也。履以谦三行乾，故不处。载当为灭。三五不正否象父子正。下阴谓五也。遘决字误当为遘韦注，唯言始遘终夬，不言其次，以君子决小人之义，推之，遘小人之始，渐小人之行，颐君子之始，既济君子之成，归妹阴终，未济阳穷也。然六十四卦，杂糅之次以大过言之，皆由卦象消息，注既不说，今亦阙焉。《礼记》孔子曰："吾得坤乾焉。"郑氏注云："其书存者有《归藏》。"则《归藏》之书，汉末犹存，郑君与虞皆见之也。自杂卦者以下文，见《正义》。《学》：坎为忧，震为乐，坤亦为忧，比初爻失位，变而之正，下卦成震，故有乐象。师下坎上坤，故有忧象。而比由师来，比下卦变而成震师二三四爻亦互震，师下坎上坤，比下卦亦为坤，上卦亦为坎，初爻变震以后，二三四爻仍互坤，比言乐不言忧，师言忧不言乐。比二五皆得位，师二五皆失位故也。坤文言传虞注：艮为居。屯由坎来，坎三四五爻互艮，二之初成屯，互艮未变，故屯见而艮之居不失也。乾坤由大过颐而合于蒙革，蒙由颐初之二，故颐蒙彖传皆言养正。